Ortmeyer · MYTHOS und PATHOS statt LOGOS und ETHOS

*Für Trude Simonsohn und Irmgard Heydorn**

* Trude Simonsohn, Überlebende von Theresienstadt und Auschwitz, und Irmgard Heydorn, die in der NS-Zeit im Widerstand in Hamburg arbeitete, haben seit über 25 Jahren an Schulen und Universitäten die Aufklärung über das NS-Regime vorangetrieben. Damit haben sie auf ihre Weise einen großen Beitrag zu einer demokratischen und emanzipatorischen Bildung geleistet, die auch im Mittelpunkt der Forschung und Lehre von Berthold Simonsohn und Heinz-Joachim Heydorn an der Goethe-Universität in Frankfurt am Main stand.

Benjamin Ortmeyer

MYTHOS und PATHOS statt LOGOS und ETHOS

Zu den Publikationen führender Erziehungswissenschaftler in der NS-Zeit:
Eduard Spranger
Herman Nohl
Erich Weniger und
Peter Petersen

Beltz Verlag · Weinheim und Basel

Dr. habil. Benjamin Ortmeyer, geboren 1952 in Kiel, war von 1975 bis 2003 Lehrer in Frankfurt am Main. 1991 erschien von ihm das Buch »Argumente gegen das Deutschlandlied« und 1996 das Buch »Schulzeit unterm Hitlerbild«. Im gleichen Jahr erhielt er den Heinz-Galinski-Preis der Jüdischen Gemeinde Berlin. 1998 promovierte er in Heidelberg mit der Arbeit »Schicksale jüdischer Schülerinnen und Schüler in der NS-Zeit – Leerstellen deutscher Erziehungswissenschaft? Bundesrepublikanische Erziehungswissenschaften (1945/49–1995)«. Seit 2003 ist Benjamin Ortmeyer pädagogischer Mitarbeiter an der Johann Wolfgang Goethe-Universität in Frankfurt am Main im Fachbereich Erziehungswissenschaft. Im November 2008 wurde ihm die Habilitation im Fachbereich Erziehungswissenschaft zuerkannt. Die vorliegende Publikation entspricht seiner angenommenen Habilitationsschrift »Mythos und Pathos statt Logos und Ethos«, für die er den im Rahmen der Johann Wolfgang Goethe-Universität Frankfurt verliehenen »Werner-Pünder-Preis« erhielt, mit dem hervorragende wissenschaftliche Arbeiten zum Themenkreis »Freiheit und Totalitarismus« ausgezeichnet werden. Der von der internationale Sozietät Clifford Chance gestiftete Preis erinnert an den Anwalt Werner Pünder, der in der Zeit des Nationalsozialismus das Deutsche Reich wegen Mordes verklagte und dafür inhaftiert wurde.

Gedruckt mit freundlicher Unterstützung der Hans-Böckler-Stiftung, der Max-Traeger-Stiftung und der Sozietät Clifford Chance. Die vorliegende Publikation ist eine der beiden mit dem »Werner-Pünder-Preis« 2009 der Sozietät Clifford Chance prämierten Arbeiten.

Das Forschungsprojekt »ad fontes« wurde finanziell ermöglicht durch die Unterstützung der Hans-Böckler-Stiftung, der Max-Traeger-Stiftung, der Otto-Brenner-Stiftung und der Speyer'schen Hochschulstiftung sowie dem Landesverband Hessen und dem Bezirksverband Frankfurt am Main der Gewerkschaft Erziehung und Wissenschaft.

www.beltz.de
Druck: Druck Partner Rübelmann, Hemsbach
Printed in Germany

ISBN 978-3-407-85798-9

Mythos und Pathos statt Logos und Ethos

Zu den Publikationen führender Erziehungswissenschaftler in der NS-Zeit: Eduard Spranger, Herman Nohl, Erich Weniger und Peter Petersen

Vorbemerkung

Diese Studie ist eine Fortsetzung der bisherigen wissenschaftlichen Erforschung der Pädagogik in der NS-Zeit. Zunächst stand die empirische Erforschung der Realität an den Schulen in der NS-Zeit im Vordergrund[1], eine Rekonstruktion des Schulalltags durch Sicherung und Auswertung der Schulakten einerseits und durch Auswertung brieflicher Berichte von über hundert jüdischen Emigrantinnen und Emigranten andererseits.[2] In einem zweiten Schritt wurde umfassend der Frage nachgegangen, wie weit die Disziplin der deutschen Erziehungswissenschaft zwischen 1945 und 1995 in ihren Studien zur NS-Zeit – eben zur Realität an den Schulen und zur Ideologie der NS-Zeit – das Schicksal jüdischer Schülerinnen und Schüler miteinbezogen hat. Dabei gerieten – neben einer Reihe hervorragender Studien – auch Arbeiten noch heute wirkender Erziehungswissenschaftler kritisch in den Blick, die, teilweise als „Schüler" von Erziehungswissenschaftlern, die in der NS-Zeit gewirkt hatten, in der Bundesrepublik nach 1949 wichtige Positionen in der Erziehungswissenschaft einnahmen.

In dieser Studie[3] wurden nicht nur die offensichtlichen NS-Pädagogen Ernst Krieck, Alfred Baeumler und Theodor Wilhelm und ihre theoretischen Arbeit vor und in der NS-Zeit behandelt, sondern es wurde auch das Problem jener Erziehungswissenschaftler bewusstgemacht, die nach 1945 – trotz ihrer Tätigkeit während der NS-Zeit innerhalb Deutschlands – weitgehend bruchlos ihre Arbeit fortsetzten.

Die vorliegende Untersuchung reagiert darauf, dass seit geraumer Zeit die historiographische Auseinandersetzung der Disziplin der Erziehungswissenschaft mit der eigenen Geschichte während der NS-Zeit für weitgehend beendet erklärt wurde – teils als Tatsachenfeststellung, teils als zu begrüßende Zustandsbeschreibung.[4]

Ein grundlegendes Problem der Debatte, die in den letzten zwanzig Jahren über die Einordnung und Bewertung der wissenschaftlichen Tätigkeit führender Köpfe der Geisteswissenschaften in der Zeit des Nationalsozialismus[5] geführt wurde, ist das Fehlen allgemein zugänglicher

---

[1] Die Schwierigkeit der Analyse von „Schulen unterm Hitlerbild" als NS-Schulen wird deutlich, wenn Erziehungswissenschaftler wie Klafki die These von der nationalsozialistischen Schule unter Berufung auf ihre „eigenen Erfahrungen" untersuchen. Klafki schreibt als Herausgeber des Sammelbands „Verführung, Distanzierung, Ernüchterung. Kindheit und Jugend im Nationalsozialismus. Autobiographisches aus erziehungswissenschaftlicher Sicht" (Weinheim/Basel 1988): „Diese Schule habe ich zwischen 1937 und 1943/1944 nicht als ‚nationalsozialistische Schule' erlebt." (Klafki, S. 147) Was kann man da machen? Wie der Erinnerung nachhelfen? Die Berichte jüdischer Schülerinnen und Schüler, die Dokumente aus den Schulakten beweisen das Gegenteil und werfen helles Licht auf das Problem der Amnesie und der Spätfolgen der NS-Sozialisation.

[2] Siehe: Ortmeyer, Benjamin (Hrsg.): Berichte gegen Vergessen und Verdrängen von 100 überlebenden jüdischen Schülerinnen und Schülern über die NS-Zeit in Frankfurt am Main, 3. Auflage, Witterschlick/Bonn 1995, und Ortmeyer, Benjamin: Schulzeit unterm Hitlerbild. Analysen, Berichte, Dokumente, Frankfurt am Main 1996.

[3] Ortmeyer, Benjamin: Schicksale jüdischer Schülerinnen und Schüler in der NS-Zeit – Leerstellen deutscher Erziehungswissenschaft? Bundesrepublikanische Erziehungswissenschaften (1945/49–1995) und die Erforschung der nazistischen Schule, Witterschlick/Bonn 1998.

[4] So schrieb Klaus-Peter Horn 1996, dass der Streit über „die angemessene Behandlung des Nationalsozialismus" seinen „innerszientifischen Abschluss" 1990 gefunden habe. Weiter heißt es: „Die politische Entwicklung in Deutschland brachte auch von außen die Debatte zu einem Abschluss, da in der Folgezeit die Vereinigung und ihre Folgen sowie die Bildungsgeschichte der DDR in den Mittelpunkt des Interesses rückten." (Horn, Klaus-Peter: Pädagogische Zeitschriften im Nationalsozialismus. Selbstbehauptung, Anpassung, Funktionalisierung (Bibliothek für Bildungsforschung, Band 3), Weinheim 1996, S. 19)

[5] Die Verwendung der Eigenbezeichnungen des NS-Regimes, „Nationalsozialismus" und „nationalsozialistisch", ist nicht unproblematisch, auch wenn sie im bundesrepublikanischen wissenschaftlichen Diskurs üblich ist. Historiker wie

Dokumente ihrer Tätigkeit aus der NS-Zeit. Daher sollen in einem ersten Schritt möglichst vollständig die Publikationen jener Köpfe der Geistes- und Erziehungswissenschaft (jeweils mit einer kritischen Einschätzung) vorgelegt werden, die personell für eine Kontinuität zwischen der Weimarer Republik, der NS-Zeit und der Bundesrepublik stehen. Daher konzentriert sich die vorliegende Studie bewusst auf Eduard Spranger, Herman Nohl, Erich Weniger und Peter Petersen.

Trotz unterschiedlicher theoretischer Ansätze entwarfen die genannten Wissenschaftler alle in der Weimarer Republik ihre Grundkonzeptionen. Alle vier begrüßten – ohne dass sie NSDAP-Mitglieder waren – vor allem auf der Basis eines deutschen Nationalismus und Militarismus trotz dieses oder jenes Vorbehalts begeistert das NS-Regime und stellten ihre Konzeptionen in seinen Dienst. Diese Studie konzentriert sich bei der Analyse der Publikationen der vier Wissenschaftler – je nach Person mit unterschiedlichen Schwerpunkten – auf den jeweiligen Stellenwert des deutschen Nationalismus, des Antisemitismus, des Rassismus, des Militarismus und des Antidemokratismus im inneren Zusammenhang und konfrontiert die Befunde mit den Erklärungsversuchen der vier Erziehungswissenschaftler nach 1945.

Durch das *Forschungsprojekt ad fontes* an der J. W. Goethe-Universität in Frankfurt am Main wurden die in der NS-Zeit publizierten und verstreut gelagerten Dokumente von Eduard Spranger, Herman Nohl, Erich Weniger und Peter Petersen aus verschiedenen Bibliotheken zusammengestellt und analysiert. Die vorliegende Studie bezieht sich daher vor allem auf die vier umfangreichen Forschungsberichte mit den Dokumentationen der Publikationen der vier Erziehungswissenschaftler in der NS-Zeit,[6] gegliedert nach Autoren. Jeder Forschungsbericht besteht aus einer systematischen Auswertung der Grundschriften der vier Erziehungswissenschaftler, der chronologischen Darstellung ihrer Publikationen in der NS-Zeit, ihrer Auseinandersetzung mit der NS-Zeit nach 1945 und einem ebenfalls chronologisch geordneten Literaturbericht.

Die vorliegende Studie stützt sich also auf die Ergebnisse eines zweijährigen Forschungsprojekts. Die in bisherigen Debatten in der Bundesrepublik Deutschland zentralen Fragestellungen nach Kontinuität und Diskontinuität in Werk und Biographie dieser (und anderer) Erziehungswissenschaftler stehen in differenzierender Weise im Mittelpunkt der Analyse der Publikationen in der NS-Zeit – unter Einbeziehung einer kompilierten Vorstellung grundsätzlicher Werke und Positionen der vier Erziehungswissenschaftler und nach einer Auswertung der nach 1945 publizierten Stellungnahmen zur NS-Zeit.

Die Kernposition des Aristoteles bei der Formulierung der drei logischen Grundgesetze richtete sich gegen relativistische Sophistik und verabsolutierende Dogmatik. Sie lautet: In welcher Hinsicht?[7] Neben der Dokumentation der das NS-Regime und dessen Ideologie

etwa Saul Friedländer sprechen bewusst von „Nazismus“ und „nazistisch“, um mit dieser Brechung auch begrifflich den Sprachgebrauch der Gegner des NS-Regimes deutlich hervorzuheben (siehe etwa: Friedländer, Saul: Kitsch und Tod. Der Widerschein des Nazismus, 2. Auflage, München 1984). In der vorliegenden Studie wird trotz dieser plausiblen Vorgehensweise Friedländers, um unnötigen Kontextverlust zu vermeiden, dennoch an verschiedenen Stellen von „Nationalsozialismus“ und „nationalsozialistisch“ gesprochen.

[6] Unter dem Titel „ad fontes Dokumente 1933–1945“ liegen vier Dokumentationen vor: Eduard Sprangers Schriften und Artikel in der NS-Zeit, Frankfurt am Main 2007; Erich Wenigers Schriften und Artikel in der NS-Zeit, Frankfurt am Main 2007; Herman Nohls Schriften und Artikel in der NS-Zeit, Frankfurt am Main 2006 und Peter Petersens Schriften und Artikel in der NS-Zeit, Frankfurt am Main 2006 (im Weiteren zitiert als *Dokumentation ad fontes Spranger/Nohl/Weniger/Petersen*).

[7] Aristoteles formuliert in seiner Schrift „Metaphysik“ (1005 b) als das „grundlegendste unter allen Prinzipien“: „Es ist ausgeschlossen, dass ein und dasselbe Prädikat einem und demselben Subjekte zugleich und in derselben Beziehung zukommen und auch nicht zukommen“ könne. Erich Fromms ernüchternde Studie mit einem Titel, der bewusst falsche Erwartungen weckt, um sie dann aufklärerisch zu demontieren („Die Kunst des Liebens“), greift diesen Gedanken auf und zeigt, dass auch Heraklits „alles fließt, panta rei“ und die Idee der Paradoxie und Antinomie richtig verstanden in dieser Formulierung des klügsten Kopfs der antiken griechischen Philosophie ihren Platz findet (siehe dazu: Fromm, Erich: Die Kunst des Liebens, Frankfurt am Main/Berlin/Wien 1977, insbesondere S. 100 ff.).

unterstützenden Positionen der vier Erziehungswissenschaftler lautet daher die gegen pauschalisierende Positionen gerichtete theoretische Schlüsselfrage dieser Studie: In welcher Hinsicht gibt es Kontinuität, in welcher Hinsicht gibt es Diskontinuität?

* * *

An dieser Stelle sei ausdrücklich Walter Stallmeister, Gerhard Meyer-Willner, Torsten Schwan, Hasko Zimmer, Michael Gran, Klaus Himmelstein und Barbara Siemsen für ihre Hilfe und Unterstützung bei der Recherche und für weitere Auskünfte gedankt.

Außerdem für ihre Unterstützung zu danken ist Prof. Dr. Harald Ludwig (Universität Münster), Herrn Dr. Oliver Trevisiol (Bibliothek der Fernuniversität Hagen), Frau Monika Ludwa (Universitätsbibliothek Halle), Frau Bärbel Mund (Universitätsbibliothek Göttingen) und Frau Monika Richter (Universitätsbibliothek Frankfurt am Main).

Besonderer Dank gilt den Stiftungen, die die Realisierung des *Forschungsprojekts ad fontes* finanziell ermöglichten: der Hans Böckler Stiftung, der Max Traeger-Stiftung, der Otto Brenner Stiftung und der Speyer'schen Hochschulstiftung sowie dem Landesverband Hessen und dem Bezirksverband Frankfurt am Main der Gewerkschaft Erziehung und Wissenschaft.

Benjamin Ortmeyer, Frankfurt am Main, Mai 2008

Einleitung

1. Logos und Ethos

Wohl kaum ein Thema berührt so massiv die Spanne zwischen wissenschaftlicher Logik und normativer Ethik wie die NS-Zeit. Die Notwendigkeit, beide Aspekte analytisch zu trennen und dennoch zu verbinden, die Notwendigkeit, weder auf klare wissenschaftliche Methodologie noch auf die Perspektive von ausdrücklich als solchen gekennzeichneten Werturteilen zu verzichten, charakterisiert die nachfolgende Studie.[8]

Dass die wissenschaftliche und publizistische Tätigkeit der vier Erziehungswissenschaftler nach 1945 Gegenstand juristischer Untersuchungen war, dass sich alle vier, die sich subjektiv als „Volkserzieher in dürftiger Zeit" verstanden haben, in Entnazifizierungsverfahren rechtfertigen mussten (es ging um die Klärung des Tatbestands, der juristisch mit „Volksverhetzung", Kriegshetze, Militarismus und Unterstützung des NS-Regimes bezeichnet werden könnte), betraf theoretisch teils strafrechtlich relevante, praktisch und real aber vor allem beruflich relevante Komponenten.[9] Hier kam der Begriff der „Kameradschaft"[10] zum Tragen. Die Publikationen zur Unterstützung des NS-Regimes wurden im Sinne einer Verteidigungsstrategie logischerweise nicht gerade sorgfältig wissenschaftlich zusammengestellt und editiert. Eine Fülle sogenannter „Persilscheine" ersetzte jeden Anspruch wissenschaftlicher Analyse. Alle vier Erziehungswissenschaftler überstanden ihr Entnazifizierungsverfahren – Erich Weniger als NS-Führungsoffizier im kompliziertesten Verfahren – schließlich unbeschadet.[11] Noch

[8] „Wenn man geschichtliche Dinge ‚wissenschaftlich' darstellt und etwa über Caligulas und Hitlers Schandtaten ohne Empörung, ‚distanziert', spricht, dann verfälscht man die Geschichte." (Horkheimer, Max: Geisteswissenschaft, in: Horkheimer, Max: Gesammelte Schriften, Band 14: Nachgelassene Schriften 1949–1972 (5. Notizen), Frankfurt am Main 1988, S. 385)

[9] Der Anspruch und die Notwendigkeit insbesondere einer methodologischen Klarheit ist damit konfrontiert, dass zum Thema dieser Studie sowohl umfangreiche Vorarbeiten als auch heftige Polemiken existieren. Eine wissenschaftlich solide Quellenedition der Dokumente der vier Erziehungswissenschaftler aus der NS-Zeit enthält in sich unausgesprochen den Vorwurf an die Disziplin der Erziehungswissenschaft, dass dieser Schritt im Grunde am Anfang der wissenschaftlichen Debatte hätte stehen müssen. Ein wichtiger Teil der Debatten über Spranger, Nohl, Weniger und Petersen ist auch deswegen in unsolide Bahnen geraten, weil – zeitgeschichtlich erklärbar aus der Situation nach 1945 – juristisch belastende Dokumente gezielt aus der wissenschaftlichen Diskussion herausgehalten und ausgesprochen problematische Texteditionen vorgenommen wurden.

[10] Ausnahmen bestätigten die Regel, etwa im Bereich der „Wehrmachtspsychologie". Der oberste Wehrmachtspsychologe Dr. Max Simoneit allein hat einhundertacht (!) der sogenannten Persilscheine, der Entlastungszeugnisse, geschrieben, zwei allerdings mit Vorbehalten, wie die Recherchen ergaben – wegen alter offener Rechnungen etwa im Fall von Heinrich Roth.

Dietrich Hoffmann veröffentlichte 1995 seine Studie „Heinrich Roth oder die andere Seite der Pädagogik" (Weinheim 1995), in der er ausführlich die Rolle Roths in der NS-Zeit behandelt. Simoneit, damals der Vorgesetzte von Roth, hatte 1955 einen verärgerten Briefwechsel mit Roth geführt. In Simoneits Brief vom 23.3.1955 erhält man folgenden Einblick in die Praxis der sogenannten Persilscheine. Es heißt dort: „Was das Entlastungszeugnis betrifft teile ich Ihnen mit, dass ich 108 Zeugnisse nach 1945 geschrieben habe, von denen nur 2 bewusst flau gehalten werden mussten – das war das Zeugnis über Sie und über Eckstein. Sie wissen beide, dass es nicht anders sein konnte!" Schon am 17.3.1945 schrieb Simoneit voller Vorwurf an Roth: „Oder haben Sie vergessen, dass Sie in jener Sitzung eine Rebellion gegen mich versuchten, weil ich Ihrem Urteil gemäß nicht genügend nationalsozialistisch gewesen sei?" (Simoneit, in: Hoffmann, S. 16)

[11] Hinzu kam, dass alle vier Erziehungswissenschaftler in der Tat auch auf biographische Brüche verweisen konnten – Spranger, Nohl und Weniger sogar auf mehr oder minder massive Probleme in der NS-Zeit. Dies soll keinesfalls bestritten werden, ist aber kein Argument dafür, kritische Analysen auszusetzen.

Eduard Spranger hatte 1933 tatsächlich seinen Rücktritt als Hochschullehrer in Berlin eingereicht. Das war vor allem eine Maßnahme gegen das Treiben des NSLB; die Bevorzugung Baeumlers spielte ebenfalls eine nicht genau einzuschätzende Rolle. Die öffentlichen Erklärungen dazu in der damaligen Presse fanden internationale Aufmerksamkeit. Es gehörte ohne Frage Mut dazu, diesen Schritt zu wagen. Und Spranger war tatsächlich nach dem Juli 1944 vier Wochen in einem Gestapo-Gefängnis inhaftiert und wurde verhört. Daraus ergibt sich jedoch weder die Folgerung, die

Jahrzehnte später wird einiges von der damaligen Atmosphäre spürbar: Wehe dem, der auf nazistische Publikationen verwies, in Archiven „wühlte" – wie ein Donnerschlag stand dann der Hinweis auf den „Staatsanwalt" im Raum[12]. Jene Wissenschaftler, die jahrzehntelang kritisches Quellenstudium vermieden hatten, verurteilten nun in der Pose der Wissenschaftlichkeit die „Einseitigkeit" von Forschungen, wenn notwendig ergänzend zu den bisherigen Publikationen der vier Erziehungswissenschaftler auch jene Dokumente hinzugezogen wurden, die bisher mehr oder minder sorgfältig ausgeklammert geblieben waren.

Die Pose des Erstauntseins, die Haltung des „Das haben wir nicht gewusst", Formulierungen wie „erschreckend", „beklemmend" usw. ergänzten die öffentlichen Strategien der Apologie, die bisher im Vordergrund standen. An dieser Stelle soll nicht bestritten werden, dass eine Reihe von Dokumenten tatsächlich schwierig zu beschaffen waren; andere jedoch waren leicht und allgemein zugänglich. Wie immer geht es nicht nur darum, was wirklich bekannt war, sondern es geht auch darum, was bei zumutbaren Anstrengungen hätte gewusst werden können. Das gilt insbesondere für jene Erziehungswissenschaftler, die sich thematisch, biographisch oder sogar bibliographisch mit den vier Erziehungswissenschaftlern beschäftigt haben.

Der inhaltliche Einwand, dass abstrakt betrachtet auch ein NS-Verbrecher möglicherweise hervorragende Beiträge zur Mathematik oder zur Erziehungswissenschaft geleistet hat, dass seine NS-Positionen seine fachwissenschaftliche Bedeutung nicht schmälern würden, ist genauer zu betrachten. Mag es bei einem Mathematiker bezüglich seiner mathematischen Leistung eher unerheblich sein, ob er SS-Mitglied war, mögen auch die beiden Dissertationen des Frankfurter Wissenschaftlers und Arztes Dr. Mengele über zahntechnische Kieferprobleme in sich schlüssig sein[13] – der innere Zusammenhang zwischen Fragen der Erziehung und der NS-Ideologie ist ein anderer.

Umstände des Rücktritts und der darauf folgenden Rücknahme des Rücktritts nicht kritisch einzuschätzen, noch die Folgerung, die Umstände der Verhaftung 1944 nicht ebenfalls zu hinterfragen. Entscheidend ist, dass beide Ereignisse zwar eine gewisse Ambivalenz Sprangers belegen, aber in einer logischen Beweisführung nicht zu einer Relativierung der Kritik seiner Unterstützung des NS-Regimes in seinen Publikationen genutzt werden können.

Das gilt auch für Herman Nohl, dessen Emeritierung 1937 nicht ausdrücklich politisch begründet wurde, sondern technisch. Dennoch steht es außer Frage, dass hier deutlich ein Signal gesetzt und Nohl, dessen zwei Töchter in England mit jüdischen Männern verheiratet waren und dessen Frau ihre „arische" Abstammung gegen Verdächtigungen nachweisen musste, deutlich und öffentlich abgestraft wurde. Bewiesen werden kann eine gewisse Ambivalenz bei Nohl, der ebenfalls kein NSDAP-Mitglied war, sehr wohl, aber er unterstützte den NS-Staat und war Mitglied der SS.

Die Versuche, Erich Wenigers Zurückstufung von der Pädagogischen Akademie in Frankfurt an ein Gymnasium in Frankfurt 1933 aufgrund seiner vorherigen Zusammenarbeit mit Sozialdemokraten im Kultusministerium nicht als Abstrafung anzusehen, überzeugen nicht wirklich. Mag er seine Bezüge behalten haben, mag er später mit Hilfe von Krieck rehabilitiert worden sein, ja sogar Karriere als NS-Führungsoffizier gemacht haben: Erst einmal wurde er unter Druck gesetzt und abgestraft. Welche Konsequenzen er aus diesem Druck dann gezogen hat, ist eine andere Frage.

Einzig bei Peter Petersen ist die Lage anders. Seine im Vergleich mit den anderen drei Erziehungswissenschaftlern extreme Unterstützung des NS-Systems kann solche Brüche nicht aufweisen. Die Schließungen einiger Jenaplan-Schulen waren den sozialdemokratischen oder kommunistischen Ansichten der dortigen Pädagoginnen und Pädagogen geschuldet, nicht aber der Person oder dem Verhalten Petersens selbst. Als persönlicher Bruch kann bei ihm jedoch festgestellt werde, dass er im Februar 1946 zunächst Mitglied der SPD und dann der SED wurde; er begann Marx und Lenin zu zitieren, bevor die SED 1948 mit ihm und er mit der SED brach.

[12] Klaus Mollenhauer kommentiert 1997 in seinem Aufsatz „Legenden und Gegenlegenden", ihn erinnere die Studie Barbara Siemsens zu Weniger an die „Mentalität des Schnüffelns in Stasi-Akten", und spricht von „Recherche nach Belastungsmaterial" (in: Die Deutsche Schule. Zeitschrift für Erziehungswissenschaft, Bildungspolitik und pädagogische Praxis, 89. Jg. (1997), Heft 2, S. 159). Theodor Schulze geht zwei Monate später in seinem Aufsatz „Erich Weniger, Pädagogik und Nationalsozialismus" ebenfalls auf Siemsens Beitrag ein – als „Zeitzeuge". Seine Kernaussage über Barbara Siemsen ist, an Mollenhauer anknüpfend: „Über weite Strecken liest sich ihre Untersuchung wie das Plädoyer eines Staatsanwalts." (in: Die Deutsche Schule. Zeitschrift für Erziehungswissenschaft, Bildungspolitik und pädagogische Praxis, 89. Jg. (1997) Heft 4, S. 489 bzw. 492)

[13] Sie sind es jedoch bei genauerem Hinsehen nicht, wie schon die Titel verraten:

Mengele, Josef: Rassenmorphologische Untersuchung des vorderen Unterkieferabschnittes bei vier rassischen Gruppen, in: Morphologisches Jahrbuch, 79. Jg. (1937), S. 60–117 und Mengele, Josef: Sippenuntersuchungen bei Lippen-Kiefer-Gaumenspalte, in: Zeitschrift für menschliche Vererbungs- und Konstitutionslehre, 23. Jg. (1939), Heft 1, S. 17–42.

Dennoch: Es ist wahr und unbestreitbar, dass eine gesonderte Auseinandersetzung mit den erziehungswissenschaftlichen Inhalten der vier Erziehungswissenschaftler nötig ist, die sich nicht durch den Nachweis der das NS-Regime unterstützenden Positionen in der NS-Zeit erledigt. Der Gedankengang lässt sich jedoch auch vice versa verwenden: Die Tatsache, dass ein Erziehungswissenschaftler unstrittig richtige, für seine Zeit innovative pädagogische Überlegungen angestellt hat, besagt noch nichts darüber, welche Positionen er in der NS-Zeit vertreten und publiziert hat.

Während es sich allgemein gesprochen um zwei voneinander zu unterscheidende Fragestellungen handelt, bei denen sich nach der Behandlung der einen keinesfalls die Behandlung der anderen erübrigt[14], gilt es zusätzlich, in einem weiteren Schritt im Einzelnen gegen einen allzu abstrakten Dualismus zu prüfen und zu analysieren, ob und inwieweit doch innere Zusammenhänge zwischen Biographie und Werkanalyse bewiesen oder plausibel erklärt werden können.

2. „Wenn Sie Antisemit sind, sollten Sie wenigstens hier das Maul halten“ (Horkheimer)

Das Problem des „kommunikativen Beschweigens“ (Hermann Lübbe) direkt nach 1945 hatte offensichtlich nicht nur eine objektive gesellschaftsstabilisierende Funktion im „Nachkriegsdeutschland“, nicht nur eine objektive und subjektive Schutzfunktion für jene, die in der NS-Zeit willfährig an der Stabilisierung des NS-Regimes mitgearbeitet hatten. Zum Verständnis der gesamten Lage, auch im wissenschaftlichen Bereich, gehört die Frage des Verhaltens zu Wissenschaftlern, die vom NS-System vertrieben wurden, die 1933 in die Konfrontation mit den Universitätsbehörden und den Kollegen getrieben, weitgehend im Stich gelassenen wurden, die emigrieren mussten und dann nach 1945 zurückkehrten.[15] Was ging in ihnen vor, mit welchen Gefühlen trafen sie auf jene braun gefärbten Wissenschaftler, die nun so taten, als sei nichts gewesen. Und warum haben Personen wie Max Horkheimer und andere sich gar nicht erst die Aufgabe gestellt, dass kollektive Beschweigen der brauen Biographien der „Kollegen“

[14] Die Analyse der Biographie erlaubt nicht automatisch den Schluss auf die Werkanalyse. Das vielleicht bekannteste Beispiel in der Geschichte der Pädagogik ist Jean-Jacques Rousseau. Dass Rousseau seine eigenen Kinder ins Waisenhaus gegeben hat, erledigt nicht die inhaltliche Auseinandersetzung mit seinem pädagogischen Poem „Émile oder über die Erziehung“ oder gar mit seinem Werk „Vom Gesellschaftsvertrag“. Auf der anderen Seite erfordert jedoch die genaue Auseinandersetzung mit dem Werk eines Autors auch die Kenntnis der gesellschaftlichen und biographischen Umstände, unter denen das Werk entstand, um eine angemessene Interpretation und Kritik formulieren zu können. In diesem Spannungsfeld gilt es, im wissenschaftlichen Sinne auf eine strenge Beweisführung zu achten und Hypothesen und Vermutungen, wenn sie für eine Debatte notwendig erscheinen, eben auch als solche zu kennzeichnen.

[15] Zunächst einmal muss festgehalten werden, welche tiefen Verletzungen den Verfolgten zugefügt wurden, welche tödlichen Gefahren existierten und wie massiv die antagonistische Zuspitzung durch die „geschichtliche Stunde“ Deutschland wirklich in zwei ungleiche Lager gespaltet hatte: die Verfolgten des NS-Regimes auf der einen Seite und jene, die den NS-Staat öffentlich unterstützten, auf der anderen. Die Sicht der Verfolgten wurde geschärft durch die existenzielle Frage: Auf wen kann ich mich wirklich verlassen? Die Frage war nicht, ob es bei öffentlicher Unterstützung für die „neue Zeit“ auch dieses oder jenes theoretische „Aber“ gab.

Eine unmittelbare Konfrontation mit mörderischem Ausgang in der NS-Zeit wäre in den besetzten Gebieten gut möglich gewesen. Weniger, als NS-Führungsoffizier im besetzten Frankreich, hätte auf den Résistance-Kämpfer Ernst Jablonski stoßen können, der bis August 1944 im politischen und militärischen Widerstand gegen die deutsche Wehrmacht stand und 1952 nach Deutschland zurückkehrte. Ernest Jouhy – so sein Deckname in Frankreich – wirkte zunächst bei der Gründung der „Kinderrepublik für die Opfer der Kristallnacht“ (50 Kilometer von Paris entfernt) mit. 1942/43 leitete er zusammen mit anderen ein jüdisches Kinderheim. Die Kinder wurden unter dem Schutz der deutschen Wehrmacht deportiert und ermordet. Jouhy wurde von der Résistance unter anderem mit der Aufgabe der „Zersetzung der deutschen Armee“ beauftragt. Jablonski behielt seinen Decknamen nach 1945 bei und wurde 1971 Professor für Sozialpädagogik in Frankfurt. Siehe dazu genauer: Aden-Grossmann, Wilma: Berthold Simonsohn. Biographie des jüdischen Sozialpädagogen und Juristen (1912–1978), Frankfurt am Main/New York 2007, S. 291–295.

Ähnliches wäre über Heinz-Joachim Heydorn zu berichten, der 1944 in Frankreich desertierte und von französischen Bauern versteckt wurde. Was wäre geschehen, wenn der NS-Führungsoffizier Weniger und seine Leute ihn entdeckt hätten? Ein Kriegsgericht hatte ihn bereits zum Tode verurteilt. Siehe dazu: Koneffke, Gernot: Einleitung, in: Heydorn, Heinz-Joachim: Werke, Band 1, Vaduz 1994, S. 5.

an den Universitäten zu thematisieren?[16] Die Zumutung, die in dieser scheinbar harmlosen Frage steckt, wird möglicherweise deutlich, wenn am Beispiel des Frankfurter Professors Horkheimer das Problem kurz beleuchtet wird.

Zu Beginn des Jahres 1933, wohl noch am 30. Januar, dem Datum der Ernennung Hitlers zum Reichskanzler durch Hindenburg, wurde Horkheimers (und Pollocks) Haus von der SA besetzt, wie aus den Wiedergutmachungsakten hervorgeht.[17] Am 31. März wurde das Institut für Sozialforschung von der Polizei durchsucht und als Institut geschlossen, da es, wie die Gestapo am 14. Juli feststellte, „staatsfeindliche Bestrebungen" gefördert habe. Es wurde dem Nationalsozialistischen Studentenbund zur Verfügung gestellt. Karl August Wittfogel wurde Mitte März verhaftet und bis November 1933 in verschiedenen KZs inhaftiert. Die auch nach 1933 von den vier Erziehungswissenschaftlern noch in unterschiedlichem Ausmaß angerufene „Autonomie der Wissenschaft" war in der Realität längst außer Kraft gesetzt.

Adorno und Horkheimer waren nach ihrer erzwungenen Emigration US-Staatsbürger geworden. Ihre wissenschaftlichen empirischen und theoretischen Studien in den USA über Antisemitismus und autoritäre Persönlichkeitsstrukturen boten Vorraussetzungen zur Mitarbeit am Projekt der Reeducation. Rolf Wiggershaus berichtet in seiner umfassenden Studie „Die Frankfurter Schule"[18], dass Horkheimer 1948 auf Kosten einer US-Stiftung nach Deutschland aufbrach, um mit einer Gastprofessur in Frankfurt am Main „einen Beitrag zur demokratischen Aufklärung der deutschen Bevölkerung zu leisten – zur Reeducation der deutschen Jugend und ihrer Lehrer" (Wiggershaus, S. 442). Über seinen ersten Besuch an der Frankfurter Universität nach seiner Emigration schrieb Horkheimer am 26.5.1948: „Mich haben der Rektor, die beiden Dekane und andere süß, aalglatt und verlegen, ehrenvoll begrüßt." Und weiter heißt es:

> *„Sie wissen noch nicht genau, sollen sie in mir einen relativ einflussreichen Amerikareisenden oder den Bruder ihrer Opfer sehen, deren Gedanken die Erinnerung ist. Sie müssen sich fürs letztere entscheiden."* (Wiggershaus, S. 443)

Zudem war das Institut für Sozialforschung ja geschlossen, sein Besitz beschlagnahmt und das Institut auch juristisch ausradiert worden. Wiggershaus bemerkt auf Grund seiner Recherchen dazu:

---

[16] Bei Lübbe heißt es: „Es entwickelten sich Verhältnisse nicht-symmetrischer Diskretion. In dieser Diskretion vollzog sich der Wiederaufbau der Institution, der man gemeinsam verbunden war, und nach zehn Jahren war nichts vergessen, aber einiges schließlich ausgeheilt." (Lübbe, Hermann: Der Nationalsozialismus im deutschen Nachkriegsbewusstsein, in: Historische Zeitschrift, 236. Jg. (1983), S. 587)

[17] Siehe dazu die Schilderung in: Wiggershaus, Rolf: Die Frankfurter Schule. Geschichte, theoretische Entwicklung, politische Bedeutung. München 1988, S. 147 ff.

[18] Wiggershaus fasst die Ereignisse wie folgt zusammen: „Am 14. April berichtete die Deutsche Allgemeine Zeitung von einer ersten vorläufigen Maßregel in Preußen zur Durchführung des am 7. April verabschiedeten Gesetzes ‚zur Wiederherstellung des Berufsbeamtentums', das vor allem die Dienstentlassung jüdischer, kommunistischer und sozialdemokratischer Beamter regeln sollte. Opfer des ‚ersten Beurlaubungsschubes' – die Entlassung aus dem Staatsdienst und die Einstellung der Bezüge folgten im Laufe des Jahres – waren u. a. die Frankfurter Professoren Heller, Horkheimer, Löwe, Mannheim, Sinzheimer, Tillich. ‚Kultusminister Dr. Rust beabsichtigt', so hieß es in der Zeitung, ‚auf diesem Wege die Judenfrage (§ 3 des Beamtengesetzes) sofort anzupacken. Es soll sichergestellt werden, dass der größte Teil des Revirements noch vor dem 1. Mai erfolgt ist, so dass Unruhen zum Semesterbeginn vermieden werden.' Wie überall, so stellte sich auch in Frankfurt die Universität keinen Augenblick lang vor die verfemten und verfolgten Kollegen. Im Gegenteil. Bereits am 3. April hatte der Senat der Universität beschlossen, beim preußischen Kultusminister den Antrag zu stellen, ‚dass die bisherige Verbindung des Instituts für Sozialforschung mit unserer Universität, so lose diese Verbindung auch war, aufgehoben werde'. Zur Begründung führte der seit Oktober 1932 amtierende Rektor Wilhelm Gerloff, der bei seiner Rektoratsübernahme noch vor dem ‚chauvinistischen Nationalsozialismus' gewarnt hatte und der im Mai 1933 bei seiner vorzeitigen Ablösung durch den überzeugten Nationalsozialisten Ernst Krieck auf den üblichen Bericht über seine Amtszeit verzichtete (cf. Stuchlik, Goethe im Braunhemd, [Frankfurt am Main 1984], 88 f.), an: ‚Die tatsächliche Entwicklung des Instituts in seinem Besucherkreis hat sich in Bahnen bewegt, die nicht im Sinne der Universität waren, ohne dass diese irgendeinen Einfluss hätte ausüben können' (zitiert bei Schivelbusch, Intellektuellendämmerung [Frankfurt am Main 1982], S. 94)." (Wiggershaus, Rolf: Die Frankfurter Schule. Geschichte, theoretische Entwicklung, politische Bedeutung. München 1988, S. 148 f.)

„Die Einladung der Universität jedenfalls konnte auch kaum aufrichtig gemeint gewesen sein. Klingelhöfer, der sie unterzeichnet hatte, hatte im März 1938 den Erlass unterschrieben, in dem das Kultusministerium die Verteilung der Bücher des Instituts für Sozialforschung anordnete. Die Empfehlung, das Institut zur Rückkehr aufzufordern, war von Professor Wilhelm Gerloff gekommen. Er hatte dabei die ‚sehr großen Mittel' erwähnt, über die die Gesellschaft für Sozialforschung verfüge." (Wiggershaus, S. 444)

Nun sollte Horkheimer gegen den damaligen Rektor Platzhoff im Vorfeld einer Entnazifizierungsverhandlung aussagen. Er schrieb dazu am 20.6.1948 an seine Frau:

„Gegen den Herrn Rektor Platzhoff findet jetzt die Entnazifizierungsverhandlung statt. Der Vorsitzende des Gerichts hat an mich geschrieben, er habe von meinem Hiersein gehört und bäte mich, doch vorbei zu kommen und ihm in der Sache zu helfen. Ich werde es mir aber noch schwer überlegen, ob ich als einziger echter Belastungszeuge mich mit der Universität verfeinden soll. Von solchen Dingen hat man Ehre aber keinen Nutzen. Es gibt sicher viele, die genau solche Schweine waren wie Herr Platzhoff und längst wieder die deutsche Jugend erziehen." (Wiggershaus, S. 444)

Nach 1945 war es also für jüdische Emigranten und Widerstandskämpfer aus dem universitären Bereich keinesfalls einfach, mit jenen Personen zusammenzuarbeiten und zusammenzusitzen, die in der NS-Zeit in Deutschland aktiv waren. Es war für Horkheimer und viele andere Emigranten zwar vorrangig, die eigene wissenschaftliche Arbeit möglichst ohne Störungen fortzusetzen, doch das ging nicht immer.

Notker Hammerstein berichtet über folgenden Vorfall bei einer Sitzung in der Frankfurter Universität im Jahr 1956, der ein Licht auf die Atmosphäre während der Nachkriegszeit in der Bundesrepublik, genauer, Mitte der 1950er Jahre wirft:

„Als der Dekan dort die Ernennung Adornos als Wiedergutmachungsfall erwähnte, äußerte Ritter nicht nur Zweifel an der juristischen Rechtmäßigkeit dieses Vorgangs, sondern bezeichnete auch die Behandlung dieser Angelegenheit in der Fakultät schlicht als ‚Unkorrektheit'. Bereits Adornos Ernennung zum außerordentlichen Professor sei ein Fall von Schiebung bzw. Protektion gewesen. Horkheimer, der laut Protokoll ruhig und gelassen zu argumentieren und ‚Ritter Brücken zu bauen versuchte', vermochte gleichwohl nicht, einen Ausbruch seines Gegenübers zu verhindern. Wenngleich der genaue Wortlaut im Nachhinein nicht mehr rekonstruiert werden konnte, so erinnerten sich die Sitzungsteilnehmer doch, dass Ritter sinngemäß gesagt hatte: ‚Es könnte jemand den Eindruck bekommen, dass, wenn man es als Karikatur ausdrücken wollte, es in Frankfurt genüge, die Protektion von Herrn Horkheimer zu haben und ein Jude zu sein, um Karriere zu machen.' Daraufhin platzte Horkheimers Geduld und sehr erregt konterte er in etwa: ‚Herr Ritter, wenn Sie Antisemit sind, sollten Sie wenigstens hier das Maul halten', erklärte die Unterhaltung für beendet und eilte türschlagend aus dem Zimmer." [19]

Die Zumutung ist offensichtlich. Horkheimer reagierte vielleicht über sich selbst erschrocken. Die akademischen Gremien bearbeiteten dann den „Vorgang", es kam zur Entschuldigung usw.[20] Doch Horkheimer sah seine Aufgabe eindeutig nicht darin, sich auf solche Auseinander-

---

[19] Hammerstein, Notker: Die Johann Wolfgang Goethe-Universität Frankfurt am Main. Von der Stiftungsuniversität zur staatlichen Hochschule, Band 1: 1914–1950. Frankfurt am Main 1989, S. 801 f.

[20] Aus dem Nachlass des Frankfurter Professors Berthold Simonsohn ist ein weniger spektakulärer, aber vielleicht noch bezeichnender Vorfall bekannt. Bei der Annahme seiner Professur in Frankfurt nach 1945 wurde dem Überlebenden von Theresienstadt, Dachau und Auschwitz ein Pädagogischer Mitarbeiter zugesagt. Dem von ihm vorgeschlagenen Günter Feldmann, dessen Eltern als Juden ermordet worden waren und der gerade noch rechtzeitig nach Schweden emigrieren konnte, wurde vorgeworfen, dass er keinen geraden Ausbildungsverlauf habe. Immer und immer wieder wurde die Einstellung verzögert und verhindert, es ging um fehlende Akten, unauffindbare Unterlagen usw. Simonsohn schrieb daraufhin in einem Brief an Ernst Schütte, den Minister für Erziehung und Volksbildung in Hessen, im September 1962: „Ist es – angesichts so vieler Pannen und Verzögerungen – Überempfindlichkeit, wenn sich allmählich bei Herrn F. und mir die Überzeugung bildet, es sei nicht alles nur Zufall, sondern einige Herren könnten auch heute noch nicht über ihren Schatten der Vergangenheit springen und finden, mit zwei Juden sei der Numerus Clausus schon überschritten? Gewiss, so sagt man es nicht; aber wenn ich sehe, wie bei Herrn Dr. Fabian das Alter für die Ablehnung als Grund dienen muss, als ob es sein Verschulden wäre, dass er erst jetzt zu einer solchen Tätigkeit kommen kann, so muss man mindestens fehlendes Verständnis für das Lebensschicksal von Verfolgten feststellen. Ich möchte nochmals ausdrücklich betonen, dass ich für meine Person keinen Anlass zur Klage habe, aber auch nicht nur als Demonstrations-

setzungen, die physisch und psychisch Kraft kosteten, einzulassen: Er wollte wissenschaftlich arbeiten und dies tat er.

3. Schwierigkeiten der Studie

a) Bei einer Einordnung der Publikationen der vier Erziehungswissenschaftler in der NS-Zeit könnte erwartet werden, dass auch gewichtige politische Ereignisse deutlich nachweisbare Spuren hinterlassen haben. Die Frage wäre: Welche Auswirkungen hatten die tages- und weltpolitischen Wendungen und Einschnitte auf die Positionen in Publikationen (etwa der 30. Januar 1933, der Reichstagsbrand, die Bücherverbrennungen, der April-Boykott, dann der sogenannte Röhm-Putsch 1934, die Nürnberger Rassengesetze 1935, der November-Pogrom 1938, der Kriegsbeginn im September 1939, die Niederlage in Stalingrad 1943, das Attentat vom 20. Juli 1944)? Erstaunlicherweise findet sich in den teilweise schon erschlossenen Briefwechseln, insbesondere bei Spranger, so gut wie nichts zu diesen Themen, so dass die Frage nach der Vollständigkeit bzw. der repräsentativen Auswahl der vorhandenen Briefeditionen durchaus gestellt werden kann[21]. Die Nichtkommentierung dieser einschneidenden Ereignisse kann hier nur konstatiert werden.

Ob es zudem ergiebig ist, die privaten Beziehungen zu den im Leben der vier Erziehungswissenschaftler auftretenden Frauen anhand der Briefwechsel und einer Reihe anderer privater Dokumente tiefenpsychologisch zu erschließen, kann gewiss als Streitfrage bezeichnet werden.[22] Die vorliegende Studie verfolgt und vertieft diesen Ansatz nicht, so wie auch die Akten der universitären Karrieren und der Entnazifizierung nach 1945 bewusst nicht systematisch ausgewertet wurden.[23]

b) Die zentrale Aufgabe dieser Studie ist es, auf der Quellenbasis der möglichst lückenlos erschlossenen Publikationen aus der NS-Zeit festzuhalten, auf welcher Grundlage und in welcher Hinsicht es inhaltlich zu Übereinstimmungen mit dem NS-Regime gekommen ist.

Diese Bestandaufnahme unterscheidet zwischen der Übernahme von NS-Bezeichnungen, also einem NS-Jargon (Gruß an Adolf Hitler zu dessen Geburtstag, eingestreute inhaltsleere Zitate von Minister Rust usw.), der Unterstützung der Politik des NS-Staates (Austritt aus dem Völkerbund, Eugenik-Gesetze, Kriegsführung des NS-Staats usw.) und der inhaltlichen Auseinandersetzung mit einzelnen Elementen der NS-Ideologie, die ihre Wurzeln weit vor 1933 haben, ob es nun Fragen der Rassengenetik, der Eugenik/Euthanasie, des Antisemitismus sind, oder ob es um die Fragen von Gehorsam und Militarismus, über den Nationalismus bis hin zur

objekt des guten Willens dienen und deshalb schweigen möchte." (zitiert nach: Aden-Grossmann, Wilma: Berthold Simonsohn. Biographie des jüdischen Sozialpädagogen und Juristen (1912–1978) (Campus-Judaica, Band 23), Frankfurt am Main/New York 2007, S. 285)

[21] Siehe dazu: Martinsen, Sylvia/Sacher, Werner (Hrsg.): Eduard Spranger und Käthe Hadlich. Eine Auswahl aus den Briefen der Jahre 1903–1960, Bad Heilbrunn 2002. Martinsen, Sylvia: Käthe Hadlich – Eduard Spranger. Ihre Beziehung – Zeittypisches und Untypisches, in: Sacher, Werner/Schraut, Alban (Hrsg.): Volkserzieher in dürftiger Zeit. Studien über Leben und Wirken Eduard Sprangers. Beiträge zum Internationalen Spranger-Symposion in Nürnberg am 11./12. Oktober 2002 (Erziehungskonzeptionen und Praxis, Band 59), Frankfurt am Main/Berlin/Bern/Brüssel/New York/Oxford/Wien 2004, S. 29–54.

[22] Siehe kritisch zum Briefwechsel: Brumlik, Micha: „…dieses Problem, von dem wir bis zuletzt nichts geahnt hatten." Nohl, Spranger, der Antisemitismus und die Frauen, in: Sozialwissenschaftliche Literatur-Rundschau (SLR). Sozialarbeit, Sozialpädagogik, Sozialpolitik, soziale Probleme, 28. Jg. (2005), Heft 50, S. 5–14.

[23] Zu allen vier Personen ist zu der hier geschilderten biographischen Problematik eine Fülle von Sekundärliteratur erschienen, auf die in den an anderer Stelle veröffentlichten Literaturberichten ausführlich eingegangen wird. Entscheidende Bezugspunkte sind aber, so der Ansatz dieser Studie, nicht biographische Details, sondern vor allem die Dokumentation und Analyse der publizierten Arbeiten in der NS-Zeit im Kontext der damaligen Zeit und der sonstigen grundlegenden Schriften der vier Erziehungswissenschaftler. Siehe dazu genauer: *Dokumentation ad fontes Spranger*, S. 67–112; *Dokumentation ad fontes Nohl*, S. 72–112; *Dokumentation ad fontes Weniger*, S. 71–123 und *Dokumentation ad fontes Petersen*, S. 23–35.

antiaufklärerischen, antiliberalen und antiindividualistischen Irrationalität als Kern latenter oder offener Wissenschaftsfeindlichkeit geht.

Die Besonderheit der NS-Ideologie war dabei nicht nur die Bündelung all dieser Elemente zu einem programmatischen Konglomerat (innerhalb dessen durchaus NS-immanente Debatten über Akzentsetzungen in der Zeitspanne von 1933–1945 durchgeführt wurden). Die Besonderheit war vor allem die umfassende, schrittweise sich verschärfende, Millionen Menschen betreffende Anwendung dieser Ideologieelemente, die im wörtlichen Sinne eine mörderische Wirkung entfalteten und keinesfalls lediglich Themen in akademischen Debatten waren.

Insofern enthält eine wissenschaftliche Analyse der weitgehend systemkonformen Publikationen der vier Erziehungswissenschaftler in der NS-Zeit indirekt eine moralisch negative Bewertung, die den sachlichen Kern trifft. Das ist in dem Moment unvermeidlich, wenn es sich als wissenschaftlich richtig erweist, dass die vier Erziehungswissenschaftler durch ihre öffentliche Unterstützung des NS-Staats eine offensichtlich für die Verfolgten des NS-Regimes zutiefst menschenfeindliche Grundposition in Zeiten eingenommen haben, in denen humanistisch-pädagogische Traditionen nicht hätten bekämpft, verbogen und verdeckt werden dürfen, sondern hätten bewahrt und weiterentwickelt werden müssen.

c) Gerade auf philosophischem und theoretischem Gebiet ergeben sich weitere Schwierigkeiten. In den Grundschriften der vier Erziehungswissenschaftler wird eine Fülle gewichtiger erziehungswissenschaftlicher Grundfragen behandelt, die nicht ausgeklammert werden können. Sie können aber auch nicht der vorrangige Gegenstand dieser Studie sein, da die Problematik der großen Zusammenhänge der Geschichte der Philosophie, der Wissenschaft, der Kultur und der Pädagogik nicht das zentrale Thema dieser Studie ist. Es handelt sich vor allem in den grundlegenden Schriften der vier Erziehungswissenschaftler um schwerwiegende Fragen der Wissenschaftsgeschichte überhaupt. Die großen wissenschaftstheoretischen Fragen über Gemeinsamkeiten und Unterschiede zwischen Naturwissenschaften und „Humanwissenschaften“ (teils als Gesellschaftswissenschaften, teils als Kulturwissenschaften, aber auch als Geisteswissenschaften gefasst) stehen hinter der Konstruktion einer „geisteswissenschaftlichen Erziehungswissenschaft und Psychologie“. Sie erfolgen seitens der vier zu analysierenden Erziehungswissenschaftler in Kenntnis und Abgrenzung zum Positivismus (Auguste Comte, Max Weber) und Freud’scher Psychologie, gegen „Materialismus“ und „Rationalismus“ seit dem Siegeszug der Naturwissenschaften und der Ideen der „Aufklärung“, vor allem aber auch durch die Favorisierung eines Gemeinschaftsbegriffs, der bewusst gegen soziologische Denkweise und den Begriff der Gesellschaft (Debatte über Ferdinand Tönnies) gestellt wird.

Die veränderte Akzentsetzung bei der Bewertung großer Personen der Philosophiegeschichte und der Geschichte der Pädagogik in der NS-Zeit setzt wiederum fundierte Kenntnisse über die Hauptschriften dieser wichtigen Personen der Geistesgeschichte und Pädagogik voraus, einschließlich der Debatte über deren Positionen. Hier entspannt sich ein großes Feld von Diskussionen vor allem über folgende Personen und deren Werke: Platon, Sokrates und Aristoteles, Luther, Rousseau, Kant, Fichte, Hegel, Nietzsche, Schleiermacher und Dilthey einerseits und Pestalozzi, Fröbel, Herbart, aber auch Dewey und Montessori andererseits. Hinzu kommt noch die Debatte vor allem über Goethe und Schiller als sogenannte „Genies“ der Kultur.

Zudem wird in erziehungswissenschaftlicher Hinsicht auch ein Überblick über die in der Weimarer Republik und der NS-Zeit gewichtigen Namen und Werke anderer Erziehungswissenschaftler mehr oder minder vorausgesetzt (die Rolle Theodor Litts und Wilhelm Flitners etwa, aber auch Ernst Kriecks, Theodor Wilhelms und Alfred Baeumlers), einschließlich jener kritischen, meist in die Emigration getrieben Erziehungswissenschaftler wie die „Entschiedenen Schulreformer“ (Fritz Karsen), oder auch Siegfried Bernfeld und Friedrich Wilhelm Foerster, um nur einige zu nennen.

Hinter der Auseinandersetzung über eine schrittweise Verwandlung von Pädagogik und Erziehungswissenschaft in ein Mittel der Kriegshetze, der Verachtung der Menschenrechte, der rassistischen und nationalistischen Hetze und nicht zuletzt die Sozialisation und Erziehung zum „autoritären Charakter" – alles in der NS-Zeit in zugespitzter Form – stehen Grundfragen über Aufgabe und Funktion der Erziehungswissenschaft überhaupt. In diesem Kontext kann klargestellt werden, dass die Positionen von Heinz-Joachim Heydorn zur Geschichte der Pädagogik und ihrer Hauptproblematik einen wesentlichen theoretischen Rahmen abstecken. Heydorns Ansatz sei hier kurz dargestellt, um auch den eigenen Ausgangspunkt offenzulegen.

d) Die NS-Zeit hat grundlegende Fragen an die Erziehungswissenschaft aufgeworfen, Fragen die tiefer gingen und gehen als die Analyse von Werk und Biographie der hier behandelten Erziehungswissenschaftler. Es war der Frankfurter Erziehungswissenschaftler Heinz-Joachim Heydorn, der diese Herausforderung am intensivsten angenommen und sich ihr gestellt hat – vor dem Hintergrund seiner Erfahrungen mit dem NS-Regime einerseits und der Kenntnis der lange vor dem NS-Regime begonnenen Ausrichtung der Erziehungswissenschaft auf den „deutschen Geist" andererseits. In seinem Werk „Über den Widerspruch von Bildung und Herrschaft" rekonstruiert Heydorn grundlegend die historische und logische Entwicklung des Bildungsbegriffs von Sokrates bis zu den „Bildungs"reformen seiner Zeit.[24]

Dagegen entwickelt Heydorn die These: „Bildung, die ihrer Konsequenz folgt, wird zur Rebellion gegen die Erzeuger" (Heydorn 1970/1995, S. 25). Als grundlegendes Problem benennt er die Notwendigkeit von Abstraktion für Bildung. Er weist aber auch ausdrücklich auf die Gefahr der Entfremdung bei einer Verabsolutierung der Abstraktion hin. Heydorn besteht auf der Einheitlichkeit von Wissen und Tun als Kern von Glaubwürdigkeit und Ethik. Sein Ausgangspunkt ist dabei der kritische Blick auf die Geschichte, auf die Dialektik der Geschichte von Bildung und Erziehung: „Was uns feige macht, ist eine ganze Erbschaft" (Heydorn 1970/1995, S. 27).

Heydorn legt den Finger in die Wunde der „deutschen Lage", auf die Tendenz, „auf den subjektiven Willen Verzicht zu leisten und sein Geschäft der Geschichte zu überlassen" (Heydorn 1970/1995, S. 46). Dagegen formuliert Heydorn die eigentliche Aufgabe von Bildung als Wechselwirkung von individueller Bildung und gesellschaftlicher Emanzipation.

Heydorn entwirft eine thematisch zugeschnittene knappe Entwicklungsgeschichte des Bildungsbegriffs bis in die bürgerliche Gesellschaft der Neuzeit, wobei die Bildungsbemühungen bis hin zu Kant als Teil einer Emanzipationsbewegung über die Reformation bis zur Aufklärung, über Hegel dann zu Marx vorgestellt werden. Der Hauptteil des Buchs (Heydorn 1970/1995, S. 49–334) entfaltet durch eine historische Darstellung in sechs Schritten das bisher grundlegend aufgeworfene Problem: Bildung in bestimmtem Umfang (zunächst als Elite-Bildung) ist für die Ausübung von Herrschaft, für die ökonomische und politische Reproduktion nötig und widerspricht ihr zugleich. Dabei geht es zunächst um zwei Phasen des Aufstiegs

[24] Heydorn, Heinz-Joachim: Über den Widerspruch von Bildung und Herrschaft (1970), Werke, Band 3, Vaduz 1995. Ausgangspunkt ist bei Heydorn, dass Erziehung die Wirklichkeit von Zucht und Unterwerfung einschließt und geschichtlich bedingt bewusstloses Erleiden bewirkt: „Mit dem Begriff der Bildung wird die Antithese zum Erziehungsprozess entworfen" (Heydorn 1970/1995, S. 4). Der grundlegende Gegensatz zwischen Mythos als Erklärungsansatz und Logos zieht sich, so Heydorn, durch die Geschichte (Heydorn 1970/1995, S. 5). „Aufgrabung und Befreiung der Vernunft ist das Thema der griechischen Aufklärung, der ersten Periode, mit der der Bildungsgedanke einen Höhepunkt erreicht und sich seines Widerspruchs zu aller positiven Herrschaft endgültig innewird." (Heydorn 1970/1995, S. 12) Wissen schützt, hilft bei Planung, wird auch zur Dienstleistung, aber es geht um die Wendung von der Natur zum Menschen. Heydorn erinnert an Alkibiades: „Die Natur hat niemand zum Sklaven gemacht" (Heydorn 1970/1995, S. 12), und an Protagoras: Der Mensch ist das „Maß aller Dinge" (Heydorn 1970/1995, S. 20). Aber auch der von Platon wiedergegebene Sokrates und die griechische Aufklärung mit sokratischer Ironie als Beginn der Aufklärung überhaupt werden genauer unter die Lupe genommen. Dass Sokrates für Bildung, aber auch für Akzeptanz der Herrschaft war, zeigt sein Verhalten vor dem Athener Gericht: „Sokrates war der konservativste aller Sophisten; das Ergebnis seiner Analyse gab der Herrschaft ihr Recht." (Heydorn 1970/1995, S. 24)

des Bildungsbürgertums: Bildung als Voraussetzung des Geschäftswesens und Bildung als Mittel zur Beibehaltung humanistischer Ideen (Philanthropen und Wilhelm von Humboldt). Es geht um die Unterscheidung von Rationalität und Bildung, schließlich um die Differenzen zwischen der deutschen und der französischen Entwicklung bis 1799. Das 19. Jahrhundert wird von Heydorn als „Dialektischer Sprung: Universalität der Produzenten" (Heydorn 1970/1995, S. 129–162) gekennzeichnet. Er rekonstruiert den Begriff der Bildung als Befreiung von Herrschaft bei Marx vor dem Hintergrund des griechischen Humanismus und der Aufklärung der Französischen Revolution. Bildung ermöglicht, so Heydorn, aus den Bedürfnissen der Menschen „menschliche Bedürfnisse" zu entwickeln: „Mit der Marx'schen Bildungstheorie sind alle Kategorien entwickelt, um das Verhältnis von Bildung und Herrschaft aufzudecken" (Heydorn 1970/1995, S. 161).

Ein Kernstück der Studie wird einheitlich mit „Industrieller Revolution" und den Untertiteln „Calibans Auftritt", „Fluchtversuch" und „Ungleichheit für alle" benannt. Die Dialektik der Aufklärung entfaltet sich, so Heydorn, mit positiven und negativen Möglichkeiten, ohne sicheren Ausgang, mit schwierigen „Aussichten".

Caliban, die Figur des Unholds in Shakespeares Stück „Der Sturm", steht als Metapher für die von Heydorn aufgezeigte „Wendung" von der Humanität zur deutschen Nationalität als Ziel der Bildung in Deutschland, eine Wendung, welche die Vorstufe der Bestialität des als „Erziehung" konzipierten Prozesses darstellt. Der Abschnitt endet in der Analyse der Deutschen Schulkonferenzen 1890, 1900 und 1920 – zentrale Dokumente der pädagogischen Reaktion, die, so Heydorn, vom Vordenker der NS-Pädagogik Ernst Krieck bereits 1925 aufgegriffen und als „Spielart der Zoologie" entfaltet wurden (Heydorn 1970/1995, S. 209).

Im für diese Studie zentralen Abschnitt „Fluchtversuch" (Heydorn 1970/1995, S. 213–266) entwickelt Heydorn in einer materialreichen Abhandlung der sogenannten „Reformpädagogik" – beginnend mit Ellen Keys an Rousseau und Nietzsche anknüpfendem Buch „Das Jahrhundert des Kindes" über Berthold Otto und Hugo Gaudig bis zu Peter Petersen – Kernpunkte des Streits mit den „Entschiedenen Schulreformern" (Fritz Karsen, Paul Oestreich): das Problem von Stadtflucht, Romantik und des „volksorganischen", die Natur als Vorbild nehmenden Denkens, das er als gedankliche Unzucht charakterisiert (Heydorn 1970/1995, S. 221).

Heydorn zeigt die Widersprüche der „modernen Pädagogik" am Beispiel der modernen, konservativen und zugleich reaktionären Elemente im Denken Petersens auf (Heydorn 1970/1995, S. 228–231), einer explosiven Mischung, die Petersen als Parteigänger des NS-Regimes beibehält. Kernstück ist eine durch diese absurde Synthese erreichte Irrationalität, die Heydorn als „Brutstätte der Antihumanität" kennzeichnet (Heydorn 1970/1995, S. 231). Das Kind, so seine Analyse, steht zwar im Mittelpunkt, aber nicht als Subjekt, sondern als Objekt; „das Kind ist gesellschaftlich zubereitet" (Heydorn 1970/1995, S. 237). Dieser Abschnitt enthält indirekt eine programmatisch zu nennende Kritik der gängigen pädagogisch-erziehungswissenschaftlichen Darstellung der ersten Hälfte des 20. Jahrhunderts.[25]

[25] Die heftigste Kontroverse sollte jedoch der sechste Abschnitt „Ungleichheit für alle" auslösen (1969 vorab in der Zeitschrift „Das Argument" veröffentlicht), da Heydorn hier massiv die sozialdemokratischen Initiativen der „realistischen Wendung" zu Gesamtschulprojekten als Abkehr vom humanistischen Bildungsideal diagnostizierte. Heydorns Ansatz wurde als Unterstützung des dreigliedrigen Schulsystems ausgelegt und im Grunde zu den Akten gelegt, er selbst zum Außenseiter stilisiert. In diesem Abschnitt wird ausführlich die Zurichtung auf den Beruf gegen die Forderung nach Allgemeinbildung gestellt. Die Analyse der Dokumente der „Schulreformer" Ende der 1960er Jahre – orientiert an den Erfordernissen der modernen Volkswirtschaft – zeigt nach Heydorn die Unterordnung der Idee der Bildung unter Produktionsfetischismus und Kulturverweigerung (Heydorn 1970/1995, S. 308). Heydorns Warnung vor dem „pädagogische(n) Warenhaus unter dirigistischem Verteilergesichtspunkt" und seine Warnung vor verdrehter Pädagogik als „Arsenal der Psychotechnik" (Heydorn 1970/1995, S. 307) sind nicht einfache Polemiken, sondern weitreichende Überlegungen, die gerade heute Studierende beschäftigen sollten.

Zu Heydorns Ansichten siehe auch: Pfeiffer, Ursula: Bildung als Widerstand. Pädagogik und Politik bei Heinz-Joachim Heydorn (Schriftenreihe EUB, Erziehung – Unterricht – Bildung, Band 77), Hamburg 1999; Boenicke, Rosemarie:

Es zeigt sich, dass Heydorn – der direkt gegen Petersens Antihumanismus und Sprangers Humboldt-Verzerrung, indirekt aber auch gegen Nohls „Deutsche Bewegung" und Wenigers Geschichtsdidaktik als national-deutsche Zurichtung polemisiert – ein inhaltliches, geschichtlich begründetes Gegenprogramm zu den Vorstellungen von Spranger, Nohl, Weniger und Petersen und der etablierten Erziehungswissenschaft in Deutschland der letzten hundert Jahre entwirft. Heydorns Analysen bieten Grundlagen, auf die in der vorliegenden Studie aufgebaut wird.

4. Das Forschungsprojekt ad fontes

Für die Auswahl der vier im *Forschungsprojekt ad fontes* behandelten Erziehungswissenschaftler war ausschlaggebend, dass alle vier in der Erziehungswissenschaft der Bundesrepublik – spätestens seit den 1970er Jahren – im Hinblick auf ihre Positionen in der NS-Zeit umstritten waren. Während Peter Petersen als der entscheidende Repräsentant der deutschen Reformpädagogik in dieser Hinsicht unstrittig aufgenommen werden musste, hätten im Bereich der sogenannten Geisteswissenschaftlichen Pädagogik möglicherweise neben Eduard Spranger und Herman Nohl auch Wilhelm Flitner und Theodor Litt aufgenommen werden können. Während auf Litt im Verlauf der vorliegenden Studie als eine Art Kontrapunkt knapp eingegangen wird, bleibt Flitner bis auf einige kurze Bemerkungen unberücksichtigt. Diese Entscheidung ist nicht nur deshalb getroffen worden, weil der Umfang der Studie begrenzt werden musste, sondern auch dem Umstand zuzuschreiben, dass über Flitner kaum kontroverse Debatten stattgefunden haben. Daher fiel die Entscheidung leicht, auf den für die Zeitspanne nach 1945 ebenfalls wichtigen Erziehungswissenschaftler Erich Weniger zurückzugreifen, dessen Positionen aus der NS-Zeit heftig umstritten waren und es bis heute sind. Grundsätzlich deckt jedoch die vorliegende Auswahl thematisch entscheidende Repräsentanten der Geisteswissenschaftlichen Pädagogik und der Reformpädagogik in Deutschland ab.

a) Methodologische Fragen

Ahasver von Brandt erklärt in seinem Buch „Werkzeug des Historikers"[26] Grundsätze der Quellenedition und Quellenkritik. Zunächst geht es darum, Kriterien für den Erkenntniswert der verschiedenen Quellen deutlich zu machen. Es heißt: „Ein solcher Maßstab ist die ‚Nähe' der Quelle zu dem zu erforschenden historischen Vorgang oder Zustand." Dabei gibt es die Unterscheidung zwischen Primär- und Sekundärquellen (Brandt, S. 51). In der Quellenkritik wird zwischen den Begriffen „Vorgänge" und „Zustände" unterschieden und als Regel, die auch Ausnahmen kennt, formuliert, dass „die schriftlichen Quellen uns die kontinuierliche Beobachtung und Feststellung geschichtlicher Vorgänge ermöglichen, während die nichtschriftlichen Quellen vorwiegend nur die Erkenntnis historischer Zustände ermöglichen" (Brandt, S. 50). Ein weiteres Kriterium der Quellenkritik ist die Unterscheidung in unbewusst-unabsichtliche und absichtliche Zeugnisse (Brandt, S. 52). Auch wenn hier oft Überschneidungen vorkommen, enthält diese Unterscheidung die Fragestellung, ob ein Schriftstück den Bedürfnissen der jeweiligen Gegenwart – etwa ein Disziplinarvorgang – entsprach oder ganz bewusst einen Vorgang schildert, um der Geschichtsschreibung zu dienen, etwa ein Tagebuch oder ein Briefwechsel für die spätere Veröffentlichung (Brandt, S. 53).

Bildung, absoluter Durchgangspunkt. H.-J. Heydorns Begründung einer kritischen Bildungstheorie, Weinheim 2000 und Pongratz, Ludwig A.: Heinz-Joachim Heydorn – Abstand und Nähe, in: Brumlik, Micha/Ortmeyer, Benjamin (Hrsg.): Erziehungswissenschaft und Pädagogik in Frankfurt – eine Geschichte in Portraits. 90 Jahre Johann Wolfgang Goethe-Universität (Frankfurter Beiträge zur Erziehungswissenschaft, Reihe Kolloquien, Band 10), Frankfurt am Main 2006, S. 68–86.

[26] Brandt, Ahasver von: Werkzeug des Historikers. Eine Einführung in die historischen Hilfswissenschaften, Stuttgart/Berlin/Köln 1989.

Als Kriterien für Quellenedition werden von ihm „Auswahl“ und „Wertung“ hervorgehoben: „Mit anderen Worten: Es findet eine Auslese des Nachrichtenstoffes statt, die den Benutzer bewusst oder unbewusst beeinflussen will“ (Brandt, S. 62). Bezüglich der Wertung wird von Brandt ausdrücklich darauf hingewiesen, dass jede Auswahl schon eine Tendenz enthält und dass es oft besonders schwierig ist, eine Tendenz dann herauszufinden, wenn sie „sorgfältig verdeckt wird“ (Brandt, S. 62).

Im Fall der vom *Forschungsprojekt ad fontes* erarbeiteten Quelleneditionen der Publikationen der vier Erziehungswissenschaftler 1933–45 wurde der Hauptakzent auf Vollständigkeit, also auf eine möglichst lückenlose Veröffentlichung der Originaldokumente gelegt. Es handelte sich um die Überprüfung und Ergänzung der bereits vorliegenden Textzusammenstellungen der vier Erziehungswissenschaftler.

Brandt hebt hervor, dass „nur die Zwecksetzung, also innere Eigenschaften, für Eingliederung und Bewertung einer Quelle maßgebend sein können“ (Brandt, S. 54). Das bedeutete für die vom *Forschungsprojekt ad fontes* vorgenommenen Quelleneditionen, in der Öffentlichkeit verbreitete Dokumente und Artikel deutlich von nichtöffentlichen Quellen zu unterscheiden. Es ging überwiegend um öffentlich publizierte, also gedruckte Quellen; lediglich in Ausnahmefällen wurden nicht gesetzte und gedruckte Vervielfältigungen mit ausdrücklicher Betonung dieses besonderen Umstandes aufgenommen.

In den Quelleneditionen, ebenso wie bei der Auswertung der Quellen, wurde Wert darauf gelegt, zunächst vor allem die Textsorte hervorzuheben. In der nachfolgenden Studie können folgende Textsorten als Quellen deutlich unterschieden werden:

1. Grundlegende Schriften, Monographien sowie Sammelbände mit eigenen Beiträgen,[27]

2. umfangreichere wissenschaftliche Aufsätze oder in wissenschaftlichen Zeitschriften publizierte Vorträge,

[27] Hier sei zu jeder Textsorte ein Beispiel angeführt:

Zu 1.: Petersen, Peter: Führungslehre des Unterrichts, Langensalza 1937; Weniger, Erich: Goethe und die Generale, Leipzig 1942; Nohl, Herman: Landbewegung, Osthilfe und die Aufgabe der Pädagogik, Leipzig 1933.

Zu 2.: Spranger, Eduard: Probleme der Kulturmorphologie, in: Sitzungsberichte der Preußischen Akademie der Wissenschaften, Philosophisch-historische Klasse, Jg. 1936, S. 2–39; Spranger, Eduard: Was heißt Geistesgeschichte? (Vortrag am 13.1.1937 für die Literarische Gesellschaft in Tokio), in: Die Erziehung. Monatsschrift für den Zusammenhang von Kultur und Erziehung in Wissenschaft und Leben, 12. Jg. (1936/37), Heft 7 (April 1937), S. 289–302.

Zu 3.: Weniger, Erich: Rezension: Zur Geschichte des Volksschullehrerstandes (über: Rudolf Murtfeld: Der Weg der preußischen Volksschullehrerschaft zum Dienst am deutschen Volke (1815–1871), Frankfurt am Main 1934), in: Die Erziehung. Monatsschrift für den Zusammenhang von Kultur und Erziehung in Wissenschaft und Leben, 10. Jg. (1934/35), Heft 1 (Oktober 1934), S. 43; Nohl, Herman: Zu Wilhelm Diltheys hundertstem Geburtstag, in: Forschungen und Fortschritte, Nachrichtenblatt der Deutschen Wissenschaft und Technik, 9. Jg. (1933), Heft 33, S. 479–480; Petersen, Peter: Vorwort, in: Irene Knoch/Sonjamaria Mentz/Gertrud Stricker (Hrsg.): Kindergarten und Volksschule organisch verbunden (Neue Forschungen zur Erziehungswissenschaft, Band 2, Heft 4), Weimar 1940, S. V–VI.

Zu 4.: Petersen, Peter: Friedrich Fröbel. Deutschlands größter Erzieher, Gotha 1942.

Zu 5.: Weniger, Erich: Gneisenau und Goethe, in: Das Inselschiff. Eine Zeitschrift für die Freunde des Insel-Verlags zu Leipzig, 23. Jg. (1942), Heft 2, S. 107–114; Nohl, Herman: Johann Heinrich Pestalozzi, in: Deutsche Männer. 200 Bildnisse und Lebensbeschreibungen, Berlin ohne Jahr (1938), S. 150.

Zu 6.: Spranger, Eduard: Die Geisteswissenschaften in Berlin, in: Berliner Lokal-Anzeiger. Organ für die Reichshauptstadt, 62. Jg. (1944), Nr. 164 (9.7.1944), Morgenausgabe, Beiblatt.

Zu 7: Nohl, Herman: Die Grundlagen der nationalen Erziehung. Eine Vorlesung zum Wintersemester 1933/34 (Typoskript), ohne Ort, ohne Jahr (Göttingen 1940).

Zu 8: Etwa Sprangers in der NS-Zeit entstandenes Manuskript „Die Krisis der Geisteswissenschaft in der Gegenwart“ (1937), das jedoch erst nach 1945 erstmals veröffentlicht wurde (in: Gesammelte Schriften, Band VI: Grundlagen der Geisteswissenschaft, Tübingen/Heidelberg 1980, S. 228–235).

Zu 9: Martinsen, Sylvia/Sacher, Werner (Hrsg.): Eduard Spranger und Käthe Hadlich. Eine Auswahl aus den Briefen der Jahre 1903–1960, Bad Heilbrunn 2002.

3. kurze Rezensionen oder kürzere Beiträge in wissenschaftlichen Zeitschriften sowie wissenschaftliche Vorworte und Einleitungen,

4. auf ein Thema festgelegte, eigenständig erschienene Broschüren,

5. Beiträge in nichtwissenschaftlichen Publikationen,

6. Artikel in der Tages- und Wochenpresse.

7. Eine besondere Kategorie sind in kleiner Auflage verbreitete Manuskripte.

8. Davon deutlich zu unterscheiden sind unveröffentlichte Vorarbeiten und Manuskripte, die in dieser Studie als Quellen für den Haupttext nicht verwendet wurden.

9. Ein besonderes Kapitel bilden die teils veröffentlichten, teils noch nicht erschlossenen umfangreichen Briefwechsel. Die Problematik der nicht vollständig veröffentlichten Briefe liegt auf der Hand, da die Auswahl für eine Gesamtbeurteilung eine entscheidende Rolle spielt.

Innerhalb der Briefe selbst sind weitere Unterscheidungen zu treffen. Die mitunter schwierige Unterscheidung zwischen privat und offiziell[28] spielt dabei ebenso eine Rolle wie die Frage, ob die Verfasser von einer möglichen Veröffentlichung ausgehen konnten oder sogar wollten.[29] In dieser Studie muss dann, wenn der Streit um die Auslegung solcher Briefe Teil des wissenschaftlichen Diskurses ist, auch auf solche zweitrangige Quellen eingegangen werden.[30]

Ein wichtiges Problem bildet die Tatsache, dass Bücher und Artikel oft gleichzeitig oder auch im Abstand von vielen Jahren mehrfach erschienen sind. Dies hat Gewicht, selbst wenn keinerlei Veränderungen vorgenommen wurden. Sowohl der Zeitpunkt der Publikation als die Frage, wo der Beitrag erschienen ist, ist von Bedeutung, wenn man die Wirkungsgeschichte einschätzen will.

So wird weitgehend durch den Umfang der Quellenangabe, gegebenenfalls durch Zusätze in Anmerkungen oder im Text selber, bei der Vorstellung einer Publikation auf die Umstände der Entstehung und des Entstehungszeitpunktes, auf den Ort und die Umstände der – gegebenenfalls mehrfachen – Veröffentlichung der Publikationen hingewiesen.

Die genaue Quellenangabe bei Zitaten[31] dient also dazu, Unterschiede in der Textsorte, Entstehung und Wirkungsgeschichte deutlich zu machen.

An dieser Stelle wird die Notwendigkeit einer quellenkritischen Sichtung der Publikationen deutlich (Methode der „Autopsie“).[32] Der akribische Vergleich von zu verschiedenen Zeitpunkten und in verschiedenen Publikationen veröffentlichten Beiträgen erfordert unbedingt den Rückgriff auf die Originale. Es lässt sich in der nachfolgenden Studie an vielen Stellen zeigen,

[28] Brief Sprangers an Papen vom 30.4.1933, Bundesarchiv Koblenz, Nachlass Eduard Spranger, N 1182-27.

[29] „Werfen Sie diese *Briefe* nicht fort. Wenn jemand mein künftiges Schicksal nicht begreifen sollte, hier liegt der *Schlüssel*“, schrieb Spranger am 21.4.1911 an Käthe Hadlich (in: Martinsen, Sylvia/Sacher, Werner (Hrsg.): Eduard Spranger und Käthe Hadlich. Eine Auswahl aus den Briefen der Jahre 1903–1960, Bad Heilbrunn 2002, S. 134, Hervorhebungen im Original).

[30] Wenn der Hauptakzent auf einer Biographieforschung im engen Sinne liegt, ist hingegen verständlich, dass solche Briefwechsel von hohem Wert sein können.

[31] Sämtliche in der vorliegenden Studie zitierten Textstellen wurden behutsam der seit dem 1. August 2006 gültigen deutschen Rechtschreibung angepasst.

[32] Unter der Methode der Autopsie versteht man im Bibliothekswesen und in der Dokumentation das Erfassen von Büchern, Aufsätzen, Artikeln u. ä. anhand vorliegender Originale, um eine Fehlerübernahme von Informationen aus zweiter Hand zu vermeiden. Entsprechend dieser Methode wurden die bibliographischen Angaben der Publikationen der vier Erziehungswissenschaftler aus den Jahren 1933 bis 1945 (soweit nicht anders vermerkt) in der vorliegenden Arbeit und in den Dokumentationen des *Forschungsprojekts ad fontes* nicht aus sekundären Quellen übernommen, sondern anhand der Originalwerke erarbeitet. Siehe dazu auch: Rehm, Margarete: Lexikon Buch, Bibliothek, neue Medien, München/London/New York/Paris 1991, S. 16.

dass unter dem Stichwort „an mehreren Stellen berichtigt" durchaus gravierende inhaltliche Veränderungen vorgenommen wurden.[33]

Es sei aber auch auf jene Fälle hingewiesen, in denen subjektive Interessen eine unwissenschaftliche Bedeutung gewannen, so dass Behauptungen aufgestellt wurden, die leicht zu widerlegen und offensichtlich wahrheitswidrig sind.[34]

[33] So entfernt etwa **Spranger** beim Neuabdruck seines Aufsatzes „Zur Geschichte der Berufsschulpflicht" (ursprünglich in: Die Erziehung, 14. Jg. (1938/39), S. 330–344) im Sammelband „Zur Geschichte der deutschen Volksschule" (Heidelberg 1949) eindeutige Bezüge auf das NS-Regime, indem er die beiden letzten Absätze aus der Fassung von 1939 durch einen neu geschriebenen Absatz ersetzt. Spranger geht in seinem Vorwort von 1949 mit keinem Wort auf die vorgenommenen Veränderungen ein (siehe 1939: S. 344 und 1949: S. 95 f.).

In **Nohls** Schrift „Charakter und Schicksal" wird aus der „Hitlerjugend" (1. Auflage, Frankfurt am Main 1938, S. 178) in der Neuauflage kommentarlos die „Jugendbewegung" (3. Auflage, Frankfurt am Main 1947, S. 175).

Wenigers Schrift „Zur Entwicklungsgeschichte der deutschen Lehrerbildung" (ursprünglich in: Die Erziehung, 8. Jg. (1932/33), S. 685–698) wurde 1952 im Sammelband „Die Eigenständigkeit in Theorie und Praxis" (Weinheim ohne Jahr [1952]) unter dem veränderten Titel „Die Motive der akademischen Bildung des Volksschullehrers" (1952: S. 23–37) mit Veränderungen wiederveröffentlicht. Zu den Veränderungen heißt es im bibliographischen Nachweis: „Die Einleitung ist auf die heutige Situation bezogen worden; an einer Stelle des Textes ist der Bezug auf die damalige Lage fortgelassen" (1952: S. 540). Entsprechend wird aus „bis zur nationalen Revolution" (1933: S. 688) nun „bis heute" (1952: S. 27) und während 1933 von „Volkshochschule und Arbeitslagern" (1933: S. 691) die Rede ist, wird 1952 stattdessen von der „bunten Mannigfaltigkeit" (1952: S. 29) gesprochen.

In **Petersens** „Führungslehre des Unterrichts" schließlich werden aus den „KdF-Reisenden" (Langensalza 1937, S. 49) in späteren Auflagen die „Ferienreisenden" (Weinheim/Basel 1984, S. 45), aus der „Rassenkunde" (1937: S. 116) wird die „Menschenkunde" (1984: S. 117), aus dem „Fahnehissen, der geschlossene Marsch" (1937: S. 86) wird der „Museumsbesuch" (1984: S. 77) und „Mussolini" (1937: S. 201 und S. 303) wird durch „Rom" (1984: S. 178 und S. 180) ersetzt. Petersen schreibt dazu im Vorwort zur dritten Auflage 1951 lediglich: „Die dritte Auflage wurde durchgesehen und an mehreren Stellen berichtigt" (1984: S. 8).

[34] So behauptete etwa **Spranger** 1961 für die Zeit nach seinem Rücktritt wahrheitswidrig: „Publizieren konnte ich fortan eigentlich nur in den Schriften der Akademie." (Spranger, Eduard: Kurze Selbstdarstellung (1961), in: Bähr, Hans Walter/Wenke, Hans (Hrsg.): Eduard Spranger. Sein Werk und sein Leben, Heidelberg 1964, S. 18)

Falsch ist auch Michael Löffelholz' Behauptung, Sprangers Wirkungsradius sei während der NS-Zeit „auf Lehrtätigkeit und wissenschaftliche Arbeiten" beschränkt gewesen (Löffelholz, Michael: Eduard Spranger (1882–1963), in: Scheuerl, Hans (Hrsg.): Klassiker der Pädagogik, Band 2, 2. Auflage, München 1991, S. 260).

Nohl gehört zu den Autoren, die vor 1933 ausdrücklich darauf hingewiesen haben, dass jede Änderung bei einer Neuauflage „wie eine Fälschung meiner Vergangenheit aussehen würde" (Nohl, Herman: Pädagogische Aufsätze, 2. vermehrte Auflage, Langensalza/Berlin/Leipzig 1929, Vorwort). In der zu Nohls Lebzeiten erschienenen dritten Auflage seiner Schrift „Charakter und Schicksal" (Frankfurt am Main 1947) wurde jedoch einiges stillschweigend verändert, insbesondere die drei Fotographien mit der HJ als dritter Stufe der „pädagogischen Bewegung". Das sieht tatsächlich wie eine Fälschung seiner Vergangenheit aus.

Klafki und Brockmann behaupten über die in der NS-Zeit veröffentlichten Grundschriften Nohls: „Soweit es sich um Werke handelt, die *vor* 1945 publiziert wurden, sind sie nach der NS-Zeit unverändert oder erweitert wieder aufgelegt worden. Ausdrückliche Bezüge auf den Nationalsozialismus tauchen in diesen Büchern nicht auf." (Klafki, Wolfgang/Brockmann, Johanna-Luise: Geisteswissenschaftliche Pädagogik und Nationalsozialismus. Herman Nohl und seine „Göttinger Schule" 1932–1937, Weinheim/Basel 2002, S. 311, Hervorhebung im Original) Eine solche den Tatsachen widersprechende Äußerung ist sachlich nicht erklärbar.

In einem Brief aus dem Jahr 1952 schreibt **Weniger** zu seiner Schrift „Die geistige Führung der Truppe" (1942): „Ich habe es flüchtig noch einmal angesehen und nichts gefunden, was nicht seine Gültigkeit behalten hat, wenn es auch natürlich in unsere Verhältnisse übertragen werden muss." (zitiert nach: Beutler, Kurt: Die militärpädagogische Publikations- und Beratertätigkeit Erich Wenigers nach dem Zweiten Weltkrieg, in: Hoffmann, Dietrich/Neumann, Karl (Hrsg.): Bildung und Soldatentum. Die Militärpädagogik Erich Wenigers und die Tradition der Erziehung zum Kriege, Weinheim 1992, S. 157)

Noch weitergehender behauptet Weniger nach 1945 im Rahmen seines Entnazifizierungsverfahrens: „Man wird in meinen militärischen Schriften nichts finden, was auf Militarismus deutet, und nichts, was irgendeine Zustimmung zum Nationalsozialismus enthält." (Niedersächsische Staats- und Universitätsbibliothek Göttingen, Abteilung für Handschriften und seltene Drucke, Cod. Ms. E. Weniger 5/23)

Petersen gibt am 2. Dezember 1948 eine Erklärung ab, in der es heißt: „Dass ich deswegen jeden Vorwurf eines Nazismus in meinem Verhalten oder in meinem Schrifttum als böswillige Verleumdung mit Entschiedenheit zurückweise ist nur natürlich." (zitiert nach: Kluge, Barbara: Peter Petersen. Lebenslauf und Lebensgeschichte. Auf dem Weg zu einer Biographie, Heinsberg 1992, S. 173)

Dokumente aus Archiven, die als Auszüge aus Akten bezeichnet werden können, spielen in der vorliegenden Studie eine untergeordnete Rolle und wurden lediglich als Hintergrundmaterial in den *Dokumentationen ad fontes* in Anhängen zur Verfügung gestellt und besprochen. Denn in erster Linie geht es in dieser Studie um die Wirkung der Publikationen der vier Erziehungswissenschaftler in der NS-Zeit.

b) Materielle und formale Ergebnisse des Forschungsprojekts

Zwischen Januar 2006 und Dezember 2007 wurden vier Forschungsberichte und Dokumentationen zu den Schriften und Artikeln von Peter Petersen, Herman Nohl, Eduard Spranger und Erich Weniger vorgelegt. Der Schwerpunkt lag zunächst auf der Sichtung, Einschätzung und Dokumentation aller Schriften aus der NS-Zeit. Außerdem wurden die Grundschriften der vier Autoren sowie ihre Publikationen nach 1945 – soweit sie sich auf die NS-Zeit bezogen oder sonst herausragend waren – vorgestellt und in die Forschungsberichte mit einbezogen.

Hinzu kamen insbesondere bei Herman Nohl, Eduard Spranger und Erich Weniger jeweils sehr umfangreiche Literaturberichte, die die Wirkungsgeschichte der Autoren bis heute beleuchten.[35]

Es liegen folgende Dokumentationen der Publikationen aus der NS-Zeit – mit Einschätzungen und Synopsen – vor:

Eduard Spranger:	1044 Seiten, DIN A4,	davon 836 Seiten Dokumente
Herman Nohl:	596 Seiten, DIN A4,	davon 456 Seiten Dokumente
Erich Weniger:	665 Seiten, DIN A4,	davon 540 Seiten Dokumente
Peter Petersen:	698 Seiten, DIN A4,	davon 588 Seiten Dokumente

c) Bibliographien, Sammelbände und die Frage der Werksausgaben der vier Erziehungswissenschaftler

In allen vier Fällen lagen ausführliche Bibliographien vor, die nur in Einzelheiten korrigiert oder ergänzt werden mussten. In keinem der vier Fälle lag eine Gesamt- oder Werksausgabe vor. Die durch das *Forschungsprojekt ad fontes* zusammengestellten Publikationen aus der NS-Zeit enthalten öffentliche propagandistische Stellungnahmen für den NS-Staat.

Diese das NS-System unterstützenden Positionen der vier (nicht in der NSDAP organisierten) Erziehungswissenschaftler wären durch vollständige Werksausgaben angesichts der offenkundigen Widersprüche zu den biographischen Selbstdarstellungen der Autoren nach 1945 zum Gegenstand von Diskussionen geworden. An Stelle von vollständigen Werksausgaben entstanden nach 1945 bzw. nach dem Tod der Autoren Sammelbände verschiedener Art, in denen

Zum Tode Petersens äußerte sich die Universität Jena (DDR) in kaum fassbarer Apologie wie folgt: „Dass ein Mann, der so viel vom Ausland, gerade auch vom sonst wenig besuchten Ausland kennengelernt hat wie er, von nationalsozialistischer Einstellung frei ist, und in solchem Geist auf die Jugend einwirken kann, ist eine Selbstverständlichkeit." (zitiert nach: Kaßner, Peter: Peter Petersen: Politische und pädagogische Handlungsfelder, in: Rülcker, Tobias/Kaßner, Peter (Hrsg.): Peter Petersen: Antimoderne als Fortschritt? Erziehungswissenschaftliche Theorien und pädagogische Praxis vor den Herausforderungen unserer Zeit, Frankfurt am Main/Bern/New York/Paris 1992, S. 45 f.)

[35] Zu Peter Petersen hat Torsten Schwan inzwischen einen sehr umfangreichen Literaturbericht bis 1984 vorgelegt: Schwan, Torsten: Die Petersen-Rezeption in der Bundesrepublik Deutschland 1948 bis 1960. Die Darstellung und Resonanz Peter Petersens und des Jenaplans im Spannungsfeld von Pädagogik und Schulreform (Braunschweiger Arbeiten zur Schulpädagogik, Band 17), Braunschweig 2000 und Schwan, Torsten: Die Petersen-Rezeption in der Bundesrepublik Deutschland 1960 bis 1984. Die Jenaplan-Pädagogik zwischen „defensiver Rezeption" und einsetzender „Petersen-Kritik", Frankfurt am Main/Berlin/Bern/Brüssel/New York/Oxford/Wien 2007.

lediglich einzelne Aufsätze und Artikel aus der NS-Zeit, die in der Regel keine massiven NS-Formulierungen enthalten, aufgenommen wurden.[36]

Da diese Veröffentlichungen gut zugänglich sind, wurden sie in die Dokumentation lediglich als Titelblatt faksimiliert aufgenommen und die entsprechende Quelle wurde festgehalten. Dadurch wird dennoch deutlich, zu welchen Themen, in welchem Umfang und in welchen Publikationen die vier Erziehungswissenschaftler in der NS-Zeit publiziert haben.

Bei der Zusammenstellung der in der NS-Zeit publizierten Artikel und Arbeiten der vier Erziehungswissenschaftler wurde zunächst von den vorhandenen Bibliographien[37] ausgegangen, aber auch weitere in der Sekundärliteratur angesprochenen Publikationen als Punkt der Recherche aufgenommen.

Im Rahmen des *Forschungsprojekts ad fontes* wurden dann – da es vor 1945 keine deutschlandweite Abgabepflicht für alle Zeitungen und Zeitschriften gab – über die heute verfügbaren elektronischen Recherchemöglichkeiten Zeitungen, Zeitschriften und Inhaltsverzeichnisse vor allem jener Zeitschriften beschafft, in denen die vier Autoren häufiger publiziert haben. Die Dokumente (Faksimile oder Originale) wurden mit der bibliographischen Methode der „Autopsie" einzeln durchgesehen, Fehler in den bisherigen Bibliographien dadurch korrigiert und die vier Dokumentationen auf diese Weise zusammengestellt.[38] Nach jetzigem Kenntnisstand handelt es sich nunmehr um eine nahezu lückenlose bibliographische und fotomechanische Erfassung der Publikationen nach 1945. Auch bei jenen Arbeiten aus der NS-Zeit, die

[36] Eduard Sprangers Werke wurden in elf Bänden im Rahmen der „Gesammelte Schriften" in der Zeitspanne von 1969 bis 1980 herausgegeben. Die Bände wurden nicht chronologisch, sondern thematische sortiert. In den elf Bänden sind insgesamt dreißig Artikel aus der NS-Zeit mit einem Umfang von ca. 700 Seiten enthalten. Bei acht davon handelt es sich allerdings um in der NS-Zeit entstandene Manuskripte, die im Rahmen der „Gesammelten Schriften" erstmals veröffentlicht wurden mit einem Umfang von ca. 150 Seiten.

Erich Wenigers Publikationen wurden in drei Sammelbänden nach seinem Tod herausgeben und enthalten nur Auszüge geringen Umfangs (ca. 120 Seiten) aus seinen Publikationen aus der NS-Zeit.

In dem von Herman Nohl 1949 selbst herausgegebenen Sammelband „Pädagogik aus dreißig Jahren" befindet sich lediglich ein in der NS-Zeit entstandener Text, der jedoch erst nach der NS-Zeit publiziert wurde. In sämtlichen anderen Nohl-Sammelbänden nach 1945 fehlen seine Beiträge aus der NS-Zeit völlig (vgl. insbesondere den 1970 von Bollnow herausgegebenen Sammelband „Die Deutsche Bewegung").

Von Peter Petersen schließlich liegen nach 1945 überhaupt keine Sammelbände seiner Aufsätze vor.

[37] Neu, Theodor: Bibliographie Eduard Spranger, Tübingen 1958 und Englert, Ludwig/Mursch, Siegfried: Bibliographie Eduard Spranger 1957–1962, in: Pädagogische Rundschau. Monatsschrift für Erziehung und Unterricht, 16. Jg. (1962), Heft 7–8, S. 631–644.

Weniger, Erich/Ahrens, Elisabeth/Wedemeyer, Irmgard: Bibliographie Herman Nohl zu seinem 75. Geburtstag am 7. Oktober 1954, Weinheim 1954 und Offermann, Joseph: Bibliographie Herman Nohls, in: Nohl, Herman: Ausgewählte pädagogische Abhandlungen. (Schöninghs Sammlung pädagogischer Schriften: Quellen zur Geschichte der Pädagogik), Paderborn 1967, S. 142–150.

Schwenk, Bernhard/Schwenk, Helga: Bibliographie Erich Weniger, in: Dahmer, Ilse/Klafki, Wolfgang: Geisteswissenschaftliche Pädagogik am Ausgang ihrer Epoche – Erich Weniger, Weinheim/Berlin 1968, S. 299–322.

Stallmeister, Walter: Literaturdokumentation Peter Petersen, Jenaplan, Erziehungswissenschaft in Jena 1923–1952. (Veröffentlichungen der Universitätsbibliothek Hagen, Band 2), Hagen 1999.

[38] Recherchiert man etwa den Petersen-Aufsatz „Luther, der Auf-Rührer" (in: Heimat und Arbeit, 12. Jg. (1939), S. 142–150), der in der Bibliographie von Stallmeister verzeichnet ist, stößt man darauf, dass Petersen ständiger Mitarbeiter dieser „Führerzeitschrift des Reichsarbeitsdienstes" war. Es bestand also Anlass zu der Annahme, dass Petersen in der NS-Zeit noch weitere Aufsätze in dieser Zeitschrift veröffentlicht hat, obwohl nur der eben genannte bei Stallmeister verzeichnet ist. Daher wurden sämtliche Jahrgänge der Zeitschrift ab 1933 eingesehen. Dabei sind die Inhaltsverzeichnisse der einzelnen Hefte und Jahrgänge nur bedingt hilfreich (ähnlich wie bei der „Erziehung" und anderen Zeitschriften aus dieser Zeitspanne), da besonders kleinere Beiträge oder Rezensionen teils ohne Angabe des Autors, teils gar nicht in den Inhaltsverzeichnissen angeführt sind. Bei einer genauen Durchsicht der Jahrgänge stößt man nicht nur auf eine Fülle kleinerer und größerer Rezensionen Petersens (der noch im letzten erschienenen Heft der Zeitschrift, Heft 3 des 16. Jahrgangs 1943, eine etwa halbseitige Rezension veröffentlichte), sondern auch auf die beiden gewichtigen Aufsätze „Rassische Geschichtsbetrachtung" (in: Heimat und Arbeit. Monatshefte für pädagogische Politik, 13. Jg. (1940), Heft 8, S. 218–221) und „Es gibt rassische Hochwertigkeit. Sie verpflichtet!" (in: Heimat und Arbeit. Monatshefte für pädagogische Politik, 14. Jg. (1941), Heft 2, S. 38–41).

heute durch neu gesetzte Nachdrucke leicht verfügbar sind, wurden die Originale recherchiert, mit den nach 1945 publizierten Fassungen verglichen und nicht gekennzeichnete Abweichungen, sofern sie nicht eindeutig formaler Art waren, meist in Fußnoten festgehalten oder die Veränderungen in Synopsen dokumentiert.

d) Zu den in der NS-Zeit erschienenen Monographien der vier Erziehungswissenschaftler

Eduard Spranger hat seine Monographien und grundlegenden Schriften weitgehend vor 1933 verfasst. Hier konzentriert sich die Analyse seiner Publikationen in der NS-Zeit auf Aufsätze, Artikel und kleinere Publikationen.

Nohl, Weniger und Petersen haben dagegen in der NS-Zeit größere Arbeiten und Monographien publiziert. Hier entstanden bei den Nachdrucken nach 1945 Probleme in unterschiedlichem Ausmaß:

Bei Herman Nohls Schrift „Charakter und Schicksal“ (1. Auflage 1938) wurde, wie sich zeigen läßt, manipulativ und ohne eindeutige Hinweise der NS-Jargon bei den Neuauflagen nach 1945 teilweise entfernt. Da es sich bei den Veränderungen sowohl um drei Fotos (eines davon zeigt die HJ) als auch um einen in sich geschlossenen Teil des Textes (der Abschnitt „Die Rassen- und Völkerunterschiede“) handelt, wurde vom *Forschungsprojekt ad fontes* nicht das gesamte Buch, sondern lediglich die entsprechenden Teile faksimiliert,[39] die bis 1970 in den Neuauflagen des Buches nicht mit aufgenommen wurden (die zuletzt erschienene Auflage von 1970 ist bis heute lieferbar).

Die 1932 zunächst für das von Pallat herausgegebene „Handbuch der Pädagogik“ entstandene Schrift „Die Pädagogische Bewegung in Deutschland und ihre Theorie“ enthielt in der 2. Auflage von 1935 ein gesondertes Vorwort und Nachwort, das faksimiliert wurde.[40] Das Werk als Ganzes, vor der NS-Zeit entstanden, ist in einer Neuauflage von 2002 gut erhältlich.

Drei der in der NS-Zeit erstmalig erschienenen Monographien – „Die ästhetische Wirklichkeit“ (Frankfurt am Main 1935), „Einführung in die Philosophie“ (Frankfurt am Main 1935) und „Die sittlichen Grunderfahrungen“ (Frankfurt am Main 1939) – sind alle nach 1945 erneut publiziert worden und allgemein zugänglich.[41] Veränderungen an den Auflagen nach der NS-Zeit im Vergleich zu den Auflagen in der NS-Zeit finden sich bis auf untergeordnete stilistische Kleinigkeiten und Umstellungen kaum. Auch diese Texte wurden nicht faksimiliert.

Erich Wenigers größtes Werk, „Wehrmachtserziehung und Kriegserfahrung“ aus dem Jahr 1938, wurde, wenn auch verkleinert, mit seinen 320 Seiten vollständig in der *Dokumentation ad fontes Weniger* abgedruckt und somit erstmals seit der NS-Zeit wieder zugänglich gemacht.[42] Seine zweite große Publikation aus der NS-Zeit, „Goethe und die Generale“ (Leipzig 1942), wurde 1959 unverändert neu aufgelegt und daher nicht faksimiliert.

Bei Peter Petersens Schrift „Führungslehre des Unterrichts“ (1. Auflage 1937) ergaben sich die größten Probleme. Bei den mehrfachen Nachdrucken nach 1945 wurde versucht, den Text von einer Fülle nazistischer Formulierungen zu reinigen – wie durch eine Synopse gezeigt

[39] *[Dokumentation ad fontes Nohl: S. 379–390]*

[40] *[Dokumentation ad fontes Nohl: S. 369–378]*

[41] „Die ästhetische Wirklichkeit“ zuletzt in der 4. Auflage, Frankfurt am Main 1973, „Die sittlichen Grunderfahrungen“ zuletzt in der 3. Auflage, Frankfurt am Main 1949. Die „Einführung in die Philosophie“ wurde nach 1945 unverändert bis zur 9. Auflage (Frankfurt am Main 1998) in über 25.000 Exemplaren (Angabe in der achten Auflage, Frankfurt am Main 1977) nachgedruckt. Die Ausgabe von 1998 (mit einem Geleitwort von Hartmut von Hentig) ist weiterhin lieferbar.

[42] *[Dokumentation ad fontes Weniger: S. 393–474]*

werden konnte.[43] Sämtliche Veränderungen wurden durch die Synopse dokumentiert, jedoch nicht der gesamte Text faksimiliert.[44]

Anders lagen die Dinge bei „Pädagogik der Gegenwart" (2. Auflage 1937, 1. Auflage unter dem Titel „Pädagogik" 1932). Der Text von 1937 ist faksimiliert nachgedruckt erhältlich.[45] Hier wurden die NS-spezifischen Veränderungen zwischen den Auflagen von 1932 und 1937 in einer Synopse dokumentiert, jedoch nicht der gesamte Text abgedruckt.[46]

Auch bei einem Vergleich der verschiedenen Auflagen des „Kleinen Jena-Plans" vor, während und nach der NS-Zeit erhellt eine Synopse die Positionierung Petersens.[47] Hier wurde lediglich die Einleitung zur Neuherausgabe des „Kleinen Jena-Plans" (5./6. Auflage 1933/34) faksimiliert.[48]

e) Zu allen in der NS-Zeit verfassten und dokumentierten Publikationen der vier Erziehungswissenschaftler

Durch die benannten Besonderheiten bei den Monographien und bei jenen zwischen 1933 und 1945 verfassten kleineren Publikationen, die nach 1945 in Sammelbänden erneut erschienen sind, ergeben sich bei einer rein quantitativen Analyse der veröffentlichten Publikationen in der NS-Zeit Verschiebungen. Aber die Zahl der veröffentlichten Publikationen, die nicht ohne Aussagekraft ist, ist nicht entscheidend. Vorrangig gilt es festzuhalten, zu welchen Themen, mit welchen Inhalten, in welchem Rahmen und in welchen Zeitspannen publiziert wurde. Eine weitere entscheidende Frage ist, inwieweit sich eine das NS-Regime unterstützende Haltung ganz offensichtlich (oder in abgeschwächter Form) nachweisen lässt und inwieweit sich Widersprüche zur NS-Ideologie und -Politik aufzeigen lassen.

Im Folgenden werden zunächst die Themen, der Umfang und die Anzahl der in der NS-Zeit veröffentlichten Publikationen der vier Erziehungswissenschaftler knapp vorgestellt:

Eduard Spranger hat mit Abstand am meisten und am umfangreichsten in der NS-Zeit publiziert. Unter den immerhin 144 Publikationen in der NS-Zeit – darunter noch zehn Aufsätze und Artikel aus dem Jahr 1944 – befinden sich eine Fülle von kleinen Artikeln und Rezensionen in verschiedenen erziehungswissenschaftlichen Zeitschriften, aber auch größere Aufsätze in der Zeitschrift „Die Erziehung", die Spranger 1937 bis 1943 herausgab. Etwa 20 Veröffentlichungen davon wurden in seinen „Gesammelten Schriften" oder anderen Sammelbänden nach 1945 erneut publiziert. Seine Publikationstätigkeit in großen Tages- und Wochenzeitungen („Deutsche Allgemeine Zeitung", „Berliner Lokal-Anzeiger", „Kölnische Zeitung", „Das Reich") hielt bis 1944 an.

Thematische Höhepunkte sind die für die Preußische Akademie der Wissenschaften verfassten größeren, methodisch anspruchsvollen Arbeiten „Zur geistigen Lage in Deutschland" (1933), „Probleme der Kulturmorphologie" (1936), „Hegel über Sokrates" (1938), „Aus Friedrich Fröbels Gedankenwelt" (1939) sowie die mehrteilige historische Arbeit über die „Geschichte der Schulpflicht in Deutschland" (1938/39 in der Zeitschrift „Die Erziehung").

---

[43] Siehe in der *Dokumentation ad fontes Petersen* die Synopse S. 644–660. Hier werden 25 Textveränderungen aufgezeigt und analysiert.

[44] Die zuletzt erschienene Neuausgabe des Beltz Verlags aus dem Jahr 1984 ist weiterhin lieferbar.

[45] Petersen, Peter: Pädagogik der Gegenwart (Faksimile-Reprint der 2. Auflage 1937), Weinheim/Basel 1973.

[46] Siehe in der *Dokumentation ad fontes Petersen* die Synopse S. 661–680. Auch hier werden 25 gravierende Veränderungen dokumentiert.

[47] Siehe in der *Dokumentation ad fontes Petersen* die Bemerkungen mit kurzer Synopse S. 641–643.

[48] 2007 erschien eine „überarbeitete Auflage" des Beltz Verlags.

Die Vielfalt der Themen, der Textsorten und der Art der Publikationen (bis hin zu einer Veröffentlichung in der Zeitschrift „Die Deutsche Polizei“, einem Organ der SS) erschweren eine akzentuierte Zusammenfassung.

Die bekannten Aufsätze „März 1933“ (1933) und „Die Epochen der politischen Erziehung in Deutschland“ (1938) in der Zeitschrift „Die Erziehung“, in denen Spranger seine Haltung zum NS-Regime darlegt, sowie seine Reden in Japan, aber auch der Artikel „Politik aus dem Glauben“ (1933) sind politisch die gravierendsten Positionierungen Sprangers, der noch bis 1944 die Kriegsanstrengungen des NS-Staates unter Berufung auf Fichte unterstützte.[49]

Von Herman Nohl wurden in der NS-Zeit 25 Artikel, Aufsätze und Bücher veröffentlicht – außer dem bereits 1932 verfassten Beitrag zum „Handbuch der Pädagogik“ alle bedeutenden Schriften Nohls überhaupt. „Charakter und Schicksal“ (1938) und die Schrift „Die sittliche Grunderfahrungen“ (1939) waren seine beiden letzten größeren Arbeiten.

Im Mittelpunkt der Nohl’schen Versuche um Nähe zum und Distanz vom NS-Staat steht die von ihm selbst als Manuskript publizierte Vorlesung 1933/34. Hier finden sich deutlicher als an anderer Stelle jene Gedankengänge, die das entscheidende Foto mit der Hitlerjugend als Symbol des dritten Stadiums der „pädagogischen Bewegung“ (in „Charakter und Schicksal“, 1938) erst verständlich machen.

Nohl veröffentlichte noch bis 1944 sechsmal in großen Tageszeitungen („Frankfurter Zeitung“, „Deutsche Allgemeine Zeitung“), hauptsächlich aber kleinere Artikel und Rezensionen in verschiedenen pädagogischen Zeitschriften.[50]

So ergibt sich ein übersichtliches Bild: Inhaltlich wurde die 1932 verfasste Schrift „Die pädagogische Bewegung in Deutschland und ihre Theorie“ mit deutlich nationalsozialistischem Vokabular im Vor- und Nachwort 1935 erneut aufgelegt. Neben drei allgemein gehaltenen Schriften zur Philosophie, Ästhetik und Ethik erschien dann nach Nohls Emeritierung im Jahre 1937 sein Buch „Charakter und Schicksal“ (1938). Am Bedeutsamsten ist die ausführliche Argumentation Nohls im 1933/34 verfassten und als Vervielfältigung auf 1940 datierten Vorlesungsmanuskript „Über die Grundlagen der nationalen Erziehung“. Die Mehrheit der kleineren Artikel behandelt historische oder ästhetische Spezialfragen.[51]

---

[49] Neben den beiden deutschsprachigen eigenständigen Publikationen seiner Vorträge in Japan („Über Land und Volk Deutschlands“ und „Gruß an die japanische Jugend“, beide Tokio 1937), die nicht in der Spranger-Bibliographie von Theodor Neu (Tübingen 1958) enthalten sind, sticht besonders der Artikel „Politik aus dem Glauben“ (1933, ebenfalls nicht in der Bibliographie von Neu enthalten) durch seine extreme Unterstützung der Politik Hitlers hervor.

Eine Überraschung war auch, dass der Artikel „Selbsterziehung“ (1943) nicht nur in der NS-Zeitung „Das Reich“ erschienen ist, sondern auch in einer weiteren Fassung, die in der Bibliographie von Neu nicht verzeichnet ist: in der Zeitschrift „Die Deutsche Polizei. Ausgabe für Sicherheitspolizei und SD, herausgegeben im Auftrag des Reichsführers SS und Chefs der Deutschen Polizei vom Kameradschaftsbund der Deutschen Polizei“.

Besondere Aufmerksamkeit verdient außerdem Sprangers „Geleitwort“ zu Fichtes „Reden an die deutsche Nation“, in dem er noch 1943 den „‚Charakter des Kriegers‘, der sich zu opfern weiß für den Staat“, propagiert und von einer „Weltwende“ spricht, die „die Stunde der Deutschen“ bringen werde.

Erstmals veröffentlich wird in der *Dokumentation ad fontes Spranger* (S. 1011–1034) das Manuskript eines Vortrags Sprangers im Reichskriegsministerium aus dem Jahr 1935 mit dem Titel „Seelische Faktoren im Kriege“. In diesem Vortrag beteiligt sich Spranger unmissverständlich an der Vorbereitung des Zweiten Weltkriegs.

[50] Der Aufsatz „Gedanken für die Erziehungstätigkeit des Einzelnen mit besonderer Berücksichtigung der Erfahrungen von Freud und Adler“ ist in den Nohl-Sammelbänden „Jugendwohlfahrt. Sozialpädagogische Vorträge“ (Leipzig 1927, S. 71–83) und „Pädagogik aus dreißig Jahren“ (Frankfurt am Main 1949, S. 151–160) enthalten. Die Behauptung in der Nohl-Bibliographie von Weniger, Ahrens und Wedemeyer, dass ein Aufsatz ähnlichen Titels 1938 erschienen sein soll (Erziehungsgedanken für die Erziehungstätigkeit des Einzelnen mit besonderer Berücksichtigung der Erfahrungen von Freud und Adler, in: Schriftenreihe der Vereinigung für Jugendgerichte und Jugendgerichtshilfen, Deutsche Zentrale für Jugendfürsorge, Jg. 1938, Heft 9, S. 3 ff.), erwies sich als unrichtig. In der späteren Nohl-Bibliographie von Offermann findet sich daher auch kein Hinweis mehr auf diesen Aufsatz.

[51] Das in der Disziplin der Erziehungswissenschaft heftig diskutierte Vorlesungsmanuskript Nohls (Klafki, Zimmer, Gran) wird in der *Dokumentation ad fontes Nohl* erstmals faksimiliert und zur besseren Lesbarkeit auch als Abschrift

Bei Erich Weniger dominieren die kriegspädagogischen Schriften. Unter den immerhin gut 100 Publikationen überwiegt zahlenmäßig eine Fülle kleiner Buchbesprechungen (teils unter dem Pseudonym Lorenz Steinhorst) für erziehungswissenschaftliche Zeitschriften, darunter auch für „Die Erziehung". Aber auch hier nehmen die Besprechungen militärpädagogischer Schriften einen großen Raum ein. Bezüge auf Goethe betreffen die Haltung Goethes zu den Generälen der „Freiheitskriege". 1938 erschien die Schrift „Wehrmachtserziehung und Kriegserfahrung", Wenigers größte Schrift in der NS-Zeit.

Neben kleineren theoretischen Beiträgen[52] über Dilthey und Schleiermacher sind zudem noch einige geschichtliche Arbeiten zum Frühmittelalter und zur altgermanischen Erziehung sowie zu Friedrich dem Großen erschienen. Anders als bei Spranger, Petersen und insbesondere Nohl lässt sich bei Weniger beobachten, dass der NS-Jargon im Verlauf des Krieges – in sich logisch, da Weniger am 1.1.1944 NS-Führungsoffizier wurde – in seinen sogenannten „militärpädagogischen" Schriften zunimmt.[53]

Bei Peter Petersen ergibt sich folgendes Bild: Von den 50 Publikationen in der NS-Zeit behandelt etwa ein Drittel den Jena-Plan und schulpraktische Fragen. Vier Veröffentlichungen beschäftigen sich mit religionspädagogischen Fragen, zwei längere, eigenständig publizierte Beiträge mit Luther (1938) und Fröbel (1942).

Herausragend ist die 1937 erschienene Monographie „Die Führungslehre des Unterrichts", aber auch die zweite Auflage der „Pädagogik der Gegenwart" (1937) mit dem bereits erwähnten neu verfassten Schlussteil zur aktuellen NS-Pädagogik. Die entscheidenden im NS-Jargon verfassten Aufsätze „Bedeutung und Wert des Politisch-Soldatischen für den deutschen Lehrer und unsere Schule" und „Die psychologische Bedeutung der politischen Symbole" erschienen beide 1934, der Aufsatz „Die erziehungswissenschaftlichen Grundlagen des Jenaplanes im Lichte des Nationalsozialismus" im Jahr 1935.

In den Jahren 1943 und 1944 stechen neben kleineren Artikeln, Rezensionen und Vorworten[54] Petersens Arbeiten „Die Wissenschaft im Dienst des Lebens" (1943) und „Jesuitenerziehung" (1944) hervor. Von einem „Publikationsverbot" kann also keine Rede sein. In der Tat lässt sich aber mit Ende des Jahres 1937 ein gewisser Einschnitt feststellen; die „Führungslehre des Unterrichts" aus diesem Jahr ist Petersens letzte größere Buchveröffentlichung in der NS-Zeit.[55]

---

zur Verfügung gestellt. Die Angaben Nohls über seine Mitgliedschaft in der SS wurden bereits von Gran veröffentlicht und für die *Dokumentation ad fontes Nohl* übernommen.

[52] Zwei kleinere Beiträge aus der „Frankfurter Zeitung" und der „Rhein-Mainischen Volkszeitung" konnten trotz intensiver Recherche in verschiedenen Bibliotheken noch nicht nachgewiesen werden: Weniger, Erich (unter dem Pseudonym Lorenz Steinhorst): Rezension: Staat und Erziehung (über: Gerhard Giese: Staat und Erziehung. Grundzüge einer politischen Pädagogik und Schulpolitik, Hamburg 1933), in: Rhein-Mainische Volkszeitung und Handelsblatt, 65. Jg. (1935), Nr. 26 (31.1.1935) und Weniger, Erich (unter dem Pseudonym Lorenz Steinhorst): Frühlingsreise ins Fränkische, in: Frankfurter Zeitung und Handelsblatt, Stadtausgabe, 79. Jg. (1934/35), 2.5.1935.

[53] Von Interesse ist in diesem Zusammenhang insbesondere Wenigers Artikel zu Berthold Ottos Tod aus der „Frankfurter Zeitung" (1933), in dem Otto posthum zum Nationalsozialisten erklärt wird, sowie der Artikel „25 Jahre" (1939) aus der Zeitschrift „Die Nassauische Artillerie", in dem Weniger ungeniert den Überfall auf Polen rechtfertigt. Der in der Disziplin der Erziehungswissenschaft heftig umstrittene Beitrag „Die geistige Führung der Truppe" (1942/44) wird in der *Dokumentation ad fontes Weniger* – ebenso wie die Monographie „Wehrmachtserziehung und Kriegserfahrung" (Berlin 1938) – erstmals nach 1945 vollständig wiederveröffentlicht. Wenigers im Handschriftenarchiv der Universitätsbibliothek Göttingen aufgefundener Vortrag „Der Krieg als Schicksal und Aufgabe" vor der Feldkommandantur in St. Cloud am 12. April 1944 enthält, wie zu zeigen sein wird, eine klare antisemitische Position.

[54] Lediglich der Aufsatz „Schulklasse oder Schülergruppe?" (in: Die Deutsche Schule, September 1936) konnte nicht nachgewiesen werden. Dieser in der Petersen-Bibliographie von Stallmeister angeführte Aufsatz ist im genannten Jahrgang der Zeitschrift „Die Deutsche Schule" nicht enthalten.

[55] Unter inhaltlichen und bibliographischen Gesichtspunkten von Bedeutung sind die beiden nicht in der Bibliographie von Stallmeister enthaltenen, im Rahmen des *Forschungsprojekts ad fontes* aufgefundenen Aufsätze aus der zentralen Zeitschrift des Reichsarbeitsdienstes („Heimat und Arbeit"), nämlich „Rassische Geschichtsbetrachtung" (1940) und „Es gibt rassische Hochwertigkeit. Sie verpflichtet!" (1941). Wie schon die Titel sagen, propagiert Petersen hier noch sehr spät offen die NS-Rassenideologie. Erstmals im Rahmen des *Forschungsprojekts ad fontes* vollständig veröffent-

* * *

So ergeben sich bei allen Gemeinsamkeiten doch formal auch einige Unterschiede in Umfang, Themenwahl und Wirkungsrad der publizistischen Tätigkeit der vier Erziehungswissenschaftler in der NS-Zeit. Es wird vor allem darauf ankommen, in der inhaltlichen Analyse der Publikationen jene Übereinstimmungen in Denkmustern herauszuarbeiten, die deutlich machen, dass es nicht allein um biographische Besonderheiten geht.

Es existiert bei den nicht in der NSDAP organisierten Erziehungswissenschaftlern eine Art Konzept, mit einem autoritären Programm des Nationalismus und Militarismus, in dem Elemente des Antisemitismus, der Eugenik und des Rassismus keinesfalls ausgeschlossen sind. Dieses Konzept wird unter Berufung auf große Pädagogen, vor allem aber auf „große Deutsche" vorgestellt; es ist gegen Aufklärung und Rationalität, Liberalismus und Individualismus gerichtet. Die Erziehungswissenschaftler konstruieren die Vorstellung einer angeblich in sich geschlossenen „Pädagogische Bewegung" in Deutschland, die in der NS-Zeit weitgehend ihren eigentlichen Höhepunkt durch Geschlossenheit, Befehl und Gehorsam, Disziplin, Volksgemeinschaft, Dienen und „gläubiges Schauen" erreicht habe.

5. Zum Aufbau der vorliegenden Studie

Um die Grundprobleme in der Beurteilung der vier Erziehungswissenschaftler herauszuarbeiten, wird in einem ersten Schritt der Stand der Forschung zusammengefasst. Dabei wird innerhalb der chronologischen Darstellung der thematische Schwerpunkt auf die Problematik der Erziehungswissenschaft in der NS-Zeit gelegt. Die Entwicklung der Forschung zeigt, dass gerade in den letzten fünfzehn Jahren auf diesem Gebiet große Fortschritte gemacht wurden, obwohl die Debatte schon für beendet erklärt worden war.

Im ersten Teil der Arbeit (Teil A: Zur Problematik der vier Erziehungswissenschaftler) werden dann im Kontext einer Darstellung des heutigen Forschungsstands kurz die Biographien der vier Erziehungswissenschaftler, vor allem aber ihre grundlegenden Schriften vorgestellt, die weitgehend vor 1933 konzipiert bzw. veröffentlicht wurden. Dabei entsteht das strukturelle Problem, dass Nohl die Mehrheit seiner Grundschriften in der NS-Zeit verfasst hat, Petersen seine „Führungslehre" 1937 geschrieben hat und Weniger seine großen militärpädagogischen Schriften ebenfalls 1938 und später verfasst hat. Schon hier zeigt sich, dass eine strikte Trennung von Grundschriften und Publikationen in der NS-Zeit nicht durchführbar ist. Insofern werden einige der Grundschriften bzw. bestimmte Teile und für die NS-Zeit hinzugefügte Abschnitte im zweiten Teil der Arbeit nochmals behandelt oder neu vorgestellt. Der Sinn der gesonderten Behandlung der Grundschriften ist vor allem, die gesamte Denkweise und die grundlegenden Positionen dieser vier Erziehungswissenschaftler, ihr Konzept der „relativen Autonomie der Pädagogik", ihr Konzept der Erziehung zwischen zwei Polen, insbesondere zwischen Individuum und Gemeinschaft, Führen und Wachsenlassen, Befreien und Binden usw. verständlich vorzustellen.

---

licht wurde auch der Bericht über die Vortragsreise Petersens in Südafrika (1937) und eine Reihe von Rezensionen (aus den Zeitschriften „Blut und Boden" und „Heimat und Arbeit") mit klar antisemitischer Akzentsetzung.

Die vier in spanischer Sprache erschienenen Beiträge aus den Jahren 1933, 1934, 1936 und 1941 wurden der Vollständigkeit halber dokumentiert, wobei lediglich der Aufsatz „Die Pädagogik im neuen Deutschland" aus dem Jahr 1941 besondere Aufmerksamkeit verdient. Hier erklärt Petersen der pädagogischen Öffentlichkeit des faschistischen Spaniens die Rolle Hitlers und der NSDAP: „Die traurige Situation, in welche die Nation gebracht worden war, konnte nur korrigiert werden, indem eine aktive und entschlossene Minderheit ihren unaufhaltsamen Tatendrang in den allerhöchsten Dienst der nationalen Gemeinschaft stellte, deren Interesse sich über alle Rücksichtnahmen und Bedenken hinwegsetzen musste; Hitler war der große Führer dieser nationalen Rettungsbewegung und die Nationalsozialistische Partei, die angeführt wird vom jugendlichen Feuer der SA (‚Secciones de Asalto'), dem hervorragenden Instrument der deutschen Erlösung." (Petersen, Peter: La Pedagogía en la Nueva Alemania, Principios Generales, in: Revista Nacional de Educación, 1. Jg. (1941), S. 92, Übersetzung aus dem Spanischen)

Auf dieser Basis wird im zweiten Teil (Teil B: Grundpositionen und Elemente der NS-Ideologie in den Publikationen der vier Erziehungswissenschaftler in der Zeitspanne 1933–1945) die Analyse der einzelnen Schriften in der NS-Zeit und ihre Systematik als Kernstück dieser Studie vorgenommen.

Vor Beginn dieser Analyse steht jedoch – pars pro toto – folgender Einschub: Gegen die Vorstellung eines einheitlichen „Zeitgeists“, dem scheinbar verstehenden, aber in Wirklichkeit entschuldigenden „Das war damals eben so“, wird an die grundlegenden Kritiken von Siegfried Bernfeld und Hans Weil erinnert. Diese zeitgenössischen Kritiken an Spranger und Nohl zeigen den Widerspruch, den es bereits in der Weimarer Republik im wissenschaftlichen Diskurs gab und der in hermeneutische Argumentationen einbezogen werden muss. In diese Richtung tendiert auch der am Ende des Teils A vorgestellte soziologische Erklärungsansatz von Fritz Ringer, der durch seine schichtenspezifische Analyse der akademischen Eliten in ihrer geschichtlichen Entwicklung wichtige Argumentationen entfaltet. Diese sind zwar wesentlich, dürfen aber nicht verabsolutiert werden. An dieser Stelle wird auch die sogenannte „Zwei-Säulen-Theorie“ (Deutschnationale und NSDAP als entscheidendes Bündnis für den NS-Staat, insbesondere bei den Eliten, dem Militär und in der Verwaltung) vorgestellt.

Dass in diesem Zusammenhang auch ein Seitenblick auf den „Fall Heidegger“ geworfen wird, hängt mit dessen Bedeutung für die bundesrepublikanischen Debatten zusammen. In gewisser Weise bündeln sich Argumentationen über die Beziehung von Werkanalyse und Biographie in der NS-Zeit in den Debatten über Martin Heidegger, der seinerseits als Verteidigung stets darauf hinwies, dass andere, etwa Spranger, in der NS-Zeit doch noch viel Schlimmeres publiziert hätten als er.

Das gezielt eingeschobene Beispiel Theodor Litts zeigt, dass es keine theoretisch-logische oder soziologische Zwangsläufigkeit gab, die Spranger, Nohl, Weniger oder Petersen keine Wahl gelassen hätte. Der kurze Blick auf Ernst Krieck macht wiederum deutlich, dass es jenseits der vier Erziehungswissenschaftler auch die direkt an der NSDAP orientierten Kollegen mit wesentlich aggressiveren Stellungnahmen gab.

Dieses Verfahren dient dazu, dass die im Teil B vorgestellten Publikationen in der NS-Zeit besser eingeordnet werden. In diesem Teil werden die Publikationen der vier zu behandelnden Erziehungswissenschaftler in der NS-Zeit – Person für Person – chronologisch dargestellt. Die chronologische Darstellung hat grundlegende Bedeutung, da nur so eine Entwicklung der jeweiligen Positionen verfolgt werden kann. Die genaue Einordnung der Texte nach ihrer Entstehung, Funktion und Form sowie ihrer Wirkungsgeschichte ist auch für die biographische Bewertung wesentlich.

In einem nächsten Schritt werden die Positionen der vier Erziehungswissenschaftler und ihre Themen in der NS-Zeit systematisch zusammengefasst. Dabei geht es vor allem darum, NS-Jargon, die Unterstützung des NS-Staates und seiner Politik sowie die Übereinstimmung mit einer Fülle von Elementen der NS-Ideologie (wie völkischer Nationalismus, Antisemitismus, Militarismus, Eugenik, die auch vor der NS-Zeit schon existierten) zu unterscheiden und im Einzelnen zu analysieren. Dass durch dieses Verfahren Zitate der vier Erziehungswissenschaftler sowohl im Text als auch in Fußnoten mehrfach zitiert und nachgewiesen werden, wird dabei bewusst in Kauf genommen.

Am Ende von Teil B werden – als Gegenthese zum angeblich einheitlichen „Zeitgeist“ – erneut zeitgenössische Kritiker der vier Erziehungswissenschaftler vorgestellt. Hier wird nicht nur deutlich, dass ihre NS-Publikationen schon vor 1945 (auch international) bekannt waren und mit Entsetzen als Verrat am „deutschen Geist“ begriffen wurden. Es wird auch klar, welche Aufgaben im erziehungswissenschaftlichem Bereich nach 1945 angestanden hätten: die Klärung der Rolle der Pädagogik in der NS-Zeit einschließlich der wissenschaftlichen Analyse der Schriften ihrer führenden Köpfe.

Dem dritten Teil der vorliegenden Arbeit (Teil C: Die Stellungnahmen der vier Erziehungswissenschaftler zur NS-Zeit nach 1945) wird eine knappe Darstellung der Gesamtproblematik von Entnazifizierung und Reeducation vorangestellt. Die auf Entlastung abzielenden stereotypen Denkfiguren des neben Ernst Krieck zweiten bedeutenden Repräsentanten des NS-Systems, Alfred Baeumler, sind ein negatives Vorbild dafür, wie die eigene Vergangenheit nach 1945 *nicht* betrachtet werden darf.

Die zentrale Frage dieses Teils ist: Sind die vier Erziehungswissenschaftler offen und ehrlich, wissenschaftlich und biographisch-wahrhaftig mit ihrer Verwicklung in das NS-System umgegangen? Auch hier werden in einem ersten chronologischem Abschnitt – Person für Person – ihre Publikationen auf diese Frage hin untersucht, damit dann in einem zweiten Schritt Gemeinsamkeiten, sozusagen Stereotype der Interpretation der NS-Zeit, herauskristallisiert werden können.

Im Schlussteil werden schließlich die Ergebnisse der eigenen Analyse zur Debatte über die vier Erziehungswissenschaftler zusammengeführt und weitere Forschungsarbeiten angeregt.

Teil A: Zur Problematik der vier Erziehungswissenschaftler

I. Zum Stand der Forschung

Die nachfolgenden vier Literaturberichte zum Forschungsstand haben den Anspruch, im Hinblick auf die NS-Zeit die relevanten Forschungen zu Spranger, Nohl, Weniger und Petersen zusammenzufassen.[56] Dabei wurde für diese Studie der Akzent auf die letzten 10 bis 15 Jahre gelegt, in der doch erhebliche Fortschritte sichtbar wurden.[57]

Auch wenn durch diese chronologische Darlegung gewisse thematische Überschneidungen entstehen, lässt sich so die Bedeutung der Entwicklung des erziehungswissenschaftlichen Diskurses, auch durch Häufung von Denkfiguren und im Prozess der Zuspitzung, doch besser nachvollziehen, um wissenschaftliche Schlussfolgerungen zu ziehen und für den weiteren Diskurs Ergebnisse eigener Forschung und Überlegungen einbringen zu können.

Jede Auswahl enthält eine Wichtung und damit eine Bewertung. So ist auch Auswahl und Umfang der folgenden Darstellung des aktuellen Forschungstandes Teil dieses Diskurses selbst.

Zu den vier Erziehungswissenschaftlern sind nach 1945 eine große Zahl von Monographien und Aufsätze erschienen, die sich direkt auf ihre Biographie und ihr Werk beziehen. Zudem gibt es, angesichts ihrer Bedeutung verständlich, eine unübersehbare Anzahl von erziehungswissenschaftlichen Studien, die in einzelnen Teilen oder Passagen auf die vier Erziehungswissenschaftler mehr oder minder ausführlich eingehen. Der nachfolgende Bericht über den Stand der Forschung konzentriert sich auf jene Studien, die direkt und ausdrücklich auf einen oder mehrere der vier Erziehungswissenschaftler eingehen.

1. Eduard Spranger

a) 1945 bis 1969

1950 erschien als Beginn einer langen Reihe von weitgehend unkritischen Huldigungsschriften und Sammelbänden zunächst **Waldemar Oelrichs** lehrbuchartige Zusammenfassung der Psychologie Sprangers[58] als Fortsetzung einer Würdigung aus dem Jahr 1942. Solche Würdigungen setzten sich dann mit dem 75. Geburtstag, dem 80. Geburtstag und dem Tod Sprangers fort.

1955 trat allerdings, ausgelöst von nach 1945 entlassenen NS-Hochschullehrern, die Frage der Beziehung Sprangers zum NS-Regime kurze Zeit in den Vordergrund: Auf den im Gestus

[56] Ausführlichere Literaturberichte zum Forschungsstand, insbesondere zu Spranger, Nohl und Weniger, finden sich in den vier *Dokumentationen ad fontes*.

Wenn nachfolgend über längere Passagen aus demselben Text zitiert wird, wird in der Regel nach der vollständigen Quellenangabe in der Folge lediglich durch die Angabe von Autor und Seitenzahl auf die entsprechende Textstelle verwiesen. Bei mehrfachen Veröffentlichungen eines Autors wird zusätzlich die entsprechende Jahreszahl der Publikation mit angegeben.

[57] Vorab kann dabei festgehalten werden, dass eine Reihe von Namen von besonderer Bedeutung für die Kritik an den vier Erziehungswissenschaftlern ist. So entwickelt Klaus Himmelstein in Bezug auf Eduard Spranger die profundeste Kritik in einer Serie von einzelnen Arbeiten, während im Hinblick auf Nohl nach einer frühen Kritik von Heinrich Kupffer die große Monographie von Michael Gran zu nennen wäre. Bei Erich Weniger muss an erster Stelle die Studie Kurt Beutlers, aber auch die Dissertation von Barbara Siemsen genannt werden. Die umfangreichen Studien zu Peter Petersen finden sich – nach einer Anzahl einzelner Arbeiten von Wolfgang Keim – bei Robert Döpp und Torsten Schwan – ,wobei Hein Retter 2007 in einem umfangreichen Werk zu Petersen inzwischen ebenfalls genannt werden muss.

[58] Oelrich, Waldemar: Geisteswissenschaftliche Psychologie und Bildung des Menschen (Erziehungswissenschaftliche Bücherei, Reihe 8: Pädagogische Menschenkunde), Stuttgart ohne Jahr (1950).

„Warum wurden wir denn entlassen, wenn ein Eduard Spranger mit seinen Lobpreisungen des NS-Regimes wieder lehren darf?“ vorgetragenen Abdruck von Spranger-Passagen,[59] reagierte Spranger mit einer Entgegnung[60] – das Thema wurde aber zunächst nicht wirklich weiter verfolgt. Auch wenn schon vorsichtige kritische Töne (**Andreas Flitner** 1957),[61] die selbstkritische Betrachtungen forderten, herauszuhören waren, überwog das Bild der übergroßen, unantastbaren Autorität Sprangers. **Iring Fetscher**[62], als vielleicht prominentester Wissenschaftler, hebt 1957 hervor, dass er und seine Generation „durch Leben und Lehren Eduard Sprangers mit unserer eigenen geistigen Vergangenheit wieder versöhnt“ wurden. Die Vergleiche Sprangers mit Einstein[63] und andere Lobhudeleien wurden unwidersprochen vorherrschend.

1962 stellte **Helmut König**[64] in der DDR zwar Material über Sprangers Unterstützung des Militarismus, des Nationalismus und des NS-Regimes zur Verfügung, allerdings in schiefe theoretische Positionen eingebettet[65], die es erleichterten, diese Kritik völlig zu übergehen. Erst 1966 ergreift **Fritz Helling**[66] erneut das Wort gegen Spranger, **Walter Eisermann**[67] antwortet auf die Vorwürfe der Kollaboration mit dem NS-Regime, Ansätze einer Auseinandersetzung entstanden, verliefen sich jedoch. **Kurt Beutler**[68] wandte sich 1966 ebenfalls scharf gegen Spranger, Nohl und Weniger. In einer Dokumentation stellte der Journalist **Hans Peter Bleuel**[69] 1968 Material aus der NS-Zeit über „Deutschlands Bekenner“ kommentiert zur Verfügung, das auch Spranger betraf: Sowohl theoretisch hinsichtlich Sprangers Begriff des „Dienens“ als auch praktisch auf den Rücktritt Sprangers 1933 bezogen wurden von Bleuel detailliert Kritiken vorgetragen.

---

[59] Vom Widersinn der politischen Verfolgung, in: Hochschullehrerzeitung. Mitteilungen des Verbandes der nichtamtierenden (amtsverdrängten) Hochschullehrer und der Forschungshilfe, 3. Jg. (1955), Heft 1–3, S. 3–5.

Eduard Spranger und die Hochschulgeschichte von 1933–45, in: Deutsche Hochschullehrerzeitung. Zeitschrift für Hochschule, Wissenschaft und Forschung, 4. Jg. (1956), Heft 4, S. 7–14.

[60] Spranger, Eduard: Mein Konflikt mit der nationalsozialistischen Regierung 1933 (1955), in: Universitas. Zeitschrift für Wissenschaft, Kunst und Literatur, 10. Jg. (1955), Heft 5, S. 457–473.

[61] Flitner, Andreas: Der kritische Sinn, in: Wenke, Hans (Hrsg.): Eduard Spranger. Bildnis eines geistigen Menschen unserer Zeit. Zum 75. Geburtstag dargebracht von Freunden und Weggenossen, Heidelberg 1957, S. 531–535.

[62] Fetscher, Iring: Die Nachkriegsgeneration und der geistige Weg der Deutschen, in: Wenke, Hans (Hrsg.): Eduard Spranger. Bildnis eines geistigen Menschen unserer Zeit. Zum 75. Geburtstag dargebracht von Freunden und Weggenossen, Heidelberg 1957, S. 577–583, hier S. 583.

[63] Siehe: Redslob, Edwin: Makariens Siderischer Gruß, in: Universitas. Zeitschrift für Wissenschaft, Kunst und Literatur, 17. Jg. (1962), Heft 6, S. 627–633. Dort heißt es über Spranger und Einstein: „zwei edelste Vertreter tätigen Forschertums“ (Redslob, S. 631).

[64] König, Helmut: Imperialistische und militaristische Erziehung in den Hörsälen und Schulstuben Deutschlands 1870–1960, Berlin 1962.

[65] Sätze Königs wie „Um von inneren Schwierigkeiten abzulenken, bereiteten die Faschisten die systematische Vernichtung der Juden vor“ (König, S. 114) ist nicht nur eine grobe Vereinfachung, sondern eine geschichtlich und wissenschaftlich unhaltbare Behauptung, da der Widerstand gegen das NS-Regime in Deutschland nach den ersten Jahren der Zerschlagung der Arbeiterbewegung auf kleine Gruppen beschränkt blieb, die weder zwischen 1938 und 1941 noch in den Schlussjahren 1942 bis 1944 zu einer wirklichen Gefahr für das NS-Regime wurden.

[66] Helling, Fritz: Eduard Sprangers Weg zu Hitler, in: Schule und Nation. Zeitschrift für ein demokratisches Bildungswesen, 13. Jg. (1966), Heft 2, S. 1–4.

[67] Eisermann, Walter: Stellungnahme zu Fritz Hellings „Eduard Sprangers Weg zu Hitler“, in: Schule und Nation. Zeitschrift für ein demokratisches Bildungswesen, 14. Jg. (1967), Heft 2, S. 17–18.

[68] Beutler, Kurt: Die konservative Pädagogik und ihr Verhältnis zur Politik, in: Westermanns pädagogische Beiträge. Eine Zeitschrift für die Volksschule, 19. Jg. (1967), Heft 2, S. 64–69. Erstmals erschienen in: Blätter für deutsche und internationale Politik, 11. Jg. (1966), Heft 5, S. 405–413.

[69] Bleuel, Hans Peter: Deutschlands Bekenner. Professoren zwischen Kaiserreich und Diktatur, Bern/München/Wien 1968.

b) Die 1970er und 1980er Jahre

Nachdem 1970 **Heinz-Joachim Heydorn**[70] und **Karl Christoph Lingelbach**[71] mit ihren großen Studien zur Bildungsgeschichte allgemein bzw. zum Thema Nationalsozialismus und Erziehungswissenschaft eine breite Bresche für die weitere Erforschung der NS-Zeit im Hinblick auf die Erziehungswissenschaft geschlagen hatten, begann nun eine Zeitspanne parallel laufender und gegensätzlicher Studien zu Eduard Spranger. Während einerseits die Irrationalität und das Pathos, die Polarität von Gehorsam und Befehl, aber auch von Wissenschaft und Normsetzung thematisiert wurde, **Bernd Weber**[72] den deutschnationalen und reaktionären politischen Positionierungen nachgeht und die NS-Hochschulpolitik insgesamt genauer analysiert wird, formierten sich die Anhänger Sprangers. Die „Gesammelten Schriften"[73] erscheinen (ab 1969) mit entsprechenden Interpretationen, werden aber auch sogleich in Frage gestellt. Für Aufregung sorgte ein 1966 entstandenes, aber erst 1976 veröffentlichtes „Spiegel"-Interview, in dem Martin Heidegger sich unter Hinweis auf die viel schlimmeren Positionierungen Sprangers zu verteidigen suchte.[74] Im **Sammelband „Maßstäbe"**[75] von 1983 sind nun unterschiedliche, ja gegensätzliche Einschätzungen Sprangers enthalten.

---

[70] Heydorn, Heinz-Joachim: Über den Widerspruch von Bildung und Herrschaft (1970), Werke, Band 3, Vaduz 1995.

[71] Lingelbach, Karl Christoph: Erziehung und Erziehungstheorien im nationalsozialistischen Deutschland. Ursprünge und Wandlungen der 1933–1945 in Deutschland vorherrschenden erziehungstheoretischen Strömungen, ihre politischen Funktionen und ihr Verhältnis zur außerschulischen Erziehungspraxis des „Dritten Reiches" (Marburger Forschungen zur Pädagogik, Band 3), überarbeitete Zweitausgabe mit drei neueren Studien und einem Diskussionsbericht, Frankfurt am Main 1987.

Von besonderem Interesse ist Lingelbachs Kritik an denjenigen Studien, die von der Vorstellung eines „homogenen, hierarchisch strukturierten Herrschaftssystems" (Lingelbach, S. 13) ausgehen. Lingelbach kritisiert, dass die bisherige Forschung ohne Nachweis „von der Existenz einer einheitlichen nationalsozialistischen Pädagogik" (Lingelbach, S. 14) ausgehe. Lingelbachs Kritik an dem „Bild eines pyramidenförmig aufgebauten Herrschaftssystems" (Lingelbach, S. 13) wirft jedoch die Frage auf, welche Konsequenzen sich aus einer fehlenden Definition nationalsozialistischer Pädagogik ergeben. Dahinter steht die Überlegung, dass es gerade eine Kernidee der führenden Köpfe des NS-Regimes war, dass sie eben nicht scharf definierten, dass sie sich nicht scharf abgrenzten, sondern integrierten und synthetisierten, um ihre Basis zu erweitern – ein Vorgang, der nicht nur im Wissenschaftsbetrieb, sondern auch in Militär, Verwaltung, Religion und Politik weitgehend erfolgreich durchgeführt wurde. Um diesen Gedanken weiterzuentwickeln, ist Lingelbachs Studie wegweisend.

Lingelbach schreibt in dieser Studie jedoch: „Hervorragende Gelehrte wie Eduard Spranger, Herman Nohl und Wilhelm Flitner dagegen wählten den Weg der ‚inneren Emigration'. Beschränkt auf den Inselbereich eines bescheidenen Tätigkeitskreises suchten sie die von ihnen vertretenen philosophischen und pädagogischen Traditionen über die Zeit der Diktatur zu retten" (Lingelbach, S. 157). Diese falsche Darstellung wird in einer Fußnote von Lingelbach noch weiter ausgebaut. Obwohl er auf klar am NS-Regime orientierte Aufsätze Sprangers hinweist, nennt Lingelbach dies „eine taktische Verbeugung" und behauptet, Sprangers „Täuschung über die Entwicklungsmöglichkeiten des Nationalsozialismus" habe nur kurze Zeit gewährt (Lingelbach, S. 331).

Zu einer genaueren Einschätzung auch der Schwächen der Arbeit Lingelbachs, insbesondere seiner Unterschätzung des Antisemitismus, siehe: Ortmeyer, Benjamin: Schicksale jüdischer Schülerinnen und Schüler in der NS-Zeit – Leerstellen deutscher Erziehungswissenschaft? Bundesrepublikanische Erziehungswissenschaften (1945/49–1995) und die Erforschung der nazistischen Schule, Witterschlick/Bonn 1998, S. 312 ff.

[72] Weber, Bernd: Pädagogik und Politik vom Kaiserreich zum Faschismus. Zur Analyse politischer Optionen von Pädagogikhochschullehrern von 1914–1933 (Monographien Pädagogik, Band 26), Königstein 1979.

[73] Spranger, Eduard: Gesammelte Schriften, Band I–XI, herausgegeben von Hans Walter Bähr, Otto Friedrich Bollnow, Otto Dürr, Walter Eisermann, Ludwig Englert, Andreas Flitner, Hermann Josef Meyer, Walter Sachs und Hans Wenke, Tübingern/Heidelberg 1969–1980.

[74] Wörtlich erklärte Heidegger auf die Vorhaltung, dass er in seiner Rektoratsrede die „Größe und Herrlichkeit" des „Aufbruchs" 1933 beschworen habe: „(…) ich könnte hier, nur um ein Beispiel zu geben, einen Aufsatz von Eduard Spranger zitieren, der weit über meine Rektoratsrede hinausgeht" (Heidegger, Martin: „Nur noch Gott kann uns retten". Spiegel-Gespräch mit Martin Heidegger am 23. September 1966, in: Der Spiegel, 30. Jg. (1976), Heft 23, S. 193–219, hier S. 196).

[75] Eisermann, Walter/Meyer, Hermann Josef/Röhrs, Hermann (Hrsg.): Maßstäbe. Perspektiven des Denkens von Eduard Spranger, Düsseldorf 1983.

Die Idee entsteht, dass Spranger und Adorno eigentlich zusammengehören (**Fritz Hartmut Paffrath, Franz Pöggeler**)[76], **Jürgen Oelkers**[77] kritisiert 1983 die sechs „Lebensformen“ und **Walter Eisermann**[78] verfasst weitere Studien im Geiste Sprangers.

In **Fritz K. Ringers**[79] Studie wird 1983 dann umfassend und grundlegend der Typusbegriff Sprangers analysiert und jene Hochschullehrer werden kritisch unter die Lupe genommen, die Ringer mit dem Begriff der „Mandarine“ kennzeichnet. Selbst die Wehrmachtspsychologie wird nun analysiert[80], aber auch grundlegende Fragen der Wissenschaftstheorie werden anhand des Werkes Sprangers weiter diskutiert (**Jürgen Oelkers, Andreas Gruschka**).[81] Vor allem aber wird das „Menschenbild“ als Grundproblem der deutschen Pädagogik und des NS-Regimes (**Heinrich Kupffer**)[82] herausgestellt.

Von Bedeutung war in dieser Zeitspanne, dass **Gerhard Meyer-Willner**[83] in seiner 1986 erschienenen umfassenden und tiefgehenden Analyse über Sprangers Positionen zur Lehrerbildung nachweist, wie massiv Spranger in verschiedenen Phasen seines Lebens einer universitären Ausbildung der Volksschullehrer entgegengetreten ist. Über diesen Gesichtspunkt hinaus rekonstruiert Meyer-Willner präzise das von Spranger entworfene Bild des Volksschullehrers und dessen „echt göttlichen Geschäftes“ (Meyer-Willner 1986, S. 46) und weist insbesondere durch seine quellenkritische Auswertung des Spranger-Archivs auf das Problem widersprüchlicher Äußerungen Sprangers hin.

Während **Joachim S. Hohmann**[84] insbesondere die Flucht Sprangers ins Religiöse nach 1945 kritisiert, positionieren sich **Heinz-Elmar Tenorth**[85] und **Ulrich Herrmann**[86] angesichts der zunehmenden Kritik an Spranger. Der 1987 erschienene Sammelband zu Eisermanns fünfund-

---

[76] Paffrath, Fritz Hartmut: Eduard Spranger und die Volksschule. Eine historisch-systematische Untersuchung. Mit einem Anhang unveröffentlichter Schriften Eduard Sprangers, Bad Heilbrunn 1971.

Pöggeler, Franz: Imponderabilien der Erziehung als Problem der Erziehungswissenschaft, in: Eisermann, Walter/Meyer, Hermann Josef/Röhrs, Hermann (Hrsg.): Maßstäbe. Perspektiven des Denkens von Eduard Spranger, Düsseldorf 1983, S. 149–162.

[77] Oelkers, Jürgen: Lebensformen und Wissensformen: Sprangers Strukturpsychologie im Vergleich, in: Eisermann, Walter/Meyer, Hermann Josef/Röhrs, Hermann (Hrsg.): Maßstäbe. Perspektiven des Denkens von Eduard Spranger, Düsseldorf 1983, S. 253–268.

[78] Eisermann, Walter: Der Denker, der seinem Geist folgte. Leben und Werk Eduard Sprangers unter dem Primat des Gewissens, in: Pädagogische Rundschau, 37 Jg. (1983), Heft 4, S. 391–401.

Eisermann, Walter: Zur Wirkungsgeschichte Eduard Sprangers – Dargestellt an Reaktionen auf sein Rücktrittsgesuch im April 1933, in: Eisermann, Walter/Meyer, Hermann Josef/Röhrs, Hermann (Hrsg.): Maßstäbe. Perspektiven des Denkens von Eduard Spranger, Düsseldorf 1983, S. 297–323.

[79] Ringer, Fritz K.: Die Gelehrten. Der Niedergang der deutschen Mandarine 1890–1933, Stuttgart 1983.

[80] Deutsche Wehrmachtpsychologie 1941–1945, mit einer Einführung von Peter R. Hofstätter, München 1985 und Geuter, Ulfried: Die Professionalisierung der deutschen Psychologie im Nationalsozialismus, Frankfurt am Main 1984.

[81] Oelkers, Jürgen/Schulz, Wolfgang K. (Hrsg.): Pädagogisches Handeln und Kultur. Aktuelle Aspekte der geisteswissenschaftlichen Pädagogik, Bad Heilbrunn 1984.

Gruschka, Andreas: Von Spranger zu Oevermann. Über die Determination des Textverstehens durch die hermeneutische Methode und zur Frage des Fortschritts innerhalb der interpretativen Verfahren der Erziehungswissenschaft, in: Zeitschrift für Pädagogik, 31. Jg. (1985), Heft 1, S. 77–95.

[82] Kupffer, Heinrich: Der Faschismus und das Menschenbild in der deutschen Pädagogik, Frankfurt am Main 1984.

[83] Meyer-Willner, Gerhard: Eduard Spranger und die Lehrerbildung. Die notwendige Revision eines Mythos, Bad Heilbrunn 1986.

[84] Hohmann, Joachim Stephan: Vom Elend politischer Bildung. Konservatismus, Nationalismus und Faschismus als Quellen staatsbürgerlicher Erziehung in westdeutschen Schulen (Pahl-Rugenstein Hochschulschriften, Gesellschafts- und Naturwissenschaften, Band 205, Serie: Studien zu Bildung und Erziehung), Köln 1985.

[85] Tenorth, Heinz-Elmar: Zur deutschen Bildungsgeschichte 1918–1945. Probleme, Analysen und politisch-pädagogische Perspektiven (Studien und Dokumentationen zur deutschen Bildungsgeschichte, Band 28), Köln/Wien 1985.

[86] Herrmann, Ulrich (Hrsg.): „Die Formung des Volksgenossen“. Der „Erziehungsstaat“ des Dritten Reiches (Geschichte des Erziehungs- und Bildungswesens in Deutschland, Band 6), Weinheim/Basel 1985.

sechzigstem Geburtstag[87] und die Enthüllung einer Gedenktafel für Spranger 1988 in Berlin[88] verschärft zeitweilig die Debatte um Spranger wieder. **Uwe Henning**[89] verteidigt Spranger gegen die Kritiken von **Wolfgang Keim** und **Adalbert Rang**,[90] nachdem durch einen Beitrag **Ulrich Herrmanns** 1988 insbesondere die Haltung Sprangers 1933 ins Rampenlicht gerückt wird.[91]

In einer thematischen Studie beleuchtet **Hans Proll**[92] zudem 1988 die Methodik, wie Spranger Fröbel in der NS-Zeit zum nationalistischen Pädagogen umformt und auswertet. **Heinz-Elmar Tenorths**[93] Beiträge im fünften Band des „Handbuchs der deutschen Bildungsgeschichte" 1989 reflektieren wiederum sehr wohl die bisher geführte Debatte, räumen Kontinuitäten deutscher Erziehungswissenschaft deutlicher als bisher ein und bemühen weniger als bisher biographisch-rührselige Argumentationen in Bezug auf Spranger.

c) Die 1990er Jahre

In diesen zehn Jahren kann eine gewisse Zuspitzung, aber auch eine gewisse Abklärung der Debatte über das Werk Sprangers festgestellt werden. **Wolfgang Keim** setzt seine Studien und Sammelbände zur NS-Zeit fort,[94] **Klaus Himmelstein** forciert seine themenorientierten

---

[87] Retter, Hein/Meyer-Willner, Gerhard (Hrsg.): Zur Kritik und Neuorientierung der Pädagogik im 20. Jahrhundert. Festschrift für Walter Eisermann zum 65. Geburtstag (Beiträge zur historischen Bildungsforschung, Sonderband), Hildesheim 1987.

[88] Henning, Uwe/Schmidt, Folker/Wallek, Beate (Hrsg.): Die Berliner Gedenktafel für Eduard Spranger 1988. Eine Dokumentation. Mit dem Text eines Wochenschauvortrags von 1943 und Briefen von Eduard Spranger, Berlin 1988.

[89] Henning, Uwe: Verblendungszusammenhang oder Ausblendung historischer Zusammenhänge? Der Stellenwert der Vorträge von Eduard Spranger in der Mittwochs-Gesellschaft 1935–1944 für die gegenwärtige Sprangerdiskussion, in: Spranger, Eduard: Texte für die Mittwochs-Gesellschaft 1935–1944, 2. überarbeitete Auflage, München 1988, S. 7–25.

[90] Rang, Adalbert: Reaktionen auf den Nationalsozialismus in der Zeitschrift „Die Erziehung" im Frühjahr 1933, in: Otto, Hans-Uwe/Sünker, Heinz (Hrsg.): Soziale Arbeit und Faschismus. Volkspflege und Pädagogik im Nationalsozialismus, Bielefeld 1986, S. 35–54. Nachdem Rang einleitend betont, dass es ihm nicht um eine „moralisierende Kritik des Verhaltens von Personen" gehe (Rang, S. 35), sondern um Textanalyse, stellt er als zentrale Denkfigur in Sprangers Aufsatz „März 1933" das abstrakte „einerseits/andererseits" heraus, das auch ein „zwar/aber" enthalte: „Die Hände, die sich beklommen-begeistert zum ‚Deutschen Gruß' recken, falten sich auch zum Gebet" (Rang 1986, S. 41). Diese „Ja, aber"-Struktur, so Rang, sei für Spranger das Mittel gewesen, seiner „profaschistischen Option" Ausdruck zu geben (Rang 1986, S. 42). Rang, der fordert, die geisteswissenschaftlichen Pädagogen *„auch* als *Akteure* anzuerkennen" (Rang 1986, S. 49, Hervorhebungen im Original), akzeptiert als einer der ersten Spranger nicht in der reinen Opferrolle.

[91] Herrmann, Ulrich: „Die Herausgeber müssen sich äußern". Die „Staatsumwälzung" im Frühjahr 1933 und die Stellungnahmen von Eduard Spranger, Wilhelm Flitner und Hans Freyer in der Zeitschrift „Die Erziehung". Mit einer Dokumentation, in: Herrmann, Ulrich/Oelkers, Jürgen (Hrsg.): Pädagogik und Nationalsozialismus (Reihe Pädagogik), Weinheim/Basel 1989, S. 281–325. Herrmann analysiert sowohl die Zustimmung zum NS-Regime als auch die als zweitrangig eingestuften reservierten und distanzierten Bemerkungen Sprangers und stellt zusammenfassend fest: „Objektiv fördert Spranger mit seinen Äußerungen die nationalsozialistischen Bestrebungen, selbst wenn er diese im einzelnen sachlich für falsch und persönlich für schädlich gehalten hat (woran kein Zweifel sein kann)" (Herrmann 1989, S. 289). Aber auch dort, wo Spranger auf Distanz geht, stellt Herrmann klar, dass diese Art von Distanz im Grunde als „blanker Zynismus" gelten müsse: „Und es muss nach allem, was seit dem 30. Januar 1933 in Deutschland geschehen war, als blanker Zynismus gelten, dem ‚großen *positiven* Kern der nationalsozialistischen Bewegung' lediglich einen ‚übertriebenen Antisemitismus' anzukreiden – der nicht-übertriebene alltägliche wäre also der übliche, akzeptable gewesen?" (Herrmann 1989, S. 288 f., Hervorhebung im Original).

[92] Proll, Hans: Die Fröbel-Rezeption in der geisteswissenschaftlichen Pädagogik. Nohl, Petersen, Spranger, E. Hoffmann (Pädagogik, Band 4; Berichte der Forschungsstelle für Schulgeschichte an der Universität – Gesamthochschule – Duisburg, Band 4), Bochum 1988.

[93] Tenorth, Heinz-Elmar: Pädagogisches Denken, in: Langewiesche, Dieter/Tenorth, Heinz-Elmar (Hrsg.): Handbuch der deutschen Bildungsgeschichte, Band 5: 1918–1945. Die Weimarer Republik und die nationalsozialistische Diktatur, München 1989, S. 111–153.

[94] Keim, Wolfgang: Erziehung im Nationalsozialismus. Ein Forschungsbericht (Erwachsenenbildung in Österreich, Beiheft 1990), Wien 1990.

Keim, Wolfgang: Erziehung unter der Nazi-Diktatur. Band I: Antidemokratische Potenziale, Machtantritt und Machtdurchsetzung, Darmstadt 1995.

Analysen Sprangers ab dem Jahr 1990 (Sprangers Verhalten 1933, seine Haltung zum „Nationalen“, Haltung zur Geschlechterfrage usw.).[95] Während **Heinz-Elmar Tenorth** zunächst bemüht ist, eine Zwischenposition einzunehmen, sich vehement gegen Keim und Himmelstein wendet (1990),[96] später jedoch der Sache nach Spranger ebenfalls scharf kritisiert (1994),[97] ist insbesondere **Uwe Henning** (1992) bemüht, u. a. Sprangers Engagement in der Mittwochs-Gesellschaft als gewissen Kontrapunkt zu Kritiken an Sprangers Verhalten in der NS-Zeit vorzustellen.[98] Im Sammelband „Klassiker der Pädagogik“[99] war Spranger, trotz vorsichtiger Vorbehalte von **Michael Löffelholz** (1991), nach außen hin als „Klassiker“ vorgestellt worden.[100] Verschiedene Dissertationen bemühen sich in dieser Zeitspanne vor allem um das Religiöse und das Theoretisch-Ethische bei Spranger, allerdings ohne Bezug zum „Leben“, genauer zum Leben Sprangers in der NS-Zeit. **Hermann Gieseckes** Apologie „Hitlers Pädagogen“ (1993)[101] verblüfft durch die tendenzielle Gleichsetzung von Krieck und Spranger mit der Pointe, dass allesamt doch eigentlich gar keine so schlimmen „Bösewichte“ gewesen seien. 1995 wird in einer teilweise gegen Keim gerichteten Studie von **Peter Dudek**[102] der Sache nach auf die Problematik der Nachkriegsrechtfertigungen bedeutender Erziehungswissenschaftler, auch Spranger, verwiesen, während **Joachim S. Hohmann** nun in seinem Sammelband (1996)[103] mit größeren eigenen Beiträgen insbesondere für Sprangers theoretische Arbeiten im Rahmen erkenntnistheoretischer Fragestellungen deutlich Partei ergreift.

Klaus-Peter Horns Studie zu den erziehungswissenschaftlichen Zeitschriften in der NS-Zeit (1996)[104] erweitert bedeutend das Wissen über die Entwicklung der Zeitschrift „Die Erziehung“ in der NS-Zeit. Für Horn ist klar, das der NS-Staat durchaus ein Interesse daran hatte, verschie-

---

Keim, Wolfgang: Erziehung unter der Nazi-Diktatur. Band II: Kriegsvorbereitung, Krieg und Holocaust, Darmstadt 1997.

[95] Himmelstein, Klaus: „Wäre ich jung, wäre ich Nationalsozialist...“. Anmerkungen zu Eduard Sprangers Verhältnis zum deutschen Faschismus, in: Keim, Wolfgang (Hrsg.): Erziehungswissenschaft und Nationalsozialismus – Eine kritische Positionsbestimmung (Forum Wissenschaft, Studienheft Nr. 9), Marburg 1990, S. 39–59.

Himmelstein, Klaus: Zur Konstruktion des Geschlechterverhältnisses in der pädagogischen Theorie Eduard Sprangers (1882–1963), in: Bracht, Ulla (Red.): Geschlechterverhältnisse und die Pädagogik (Jahrbuch für Pädagogik 1994), Frankfurt am Main 1994, S. 225–246.

Himmelstein, Klaus: Eduard Sprangers Bildungsideal der „Deutschheit“ – Ein Beitrag zur Kontingenzbewältigung in der modernen Gesellschaft?, in: Auernheimer, Georg/Gstettner, Peter (Red.): Pädagogik in multikulturellen Gesellschaften (Jahrbuch für Pädagogik 1996), Frankfurt am Main/Berlin/Bern/New York/Paris/Wien 1996, S. 179–196.

Himmelstein, Klaus: „Diese reiche Bewegung in gesunde Bahnen lenken“. Zur Auseinandersetzung Eduard Sprangers mit der Reformpädagogik, in: Keim, Wolfgang/Weber, Norbert H. (Hrsg.): Reformpädagogik in Berlin. Tradition und Wiederentdeckung (Studien zur Bildungsreform, Band 30), Frankfurt am Main/Berlin/Bern/New York/Paris/Wien 1998, S. 257–276.

[96] Tenorth, Heinz-Elmar: Eduard Sprangers hochschulpolitischer Konflikt 1933. Politisches Handeln eines preußischen Gelehrten, in: Zeitschrift für Pädagogik, 36. Jg. (1990), S. 573–596.

[97] Tenorth, Heinz-Elmar: Nachwort. Reformpädagogik, ihre Historiographie und Analyse, in: Scheibe, Wolfgang: Die reformpädagogische Bewegung 1900–1932. Eine einführende Darstellung, 10. erweiterte und neuausgestattete Auflage, Weinheim/Basel 1994, S. 438–459.

[98] Henning, Uwe: Eduard Spranger und Berlin – Tradition oder Erbe? (Ausstellungsführer der Universitätsbibliothek der Freien Universität Berlin, Band 24), Berlin 1992.

[99] Scheuerl, Hans (Hrsg.): Klassiker der Pädagogik, Band 2: Von Karl Marx bis Jean Piaget, 2. überarbeitete und um ein Nachwort ergänzte Auflage, München 1991.

[100] Löffelholz, Michael: Eduard Spranger (1882–1963), in: Scheuerl, Hans (Hrsg.): Klassiker der Pädagogik, Band 2: Von Karl Marx bis Jean Piaget, 2. überarbeitete und um ein Nachwort ergänzte Auflage, München 1991, S. 258–276.

[101] Giesecke, Hermann: Hitlers Pädagogen. Theorie und Praxis nationalsozialistischer Erziehung. Weinheim/München 1993.

[102] Dudek, Peter: „Der Rückblick auf die Vergangenheit wird sich nicht vermeiden lassen“. Zur pädagogischen Verarbeitung des Nationalsozialismus in Deutschland (1945–1990), Opladen 1995.

[103] Hohmann, Joachim Stephan (Hrsg.): Beiträge zur Philosophie Eduard Sprangers (Philosophische Schriften, Band 17), Berlin 1996.

[104] Horn, Klaus-Peter: Pädagogische Zeitschriften im Nationalsozialismus. Selbstbehauptung, Anpassung, Funktionalisierung (Bibliothek für Bildungsforschung, Band 3), Weinheim 1996.

dene Arten von Zeitungen und Zeitschriften, vom „Stürmer“ und dem „Völkischen Beobachter“ über die „Frankfurter Zeitung“, aber auch erziehungswissenschaftliche Zeitschriften von Baeumlers „Weltanschauung und Schule“ bis zur „Erziehung“ zuzulassen, um insgesamt integrativ verschiedene Strömungen in der Bevölkerung zu bedienen bzw. verschiedene Strömungen in der Lehrerschaft und der Erziehungswissenschaft an das System und den Staat als Ganzes loyal zu binden, trotz Widersprüchen im Einzelnen. Horn gibt zu bedenken, „dass nicht-nationalsozialistische Zeitschriften als Ventile durchaus dem Konzept der nationalsozialistischen Pressepolitik entsprachen. (...) Die Indifferenz der ‚Erziehung‘ war noch tolerabel, und wegen dieser Indifferenz war sie funktionalisierbar für die Zwecke des NS-Systems“ (Horn 1996, S. 305). Mit dieser treffenden Einschätzung wird nicht nur die Zeitschrift „Die Erziehung“ charakterisiert, sondern im Grunde auch das Wirken Sprangers,[105] Nohls und anderer Erziehungswissenschaftler, die ihre grundlegende Loyalität, trotz einiger oppositioneller Elemente, gegenüber dem NS-Staat nicht aufgekündigt haben.[106]

1998 bemüht sich **Wolfgang Klafki** um einen sachlich gehaltenen Zwischenbericht[107] der gesamten Debatte und favorisiert den Begriff der „Ambivalenz“, um eine Synthese zwischen Kritikern und Verteidigern der geisteswissenschaftlichen Pädagogen anzustreben. Das Handbuch von **Christoph Führ** und **Carl-Ludwig Furck** (1998)[108] legt den Akzent auf eine Art Rehabilitierung des nationalen Gedankens in der Erziehung, unter Bezug auf die Wiedervereinigung Deutschlands, während **Jürgen Oelkers** in seinem Beitrag in diesem Handbuch die Formulierung der „Kollaboration mit dem Regime“ im Rahmen der diskutierten und nicht diskutierten Fragestellung verwendet.[109] **Eva Matthes**’ Analyse der Nachkriegspositionierung Sprangers (1998) bestätigt die bisherigen Befunde über einen zu einer tiefgehenden Auseinandersetzung mit der NS-Zeit nicht bereiten Spranger, klammert aber die eigentliche „Kollaboration“ mit viel Verständnis für die schwierige Zeit der „Verführung“ aus.[110]

Takahiro Tashiro setzt erneut einen Kontrapunkt (1999), indem er Spranger anhand des Japanbesuchs in einem Beitrag zum „antifaschistischen“ Gegner des NS-Regimes erklärt, der das NS-Regime lediglich ironisierend gerühmt habe.[111] Einen anderen Aspekt führt **Edgar Weiß** ein (1999), nämlich die sehr große Bedeutung des „Geistes von 1914“ für Wissenschaftler wie Spranger als gewichtigen Punkt zum Verständnis von Irrationalität, Nationalismus und Militarismus.[112]

---

[105] Über Spranger heißt es bei Horn: „Letzterer wiederum zeigte sich auch nicht frei von Lob für den ‚Führer‘ und dessen Leistungen, beharrte zugleich aber auf der relativen Autonomie der Pädagogik und der Wissenschaft, sowie auf der individuellen Gewissensprüfung. Er bewegte sich in Kreisen, denen auch einige Vertreter des konservativen Widerstands angehörten, hatte aber auch gute Kontakte zur SS und vor allem zum Auswärtigen Amt, in dessen Auftrag er noch im April 1945 eine Schrift anfertigte; und er beschrieb sich 1942 selbst als wieder ‚hoffähig‘ Gewordenen“ (Horn 1996, S. 303 f.).

[106] Litt schrieb etwa am 9.6.1937 an Nohl, dass es an der Zeit sei, vom Schauplatz abzutreten und dass ein völliges Verstummen der „loyalsten Opposition“ so „auch äußerlich ungemildert sichtbar“ werde (Litt, in: Horn 1996 , S. 447).

[107] Klafki, Wolfgang: Die gegenwärtigen Kontroversen in der deutschen Erziehungswissenschaft über das Verhältnis der geisteswissenschaftlichen Pädagogik zum Nationalsozialismus, Marburg 1998, http://archiv.ub.uni-marburg.de/sonst/1998/0003/k10.html (eingesehen am 12.2.2007).

[108] Führ, Christoph/Furck, Carl-Ludwig (Hrsg.): Handbuch der deutschen Bildungsgeschichte, Band 6: 1945 bis zur Gegenwart, 1. Teilband: Bundesrepublik Deutschland, München 1998.

[109] Oelkers, Jürgen: Pädagogische Reform und Wandel der Erziehungswissenschaft, in: Führ, Christoph/Furck, Carl-Ludwig (Hrsg.): Handbuch der deutschen Bildungsgeschichte, Band 6: 1945 bis zur Gegenwart, 1. Teilband: Bundesrepublik Deutschland, München 1998, S. 217–243, hier S. 220.

[110] Matthes, Eva: Geisteswissenschaftliche Pädagogik nach der NS-Zeit. Politische und pädagogische Verarbeitungsversuche, Bad Heilbrunn 1998.

[111] Tashiro, Takahiro: Affinität und Distanz. Eduard Spranger und der Nationalsozialismus, in: Pädagogische Rundschau, 53. Jg. (1999), S. 43–58, hier S. 49.

[112] Weiß, Edgar: Friedrich Paulsen und seine volksmonarchistisch-organizistische Pädagogik im zeitgenössischen Kontext. Studien zu einer kritischen Wirkungsgeschichte (Studien zur Bildungsreform, Band 34), Frankfurt am Main/Berlin/Bern/New York/Paris/Wien 1999.

d) 2000 bis heute

In der Zeitspanne der Jahre 2000 bis 2007 erscheinen Monographien, Sammelbände und eine Reihe kleinerer Studien zu Eduard Spranger. Von einem Abklingen oder gar einem Ende der Diskussion kann keine Rede sein, zumal neue Materialien aus dem umfangreichen Spranger-Archiv veröffentlicht wurden. **Karin Priems** Studie über Spranger und die Frauen aus der Gender-Perspektive macht das Privatleben Sprangers öffentlich.[113] **Iring Fetscher** bescheinigt im Vorwort[114] Spranger, trotz dessen Antisemitismus ein „aufrechter Gelehrter" zu sein. **Walter Eisermann** analysiert in seinem Beitrag aus dem Jahr 2000[115] ausdrücklich jene Passagen bei Spranger im Ersten Weltkrieg, die seine abgekühlte Kriegsbegeisterung gegen Ende hin belegen, ohne jedoch die kriegshetzerischen Reden Sprangers 1914–1915 mit zu bedenken.[116]

Insbesondere exponiert sich **Wolfgang Hinrichs** (2000, 2003 und 2004),[117] der als Vertreter der Spranger'schen Position recht massiv eine Polemik gegen Adorno und Habermas bzw. die Kritische Theorie eröffnet und die synthetische Verwischung der Unterschiede zwischen Spranger und Adorno von antiaufklärerischen Positionen aus aufzeigt. Auch die Dissertation von **Eberhard Reich** (2000) über Kulturphilosophie bleibt dem Spranger'schen Begriffsapparat verhaftet und behauptet, dass es keine Unterstützung des NS-Regimes gegeben hätte.[118]

Mitchell G. Ash analysiert in seiner Studie über die preußische Akademie (2000) auch Sprangers dortiges Auftreten und widerspricht in Teilen Ringers Einschätzung von Spranger als Teil der „orthodoxen Mandarine".[119]

Der große, von **Gerhard Meyer-Willner** 2001 herausgegebene Sammelband[120] zu Spranger vereinigt auf Spranger orientierte und Spranger sehr kritisch gegenüberstehende Positionen. **Heinz-Elmar Tenorth** beschäftigt sich mit der Schutzfunktion von Begriffen wie „Paradoxien" oder „Ambivalenzen" in der Spranger-Debatte – so würde Kritik nicht beantwortet und einer Positionierung ausgewichen.[121] **Klaus Himmelstein** analysiert die antisemitischen Passagen in

---

[113] Priem, Karin: Bildung im Dialog. Eduard Sprangers Korrespondenz mit Frauen und sein Profil als Wissenschaftler 1903–1924 (Beiträge zur historischen Bildungsforschung, Band 24), Köln/Weimar/Wien 2000.

[114] Fetscher, Iring: Geleitwort, in: Priem, Karin: Bildung im Dialog. Eduard Sprangers Korrespondenz mit Frauen und sein Profil als Wissenschaftler 1903–1924 (Beiträge zur historischen Bildungsforschung, Band 24), Köln/Weimar/Wien 2000, S. 7–13.

[115] Eisermann, Walter: Der Abschied vom alten Bildungsideal – eine Herausforderung für die Schule. Überlegungen Eduard Sprangers in der Epoche des 1. Weltkrieges, in: Kirk, Sabine/Köhler, Johannes u. a. (Hrsg.): Schule und Geschichte. Funktionen der Schule in Vergangenheit und Gegenwart. Festschrift für Rudolf W. Keck zum 65. Geburtstag, Bad Heilbrunn 2000, S. 166–176.

[116] Siehe etwa: Spranger, Eduard: Zum Geleit für 1915, in: Die Deutsche Schule, 19. Jg. (1915), Heft 1, S. 1–5.

[117] Hinrichs, Wolfgang: Auf der Suche nach Lehrerbildern – Vorbildern! Pädagogische Liebe und Professionalität – Eduard Sprangers realistischer Beitrag, in: Pädagogische Rundschau, 54. Jg. (2000), S. 113–150.

Hinrichs, Wolfgang: Ethos oder Wertfreiheit von Wissenschaft und Studium? Die Positionen des Positivismus, Materialismus und der geisteswissenschaftlichen Tradition – ihre Bedeutung für akademische Bildung und Berufe heute, in: Einst und Jetzt. Jahrbuch des Vereins für Corpsstudentische Geschichtsforschung, 48. Jg. (2003), S. 11–44.

Hinrichs, Wolfgang: Eduard Spranger als akademischer Lehrer, Hochschul- und Wissenschaftstheoretiker, in: Sacher, Werner/Schraut, Alban (Hrsg.): Volkserzieher in dürftiger Zeit. Studien über Leben und Wirken Eduard Sprangers. Beiträge zum Internationalen Spranger-Symposion in Nürnberg am 11./12. Oktober 2002 (Erziehungskonzeptionen und Praxis, Band 59), Frankfurt am Main/Berlin/Bern/Brüssel/New York/Oxford/Wien 2004, S. 165–208.

[118] Reich, Eberhard: Zum Wandel der kulturphilosophischen und pädagogischen Ansätze Eduard Sprangers in seiner mittleren Schaffensperiode und in seinem Spätwerk, Tübingen 2000.

[119] Ash, Mitchell G.: Krise der Moderne oder Modernität als Krise? Stimmen aus der Akademie, in: Fischer, Wolfram (Hrsg.): Die Preußische Akademie der Wissenschaften zu Berlin 1914–1945 (Forschungsberichte der interdisziplinären Arbeitsgruppen der Berlin-Brandenburgischen Akademie der Wissenschaften, Band 8), Berlin 2000, S. 121–142.

[120] Meyer-Willner, Gerhard (Hrsg.): Eduard Spranger. Aspekte seines Werks aus heutiger Sicht. Mit einer bisher unveröffentlichten autobiographischen Skizze von Eduard Spranger, Bad Heilbrunn 2001.

[121] Tenorth, Heinz-Elmar: Sprangers Erziehungsphilosophie – ihre Bedeutung für Pädagogik und Erziehungswissenschaft, in: Meyer-Willner, Gerhard (Hrsg.): Eduard Spranger. Aspekte seines Werks aus heutiger Sicht, Bad Heilbrunn 2001, S. 16–29.

Veröffentlichungen und Briefen Sprangers,[122] **Fritz Hartmut Paffrath** wendet sich angesichts Sprangers Lobs für Hitler gegen die These einer taktischen Erklärung und wertet diese Position als Sprangers Überzeugung.[123] **Karin Priem** betont, dass Spranger in der Disziplingeschichte der Erziehungswissenschaft „große Erfolge“ vorzuweisen habe.[124] **Hein Retter** analysiert Sprangers Lebensformen im Zusammenhang mit C. G. Jungs Archetypen, die Spranger gegen Freud wendet, bleibt aber bei seiner Hypothese einer Nähe Sprangers zu Adorno.[125]

In der Diskussion über die „Autonomie“ der Universität weist **Jörg Wollenberg** 2001 darauf hin, dass Spranger aktiv gegen Theodor Lessing vorgegangen ist, also keinesfalls prinzipiell gegen das Eingreifen des Staates in die Universität war.[126] **Marnie Schlüter** bereichert die Debatte um Spranger durch eine Auswertung der ausdrücklich gegen Humboldts Humanismus gerichteten deutschen Perspektive des späteren Sprangers und verweist auf die antidemokratische Nähe zu den Ideologen der „konservativen Revolution“.[127] Gleichzeitig erscheint ein Aufsatz von **Dieter Neumann**, der behauptet, dass die sechs Lebensformen neurobiologisch programmiert seien und so Sprangers Analyse nun nachträglich naturwissenschaftlich bewiesen sei.[128]

Der 2002 in Auszügen veröffentlichte **Briefwechsel Sprangers mit Käthe Hadlich**[129] zeichnet sich durch eine Fülle antidemokratischer und antisemitischer Passagen aus, die dort auch von den Herausgebern hervorgehoben werden. **Tobias Rülcker** und **Gerhard de Haan** publizieren einen kommentierten Quellenband zur Frage der Hermeneutik, in dem ausdrücklich auf Spranger und seinen Aufsatz „März 1933“ als hermeneutisches Problem eingegangen wird, sich dem als einheitlich konstruierten Zeitgeist unterzuordnen.[130]

Heinz-Elmar Tenorth analysiert 2002 in einem Sammelband die Entstehungsgeschichte der Institution „Erziehungswissenschaft“ mit seinen neu eingerichteten Professuren im engen Kontext einer nationalistischen und militaristischen Ausrichtung vor dem Ersten Weltkrieg und

---

[122] Himmelstein, Klaus: Die Konstruktion des Deutschen gegen das Jüdische im Diskurs Eduard Sprangers, in: Meyer-Willner, Gerhard (Hrsg.): Eduard Spranger. Aspekte seines Werks aus heutiger Sicht, Bad Heilbrunn 2001, S. 53–72.

[123] Paffrath, Fritz Hartmut: Erziehung nach dem Faschismus, in: Meyer-Willner, Gerhard (Hrsg.): Eduard Spranger. Aspekte seines Werks aus heutiger Sicht, Bad Heilbrunn 2001, S. 73–89.

[124] Priem, Karin: „Der ewige Hunger des Gefühls“ – Säkularreligiöse Aspekte in Sprangers Kulturpädagogik und Kulturpsychologie, in: Meyer-Willner, Gerhard (Hrsg.): Eduard Spranger. Aspekte seines Werks aus heutiger Sicht, Bad Heilbrunn 2001, S. 121–141.

[125] Retter, Hein: Kulturprotestantismus – Mystik – Gewissensethik – Sprangers christlicher Humanismus und der Protestantismus heute, in: Meyer-Willner, Gerhard (Hrsg.): Eduard Spranger. Aspekte seines Werks aus heutiger Sicht, Bad Heilbrunn 2001, S. 142–195.

[126] Wollenberg, Jörg: „Juden raus, Lessing raus!“. Der Fall Theodor Lessing als drohendes Vorspiel der Ereignisse von 1933. Beitrag für die 25. Konferenz der German Studies Association in Washington, D.C. vom 4.–7.10.2001, http://www-user.uni-bremen.de/~wolli/texte/Lessing/lessing-02-text.htm (eingesehen am 27.3.2007).

[127] Schlüter, Marnie: Die Aufhebung des humanistischen Bildungsideals. Eduard Spranger im Spektrum des Weimarer Konservativismus, in: Apel, Hans Jürgen (Hrsg.): Das öffentliche Bildungswesen. Historische Entwicklung, gesellschaftliche Funktionen, pädagogischer Streit, Bad Heilbrunn 2001, S. 309–321.

[128] Neumann, Dieter: Ein Klassiker der Pädagogik in evolutionärer Perspektive: Eduard Sprangers „Lebensformen“ im Lichte der modernen Biologie, in: Zeitschrift für Pädagogik, 48. Jg. (2002), Heft 5, S. 720–740.

[129] Martinsen, Sylvia/Sacher, Werner (Hrsg.): Eduard Spranger und Käthe Hadlich. Eine Auswahl aus den Briefen der Jahre 1903–1960, Bad Heilbrunn 2002.

[130] Haan, Gerhard de/Rülcker, Tobias (Hrsg.): Hermeneutik und Geisteswissenschaftliche Pädagogik. Ein Studienbuch (Berliner Beiträge zur Pädagogik, Band 3), Frankfurt am Main/Berlin/Bern/Brüssel/New York/Oxford/Wien 2002.

Hier wird nicht nur eine Einführung in das Problem der Hermeneutik gegeben, sondern es werden auch Grundlagentexte über den Begriff der Hermeneutik von Dilthey, Litt, Nohl, Weniger, Spranger und Flitner vorgestellt. In einem Abschnitt wird außerdem auf das Verhältnis der geisteswissenschaftlichen Pädagogik zum Nationalsozialismus eingegangen; die beiden entscheidenden Aufsätze von Flitner und Spranger zum Nationalsozialismus aus der Zeitschrift „Die Erziehung“ sind im Original abgedruckt. In weiteren Abschnitten werden Passagen von Gadamer und Habermas abgedruckt und kommentiert sowie in einer Reihe von Beiträgen die geisteswissenschaftliche Pädagogik, ihre Weiterentwicklung und die Kritik daran vorgestellt. Hierbei kommen Jürgen Henningsen, Dieter Baacke, Michael Parmentier, Klaus Mollenhauer, Dietrich Benner und Wolfgang Brezinka zu Wort.

verortet Spranger anhand der Auswertung von hochinteressanten Quellen in diesem Kontext.[131] **Klaus-Peter Horn** analysiert die Frage der Auswahl der Assistenten Sprangers in der NS-Zeit und gibt so anhand von Dr. Heinrich Nelis (später als SS- und SD-Mann in den Niederlanden) und Hans Achim Ploetz (SS-Mann und Mitarbeiter im SD-Hauptamt) auch einen Einblick in Sprangers Beziehung zu Teilen der SS.[132]

2002 erscheint **Christian Tilitzkis** umfangreiche philosophiegeschichtliche Studie über die NS-Zeit,[133] die als Verharmlosung und Unterstützung der NS-Ideologie und als sachlich und fachlich in großen Teilen unrichtig kritisiert wird. Die Bedeutung dieses Buches als Einflussnahme – letztlich von Ernst Nolte – auf die Geschichtsschreibung der Philosophie und damit auch der Erziehungswissenschaft kann kaum überschätzt werden.[134]

Ute Waschulewski bemüht sich 2002, empirisch die sechs Lebensformen Sprangers mit Hilfe von Fragebögen zu untermauern.[135] **Birgit Ofenbach** veröffentlicht kommentiert Auszüge aus Sprangers Werk und nennt ihn 2002 den „Humboldt unserer Zeit".[136]

Klaus-Peter Horn erinnert 2003 durch Quellenstudien an der Berliner Universität an Tillichs Entlassung und die Bemühungen von Studierenden, Spranger zur Intervention in diesem Fall zu bewegen – der Quellenlage nach vergeblich, wobei Horn an die aktive Rolle Sprangers bei der Entlassung Theodor Lessings erinnert.[137] **Manfred Karsch** analysiert 2003 die Haltung Sprangers zum Staat im Kontrast zur Position Adornos und hebt die biologischen Passagen vom

---

[131] Tenorth, Heinz-Elmar: Pädagogik für Krieg und Frieden. Eduard Spranger und die Erziehungswissenschaft an der Universität Berlin von 1913–1933, in: Horn, Klaus-Peter: Pädagogik Unter den Linden. Von der Gründung der Berliner Universität im Jahre 1810 bis zum Ende des 20. Jahrhunderts (Paellas Athene, Band 6), Stuttgart 2002, S. 191–226.

[132] Horn, Klaus-Peter: Konkurrenz und Koexistenz. Das Pädagogische Seminar und das Institut für Politische Pädagogik in der Zeit des Nationalsozialismus, in: Horn, Klaus-Peter: Pädagogik Unter den Linden. Von der Gründung der Berliner Universität im Jahre 1810 bis zum Ende des 20. Jahrhunderts (Paellas Athene, Band 6), Stuttgart 2002, S. 227–252.

[133] Tilitzki, Christian: Die deutsche Universitätsphilosophie in der Weimarer Republik und im Dritten Reich, Teil 1 und 2, Berlin 2002.

[134] In einer knapp vierzigseitigen Einleitung wird von Tilitzki der Bezug zur Historisierung der Geschichte gegen die Vergangenheitsbewältigung unter Berufung auf Broszat und eben Nolte vorgenommen. Schon vor dem Skandal um den hessischen CDU-Politiker Hohmann wurde die These aufgeworfen, dass der „jüdische Anteil an bolschewistischer Herrschaftspraxis" zu wenig in den Blick genommen würde, um den Antisemitismus im Zusammenhang mit dem Antibolschewismus zu verstehen. Tilitzki nennt das „Erforschung ihrer Täterrolle" und meint damit „den jüdischen Anteil an bolschewistischer Herrschaftspraxis". Vor diesem Hintergrund schreibt er den Juden dann auch eine Opferrolle gegenüber dem „bolschewistischen Terror" zu (Tilitzki 2002, S. 23). Den Austritt Deutschlands aus dem Völkerbund in der NS-Zeit und im Kontext der Heidegger-Rede wird von Tilitzki ausdrücklich als legitim dargestellt (Tilitzki 2002, S. 25). Tilitzki wendet sich gegen die Studien „aus Emigrantensicht" (Tilitzki 2002, S. 28), und insbesondere gegen Stern und Ringer. Er behauptet, Nolte habe durch „die Entdeckung des rationalen Kerns der NS-Weltanschauung (…) den Gegensatz von Partikularität und Universalität" festgelegt, wobei das Recht eher auf Seiten der Partikularisten, sprich der deutschen Nationalisten gelegen habe, da die Unterwerfung der deutschen Nation nach Versailles und infolge einer von den USA vorbereiteten Weltherrschaftspolitik – auch während des Zweiten Weltkriegs – real gewesen sei. So wird von Tilitzki der Zweite Weltkrieg als eine Art Verteidigungskrieg gegen die Universalisten in Theorie und Praxis uminterpretiert (Tilitzki 2002, S. 29). Tilitzki nimmt auch ausdrücklich Adolf Hitler in Schutz. Es heißt, es sollte nachdenklich stimmen, „dass es Roosevelt und nicht Hitler war, der über ein schlüssiges Konzept zur Erringung der ‚Weltherrschaft' verfügte" (Tilitzki 2002, S. 29). Hier wird deutlich gesagt, dass Hitlers Krieg nicht das Ziel der Weltherrschaft gehabt habe. Dass Tilitzki eine Ausrichtung auf den „Antiamerikanismus" gleichermaßen vor, während und nach dem Zweiten Weltkrieg für berechtigt hält, zeigt die ganze Schrift.

Am 26.8.2002 erscheint Kurt Flaschs Rezension in der „Frankfurter Allgemeinen Zeitung". Flasch lässt seine Kritik an Tilitzki in der treffenden Pointe enden, dass hier die „philosophasternde Umschreibung (…) das historische Phänomen hinter einer terminologischen Nebelwand verschwinden (lässt). Sie klingt, als sei die SA eine oberbayerische Trachtengruppe gewesen."

[135] Waschulewski, Ute: Die Wertpsychologie Eduard Sprangers. Eine Untersuchung zur Aktualität der „Lebensformen" (Texte zur Sozialpsychologie, Band 8), Münster/New York/München/Berlin 2002.

[136] Ofenbach, Birgit: Eduard Spranger. Kultur und Erziehung. Gesammelte pädagogische Aufsätze (Werkinterpretationen pädagogischer Klassiker), Darmstadt 2002.

[137] Horn, Klaus-Peter: Unklare Fronten. Zwei Dokumente zur Situation der Universitäten im Frühjahr 1933, in: Bruch, Rüdiger vom (Hrsg.): Jahrbuch für Universitätsgeschichte, 6. Jg. (2003), S. 161–168.

„Adel des Blutes" in einer erneuten Analyse des Aufsatzes „März 1933" hervor.[138] **Klaus Himmelstein** rekonstruiert die Kritik von Fritz Helling an Spranger und betont, an Adorno angelehnt, dass der Antisemitismus Teil der deutschen Kultur sei.[139]

2004 erscheint der zweite gewichtige Sammelband in dieser Zeitspanne (herausgegeben von **Werner Sacher** und **Alban Schraut**),[140] in dem Sacher vertritt, Spranger habe sich spät, aber letztlich doch dem „Widerstand" angeschlossen und sei ein mutigen Gegner des NS-Regimes gewesen.[141] Im Gegensatz dazu ordnet **Klaus Himmelstein** Spranger in seiner Studie über den Stahlhelm-Pädagogen Spranger als Teil des Bündnisses der Deutschnationalen mit der NSDAP ein.[142] Anhand einer Auswertung von Quellen aus dem Jahr 1945 berichtet **Klaus-Peter Horn** über eine Auseinandersetzung der Zeitschrift „Aufbau" über die Einschätzung Sprangers.[143] **Walter Eisermann** hebt Sprangers Position „in der Mitte" hervor und vertritt, Spranger habe auch gegen Freud „ohne Anflug von Polemik" geschrieben.[144] **Eva Matthes** wendet sich dagegen, Spranger unter „Ideologieverdacht" zu stellen, ohne jedoch Namen zu nennen.[145]

In einem Sammelband zur Kriegspädagogik, 2004 von **Thomas Gatzemann** und **Anja Silvia Göing** herausgegeben,[146] wird in einer Reihe von Beiträgen die Frühgeschichte des militaristischen Denkens bei den „deutschen Denkern" nachgegangen und die Erziehung zum Krieg als Erziehung zum Gehorsam rekonstruiert, wobei der Analyse des Ersten Weltkriegs als „blindem Fleck" der Erziehungswissenschaft ein besonderer Stellenwert zukomme. Der Begriff der „deutschen Einfühlsamkeitshermeneutik" fällt hier im Kontext der Auseinandersetzung mit der Erklärung der dreitausendeinhundert Professoren, die Deutschland im Ersten Weltkrieg unterstützten.[147] **Anja Silvia Göing** kritisiert in dem Beitrag „ ‚Große Worte'. Instrumentalisie-

---

[138] Karsch, Manfred: Identität als Einheit des Heterogenen. Untersuchungen zur Begründung einer Kulturpädagogik im Spannungsfeld von Affirmation und Autonomie bei Eduard Spranger und Ernst Troeltsch, Bochum/Freiburg 2003.

[139] Himmelstein, Klaus: „Eduard Spranger und der Nationalsozialismus". Zur Auseinandersetzung Fritz Hellings mit Eduard Spranger, in: Dietz, Burkhard (Hrsg.): Fritz Helling, Aufklärer und „politischer Pädagoge" im 20. Jahrhundert. Interdisziplinäre Beiträge zur intellektuellen Biographie, Wissenschaftsgeschichte und Pädagogik (Studien zur Bildungsreform, Band 43), Frankfurt am Main/Berlin/Bern/Brüssel/New York/Oxford/Wien 2003, S. 303–315. Himmelstein, Klaus: Die Juden müssen „aufhören, Juden sein zu wollen" – Antisemitismus bei Pädagogen vor 1933, in: Gamm, Hans-Jochen/Keim, Wolfgang (Red.): Erinnern – Bildung – Identität (Jahrbuch für Pädagogik 2003), Frankfurt am Main/Berlin/Bern/Brüssel/New York/Oxford/Wien 2004, S. 81–103, hier S. 97.

[140] Sacher, Werner/Schraut, Alban (Hrsg.): Volkserzieher in dürftiger Zeit. Studien über Leben und Wirken Eduard Sprangers. Beiträge zum Internationalen Spranger-Symposion in Nürnberg am 11./12. Oktober 2002 (Erziehungskonzeptionen und Praxis, Band 59), Frankfurt am Main/Berlin/Bern/Brüssel/New York/Oxford/Wien 2004.

[141] Sacher, Werner: Die Korrespondenz Eduard Sprangers mit Käthe Hadlich, in: Sacher, Werner/Schraut, Alban (Hrsg.): Volkserzieher in dürftiger Zeit. Studien über Leben und Wirken Eduard Sprangers, Frankfurt am Main/Berlin/Bern/Brüssel/New York/Oxford/Wien 2004, S. 11–27, hier S. 15.

[142] Himmelstein, Klaus: Eduard Spranger und der Nationalsozialismus, in: Sacher, Werner/Schraut, Alban (Hrsg.): Volkserzieher in dürftiger Zeit. Studien über Leben und Wirken Eduard Sprangers, Frankfurt am Main/Berlin/Bern/Brüssel/New York/Oxford/Wien 2004, S. 105–120.

[143] Horn, Klaus-Peter: Leben in und außer der Zeit. Die Korrespondenz zwischen Walter Feilchenfeld/Fales und Eduard Spranger 1923 bis 1953, in: Sacher, Werner/Schraut, Alban (Hrsg.): Volkserzieher in dürftiger Zeit. Studien über Leben und Wirken Eduard Sprangers, Frankfurt am Main/Berlin/Bern/Brüssel/New York/Oxford/Wien 2004, S. 83–104.

[144] Eisermann, Walter: Die Behandlung gegensätzlicher Positionen im Denken Eduard Sprangers, in: Sacher, Werner/Schraut, Alban (Hrsg.): Volkserzieher in dürftiger Zeit. Studien über Leben und Wirken Eduard Sprangers, Frankfurt am Main/Berlin/Bern/Brüssel/New York/Oxford/Wien 2004, S. 209–226, hier S. 210 und S. 222.

[145] Matthes, Eva: Die Spranger-Rezeption in der (west-)deutschen Pädagogik seit 1964, in: Sacher, Werner/Schraut, Alban (Hrsg.): Volkserzieher in dürftiger Zeit. Studien über Leben und Wirken Eduard Sprangers, Frankfurt am Main/Berlin/Bern/Brüssel/New York/Oxford/Wien 2004, S. 227–243, hier S. 228.

[146] Gatzemann, Thomas/Göing, Anja Silvia (Hrsg.): Geisteswissenschaftliche Pädagogik, Krieg und Nationalsozialismus. Kritische Fragen nach der Verbindung von Pädagogik, Politik und Militär, Frankfurt am Main/Berlin/Bern/Brüssel/New York/Oxford/Wien 2004.

[147] Prondczynsky, Andreas von: Kriegspädagogik 1914–1918. Ein nahezu blinder Fleck der Historischen Bildungsforschung, in: Gatzemann, Thomas/Göing, Anja Silvia (Hrsg.): Geisteswissenschaftliche Pädagogik, Krieg und Nationalsozialismus. Kritische Fragen nach der Verbindung von Pädagogik, Politik und Militär, Frankfurt am Main/Berlin/Bern/Brüssel/New York/Oxford/Wien 2004, S. 45.

rung von kulturellen Werten bei Eduard Spranger",[148] dass bei Spranger im Grunde ein erklärter Kulturbegriff Basis seiner Theorie war. Anknüpfend an die Kritik Bernfelds von 1925 wird auf eine frühe Schrift von Spranger zur Kultur aufmerksam gemacht. Bernfeld kritisierte in seiner Schrift „Sisyphos oder die Grenzen der Erziehung" indirekt Spranger durch eine Art Gesellschaftssatire, in der er seinem Unterrichtsminister Machiavelli Folgendes in den Mund legt: „Unter Berücksichtigung des Prinzips der Jugendgemäßheit aller Erziehung ist die Pubertät, die idealistische Lebenszeit kat exochen, mit großen Worten zu füllen. Als solche werde ich vorschreiben: Vaterland – Kultur – Nation – Kultur – Wissenschaft – Kunst – Kultur – Volk – Rasse – Kultur" (Bernfeld, in: Göing 2004, S. 89).[149]

Auch wenn Bernfeld an dieser Stelle nicht, wie an anderer Stelle, Spranger direkt zitiert, wird von Göing nachgewiesen, dass der Begriff der Kultur zur Leerformel wird, wenn ihre „Konnotationen an der sozialen Praxis" nicht reflektiert werden (Göing 2004, S. 90). Anhand von Sprangers Aufsatz „Von der ewigen Renaissance"[150] wird als immanenter Denkfehler Sprangers herausgestellt, dass die Individuation für ihn nur solange sinnvoll ist, „wie die Stände und Schichten innerhalb der Gesellschaft gewahrt bleiben" (Göing 2004, S. 97). Die großen Worte, Pathosformeln Sprangers über Kultur, sprengen eben die soziale Wirklichkeit an keiner Stelle. Insofern spricht Göing von einer „begrifflichen Verunklärung" (Göing 2004, S. 101). Für sie ist ein zentraler Fehler die Auffassung, dass Spranger seine Bildungstheorie auf eine Anthropologie aufbaue. In Wirklichkeit gehe es Spranger aber bei der Verwendung des Pathosworts „Kultur" um das feste Gerüst einer gegebenen Gesellschaft (Göing 2004, S. 103 f.).

2005 fasst **Micha Brumlik** in einer Sammelbesprechung einige Ergebnisse zusammen, wobei er Spranger als einen „in der Wolle gefärbten Antisemiten" bezeichnet und Sprangers Passage angesichts der Massenmorde an der jüdischen Bevölkerung in die Überschrift seines Beitrags einbaut: „(…) bis zuletzt nichts geahnt".[151]

Klaus Himmelsteins Beitrag über Spranger in Japan aus dem Jahr 2006 betont den staatlichen Auftrag dieser Vortragsreise, die klare Orientierung Sprangers am NS-Staat und die bitteren Kommentare des Emigranten Löwith.[152]

---

[148] Göing, Anja Silvia: „Große Worte": Instrumentalisierung von kulturellen Werten bei Eduard Spranger, in: Gatzemann, Thomas/Göing, Anja Silvia (Hrsg.): Geisteswissenschaftliche Pädagogik, Krieg und Nationalsozialismus. Kritische Fragen nach der Verbindung von Pädagogik, Politik und Militär, Frankfurt am Main/Berlin/Bern/Brüssel/New York/Oxford/Wien 2004, S. 89–108.

[149] Bernfeld, Siegfried: Sisyphos oder die Grenzen der Erziehung, Frankfurt am Main 1973, S. 101.

[150] Spranger, Eduard: Kultur und Erziehung. Gesammelte pädagogische Aufsätze, 2. wesentlich erweiterte Auflage, Leipzig 1923, S. 229–251.

[151] Brumlik, Micha: „… dieses Problem, von dem wir bis zuletzt nichts geahnt hatten." Nohl, Spranger, der Antisemitismus und die Frauen, in: Sozialwissenschaftliche Literatur-Rundschau (SLR). Sozialarbeit, Sozialpädagogik, Sozialpolitik, soziale Probleme, 28. Jg. (2005), Heft 50, S. 5–14, hier S. 6.

[152] Himmelstein, Klaus: „Abgesandter meines Volkes und meiner Regierung" – Eduard Spranger in Japan, in: Horn, Klaus-Peter/Ogasawara, Michio/Sakakoshi, Masaki/Tenorth, Heinz-Elmar/Yamana, Jun/Zimmer, Hasko (Hrsg.): Pädagogik im Militarismus und im Nationalsozialismus. Japan und Deutschland im Vergleich, Bad Heilbrunn 2006, S. 99–118.

1986 erschienen die 1940 im japanischen Exil verfassten Erinnerungen des Wissenschaftlers **Karl Löwith** unter dem Titel „Mein Leben in Deutschland vor und nach 1933" (Stuttgart 1986). Löwith, Philosoph und spezialisiert auf Nietzsche und Heidegger, berichtet neben seinen Erfahrungen mit Husserl, Spengler und Heidegger und den Details seiner Vertreibung aus Deutschland 1933 in einem eigenen Abschnitt auch über einen „deutschen Geheimrat in Sendai" (Löwith 1986, S. 112 ff.). Löwith meinte damit Spranger, den er 1937 im japanischen Exil als Vertreter des NS-Regimes erlebte. Löwith schreibt:

„Als ich ausführliche Referate davon in der japanisch-amerikanischen Zeitung las, konnte ich zuerst nicht begreifen, wie derselbe Mann, der 1933 sein Abschiedsgesuch eingereicht hatte, nun als offizieller Vertreter des nationalsozialistischen Deutschland seine Bildung dazu hergeben konnte, um sich selbst und seinem Publikum einzureden, dass Deutschland und Japan (das er bis zu seiner Ankunft nur aus einigen Büchern kannte) eine gemeinsame geschichtliche Aufgabe und eine tiefe Verwandtschaft hätten. Der Samurai entsprach dem preußischen Offizier, der japanische Opfermut dem germanischen Heldentum, Bushido dem germanischen Ehrenkodex, die japanische Ahnenverehrung dem neudeutschen Rassegedanken und andere Torheiten mehr." (Löwith 1986, S. 113)

* * *

Gerade am Beispiel Eduard Sprangers wird deutlich, wie hartnäckig die Mentalität der 1950er Jahre und die Methodik des Ausklammerns des „wirklichen Lebens“ in der Disziplin der Erziehungswissenschaft in der Bundesrepublik Deutschland verankert ist. Der 2007 erschienene biographische Band von Alban Schraut ist dafür ein deutlicher Beleg, denn er bietet keine Zusammenfassung der bisherigen Debatten. Ganz im Gegenteil, als wäre nichts gewesen, schildert Schraut einseitig zusammenfassend weitgehend die an Spranger orientierten Positionen von Sacher und Eisermann.[153]

Es zeigt sich, dass in nicht unerheblichen Teilen der Erziehungswissenschaft die fundamentalen Fragen an Eduard Sprangers theoretisches Werk und an seine Biographie nach wie vor weitgehend übergangen werden, obwohl nachgewiesen werden konnte, dass auf einer großen Anzahl von Gebieten Kritiken und Quellen im Rahmen des erziehungswissenschaftlichen Diskurses zusammengestellt wurden, die im Grunde nicht mehr ignoriert werden können.

Zusammenfassend stellt Löwith fest: „Der gute Geheimrat – er war der Typus des deutschen Oberlehrers – hat sich im Prinzip nicht anders verhalten als alle jene deutschen Männer, die 1933 zwar einen Augenblick vor der Frage standen, ob sie abgehen sollten, aber sich bald darauf eines ‚besseren‘ besannen und die Verantwortung für eine schlechte Sache mit übernahmen – ich denke an Schacht, von Neurath und von Papen.“ (Löwith 1986, S. 113)

Löwith schildert weiter, dass Spranger vor seiner Rückreise nach Deutschland ihm, dem jüdischen Emigranten, noch einen Brief geschrieben habe, „in dem jeder Satz für das deutsche Ohr aus jenem ‚Land der Bildung‘ stammt, das schon für Nietzsche vorbei war.“ Spranger war so taktvoll, Verse von Goethe und Hölderlin beizulegen, u. a. schrieb Spranger: „Heimat trägt man im Herzen mit sich. Im letzten Sinne sind alle Erdwanderer Auswanderer“ (Löwith 1986, S. 114).

Der vom NS-Regime vertriebene Soziologe René König veröffentlichte 1980 seinen „Versuch einer intellektuellen Autobiographie“ unter dem Titel „Leben im Widerspruch“ (München/Wien 1980). Darin berichtet er auch über einen Zusammenstoß mit Spranger in dessen Seminar und schreibt weiter, dass Spranger „als Propaganda-Redner des Nationalsozialismus nach Japan ging und ‚interessante‘ Parallelen zwischen der ‚arischen‘ und der ‚japanischen Rasse‘ entdeckte“ (König 1980, S. 90).

[153] Schraut, Alban: Biografische Studien zu Eduard Spranger, Bad Heilbrunn 2007.

2. Herman Nohl

Der Diskurs über Herman Nohl von 1945 bis heute kennt ähnlich gewichtige Debatten. In einer knappen Zusammenfassung über die Zeit bis 1989 lässt sich feststellen, dass die Auseinandersetzung mit und um Herman Nohl in der Historiographie der Erziehungswissenschaft nicht nur die kontroverse Einschätzung der Rolle Nohls in der NS-Zeit betrifft, sondern auch als Diskurs über die Rekonstruktion der Geschichte der Erziehungswissenschaft in Deutschland und über das Prinzip von „pädagogischer Autonomie“ in Theorie und Praxis kaum überschätzt werden kann.

a) Bis 1989

Fritz Blättners in den 1950er Jahren verfasste „Geschichte der Pädagogik“[154] gibt in gewisser Hinsicht den Startschuss in der Darstellung Herman Nohls als großen Historiographen der deutschen Erziehungsgeschichte, als der „wissenschaftliche Wortführer“ der Reformbewegung (Blättner 1955, S. 206). Blättner, selbst in der NS-Zeit keinesfalls unbelastet,[155] rechnet es Nohl dabei ausdrücklich positiv an, dass er der allgemeinen Schelte auf Herbart in einer Feierstunde 1948 entgegengetreten sei. Nohl habe vielmehr darauf hingewiesen, dass die Idee der Autonomie der Pädagogik auf Herbart zurückgeführt werden könne. Blättner konstatiert außerdem positiv, dass Nohl Herbarts „Formalstufen“ verteidigt habe (Blättner 1955, S. 197). **Erich Weniger** schreibt 1954 in seiner Einführung zur „Bibliographie Herman Nohl“[156] anlässlich des 75. Geburtstags seines akademischen Lehrers eine Art Skizze für nachfolgende Apologien.[157]

Größere Schwierigkeiten bereitet in der Folge den Apologeten Nohls die grundlegende Kritik von **Klaus Mollenhauer**[158] an der Theorie des „Pädagogischen Bezugs“. Er insistiert darauf, dass mit Nohls Ansatz durch zu enge Bindung der sozialkritische Gedankengang verloren gehe. Mollenhauer entwickelt daher als wesentlichen Aspekt den Terminus „Beratung“, die er

[154] Blättner, Fritz: Geschichte der Pädagogik, 3. Auflage, Heidelberg 1955.

[155] Fritz Blättner veröffentlichte in der NS-Zeit drei Monographien: Der Humanismus im deutschen Bildungswesen, Leipzig 1937; Die Methoden der Jugendführung durch Unterricht. Kritische Untersuchungen zur Didaktik der deutschen Jugendschule, Langensalza/Berlin/Leipzig 1937 und Geist und Tat im Wechsel der Generationen. Kulturphilosophische Untersuchungen über die Bildung, Leipzig 1943. Zur Rolle Blättners im Kontext der Zeitschrift „Die Erziehung“ in der NS-Zeit siehe: Horn, Klaus-Peter: Pädagogische Zeitschriften im Nationalsozialismus. Selbstbehauptung, Anpassung, Funktionalisierung (Bibliothek für Bildungsforschung, Band 3), Weinheim 1996, S. 215 ff. Siehe auch den eher apologetischen, positive Motive unterstellenden Beitrag von Klaus Prange: Vergessen – verschweigen – verarbeiten. Zur pädagogischen Reaktion auf die Erfahrung der Hitlerzeit bei Fritz Blättner, Otto Friedrich Bollnow und Theodor Wilhelm in: Horn, Klaus-Peter/Ogasawara, Michio/Sakakoshi, Masaki/Tenorth, Heinz-Elmar/Yamana, Jun/Zimmer, Hasko (Hrsg.): Pädagogik im Militarismus und im Nationalsozialismus. Japan und Deutschland im Vergleich, Bad Heilbrunn 2006.

[156] Weniger, Erich: Einführung, in: Weniger, Erich/Ahrens, Elisabeth/Wedemeyer, Irmgard: Bibliographie Herman Nohl zu seinem 75. Geburtstag am 7. Oktober 1954, Weinheim 1954, S. 3–13.

[157] 1959 erschien als Beiheft der „Zeitschrift für Pädagogik“ mit dem Titel „Beiträge zur Menschenbildung“ (Zeitschrift für Pädagogik, Beiheft 1, Weinheim/Düsseldorf 1959) eine Ausgabe, die Herman Nohls 80. Geburtstag gewidmet war. **Elisabeth Blochmann** (S. 1–4) stellt hier zunächst den neu entstandenen Sammelband „Erziehergestalten“ von Herman Nohl vor, eine Aufsatzzusammenstellung quer durch die Jahrzehnte. **Erich Weniger** (S. 5–20) lenkt in seiner Festrede „Herman Nohl und die sozialpädagogische Bewegung“ die Aufmerksamkeit auf Nohls Abhandlung über den Sinn der Strafe, um dann aber im Schlussteil, nach Bemerkungen über die „Jugendwohlfahrt“, auf Nohls Schrift zur „Osthilfe“ erneut in apologetischer Weise einzugehen. Über die Zeitspanne „kurz vor dem Einbruch des Nationalsozialismus 1933“ heißt es bei Weniger: „Es handelte sich damals um die große Bedrohung des deutschen Ostens, insbesondere des Landes im Osten durch Entvölkerung, Unterwanderung und soziale Missstände. Heute hat das Schicksal durch die falsche Entscheidung des Nationalsozialismus gegen uns entschieden“ (Weniger 1959, S. 18). Die eigentliche Pointe von Wenigers Aufsatz ist jedoch, dass Nohl „nach dem Zusammenbruch“ neue Akzente gesetzt habe: „Das Eigentliche in der Erziehung ist eben nicht mehr die Bildung, sondern die Lebenshilfe“ (Weniger 1959, S. 20).

[158] Mollenhauer, Klaus: Die Ursprünge der Sozialpädagogik in der industriellen Gesellschaft. Eine Untersuchung zur Struktur sozialpädagogischen Denkens und Handelns, Weinheim/Berlin 1959.

ausdrücklich als außerhalb des Kontinuums erzieherischer Einwirkung befindlich vorschlägt. Anders als Nohl setzt Mollenhauer den pädagogischen Bezug weder als Ausgangspunkt noch als Zentrum von Erziehung.

In der von **Hans-Jochen Gamm** 1964 verfassten – in anderer Hinsicht wegweisenden – Studie „Führung und Verführung. Pädagogik des Nationalsozialismus"[159] wird Herman Nohl, gemeinsam mit Eduard Spranger und Wilhelm Flitner, ausschließlich positiv erwähnt. Gamm, der sich auch in späteren Veröffentlichungen eher einer linken und emanzipatorischen Pädagogik zugehörig fühlt, macht offensichtlich ohne plausible Begründung bei seinen akademischen Lehrern mehr als nur Zugeständnisse: „Freilich darf hier festgestellt werden, dass wir es für unergiebig halten, diese zum Teil noch heute wirkenden Erzieher und Erziehungswissenschaftler auf damalige Äußerungen hin festzulegen. Ihre Gedanken waren oftmals ideologisch durchtränkt, und nur wenige hatten, durch familiäre Umstände, durch mangelnde Anerkennung als ‚Volksgenossen' oder ähnliches bedingt, die Möglichkeit, eine nicht ‚gleichgeschaltete' Pädagogik zu vertreten" (Gamm, S. 8).

Bis zum Ende der sechziger Jahre dominiert deutlich die von **Elisabeth Blochmanns** (1969)[160] zusammengefasste Positionierung, dass Nohl inhaltlich und persönlich im Grunde unantastbar war. Auch wenn in der kaum beachteten Arbeit von **Waltraut von Hackewitz** (1966)[161] durch ihre gesellschaftskritischen Bemerkungen der Irrationalismus Nohls sehr vorsichtig aufgedeckt wird, handelt es sich noch um eine einsame Stimme.

Ein wirklicher Diskurs ist noch nicht zu verzeichnen.

Das ändert sich aber schon in den siebziger und achtziger Jahren erheblich. Während **Karl Christoph Lingelbachs** Studie (1970)[162] theoretisch wirksam Gesamtzusammenhänge der deutschen Erziehungswissenschaft in der NS-Zeit beleuchtet, beginnt nun auch eine Zeit der heftigen Polemik und des wissenschaftlichen Diskurses. **Bruno Schonig** (1973)[163] stellt deutlich den Zusammenhang zwischen Irrationalismus und Nationalismus bei Nohl heraus, **Jürgen Oelkers** (1975)[164] hinterfragt erstmals systematisch den philosophischen Hintergrund und zielt schon auf die später genauer entwickelte Kritik an der Konstruktion der „deutschen pädagogischen Bewegung" als Reformpädagogik ab.

Einen wirklichen Einschnitt bietet dann die Debatte auf dem Kolloquium zum 100. Todestag Nohls: **Theodor Schulze** (1979)[165] wird mit seiner Kritik an Nohls antidemokratischen und militaristischen Überzeugungen zunächst von den akademischen Schülerinnen und Schülern Nohls in direkte Konfrontation verwickelt und ersetzt schließlich als Attribut zur Kennzeich-

[159] Gamm, Hans-Jochen: Führung und Verführung. Pädagogik des Nationalsozialismus, München 1964.

[160] Blochmann, Elisabeth: Herman Nohl in der pädagogischen Bewegung seiner Zeit. 1879–1960, Göttingen 1969.

[161] Hackewitz, Waltraut von: Das Gesellschaftskonzept in der Theorie der „Pädagogischen Bewegung". Ein ideologiekritischer Versuch am Werk Herman Nohls, Berlin 1966.

[162] Lingelbach, Karl Christoph: Erziehung und Erziehungstheorien im nationalsozialistischen Deutschland. Ursprünge und Wandlungen der 1933–1945 in Deutschland vorherrschenden erziehungstheoretischen Strömungen, ihre politischen Funktionen und ihr Verhältnis zur außerschulischen Erziehungspraxis des „Dritten Reiches" (Marburger Forschungen zur Pädagogik, Band 3), überarbeitete Zweitausgabe mit drei neueren Studien und einem Diskussionsbericht, Frankfurt am Main 1987.

[163] Schonig, Bruno: Irrationalismus als pädagogische Tradition. Die Darstellung der Reformpädagogik in der pädagogischen Geschichtsschreibung, Weinheim/Basel 1973.

[164] Oelkers, Jürgen: Die Vermittlung zwischen Theorie und Praxis in der deutschen Pädagogik von Kant bis Nohl. Eine ideengeschichtliche Untersuchung, Hamburg 1975.

[165] Schulze, Theodor: „Der Sinn des Lebens liegt im Leben selbst...". Ein neugieriger Rückblick auf die geisteswissenschaftliche Pädagogik zum 100. Geburtstag von Herman Nohl, in: Die neue Sammlung. Vierteljahres-Zeitschrift für Erziehung und Gesellschaft, 19. Jg. (1979), S. 542–564.

nung der Positionen Nohls den Begriff „deutsch-national" durch „völkisch" – was die Widersprüche eher verschärft.[166]

Bernd Weber (1979)[167] zitiert jetzt direkt und ausführlich die den Nationalsozialismus unterstützenden Passagen Nohls. Auch der in Göttinger Tradition stehende Erziehungswissenschaftler **Herwig Blankertz** (1983)[168] geht deutlich auf Distanz zu Nohl.

Heinrich Kupffer untersucht 1984, inwieweit „Der Faschismus und das Menschenbild der deutschen Pädagogik"[169] zusammenhängen und geht im Kapitel „Hitler und Nohl" (Kupffer 1984, S. 124 ff.) vor allem auf Nohls Haltung in den Jahren nach dem Ersten Weltkrieg bis zum Beginn der NS-Herrschaft ein. Es ist verständlich, dass sich Kupffer weder mit der Kapitelüberschrift noch mit seinen sehr kritischen Ausführungen über Nohl in der sogenannten Göttinger Schule allzu viele Freunde gemacht hat.[170] Diese zweihundert Seiten umfassende Schrift erschien zudem als Fischer Taschenbuch und entfaltete eine entsprechende Wirkungsgeschichte. Kupffers Grundthese ist:

> *„Die Hauptströmung der deutschen Pädagogik verfährt unkritisch, weil sie im Grunde eine Pädagogik für Untertanen ist."* (Kupffer 1984, S. 129)

Die Qualität der Analyse liegt darin, dass er ideologiekritisch bestimmte Denkfiguren als typisch für diese deutsche Pädagogik herausschält. Eine dieser Denkfiguren ist die „Not". So

---

[166] Um einen Eindruck von der Atmosphäre dieser Feier zu erhalten, ist die Fußnote Schulzes zu dieser Stelle ausgesprochen hilfreich: „In meinem Vortrag hatte ich an dieser Stelle statt ‚völkisch' den Ausdruck ‚deutsch-national' gebraucht. Diese Kennzeichnung hat bei vielen älteren Zuhörern Verärgerung und Widerspruch hervorgerufen. Die Einwände erscheinen mir insofern berechtigt, als man bei diesem Etikett zuerst an die ‚Deutschnationale Partei' der Weimarer Republik denkt, und dieser Partei hat Nohl sicher nicht nahegestanden, eher einer liberalen oder sozialdemokratischen Richtung. Ich wollte damit lediglich anmerken, dass er der am Anfang des Jahrhunderts in Deutschland vorherrschenden Überschätzung des nationalen Gedankens verhaftet war. In diesem weiteren, geistesgeschichtlichen Sinne, in dem etwa auch Joel König in seiner Autobiographie ‚David' (1979, S. 32) von seinen ‚deutsch-nationalen Gefühlen' spricht, scheint mir meine Kennzeichnung zutreffend zu sein" (Schulze 1979, S. 546).

Schulze, der in der weiteren Analyse über die Sprachkritik an Nohls Häufung von Adjektiven wie „froh, fröhlich, frohmütig, adlig" etc. die weitere Entwicklung Nohls nach 1918 verfolgt, konstatiert Nohls „Abneigung gegen Revolution, Demokratie und Parteien" (Schulze 1979, S. 547) als offensichtlich. Schärfer noch deckt er auf, dass Nohl hinter der Attitüde, auf der Höhe der Wissenschaft zu stehen, in Wahrheit Denker wie Karl Marx, Sigmund Freud und Max Weber nur nebenbei oder gar nicht behandelt und einen Pädagogen wie Siegfried Bernfeld lediglich im Literaturverzeichnis zum „Handbuch der Pädagogik" (1933) anführt, aber bei der Darstellung emanzipatorischer Pädagogik und Reformpädagogik nicht einmal erwähnt. Schulze fragt ins Auditorium: „An welchem Haus wird man 1992 für Siegfried Bernfeld eine Tafel anbringen?" (Schulze 1979, S. 548).

[167] Weber, Bernd: Pädagogik und Politik vom Kaiserreich zum Faschismus. Zur Analyse politischer Optionen von Pädagogikhochschullehrern von 1914–1933 (Monographien Pädagogik, Band 26), Königstein 1979.

[168] Blankertz, Herwig: Die Geschichte der Pädagogik. Von der Aufklärung bis zur Gegenwart. Wetzlar 1982.

[169] Kupffer, Heinrich: Der Faschismus und das Menschenbild der deutschen Pädagogik, Frankfurt am Main 1984.

[170] Das trifft auch auf **Heinz-Elmar Tenorth** zu, der Kupffer vorwirft „gerade am Beispiel Nohls" unter anderem „die Differenz zwischen Faschismus und bürgerlicher Tradition" wieder zugedeckt zu haben (Tenorth, Heinz-Elmar: Zur deutschen Bildungsgeschichte 1918–1945. Probleme, Analysen und politisch-pädagogische Perspektiven, Köln/Wien 1985, S. 218). Ausgangspunkt von Tenorths Studie ist, dass sich „über Erziehung und ihre Theorie vor 1933 nur noch mit Nohls großer Analyse diskutieren" (Tenorth 1985, S. 18) lasse. Gemeint ist hier Nohls Schrift zur Pädagogischen Bewegung in Deutschland.

Offensichtlich ebenfalls als Reaktion auf das Buch Kupffers schreibt **Helmut Richter**, ohne jedoch direkt auf Kupffer einzugehen: „Dass Nohl ein Faschist in Perspektive Auschwitz gewesen sei, das kann ihm so wenig wie Litt unterstellt werden." (Richter, Helmut: (Sozial-)Pädagogik und Faschismus. Anfragen zu Kontinuität und Diskontinuität, in: Otto, Hans-Uwe/Sünker, Heinz (Hrsg.): Soziale Arbeit und Faschismus. Volkspflege und Pädagogik im Nationalsozialismus, Bielefeld 1986, S. 94) In einem Abschnitt mit der Überschrift „Zur Kontinuität der Nationalerziehung" betonte Richter ausdrücklich, dass es in der geisteswissenschaftlichen Pädagogik Nohls eine Mischung aus Rassismus und Sozialdarwinismus sicherlich nicht gegeben habe (Richter 1986, S. 102). Man muss Richter hier jedoch zugute halten, dass er Nohls Vorlesungsmanuskript von 1933/34 offensichtlich nicht kannte. Unakzeptabel ist jedoch, dass er auch einen solchen Zusammenhang selbst in Kenntnis von Nohls Buchs „Charakter und Schicksal" (1938) verneint. Dennoch sieht Richter, dass die geisteswissenschaftliche Pädagogik Nohls in den Begriffen von Volksgemeinschaft und Volkskultur „die Implikation des Rassebegriffs" (Richter 1986, S. 112) vorwegnahm. Der Sammelband „Soziale Arbeit und Faschismus" insgesamt ist trotz der genannten Schwächen von großer Bedeutung, insbesondere für die Sozialpädagogik.

führt Kupffer die Phrase Nohls von 1947, „in der Not unseres zerschlagenen Volkes“, an und stellt sie in den Kontext der Äußerungen Nohls über die Not nach dem Ersten Weltkrieg. Abgesehen davon, dass die Frage nach der eigenen Verursachung dieser Not, so Kupffer, konsequent von Nohl ausgeklammert wird, ist der entscheidende Mechanismus, dass jetzt die Pädagogik auf dem Posten zu stehen habe, als Retter in der Not (Kupffer 1984, S. 134). Als eine zweite Denkfigur enttarnt Kupffer die Nohl'sche Phrase „Pädagogik ist *nicht Staat, Politik, Partei*“ (Kupffer 1984, S. 135, Hervorhebung im Original), die nur zur Verschleierung der Zielsetzung dient, doch im platonischen Sinne zumindest für Staat und Religion zu erziehen.

Heinz-Elmar Tenorth (1988)[171] stellt anhand von Nohls Historiographie Fragen nach Begründungen für Etappenbildungen und Einteilungen von Zeitabschnitten und betont strukturtheoretische Gesichtspunkte, um auf verschiedenen Ebenen Fragen der Kontinuität und Diskontinuität analysieren zu können.

b) Nach 1990

Zum Verständnis des nachfolgenden Teils des Literaturberichts gehört, dass in den 1990er Jahren keinesfalls in erster Linie über Herman Nohl gestritten wurde. Die entscheidende Schärfe der Debatte, vor allem zwischen Heinz-Elmar Tenorth auf der einen und Wolfgang Keim auf der anderen Seite, entstand durch die Diskussion der Frage, inwieweit an den Nationalsozialismus, an das NS-Regime, eher systemtheoretisch an Niklas Luhmann orientiert herangegangen werden muss und so mehr erklärend als anklagend die Geschichte der deutschen Erziehungswissenschaft aufgearbeitet wird (Tenorth) oder aber ob einer wissenschaftlichen Aufarbeitung zwangsläufig eine Anklage innewohnt, so dass keinesfalls wertfrei die positive Haltung vieler deutscher Erziehungswissenschaftler zum Nationalsozialismus analysiert werden kann (Keim). Im Einzelnen ergibt sich folgendes Bild für die Zeit nach 1990[172]:

---

[171] Tenorth, Heinz-Elmar: Geschichte der Erziehung. Einführung in die Grundzüge ihrer neuzeitlichen Entwicklung, 2. durchgesehene Auflage, Weinheim/München 1992.

[172] In dieser Zeitspanne erschienen außerdem noch folgende Arbeiten: In dem 1991 in zweiter überarbeiteter Auflage erschienenen Sammelband „Klassiker der Pädagogik“ fasst **Georg Geißler** in seinem Beitrag über Herman Nohl die Hauptaspekte in dessen Schriften knapp zusammen (in: Scheuerl, Hans (Hrsg.): Klassiker der Pädagogik, Band 2: Von Karl Marx bis Jean Piaget, 2. überarbeitete und um ein Nachwort ergänzte Auflage, München 1991, S. 225–240). Der für die vorliegende Studie besonders interessante Teil betrifft die Grundeinstellung, dass Pädagogik immer das Gute sucht einerseits, und die Anwendung dieses Leitsatzes auf die Situation 1933 andererseits. Die Errichtung der NS-Diktatur, hier formuliert als „die politische Wende des Jahres 1933“, wird vom Autor bei Nohl nicht ganz zu Unrecht als „natürlicher Pendelausschlag im polaren Spannungsgefüge der Erziehung“ (Geißler 1991, S. 230) eingeschätzt. Die Lesart ist: Nohl habe den Nationalsozialismus scharf abgelehnt, aber hinter ihm positive Kräfte und Motive gesehen, wie die „selbstlose Hingabe an die Sache, zum Dienst an einer großen Idee“. Nohl sei auch in der NS-Zeit als „Pädagoge immer bereit“ gewesen, „das Positive zu sehen“ (Geißler 1991, S. 230). In dieser verqueren Formel ist nicht nur eine unrealistisch-idealisierende Vorstellung des Pädagogen enthalten, sondern wird auch die faule Formel von den guten und den schlechten Seiten des Nationalsozialismus indirekt, aber wirkungsvoll reanimiert.

Die 1992 in Zürich von **Giosua Thöny-Schwyn** verfasste Studie „Philosophie und Pädagogik bei Wilhelm Dilthey und Herman Nohl. Eine geisteswissenschaftliche Studie als historisch-systematische, komparative Problem-, Wirkungs- und Entstehungsgeschichte“ (Bern/Stuttgart 1992) entfernt sich weit von zeitgeschichtlichen Fragen und behandelt, streng nach den Regeln formallogischer Begrifflichkeiten, systematisch die philosophischen und pädagogischen Kategorien in abstracto. Sein forschungsmethodologisches Konzept, der Wirkungsgeschichte besondere Aufmerksamkeit zu schenken, wendet Thöny-Schwyn auch in einer zweiten Schrift im Dreischritt Dilthey – Nohl – Pestalozzi in seiner Studie „Geisteswissenschaftliche Studien zu Dilthey und zur Pestalozzi-Rezeption Nohls“ von 1997 an (Geisteswissenschaftliche Studien zu Dilthey und zur Pestalozzi-Rezeption Nohls (Studien zur Geschichte der Pädagogik und Philosophie der Erziehung, Band 20), Bern/Stuttgart/Wien 1997).

Auch **Robert E. Maier** geht in seiner Dissertation „Pädagogik des Dialogs. Ein historisch-systematischer Beitrag zur Klärung des pädagogischen Verhältnisses bei Nohl, Buber, Rosenzweig und Grisebach“ (Frankfurt am Main/Berlin/Bern/New York/Paris/Wien 1992), an Klafki orientiert, eher Begriff an Begriff reihend vor, als dass er die entscheidenden Probleme der bisherigen Debatte über Nohl, insbesondere im Hinblick auf den pädagogischen Bezug, das pädagogische Verhältnis und die Pädagogik des Dialogs bei Nohl zusammenfasst, auch wenn er in einer kurzen Passage auf Kritiken an Nohl eingeht (Maier, S. 93 ff.).

Stefan Schnurr[173] weist in seinem Beitrag zu dem vor allem für die Sozialpädagogik gewichtigen Sammelband „Politische Formierung und soziale Erziehung im Nationalsozialismus“ von 1991 prinzipiell im Detail darauf hin, wie die NS-Funktionalisierung sozialer Arbeit initiiert wurde. Er zitiert aus der Aussage einer Teilnehmerin der Mütterschulung des Reichsmütterdienstes:

> *„Nohl hatte ja gesagt, der siebenunddreißig erst ausgeschieden ist, dass er gern wollte, dass seine Schüler in die Bewegung reingingen, dass aus der Bewegung was würde, nicht? Und diesen Ruf hatte ich auch vernommen...“* (Schnurr 1991, S. 118)

Mit der Arbeit „Pädagogik als Politikersatz. Herman Nohls Osthilfeprogramm in lebensgeschichtlicher Perspektive“ von 1993 weist **Stephan Pfeiffer**[174] in dem später weitgehend unterschätzten Beitrag darauf hin, wie dieser scheinbare Ersatz der Politik durch Sozialpädagogik in der Realität zumindest „ein Stück nationalsozialistischer Ideologie und Politik“ (Pfeiffer 1993, S. 6) befördert hat. Mit einer ausführlichen Zusammenfassung des Forschungsstands über Nohl konzentriert Pfeiffer sich auch darauf, wie der „pädagogische Bezug“ bei Nohl in einer „männlich-väterlichen Form des Generationenverhältnisses“ (Pfeiffer 1993, S. 109) hergestellt wird. Dabei wird deutlich, dass zwischen dieser allgemeinen Formel und der Verherrlichung der Familie durch Nohl als Modell der Pädagogik ein innerer Zusammenhang besteht, der auch kurz und treffend als „patriarchalisch“ bezeichnet werden kann. Im Abschnitt über das Osthilfeprogramm Nohls wird greifbar, dass der vorgebliche pädagogische Politikersatz bei Nohl darin besteht, ohne Skrupel soziales Engagement staatspolitisch zu mobilisieren. Im abschließenden Kapitel „Pädagogik gegen die Arbeitslosigkeit“ wird von Pfeiffer sehr klar die Ablenkung von den Ursachen der Arbeitslosigkeit durch sozialpädagogische Aktivitäten, die an diese Ursachen nicht herankommen, deutlich gemacht. Dabei ist insgesamt positiv hervorzuheben, dass diese Arbeit auch ideologiekritisch das scheinbar Gemütliche und Idyllische als Blendwerk für real gegen die Aufklärung gerichtete Positionen aufzeigt.

1995 erscheint die Studie „Der Rückblick auf die Vergangenheit wird sich nicht vermeiden lassen“[175] von **Peter Dudek**, der sich mit einer sowohl quantitativen als auch qualitativen Methode unter Auswertung der Publikationen der erziehungswissenschaftlichen Profession der pädagogischen Aufarbeitung des Nationalsozialismus in Deutschland nähert. Neben vielen wertvollen Hinweisen und Anregungen, die auch die Analyse Nohls betreffen,[176] ist diese Schrift gleichzeitig auch eine Art Kampfansage an die von Wolfgang Keim begonnene, aus Sicht Dudeks nur moralisierende und politisierende Debatte, die auch der „unmittelbare Anlass“ für das Verfassen dieses Buchs war (Dudek 1995, S. 21).[177]

Philosophiegeschichtlich ordnet **Gabriele Schulp-Hirsch** in ihrer Arbeit „Hermeneutische Pädagogik. Pädagogische Theorie im Primat erzieherischer Praxis. Studien zum Zusammenhang von Erkenntnis- und Handlungstheorie“ (Frankfurt am Main/Berlin/Bern/New York/Paris/Wien 1994) die Hermeneutik Diltheys in die Tradition der Erkenntnistheorie Schleiermachers, Hegels und Kants ein. So soll die Frage der Akzentsetzung in der Erziehungswissenschaft über die Rolle empirischer Forschung einerseits und philosophiegeschichtlich fundierter, begrifflich-kategorialer Orientierung andererseits neu analysiert werden. Dabei stehen Fragen der Erziehungswirklichkeit und des Handelns als Folge von theoretischer Vernunft und empirischer Forschung auf dem Prüfstand. Zeitgeschichtliche und geschichtliche Einordnungen in die heftigsten Auseinandersetzungen der letzten zwei Jahrhunderte bleiben weitgehend außen vor.

[173] Schnurr, Stefan: Die nationalsozialistische Funktionalisierung sozialer Arbeit. Zur Kontinuität und Diskontinuität der Praxis sozialer Berufe, in: Otto, Hans-Uwe/Sünker, Heinz (Hrsg.): Politische Formierung und soziale Erziehung im Nationalsozialismus, Frankfurt am Main 1991, S. 106–140.

[174] Pfeiffer, Stephan: Pädagogik als Politikersatz. Herman Nohls Osthilfeprogramm in lebensgeschichtlicher Perspektive, Tübingen 1993.

[175] Dudek, Peter: „Der Rückblick auf die Vergangenheit wird sich nicht vermeiden lassen“. Zur pädagogischen Verarbeitung des Nationalsozialismus in Deutschland (1945–1990), Opladen 1995.

[176] Siehe dazu auch: Dudek, Peter/Rauch, Thilo: Nationalsozialismus als Thema der deutschen Nachkriegspädagogik. Dargestellt am Beispiel der „Sammlung“, in: Paedagogica historica. International Journal of the History of Education, 28. Jg. (1992), S. 551–578.

[177] Dudek beginnt mit einer Kritik an Ralph Giordano (vgl. Dudek, S. 14). Zur Kritik des gesamten Buchs von Dudek siehe: Ortmeyer, Benjamin: Schicksale jüdischer Schülerinnen und Schüler in der NS-Zeit – Leerstellen deutscher

Dudek hebt hervor, dass die Hinterfragung der Rolle der geisteswissenschaftlichen Pädagogen im Nationalsozialismus angesichts der „Verbrechen singulären Ausmaßes“ (Dudek 1995, S. 32), angesichts eines Systems, das Auschwitz hervorgebracht hat, sehr berechtigt ist. Dudek versteht seine Position „zwischen blinder Apologetik der pädagogischen Tradition und ihrer fundamentalen Kritik“ (Dudek 1995, S. 46) und orientiert sich dabei an Tenorth. Er warnt vor einem „Verzicht auf Forschung“ durch bloße Aburteilung (Dudek 1995, S. 56). Die vielleicht entscheidende theoretische Leistung Dudeks, die er insbesondere an der Analyse der Lehrbücher zur Geschichte der Pädagogik nach 1945 entwickelt, ist, dass er die Denkfigur des Verführten, Geblendeten und Missgeleiteten identifiziert und als „Missbrauch-Theorem“ (Dudek 1995, S. 58) kennzeichnet.

Dudek zitiert die bekannten Passagen Nohls zur NS-Zeit nach 1945, erinnert aber auch daran, dass es vor allem Nohl und Weniger in Göttingen gewesen sein sollen, die den Rücktritt des niedersächsischen Erziehungsministers Schlüter erzwangen. Schlüter war zunächst rechtsextremer Verleger und Aktivist der Deutschen Rechtspartei und ab 1955 Mitglied der FDP (Dudek 1995, S. 73 f.). Als Konsequenz aus den Erfahrungen mit dem NS-Regime sieht Dudek bei Nohl den Rückgriff auf Pestalozzi und seine „Wohnstubenerziehung“, orientiert an der Familienidylle (Dudek 1995, S. 107 f.). Eine Konfrontation der Nachkriegspublikationen Nohls mit seinen entscheidenden Werken aus der NS-Zeit findet dagegen bei Dudek nicht wirklich statt – das ist ein entscheidender Kritikpunkt.

Hasko Zimmer hat in den 1990er Jahren drei Beiträge zur Einschätzung Herman Nohls verfasst. In seinem Aufsatz „Die Hypothek der Nationalpädagogik“[178] aus dem Jahr 1995 analysiert Zimmer nicht nur die bekannten Passagen Nohls aus der Weimarer Republik und den ersten Jahren des NS-Regimes sowie die Passagen nach 1945, sondern geht erstmals auf die Vorlesung Nohls von 1933/34 ein. Nun steht bei der Debatte um den Geisteswissenschaftler Nohl seine Positionierung als Rassentheoretiker und Eugeniker an, wobei Zimmer hervorhebt, dass Nohl mit seinen rassistischen Tiraden durchaus an rassistische Diskurse in der Weimarer Republik anknüpft.

In dem ein Jahr später erschienenen Beitrag „Pädagogik, Kultur und nationale Identität“[179] geht es vor allem um das Projekt einer „deutschen Bildung“ bei Herman Nohl, der sich in dieser Frage in vielen seiner Schriften immer wieder auf Rudolf Hildebrand beruft, welcher vor allem über die deutsche Sprache „deutsch-nationale Vergeistigung“ erreichen wollte.

Im 1998 erschienenen Aufsatz „Von der Volksbildung zur Rassenhygiene“[180] fasst Zimmer schließlich die bisherigen Ergebnisse seiner Studien noch einmal zusammen und konzentriert sich erneut auf Nohls Wendung hin zur „Rassenhygiene“ in der Vorlesung 1933/34. Zimmer folgert, dass auch mancher „nahezu oppositionell anmutende Akzent“ bei Nohl in der NS-Zeit im Kontext gesehen nicht als „Distanzierung vom Nationalsozialismus gedeutet werden“ könne (Zimmer 1998, S. 537).

Von besonderem Interesse ist die neunzigseitige Analyse der Zeitschrift „Die Erziehung“ innerhalb der 1996 als Dissertation vorgelegten voluminösen Arbeit „Pädagogische Zeitschrif-

Erziehungswissenschaft? Bundesrepublikanische Erziehungswissenschaften (1945/49–1995) und die Erforschung der nazistischen Schule, Witterschlick/Bonn 1998, S. 700 ff.

[178] Zimmer, Hasko: Die Hypothek der Nationalpädagogik. Herman Nohl, der Nationalsozialismus und die Pädagogik nach Auschwitz, in: Beutler, Kurt/Wiegmann, Ulrich (Red.): Auschwitz und die Pädagogik (Jahrbuch für Pädagogik 1995), Frankfurt am Main/Berlin/Bern/New York/Paris/Wien 1995, S. 87–114.

[179] Zimmer, Hasko: Pädagogik, Kultur und nationale Identität. Das Projekt einer „deutschen Bildung“ bei Rudolf Hildebrand und Herman Nohl, in: Auernheimer, Georg/Gstettner, Peter (Red.): Pädagogik in multikulturellen Gesellschaften (Jahrbuch für Pädagogik 1996), Frankfurt am Main/Berlin/Bern/New York/Paris/Wien 1996, S. 159–177.

[180] Zimmer, Hasko: Von der Volksbildung zur Rassenhygiene: Herman Nohl, in: Rülcker, Tobias/Oelkers, Jürgen (Hrsg.): Politische Reformpädagogik, Bern/Berlin/Frankfurt am Main/New York/Paris/Wien 1998, S. 515–540.

ten im Nationalsozialismus“[181] von **Klaus-Peter Horn**. Horn zeichnet minutiös den Vorfall der Ablehnung von Nohls Aufsatz „Der Bürger“ durch die Redaktion im Jahr 1937 nach. Er arbeitet aufgrund seines Aktenstudiums jedoch heraus, dass die Ablehnung dieses Beitrags eng mit Nohls vorzeitiger Beendigung seines Hochschuldienstes zusammenhing, wobei auch Horn letztlich konstatieren muss, dass nicht zu klären ist, wie diese Emeritierung im Einzelnen zustande kam (Horn 1996, S. 257 f.). Gleichzeitig zitiert Horn ein Dokument der NSDAP vom 28.10.1944 zur Ehefrau Nohls, es sei „bei Geleg[en]heit ihres Gesuchs um Aufnahme in d. R.-Musikkammer vom Rassenpol. Reichsamt die arische Abstammung festgestellt worden“ (Horn 1996, S. 258).

In seinem achtzehnseitigen Beitrag „Das Pädagogische Institut der Universität Göttingen. Ein Überblick für seine Entwicklung in den Jahren 1923–1949“[182] im Sammelband „Die Universität Göttingen unter dem Nationalsozialismus“ fasst **Erwin Ratzke** 1998 zusammen, was er anhand der Archivakten und seiner bisherigen Recherchen über das Pädagogische Institut der Universität Göttingen in Erfahrung bringen konnte. Ein Kernpunkt ist, dass Ratzke den Gegensatz zwischen Leonhard Nelson vom Internationalen Sozialistischen Kampfbund (ISK) und der Nohl-Richtung in Göttingen aufzeigt. Während die Gruppe um Nelson, auf die linken Teile der SPD orientiert, als „Partei der Vernunft“ Pädagogik nutzen wollte, damit Menschen besser emanzipatorische Politik, eine Politik des Widerstands, durchführen können, grenzte sich Nohl beständig von solchen Konzeptionen und Aktivitäten ab. Seit 1929/30 (Nelson selbst war 1927 gestorben) hatte der ISK massiv die Auseinandersetzung mit der anwachsenden NS-Bewegung aufgenommen und setzte sich für die Einheitsfront von SPD und KPD ein. Manche indirekten Polemiken Nohls lesen sich vor diesem Hintergrund gewiss verständlicher. Gleichzeitig steht als Aufgabe an, die Erinnerungen der Mitglieder der Nelson-Gruppe aus dieser Zeit und ihre Erfahrungen mit der Nohl-Schule gründlich auszuwerten.

Außerdem legt Ratzke das Gewicht auf die beiden engen Mitarbeiter Nohls, Friedrich Wilhelm Bollnow und Jürgen Brake, die er aufgrund einer Reihe von Belegen deutlich in das NS-Lager einordnet. Ratzke sieht durchaus, dass Nohl bei seiner öffentlichen Unterstützung des NS-Regimes auch öffentlich Einwände vorgetragen hat. Ratzke sieht auch die Problematik des familiären Hintergrunds Nohls und analysiert genauer die vorliegenden Dokumente zu Nohls Entlassung 1937. Formal wurde die Planstelle Nohls für das Fach der Volkswirtschaft und Finanzwissenschaft verwendet, da die Lehrerausbildung an die Hochschule für Lehrerbildung verlegt wurde. Das ganze Pädagogische Institut wurde geschlossen. Inwieweit diese „günstige Gelegenheit“ genutzt wurde, um Nohl aus anderen Gründen loszuwerden, ist in der Forschung umstritten. Fest steht, dass Alfred Baeumler in einem 1936 veröffentlichten Aufsatz mit dem Titel „Die Grenzen der formalen Bildung“[183] Nohls Pädagogik kritisierte und „als ungeeignet für die nationalsozialistische Bildungspolitik“ beurteilte (Baeumler, in: Ratzke 1998, S. 372). An dieser Stelle kann hinzugefügt werden, dass im Machtkampf zwischen Rosenberg und Baeumler auf der einen Seite und Krieck auf der anderen Seite in dieser Zeitspanne eindeutig Rosenberg und Baeumler ihre Position ausbauen konnten.

In **Jürg Blickenstorfers** Studie „Pädagogik in der Krise. Hermeneutische Studie, mit Schwerpunkt Nohl, Spranger, Litt zur Zeit der Weimarer Republik“[184] von 1998 wird neben

[181] Horn, Klaus-Peter: Pädagogische Zeitschriften im Nationalsozialismus. Selbstbehauptung, Anpassung, Funktionalisierung (Bibliothek für Bildungsforschung, Band 3), Weinheim 1996.

[182] Ratzke, Erwin: Das Pädagogische Institut der Universität Göttingen. Ein Überblick für seine Entwicklung in den Jahren 1923–1949, in: Becker, Heinrich/Dahms, Hans-Joachim/Wegeler, Cornelia (Hrsg.): Die Universität Göttingen unter dem Nationalsozialismus, 2. erweiterte Ausgabe, München 1998, S. 318–336.

[183] Baeumler, Alfred: Die Grenzen der formalen Bildung, in: Baeumler, Alfred: Politik und Erziehung. Reden und Aufsätze, Berlin 1937, S. 67–91.

[184] Blickenstorfer, Jürg: Pädagogik in der Krise. Hermeneutische Studie, mit Schwerpunkt Nohl, Spranger, Litt zur Zeit der Weimarer Republik, Bad Heilbrunn 1998.

Spranger und Litt auch ausführlich Herman Nohl behandelt. Während die biographische Skizze Nohls ganz und gar Blochmanns Positionen folgt, zielt die Auseinandersetzung mit der Theorie Nohls in doppelter Hinsicht auf eine Demontage der Nohl'schen Mythen ab: der Mythos der „Deutschen Bewegung" und der Mythos von den drei Schichten der Seele. Blickenstorfer zeichnet tiefgehend nach, dass das Ausgehen vom „Leben des Volkes" und das Ausgehen von der „Bewegung des Volkes" die theoretische Basis für den Mythos der „Deutschen Bewegung" ist: „Der Mythos einer deutschen Bewegung" ziele nicht auf Einheit unter den gegenwärtigen Strömungen allein ab, sondern „bezieht *Vergangenheit und Zukunft* mit ein" (Blickenstorfer 1998, S. 65, Hervorhebung im Original). In der Tat ist die philosophische, politische und pädagogische Vorstellung einer Einheitlichkeit, einer Harmonie eine grundlegende Denkfigur Nohls, die auch eine Rolle gespielt hat, eine Einheit mit der NS-Bewegung auf mythologischer Grundlage herzustellen. Die Inhaltsleere der Nohl'schen Vorstellung „Bewegung ist alles" endet daher nicht zufällig in der NS-Bewegung. Der Mythos der Seele, der um Ausgleich bemühten harmonischen Dreischichtung nach Platon, wird von Blickenstorfer als „einheitstiftende Ordnung" (Blickenstorfer 1998, S. 74) kritisiert. Nicht die reale Entwicklung mit ihren Konflikten und Gegensätzen sei bei Nohl der Ausgangspunkt, sondern im Grunde eine nicht begründete normative Festlegung.

Von großem Gewicht ist die 1998 verfasste Habilitationsschrift „Geisteswissenschaftliche Pädagogik nach der NS-Zeit. Politische und pädagogische Verarbeitungsversuche"[185] von **Eva Matthes**. Auch wenn das Thema zunächst nur die Nachkriegsgeschichte in den Mittelpunkt stellt, ist die Analyse der Haltung Flitners, Litts, Nohls, Sprangers und Wenigers vor und während der NS-Zeit impliziert. Ausgangspunkt ist – ähnlich wie bei Dudek – die vehemente Ablehnung von Giordanos Analyse der „zweiten Schuld",[186] wobei sich Matthes im Unterschied zu Dudek gar auf Manfred Kittel[187] beruft. Zu den fünf genannten Personen wird weitgehend eine Positionierung nach der anderen aneinandergereiht, um deren grundlegende Bedeutung für die Entwicklung der Pädagogik nach 1945 zu unterstreichen. Dabei werden auch die bisherigen Kritiken an diesen fünf „Säulenheiligen" vehement zurückgewiesen. Der entscheidende methodologische Hebel für eine solche Apologie liegt auf der Hand: Der Analyse der Schriften aus der NS-Zeit wird zwar nicht vollständig, aber im Kern doch aus dem Weg gegangen.

Als übergeordneter Gesichtspunkt zur Einschätzung der Geschichte der Pädagogik wird der Streit der Historiker (ohne den „Historiker-Streit" zu erwähnen) genutzt, um eine Relativierung der Bedeutung der Analyse der NS-Zeit zu erreichen. Eine zweite, methodologisch nicht unbekannte Denkfigur ist, reaktionäre Positionen, wie die pauschale Verurteilung der Reeducation, aus dem Mund einzelner jüdischer Emigranten vorzutragen, um sich dahinter zu verstecken. So werden Nohl, Spranger und andere mit taktischen Mitteln vor der direkten Kritik bewahrt, die Positionen vereinzelter jüdischer Emigranten wie ein Schutzschild aufgestellt.

Durch eine Einordnung der Geschichte der Pädagogik in die Positionierung der BRD-Historiker zur NS-Zeit wird zudem eine Flucht- und Schutzbewegung vorgenommen. Es wird zur Geschichtswissenschaft gewechselt und hier jene Richtung als Zeuge aufgerufen, die dem rechtskonservativen Relativieren der NS-Zeit das Wort redet.

Matthes, die inzwischen als Mitglied des wissenschaftlichen Rats der Katholischen Akademie und als stellvertretende Vorsitzende der Sektion Historische Bildungsforschung der Deutschen

[185] Matthes, Eva: Geisteswissenschaftliche Pädagogik nach der NS-Zeit. Politische und pädagogische Verarbeitungsversuche, Bad Heilbrunn 1998.

[186] Giordano, Ralph: Die zweite Schuld oder von der Last ein Deutscher zu sein, Hamburg/Zürich 1987.

[187] Kittel, Manfred: Die Legende von der „zweiten Schuld". Vergangenheitsbewältigung in der Ära Adenauer, Berlin/Frankfurt am Main 1993.

Gesellschaft für Erziehungswissenschaft gewichtige Funktionen innehat, stellt abschließend zu Flitner, Litt, aber auch Nohl, Spranger und Weniger fest, dass deutlich gemacht werden konnte,

> *„dass die fünf Pädagogen in der Nachkriegszeit **nicht** das konservative, reaktionäre, militaristische Establishment verkörperten, wie es ihnen von einer Reihe von Erziehungswissenschaftlern unterstellt wird."* (Matthes 1998, S. 252, Hervorhebung im Original)

Für Nohls extremen völkische Nationalismus findet Matthes die vornehme Formulierung: „Generell neigt Nohl – wie viele Wissenschaftler seiner Zeit – zu volksontologischem Denken" (Matthes 1998, S. 69).

Unter den von Matthes zusammengestellten Aussagen Nohls nach 1945 hebt sie jene hervor, in denen Nohl 1954 als Ursache für das NS-Regime benennt, „dass entscheidende Aufgaben, wie die Bildung der Elite, aus dem Ideal verloren gingen" (Nohl, in: Matthes 1998, S. 70). Ebenfalls wird hervorgehoben, dass zum Erlernen der Demokratie Nohl 1947 die Tätigkeit in kleinen Gruppen vorschlägt, „in denen sich die Elite bildet" (Nohl, in: Matthes 1998, S. 78). Zusätzlich verweist Matthes darauf, dass diese Vorstellung Nohls auch Theodor Wilhelms Partnerschaftskonzeption von 1951 entspricht, wobei die extrem antisemitische und nazistische Ausrichtung Wilhelms in der NS-Zeit nicht erwähnt wird.[188]

Zur Entnazifizierung wird Nohl mit einem Brief vom 22.1.1948 zitiert, in dem es heißt: „Diese Entnazifizierung ist ein entsetzlicher Quatsch" (Nohl, in: Matthes 1998, S. 74). Als pädagogisch-didaktische Akzentsetzung Nohls wird festgehalten: „Nicht ‚Bildung' vermitteln soll die Erziehung, sondern leben lernen" (Nohl, in: Matthes 1998, S. 77). Und weiter:

> *„Damit wird die Vermittlung der geistigen Objektivationen unserer Geschichte und die Tradition der großen Schöpfungen unserer Genies als Lehraufgabe nicht abgewiesen, aber sie rückt an die zweite Stelle. Die Ausbildung der sozialen Gefühle und der elementaren Gemüts- und Willenskräfte haben den Vorrang."* (Nohl, in: Matthes 1998, S. 77)[189]

Diesem Vorrang der Erziehung vor der Bildung begegnet Matthes offensichtlich mit Sympathie. Matthes kommt zu dem Gesamtbefund, dass bei Nohl „nach 1945 die Kontinuität" überwiegt. So ist „nach wie vor das Volk für ihn die Grundeinheit des geschichtlichen Lebens" (Matthes 1998, S. 81), was in der Tat in sich stimmig ist, aber eben nicht die Qualität, sondern die Problematik Herman Nohls ausmacht. Wenn Matthes im letzten Absatz ihrer Nohl-Analyse zur Schlussfolgerung kommt, das Nohls „Demokratieverständnis jedoch schwammig" ist (Matthes 1998, S. 83), kann angemerkt werden, dass auch diese Einsicht wenig präzise und eher schwammig ist.

So oder so wird angesichts der Bemühungen, Erziehung vor Bildung zu favorisieren, Demokratie als Elitenaufgabe anzusehen und erneut eine „Deutsche Bewegung", heute „deutsche Leitkultur", zu beschwören, die restaurative Tendenz in der deutschen Pädagogik einschließlich dieser Publikation von Eva Matthes Gegenstand gründlicher Auseinandersetzung bleiben.

---

[188] 1934 behauptet Wilhelm schon, dass die „deutsche Ariergesetzgebung" „kein Akt des Hasses, sondern der Notwehr" sei, und zwar gegen das „Ostjudentum" (Wilhelm, Theodor: Deutschland wie es wirklich ist. Ein Wort an das Ausland, Berlin 1934, S. 36). Wilhelm steigerte bis 1944 seinen Antisemitismus zum antisemitischen Rassen- und Vernichtungswahn, wie aus den folgenden Passagen hervorgeht: „Kann der Jude sich nicht von sich selbst befreien, so bleibt den Völkern nichts übrig, als sich vom Juden zu befreien" (Wilhelm, Theodor: Kulturpolitische Umschau, in: Monatshefte für Auswärtige Politik, 8. Jg. (1941), Heft 7, S. 639). Zu Theodor Wilhelm siehe: Ortmeyer, Benjamin: Schicksale jüdischer Schülerinnen und Schüler in der NS-Zeit – Leerstellen deutscher Erziehungswissenschaft? Bundesrepublikanische Erziehungswissenschaften (1945/49–1995) und die Erforschung der nazistischen Schule, Witterschlick/Bonn 1998, S. 92 ff., 267 ff. und 718 ff.

[189] Nohl, Herman: Die Erziehung in der Kulturkrise, in: Die Sammlung. Zeitschrift für Kultur und Erziehung, 3. Jg. (1948), S. 648.

c) Seit 2000

Das im Jahr 2000 erschienene „Jahrbuch für Pädagogik 1999“ enthält den die bisherige Debatte vertiefenden Beitrag „Das Kind im Widerspruch ‚Pädagogischen Denkens‘ “[190] von **Karl Christoph Lingelbach**. Lingelbachs Ausgangspunkt ist hier, dass der selektiv gelesene Nohl eine bedeutende und durchaus positive Wirkung der Hinwendung zum Subjekt, zur Eigenständigkeit des Kindes, zum Anwalt des Kindes bewirkt habe. In diesem Sinne, so Lingelbach, seien diese Gedanken insbesondere auch von Wolfgang Klafki (Lingelbach verweist auf das „Funk-Kolleg Erziehungswissenschaft“[191]) seit den 1960er Jahren verbreitet worden. Der Gedanke der Zuwendung zum Subjekt bei Nohl, mit seiner polaren Argumentation, sei aber „ständig mit nationalpädagogischen Überlegungen verschränkt“ (Lingelbach 2000, S. 134). Lingelbach arbeitet nun heraus, dass Nohl zwar von „nationalpädagogisch“ spricht, dieser Strang aber im Grunde aus der wissenschaftlichen Begrifflichkeit der Erziehungswissenschaft heraus nicht zur Pädagogik zugerechnet werden könne: „In Wirklichkeit war die nationalpädagogische ‚Aufgabe‘ ein politisches Programm, das lediglich über vage Analogiebildung als pädagogisches etikettiert werden konnte.“ (Lingelbach 2000, S. 143) Lingelbach verifiziert diese These anhand der politischen Entscheidungen in den Jahren 1930/31. Während Adolf Reichwein bewusst 1930, nach den Wahlerfolgen der NSDAP im September, in die SPD eingetreten war, habe Nohl sich politisch spätestens im Juli 1931, bei der Vorstellung seines Programms der „Osthilfe“, der sich abzeichnenden Hitler-Hugenberg-Koalition angeschlossen und sich damit „zum antidemokratischen Lager“ (Lingelbach 2000, S. 145) hin orientiert.

Als eine Art Etikettenschwindel sieht Lingelbach auch die Theorie der drei Phasen der pädagogischen Bewegung als angeblich eigenlogisches Entwicklungsgesetz. So wird von Nohl mehr oder minder bewusst die Analyse der gesellschaftspolitischen Entwicklung ausgeklammert. Lingelbach, der im Folgenden Punkt für Punkt die eugenischen und rassentheoretischen Positionen Nohls im Vorlesungsmanuskript 1933/34 im Anschluss an Hasko Zimmer zusammenfasst und kritisiert, hält es auch für wahrscheinlich, dass Nohl 1937 in der verschärften Rivalität zwischen Krieck und Baeumler durch seine Hinwendung zu Krieck an Baeumler und Rosenberg scheiterte. So diagnostiziert Lingelbach bei Nohl nicht nur eine Verschleierung der Grenzverschiebung zwischen Pädagogik und Politik, sondern problematisiert abschließend auch die idyllische Darstellung von Volksgemeinschaft einerseits und pädagogischem Bezug andererseits als „Verschleierung tatsächlicher Abhängigkeitsverhältnisse“ (Lingelbach 2000, S. 155).

Das Thema von **Dorle Klikas** 2000 erschienener Habilitationsschrift „Herman Nohl“[192] ist dessen „Pädagogischer Bezug“ in Theorie, Biographie und Handlungspraxis. Die Besonderheit dieser Untersuchung liegt zweifellos im Anliegen eines besseren „Verstehens“ der Theorie Herman Nohls über den pädagogischen Bezug durch eine Annäherung an seine Biographie, wie sie sich auch in Briefen, Berichten und insbesondere auch in der Spurensuche in seinem Domizil Lippoldsberg niederschlagen. Ein besonderes Augenmerk richtet Klika dabei auf das Thema Nohl und die Frauen.

Von Gewicht ist dabei, dass durch die Auswertung des Briefwechsels im Detail sichtbar wird, wie Nohl seinen akademischen Schülern zusetzte, sich nicht gegen die NS-Bewegung zu stellen. Am 2.7.1933 schrieb Döring, sich auf einen Brief von Nohl beziehend: „Sie schrieben mir, man müsse als junger Mensch bei der jetzigen Entwicklung selbstverständlich politisch

[190] Lingelbach, Karl Christoph: Das Kind im Widerspruch „Pädagogischen Denkens“, in: Lingelbach, Karl Christoph/Zimmer, Hasko (Red.): Das Jahrhundert des Kindes? (Jahrbuch für Pädagogik 1999), Frankfurt am Main/Berlin/Bern/Brüssel/New York/Wien 2000, S. 133–159.

[191] Klafki, Wolfgang/Lingelbach, Karl-Christoph u. a.: Funk-Kolleg Erziehungswissenschaft. Eine Einführung in drei Bänden, Frankfurt am Main 1970.

[192] Klika, Dorle: Herman Nohl. Sein „Pädagogischer Bezug“ in Theorie, Biographie und Handlungspraxis (Beiträge zur historischen Bildungsforschung, Band 25), Köln/Weimar/Wien 2000.

dabei sein, mitarbeiten am Aufbau, ohne rückwärts zu sehen oder zu grübeln." (Döring, in: Klika 2000, S. 285)

Döring setzte dagegen, es sei seine politische Aufgabe, dass er sich „mit aller seiner Kraft *gegen* die Entwicklung stellt und kann nicht sehen, dass das blinde Negation sei" (Klika 2000, S. 285, Hervorhebung im Original). Nohl hat sich also direkt bemüht, die von ihm beeinflussten Menschen vom Kampf gegen das NS-Regime abzuhalten.

Die in weiten Teilen psychologische oder auch psychologisierende Darstellung „geschlechtsspezifisch gefärbter Verhältnisse" Nohls durch Klika sei konstatiert, es soll aber hier nicht weiter darauf eingegangen werden. Deutlich wird im Verlauf der Arbeit Klikas schon, dass Nohl überhaupt, insbesondere aber zu seinen weiblichen Doktorandinnen, eine „asymmetrische" Beziehung entwickelte, die immerhin praktisch der Theorie widersprach, dass jeder pädagogische Bezug zwischen den Generationen eigentlich auf seine Auflösung drängt und nicht verfestigt werden darf.

Im ausführlich theoretischen Teil fasst Klika die bisherige Rezeption einschließlich der Kritiken zum Thema „pädagogischer Bezug" fundiert zusammen, wobei sie, an Tenorth anschließend, die kritischen Einwände weitgehend zurückweist. Dabei sollte strittig bleiben, ob ihre eher obskure Feststellung wirklich hilfreich ist, dass es sich beim pädagogischen Bezug „von der Struktur her um eine bi-subjektive Beziehung, in der sich beide Partner gegenseitig als zurechnungsfähige Subjekte betrachten" (Klika 2000, S. 92) handelt.[193]

In ihrem Beitrag zu Tenorths Sammelband „Klassiker der Pädagogik"[194] fasst Klika kenntnisreich die Biographie und Kernpunkte der Theorie Herman Nohls zusammen, wobei der „Disput über Pädagogik im Nationalsozialismus" in Bezug auf Nohl lediglich in zwei Zeilen erwähnt, die eigentliche Problematik aber vollständig ausgeblendet wird (Klika 2003, S. 132).[195]

Die Studie „Geisteswissenschaftliche Pädagogik und Nationalsozialismus. Herman Nohl und seine ‚Göttinger Schule' 1932–1937. Eine individual- und gruppenbiografische, mentalitäts- und theoriegeschichtliche Untersuchung"[196] von **Wolfgang Klafki** und **Johanna-Luise**

[193] In ihrem Beitrag „Selbstzeugnisse eines Wissenschaftlers – Das Beispiel Herman Nohl" (in: Häder, Sonja/Tenorth, Heinz-Elmar (Hrsg.): Der Bildungsgang des Subjekts. Bildungstheoretische Analysen (Zeitschrift für Pädagogik, Beiheft 48), Weinheim/Basel 2004, S. 124–136) geht Klika auf die methodologische Kritik ihres biographischen Ansatzes ein und betont nochmals ausdrücklich, welche Bedeutung die „biographischen Zusammenhänge" (Klika, S. 128) für das Verständnis von Herman Nohl haben. Insbesondere die Betreuung des kleinen Herman durch seine Tante Hermine und dann auch Tante Anna wird anhand eines umfangreichen Briefwechsels (208 Briefe) thematisiert.

[194] Klika, Dorle: Herman Nohl (1879–1960), in: Tenorth, Heinz-Elmar (Hrsg.): Klassiker der Pädagogik. Band 2: Von John Dewey bis Paul Freire, München 2003, S. 123–151.

[195] In dieser Zeitspanne erschienen außerdem noch folgende Arbeiten:

Joachim Henselers Arbeit „Wie das Soziale in die Pädagogik kam. Zur Theoriegeschichte universitärer Sozialpädagogik am Beispiel Paul Natorps und Herman Nohls" (Weinheim/München 2000) beleuchtet zwar an einigen Stellen den Kontext des Nationalen zum Individuellen und vermutet einen Zusammenhang zum NS-Regime, bleibt aber ansonsten strikt bei der Fragestellung, wie soziale Fragen sowohl bei Natorp als auch bei Nohl ihren Platz in der Pädagogik fanden und inwiefern. In diesem Kontext wird die Auswertung oder auch Nutzung Pestalozzis als Autorität genauer unter die Lupe genommen, ohne dass wirklich ein zeitgeschichtlicher Kontext systematisch hergestellt wird.

Im Rahmen des 2001 erschienenen hochinteressanten Sammelbands „Klassiker und Außenseiter. Pädagogische Veröffentlichungen des 20. Jahrhunderts" erschien **Margarete Krauls** Aufsatz „Herman Nohl. Die pädagogische Bewegung in Deutschland und ihre Theorie. Annäherung, Geschichte und Rezeption" (in: Horn, Klaus-Peter/Ritzi, Christian (Hrsg.): Klassiker und Außenseiter. Pädagogische Veröffentlichungen des 20. Jahrhunderts, Baltmannsweiler 2001, S. 105–126). Kraul hat Nohls Buch „Die pädagogischen Bewegung in Deutschland und ihre Theorie" ohne zu zögern als eines der zehn wichtigsten, vor allem aber wirkungsmächtigsten Bücher des 20. Jahrhunderts eingeschätzt, mit der Pointe, dass sie detailliert die negative Wirkung des Buchs aufzeigt. Ähnlich wie Oelkers kritisiert sie das Dogma von der Stufenabfolge der pädagogischen Bewegung und die affirmative Akzeptanz der jeweiligen Gegenwart, aber auch die nebulös überhöhte Sprache Nohls.

[196] Klafki, Wolfgang/Brockmann, Johanna-Luise: Geisteswissenschaftliche Pädagogik und Nationalsozialismus. Herman Nohl und seine „Göttinger Schule" 1932–1937. Eine individual- und gruppenbiografische, mentalitäts- und theoriegeschichtliche Untersuchung, Weinheim/Basel 2002.

Brockmann aus dem Jahr 2002 untersucht Herman Nohl und seine „Göttinger Schule". In der Einleitung wird diese Forschungsarbeit in den Kontext der Debatte über Kontinuität und Diskontinuität gestellt und innerhalb der Nohl-Schule insbesondere Erich Weniger hervorgehoben. Neben der Auswertung umfangreicher Archivquellen, insbesondere von Briefen und Rundbriefen, wird nun zu Nohls Vorlesungsmanuskript 1933/34 Stellung genommen.

Im zweiten bis sechsten Kapitel werden die Konflikte innerhalb der sogenannten Nohl-Schule umfassend deutlich, wobei eine Beurteilung der Vorgänge insgesamt ein Studium aller Dokumente und nicht nur der ausgewählten Zitate notwendig machen würde. Eingeschoben ist mit einem Fragezeichen eine Kontroverse mit Hasko Zimmer über die Einschätzung von Nohls „Osthilfe", unter der Überschrift „Wendung Nohls von der ‚Sozialpädagogik' zur ‚Nationalpädagogik' " (Klafki/Brockmann 2002, S. 31 ff.). Im Grunde ist keines der Gegenargumente von Klafki und Brockmann stichhaltig, wie selbst Tenorth in einer Sammelbesprechung feststellte.[197] Als Thema der Tagung vom 19.7.1931 im Lippoldsberger Landheim formuliert Nohl: „Die Aufgabe einer Nationalpädagogik, die jetzt die einseitige Sozialpädagogik ablöst" (Nohl, in: Klafki/Brockmann 2002, S. 34). Das S. 33 vorgebrachte Argument, dass Hitlers „Mein Kampf" von den „Kreisen der Intellektuellen" nicht gelesen worden sei und dass so die Rigorosität der NSDAP und Hitlers eben nicht bekannt gewesen sei, ist nicht haltbar.[198] Abgesehen davon, dass sich Nohl in seiner Vorlesung 1933/34 direkt auf Hitlers „Mein Kampf" bezieht, ist das Argument der Autoren insbesondere deshalb dürftig und schäbig, da das Programm des „Deutschland erwache – Juda verrecke" tagtäglich in der Propaganda der NSDAP für jedermann ersichtlich und das 25-Punkte-Programm der NSDAP allgemein bekannt war. Ebenfalls völlig unverständlich, angesichts der ja vorliegenden Dokumente Nohls, ist die Behauptung, es gäbe keine Belege für „Affinitäten" zwischen Nohl und der späteren aggressiven, rassistischen und imperialistischen Eroberungspolitik des nationalsozialistischen Deutschlands (Klafki/Brockmann 2002, S. 37).

Die ausführlich dargestellten Debatten im Kreis der Nohl-Schüler konzentrierten sich im Grunde auf die Art und Weise, wie Nohl mit dem engagierten NS-Gegner Döring umgeht, der in einem ausführlichen Brief Diskussionen zusammengefasst hat. Nohl schrieb daraufhin am 26.5.1933: „Döring hat mir tatsächlich einen entsetzlichen Brief geschrieben. Seiten um Seiten mit seinem Wort gefüllt – krankhaft!" (Nohl, in: Klafki/Brockmann 2002, S. 98).[199] In einem schwer begreiflichen Hang, Nohl in Schutz nehmen zu wollen, wird dieser zutiefst bösartige Brief Nohls im positiven Sinne interpretiert, da Nohl gleichzeitig Dörings Dissertation lobt. Die ganze Bedeutung Nohls, seine Schüler dazu zu bewegen, mitzumachen, statt Widerstand zu leisten, wird in folgender Passage deutlich, die Nohl an Döring schrieb:

> *„Man muss als junger Mensch selbstverständlich heute positiv dabei sein, mitarbeiten am Aufbau – ohne rückwärts zu sehen oder zu grübeln."* (Nohl, in: Klafki/Brockmann 2002, S. 98)

---

[197] Tenorth schreibt: „Doch Zimmers zentrale These der lange vorbereiteten, aber systematisch um 1933 vollzogenen Veränderung von Nohls Denken wird eher bestätigt als widerlegt (…)." Tenorth hebt außerdem besonders hervor, dass die von Klafki und Brockmann zusammengestellten Briefe beweisen, dass es eben keine einheitliche „Nohl-Schule" gab: „Es gab hier engagierte Nazis, von H. Netzer zu G. Geißler, O. F. Bollnow und W. Scheibe, aber eben auch scharfe Kritiker" (Tenorth, Heinz-Elmar: Gefangen in der eigenen Tradition – Erziehungswissenschaft angesichts des Nationalsozialismus. Eine Sammelbesprechung neuerer Veröffentlichungen, in: Zeitschrift für Pädagogik, 49. Jg. (2003), Heft 5, S. 747 bzw. S. 742).

[198] Das ist umso unverständlicher, da die Autoren selbst zitieren, dass Nohl zum Beginn des Jahres 1933 für weitere Ausgaben der Zeitschrift „Die Erziehung" festhält: „Hitlers ‚Kampf' hätte z. B. unbedingt besprochen werden müssen" (Nohl, in: Klafki/Brockmann, S. 274).

[199] Klafki und Brockmann folgern, dass auch eine solche Äußerung „Nohls besonders ausgeprägte Wertschätzung Dörings letztlich nicht beeinträchtigt." Es gehört zu den vielen Peinlichkeiten dieses Buches, wie diese Behauptung u. a. begründet wird: „Das wird eindrücklich deutlich in Nohls Kondolenzbrief an Dörings Mutter, nachdem ihr Sohn 1940 an der Ostfront gefallen war (…)" (Klafki/Brockmann 2002, S. 292).

Eine ausführliche Darstellung der Konflikte zwischen den Nohl-Schülern durch Döring findet sich im Abdruck eines vierseitigen Briefes (Klafki/Brockmann 2002, S. 130 ff.), den auch Klafki und Brockmann als „inhaltlich wichtigste Quelle" (Klafki/Brockmann 2002, S. 140) bezeichnen. Die Versuche der beiden Autoren, die politisch reaktionäre Bedeutung sowohl des weiblichen Arbeitsdiensts als auch der Osthilfe zu bestreiten, weil sie ja noch nicht von der NS-Regierung getragen waren, hält keiner genauen Prüfung stand und kann hier nur konstatiert werden.

Die im siebenten Kapitel vorgenommene Analyse des Vorlesungsmanuskripts Nohls 1933/34 ergibt keinen neuen inhaltlichen Ertrag über Hasko Zimmers Analyse hinaus. Zwischen Erschrockensein und Suche nach Entlastung ließt sich der Text doch wie eine „Ja, aber"-Apologie. Da die Beweislage so eindeutig ist, bleibt Klafki und Brockmann nicht viel mehr übrig, als eine Mehrdeutigkeit eindeutiger Aussagen Nohls zu behaupten.

Die Interpretation der Autoren Punkt für Punkt im Einzelnen zu behandeln, ist hier nicht möglich. Unsere Kritik setzt gerade dort an, wo bestimmte Passagen Nohls nicht zitiert und nicht kritisiert werden. Aber die von Edgar Weiß in seiner Rezension als „Ja, aber" charakterisierte Haltung Klafkis und Brockmanns ist auf einer gewissen Ebene nur eine Widerholung der mentalen Position Herman Nohls zum Nationalsozialismus.[200]

Die Schwächen der Analyse werden besonders in einem zweiten Exkurs deutlich, in dem Klafki und Brockmann erneut auf Hasko Zimmer eingehen und behaupten:

> *„Man kann Nohls Position, unter politischer Perspektive, ‚naiv' nennen. Indessen: ‚**konservativ**' war sie nicht."* (Klafki/Brockmann 2002, S. 254, Hervorhebung im Original)

Ein weiteres Beispiel: Klafki und Brockmann, die die antipolnische Volksverhetzung Nohls als „antipolnische(n) Invektive" bezeichnen (Klafki/Brockmann 2002, S. 256), meinen jedoch „nachdrücklich" betonen zu müssen, „dass Nohls Äußerungen, wie kritikbedürftig sie auch sind, durchgehend *defensiven* Charakter tragen" (Klafki/Brockmann 2002, S. 257, Hervorhebung im Original), da Nohl ja nicht zum aggressiven Raubüberfall auf Polen aufgerufen habe. Es ist im Grunde immer dasselbe Argumentationsmuster: Es wird Nohl 1933/34 positiv angerechnet, dass er nicht zur Ermordung behinderter Kinder aufgerufen habe, sondern nur zur Zwangssterilisation (Klafki/Brockmann 2002, S. 301). Die Autoren argumentieren hier wider besseren Wissens, da in beiden Fällen auch der NS-Staat weder zum Überfall auf Polen noch zur Tötung Behinderter öffentlich aufgerufen hat. Die vorgenommene Differenzierung zwischen Eugenik und Rassenhygiene durch die Autoren wirkt angesichts der menschenverachtenden Ausführungen Nohls ebenfalls beklemmend.

Dass Klafki und Brockmann Nohls Haupttexte falsch einschätzen, wird in folgender Passage deutlich. Über die in der NS-Zeit veröffentlichten Grundschriften Nohls heißt es:

> *„Soweit es sich um Werke handelt, die **vor** 1945 publiziert wurden, sind sie **nach** der NS-Zeit unverändert oder erweitert wieder aufgelegt worden. Ausdrückliche Bezüge auf den Nationalsozialismus tauchen in diesen Büchern nicht auf."* (Klafki/Brockmann 2002, S. 311, Hervorhebung im Original)

Dass dies unwahr ist, zeigt allein schon das Foto der Hitlerjugend als der dritten Etappe der pädagogischen Bewegung, das in „Charakter und Schicksal" 1938 enthalten war.

Möglicherweise gegen die eigene Intention hat aber Klafki mit seiner Autorität innerhalb der Erziehungswissenschaft in Deutschland und durch sein sehr ausführliches Zitieren der rassistischen und pronationalsozialistischen Passagen Nohls eine Rückkehr zur bloßen Nohl-Apologie

[200] Die Rezension von Edgar Weiß befindet sich in: Gamm, Hans-Jochen/Keim, Wolfgang (Red.): Erinnern – Bildung – Identität (Jahrbuch für Pädagogik 2003), Frankfurt am Main/Berlin/Bern/Brüssel/New York/Oxford/Wien 2004, S. 364–367. Weitere Rezensionen zu diesem Buch erschienen u. a. von U. Steckmann (Zeitschrift für Sozialpädagogik 3/2005, S. 99–103) und von D. Dröhler (Zeitschrift für pädagogische Historiographie, 2/2003, S. 120–122) sowie von H.-E. Tenorth (Zeitschrift für Pädagogik, 5/2003, S. 734–755 im Rahmen einer Sammelbesprechung).

weitgehend erschwert. Da sichtbar wird, wie schwer Klafki angesichts seines Erschreckens über Nohl dieser Schritt gefallen ist, soll dies trotz kritischer Distanz zu den Inhalten durchaus positiv festgehalten werden.

In der 2002 vorgelegten, sehr gründlichen Studie „Herman Nohls ‚Theorie' des pädagogischen Bezugs. Eine Werkanalyse"[201] von **Damian Miller** wird eine im Kern vernichtende Kritik an dem als Pseudotheorie eingeschätzten „pädagogischen Bezug" Nohls vorgenommen.

Jürgen Oelkers fasst den Ertrag dieser Dissertation in seinem „Geleitwort"[202] so zusammen, dass Miller bewiesen habe, „dass von einer eigentlichen Theorie keine Rede sein kann" (Oelkers Geleitwort 2002, S. 8) und es sich im Grunde, so die Pointe der Arbeit, um eine „ästhetische Sprachregelung" handelt:

> *„Nohls Bild ist **harmonisch**, und das entspricht seiner allgemeinen Ästhetik, die nahelegt, auch den ‚pädagogischen Bezug' **schön** darzustellen. Was damit **nicht** möglich ist, hat mit realen Kindern zu tun, also die Erfassung von Widerständigkeit oder Streit um die Ausdeutung sowohl der Beziehung als auch der pädagogischen Ambition, die im übrigen keineswegs, wie Nohl suggeriert, auf ‚Reife' festgelegt sein muss. Und wenn auch Kinder erziehen können, nicht nur sich, sondern auch ihre Eltern und Erzieher, dann bricht das schöne Bild schnell einmal zusammen."* (Oelkers Geleitwort 2002, S. 9, Hervorhebungen im Original)

Dass Oelkers nicht nur als Theoretiker seinen Beitrag leistet, die Theorien Nohls und sein Werk zu demontieren, hat möglicherweise doch etwas damit zu tun, dass er reale Kinder nicht aus dem Auge verliert.

Damian Miller geht zunächst chronologisch sämtliche wesentlichen Passagen Nohls zum „pädagogischen Bezug" in Jahrzehnte gegliedert durch, dokumentiert und kommentiert sie. In einem zweiten großen Schritt stellt er die ihm wesentlich erscheinenden Rezeptionen des „pädagogischen Bezugs" Nohls von 1932 bis 2000 dar, wobei auch einige Schriften von Autorinnen und Autoren wie Peter Brozio, Hermann Giesecke, Norbert Kluge, Friedrich Wilhelm Kron und Panagiotis Xochellis[203] vorgestellt werden, die in unserem Literaturbericht nicht gesondert behandelt werden. Zusätzlich wird im Kapitel „Der pädagogische Bezug und die Psychoanalyse" Nohls Rezeption der Psychoanalyse untersucht. Ein gesonderter Abschnitt wird zudem der Überblicksliteratur und den Lexika gewidmet. Keineswegs nur als Anhang, sondern als bewusster Schlusspunkt wird im Kapitel „Die Macht der Ästhetik" der „pädagogische Bezug" Nohls mit dem Dreiklang von Einfachheit, Schönheit und Einheit sowie Harmonie und Liebe in Beziehung gesetzt, um das ästhetische Motiv bei Nohl als wirklichen Kern seiner nur vordergründig als Theorie ausgestatteten Formulierung vom „pädagogischen Bezug" herauszuarbeiten.

Peter Dudek untersucht in dem 2004 erschienenen Band „Ein Leben im Schatten"[204] das Verhältnis von Herman Nohl zu seinem Bruder Johannes. In dieser überaus lesenswerten Studie

---

[201] Miller, Damian: Herman Nohls „Theorie" des pädagogischen Bezugs. Eine Werkanalyse (Explorationen, Band 33), Bern 2002.

[202] Oelkers, Jürgen: Geleitwort, in: Miller, Damian: Herman Nohls „Theorie" des pädagogischen Bezugs. Eine Werkanalyse (Explorationen, Band 33), Bern 2002, S. 7–9.

[203] Brozio, Peter: Vom pädagogischen Bezug zur pädagogischen Beziehung. Soziologische Grundlagen einer Erziehungstheorie (Erziehung, Schule, Gesellschaft, Band 5), Würzburg 1995.

Giesecke, Hermann: Die pädagogische Beziehung. Pädagogische Professionalität und die Emanzipation des Kindes, 2. Auflage, Weinheim/München 1997.

Kluge, Norbert: Pädagogisches Verhältnis und Erziehungswirklichkeit. Kritische Überlegungen zur Theorie des pädagogischen Bezuges (Neue pädagogische Bemühungen, Band 48), Essen 1972.

Kron, Friedrich Wilhelm: Theorie des erzieherischen Verhältnisses, Bad Heilbrunn 1971.

Xochellis, Panagiotis: Erziehung am Wendepunkt? Grundstrukturen des pädagogischen Bezuges in heutiger Sicht, München 1974.

[204] Dudek, Peter: Ein Leben im Schatten. Johannes und Herman Nohl – zwei deutsche Karrieren im Kontrast. Heinz-Elmar Tenorth zum 60. Geburtstag, Bad Heilbrunn 2004.

wird deutlich, wie selektiv Nohl selbst, aber auch seine Biographen seine Familiengeschichte wahrnehmen. Dass Nohls Bruder Johannes eine erotische Beziehung mit dem kommunistisch orientierten Anarchisten Erich Mühsam hatte, erklärt vielleicht die ansonsten völlig unverständliche Behauptung der NSDAP-Beurteilungen, Herman Nohl habe zu Beginn der Weimarer Republik der KPD nahegestanden.

Dudek behandelt im siebenten Abschnitt, „Johannes und Herman Nohl – lebensgeschichtliche Erfahrungen als Basis pädagogischer Theoriebildung?“, genauer die von Herman Nohl selbst herausgegebenen Familienschriften und dokumentiert zudem das ambivalente Verhältnis der beiden Brüder anhand der noch existierenden Briefe. Auch Johannes Nohl, so zeigt Dudek, hat sich trotz seiner anarcho-kommunistischen Vergangenheit in der NS-Zeit zunächst positiv über das NS-Regime geäußert, sich nach 1945 aber dann bewusst der Entwicklung in der DDR zugewandt. Dudeks Studie schließt mit der These: „Herman Nohls intensive Beschäftigung mit Fragen der Sozialpädagogik war durchaus biographisch motiviert“ (Dudek 2004, S. 196).

Ebenfalls 2004 erschien der von Thomas Gatzemann und Anja-Silvia Göing herausgegebene Sammelband „Geisteswissenschaftliche Pädagogik, Krieg und Nationalsozialismus“[205], in dem **Alexander Stühmer** „Das Verhältnis von Politik und Pädagogik im Werk Herman Nohls“[206] unter die Lupe nimmt. Stühmer übernimmt nun die Aufgabe, vor allem an Matthes, aber auch an Klafki und Brockmann orientiert, Hasko Zimmers Kritik an Nohls Rassismus zurückzuweisen. Dabei versteigt sich Stühmer zu Sätzen wie: „Selbst Nohl erkannte, dass aus biologischer Sicht die Erstarrung eines Volkes gleichzeitig die wahrscheinliche Zerstörung des Volkes und seiner Kultur bedeutet.“ (Stühmer 2004, S. 157) Das Wörtchen „selbst“ weist darauf hin, dass er nicht nur Nohl referiert, sondern dieser vorgeblichen Erkenntnis zustimmt, so dass der von Klafki gegen Zimmer erhobene Vorwurf einer „selektiven Begradigung“ widersprüchlicher und mehrdeutiger Aussagen Nohls gegen Stühmer selbst verwendet werden kann, insbesondere bei Stühmers Bagatellisierung der rassistischen Positionen Nohls in dessen Vorlesungsmanuskript 1933/34: „Er grenzt sich aber gegen die Rassenhygieniker seiner Zeit ab (…)“ (Stühmer 2004, S. 155). Stühmer begründet seine Position nicht mit einer Analyse der Vorlesung, sondern verweist lediglich auf Matthes.

Eine besondere Form deutsch-nationalistischer Verherrlichung der Person Herman Nohls bildet die von **Walter Thys** herausgegebene und kommentierte Zusammenstellung „Ein Landsturmmann im Himmel. Flandern und der Erste Weltkrieg in den Briefen von Herman Nohl an seine Frau“[207] von 2005, in der über sechshundert Briefe dokumentiert werden. Ohne auf die ganz besonderen Gräuel der deutschen Soldateska in Belgien während des Ersten Weltkriegs einzugehen, wird die Idylle Belgiens zur Zeit der deutschen Besatzung als Naturereignis geschildert.[208] Die deutsche Besatzungsarmee in Belgien, einschließlich Herman Nohl, hat es sich auf Kosten der Bevölkerung gut gehen lassen, wie die schwärmerischen Briefe Nohls an seine Frau beweisen. Wie es konkret einzuschätzen ist, dass im Jahr 2005 ausgerechnet eine so umfangreiche Edition dieser Kriegsbriefe Herman Nohls erscheinen konnte, ist eine andere Frage.

[205] Gatzemann, Thomas/Göing, Anja Silvia (Hrsg.): Geisteswissenschaftliche Pädagogik, Krieg und Nationalsozialismus. Kritische Fragen nach der Verbindung von Pädagogik, Politik und Militär, Frankfurt am Main/Berlin/Bern/Brüssel/New York/Oxford/Wien 2004.

[206] Stühmer, Alexander: Das Verhältnis von Politik und Pädagogik im Werk Herman Nohls, in: Gatzemann, Thomas/Göing, Anja Silvia (Hrsg.): Geisteswissenschaftliche Pädagogik, Krieg und Nationalsozialismus. Kritische Fragen nach der Verbindung von Pädagogik, Politik und Militär, Frankfurt am Main/Berlin/Bern/Brüssel/New York/Oxford/Wien 2004, S. 141–163.

[207] Thys, Walter (Hrsg.): Ein Landsturmmann im Himmel. Flandern und der Erste Weltkrieg in den Briefen von Herman Nohl an seine Frau, Leipzig 2005.

[208] Aber es war die vierte Armee und nicht Neckermann, die Herman Nohl seine Naturerlebnisse in Belgien ermöglichte. Wenn die Bedienung in einem Restaurant von Nohl zitiert wird mit „Die Deutschen haben zwei Mägen und kein Herz“ (Thys, S. 8), erhält der Titel „Ein Landsturmmann im Himmel“ dann doch eine andere Färbung.

2005 geht **Jürgen Oelkers** in seiner Arbeit „Reformpädagogik. Eine kritische Dogmengeschichte“[209] erneut auf Herman Nohl ein.[210] Oelkers geht davon aus, dass nicht die wirkliche Geschichte der Pädagogik in Deutschland und im internationalen Maßstab, insbesondere in den Publikationen Nohls, rekonstruiert und beschrieben wird, sondern dass gerade Nohls „Pädagogische Bewegung in Deutschland“ Ausgangspunkt einer „Dogmengeschichte“ ist. Er zitiert Nohl: „Die gesunde Dogmatik der Pädagogen beginnt mit einer radikalen Gläubigkeit an das Gesetz seiner Lebensarbeit“ (Nohl, in: Oelkers 2005, S. 21).[211]

Als erstes grundlegendes und falsches Dogma bezeichnet Oelkers die Epochenbestimmung Nohls, „der die Zeit zwischen 1890 und 1930 als Einheit pädagogischer Bewegungen versteht“ (Oelkers 2005, S. 19). Zweitens wäre dadurch sowie durch die Konstruktion eines Vorläufers in der „Deutschen Bewegung“ die gesamte internationale Pädagogik ausgeklammert und ausgegrenzt. Die Kronzeugen, die Nohl als geistvollste Vertreter der Bildung anführt, „waren allesamt Deutsche“ (Oelkers 2005, S. 76). Dieses Dogma sei sowohl durch die Zeitschrift „Die Erziehung“ als auch durch eine Fülle von Zusammenfassungen und Lexika massiv stabilisiert worden (Oelkers 2005, S. 14). Oelkers weist darauf hin, wie massiv Nohl Richtungen, die ihm nicht ins Konzept passen, unter den Tisch fallen lässt, etwa die scharfe Schulkritik von Ludwig Börne, der einen „Aufstand der Schuljugend“ forderte und die obrigkeitsstaatliche Pädagogisierung der Gesellschaft einer scharfen Kritik unterzog (Oelkers 2005, S. 17 f.). Auch Karl Gutzkow und später vor allem die sozialistischen Pädagogen seien von Nohl ausgegrenzt worden.

Der große Wert der Arbeit Oelkers’ liegt gerade darin, dass er eine sehr große Fülle an Hinweisen und Materialien zur Geschichte der Pädagogik anführt, die die Nohl’schen Dogmen Punkt für Punkt widerlegen.

Der Erziehungswissenschafter **Christian Niemeyer** hat in seiner 2005 erschienenen Schrift „Klassiker der Sozialpädagogik. Einführung in die Theoriegeschichte einer Wissenschaft“[212] mit weiterer Hintergrundinformation die Überschneidungen der Thesen Nohls mit den Thesen des Nationalsozialismus sowohl in Nohls Texten über die „Osthilfe“ als auch über die Vorlesung 1933/34 nachgezeichnet. Die Ausgangsannahme Niemeyers ist, dass das Wichtigste an Aufschluss über den Nationalsozialismus möglicherweise erst noch kommen wird, wenn die jetzige Generation von Erziehungswissenschaftlern sich nicht durch falsch verstandene Pietät in ihrem Aufklärungsdrang hemmen lässt, wobei er auf die Intervention Klaus Mollenhauers[213] zur Verteidigung seines Doktorvaters Weniger gegen Barbara Siemsen verweist.[214]

Eine in gewissem Sinne anachronistische Arbeit legt **Christian Hoch** 2005 mit seiner Schrift „Zur Bedeutung des ‚Pädagogischen Bezuges‘ von Herman Nohl für die Identitätsbildung von Jugendlichen in der Postmoderne. Eine erziehungsphilosophische Reflexion“[215] vor. In einem

---

[209] Oelkers, Jürgen: Reformpädagogik. Eine kritische Dogmengeschichte, 4. vollständig überarbeitete und erweiterte Auflage, Weinheim/München 2005.

[210] Die Schrift entstand ursprünglich 1989, im Folgenden wird jedoch die vierte, „vollständig überarbeitete und erweiterte Auflage“ 2005 behandelt.

[211] Nohl, Herman: Die Pädagogische Bewegung in Deutschland und ihre Theorie, Frankfurt am Main 1935, S. 130.

[212] Niemeyer, Christian: Klassiker der Sozialpädagogik. Einführung in die Theoriegeschichte einer Wissenschaft, 2. überarbeitete und erweiterte Auflage, Weinheim/München 2005. Methodologisch weist Niemeyer darauf hin, dass ein Urteil über die Verarbeitung der NS-Zeit ohne Hinzuziehung der Texte Nohls aus der NS-Zeit selbst ein Unding sei und verifiziert dies an der Habilitationsschrift von Eva Matthes (1998).

[213] Mollenhauer, Klaus: Legenden und Gegenlegenden, in: Die Deutsche Schule. Zeitschrift für Erziehungswissenschaft, Bildungspolitik und pädagogische Praxis, 80. Jg. (1989), S. 158–159.

[214] Siehe auch Niemeyer, Christian: Einführung in die Sozialpädagogik, Dresden 2005, http://www.tu-dresden.de/erzwiss/SEB/Diverse_Dokumente/buch2006spwbgneu.pdf, eingesehen am 11.12.06.

[215] Hoch, Christian: Zur Bedeutung des „Pädagogischen Bezuges“ von Herman Nohl für die Identitätsbildung von Jugendlichen in der Postmoderne. Eine erziehungsphilosophische Reflexion (Erziehung, Schule, Gesellschaft, Band 37), Würzburg 2005.

gesonderten Teil über den „pädagogischen Bezug“ bei Nohl werden eng und apodiktisch an Nohl angelehnt nun zum wiederholten Mal in einer Dissertation Nohls Passagen zu diesem Thema referiert. Bei der Vorstellung der Kritiken werden jedoch weder die neueren Kritiken Lingelbachs und Klafkis, noch die Kritiken Kupffers und Zimmers überhaupt mit einbezogen. Hoch sieht Nohls Theorem als „fruchtbare Anregung“ und „einen wichtigen Beitrag für die pädagogische Diskussion um die Identitätsbildung von Jugendlichen in der Postmoderne“ (Hoch 2005, S. 176).

Die umfangreiche und treffendste Analyse von Biographie, Werk und Sekundärliteratur über Herman Nohl legt 2005 **Michael Gran** mit seinem Buch „Das Verhältnis der Pädagogik Herman Nohls zum Nationalsozialismus“[216] vor. Ein wesentlicher Ausgangspunkt Grans besteht darin, Geistesgeschichte in eine ausführliche Darstellung geschichtlicher Umstände ihrer Entstehung und ihres Wirkens zu stellen und so Elemente der Eigendynamik der Geisteswissenschaft in die gesamtgeschichtlichen Umstände einzubetten. Das ist besonders in der NS-Zeit notwendig, so Gran, in der allzu leicht in der bisherigen Literatur über geisteswissenschaftliche Pädagogik die Realität der Verbrechen nebenan ausgeblendet wird. Deswegen berichtet Gran nicht nur über Herman Nohl und Seinesgleichen, sondern auch über die bereits 1932 von der SA Erschlagenen und nach 1933 systematisch Ermordeten. Er berichtet über die Kriegsvorbereitungen, die Wannsee-Konferenz und die rassistische Realität des Massenmords an Menschen allein wegen ihrer vom NS-Regime definierten Herkunft. Das ist ungewöhnlich, aber durchaus nötig und geradezu ein Schlüssel, um hermeneutisch gerecht Nohls inhumane und antidemokratischen Grundpositionen einordnen zu können. Das bedeutet nicht, dass Gran der innertheoretischen Auseinandersetzung mit den geistigen Bezugspunkten Nohls, insbesondere mit Dilthey und Platon, aus dem Weg geht.

In einem ersten Teil analysiert Gran als Kern der „Deutschen Bewegung“ die Nohl'sche Interpretation der Entwicklung des deutschen Idealismus als gegen die Aufklärung gerichtet. In einem zweiten Teil stellt er Biographie und Schrifttum Herman Nohls im Überblick dar, das er nun Schritt für Schritt chronologisch einordnet und bewertet.

In einem dritten Teil über Nohls theoretische Entwicklung von 1918 bis 1933 fokussiert Gran sich gerade auch auf Nohl als Geschichtsschreiber und Theoretiker der Reformbewegung, wobei er sich deutlich Oelkers' Ansicht anschließt, dass Nohl (aber eben auch Flitner, Weniger bis hin zu Blankertz und Klafki) nicht wirklich die Reformbewegung beschreibt und analysiert, sondern vor allem eine für die eigenen Ambitionen nützliche Geschichte konstruiert.

Im vierten Teil zur NS-Zeit analysiert Gran ausführlicher als Zimmer und Klafki auf fünfundsiebzig Seiten das Vorlesungsmanuskript Nohls von 1933/34. Dabei sticht neben einer treffenden Ideologiekritik, oft an Adorno orientiert, auch hervor, dass Hintergründe über von Nohl angeführte Personen und zeitgeschichtliche Umstände kenntnisreich dargelegt werden. Die Kritik an der Vorlesung Nohls wird dabei im Rückgriff auf die vor 1933 von Nohl verfassten Schriften einerseits, aber auch im Kontext der in der NS-Zeit erschienenen Schriften Nohls andererseits entfaltet. Dabei wertet Gran auch Briefe und Rundbriefe an den Personenkreis der sogenannten Nohl-Schule aus.

Im abschließenden fünften Teil werden wichtige Beiträge Nohls nach 1945, aber auch das unveröffentlichte Memorandum an Major Wilson chronologisch vorgestellt und analysiert sowie mit den bisherigen Schriften Nohls konfrontiert. Gran lässt seine Arbeit mit einem Überblick über die aktuelle Diskussion um Herman Nohl ausklingen, wobei er insbesondere der Analyse des Vorlesungsmanuskripts 1933/34 von Klafki und Brockmann detailliert widerspricht.

[216] Gran, Michael: Das Verhältnis der Pädagogik Herman Nohls zum Nationalsozialismus, Hamburg 2005.

Durch das umfangreiche Quellenmaterial, das Gran auswertet, kann diese Dissertation als eine Arbeit eingeschätzt werden, an der keine weitere Analyse über Herman Nohl vorbeigehen kann und deren logischer und empirischer Beweisführung sich die Erziehungswissenschaft in Deutschland nur schwer wird entziehen können.

Im 2006 erschienenen Sammelband „Pädagogik im Militarismus und im Nationalsozialismus. Japan und Deutschland im Vergleich“[217] sind für die vorliegende Studie vor allem die Beiträge von Heinz-Elmar Tenorth und Hasko Zimmer von Interesse. **Heinz-Elmar Tenorth** schildert in seinem Aufsatz mit wichtigen Literaturhinweisen die „Eugenik im pädagogischen Denken des nationalsozialistischen Deutschland – oder: Rassismus als Grenzbegriff der Pädagogik“[218], geht aber trotz der Debatte über die Vorlesung Nohls von 1933/34 mit keinem Wort auf dieses Manuskript ein. Das ist umso bedauerlicher, da auch **Hasko Zimmer**, der bereits in den 1990er Jahren mehrere gewichtige Aufsätze zu Herman Nohl publiziert hat, in seinem Beitrag „Geisteswissenschaftliche Pädagogik und Nationalsozialismus: Herman Nohl“[219] die Vorlesung Nohls bewusst nicht in den Mittelpunkt seiner Betrachtungen stellt.[220]

Im 2006 von **Bernd Dollinger** herausgegebenen Band „Klassiker der Pädagogik“, in dem der Herausgeber selbst den Beitrag über Herman Nohl verfasste,[221] schildert Dollinger die Darstellung der Kontroverse über Nohls Haltung zum Nationalsozialismus und schreibt:

> *„Am deutlichsten zeigten sich fehlende Kritikpotenziale gegenüber der Erziehungswirklichkeit in der unterbleibenden expliziten Distanzierung Nohls von den nationalsozialistischen Machthabern und ihrer Erziehungspropaganda.“* (Dollinger 2006, S. 261)

Die bisherige Debatte zusammenfassend und auch auf die Studie von Michael Gran eingehend, konstatiert Dollinger, dass Nohl trotz Einwänden dem NS-Staat „die Überzeugung der pädagogischen Bewegung“ zugesichert habe. Die 1933/34 in Göttingen gehaltene Vorlesung wird als „weiteres Beispiel für einen Bedarf kritischer Nachfrage“ angeführt (Dollinger 2006, S. 249 f.).

* * *

In gewisser Weise ist diese neueste Publikation zu Herman Nohl ein Beweis dafür, dass die Methode des Totschweigens, Vertuschens und Bagatellisierens der Nohl’schen Haltung zum NS-Regime und dessen Ideologie nicht durchgehalten werden konnte. Abgeschlossen ist diese Debatte ganz und gar nicht.

---

[217] Horn, Klaus-Peter/Ogasawara, Michio/Sakakoshi, Masaki/Tenorth, Heinz-Elmar/Yamana, Jun/Zimmer, Hasko (Hrsg.): Pädagogik im Militarismus und im Nationalsozialismus. Japan und Deutschland im Vergleich, Bad Heilbrunn 2006.

[218] Tenorth, Heinz-Elmar: Eugenik im pädagogischen Denken des nationalsozialistischen Deutschland – oder: Rassismus als Grenzbegriff der Pädagogik, in: Horn, Klaus-Peter/Ogasawara, Michio/Sakakoshi, Masaki/Tenorth, Heinz-Elmar/Yamana, Jun/Zimmer, Hasko (Hrsg.): Pädagogik im Militarismus und im Nationalsozialismus. Japan und Deutschland im Vergleich, Bad Heilbrunn 2006, S. 33–44.

[219] Zimmer, Hasko: Geisteswissenschaftliche Pädagogik und Nationalsozialismus: Herman Nohl, in: Horn, Klaus-Peter/Ogasawara, Michio/Sakakoshi, Masaki/Tenorth, Heinz-Elmar/Yamana, Jun/Zimmer, Hasko (Hrsg.): Pädagogik im Militarismus und im Nationalsozialismus. Japan und Deutschland im Vergleich, Bad Heilbrunn 2006, S. 83–98.

[220] Verwunderlich ist, dass bei der Darstellung der Konzeption Nohls von 1933, insbesondere bei der Darstellung von Nohls Konstrukt der „Deutschen Bewegung“, festgestellt wird: „Dieses Konzept als Ausdruck nationalistischen Denkens zu verstehen, wäre allerdings verfehlt.“ Das von Zimmer vorgebrachte Argument, dass Nohl „nationale stets als kulturelle Fragen“ verstanden habe (Zimmer 2000, S. 89), ist zwar richtig, stimmt aber auch in der Umkehrung. Kulturelle Fragen, ja selbst ästhetische Fragen waren für Nohl stets nationale Fragen, und daher ist seine Konzeption sehr wohl Ausdruck seines nationalistischen Denkens, wie es die Tradition des deutschen Bildungsbürgertums überhaupt kennzeichnet (siehe dazu: Nohl, Herman: Die ästhetische Wirklichkeit. Eine Einführung, Frankfurt am Main 1935, S. 215 f.).

[221] Dollinger, Bernd: Herman Nohl, in: Dollinger, Bernd (Hrsg.): Klassiker der Pädagogik. Die Bildung der modernen Gesellschaft, Wiesbaden 2006, S. 247–264.

3. Erich Weniger

a) Bis 1989

Von den üblichen Qualifikationsarbeiten und den zum Tod Wenigers abgefassten, mehr auf Preisung denn auf Analyse angelegten Publikationen bis 1967, soll hier vor allem der von **Herwig Blankertz** verfasste Nachruf[222] auf Erich Weniger aus dem Jahr 1961 hervorgehoben werden. Er spricht von Weniger wie von einem Heroen, „dessen Leben glaubhafte Repräsentation von erzieherischem Ethos, humaner Bewährung und intellektueller Redlichkeit in Wissenschaft wie öffentlich-politischer Verantwortung gewesen war" (Blankertz 1961, S. 401). Ausdrücklich wird Wenigers Verwendung der Geschichte als Bildungsmacht, die der Forderung des Tages zu genügen habe, positiv hervorgehoben. Weniger habe „mit dem sicheren Gespür dessen, der den Schlag der geschichtlichen Stunde zu vernehmen weiß", immer dort gestanden, „wo die Zukunft gewonnen werden wollte" (Blankertz 1961, S. 401). Blankertz spricht über die „Folge der vorausgegangenen zwölfjährigen Untätigkeit, zu der ihn der Nationalsozialismus verurteilt hatte" (Blankertz 1961, S. 402) – eine Behauptung, auf die hier noch nicht eingegangen werden soll. Weiter ist die Rede von Wenigers „soldatischer Lebensform" und es wird behauptet, er sei „geistig an die Seite der politischen Linken" gerückt (Blankertz 1961, S. 402). Weniger, der nach 1945 die Bürger in Waffen „als das Gebot der Stunde" erfasst hatte, habe damit in seiner Person etwas vorweggenommen, „was unsrem Volk aufgegeben bleibt, nämlich die Synthese von Geist, Bildung und Soldatentum, Demokratie und Sozialismus." (Blankertz, S. 402). Diese erstaunlichen Passagen sollen pars pro toto stehen, die Behauptungen werden geprüft werden.

1964 erschien **Klaus Mollenhauers** Aufsatz „Pädagogik und Rationalität"[223], in dem er sich scharf gegen die Einführung der Irrationalität in die pädagogische Theorie wendet. Dabei qualifiziert er diese „Irrationalität" nicht einfach als falsch, sondern deckt dahinter die „gesellschaftlichen Interessen" der Erziehung durch „sogenannte echte Autorität" auf. Als Quellen für die von ihm kritisierte Einführung der Irrationalität nennt er namentlich Weniger und Nohl. Aber Mollenhauer fügt hinzu, dass der „irrationalistischen Restauration" „sicherlich gegen den Willen der Autoren" in die Hände gespielt würde (Mollenhauer 1964, S. 667). Er wendet sich sowohl gegen die bloße Analyse als geisteswissenschaftlich-hermeneutische Methode als auch gegen den rein empiristischen Ansatz, der bei reinen Tatsachenfeststellungen stehen bleibt und nur in Bezug auf die Sache, den Erziehungsprozess, feststellt, „was sie ist". Mollenhauer fordert, als kritische Erziehungswissenschaft die „Spannung des Wirklichen zum Möglichen" herauszuarbeiten (Mollenhauer 1964, S. 673), also Konflikte als konstituierend für pädagogische Prozesse zu begreifen. Damit war im Jahr 1964 zumindest ein erster gewichtiger Einwand gegen Wenigers pädagogische Konzeption, aber auch zur Problematik geisteswissenschaftlicher Pädagogik insgesamt vorgetragen worden.

In der Bundesrepublik war es **Kurt Beutler**, der in seinem 1966 erstmals erschienenen[224] und ein Jahr später erneut publizierten Beitrag „Die konservative Pädagogik und ihr Verhältnis zur Pädagogik"[225] eine sehr massive Kritik unter anderem an Weniger formulierte:

[222] Blankertz, Herwig: Erich Weniger gestorben, in: Hamburger Lehrerzeitung, 14. Jg. (1961), Heft 11, S. 410–402.

[223] Mollenhauer, Klaus: Pädagogik und Rationalität, in: Die Deutsche Schule. Zeitschrift für Erziehungswissenschaft, Bildungspolitik und pädagogische Praxis, 56. Jg. (1964), Heft 12, S. 665–676.

[224] Beutler, Kurt: Die konservative Pädagogik und ihr Verhältnis zur Politik, in: Blätter für deutsche und internationale Politik, 11. Jg. (1966), Heft 5, S. 405–413.

[225] Beutler, Kurt: Die konservative Pädagogik und ihr Verhältnis zur Politik, in: Westermanns pädagogische Beiträge. Eine Zeitschrift für die Volksschule, 19. Jg. (1967), Heft 2, S. 64–69.

*„Was **Nohl, Weniger, Spranger** und andere pädagogische Theoretiker vor 1933 ‚verstehend' im Sinne **Diltheys** und vermeintlich realistisch zu beschreiben meinten, erhält nun sein normatives Eingeständnis, zugleich auch die ausdrückliche Unterordnung der ‚autonomen' Pädagogik unter das Diktat einer faschistischen Politik (...)"* (Beutler 1967, S. 65, Hervorhebung im Original)

Beutler sieht in der ideologisierten „Autonomieerklärung" der Pädagogik gerade einen Grund, dass in der Realität der NS-Zeit diese Autonomie fallengelassen wurde, zumindest in der Realität. Er schreibt weiter:

„Dass die Erziehungswissenschaft nach 1945 zu keinem Neubeginn fand, sondern aus ihrem Versagen nichts lernte, im Gegenteil, gedanklich genau dort ansetzte, wo die Weimarer Republik aufgehört hatte (bzw. auch das Dritte Reich), gehört zum Erstaunlichsten, was sich innerhalb der deutschen Universität kundgetan hat." (Beutler 1967, S. 66)

Der reibungslose Übergang 1933 einerseits und 1945 andererseits wird laut Beutler nun aktuell begleitet von der Fluchtbewegung zur kleinen Gemeinschaft des Ich-Du-Bezuges, auch wenn das Vokabular „durch einige Heidegger-Existenzialismen" (Beutler 1967, S. 66) ergänzt worden sei. Unter Bezug auf Adornos Kritik der sprachlichen Seite dieses Vorgangs (Theodor W. Adorno: „Jargon der Eigentlichkeit") wird den drei genannten Exponenten pädagogischer Kontinuität über drei Systeme hinweg mit Klaus Mollenhauer entgegnet:

„Die ursprünglich in den Bildungsbegriff investierte Rationalität wurde aufgegeben zugunsten einer Assoziation mit konservativ-bürgerlichen Ideologien. Die Praxis flüchtete in die Geborgenheit der unpolitischen pädagogischen Provinz; die Theorie in eine Explikation des nun irrationalistischen Restbegriffs von Bildung." (Mollenhauer, in: Beutler 1967, S. 66)[226]

Sehr deutlich fordert Beutler abschließend, eine gesellschaftskritische Pädagogik zu konstituieren, „welche die Politik als Machtfeld sozialer Gegensätze nicht leugnet", sondern vielmehr bewusst einbezieht (Beutler 1967, S. 68).

Das wohl bekannteste Buch über Erich Weniger mit dem Titel „Geisteswissenschaftliche Pädagogik am Ausgang ihrer Epoche – Erich Weniger"[227] wurde 1968 von **Ilse Dahmer** und **Wolfgang Klafki** herausgegeben. Es enthält Beiträge einer ganzen Reihe von „Schülerinnen und Schülern" Wenigers. Der Sammelband ist ein bedeutendes Dokument, das neben der inhaltlichen Auseinandersetzung mit dem Werk Wenigers durch den Stil der Einwände und die gesamte Herangehensweise auch Wenigers Einfluss auf die nachfolgende Generation von habilitierten Pädagogen deutlich macht.

Vorsichtige Einwände, die aber keinesfalls auf die Person Wenigers eingehen, sondern auf die Notwendigkeit einer Weiterentwicklung seiner an sich richtigen Ansichten – das ist der grundlegende Tenor dieses Sammelbands.[228] Er ist auch insofern von zentraler Bedeutung, als zum ersten Male eine wohl weitgehend vollständige Bibliographie der Publikationen von Erich Weniger vorgelegt wird, wobei deutlich wird, dass Weniger, anders als Nohl und Spranger, im Grunde nicht wirklich als systematischer Theoretiker der Geisteswissenschaften hervorgetreten

---

[226] Mollenhauer, Klaus: Pädagogik und Rationalität, in: Die Deutsche Schule. Zeitschrift für Erziehungswissenschaft und Gestaltung der Schulwirklichkeit, 56. Jg. (1964), Heft 12, S. 665–676, hier S. 671.

[227] Dahmer, Ilse/Klafki, Wolfgang: Geisteswissenschaftliche Pädagogik am Ausgang ihrer Epoche – Erich Weniger, Weinheim/Berlin 1968.

Es ist eine Besonderheit der Sekundärliteratur über Weniger, dass die inhaltlichen Punkte der Debatte weitgehend in Sammelbänden konzentriert sind, die einzeln vorgestellt werden. Daher wird eine Fülle weiterer Publikationen ggf. nur erwähnt, aber nicht besprochen. An dieser Stelle soll auch darauf verwiesen werden, dass eine Reihe von umfassenden Kritiken an der geisteswissenschaftlichen Pädagogik bereits in den Literaturberichten über Spranger und Nohl enthalten sind und hier nicht noch einmal gesondert angeführt werden. Auch im Teil über die Schriften Wenigers nach 1945 wird auf einige Aufsätze in Fachzeitschriften hingewiesen.

[228] Eine genaue Besprechung des Sammelbands ist im Literaturbericht der *Dokumentation ad fontes Weniger* enthalten.

ist. Das Vorwort[229] von Ilsa Dahmer und Wolfgang Klafki kündigt an, dass die Schüler Wenigers „zu kritischer Haltung erzogen" worden seien (Dahmer/Klafki, S. V).[230]

Zumindest **Bernhard Schwenk** beweist in seinem Beitrag „Erich Weniger – Leben und Werk"[231] eher das Gegenteil. Keinesfalls kritisch teilt er mit:

> *„Von April bis Oktober 1919 finden wir ihn als Leutnant bei der Reichswehr, wo er in Berlin an den Kämpfen gegen die Spartakisten teilnimmt."* (Schwenk 1968, S. 7)

Mit Verwunderung stellt man fest, dass Schwenk über die Auseinandersetzung Wenigers mit Krieck feststellt:

> *„Krieck hat sich dann sogar später, als Weniger seine Ämter verlor, kollegial für ihn eingesetzt."* (Schwenk 1968, S. 17)

Auch hierfür gibt Schwenk keine Quelle an.[232] Von sensibler Diktion ist die Darstellungsweise Schwenks nicht getragen, wenn wie folgt auf die erste Sanktion des NS-Staates gegen Weniger 1933[233] wertend eingegangen wird:

> *„An dieser Stelle hätte Weniger wie viele andere sich bescheiden können, hätte er – man denke etwa an Adolf Reichwein – versuchen können, seine pädagogische Lebensarbeit im Zusammenhang mit einem Schulamt weiterzuverfolgen. Seine kämpferische Natur ließ das nicht zu."* (Schwenk 1968, S. 18) [234]

Auch die Beiträge von **Ilse Dahmer**[235], **Herwig Blankertz**[236] und **Wolfgang Klafki**[237] rekonstruieren in erster Linie Schriften Wenigers. Überraschend geht auch **Klaus Mollenhau-**

---

229 Dahmer, Ilse/Klafki, Wolfgang: Vorwort, in: Dahmer, Ilse/Klafki, Wolfgang: Geisteswissenschaftliche Pädagogik am Ausgang ihrer Epoche – Erich Weniger, Weinheim/Berlin 1968, S. V–VI.

230 Die mögliche Zumutung, dass erwachsene Menschen von einem Professor „erzogen" werden, sei hier lediglich kurz festgehalten.

231 Bernhard Schwenk: Erich Weniger – Leben und Werk, in: Dahmer, Ilse/Klafki, Wolfgang: Geisteswissenschaftliche Pädagogik am Ausgang ihrer Epoche – Erich Weniger, Weinheim/Berlin 1968, S. 1–33. Schwenk gibt, wenn man genauer hinschaut, einen ersten Eindruck, wie Entnazifizierungsverfahren mit gegenseitigen Persilscheinen durchgeführt wurden.

232 Nach 1945 weigerte sich Weniger nicht, seinerseits einen Persilschein für Krieck auszustellen. Siehe dazu: Ortmeyer, Benjamin (Hrsg.): Materialien zu Pädagogik, Rassismus und Antisemitismus: Ernst Krieck (Erziehungswissenschaft und Pädagogik in Frankfurt. Eine Geschichte in Portraits), Frankfurt am Main 2004, S. 45 ff.

Die in Wenigers Entnazifizierungsakten angeführten „Persilscheine" etwa von Walter Bargatzky vom 6. September 1947 sind inzwischen zugänglich (Bargatzky war schon in einem Prozess gegen NS-Verbrecher als Entlastungszeuge für den verurteilten Staatssekretär Ernst von Weizsäcker aufgetreten und später führend am Aufbau des Bundesgrenzschutzes beteiligt; in der NS-Zeit war er vor und nach dem Attentat am 20. Juli 1944 in der Justizabteilung in Frankreich tätig). Auch der zweite Entlastungszeuge, Dr. Kurt Blanke, Rechtsanwalt in Celle, war keinesfalls ein unbeschriebenes Blatt, sondern hat als Fahrer für die SA bei dem Pogrom am 9./10. November 1938 Fackeln, Benzin und Beilpicken zu einem Sammelplatz gefahren. Allerdings steht nicht in Wenigers Entnazifizierungsakte, dass Blanke nach eigener Aussage Benzin in den Wagen geladen habe, „in der Annahme, dass dort wieder einmal eine Bücherverbrennung oder ähnliches beabsichtigt sei" (Hamann, Ulrich: Das Oberlandesgericht Celle im Dritten Reich – Justizverwaltung und Personalwesen, in: Oberlandesgericht Celle (Hrsg.): Festschrift zum 275-jährigen Bestehen des Oberlandesgerichts Celle, Celle 1986, S. 193).

233 Dass Weniger sich sozusagen heldenhafter verhalten habe als Reichwein, ist angesichts der späteren Hinrichtung Reichweins 1944 – zu einer Zeit, in der Erich Weniger NS-Führungsoffizier wurde – im Grunde eine Provokation.

234 Zur Herausgabe von Wenigers Schrift „Wehrmachtserziehung und Kriegserfahrung" (1938) heißt es: „Es wurde von Wenigers Kollegen und Freunden wegen seiner Sachlichkeit und ‚Wahrhaftigkeit' allgemein begrüßt; man sah in ihm eine erste größere zusammenfassende Darstellung seiner Pädagogik. In dem Buch kommen vor allem Wenigers Ansichten über das Verhältnis von Theorie und Praxis erneut zur Darstellung" (Schwenk, S. 19 f.).

235 Dahmer, Ilse: Theorie und Praxis, in: Dahmer, Ilse/Klafki, Wolfgang: Geisteswissenschaftliche Pädagogik am Ausgang ihrer Epoche – Erich Weniger, Weinheim/Berlin 1968, S. 35–80.

236 Blankertz, Herwig: Bildungsbegriff, in: Dahmer, Ilse/Klafki, Wolfgang: Geisteswissenschaftliche Pädagogik am Ausgang ihrer Epoche – Erich Weniger, Weinheim/Berlin 1968, S. 103–114.

237 Klafki, Wolfgang: Didaktik, in: Dahmer, Ilse/Klafki, Wolfgang: Geisteswissenschaftliche Pädagogik am Ausgang ihrer Epoche – Erich Weniger, Weinheim/Berlin 1968, S. 137–174.

er[238] in seinem Beitrag keinesfalls kritisch mit dem Begriff der „Volkszerstörung" bei Weniger um. Er behauptet, dass Weniger die Begriffe „Volkszerstörung" und „erneuerte Volksordnung" als Voraussetzung für sozialpädagogisches Denken ansieht. Es sei aber falsch, dies als „unkritische(n) Ausdruck eines romantisch-irrationalistischen Gesellschaftsbildes" anzusehen (Mollenhauer 1968, S. 225). „Volkszerstörung" sei nur ein emphatischer Ausdruck für die große Not eines Volkes, argumentiert Mollenhauer.[239]

Es sei hier zusammenfassend noch ein Lesereindruck von diesem Sammelband, feuilletonistisch formuliert, mitgeteilt. Dieser Sammelband hat eine gewisse Ausstrahlung, die nur als Ganzes wahrgenommen werden kann, manchmal sich aber an einzelnen Formulierungen zeigen lässt. Auch dort, wo die Fehler Wenigers in den Formulierungen eindeutig erkannt wurden, wird keine fundamentale oder grundsätzliche Kritik geübt. Es geht um die Ausstrahlung Wenigers, der bei General Stülpnagel in Frankreich beim Tee über Goethe und die Generale sprach. Dies zu einem Zeitpunkt, zu dem möglicherweise ein anderer Adjutant hereinkam und die Erschießung von Männern und Frauen der Résistance oder die Deportation jüdischer Kinder mitteilte, die Stülpnagel zu organisieren hatte. In dieser Atmosphäre ist es Weniger offensichtlich gelungen, eine Aura um sich zu verbreiten, die sich bei Persönlichkeiten wie Blankertz, Mollenhauer oder Klafki in Formulierungen der Ergebenheit niederschlägt, die erschreckend sind. Es zeigt sich, wie stark das „Nachwesen" (Adorno) in den geschichtsbewussten Köpfen der Erziehungswissenschaft in den 1960er und 1970er Jahren fortdauert.[240]

In zwei weiteren Sammelbänden aus dem Jahr 1987 wird die Diskussion über Weniger im Grunde fortgesetzt.[241]

b) Ab 1990

1990 erschienen in kurzer Folge drei Sammelbände der Schriften Erich Wenigers mit ausführlichen Einleitungen,[242] wobei nun offensiv die Militärpädagogik Wenigers diskutiert, weitge-

---

[238] Mollenhauer, Klaus: Sozialpädagogik, in: Dahmer, Ilse/Klafki, Wolfgang: Geisteswissenschaftliche Pädagogik am Ausgang ihrer Epoche – Erich Weniger, Weinheim/Berlin 1968, S. 223–230.

[239] Die These von der „Volkszerstörung" ist enthalten in Wenigers Schrift „Jugendpflege und Jugendführung als sozialpädagogische Aufgaben" (in: Die Erziehung. Monatsschrift für den Zusammenhang von Kultur und Erziehung in Wissenschaft und Leben, 3. Jg. (1927/28), S. 144–163).

[240] In der Dissertation „Analyse und Kritik von Aspekten der Entwicklung lebensphilosophisch orientierter Pädagogik der Gegenwart in der BRD und ihre philosophiehistorischen Voraussetzungen. Der vorgebliche Einfluss der Auffassungen von Erich Weniger auf die emanzipatorisch-kritische Pädagogik" (Leipzig 1984) von **Regine Krüger** ist neben eine Darstellung der Wurzeln Wenigers bei Dilthey und einer Diskussion über „Hermeneutik" hervorstechend, dass Weniger als Pädagoge mit „eindeutig konservativer Ausrichtung" eingeschätzt wird (Krüger, S. 60).

[241] Neumann, Karl (Hrsg.): Erich Weniger. Leben und Werk. Dokumentation eines Symposions in Gifhorn und Steinhorst vom 31. Oktober bis 2. November 1986 (Zentralstelle für Weiterbildung der Georg-August-Universität Göttingen, Göttinger Beiträge zur universitären Erwachsenenbildung, Band 11), Göttingen 1987.

Hoffmann, Dietrich (Hrsg.): Pädagogik an der Georg-August-Universität in Göttingen. Eine Vorlesungsreihe (Göttinger Universitätsschriften, Serie A: Schriften, Band 7), Göttingen 1987.

[242] Weniger, Erich: Lehrerbildung, Sozialpädagogik, Militärpädagogik. Politik, Gesellschaft, Erziehung in der geisteswissenschaftlichen Pädagogik. Ausgewählt und kommentiert von Helmut Gaßen (Pädagogische Bibliothek Beltz, Band 5), Weinheim/Basel 1990.

Weniger, Erich: Erziehung, Politik, Geschichte. Politik, Gesellschaft, Erziehung in der geisteswissenschaftlichen Pädagogik. Ausgewählt und kommentiert von Helmut Gaßen (Pädagogische Bibliothek Beltz, Band 4), Weinheim/Basel 1990.

Weniger, Erich: Ausgewählte Schriften zur geisteswissenschaftlichen Pädagogik. Ausgewählt und mit einer editorischen Notiz versehen von Bruno Schonig (Pädagogische Bibliothek Beltz, Band 6), 2. Auflage, Weinheim/Basel 1990.

hend verteidigt (**Helmut Gaßen**),[243] aber auch schon massiver kritisiert wird (**Bernd Mütter, Dietrich Hoffmann**)[244].

Die Veröffentlichung von Auszügen der militärpädagogischen Schriften Wenigers führte zu erheblichen Irritationen, die sich in den unterschiedlichsten Positionen im Sammelband „Bildung und Soldatentum“[245] widerspiegelten. Während **Helmut Gaßen**[246] und **Bernhard Schwenk**[247] sowie **Wolf Graf von Baudissin**[248] Wenigers militärpädagogische Schriften lediglich mit Kritik im Detail versahen, analysieren **Bernd Mütter**,[249] **Dietrich Hoffmann**[250] und vor allem **Kurt Beutler**[251] grundlegend den falschen Ansatz Wenigers, das Soldatische als Vorbild des Bildungsideals herauszuarbeiten.

Die Debatte verschärfte sich anlässlich von Wenigers 100. Geburtstag durch drei Publikationen erheblich. Der von **Dietrich Hoffmann und Karl Neumann** herausgegebene Sammelband von 1993[252] bemüht sich um ein Anknüpfen an den ersten großen Sammelband von 1968 und versucht mit einer gewissen Distanz sowohl zu Weniger als auch zu seinen Kritikern eine Darstellung der bisherigen Debatte. Die Konturen dieser gesamten Auseinandersetzung spiegeln sich in der Fortsetzung der scharfen Debatte zwischen 1995 und 2005 drastisch wider, auf die an dieser Stelle etwas ausführlicher eingegangen werden soll.

1995 erschien die kritische Studie „Geisteswissenschaftliche Pädagogik zwischen Politisierung und Militarisierung – Erich Weniger“ von **Kurt Beutler**.[253] In seiner Einleitung stellt Kurt Beutler folgende grundlegende Thesen voraus, die er im Folgenden begründet. Zunächst bezweifelt er die „Eigenständigkeit der Erziehung“ bei Weniger angesichts der Unterwerfung seiner Erziehungsansichten unter Militarisierung und Politisierung in Theorie und Praxis

[243] Gaßen, Helmut: Interpretationsproblematik der militärpädagogischen Schriften Erich Wenigers aus der Zeit des Dritten Reiches, in: Hoffmann, Dietrich/Neumann, Karl (Hrsg.): Bildung und Soldatentum. Die Militärpädagogik Erich Wenigers und die Tradition der Erziehung zum Kriege, Weinheim 1992, S. 125–139.

[244] Mütter, Bernd: Identitätsbildung, Identitätsrevision in Deutschland. Das Beispiel des geisteswissenschaftlichen Konzepts der Erwachsenenbildung (Erich Weniger), Oldenburg 1993.

Hoffmann, Dietrich: Das „Erbe“ der Weniger-Schule. Paradigmatische Wenden und exemplarische Integrationsversuche, in: Hoffmann, Dietrich/Neumann, Karl (Hrsg.): Tradition und Transformation der geisteswissenschaftlichen Pädagogik. Zur Re-Vision der Weniger-Gedenkschrift, Weinheim 1993, S. 197–215.

[245] Hoffmann, Dietrich/Neumann, Karl (Hrsg.): Bildung und Soldatentum. Die Militärpädagogik Erich Wenigers und die Tradition der Erziehung zum Kriege, Weinheim 1992.

[246] Gaßen, Helmut: Interpretationsproblematik der militärpädagogischen Schriften Erich Wenigers aus der Zeit des Dritten Reiches, in: Hoffmann, Dietrich/Neumann, Karl (Hrsg.): Bildung und Soldatentum. Die Militärpädagogik Erich Wenigers und die Tradition der Erziehung zum Kriege, Weinheim 1992, S. 125–139.

[247] Schwenk, Bernhard: „Wehrmachtserziehung und Kriegserfahrung“ – Erich Wenigers Allgemeine Pädagogik?, in: Hoffmann, Dietrich/Neumann, Karl (Hrsg.): Bildung und Soldatentum. Die Militärpädagogik Erich Wenigers und die Tradition der Erziehung zum Kriege, Weinheim 1992, S. 141–151.

[248] Baudissin, Wolf Graf von: Zum Konzept der Inneren Führung – in dankbarer Erinnerung an Erich Weniger, in: Hoffmann, Dietrich/Neumann, Karl (Hrsg.): Bildung und Soldatentum. Die Militärpädagogik Erich Wenigers und die Tradition der Erziehung zum Kriege, Weinheim 1992, S. 163–171.

[249] Mütter, Bernd: Zwei „Bewältigungen“ des Kriegserlebnisses: Erich Wenigers Geschichtsdidaktik und seine Militärpädagogik zwischen den beiden Weltkriegen, in: Hoffmann, Dietrich/Neumann, Karl (Hrsg.): Bildung und Soldatentum. Die Militärpädagogik Erich Wenigers und die Tradition der Erziehung zum Kriege, Weinheim 1992, S. 69–96.

[250] Hoffmann, Dietrich: Die Wirklichkeit des Krieges in der Pädagogik, in: Hoffmann, Dietrich/Neumann, Karl (Hrsg.): Bildung und Soldatentum. Die Militärpädagogik Erich Wenigers und die Tradition der Erziehung zum Kriege, Weinheim 1992, S. 53–68.

[251] Beutler, Kurt: Die militärpädagogische Publikations- und Beratertätigkeit Erich Wenigers nach dem Zweiten Weltkrieg, in: Hoffmann, Dietrich/Neumann, Karl (Hrsg.): Bildung und Soldatentum. Die Militärpädagogik Erich Wenigers und die Tradition der Erziehung zum Kriege, Weinheim 1992, S. 153–161.

[252] Hoffmann, Dietrich/Neumann, Karl (Hrsg.): Tradition und Transformation der geisteswissenschaftlichen Pädagogik. Zur Re-Vision der Weniger-Gedenkschrift, Weinheim 1993.

[253] Beutler, Kurt: Geisteswissenschaftliche Pädagogik zwischen Politisierung und Militarisierung – Erich Weniger (Studien zur Bildungsreform, Band 24), Frankfurt am Main/Berlin/Bern/New York/Paris/Wien 1995.

(Beutler 1995, Geisteswissenschaftliche Pädagogik, S. 21). Als zweiten Punkt stellt Beutler heraus, dass Weniger die unterschiedlichen sozialen Interessen der Bevölkerung hinter den Begriffen „Volk" und „Volksgemeinschaft" verschwinden lasse (Beutler 1995, Geisteswissenschaftliche Pädagogik, S. 23). Eine gesellschaftskritische Analyse sei Weniger fremd. Für Wenigers Geschichtsbild sei die Ablehnung der Aufklärung und der Französischen Revolution zentral. Zu Wenigers Haltung zur Demokratie bemerkt Beutler, dass Weniger keine Begründung für die Demokratie liefere; dass die Demokratie existiere und „wirklich" sei, sei Wenigers entscheidendes Argument (Beutler 1995, Geisteswissenschaftliche Pädagogik, S. 24). Die demokratische Weimarer Republik sei von Weniger nicht argumentativ, sondern als Fakt, der anzuerkennen sei, in seine Überlegungen über staatsbürgerliche Erziehung aufgenommen worden.[254] Als weiterer Punkt wird eine Mischung aus deutschem Nationalismus und Verklärung der Geschichte (eine Gemeinsamkeit mit Nohl) konstatiert (Beutler 1995, Geisteswissenschaftliche Pädagogik, S. 25). Die Begriffe der pädagogischen und „Deutschen Bewegung", zu deren Vordenkern Lagarde, Langbehn und Lietz zählen, werden als zentral eingeschätzt. Beutler kritisiert konzentriert die militärpädagogischen Schriften Wenigers und fasst zusammen:

> *„Unser Pädagoge hat also die Absicht, Offiziere und Unteroffiziere quasi zu ‚Hermeneutikern' heranzubilden."* (Beutler 1995, Geisteswissenschaftliche Pädagogik, S. 103)

Völlig klar sei bei Weniger, dass für ihn der Gehorsam absolut ist und zur Not blind. Besser sei aber, wenn die Soldaten und Offiziere den Sinn des Befehls verstehen und so auf Grund des Verstehens den Befehl noch besser und absoluter umsetzen könnten. Diese Theorie des „hermeneutischen Gehorsams" gehe mit der Einschätzung Wenigers einher, dass das Militär und der Krieg erstrebenswerte Phänomene seien, da sie eine Art moralische Bewährungsprobe deutschen Soldatentums darstellten (Beutler 1995, Geisteswissenschaftliche Pädagogik, S. 104 f.). Beutler zitiert auch jene Passagen Wenigers, von denen dieser später behauptet, sie seien zur Tarnung in seine Schriften eingeflossen – Loblieder auf Hitler, das NS-System und die nationalsozialistischen Ideen (Beutler 1995, Geisteswissenschaftliche Pädagogik, S. 106 f.). Wenn diese Passagen tatsächlich nicht von Weniger selbst stammen würden, was Beutler allerdings bezweifelt, so sei doch festzustellen,

> *„dass er mit seiner Militärpädagogik zu einem führenden Propagandisten nationalsozialistischer Kriegspädagogik wurde."* (Beutler 1995, Geisteswissenschaftliche Pädagogik, S. 108)

Beutler wendet sich abschließend gegen die legendenartige These, dass Weniger einer der klugen Theoretiker der Geisteswissenschaften gewesen sei und resümiert, was Weniger eigentlich, außer einer Fülle von Aufsätzen, für die Geschichte der Erziehungswissenschaft geleistet habe. Er stellt fest: Wenigers wissenschaftliches Lebenswerk besteht „aus einer

---

[254] Beutler zitiert die Argumentation Wenigers von der „Verfassung, die uns auferlegt ist und die wir nunmehr erfüllen müssen und können, unbeschadet unserer politischen Überzeugungen und unserer grundsätzlichen Auffassung über die beste Staatsform" (Weniger, in: Beutler 1995, S. 69; siehe auch: Weniger, Erich: Die neue Lehrerbildung. Rede zur Verfassungsfeier an der Pädagogischen Akademie in Kiel, 7. Oktober 1929, in: Die Neue deutsche Schule. Monatsschrift für alle Fragen der Volksschule, 3. Jg. (1928/29), Heft 12, S. 998).

Beutler berichtet und belegt, dass Weniger Gertrud Bäumers Diktum wohlwollend anführt, dass der Staat nur bestehen könne, wenn er die ihm wesentlichen Kräfte bilde, „seien es die faschistischen oder die republikanisch-demokratischen ‚Tugenden' " und „in Belehrung und Praxis der Jugend sein eigenes Wesen als ethisch-politisches Gebilde erhellen und greifbar machen" würde (Weniger, in: Beutler 1995, S. 76, Weniger, Erich: Zur Frage der staatsbürgerlichen Erziehung, in: Die Erziehung. Monatsschrift für den Zusammenhang von Kultur und Erziehung in Wissenschaft und Leben, 4. Jg. (1928/29), S. 159 f.).

Noch deutlicher wird die Beliebigkeit im Kontext von demokratischem und faschistischem Verhalten der jeweiligen Staatsordnung konstatiert: „Aber gemeint ist jedenfalls niemals nur ein allgemeines Tugendsystem, eine formale Pflichtenlehre oder eine Summe schöner Gefühle, sondern eben ein ganz bestimmtes ‚demokratisches' (oder faschistisches) Verhalten" (Beutler 1995, S. 77; siehe auch: Weniger, Erich: Zur Frage der staatsbürgerlichen Erziehung, in: Die Erziehung. Monatsschrift für den Zusammenhang von Kultur und Erziehung in Wissenschaft und Leben, 4. Jg. (1928/29), S. 161).

geschichtswissenschaftlichen Dissertation und einer geschichtsdidaktischen Habilitationsschrift sowie drei tendenziösen militärpädagogischen Büchern, von denen höchstens ‚Goethe und die Generale' als halbwegs wissenschaftlich seriös gelten kann" (Beutler 1995, Geisteswissenschaftliche Pädagogik, S. 200).

Und abschließend heißt es:

> *„Eine ihn überschätzende Wissenschaftler(innen)-Gemeinde, die in seinem Bann steht, hat einen wenig originellen pädagogischen Autor zum großen Denker stilisiert. Noch existiert der Mythos, der sich um ihn und sein Werk mit der Zeit gebildet hat. Es bedarf aber einer Ernüchterung und Entmythologisierung."* (Beutler 1995, Geisteswissenschaftliche Pädagogik, S. 200)

Kurt Beutler kam nach einer Gesamtschau der Schriften Wenigers bereits 1994 zu dem Schluss:

> *„Betrachtet man Erich Wenigers wissenschaftliches Lebenswerk insgesamt, so lässt sich feststellen: Es besteht aus einer geschichtswissenschaftlichen Dissertation und einer geschichtsdidaktischen Habilitationsschrift sowie drei militärpädagogischen, eher tendenziös, als wissenschaftlich gehaltenen Büchern, außerdem aus vielen Rezensionen und Aufsätzen. Da diese aus Anlass von Vorträgen zustande kamen, entbehren sie in der Regel der Berücksichtigung anderer Autoren/-innen. Als Vorträge mögen sie wegen Wenigers rhetorischen Fähigkeiten beeindruckend gewesen sein, in ihrer gedruckten Form müssen dem sorgfältigen Leser die Wiederholungen und Eklektizismen ebenso auffallen wie der kursorisch unpräzise Begriffsgebrauch. Es ist deshalb auch eher der Mythos um Person und Werk als das Werk selbst, was die Diskussion um Erich Weniger noch immer in Gang hält. In kaum einer andern Hochschuldisziplin als in der Erziehungswissenschaft könnte es dazu kommen, dass einem mittelmäßigen Denker ein so zentrales Interesse entgegengebracht wird."*[255]

Eine der wichtigsten Einschätzungen von Wenigers Publikationen in der NS-Zeit stammt von **Barbara Siemsen**, die nach Beutler ebenfalls 1995 ihre Dissertation „Der andere Weniger. Eine Untersuchung zu Erich Wenigers kaum beachteten Schriften"[256] publizierte. Auf über dreihundert Seiten stellt sich Siemsen vor allem die Aufgabe, Kontinuitäten im militärpolitischen Denken Wenigers zwischen Weimar, der NS-Zeit und der Bundesrepublik herauszuarbeiten. Sie konzentriert sich dabei auf die militärpädagogischen Schriften, die, wie **Wolfgang Keim** im Vorwort des Herausgebers[257] herausstellt, eine zentrale Bedeutung in Wenigers Gesamtwerk hätten (Keim, S. XIII).

Im Mittelpunkt des Buchs steht der Abschnitt „Leitgedanken einer Militärpädagogik im Horizont nationalsozialistischer Diktatur" (Siemsen 1995, S. 63 ff.). In einer Analyse von Wenigers Buch „Wehrmachtserziehung und Kriegserfahrung" (Berlin 1938) – das nach 1945 von Weniger gemeinsam mit „Goethe und die Generale" (Leipzig 1942 bzw. 1943) als Zeugnis für seinen Widerstand gegen das Dritte Reich gewertet wurde – weist Siemsen zunächst nach, dass das Soldatische und die Wehrmacht für Weniger Kernpunkte der Volkserziehung überhaupt darstellen. Es gehe ihm daher nicht um eine reine Erziehung im Militär, sondern um die Erziehung des deutschen Volkes durch Soldatentum und Militär. Bei dieser „Gesamterziehung des Volkes" gehe es Weniger nicht nur um die Auswertung der Erfahrungen des Ersten Weltkrieges, sondern auch darum, dass die Wehrmacht „einer der großen Träger der völkischen Erziehung"[258] sei (Siemsen 1995, S. 68). Siemsens Schlussfolgerung lautet:

---

[255] Beutler, Kurt: Erich Weniger. Eine kritische Würdigung aus Anlass der 100. Wiederkehr seines Geburtstages am 11. September 1994, in: Pädagogik und Schulalltag, 49. Jg. (1994) Heft 3, S. 329.

[256] Siemsen, Barbara: Der andere Weniger. Eine Untersuchung zu Erich Wenigers kaum beachteten Schriften (Studien zur Bildungsreform, Band 25), Frankfurt am Main/Berlin/Bern/New York/Paris/Wien 1995.

[257] Keim, Wolfgang: Vorwort des Herausgebers, in: Siemsen, Barbara: Der andere Weniger. Eine Untersuchung zu Erich Wenigers kaum beachteten Schriften (Studien zur Bildungsreform, Band 25), Frankfurt am Main/Berlin/Bern/New York/Paris/Wien 1995, S. IX–XIII.

[258] Weniger, Erich: Wehrmachtserziehung und Kriegserfahrung, Berlin 1938, S. 5.

„Seine [Wenigers] *Gedanken sind nationalistisch, konservativ, autoritätsgläubig, unkritisch-mythisch, soldatisch. (...) Angesichts der hier angeführten Überlegungen muss gesagt werden, dass Weniger die geistige Voraussetzung mitbrachte, in den Sog der neuen Machthaber zu geraten, und dass er dann durch seine militärpädagogischen Veröffentlichungen dazu beitrug, das Hitler-Regime zu stabilisieren."* (Siemsen 1995, S. 312, S. 314)

Mit dieser im Grunde milden Formulierung zielt Siemsen auf die objektive Realität der Schriften Erich Wenigers. Siemsens Buch ist zusammen mit Beutlers Analyse ein gewichtiger Schritt, das Bild Erich Wenigers in der Erziehungswissenschaft zu hinterfragen, es zu korrigieren und wo nötig eben negativ zu bewerten. Die heftigen Reaktionen der Apologeten Wenigers, die sowohl einzelne Kritikpunkte, die diskutierbar sind, also auch direkte Verleumdungen und Ablenkungsmanöver enthielten, bildeten den Nachklang zu den beiden Publikationen.

1995 erschienen in einem **Schwerpunktheft der „Zeitschrift für Pädagogik"**[259] anlässlich des 100. Geburtstags von Weniger eine Reihe von Beiträgen. Dabei kannten die Autoren die Texte der anderen Autoren offensichtlich schon vor der Veröffentlichung, da sie sich teilweise explizit aufeinander beziehen. **Klaus Mollenhauer**[260] gibt einleitend einen kurzen Überblick über die nachfolgenden Thesen der anderen Autoren. Die Frage der Haltung Wenigers in der NS-Zeit beschäftigt Mollenhauer nur am Rande. **Ilse Dahmer**[261] verfolgt ihren 1968 vorgestellten Ansatz, Weniger mit Hilfe der Kommunikationstheorie von Habermas zu reformieren, weiter und analysiert den Geist der „Versöhnung, durch Christus bezeugt" als Teil des protestantisch geprägten Denkens Wenigers (Dahmer 1995, S. 382). Dahmer sieht die Problematik, Weniger zu beerben, schätzt aber angesichts der diagnostizierten Diskussionskultur Wenigers den Aneignungsprozess als positive Möglichkeit ein. **Wolfgang Klafki**[262] stellt einige kurze Fragen zum Beitrag Dahmers und wendet sich gegen die Vorstellung, dass Weniger Erziehung als „Imitatio Christi" verstanden habe (Klafki 1995, S. 392). Die Grundthese einer Anschlussmöglichkeit Wenigers an Habermas wird von Klafki unterstützt bzw. als eigene Position reklamiert. **Hans Thiersch**[263] folgte Dahmers Weniger-Interpretation im Hinblick auf das behauptete „Imitatio Christi" nicht und wendet ein, dass die Ignorierung der Militärpädagogik durch die Weniger-Schüler bedeute, es sich „zu einfach" gemacht zu haben (Thiersch 1995, S. 398). **Theodor Schulze**[264] rückt den Begriff der „Befangenheit" aus den Schriften Wenigers in den Vordergrund und unterstützt Dahmers Bedenken, dass bei Weniger keine „Lerntheorie" zu finden sei. **Dietrich Benner**[265] wiederum problematisiert den Begriff der „Erben Wenigers", will ihn weiter gefasst sehen und stellte die Frage, wie es für Weniger und Nohl so leicht möglich gewesen sei, die „Pädagogische Bewegung" umstandslos mit der „Ideologie nationalsozialistischer Volkserziehung" kurzschließen zu können (Benner 1995, S. 413). **Heinz-Elmar Tenorth**[266] pointiert seinen Beitrag mit der Frage nach den „rechtmäßigen Erben", die es wissenschaftlich gesehen nicht gebe, und warnt angesichts der Tatsache, dass Weniger „immer noch das Fach mobilisiert", „mehr durch die Provokation der Probleme als durch die Aktualität

---

[259] Erich Weniger oder die Legitimität der Geisteswissenschaftlichen Pädagogik, Zeitschrift für Pädagogik, 41. Jg. (1995), Heft 3.

[260] Mollenhauer, Klaus: Ein „Mutuum Colloquium" zum 100. Geburtstag Erich Wenigers, in: Zeitschrift für Pädagogik, 41. Jg. (1995), Heft 3, S. 359–364.

[261] Dahmer, Ilse: Wenigers Erbschaft oder Vom erziehungswissenschaftlichen Umgang mit der „scheinlosen Macht" des Geistes, in: Zeitschrift für Pädagogik, 41. Jg. (1995), Heft 3, S. 365–390.

[262] Klafki, Wolfgang: Zur Geisteswissenschaftlichen Pädagogik Erich Wenigers, in: Zeitschrift für Pädagogik, 41. Jg. (1995), Heft 3, S. 391–394.

[263] Thiersch, Hans: Weniger und die Erziehungswirklichkeit, in: Zeitschrift für Pädagogik, 41. Jg. (1995), Heft 3, S. 395–398.

[264] Schulze, Theodor: Jenseits der Befangenheit, in: Zeitschrift für Pädagogik, 41. Jg. (1995), Heft 3, S. 399–407.

[265] Benner, Dietrich: Einheit oder Vielheit Geisteswissenschaftlicher Pädagogik, in: Zeitschrift für Pädagogik, 41. Jg. (1995), Heft 3, S. 409–414.

[266] Tenorth, Heinz-Elmar: Erbe und Tradition, in: Zeitschrift für Pädagogik, 41. Jg. (1995), Heft 3, S. 415–419.

der Lösungen" – vor einer zu sehr biographischen und zu wenig theoretischen Beschäftigung mit Weniger (Tenorth 1995, S. 418).

Micha Brumlik[267] beschäftigt sich 1995 in seinem Aufsatz „Auch eine Erziehung nach Auschwitz: Erich Weniger zwischen Heinrich von Stülpnagel und Erich Kantorowicz" hingegen gerade mit einer bestimmten Lebensphase Wenigers als Offizier in der Ukraine und in Frankreich in den 1940er Jahren. Brumlik ist mehr als erstaunt über die „intellektuellen Kränze", die Weniger geflochten würden, der „künftighin als Inbegriff" eben jener Kälte gelten müsse, die Adorno als eine der Grundbedingungen für die Möglichkeit von Auschwitz analysiert habe (Brumlik 1995, S. 421). Die Lektüre der militärpädagogischen Schriften Wenigers aus der NS-Zeit („Dogmen eines veritablen Militärfaschismus"; Brumlik 1995, S. 422) lässt Brumlik die Frage stellen, was Weniger denn nun wirklich mit Christus, „dem gewaltlosen Prediger des Gottesreichs", zu tun habe. Die Lektüre von Wenigers Schrift über Stülpnagel und dessen „Ehrenhaftigkeit" lässt Brumlik die zeitgeschichtlichen Dokumente Stülpnagels in Erinnerung rufen, aus denen Erschießungen von Juden in der Ukraine sowie Diskriminierung, Raub und Mord in Frankreich hervorgehen. Die Lektüre der Erinnerung Wenigers an Ernst Kantorowicz (der sich laut Weniger von seinen „Rassegenossen" durch seine „deutsche Haltung" unterschied) und dessen Ermordung in Auschwitz führt zu folgenden Überlegungen Brumliks:

> *„Dass Weniger sich mit dem Thema ‚Auschwitz' nur über das Mitleid mit einem befreundeten, assimilierten Juden auseinandersetzen konnte, dessen Existenz er zudem nur unter Verwendung rassistischer Begriffe gerecht werden konnte, kann angesichts seiner Sozialisation ebenso wenig erstaunen wie der Umstand, dass ihm das Judentum – sieht man einmal von dem jugendbewegten Martin Buber ab – nur dann etwas bedeutete, wenn es sich zu Deutschland bekannte. Man fragt sich, welche Sicht Weniger wohl auf Menschen hatte, die ihm in der damaligen Terminologie als ‚Ostjuden' bekannt waren und von denen nicht wenige 1942 aus Paris deportiert wurden.*
>
> *Der Test auf die Christlichkeit der Christen – und das schließt bewusste, theologisch reflektierte Postchristen wie Weniger ein – war noch stets ihre theoretische und praktische Stellung zu den Juden. Wie wäre es also – anstatt umständlicher Rekonstruktionen einer Geisteswissenschaftlichen Pädagogik, die inzwischen weder Geheimnisse noch Rätsel birgt – mit einem erziehungs- und kulturhistorischen Forschungsprojekt zum Thema: ‚Erich Weniger in Paris – Oktober 1942 bis August 1944'?"* (Brumlik 1995, S. 425)

Die 1995 vorgelegte Studie zu „Erich Wenigers Militärpädagogik" von **Uwe Hartmann**[268] bietet das Bild einer „Erich-Weniger-Renaissance": Er habe seine „Militärpädagogik aus humanistisch-staatsbürgerlicher Verantwortung" begründet (Hartmann 1995, S. 5). Hartmann versteigt sich zu der Äußerung, dass angesichts von Tausenden Verkehrstoten doch eine Verkehrserziehung nötig sei, ähnlich gelte es doch auch endlich in der Erziehungswissenschaft eine Akzeptanz für „Militärpädagogik" zu erwirken (Hartmann 1995, S. 6). Dabei greift er auf Wilhelm von Humboldts These über „gerechte Verteidigung" und die Kriegserfahrungen von dessen 17-jährigem Sohn im Gefecht mit napoleonische Truppen zurück (Hartmann 1995, S. 7), verweist auf die militärpädagogischen Erfahrungen Nohls („Notizen zu Beginn meiner Militärzeit"), auf Flitners „Erziehungsgemeinschaft" („Man erkannte, dass der Krieg eine gewaltige Erziehungsarbeit an Erwachsenen nötig machte"; Flitner, in: Hartmann 1995, S. 13)[269] und auf die Ausdehnung von Erziehung bei Erwachsenen im Bereich der Militärpädagogik überhaupt und bei Erich Weniger im Speziellen. Die eigentlich bei Schleiermacher,

---

[267] Brumlik, Micha: Auch eine Erziehung nach Auschwitz. Erich Weniger zwischen Heinrich von Stülpnagel und Ernst Kantorowicz, in: Zeitschrift für Pädagogik, 41. Jg. (1995), Heft 3, S. 421–426.

[268] Hartmann, Uwe: Erich Wenigers Militärpädagogik und ihre aktuelle Rezeption innerhalb der Erziehungswissenschaft (Beiträge aus dem Fachbereich Pädagogik der Universität der Bundeswehr Hamburg, Jg. 1995, Band 1), Hamburg 1995.

[269] Flitner, Wilhelm: Der Krieg und die Jugend (1927), in: Flitner, Wilhelm: Gesammelte Schriften, Band 4: Die pädagogische Bewegung. Beiträge, Berichte, Rückblicke, Paderborn/München/Wien/Zürich 1987, S. 106.

Dilthey und auch bei Nohl enthaltene Aufhebung des „pädagogischen Bezugs“ im Rahmen von Erziehung beim mündigen Erwachsenen wird so deutlich zurückgenommen. Neben anachronistisch anmutendem Lob für General von Seeckt und der These, dass der Einfluss der NSDAP auf die Wehrmacht „zumindest bis zur Kriegswende 1942/43“ möglichst gering gehalten worden sei (Siehe Hartmann, 1995, S. 18-19), kommt Hartmann zur Gesamteinschätzung:

> *„Die aus Wenigers militärpädagogischen Schriften herausdestillierten Grundsätze verdeutlichen, dass er die von Humboldt bis Flitner am deutschen Militär geübte Kritik aufgenommen, weiterentwickelt und für die konkrete pädagogische Praxis in der Wehrmacht* [!] *nutzbar gemacht hat.“* (Hartmann 1995, S. 28)

Zudem sei es angesichts des Versailler Vertrages „Teil der gesellschaftlich-staatsbürgerlichen Verantwortung“ von Weniger gewesen, „die Soldaten auf einen zukünftigen Krieg sachangemessen vorzubereiten“ (Hartmann 1995, S. 46). Hartmann verschweigt an dieser Stelle, dass Erich Weniger dies im Jahre 1938 in seinem umfassenden Werk „Wehrmachtserziehung und Kriegserfahrung“ für richtig gehalten hat und behauptet weiter, die Wehrmacht „stellte damit auch in pädagogischer Hinsicht einen gesellschaftlichen Bereich mit einer relativen Autonomie dar und wurde zur mächtigsten gesellschaftlichen Kraft für eine neue soziale Ordnung“ (Hartmann 1995, S. 48). Weniger war laut Hartmann, ein „Mensch, der mit ‚pädagogischen Mitteln‘ im Dritten Reich Widerstand geleistet“ habe (Hartmann 1995, S. 53).

1996 veröffentlicht **Kurt Beutler** erneut einen Aufsatz zum Thema „Erich Wenigers Pädagogisierung des deutschen Militärs“[270], in dem er die Positionen Wenigers von dessen erstem militärpädagogischen Aufsatz 1930 über die NS-Zeit bis in die Zeit nach 1945 verfolgt. Dabei kommt Beutler zu dem Ergebnis, dass einzig die Frage von Befehl und Gehorsam von Weniger pädagogisch bearbeitet worden sei, die aber dem Militär eine „didaktische Funktion“ unterstelle, die nicht nachzuweisen sei (Beutler 1996, S. 328). Neben Wenigers uneingeschränkter Begeisterung für das deutsche Militär, egal in welchem Geschichtsabschnitt, bleibt die Frage nach einer „Eigenständigkeit“ seiner Militärpädagogik offen.

1997 setzt **Hans-Georg Herrlitz** einen dreiseitigen Vorspann vor den im selben Heft der Zeitschrift „Die Deutsche Schule“ veröffentlichten Beitrag von Barbara Siemsen. Unter der Überschrift „Vergangenheitsbewältigungen“[271] wird – gegen Siemsen gerichtet – davor gewarnt, dass sich „nur noch Helden und Schurken“ gegenüberstünden, dass es zur „politisch-moralischen Abrechnung“ komme und dass die „Säulenheiligen der Disziplin, z. B. Erich Weniger“ – so heißt es wörtlich bei Herrlitz – „von ihrem angeblich unverdienten Sockel“ hinuntergestoßen würden (Herrlitz 1997, S. 134 f.). Herrlitz wechselt dann das Thema und erinnert an seinen Doktorvater Fritz Blättner, „der Frau und Kind von seinem Assistentengehalt ernähren“ und sich so anpassen musste, dass er von Baeumler 1937 habilitiert wurde. Es gelte doch, dem „in dubio pro reo“-Grundsatz auch in der „wissenschaftlichen Verarbeitung unserer NS-Vergangenheit eine gewisse Geltung zu verschaffen“ (Herrlitz 1997, S. 135 f.). Das „Im Zweifel für den Angeklagten“ entfaltet Herrlitz in einer vierstufigen rhetorischen Frage nach Petersen, Wilhelm, Roth[272] und Weniger:

---

[270] Beutler, Kurt: Erich Wenigers Pädagogisierung des deutschen Militärs, in: Leschinsky, Achim (Hrsg.): Die Institutionalisierung von Lehren und Lernen. Beiträge zu einer Theorie der Schule (Zeitschrift für Pädagogik, Beiheft 34), Weinheim/Basel 1996, S. 317–329.

[271] Herrlitz, Hans-Georg: Vergangenheitsbewältigungen, in: Die Deutsche Schule. Zeitschrift für Erziehungswissenschaft, Bildungspolitik und pädagogische Praxis, 89. Jg. (1997), Heft 2, S. 134–136.

[272] Herrlitz fragt rhetorisch: „Ist das pädagogische Konzept der ‚Jenaplan‘-Schule schon deshalb problematisch, weil die politische Rolle Peter Petersens vor 1945 zumindest umstritten ist? Hat sich Theodor Wilhelm durch seine berüchtigten Aufsätze in der ‚Internationalen Zeitschrift für Erziehung‘ 1944 derart dauerhaft disqualifiziert, dass seine Nachkriegbeiträge beispielsweise zur Theorie der politischen Bildung jedweden Kredit verloren haben? Könnte sich möglicherweise auch Heinrich Roth in seiner Dissertation und in seinen wehrpsychologischen Schriften am braunen Zeitgeist infiziert haben, und inwiefern würde das einen Schatten auf seine Beiträge zur Bildungsreform der 60er und 70er Jahre werfen?“ (Herrlitz 1997, S. 136).

„Waren die Göttinger Pädagogen noch bei Sinnen, als sie 1994 auf die Idee kamen, Erich Wenigers 100. Geburtstag nicht nur durch einen Festakt und die Enthüllung einer Gedenktafel zu feiern, sondern ihn bei dieser Gelegenheit auch noch ‚in die vorderste Reihe der deutschen Pädagogen dieses Jahrhunderts' zu rücken, obwohl, wie Wolfgang Keim in seinem Vorwort zur Dissertation von Barbara Siemsen moniert, ‚spätestens seit Ende der achtziger Jahre Wenigers Tätigkeit als Offizier und Militärpädagoge im Dienste der Nazis bekannt war'?

Alle diese und ähnliche Fragen sind nicht neu und haben die Pädagogenzunft spätestens seit dem Bielefelder Kongress der Deutschen Gesellschaft für Erziehungswissenschaft (1990) immer wieder beschäftigt. Der zentrale Streitpunkt ist offensichtlich nach wie vor, ob wir fünfzig Jahre nach dem Ende der Nazi-Diktatur bereit und in der Lage sind, den permanenten Nazismusverdacht gegenüber denjenigen Altvorderen unserer Disziplin gründlich zu überdenken, die ihre Verstrickungen in den braunen Zeitgeist nicht durch verbalen Widerruf, sondern nach 1945 durch aktive Mitwirkung am Aufbau unseres Bildungswesens und einer neuen Erziehungswissenschaft überzeugend ‚abgearbeitet' haben. Natürlich müssen wir uns auch weiterhin mit den Texten, Argumenten und Irrtümern der älteren Generation kritisch, d. h. in strenger Wissenschaftlichkeit auseinandersetzen. Oberflächliche Kontinuitätsbehauptungen und leichtfertige Entlarvungsversuche können dabei nur hinderlich sein. Sie sollten in einer wissenschaftlichen Argumentation keinen Platz mehr finden.“ (Herrlitz 1997, S. 136)

Herrlitz reagierte damit auf die Arbeiten von Siemsen und Beutler aus dem Jahr 1995, auf die Positionen Keims und konkret auf den unmittelbar danach abgedruckten Aufsatz „In der Entscheidung gibt es keine Umwege“[273] von **Barbara Siemsen**, in dem sie das Verhalten von Weniger und dem 1944 hingerichteten Adolf Reichwein[274] vergleicht. Siemsen konnte die Akten zu Wenigers Entlassung und Wiedereinstellung 1933/34 in der Handschriftenabteilung des Archivs der Universität Göttingen einsehen. Krieck, so beweist sie anhand der Akten, war einer der wesentlichen Kronzeugen für die Entlastung Wenigers; Krieck schrieb: „Ich übernehme die Bürgschaft für seine nationale Gesinnung“ (Krieck, in: Siemsen 1997, S. 144). Zudem betonte Weniger: „Ich bin väterlicher- und mütterlicherseits arischer Abstammung, aus Pastoren- und Offiziers- und Juristenfamilien“ (Weniger, in: Siemsen 1997, S. 141).[275]

Klaus Mollenhauer kommentiert 1997 Siemsens Aufsatz unter dem Titel „Legenden und Gegenlegenden“[276] mit einem ersten Hinweis auf die „Textsorten und Lesarten“, die Siemsen nicht unterscheiden würde, sowie mit einer Auflistung der „Vokabularien“, die Siemsen nicht benutze, um Weniger positiv zu bewerten, sondern zu seiner Abwertung verwende. Weiter erinnert Mollenhauer an die „Mentalität des Schnüffelns in Stasi-Akten“ und spricht von „Recherche nach Belastungsmaterial“ (Mollenhauer 1997, S. 159). In einem dritten Schritt ist Mollenhauer beim Thema „Ungenauigkeiten“ angelangt und erklärt zu Weniger nach 1945, dieser habe anhand seiner Erfahrungen gelernt (Mollenhauer 1997, S. 160). **Barbara Siemsen** entgegnet noch im selben Heft.[277]

[273] Siemsen, Barbara: „In der Entscheidung gibt es keine Umwege“. Zwei Pädagogen reagieren auf ihre Amtsenthebung 1933: Erich Weniger und Adolf Reichwein, in: Die Deutsche Schule. Zeitschrift für Erziehungswissenschaft, Bildungspolitik und pädagogische Praxis, 89. Jg. (1997), Heft 2, S. 137–157.

[274] Zur Geschichte von Adolf Reichwein siehe die kontroverse Einschätzung: Hohmann, Christine: Dienstbares Begleiten und später Widerstand. Der nationale Sozialist Adolf Reichwein im Nationalsozialismus, Bad Heilbrunn 2007.

[275] Niedersächsische Staats- und Universitätsbibliothek Göttingen, Abteilung für Handschriften und seltene Drucke, Cod. Ms. E. Weniger 3/13.

[276] Mollenhauer, Klaus: Legenden und Gegenlegenden. Ein kritischer Kommentar zum Beitrag von Barbara Siemsen, in: Die Deutsche Schule. Zeitschrift für Erziehungswissenschaft, Bildungspolitik und pädagogische Praxis, 89. Jg. (1997), Heft 2, S. 158–160.

[277] Siemsen, Barbara: Entgegnung, in: Die Deutsche Schule. Zeitschrift für Erziehungswissenschaft, Bildungspolitik und pädagogische Praxis, 89. Jg. (1997), Heft 2, S. 160–162.

Theodor Schulze geht zwei Monate später 1997 in seinem Aufsatz „Erich Weniger, Pädagogik und Nationalsozialismus“[278] ebenfalls auf Siemsens Beitrag ein – als „Zeitzeuge“ (Schulze 1997, S. 489). Seine Kernaussage über Siemsen ist, an Mollenhauer anknüpfend: „Über weite Strecken liest sich ihre Untersuchung wie das Plädoyer eines Staatsanwalts“ (Schulze 1997, S. 492). Als Zeitzeuge, der nicht dabei war, weiß Schulze über Weniger zu berichten: „Er hatte nicht den Mut, sich quälen und töten zu lassen“ (Schulze 1997, S. 493). Damit ist nicht gemeint, dass Weniger aus Angst vor dem Tod auf dem Schlachtfeld desertiert sei. Nein, er habe Angst gehabt, sich dem Widerstand anzuschließen. Angesichts der militaristischen Äußerungen Wenigers versteigt sich Schulze in seiner Apologie zu der Behauptung, dass Weniger in seinen militärpädagogischen Schriften „nicht an Angriffs- und Eroberungskriege dachte. Die Befreiungskriege und der erste Weltkrieg – das sind die Kriege, mit denen er sich beschäftigt“ (Schulze 1997, S. 493). Schulze sagt hier in zweifacher Hinsicht die Unwahrheit: Weniger geht es selbstverständlich auch um dem 1939 begonnenen Zweiten Weltkrieg. Aber auch den Ersten Weltkrieg nicht als „Angriffs- und Eroberungskrieg“ zu bezeichnen, ist unwahr.[279] Schulze wirft die Frage auf, wer denn „Nazis und Täter im vollen Wortsinn“ gewesen sei (Schulze 1997, S. 495).

Dietrich Hoffmann publiziert im selben Heft 1997 den Aufsatz „Gegen eine Renazifizierung Erich Wenigers“[280] mit der rhetorischen, schwer nachvollziehbaren Frage „Was ist Ehrenrühriges an einer Militärpädagogik, zumal wenn das Militär selbst nicht in Frage steht?“ (Hoffmann 1997, S. 498). Hoffmann spricht davon, dass sich Ideologiekritik gegen historisch notwendig falsches Bewusstsein richten müsse. Dies bedeute aber, „dass Ideologie nicht *persönlich* vorwerfbar ist“ (Hoffmann 1997, S. 499). Dabei beruft sich Hoffmann auf die eben vorgestellte Ideologiekritik Brumliks und übersieht die dort vorgebrachten negativen Wertungen Brumliks zu Weniger. **Klaus Peter Horn** und **Heinz-Elmar Tenorth** veröffentlichen ebenfalls im selben Heft 1997 den Aufsatz „Biographieforschung vs. Disziplingeschichte“[281] und betonen, dass die aktuelle Debatte u. a. daher rühre, dass die methodische Auseinandersetzung mit der NS-Vergangenheit der eigenen Disziplin von den „Akteuren“ nicht angemessen durchgeführt worden sei. Für diesen Punkt sei es aber unerheblich, ob diese „Akteure“ nach 1945 geläutert worden seien oder nicht; die eigentliche Arbeit zur Disziplingeschichte sei eben nicht geleistet worden. **Kurt-Ingo Flessau** wendet sich in seinem abschließenden Beitrag[282] massiv gegen die Kritik von Herrlitz an Siemsen und analysiert, dass es gerade Herrlitz sei, der keinen einzigen Beleg für seine Behauptungen gegen Siemsen vorgebracht habe: „Diese politisch-pädagogische Botschaft des Hans-Georg Herrlitz ist für mich obskur.“ (Flessau 1997, S. 489). Im Grunde würde rührselig die opportunistische Anpassung Wenigers an das NS-Regime entschuldigt, obwohl es nichts zu entschuldigen gebe.

Eva Matthes stellt sich 1998 im Rahmen ihrer Studie „Geisteswissenschaftliche Pädagogik nach der NS-Zeit“[283] auch die Aufgabe, Weniger zu analysieren (Matthes 1998, S. 118 ff.). Systematisch werden die Positionen Wenigers nach 1945 in einer beeindruckenden Genauigkeit zusammengestellt. Auch 1998 waren Teile der Entnazifizierungsakten Wenigers noch immer

[278] Schulze, Theodor: Erich Weniger, Pädagogik und Nationalsozialismus, in: Die Deutsche Schule. Zeitschrift für Erziehungswissenschaft, Bildungspolitik und pädagogische Praxis, 89. Jg. (1997), Heft 4, S. 489–496.

[279] Siehe die umfangreiche Widerlegung der Legende vom deutschen Verteidigungskrieg in: Fischer, Fritz: Griff nach der Weltmacht. Die Kriegszielpolitik des kaiserlichen Deutschland 1914/18, Düsseldorf 1961.

[280] Hoffmann, Dietrich: Gegen eine Renazifizierung Erich Wenigers, in: Die Deutsche Schule. Zeitschrift für Erziehungswissenschaft, Bildungspolitik und pädagogische Praxis, 89. Jg. (1997), Heft 4, S. 497–504.

[281] Horn, Klaus-Peter/Tenorth, Heinz-Elmar: Biographieforschung vs. Disziplingeschichte, in: Die Deutsche Schule. Zeitschrift für Erziehungswissenschaft, Bildungspolitik und pädagogische Praxis, 89. Jg. (1997), Heft 4, S. 505–512.

[282] Flessau, Kurt-Ingo: Gegen Vorverurteilungen in der wissenschaftlichen Diskussion, in: Die Deutsche Schule. Zeitschrift für Erziehungswissenschaft, Bildungspolitik und pädagogische Praxis, 89 Jg. (1997), Heft 4, S. 485–489.

[283] Matthes, Eva: Geisteswissenschaftliche Pädagogik nach der NS-Zeit. Politische und pädagogische Verarbeitungsversuche, Bad Heilbrunn 1998.

nicht zugänglich, weil sie „noch nicht katalogisiert“ seien (Matthes 1998, S. 134). Matthes stellt zusammenfassend fest, dass Weniger „eine (explizite) Auseinandersetzung mit seinem militärpädagogischen Hauptwerk“ unterlassen habe, was Matthes „bedauerlich“ findet (Matthes 1998, S. 163). Der Sache nach habe er aber bei den Beiträgen zur Bundeswehrerziehung „durchaus Korrekturen“ seiner Positionen bis 1945 vorgenommen. Ähnlich freundlich fällt Matthes' Einschätzung von Wenigers Haltung zur Wehrmacht aus: „Kritisch ist anzumerken, dass er die Opferrolle der deutschen Soldaten im Zweiten Weltkrieg überbetont und die Verbrechen von Teilen der deutschen Wehrmacht unerwähnt lässt“ (Matthes 1998, S. 162). Die Opferrolle überbetont? Nach dieser lediglich die Quantität berührenden vorsichtigen Kritik bemüht Matthes die Denkfigur, dass man doch „Verständnis“ für diesen Fehler haben müsse, da die „von der jüngsten Forschung dokumentierten Verbrechen damals noch nicht zum verbreiteten Kenntnisstand“ gehört hätten (Matthes 1998, S. 162). Weniger soll davon also „nichts gewusst“ haben, wie die gängige Alltagsredewendung heißt. Das ist in doppelter Hinsicht nicht korrekt. Zum einem waren genügend solcher Verbrechen in den Dokumenten des Nürnberger Prozesses – gerade auch im Hinblick auf Frankreich und General Stülpnagel – veröffentlicht worden und zum anderen hat Weniger hautnah diese Verbrechen miterlebt, wenn er durch Paris ging und die Plakate Stülpnagels sah, auf denen Hinrichtungen mitgeteilt wurden.[284]

Wolfgang Klafki schaltet sich 1998 mit seinem Beitrag „Zur Militärpädagogik Erich Wenigers“[285] in die Debatte ein. Beutler habe durch seine Kritik sein Konto erheblich überzogen (Klafki 1998, S. 150), so die Eingangsthese Klafkis. Er habe sich nicht an die hermeneutische Regel gehalten, Begriffe im geschichtlichen Kontext nach ihrem Sinn zu befragen (Klafki 1998, S. 152), und habe aus begrenztem Material zu weitreichende Schlüsse gezogen. Dennoch sei er selbst „erschrocken“, als er, angeregt durch Beutler, zum ersten Mal gelesen habe, was Weniger da als Militärpädagogik geschrieben habe (Klafki 1998, S. 154). In der Folge wiederholt Klafki im Grunde Beutlers Kritik an Weniger und unterstreicht so die Richtigkeit und Bedeutung der Kritik. Aber diese berechtigten Kritikpunkte würden von Beutler „aus negativer Perspektive hochselektiv, polemisch und nicht selten herabsetzend“ verwendet (Klafki 1998, S. 156). Klafki geht also den Weg, den Kritiken Beutlers, die unwiderlegbar sind, zuzustimmen, um dann als Gegengewicht Wenigers Verdienste aufzuzählen, die deutlich der Relativierung der Kritik dienen.[286]

---

[284] Ebenfalls 1998 erschien Eva Matthes' Aufsatz „Erich Weniger – ein pädagogischer und politischer Reaktionär? Eine Auseinandersetzung mit Interpretationen Kurt Beutlers“ (in: Pädagogische Rundschau, 52. Jg. (1998), Heft 5, S. 613–628). Eine Kritik an Beutler ist, dass er Wenigers Verdienste um die akademische Lehrerbildung nicht würdigen würde und ein weiterer Punkt, dass Beutler die wirkliche Bedeutung des Autonomiebegriffs bei Weniger nicht analysieren bzw. berücksichtigen würde. Matthes unterstützt ausdrücklich Wenigers Kritiken an der Reeducation der Alliierten und schätzt dessen Tätigkeit für den Aufbau der Bundeswehr einschließlich seiner Beteiligung an der Auswahl der Offiziere klar als positiv ein.

[285] Klafki, Wolfgang: Zur Militärpädagogik Erich Wenigers. Ertrag und Problematik der Untersuchung Kurt Beutlers, in: Zeitschrift für Pädagogik, 44. Jg. (1998), Heft 1, S. 149–160.

[286] 2005 erschien ein Sammelband mit **Klaus Rehbeins** bereits im Jahr 2000 erstmals publizierten Beitrag „Erziehung zum Krieg. Vortrag über Erich Weniger: ‚Wehrmachtserziehung und Kriegserfahrung‘ “ (in: Rehbein, Klaus: Was heißt und wie studiert man Sozialpädagogik, Baltmannsweiler 2005, S. 97–137). In seiner Kritik legt Rehbein den Akzent auf die Vorstellungen Wenigers, dass das Soldatentum als „politische Lebensform für das ganze Volk“ geeignet sei und dass der Krieg als „anthropologische Grundkonstante von Natur her“ sei (Rehbein 2005, S. 100).

In einer Art Nachtrag veröffentlicht Rehbein außerdem einen an die Zeitschrift „Die Deutsche Schule“ gerichteten Beitrag als Antwort auf Herrlitz und Mollenhauer 1997, der jedoch von der Redaktion (und dann auch von der Redaktion der „Neuen Sammlung“ und der „Zeitschrift für Pädagogik)“ abgelehnt wurde. Kern seiner Ausführungen ist, dass „Wenigers Buch (...) keine Militärpädagogik, sondern eine Kriegspädagogik“ sei (Rehbein 2005, S. 118). Als Antwort auf Vorwürfe, er würde „moralisieren“, unterstreicht Rehbein, dass die Hinrichtung eines sechzehnjährigen Widerstandskämpfers in Paris zur Zeit der dortigen Arbeit des Pädagogen Weniger durchaus eine berechtigte moralische Frage sei.

Ralf Koerrenz analysiert „Das Apriori der pädagogischen Haltung“ („Eine Interpretation Erich Wenigers“, in: Neue Sammlung. Vierteljahresschrift für Erziehung und Gesellschaft, 38. Jg. (1998), Heft 4, S. 433–443) weitgehend unabhängig von den zu dieser Zeit abklingenden Polemiken über Weniger. In einer Analyse der „Theorie ersten,

2004 veröffentlicht **Kurt Beutler** im Rahmen eines Sammelbandes seine Analyse „Der Begriff der Militärpädagogik bei Erich Weniger".[287] Beutler führt erneut eine Reihe von Belegen für Wenigers Rolle in der Wehrmacht und seine Nähe zum NS-Staat an.

Uwe Hartmann veröffentlicht im selben Sammelband 2004 seinen Beitrag „Erich Wenigers Militärpädagogik".[288] Im Kontext der Vorstellung der Bundeswehr als zweitgrößtem „Truppensteller für internationale Friedenseinsätze" (Hartmann 2004, S. 125) verweist Hartmann auf Wenigers Aktualität als Militärpädagoge, um die reformierte „Bundeswehr als ‚Armee im Einsatz'" in ihrer „Leistungsfähigkeit zu verbessern" (Hartmann 2004, S. 126). Er stellt fest: „Weniger verfolgte mit seinen militärpädagogischen Schriften nicht die Absicht, Krieg zu verherrlichen und die Jugend in den nächsten Krieg zu treiben" (Hartmann 2004, S. 129). In dieser Lesart wird Wenigers militärpädagogisches Schaffen in und nach der NS-Zeit weiter vorgestellt. Es sei „ein schweres Defizit", so Hartmann, dass viel zu wenig auf die Schriften Wenigers zurückgegriffen werde, auch für die „Integration von Militär und Gesellschaft": „Insbesondere vor dem Hintergrund der zunehmenden Einsätze der Bundeswehr im Ausland besteht die Notwendigkeit einer intensiven Kooperation von Streitkräften und Erziehungswissenschaft zur Verbesserung der militärpädagogischen Theorie und Praxis" (Hartmann 2004, S. 137).[289]

Ähnlich wie bei Eduard Spranger ergibt sich das Problem, dass sich trotz einer Reihe überzeugender Kritiken eine Art Renaissance insbesondere der militärpädagogischen Ideen Erich Wenigers anzukündigen scheint.

zweiten und dritten Grades" bei Weniger und der notwendigen Anerkennung der eigenen „Befangenheit" als These Wenigers wird die Autonomie der Pädagogik als potentielles Argument gegen deren Missbrauch durch den Staat eingeschätzt, gleichzeitig aber festgestellt: „Das Versagen der Geisteswissenschaftlichen Pädagogik vor allem in dem ausgebliebenen Protest gegenüber der Rassenpolitik in der NS-Diktatur ist nicht zu beschönigen." (Koerrenz 1998, S. 441)

[287] Beutler, Kurt: Der Begriff der Militärpädagogik bei Erich Weniger, in: Gatzemann, Thomas/Göing, Anja Silvia (Hrsg.): Geisteswissenschaftliche Pädagogik, Krieg und Nationalsozialismus. Kritische Fragen nach der Verbindung von Pädagogik, Politik und Militär, Frankfurt am Main/Berlin/Bern/Brüssel/New York/Oxford/ Wien 2004, S. 109–124.

[288] Hartmann, Uwe: Erich Wenigers Militärpädagogik, in: Gatzemann, Thomas/Göing, Anja Silvia (Hrsg.): Geisteswissenschaftliche Pädagogik, Krieg und Nationalsozialismus. Kritische Fragen nach der Verbindung von Pädagogik, Politik und Militär, Frankfurt am Main/Berlin/Bern/Brüssel/New York/Oxford/Wien 2004, S. 125–139.

[289] Siehe auch: Hartmann, Uwe: Erich Wenigers Militärpädagogik und ihre aktuelle Rezeption innerhalb der Erziehungswissenschaft (Beiträge aus dem Fachbereich Pädagogik der Universität der Bundeswehr Hamburg, Jg. 1995, Band 1), Hamburg 1995 und Hartmann, Uwe: Erich Weniger, in: Bald, Detlef (Hrsg.): Klassiker der Pädagogik im deutschen Militär (Forum innere Führung, Band 5), Baden-Baden 1999, S. 188–209.

4. Peter Petersen

Nach Paul Oestreichs Kritik 1945[290] und der Dokumentation der nazistischen Aktivitäten Petersens von Léon Poliakov und Joseph Wulf von 1959[291] griff der Frankfurter Hochschulprofessor **Heinz-Joachim Heydorn** die Frage der deutschen Reformpädagogik auf und kritisierte 1970 Petersen sehr hart. Er verwies auf Petersens Unterstützung von Eugenik und Rassenlehre und dessen Ablehnung von Rationalität und Aufklärung.[292]

Bis in die 1980er Jahre gibt es in der bundesrepublikanischen Erziehungswissenschaft in der Hauptsache, wie **Torsten Schwan** in seinen umfangreichen Literaturberichten nachgewiesen hat,[293] Petersen verherrlichende und apologetische Abhandlungen. Dies änderte sich erst nach 1984, anlässlich des 100. Geburtstags von Peter Petersen. Um die Schärfe der Auseinandersetzung über Petersen nach 1985 zu verstehen, sollen hier zunächst exemplarisch zwei der apologetischsten Lobpreisungen vorgestellt werden.

Theo Dietrich zitierte Petersen „Erziehung ist eine Funktion der Gemeinschaft, eine Urmacht, sie erweist sich als kosmische Funktion innerhalb der Menschheit.“ Dazu führt Dietrich im Jahre 1984 weiter aus:

> *„Jeder lauscht dieser **metaphysischen Deutung der Erziehung**. Als Petersen dann seine Hörer vor ‚den Urgrund alles Seienden‘ führt und in diesem ‚Grund‘ ‚hineinschauen lässt‘, aus dem der Mensch lebt und handelt –, da ist jeder zutiefst ergriffen. Spricht hier noch der Universitätsprofessor Peter Petersen? Oder verkündet ein Weiser prophetische Worte?“* [294]

Susan Freudenthal-Lutter erklärte im selben Tenor im Jubiläumsjahr 1984: „Petersen war um 1930 aus der internationalen pädagogischen Bewegung nicht wegzudenken. Er war Autorität auf seinem Gebiet, wie es Einstein und Oppenheimer in der Physik waren.“[295]

a) Nach 1984

1985 erschien jedoch der Sammelband „Peter Petersen. Beiträge zur Schulpädagogik und Erziehungsphilosophie“[296], herausgegeben von **Ingeborg Maschmann** und **Jürgen Oelkers**

[290] In einem 1946 veröffentlichten offenen Brief kritisierte Oestreich, dass Petersen bei den Nazis seine Anerkennung gefunden habe und warf ihm „Charakter-Wendigkeit“ vor (Oestreich, Paul: Eine Anfrage an Herrn Peter Petersen in Jena, in: Drefahl, Günther (Hrsg.): Universität Jena und neue Lehrerbildung. Herausgegeben anlässlich der 20. Wiederkehr des Gründungstages der Sozialpädagogischen Fakultät der Friedrich-Schiller-Universität Jena, Jena 1967, S. 83).

[291] Siehe den Auszug der von Petersen betreuten Dissertation „Der SA-Student im Kampf um die Hochschule (1925–1935). Ein Beitrag zur Geschichte der deutschen Universität im 20. Jahrhundert“, Inaugural-Dissertation zur Erlangung der Doktorwürde einer Hohen Philosophischen Fakultät der Friedrich-Schiller-Universität Jena, vorgelegt von Hans Joachim Düning, Ahnsen (Schaumburg-Lippe), Weimar 1936, S. 27–29. Abgedruckt in: Poliakov, Léon/Wulf, Joseph: Das Dritte Reich und seine Denker. Dokumente und Berichte, Wiesbaden 1989 (Erstdruck 1959), S.85 f.

[292] Heydorn, Heinz-Joachim: Über den Widerspruch von Bildung und Herrschaft (1970), Werke, Band 3, Vaduz 1995, S. 229–231.

[293] Schwan, Torsten: Die Petersen-Rezeption in der Bundesrepublik Deutschland 1960 bis 1984. Die Jenaplan-Pädagogik zwischen „defensiver Rezeption“ und einsetzender „Petersen-Kritik“, Frankfurt am Main/Berlin/Bern/Brüssel/New York/Oxford/Wien 2007.

[294] Dietrich, Theo: Zur Person Peter Petersens und die Bedeutung seiner Erziehungsphilosophie für die Gegenwart, in: Theodor F. Klaßen/Ehrenhard Skiera (Hrsg.): Pädagogik der Mitmenschlichkeit. Beiträge zum Petersen-Jahr, Heinsberg 1984, S. 19, Hervorhebung im Original.

[295] Freudenthal-Lutter, Susan: Peter Petersens Beziehungen zu ausländischen Reformpädagogen und Reformbewegungen, in: Theodor F. Klaßen/Ehrenhard Skiera (Hrsg.): Pädagogik der Mitmenschlichkeit. Beiträge zum Petersen-Jahr, Heinsberg 1984, S. 60.

[296] Maschmann, Ingeborg/Oelkers, Jürgen (Hrsg.): Peter Petersen. Beiträge zur Schulpädagogik und Erziehungsphilosophie, Heinsberg 1985.

anlässlich des 100. Geburtstages von Peter Petersen 1984. Mit diesem Sammelband wird ein neuer Abschnitt der Einschätzung Petersens eröffnet. Petersens Vorstellungen von Gemeinschaft, Geist und Leben werden in der Einleitung[297] in den Kontext der NS-Ideologie gestellt, gleichzeitig wird aber auch vom „Moralisten Petersen" (Maschmann/Oelkers 1985, S. 14) gesprochen. Hier findet sich wohl zum ersten Mal die Denkfigur der „Naivität" Petersens (Maschmann/Oelkers 1985, S. 16). Maschmanns und Oelkers' Ausgangsthese ist: „Nach 1933 pflegte er deutliche, wenngleich begrenzte Anpassung an die neue Herrschaft. Die Grenze besteht in der Ablehnung rassenbiologischer Begründung der Erziehung und des politischen Imperialismus. (...) Eine imperialistische Herrschaftspädagogik hat Petersen, bei allen nationalen Anklängen, ebenso wenig vertreten wie einen rassistischen Antisemitismus" (Maschmann/Oelkers 1985, S. 15). Die Dokumente Peter Petersens aus der NS-Zeit beweisen das Gegenteil.

Ingeborg Maschmann behauptet ohne Belege in ihrem Beitrag zur Biographie und Zeitgeschichte Petersens[298], angesichts der auch von ihr nicht bestrittenen Anpassung an das NS-Regime: „Jedoch hat sich Petersen in Situationen existenzieller Forderung gegenüber politisch Notleidenden und Verfolgten nicht missbrauchen lassen. So hat er 1944 spontan geholfen, Kinder halbjüdischer Eltern, die mit ihrer Deportation rechnen mussten, sowohl in Familien als auch in seiner Schule ‚untertauchen' zu lassen – in vollem Bewusstsein des Risikos und mit einem Verständnis von konkreter Verantwortung, wie er es literarisch oft beschrieben hat" (Maschmann 1985, S. 43). Auffällig ist, dass die scharfe Kritik Heydorns im ganzen Sammelband nicht aufgegriffen wird.

Zur Frage des Rassismus heißt es bei **Jürgen Oelkers** in seinem Aufsatz „Petersen und die Reformpädagogik"[299] deutlich verharmlosend, dass Petersen in der zweiten Auflage der „Pädagogik der Gegenwart" den Begriff „Rasse" häufiger verwendet, ohne „dabei zu einer eigenen Wertung zu kommen" (Oelkers: „Petersen..." 1985, S. 91). Dass Petersen keinesfalls wertfrei von „Rasse" spricht, beweisen die Publikationen Petersens in der NS-Zeit.

Von Interesse in diesem Sammelband ist insbesondere der Beitrag von **Harm Prior** über „Die ‚Führungslehre des Unterrichts' in heutiger Sicht"[300]. Prior konstatiert zwar Übereinstimmungen mit der NS-Ideologie, stellt jedoch fest: „Petersen schrieb keine nationalsozialistische Pädagogik." (Prior 1985, S. 147) Prior, der auch auf die Veränderungen der zweiten Auflage der „Führungslehre" 1950 gegenüber 1937 eingeht, kommt zu dem Schluss: „Diese Veränderungen sollen keineswegs überbewertet werden, es sind eben Retuschen" (Prior 1985, S. 150). Genau gelesen ergeben seine Analysen der Hauptthesen der Schrift Petersens wie auch der Veränderungen jedoch das Gegenteil (siehe dazu auch den Textvergleich zur „Führungslehre" im Anhang der *Dokumentation ad fontes Petersen*). Bezüglich der aktuellen Bedeutung der Schrift ist das Urteil Priors klar; er fordert Besinnung auf die Pädagogik und stellt immerhin fest: „Petersens ‚Führungslehre' ist uns dabei keine Hilfe" (Prior 1985, S. 165).

Mitte der 1980er Jahre wurde in einer Reihe von Publikationen dieser Atmosphäre der Apologie sehr deutlich entgegengetreten. Dabei wurde auch auf die erste Kritik **Paul Oestreichs**[301]

---

297 Maschmann, Ingeborg/Oelkers, Jürgen: Einleitung: Petersens Pädagogik als Problem, in: Maschmann, Ingeborg/Oelkers, Jürgen (Hrsg.): Peter Petersen. Beiträge zur Schulpädagogik und Erziehungsphilosophie, Heinsberg 1985, S. 9–23.

298 Maschmann, Ingeborg: Zur Biographie und Zeitgeschichte Peter Petersens, in: Maschmann, Ingeborg/Oelkers, Jürgen (Hrsg.): Peter Petersen. Beiträge zur Schulpädagogik und Erziehungsphilosophie, Heinsberg 1985, S. 25–53.

299 Oelkers, Jürgen: Petersen und die Reformpädagogik, in: Maschmann, Ingeborg/Oelkers, Jürgen (Hrsg.): Peter Petersen. Beiträge zur Schulpädagogik und Erziehungsphilosophie, Heinsberg 1985, S. 55–99.

300 Prior, Harm: Die „Führungslehre des Unterrichts" in heutiger Sicht, in: Maschmann, Ingeborg/Oelkers, Jürgen (Hrsg.): Peter Petersen. Beiträge zur Schulpädagogik und Erziehungsphilosophie, Heinsberg 1985, S. 145–167.

301 Oestreich schrieb: „Sie haben 1933 keinerlei Kameradschaft den Niedergeschlagenen gegenüber und zu ihnen bewiesen, sondern sich gerettet und – *bei den Nazis* ihre ‚Anerkennung' gefunden." Er warf ihm „Charakter-Wendigkeit" vor und schätzte ihn als wenig geeignet dazu ein, „die demokratischen Neulehrer zu erziehen" (Oestreich,

und eine Einschätzung von **Wilhelm Heise** direkt nach 1945[302] verwiesen, die sehr deutlich auf die Zusammenhänge zwischen Petersens Denken, seiner NS-Sprache und dem Nationalsozialismus hingewiesen haben (verwunderlich ist dagegen, dass auf Heydorns sehr scharfe Kritik 1970 im Grunde nicht oder nur am Rande eingegangen wird, obwohl Heydorn den inneren Zusammenhang von feudaler deutscher Ideologie, den Vordenkern des Nationalsozialismus und Petersens Dorfmystik sowie seinen Nationalismus sehr deutlich charakterisiert hat).

Nach der dann folgenden scharfen Kritik von **Wolfgang Keim** an Petersen zwischen 1986 und 1991[303] entstanden eine Reihe auch werkanalytischer Beiträge, die die Diskussion über Peter Petersen bereicherten.

Dietrich Benner und **Herbert Kemper** waren 1991 gezwungen, ihre „Einleitung zur Neuherausgabe des Kleinen Jena-Plans"[304], die einige kritische Bemerkungen zu Peter Petersen enthielt, separat zu veröffentlichen, da die Familie Petersens, vertreten durch seine Tochter, eine Veröffentlichung als Einleitung zu einem Nachdruck des „Jenaplans" von 1927 nicht zusagte (Benner/Kemper 2001, S. 7). Die beiden Autoren schildern zunächst die doppelte Kritik Petersens sowohl am „Herbartianismus" als auch an der pädagogischen Reformbewegung. Sie weisen kenntnisreich nach, dass Petersen keinesfalls „vom Kind aus" Pädagogik und Unterricht gestalten will, sondern sehr wohl normativ seine Theorien strukturiert. Insbesondere ihr Nachweis, dass Petersen „die Position kritischer Erziehungs- und Bildungstheorie zugunsten antiaufklärerischer Optionen" (Benner/Kemper 2001, S. 41) aufgibt, und ausdrückliche Hinweise auf die bereits erwähnte Kritik Heydorns an Petersen, dürften den Unmut der Familie

---

Paul: Eine Anfrage an Herrn Peter Petersen in Jena, in: Drefahl, Günther (Hrsg.): Universität Jena und neue Lehrerbildung. Herausgegeben anlässlich der 20. Wiederkehr des Gründungstages der Sozialpädagogischen Fakultät der Friedrich-Schiller-Universität Jena, Jena 1967, S. 83).

[302] Siehe Gutachten von Prof. Dr. Wilhelm Heise über den Antrag auf Zweitauflage der „Führungslehre des Unterrichts" vom Februar/März 1947, in: Hein Retter: Peter Petersen und der Jenaplan: Von der Weimarer Republik bis zur Nachkriegszeit. Berichte – Briefe – Dokumente, Weinheim 1996, S. 311.

[303] Keim, Wolfgang: Verfolgte Pädagogen und verdrängte Reformpädagogik, in: Zeitschrift für Pädagogik, 32. Jg. (1986), Heft 3, S. 345–360.

Keim, Wolfgang: Peter Petersens Rolle im Nationalsozialismus und die bundesdeutsche Erziehungswissenschaft, in: Die Deutsche Schule, 81. Jg. (1989), Heft 1, S. 133–145 und Keim, Wolfgang: Noch einmal: Worum es eigentlich geht, in: Die Deutsche Schule, 81. Jg. (1989), Heft 3, S. 373–376.

Keim, Wolfgang: Peter Petersen und sein Jena-Plan – wenig geeignet zur Demokratisierung von Schule und Erziehung. Kritische Anmerkungen zu einigen Petersen-Beiträgen aus dem Jahre 1990, in: Pädagogik und Schulalltag, 45. Jg. (1990), Heft 12, S. 928–936.

Keim, Wolfgang: Die Jena-Plan-Pädagogik: Ein problematisches Erbe. Was folgt aus den Affinitäten Peter Petersens zum deutschen Faschismus?, in: Die Grundschul-Zeitschrift, 5. Jg. (1991), Heft 47, S. 36–39.

[304] Benner, Dietrich/Kemper, Herwart: Einleitung zur Neuherausgabe des kleinen Jena-Plans (Reihe Pädagogik), Weinheim/Basel 1991.

Dietrich Benner und Herwart Kemper veröffentlichten im Jahr 2001 fünf Aufsätze von Petersen aus der NS-Zeit (Benner, Dietrich/Kemper, Herwart (Hrsg.): Quellentexte zur Theorie und Geschichte der Reformpädagogik, Teil 2: Die Pädagogische Bewegung von der Jahrhundertwende bis zum Ende der Weimarer Republik, Weinheim 2001, S. 292 ff.) und setzten sich in ihrem mehrbändigen Werk „Theorie und Geschichte der Reformpädagogik" auf etwa dreißig Seiten nochmals kritisch mit Petersens Jenaplan-Modell auseinander (Benner, Dietrich/Kemper, Herwart: Theorie und Geschichte der Reformpädagogik, Teil 2: Die pädagogische Bewegung von der Jahrhundertwende bis zum Ende der Weimarer Republik, 2. Auflage, Weinheim/Basel 2003, S. 207 ff.). In dieser Studie kommen Benner und Kemper anhand einer Analyse der Aufsätze Petersens bis 1935 zu dem Schluss: „Den neuen Machthabern versuchte er sich auf diese Weise als ein pädagogischer Chefideologe zu empfehlen" (Benner/Kemper 2001, S. 229). Benner und Kemper, die auch die Ausgangsposition Petersens hinsichtlich der „pädagogischen Tatsachenforschung" kritisch hinterfragen, weisen auch darauf hin, dass neue zeitgeschichtliche Forschung herausgefunden habe, dass Petersen „enge Kontakte zu einem Kinderarzt unterhielt, der an der Tötung von Kindern im Rahmen des ‚Euthanasie-Programms' mitwirkte" (Benner/Kemper 2001, S. 226). Es wird hier auf den Jenaer Kinderarzt Jussuf Ibrahim hingewiesen (siehe dazu genauer: Renner, Renate/Zimmermann, Susanne: Der Jenaer Kinderarzt Jussuf Ibrahim (1877–1953) und die Tötung behinderter Kinder während des Nationalsozialismus, in: Hoßfeld, Uwe/John, Jürgen/Lemuth, Oliver/Stutz, Rüdiger (Hrsg.): „Kämpferische Wissenschaft": Studien zur Universität Jena im Nationalsozialismus, Köln/Weimar/Wien 2003, S. 437–451).

geweckt haben. Die Autoren legen auch den Finger auf die Wunde, dass Petersen selbst sehr ausführlich die Übereinstimmung seiner erziehungswissenschaftlichen Grundlegung mit dem Erziehungssystem des Nationalsozialismus dargelegt hat. Für Benner und Kemper ist bewiesen – und sie belegen es wirklich ausführlich –, dass Petersen „sich mit seiner systematischen Pädagogik und dem Jena-Plan bewusst in den Dienst der nationalsozialistischen Politik gestellt hat" (Benner/Kemper 2001, S. 58). Im abschließenden Teil dieser Arbeit wird aufgezeigt, dass es Petersen selbst offensichtlich gelungen ist, inhaltliche und theoretische Normen, insbesondere seine „volkstheoretischen" Ausführungen, eher in den Hintergrund treten zu lassen und den Jenaplan vor allem als eine methodische Konzeption vorzustellen. Dieses Interpretationsmuster, das von Petersen selbst geschaffen wurde, ermöglichte es dann, wie Torsten Schwan nachgewiesen hat, die Verbreitung der falschen Grundannahme, Petersen sei „politisch naiv" gewesen[305] oder eben nur opportunistisch überangepasst.

Die vielleicht wichtigste in apologetischer Absicht geschriebene Monographie zu Petersen ist das 1992 erschienene Buch „Peter Petersen. Lebenslauf und Lebensgeschichte"[306] von **Barbara Kluge**. Der Ansatz von Kluge, entlang dem 1942 von Petersen selbst verfassten Lebenslauf vorzugehen (der komplett im Anhang der *Dokumentation ad fontes Petersen* abgedruckt ist),[307] birgt in sich die Pointe, dass aus der geplanten Apologie eine Sammlung von Dokumenten wird, die die Charakterlosigkeit, die reaktionäre Grundausrichtung und pro-nationalsozialistische Aktivität beweist. In diesem Sinne ist es eine zum Studium der Biographie Petersens unverzichtbare Dokumentation.

1992 richteten **Tobias Rülcker** und **Peter Kaßner** in einem umfangreichen Sammelband mit eigenen Beiträgen[308] erneut den Blick auf die „Erziehung für die Volksgemeinschaft"[309] und auf Peter Petersen und sein Bild vom Nationalsozialismus[310]. **Karl-Christoph Lingelbach**

---

305 So schrieb etwa Ehrenhard Skiera: „Die politische Naivität, die in der Trennung zwischen NS- und ‚teuflischen Nazismus' liegt, ist freilich offenkundig" (Skiera, Ehrenhard: Peter Petersens politisch-pädagogisches Denken in der Zeit des Nationalsozialismus. Versuch einer texthermeneutischen Kritik, in: Hofmann, Klaus (Hrsg.): Peter Petersen und die Reformpädagogik. Beiträge einer Fachkonferenz vom 20.–23. November 1989, Hagen 1991, S. 91). Dieser Sammelband mit Autoren sehr verschiedener Grundansätze bietet einen interessanten Einblick in den Stand der Petersen-Diskussion zu dieser Zeit. Jan Dirk Imelman und Wilna A. J. Meijer äußern sich wie folgt: „Übrigens sind wir der Meinung, dass jeder Versuch, *Petersens Aktivitäten* und Verhalten während des Dritten Reiches zu entschuldigen oder sogar als ‚subversiv' zu verstehen, scheitern muss" (Imelman, Jan Dirk/Meijer, Wilna A. J.: Das Verhältnis von Theorie und Praxis Petersen'scher Erziehungsvorstellungen unter sich wandelnden Rezeptionsbedingungen, in: Hofmann, Klaus (Hrsg.): Peter Petersen und die Reformpädagogik. Beiträge einer Fachkonferenz vom 20.–23. November 1989, Hagen 1991, S. 33, Hervorhebung im Original).

306 Kluge, Barbara: Peter Petersen. Lebenslauf und Lebensgeschichte. Auf dem Weg zu einer Biographie, Heinsberg 1992.

307 So heißt es im Lebenslauf unter anderem: „Da ich für das damals rote und demokratische Hamburg nicht die rechte politische Haltung hatte, wurde ich bei der Einrichtung der Professur für Erziehungswissenschaft Ostern 1923 übergangen" (Petersen, in: Kluge 1992, S. 121). Und weiter: „In den ersten Tagen nach dem Novembersturm in Hamburg 1918, stellte ich mich mit Gesinnungsgenossen in den Dienst der Bekämpfung der Meuterer, sowie ihrer kommunistischen Hintermänner" (Petersen, in: Kluge 1992, S. 278).

308 Rülcker, Tobias/Kaßner, Peter (Hrsg.): Peter Petersen: Antimoderne als Fortschritt? Erziehungswissenschaftliche Theorien und pädagogische Praxis vor den Herausforderungen unserer Zeit, Frankfurt am Main/Bern/New York/Paris 1992.

309 Rülcker, Tobias: Erziehung für die Volksgemeinschaft. Die Funktion von Petersens völkisch-realistischer Erziehungswissenschaft in der NS-Zeit, in: Rülcker, Tobias/Kaßner, Peter (Hrsg.): Peter Petersen: Antimoderne als Fortschritt? Erziehungswissenschaftliche Theorien und pädagogische Praxis vor den Herausforderungen unserer Zeit, Frankfurt am Main/Bern/New York/Paris 1992, S. 193–245.

310 Kaßner, Peter: Peter Petersen und sein Bild vom Nationalsozialismus, in: Rülcker, Tobias/Kaßner, Peter (Hrsg.): Peter Petersen: Antimoderne als Fortschritt? Erziehungswissenschaftliche Theorien und pädagogische Praxis vor den Herausforderungen unserer Zeit, Frankfurt am Main/Bern/New York/Paris 1992, S. 247–284.

Eindeutig falsch hingegen war jedoch Kaßners These, dass „Petersen (…) niemals die Erb- und Rassegesetze der Nationalsozialisten in seine Arbeiten einbezogen" habe (Kaßner, S. 272). Petersen hat das „Gesetz zur Verhütung erbkranken Nachwuchses" vom 14.7.1933 massiv unterstützt (siehe: Petersen, Peter: Die erziehungswissenschaftlichen

behandelt in einem weiteren Beitrag die „Verdrängung politischer Wirklichkeit aus dem pädagogischen Denken“[311]. In diesen Beiträgen, die in gewisser Weise auch eine Antwort auf die sehr ausführliche und apologetisch ausgerichtete Biographie von Kluge darstellen, wird nicht nur die Biographie Petersens nachgezeichnet, sondern insbesondere auch auf die Ideologie des „Natürlichen“, auf die Ideologie der Antimoderne und der Irrationalität verwiesen. Insbesondere **Tobias Rülcker** konzentriert sich in seiner Analyse auf die Kritik des Rassebegriffs und der Macht des Blutes bei Petersen (Rülcker 1992, S. 212). **Peter Kaßner** betont, dass die Auseinandersetzung mit Petersen als Propagandist des Nationalsozialismus mit dem 1945 von Paul Oestreich vorgelegten offenen Brief vom 27.12.1945[312] begonnen hat und erinnert auch an die bereits 1959 erfolgte Einordnung Petersens als „Denker des Dritten Reichs“ durch Léon Poliakov.[313]

b) Seit 1995

Die 1995 erschienene Monographie „Das Verhältnis von Freiheit und Bindung in der Bildungstheorie Peter Petersens“ von **Renate Richly**[314] konzentriert sich insbesondere auf das Problem des Gehorsams (Petersen: „Seid untertan der Obrigkeit“, zitiert nach: Richly 1995, S. 40) und weist darauf hin, dass Petersen theologisch und naturalistisch die These „willig gehorchend leben“[315] als eine seiner Kernthesen vertritt. Richly ist auch eine der ersten, die auf die Elemente der „abwertende(n) Typisierung“ (Richly 1995, S. 100) der Juden bei Petersen 1924 hinweist.

Peter Dudek konzentrierte sich in seiner 1996 erschienenen Studie „Peter Petersen: Reformpädagogik in der SBZ und der DDR 1945–1950“[316] auf die Nachkriegszeit. Er hat insbesondere darauf hingewiesen, dass Petersen nach 1945 das weit verbreitete „*Missbrauch*-Theorem“ (Dudek 1996, S. 126) vertreten hat, um sich und andere als vom NS-Regime missbraucht darzustellen.

1996 erschien eine theoretisch hochstehende Kritik am Begriffsapparat Peter Petersens unter dem Titel „Jena-Plan. Eine begriffsanalytische Kritik“[317]. Sie wurde von den niederländischen Erziehungswissenschaftlern **Jan Dirk Imelman, J. M. Paul Jeunhomme** und **Wilna A. J. Meijer** verfasst, die sich auch innerhalb der Niederlande gegen eine unkritisch-euphorische Ausbreitung des Peter-Petersen-Mythos wehrten.[318] In ihrer Einführung zur deutschen Überset-

---

Grundlagen des Jenaplanes im Lichte des Nationalsozialismus, in: Die Schule im nationalsozialistischen Staat, 11. Jg. (1935), Heft 6, dritter Abschnitt).

[311] Lingelbach, Karl Christoph: Verdrängung politischer Wirklichkeit aus dem pädagogischen Denken. Peter Petersens „Pädagogischer Realismus“ in den erziehungstheoretischen Kontroversen unter der NS-Herrschaft, in: Rülcker, Tobias/Kaßner, Peter (Hrsg.): Peter Petersen: Antimoderne als Fortschritt? Erziehungswissenschaftliche Theorien und pädagogische Praxis vor den Herausforderungen unserer Zeit, Frankfurt am Main/Bern/New York/Paris 1992, S. 285–318.

[312] Oestreich, Paul: Eine Anfrage an Herrn Professor Peter Petersen in Jena, 27.12.1945, Staatsarchiv Weimar, Akten des Thüringer Ministeriums für Volksbildung, Erziehungswissenschaftliche Anstalt – Akademische Lehrerbildung, C 182, Abschrift.

[313] Poliakov, Léon/Wulf, Joseph: Das Dritte Reich und seine Denker. Dokumente und Berichte (1959), Wiesbaden 1989.

[314] Richly, Renate: Das Verhältnis von Freiheit und Bindung in der Bildungstheorie Peter Petersens (Europäische Hochschulschriften, Reihe XI: Pädagogik, Band 631), Frankfurt am Main/Berlin/u. a. 1995.

[315] Petersen, Peter: Nationalpolitische Bildung der menschlichen Sittlichkeit, in: Die Erziehung, 10. Jg. (1934/35), Heft 5 (Februar 1935), S. 218.

[316] Dudek, Peter: Peter Petersen: Reformpädagogik in der SBZ und der DDR 1945–1950. Eine Fallstudie (Bibliothek für Bildungsforschung, Band 4), Weinheim 1996.

[317] Imelman, Jan Dirk/Jeunhomme, J. M. Paul/Meijer, Wilna A. J.: Jena-Plan. Eine begriffsanalytische Kritik, Weinheim 1996.

[318] So gehörte es zu den demagogischen Floskeln, dass Peter Petersen ja nicht für die Nazis gewesen sein könnte, wenn es in Holland, dem Land, in dem Anne Frank versteckt worden sei, so eine Begeisterung für Peter Petersen gäbe. Es ist

zung betonen die Verfasserinnen und Verfasser, dass – festgemacht an der apologetischen Schrift „Die humane Schule als Lebensraum“ von W. Krieck – bis in die achtziger Jahre im Grunde apologetisch-parteiische Publikationen die Regel und „Analyse und Kritik die Ausnahme“ darstellte (Imelman/Jeunhomme/Meijer 1996, S. 10). Ebenfalls berichtet wird von dem Prozess der Ausgrenzung und der Methode des Verschweigens der Kritik in den Niederlanden selbst. Die Verfasserinnen und Verfasser betonen in der Einleitung, dass der Vorrang einer bloß biographischen Auseinandersetzung mit Petersen wissenschaftlich eher uninteressant sei und sie sich die Aufgabe stellen, anhand der theoretischen Texte die Begriffe Peter Petersens unter die Lupe zu nehmen (Imelman/Jeunhomme/Meijer 1996, S. 13).

Dabei unterscheiden sie die Originalschriften Petersens von der „Theorie des Jena-Plans“ der zweiten und dritten Generation der Petersen-Schüler und konzentrieren sich zunächst ideologiekritisch auf seine „Metaphysik der Gemeinschaft“. Im Mittelpunkt steht Petersens mystische Darstellung von Kultur, Natur und Volk, die in einem nächsten Schritt als Voraussetzung seiner These vom „Dienen und Gehorchen“ in der Schulwirklichkeit analysiert wird. In einem weiteren Anlauf gelingt es den Verfasserinnen und Verfassern in beeindruckender Weise, semantisch und philosophisch das Begriffsgeklingel bei Petersen zu entblättern und zu enttarnen, seine „Metaphysik“ und Mystik als ideologisches Instrument für alles und nichts herauszuschälen.

Die methodologische Kritik an Petersen besteht vor allem darin, dass Petersen die fachwissenschaftliche Terminologie nicht beherrscht, durch seine kurze Zusammenfassung bedeutender Autoren diese ständig vulgarisiert und systematisch eine Vieldeutigkeit der Begriffe erzeugt, so dass als zentrale Folge und als zentrales Übel seiner Methodologie das „Übel der Inhaltslosigkeit“ diagnostiziert wird (Imelman/Jeunhomme/Meijer 1996, S. 61).

Im Einzelnen wird aufgezeigt, dass die Betonung des Individuellen in der Pädagogik Petersens einfach als Egoismus (Imelman/Jeunhomme/Meijer 1996, S. 68) denunziert wird und er ein Begriff der geplanten und ungeplanten kosmischen Erziehung prägt, der auf bloße Anpassung an die jeweilige „Gemeinschaft“ und „Gesellschaft“ hinausläuft (Imelman/Jeunhomme/Meijer 1996, S. 72). Kritisiert wird weiterhin eine pseudowissenschaftliche pädagogische Tatsachenforschung, die nicht wirklich erfasst und analysiert, sondern die „schaut“ und in der Ergebnisse als „Geschenk und Offenbarung“ angesehen werden sollen. Dazu wird kommentiert, „dass diese Tatsachenforschung keine zuverlässige, objektive Basis für Jena-Plan-Denken und -Handeln zu liefern vermag“ (Imelman/Jeunhomme/Meijer 1996, S. 81).[319]

Die antirationalistische Grundkonzeption, in jeder theoretischen Schrift Petersens die Begleitmusik zu all seinen Überlegungen, analysierend, kommen Imelman, Jeunhomme und Meijer zu folgendem Urteil: „Die letztlich aus Petersens Lehre zu ziehende Konsequenz ist, dass jeder sowohl seinen eigenen irrationalen Instinkten, als vor allem auch denen des Führers

zwar einerseits wahr, dass es in den Niederlanden eine bewundernswerte Gegenwehr gegen die Deportation der Jüdinnen und Juden gegeben hat, die keinesfalls bestritten werden soll (siehe dazu: Ortmeyer, Benjamin: Arbeiter streiken für Juden. Die historische Bedeutung der Streikkämpfe in den Niederlanden im Februar 1941, Frankfurt am Main 1992). Es muss allerdings auch bewusst sein, dass Anne Frank nicht nur versteckt, sondern auch verraten und wie 90 Prozent der Juden in den Niederlanden deportiert und ermordet wurde. Vielleicht wundert es dann weniger, dass Petersen angesichts einer ebenfalls vorhandenen starken Grundströmung holländischer Kollaboration mit den NS-Besatzern bei bestimmten Kreisen in den Niederlanden solche Zustimmung findet.

[319] So übernimmt Petersen unkritisch Ernst Kretschmers Arbeit über „Körperbau und Charakter“ und lenkt tatsächlich die Aufmerksamkeit auf den Körperbau und den Charakter von sieben Gruppen: „(...) die Dicken, die Behäbigen, die Kleinen, die Starken, die Stangen (asthenische und leptosome), Rothaarige und Kranke“ (Petersen, Peter/Petersen, Else: Die pädagogische Tatsachenforschung, Paderborn 1965, S. 83). Die ursprüngliche Fassung dieser Textpassage erschien 1928 im Rahmen der Schrift „Grundfragen einer pädagogischen Charakterologie“. Die hier zitierte Fassung bezieht sich auf die „verbesserte und vermehrte“ Auflage (vgl. Anmerkung 58 auf S. 567 der Fassung von 1965). Theodor Rutt, der Herausgeber des Sammelbands „Die Pädagogische Tatsachenforschung“, schreibt in seinen „Bemerkungen zur Textwiedergabe“ wiederum, dass der Petersen-Text „posthum nach dem ungekürzten Reinmanuskript“ wiedergegeben wurde, ohne jedoch zu vermerken, wann Petersen dieses Manuskript erstellt hat (Rutt, in: Petersen/Petersen, S. 594).

vertrauen müsse" (Imelman/Jeunhomme/Meijer 1996, S. 94), ja dass der Kern der guten, akzeptablen Rationalität bei Petersen darin besteht, sich dem irrationalen zu öffnen.

Die Autoren gehen von einer „verführerische(n) Vorspiegelung von Differenziertheit in Petersens Schriften" aus (Imelman/Jeunhomme/Meijer 1996, S. 96), die als „gefährliche Rhetorik einer im Wesentlichen totalitären Philosophie" demaskiert werden muss (Imelman/Jeunhomme/Meijer 1996, S. 96). Die Rede ist von „drittklassige(r) Alltagsphilosophie" (seid nett zueinander, dient der Menschheit, ein paar Blumen auf den Tisch wirken Wunder und Gott „schauen", der „Neger" ist eben anders als der „Inder", die „Christen" anders als die „Chinesen"; siehe Petersen: Ursprung der Pädagogik, Berlin 1931, S. 44 und S. 57). „Vagheit und Metaphorik sind prinzipielle Merkmale vor allem der metaphysischen Texte Petersens", heißt es zusammenfassend (Imelman/Jeunhomme/Meijer 1996, S. 96).

Petersen (und später seine apologetischen Schüler) entziehen sich auch jeder Kritikmöglichkeit, weil das, was sie zu sagen haben, sich ja ohnehin angeblich nicht in Worte fassen lässt: es helfe angeblich zum Verständnis nur die Methode des „Lauschens" und der „Intuition". So wird, wie Imelman, Jeunhomme und Meijer analysieren, gegen den „Verstandesmensch" mit einer Art Standardpaket polemisiert („kalt", „blutleer", „Individualismus"; vgl. Imelman/Jeunhomme/Meijer 1996, S. 99).

Die Analyse geht auch auf Details ein (etwa die Verfälschung des Formbegriffs bei Aristoteles durch Petersen), kulminiert aber in beeindruckender Weise in einer Analyse des „intensiven Besessenseins von der Einheitsidee" (Imelman/Jeunhomme/Meijer 1996, S. 123), wobei leider nur in einer Anmerkung im Detail die neun verschiedenen Verwendungen der Ideologie der Widerspruchsfreiheit mit dem Begriff „Einheit" dargelegt werden (Imelman/Jeunhomme/Meijer 1996, S. 181–183). Konstituierend für Petersens Grundansatz, so die Verfasser, ist sein gänzlich ahistorisches Herangehen an alle Fragen (Imelman/Jeunhomme/Meijer 1996, S. 131). Nach Petersen hat die Wirklichkeit „keine Geschichte" und ist „immer und ewig die gleiche" (Imelman/Jeunhomme/Meijer 1996, S. 136). Die zusammenfassende Diagnose im Schlussteil dieser Analyse der grundlegenden theoretischen Werke Petersens lautet: „Der neue Pädagoge und der neue Politiker, beide im Genuss des Titels ‚Führer', werden vom Geist dazu gerufen, ‚ins Mittelalter zurückzukehren!'" (Imelman/Jeunhomme/Meijer 1996, S. 143), „Pädagogen und Politiker sind die Erfüllungsgehilfen eines quasiphilosophischen und pseudowissenschaftlichen Mythos" (Imelman/Jeunhomme/Meijer 1996, S. 142).

> *„Petersens widersprüchliche Anthropologie lässt sich für jede nur denkbare Interpretation der menschlichen Wirklichkeit gebrauchen, auch für eine nationalsozialistische – und das impliziert den moralischen Bankrott seiner Lehre."* (Imelman/Jeunhomme/Meijer 1996, S. 153)

Petersens Ideologie der Gemeinschaft und Geborgenheit in dieser vorgegebenen Gemeinschaft und Geborgenheit „basiert insgeheim auf Repression, auf der Repression all dessen, was diese Sicherheit und Geborgenheit zu beschädigen drohte" (Imelman/Jeunhomme/Meijer 1996, S. 153). So ergibt sich aus der „hoffnungslosen Verworrenheit" (Imelman/Jeunhomme/Meijer 1996, S. 180) seiner philosophischen Ausführungen doch als Kernpunkt der Kampf gegen „das Zeitalter der Aufklärung und des kosmopolitischen Humanismus" (Imelman/Jeunhomme/Meijer 1996, S. 181).

Erwähnt sei auch der 1996 erschienene Sammelband „Reformpädagogik zwischen Rekonstruktion, Kritik und Verständigung"[320], herausgegeben von **Hein Retter**. Von besonderem Interesse ist der fünfte Abschnitt, in dem die Erziehungsphilosophie und Religion im Kontext des Irrationalismus im Werk Petersens von **Arno Warzel** behandelt wird. Ansonsten werden weitgehend komprimiert die bisher diskutierten Problematiken zusammengefasst.

[320] Retter, Hein (Hrsg.): Reformpädagogik zwischen Rekonstruktion, Kritik und Verständigung. Beiträge zur Pädagogik Peter Petersens, Weinheim 1996.

Für die theoretische Auseinandersetzung mit der Reformpädagogik im Allgemeinen und Peter Petersen im Besonderen muss an erster Stelle die bereits 1989 erschienene, 2005 in einer vierten Auflage vollständig überarbeitete und erweiterte Schrift „Reformpädagogik. Eine kritische Dogmengeschichte“ von **Jürgen Oelkers** genannt werden.[321] Oelkers wendet sich seit fast zwanzig Jahren in seinen Arbeiten gegen die unkritische Verherrlichung der „Dogmen“ der Reformpädagogik und analysiert, wie durch charismatische Inszenierung und sprachliche Mittel die Reformpädagogik vor Kritik gesichert werden soll. In seinem Literaturbericht über Reformpädagogik als Problem der Geschichtsschreibung (Oelkers 2005, S. 11–26) stellt er den ganzen Begriff der Reformpädagogik in Frage und kritisiert auch die Versuche zeitlicher Eingrenzung. Seine Grundthese ist: „‚Reformpädagogik‘ ist ein perennierendes Thema, das nicht von einer anderen Pädagogik unterschieden werden kann. Pädagogik im modernen Sinne ist *immer* Reformpädagogik“ (Oelkers 2005, S. 22, Hervorhebung im Original). Damit wird auch die klassische Gegenüberstellung von Reformpädagogik und geisteswissenschaftlicher Pädagogik in Frage gestellt.

Oelkers verweist kenntnisreich auf die „Reformpädagogik vor der Reformpädagogik“ im 19. Jahrhundert, analysiert den rhetorischen und propagandistischen Aufwand der Publizistik der Reformpädagogen und stellt die verschiedenen Modelle und Konzepte von praktischen Schulreformen vor. Von besonderem Gewicht für die ideologiekritische Einschätzung der Reformpädagogen im Allgemeinen und Peter Petersen im Besonderen ist die Analyse der „Konzepte der Gesellschaftsreform“ (Oelkers 2005, S. 253 ff.), insbesondere die gezielt verwendeten Begriffe „Gemeinschaft“, „Volk“ und „Erziehung“.

Durch eine umfangreiche Analyse der Unterschiede zwischen der internationalen Reformpädagogik und der deutschen Reformpädagogik vertieft Oelkers den Ansatz Heydorns, in der „deutschen Ideologie“, also bei Lagarde und Langbehn, entscheidende Wurzeln der Theoretiker der deutschen Reformpädagogik mit ihrer Grundannahme der Erziehung zu einer deutschen Volksgemeinschaft aufzudecken („Erhebung des Deutschen zum Mittelpunkt des Unterrichts“, heißt es in der Erklärung des 1889 gegründeten „Allgemeinen Vereins für Schulreform ‚Die neue Deutsche Schule‘ “, zitiert nach: Oelkers 2005, S. 97). Der kritische Gang durch die Werke der als Klassiker der Reformpädagogik geltenden Pädagogen hinterfragt die Mythologisierung des Begriffs des Kindes und einer kindlichen Natur und zielt auf eine Kritik religiöser Verklärung des Naturbegriffs überhaupt.

Zu Petersen vermerkt Oelkers: „Petersens Kleiner Jena-Plan ist das wohl erfolgreichste Dokument der deutschen Reformpädagogik“ (Oelkers 2005, S. 185). Oelkers ermittelte, dass über 60.000 Exemplare verkauft wurden. Oelkers, der den Plan Petersens ausdrücklich so einschätzt, dass er „kein Bauplan für eine demokratische Schule“ ist (Oelkers 2005, S. 186), verweist auf eine Reihe von Theoretikern, deren Ideen Petersen relativ ungeniert für seine Konzeption nutzt und folgert: „Im Einzelnen enthält der Plan nichts, was nicht auch an vielen anderen Stellen nachgelesen werden kann“ (Oelkers 2005, S. 188 f.). Oelkers zeichnet ein klares Bild der biologistischen und NS-ideologischen Ansätze Petersens und verweist auf dessen NS-Artikel (Oelkers 2005, S. 185).

In einer abschließenden ideologiekritischen Betrachtung konzentriert sich Oelkers, wie schon Heydorn, auf die Verklärung des Begriffs der Gemeinschaft (Oelkers 2005, S. 275 ff.) und problematisiert nachhaltig die Führungslehre Petersens mit ihrem Axiom des willigen Gehorsams: „Der gesamte Theorierahmen *entzieht* sich demokratischen Bestimmungen, die vor 1945 negiert wurden, um nach dem Krieg der formalen Lehre von der Gemeinschaftserziehung angepasst zu werden. (…) Der historische Kontext zeigt die Unvereinbarkeit der politischen

[321] Oelkers, Jürgen: Reformpädagogik. Eine kritische Dogmengeschichte, 4. vollständig überarbeitete und erweiterte Auflage, Weinheim/München 2005.

'Erziehung zur Gemeinschaft' mit Positionen demokratischer Pädagogik" (Oelkers 2005, S. 279 f., Hervorhebung im Original).[322]

Die umfangreichste und unübertroffene Analyse von Biographie, Werk und Sekundärliteratur über Peter Petersen erschien 2003: das Buch „Jenaplan-Pädagogik im Nationalsozialismus" von **Robert Döpp**.[323] Nach einer einleitenden Darstellung über die Quellen- und Forschungslage mit der sogenannten ungelösten Nachlass-Problematik (durch Streitereien der Erben Petersens) stellt Döpp sich die Aufgabe, sowohl anhand der Publikationen als auch der vorhandenen biographischen Daten zu rekonstruieren, wie Peter Petersen das Ziel verfolgte, „den ,Jena-Plan' als Modell einer umfassenden Reform des allgemeinbildenden Schulwesens im Nationalsozialismus durchzusetzen" (Döpp 2003, S. 28), und schließlich damit scheiterte.

Dabei geht Döpp zunächst auf die philosophischen und theoretischen Grundannahmen und auf die metaphysischen Vorstellungen in den ersten Schriften Petersens ein. Im Mittelpunkt seiner Kritik steht die irrationale Erkenntnistheorie, mit der sich Petersen prinzipiell aller rationalen Begründbarkeit und somit auch der Kritik entzieht (Döpp 2003, S. 42 f.). Unstrittig ist auch für Döpp die innere und logische Verbindung zwischen Petersens Ablehnung einer Theorie der Gesellschaft und seinen religiös intendierten Gemeinschaftsbegriff sowie seiner Auslegung des Begriffs der Volksgemeinschaft (Döpp 2003, S. 67 ff.).

Mit großer Genauigkeit stellt Döpp alle Passagen zusammen, in denen Petersen seinem ausgeprägten Nationalismus vor, in und nach der NS-Zeit freien Lauf ließ, denn der Volksbegriff bei Petersen war, wie Döpp nachweist, immer an das deutsche Volk gebunden (siehe insbesondere den Abschnitt über die Volksgemeinschaft; Döpp 2003, S. 92 ff.). Für Döpp ist klar, dass Petersen seit 1924 bereits auch eine die ganze Menschheit umfassende Mission des deutschen Volkes anstrebte. Er zitiert Petersen, der „mit inbrünstigem Sehnen" hoffte, „dass unserem Volke und mit ihm der Menschheit ein *Retter* entstehe" (Petersen, in: Döpp 2003, S. 104, Hervorhebung im Original).[324] In geradezu idealtypischer Weise hat Petersen seine Abkehr von humanistischen Grundidealen zusammengefasst: „Menschheit ist daher reine Idee, keine Wirklichkeit, an der sich erzieherische und pädagogische Aufgaben ausrichten können." Sein Credo ist: „Es gibt nur Volksbürger." Es geht Petersen um die „Verwurzelung in Volk und Rasse und im politischen Sein".[325] Döpp diskutiert auch die Relevanz des Begriffs „Rasse" bei Petersen und merkt kritisch an, dass Petersen bereits in seiner ersten Publikation 1908 über die „Kluft" zwischen den „niedersten Menschenrassen und den vollkommensten Tieren" sinniert.[326]

Genauer analysiert Döpp auch die Praxis der Jenaplan-Schulen und diagnostiziert: „Die Ausblendung inhaltlichen Lernens war Ausdruck einer grundsätzlichen Bildungsfeindlichkeit, die sich aus der irrationalen Konzeption des Erziehungsbegriffs als der eigentlichen Richtschnur schulischer Arbeit ergab." (Döpp 2003, S. 143) Pädagogisch geht es nach Döpp darum, lediglich den Schein von Freiheit zu suggerieren. Er zitiert als Beleg das Motto einer Arbeitswoche 1926: „Sag nie, ich soll, sag stets, ich will."[327] Petersen begründete diese Einstellung wie

---

[322] Oelkers verweist dabei auf Helmut Plessners Studie „Grenzen der Gemeinschaft" aus dem Jahr 1924.

[323] Döpp, Robert: Jenaplan-Pädagogik im Nationalsozialismus. Ein Beitrag zum Ende der Eindeutigkeit (Pädagogik und Zeitgeschehen. Erziehungswissenschaftliche Beiträge, Band 4), Hamburg/London 2003.

[324] Petersen, Peter: Junglehrernot – eine kulturelle Not des deutschen Volkes (1924), in: Petersen, Peter: Innere Schulreform und Neue Erziehung. Gesammelte Reden und Aufsätze, Weimar 1925, S. 295, Hervorhebung im Original.

Petersen sprach auch vom „zum Teil barbarischen System" der „Negerkulturen" (Petersen, Peter: Sozialbiologische Probleme der Berufsschule, in: Petersen, Peter/Zimmermann, Waldemar (Hrsg.): Die Aufgaben des neuen Berufsschulwesens und die Berufsschulgemeinde im Lichte der Jugendkunde und sozialer Politik, Weimar 1925, S. 124; zitiert nach Döpp 2003, S. 279).

[325] Petersen, Peter: Die religiöse Unterweisung im Licht der neuen deutschen Erziehungswissenschaft und Schulpraxis, in: Deutsche Evangelische Erziehung, 47. Jg. (1936), S. 99.

[326] Petersen, Peter: Der Entwicklungsgedanke in der Philosophie Wundts. Zugleich ein Beitrag zur Methode der Kulturgeschichte, Leipzig 1908, S. 67; zitiert nach Döpp 2003, S. 101.

[327] Petersen, Peter: Das Unterrichtsleben, in: Die Quelle, 80. Jg. (1930), Heft 1, S. 122, zitiert nach Döpp, S. 145.

folgt: Es komme „alles darauf an, den Willen der Schüler einzuspannen. Sie sollen bei Leibe nicht tun, was sie wollen, aber wir möchten, dass sie wollen, was sie tun." [328] In der „Führungslehre" führt Petersen dazu zusammenfassend aus:

> *„(...) indem sich der Schüler durch die Arbeitsmittel ‚frei und selbständig' bildet, erfüllt er gerade die fest umgrenzten klaren Absichten des Lehrers: er führt die vom Lehrer in die Arbeitsmittel versenkten Befehle gehorsamst aus (...).* ***Dennoch*** *dürften wir die Arbeitsleistung des Schülers ‚frei und selbständig' nennen; darin liegt kein Trug und Betrug. Vielmehr sind diese beiden Seiten, vereint im Arbeitsmittel, das tiefste Geheimnis des Erfolges und begründen den wahren Wert der Arbeitsmittel:* ***das Kind gehorcht und bleibt frei.*** *"* [329]

Bei der Analyse der NS-Publikationen aus den Jahren 1934–1937 kommt Döpp zur Bewertung, dass damit „professionelle Anweisung zur Indoktrination" verbunden sei (Döpp 2003, S. 275). Döpp verweist auf die „menschenverachtende Diktion" (Döpp 2003, S. 304), wenn er Petersen 1922 zitiert, dass der Lehrerschaft nicht verwehrt werden dürfe, „Unfähige wie Unwürdige rechtzeitig auszuschalten"[330].

Von besonderem Interesse in der umfangreichen Arbeit von Döpp ist der Abschnitt über die Bedeutung des Verhältnisses von Nationalsozialismus und Christentum, zur Absetzungsbewegung von Petersen gegenüber religionsfeindlichen Strömungen in der NSDAP (Döpp 2003, S. 327–351). Ausführlich werden auch die internationalen Ambitionen Petersens einschließlich seiner Reise durch Südafrika dokumentiert und analysiert.

In der im Mittelpunkt seines Buchs stehenden Analyse der praktischen, pädagogischen und politischen Arbeit Peter Petersens zeichnet Döpp auch im Detail Ausstattung, Ausrichtung, Finanzierung und Personalausstattung der Jenaplan-Schule nach.

Ausführlich wird auch seine Vortragstätigkeit in der Zeit des Nationalsozialismus nachgezeichnet. Dabei deckt Döpp im Anschluss an Hemmerling und Zimmermann[331] auf, dass Petersen am 25.4.1944 im KZ Buchenwald mit einem Vortrag über „Wissenschaft im Dienst des Lebens" norwegische Studenten, die wegen ihres Protests gegen das NS-Regime inhaftiert wurden, zum Eintritt in die Waffen-SS bewegen sollte (Döpp 2003, S. 605). Als zweiten, schwerwiegendsten Vorwurf analysiert Döpp die bei Petersen als Dissertation eingereichte Arbeit „Erziehung und gegenerzieherische Kräfte in der Strafvollzugsanstalt", in der in besonders deutlicher Form die Inhumanität des NS-Regimes Niederschlag gefunden hat.[332]

Döpp rekonstruiert im abschließenden Teil biographisch die Auseinandersetzung über Peter Petersen in der SBZ und dann die Auseinandersetzung mit Fritz Karsen. In seinem Resümee

---

[328] Petersen, Peter: Das gruppenunterrichtliche Verfahren. Die Stufen des Gruppenunterrichts, in: Petersen, Peter (Hrsg.): Die Praxis der Schulen nach dem Jena-Plan (Eine freie allgemeine Volksschule nach den Grundsätzen neuer Erziehung. Der Jena-Plan, Band III – Forschungen und Werke zur Erziehungswissenschaft, Band 20), Weimar 1934, S. 80 f.; bei Döpp 2003, S. 144.

[329] Petersen, Peter: Führungslehre des Unterrichts, Langensalza 1937, S. 222, Hervorhebung im Original; bei Döpp 2003, S. 144 f.

[330] Petersen, Peter: Eine erziehungswissenschaftliche Betrachtung der Reifeprüfung (1922), in: Petersen, Peter: Innere Schulreform und Neue Erziehung. Gesammelte Reden und Aufsätze, Weimar 1925, S. 145, zitiert nach Döpp 2003, S. 304.

[331] Hemmerling, Axel: Die Friedrich-Schiller-Universität Jena und das Konzentrationslager Buchenwald (Seminararbeit), Universitätsarchiv Jena 1999, Sonderdruck Nr. 229, S. 14–16 und Zimmermann, Susanne: Die medizinische Fakultät der Universität Jena während der Zeit des Nationalsozialismus, Berlin 2000, S. 185–187.

[332] Herr, Rudi: Erziehung und gegenerzieherische Kräfte in der Strafvollzugsanstalt. Ein Beitrag zu den Fragen des Sondervollzugs an Gestrauchelten (gekürzte Inauguraldissertation), in: Blätter für Gefängniskunde, 74. Jg. (1943), Heft 1/2, S. 1–68. In dieser Doktorarbeit heißt es unter anderem, dass die „Einleitung rassenhygienischer Maßnahmen zur Ausschaltung der Minderwertigen in möglichst vielen Fällen geboten scheint" (Herr S. 4, in: Döpp 2003, S. 606), weiterhin wird bei Rückfälligen die Unfruchtbarmachung und die Deportation in große Konzentrationslager gefordert, wo sie „mit Arbeit beschäftigt werden, die Menschen des freien Lebens nicht gut zuzumuten sind, sei es, dass sie wenig einbringen oder besonders gesundheitsschädlich sind". Der „bevölkerungspolitische Ausfall dieser Menschen" sei dabei „geradezu wünschenswert" (Herr, S. 63 ff., in: Döpp 2003, S. 606).

vertritt Döpp aufgrund seines wirklich sehr umfangreichen Belegmaterials, dass die Konzeption der Gemeinschaft und Volksgemeinschaft bei Petersen „von Beginn an ein antipluralistisches und damit antidemokratisches Konzept“ war (Döpp 2003, S. 694).

Angesichts dieser erdrückenden Beweislast mag es nicht nur übertriebene Bescheidenheit sein, wenn Döpp seine Arbeit mit der Bemerkung schließt „vielleicht war alles auch ganz anders“ (Döpp 2003, S. 699), vielmehr dient diese Art der Bescheidenheit dazu, die fragwürdige These einer politischen Naivität Petersens öfter zu wiederholen (siehe z. B. bei Döpp 2003, S. 106, S. 355 und S. 694). Die Vorstellung, dass Petersen „vor allem naiv“ (Döpp 2003, S. 694) gewesen sei, ist spätestens durch die Darstellung seiner Tätigkeit im KZ Buchenwald, wo er norwegische Studenten für die Waffen-SS gewinnen sollte, selbst eher naiv als realistisch. Der These, dass Menschen wie Peter Petersen „unfreiwillig“ ihren Teil zur Geschichte des Nationalsozialismus beitrugen (Döpp 2003, S. 694), ist die nicht überzeugende Schlussfolgerung in einem ansonsten ausgesprochen materialreichen, solide gearbeiteten und umfangreichen theoretischen Werk, das in der erziehungswissenschaftlichen Debatte über Petersen zum unerlässlichen Basisstudium gehört.

Genau an diesem Punkt setzt **Torsten Schwan** später seine Kritik an Döpps Petersen-Darstellung an. In seinem 2000 erschienenen umfangreichen Buch „Die Petersen-Rezeption in der Bundesrepublik Deutschland 1948–1960“[333] wird zunächst in einem klar gegliederten Überblick die Rezeption Petersens in den ersten Jahren der Bundesrepublik dargestellt, wobei Schwan einleitend auch auf den aktuellen Stand der Petersen-Rezeption eingeht. Schwan zeigt überzeugend, dass in der Sekundärliteratur bis in die achtziger Jahre hinein gar nicht über die Schriften Petersens gestritten wurde, sondern über Bilder und Mythen, die von seinen Schülern konstruiert wurden. Dabei setzt er sich ausführlich auch mit der Vorstellung auseinander, dass Petersen lediglich ein Opportunist gewesen sei (Schwan 2000, S. 58). Für Schwan greift diese Grundthese, ähnlich wie die Behauptung einer politischen Naivität, nicht.[334]

In seinem Aufsatz „Die ‚Kernzeit‘ der Petersen-Debatte in der bundesdeutschen Pädagogik 1989 bis 1992“[335] beleuchtet Schwan die vor allem zwischen Peter Kaßner und Wolfgang Keim heftig geführte Debatte über die Einschätzung Peter Petersens.

Für die NS-Zeit veröffentlichte Schwan 2003 eine Analyse der Jenaplan-Pädagogik, bezogen auf Petersen und eine Reihe seiner nach 1945 sehr aktiven Schüler, im Kontext seiner Grundthese eines „polykratischen NS-Erziehungssystems“, hierbei Lingelbachs Thesen[336] von 1970

[333] Schwan, Torsten: Die Petersen-Rezeption in der Bundesrepublik Deutschland 1948–1960. Die Darstellung und Resonanz Peter Petersens und des Jenaplans im Spannungsfeld von Pädagogik und Schulreform (Braunschweiger Arbeiten zur Schulpädagogik, Band 17), Braunschweig 2000.

Sein Literaturbericht wird ebenso material- und kenntnisreich bis 1984 fortgesetzt in dem Aufsatz „Die Petersen-Rezeption 1948 bis 1984 in der Bundesrepublik: Vergessene Geschichte als Schlüssel zur sogenannten Petersen-Debatte in der bundesdeutschen Pädagogik“, in: Pehnke, Andreas (Hrsg.): Anregungen international verwirklichter Reformpädagogik. Traditionen, Bilanzen, Visionen, Frankfurt am Main/Berlin/Bern/Brüssel/New York 1999, S. 656–684.

2004 fasste Schwan seine eigenen Forschungsergebnisse zur Petersen-Apologetik seiner Schüler auf neuestem Forschungsstand unter dem gegen die Naivitätsthese gerichteten Titel „Petersens Entpolitisierung durch seine Schüler und Anhänger in der deutschen Nachkriegspädagogik“ zusammen (siehe: Retter, Hein (Hrsg.): Reformpädagogik. Neue Zugänge – Befunde – Kontroversen, Bad Heilbrunn 2004, S. 168–185).

[334] Zur Debatte um die angebliche Naivität Petersens und zum aktuellen Stand der Debatte zwischen Schwan und Döpp siehe: Schwan, Torsten: Ein politisch naiver, opportunistischer Theoretiker? Peter Petersen und der Nationalsozialismus: Stand und Probleme der Forschung und Döpp, Robert: „...doch irgendwie mittendrin...“: „Jena-Plan“ im Nationalsozialismus. Ein Beitrag zur „Alltagsgeschichte“ der NS-Zeit. Beide in: Hoßfeld, Uwe/John, Jürgen/Lemuth, Oliver/Stutz, Rüdiger (Hrsg.): „Kämpferische Wissenschaft“: Studien zur Universität Jena im Nationalsozialismus, Köln/Weimar/Wien 2003, S. 822–849 bzw. S. 794–821.

[335] Schwan, Torsten: Die „Kernzeit“ der Petersen-Debatte in der bundesdeutschen Pädagogik 1989 bis 1992, in: Pädagogische Rundschau, 54. Jg. (2000), Heft 3, S. 285–303.

[336] Lingelbach, Karl Christoph: Erziehung und Erziehungstheorien im nationalsozialistischen Deutschland. Ursprünge und Wandlungen der 1933–1945 in Deutschland vorherrschenden erziehungstheoretischen Strömungen, ihre politischen

konkretisierend. Eine gegen die Vorstellung der politischen Naivität gerichtete grundlegende Ausgangsthese Schwans ist, dass Petersen mit klaren politischen Positionen, und keineswegs naiv, versuchte, im Machtgefüge der Erziehungswissenschaften im NS-System eine führende Position zu erobern, ohne dass ihm dies – hier gibt es Parallelen zu Kriecks „Karriereknick" in der NS-Zeit[337] – wirklich gelungen ist.

In seinen gesamten Publikationen belegt Schwan seine Ausgangsposition, dass Petersen reaktionäre, auf Volksgemeinschaft und Gehorsam beruhende Grundkonzeptionen entwickelt hat. Schwans Arbeiten ermöglichen, insbesondere in Verbindung mit **Walter Stallmeisters** umfangreichen bibliographischen Arbeit zu Petersen[338], eine solide Einarbeitung in die Sekundärliteratur zu Petersen.

2007 erschien von dem Erziehungswissenschaftler **Hein Retter** – herausgefordert durch die zunehmende Kritik an Peter Petersen – die mit über 870 Seiten bisher umfangreichste Monographie zu Petersen mit dem Titel „Reformpädagogik und Protestantismus im Übergang zur Demokratie. Studien zur Pädagogik Peter Petersens".[339] Dabei steht mit 560 Seiten eine detaillierte Biographie Petersens ohne Ausklammerung der NS-Zeit im Vordergrund. Das bisherige Standardwerk von Barbara Kluge zur Biographie Petersens, eine in vieler Hinsicht sehr materialreiche, inhaltlich aber eher peinliche Apologie, wird damit weitgehend obsolet. Auf knapp hundertachtzig Seiten (Retter 2007, S. 304–480) wird der Prozess der Anpassung Petersens an das NS-Regime rekonstruiert – ohne die stark belastenden Passagen Petersens aus dieser Zeit wegzuoperieren. Von einer systematischen Durchsicht der Publikationen Petersens in der NS-Zeit ist dieser Teil jedoch weit entfernt. Sehr deutlich fasst Retter zusammen: „Petersen war kein *Widerstandskämpfer* oder ein *Verfolgter* des Regimes" (Retter 2007, S. 481, Hervorhebungen im Original). Und zu den Apologien nach 1945 stellt er fest, insbesondere im Hinblick auf Christoph Carstensen: „Im historischen Rückblick erweisen sich die Bemühungen um Entlastung Petersens von politischen Schuldvorwürfen jener Schüler als besonders peinlich, die durch antisemitische Äußerungen oder durch Mitgliedschaft in der Partei und ihren Gliederungen selbst – und faktisch vielleicht noch stärker als Petersen – ‚belastet' waren" (Retter 2007, S. 480). Carstensen stach dabei als ehemaliger SS-Mann und nationalsozialistischer „Kenner" der „Judenfrage", wie Retter betont, besonders negativ hervor.

In einem zweiten, historisch-systematischen Teil analysiert Retter Leitideen und für Petersen maßgebliche Persönlichkeiten und Petersens Darstellung der Grundbegriffe der Erziehungswissenschaft. In diesem Teil werden Schritt für Schritt auch die politischen Positionen Petersens von 1914 bis in die Bundesrepublik nachgezeichnet.

Im letzten Teil der Studie widmet sich Retter ganz der Petersen-Kontroverse (Retter 2007, S. 807–870). Dabei bildet im gesamten Werk einen besonderen Schwerpunkt nicht nur die Kombination von Biographie und Werkanalyse, sondern auch der Retter besonders interessierende Blick auf Petersen als Protestant und Repräsentant protestantischer Ideen.

Retter, dem es gerade auch um die Kritik der Kritiker Petersens geht und der eine Art „Metahermeneutik" (Retter 2007, S. 810) entwickelt, akzeptiert mehr oder weniger die inhaltlichen Kritiken an Petersens Haltung zur NS-Zeit, nicht aber Motivation und Theorie der Kritiker. Die

Funktionen und ihr Verhältnis zur außerschulischen Erziehungspraxis des Dritten Reiches (Marburger Forschungen zur Pädagogik, Band 3), Weinheim/Berlin/Basel 1970.

[337] Siehe Ortmeyer, Benjamin: Pädagogik, Rassismus und Antisemitismus – Ernst Krieck, in: Brumlik, Micha/Ortmeyer, Benjamin (Hrsg.): Erziehungswissenschaft und Pädagogik in Frankfurt – eine Geschichte in Portraits. 90 Jahre Johann Wolfgang Goethe-Universität (Frankfurter Beiträge zur Erziehungswissenschaft, Kolloquien 10), Frankfurt am Main 2006, S. 41 ff.

[338] Stallmeister, Walter: Literaturdokumentation. Peter Petersen, Jenaplan, Erziehungswissenschaft in Jena 1923–1952 (Veröffentlichungen der Universitätsbibliothek Hagen, Band 2), Hagen 1999.

[339] Retter, Hein: Reformpädagogik und Protestantismus im Übergang zur Demokratie. Studien zur Pädagogik Peter Petersens (Braunschweiger Beiträge zur Kulturgeschichte, Band 1), Frankfurt am Main 2007.

Vorliebe für das Anekdotische begleitet bei Retter seine Gedankengänge, in dem es offensichtlich allzu oft nicht um das ad rem, sondern das ad personem (gegen Wolfgang Keim, Dietrich Benner, Herwart Kemper) geht. Dabei werden hochinteressante Materialien und Positionen aus der Weimarer Republik rekonstruiert. Der zur Petersen-Verteidigung genutzte Habitus („die anderen haben doch aber auch...") mag befremden, das Material selbst spricht aber für sich. Dass Retter nun, wie er berichtet, auch noch mit der Archiv-Diktatur der verschiedenen Abteilungen der Familie Petersen aneinandergeraten ist, dass er zudem tiefenpsychologische Erklärungen zur Deutung diverser Familien-Dramen bemüht, ist nicht so interessant wie die immerhin selbstkritisch klare Positionierung, von Petersen als Person als Ganzes, wie von seinen Schriften in der NS-Zeit abzurücken, um an reformpädagogischen Ansätzen, wie Retter sie im Jenaplan repräsentiert sieht, festhalten zu können. Zwei entscheidende Passagen spiegeln die aktuelle Position Retters in dieser Hinsicht wider. Sehr deutlich heißt es zu Petersens 1937 entstandener Schrift „Führungslehre":

> *„Die bis heute im Buchhandel erwerbbare, im Beltz-Verlag, Weinheim, erscheinende ‚Führungslehre' Petersens verfügt über eine mit NS-Jargon kontaminierte Sprache, die es verbietet, den Band Studierenden mit dem bloßen Hinweis zu empfehlen, es handle sich um ein vielmals aufgelegtes reformpädagogisches Lehrwerk, aus dem man Anregungen für die Gegenwart schöpfen könne. Der Verlag sollte ihn nicht mehr verkaufen. Da ist etwa die Rede von der ‚Ehrfurcht gegenüber dem älteren Stammesgenossen' und der ‚Hilfsbereitschaft gegenüber dem Artgenossen' (Petersen 1971, S. 50). Jedermann weiß, dass in der rassischen Volksgemeinschaft der* ***Nicht****-Artgenosse der Jude war (oder der verfolgte SPD/KPD-Mann oder der Zeuge Jehovas), auf den sich die Hilfsbereitschaft offenbar nicht erstrecken sollte. Ich höre bei diesem Satz schon den Aufschrei derjenigen, die mir entgegenhalten: ‚Aber so war das von Petersen doch nicht gemeint!' Ich kann* ***heute*** *nur antworten: Ich habe moralische Bedenken, das Buch überhaupt in die Hand zu nehmen – wenn nicht als rein historisches Dokument."* (Retter 2007, S. 872, Hervorhebungen im Original)

Retter geht noch einen Schritt weiter:

> *„Wer aus dem Kreis um Petersen stammte und in der Nachkriegszeit ein bestimmtes Bild über ihn und seine Pädagogik verbreitete, hat, ohne es zu wollen, vielleicht selbst einen Beitrag zu dieser Situation geleistet, indem Fragen oder Zweifel Dritter als abzuwehrender Angriff, nicht aber als zu bearbeitendes Thema betrachtet wurden.*
>
> *Nachdem jetzt erst von Petersen bekannt wurde, dass er 1944 an einem Programm der SS zur Germanisierung norwegischer Studenten durch Vorträge im KZ Buchenwald mitwirkte, kann ich mir nicht vorstellen, dass ein Kollegium, das heute beabsichtigt nach dem Jenaplan zu arbeiten, die eigene Schule ohne ein moralisches Problem zu haben,* ***Petersen-Schule*** *nennt. Die Verschränkung pädagogischen Handelns mit dem Netz politischer Führer und Institutionen im ‚Dritten Reich' macht dieses Handeln – unabhängig vom konkreten Tun – moralisch fragwürdig."* (Retter 2007, S. 873, Hervorhebung im Original)

Dass nicht unbedingt nur neuere Forschungen zu einer vertiefenden Auseinandersetzung mit Petersen führen können, zeigt dagegen Heydorns bereits 1970 verfasste Kritik.

c) Die aktuelle Bedeutung der Kritik Heydorns an Petersen aus dem Jahr 1970

Unter der Zwischenüberschrift „Industrielle Revolution: Fluchtversuch" entwickelt **Heinz-Joachim Heydorn** in seiner Schrift „Über den Widerspruch von Bildung und Herrschaft"[340] seine Kritik an Peter Petersen:

> *„1934 schreibt Petersen, dass seine Pädagogik seit jeher offen für Forderungen der ‚Hygiene, Eugenik, Rassenlehre und Erbwissenschaft'* [341] *war. Da die ‚lebende Kultur' einen höheren Wert besitzt als*

[340] Heydorn, Heinz-Joachim: Über den Widerspruch von Bildung und Herrschaft (1970), Werke, Band 3, Vaduz 1995.

[341] Heydorn zitiert hier Petersen, Peter: Die erziehungswissenschaftlichen Grundlagen des Jenaplanes im Lichte des Nationalsozialismus, in: Die Schule im nationalsozialistischen Staat, 11. Jg. (1935), Nr. 6, S. 3. Die weiteren von Heydorn verwendeten Zitate stammen aus Petersen, Peter (Hrsg.): Die Praxis der Schulen nach dem Jena-Plan (Eine

die ‚Geisteskultur', weil diese nur den Verstand berührt, müsse sie im ‚Wurzelbereich' aufgesucht werden. Dieser Wurzelbereich wird durch das Kind berührt, dieses ‚ganze echte, unverfälschte Leben', das nicht durch äußere Mächte bestimmt werden kann, auch durch sie nicht bestimmt werden darf, dessen autochthone Kraft freigesetzt werden soll. Hier haben alle Mächte ihre Schranken, sie haben die ‚schöpfungsmäßig gesetzten Schranken ihrer Macht einzuhalten, um nicht Konflikte zu befördern, an denen die Kinder und schließlich sie selber in ihrer jeweiligen Form untergehen'. Die Insel der Freiheit, der genuin menschlichen Entfaltung, wird nur zum Schein gegen äußere Mächte abgeschützt, in Wahrheit soll sie das kritische Bewusstsein, den gesellschaftlichen Widerspruch, vor der Tür halten." (Heydorn 1970/1995, S. 229)

Heydorns Ansatz ist klar. Petersens Formel vom „Schutz der Kinder" wird enttarnt. Geschützt wird das Kind vor den realen Konflikten in der Gesellschaft, geschützt wird das Kind vor der Möglichkeit, kritisches Bewusstsein zu entwickeln. Der Schutz entpuppt sich als autoritäre Abschirmung. Heydorn fährt fort:

„In Wahrheit wird der Herrschaft eine abgesicherte Konformität offeriert. Mit dem Schutz des schöpferischen Kindseins gegen die Zersetzung fügt sich die Schule ‚in die naturhaften Ordnungen des Volkes schlicht und selbstverständlich dienend ein'. Natur ist verhängt, Schicksal, unentrinnbar wie einst Thron und Altar aufgrund ewiger, unwiderrufbarer metaphysischer Ordnung; sie wird dem zerbrechenden Gefüge als neue Transzendenz unterschoben, damit niemand entweichen kann. Doch nicht genug: Kein menschliches Leben kann sich außerhalb des Gesetzes wertvoll entwickeln, die Fragen des Verhaltens sollen klar ‚und mit autoritativer Bestimmtheit' entschieden werden. Der Befreiungsakt der Reform besteht hier darin, Exekutionsorgan eines neuen gesellschaftlichen Mythos zu sein und ihn gegen jede Bewusstheit abzuschützen. Es geht um die ‚Abkehr von dem Dogma der formalen geistigen Schulung'. So ist es nur folgerichtig, wenn Petersen gegen die Aufklärung polemisiert: ‚Im Zuge des rationalistischen Denkens des Zeitalters der Aufklärung glaubte man in der Tat, durch Belehrung Wunder wirken zu können. Das war und bleibt typisch für alle aufklärerische Pädagogik.' Hier sei der Glaube ‚an die Allmacht der bewussten Erziehung, der Belehrung, des Unterrichts, der dem Intellektualismus eigen ist.' Eben dieser Glaube werde nun zerstört, ein neues Wissen hat angehoben, das ‚allem Erkennen vorausgeht und selber kein Erkennen, sondern besser ein Schauen zu nennen ist, ein schauend erlebtes ‚Wissen um etwas', jener geistige Akt, durch den der Mensch ein Etwas in seinem Verhältnis zum Ganzen, zum Seienden oder Absoluten auffasst und nun daran teil hat'. Der philosophische Obskurantismus übt Notzucht an der Sprache." (Heydorn 1970/1995, S. 229 f.)

Hier wird deutlich, dass das Kind unter der Flagge der Natur und der „naturhaften Ordnung des Volkes" in Gefangenschaft gehalten wird. Die von Heydorn aufgespießte Polemik Petersens gegen die bewusste Erziehung macht deutlich, dass die peinliche Hofierung der kindlichen Natur der Stabilisierung der Unmündigkeit der Kinder dient. Es bleibt der Obskurantismus, der nicht nur an der Sprache Notzucht verübt. Weiter heißt es:

„Wie man sieht, ist der wenige Jahre nach dem Zweiten Weltkrieg verstorbene Petersen ein durchaus moderner pädagogischer Denker, seine ‚goldene Spielregel' gewinnt Normcharakter; aber er ist auch ein Konservativer, denn um die gleiche Unmündigmachung ging es immer. Nur die Vokabeln ändern sich, man muss diese Sprache als Nebel betrachten, hinter dem sich die wirklichen Konturen verbergen. Seit 1912 war Petersen Schriftführer des ‚Bundes für Schulreform' gewesen, hatte dort einen bestimmenden Einfluss ausgeübt, er erhielt den bedeutendsten Lehrstuhl als Nachfolger Reins in Jena. Nach eigener Aussage stand sein Suchen und Forschen ‚in enger Verbindung mit den Führergestalten der großen deutschen pädagogischen Reformbewegung', die die Augen der Welt ‚auf das Schulwesen Deutschlands lenkte'. Diese Reformbewegung habe sich ‚von den Illusionen eines fortschrittgläubigen, vernünftigen, aufgeklärten und daher liberalistischen Zeitalters' befreit, ihr Denken habe zum Menschen zurückgefunden. Nun erst sei die Erziehung als ‚Funktion der Wirklichkeit' wiederentdeckt, als Erziehung, die den Menschen ‚frei werden lässt'. Es spricht nicht irgendjemand. Der spätkapitalistische Rousseau sieht seine Aufgabe nicht darin, Aufklärung gegen Zivilisation durchzusetzen, sondern in der Liquidation aller Aufklärung." (Heydorn 1970/1995, S. 230 f.)

---

freie allgemeine Volksschule nach den Grundsätzen neuer Erziehung. Der Jena-Plan, Band III – Forschungen und Werke zur Erziehungswissenschaft, Band 20), Weimar 1934, S. 3–8)

Zunächst ist festzuhalten: Das moderne und konservative Element bei Petersen kann für Heydorn seine wirklichen Konturen nicht verbergen.[342] Der Kern von Petersen, den Heydorn als „Fabrikateur einer faschistischen Bildungsideologie" bezeichnet (Heydorn 1970/1995, S. 232), besteht in dessen Verfälschung von Rousseau, in der „Liquidierung aller Aufklärung".[343] Es ist ein reaktionäres Programm. Heydorns hier ausführlich zitierte analytische Einschätzung Petersens entwickelt im Grunde ein ganzes Programm zur Erforschung der Zusammenhänge zwischen deutscher Erziehungswissenschaft und ns-faschistischer Ideologie. Heydorns Gedanken müssen gerade auch heute weiter ausgeführt, entfaltet und konkretisiert werden.

[342] Torsten Schwan kritisiert, „dass auch Heydorn das Bild der bruchlosen Persönlichkeit Petersen bediente". Heydorn habe zwar zu Recht „Petersens Anpassungsbemühungen in der Frühphase des NS-Systems" thematisiert. „Jedoch blieb ihm völlig dessen strategisches Verhalten verschlossen". Schwan, der von einer „neomarxistischen Sichtweise" Heydorns ausgeht, behauptet, dass für Heydorn die „offiziöse(n) DDR-Pädagogikhistoriographie" häufig als Vorlage gedient habe. (Schwan, Torsten: Die Petersen-Rezeption in der Bundesrepublik Deutschland 1960 bis 1984. Die Jenaplan-Pädagogik zwischen „defensiver Rezeption" und einsetzender „Petersen-Kritik", Frankfurt am Main/Berlin/Bern/Brüssel/New York/Oxford/Wien 2007, S. 319). Schwan sieht dabei nicht, dass es Heydorn nicht um die Person Petersens und seine Biographie geht, sondern um die Einordnung Petersens in den Gesamtkontext der Geschichte der deutschen Pädagogik, insbesondere in der NS-Zeit, aber eben auch darüber hinaus. Der Verweis auf die DDR wird in keiner Weise der eigenständigen Grundposition Heydorns gerecht.

[343] Die positivere Einschätzung Rousseaus beinhaltet u. a.: seine Kritik an der moralischen Degeneration durch die Eigentumsfrage als Kern der Zivilisation (den ersten Zaun), seine Grundposition gegen die Ungleichheit der Menschen sowie seine Rolle als Aufklärer und Mitarbeiter der großen Enzyklopädie von Diderot.

5. Zusammenfassung

Bei einer Durchsicht des aktuellen Forschungsstandes ergibt sich, dass ausgesprochen vielseitige, umfangreiche, reproduzierende, kritisierende, vorrangig an einzelnen Themen orientierte, biographisch orientierte, aber auch journalistisch-polemische Beiträge in großer Fülle vorhanden sind.

Nach wie vor in hohem Maße umstritten sind biographische Einschätzungen der Personen im Sinne ihrer persönlichen Glaubwürdigkeit, ihres angeblich „anständigen" Verhaltens in der NS-Zeit und die mehr für die Disziplingeschichte gewichtigen Frage, wo das inhaltliche „Mitmachen" in der NS-Zeit zwischen „Tarnung" und „Überzeugung" festzumachen ist.

Dahinter steht dann der Blick auf die Grundschriften der vier Erziehungswissenschaftler einerseits, der Blick auf ihre Publikationen in der der NS-Zeit andererseits.

Eine durchgehende Schwäche, so zeigt der Literaturbericht, ist die fehlende Unterscheidung eindeutiger politischer Positionierung in der NS-Zeit von den in der NS-Zeit zugespitzt formulierten theoretischen Konzepten, die in der Tat in weiten Teilen bereits vor 1933 vorhanden waren.

So steht die Aufgabe, durch die Prüfung der Grundschriften einerseits und der theoretischen und politischen Publikationen in der NS-Zeit andererseits genauer abzuklären, ob die undifferenzierte Annahme einer theoretischen Kontinuität vor und nach 1933 nicht geradezu eine Verharmlosung der politischen Parteinahme für den NS-Staat beinhaltet. Hier gab es doch offensichtliche Elemente des Bruchs 1933, ein Element der Diskontinuität.

Konkret: Die gewiss falsche und erschreckende Position, dass das zentrale Problem der Erziehung zu Gehorsam, die zunächst unbewusste, dann bewusste Unterordnung unter die Gemeinschaft, dann die Volksgemeinschaft sei, ist eine Sache.

Aber politisch nach 1933 für die SA, die SS, die Wehrmacht, den NS-Staat Position zu beziehen – bei allen gleichzeitig formulierten theoretischen Bedenken gegen vulgär-propagandistische und „übertriebene" Ansichten – das ist disziplingeschichtlich von ganz anderem Gewicht. So lässt sich mit dem Argument des notwendigen theoretischen Tiefgangs ein Ausweichen vor dieser Dimension, eine Flucht vor der politischen Beurteilung beobachten.

Diese Frage stellt sich überhaupt nicht für jenen Teil, der heute zumindest teilweise ins Abseits gedrängten biographisch-apologetischen „Schüler" der vier Erziehungswissenschaftler. Diese – im Grunde theoretisch nicht mehr wirklich interessante – Strömung geht ohnehin von einer positiven theoretischen und politischen Kontinuität mit einigen kleinen Schönheitsflecken aus und ist in der Realität der Bundesrepublik heute durchaus nicht ohne Gewicht.

So stellt sich aber zumindest für den zunehmend kritisch eingestellten Teil der Erziehungswissenschaftler die nicht in einem Atemzug, sondern getrennt zu behandelnde doppelte Frage nach der politischen und nach der theoretischen Dimension der Publikationen der vier Erziehungswissenschaftler in der NS-Zeit.

II. Theoretische Grundpositionen und Hauptwerke

1. Spranger: Begründung der „geisteswissenschaftlichen Pädagogik“

Eduard Spranger ist verglichen mit Peter Petersen, Herman Nohl und Erich Weniger sicher die theoretisch wirkungsmächtigere Gestalt. Nur von ihm gibt es eine immerhin elf Bände umfassende Ausgabe gesammelter Schriften. Und in den 1950er Jahren war er es, und nicht Petersen, Nohl oder Weniger, der im Bundestag 1951 die Festrede zum zweiten Jahrestag der Gründung der Bundesrepublik Deutschland halten durfte und das Große Verdienstkreuz der Bundesrepublik verliehen bekam. Auch auf diesem Gebiet hatte er größere Wirkung.

Während Petersen – zumindest im öffentlichen Bewusstsein – eher als praktischer Schulreformer angesehen wird, Nohl vorrangig für seine Historiographie der „Deutschen Bewegung“ und der pädagogischen Bewegung steht und Weniger als Experte für Probleme der Didaktik, insbesondere der Geschichtsdidaktik gilt (und als Fachmann der Militärpädagogik galt), ist Spranger als der zentrale Theoretiker der geisteswissenschaftlichen Pädagogik in der Nachfolge von Wilhelm Dilthey und Friedrich Paulsen bekannt. Sein Lebenswerk allerdings ist ebenfalls durch seine Schriften in der Zeitspanne von 1933 bis 1945 mit gekennzeichnet.

1882 in Lichterfelde bei Berlin als Sohn eines Kaufmanns geboren,[344] studierte Spranger in Berlin bei Dilthey, Paulsen und Otto Hintze, wird Assistent von Dilthey und promovierte noch im Kaiserreich 1905 bei Paulsen mit der Dissertation „Die Grundlagen der Geschichtswissenschaft“.[345] 1909 habilitierte er über „Wilhelm von Humboldt und die Humanitätsidee“[346] bei Dilthey, wurde so Privatdozent und ab 1911 ordentlicher Professor für Philosophie und Pädagogik in Leipzig, von 1920 bis 1946 dann in Berlin. Für seine Laufbahn von Bedeutung war, dass er 1925 Mitglied der „Preußischen Akademie der Wissenschaften“ wurde – eine besondere Auszeichnung.

Unstrittig ist, dass Spranger in der Weimarer Republik, wie er selbst nachträglich schildert, eindeutig „auf der Seite der Deutschnationalen“ stand.[347] Seine theoretische Reputation, vor allem aber sein großer Einfluss, entstand durch die Veröffentlichung seiner zwei umfangreichen Schriften „Lebensformen“ (1914 bzw. 1921) und „Psychologie des Jugendalters“ (1924).

Von großem Gewicht ist seine Rolle als Autor und Mitherausgeber der Zeitschrift „Die Erziehung“, die unstrittig eine führende Rolle in der Erziehungswissenschaft in den letzten

[344] Zur Biographie Sprangers siehe: Bähr, Hans Walter/Wenke, Hans (Hrsg.): Eduard Spranger. Sein Werk und sein Leben, Heidelberg 1964. / Bräuer, Gottfried: Eduard Spranger, in: Speck, Josef (Hrsg.): Geschichte der Pädagogik des 20. Jahrhunderts. Von der Jahrhundertwende bis zum Ausgang der geisteswissenschaftlichen Epoche, Band 2, Stuttgart/Berlin/Köln/Mainz 1978, S. 66–78. / Löffelholz, Michael: Eduard Spranger (1882–1963), in: Scheuerl, Hans (Hrsg.): Klassiker der Pädagogik, Band 2: Von Karl Marx bis Jean Piaget, 2. überarbeitete und um ein Nachwort ergänzte Auflage, München 1991, S. 258–276. / Drewek, Peter: Eduard Spranger (1882–1963), in: Tenorth, Heinz-Elmar (Hrsg.): Klassiker der Pädagogik. Zweiter Band: Von John Dewey bis Paulo Freire, München 2003, S. 137–151. / Schraut, Alban: Biografische Studien zu Eduard Spranger, Bad Heilbrunn 2006. / Fontana, Michael: Eduard Spranger – erziehungswissenschaftliche und biographisch-politische Kontinuitäten und Diskontinuitäten in seinem Leben und Werk (Manuskript), Frankfurt am Main 2007.

[345] Spranger, Eduard: Die Grundlagen der Geschichtswissenschaft. Eine erkenntnistheoretisch-psychologische Untersuchung, Berlin 1905.

[346] Spranger, Eduard: Wilhelm von Humboldt und die Humanitätsidee (1909), 2. unveränderte (durch photomechanischen Druck hergestellte) Auflage, Berlin 1928.

[347] Spranger, Eduard: Ein Professorenleben im 20. Jahrhundert (1953), in: Gesammelte Schriften, Band X: Hochschule und Gesellschaft, Tübingen/Heidelberg 1973, S. 347.

Jahren der Weimarer Republik einnahm. Ab 1937 wurde Spranger alleiniger Herausgeber (mit Hans Wenke als Schriftleiter) bis zur Einstellung der Zeitschrift 1943.[348]

Politisch von großer Bedeutung war sein Sammelband „Volk, Staat, Erziehung" (1932), der gut verständlich macht, warum Spranger 1933 Mitglied im „Stahlhelm – Bund der Frontsoldaten" wurde.[349] Von seinem Rücktrittsgesuch 1933 und der Rücknahme dieses Gesuchs nur kurze Zeit später wird noch genauer die Rede sein, ebenso von seiner kurzzeitigen Inhaftierung 1944. Zwischen diese beiden Ereignisse fällt sein Aufenthalt in Japan im Auftrag des NS-Staats, wo er von November 1936 bis November 1937 die wissenschaftliche Leitung des japanisch-deutschen Kulturinstituts in Tokio übernahm, vor allem aber eine große Zahl von Vorträgen hielt.[350] Während des Zweiten Weltkriegs war Spranger auch kurze Zeit als Heerespsychologe tätig. Nach dem 20. Juli 1944 wurde Spranger ca. vier Wochen inhaftiert, konnte danach seine universitäre Arbeit jedoch weiterführen.

Nach der Niederlage des NS-Regimes im Mai 1945 wurde Spranger kurze Zeit kommissarischer Rektor der Berliner Universität (Mai bis Oktober 1945). Kurzzeitig wurde er von der US-Armee inhaftiert und befragt, wurde dann aber 1946 als Professor für Philosophie an die Universität Tübingen berufen, an der er nach seiner Emeritierung 1950 noch bis 1953 lehrte. Nach 1945 erschienen keine umfangreichen Studien Sprangers mehr. In der Nachkriegszeit wurden seine kleinen Schriften wie „Grundstile der Erziehung" (1951), „Der geborene Erzieher" (1958) und „Das Gesetz der ungewollten Nebenwirkungen in der Erziehung" (1962) am bekanntesten, die er meist in Sammelbänden publizierte.

Die Wahrnehmung Sprangers in den Jahren vor seinem Tod war zunehmend von Themen wie Heimatkunde, Staatsbürgerkunde und religiösen Erziehungszielen gekennzeichnet. Spranger starb am 17. September 1963 in Tübingen.

* * *

Eduard Spranger ist eine der prominentesten Persönlichkeiten der Erziehungswissenschaft und ein Theoretiker einer Richtung, die, mehr oder minder präzise, als Geisteswissenschaft bezeichnet wird.[351] Er gilt vor allem als Theoretiker, der philosophische und psychologische

---

[348] Zur Entwicklung der Zeitschrift „Die Erziehung" in der NS-Zeit siehe genauer: Horn, Klaus-Peter: Pädagogische Zeitschriften im Nationalsozialismus. Selbstbehauptung, Anpassung, Funktionalisierung (Bibliothek für Bildungsforschung, Band 3), Weinheim 1996.

[349] Mit Süffisanz wird nach 1945 von entlassenen NS-Hochschullehrern darauf verwiesen, dass Spranger 1940 auch als Kulturpropagandist im faschistischen Ungarn auftrat und er in einer Reihe mit Rednern wie Roland Freisler und Richard Walther Darré in der „Schriftenreihe der Ungarisch-Deutschen Gesellschaft" publiziert hat. (Eduard Spranger und die Hochschulgeschichte von 1933–45, in: Deutsche Hochschullehrerzeitung. Zeitschrift für Hochschule, Wissenschaft und Forschung, 4. Jg. (1956), Heft 4, S. 12)

[350] Zu dieser Tätigkeit bemerkte Max Simoneit 1957: „Er hat sich nicht gescheut, dem Vaterland in Kriegsnot als schlichter Regierungsrat der Reserve zu dienen" (Simoneit, Max: Einwirkungen auf die Wehrpsychologie, in: Wenke, Hans (Hrsg.): Eduard Spranger. Bildnis eines geistigen Menschen unserer Zeit. Zum 75. Geburtstag dargebracht von Freunden und Weggenossen, Heidelberg 1957, S. 359).

[351] Bei Horkheimer findet sich unter dem Titel „Geisteswissenschaften" eine Notiz, die es in der Diskussion über „Geisteswissenschaft" genauer zu durchdenken und zu entfalten gilt: „Diesen Begriff gibt es nur im Deutschen. Er stammt ursprünglich von einem Übersetzer von J. St. Mills ‚Logik', der ‚moral science' mit Geisteswissenschaft übersetzte (1849). Dilthey hat dann 1883 in seiner ‚Einleitung in die Geisteswissenschaften' die methodisch scharfe Trennung zwischen G[eistes-] und Naturwissenschaften durchzuführen versucht. Der Begriff spielt dann bei Spranger, Windelband und Ricken eine entscheidende Rolle.

Dieser Begriff ist ein Unbegriff und dient der Unwahrheit. Im Französischen gibt es ‚les sciences' im Gegensatz zu ‚philosophie', aber keine ‚sciences de l'esprit'" (Horkheimer, Max: Geisteswissenschaft, in: Horkheimer, Max: Gesammelte Schriften, Band 14: Nachgelassene Schriften 1949–1972 (5. Notizen), Frankfurt am Main 1988, S. 385).

Auch Wilhelm Dilthey hat die Problematik des Begriffs Geisteswissenschaft erkannt, was auch Ilse Dahmer bewusst war. Sie erinnerte an eine Passage Diltheys, in der er Distanz zum Begriff „Geisteswissenschaft" entwickelt. Es heißt bei Dilthey: „Sie drückt höchst unvollkommen den Gegenstand dieses Studiums aus. Denn in diesem selber sind die Tatsachen des geistigen Lebens nicht von der psycho-physischen Lebenseinheit getrennt. Eine Theorie, welche die gesellschaftlich-geschichtlichen Tatsachen beschreiben und analysieren will, kann nicht von dieser Totalität der

Grundlagen der Erziehungswissenschaft – anknüpfend an den griechischen Humanismus und den deutschen Idealismus – gelegt hat.

Nach 1945 war Spranger eine bedeutende Persönlichkeit des öffentlichen Lebens der Bundesrepublik Deutschland. Auch sind bis heute in Deutschland Schulen nach ihm benannt und er gilt als eine der großen Stützen bundesdeutscher Erziehungswissenschaft, dessen Verhalten in der NS-Zeit eher eine untypische und unschöne Episode in seinem großen Lebenswerk gewesen sei.

Die hier vorgenommene Analyse der Publikationen Sprangers in der NS-Zeit hat der Tatsache Rechnung zu tragen, dass das Verständnis dieser kleineren Schriften nicht ohne Zusammenhang mit seinen umfangreichen grundlegenden Schriften zu gewinnen ist. Diese haben eine Auseinandersetzung mit Grundfragen der Philosophiegeschichte und der Erkenntnistheorie, aber auch mit Grundlagen der vor Sigmund Freud in Deutschland entstandenen psychologischen Theorien zum Thema. Dabei hat die Konzentration dieser Studie auf die NS-Zeit zur Folge, dass lediglich einzelne Aspekte einer Kritik an Sprangers grundlegenden Schriften vorgetragen werden können.

Die Kernfrage bei Eduard Spranger ist – noch deutlicher zugespitzt als etwa bei Herman Nohl –, inwieweit er aufgrund innerer Gegensätze in seiner geisteswissenschaftlichen Theorie konsistente Ansatzpunkte für eine Akzentverschiebung in Richtung der NS-Ideologie vornehmen konnte oder ob Spranger die humanistischen Traditionen des deutschen Idealismus verraten hat – oder beides zugleich.

Dass Spranger nach seiner Dissertation über Fragen der Geschichtswissenschaft seine wissenschaftliche Laufbahn mit seiner Habilitationsschrift „Wilhelm von Humboldt und die Humanitätsidee“ begründet hat, birgt konzentriert die eben angesprochenen Probleme in sich. Er galt nicht zu Unrecht als bedeutender Kenner der theoretischen Schriften Humboldts, analysierte zudem umfassend und mit akribischer Genauigkeit in einer weiteren Schrift von 1910[352] die einzelnen Phasen der Arbeit Humboldts in der Verwaltungsbehörde und dessen Ideen der Schulreform.

Bei aller Biegsamkeit, die Spranger als Interpret der Werke Humboldts zeigt, entwickeln sich die frühen Schriften Sprangers zu Humboldt doch zu einem erheblichen Problem, das ihn in der NS-Zeit zu schwierigen Balanceakten zwang, um sich nicht von seinem ersten theoretischen Werk distanzieren zu müssen.

a) Die Dissertation „Die Grundlagen der Geschichtswissenschaft“ (1905)

1905 erschien Eduard Sprangers Dissertation „Die Grundlagen der Geschichtswissenschaft“.[353] Auch wenn hier nicht der Platz ist, auf die kenntnisreiche Auseinandersetzung Sprangers mit Geschichtswissenschaftlern Anfang des 20. Jahrhunderts, die mit erkenntnistheoretischen Überlegungen verbunden ist, genauer einzugehen, so ist doch davon auszugehen, dass

Menschennatur absehen und sich auf das Geistige einschränken.“ Dilthey konstatiert im Gegensatz zu Spranger, Nohl, Weniger und Petersen eine „verderbliche Erbschaft der Metaphysik“. (Dilthey, Wilhelm: Gesammelte Schriften, Band 1: Einleitung in die Geisteswissenschaften. Versuch einer Grundlegung für das Studium der Gesellschaft und der Geschichte, 2. Auflage, Leipzig/Berlin 1923, S. 5 f. und S. 113, siehe auch: Dahmer, Ilse: Theorie und Praxis, in: Dahmer, Ilse/Klafki, Wolfgang: Geisteswissenschaftliche Pädagogik am Ausgang ihrer Epoche – Erich Weniger, Weinheim/Berlin 1968, S. 73).

[352] Spranger, Eduard: Wilhelm von Humboldt und die Reform des Bildungswesens, 3. unveränderte Auflage, Tübingen 1965.

[353] Spranger, Eduard: Die Grundlagen der Geschichtswissenschaft. Eine erkenntnistheoretisch-psychologische Untersuchung, Berlin 1905.

Wenn nachfolgend über längere Passagen aus demselben Text eines der vier Erziehungswissenschaftler zitiert wird, wird nach der vollständigen Quellenangabe in der Folge lediglich durch die Angabe von Autor, Kurztitel und Seitenzahl auf die entsprechende Textstelle verwiesen. Dem Literaturverzeichnis wurde ein Verzeichnis der Kurztitel hinzugefügt.

Spranger hier grundlegende Ausgangspunkte für seine weitere theoretische Arbeit gesetzt hat. Hier sollen kurz drei in der Folge gewichtige Aspekte hervorgehoben werden: die Bedeutung von Irrationalität, Subjektivität und Mittelmaß.

Die Grundfrage „nach dem *Wert* der historischen Erkenntnis" (Spranger: Grundlagen, 1905, S. VII, Hervorhebung im Original) wird bei Spranger als „Gegensatz der historischen und der naturwissenschaftlichen Betrachtung" (Spranger: Grundlagen, 1905, S. 8) diskutiert. Die Kernthese Sprangers, die auch seine weitere theoretische Arbeit bestimmte, ist in die Behauptung gefasst:

> *„Werte aber sind ihrem eigensten Wesen nach irrationale Tatsachen (...)."* (Spranger: Grundlagen, 1905, S. 12)

In der Auseinandersetzung mit Kants und Hegels Erkenntnistheorie und Geschichtsphilosophie und den großen Geschichtstheoretikern seiner Zeit kulminiert die Untersuchung, nach umfangreichen Ausführungen über die Notwendigkeit und die Grenzen der „Typenlehre", in einem Plädoyer Sprangers für das „Recht der Subjektivität" (Spranger: Grundlagen, 1905, S. 139). Dies begründet er mit einer Umformung des Humanitätsideals:

> *„Das Ideal des älteren Humanismus, der ‚uomo universale', ist nicht mehr das unsere;(...) Der Inhalt des neuen Humanitätsideals ist anders und subjektiver geworden."* (Spranger: Grundlagen, 1905, S. 140)

In der Schlussüberlegung „Worin besteht der Erkenntniswert der Geschichte?" ist der entscheidende Punkt bei Spranger, „dass ihr objektiver Gehalt durch die entwickelten subjektiven Formen unauflöslich an uns gebunden ist" (Spranger: Grundlagen, 1905, S. 143). Spranger fordert „eine wertende Geschichtsauffassung, die einzelne menschliche Leistungen und Kräfte, einzelne Bewegungen als die entscheidenden heraushebt" (Spranger: Grundlagen, 1905, S. 144 f.).[354]

Diese Abgrenzung vom Positivismus in der Geschichtsschreibung ist mit dem Problem des Wertens in doppelter Hinsicht verbunden. Zum einen wird der Wert in den Bereich des Irrationalen gehoben, zum anderen wird die subjektive Wertung ausdrücklich gefordert. Spranger, der seine Arbeit zwischen historischem Relativismus und der Verabsolutierung einer an aktuellen Bedürfnissen orientierten Geschichtsschreibung ansiedelt, formuliert dann einen apriorischen Satz:

> *„Das richtige Maß musste in der Mitte zwischen beiden Extremen zu suchen sein."* (Spranger: Grundlagen, 1905, S. VII)

Das immer wieder auftauchende Problem ist hier, dass Aristoteles eigentlich deutlich erklärt hatte, dass es um den angemessenen Platz zwischen den Extremen geht, der eben nicht in der arithmetischen Mitte zu finden ist.[355] Die Auseinandersetzung um Grundlagen der Geschichtsforschung und die Problematik einer aktuellen Darstellung zeigt sich bei Spranger schon in seiner umfangreichen Arbeit über Wilhelm von Humboldt.

---

[354] Der Unterschied zur Auffassung Diltheys wird bei Spranger in folgender Passage deutlich: „In bewusstem Gegensatz zu Nietzsches Selbstzergrübelung wiederholt Dilthey häufig das Wort: ‚Was der Mensch sei, sagt ihm nur die Geschichte.' Aber diesen Satz hätte Dilthey wohl niemals zu dem Ausspruch erweitert: ‚Was der Mensch *soll,* sagt ihm nur die Geschichte.' Die Normenfrage blieb vom Boden des Historismus aus offen" (Spranger, Eduard: Das Historismusproblem an der Berliner Universität seit 1900 (1960), in: Gesammelte Schriften, Band V: Kulturphilosophie und Kulturkritik, Tübingen/Heidelberg 1969, S. 432, Hervorhebung im Original).

[355] Es ist eine weit verbreitete Verfälschung, die Ideen Aristoteles' über die Angemessenheit umzubiegen in eine Theorie des Mittelmaßes.

Siehe: Aristoteles: Nikomachische Ethik, 7. Buch. Aristoteles unterscheidet ausdrücklich die arithmetische Mitte und die Mitte in Bezug auf menschliche Tugend, die sich auf Situationen und Menschen beziehen muss. Siehe dazu auch: Höffe, Otfried (Hrsg.): Aristoteles-Lexikon, Stuttgart 2005 und Wolf, Ursula: Über den Sinn der Aristotelischen Mesoslehre, in: Höffe, Otfried (Hrsg.): Aristoteles, Die Nikomachische Ethik (Klassiker auslegen, Band 2), Berlin 1995, S. 83–108.

b) Die Habilitationsschrift „Wilhelm von Humboldt und die Humanitätsidee“ (1909)

In seiner Habilitationsschrift „Wilhelm von Humboldt und die Humanitätsidee“[356] vertieft Spranger, nach einer Darstellung der Persönlichkeit Humboldts, zunächst erkenntnistheoretische Fragen im Kontext von Aufklärungsphilosophie und Kant. Weniger bekannt ist, dass Spranger auch seine Schrift „Lebensformen“[357] 1914 bzw. 1925 auch auf die Auswertung der Schriften Humboldts über die Psychologie stützt (3. Abschnitt). Das fünfhundert Seiten starke Buch schließt mit einer Auseinandersetzung über Humboldts Stellung zur Ästhetik im Kontext von Kant und Schiller und Humboldts Auffassung von Ethik im Kontext mit der Ethik Kants und der Ethik des Griechentums.

Wie die Auswertung der Sekundärliteratur zeigt, bietet diese Schrift Sprangers auch unter Humboldt-Forschern Stoff für gewichtige Auseinandersetzungen, die hier im Einzelnen nicht verfolgt werden können.[358] Es soll hier als zentraler Punkt dieser Schrift lediglich herausgestellt werden, dass Humboldts Auffassung von universeller Humanität von Spranger ins Deutschnationale umgeformt wird.

In dieser Schrift unterstreicht Spranger seinen Anspruch, die Humanitätsidee in der Gegenwart weiterzuschreiben. Im abschließenden Kapitel über die Humanitätsidee in der Gegenwart setzt Spranger Akzente gegen „bloße Kenntnisse“ und definiert, „dass Bildung in der Tat nur die *innere* Formung des Menschen bedeuten kann.“ (Spranger: Humanitätsidee, 1909, S. 492, Hervorhebung im Original) Die große abschließende Forderung ergibt sich aus Sprangers These: „Der Geist der Gegenwart ist *realistischer* geworden.“ (Spranger: Humanitätsidee, 1909, S. 495, Hervorhebung im Original) Diese realistische Wendung Humboldts bedeutete auch, dass Spranger deutlich als erste Quelle nicht das Altertum ansieht, sondern den deutschen Idealismus. Er schließt den Band mit der Aufforderung: „Erheben wir uns zum Gipfel einer modernen *deutschen* Humanität“ (Spranger: Humanitätsidee, 1909, S. 500, Hervorhebung im Original). Die Weichenstellung in seiner Argumentation von allgemeiner Humanität zur nationalen, deutschen Humanität, ist hier deutlich ausgesprochen.[359]

So oder so ist eine der entscheidenden Pointen Sprangers – trotz aller Betonung der Bedeutung von Synthesen –, dass er den Weg von der altgriechischen Humanität zur deutschen Nationalität geht.[360] Unter der Überschrift „Die Humanitätsidee und die Gegenwart“ (Spranger: Humanitätsidee, 1909, S. 492 ff.) formuliert Spranger den Vorrang des Deutschtums:

> *„Als erste Quelle unsrer letzten Bildung kann nie und nimmer das Altertum angesehen werden, sondern allein die deutsche klassische Literatur und der deutsche Idealismus.“* (Spranger: Humanitätsidee, 1909, S. 497)

---

[356] Spranger, Eduard: Wilhelm von Humboldt und die Humanitätsidee (1909), 2. unveränderte (durch photomechanischen Druck hergestellte) Auflage, Berlin 1928.

[357] Spranger, Eduard: Lebensformen. Geisteswissenschaftliche Psychologie und Ethik der Persönlichkeit, unveränderter Nachdruck der 5., vielfach verbesserten Auflage, München/Hamburg 1965.

[358] Siehe dazu etwa: Löffelholz, Michael: Philosophie, Politik und Pädagogik im Frühwerk Eduard Sprangers, 1900–1918 (Hamburger Studien zur Philosophie, Band 3), Hamburg 1977. Wolfgang Keim betont seinerseits zu Recht in einer Studie die schon früh angelegte und später forcierte Abwendung Sprangers vom Humboldtschen Bildungsbegriff hin zum Begriff der „Ertüchtigung“ (Keim, Wolfgang, Bildung versus Ertüchtigung, in: Lehmann, Hartmut/Oexle, Otto Gerhard (Hrsg.): Nationalsozialismus in den Kulturwissenschaften, Band 2, Göttingen 2004, S. 223–258).

[359] Die antiaufklärerische Grundposition Sprangers wird auch in seinem Aufsatz „Kulturmorphologische Betrachtungen“ deutlich. Er schreibt dort 1937: „Wo die Aufklärung beginnt, beginnt die Bewusstwerdung und die Reflexion, die die heilige Tradition auflöst. Wo die Aufklärung beginnt, beginnt die Emanzipation und der Individualismus, die unvermeidlich weiterfressen.“ Spranger, der die Aufklärungsbewegung zeitweilig als notwendig und unvermeidlich ansieht, betont die Gefahren, die die Aufklärung für „Gemeingeist und normativen Geist mit sich führen“ (Spranger, Eduard: Kulturmorphologische Betrachtungen, in: Die Erziehung. Monatsschrift für den Zusammenhang von Kultur und Erziehung in Wissenschaft und Leben, 12. Jg. (1936/37), Heft 12 (September 1937), S. 489).

[360] Sicher hatte Spranger nicht den Gedanken Grillparzers (1849) vor Augen, dass der Weg von der Humanität weg zur Nationalität, zur Bestialität führt (Grillparzer, Franz: Sämtliche Werke. Ausgewählte Briefe, Gespräche, Berichte. Band 1: Gedichte, Epigramme, Dramen I, München 1960, S. 500).

In der 1910 erschienenen ergänzenden Schrift „Wilhelm von Humboldt und die Reform des Bildungswesens“[361] wird klar, dass die Debatte über den politischen Humboldt die Geister insbesondere dort scheidet, wo er die Grenzen der Wirksamkeit des Staates eng zieht und sich auch in der Praxis von der preußischen Schulreform abwendet.[362] Spranger erkannte sehr genau das Paradoxon, dass Humboldt ein staatliches Unterrichtssystem aufbaute und ausbauen wollte, während er gleichzeitig die Rolle des Staates begrenzen und die Individualität des Bildungsprozesses hervorheben wollte.

c) Die „Lebensformen“ (1914/1921)

Das Werk Eduard Sprangers, die „Lebensformen“[363], erschien erstmals 1914. Eine umfangreich überarbeitete Fassung erschien 1921 und wurde bis zur 5. Auflage 1925 mehrfach überarbeitet. Nach 1945 wurde unverändert diese Ausgabe aus der Zeit der Weimarer Republik übernommen.[364]

In diesem Werk entwickelt Spranger Argumentationsfiguren, die in seinen späteren Schriften leicht variiert immer wiederkehren. Am bekanntesten sind die in dieser Schrift entwickelten „Grundtypen“ des Individuums: Er entwickelt das Bild eines sechsseitigen Würfels und teilt das menschliche Leben in sechs Bereiche auf, die sich in unterschiedlicher Kombination in jedem Individuum wiederfänden.

Diese Typenbildung wendet er später auch in seinem Werk „Psychologie des Jugendalters“[365] von 1925 an. Spranger benennt zunächst das theoretische, ökonomische und ästhetische Moment und unterscheidet dann den sozialen Menschen, den Machtmenschen und den religiösen Menschen. Im Verlauf seiner Ausführungen kombiniert Spranger einzelne Merkmale und illustriert diese Kombination anhand der Biographien bekannter Männer. Es handelt sich dabei bei genauem Hinsehen um eine Art eigenständige Zusammenfassung verschiedener Ideen Platons und Aristoteles'. Spranger, der Wert darauf legt, dass alle sechs Momente der Lebensformen gepflegt werden müssen, auch wenn einzelne Seiten bei einem Individuum hervorgehoben sein können, stellt das religiöse Moment an die Spitze seiner Wertung.

Für Spranger ist das „bewusste Dienen“ eine ethische Größe. Zunächst führt er aus:

---

[361] Spranger, Eduard: Wilhelm von Humboldt und die Reform des Bildungswesens, 3. unveränderte Auflage, Tübingen 1965.

[362] Heinz-Joachim Heydorn hat, im Kontrast zu Sprangers Darstellung, Wilhelm von Humboldt in einer anderen Weise ausgewertet. Bei Heydorn liegt der Akzent eindeutig auf einem Bildungsbegriff bei Humboldt, der sich gegen Herrschaft richtet und der über die aktuelle historische Situation zu Lebzeiten Humboldts hinausgehend in dieser Hinsicht grundlegende Bedeutung zukommt. Dabei betont Heydorn, anders als Spranger, auch die humanistische Intervention Humboldts für die Emanzipation der Juden. Bei Spranger findet sie keinerlei Erwähnung. „Das Humboldtbild des deutschen Spätbürgertums ist damit bereits früh und unerbittlich gekennzeichnet, auf dem Hintergrund wachsender Leere, ein Bild, das auch heute noch Geltung besitzt und über das die Abgründe des Lebens immer weniger zugedeckt werden können. Es ist dieses Bild, das auch Eduard Sprangers geheimrätlicher Interpretation unterliegt. (…) So wenig Spranger seine eigene Zeit begreifen konnte, so wenig konnte er den Ausgang der Humboldtschen Existenz verstehen.“ (Heydorn, Heinz-Joachim: Wilhelm von Humboldt. Abstand und Nähe, in: Heydorn, Heinz-Joachim: Werke, Band 2: Bildungstheoretische und pädagogische Schriften. 1967–1970, Vaduz 1995, S. 117–141, hier S. 118)

Spranger ist für Heydorn kein Theoretiker, an den es anzuknüpfen gilt, sondern Ausdruck eines deutschen Bildungselends: „Jahrelang aber herrschte der Geheimrat Spranger: den kastrierten Pestalozzi für die Kinder armer, aber reinlicher Eltern, den kastrierten Humboldt für die Talmielite“ (Heydorn, Heinz-Joachim: Über den Widerspruch von Bildung und Herrschaft (1970), Werke, Band 3, Vaduz 1995, S. 209).

[363] Spranger, Eduard: Lebensformen. Geisteswissenschaftliche Psychologie und Ethik der Persönlichkeit (1914/1921), unveränderter Nachdruck der 5., vielfach verbesserten Auflage, München/Hamburg 1965.

[364] 1950 erschien die 8. Auflage (28.000 bis 33.000). 1965 erschien eine Taschenbuchausgabe, die der 8. Auflage entspricht. Die letzte, heute noch lieferbare Ausgabe ist die 9. unveränderte Auflage von 1966.

[365] Spranger, Eduard: Psychologie des Jugendalters, 23. Auflage, Heidelberg 1953.

„Der Weg zum Herrschen führt nur über das Gehorchen, und der Weg zum Selbstgehorsam führt in der Entwicklung des individuellen Geistes nur über den Fremdgehorsam.“ (Spranger: Lebensformen, 1914/1921, S. 197)

In einer Fußnote heißt es:

„Der preußische Offizier und Beamte alten Schlages prägt diesen Typus aus. Ja in höchster sittlicher Betrachtung kann Herrschen und Dienen ganz zusammenfallen. So betrachtete sich Friedrich der Große als den ersten Diener seines Staates. Das heroische Opfer, das ein Hindenburg dem deutschen Staat und Volk bringt, ist aus dem gleichen Geiste geboren.“ (Spranger: Lebensformen, 1914/1921, S. 199)

Die politische Einordnung ins Lager der Deutschnationalen wird hier bereits deutlich und ist bis auf wenige Ausnahmen in der Spranger-Forschung unstrittig.[366]

In philosophischer Hinsicht ist diese Schrift ein Schlüsseldokument, um die Entfaltung der Ansichten Sprangers über den objektiven und den individuellen Geist, die beide in Gott ruhen, nachzuvollziehen. Das Verstehen, die Hermeneutik, ist bei Spranger auf das Innere gerichtet. Die Frage der wissenschaftlichen Beweisführung endet jedoch, nicht nur in diesem Buch, an vielen Stellen mit dem Verweis auf das Irrationale und Göttliche, das sowohl im Geist des Einzelnen als auch im Geist der Völker und im objektiven Geist zu finden sei.

Durch die Typenbildung gelingt es Spranger, zwischen dem Einzelnen und dem Ganzen eine Art Zwischenglied zu schaffen, als ideelles, typisches Modell, das nur ein Hilfsmittel ist, um sich einer Totalität, einer synthetischen Betrachtung aller Aspekte zu nähern. Spranger, der offensichtlich auch von Oswald Spenglers Buch „Der Untergang des Abendlandes“[367] inspiriert ist, entwickelt später den Gedanken der Völkerpsychologie, der hier bereits angelegt ist. So endet dieses Buch, auf dessen einzelne Passagen über Frauen oder Juden an anderer Stelle einzugehen sein wird, mit der Lebensform der „deutschen Seele“:

„Die deutsche Seele ist es, die die Höllenfahrt der Verzweiflung am tiefsten erfahren hat. In ihr allein kann daher der Sieg dieses ‚Dennoch‘ den höchsten Grad von Echtheit erreichen.“ (Spranger: Lebensformen, 1914/1921, S. 390)

An dieser Stelle entfaltet Spranger auch nicht den Ansatz einer Argumentation, sondern nutzt religionsgeschichtliche Metaphern wie die Hölle, um die Größe der deutschen Seele zu behaupten. Hier gibt es für ihn eine „Grenze des Verstehens“ (Spranger: Lebensformen, 1914/1921, S. 372). Die ganze Problematik einer Typenbildung, die er beim Individuum noch zugestanden hat, löst sich beim Versuch einer Charakterisierung der „deutschen Seele“ auf, da an Stelle des Wissens der Glaube tritt. Spranger fordert den Glauben an die „deutsche Seele“ und ihr gegenüber enden die Aufklärung und das rationale Konzept des Verstehens.[368]

---

[366] So unterstellt Hermann Josef Meyer, der Herausgeber des Bands VIII der „Gesammelten Schriften“, in seinem Nachwort Spranger eine „positive Einstellung zur Weimarer Republik“. Meyer schreibt: „Er [Spranger] steht (...) auf dem Boden des Weimarer Staates, der ‚Ehrfurcht, Treue und Hingabe‘ verdient; die Absicht seiner Kritik ist es, die Mängel des Systems der staatlichen Willensbildung (...) ins Bewusstsein zu rücken und die Verwirklichung eines besseren demokratischen Staates vorzubereiten.“ (Meyer, Hermann Josef: Nachwort, in: Spranger, Eduard: Gesammelte Schriften, Band VIII: Staat, Recht und Politik, Tübingen/Heidelberg 1970, S. 417)

[367] Spengler, Oswald: Der Untergang des Abendlandes. Umrisse einer Morphologie der Weltgeschichte, München 1959. Der erste Band erschien ursprünglich 1918, der zweite Band 1922. Spranger hebt hervor, dass man sich über das Buch „weniger ereifern“ solle (Spranger: Lebensformen, 1914/1921, S. 344).

Spranger geht in seiner Schrift „Probleme der Kulturmorphologie“, einem Vortrag an der Preußischen Akademie der Wissenschaften am 14.11.1935, auch ausdrücklich auf Spengler ein (in: Sitzungsberichte der Preußischen Akademie der Wissenschaften, Philosophisch-historische Klasse, Jg. 1936, S. 23). Siehe dazu auch: Englert, Ludwig: Eduard Spranger und Oswald Spengler, in: Koktanek, Anton Mirko/Schröter, Manfred (Hrsg.): Spengler-Studien, Festgabe für Manfred Schröter zum 85. Geburtstag, München 1965, S. 33–58.

[368] An anderer Stelle genauer zu betrachten ist eine Fußnote Sprangers eine Argumentation über den „Liebesgeist gewisser Juden“, den er mit der Seele der „Kinder von Wucherern oder ausgetrockneten Kapitalisten“ vergleicht. (in Spranger: Lebensformen (1914/1921), München/Hamburg 1965, S. 178),

d) Die „Psychologie des Jugendalters“ (1924)

Das Werk Eduard Sprangers, die „Psychologie des Jugendalters“[369], erschien erstmals 1924. In der NS-Zeit wurden insgesamt drei unveränderte Neuauflagen des Buchs publiziert (16. bis 18. Auflage; 1933, 1935 und trotz allgemeinen Papiermangels sogar noch 1944). Nach 1945 erschienen die 19. bis 29. Auflage (1979) mit einer Gesamtauflage von über 125.000 Exemplaren.

Dieses Buch Sprangers stellt eine Art Fortsetzung und Anwendung der in den „Lebensformen“ entwickelten Gedanken dar, aber auch eine Art Gegenentwurf zur wissenschaftlichen Psychologie Sigmund Freuds, dessen Atheismus und angebliche Verabsolutierung der Sexualität.[370] Für Spranger stehen die männlichen und gebildeten deutschen Jugendlichen (Spranger: Jugendalter, 1924, S. 25) im Mittelpunkt seiner Überlegungen. Aus „Scheu“ behandelt er ausdrücklich die weiblichen Jugendlichen nicht, die er als „Lieblingsgebiete meiner pädagogischen Tätigkeit“ (Spranger: Jugendalter, 1924, S. X) bezeichnet.[371]

Die Grundidee des „Verstehens“ der männlichen Jugendlichen liegt bei Spranger in Ebenen der Irrationalität und im religiösen Erleben begründet. Die auch damals üblichen empirisch-psychologischen Befragungen zielen nach Spranger auf das Äußerliche ab, ihm aber gehe es um das Innerliche. Ausgangspunkt seiner Analyse ist die Feststellung: „Es darf (...) als sicher angenommen werden, dass religiöses Leben in das Kind nicht nur hineingelegt wird, sondern dass es auch aus spontanen Trieben hervorwächst“ (Spranger: Jugendalter, 1924, S. 259).

Spranger wendet die sechs Lebensformen in dieser Schrift auf Jugendliche an, wobei vor allem Biographien bekannter Persönlichkeiten als Beleg und Illustrationsmaterial dienen. Von Bedeutung für den großen Erfolg dieses Buchs war sicherlich Sprangers scharfe Kritik an Freud, dessen Einfluss in der Weimarer Republik im Wachsen war.[372] In einem gesonderten elfseitigen Abschnitt mit dem Titel „Der Zusammenhang von Erotik und Sexualität“ (Spranger: Jugendalter, 1924, S. 114–124) stellt sich Spranger der heftig diskutierten Fragestellung, gesteht zunächst die Bedeutung des Unterbewussten und Unbewussten ein, bestreitet aber energisch, dass der „Sexualtrieb nun als der eigentliche Grundtrieb“ anzusehen sei. Er bezeichnet Freud als „Verwandlungskünstler ersten Ranges“ und spricht von Freuds „höchst primitive(r) Psychologie“ (Spranger: Jugendalter, 1924, S. 116 ff). Spranger polemisiert:

> *„Gibt es doch sogar ‚überentschiedene Schulreformer‘, die diese Richtung fördern. Die jungen Menschen von diesem Typus fühlen sich in ihrem Schlamm teilweise recht wohl.“* (Spranger: Jugendalter, 1924, S. 122)

---

369 Spranger, Eduard: Psychologie des Jugendalters (1924), 23. Auflage, Heidelberg 1953.

370 Auch nach 1945 qualifiziert Spranger Freud und die Psychoanalyse weiter nur negativ. Im Aufsatz „Der geborene Erzieher“ von 1958 (in: Gesammelte Schriften, Band I: Geist der Erziehung, Tübingen/Heidelberg 1969, S. 280–338) polemisiert Spranger gegen Freuds Tiefenpsychologie als „alchemistische“ Theorie, „insofern aus unedeln Stoffen Gold, hier aus bloß Triebhaftem, Tierischem, Geistiges gemacht werden soll“ (Spranger: Geborener Erzieher, 1958, S. 315). In einer Rundfunkrede behauptet Spranger, dass die an Freund anknüpfende Tiefenpsychologie die These hätte: „Das Gewissen ist nichts anderes als der aus der Kindheit stehen gebliebene Vaterkomplex“ (Spranger, Eduard: Über das Gewissen, in: Menschenleben und Menschheitsfragen. Gesammelte Rundfunkreden, München 1963, S. 27).

371 „Dieses Bild zu zeichnen, muss einer weiblichen Hand vorbehalten bleiben.“ (Spranger: Jugendalter, 1924, S. X)

372 Zur Kritik Sprangers siehe: Bernfeld, Siegfried: Die heutige Psychologie der Pubertät – Kritik ihrer Wissenschaftlichkeit, in: Bernfeld, Siegfried Antiautoritäre Erziehung und Psychoanalyse. Ausgewählte Schriften, Band 3, Frankfurt am Main/Berlin/Wien 1974, S. 5–63.

Und er fährt fort:

> „*In der Tat: hier bereitet sich der ‚Untergang des Abendlandes‘ vor. Auch die alte Welt ist weder an der Wirtschaft, noch am Staat, noch an der Religionslosigkeit zugrunde gegangen, sondern weil ihre führenden Schichten an der Wurzel krank waren: in ihrem sexuellen und erotischen Leben.*“ (Spranger: Jugendalter, 1924, S. 122)

Dass Spranger selbst hier „negative“ Sexualität zum geschichtserklärenden Prinzip erhebt, bleibt undiskutiert. Die Quintessenz seiner Polemik richtet sich gegen „schwüle Lektüre, Alkoholgenuss, Varietés, Kino“ (Spranger: Jugendalter, 1924, S. 122). Ihnen stellt er als wichtigste Lebensform für Jugendliche die religiöse Lebensform entgegen. Als Grundkonzeption für die Erziehung folgert er:

> „*Unter keinen Umständen darf gesagt werden, die Autonomie (das persönlich Geforderte) stehe notwendig höher als die Autorität.*“ (Spranger: Jugendalter, 1924, S. 151)

Dabei betont er nachdrücklich die uralte Norm der „sittliche(n) Erbweisheit“ (Spranger: Jugendalter, 1924, S. 151).[373]

Die für den Kontext dieser Arbeit nicht wesentlichen, teilweise ins unfreiwillig Humoristische übergehenden Darstellungen der Sexualität[374] sind für den Gesamtkontext des Buchs sicher nicht entscheidend. Der Duktus des Buchs zielt darauf ab, Jugendliche tiefer in ihrem Inneren und mit ihren Besonderheiten zu verstehen, dem diagnostizierten inneren religiösen Trieb, unter Kenntnis aller anderen Lebensformen, zum Durchbruch zu verhelfen und so, mit Empathie und klarer Kenntnis geschichtlich gewachsener sittlicher Normen, Jugendlichen beizustehen.[375]

---

[373] Über die „Entwicklung junger Juden“ meint Spranger sich auch äußern zu müssen: „Besonders in die Entwicklung junger Juden fällt oft eine solche Entdeckung [die Ungerechtigkeit der Welt] zerstörend hinein und erfüllt sie früh mit ethischer Skepsis“ (Spranger: Jugendalter, 1924, S. 157). Auch diese Passage enthält durch die Art ihrer Verallgemeinerung und unbewiesenen Behauptungen zwar antisemitisches Potenzial, kann aber noch nicht als explizit antisemitisch bezeichnet werden.

[374] Spranger spricht sich etwa gegen „sitzende Lebensweise und die Reizung durch enge Kleidung“ (Spranger: Jugendalter, 1924, S. 106) aus, wodurch Onanie gefördert würde, die für ihn ein „Fluch“, ein „fressender Wurm“ ist (Spranger: Jugendalter, 1924, S. 108). Auch Ausfälle gegen Homosexualität fehlen nicht (vgl. Spranger: Jugendalter, 1924, S. 113 bzw. S. 121).

[375] Gruschka charakterisiert in seinem Buch „Negative Pädagogik“ (Wetzlar 1988) Sprangers Werk wie folgt: „Eduard Sprangers ‚Psychologie des Jugendalters‘, jahrzehntelang Pflichtlektüre für einen Pädagogen (auf sie wird später näher einzugehen sein), ist vielleicht das im deutschen Sprachraum prominenteste Beispiel mit der dort zu studierenden Klarheit einer Konfrontation theoretischer Einsichten mit praktischen Interessen. Gleichzeitig ist es ein Paradebeispiel für die Gefahren, die aus einer ideologischen Überformung möglicher theoretischer Erkenntnisse durch eine vorab vorgenommene praktische Normierung der zu untersuchenden Wirklichkeit folgt.“ (Gruschka 1988, S. 125) Als schlagendes Beispiel und Beleg für die eindeutige Vertauschung von „Sein und Sollen“ bei Spranger heißt es – noch sehr zurückhaltend formuliert („geraten hoffnungslos durcheinander“):

„Sein sich als empirische Arbeit verstehender Text ist ein prägendes Beispiel dafür geworden, wie die Vorurteile einer Kulturkritik die Rekonstruktion der wirklichen Entwicklung von Jugendlichen ersetzen sollen: Sein und Sollen geraten hoffnungslos durcheinander. Exemplarisch ist das abzulesen an der Art, wie Spranger die ‚Inszenierung‘ des Körpers und der äußerlichen Erscheinung interpretiert, die vom weiblichen Jugendlichen gezeigt wird. Statt einer entwicklungspsychologischen Interpretation kommt es zu einer negativen Normierung. Von einer übertriebenen Körperpflege führt für Spranger der Weg des Mädchens schnell in die ‚Hurerei‘.

‚So bleibt als primäres Motiv der Wunsch nach Vergnügen, nach einem Kavalier, nach dem Glanz der Genüsse: Kino, Putz, Wirtshausbesuch und ähnliches (...) Das Ideal der jungfräulichen Reinheit besteht in weiten Kreisen nicht mehr.‘ Selbst die Eltern fänden nichts dabei, ‚dass ihre Tochter mit einem Herrn geht. Ist es so, dann steuert die weibliche Jugend (...) in das Verderben hinein einfach aus Oberflächlichkeit und ich zweifle nicht, dass es in tausenden Fällen so geht. Der Typus der Dirne liegt vielleicht nicht nur bei dem Weibe vor, das sexuell unersättlich ist, sondern ebenso sehr bei all denen, die überhaupt die tiefere Naturbestimmung und Seelenrichtung des Weibes nie gefühlt haben, weil sie in diese Schichten in sich selbst nicht oder zu spät hineingeblickt haben‘ (Spranger 1966, Seite 186).

Was Spranger als Kulturkritik formuliert, hat nichts mit einer gesellschaftskritischen Parteinahme für das Schicksal der Kinder und Jugendlichen zu tun, die sich in ihrem Entwicklungsprozess den Bedingungen gesellschaftlichen Lebens anzupassen haben. Das Eigenrecht der Kinder und Jugendlichen wird von Spranger nur dort moralisch akzeptiert, wo es sich in Übereinstimmung mit der idealistisch interpretierten Idee und Norm der Gesellschaft befindet. Deswegen wird aus Eigenrecht so schnell ein moralisch zu kritisierender Eigensinn der jugendlichen Mädchen. Die Entwicklungspsy-

e) Der Sammelband „Volk, Staat, Erziehung" (1932)

1932 erschien der Sammelband „Volk, Staat, Erziehung"[376], der unmittelbar vor dem Januar 1933 als politische Stellungnahme eines exponierten deutschnationalen akademischen Lehrers wahrgenommen wurde. Der Akzent dieses Bandes liegt politisch auf der Betonung des Deutschen, des Nationalen und hebt Befehl, Gehorsam und Autorität hervor. Dabei entwickelt Spranger diese Gedanken durchaus auch als Philosoph und Erziehungswissenschaftler, der auf einen breiten Fundus geistesgeschichtlicher Ideen zur Untermauerung seiner politischen Positionierung zurückgreifen kann.

Als beherrschenden Grundgedanken dieser Schrift hebt Spranger in seinem auf September 1932 datierten Vorwort Folgendes hervor:[377]

> *„Nur wenn wir die* ***deutsche*** *Wahrheit leben können, die neue, die wir uns selbst erkämpft haben, werden wir überhaupt leben können."* (Spranger: Volk, Staat, Erziehung, 1932, S. VI, Hervorhebung im Original)

Spranger warnt im Aufsatz **„Das humanistische und das politische Bildungsideal im heutigen Deutschland"**[378] aus dem Jahr 1916 „vor der sozialistischen und materialistischen Barbarei" (Spranger: Volk, Staat, Erziehung, 1932, S. 8) und vor dem „Gedanke(n) eines reinen freien Menschentums" (Spranger: Volk, Staat, Erziehung, 1932, S. 9), weil er die Humanitätsidee mit der nationalen Idee untrennbar verknüpfen möchte: „Heute stellen wir mit freierem Selbstgefühl das Deutsche in den Mittelpunkt" (Spranger: Volk, Staat, Erziehung, 1932, S. 24).

Der Band enthält auch eine bestimmte Lesart des Ersten Weltkrieges. Über 1914 heißt es im Aufsatz **„Der Anteil des Neuhumanismus an der Entstehung des deutschen Nationalbewusstseins"**[379] aus dem Jahr 1923 (einer Rede zum Jahrestag der Reichsgründung):

> *„Die Gelüste des Eroberers haben wir so wenig gekannt, wie ein Tropfen von Chauvinismus in unserem Blute war."* (Spranger: Volk, Staat, Erziehung, 1932, S. 36)

Die wissenschaftliche Nüchternheit weicht im selben Aufsatz der Pathetik des Deutschnationalen. Es finden sich wiederholt Passagen wie die folgende:

> *„Die höchste und größte Stunde des Deutschtums ist noch nicht vorüber, sie liegt noch vor uns. – In diesem Glauben reichen wir uns die Hände und geloben uns: Deutschland unsre Hoffnung! Deutschland unser Wille! Deutschland unsre Gewissheit!"* (Spranger: Volk, Staat, Erziehung, 1932, S. 56)

Und Spranger führt weiter aus:

> *„****Deutschheit, Griechheit*** [sic!] *und* ***Menschheit*** *erschienen als eine große Identität. Aber der Historiker muss fühlen, wie der Grundton in diesem Akkord doch eben die* ***Deutschheit*** *ist. Sonst wäre das alles wie ein unbegreiflicher geistiger Landesverrat."* (Spranger: Volk, Staat, Erziehung, 1932, S. 42, Hervorhebungen im Original)

---

chologie Sprangers tendiert mit wenigen Ausnahmen dazu, Wissen zur pädagogischen Normierung der Jugendlichen für eine nicht kritisierte Gesellschaft bereitzustellen." (Gruschka 1988, S. 136)

An anderer Stelle erinnert Gruschka an Heydorns scharfe Kritik an Spranger im Hinblick auf ein Zurechtstutzen des Wilhelm von Humboldt, aus dessen Werk in der Spranger'schen Deutung die gesellschaftskritischen Elemente entfernt wurden (Gruschka 1988, S. 227).

[376] Spranger, Eduard: Volk, Staat, Erziehung. Gesammelte Reden und Aufsätze, Leipzig 1932.

[377] Spranger, Eduard: Vorwort (1932), in: Spranger, Eduard: Volk, Staat, Erziehung. Gesammelte Reden und Aufsätze, Leipzig 1932, S. V–VI.

[378] Spranger, Eduard: Das humanistische und das politische Bildungsideal im heutigen Deutschland (1916), in: Spranger, Eduard: Volk, Staat, Erziehung. Gesammelte Reden und Aufsätze, Leipzig 1932, S. 1–33. Vortrag, gehalten im Zentralinstitut für Erziehung und Unterricht in Berlin im Januar 1916.

[379] Spranger, Eduard: Der Anteil des Neuhumanismus an der Entstehung des deutschen Nationalbewusstseins (1923), in: Spranger, Eduard: Volk, Staat, Erziehung. Gesammelte Reden und Aufsätze, Leipzig 1932, S. 34–56. Festrede, gehalten zur Reichsgründungsfeier der Friedrich-Wilhelms-Universität in Berlin („nach der Besetzung des Ruhrgebiets durch die Franzosen") am 18.1.1923.

Im Aufsatz **„Über Erziehung zum deutschen Volksbewusstsein"**[380] von 1924 lautet Sprangers Kernthese:

> *„Es ist nicht zuviel gesagt, wenn wir behaupten, der deutsche Geist und nur der deutsche Geist bedeute den sichersten Schutz vor der Imperialisierung der Welt."* (Spranger: Volk, Staat, Erziehung, 1932, S. 69)

Diese Idee von der deutschen Mission ist allerdings keinesfalls pazifistisch ausgerichtet:

> *„Ich habe es gelernt, dass gerade der östliche Boden voll ist von den Spuren deutscher Art und deutscher Arbeit."* (Spranger: Volk, Staat, Erziehung, 1932, S. 73)[381]

Und Spranger folgert:

> *„(...) wir dürfen auch die modernen Mittel der Gedankenausbreitung nicht verschmähen. Fragt man, wann einmal in ganz kurzer Zeit durch geschickte Methoden ein Gedanke erfolgreich ins Volk hineingetragen worden ist, so scheint mir, als ob die Flotten- und Kolonialpropaganda der 90er Jahre Erstaunliches geleistet habe. (...) Also sorge man dafür, dass deutsch Empfundenes über die Leinwand rolle."* (Spranger: Volk, Staat, Erziehung, 1932, S. 75)

Einige Jahre später fand dieser Ratschlag Sprangers offensichtlich massive Anwendung.[382]

Spranger fasst in „Volk, Staat, Erziehung" auch Grundideen seiner politischen Staatserziehung zusammen. Die Grundthese ist (hier aus dem Aufsatz **„Probleme der politischen Volkserziehung"**[383] von 1928): „Man muss Staat in seine Seele hineingenommen haben (...)" (Spranger: Volk, Staat, Erziehung, 1932, S. 79).[384] Er wischt den Einwand vom Tisch, dass Erziehung eigentlich dem idealen Staat zu gelten habe und bekräftigt, dass die Erziehung eine Erziehung für den gegebenen, „wirkliche(n)" Staat sein müsse (Spranger: Volk, Staat, Erziehung, 1932, S. 80).

Kennzeichnend für den gesamten Sammelband ist, dass Spranger einen verschärften Militarismus eng mit deutschem Nationalismus verknüpft. So finden sich bereits 1930 (im Aufsatz **„Wohlfahrtsethik und Opferethik in den Weltentscheidungen der Gegenwart"**[385] Sätze wie:

---

[380] Spranger, Eduard: Über Erziehung zum deutschen Volksbewusstsein (1924), in: Spranger, Eduard: Volk, Staat, Erziehung. Gesammelte Reden und Aufsätze, Leipzig 1932, S. 57–76. Vortrag, gehalten in Berlin anlässlich der Hauptausschusstagung des Vereins für das Deutschtum im Ausland.

[381] An anderer Stelle formuliert Spranger: „Endlich ist deutsch besiedelter Boden, der sich schon längst weit über die politischen Grenzen hinaus erstreckte, noch weiter von der Staatseinheit abgesplittert worden" (Spranger: Volk, Staat, Erziehung, 1932, S. 91). Oder auch: „Zukunftsreich ist die Besiedlung unbebauten oder freigewordenen Bodens mit gesundem Bauerntum, besonders im Osten, wo die kolonisatorische Kraft des Deutschtums in Gefahr war, zu erschlaffen" (Spranger: Volk, Staat, Erziehung, 1932, S. 205).

[382] Dass Spranger einer Kolonialherrschaft Deutschlands positiv gegenüberstand, zeigt auch folgende Passage aus dem Aufsatz „Probleme der Kulturmorphologie" (1936):

„Wir haben Kolonien besessen und unsre Fähigkeit zum Kolonisieren in Gebieten von Völkerschaften primitiverer Kultur einwandfrei dargetan. In der kurzen Spanne aber, in der sich diese Arbeit leider abspielte, standen naturgemäß wirtschaftliche und politische Interessen im Vordergrunde. Die große Frage der Eingeborenenerziehung und ihrer kulturellen Voraussetzungen begann gerade in den Blickpunkt der Verwaltung zu treten, als die Aufgabe durch fremdes Diktat unsren Händen entzogen wurde." (in: Sitzungsberichte der Preußischen Akademie der Wissenschaften, Philosophisch-historische Klasse, Jg. 1936, S. 9)

[383] Spranger, Eduard: Probleme der politischen Volkserziehung (1928), in: Spranger, Eduard: Volk, Staat, Erziehung. Gesammelte Reden und Aufsätze, Leipzig 1932, S. 77–106. Aus der Festschrift „Zehn Jahre Reichsheimatdienst" (ohne Ort, 1928), herausgegeben von der Reichszentrale für Heimatdienst.

[384] Bereits 1926 hatte Spranger die „Durchseelung des Staates und Durchstaatlichung der Seele" gefordert (Spranger, Eduard: Das deutsche Bildungsideal der Gegenwart in geschichtsphilosophischer Beleuchtung (1926), in: Gesammelte Schriften, Band V: Kulturphilosophie und Kulturkritik, Tübingen/Heidelberg 1969, S. 101).

[385] Spranger, Eduard: Wohlfahrtsethik und Opferethik in den Weltentscheidungen der Gegenwart (1930), in: Spranger, Eduard: Volk, Staat, Erziehung, Leipzig 1932, S. 107–134. Festrede, gehalten zur Reichsgründungsfeier der Friedrich-Wilhelms-Universität in Berlin am 18.1.1930.

> *„Der Krieger, der das Dasein opfert, tut es nicht um des Krieges und des bloßen Opfers willen; sondern: ‚Deutschland muss leben, und wenn wir sterben müssen'.“* (Spranger: Volk, Staat, Erziehung, 1932, S. 112)[386]

Und Spranger führt diesen Gedanken weiter. Nach einer Huldigung „voll Ehrfurcht“, die er Hindenburg und dessen altpreußischer Pflichttreue entgegenbringt, formuliert er:

> *„Wir huldigen dem Andenken derer, die im großen Kriege ihr Sein für uns hingegeben haben, Arbeiter und Akademiker vereint in derselben schlichten Größe. Ihre Opfer waren nicht vergebens. Weil sie zu sterben wussten, deshalb dürfen wir leben.“* (Spranger: Volk, Staat, Erziehung, 1932, S. 133)

Bereits 1930 verbinden sich in Sprangers Denken auch Natur und Blut mit der Geistigkeit. Im Aufsatz **„Volkskenntnis, Volksbildung, Volkseinheit“** formuliert er, dass vier Faktoren ein Volk erst zum Volk machen würden:

> *„(...) **Blut, Arbeit, Ordnung, Gläubigkeit**. Der Volkszusammenhang wurzelt im **Blut**: nur wo gesunde Kinder geboren werden und geboren werden können, hat das Volk eine Zukunft. Diese Naturgrundlage kann durch keine noch so hohe Geistigkeit ersetzt werden. Der Mensch muss den Willen haben – nicht nur, dass irgendwer den Heimatboden besiedle, sondern dass es sein Blut und damit sein Geist sei, der sich in der Welt fortpflanze.“*[387]

Die Positionierung Sprangers gegenüber dem Parlamentarismus der Weimarer Republik erfolgt am Ende des Sammelbands, im Aufsatz **„Gegenwart“**[388] vom September 1932 in der These:

> *„Wenn je die Ungeeignetheit eines politischen Systems experimentell erwiesen worden ist, so ist auf diese Weise der Parlamentarismus in Deutschland widerlegt worden.“* (Spranger: Volk, Staat, Erziehung, 1932, S. 192 f.)

Gleichzeitig positioniert er sich auch selbst, nachdem er Heer und Beamtentum als tragende Säulen des Staates hervorgehoben hat:

> *„Der Beamte kann – gemäß dem großen Sinn seiner Funktion – überhaupt nicht Organ einer Partei sein, so wenig, wie es im Besonderen der Universitätslehrer sein kann. Die Wahrheit muss wieder durchdringen, dass man Einfluss üben kann, gerade weil man **keiner** Partei angehört, sondern dem Ganzen zu dienen bestimmt ist.“* (Spranger: Volk, Staat, Erziehung, 1932, S. 199, Hervorhebung im Original)

Diese Passage ist durchaus kennzeichnend für die Haltung Sprangers auch nach 1933: Er ist bewusst nicht der NSDAP beigetreten. Gleichzeitig verschärft er gegen Ende des Sammelbandes seine deutschnationalen, reaktionären Grundpositionen.

Rückwärts gewandt orientiert Spranger die deutsche Gesinnung an der Tugend der „freien, adeligen Subordination“ gegen Ideen von Konkurrenz und Neid. Das sei der Vorteil des „altpreußischen Ranggedankens“ gewesen, der, so Spranger, Rivalitäten im Allgemeinen ausgeschlossen habe. Für den neuen Typus des Führers stellt er axiomatisch fest:

> *„Dieser neue Typus kann nur entstehen, wo die Frontkämpfergeneration als Erziehergeneration vorangeht. (...) Er wird den Glauben haben, dass seinem Volke eine kulturelle Zukunftsmission gesetzt ist, (...) im Dienste (...) gottgewollter sittlicher Werte. Sein Glaube wird also religiös sein. Und eben*

[386] Der hier von Spranger zitierte Satz stammt aus dem Gedicht „Soldatenabschied“ (1914) von Heinrich Lersch. Nach 1918 wurde diese Gedichtzeile zur Kampfparole und findet sich außerdem auf zahlreichen Kriegerdenkmälern sowie als Leitspruch des Soldatenfriedhofes in Langemarck. Lersch selbst wurde 1933 an die Preußische Akademie der Künste berufen. In einigen Gedichten verherrlichte er den Nationalsozialismus und hielt u. a. Vorträge vor der Hitlerjugend.

[387] Spranger, Eduard: Volkskenntnis, Volksbildung, Volkseinheit (1930), in: Spranger, Eduard: Volk, Staat, Erziehung, Leipzig 1932, S. 135–152, hier S. 138, Hervorhebungen im Original. Festvortrag, gehalten zur sechzigsten Hauptversammlung der „Gesellschaft für Volksbildung“ am 29.5.1930 in Berlin.

[388] Spranger, Eduard: Gegenwart (1932), in: Spranger, Eduard: Volk, Staat, Erziehung. Gesammelte Reden und Aufsätze, Leipzig 1932, S. 176–211.

deshalb wird sein Herrschen ein ewiges Dienen sein, ganz im Stile alter, unvergänglicher Ordensrittergedanken.“ (Spranger: Volk, Staat, Erziehung, 1932, S. 210)[389]

Dieser Sammelband mit Aufsätzen aus den Jahren 1916 bis 1932 weist eine erste zunehmende Distanzierung Eduard Sprangers von den Bildungsgedanken Wilhelm von Humboldts auf.[390] Nicht zufällig rekurriert er auf Denkfiguren der Deutschen Ordensritter. Gewichtiger jedoch ist die deutliche Hinwendung zu jenen um Hindenburg gruppierten Strömungen, die bereits wenige Monate nach Erscheinen des Sammelbandes das politische Bündnis mit der NSDAP und Adolf Hitler eingingen. Gedankengänge und Sprache Sprangers waren darauf vorbereitet. Natur und Blut, Dienen und Gehorchen und die Größe des Deutschtums wurden in diesem Band so konzentriert vorgestellt, dass sich der politische Übergang Sprangers auch in der Diktion deutlich abzeichnet.

* * *

Dass Eduard Spranger nicht politisch naiv war, zeigt sich vor allem in der Platzierung und Zusammenstellung des eben vorgestellten Sammelbandes. Die Grundgedanken der beiden großen Arbeiten über Wilhelm von Humboldt werden vorsichtig, aber doch präzise abgeschwächt, die geisteswissenschaftliche Fundierung eines Bildungsbegriffs weicht insbesondere in der „Psychologie des Jugendalters“ bereits der theoretischen Fundierung einer psychologisch-religiösen Innerlichkeit, um die männliche Jugend in Deutschland weg von Humanitätsidealen hin zum gläubigen Deutschtum zu erziehen. Die erkenntnistheoretische Grundlegung in Teilen der „Lebensformen“ wird, wie auch die folgenden Analysen der Schriften Sprangers in der NS-Zeit zeigen werden, eine Art geistiges Kapital, mit dem er operieren und das er variieren kann, da die Geschichte des Idealismus und der Metaphysik nahezu unerschöpfliche Möglichkeiten eröffnet.

Der fünfzigjährige Spranger war ohne Frage ein Kenner dieser Art von Geistesgeschichte, und er besaß die Fähigkeit, mit der dafür notwendigen zeitgeschichtlichen Beweglichkeit durch Akzentverschiebung Inhalte neu zu definieren, ohne die Kontinuität der eigenen Arbeiten aufzukündigen. Dies zeigt sich nicht nur nach 1945, sondern bereits in der zielgenauen Anordnung seiner weiteren wissenschaftlichen Arbeit und der Planung und Durchführung seiner Publikationstätigkeit zwischen 1933 und 1945.

---

[389] Spranger forderte bereits 1928 eine Erneuerung der geistigen Qualität der Volksgemeinschaft durch hervorragende Führer, die sich auf den Geist und auf Gott berufen: „Mussolini als einzelner wäre nichts, wenn nicht durch ihn hindurch die alte Geistesmacht der Roma eterna die Gestalt einer Roma nuova gewönne. Echte Staatsmänner werden nicht durch das Parlament regiert, sondern sie stellen das Parlament in die politische Kraftverteilung mit ein, die *sie* dirigieren“ (Spranger, Eduard: Von der deutschen Staatsphilosophie der Gegenwart (1928), in: Gesammelte Schriften, Band V: Kulturphilosophie und Kulturkritik, Tübingen/Heidelberg 1969, S. 126, Hervorhebung im Original).

[390] Spranger hält 1932 in einer Anmerkung zu seinem 1916 verfassten Aufsatz „Das humanistische und das politische Bildungsideal im heutigen Deutschland“ einen Zusatz für unerlässlich. Seine damalige Darstellung Humboldts erschien ihm nun obsolet. Er vermerkt, seine Darstellung bedürfe einer Korrektur: „Der Vortrag von 1916 bedient sich der einfachen Annahme, das Bildungsideal unsrer klassischen Zeit habe sich in dem Ziel einer schönen, vielleicht sogar ‚harmonischen‘ Selbstvollendung erschöpft. Zu dieser unzutreffenden Ansicht kommt man leicht, wenn man W. v. Humboldt in den Mittelpunkt stellt“ (Spranger: Volk, Staat, Erziehung, 1932, S. 214).

Wenn Spranger dabei die Schrift „Die Entstehung des deutschen Bildungsprinzips“ von Hans Weil aus dem Jahr 1930 angreift, weil sie eben eine solche „falsche Auffassung“ von Bildung vertrete, wie es vor allem in den frühen Schriften Humboldts der Fall gewesen sei, so erteilt Spranger damit bereits 1932 emanzipatorischen Bildungsgedanken eine Absage. Den Abdruck seines eigenen „irrigen“ Aufsatzes erklärt Spranger damit, dass so im Kontrast mit seinen späteren Aufsätzen die Überwindung seiner falschen Ansichten erst deutlich werden könne.

Vgl. dazu: Weil, Hans: Die Entstehung des deutschen Bildungsprinzips, 2. Auflage, Bonn 1967 und Lingelbach, Karl Christoph: Die Aufgabe der Erziehung in der weltweiten Strukturkrise des Kapitalismus, in: Brumlik, Micha/Ortmeyer, Benjamin (Hrsg.): Erziehungswissenschaft und Pädagogik in Frankfurt – eine Geschichte in Portraits. 90 Jahre Johann Wolfgang Goethe-Universität (Frankfurter Beiträge zur Erziehungswissenschaft, Reihe Kolloquien, Band 10), Frankfurt am Main 2006, S. 13–40.

2. Nohl: „Pädagogischer Bezug" und „Deutsche Bewegung"

Herman Nohls Rolle in der Zeit des NS-Regimes ist im erziehungswissenschaftlichen Kontext in den letzten Jahren wieder in den Blickpunkt geraten.[391] Allerdings ist er – im Unterschied etwa zu Peter Petersen – in der heutigen schulpädagogischen Diskussion wenig präsent. Anders als der als „Reformpädagoge" geltende Petersen mit seinem „Jenaplan" und den entsprechenden Schulen, steht Nohl – als Repräsentant der erziehungswissenschaftlichen „Göttinger Schule" – für eine geisteswissenschaftliche Grundrichtung der Pädagogik, die keine eigenständigen empirischen Studien vorzuweisen hat.[392] Nohls Name steht zudem eher für die pädagogische Theorie und Praxis der Sozialpädagogik, nicht für die Schulpädagogik.

Der 1879 in Berlin als Sohn eines Gymnasiallehrers geborene Nohl[393] studierte Philosophie und promovierte 1904 mit einer knapp neunzig Seiten umfassenden Arbeit über „Sokrates und die Ethik"[394] bei Friedrich Paulsen[395] und Wilhelm Dilthey, dessen Assistent er auch zeitweise war. 1908 habilitiert sich Nohl in Jena bei Rudolf Eucken mit einer kleinen Schrift (78 Seiten) über „Die Weltanschauungen der Malerei".[396] In großem Umfang beschäftigt ihn zunächst die

---

[391] Zur Debatte siehe u. a.:

Zimmer, Hasko: Pädagogik, Kultur und nationale Identität. Das Projekt einer „deutschen Bildung" bei Rudolf Hildebrand und Herman Nohl, in: Auernheimer, Georg/Gstettner, Peter (Red.): Pädagogik in multikulturellen Gesellschaften (Jahrbuch für Pädagogik 1996), Frankfurt am Main/Berlin/Bern/New York/Paris/Wien 1996, S. 159–177.

Zimmer, Hasko: Von der Volksbildung zur Rassenhygiene: Herman Nohl, in: Rülcker, Tobias/Oelkers, Jürgen (Hrsg.): Politische Reformpädagogik, Bern/Berlin/Frankfurt am Main/New York/Paris/Wien 1998, S. 515–540.

Lingelbach, Karl Christoph/Zimmer, Hasko (Red.): Das Jahrhundert des Kindes? (Jahrbuch für Pädagogik 1999), Frankfurt am Main/Berlin/Bern/Brüssel/New York/Wien 2000.

Lingelbach, Karl Christoph: Das Kind im Widerspruch „Pädagogischen Denkens", in: Lingelbach, Karl Christoph/Zimmer, Hasko (Red.): Das Jahrhundert des Kindes? (Jahrbuch für Pädagogik 1999), Frankfurt am Main/Berlin/Bern/Brüssel/New York/Wien 2000, S. 133–159.

Klafki, Wolfgang/Brockmann, Johanna-Luise: Geisteswissenschaftliche Pädagogik und Nationalsozialismus. Herman Nohl und seine „Göttinger Schule" 1932–1937. Eine individual- und gruppenbiografische, mentalitäts- und theoriegeschichtliche Untersuchung, Weinheim/Basel 2002.

Gran, Michael: Das Verhältnis der Pädagogik Herman Nohls zum Nationalsozialismus. Eine Rekonstruktion ihrer politischen Gehalte (Schriftenreihe EUB, Erziehung – Unterricht – Bildung, Band 117), Hamburg 2005.

Zum gesamten Prozess der Anpassung der Zeitschrift „Die Erziehung" siehe Horn, Klaus-Peter: Pädagogische Zeitschriften im Nationalsozialismus. Selbstbehauptung, Anpassung, Funktionalisierung (Bibliothek für Bildungsforschung, Band 3), Weinheim 1996.

[392] Zwar sind Schulen nach Herman Nohl benannt, aber bei weitem nicht in dem Umfang wie bei Peter Petersen. Peter-Petersen- bzw. Jenaplanschulen gibt es bundesweit etwa drei Dutzend. Nohl-Schulen gibt es unter anderem in Göttingen, Berlin, Stuttgart, Osnabrück, Hildesheim, Esslingen und Kirchheimbolanden.

[393] Zur Biographie Nohls siehe:

Geißler, Georg: Herman Nohl (1879–1960), in: Scheuerl, Hans (Hrsg.): Klassiker der Pädagogik, Band 2: Von Karl Marx bis Jean Piaget, 2. überarbeitete und um ein Nachwort ergänzte Auflage, München 1991, S. 225–240.

Klafki, Wolfgang/Brockmann, Johanna-Luise: Geisteswissenschaftliche Pädagogik und Nationalsozialismus. Herman Nohl und seine „Göttinger Schule" 1932–1937. Eine individual- und gruppenbiografische, mentalitäts- und theoriegeschichtliche Untersuchung, Weinheim/Basel 2002.

Klika, Dorle: Herman Nohl (1879–1960), in: Tenorth, Heinz-Elmar (Hrsg.): Klassiker der Pädagogik. Band 2: Von John Dewey bis Paul Freire, München 2003, S. 123–151.

Dollinger, Bernd: Herman Nohl, in: Dollinger, Bernd (Hrsg.): Klassiker der Pädagogik. Die Bildung der modernen Gesellschaft, Wiesbaden 2006, S. 247–264.

[394] Nohl, Herman: Sokrates und die Ethik, Tübingen/Leipzig 1904.

[395] Ohne hier auf das umfangreiche Werk von Friedrich Paulsen (1846–1908) eingehen zu können, sei festgehalten, dass seine Grundthese, an Fichte angelehnt, war, dass Juden nur dann gleichberechtigte Bürger werden könnten, wenn sie „aufhören, Juden sein zu wollen" (Paulsen, Friedrich: System der Ethik. Mit einem Umriss der Staats- und Gesellschaftslehre, Band 1, 11./12. Auflage, Berlin 1921, S. 65).

[396] Nohl, Herman: Die Weltanschauungen der Malerei. Mit einem Anhang über die Gedankenmalerei, Jena 1908.

Herausgabe der theologischen Jugendschriften Hegels. Später folgte eine große Edition der Schriften seines akademischen Lehrers Dilthey.

Im Sommer 1915 wird Nohl zur Reichswehr eingezogen und nimmt bis 1918 als Teil der Besatzungsarmee in Belgien am Ersten Weltkrieg teil. 1919 gründet er die Jenaer Volkshochschule, ein Modell seiner Idee einer „Volkspädagogik“. 1920 wird er ordentlicher Professor an der Universität in Göttingen und belegt den Lehrstuhl für Philosophie, 1922 wird er auf das dort neu geschaffene Ordinariat für Pädagogik berufen. 1937 wird er „in Ehren“, wohl aber gegen seinen Willen im Alter von 57 Jahren vorzeitig emeritiert. 1943 wird er für einige Monate zur Fabrikarbeit eingezogen.

Nach dem Ende der NS-Zeit wird er in Göttingen erneut zum Professor ernannt, wo er das „Institut für Erziehung und Unterricht“ gründet. Er wird außerdem Herausgeber der neu gegründeten Zeitschrift „Die Sammlung“. 1953 wird er Ehrenbürger der Stadt Göttingen.

Nohls Lebenswerk umfasst die Zeitspanne vom Kaiserreich über die Weimarer Republik und die NS-Zeit bis hin zur Nachkriegszeit in der Bundesrepublik. Nohl stirbt am 27. September 1960 in Göttingen, nachdem er 1959 noch die Goethe-Plakette der Stadt Frankfurt am Main erhalten hatte.

* * *

Seine erste umfangreiche Publikation, sein wirklicher Durchbruch, war das gemeinsam mit Ludwig Pallat herausgegebene „Handbuch der Pädagogik“ (fünf Bände und ein Ergänzungsband, erschienen zwischen 1928 und 1933). Hinsichtlich seiner Grundwerke ergibt sich also das Bild, dass sie allesamt in der Zeit zwischen 1933 und 1939 erschienen sind:

1935: „Die pädagogische Bewegung in Deutschland und ihre Theorie“ (eine Zusammenfassung zweier Texte aus dem Band 1 des „Handbuchs der Pädagogik“ von 1933)

1935: „Einführung in die Philosophie“

1935: „Die ästhetische Wirklichkeit“

1938: „Charakter und Schicksal“ (2. Auflage 1940)

1939: „Die sittlichen Grunderfahrungen“[397]

Vor 1933 war in zwei Auflagen zudem eine Sammlung kleiner Aufsätze in Broschürenform erschienen,[398] 1933 erschien eine Aufsatzsammlung über die sogenannte „Osthilfe“.[399] Herman Nohl war seit 1925 Mitherausgeber der bedeutenden Zeitschrift „Die Erziehung“, bis er sich 1937 (nachdem die Herausgeber einen Aufsatz von ihm abgelehnt hatten) zurückzog. Nach 1945 war er zusammen mit Weniger Herausgeber der erziehungswissenschaftlichen Zeitschrift „Die Sammlung“. Im September 1945 wird Nohl Dekan des Fachbereichs Erziehungswissenschaften der Universität Göttingen.

Zu seinen Lebzeiten erschienen nach 1945 neben weiteren Auflagen seiner Grundschriften vor allem der Sammelband „Pädagogik aus dreißig Jahren“[400] sowie einige weitere kleine

[397] Diese Schriften beruhen in weiten Teilen auf Vorarbeiten Nohls vor der NS-Zeit, vor allem seiner Promotions- und seiner Habilitationsschrift.

[398] Nohl, Herman: Pädagogische und politische Aufsätze, Jena 1919 und Nohl, Herman: Pädagogische Aufsätze, 2. vermehrte Auflage, Langensalza/Berlin/Leipzig 1929. Nohl teilt im Vorwort zur ersten Auflage dieses Sammelbands mit, dass sämtliche dort abgedruckten Aufsätze in der Zeitschrift „Die Tat“ erschienen sind. Siehe dazu: Breuer, Stefan: Anatomie der konservativen Revolution, 2. durchgesehene und korrigierte Auflage, Darmstadt 1995; Sontheimer, Kurt: Der Tatkreis, in: Vierteljahreshefte für Zeitgeschichte, 7. Jg. (1959), Heft 3, S. 229–260 und Kracauer, Siegfried: Aufruhr der Mittelschichten. Eine Auseinandersetzung mit dem „Tat“-Kreis (1931), in: Kracauer, Siegfried: Schriften, Band 5, Teil 2, Frankfurt am Main 1990, S. 405–424.

Vor 1933 erschien außerdem der Sammelband „Jugendwohlfahrt. Sozialpädagogische Vorträge“ (Leipzig 1927).

[399] Nohl, Herman: Landbewegung, Osthilfe und die Aufgabe der Pädagogik, Leipzig 1933.

[400] Nohl, Herman: Pädagogik aus dreißig Jahren, Frankfurt am Main 1949.

Zusammenstellungen.[401] Nohl selbst und seine akademischen Schülerinnen und Schüler (gemeint sind die Wissenschaftlerinnen und Wissenschaftler, die bei ihm promoviert haben) haben mit diesem Sammelband und entsprechenden Vor- und Nachbemerkungen die Grundthese der „positiven" Kontinuität der Pädagogik Nohls von Weimar über NS-Berlin bis Bonn festgeschrieben und gepflegt. Nach Nohls Tod erschien u. a. der von Bollnow zusammengestellte Band „Die Deutsche Bewegung",[402] der eine in sich geschlossene Vorlesungsaufzeichnung und einzelne Aufsätze zu diesem Thema enthält.

Die eigentliche wirkungsgeschichtlich bleibende Schrift ist jedoch „Die pädagogische Bewegung in Deutschland und ihre Theorie", in der Nohl die historiographische Konstruktion einer deutschen pädagogischen Bewegung entwickelt. Diese „Deutsche Bewegung"[403] (ab 1770 bzw. 1813) mit dem Teilbereich der „pädagogischen Bewegung" (ab 1901), in der er als drei Kernpunkte den Gedanken der (relativen) Autonomie,[404] des „pädagogischen Bezuges" und der „polaren" Denkweise einbettet, ist zentral auf die Bildung eines nationalen, „deutschen Typus" ausgerichtet: Bildung zum deutschen Volk, Bildung des deutschen Volkes zur Volksgemeinschaft.

a) Die pädagogische Bewegung in Deutschland und ihre Theorie (1933/35)[405]

Diese 1935 als Monographie erschienene Schrift basiert auf Beiträgen, die 1933 im Band 1 des „Handbuchs der Pädagogik"[406] erschienen waren. Sie ist von der Wirkungsgeschichte her die wichtigste Schrift Nohls,[407] vor allem im Kontext der Historiographie der Erziehungswissenschaft und Pädagogik in Deutschland.[408] Im 1948 formulierten Nachwort der 3. Auflage (Frankfurt am Main 1949) heißt es:

---

[401] Weitere Sammelbände von Herman Nohl sind in der Literaturliste verzeichnet.

[402] Nohl, Herman: Die Deutsche Bewegung. Vorlesungen und Aufsätze zur Geistesgeschichte von 1770–1830, Göttingen 1970. Auf Grundlage von Vorlesungsmanuskripten von 1908 und den Jahren danach von Nohl 1939 diktiert. Die Vorlesung wurde von Nohl zuletzt 1947 gehalten (vgl. S. 7–13 und S. 316 f.).

[403] Nohl hat den Begriff der „Deutschen Bewegung" wirkungsgeschichtlich geprägt, auch wenn er ursprünglich auf Diltheys Baseler Antrittsvorlesung 1867 zurückgeht; vgl. Bollnow, Otto Friedrich/Rodi, Frithjof: Vorwort, in: Nohl, Herman: Die Deutsche Bewegung. Vorlesungen und Aufsätze zur Geistesgeschichte von 1770–1830, Göttingen 1970, S. 10, Anmerkung 8). Nohl definiert die „Deutsche Bewegung" 1927 wie folgt: „Ich nenne diese Bewegung (…) die *deutsche Bewegung*, weil sich in ihr die deutsche geistige Welt gegenüber der Lebensform der westlichen Völker wie sie die Aufklärung darstellte, selbständig macht und ihre eigene Gestalt herausarbeitet" (Nohl, Herman: Die geistige Welt Pestalozzis (1927), in: Nohl, Herman: Erziehergestalten (Kleine Vandenhoeck-Reihe 55), 3. Auflage, Göttingen 1963, S. 12, Hervorhebung im Original).

[404] Bei Nohl heißt es, es gehe um die „relative Selbständigkeit" (Nohl, Herman: Die pädagogische Bewegung in Deutschland und ihre Theorie, Frankfurt am Main 1935, S. 156 f.).

[405] Nohl, Herman: Die pädagogische Bewegung in Deutschland und ihre Theorie, 2., durchgesehene und mit einem Nachwort versehene Auflage, Frankfurt am Main 1935.

[406] Nohl, Herman/Pallat, Ludwig: Handbuch der Pädagogik, Band 1: Die Theorie und die Entwicklung des Bildungswesens, Langensalza 1933, S. 3–80 und S. 301–374.

[407] Heinz-Elmar Tenorth macht darauf aufmerksam, dass Wolfgang Scheibe in seinem Buch „Die reformpädagogische Bewegung" auf eine schiefe Darstellung der Reformpädagogik zurückgreift, die „Herman Nohl im ‚Handbuch der Pädagogik' 1933 in traditionsstiftender Weise vorgegeben hatte" (Tenorth, Heinz-Elmar: Nachwort. Reformpädagogik, ihre Historiographie und ihre Analyse, in: Scheibe, Wolfgang: Die reformpädagogische Bewegung 1900–1932. Eine einführende Darstellung, 10. erweiterte und neuausgestattete Auflage, Weinheim/Basel 1994, S. 440).

[408] Als Mitherausgeber des auf fünf Bände angelegten „Handbuchs der Pädagogik" (Berlin/Leipzig 1928–1933) ragte Herman Nohl deutlich aus der Riege der Erziehungswissenschaftler in Deutschland heraus. Ohne Übertreibung war dieses 1935 in der zweiten Auflage als Monographie herausgegebene Buch (Frankfurt am Main 1935) richtungsweisend. Der Erscheinungsverlauf der verschiedenen Auflagen ist etwas verwickelt: Die erste Auflage wurde 1932 inhaltlich abgeschlossen und erschien 1933 in zwei Teilen im Rahmen des ersten Bands des „Handbuchs der Pädagogik". Der erste Abschnitt dieses Handbuchs („Die Theorie der Bildung", S. 3–80) und ein Teil des zweiten Abschnitts („Die pädagogische Bewegung in Deutschland", S. 203–274) wurden 1935 in der zweiten durchgesehenen und mit auf die NS-Zeit bezugnehmenden Vor- und Nachworten versehenen Auflage veröffentlicht. Nach der NS-Zeit erschien die dritte Auflage 1949, die elfte und bisher letzte Auflage 2002. Bis zur elften Auflage einschließlich wurden

„Zu Beginn des Jahres 1933 war unser ‚Handbuch der Pädagogik' mit seiner letzten Lieferung, die die ‚Theorie der Bildung' enthielt, erschienen und gleich vergriffen. Im März kam dann die politische Springflut des Nationalsozialismus und drohte jede echte Erziehung zu vernichten. Ich selbst blieb einstweilen noch unbehelligt, aber meine Schule wurde verfolgt und fast alle meine früheren Schüler aus ihren Ämtern vertrieben. Ich litt sehr unter ihrem Schicksal und kam mir vor wie auf einem untergehenden Schiff. Da wollte ich wenigstens den Sinn unserer Arbeit noch einmal gleichsam wie eine Flaschenpost als letztes Lebenszeichen in die Welt senden. Mein tapferer Verleger wagte den Druck, und ich gab den beiden Artikeln des Handbuches, die in dem Buch zusammengefasst wurden, ein Vorwort und ein Nachwort, die sie wie ein Schwimmgürtel über Wasser halten sollten. Tatsächlich wurde das Buch nicht verboten. Ein feiler Rezensent, der sich wenige Monate vorher noch an mich herangedrängt hatte, schrieb allerdings, ich hätte mich mit ihm ‚selbst aus der Volksgemeinschaft ausgeschlossen'. Es wird jetzt nicht mehr möglich sein, einfach dort wieder anzuschließen, wo wir 1935 aufhörten, aber als die letzte Zusammenfassung der Pädagogischen Bewegung, die seit 1900 ein Menschenalter hindurch die besten Geister in Deutschland beseelte, wird das Buch, meine ich, seine Bedeutung und seinen Wert behalten." [409]

Auf die in dieser Passage enthaltene Vorstellung, dass Vor- und Nachwort wie ein Schwimmgürtel für das eigentliche Werk wirken sollten, wird an anderer Stelle genauer einzugehen sein. Die Vorstellung jedenfalls, dass durch die von Nohl definierte „pädagogische Bewegung" die „besten Geister in Deutschland" beseelt worden seien, steht fundamental einer kritischen Historiographie entgegen. In dieser Schrift Nohls wird in ganz gezielter Weise eine Sichtung und Wichtung der vorhandenen theoretischen und praktischen Ansätze[410] der Pädagogik in Deutschland vorgenommen, die weitgehend bis in die siebziger Jahre der Bundesrepublik und teilweise bis heute als Grundpositionen ihren Platz haben.

Der Anspruch Nohls ist, aus den verschiedenen Autoren und Ansätzen ein harmonisches Ganzes, eine „deutsche pädagogische Bewegung" zu konstruieren, die trotz aller unterschiedlicher Akzentsetzungen seit über einhundert Jahren an dem einen Ziel arbeitet: der Bildung des deutschen Volkes im doppelten Sinne des Wortes. Die „nationale Erziehung" als Erziehung *zur* Nation (vor 1871) und als Erziehung *der* Nation, der Erziehung des „deutschen Typus",[411] das sind die beiden zentralen Achsen des Konstrukts von Herman Nohl.

Nohl, der sich als Schüler Diltheys vorstellt und dessen Grundausrichtung als Spannung zwischen „nationalem Ethos" und objektiver Wissenschaft charakterisiert, überträgt dieses Bild vom Spannungsfeld auf seine eigene Arbeit.

Der durchgehende Zug in Nohls Schriften ist die Denkfigur der „polaren Gegensätze in der Erziehung". Nohl benennt in seinen Analysen immer zwei Seiten des pädagogischen Problems: das Individuum (das Subjektive fördern) einerseits *und* objektive Anforderungen (der Gemeinschaft genügen) andererseits. Freier Wille einerseits *und* Erziehung zum Gehorsam andererseits usw. Die Akzentsetzung, so seine Grundthese, sei Sache der „geschichtlichen Stunde", mal sei dies mehr betont, mal jenes, aber keines dieser gegensätzlichen Elemente dürfe übersehen

ausdrücklich die 1935 verfassten, nationalsozialistisch geprägten Vor- und Nachworte aufgenommen. Seit der dritten Auflage 1949 wurde zudem das oben zitierte Nachwort zur Erklärung beigefügt.

[409] Nohl, Herman: Die pädagogische Bewegung in Deutschland und ihre Theorie, 3. Auflage, Frankfurt am Main 1949, S. 229.

[410] So hat etwa folgende Formulierung Nohls sozusagen lexikalischen Charakter erhalten: „Die Grundlage der Erziehung ist also das leidenschaftliche Verhältnis eines reifen Menschen zu einem werdenden Menschen, und zwar um seiner selbst willen, dass er zu seinem Leben und seiner Form komme" (Nohl: Pädagogische Bewegung, 1935, S. 169). Hier sei allerdings noch hinzugefügt, dass Nohl „Liebe und Gehorsam" (Nohl: Pädagogische Bewegung, 1935, S. 245) als die beiden entscheidenden Mächte ansieht.

[411] Der Begriff des „Typus" in der Erziehungswissenschaft, der bei Nohl in der Form des „deutschen Typus" und des „nationalen Typus" auftaucht, ist eine Denkfigur, die insbesondere bei Eduard Spranger und Peter Petersen die Individualisierung pädagogischen Handelns konterkariert, indem einzelne Educandi sehr rasch und umstandslos einem „Typus" zugeordnet werden. Es ist verblüffend, dass unter den vielen Dissertationen und Qualifikationsarbeiten zu Nohl sich zu dieser Frage der „Typenbildung" zumindest dem Titel nach keine Arbeit findet, obwohl Nohl gerade in „Charakter und Schicksal" (1938) massiv mit dieser Kategorie des „Typus" arbeitet.

werden. Und wenn doch, dann nur vorübergehend, aufgrund der so genannten „geschichtlichen Stunde". So gelingt es Nohl ohne Probleme, durch eine Akzentverschiebung je nach der „geschichtlichen Stunde" aktuell zu bleiben und neben der geforderten „Autonomie der Pädagogik" gleichzeitig eine rigide Unterordnung unter die staatlichen Verhältnisse einzufordern und selbst durchzusetzen.

Das methodologische Rüstzeug zu dieser harmonisierenden Darstellung gegensätzlicher Positionen hat Nohl, der auch Herausgeber der Jugendschriften Hegels ist, von Hegels „Aufhebung" der Gegensätze auf der höheren Stufe der Synthese übernommen: Nichts geht verloren, alles wird aufbewahrt in der „dritten Stufe".

So wie sich bei Hegel und vor allem seinen Plagiatoren der Weltgeist, nach dem sich die Geschichte bewegt, auf den preußischen Staat als Inbegriff der Vernunft als „Synthese" hinentwickelt und sozusagen vollendet, so lässt Nohl in seiner Schrift alle großen Namen der pädagogischen Bewegung auflaufen, stellt sie vor, um die Synthese in der dritten Stufe der pädagogischen Bewegung zusammenfließen zu lassen.

Diese dritte Stufe – und hier beginnt das eigentliche Problem in Nohls Schriften, die zeitnah vor 1933 und in der NS-Zeit publiziert wurden – ist „eigentlich" die NS-Bewegung, der neue NS-Staat, repräsentiert von Adolf Hitler in der Politik und Ernst Krieck[412] in der Erziehungswissenschaft.[413] „Eigentlich" oder „im Kern" – das deutet darauf hin, dass Nohl auch in dieser emphatisch begrüßten „dritten Stufe" noch eine Art „Anmerkung", einen Zusatz, eine „Kür" einfordert: Das Bewahren der gesamten von ihm harmonisierten Geschichte, der gesamten Geistesgeschichte, der gesamten Geschichte der „deutschen pädagogischen Bewegung", diese Freiheit des Geistes – so Nohl in all seinen Schriften nach 1933 durchgehend – dürfe eben langfristig nicht verloren gehen.

Der erste Teil, „Die pädagogische Bewegung in Deutschland", stellt Jugendbewegung und Volkshochschulbewegung als „die pädagogische Volksbewegung" dar. Im Abschnitt „Die pädagogische Reformbewegung" entwickelt Nohl als vier Grundrichtungen Geschichte und Theorie der Kunsterziehungsbewegung, der Arbeitsschulbewegung, der sogenannten „sittlichen Selbsttätigkeit" und der Landerziehungsheimbewegung. In einem dritten Schritt stellt Nohl die pädagogische Bewegung in der Schule vor und betont gegenüber Methodik und äußeren Formen, dass es um eine Einheitsschulbewegung gehe und dabei vor allem um „Gehalt und innere Form". Auf diese „deutsche Schule" (so auch der Titel einer Zeitschrift, in der Nohl

[412] Immerhin hat Nohl – anders als Spranger, Flitner, Litt und Petersen – bei dem von Alfred Baeumler initiierten und vor allem von Spranger unterstützten Aufruf zur Unterstützung Ernst Kriecks angesichts dessen Strafversetzung 1931 nicht unterschrieben. Krieck hatte eine Festrede mit „Heil dem Dritten Reich" beendet. Horn zitiert einen Brief von Nohl an Baeumler vom 14.9.1931, in dem steht, dass er das Vorgehen gegen Krieck zwar für falsch halte, der Aufruf ihm aber zu „verklausuliert" sei. Die Erklärung für Ernst Krieck erschien 1932 in der u. a. von Nohl und Spranger mitherausgegebenen Zeitschrift „Die Erziehung", 7. Jg. (1932), S. 192 (vgl. dazu Horn, Klaus-Peter: „Die Hauptsache ist, dass ein deutlicher Protest erfolgt." Die „Strafversetzung" Ernst Kriecks 1931 im Kontext, in: Jahrbuch für historische Bildungsforschung, Band 8, Bad Heilbrunn 2002, S. 303–305).

[413] In dem von Nohl angeführten Zitat kritisiert Ernst Krieck die Reformpädagogik seiner Zeit (1930): „Zu einem positiven Ziel konnte sie indessen schon deshalb nicht durchdringen, weil eine Erneuerung des Schulwesens primär nicht eine pädagogische, sondern eine allgemein völkische Angelegenheit im Zusammenhang der Staats-, Wirtschafts- und Sozialreform darstellt. Für eine neue Schule muss erst der völkische und geistige Boden zubereitet sein." Nohl kommentiert dazu: „Diese Zitate lassen die dramatische Zuspitzung der pädagogischen Bewegung deutlich erkennen: wie jetzt hinter der Methodenfrage und der formalen Einstellung, die den Stoff zugunsten der Kräfte ablehnte, nun doch wieder die Frage nach dem Gehalt heraufkommt, der nicht bloß Stoff ist, sondern eine geistige Einheit mit ihrem Ethos" (Nohl: Pädagogische Bewegung, 1935, S. 101). Gleichzeitig kritisiert Nohl aber auch die Einseitigkeit nationalsozialistischer Pädagogik: „Aber der Radikalismus, mit dem hier nun dieses deutsche Leben von allen undeutschen Einflüssen gereinigt werden soll, wie von der Renaissance oder dem Humanismus oder dem Christentum, ist eine Verengung unserer nationalen Existenz und ein Missverständnis geistiger Entwicklung. Solche nationale Einschränkung geht von der falschen Theorie aus, dass das Deutsche eine feste Größe sei, die sich aus sich heraus entfaltet und umso vollkommener werde, je reiner sie bleibt" (Nohl: Pädagogische Bewegung, 1935, S. 112).

veröffentlichte) laufen die verschiedenen Bewegungen alle hinaus. Es gilt nur, die jeweiligen Einseitigkeiten alle miteinander mit „feiner Linie“, wie Nohl formuliert, zu verbinden.

Der weitaus größere Teil, der diesem zirka einhundertseitigen ersten Teil folgt, behandelt die „Theorie der Bildung“. Hierbei steht der Abschnitt zwei mit dem Titel „Die Autonomie der Pädagogik“ im Mittelpunkt. Aus diesem Abschnitt wird in den nachfolgenden Werken Nohls oft wortwörtlich oder fast identisch zitiert. Im Grunde werden hier nun thematisch sortiert die einzelnen Gesichtspunkte der weiter oben vorgestellten „Bewegungen“ Punkt für Punkt entwickelt, wobei dieser zweite, zirka einhundertfünfzig Seiten umfassende Teil, mit dem Unterabschnitt „Die pädagogische Bewegung und ihr Gesetz“ schließt: „Jede pädagogische Bewegung verläuft in drei Phasen – das ist ihr Gesetz“ (Nohl: Pädagogische Bewegung, 1935, S. 276). Nohl führt 1935 aus: „Die dritte Phase der Bewegung betont die Bindung und die Zusammennahme, die Autorität und die Leistung“ (Nohl: Pädagogische Bewegung, 1935, S. 278).

Der zentrale Begriff der ersten Phase ist für Nohl „Persönlichkeit“, der der zweiten Phase die „Gemeinschaft“. Zur dritten Phase, die ja bekanntlich die erste und zweite Phase „in sich aufhebt“, führt Nohl aus:

> *„Das Schlagwort dieser dritten Phase ist nicht mehr Persönlichkeit und Gemeinschaft, sondern* ***‚Dienst‘****, d. h. die tätige Hingabe an ein Objektives.“* (Nohl: Pädagogische Bewegung, 1935, S. 278, Hervorhebung im Original)

Die eigentliche Aufgabe der autonomen Pädagogik, so die Schlusspointe Nohls, sei die „ewige Aufgabe“, jeweils beide Pole (das Individuum und die Gemeinschaft) nicht zu vergessen und so dem Mensch die Treue zu bewahren, mag auch Politik und Religion bereit sein, einen der Pole zu vergessen.

Die Pointe in dieser Schrift ist, dass der Akzent auf „heiliges Führertum“ gelegt wird. Ausgehend von der Haltung der Jugendbewegung zum „Verhältnis des Führers zu seinem Volk“ schildert Nohl, keineswegs wertfrei, dass nun Autorität und Charisma entscheidend seien. Nohl führt an, dass die Bünde der letzten Phase der Jugendbewegung dieses Prinzip aufs Äußerste gesteigert hätten. Sie haben

> *„den militärischen Gehorsam wieder aufgenommen und sind bereit, ihrem Führer bedingungslos zu folgen. Die Voraussetzung für diese Wendung ist eine neue Gläubigkeit, die sich nicht mehr bloß intellektuell zu den objektiven Mächten verhält, sondern sich von ihnen ergriffen und gebunden weiß, und der darum Autorität und personale Macht, Herrschaft und Dienst wieder sakralen Ursprungs sind.“* (Nohl: Pädagogische Bewegung, 1935, S. 72)

* * *

Insbesondere im historiographischen Teil setzt Nohl sein Programm der Vereinheitlichung durch, genauer: sein Programm der Konstruktion der deutschnationalen pädagogischen Bewegung und entwickelt die Dogmen einer Reformbewegung, die im Detail Stück für Stück von Oelkers in seinen Arbeiten entmythologisiert worden sind.[414]

Wenn diese hier zusammengefasste Grundidee in den Schriften Nohls nicht bedacht wird, ist es sehr schwierig, die Widersprüchlichkeit bei Nohl zu verstehen. Das „Wechselbad“ von Entsetzen über pädagogisch und moralisch unhaltbaren Positionen Nohls zur Politik der NS-Bewegung und seine pädagogischen Positionen zum Thema „Befehl und Gehorsam“ in militaristischer Hinsicht, das bis ins Extreme gesteigerte „nationale Pathos“, der Zugriff auf das Vokabular der Irrationalität, klare antisemitische Passagen – all das wird in denselben Schriften zumindest teilweise in Frage gestellt bzw. mit den „polaren Gegensätzen“ konfrontiert.

[414] Oelkers, Jürgen: Reformpädagogik. Eine kritische Dogmengeschichte (1. Auflage 1989), 4. vollständig überarbeitete und erweiterte Auflage, Weinheim/München 2005.

Diese Widersprüchlichkeit gilt es bei Nohl festzuhalten und sie ist weder durch allgemein gehaltene Kontinuitätsthesen noch Diskontinuitätsthesen wegzuoperieren.[415]

b) Die ästhetische Wirklichkeit (1935)[416]

Die als Einführung bezeichnete Schrift erschien erstmals 1935. Ausgehend von einer Vorstellung ästhetischer Begriffe entwickelt Nohl in diesem 214 Seiten umfassenden Buch, an Kant, Goethe und Schiller anknüpfend, die „Ästhetik der Unendlichkeit" (Nohl: Ästhetische Wirklichkeit, 1935, S. 131) und endet, sich auf Nietzsche berufend, mit einem Abschnitt namens „Der neue künstlerische Mut. Stil als Einheit in allen Lebensäußerungen eines Volkes". In diesem letzten Abschnitt, unvermeidlich Wilhelm Dilthey referierend, lässt Nohl das Werk in Anlehnung an Langbehn und Lichtwark in Zuspitzung auf die „Nationale Form" ausklingen.

Nohl endet mit seiner Darstellung der „Überzeugung aller starken Künstler", die „volksmäßig gebunden" seien (Nohl: Ästhetische Wirklichkeit, 1935, S. 215). Kernpunkt eines Kunstwerks ist nach Nohl, dass ihm

> *„eine gesunde typische nationale Form zugrunde liegt. Dann ist Kunst nicht mehr ein Element der Trennung, sondern der Verbindung, nicht mehr eine rätselhafte Sache für Ästheten, sondern Ausdruck eines Ideals, das alle verstehn und das einem Volk sagt, was es will, weil in ihm das dunkle Gefühl, der unbestimmte Trieb des Volkes Form und Gestalt annahm."* (Nohl: Ästhetische Wirklichkeit, 1935, S. 215 f.)

So endet dieses Buch über „Die ästhetische Wirklichkeit" in trivialen und populistischen Definitionen der Kunst als Formung des unbestimmten Triebes des Volkes.

Da Ästhetik in geisteswissenschaftlicher Hinsicht an Kant anknüpfend ja im „Unendlichen" und „Erhabenen" und damit letztlich im Religiös-Irrationalen endet, bietet diese Schrift Nohls – wenn sie im Detail, im Kontext seiner Einführung in die Geschichte der Philosophie analysiert werden würde – umfassendes Material, um in die Feinheiten Nohl'scher Irrationalität eindringen zu können. Die Wirkungsgeschichte dieses Buches endet offensichtlich mit der vierten Auflage 1973.

c) Charakter und Schicksal (1938/40)

Anders als die anderen grundlegenden Schriften Nohls lässt sich die Schrift „Charakter und Schicksal"[417] nur mit einigen Problemen in die Kategorie Grundschriften einordnen, da sie in einem wesentlichen Teil durch NS-Terminologie und Rassentheorie bestimmt ist. Aber sie wurde nach 1945 mit einigen Änderungen nachgedruckt und zählt wirkungsgeschichtlich somit durchaus zu den Grundschriften.

In der NS-Zeit erschien die erste Auflage 1938, die zweite verbesserte Auflage 1940.[418] Nach 1945 wurde zunächst eine dritte, vermehrte Auflage (Frankfurt am Main 1947)[419] publiziert, bis

---

[415] Das 1935 verfasste Vor- und Nachwort dieser Schrift aus der 2. Auflage (Frankfurt am Main 1935) spiegelt dieses Dilemma einer massiven Unterstützung der NS-Politik und NS-Pädagogik bei gleichzeitigem Festhalten an einer harmonisierenden Zusammenfassung der deutschen Geistesgeschichte als „deutscher Bewegung" wider. Dieses Dilemma zeigt sich, sogar noch verstärkt, vor allem im Vorlesungsmanuskript 1933/34 und in seiner 1938 erschienenen Schrift „Charakter und Schicksal".

[416] Nohl, Herman: Die ästhetische Wirklichkeit. Eine Einführung, Frankfurt am Main 1935.

[417] Nohl, Herman: Charakter und Schicksal. Eine pädagogische Menschenkunde, Frankfurt am Main 1938 und Nohl, Herman: Charakter und Schicksal. Eine pädagogische Menschenkunde, 2. verbesserte Auflage, Frankfurt am Main 1940.

[418] Die erste und zweite Auflage unterscheidet sich offenkundig dadurch, dass das ursprüngliche Kapitel II („Die Polarität der Charakterzüge") des zweiten Teils nun Kapitel V des ersten Teils wird. Ein Unterabschnitt „Der positive Wert der Temperamente" wurde außerdem aus dem Kapitel „Die Polarität der Charakterzüge" in das Kapitel „Die

hin zur bisher letzten siebten Auflage (Frankfurt am Main 1970), die bis heute lieferbar ist. Die dritte Auflage (Frankfurt am Main 1947) enthält einerseits noch deutliche NS-Terminologie, während andererseits ein besonders extremer Teil entfernt wurde,[420] eben das in der *Dokumentation ad fontes Nohl* abgebildete Foto der Hitler-Jugend mit Hakenkreuzfahne.[421]

In dieser Schrift folgt Nohl, wie er in der Einleitung erklärt, seinem akademischen Lehrer Dilthey bei der Entwicklung der These, dass die naturwissenschaftliche Psychologie das Äußere erklären könne, während es in der geisteswissenschaftlichen Psychologie darum gehe, das Innere zu verstehen. Dabei zählt Nohl als Hilfsmöglichkeit auch „Erblehre, Rassenkunde und Soziologie“ auf. Dieses Werk ist also aus der Perspektive der NS-Zeit zu lesen.

Für die erbbiologischen und rassekundlichen Arbeiten der Menschenkunde bezieht sich Nohl auf die Rassentheoretiker Verschuer, Günther und Pfahler (Nohl: Charakter und Schicksal, 1938, S. 20). Die Grundfragen nach Anlage, Vererbung, Umwelteinfluss und pädagogische Bildsamkeit werden von Nohl mit der Methodik der Polarität, mit der Methodik des „Sowohl-als-auch“ Kapitel für Kapitel entwickelt. Die von Nohl so bezeichnete „Menschenkunde“ von Platon bis Jesus („Deine Sünden sind dir vergeben“; Nohl: Charakter und Schicksal, 1938, S. 19), Rousseau und eine ganze Liste großer Namen begleiten die Leserschaft bei der Lektüre.

Ausgangspunkt ist das polare „Von unten und von oben“-Sehen. Mit „von unten“ meint Nohl die Sichtweise vom Einzelnen aus, mit „von oben“ ist die Sichtweise von den Idealen oder Normen der Gesellschaft ausgehend gemeint, die „untrennbar mit dem Mythos des Volkes

---

Temperamente“ (in beiden Auflagen Teil II, Kapitel I) verschoben, worauf Nohl selbst in seinem Nachwort zur zweiten Auflage (Frankfurt am Main 1949, S. 198) hingewiesen hat.

419 In dieser dritten Auflage fügt Nohl in Teil I einen Abschnitt VI mit dem Titel „Das Pulsieren aller Lebensfunktionen im Rhythmus von Spannung und Entspannung“ hinzu. Dieser Teil wurde laut Elisabeth Blochmann in den Jahren vor 1945 von Nohl verfasst und im Heft 1 der Zeitschrift „Die Sammlung“ 1945 bereits veröffentlicht (vgl. Blochmann, Elisabeth: Herman Nohl in der pädagogischen Bewegung seiner Zeit 1879–1960, Göttingen 1969, S. 179). Laut Rudolf Lennert entstand der Text 1943 (vgl. Lennert, Rudolf: „Die Sammlung“ – Bild einer Zeitschrift, in: Beiträge zur Menschenbildung. Herman Nohl zum 80. Geburtstag (Zeitschrift für Pädagogik, Beiheft 1), Weinheim/Düsseldorf 1959, S. 26). Das Nachwort zur ersten Auflage 1938 ist in diese dritte Auflage 1947 mit aufgenommen, das Nachwort zur zweiten Auflage 1940 jedoch nicht.

Der Vorläufer dieses Buches war der Beitrag Nohls zum Handbuch für Pädagogik, Band 5: Sozialpädagogik (Langensalza 1929) unter dem Titel „Pädagogische Menschenkunde“, der wiederum auf Nohls Vorlesung unter dem Titel „Pädagogische Persönlichkeitskunde“ im Wintersemester 1923/24 aufbaute (vgl. dazu Blochmann, Elisabeth: Herman Nohl in der pädagogischen Bewegung seiner Zeit 1879–1960, Göttingen 1969, S. 109).

420 Im 1918 geschriebenen Vorwort zur ersten Auflage seines Sammelbands „Pädagogische Aufsätze“ (2. vermehrte Auflage, Langensalza/Berlin/Leipzig 1929) erklärt Nohl, dass er bewusst seine Aufsätze aus der Zeitschrift „Tat“ unverändert abdrucke, „obwohl vieles jetzt sehr anders aussieht, weil sie im Grunde wahr geblieben sind und weil jede Änderung in diesem Augenblick wie eine Fälschung meiner Vergangenheit aussehen würde. Es werden leider deren genug sein, die heuten meinen, Dur pfeifen zu müssen, wo sie früher Moll pfiffen“ (ungezählte Seite). Im Vorwort zur zweiten Auflage 1929 betont Nohl nochmals, „dass eine nachträgliche Verbesserung im Einzelnen nicht ehrlich wäre“ (ungezählte Seite).

Über die in der NS-Zeit veröffentlichten Grundschriften Nohls heißt es bei Klafki und Brockmann in ihrer Schrift „Geisteswissenschaftliche Pädagogik und Nationalsozialismus. Herman Nohl und seine ‚Göttinger Schule‘ 1932–1937“ (Weinheim/Basel 2002): „Soweit es sich um Werke handelt, die *vor* 1945 publiziert wurden, sind sie nach der NS-Zeit unverändert oder erweitert wieder aufgelegt worden. Ausdrückliche Bezüge auf den Nationalsozialismus tauchen in diesen Büchern nicht auf“ (Klafki/Brockmann, S. 311, Hervorhebung im Original).

Ähnlich heißt es bei Matthes, Nohls Aussagen über Rassenunterschiede fehlten „völlig die rassistische Ausrichtung der damals herrschenden Ideologie, so dass diese Ausführungen von Nohl auch unverändert in die von der amerikanischen Militärregierung zugelassenen 3. Auflage v. 1947 übernommen werden konnten“ (Geisteswissenschaftliche Pädagogik nach der NS-Zeit. Politische und pädagogische Verarbeitungsversuche, Bad Heilbrunn 1998, S. 69). An die Stelle wissenschaftlicher Auseinandersetzung tritt hier die Obrigkeitsgläubigkeit gegenüber den amerikanischen Zensurbehörden von 1947, denen nachweisbar noch viel härtere Passagen als die Nohls bewusst oder unbewusst entgangen sind. Zudem fehlt hier bei Matthes die wissenschaftliche Genauigkeit und Gründlichkeit: Gerade Passagen in „Charakter und Schicksal“, insbesondere auch das Foto mit Hakenkreuzfahne und HJ wurden sehr wohl entfernt, bzw. verändert. Das beweist die „Autopsie“ und die Synopse der Ausgabe von 1938 im Vergleich mit der Ausgabe 1947.

421 1. Auflage 1938, bzw. 2. Auflage 1940, jeweils nach S. 160.

verbunden" sind (Nohl: Charakter und Schicksal, 1938, S. 26). Der „Mythos des Volkes" gibt von Anfang bis Ende den irrationalen Grundtenor von „Charakter und Schicksal" vor.

Nach der zwanzigseitigen Einleitung folgen im ersten Teil des Buches zunächst „Die Aufbaugesetze der menschlichen Existenz". In vier Abschnitten auf etwa fünfzig Seiten schildert Nohl Platons Konzept der drei Schichten der Seele – vereinfacht als Trieb, Wille („thymos") und Vernunft („nus") dargestellt. Alle drei Schichten der platonischen Seele werden dann weitergeführt vom „Reaktionsschema" bis zu den Stufen der Motivation, wobei die objektive und subjektive Seite des Charakters unterschieden wird. Auch die Rolle der Erinnerung für die Entwicklung des Charakters – hier sogar Freuds und Adlers Leistungen würdigend und dies dann mit der für ihn typischen Ablehnung polar verbindend[422] – wird aus verschiedenen geisteswissenschaftlichen Quellen referiert.

Im 110 Seiten umfassenden und in sieben Kapitel aufgeteilten zweiten Teil „Die Lebensformen" beginnt Nohl mit einer Zusammenfassung der vier Temperamente bei Aristoteles, deren einseitige Übertreibung er als Wurzeln von Geisteskrankheiten ansieht, und endet bei der Frage nach dem „freien geistigen Einsatz", der abschließend religiös – Platon paraphrasierend – geklärt wird: „Der Gott im Menschen" (Nohl: Charakter und Schicksal, 1938, S. 191).

Das Kernstück des Buchs, „Die Rassen und Völkerunterschiede", ist in Kapitel V des zweiten Teils enthalten. Vorher hat Nohl die „Polarität der Charakterzüge" prinzipiell dargestellt, dies an dem „Unterschied der Geschlechter" (mit Bezügen zur Tierwelt) demonstriert, auf die Notwendigkeit der Berücksichtigung der Entwicklungsstufen bei Heranwachsenden aufmerksam gemacht und das Generationenproblem benannt.

Zu den Peinlichkeiten der Neuherausgabe dieser Schrift nach 1945 gehört, dass ungeniert, wie in der ersten und zweiten Auflage bereits geschehen, in der dritten Auflage auf den „schönen Kriegsvortrag" des Mediziners Ebbecke über „Erregung und Hemmung" verwiesen wird (3., vermehrte Auflage, Frankfurt am Main 1947, S. 95). Aus der „Hitlerjugend" (Nohl: Charakter und Schicksal, 1938, S. 178) wird kommentarlos die „Jugendbewegung" (3., vermehrte Auflage, Frankfurt am Main 1947, S. 175).[423] Auf den Abschnitt zu „Rasse und Völkerunterschiede" dagegen wird an anderer Stelle genauer eingegangen.

d) Einführung in die Philosophie (1935)[424]

Die Monographie erschien erstmals 1935 und wurde nach 1945 unverändert bis zur neunten Auflage (Frankfurt am Main 1998) in über 25.000 Exemplaren (Angabe in der achten Auflage Frankfurt am Main 1977) nachgedruckt. In die zweite und dritte Auflage (Frankfurt am Main 1946 bzw. 1947) wurde ein textgleiches Nachwort von Herman Nohl aufgenommen (datiert Göttingen 1.4.1946 bzw. 1.1.1947), in dem es heißt:

> *„Das Buch wurde unverändert abgedruckt, wie es 1935 zuerst erschienen ist. Ich meine, es hätte etwas Tröstliches zu wissen, dass das möglich war. Für den, der die hier nur angedeuteten Gedanken*

[422] So heißt es: „Es war ein Verdienst von Freud, dass er die Bedeutung des Sexuellen hier so hervorgehoben und auch schon im Kinde nachgewiesen hat, wenn auch die Übertreibungen seiner Schule bis zum Irrsinn gingen und sehr gefährlich gewirkt haben" (Nohl: Charakter und Schicksal, 1938, S. 72). Und zur verschärften Abgrenzung fügt Nohl noch hinzu: „Nach Freud und seiner Schule verschwinden die Symptome, wenn ich die unbewussten Verbindungen bewusst mache und den Konflikt, der bisher in zwei Schichten vor sich ging, dadurch auf eine Ebene bringe. (...) Die Adlersche Schule macht die Bedingtheit der ‚überwertigen Idee' bewusst und sucht zu einer richtigen Verarbeitung des Erlebnisses aus dem ganzen Lebenszusammenhang zu führen (...). Viel Unheil ist durch solche Analyse und Behandlung angerichtet worden, die manchmal den einen Affekt nahm, um drei andere dafür einzusetzen. Die fanatische Einseitigkeit der Schulen mit ihrer gewaltsamen Konstruktion wirkte sich auch erzieherisch gefährlich aus" (Nohl: Charakter und Schicksal, 1938, S. 74).

[423] Siehe dazu auch die Synopse in der *Dokumentation ad fontes Nohl*, S. 391 f.

[424] Nohl, Herman: Einführung in die Philosophie, Frankfurt am Main 1935.

weiter verfolgen möchte, darf ich auf meine im gleichen Verlag erschienenen Bücher zur Ethik, Ästhetik, Pädagogik und Menschenkunde verweisen.“

Anzumerken wäre noch, dass Hartmut von Hentig ein kurzes Geleitwort zur neunten Auflage beigesteuert hat.[425] Hier mag folgender Hinweis genügen: Der grundlegende Ansatz dieser Schrift besteht darin, die gesamte Geschichte der Philosophie von der Antike bis zum deutschen Idealismus als Vorläufer Diltheys aufzubereiten und beides zusammen als die von Nohl konstruierte „Deutsche Bewegung“ (Nohl: Einführung, 1935, S. 83) darzustellen. Gegenüber der aristotelischen Auffassung von „eudaimonia“ stellt Nohl die preußisch ausgeprägte, von ihm auf Kant zurückgeführte These auf, dass „die Ethik des Genießens (...) nicht bloß unsittlich, sondern außerdem in allen ihren Positionen falsch“ (Nohl: Einführung, 1935, S. 90) sei.

Sokrates und die Ethik[426]

Knapp dreißig Jahre vorher erschien seine Promotionsschrift (auf die Nohls „Einführung in die Philosophie“ zum Teil aufbaut). Sie soll hier nur knapp vorgestellt werden, soweit sie Aufschlüsse gibt, insbesondere bezüglich der weitgehend auf Beweisführung verzichtenden, eklektischen Methodik Nohls.

Diese Promotionsarbeit Nohls (bei Dilthey und Paulsen) fasst auf knapp neunzig Seiten Aspekte der Ethik bei Sokrates zusammen. Die Arbeit, die in weiteren Arbeiten Nohls zur Philosophie erneut referiert wurde, beginnt mit einer Art Bekenntnis Nohls zur „Überzeugung von der Irrationalität des Lebens und der Unmöglichkeit, das ethische Verhalten des Menschen begrifflich fassen zu können“ (Nohl: Sokrates, 1904, S. 1).

Nohl schickt voraus, dass er Polemik vermeiden und die Herkunft der Quellen nicht ausführlich belegen wird – eine Praxis, die er weitgehend in allen seinen weiteren Arbeiten beibehalten hat. In keinem seiner Grundwerke gibt es eine Literaturliste, in der Regel gibt es nur grobe Hinweise auf Positionen anderer Autoren. Kritik, die sich an zitierten Passagen der kritisierten Autoren festmacht, gibt es so gut wie gar nicht. Die Behauptung ersetzt in der Regel jeden Ansatz einer wissenschaftlichen Beweisführung.

Auf die Schilderung Sokrates’ durch Platon führt Nohl das Dreistadiengesetz zurück: Erst emotional, dann rational, dann beide Aspekte historisch verbindend, wie Dilthey es gefasst hat – das ist für ihn der Prozess der Aufklärung (Nohl: Sokrates, 1904, S. 12). Nach Nohl „beginnt der zerstörende Einfluss auf alle schöpferischen Funktionen“ (Nohl: Sokrates, 1904, S. 13) durch den nicht von innen kommenden Intellekt.

Aristoteles mit seiner Logik („Bei Sokrates ist von einer Logik als Objekt der Forschung nichts zu finden“; Nohl: Sokrates, 1904, S. 43) und mit seinen empirischen Forschungen erscheint Nohl schon hier als „Totengräber der antiken Produktion“ – Kunst und Musik stehen für die Bewahrung des Mythos und des Schönen, „wo sonst das Wissen alles zersetzte und regierte“ (Nohl: Sokrates, 1904, S. 18). Ohne weitere Beweisführung geht Nohl einheitlich bei Platon und Aristoteles von einem „nationalen Bewusstsein“ aus.[427]

Sokrates wird mit seiner „milde(n) Schönheit der Toleranz“ durch die These von der „Unfreiwilligkeit des Bösen“ wiedergegeben, der eben mit Wissen entgegengetreten werden müsse (Nohl: Sokrates, 1904, S. 28). So werden von Nohl einige Wahrheiten (etwa über die Bedeutung der Metapher des Arztes bei Platon) und Halbwahrheiten (über die Lehrbarkeit des Wissens und die Unlehrbarkeit der Tugend) über Sokrates, Platon und – ab und an – Aristoteles

[425] Dort heißt es nicht gerade kritisch: „Herman Nohl nimmt uns an der Hand und geht ein Stück Wegs mit uns wie sein großer Vorgänger, der Erfinder des Wortes Philosophie.“ (Hentig, Hartmut von: Zum Geleit, in: Nohl, Herman: Einführung in die Philosophie, 9. Auflage, Frankfurt am Main 1998, S. 7)

[426] Nohl, Herman: Sokrates und die Ethik, Tübingen/Leipzig 1904.

[427] „An Stelle nationalen Bewusstseins, wie es bei Plato und Aristoteles noch vollständig vorhanden ist, entsteht der Kosmopolitismus (...).“ (Nohl: Sokrates, 1904, S. 20)

gemischt, mit dem Ziel, als eigentliche Fortsetzung der Antike die geisteswissenschaftliche Methode Diltheys vorzustellen und dessen „allmähliche Umsetzung des Mythos in Metaphysik" herauszuarbeiten (Nohl: Sokrates, 1904, S. 21).

Das Manuskript bricht – für den Leser unvermittelt – ohne jegliche Zusammenfassung auf Seite 89 ab. So erhält man eher Einblicke in Bedingungen zeitgenössischer Promotionsverfahren und einen groben Überblick über Sokrates, als dass die Arbeit Zugänge zur Problematik der Ethik bei Platon aufzeigt. Für die Einschätzung der späteren Arbeiten Nohls ist jedoch das Studium dieser ersten größeren Schrift und Qualifikationsarbeit insofern eine Hilfe, weil die Liebe zum Irrationalen, die Ablehnung von Beweisführung als rationalistisch, die Grobheit bei der Nutzung von Quellen und Argumenten anderer Autoren hier bereits festgeschrieben und akzeptiert sind.

e) Die sittlichen Grunderfahrungen (1939)[428]

Die erste Auflage der Schrift „Die sittlichen Grunderfahrungen" (Frankfurt am Main 1939) und die zweite und dritte Auflage (Frankfurt am Main 1947 bzw. 1949) sind gleichlautend. In der zweiten Auflage wurde vom Verlag eine biographische Skizze abgedruckt, die im Grunde eine Lesart der Biographie Herman Nohls enthält, die bis heute, sechzig Jahre später, die Einschätzung weitgehend dominiert. Es heißt dort:

> *„1933 begann der Kampf des Nationalsozialismus gegen diese Bewegung, Nohls Schüler wurden überall abgesetzt, er selber zunächst kaltgestellt und dann 1937 aus dem Amt entlassen. Um die Position der Pädagogik zu behaupten, veröffentlichte er in diesen Jahren hintereinander die Bücher ‚Die pädagogische Bewegung in Deutschland und ihre Theorie', ‚Einführung in die Philosophie', ‚Die ästhetische Wirklichkeit', ‚Charakter und Schicksal, eine pädagogische Menschenkunde' und ‚Die sittlichen Grunderfahrungen, eine Einführung in die Ethik'. 1945 konnte er sein Amt an der Universität wieder übernehmen und gründete die Zeitschrift ‚Die Sammlung', die dem geistigen Wiederaufbau unseres Volkes gewidmet ist."* (Nohl: Grunderfahrungen, 1939, S. 151)

In dieser Schrift rekonstruiert Nohl zunächst die bekannten drei Schichten Platons (Trieb, Wille, Vernunft), wobei er nun die Lust, den Trieb als „biologische Schicht" definiert. Auch diese Schrift entwickelt Grundfragen der Geschichte der Ethik sowie Grundfragen in der Methodik der bipolaren Spannung bis hin zum Pflichtkonflikt zwischen Individualität und Gemeinschaft. Nohl definiert die „biologische Gemeinschaft und Heimatgemeinschaft" als die idealen Gemeinschaften und definiert das Volk als „Inbegriff der biologischen, sprachlichen, kulturellen Gemeinschaft" (Nohl: Grunderfahrungen, 1939, S. 145 f.). Über den „Geist der Gemeinschaften" und die „Erhebung des Einzelnen" als „sittliche Aufgabe" schreibt er, dass „sich der Einzelne opfert":

> *„Ihre stärkste Energie bekam diese ganze ethische Richtung aber erst seit 1806. Da machten alle diese Männer, Fichte, Schleiermacher, Humboldt die Entdeckung, dass auch das* ***Volk und der nationale Staat*** *eine solche sittliche Objektivität, ein solches überindividuelles Ganzes sind, für das sich der Einzelne opfert, und aus dem Privatverkehr des Geistes wurde man hinausgeführt in den Kampf für das Vaterland."* (Nohl: Grunderfahrungen, 1939, S. 136, Hervorhebung im Original)

Der praktische pädagogische Bezug in Zeiten des Krieges wird von Nohl also nicht ausgeklammert. Stärker als der Befehl war für ihn das sittliche Argument, „den Kameraden doch nicht im Stich" (Nohl: Grunderfahrungen, 1939, S. 108) zu lassen. Auf der anderen Seite wirft er „ein Beispiel aus der Kriegserfahrung" in die Waagschale:

> *„(...) im Gefecht regt sich in jedem die Kanaille, und da hilft nur die unbedingte Bindung an den Befehl, ganz gleich was sein Inhalt ist, es gibt nur gehorchen oder nicht gehorchen."* (Nohl: Grunderfahrungen, 1939, S. 107)

[428] Nohl, Herman: Die sittlichen Grunderfahrungen. Eine Einführung in die Ethik (1939), 2. Auflage, Frankfurt am Main 1947.

Herman Nohl zeigt in der Folge auch an dieser Stelle polare, sich eigentlich ausschließende Gegensätze auf, jedoch in einer Weise, die so oder so den militaristischen Rahmen nicht überschreiten.

Weiter erklärt er: „Freiheit und Recht sind die beiden Kriegsgründe, die dem Volke das gute Gewissen geben, und das heldenmütige Opfer des Einzelnen, diese fraglose, ja enthusiastische Hingabe für das Ganze ist der herrliche Ausdruck dafür.“ (Nohl: Grunderfahrungen, 1939, S. 148) Diese „Weisheit“ auf den letzten Seiten seines Buches im Jahr 1939, zum Beginn des Zweiten Weltkriegs formuliert, steht unter der treffenden Überschrift „Die Grenzen der Humanität“.

* * *

Es kann und muss also konstatiert werden, dass Nohl in diesen Monographien über Ästhetik, Sittlichkeit und Philosophie zwar klar reaktionäre, nationalistische und militaristische Gedanken formuliert hat, aber keinen Versuch unternommen hat, diese Themen mit NS-spezifischer Terminologie zu versehen.

f) Pädagogik aus dreißig Jahren (1949)[429]

In diesem Sammelband sind auf gut dreihundert Seiten dreißig Aufsätze aus – grob gerechnet – dreißig Jahren versammelt. Vermutlich wegen der dort enthaltenen Definition der sogenannten „Deutschen Bewegung“ hat Nohl einen einzigen Beitrag aus der Zeit des Kaiserreichs mit aufgenommen, „Die Deutsche Bewegung und die idealistischen Systeme“ (1911/12). Sechs dieser Aufsätze wurden nach 1945 verfasst. Den Hauptteil bilden die – nicht chronologisch geordneten – zweiundzwanzig Aufsätze, die in den Jahren 1920 bis 1932, also in der Zeit der Weimarer Republik, verfasst wurden.

Lediglich ein einziges Manuskript („Der Bürger“) aus den Jahren 1933–45 wurde veröffentlicht. Es handelt sich um das Manuskript jenes Beitrags, der 1937 in der Zeitschrift „Die Erziehung“ nicht veröffentlicht wurde, woraufhin Nohl als Mitherausgeber der Zeitschrift zurücktrat.[430]

Es ist plausibel, dass die Formulierungen in diesem Sammelband wirkungsgeschichtlich eine größere Rolle gespielt haben als manch anderes Buch. Wirklich Neues enthält er im Grunde nur in den fünf Aufsätzen, die nach 1945 verfasst wurden.

„Die Einheit eines neuen Ideals vom deutschen Menschen“

Im Aufsatz **„Die Einheit der pädagogischen Bewegung“** (1926)[431] wird der Grundtenor Nohls deutlich, sich als großer Mentor der verschiedenen Teilrichtungen „unserer pädagogischen Revolution“ (Nohl: Dreißig Jahre, 1949, S. 21) vorzustellen, der an die „Einheit“ appelliert. Bei allen nötigen Teilaspekten, seien es Landschulheimbewegung, Arbeitsschule, Kunsterziehungsbewegung etc., geht es – so Nohl – um einen zentralen Punkt, einen innersten „Wesenszug“: „die Einheit eines neuen Ideals vom deutschen Menschen und von einer höheren geistigen Volkskultur“ (Nohl: Dreißig Jahre, 1949, S. 21). Die „pädagogische Revolution“

[429] Nohl, Herman: Pädagogik aus dreißig Jahren, Frankfurt am Main 1949.

[430] Siehe hierzu auch die Anmerkung auf S. 307 des Sammelbands „Pädagogik aus dreißig Jahren“. Der Aufsatz erschien daher erstmals nach 1945 in der Zeitschrift „Die Sammlung“. Ob die nach 1945 veröffentlichte Fassung mit der Fassung übereinstimmt, die 1937 publiziert werden sollte, konnte nicht geklärt werden, da Nohls Manuskript in der Handschriftenabteilung der Bibliothek der Universität Göttingen, in der sich Nohls Nachlass befindet, nicht vorhanden ist.

[431] Nohl, Herman: Die Einheit der pädagogischen Bewegung (1926), in: Nohl, Herman: Pädagogik aus dreißig Jahren, Frankfurt am Main 1949, S. 21–27. Zuerst erschienen in: Die Erziehung. Monatsschrift für den Zusammenhang von Kultur und Erziehung in Wissenschaft und Leben, 2. Jg. (1926/27), Heft 1, S. 57–61.

richtet sich seit 1901, seit dem Dresdener Kunsterziehungstag, gegen die „Verstandesschule" und – in Ausdehnung auf die Sozialpädagogik – weit über die Schulpädagogik hinaus: „Auf dieser Arbeit ruht die Zukunft des deutschen Volkes" (Nohl: Dreißig Jahre, 1949, S. 27).

„Das Ziel der Bildung kann nicht ihre wissenschaftliche Analyse sein"

Im Aufsatz **„Die Deutsche Bewegung und die idealistischen Systeme"** (1911/12)[432] konstruiert Nohl die von ihm so genannte „Deutsche Bewegung" als Antwort auf Rationalismus und das „Zeitalter der Aufklärung" (Nohl: Dreißig Jahre, 1949, S. 28). Die „Deutsche Bewegung" ist bei Nohl der Zusammenschluss vor allem des späten Kant[433] (Nohl hebt die „Kritik der Urteilskraft" hervor) mit Herder, Schiller, Hegel und anderen, mit dem „Sturm und Drang".

Nun entwickelt Nohl eine Art Umschau der „deutschen" Aufklärung im Unterschied zur Französischen Revolution. Man erfährt: „Schiller und Fichte waren die ersten Führer der Deutschen Bewegung" (Nohl: Dreißig Jahre, 1949, S. 35). Philosophischer Kern soll Folgendes sein: „Die Aufgabe ist nicht kausal zu erklären, sondern das Endliche aus dem Unendlichen zu verstehen und zu gestalten" (Nohl: Dreißig Jahre, 1949, S. 37).

Anders als in Frankreich gehe es nicht gegen Religion und Irrationalität überhaupt, sondern lediglich gegen die „überkommene Religiosität" und um eine „neue Machtentfaltung des religiösen Bewusstseins" (Nohl: Dreißig Jahre, 1949, S. 36) durch die Umwandlung des traditionellen Christentums.

Die große Aufgabe der „Deutschen Bewegung" sei die Einheit „in der Gesellschaft zwischen den einzelnen Menschen", um endlich die Verbindung zwischen Mensch, Natur und Gott wieder herzustellen (Nohl: Dreißig Jahre, 1949, S. 28).

Alle die Brüche und Probleme sind entfernt und es wird eben eine einheitliche Strömung konstruiert, aus der jede Kritik oder Opposition konsequent beseitigt wurde. Das Problem ist nicht so sehr, was Nohl im Einzelnen sagt, sondern dass er seine Teildarstellung als zusammenfassende Darstellung des Ganzen vorstellt. Nichtsdestotrotz, dieses „Konstrukt" wurde geschaffen, hatte Wirkung und war die Unterfütterung nicht nur der „pädagogischen Bewegung in Deutschland", sondern galt auch als das zusammengeschusterte Programm des „Deutschland erwache" der Jahre 1813 bis 1933. Es war das Gegenprogramm der christlich orientierten, deutschnationalen Bewegung der Irrationalität gegen die Aufklärung und die Französische Revolution, in der jede Opposition oder ein „deutscher Geist", wie ihn Heinrich Heine repräsentiert, weitgehend eliminiert ist.

Im publizierten Vortrag **„Die Deutsche Bewegung in der Schule"** (1925)[434], vierzehn Jahre später, wird dieses Konstrukt weiter ausgebaut. Der „Fond nationaler Bildung" (Nohl: Dreißig Jahre, 1949, S. 40) sei eben die „Deutsche Bewegung", aber auch die „Neubegründung der Geisteswissenschaften durch Dilthey" (Nohl: Dreißig Jahre, 1949, S. 41). Nun, da dieser „Fond der nationalen Bildung" existiert, wird laut Nohl klar, dass die „Entwicklung der deutschen Jugend durch die Bildungswelt der Antike nur ein Notbehelf war" und nun ein „höheres deutsches Menschentum (...) das *ganze* Dasein durchdringen musste" (Nohl: Dreißig Jahre,

---

[432] Nohl, Herman: Die Deutsche Bewegung und die idealistischen Systeme (1911/12), in: Nohl, Herman: Pädagogik aus dreißig Jahren, Frankfurt am Main 1949, S. 28–38. Zuerst erschienen in: Logos. Zeitschrift für systematische Philosophie, 2. Jg. (1911/12), S. 350–359.

[433] Heinrich Heine hatte so etwas schon geahnt. Nach seinem Lob für die erste „Kritik" Kants verwies er auf den gegenläufigen Charakter der zweiten „Kritik", die Kant laut Heine geschrieben hat, damit weder sein Diener Lampe noch die Menschheit denke, er sei gegen Gott und die Religion gewesen (vgl. Heine, Heinrich: Werke, Band 4: Schriften über Deutschland, Frankfurt am Main 1968, S. 131 f.).

[434] Nohl, Herman: Die Deutsche Bewegung in der Schule (1925), in: Nohl, Herman: Pädagogik aus dreißig Jahren, Frankfurt am Main 1949, S. 39–49. Vortrag in Northeim auf der Bezirkstagung der Lehrerschaft des Regierungsbezirks Hildesheim, zuerst erschienen in: Die Erziehung. Monatsschrift für den Zusammenhang von Kultur und Erziehung in Wissenschaft und Leben, 1. Jg. (1925/26), Heft 3, S. 136–145.

1949, S. 42 f., Hervorhebung im Original). Nohl verändert bewusst auch den Sprachstil und die Betonung des alltäglichen Idyllischen in überhöhter Form, wofür die Kunsttheorie den Begriff des „Kitschs“ geprägt hat. Gewichtiger ist jedoch die Definition des Ziels der Bildung, das bei Nohl nicht in der wissenschaftlichen Analyse gesehen wird:

> *„Wir atmen ja in dieser Welt, sie umgibt uns in jeder Blume, Berg und Wald, Werkstatt und Straße, Wort und Lied, wir wandern in ihr und reden mit ihr. Das Ziel der Bildung kann nicht ihre wissenschaftliche Analyse sein, sondern die freie Bewegung und klärende Besinnung in dieser Welt, in der ich mich zu Hause weiß und selbst mit den Toten noch wie mit Brüdern verkehre, und die Erziehung des deutschen Menschen, dieser lebendigen Realität in Haltung und Sprache, Gemütsform und Sitte als eines Stücks dieser Welt. Das Leben der Schule ist hier selbst ein nationales Sein, und jedes Wort in ihr ist ein Stück verwirklichten Deutschtums.“* (Nohl: Dreißig Jahre, 1949, S. 45 f.)

Diese Passage eines irrational entfesselten Nationalismus – mit der Gemütlichkeit und Idylle des Waldes und der Blumen verklärt – ist schwer ernst zu nehmen, wenn auch die Folgen solcher Thesen gewichtig waren. Allein der Satz „Das Leben der Schule ist hier selbst ein nationales Sein, und jedes Wort in ihr ist ein Stück verwirklichten Deutschtums“ kann auch bei sehr wohlwollender Auslegung nur als faule Pathetik gekennzeichnet werden.

Was „eigentlich“ gemeint ist, ist klar: Das Deutschtum, die „Erziehung des deutschen Menschen“, darum geht es. Dahingehend soll vor allem der Deutschunterricht und der Geschichtsunterricht verstärkt ausgerichtet werden („Ich denke an den kaiserlichen Erlass von 1890“).[435] Nohl geht in den weiteren Ausführungen und Artikeln darauf ein.

„Der unbedingte Wille, der erste zu sein“

Im veröffentlichten Vortrag **„Der Bildungswert fremder Kulturen“** (1928)[436] ist der Tenor, dass durch die „Deutsche Bewegung“ nun das Verhältnis der Völker von „gleich zu gleich“ gestaltet werde. Zehn Jahre nach Ende des Ersten Weltkriegs wollte Nohl einen „entgifteten“ Nationalismus. Er möchte nicht missverstanden werden: „stärkster Bildungsmotor ist der Wetteifer der Völker untereinander“ (Nohl: Dreißig Jahre, 1949, S. 58). Und Nohl fährt fort:

> *„Die ungeheuer vorwärtstreibende Kraft dieser Rivalität wirkt sich immer stärker aus, je leichter die Berührung der Völker miteinander geworden ist. Wie sich unsere Sportleute jetzt fast täglich messen und die Rekorde immer höher treiben, so auch in dem großen Olympia der Geister dieses Planeten. Die elementare, triebhafte Gewalt dieses Wetteifers ist in den Akademien der Wissenschaften gewiss nicht schwächer als auf dem Rasen: der unbedingte Wille, der erste zu sein. Unsere Schule hat diesen Faktor des Ehrgeizes unter dem Einfluss einer einseitigen Ideologie weitgehend auszuschalten versucht. Ein ganz vergebliches Beginnen, denn man kann Triebe nicht austilgen, nur entgiften und vergeistigen. Dieser gewaltige Trieb des Wetteifers, dessen pädagogische Geschichte und Bedeutung noch einmal nach allen Seiten hin untersucht werden soll, erlebt heute im Sport wie in der Rivalität der Völker seine mächtigste Entwicklung.“* (Nohl: Dreißig Jahre, 1949, S. 58 f.)

Nun wird also das Konkurrenzprinzip als „Rivalität“ definiert und gleichzeitig zu einem archetypischen Grundmerkmal verklärt: zum unbedingten Wille, der Erste zu sein. „Das erste

---

[435] Siehe dazu: Nohl, Herman: Die Geschichte in der Schule (1923), in: Nohl, Herman: Pädagogik aus dreißig Jahren, Frankfurt am Main 1949, S. 62–74, insbesondere S. 65 ff. Zuerst erschienen in: Pädagogisches Zentralblatt, 4. Jg. (1924), S. 97–108. Dort wird auch die Geschichte als Geschichte der „großen Männer“ mit folgender Einschränkung befürwortet: „Die Geschichte ist der Schauplatz der Größe. Richtig an dieser Ablehnung der ‚großen Männer‘ ist nur, dass ihre Lebensform eben viel tiefer in die Breite des Volks hineinreicht (…)“ (Nohl: Dreißig Jahre, 1949, S. 71 f.). Zur Reichsschulkonferenz 1890 erklärte Kaiser Wilhelm II.: „Wir müssen das Deutsche zur Basis machen.“ (Deutsche Schulkonferenzen, Band 1: Verhandlungen über Fragen des höheren Unterrichts. Berlin, 4.–17. Dez. 1890, unveränderter Neudruck der Ausgabe Berlin 1891, Glashütten 1972, S. 72)

[436] Nohl, Herman: Der Bildungswert fremder Kulturen (1928), in: Nohl, Herman: Pädagogik aus dreißig Jahren, Frankfurt am Main 1949, S. 50–59. Niederschrift eines Vortrags vor der Jahresversammlung der Hessischen Philologenschaft am 20. April 1928 in Worms, zuerst erschienen in: Die Erziehung. Monatsschrift für den Zusammenhang von Kultur und Erziehung in Wissenschaft und Leben, 3. Jg. (1927/28), S. 524–532.

Volk auf Erden", das war die Formulierung Hoffmann von Fallerslebens und ist eine Erläuterung des „Deutschland über alles".[437]

„Wieder Haltung und Straffheit" und „auch das Schwert an der Seite"

In weiteren Vorträgen und Aufsätzen wie „Lebende Sprachen" (1947),[438] „Die Geschichte in der Schule" (1923)[439] und „Die Philosophie in der Schule" (1922)[440] bespricht Nohl fachdidaktische Fragen. Negativ festzuhalten ist in diesem Kontext insbesondere seine Positionierung zum Geschichtsunterricht im publizierten Vortrag von 1923 „Die Geschichte in der Schule":

> *„Woran mir diesmal besonders lag, war zu zeigen, dass die letzte Würde des Geschichtsunterrichts in jener männlichen Lebensform liegt, die sie mitzuteilen hat und zu deren Sehweise sie erzieht (...). Unsre Jugend braucht diesen männlichen Zug mehr als je: er entsteht aus dem Wissen um die harten Seiten der Realität, um die ‚Wahrheit'."* (Nohl: Dreißig Jahre, 1949, S. 73 f.)

Diese unvermittelte, offensichtlich ideologisierende Schlussfolgerung lässt die Frage nach den Lernerfolgen für Mädchen und Frauen offen.

Zum grundlegenden Verständnis der Methodik Nohls, sich in Gegensätzen mit unterschiedlicher Akzentsetzung theoretisch zu bewegen, dient ganz besonders der veröffentlichte Vortrag **„Die Polarität in der Didaktik"** (1930).[441] Als Resultat seines Hegel-Studiums entwickelt Nohl hier einige zentrale pädagogische Gegensätze („Polaritäten"), die sich im Gang eines Drei-Phasen-Modells harmonisch ergänzen, wenn sie in der dritten Phase aufgehoben, aufbewahrt werden. Dies erläutert er am Begriffspaar (soldatische) Haltung und (pädagogische) Bewegung. Nohl fordert als „das eigentliche Kennzeichen echter Pädagogik" beides: „wieder Haltung und Straffheit" (Nohl: Dreißig Jahre, 1949, S. 88) und trotzdem Bewegung und Leben. Weitere solcher Gegensatzpaare sind für Nohl Spiel und Arbeit, Traum und Wirklichkeit, Ordnung und Erleben usw. Nohl spricht in diesem Kontext aus, dass es darum geht, dass sich die Pädagogik „autonom pädagogisch zurechtfindet" (Nohl: Dreißig Jahre, 1949, S. 93). Wie sich später noch zeigen wird, ist die Grundthese von der pädagogischen Autonomie gegen einzelne politische Parteien, einzelne Konfessionen und aktuelle Modeerscheinungen gerichtet.

In einem weiteren veröffentlichten Vortrag über **„Die Jugend und der Alltag"** (1927)[442] geht Nohl nun auf die Sozialpädagogik ein, auf die Pädagogik der Freizeit und der richtigen „Ausgestaltung der Muße". Er sah hier gemeinsam mit Lord Haldane „das einzige wirkliche

[437] Siehe dazu genauer in: Ortmeyer, Benjamin: Argumente gegen das Deutschlandlied. Geschichte und Gegenwart eines Lobliedes auf die deutsche Nation, Köln 1991, S. 113. Vgl. auch Fallersleben, Hoffmann von: Gesammelte Werke, Band 4, Berlin 1891, S. 238.

[438] Nohl, Herman: Lebende Sprachen (1947), in: Nohl, Herman: Pädagogik aus dreißig Jahren, Frankfurt am Main 1949, S. 60–61. Zuerst erschienen in: Die Sammlung. Zeitschrift für Kultur und Erziehung, 2. Jg. (1946/47), Heft 10 (Oktober 1974), S. 592 f.

[439] Nohl, Herman: Die Geschichte in der Schule (1923), in: Nohl, Herman: Pädagogik aus dreißig Jahren, Frankfurt am Main 1949, S. 62–74. Vortrag in der Göttinger Pädagogischen Gesellschaft 1923, zuerst erschienen in: Pädagogisches Zentralblatt, 4. Jg. (1924), S. 97–108.

[440] Nohl, Herman: Die Philosophie in der Schule (1922), in: Nohl, Herman: Pädagogik aus dreißig Jahren, Frankfurt am Main 1949, S. 75–85. Vortrag in der Göttinger Pädagogischen Gesellschaft 1922, zuerst erschienen in: Pädagogisches Zentralblatt, 3. Jg. (1922), S. 417–425.

[441] Nohl, Herman: Die Polarität in der Didaktik (1930), in: Nohl, Herman: Pädagogik aus dreißig Jahren, Frankfurt am Main 1949, S. 86–97. Vortrag vor der Lehrerschaft von Hamburg-Altona 1930, zuerst erschienen in: Die Erziehung. Monatsschrift für den Zusammenhang von Kultur und Erziehung in Wissenschaft und Leben, 6. Jg. (1930/31), S. 277–287.

[442] Nohl, Herman: Die Jugend und der Alltag (1927), in: Nohl, Herman: Pädagogik aus dreißig Jahren, Frankfurt am Main 1949, S. 98–111. Vortrag bei der Tagung des Preußischen Landesbeirats für Jugendpflege, Jugendbewegung und Leibesübungen in Berlin am 1. Dezember 1927, zuerst erschienen in: Die Erziehung. Monatsschrift für den Zusammenhang von Kultur und Erziehung in Wissenschaft und Leben, 3. Jg. (1927/28), S. 213–225.

Mittel gegen die Revolution“ (Nohl: Dreißig Jahre, 1949, S. 99 f.). In diesem Kontext begründet Nohl auch die Notwendigkeit der Volkshochschule.[443]

Im veröffentlichten Vortrag **„Die geistigen Energien der Jugendwohlfahrtsarbeit“** (1926)[444] wird wieder deutlich, dass Nohl in seiner „dialektischen Art“ fünf Bewegungen scheinbar harmonisch zusammenfasst und in die Jugendwohlfahrtsarbeit einfließen lässt. So fasst Nohl in seiner eklektischen und sophistischen Art zusammen: die sozialistische Bewegung und Marx, die religiöse Gegenbewegung Wicherns, die Frauenbewegung Helene Langes und die sozialpädagogische Bewegung seit 1872 (Schmollers Verein für Sozialpolitik). Als „fünfte geistige Energie“ nennt Nohl die Gemeinschaftskraft der jugendlichen Verbindungen (Nohl: Dreißig Jahre, 1949, S. 139). Er folgert:

> *„In die Jugendwohlfahrtsarbeit gehen nun alle diese Bewegungen ein, die sozialistische, die innere Mission, die Frauenbewegung, die Sozialpolitik, die Jugendbewegung und die pädagogische Bewegung. Keine von ihnen ist entbehrlich, denn jede hebt einen Bezug des neuen Lebens ans Licht.“* (Nohl: Dreißig Jahre, 1949, S. 139)

Als abschließenden pädagogischen Ethos ruft Nohl – sozusagen als Basis des „pädagogischen Bezugs“ – aus:

> *„(...) man will dich nicht werben für eine Partei, für eine Kirche, auch nicht für den Staat, sondern – der Unterschied ist so gering, wie wenn man die Hand umdreht, und ist doch entscheidend – diese Hilfe gilt zunächst und vor allem dir, deinem einsamen Ich, deinem verschütteten, hilferufenden Menschentum.“* (Nohl: Dreißig Jahre, 1949, S. 142)

Bemerkenswert an dieser Passage ist, neben der peinlichen Pathetik, Nohls Betonung – allerdings eingeschränkt durch das Wörtchen „zunächst“ – „auch nicht für den Staat“. Es wird darauf zu achten sein, ob es bei Nohl nicht einfach darum geht, „zunächst“ Vertrauen zu gewinnen, um dann das Individuum der Gemeinschaft umso besser unterordnen zu können.

Der abgedruckte Vortrag **„Der männliche Sozialbeamte und die Sozialpädagogik in der Wohlfahrtspflege“** (1926)[445] klärt mehr über Nohls Männlichkeitsvorstellungen auf als über die Sozialarbeit. Man erfährt lediglich etwas über den männlichen Sozialarbeiter: „(...) *diese* soziale Arbeit trägt auch das Schwert an der Seite!“ (Nohl: Dreißig Jahre, 1949, S. 146, Hervorhebung im Original).[446]

---

[443] Auch in dem publizierten Vortrag **„Schule und Alltag“** (1929, in: Nohl, Herman: Pädagogik aus dreißig Jahren, Frankfurt am Main 1949, S. 112–123. Vortrag auf dem sechsten deutschen Mittelschullehrertag in Duisburg am 23. Mai 1929, zuerst erschienen in: Die Erziehung. Monatsschrift für den Zusammenhang von Kultur und Erziehung in Wissenschaft und Leben, 4. Jg. (1928/29), S. 592–601) sieht Nohl in der Muße und in Platons Verherrlichung der Muße eine große Gefahr und betont in allgemeinen Ausführungen die Notwendigkeit, schulische Bildung mit dem Leben, der „Volksgemeinschaft“, zu verbinden (Nohl: Dreißig Jahre, 1949, S. 122).

Ähnliches äußert Nohl auch im Aufsatz **„Bildung und Alltag“** (1929, in: Nohl, Herman: Pädagogik aus dreißig Jahren, Frankfurt am Main 1949, S. 124–132. Vortrag auf der Tagung für Schulaufsichtsbeamte in Kassel am 23. Oktober 1929, zuerst erschienen in: Die Volksschule. Halbmonatsschrift für Wissenschaft und Praxis der Erziehung, Lehrerbildung und Kulturpolitik, 25. Jg. (1929), Heft 16, S. 1–6).

[444] Nohl, Herman: Die geistigen Energien der Jugendwohlfahrtsarbeit (1926), in: Nohl, Herman: Pädagogik aus dreißig Jahren, Frankfurt am Main 1949, S. 133–142. Vortrag während der Sozialpädagogischen Woche in Hamburg im Januar 1926, zuerst erschienen in: Die Erziehung. Monatsschrift für den Zusammenhang von Kultur und Erziehung in Wissenschaft und Leben, 1. Jg. (1925/26), S. 321–329.

[445] Nohl, Herman: Der männliche Sozialbeamte und die Sozialpädagogik in der Wohlfahrtspflege (1926), in: Nohl, Herman: Pädagogik aus dreißig Jahren, Frankfurt am Main 1949, S. 143–150. Vortrag auf der Tagung des Bundes Deutscher Sozialbeamter in Berlin am 21. Mai 1926, zuerst erschienen in: Nohl, Herman: Jugendwohlfahrt. Sozialpädagogische Vorträge, Leipzig 1927, S. 14–24.

[446] Mehr ins Zoologische und unfreiwillig Humoristische geht die Vorwegnahme von Konrad Lorenz in folgender Passage: „Wo in Wahrheit die soziale Funktion des männlichen Wesens zu finden ist, zeigt jedes Hühnervolk oder irgendeine andere Tiergruppe. (...) Ich erinnere an das Verhalten des Hahns beim Futtersuchen der Hennen.“ Nohl nennt so etwas „Ritterlichkeit“ (Nohl: Dreißig Jahre, 1949, S. 144 f.)

„Die Machtrealität des höheren Lebens"

Gewichtiger hingegen ist der veröffentlichte Vortrag **„Gedanken für die Erziehungstätigkeit des Einzelnen mit besonderer Berücksichtigung der Erfahrungen von Freud und Adler"** (1926).[447] Hier betont Nohl, dass die Pädagogik

> *„ihren Augenpunkt unbedingt im Zögling hat, das heißt, dass sie sich nicht als Vollzugsbeamten irgendwelcher objektiven Mächte dem Zögling gegenüber fühlt, des Staats, der Kirche, des Rechts, der Wirtschaft, auch nicht einer Partei oder Weltanschauung, und dass sie ihre Aufgabe nicht in dem Hinziehen des Zöglings zu solchen bestimmten vorgegebenen objektiven Zielen erblickt, sondern – und das nennen wir ihre Autonomie, die ihr einen von allen anderen Kultursystemen unabhängigen Maßstab gibt, mit dem sie ihnen allen auch kritisch gegenübertreten kann – dass sie ihr Ziel zunächst in dem Subjekt und seiner körperlich-geistigen Entfaltung sieht."* (Nohl: Dreißig Jahre, 1949, S. 152)

Das sind starke, klare Worte, die ein Lob für die Freud- wie die Adler-Schule einschließen, „dass sie diese Wendung der Pädagogik mit besonders klarem Bewusstsein gefördert haben" (Nohl: Dreißig Jahre, 1949, S. 152).

Der springende Punkt ist wiederum das Wörtchen „zunächst". Nur so wird der ganze Gedankengang und Fortgang des Beitrags verständlich. Nach dem „zunächst" kommt der zweite Pol als Schlusspunkt, wobei dann der erste Pol dem zweiten Pol „dient", wenn beide erst verbunden sind.

Nohl ringt „zunächst" um „das unbedingte Vertrauen des Zöglings dem Erzieher gegenüber" (Nohl: Dreißig Jahre, 1949, S. 153), um die Bindung des Zöglings an den Erzieher, um den „pädagogischen Bezug". Doch auch dieser Aufsatz endet mit der Betonung der Notwendigkeit der Strafe aus der Erkenntnis der „Machtrealität des höheren Lebens". Hier setzt dann auch die Ablehnung der Psychoanalyse ein, die nach Nohl die Strafe überhaupt ablehnt. Nohl entwickelt abschließend die Polarität von Furcht und Liebe als entscheidend für die Erziehung:

> *„Diese Machtrealität des höheren Lebens hält das niedere in uns im Bann einer Furcht, die doch eine Furcht vor dem Geistigen ist und die darum nicht entmutigt – wie alle Religionen beweisen, die ihren Gott fürchten und lieben –, sondern die hebt, weil sie uns befreit und so dem höheren Leben in uns Raum schafft."* (Nohl: Dreißig Jahre, 1949, S. 160)

Die von Peter Petersen beschworene Metapher, dass der Pädagoge so etwas wie ein Vertreter Gottes in Schule und Erziehung sei,[448] taucht hier bei Nohl durch die Einheit von Furcht und Liebe – man könnte auch sagen Zuckerbrot und Peitsche – wieder auf.

Der publizierte Vortrag **„Der Sinn der Strafe"** (1925)[449] entwickelt systematisch, an Hegel orientiert, die Vielschichtigkeit und Vielsinnigkeit der Strafe. Nohl unterscheidet kenntnisreich den Zweck der Strafe gegenüber dem Täter, der Gesellschaft und den Geschädigten und kombiniert diese Fragen mit seiner an Platon angelehnten These der drei Schichten der Seele: dem Trieb, dem Willen und der Vernunft.

Angesichts des Vorrangs des Zöglings, zumindest „zunächst", wirkt folgende Endpassage des Aufsatzes eher bedrohlich: „Der ungeheure Ernst der Gefängnismauern, innerhalb deren diese Erziehung vor sich geht, repräsentiert die unerbittliche Realität des Rechts und die überlegene Machtbehauptung des sittlichen Willens der Gemeinschaft" (Nohl: Dreißig Jahre, 1949, S. 172).

---

[447] Nohl, Herman: Gedanken für die Erziehungstätigkeit des Einzelnen mit besonderer Berücksichtigung der Erfahrungen von Freud und Adler (1926), in: Nohl, Herman: Pädagogik aus dreißig Jahren, Frankfurt am Main 1949, S. 151–160. Vortrag vor der Vereinigung für Jugendgerichte und Jugendgerichtshilfe in Göttingen im Juni 1926, zuerst erschienen in: Nohl, Herman: Jugendwohlfahrt. Sozialpädagogische Vorträge, Leipzig 1927.

[448] Vgl. dazu Petersen, Peter: Führungslehre des Unterrichts, Leipzig 1937, S. 144.

[449] Nohl, Herman: Der Sinn der Strafe (1925), in: Nohl, Herman: Pädagogik aus dreißig Jahren, Frankfurt am Main 1949, S. 161–172. Vortrag auf der Jahresversammlung der Gefängnisgesellschaft für die Provinz Sachsen und Anhalt in Halle 1925, zuerst erschienen in: Die Erziehung. Monatsschrift für den Zusammenhang von Kultur und Erziehung in Wissenschaft und Leben, 1. Jg. (1925/26), S. 27–38.

Die „von uns allen ersehnte Volksgemeinschaft“

Im ursprünglich als Bericht verfassten Aufsatz **„Die Pädagogik der Verwahrlosten“** (1924)[450] fügt Nohl dieser platonischen Drei-Schichten-These noch eine vierte Schicht hinzu. Er unterscheidet innerhalb der Schicht der „nus“ (Vernunft) die höhere geistige Grundrichtung von der „zentralen Ich-Einheit“. Nohl vertieft in diesem Beitrag seine Haltung zur modernen Psychologie, führt ausdrücklich noch C. G. Jung für die Analyse der Triebschichten an, findet aber nun gegenüber der Freud-Schule massivere Worte. Er spricht von der „Monomanie der Entdecker“ und dem „Exzess“ der Freud-Schule (Nohl: Dreißig Jahre, 1949, S. 177). Auch hier betont Nohl nachhaltig die Notwendigkeit der „personalen Bindung“ (Nohl: Dreißig Jahre, 1949, S. 181) mit dem Ziel, dass die Straftäter ihre Selbstachtung wiedergewinnen.

Von Gewicht für die Ausformulierung des Gedankens der pädagogischen Autonomie sind drei weitere Aufsätze. Im veröffentlichten Vortrag **„Der Reichsschulgesetzentwurf“** (1928)[451] fordert Nohl die Erziehungswissenschaftler auf, „der Lehrerschaft in dem Kampf für die Autonomie der Pädagogik an die Seite zu treten“ (Nohl: Dreißig Jahre, 1949, S. 222). Nohl wendet sich vehement gegen die religiöse Bekenntnisschule und fordert von der Schule, „über den Parteien“ zu stehen (Nohl: Dreißig Jahre, 1949, S. 223). Er warnt nachdrücklich vor möglichen Parteistreitigkeiten, die man doch satt habe und formuliert:

> *„Der Entwurf dient nicht der von uns allen ersehnten Volksgemeinschaft.“* (Nohl: Dreißig Jahre, 1949, S. 230)

Die Relativität der Autonomie der Pädagogik gegenüber der „Volksgemeinschaft“ wird hier sehr deutlich. Über die Arbeit des Pädagogen sagt er nun 1928:

> *„(...) er erzieht zum Staat, aber nicht zur Partei, zur Wissenschaft, aber nicht zum System, zur Religion, aber nicht zur Konfession. Wir nennen das die Neutralität der Pädagogik.“* (Nohl: Dreißig Jahre, 1949, S. 231)

Hier geht Nohl offensichtlich einen Schritt weiter, indem er die Erziehung zum Staat und zur Religion ausdrücklich bejaht.

Auch in dem publizierten Vortrag **„Konfessionalität und Erziehung“** (1931)[452] wendet sich Nohl ausdrücklich gegen den Fanatismus der Konfessionalität und auch den der NSDAP. Einleitend kritisiert er, dass ein nationalsozialistischer Abgeordneter aber gesagt haben soll, dass eine wirkliche Überzeugung nicht mit dem Gegner diskutiert werde, sondern man ihn vernichten müsse (Nohl: Dreißig Jahre, 1949, S. 233).[453] Ausdrücklich wendet Nohl sich gegen

---

[450] Nohl, Herman: Die Pädagogik der Verwahrlosten (1924), in: Nohl, Herman: Pädagogik aus dreißig Jahren, Frankfurt am Main 1949, S. 173–181. Zuerst erschienen in: Bericht über die dritte Tagung über Psychopathenfürsorge in Heidelberg, Berlin 1925, S. 23–31.

[451] Nohl, Herman: Der Reichsschulgesetzentwurf (1928), in: Nohl, Herman: Pädagogik aus dreißig Jahren, Frankfurt am Main 1949, S. 222–232. Vortrag vor der Göttinger Lehrerschaft 1928, zuerst erschienen in: Die Erziehung. Monatsschrift für den Zusammenhang von Kultur und Erziehung in Wissenschaft und Leben, 3. Jg. (1927/28), S. 40–49.

[452] Nohl, Herman: Konfessionalität und Erziehung (1931), in: Nohl, Herman: Pädagogik aus dreißig Jahren, Frankfurt am Main 1949, S. 233–236. Vortrag in der Pädagogischen Akademie in Frankfurt am Main 1931, zuerst abgedruckt in: Die Deutsche Schule, 35. Jg. (1931), S. 68–70.

[453] Hier polemisiert Nohl indirekt und ohne es zu wissen auch gegen eine spätere Position Wilhelm Flitners, der zwei Jahre später in der Zeitschrift „Die Erziehung“, 8. Jg. (1932/1933), Heft 7, S. 410 unter der Überschrift „Die deutsche Erziehungslage nach dem 5. März 1933“ schrieb: „Der Bolschewismus und die bloß gesellschaftliche Auffassung von Staat und Erziehung waren durch Diskussion und Lehre nicht zu überwinden, ihr Anspruch auf die öffentliche Erziehung ließ sich nur politisch vernichten.“ Damit habe, so kommentiert Micha Brumlik, auch Wilhelm Flitner seinen Kompromiss mit dem Ungeist jener Jahre geschlossen. Brumlik erklärt in seinem Aufsatz „Kritische Theorie und Symbolischer Interaktionismus – Pädagogik als kritische Sozialwissenschaft“ nicht nur auf Flitner bezogen: „Das pädagogische Denken als eine Reflexion am Standort der Verantwortung, das sich jederzeit seiner geschichtlichen Herkunft bewusst ist und die jungen Menschen in die konkreten Lebensformen ihrer Epoche einzuführen sucht, hat freilich, als es wirklich darauf ankam, die Feuerprobe des Nationalsozialismus nicht bestanden“ (in: Röhrs, Hermann/Hans Scheuerl (Hrsg.): Richtungsstreit in der Erziehungswissenschaft und pädagogische Verständigung, Frankfurt am Main/Bern/New York/Paris 1989, S. 113).

Ernst Jünger, der forderte, die Intensität des Glaubens zu stärken, „ganz abgesehen von den Inhalten“ (Nohl: Dreißig Jahre, 1949, S. 233). Die von Nohl angeprangerte Bodenlosigkeit rein formalen Glaubenswillens ist für ihn der Ausgangspunkt der Ablehnung des Konfessionsfanatismus. Ausdrücklich wendet sich Nohl 1931 in der ihm eigenen Art auch gegen die Ausgrenzung der jüdischen Religion, indem er von Salzmann berichtet, er habe „die Geistlichen aller drei christlichen Bekenntnisse“ als Paten für sein Kind bemüht und ausdrücklich auch den Rabbiner, der ihm „immer nahegestanden habe“ (Nohl: Dreißig Jahre, 1949, S. 234).

Angesichts der anwachsenden antisemitischen Strömung in Deutschland soll ausdrücklich diese sich auf Salzmann berufende positive Passage bei Nohl hervorgehoben werden, auch wenn die christlich-hegemoniale These von den „drei christlichen Bekenntnissen“, in der die jüdische Religion zu einer Unterabteilung des Christentums wird, die christlich-abendländische Grundposition Nohls massiv unterstreicht.

Die pädagogische Bewegung als „beste Waffe für den Aufstieg Deutschlands“

Im veröffentlichten Vortrag **„Pädagogische Bewegung oder pädagogische Reaktion?“** (1932)[454] polemisiert Nohl gegen die finanzielle Aushöhlung von Schule und Erziehung durch die aktuelle politische Lage. Unabhängig von der im Detail zu klärenden Frage, gegen wen sich diese Rede im Oktober 1932 politisch richtet, ist der eigentliche Gehalt des Beitrags ein großer Aufruf, die pädagogischen Kräfte in der schwierigen Situation des Landes nicht zu beschneiden, sondern aufzuwerten, weil die pädagogische Bewegung doch die „beste Waffe für den Aufstieg Deutschlands“ sei, „wo die zuchtvolle Zusammenfassung aller Kräfte unseres Volkes eine stärkste Anspannung seiner Erziehung nötig macht“ (Nohl: Dreißig Jahre, 1949, S. 237). Sehr ausführlich erläutert Nohl hier die in verschiedenen Schriften sich wiederholende These: „Jede pädagogische Bewegung verläuft in drei Phasen – das ist ihr Gesetz.“ (Nohl: Dreißig Jahre, 1949, S. 240) Während in der ersten Phase gegen veraltete Pädagogik das Individuum im Mittelpunkt steht, die Persönlichkeit, so geht es in der zweiten Phase um die Gemeinschaft und – wiederum – in der dritten Phase um die Vereinigung dieser beiden Aspekte auf höherer Ebene mit höherem Gehalt.

> *„Das Schlagwort dieser dritten Phase ist nicht mehr Persönlichkeit und Gemeinschaft, sondern ‚Dienst‘, d. h. die tätige Hingabe an ein Objektives.“* (Nohl: Dreißig Jahre, 1949, S. 242)

Klar betont Nohl, dass die dritte Phase alles der ersten und zweiten Phase auch enthalte. Er führt zudem noch einmal – quasi programmatisch – seine These von der Polarität des pädagogischen Lebens aus, in der auch bei Übergewicht eines Pols der andere nicht verschwinden dürfe.

> *„Auf welchem Pol dieser Spannungen jeweils der Akzent zu liegen hat, das bestimmt die geschichtliche Stunde.“* (Nohl: Dreißig Jahre, 1949, S. 242)

Dieser Gesichtspunkt ist in doppelter Hinsicht von besonderem Interesse: Die Autonomie der Pädagogik besteht nach dieser Formulierung ganz offensichtlich nicht in der Akzentsetzung, sondern nur in der Wachsamkeit, dass nicht der zweitrangige Pol verloren geht. Den Akzent, den setzt die „geschichtliche Stunde“. Für die Beurteilung des NS-Staates - vier Monate später - ist die These von der geschichtlichen Stunde von großer Bedeutung. Hier wird deutlich, dass die Autonomie der Pädagogik bei Nohl ihre Grenzen hat, auch in seinem theoretischen Ansatz. Ausdrücklich hält er im letzten Absatz dieses Beitrags fest:

---

[454] Nohl, Herman: Pädagogische Bewegung oder pädagogische Reaktion? (1932), in: Nohl, Herman: Pädagogik aus dreißig Jahren, Frankfurt am Main 1949, S. 237–244. Vortrag auf der Pädagogischen Kundgebung am 26. Oktober 1932 im Plenarsaal des Wirtschaftsrats, zuerst in: Die Deutsche Schule, 37. Jg. (1933), Heft l, S. 1–6.

„Pädagogik und Politik sind untrennbar verbunden wie Einatmen und Ausatmen, die geschichtlichen Kräfte eines Volkes sind vor allem eine Funktion seiner Erziehung.“ (Nohl: Dreißig Jahre, 1949, S. 244)[455]

* * *

Er erscheint sinnvoll, die fünf letzten in diesem Sammelband abgedruckten Aufsätze,[456] die alle nach 1945 verfasst wurden, gemeinsam mit anderen nach 1945 erstmals erschienenen gewichtigen Beiträgen Herman Nohls im Teil C der vorliegenden Arbeit gesondert zu behandeln.

[455] Die Beiträge „Die zweifache deutsche Geistigkeit und ihre pädagogische Bedeutung“ (1932, in: Nohl, Herman: Pädagogik aus dreißig Jahren, Frankfurt am Main 1949, S. 190–203. Niederschrift eines Vortrags bei der Tagung des Vereins der Sozialbeamtinnen am 28. Mai 1932 auf dem Rothenfels am Main, zuerst erschienen in: Die Erziehung. Monatsschrift für den Zusammenhang von Kultur und Erziehung in Wissenschaft und Leben, 8. Jg. (1932/33), Heft 1 (Oktober 1932), S. 4–16.) und „Die volkserzieherische Arbeit innerhalb der pädagogischen Bewegung“ (1932, in: Nohl, Herman: Pädagogik aus dreißig Jahren, Frankfurt am Main 1949, S. 211–221. Niederschrift eines Vortrags auf der Stolper Tagung des Deutschen Fröbelverbandes im August 1932, zuerst erschienen in: Die Erziehung. Monatsschrift für den Zusammenhang von Kultur und Erziehung in Wissenschaft und Leben, 8. Jg. (1932/33), Heft 6 (März 1933), S. 337–346) sind ebenfalls im Nohl-Sammelband „Landbewegung, Osthilfe und die Aufgabe der Pädagogik“ (Leipzig 1933) enthalten. Die Auseinandersetzung mit diesen beiden Beiträgen wird in der vorliegenden Studie im Teil „Zu den Publikationen in der NS-Zeit im Einzelnen“ geführt.

[456] Der einzige Aufsatz aus der NS-Zeit, „Der Bürger“ (1937; in: Nohl, Herman: Pädagogik aus dreißig Jahren, Frankfurt am Main 1949, S. 245–256; den Nohl in diesen Sammelband aufnimmt, wurde nicht in der NS-Zeit, sondern erst nach 1945, in der Zeitschrift „Die Sammlung“ erstmalig veröffentlicht (Die Sammlung. Zeitschrift für Kultur und Erziehung, 1. Jg. (1945/46), Heft 2, S. 85–95).

Laut Nohl stellt der Aufsatz den Beginn seiner Vorlesung im Sommersemester 1937 mit dem Titel „Bürger im 19. Jahrhundert“ dar. Für Nohl war der Nichtabdruck dieses Aufsatzes in der Zeitschrift „Die Erziehung“ 1937 immerhin der Grund, als Mitherausgeber zurückzutreten (vgl. die Anmerkung auf S. 307 des Sammelbands).

Der Inhalt dieses Beitrags überrascht insofern, als in ihm – ungewöhnlich für Nohl – ein massiver Rückgriff auf Aristoteles erfolgt, um den Gedanken der Mitte am Beispiel des Bürgers, des Mittelstandes, herauszuarbeiten. Nohl stellt das heroische Leben und das bürgerliche Leben gegenüber und wehrt sich dagegen, dass „seit der nationalsozialistischen Revolution“ das Heroische verabsolutiert wird (Nohl: Dreißig Jahre, 1949, S. 245). Ihm geht es um die Vereinigung beider Aspekte. Ausführlich lässt er nun Aristoteles mit seiner Schrift „Politik“, Abschnitt IV (Aristoteles: Politik, 7. Auflage, München 1996, S. 136 ff.) zu Wort kommen, um die Bedeutung des „mesos“, des Mittleren im Allgemeinen und des Mittelstands im Besonderen zu begründen. Auch wenn bei Nohl hier der gewichtige Unterschied zwischen mittelmäßig und angemessen verschwimmt, der ein Kernpunkt der genau gelesenen Ausführungen des Aristoteles über Tugend bildet und den Aristoteles ausdrücklich betont – so wird grob gesprochen dennoch immerhin die Tugend als Mitte zwischen den Extremen festgeschrieben.

Von Gewicht für die Frage, ob eine Tugend auch voraussetzt, Widerstand gegen Ungerechtigkeit zu leisten, ist die Nohl'sche Interpretation, dass die Tugend angeblich nicht „über die Kräfte des gewöhnlichen Menschen“ (Nohl: Dreißig Jahre, 1949, S. 250) hinausgehen dürfe. Diese Passage richtet sich auch an die Mitglieder der „Nohl-Schule“. Wer ist in der NS-Zeit 1937 der „gewöhnliche Mensch“? Die Ablehnung des Heroischen kann sich hier auch gegen die Notwendigkeit richten, Widerstand gegen den NS-Staat zu leisten. Die an anderer Stelle formulierte These, dass es heroisch sei, „an den Kamin“ zurückzukehren, erhält in dieser Lesart eine Rechtfertigung des Nichtstuns und Zusehens angesichts des himmelschreienden Unrechts in der NS-Zeit.

3. Weniger: Geschichtsdidaktik und die sogenannte Militärpädagogik

1894 in Steinhorst bei Hannover als Sohn eines protestantischen Pfarrers geboren, studiert Weniger ab 1913 Geschichte und Philosophie in Tübingen.[457] 1914 meldet er sich als Kriegsfreiwilliger zur Artillerie und hat am Ende des Ersten Weltkriegs den Rang eines Leutnants inne. Nach Kriegsende beteiligt sich Weniger zunächst an der Niederschlagung der Novemberrevolution in Berlin,[458] 1919 nimmt er sein Studium, nun in Göttingen u. a. bei Herman Nohl, wieder auf. 1921 wird Weniger Leiter der von Nohl gegründeten Jugendvolkshochschule in Göttingen. Im gleichen Jahr promoviert Weniger über „Rehberg und Stein"[459] bei Karl Brandi. 1923 wird er Assistent bei Nohl. 1928 erhält Weniger einen Lehrauftrag für Sozialpädagogik an der Universität Göttingen. 1926 habilitiert er sich für das Fach Pädagogik mit der Arbeit „Die Grundlagen des Geschichtsunterrichts"[460] und wird 1929 als Professor für Pädagogik und Philosophie nach Kiel berufen. 1931 wird Weniger Vorsitzender des neu gegründeten „Weltbunds für Erneuerung in der Erziehung", der deutschen Sektion der reformpädagogischen „New Education Fellowship".

1930 wird Weniger zunächst Direktor der Pädagogischen Akademie Altona und dann 1932 der Pädagogischen Akademie Frankfurt am Main. Von diesem Posten wird er im Mai 1933 beurlaubt und im September 1933 entlassen. Im Januar 1934 wird die Entlassung auf Bemühen Wenigers aufgehoben und er wird in das Amt eines Studienrats versetzt. Ende 1935 wird Weniger auf eigenen Antrag hin für wissenschaftliche Arbeiten beurlaubt, bis er im April 1938 beginnt, am Frankfurter Lessing-Gymnasium zu unterrichten. Seit September 1939 ist er zunächst im Rang eines Hauptmanns, ab 1942 im Rang eines Majors Mitglied der Wehrmacht. Im Verlauf des Krieges wird er am 1.1.1944 außerdem NS-Führungsoffizier (NSFO).[461]

Im Juni 1945 aus amerikanischer Kriegsgefangenschaft entlassen, wird Weniger im September desselben Jahres zusammen mit Nohl Herausgeber der Zeitschrift „Die Sammlung", 1955 gründet er außerdem zusammen mit Wilhelm Flitner und anderen die „Zeitschrift für Pädagogik". Ab 1946 ist Weniger Direktor der neugegründeten Pädagogischen Hochschule in Göttingen, bis er 1949 als Nachfolger Nohls auf den Lehrstuhl für Pädagogik der Universität

---

[457] Zur Biographie Wenigers siehe:

Schwenk, Bernhard: Erich Weniger – Leben und Werk, in: Dahmer, Ilse/Klafki, Wolfgang: Geisteswissenschaftliche Pädagogik am Ausgang ihrer Epoche – Erich Weniger, Weinheim/Berlin 1968, S. 1–33.

Gaßen, Helmut: Erich Wenigers Leben, Werk und Wirkung, in: Weniger, Erich: Erziehung, Politik, Geschichte. Politik, Gesellschaft, Erziehung in der geisteswissenschaftlichen Pädagogik. Ausgewählt und kommentiert von Helmut Gaßen (Pädagogische Bibliothek Beltz, Band 4), Weinheim/Basel 1990, S. 413–468.

Beutler, Kurt: Geisteswissenschaftliche Pädagogik zwischen Politisierung und Militarisierung – Erich Weniger (Studien zur Bildungsreform, Band 24), Frankfurt am Main/Berlin/Bern/New York/Paris/Wien 1995.

Siemsen, Barbara: Der andere Weniger. Eine Untersuchung zu Erich Wenigers kaum beachteten Schriften (Studien zur Bildungsreform, Band 25), Frankfurt am Main/Berlin/Bern/New York/Paris/Wien 1995.

[458] In einer undatierten fünfseitigen Stellungnahme im Rahmen des Entnazifizierungsverfahrens berichtet Weniger zu seiner Arbeit in der Reichswehr, dass er 1919/20 „im Stabe Noske" als „Propagandaoffizier" eingesetzt war (undatierte Stellungnahme im Rahmen des Entnazifizierungsverfahrens, S. 2, Niedersächsische Staats- und Universitätsbibliothek Göttingen, Abteilung für Handschriften und seltene Drucke, Cod. Ms. E. Weniger 5/19).

[459] Weniger, Erich: Rehberg und Stein, Göttingen 1921. Siehe auch: Weniger, Erich: Rehberg und Stein (Auszug), in: Jahrbuch der Philosophischen Fakultät in Göttingen, Jg. 1922, Hälfte 1, S. 17–24.

[460] Weniger, Erich: Die Grundlagen des Geschichtsunterrichts. Untersuchungen zur geisteswissenschaftlichen Didaktik, Leipzig 1926.

[461] Zu seiner militärischen Tätigkeit listet Weniger im Rahmen seines Entnazifizierungsverfahrens folgende Stationen auf: 30. Division (August 1940 bis April 1941), Stab der 17. Armee in Russland (Mai 1941 bis September 1941), dann ein Jahr Lazarettaufenthalt, Stab des Generals Heinrich von Stülpnagel ohne dienstliche Verwendung (September 1942 bis Oktober 1943), Planstelle beim Befehlshaber Nordwest-Frankreich (Oktober 1943). Dazu schreibt er ergänzend, dass diese Stelle im Januar 1945 „in die eines NSFO verwandelt" wurde (Niedersächsische Staats- und Universitätsbibliothek Göttingen, Abteilung für Handschriften und seltene Drucke, Cod. Ms. E. Weniger 5/23).

Göttingen berufen wird. Ein kompliziertes Entnazifizierungsverfahren in zwei Instanzen besteht Weniger juristisch unbeschadet.[462] In den 1950er Jahren beteiligt sich Weniger im Rahmen der Wiederbewaffnung der Bundesrepublik am Aufbau der Bundeswehr, unter anderem als Mitglied des „Personalgutachterausschusses für die Streitkräfte" und im „Beirat für Innere Führung" der Bundeswehr. Seit 1953 bis zu seinem Tod ist Weniger zudem Mitglied im „Deutschen Ausschuss für das Erziehungs- und Bildungswesen". Erich Weniger stirbt kurz nach seiner Emeritierung am 2. Mai 1961 in Göttingen.

a) Die Dissertation „Rehberg und Stein" (1921)

1921 veröffentlichte Erich Weniger seine Dissertation über „Rehberg und Stein".[463] In einer detaillierten Studie über die Rolle der Französischen Revolution, der englischen Staatslehre und der sogenannten „Deutschen Bewegung" beleuchtet Weniger die „Bedeutung der Macht im politischen Leben" (Weniger: Rehberg und Stein, 1921, S. 22) und die realpolitischen Ansätze des Freiherrn vom Stein, der trotz seiner Ablehnung der Französischen Revolution insgesamt einzelne Teile der Ideen (etwa Heeresreform für Preußen) übernommen habe. Die biographischen Hintergründe der Freundschaft und Entfremdung zwischen August Wilhelm Rehberg und dem Freiherrn vom Stein werden auf dem Hintergrund diskutiert, einerseits an „alte deutsche Verhältnisse" anzuknüpfen (Weniger: Rehberg und Stein, 1921, S. 21), aber auch moderne englische und französische Ideen aufzunehmen. Die Wirkungsgeschichte dieser Detail-Studie ist eher als gering einzuschätzen, da nur ein kurzer Auszug einem breiten Publikum zugänglich gemacht wurde. Weniger selbst kommt vor allem in seinen militärpädagogischen Schriften mehrfach auf den Freiherrn vom Stein als Militärreformer zurück.

b) Die Habilitationsschrift „Die Grundlagen des Geschichtsunterrichts" (1926)

Wenigers Habilitationsschrift „Die Grundlagen des Geschichtsunterrichts",[464] die 1926 erschien, wirkte und wirkt dagegen bis heute in die geschichtsdidaktische und allgemeine didaktische Diskussion hinein, ebenso in die Lehrplandiskussion nach 1945. Weniger geht in seiner 1949 verfassten Darlegung „Neue Wege im Geschichtsunterricht"[465] nicht ausdrücklich auf diese eigene grundlegende Schrift ein.

Gleich einleitend verweist Weniger auf die Gefahr, zu sehr in methodischen Fragen aufzugehen und die didaktischen Probleme der Auswahl und des Aufbaus der Bildungsinhalte in den Hintergrund zu drängen. Durch die Kombination von geisteswissenschaftlicher Theorie, Kenntnissen über das Jugendalter (sich dabei auf Eduard Spranger und Wilhelm Dilthey

[462] Am 13.9.1946 schreibt Weniger in einer achtseitigen Stellungnahme: „Von Seiten der Militärregierung ist mir gestern mitgeteilt, dass durch eine mir persönlich unbekannte Dame in London eine Anzeige gegen mich erstattet worden sei, dass ich zwar kein Nationalsozialist, aber ein unerfreulicher Militarist sei. Die Anzeige enthielt außerdem die Vermutung, dass ich meine militärische, vor allem meine schriftstellerische Tätigkeit nur benutzt habe, um auf diese Weise Gnade vor den Nationalsozialisten zu gewinnen, um auf diese Weise wieder in den Beruf zu kommen. Dieser Abschluss sei lediglich durch die Schnelligkeit der Ereignisse nicht mehr vollzogen. Die Dame hat ihre Information offenbar auf einer Deutschlandreise von der gleichen Stelle bekommen, die mich auf dem Wege über Dr. Schumacher hier in Göttingen zur Anzeige gebracht hat, die in diesen Tagen vor dem Entnazifizierungs-Hauptausschuss Göttingen behandelt wird." (Stellungnahme Wenigers vom 13.9.1946, S. 3 f., Niedersächsische Staats- und Universitätsbibliothek Göttingen, Abteilung für Handschriften und seltene Drucke, Cod. Ms. E. Weniger 5/19)

[463] Weniger, Erich: Rehberg und Stein, Göttingen 1921. Hier zitiert nach dem 1922 erschienenen Auszug: Weniger, Erich: Rehberg und Stein (Auszug), in: Jahrbuch der Philosophischen Fakultät in Göttingen, Jg. 1922, Hälfte 1, S. 17–24.

[464] Weniger, Erich: Die Grundlagen des Geschichtsunterrichts. Untersuchungen zur geisteswissenschaftlichen Didaktik, Leipzig 1926.

[465] Weniger, Erich: Neue Wege im Geschichtsunterricht, 2. Auflage (fotomechanischer Nachdruck der 1. Auflage 1949), Frankfurt am Main 1957.

stützend; vgl. Weniger, Grundlagen, 1926, S. 3 bzw. S. 5) und der Behandlung der Beziehung von Kultur und Leben soll eine Grundlegung der Didaktik für geisteswissenschaftliche Lehrinhalte und insbesondere für den Geschichtsunterricht entworfen werden. Weniger unterstreicht das historische Herangehen an alle Fragen, zumal es nun, wie er Dilthey zustimmend zitiert, um das „Recht der Geschichte" gehe, „ein nationales Bildungsmittel zu werden" (Weniger, Grundlagen, 1926, S. 6). Dabei orientiert er sich an Theodor Litt und Herman Nohl sowie an Dilthey. Weniger beschäftigt sich mit dem Aufbau des Geschichtsunterrichts und hat dabei das Problem vor Augen, welches Verhältnis Kinder zur Geschichte haben und haben können. Bei der Auswahl des Stoffs wird der Vorrang des politischen Geschehens vor der kulturellen Geschichte diskutiert. Als drittes Problem wird die Rolle des Lehrers und seiner Haltung zum ausgewählten Stoff, das Problem einer subjektiven Auslegung der Realität, thematisiert. Dabei behandelt Weniger anhand der preußischen Lehrpläne und der gesellschaftlichen Debatten über die Funktion des Geschichtsunterrichts auch die Geschichte des Geschichtsunterrichts selbst.

In seiner Zusammenfassung „Der Staat und der Geschichtsunterricht" (Weniger, Grundlagen, 1926, S. 240 ff.) lobt Weniger Spranger, der herausgearbeitet habe, dass der nationale Staat „die Grenze der Objektivität im Geschichtsunterricht bestimmen" könne (Weniger, Grundlagen, 1926, S. 240), und nicht Parteien oder Konfessionen (also Teile der Gesellschaft). Das Problem sei nun aber, dass dieser Staat nur in der Idee einheitlich, real aber umkämpft und umstritten sei. Das, was Spranger für den konstitutionellen Staat eigentlich voraussetze, müsse erst und auch mit Hilfe der Pädagogik erreicht werden, nämlich die „Einheit des erzieherischen Willens gegenüber allen Mächten des Lebens", auch gegenüber widerstreitenden Mächten im Staat, dem gegenüber die „Wahrung der pädagogischen Autonomie der Schule" als „Gewähr für die Objektivität des Unterrichts" durchzusetzen sei (Weniger, Grundlagen, 1926, S. 242).

c) Weitere grundlegende Schriften

Zu den grundlegenden Arbeiten Wenigers kann auch das Buch „Goethe und die Generale"[466] gezählt werden, in dem er 1942 die Beziehung von Goethe zu den Generälen der antinapoleonischen Kriege untersucht. Seine umfassendste Schrift erschien 1938 unter dem Titel „Wehrmachtserziehung und Kriegserfahrung".[467] Während die Schrift über Goethe 1959 erneut aufgelegt wurde, wurde die „Wehrmachtserziehung" trotz Wenigers Einsatz für die Vorbereitung und die Durchführung der Wiederbewaffnung in Deutschland nach 1945 nicht noch einmal aufgelegt. Nach seinem Tod werden diese Schrift und die anderen militärpädagogischen Schriften zunächst ignoriert,[468] dann aber teils als Modell für eine Allgemeine Pädagogik vorgestellt,[469] aber auch heftig kritisiert (Siemsen, Beutler).[470]

Das größte Gewicht nach 1945 hat sein 1952 erschienener Sammelband „Die Eigenständigkeit der Erziehung"[471], der 42 Aufsätze enthält, vor allem aus der Zeit der Weimarer Republik,

---

[466] Weniger, Erich: Goethe und die Generale, Leipzig 1942 und Leipzig 1943. Nachdruck unter dem Titel „Goethe und die Generale der Freiheitskriege. Geist, Bildung, Soldatentum" (neue erweiterte Auflage, Stuttgart 1959).

[467] Weniger, Erich: Wehrmachtserziehung und Kriegserfahrung. Berlin 1938.

[468] Dahmer, Ilse/Klafki, Wolfgang: Geisteswissenschaftliche Pädagogik am Ausgang ihrer Epoche – Erich Weniger, Weinheim/Berlin 1968.

[469] Gaßen, Helmut (Hrsg.): Lehrerbildung, Sozialpädagogik, Militärpädagogik. Politik, Gesellschaft, Erziehung in der geisteswissenschaftlichen Pädagogik. Erich Weniger (Pädagogische Bibliothek Beltz, Band 5), Weinheim/Basel 1990.

[470] Siemsen, Barbara: Der andere Weniger. Eine Untersuchung zu Erich Wenigers kaum beachteten Schriften (Studien zur Bildungsreform, Band 25), Frankfurt am Main/Berlin/Bern/New York/Paris/Wien 1995.

Beutler, Kurt: Geisteswissenschaftliche Pädagogik zwischen Politisierung und Militarisierung – Erich Weniger (Studien zur Bildungsreform, Band 24), Frankfurt am Main/Berlin/Bern/New York/Paris/Wien 1995.

[471] Weniger, Erich: Die Eigenständigkeit der Erziehung in Theorie und Praxis. Probleme der akademischen Lehrerbildung, Weinheim ohne Jahr (1952).

aber auch 25 Aufsätze und Reden aus der Zeit nach 1945.[472] Im Jahr 1952 erschien außerdem der erste Teil der bedeutenden Schrift „Didaktik als Bildungslehre“ mit dem Titel „Die Theorie der Bildungsinhalte und des Lehrplans“.[473] 1959 erschien der zweite Teil mit dem Titel „Didaktische Voraussetzungen der Methode in der Schule“.[474] Hier entwickelt Weniger umfangreich das Problem der Verbindung von Theorie und Praxis und betont die eigenständige wissenschaftliche Bedeutung der Methode. Die dort entwickelten und festgehaltenen „einheimischen Begriffe“ der Didaktik wirkten vor allem durch Wenigers „Schüler“ Wolfgang Klafki, der nach dem Tod Wenigers 1961 großen Einfluss auf die Fortsetzung der erziehungswissenschaftlichen Diskussion im Sinne Wenigers hatte und bis heute hat. Aber auch Herwig Blankertz und Klaus Mollenhauer, die als „Schüler“ Erich Wenigers bezeichnet werden können, spielen bei der Fortsetzung der „Göttinger Schule“ von Nohl und Weniger im erziehungswissenschaftlichen Diskurs der Bundesrepublik Deutschland eine gewichtige Rolle. Umso wichtiger erscheint es, die nach außen wirkende publizistische Tätigkeit Erich Wenigers in der NS-Zeit Punkt für Punkt zu dokumentieren und zur Diskussion zu stellen.

[472] Lediglich ein Aufsatz aus der NS-Zeit, „Der pädagogische Streit und die Wirklichkeit der Erziehung“ (1935), wurde aufgenommen (in: Weniger, Erich: Die Eigenständigkeit der Erziehung in Theorie und Praxis. Probleme der akademischen Lehrerbildung, Weinheim ohne Jahr (1952), S. 88–98).

[473] Weniger, Erich: Didaktik als Bildungslehre, Teil 1: Die Theorie der Bildungsinhalte und des Lehrplans (1952), 6./8. Auflage, Weinheim 1965. Weniger schreibt in einer Fußnote auf S. 5: „Der hier vorgelegte erste Teil einer ‚Didaktik als Bildungslehre‘ ist eine Neubearbeitung und wesentliche Erweiterung des Abschnitts ‚Die Theorie der Bildungsinhalte‘ im ‚Handbuch der Pädagogik‘, hrg. von Herman Nohl und Ludwig Pallat, Band III, Langensalza 1930, S. 1–55. Die damalige Einleitung ‚Die pädagogische Bewegung und ihre Theorie‘ ist hier fortgelassen.“

[474] Weniger, Erich: Didaktik als Bildungslehre, Teil 2: Didaktische Voraussetzungen der Methode in der Schule. Eine Einführung in die Methodenlehre (1959), 4./6. Auflage, Weinheim 1965.

4. Petersen: „Reformpädagogik“ und Führungslehre

Jede kritische Arbeit über die Biographie und das Werk Peter Petersens hat sich mit dem Problem auseinanderzusetzen, dass Petersen (anders als Spranger, Nohl und Weniger) durch seinen „Jenaplan“ und seine praktisch-methodischen Vorschläge für den Schulunterricht (Wochenplan, Gruppenarbeit, jahrgangsübergreifende Lerngruppen, Leistungsberichte etc.) eine hohe Popularität in Deutschland hat.[475]

Andererseits ist durch die öffentlichen Debatten in den vergangenen Jahrzehnten allgemein bewusst, dass sich Petersen in der NS-Zeit „angepasst“ hat. Das aber wurde in der Regel – wie alle gescheiterten Versuche zur Umbenennung von Peter-Petersen-Schule zeigen – als biographische Bagatelle abgetan, die das „große bzw. eigentliche Werk“ Peter Petersens unbeschädigt lasse.

* * *

Der 1884 im Kreis Flensburg als Sohn eines protestantischen Bauern geborene Petersen besucht zunächst die örtliche einklassige Dorfschule, später das Gymnasium in Flensburg.[476] Nach Abschluss seines Studiums unterrichtet er an Höheren Schulen in Leipzig und Hamburg, wo er zuletzt die Lichtwarkschule leitete. 1908 promoviert er mit der Dissertation „Der Entwicklungsgedanke in der Philosophie Wundts“[477] bei Rudolf Eucken. Petersen wird 1912 Vorstandsmitglied und 1915 Schriftführer des „Bunds für Schulreform“. 1920 habilitiert er sich mit der Schrift „Geschichte der aristotelischen Philosophie im protestantischen Deutschland“[478] bei William Stern. 1923 wird Petersen als ordentlicher Professor auf den Lehrstuhl für Erziehungswissenschaft an der Universität Jena berufen, den er bis zu seinem Tod innehat. 1932 und 1933 kandidiert Petersen für den „Christlich-Sozialen Volksdienst“ (CSVD) insgesamt drei Mal erfolglos für den Reichstag.[479]

Mit dem Sieg der Anti-Hitler-Koalition über NS-Deutschland endete die Zeit des NSLB, des Nationalsozialistischen Lehrerbundes, der für die Verbreitung der NS-Ideologie unter der Lehrerschaft zuständig war und dessen Mitglied Peter Petersen seit 1934 war. Petersen, nach wie vor in Jena ansässig, wurde im Februar 1946 zunächst Mitglied der SPD und später der

---

475 Diese Popularität steigerte sich noch, nachdem die DDR ein Teil der BRD geworden war: In Jena wurde 1990 der Karl-Marx-Platz in Peter-Petersen-Platz umbenannt. Gewichtiger ist, dass auch heute noch über zwanzig Schulen nach Peter Petersen oder dem Jenaplan benannt sind.

476 Zur Biographie Petersens siehe: Kluge, Barbara: Peter Petersen. Lebenslauf und Lebensgeschichte. Auf dem Weg zu einer Biographie, Heinsberg 1992 und Retter, Hein: Reformpädagogik und Protestantismus im Übergang zur Demokratie. Studien zur Pädagogik Peter Petersens (Braunschweiger Beiträge zur Kulturgeschichte, Band 1), Frankfurt am Main 2007.

477 Petersen, Peter: Der Entwicklungsgedanke in der Philosophie Wundts. Zugleich ein Beitrag zur Methode der Kulturgeschichte (Dissertation), Leipzig 1908.

478 Petersen, Peter: Geschichte der aristotelischen Philosophie im protestantischen Deutschland. Habilitationsschrift zur Erlangung der Lehrberechtigung bei der philosophischen Fakultät der Hamburgischen Universität, Leipzig 1921.

479 Bereits 1931 schrieb Gustav Hülser, der zweite Reichsvorsitzende des CSVD: „Die Nationalsozialistische Partei kann trotz alledem ein wertvoller Helfer an der Erneuerung des deutschen Volkes und am Wiederaufstieg des Deutschen Reiches sein“ (Hülser, Gustav: Der Nationalsozialismus, in: Der christlich-soziale Volksdienst und die Parteien (Schriften des Christlich-sozialen Volksdienstes, Band 15), Berlin ohne Jahr (1931), faksimiliert in: Kluge, Barbara: Peter Petersen. Lebenslauf und Lebensgeschichte. Auf dem Weg zu einer Biographie, Heinsberg 1992, S. 244).

Und im April 1933 schreibt Petersen selbst in einem Brief: „Stellung des Volksdienstes zur NSDAP wirst du kennen, wir sind seit Jahren offen für Anerkennung Hitlers eingetreten, und haben insofern nicht umfallen brauchen. Weiter: in meinem Freundeskreise befinden sich sehr viele NSDAPer [sic!], manche die es seit vielen Jahren sind. Unter ihnen Prof. Krieck (…)“ (Brief Petersens an Karl Alnor vom 27.4.1933, zitiert nach: Retter, Hein: Peter Petersen und der Jenaplan: Von der Weimarer Republik bis zur Nachkriegszeit. Berichte – Briefe – Dokumente, Weinheim 1996, S. 329).

SED, aus der er jedoch 1948 wieder austritt. Von nun an finden sich ohne Probleme in pädagogischen Aufsätzen Petersens Zitate von Karl Marx.[480] Aber auch diese Schaffensperiode kam aufgrund einer Auseinandersetzung mit Paul Oestreich und anderen über seine NS-Publikationen zu einem raschen Ende. Petersen bemüht sich ab 1948, wenn auch vergeblich, in Bremen Fuß zu fassen, was wohl offensichtlich von dem Emigranten Fritz Karsen[481] erfolgreich verhindert werden konnte. Peter Petersen stirbt am 21. März 1952 in Jena.[482]

* * *

Die Analyse der Publikationen Petersens in der NS-Zeit und ihre Einordnung in das Gesamtwerk Petersens erfordert eine gründliche Kenntnis seiner Hauptwerke. Wie schon erwähnt sind die bekanntesten Schriften der „Kleine Jena-Plan“ (1927) und die „Führungslehre des Unterrichts“ (1937). Zum „Kleinen Jena-Plan“ erschienen ergänzend drei Sammelbände mit hauptsächlich schulpraktischen Berichten: Jena-Plan I (1930), Jena-Plan II (1930) und Jena-Plan III (1934).[483]

a) Der „Kleine Jena-Plan“

1927 erschien die erste Auflage des „Kleinen Jena-Plans“[484], der allein bis 2001 zweiundsechzig Auflagen erfuhr. Heute bekannt und anerkannt sind die „Schulwohnstube“, die Kritik an der Jahrgangsklasse, Schularbeit im Wochenrhythmus, Wochenarbeitsplan, der Montagskreis und

---

[480] „Das bedeutet, dass wir in solchen Schulstuben, Schulen, Heimen und Schulwohnstuben jene *neue Gesellschaft* alsdann verwirklicht finden, die im Schlusssatz des zweiten Abschnitts des ‚Kommunistischen Manifests‘ als das große Endziel der gesellschaftlichen Entwicklung hingestellt wird.“ (Petersen, Peter: Methodische Strömungen der internationalen Gegenwart, in: Ziel und Methode der neuen demokratischen Schule, Weimar 1946, S. 28, Hervorhebung im Original)

[481] Der Bremer Senator für Schulen und Erziehung Paulmann schrieb am 14.11.1947 an Petersen: „Anders aber liegt die Angelegenheit hinsichtlich der Stellungnahme von Prof. Karsen, der gegen ihre Mitarbeit Bedenken erhebt. Der Grund liegt in Ihrer Tätigkeit nach 1933, die für Prof. Karsen eine solche Belastung darstellt, dass er eine Mitarbeit für nicht wünschenswert hält“ (zitiert nach: Kluge, Barbara: Peter Petersen. Lebenslauf und Lebensgeschichte. Auf dem Weg zu einer Biographie, Heinsberg 1992, S. 320 f.). Karsens Vorwurf lautete, dass sich Petersen „nach 1933 weitgehend mit der nationalsozialistischen Ideologie identifiziert bzw. abgefunden“ habe (zitiert nach: Kaßner, Peter: Peter Petersen: Politische und pädagogische Handlungsfelder, in: Rülcker, Tobias/Kaßner, Peter (Hrsg.): Peter Petersen: Antimoderne als Fortschritt? Erziehungswissenschaftliche Theorien und pädagogische Praxis vor den Herausforderungen unserer Zeit, Frankfurt am Main/Bern/New York/ Paris 1992, S. 42).

Fritz Karsen (1885–1951), Pädagoge, mit Paul Oestreich und anderen 1919 Mitbegründer des „Bundes entschiedener Schulreformer, 1933 Berufsverbot und Emigration über Zürich und Paris nach Kolumbien und später in die USA, 1946–1948 für die amerikanische Besatzungsmacht im Rahmen der „Reeducation“ in Deutschland tätig (zu Karsen siehe genauer: Radde, Gerd: Fritz Karsen. Ein Berliner Schulreformer der Weimarer Zeit (Studien zur Bildungsreform, Band 37), erweiterte Neuausgabe, Frankfurt am Main/Berlin/Bern/New York/ Paris/Wien 1999).

[482] Zum Tode Petersens äußerte sich die Universität Jena (DDR) 1952 überraschenderweise wie folgt: „Die nationalsozialistische Regierung ist Prof. Petersens Denken und seiner Verwirklichung missgünstig gewesen und hat seit 1937 Neuauflagen und Druck größerer Werke hintertrieben. (...) Dass ein Mann, der so viel vom Ausland, gerade auch vom sonst wenig besuchten Ausland kennengelernt hat wie er, von nationalsozialistischer Einstellung frei ist, und in solchem Geist auf die Jugend einwirken kann, ist eine Selbstverständlichkeit und an seiner demokratischen Gesinnung hat niemand zweifeln können, der seine Tätigkeit seit 1923 verfolgt hat“ (zitiert nach: Kaßner, Peter: Peter Petersen: Politische und pädagogische Handlungsfelder, in: Rülcker, Tobias/Kaßner, Peter (Hrsg.): Peter Petersen: Antimoderne als Fortschritt? Erziehungswissenschaftliche Theorien und pädagogische Praxis vor den Herausforderungen unserer Zeit, Frankfurt am Main/Bern/New York/Paris 1992, S. 45 f.).

[483] Petersen, Peter (Hrsg.): Eine freie allgemeine Volksschule nach den Grundsätzen neuer Erziehung (Der Jena-Plan):

Band I: Schulleben und Unterricht einer freien allgemeinen Volksschule nach den Grundsätzen neuer Erziehung (Forschungen und Werke zur Erziehungswissenschaft, Band 13), Weimar 1930.

Band II: Das gestaltende Schaffen im Schulversuch der Jenaer Universitätsschule 1925–1930 (Forschungen und Werke zur Erziehungswissenschaft, Band 14), Weimar 1930.

Band III: Die Praxis der Schulen nach dem Jena-Plan (Forschungen und Werke zur Erziehungswissenschaft, Band 20), Weimar 1934.

[484] Petersen, Peter: Der kleine Jena-Plan (Reprint der 1. Auflage 1927), Weinheim/Basel 1968.

die Forderung nach schriftlichen Berichten getrennt für Schüler und Lehrer an Stelle von Ziffernoten usw. Weniger bekannt ist, dass alle diese Ideen und Aspekte in den internationalen Diskussionen über Schulreform bereits ausführlich diskutiert und publiziert worden waren.[485]

Der Ausgangspunkt des Kleinen Jena-Plans war es, in praktischer Hinsicht zu entwickeln, was Petersen theoretisch 1924 in seiner Schrift „Allgemeine Erziehungswissenschaft" begonnen hatte. Einleitend betont er, dass sein Jena-Plan „unter schärfster Ablehnung der liberalen Staatsauffassung und des Individualismus, in der Erwartung, dass eine deutsche Selbstbesinnung den Weg zu einem echten Volksstaate bahnen werde", entstanden sei (Petersen: Kleiner Jena-Plan, 1927, S. 8).[486] Vor den ausführlichen praktischen Darlegungen, wie die Jena-Plan-Schulen aufgebaut sind, stellt Petersen klar, dass sein Plan mit einer demokratisch orientierten Schule mit Schülerparlamenten und Schülergerichten nichts zu tun haben wird („Schülerparlamente und Schülergerichte wären nichts diese Schule Bezeichnendes"; Petersen: Kleiner Jena-Plan, 1927, S. 8). Petersen bekennt sich zur Metaphysik des Unerkennbaren: „Erziehung ist in diesem Sinne ebenso eine Tatsache wie das Leben und im Wesensgrunde genau so unerklärlich" (Petersen: Kleiner Jena-Plan, 1927, S. 9). Hier findet sich auch schon, dass jeder Mensch „willig dient, in seinem ‚Stande' " (Petersen: Kleiner Jena-Plan, 1927, S. 12). Auch hier gibt er als geistigen Hintergrund Lagarde, Nietzsche und Langbehn an (Petersen: Kleiner Jena-Plan, 1927, S. 13). Im Versuch, seinen Jena-Plan auch politisch populär anzupreisen, behauptet Petersen, dass die Schule des Jena-Plans sich auch „noch in Klassen mit mehr als 50 Schülern" (Petersen: Kleiner Jena-Plan, 1927, S. 22) bewähren würde.

In Bezug auf den Punkt der „Zucht und Disziplin" (Petersen: Kleiner Jena-Plan, 1927, S. 68) wird von Petersen (ähnlich Luthers Konzeption) der Hauptakzent – weg vom äußeren Zwang und rein formalen Regeln – auf das gut vorbereitete „Innerliche" gesetzt. Durch „Vor-Ordnungen" (Petersen: Kleiner Jena-Plan, 1927, S. 69) vor dem Unterricht sollte genauestens arrangiert werden, wie die Lehrkraft sich im Unterricht weitgehend zurückhalten kann, so dass der Anschein entsteht, dass der Träger des Unterrichts der Schüler und nicht der Lehrer sei, während in Wirklichkeit, wie Petersen an anderer Stelle in der „Führungslehre" formuliert, die Lehrkraft „alle Fäden (...) in ihrer Hand" hat.[487]

b) Die Bände I und II der „Allgemeinen Erziehungswissenschaft" und die „Pädagogik der Gegenwart"

Als „erziehungswissenschaftliche Grundlegung" werden von Petersen selbst in etwas verwirrender Weise vier Bände, darunter drei Bände zur „Allgemeinen Erziehungswissenschaft", benannt, die sich in folgende Einzelbände gliedern:

1924 erschien **Band I** der **„Allgemeinen Erziehungswissenschaft" („Volkstheoretische Grundlegung")**[488]. Aus nachvollziehbarem Grund wurde später bei der Auflage von 1962 auf diesen Untertitel verzichtet.

Hier entwickelt Petersen im ersten Teil „Grundbegriffe", positioniert sich in philosophischer und soziologischer Debatte über die Begriffe „Masse, Gesellschaft, Gemeinschaft", grenzt

[485] Siehe dazu: Oelkers, Jürgen: Reformpädagogik. Eine kritische Dogmengeschichte, 4. vollständig überarbeitete und erweiterte Auflage, Weinheim/München 2005.

[486] Die Betrachtung der Publikationen Petersens aus der NS-Zeit hat hinreichend bewiesen, dass Petersen im NS-Staat eben den „echten Volksstaate" gesehen hat. Peter Petersen hatte schon 1925 behauptet: „Es steht nach der reichen Erfahrung an den neuen Schulen Europas außer Zweifel, dass ein Volk, das sich höhere Staatsformen schaffen will, den demokratischen Parlamentarismus verwerfen muss als sittlich minderwertig" (Petersen, Peter: Das Gemeinschaftsleben der Jugend in der Schule, in: Deiters, Heinrich (Hrsg.): Die Schule der Gemeinschaft, Leipzig 1925, S. 104).

[487] Petersen, Peter: Führungslehre des Unterrichts, Langensalza 1937, S. 204.

[488] Petersen, Peter: Allgemeine Erziehungswissenschaft, Band I: Volkstheoretische Grundlegung, 2., unveränderte Auflage (unveränderter Nachdruck der im Jahre 1924 erschienenen 1. Auflage), Berlin 1962.

„Individualität und Persönlichkeit“ voneinander ab und betrachtet das Verhältnis von „Natur und Kultur“, „Entwicklung und Fortschritt“, „Erziehung und Bildung“.

Im zweiten Teil spitzt er die Fragestellung der Erziehungswissenschaft über Wirtschaft, Staat und Kirche auf den für ihn wichtigsten Punkt zu: das „Volk“ und die „Volksgemeinschaft“ (Petersen: Erziehungswissenschaft 1, 1924, S. 230–276).

Auch wenn eine hochgestochene Sprache und der ständige Hinweis auf große Denker der Weltgeschichte kennzeichnend für diesen Band sind, so ist doch das Triviale das Entscheidende an diesem Buch. In seiner Darstellung der Genesis der Erkenntnis erklärt Petersen:

> *„Je reicher sich nun das Bewusstsein entwickelt, über desto mehr Kategorien verfügen wir, den andern schon rein äußerlich einzuordnen: klein und groß, Mann und Weib, schön und hässlich, Freund und Feind, Volksgenosse und Ausländer, und zwar das alles schon beim ersten Anblick.“* (Petersen: Erziehungswissenschaft 1, 1924, S. 22)

Weiter positioniert sich Petersen gegen den Begriff der Bildung: „So gehört die Bildungspädagogik hinein in das Zeitalter des Individualismus, aus dem wir herausschreiten“ (Petersen: Erziehungswissenschaft 1, 1924, S. 100). Dagegen setzt er auf eine „Besinnung auf die natürlichen erzieherischen Mächte“ (Petersen: Erziehungswissenschaft 1, 1924, S. 104), und das ist für ihn Erziehung vom Volk zum Volk.

Schon hier polemisiert Petersen gegen die Überbetonung des Staates, die sich auf Hegel beruft (Petersen: Erziehungswissenschaft 1, 1924, S. 161), da für ihn der Ausgangs- und Endpunkt das Volk ist. Ihm geht es um das Dienen aus sittlicher Motivation heraus, wobei es ihm in erster Linie um einen Dienst am deutschen Volk geht (Petersen: Erziehungswissenschaft 1, 1924, S. 167). Diesen Vorrang des Volks vor dem Staat macht Petersen am Begriff der Liebe deutlich: „Sein Volk kann man lieben und für sein Volk kann man sterben; seinen Staat kann man nicht lieben, und es ist eine irrtümliche verhängnisvolle Beziehung, wenn man den Opfertod von Bürgern als für den Staat statt für das Volk geschehen ansieht“ (Petersen: Erziehungswissenschaft 1, 1924, S. 182).

Der entscheidende Punkt der Schrift ist der Abschnitt neun über das Volk, der sich liest wie ein Programm der deutschnationalen Reaktion. Man erfährt zunächst, dass „das deutsche Volk (...) über diese politischen Reichsgrenzen, vor allem zurzeit, weit hinaus“ wohnt (Petersen: Erziehungswissenschaft 1, 1924, S. 231). Petersen ist klar, dass auch das deutsche Volk keine „reine Rasse“ ist, auch wenn nach seiner Meinung die nordischen Völker „für die reinsten in Europa gelten“ (Petersen: Erziehungswissenschaft 1, 1924, S. 236). Er definiert: „Aber das, was man mit ‚Rasse‘ bezeichnet, kommt zur Ausprägung in den kulturellen Leistungen der Völker“ (Petersen: Erziehungswissenschaft 1, 1924, S. 237).

Dass es schwer ist, sich mit Peter Petersen rational auseinander zusetzen, weil auch die einfachsten Grundprinzipien wissenschaftlichen Denkens durch seine mystische Sprache verdunkelt und außer Kraft gesetzt werden, zeigt sich in folgender Passage:

> *„Ist auch Blut ein besonderer Saft, so nicht seiner physischen Substanz halber, sondern weil Blut ein Träger und Mittler ganz besonderer geistiger Werte ist. Im Blut wohnt das Leben, im Blut wohnt alles, was zur Urmacht des Lebens gehört: alles vom dunklen Trieb bis zur heftigsten Leidenschaft und dem klarsten Gefühl. Es ist die Liebe, die Blut zu Blut treibt, und die Liebe ist die Kraft zu allem Guten unter Mensch und Tier, (...) Menschen, die ihr Volk nicht lieben, stehen außerhalb ihres Volkes und gehören nur äußerlich zu ihm, weil sie dort geboren sind, ihren Wohnsitz haben oder ihr Einkommen, ihr Geschäft.“* (Petersen: Erziehungswissenschaft 1, 1924, S. 244 f.)

Petersen prägt in diesem Zusammenhang direkt im Anschluss den Begriff des „Volksgenossen“. Was mit jenen passiert, die keine „Volksgenossen“ sind, bleibt offen. Als Ziel der Volkserziehung sieht Petersen die „Züchtung des ‚Übermenschen‘ in dem echten und nicht in dem verfälschten vulgären Sinne“ (Petersen: Erziehungswissenschaft 1, S. 252). Dort, wo der deutsche Nationalismus blüht, ist der Antisemitismus nicht weit, denn weiter heißt es:

> *„Niemals aber wird diese Züchtung gelingen, wenn sie nicht zuvor die Stufe des Volksgeistes voll und ganz erreicht hat. Sonst zerflattert der Mensch in Nebelmeeren. Auch dem Juden wird der letzte Aufschwung in das Höchste und Geistige, das sein Volk darzustellen berufen ist, nur gelingen, wenn er vorher in seinem Volk oder zum mindesten in einem Volke ganz aufgegangen ist, sonst bleibt der im nebligen Menschentume wohnende und nirgends gefestigte, überrationalisierte Typus hier vorherrschend."* (Petersen: Erziehungswissenschaft 1, 1924, S. 253)

Die Charakterisierung der aktuellen jüdischen Bevölkerung als „überrationalisierten Typus" und als eben, obwohl in Deutschland lebend, doch nicht zum deutschen Volk gehörend, zeigt, dass Petersen hier auf dem Niveau seiner geistigen Väter Paul de Lagarde und August Julius Langbehn einen völkisch-nationalistischen Antisemitismus vertrat, der den Juden dann eine Chance zumindest theoretisch einräumen will, wenn sie ein eigenes völkisches Konzept entwickeln. Damit soll sein Antisemitismus nicht verharmlost, sondern lediglich genauer charakterisiert werden.

Es macht keinen Sinn, ja wäre einfach unwahr, ein Gleichheitszeichen zwischen den Positionen Peter Petersens aus dem Jahre 1924 und seinen Ansichten in der NS-Zeit zu setzen. 1924 ist der Rassismus zwar vorhanden, aber nicht ausgeprägt, und das deutsch-völkische Denken steht im Vordergrund. Aber klar ist auch, dass dieser Zug („Volkserziehung heißt Einordnung"; Petersen: Erziehungswissenschaft 1, 1924, S. 271) und der Begriff der „Volksgemeinschaft" (Petersen: Erziehungswissenschaft 1, 1924, S. 275) das gesamte Werk Peter Petersens durchzieht.[489]

1931 erschien der **Band II** der **„Allgemeinen Erziehungswissenschaft" („Der Ursprung der Pädagogik")**[490], in dem Petersen Grundfragen der Geschichte der Pädagogik in vereinfachter Form versucht vorzustellen und die bekannten Begriffspaare „Individuum und Gemeinschaft", „Bildung und Erziehung" und „Freiheit und Zwang" eher vorstellt als quellenkritisch analysiert. Eine Kernthese dieser Schrift ist die Polemik gegen Leibniz, der davon ausgeht, dass Meinungsverschiedenheiten „in streng logischen Demonstrationen durchgeführter Disputation" gelöst werden müssen. Denn, so Leibniz, der Macht der Beweise müsse sich jedermann beugen. „Das ist bis in unsere Tage hinein der Erzfehler aller Aufklärer gewesen, zu wähnen, des Menschen Sein und Werden bestehe auf Rationalität. Nein, es besteht auf Irrationalität" (Petersen: Erziehungswissenschaft 2, 1931, S. 31) Die Grundposition Petersens zu Fragen der Autorität ist hier bereits folgende:

> *„Und so gibt es keine Erziehung ohne Autorität, ohne ein den anderen Zwingendes. Aber es dürfte bereits zur Genüge deutlich sein, dass dieses Zwingende niemals ein Vergewaltigendes sein darf. Ich darf nicht das Gefühl haben, dass mir Gewalt angetan wird, gegen die ich gar anknirschen möchte."* (Petersen: Erziehungswissenschaft 2, 1931, S. 149)

Als weiteres grundlegendes Werk nennt Petersen selbst die „Pädagogik" (1. Auflage: Berlin 1932, 2. Auflage: Berlin 1937 unter dem Titel **„Pädagogik der Gegenwart"**). Der Titel der Auflage von 1937 hat insofern seine Berechtigung, da in der zweiten Auflage im ersten Teil zur Geschichte der Pädagogik gerade zwei Seiten zur neuen NS-Erziehung hinzugefügt wurden. Ansonsten wird in diesem geschichtlichen Teil die antike Pädagogik mit der Vorgeschichte der „deutschen Bewegung der Neuen Erziehung" konfrontiert. Im zweiten Teil („Unsere Fragen und Aufgaben systematisch entwickelt") werden in der für Petersen typischen Weise Begriffe wie Rationalismus, Individualismus, aber auch Namen wie Luther und Pestalozzi sowie die

---

[489] In einem Brief vom 19. Juni 1949 an Carstensen, in dem Petersen dem Nationalsozialismus vorwarf, den Staat ähnlich wie Mussolini überbetont zu haben, statt das Volk als Ausgangspunkt zu nehmen, schreibt er: „Ja, und für Volksgemeinschaft werde ich ebenso bis zu meinem Tode eintreten, da darf die Dame ganz beruhigt sein, sie selber scheint das ja abzulehnen" (Faksimile in: Kluge, Barbara: Peter Petersen. Lebenslauf und Lebensgeschichte. Auf dem Weg zu einer Biographie, Heinsberg 1992, S. 190). Die „Dame" war die schwedische Pädagogin Ester Hermanson, der beim Durchlesen der Bücher Petersens nach 1945 offensichtlich der NS-Jargon unangenehm aufgefallen war. Petersen besteht jedoch darauf, dass der Begriff der „Volksgemeinschaft", und nicht nur dieser, beibehalten wird.

[490] Petersen, Peter: Allgemeine Erziehungswissenschaft, Band II: Der Ursprung der Pädagogik, Berlin 1931.

Gegensatzpaare „Individuum und Gesellschaft“, „Persönlichkeit und Gemeinschaft“ bis hin zu „Mensch und Welt“ in allgemeinster Art und Weise abgehandelt, unter paraphrasierender Verwendung der großen Denker der Weltgeschichte.[491]

c) Die „Führungslehre des Unterrichts“

1936 verfasst, erschien im Jahr darauf die „Führungslehre des Unterrichts“[492] mit einem Umfang von über 230 Seiten. Hier wird ein ganzes Programm der Pädagogik Peter Petersens in acht ausführlichen Kapiteln vorgestellt. Die Grundidee der Führung des Unterrichts besteht darin, aus einer von ihm definierten „pädagogischen Situation“ solche Schlussfolgerungen zu ziehen, dass durch „Vor-Ordnungen“ und Planung des Unterrichts „Anweisungen aus der Praxis für die Praxis“ entstehen. Ohne jetzt im einzelnen das Gedankengebäude dieser acht aufeinander aufbauenden Kapitel unter die Lupe zu nehmen, kann mit Sicherheit festgestellt werden, dass der Kernpunkt der pädagogischen Richtlinien Petersens, die Herstellung von Zucht und Disziplin (Petersen: Führungslehre, 1937, S. 71), in doch erheblicher Berufung an Herbart (den Petersen vordergründig ablehnte) durch im Grunde gruppenpsychologische Techniken erreicht werden soll. Da diese Schrift in der NS-Zeit erstmals publiziert wurde, enthält sie die üblichen der NS-Pädagogik und NS-Propaganda entnommenen Äußerungen über „volkszersetzende Auffassung“ (Petersen: Führungslehre, 1937, S. 216), über die Volksschule als „eine echte Zelle der Volksgemeinschaft“ (Petersen: Führungslehre, 1937, S. 108) oder über die Zugehörigkeit zu einer Rasse als Vorbedingung, die „hingenommen und anerkannt werden“ muss (Petersen: Führungslehre, 1937, S. 28).[493]

Dass ausgerechnet dieses pädagogische Hauptwerk in der NS-Zeit verfasst wurde, führte zu erheblichen Problemen bei den Neuherausgaben nach 1945. Gerade am Vergleich der Auflage aus der NS-Zeit mit den Auflagen nach 1945, wie ihn als erstes der niederländische Erziehungswissenschaftler Cornelis Vreungenhil[494] begonnen hat, zeigt sich besonders deutlich, wo Kontinuität und wo Diskontinuität in der erziehungswissenschaftlichen Arbeit bewiesen werden kann.[495]

---

[491] Siehe dazu auch den Vergleich der Auflagen 1932 und 1937 in der *Dokumentation ad fontes Petersen*, S. 661–680.

[492] Petersen, Peter: Führungslehre des Unterrichts, Langensalza/Leipzig/Berlin 1937. Hier zitiert nach: Petersen, Peter: Führungslehre des Unterrichts, (Neuausgabe nach der 10. Auflage 1971), Weinheim/Basel 1984.

[493] Das entspricht der Formel Petersens von der „Verwurzelung in Volk und Rasse und im politischen Sein“ (Petersen, Peter: Die religiöse Unterweisung im Licht der neuen deutschen Erziehungswissenschaft und Schulpraxis, in: Deutsche Evangelische Erziehung, 47. Jg. (1936), S. 99). Robert Döpp weist darauf hin, dass biologisches und rassengemäßes Denken bei Petersen bereits 1908 in einer Andeutung vorhanden war. Dort sinniert Petersen über die „Kluft“ zwischen den „niedersten Menschenrassen und den vollkommensten Tieren“ (Petersen, Peter: Der Entwicklungsgedanke in der Philosophie Wundts. Zugleich ein Beitrag zur Methode der Kulturgeschichte, Leipzig 1908, S. 67; siehe auch: Döpp, Robert: Jenaplan-Pädagogik im Nationalsozialismus. Ein Beitrag zum Ende der Eindeutigkeit (Pädagogik und Zeitgeschehen. Erziehungswissenschaftliche Beiträge, Band 4), Hamburg/London 2003, S. 101). Wie Döpp weiter nachweist, spricht Petersen 1925 über das „Problem der Rassenzüchtung“ wie folgt: „Seit vielen Jahrtausenden wird Wert gelegt auf gute Zucht von Weizen und Gerste, von Schafen und Ochsen und Pferden, es ist nicht abgelegen und gesucht, die Frage nach der besten Züchtung und Aufzucht von Menschen zu stellen“ (Petersen, Peter: Sozialbiologische Probleme der Berufsschule, in: Petersen, Peter/Zimmermann, Waldemar (Hrsg.): Die Aufgaben des neuen Berufsschulwesens und die Berufsschulgemeinde im Lichte der Jugendkunde und sozialer Politik, Weimar 1925, S. 116; bei Döpp 2003 S. 304 f.).

[494] Vreungenhil, Cornelis: De Führungslehre van Petersen. Band 1: Historisch-pedagogisch tekst - en contextonderzoek van de onderwijs-pedagogiek vat het Jenaplan, Groningen 1992.

[495] Siehe dazu auch den Textvergleich der Ausgaben 1937 und 1984 in der *Dokumentation ad fontes Petersen*, S. 644–660.

d) Der Band III der „Allgemeinen Erziehungswissenschaft“

Als Band III der „Allgemeinen Erziehungswissenschaft“ erschien schließlich 1954 nach Petersens Tod **„Der Mensch in der Erziehungswirklichkeit“**.[496] In vier großen Abschnitten werden in diesem Band folgende Fragen behandelt: Im Teil 1 wird aus der religiösen Sicht Petersens der Zusammenhang von Weltanschauung, Wissenschaft und Erziehung dargestellt. Teil 2 widmet sich den sogenannten „Fehlformen der Erziehung“ und behandelt dabei „spartanische Erziehung“, die Jesuiten, Herders „Fehlform“ humanistischer Erziehung und Rainer Maria Rilke. Dabei handelt es sich weitgehend um Zusammenschnitte früherer Aufsätze und Artikel, über deren Zusammenstellung hier nicht weiter geurteilt werden soll. Teil 3 unter der Überschrift „Gegen-Erziehung“ schlägt einen Bogen über „das Böse“ bis hin zur „Satanie“. Der „homo religiosus“ wird dem „homo satanicus“ gegenübergestellt und im Grunde als das zentrale Problem der Pädagogik dargestellt. Auch der Teil 4, „Die Ethik der Erziehungswissenschaft“, verliert sich in Trivialitäten. Hier wird wiederholt auf den Gehorsam als eine Tugend hingewiesen und daran erinnert, wie die „Feld-Tugenden“ aus einem feigen Soldaten, der dann als Koch in der Feldküche arbeiten musste, durch pädagogisches Vorgehen schließlich doch noch einen „vorbildlichen Soldaten“ machen (Petersen: Erziehungswissenschaft 3, 1954, S. 242). Dieser Band enthält auch die an anderer Stelle genauer behandelte Passage, dass Hitler das deutsche Volk „rassisch verunreinigt“ hinterlassen habe (Petersen: Erziehungswissenschaft 3, 1954, S. 196).

* * *

Als interessantes grundlegendes Werk, mit dem in anderem Zusammenhang eine gründliche Auseinandersetzung lohnt, sei noch Petersens Habilitationsschrift **„Geschichte der aristotelischen Philosophie im protestantischen Deutschland“**[497] genannt. Das Ziel der Arbeit war es, so Petersen, einen Beitrag zu leisten, um „die großen Linien der spezifisch deutschen philosophischen Entwicklung herauszustellen und die Leistung des deutschen Geistes in ihrer vollen Größe und schon jetzt erkennbaren hohen Einzigartigkeit zu ermessen“ (Petersen: Aristotelische Philosophie, 1921, S. VIII). In einem quellenreichen Literaturbericht verfolgt Petersen die Rezeption des Aristoteles seit 1530 bis hin zu Hegel, Lessing, Schiller und Goethe. Die lutherische Ausrichtung gegen aristotelische Rationalität wird hier grundlegend philosophisch und philosophiegeschichtlich von Petersen theoretisch nachgezeichnet.[498]

---

[496] Petersen, Peter: Allgemeine Erziehungswissenschaft, Band III: Der Mensch in der Erziehungswirklichkeit, Berlin 1954.

[497] Petersen, Peter: Geschichte der aristotelischen Philosophie im protestantischen Deutschland. Habilitationsschrift zur Erlangung der Lehrberechtigung bei der philosophischen Fakultät der Hamburgischen Universität, Leipzig 1921.

[498] Zur Kritik der Habilitationsschrift Petersens siehe Imelman, Jan Dirk/Jeunhomme, J. M. Paul/Meijer, Wilna A. J.: Jena-Plan. Eine begriffsanalytische Kritik, Weinheim 1996.

5. Zusammenfassung: Unterschiedliche Schwerpunkte

In einer Übersicht über die vier behandelten Erziehungswissenschaftler und Pädagogen – Eduard Spranger, Herman Nohl, Erich Weniger und Peter Petersen – lässt sich eine deutliche Schwerpunktsetzung erkennen, eine Art Arbeitsteilung. Das betrifft zunächst die wissenschaftliche Arbeit an der Herausgabe der Schriften philosophischer und pädagogischer Autoritäten.

Für Eduard Spranger ist neben seiner genauen Kenntnis Wilhelm von Humboldts[499] auch seine direkte oder indirekte Beteiligung an der Veröffentlichung der Werke Fichtes[500] und Pestalozzis[501] von Gewicht. Herman Nohl hat in seiner wissenschaftlichen Tätigkeit 1907 die Jugendschriften von Hegel herausgegeben und war wesentlich beteiligt an der Herausgabe der gesammelten Schriften von Dilthey.[502] Erwähnt werden muss in diesem Zusammenhang auch, dass er 1915 als Herausgeber des Bandes „Deutsche Politik" des Historikers Heinrich von Treitschke fungierte.[503] Erich Weniger, der ebenfalls an der Herausgabe der Werke Diltheys beteiligt war,[504] hat insbesondere einen großen Anteil an der Herausgabe der pädagogischen Schriften Schleiermachers.[505] Peter Petersen hatte das unzweifelhafte Verdienst, in der Reihe „Pädagogik des Auslandes"[506] wichtige Autoren wie Dewey[507] in deutscher Übersetzung bekannt zu machen, auch wenn er wesentliche Aspekte von Deweys Pädagogik ausdrücklich ablehnte.

In Bezug auf die theoretische Arbeit ergeben sich folgende Schwerpunkte:

Spranger: Theoretische Grundlegung

Eduard Spranger steht in erster Linie für eine theoretisch-philosophische Grundlegung einer an Metaphysik und Irrationalität gebundenen pädagogischen Grundauffassung. Gerade die Frage der Zusammenhänge und Unterschiede zwischen Naturwissenschaft und Besonderheiten der als Geisteswissenschaften bezeichneten Bereiche der Wissenschaft stehen bei Spranger im Vordergrund.

---

[499] Spranger war an der Herausgabe eines Bands der Humboldt-Werke beteiligt: Humboldt, Wilhelm von: Gesammelte Schriften, Band 13: Nachträge (unter Mitwirkung von Siegfried Kähler und Eduard Spranger), Berlin 1920.

[500] Spranger, Eduard (Hrsg.): Fichte, Schleiermacher, Steffens über das Wesen der Universität (Philosophische Bibliothek, Band 120), Leipzig 1910; Fichte, Johann Gottlieb: Reden an die deutsche Nation. Mit einem Geleitwort von Eduard Spranger (Philosophische Bibliothek, Band 204), Leipzig 1943 und Fichte, Johann Gottlieb: Die Bestimmung des Menschen, 2., um ein Geleitwort Eduard Sprangers und ein Sachverzeichnis vermehrte Auflage (Philosophische Bibliothek, Band 226), Leipzig ohne Jahr (1945).

[501] Pestalozzi, Johann Heinrich: Sämtliche Werke, Band 1 ff. (herausgegeben von Artur Buchenau, Eduard Spranger und Hans Stettbacher), Berlin 1927 ff.

[502] Dilthey, Wilhelm: Gesammelte Schriften, Band 4: Die Jugendgeschichte Hegels und andere Abhandlungen zur Geschichte des deutschen Idealismus (herausgegeben von Herman Nohl), Leipzig 1921 und Dilthey, Wilhelm: Gesammelte Schriften, Band 10: System der Ethik (herausgegeben von Herman Nohl), Göttingen 1958.

[503] Treitschke, Heinrich von: Deutsche Politik. Gedanken (herausgegeben von Herman Nohl), Jena 1915.

[504] Dilthey, Wilhelm: Gesammelte Schriften, Band 12: Zur preußischen Geschichte (herausgegeben von Erich Weniger), Leipzig/Berlin 1936.

[505] Schleiermacher, Friedrich: Pädagogische Schriften, Band 1 und 2 (unter Mitwirkung von Theodor Schulze herausgegeben von Erich Weniger), Düsseldorf/München 1957.

[506] Petersen, Peter (Hrsg.).: Pädagogik des Auslandes, Band 1–8 (herausgegeben im Auftrag des Zentralinstituts für Erziehung und Unterricht), Weimar 1928–1936.

[507] Dewey, John/Kilpatrick, William Heard: Der Projekt-Plan. Grundlagen und Praxis (Pädagogik des Auslandes, Band 6), Weimar 1935. Im Nachwort erklärt Petersen zur Idee der Demokratie in der Schule: „Das Wort ‚democratization' wäre völlig falsch verstanden, wenn man dabei an die Formen europäischer Demokratie denken wollte; es muss ins Deutsche übersetzt werden mit: Volksgemeinschaft, in genau dem Sinne, den wir diesem Wort heute geben" (Petersen, Peter: Entwicklung eines eigenen Schulwesens in USA. Ablösung von Europa (Nachwort des Herausgebers), in: Dewey, John/Kilpatrick, William Heard: Der Projekt-Plan. Grundlegung und Praxis (Pädagogik des Auslandes, Band 6), Weimar 1935, S. 207).

Nohl: Geschichte der „Deutschen Bewegung"

Herman Nohl wiederum erweitert das theoretische Gebäude der „Geisteswissenschaften" um die Konstruktion einer weitgehend in sich geschlossenen „Deutschen Bewegung" mit nachfolgender „Pädagogischer Bewegung", die beide vom „Deutschen Geist" getragen gewesen seien. Das gelte es fortzusetzen.

Weniger: Didaktik als Hebel

Erich Weniger entwickelt systematisch die didaktisch große Bedeutung der „richtigen" Auswahl des Unterrichtsstoffs, insbesondere in seiner „Geschichtsdidaktik", die Zurichtung auf deutschen Glauben und Militär und entwirft zudem methodische Richtlinien für die effektivere Durchsetzung des militärischen Gehorsams und des Gehorsams überhaupt.

Petersen: Führungslehre in der schulischen Alltagspraxis

Wenn Spranger eher theoretisch, Nohl eher geschichtlich und Weniger eher didaktisch für Bereiche der Erziehungswissenschaft in Deutschland stehen, so ist der besondere Schwerpunkt bei Petersen, dass er aus dem Arsenal der internationalen Reformpädagogik alle vom Inhalt unabhängigen methodischen Ideen zusammengetragen und in einer „Führungslehre" des Unterrichts auf den Punkt gebracht hat, in der mit an Schülerinteressen orientierter Methodik durch „Vorordnung" alles so geregelt ist, dass der Schulalltag praktisch funktioniert und der jeweils gewünschte Inhalt an Gruppentischen, in jahrgangsübergreifenden Klassen (und mit Wochenplan und schriftlichen Berichten statt Noten usw.) durchgesetzt werden kann.

III. Aus der Zeit heraus verstehen? Zeitgenössische Kritiken in der Weimarer Republik (Siegfried Bernfeld und Hans Weil)

In der Zeit der Weimarer Republik gab es zwar sicherlich einen vorherrschenden „Zeitgeist" in der Pädagogik, dessen prominenter Vertreter gewiss Eduard Spranger war. Aber es gab auch gewichtige Gegenstimmen. Exemplarisch soll nachfolgend die Kritik Siegfried Bernfelds an Sprangers geisteswissenschaftlich-psychologischen Ansätzen und Hans Weils Kritik an Sprangers und Nohls Favorisierung des deutschen Bildungsideals in Erinnerung gerufen werden. Beide Kritiken sind nicht nur inhaltlich von großer Bedeutung, sondern weisen auch nachdrücklich darauf hin, dass der hermeneutische Ansatz, Positionen „aus der Zeit heraus" zu verstehen, unbedingt beinhaltet, zeitgenössische Kritiken in die Analyse mit einzubeziehen, um dem pauschalisierenden Argument entgegentreten zu können, dass es in der damaligen Zeitspanne im Grunde keine Chance gegeben hätte, sich auch anders zu positionieren.

Eduard Spranger war vor 1933, insbesondere durch seine grundlegenden Schriften „Lebensformen", „Psychologie des Jugendalters" und durch seine Studien zu Wilhelm von Humboldt der bekannteste der vier Erziehungswissenschaftler, der als einziger in die Preußische Akademie der Wissenschaften berufen worden war. Es ist daher sicher kein Zufall, dass sich eine Reihe von Qualifikationsschriften und längeren Arbeiten mit dem Werk Sprangers aus der Zeit vor 1933 auseinandergesetzt haben.[508]

[508] Weiss, Georg: Prof. Dr. Spranger über Herbarts Pädagogik (Sonderabdruck aus „Pädagogische Studien", 37. Jg., Heft 3), Dresden 1916.

Spuler, Otto: Versuch der praktischen Anwendung der Strukturpsychologie Sprangers an E. T. A. Hoffmann, Neustrelitz 1926.

Pfannkuch, Karl: Geisteswissenschaft statt Philosophie? Gedanken über die Grundlagen der Spranger'schen Pädagogik (Sonderdrucke des Symposions, Heft 4), Erlangen 1926.

Vanselow, Max: Kulturpädagogik und Sozialpädagogik bei Kerschensteiner, Spranger und Litt, Berlin 1927.

Vanselow, Max: Die höhere Schule im neuen Staat (Das Dritte Reich: Kleine Schriften zum neuen Staat und Volk), Leipzig 1934.

Paleologos, Georg Nicolaos: Eduard Spranger als Denker und besonders als Psychologe, Athen 1928.

Heicke, Herbert: Der Strukturbegriff als methodischer Grundbegriff einer geisteswissenschaftlichen Psychologie bei Dilthey und Spranger und seine Bedeutung für die Pädagogik (Hallische pädagogische Studien, Heft 5), Osterwieck 1928.

Gerhards, Karl: Zur Beurteilung der Montessori-Pädagogik. Eine Auseinandersetzung mit ihren heutigen Kritikern (Stern, Hessen, Spranger, Muchow), Leipzig 1928.

Seiterich, Eugen: Die logische Struktur des Typusbegriffes bei William Stern, Eduard Spranger und Max Weber, Freiburg 1930.

Ebenfalls eine Dissertation zur Typenlehre legt Karl Helfrich 1938 unter dem Titel „Die Bedeutung des Typusbegriffs im Denken der Geisteswissenschaften. Eine wissenschaftstheoretische Untersuchung unter besonderer Berücksichtigung der Wissenschaftslehren von Wilhelm Dilthey, Eduard Spranger, Wilhelm Windelband, Heinrich Rickert und Max Weber" (Gießen 1938) vor. Ausgehend von Aristoteles und Grunddiskussionen über Natur und Geisteswissenschaft wird Sprangers Typenlehre zwischen Dilthey und dem Idealtypus bei Weber angesiedelt.

Spieler, F.: Spranger, Eduard, in: Lexikon der Pädagogik der Gegenwart, Band 2, Freiburg 1932, Sp. 1010–1012.

Kurfeß, Franz: Zwei Pädagogen der Gegenwart: Spranger/Willmann in ihren kulturschöpferischen Ideen, Paderborn 1932.

Seelbach, Hans: Verstehende Psychologie und Individualpsychologie. Ein Vergleich der psychologischen Richtungen von Dilthey, Jaspers und Spranger mit der Individualpsychologie Alfred Adlers, Gräfenhainichen 1932.

Freytag, Horst: Der Strukturbegriff bei Spranger und seine Bedeutung für die Pädagogik, Braunschweig 1933.

Croner, Else: Eduard Spranger, Persönlichkeit und Werk, Berlin 1933.

In dieser Reihe der Schriften über Spranger muss auch noch die Arbeit von Emilie Bosshart über „Die systematischen Grundlagen der Pädagogik Eduard Sprangers" (Leipzig 1935) als politische Fragen ausklammernde, rein theoretische, Sprangers Positionen diskutierende und auswertende Studie genannt werden.

Einen ganz anderen Charakter hingegen hat der Sammelband zu Sprangers sechzigstem Geburtstag (Wenke, Hans (Hrsg.): Geistige Gestalten und Probleme. Eduard Spranger zum 60. Geburtstag, Leipzig 1942), in dem Sprangers Werk

Unabhängig von der Diskussion über die unmittelbar vor 1933 und nach 1933 reaktionären politischen Positionen gab es schon tiefgehende Kritiken an Sprangers Grundschriften, die in vielerlei Hinsicht deutlich machten, dass in ihnen eine Abkehr von wissenschaftlicher Forschung und eine Hinwendung zu Irrationalität, eine Abkehr vom humanistischen Bildungsideal und eine Hinwendung zum „Ideal der deutschen Bildung" enthalten waren. Es waren Siegfried Bernfeld und Hans Weil, die auf diese beiden grundlegenden Punkte aufmerksam machten.

1927 erschien der Aufsatz „Die heutige Psychologie der Pubertät – Kritik ihrer Wissenschaftlichkeit"[509] von **Siegfried Bernfeld**, in dem eine fundamentale Kritik an Sprangers Buch „Psychologie des Jugendalters" formuliert wurde.

Bernfeld sucht zunächst nach einer Erklärung für den großen Erfolg dieses Buchs und kommt nach gründlichem Studium des Werks zu dem Schluss, dass es am Inhalt nicht liegen kann. Er geht davon aus, dass den begeisterten Lesern gar nicht an Erkenntnis gelegen sei: „Sie wollen Führung" (Bernfeld, S. 17). Nach Bernfelds Ansicht sei vom Wesen des Forschers nicht mehr übrig geblieben, als dass Spranger gelegentlich in Begriffen und Kategorien spreche. Bernfeld missfällt die dunkle Tiefe des Spranger'schen Stils und spricht von einem „wehleidigen, romantischen und ressentimentalen Begriff der Wissenschaft" (Bernfeld, S. 18). Da Spranger sich nach Bernfeld eine Führerrolle anmaßt, dürfe sich die Kritik auch nicht scheuen, „in den Bezirk des Persönlichen einzudringen, wo die Persönlichkeit in den Bereich der Wissenschaft störend eingebrochen" sei (Bernfeld, S. 19). Im Gegensatz dazu konstatiert Bernfeld zur Theorie Freuds, bei allen zu berücksichtigenden möglichen Schwächen der empirischen Beweisführung, dass dieser an keiner Stelle die wissenschaftliche Wahrheit „irgendeinem andern Wert zuliebe geopfert oder auch nur zurückgestellt habe" (Bernfeld, S. 20). In der Tat, so Bernfeld, scheint eine Nähe zwischen Spranger und Freud gegeben zu sein, da beide eine verstehende Psychologie darauf gründen wollten, übergreifende Zusammenhänge festzustellen. Auch in der Forderung, Strukturen festzustellen, unterscheiden sich laut Bernfeld Spranger und Freud noch nicht. Als dritten, zunächst ähnlich erscheinenden Punkt benennt Bernfeld die Notwendigkeit einer Entwicklungspsychologie, also eine das jeweilige Alter betreffende psychologische Herangehensweise. Auch die Tatsache, dass Spranger den Typusbegriff einführt, wird von Bernfeld zunächst konstatiert, ohne es zu kritisieren, um dann zu folgern:

> *„Es ist erstaunlich, wie solch vernünftige und fruchtbare Prinzipien zu so geringen und banalen wissenschaftlichen Ergebnissen führen können, als welche uns die weiteren 326 Seiten des Buches erscheinen, unbeschadet der außerwissenschaftlichen Werte des Werkes und der zahlreichen Aphorismen, die jedem Entwicklungsroman zur Zierde gereichten und in manchem auch zu finden sind."* (Bernfeld, S. 24)

Erst in der Analyse der Polemiken Sprangers gegen Freud, so Bernfeld, könnten die grundlegenden Fehler seines Ansatzes verstanden werden. Er zitiert Sprangers zunächst positive Darstellung der Freud'schen Psychologie mit der negativen Fortsetzung, dass sie in der Durchführung „im Verhältnis zu unserem sonstigen Wissen von der Seele als primitiv zu bezeichnen" sei (Bernfeld, S. 25). Bernfeld weist im Einzelnen nach, dass Spranger nicht Freud zitiert, sondern Ansichten Freuds paraphrasierend vulgarisiert, indem er ihm Verabsolutierung etwa der Libido unterstellt. Spranger, der Freud Oberflächlichkeit vorwirft, sei selbst an der Oberfläche stehen geblieben, wenn er Phrasen wie das „Ewig-Weibliche" verwende. Bernfeld konfrontiert den Freud'schen Begriff der Sexualität mit Sprangers Auffassung von Erotik und kritisiert die Behauptung Sprangers, dass das Erotische keine Funktion des Sexuellen und das

bereits auf die Wehrmachtspsychologie ausgerichtet wird, insbesondere im Beitrag von Hans Wenke (Wenke, Hans: Zur Philosophie des totalen Krieges, in: Wenke, Hans (Hrsg.): Geistige Gestalten und Probleme, Leipzig 1942, S. 267–289).

[509] Bernfeld, Siegfried: Die heutige Psychologie der Pubertät – Kritik ihrer Wissenschaftlichkeit, in: Bernfeld, Siegfried Antiautoritäre Erziehung und Psychoanalyse. Ausgewählte Schriften, Band 3, Frankfurt am Main/Berlin/Wien 1974, S. 5–63.

Sexuelle keine Funktion des Erotischen sei, sondern Wesenhaft dem Entwicklungssinn nach lediglich in einer Erlebnistotalität zusammengehöre.

Methodologisch ist die zentrale Kritik an Spranger, dass sein Material nicht „empirisch gewonnen und mit den Kriterien wissenschaftlichen Denkens und Forschens geprüft" sei (Bernfeld, S. 40). Abschließend stellt Bernfeld fest: „Wir aber dürfen – bei aller Bescheidenheit – empfinden und sagen, dass er nicht Wissenschaft, nicht Psychologie betreibt, sondern Seelengemälde malt" (Bernfeld, S. 41).

1930 erschien die Studie „Die Entstehung des deutschen Bildungsprinzips"[510] von **Hans Weil**. Im vierseitigen Vorwort zur zweiten Auflage reflektiert Weil noch einmal die Hauptgedanken seiner Arbeit. Er schreibt, dass die Methode Diltheys eine Methode war, um „die geistigen Gebilde im Zuge einer reinen Ideengeschichte zu interpretieren" (Weil, S. VII). In der Zeit als Weil diese Arbeit schrieb, nämlich 1930, war „die Aversion unter den deutschen Gelehrten gegen die Annahme sozial-determinierender Faktoren noch vorherrschend". Er betont „die Wirksamkeit sozialer Konstellationen für die Erkenntnis gesellschaftlicher Ereignisse" (Weil, S. VIII). Das deutsche Bildungsprinzip, so die Analyse von Weil 1930, galt im Grunde nur für eine relativ kleine Gruppe, für die „Geisteselite" (Weil, S. IX). Das deutsche Bildungsprinzip erkläre aber nicht, so seine Diagnose, die Denkweise der „breiten Schichten der Bevölkerung, die sich von dem traditionellen deutschen Arbeits- und Gewissensprinzip leiten ließen" (Weil, S. IX).

In fünf Kapiteln untersucht Weil die Entstehung des deutschen Bildungsprinzips. Das erste Kapitel wirft zunächst das Problem auf, wie ein geistiges Prinzip überhaupt in seiner Entstehung erklärt werden kann. Das zweite Kapitel, das sich vor allem Herder widmet und dessen Stellung zur Bildung diskutiert, behandelt das Thema der Vorgeschichte der Geisteselite mit der Überschrift „Bildung als zum-Bilde-machen". Im dritten Kapitel wird die Bildung als Ausformung vorgegebener Anlagen diskutiert und die problematische botanische Darstellung des Wachsens, Blühens und Vergehens und die problematische Darstellung des Bildungsprozesses als eine Art pflanzliche Darlegung kritisiert. Das vierte Kapitel, „Bildung als Ideal", geht in erster Linie auf Wilhelm von Humboldts Theorie der Bildung von der Aufklärung zum Rationalismus ein. Die Schwierigkeit, im Rahmen einer Aufklärung, die sich an alle richtet, über die Bildung einer Elite zu reden, wird auch in der gegensätzlichen Behandlung von Berufsethik und Humanismus deutlich. Das Bildungsideal als Maxime staatlicher Kulturpolitik richtet sich wesentlich an die Elite. So lautet auch der Titel des fünften Kapitels „Die Gebildeten als Elite".

Was Weil sich vorgenommen hat, ist ein großes Programm, und es ist nicht zufällig, dass er gleich einleitend auf Nohls Schrift zur deutschen Bildung aus dem Jahre 1926[511] und auf Sprangers Schrift „Wilhelm von Humboldt und die Humanitätsidee"[512] hinweist (Weil, S. 1). Für Weil kann das Bildungsprinzip nicht als eine „ewige Kategorie" aufgefasst werden (Weil, S. 2). Er konstatiert, dass in Deutschland das Bildungsprinzip eine hohe Anerkennung erfahren hat, weil kein Zweifel daran ist, dass Bildung „jenseits ihrer individual-ethischen Bedeutung auch eine soziale Differenzierung" (Weil, S. 9) schafft. Das erste Kapitel endet kritisch mit einer die Realität beschreibenden Feststellung: „Bildung wird erstrebt, weil vollzogene Bildung die Zugehörigkeit zu einer durch ‚die Gebildeten' konstituierten Elite gewährt" (Weil, S. 9). Im zweiten Kapitel gibt Weil eine noch heute interessante Darstellung der historischen Entstehung des Bildungsbegriffs anhand einer Auswertung historischer Wörterbücher, wobei er Herder einen besonderen Stellenwert einräumt. Durch eine Kritik des Vergleichens von Menschen in der Erziehung mit der

[510] Weil, Hans: Die Entstehung des deutschen Bildungsprinzips, 2. Auflage, Bonn 1967.

[511] Nohl, Herman: Zur deutschen Bildung, Teil 1: Deutsch, Geschichte, Philosophie (Göttinger Studien zur Pädagogik, Band 5), Göttingen 1926.

[512] Spranger, Eduard: Wilhelm von Humboldt und die Humanitätsidee (1909), 2. unveränderte (durch photomechanischen Druck hergestellte) Auflage, Berlin 1928.

Wartung und Pflege von Pflanzen, zurückgehend auf Rousseau einerseits und Herder andererseits, wird im dritten Kapitel die „vegetabilische Analogie“ (Weil, S. 49) untersucht.

Im vierten Kapitel setzt sich Weil mit der Bildung als Ideal auseinander, anknüpfend an den Bildungsbegriff von Herder und Humboldt. Dabei wird unter anderem ein Zusammenhang zu den Humboldt-Schriften Sprangers hergestellt. In einer Fußnote heißt es: „Aber gerade durch Spranger und sein Buch wurde Humboldt für viele ‚Gebildete‘ der Gegenwart zu dem Repräsentanten des Bildungsprinzips“ (Weil, S. 85). Für Weil ist Humboldt, den er auch kritisch einschätzt, jener Theoretiker, der das Prinzip der Bildung mit einem Freiheitsprinzip verbunden hat (Weil, S. 96). Die Einschränkung des Staates gegenüber dem Recht des Einzelnen sich zu bilden und zu entfalten, ist für Weil eine der hervorstechendsten Leistungen Humboldts. Weil erinnert an die Äußerungen Humboldts zur Französischen Revolution: „So hat schon jetzt die Revolution die Menschen gehoben und aufgeklärt“ (Weil, S. 111). Er kritisiert an Humboldt, dass sich nirgends „eine Äußerung, die ein Streben zu einer Mitwirkung bei der Veränderung schlechter Zustände aufweist“, finde (Weil, S. 115). Weil konstatiert das nicht nur, sondern sieht es als eine Schwäche der Entstehung des deutschen Bildungsprinzips an, die er an Humboldt festmacht. Dennoch habe Humboldt aber soziologisch und sozialkritisch den Zusammenhang zwischen Armut und Verbrechen herausgestellt[513] und habe besonders gegenüber dem Staat eine klare Auffassung, nämlich dass der Staat in erster Linie den Menschen moralisch und physisch zu dienen habe: „Humboldt will die Eingriffe des Staates reduzieren“, so die Diagnose von Weil (Weil, S. 117).

Weil geht mehrfach auf Sprangers Studie zu Humboldt ein. Dabei unterscheidet er die grundlegenden Auffassungen Sprangers von dessen durch Quellen und Fakten gestützten geschichtlichen Darstellung Humboldts. Weil verweist darauf, dass Spranger Humboldt „die Ethik des Selbstgenusses“[514] zuschreibt, die Humboldt im Unterschied zu der Ethik Kants nicht ausgesprochen, aber dennoch proklamiert habe (Weil, S. 139). Von Interesse ist auch, dass Weil den französischen Blick seitens der Französischen Revolution, aber auch Schriften Rousseaus, in Kontrast zu den Schriften Herders und Humboldts setzt. Weil konstatiert, dass „eine Art Paradoxie“ zwischen Natur einerseits und Kunst bzw. Zivilisation andererseits nicht ausgeräumt werden könne (Weil, S. 145).

Als zentralen Punkt der Entstehung des deutschen Bildungsprinzips arbeitet Weil heraus: „Seit Herder wendet sich die Bildung an die Elite und nicht an die ‚Masse‘ “ (Weil, S. 148). Dieser Frage wendet sich Weil nun im umfangreichen fünften Kapitel zu, das in vier Unterabschnitte gegliedert ist. Er behandelt zunächst die soziologischen Kategorien der Geisteselite, um dann die Vorgeschichte dieser Geisteselite und die Frage der Bildung zu behandeln. Im letzten Abschnitt geht es um das Bürgertum und die Bildung. Indem Weil die Zugehörigkeit zur Elite und zur „Zirkulation des Geistes“ (Weil, S. 158) als soziologisches Problem in einer gesellschaftlichen Struktur analysiert, bricht er im Grunde mit der idealistischen reinen ideengeschichtlichen Darstellung des Bildungsprinzips. Da die traditionelle Aristokratie als Träger der Bildung im Rahmen des aufkommenden Bürgertums an Einfluss verliere, werde die Entstehung des deutschen Bildungsprinzips auch als eine Art Opposition repräsentativer Angehöriger der traditionellen Aristokratie für eine solche Geisteselite angesehen.

In diesem Kontext sieht Weil auch Wilhelm von Humboldt. Mit Kritik, nicht mit Zustimmung, verbindet Weil die Orientierung an den Begriffspaaren Ehre und Bildung und Ruhm und Bildung bei Friedrich dem Großen – in entgegengesetzter Wertung zu der Rezeption der geisteswissenschaftlichen Pädagogik. Es zeigt sich, dass er, sozusagen im Vorgriff auf Ringers Studie über die

[513] „Alle Laster entspringen beinah aus dem Missverhältnis der Armut gegen den Reichtum. In einem Lande, worin ein allgemeiner Wohlstand herrschte, würde es wenig oder gar keine Verbrechen geben“ (Humboldt, in: Weil, S. 116).

[514] Spranger, Eduard: Wilhelm von Humboldt und die Humanitätsidee (1909), 2. unveränderte (durch photomechanischen Druck hergestellte) Auflage, Berlin 1928, S. 419.

Mandarine des deutschen Bildungswesens,[515] sehr deutlich die gesellschaftliche Funktion der Geisteselite von der von ihr selbst geglaubten Funktion unterscheidet (Weil, S. 149 ff.). Weil, der diesen Elitegedanken seit Herder soziologisch verfolgt, spitzt im letzten Abschnitt des fünften Kapitels die Frage daraufhin zu, ob ein Bildungsbegriff demokratisch oder elitär orientiert ist. Dabei stellt er heraus, dass diese demokratische Akzentuierung des Bildungsbegriffs für ihn auch bedeutet, dass der Sinn am Anfang steht und nicht einfach das Ziel das Entscheidende ist, da der demokratisch orientierte Bildungsbegriff die Entwicklung der Anlagen und Fähigkeiten des Einzelnen beinhaltet (Weil, S. 265). Weil orientiert seine Schrift darauf, die idealistische Forderung Humboldts mit Leben zu erfüllen, die Bildungsmöglichkeit von gruppenhafter Zugehörigkeit zu lösen und Bildung allen Menschen zu ermöglichen. Dabei ist ihm der Widerspruch bewusst, dass eigentlich nur das humanistische Gymnasium ein universalistisches Bildungsprogramm erstellt hat (Weil, S. 266 f.). Die Repräsentanten des Bildungsprinzips, die den Neuhumanismus „etwa Spranger'scher Richtung" einbeziehen, würden zwar den hohen Wert der Bildung durch Selbstformung anerkennen, seien aber von der ganzen Anlage her auf Elite und nicht auf alle Schichten der Bevölkerung angelegt (Weil, S. 266).

Durch die an Max Weber orientierte Schrift Weils wurde sehr klar die Frage der demokratischen Bildung nicht einfach als eine Frage politischer Inhalte, sondern auch als soziologische Frage angepackt, und zwar in der Hinsicht, ob Bildung für die Bevölkerung insgesamt möglich wird oder nur für eine Elite. Diese Zuspitzung der Frage der Bildung als Teil einer sozialen Fragestellung wird durch eine kenntnisreiche Geschichte der Entstehung des Bildungsprinzips von Herder über Goethe und Humboldt bis zur neueren Spranger'schen Richtung verfolgt, wobei hervorsticht, dass dialektisch und analytisch für Weil nicht eine völlige Ablehnung des deutschen Bildungsideals im Vordergrund steht, sondern eine kritische Auswertung unter Einbeziehung der Möglichkeit der Verwirklichung eines Bildungsanspruchs für die gesamte Bevölkerung.

[515] Ringer, Fritz K.: Die Gelehrten. Der Niedergang der deutschen Mandarine 1890–1933, Stuttgart 1983.

IV. Zwangsläufig? Eliten, „Mandarine“ und Einzelfälle

Vor der Auseinandersetzung mit den Publikationen der vier Erziehungswissenschaftler, die in der NS-Zeit verfasst und veröffentlicht wurden, soll nachfolgend von fünf verschiedenen Seiten her verdeutlicht werden, dass die vier Erziehungswissenschaftler nicht nur für sich betrachtet und isoliert analysiert werden können. In der Forschung über die Frage, warum sich eine große Anzahl von Wissenschaftlern, Philosophen, „Dichtern und Denkern“ derart weit im NS-Staat engagiert und auch öffentlich für das NS-Regime ausgesprochen haben, sind zwei Erklärungsansätze von besonderer Bedeutung. So soll zunächst Fritz Ringers umfassende Studie über die Rolle der als „Mandarine“ vorgestellten geistigen Eliten ausgewertet werden. Dass in dieser Studie Eduard Spranger als Exempel eine gewichtige Rolle spielt, erweist sich dabei als ausgesprochen ertragreich.

In einem weiteren Schritt soll durch die Heranziehung von Fritz Fischers Studie „Bündnis der Eliten“ von einer ganz bestimmten Seite her die These von den zwei Säulen der Führung des NS-Staates beleuchtet werden: das Bündnis Hindenburg/Hitler als Metapher für ein breites Bündnis der NSDAP-Eliten mit den „alten“ deutschnationalen Geistesgrößen.

In einem dritten Schritt soll anhand der Debatte über Martin Heideggers Rolle in der NS-Zeit die Problematik der inneren Beziehung von Werkanalyse und Biographie auf dem vorher skizzierten Hintergrund verdeutlicht werden.

Die Vorstellung des zunächst führenden NS-Pädagogen Ernst Krieck und seiner erziehungswissenschaftlichen Publikationen hat scheinbar eine entlastende Funktion für die spätere Analyse der vier Erziehungswissenschaftler. Krieck macht den doch erheblichen Unterschied deutlich: So wie er haben die vier Erziehungswissenschaftler in der NS-Zeit in der Tat nicht agiert und nicht publiziert. Deutlich soll dabei auch werden, dass – bei aller nachweisbaren deutlichen Kontinuität – Krieck im NS-Staat auch in Konflikte verwickelt war, die nichts an seiner aggressiven rassistischen und antisemitischen Ausrichtung änderten. Jedenfalls zeigt das Exempel Krieck wenigstens teilweise, dass die vier Erziehungswissenschaftler nicht alles publiziert und vertreten haben, was an nazistischen Theorieelementen vorhanden war.

Dass in einem fünften Schritt als Gegenexempel Theodor Litt in diese Studie eingeführt wird, begründet sich daraus, dass sein „Fall“ beweist, dass die weitgehende Übernahme von Elementen der NS-Theorie durch die vier Erziehungswissenschaftler im Ergebnis nicht zwangsläufig einer Zuordnung zur „Geisteswissenschaft“ oder der Repression im NS-Staat geschuldet war. Es kann am Beispiel Litts deutlich bewiesen werden, welche Möglichkeiten „nicht mitzumachen“ auch innerhalb des NS-Staats existierten.

Alle fünf Schritte dienen dem Ziel, angesichts der Auseinandersetzung im Detail, wie sie mit der Analyse der Publikationen der vier Erziehungswissenschaftler im Einzelnen und auch durch die systematische Auswertung ihrer Publikationen nach inhaltlichen Schwerpunkten vorgenommen wurde, nicht den Gesamtrahmen aus den Augen zu verlieren.

1. Fritz Ringers Kritik der „deutschen Mandarine“

1983 erschien erstmalig in deutscher Sprache ein voluminöses Werk, das bereits 1969 in den USA publiziert worden war, **Fritz K. Ringers** „Die Gelehrten. Der Niedergang der deutschen Mandarine 1890–1933“[516]. Die im Untertitel verwendete Bezeichnung der deutschen Gelehrten vor 1933 als „Mandarine“ taucht zwar in Schriften von Erziehungswissenschaftlern als polemische Kennzeichnung der deutschnationalen und völkischen Universitätsprofessoren an

[516] Ringer, Fritz K.: Die Gelehrten. Der Niedergang der deutschen Mandarine 1890–1933, Stuttgart 1983.

verschiedenen Stellen auf, jedoch fehlt weitgehend eine umfassende Auswertung der bei Ringer entwickelten Gedanken, gerade auch für die Klärung der Fragen, wie sich diese „Mandarine“ in der NS-Zeit verhalten haben.

Der Ansatz Ringers[517] besteht darin, tiefer in die deutsche Sozialgeschichte und ihre Klassen und Schichten einzudringen, um die Entstehung der Schicht der deutschen Gelehrten in ihren Besonderheiten zu erfassen. Sein Ausgangspunkt und mit ein Motiv für seine große Studie ist, dass neben allgemeinen Gründen der Nationalsozialismus etwas „spezifisch Deutsches“ war. So ist das Ziel der Untersuchung, die Besonderheiten der Entwicklung in der Geschichte Deutschlands und insbesondere der Geistesgeschichte herauszuarbeiten. Ringer wehrt sich gegen die Flucht ins Allgemeine: „Keine internationale Kritik des Spätkapitalismus oder der ‚Massenkultur‘ wird so bald meine Meinung in diesem Punkt ändern“ (Ringer, S. 11). Ringer sind die Schwierigkeiten bewusst, gerade eine Geschichte der Geisteswissenschaft zu verstehen, sie zu erklären und zu interpretieren. Mit seiner Herangehensweise besteht auch nicht die Gefahr, einzelne Personen in ihrer Bedeutung zu übertreiben. Es wird vielmehr deutlich, und zwar empirisch begründet, welche gemeinsamen und grundlegenden Paradigmen, unbeschadet einer Fülle von untergeordneten Gegensätzen, im geisteswissenschaftlichen universitären Schrifttum vorherrschend waren. Gleichzeitig wird empirisch und argumentativ deutlich, warum jene wenigen akademischen und nichtakademischen Außenseiter, die diesen Paradigmen widersprachen, gerade auch aus soziologischer Sicht keine Chance hatten, sich durchzusetzen.

In den einleitenden Kapiteln wird der Ursprung der „gebildeten Mittelschichten“, tief in die Geschichte Deutschlands zurückgreifend, auf dem sozialen und institutionellen Hintergrund der Zeitspanne 1700 bis 1820 entwickelt. Die im großen Maßstab in den Jahren 1820 bis 1890 angelegten Projekte zur Volkserziehung, der Ausbau des Schulsystems und die durch die Gründung von Universitäten systematisierte Planung der Herausbildung von geistigen Eliten, die Ringer sozial den Mittelschichten zuordnet, all dies bildet für ihn den Hintergrund, um Theorien und Positionen sozialgeschichtlich einordnen zu können. An Karl Mannheim angelehnt, die deutschen Intellektuellen aber als einen Sonderfall einschätzend, betont Ringer, dass die Träger der Bildung in Deutschland Merkmale aufwiesen, die „spezifisch auf die rückwärtsgerichtete Mentalität einer überholten Klasse“ ausgerichtet waren (Ringer, S. 14).

Max Webers Schilderung der chinesischen Mandarine als soziologisch zu charakterisierende Schicht beeindruckt Ringer so, dass er sich entschlossen hat, für die vorherrschende Schicht der Gelehrten in Deutschland diesen Begriff zu verwenden. Kern ist dabei, dass diese Gruppe ihren Status nicht Reichtum oder vererbten Rechten, sondern ihren Bildungsqualifikationen zu verdanken hatte und eng mit der staatlichen Verwaltung verknüpft war. Daraus ergibt sich als Gesichtspunkt, dass Auseinandersetzungen zwischen diesen „Mandarinen“ und anderen Teilen der staatlichen Verwaltung zwar nach außen als Kampf um die „Freiheit der Lehre und Forschung“ deklariert wurden, aber ihre Ursache auch im Kampf um die Erhaltung und den Ausbau des eigenen Status hatten. Ringers Darstellung der Geschichte der „Mandarine“ in Deutschland, die sich auf die Sozial- und Geisteswissenschaften konzentriert, versucht dies nicht am Einzelfall, sondern durch die Summe repräsentativer Konflikte plausibel zu begründen.

Von besonderem Interesse ist in der Folge die Systematik der Auseinandersetzung mit dem Begriff des Geistes in der deutschen Sprache und der Entstehung des Begriffes „Geisteswissenschaft“, die er im Kontext mit den Studien Max Webers zu diesem Begriff vor Wilhelm Dilthey bei Hermann von Helmholtz Mitte des 19. Jahrhunderts ansiedelt. Der Begriff des objektiven Geistes führt, so Ringer, über Hegel und Dilthey zu dem, was er „die deutsche historische Schule“ nennt (Ringer, S. 92). Die Konflikte über die Frage, wie geschichtliche Ereignisse zu

[517] 1934 in Deutschland geboren, studierte Fritz Ringer nach 1945 in den USA und lehrte ab 1961 an verschiedenen amerikanischen Universitäten. Er verstarb 2006.

erklären und zu verstehen seien und welche Rolle die subjektiven Interessen der Geschichtsschreiber für aktuelle Interessen spielten, ist dabei, noch vor erkenntnistheoretischen Fragen, ein gewichtiger Ausgangspunkt, um Vorstellungen von „Gesellschaft und Gemeinschaft“ diskutieren zu können.

Der um 1890 entstandene Begriff der Weltanschauung wird von Ringer im Kontrast zum Begriff der Wissenschaft hinterfragt. Der Begriff der Wissenschaft im engeren Sinn enthält auch das Kriterium der Überprüfung durch praktische Anwendung, die Verbindung von Logos und Empirie. Ringer diagnostiziert als Merkmal eines weiter gefassten Begriffes der Geisteswissenschaften gerade ein Kokettieren mit der fehlenden Anwendung, die als Abgrenzung von Pragmatismus und Positivismus, von französischer und englischer (und amerikanischer) Wissenschaft als „deutscher Geist“ vorgestellt wird. Hier sieht Ringer nicht nur ein theoretisches Problem:

> *„Vielen deutschen Professoren diente das Ideal der Praxisferne als wichtigste Garantie einer ‚freien‘ Wissenschaft, als eine Art Ersatz für institutionelle Absicherung der akademischen Unabhängigkeit.“* (Ringer, S. 106)

Auch das vorherrschende Ideal einer Symphonie, das Modell der Synthese, hat hier seinen Platz, denn es enthebt den Forscher nicht nur eigenständiger Forschung, sondern diese „typisch versöhnlichen Argumentationsmuster“ bewahren auch vor Konflikten (Ringer, S. 107). In diesem Kontext wird Wilhelm von Humboldt als „einer der bedeutenden Gründer der Tradition des Mandarinentums“ vorgestellt, der aber gleichzeitig von Ringer wegen dessen rigorosen „Verteidigung des politischen Individualismus“ (Ringer, S. 109) moralisch sehr hoch eingeschätzt wird:

> *„Was hätte in Deutschland geschehen können, wenn die Bildungselite an der Schwelle zum 19. Jahrhundert wirklich eine allgemeine und energische Opposition gegen den Absolutismus betrieben hätte?“* (Ringer, S. 109)

Diese Frage ist hypothetisch, da, wie Ringer ausführlich darlegt, nach dem Rückzug Humboldts „die bürokratische Monarchie der Wissenschaft uneingeschränkte Unterstützung“ gab, ihr gewisse Freiräume ließ und es den deutschen Gelehrten so gestattete, sich der Realität des bürokratischen Absolutismus anzupassen. Diese Form der Anpassung und Unterordnung der Wissenschaft an den bürokratischen Staat habe gerade Spranger[518] treffend zusammengefasst. Spranger betrachtete gerade die Epoche um 1800 als Vorbild für die eigene Zeit und formulierte als Lektion, dass es ein „aus dem *Göttlichen* stammender überpersönlicher Lebenszusammenhang ist, der den Staat rechtfertigt und den die Person frei in sich hinein nehmen muss, wenn sie sich zu einer höheren Stufe geistigen Lebens aufschwingen will“ (Ringer, S. 115).[519] Ringer fasst zusammen: „Hier wird die Tradition beinahe ausschließlich dazu verwendet, den Staat zu verherrlichen und Unterwerfung zu predigen“ (Ringer, S. 115).

Als Schub für die Festigung des Bündnisses von Staat und Mandarinen sieht Ringer den Zeitpunkt, an dem der Führungsanspruch der deutschen Mandarine „stärker von unten als von oben bedroht wurde“ (Ringer, S. 116). Das Drängen der Mandarine gegenüber dem Staat bezog sich auf Rechtssicherheit, nicht auf demokratische Legitimation. Dennoch vermeidet Ringer bewusst den Begriff „konservativ“, sondern bevorzugt den Begriff der Orthodoxie in deutlich negativer Konnotation. Die Mandarine als relativ feste soziale Schicht spalten sich seiner Einschätzung nach in die Mehrheit der Orthodoxen, zu der er auch Spranger zählt, und in eine Minderheit der Modernen, die aber auch derselben festen Schicht angehört, zumindest bis 1918. Max Weber wird dieser letzteren Richtung zugerechnet; dabei wird aber kritisch angemerkt,

---

[518] Ringer geht auf Spranger im Verlauf des 450 Seiten umfassenden Werkes immerhin siebzehnmal ein.

[519] Spranger, Eduard: Der deutsche Klassizismus und das Bildungsleben der Gegenwart (2. Auflage, Erfurt 1928), in: Meyer, Horst (Hrsg.): Ausgewählte Schriften aus 250 Jahren Akademiegeschichte, Erfurt 2004, S. 295–322, hier S. 314, Hervorhebung im Original.

dass auch Weber sich gegen Ende der wilhelminischen Zeit der von Friedrich Meinecke vertretenen Position einer „temporären Vertrauensdiktatur“ angenähert habe (Ringer, S. 122). Das Verschließen der Augen vor den Tatsachen wird von Ringer als eines der gefährlichsten Merkmale des deutschen Geistes ausdrücklich auch auf die Einschätzung politischer Situationen bezogen, ohne sich in den Begriff der Naivität zu flüchten.

In einem knappen, aber gewichtigen Exkurs über die Tatsachen des Antisemitismus unterscheidet Ringer den sozialen Antisemitismus der Unterschichten vom völkisch-schwärmerischen Antisemitismus der Literaten des „deutschen Volksgeistes“ und schließlich vom dritten Typus der Antisemiten, die zur etablierten akademischen Welt gerechnet werden müssen (insbesondere Heinrich von Treitschke).

Ein weiteres Merkmal war der Militarismus. Über die orthodoxen Mandarine schreibt Ringer zusammenfassend: „Die Orthodoxen waren im allgemeinen die aggressivsten Militaristen, und sie gefielen sich auch darin, den Nationalismus als eine Waffe gegen die Sozialdemokratie zu verwenden“ (Ringer, S. 130). Ringer beschreibt die akademische Welt bis 1918 auch anhand der existierenden realen Konflikte (Fall Arons 1893, Fall Spahn 1901, Fall Michels 1908; siehe Ringer, S. 132 f.). Ringer erinnert dabei an den Gerechtigkeitssinn von Max Weber. Weber erzürnte nicht nur die offenkundige Diskriminierung von Juden und Sozialdemokraten, sondern auch die Gleichgültigkeit der Mehrheit der deutschen Gelehrten. In einem offenen Brief an die zweite deutsche Hochschullehrertagung 1908 dekodierte er das Pathos, als ginge es darum, eine existierende Lehrfreiheit zu verteidigen und sich „so zu gebärden, als besäßen wir so etwas wie eine ‚Lehrfreiheit‘, die uns erst noch von irgendjemand genommen werden könnte“ (Ringer, S. 133). Zustimmend zitiert Ringer Webers abschließendes Diktum aus dem Jahr 1908: „In Deutschland besteht die ‚Freiheit der Wissenschaft‘ nur innerhalb der Grenzen der politischen und kirchlichen Hoffähigkeit“ (Ringer, S. 134).

Die Debatten in der Soziologie in der Zeit vor 1914 konzentriert Ringer auf die für die Erziehungswissenschaften bedeutenden Fragen der Unterscheidung von „Gemeinschaft und Gesellschaft“ (1887), so der Titel von Tönnies' Schrift (Ringer, S. 153 ff.). Ringer geht davon aus, dass Tönnies nicht romantisch-reaktionäre Schlussfolgerungen aus dieser Unterscheidung gezogen hat, wie dies in der Pädagogik und Erziehungswissenschaft geschehen sei, und Tönnies habe eben nicht „die Gemeinschaft durch Druck auf die Tränendrüsen wiederbeleben“ wollten, wenn er auf eine kritische und rationale Kritik der existierenden Gesellschaftsstrukturen bestanden habe (Ringer, S. 159). Ringer stellt Tönnies ausdrücklich gegen Sprangers Thesen und dessen geschichtsübergreifende „überpersönliche Prinzipien“ (Ringer, S. 164). Die Wirkungsgeschichte dieser Unterscheidung von Tönnies auf die Gelehrten, von denen Spranger beeinflusst wurde, nämlich Paul Natorp und Alois Riehl, insbesondere während des Ersten Weltkriegs, wird von Ringer kritisch nachgezeichnet, indem er darauf hinweist, dass der „Begriff der Gemeinschaft zu einem populären Schlagwort“ wurde (Ringer, S. 176). Die hier nicht weiter zu verfolgende Atmosphäre in Deutschland im Verlauf des Ersten Weltkrieges, der überbordende Patriotismus im akademischen Bereich, ist jedenfalls für Ringer eine wichtige, wenn nicht die wesentliche Voraussetzung, um bei allen Differenzen zwischen den „orthodoxen“ und den „modernen“ Mandarinen das einheitliche Paradigma des nationalistischen und militaristischen Pathos zu verstehen.

Die nachgezeichneten antidemokratischen und antisemitischen Vorfälle in der Weimarer Republik waren Teil einer belegbaren Veränderung auch des Wissenschaftsbegriffs. Die Universitäten waren nicht einfach Stätten übernationaler Wissenschaft, sondern Repräsentanten der „deutschen Wissenschaft“ und der „nationalen Würde“ (Ringer, S. 200). Diese deutschnationale strukturelle Veränderung bezieht Ringer insbesondere auf die nichtnaturwissenschaftlichen Fakultäten und benennt Spranger als eine der Hauptpersonen, die gegen englischen und französischen Positivismus gerichtet ausdrücklich eine „deutsche Geisteswissenschaft“ konstruierten. Spranger definiert die Idee der Gemeinschaft als „deutsche Brüderlichkeit“ wie folgt: „Hier aber wird uralter deutscher Geist wieder lebendig“ (Ringer, S. 256).[520] Diese Verbindung eines Humanismus Humboldt'scher Prägung mit dem deutschen Nationalismus, für die es laut Ringer keinen logischen Grund gab, sei einer der Kernpunkte im Hauptstrom der orthodoxen Mandarine und auch ein Kernpunkt bei Spranger (Ringer, S. 262).

Ringer charakterisiert treffend Sprangers Mentalität, analytisches Denken durch Rückgriffe auf Totalität und Ganzheit zu ersetzen und den „Trieb zur Ganzheit“ mit religiöser Sehnsucht und metaphysischer Weltanschauung zu verbinden. Der Idealtypus, bei Max Weber ein bewusst eingesetztes methodisches Instrument, wurde bei Spranger im Kampf gegen den Positivismus „zu einem Ideal im normativen Sinn“ (Ringer, S. 328). In dieser Debatte, so die Einschätzung Ringers, war Spranger der „wirkliche Sieger“. Ein Sieg einer Bewegung „von der Wissenschaft zur Weltanschauung“ (Ringer, S. 329).

Zusammenfassend stellt Ringer im Anschluss an Ernst von Asters Kritik an der Metaphysik des Nationalismus[521] zu Spranger fest, dass dieser die Kulturkrise auf den „Bruch zwischen Wissenschaft und Weltanschauung“, auf die Trennung von Wissenschaft und deutschem Geist, die Spranger synthetisch vereinen wolle, zurückführt (Ringer, S. 349).

Im Schlusskapitel resümiert Ringer, dass die orthodoxen Mitglieder der akademischen Gemeinschaft „alles in ihrer Macht stehende“ getan hätten, um die Weimarer Republik in Misskredit zu bringen (Ringer, S. 387). Ihre führenden Köpfe, darunter Eduard Spranger, behandelten ab 1931 den Vormarsch der NS-Studenten nicht als eine Frage der Demokratie, sondern als „eine Angelegenheit des Tons und der Manieren“ (Ringer, S. 388).

Als Beleg auch für die Uneinsichtigkeit nach 1945 führt Ringer Sprangers Erinnerungen von 1955 an, in der dieser über die NS-Studenten 1932 schrieb, dass er sich Protesten nicht anschließen würde, weil er „die Bewegung der nationalen Studenten noch im Kern für echt, nur in der Form für undiszipliniert“ hielt (Ringer, S. 388).[522]

Die Säuberungen von 313 ordentlichen Professoren an den Universitäten bzw. von insgesamt 1700 Universitätsangehörigen – zu achtzig Prozent aus rassistischen Gründen – werfen das Problem auf, warum „der Rest der Universitätsprofessoren so wenig tat, um die früheren Kollegen zu verteidigen“ (Ringer, S. 390). Auch wenn man nicht von „enthusiastischen Befürwortern“ des Nationalsozialismus sprechen könne, so prägt Ringer hier den Begriff der „bereitwilligen Kollaborateure“ (Ringer, S. 391).[523] Die Mandarine hätten „die kritische Vernunft geschwächt“, auch wenn sie nicht förmlich oder direkt für die kruden Theorien von Alfred Rosenberg, Ernst Krieck und Alfred Baeumler verantwortlich gemacht werden könnten (Ringer, S. 393).

---

[520] Spranger, Eduard: Die drei Motive der Schulreform, in: Monatsschrift für höhere Schulen, 20. Jg. (1921), S. 270.

[521] Aster wendet sich insbesondere gegen eine positive Bewertung der Verknüpfung des Nationalismus mit der Religion und warnt ausdrücklich vor dem „christianisierten Nationalismus“ (Aster, Ernst von: Metaphysik des Nationalismus, in: Die Neue Rundschau, 43. Jg. der Freien Bühne (1932), Heft 1, S. 40–52, hier S. 44 f.).

[522] Spranger, Eduard: Mein Konflikt mit der nationalsozialistischen Regierung 1933 (1955), in: Universitas. Zeitschrift für Wissenschaft, Kunst und Literatur, 10. Jg. (1955), Heft 5, S. 457.

[523] Jürgen Habermas hat in einer 1971 erschienenen Rezension zur amerikanischen Ausgabe von Ringers Buch zwar zustimmend erwähnt, dass die Kultur der Mandarine „die Sprangers nicht zu Kriecks und Baeumlers“ gemacht habe, formuliert aber deutlich anders als Ringer. An Stelle des Begriffs der Kollaboration schreibt Habermas lediglich, dass die Kultur der Mandarine die Mandarine „gegenüber den Nazis wehrlos“ gemacht habe. Auch die Einschätzung Habermas', dass die von Ringer rekonstruierte Welt der Mandarine ein Vierteljahrhundert nach Ende des Zweiten Weltkrieges, also 1970, „zu einem definitiven Ende“ gelangt sei, müsste im Detail diskutiert werden. Habermas weist außerdem darauf hin, dass der Frankfurter Wissenschaftler Carl Grünberg 1924 zuerst den Begriff der Mandarine verwendet habe (Habermas, Jürgen: Die deutschen Mandarine, in: Habermas, Jürgen: Philosophisch-politische Profile, erweiterte Ausgabe, Frankfurt am Main 1981, S. 458–468, hier S. 465 bzw. S. 458 f.).

2. Zwei Säulen: Das Bündnis der deutschnationalen Eliten mit den NS-Eliten

Die 1979 erstmals erschienene Schrift „Bündnis der Eliten“[524] von **Fritz Fischer** zeigt die in verschiedener Hinsicht entscheidende Frage des Bündnisses der Machteliten, auch der geistigen Machteliten mit der NSDAP auf.[525] Fischer geht davon aus, dass für die Herrschaft der NSDAP seit 1933 dieses Bündnis der Eliten der Hindenburgisten mit der NS-Führung entscheidend war.[526] Einleitend problematisiert er den Begriff der Kontinuität, der immer auch Elemente der Diskontinuität in sich berge. Fischer geht aber mit einer Fülle von historischen Argumenten darauf ein, dass insbesondere die Ideologie des Militarismus und des deutschen Nationalismus Kernelemente einer Kontinuität bis hin zum NS-Regime darstellen. Ein besonderes Augenmerk legt er dabei auf den Zusammenhang von Wehrpflicht und Soldatentum und auf die Mentalität des Gehorsams in der deutschen Pädagogik. Fischer schreibt, dass „die allgemeine Wehrpflicht und das Institut des ‚Reserveoffiziers‘ so prägend auf die Gesamtgesellschaft“ gewirkt habe, dass, „ein Durchdringen aller Lebensbereiche mit dem militärischen Geist der Über- und Unterordnung erreicht wurde“ (Fischer, S. 12), wie es das zuvor nicht gegeben habe.[527]

Nicht nur in der Ideologie, sondern auch in der Realität der Eliten blieb, so Fischer, „der harte reaktionäre Kern“ (Fischer, S. 13), der sich zu einem „neudeutschen Nationalismus“, zu einem völkisch-reaktionären Bündnis zusammengeschlossen habe (Fischer, S. 15). Mit einem Seitenhieb auf Max Weber analysiert Fischer die Rolle des Reichspräsidenten Hindenburg, der das Bindeglied zwischen Monarchie und NS-Führertum dargestellt habe:

> *„In der Stellung des Reichspräsidenten mit seinen Notverordnungsrechten lebte, dank Max Weber, sogar ein betont monarchisches Element weiter, dessen zweiter Inhaber der Generalfeldmarschall des ersten Weltkrieges und Sieger von Tannenberg, Hindenburg, dieses als ‚Ersatzkaiser‘ symbolträchtig verkörperte und in Amt und Persönlichkeit die ‚Machtergreifung‘ Hitlers begünstigte.“* (Fischer, S. 64)

Diese Bündnis von Hitler und den Eliten zeigte sich für Fischer am „Tag von Potsdam“, als das alte und neue Deutschland sich die Hand gaben, als sich Hindenburg und Hitler demonstrativ als Einheit und als Symbol des harten reaktionären Kerns darstellten (Fischer, S. 74). Diese schon 1929 begonnene Zusammenarbeit in der Harzburger Front, insbesondere auch mit dem „Stahlhelm“, wird von Fischer als einer der wesentlichen Gesichtspunkte für die Kraft der NS-Bewegung nach 1933 eingeschätzt (Fischer, S. 79).[528]

---

[524] Fischer, Fritz: Bündnis der Eliten. Zur Kontinuität der Machtstrukturen in Deutschland 1871–1945, Düsseldorf 1998 (2. Auflage).

[525] An dieser Stelle soll nicht die „Faschismus-Theorie“ analysiert werden. Bei zwei Säulen mag man auch an Hitlers Zwei-Säulen-These (NSDAP und Wehrmacht) denken. Hier geht es aber um zwei Säulen in der Elite des NS-Staates. Zur Frage der Bedeutung der Debatte über den Unterschied zwischen deutschem NS-Faschismus und dem Faschismus überhaupt und die Bedeutung dieser Fragestellung für die Erziehungswissenschaft siehe Ortmeyer, Benjamin: Schicksale jüdischer Schülerinnen und Schüler in der NS-Zeit – Leerstellen deutscher Erziehungswissenschaft? Bundesrepublikanische Erziehungswissenschaften (1945/49–1995) und die Erforschung der nazistischen Schule, Witterschlick/Bonn 1998, insbesondere den Abschnitt „Theorien zu Faschismus, Totalitarismus und Nazismus“, S. 38–80.

[526] Von grundlegender Bedeutung ist in diesem Zusammenhang die 1960 erschienene zeitgeschichtliche und politologische Studie „Antidemokratisches Denken in der Weimarer Republik. Die politischen Ideen des deutschen Nationalismus zwischen 1918 und 1933“ (4. Auflage, München 1994) von Kurt Sontheimer.

[527] In einer Anmerkung verweist Fischer auf ein Passage Martin Kählers von 1872: „Warum ist die Disziplin in der preußischen Armee so stark und sicher? Aus dem einfachen Grunde, weil die jungen Leute schon seit ihrer Kindheit zum Gehorsam, überhaupt zur Achtung der Autorität und zur Pflicht und Treue angehalten werden.“ (Kähler, in: Fischer, S. 98).

[528] Fischer lässt es sich auch nicht nehmen, dem Historiker Gerhard Ritter vorzuhalten, dass dieser noch drei Jahre danach in seiner Biographie Friedrichs des Großen eine Linie der Kontinuität wie folgt charakterisierte: „Und schließlich knüpft der Tag von Potsdam, die feierliche Eröffnung des ‚Dritten Reichs‘ in aller Form an die stolzesten Traditionen altpreußischer Geschichte an“ (siehe: Ritter, Gerhard: Friedrich der Große. Ein historisches Profil, Leipzig 1936, S. 2 und S. 265, in: Fischer, S. 82).

Fischer schließt den Band mit einer Präzisierung des Begriffs Kontinuität: „Kontinuität heißt nicht Identität, schon gar nicht ungebrochene Identität“ (Fischer, S. 94). Ihm geht es nicht darum, eine völlige Gleichheit im Rahmen der Ideologie und der Machteliten zu behaupten, die sich natürlich zwischen Kaiserreich, Weimarer Republik, Erstem Weltkrieg und NS-Regime verändert haben, sondern darum, einen Kern, einen reaktionären Kern der Kontinuität herauszuarbeiten. Diese historische Schrift ist von Bedeutung, um auch die Geschichte der Pädagogik unter diesem Gesichtspunkt besser verstehen zu können.[529]

3. Der „spezifisch deutsche Professorenwahnwitz“: Wie der Philosoph Heidegger „den Führer führen“ wollte

Nach der weitgehend prinzipiell gehaltenen Darstellung der Rolle von „Mandarinen“ und Eliten mag es befremden, dass nun auf eine bestimmte Person Bezug genommen wird. Der Bruch ist jedoch gewollt. Denn der Streit um Martin Heideggers Wirken in der NS-Zeit, seine Freiburger Rektoratsrede 1933 und sein Verhalten in der NS-Zeit hatte im Grunde exemplarischen Charakter für das Problem der Einschätzung der vier Erziehungswissenschaftler. Es geht ausdrücklich nicht um die Darstellung der Debatte über Heideggers „Sein und Zeit“, seine Freiburger Rektoratsrede usw. Dies ist an anderer Stelle bereits ausführlich erörtert worden.[530]

Zunächst existiert oberflächlich ein Zusammenhang, wenn Heidegger in einem „Spiegel“-Gespräch[531] zu seiner Verteidigung in etwas infantiler Weise mit dem Finger auf Eduard Spranger zeigt, um die – in der Tat existierende – „Ungerechtigkeit“ anzuprangern, dass man über ihn herfalle, dass es aber angesichts der doch mindestens genauso schlimmen oder schlimmeren Reden Sprangers in der NS-Zeit unverständlich sei, warum Spranger nicht so in die Kritik gerate wie er.[532] Heideggers Bemerkung in der Zeitschrift „Spiegel“ wurde kaum beachtet[533], sondern als das gewertet, was sie auch war: als ein Ablenkungsmanöver von der Debatte um die eigene Biographie.

[529] Einen systematischen, auch quantitativen Überblick über die NSDAP-Mitglieder unter den Hochschullehrern gibt Michael H. Kater in seinem Beitrag „Die nationalsozialistische Machtergreifung an den deutschen Hochschulen. Zum politischen Verhalten akademischer Lehrer nach 1939“ (in: Vogel, Hans Jochen/Simon, Helmut/Podlech, Adalbert (Hrsg.): Die Freiheit des Anderen. Festschrift für Martin Hirsch, Baden-Baden 1981, S. 49–75).

[530] Zur Diskussion um Heidegger und seine Rolle in der NS-Zeit siehe: Bourdieu, Pierre: Die politische Ontologie Martin Heideggers, Frankfurt am Main 1976; Farías, Víctor: Heidegger und der Nationalsozialismus, Frankfurt am Main 1989; Ott, Hugo: Martin Heidegger. Unterwegs zu seiner Biographie, durchgesehene und mit einem Nachwort versehene Neuausgabe (Reihe Campus, Band 1056), Frankfurt am Main/New York 1992; Korotin, Ilse (Hrsg.): „Die besten Geister der Nation“. Philosophie und Nationalsozialismus, Wien 1994 und Safranski, Rüdiger: Ein Meister aus Deutschland. Heidegger und seine Zeit, Frankfurt am Main 2001. Insbesondere Bourdieus Schrift kann sehr zum Verständnis des „deutschen Geistes“ und seines Habitus beitragen.

[531] Wörtlich erklärte Heidegger auf die Vorhaltung, dass er in seiner Rektoratsrede die „Größe und Herrlichkeit“ des „Aufbruchs“ 1933 beschworen habe: „(…) ich könnte hier, nur um ein Beispiel zu geben, einen Aufsatz von Eduard Spranger zitieren, der weit über meine Rektoratsrede hinausgeht“ (Heidegger, Martin: „Nur noch Gott kann uns retten“. Spiegel-Gespräch mit Martin Heidegger am 23. September 1966, in: Der Spiegel, 30. Jg. (1976), Heft 23, S. 193–219, hier S. 196). Heidegger spricht hier wohl von Sprangers Aufsatz „März 1933“.

[532] Spranger seinerseits stellt im Mai 1936 fest, dass Heidegger „ausdrücklich mit dem Nationalsozialismus paktiert“ (Brief an Käthe Hadlich vom 8.5.1936, in: Martinsen, Sylvia/Sacher, Werner (Hrsg.): Eduard Spranger und Käthe Hadlich. Eine Auswahl aus den Briefen der Jahre 1903–1960, Bad Heilbrunn 2002, S. 320).

[533] Lediglich Uwe Henning geht in seiner Einleitung zu den im Zusammenhang mit der Spranger-Gedenktafel veröffentlichten Texten für die Mittwochs-Gesellschaft 1988 auf die Attacke Heideggers ein (Henning, Uwe: Verblendungszusammenhang oder Ausblendung historischer Zusammenhänge? Der Stellenwert der Vorträge von Eduard Spranger in der Mittwochs-Gesellschaft 1935–1944 für die gegenwärtige Sprangerdiskussion, in: Spranger, Eduard: Texte für die Mittwochs-Gesellschaft 1935–1944, 2. überarbeitete Auflage, München 1988, S. 7–25). Die Einleitung hält fest, dass angesichts der begonnenen „disziplingeschichtlichen Vergangenheitsbewältigung der Erziehungswissenschaft“ Spranger zu einer „ähnlichen Symbolfigur instrumentalisiert wird, wie Martin Heidegger in der Philosophie und Carl Schmidt in der Staatsrechtslehre“ (Henning, S. 7). In einer heftigen Polemik gegen Rang, Keim und Herrmann beklagt Henning, dass Heideggers Angriff auf Spranger (im erwähnten „Spiegel“-Interview) von keinem „Ordinarius der Pädagogik“ zurückgewiesen worden sei (Henning, S. 9).

Aufschlussreicher ist hier die Studie „Philosophieverhältnisse im deutschen Faschismus“,[534] von **Thomas Laugstien** aus dem Jahre 1990. Laugstien wendet sich gegen eine unzulässige Verkürzung der Zusammenhänge zwischen politischer Positionierung und philosophischer Arbeit, aber auch gegen eine bloß „dualistische Betrachtung“ (Laugstien, S. 7), die philosophische Arbeit und politische Positionierung als zwei nicht miteinander zusammenhängende Bereiche behandelt. Laugstien, der darauf verweist, dass etwa einhundert Berufsphilosophen Deutschland nach 1933 verlassen mussten und auch in einer Fülle von Anmerkungen und Quellen auf die Verwicklung bekannter Namen wie Hans Freyer und Schelsky in das NS-Regime hinweist, behandelt in seiner kenntnisreichen Arbeit auch relativ ausführlich die Rolle Sprangers.

Von besonderem Interesse ist hier jedoch die Darstellung der Auseinandersetzung um Heidegger, die sich seit 1953 entfaltete und die in vielerlei Hinsicht Parallelen zur Diskussion über Spranger aufweist. Laugstien, der Spranger als einen der „Gründungsheiligen“ (Laugstien, S. 16) der Bundesrepublik einschätzt, wehrt sich gegen Begriffe wie Naivität, Blindheit oder Irrtum, um das politische Verhalten der Größen der Weimarer Zeit zu charakterisieren. Ein wesentlicher Einschnitt ist der Aufruf der Novemberkundgebung der Deutschen Wissenschaft, bei dem über eintausend Hochschullehrer den Austritt Deutschlands aus dem Völkerbund unter Hitler befürworteten. Spranger etwa unterschrieb diesen Aufruf nicht, sondern formulierte einen eigenen Aufruf zur Unterstützung Hitlers, „Politik aus dem Glauben“,[535] der von Laugstien im Kontext der Hochschullehrer-Erklärung behandelt wird (Laugstien, S. 31). Für Laugstien ist entscheidend, dass durch solche Aufrufe, die in der Mehrheit von Nichtmitgliedern der NSDAP im Hochschulbetrieb unterzeichnet wurden, eine zweite „‚schwarze‘ nationalkonservative“ Säule sichtbar wird, die, seiner Einschätzung nach „heute unsichtbar gemacht“ (Laugstien, S. 31) wird. Ausgehend von seiner politischen Einschätzung des Bündnisses von Hitler und Hindenburg am „Tag von Potsdam“ geht er im Hochschulbetrieb davon aus, dass ebenfalls diese zwei großen Säulen die Stützen des NS-Systems 1933 waren. Laugstien schreibt:

> *„Mit ihrer spezifischen Kompetenz arbeiten Heidegger und Spranger darauf hin, dass der ‚Wahl‘ vom November die Bedeutung des politischen Massenrituals zuwächst: einer Kundgebung, in der die Stimme des Einzelnen nicht ‚zählt‘, sondern aufgeht im Bekunden eines Willens zu entfremdeter Gemeinschaft.“* (*Laugstien*, S. 37)

Der Rückzug ins Innerliche ging bei Spranger nicht so weit, dass er nicht klar und deutlich seinen Zuhörern den Sieg im Krieg NS-Deutschlands gegen andere Staaten religiös nahegebracht hätte. Die These Laugstiens lautet:

> *„Die Frage, ob der Autor dieses Textes Nazi war, ob er für oder gegen den Nazismus Partei ergriff, wird dem Vorgang wenig gerecht.“* (Laugstien, S. 64)

Laugstien plädiert dafür, im einzelnen Fall, in verschiedenen Phasen und in verschiedenen Textgattungen festzustellen, wie die Lage ist, ohne eine positive oder negative Antwort auf die nicht weiterführende allgemeine Frage Nazi oder Nicht-Nazi zu geben. In einer interessanten Analyse der Entstehungsgeschichte des Begriffs „innere Emigration“ (Laugstien, S. 64 f.), deren apologetische Färbung gegenüber den äußeren Emigranten nachgezeichnet wird, lehnt Laugstien diesen Begriff nicht völlig ab und lässt ihn für Karl Jaspers oder Theodor Litt gelten, nicht aber für Spranger oder Heidegger:

> *„Das ist eine andere Situation als die von Spranger und Heidegger, die mit Publikationen in der Tagespresse, Vorträgen und Auslandsreisen zu den angesehensten Repräsentanten des NS-Staats gehören – gerade weil sie nicht als bloße Vertreter der Nazi-Partei(en) angesehen werden können.“* (Laugstien, S. 65)

[534] Laugstien, Thomas: Philosophieverhältnisse im deutschen Faschismus (Ideologische Mächte im deutschen Faschismus, Band 4; Argument-Sonderband, Band 169), Hamburg/Berlin 1990.

[535] Spranger, Eduard: Politik aus dem Glauben, in: Staats-Anzeiger für Württemberg, Jg. 1933, Nr. 263 (10.11.1933), S. 2.

Laugstien zeichnet auch den Konflikt zwischen Ernst Krieck und dem Amt Rosenberg[536] nach sowie die desolate Situation innerhalb des philosophischen Sektors des NS-Staates, in der sozusagen jeder gegen jeden kämpft, Hartnacke gegen Krieck, Krieck gegen Baeumler usw. (Laugstien, S. 76 ff.).[537]

Laugstien zitiert das Diktum Habermas' in der Einleitung zu Victor Farías' großen Studie „Heidegger und der Nationalsozialismus" aus dem Jahre 1989, dass es ein „spezifisch deutscher Professorenwahnwitz" sei, der Philosophen wie Heidegger „die Idee eingab, den Führer führen zu wollen" (Habermas, in: Laugstien, S. 50).[538]

Habermas hat hier womöglich doch einen Kernpunkt bei Heidegger getroffen, der in gewisser Hinsicht, von der Mentalität her auch die Vorstellung der vier Erziehungswissenschaftler, insbesondere Eduard Sprangers trifft.[539]

---

[536] Siehe dazu: Bollmus, Reinhard: Das Amt Rosenberg und seine Gegner. Studien zum Machtkampf im nationalsozialistischen Herrschaftssystem, 2. Auflage, München 2006.

[537] Bezüglich der Japanreise Sprangers konstatiert Laugstien, dass dieser offiziell im Auftrag des NS-Staates und keinesfalls nur als Gastprofessor aufgetreten sei, und hat herausgefunden, dass Hitler „dem akademisch hochdekorierten ‚Volkserzieher' die Annahme des Kaiserlich Japanischen Ordens des Heiligen Schatzes 2. Klasse" genehmigt habe (Laugstien, S. 112). Laugstien schildert weiter die Geschichte der einzelnen philosophischen Gesellschaften und Fachzeitschriften und unterscheidet begrifflich den elitären Nazismus vom populistischen Nazismus (Laugstien, S. 175).

[538] Habermas, Jürgen: Heidegger – Werk und Weltanschauung, in: Farías, Victor: Heidegger und der Nationalsozialismus, Frankfurt am Main 1989, S. 11–37, hier S. 22.

[539] Sprangers Einschätzung Adolf Hitlers nach 1945 wird deutlich, wenn er erklärt: „Ich fasste daher den Entschluss, unmittelbar bis zu Hitler vorzudringen und ihm die Dinge, die mich für die Hochschule besorgt machten, in offener Darstellung vorzutragen. Es konnte ja sein, dass er selbst über sie nicht orientiert war und dass er sich auf einem ihm fremden Gebiete eines Besseren belehren ließe" (Spranger, Eduard: Mein Konflikt mit der nationalsozialistischen Regierung 1933, in: Universitas. Zeitschrift für Wissenschaft, Kunst und Literatur, 10. Jg. (1955), Heft 5, S. 457–473, hier S. 466). Spranger nimmt 1945 eine Mentalität in Anspruch, die das NS-System lange trug: „Wenn das der Führer wüsste…". Der Termin für das Treffen mit Hitler wurde auf den 4. Mai 1933, 13 Uhr, festgelegt, doch das Vorgespräch beim Kultusministerium am 3. Mai hatte zur Folge, dass das Treffen mit Hitler abgesagt wurde. Die Vorstellung Sprangers, durch ein Gespräch mit Hitler die Zustände an den Hochschulen wieder beruhigen zu können und dem Nationalsozialismus die eigentlich preußisch-deutschen Ideen als entscheidende Mitgift mit auf den Weg zu geben, lässt sich durchaus auch auf diese Passage Habermas' beziehen.

Laugstien konstatiert, dass die Handlungen und die Haltung Sprangers zu seinem Rücktritt 1933 ein Beweis seiner „Zivilcourage" seien (Laugstien, S. 55), stellt jedoch gleichzeitig fest, dass Spranger als Richtlinie für seine Widersprüche gegenüber dem NS-System auch für andere die Losung ausgab, die Opposition in das Innere zu verlegen und sich auf das Religiöse zurückzuziehen (Laugstien, S. 56). Sprangers Rücktrittsgesuch wird von Laugstien als eine Klage gegen die „Verletzung des Geistes von Potsdam" (Laugstien, S. 40) eingeschätzt, also auch als eine Verletzung der Bündnisansprache zwischen Deutschnationalen, Papen und der NSDAP. Zum Verständnis der Rücknahme des Rücktrittgesuches führt Laugstien an, dass sich der Radau-Antisemitismus der NS-Studenten in den ersten Monaten nach Januar 1933 bis Sommer 1933 weitgehend ausgetobt und seine Funktion erfüllt hatte und zunehmend auch Ruhe und administrativer Antisemitismus an der Hochschule dominierend wurden (Laugstien, S. 41). Für Spranger und andere, die sich in der Presse damals für ihn einsetzten, was zu diesem Zeitpunkt der NS-Diktatur noch möglich war, ging es darum, dass an der Hochschule nicht der Geist der SA, sondern der Geist der Wehrmacht, der Disziplin und der Führergefolgschaft vorherrschend sein sollte (Laugstien, S. 49). Laugstien verweist auf Sprangers im Oktober 1940 gehaltenen Rede „Weltfrömmigkeit", in der er in einer überfüllten Berliner Kirche den Zuhörern mitteilt: „Wenn es die Kraft gibt, im Kriege das Leben einzusetzen für sittliche Güter, die nicht bloß der Zeit gehören, dann ist es die Religion des Sieges" (Laugstien, S. 62; Spranger: Weltfrömmigkeit, 1941, S. 38. Vgl. auch die gekürzte Fassung in: Spranger, Eduard: Die Magie der Seele, 2., erweiterte Auflage, Tübingen 1949, S. 38. Siehe auch die Synopse in *Dokumentation ad fontes Spranger*, S. 847).

4. Der NS-Ideologe Ernst Krieck

Der nachfolgende Teil über Ernst Krieck soll die Bandbreite der in der NS-Zeit aktiven Erziehungswissenschaftler deutlich machen, wobei Personen wie Ernst Krieck nun ganz und gar nicht als „nicht vernazite Nazis" (Alfred Kantorowicz) eingeschätzt werden können. Er war im Gegenteil zunächst, zumindest bis 1936/37, die führende Persönlichkeit der NS-Pädagogik seit 1932.[540] Deutlich wird, dass trotz der Solidarisierung von Litt, Spranger und Petersen mit Krieck 1932 und vielfachen inhaltlichen Übereinstimmungen in theoretischer Hinsicht, Krieck in der NS-Zeit doch eine andere Sprache spricht. Insbesondere sein aggressiver Antisemitismus unterscheidet ihn deutlich von Spranger, Nohl, Weniger und Petersen.

Ernst Krieck, Jahrgang 1882, war 1933 einundfünfzig Jahre alt. Er starb 1947 im Internierungslager Moosburg. Weitgehend unangefochten gilt Krieck heute – zusammen mit Alfred Baeumler – als eine der führenden Gestalten der NS-Pädagogik. Es lassen sich zunächst drei Phasen unterscheiden:

a) Krieck orientiert sich im Kaiserreich und im ersten Jahrzehnt der Weimarer Republik am deutschen Idealismus. Er galt mit seinem zentralen Werk „Philosophie der Erziehung"[541] als sogenannter „Geisteswissenschaftler", der durch seine These der „funktionalen Erziehung" (eine nicht bewusste, gezielte und planmäßige Erziehung) Akzente setzte.

b) Krieck bewies sich dann als glühender Anhänger Hitlers und der NSDAP. Dies war die Phase seiner Strafversetzung 1931 und dann seines Parteieintritts am 1.1.1932, sein wirkungsgeschichtlich gewichtigstes Buch „Nationalpolitische Erziehung"[542], sein Eintritt in die SS und in den Sicherheitsdienst (SD) 1934, die Hochphase von Krieck bis 1935.

c) Es folgt ab 1936 bis 1945 die Geschichte seiner weiteren Ehrungen, aber auch seiner Konflikte mit Teilen der NS-Führung, die Zeit seines durch das dreibändige Werk „Völkisch-politische Anthropologie"[543] eingeleiteten und gescheiterten Versuchs, die Nummer eins der NS-Philosophie zu werden.

Im Ergebnis wurde Krieck nach 1945 von der US-Armee interniert und startete dort – wie sich aus Unterlagen des Generallandesarchivs Karlsruhe ergibt – seine Strategie der Rehabilitierung mit Argumentationsfiguren, die nicht nur ihn charakterisierten.

a) Ernst Krieck bis 1931: Seine Werke „Persönlichkeit und Kultur" (1910) und „Philosophie der Erziehung" (1922)

Krieck war bis 1924 zunächst Volksschullehrer, dann bis 1928 freier Autor; er wurde 1928 vom preußischen Kultusminister Becker an die Pädagogische Akademie in Frankfurt am Main berufen. Dort arbeitete er bis 1931.

---

[540] Hier wäre an zweiter Stelle auch Alfred Baeumler zu nennen, sowie im Hinblick auf aggressiven eliminatorischen Antisemitismus Theodor Wilhelm, der, aus der zweite Reihe der Erziehungswissenschaftler kommend, noch 1944 die „Beseitigung" der ungarischen Juden forderte und begrüßte und dennoch nach 1945 eine bemerkenswerte Karriere machte (siehe dazu genauer: Ortmeyer, Benjamin: Schicksale jüdischer Schülerinnen und Schüler in der NS-Zeit – Leerstellen deutscher Erziehungswissenschaft? Bundesrepublikanische Erziehungswissenschaften (1945/49–1995) und die Erforschung der nazistischen Schule, Witterschlick/Bonn 1998, S. 92 ff.).

[541] Krieck, Ernst: Philosophie der Erziehung, Jena 1922.

[542] Krieck, Ernst: Nationalpolitische Erziehung, 19. Auflage, Leipzig 1935.

[543] Krieck, Ernst: Völkisch-politische Anthropologie, Teil 1–3 (Weltanschauung und Wissenschaft, Band 1–3), Leipzig 1936–1938.

1910 erschienen seine erste große Arbeit „Persönlichkeit und Kultur. Kritische Grundlegung der Kulturphilosophie“.[544] Im ersten Teil des gut fünfhundert Seiten umfassenden Buchs behandelt Krieck einleitend Grundfragen des Idealismus, wirft das „Werteproblem“, das Problem der Maßstäbe auf, um dann Fragen der Subjektivität und der Persönlichkeit als Problem der Freiheit zu behandeln. Hier entwickelt Krieck, sich noch klar an Hegel und dem deutschen Idealismus orientierend und abarbeitend, seine Vorstellungen von der Rolle der Bildung bei der Entwicklung von Persönlichkeit und Objektivität. Hier finden sich Sätze wie: „Das Ideal der Aufklärung und der Romantik ist Bildung. Herder und Hegel sind ihre Lehrer und Goethe ihre Verwirklichung“ (Krieck 1910, S. 11).

Im zweiten Teil über die Kultur lässt Krieck die philosophischen Grundfragen der Wissenschaftslehre, die Wechselwirkung von Möglichkeit und ethischen Entscheidungen, von Idealen und Religion in allgemeiner Form Revue passieren, um dann die Kunst als Verwirklichung des Ideals in allgemein gehaltenen Begriffen zu diskutieren.

Im Vordergrund steht der philosophische Ton. In kurzen Passagen wird die Rolle des Staates durch das Ideal der religiös geprägten deutschen Nation schon gekennzeichnet, aber immerhin noch Lessing bemüht. Krieck schreibt: „Es gibt für Deutschland kein anderes nationales Heil als den Anschluss an die klassische Kultur, das Schöpfen aus den Quellen, die sie eröffnet hat“ (Krieck 1910, S. 307). Das ist deutlich ein anderer Krieck als der in seinen späteren Werken. Allerdings heißt es bereits 1910 bei Krieck, wie übrigens auch bei anderen geisteswissenschaftlichen Erziehungswissenschaftlern dieser Zeit: „Der Krieg spornt zur Entfaltung der Kräfte und der höchsten Möglichkeiten“ (Krieck 1910, S. 296).

Sicherlich lassen sich auch hier schon deutlich Anklänge an völkisches Gedankengut, an Lagarde und Fichtes Reden an die deutsche Nation finden, auch bereits Passagen im Geist von Bruno Bauer über das „jüdisch angehauchte Erwerbsleben“ (Krieck 1910, S. 288), aber es wäre eine Fehleinschätzung dieses Werks, nicht den gravierenden und qualitativen Unterschied zwischen dieser ersten Phase Kriecks und seinen massiv völkisch-rassistischen Schriften aus der Phase des NS-Regimes festzustellen. Die gewichtige Rolle, die Krieck für die deutschnationale Klientel gespielt hat, die von ihm schrittweise an das NS-Regime herangeführt wurde, lässt sich nur verstehen, wenn vorher deutlich wird, dass es bei Krieck selbst diesen Wandel vom nationalistischen idealistischen Geisteswissenschaftler bis hin zum akademischen NS-Propagandisten wirklich gegeben hat.

Sein zweites gewichtiges Buch, „Philosophie der Erziehung“[545] aus dem Jahr 1922, für das er zum Ehrendoktor der Universität Heidelberg ernannt wurde, ging schon deutlich ein Schritt weiter. Thematisch nun auf die Erziehung zugeschnitten, beruft sich Krieck zwar noch auf Lessing (siehe etwa Krieck 1922, S. 65 und S. 114), steht nun aber im deutschnationalen Diskurs.

Der Führer

In deutlicher Polemik gegen das „Ausgehen vom Kind“ (Krieck 1922, S. 9) und den Individualismus wird die Persönlichkeit zum „Führer“ hochstilisiert. Es geht hier um 1922 und nicht um 1933, und es heißt damals schon bei Krieck: „Der wahre Führer aber schafft aus dem Material der Massenpsyche eine organische Gestalt, eine neue, wahrhafte Gemeinschaft“ (Krieck 1922, S. 97).

[544] Krieck, Ernst: Persönlichkeit und Kultur. Kritische Grundlegung der Kulturphilosophie, Leipzig 1910.

[545] Krieck, Ernst: Philosophie der Erziehung. Jena 1922.

Von der Humanität zur Nationalität[546]

Die Idee des erdumspannenden Humanismus wandelt sich bei Krieck zum Nationalismus, wenn es heißt: die „positive Humanitätsidee ist erbaut auf den Lebensordnungen, auf dem Volkstum“ (Krieck 1922, S. 307). Dank deutschem Denken, so Krieck, gilt jetzt bereits, im Gegensatz zu 1910: „Das Griechentum ist seitdem für uns keine unbedingte Notwendigkeit mehr“ (Krieck 1922, S. 305) – ein deutlicher Schritt in Richtung des später angestrebten radikalen Bruchs mit Griechentum und alter Philosophie überhaupt.[547] Krieck wandelt in diesem frühen Werk Begriffe wie Erziehung oder gar Bildung um in den Begriff der Zucht. Grundlage dafür ist sein Eingreifen in den Diskurs über Volk und Rasse.

Die Rasse

Krieck besteht bereits 1922 auf einem sowohl biologisch als auch geistig bestimmten Rassebegriff: „Rasse und ‚Blut‘ sind zuletzt, zumal wenn es sich um geschichtliche Wertung handelt, geistige Werte“ (Krieck 1922, S. 116). Lehnt Krieck also biologische Aspekte ab? Eine Frage von Gewicht in späteren Auseinandersetzungen, von der noch die Rede sein wird. Er räumt gegenüber den Biologisten durchaus ein: „Das edle Blut, der Inbegriff edler Rassen und hohen Menschentums überhaupt, bezeichnet wohl die biologische Unterlage für alles Geistige“ (Krieck 1922, S. 116). Der Hintergrund der Überlegungen bei Krieck ist nicht so sehr der Begriff der „Rasse“, sondern der „Rassenzucht“, also des aktiven bewussten Eingreifens der Menschen, um Pflanzen und Tiere nicht spontan mutieren zu lassen, sondern nach Ziel und Plan als Rasse zu züchten und weiter zu verfeinern. Gerade diesen bewussten Akt der „Rassenzüchtung“ bezeichnet Krieck als „geistigen Akt“. Und diese „Züchtung“ brauche der Mensch:

> *„Züchtung ist darum nie die Gewinnung ‚reiner Linien‘ im biologischen Sinn; sie ist kein biologisch bestimmter Vorgang, sondern ruht zuletzt immer auf geistiger Zielsetzung, Wertung und Bildung.“* (Krieck 1922, S. 123)

An anderer Stelle heißt es:

> *„Züchtung kann immer nur auf einen Typ, nie auf persönliche Werte abzielen.“* (Krieck 1922, S. 121)

Der Antisemitismus

Krieck schreibt – wie gesagt im Jahre 1922:

> *„Ohne Zweifel sind die Juden als rassehaftes Volk mit ihrem Anspruch auf auserwählten Adel unter den Menschen ein Produkt der Züchtung durch ihr Religionssystem, doch nichts weniger als ‚reine Linie‘ im biologischen Sinn.“* (Krieck 1922, S. 123)

Die Begründung und Beweisführung Kriecks für diese These zielt auf die allgemein verbreiteten antisemitischen Klischees von den Juden und trifft zudem die eklatante Unfähigkeit der

[546] Die Idee der umfassenden Humanität wandelt sich im Schlussteil des Buches bei Krieck zum deutschen Missionsglauben. Gegen die Universalität der Menschheitsideale gerichtet behauptet er, es sei „kein einziger Wert, kein einziger inhaltlicher Satz gefunden, der für die ganze Menschheit in ihren völkischen und geschichtlichen Dimensionen Geltung hätte“ (Krieck 1922, S. 189). Nicht eine alle Menschen real umfassende Humanität, sondern wahre „Höhe des Menschentums“ als „weltgeschichtliche Mission“ (Krieck 1922, S. 299) der Deutschen sind nun die Vokabeln: „Die Deutschen scheinen berufen, über der Ökumene die Kuppel des geistigen Pantheon zu wölben“ (Krieck 1922, S. 301).

[547] 1925, dies sei hier nur kurz erwähnt, schob Krieck das Buch „Menschenformung“ (Leipzig 1925) nach, in dem er als vergleichender Erziehungswissenschaftler nach einer Darstellung von großen gesellschaftlichen Grundfunktionen der Erziehung nun über Griechenland, Rom, Indien, China und die Beduinen schließlich die Germanen bis ins Mittelalter als Produkt ihrer jeweiligen Erziehung in dem ihm eigenen Stil darstellt. Nebenbei erfährt man dort – geschichtlich absurd –, dass „der Judaismus (…) durch Jahrhunderte mit dem Hellenismus um die Weltherrschaft rang“ (Krieck 1925, S. 184). Was aber ist die – Kant plagiierende – Pointe des Werkes? Es „führt ein einziger Weg nach oben: die Zucht. Wofern wir wieder erfahren und erleben was Zucht ist: ‚Der Mensch ist ein Tier, das einen Herrn nötig hat‘ “ (Krieck 1922, S. 370; vgl. auch Kant: Idee zu einer allgemeinen Geschichte in weltbürgerlicher Absicht, 1784, 6. Satz).

biologischen Rassentheoretiker, eine „jüdische Rasse“ allein am Blut und an der Biologie orientiert zu definieren.

Wer ist für was zuständig?

Zudem geht es für ihn um eine Frage der Zuständigkeit: „Für die Rassenhygiene wirken besonders die Gesetze und Rechtsinstitutionen“ (Krieck 1922, S. 125). Für die restliche Zurichtung ist die Philosophie und Erziehungswissenschaft zuständig, so der Gedankengang Kriecks. Er bestreitet keinesfalls den Zusammenhang beider Faktoren. Es gibt nämlich, so Krieck, „überhaupt keine scharfen Grenzen zwischen Züchtung als einem biologischen und Erziehung als einem geistigen Vorgang“ (Krieck 1922, S. 126). Hier legt Krieck 1922 einen Grundstein für seine spätere Unterstützung der nazistischen Sterilisationsgesetze 1933. Zudem wird plausibel, wenn die Rassenzüchtung nicht nur als eine biologische Aufgabe angesehen wird, dass die Politik, der Staat und die Erziehung wesentliche Aufgabengebiete haben. In späteren Polemiken Kriecks gegen eine ihm primitiv erscheinende Reduzierung des Menschen auf das Biologische, behält Krieck diese Grundargumentation des „All-Lebens“ – physisch, seelisch und geistig – bei und beschuldigt u. a. seinen biologistischen SS-Konkurrenten Wilhelm Hartnacke, die Rolle der NSDAP, des NS-Staates und der NS-Erziehungszucht bei der Aufzucht des rassisch geprägten deutschen Volkes zu verneinen und dem biologischen Selbstlauf zu überlassen.

Krieck war mit dieser Schrift aus dem Jahre 1922 gewappnet für seine Rolle in der nationalsozialistischen Bewegung und zudem Ehrendoktor geworden.

b) Ernst Krieck 1931–1935: Der Sonnenwend-Skandal und seine Schrift „Nationalpolitische Erziehung“ (1932)

1931/32 gab es den sogenannten „Sonnenwenden-Skandal“, da Ernst Krieck nach seinen Hochrufen auf das „Dritte Reich“ in seiner „Rede am Feuer“ vor ca. sechzig Studenten am 20./21. Juni 1931 auf dem Großen Feldberg schließlich an die Pädagogische Hochschule Dortmund versetzt wurde. Er hatte in seiner Rede das „Denkmal Albert Schlageters“ als „Vorboten eines neuen Deutschlands“ beschworen, den „Weltenwanderer“ Hans Grimm („Volk ohne Raum“) bemüht und eben mit „Heil dem Dritten Reich“ geschlossen. Die sozialdemokratische Abgeordnete Jourdan, nach der heute in Frankfurt eine Schule benannt ist, griff angesichts solcher volksverhetzenden Reden energisch ein.[548]

Der Erziehungswissenschaftler Alfred Baeumler hatte die Aufgabe übernommen, Hochschullehrer, vor allem Erziehungswissenschaftler,[549] für einen Protest gegen die Strafversetzung

[548] Kriecks Apologet Gerhard Müller wird 1978 deutlich: „Die Denunziation des Vortrages durch einen sozialdemokratischen Studenten gab der sozialdemokratischen und jüdischen [!] Frankfurter Landtagsabgeordneten Jourdan Anlass zu einer ‚kleinen Anfrage‘ im preußischen Landtag.“ (Gerhard Müller: Ernst Krieck und die nationalsozialistische Wissenschaftsreform, Weinheim/Basel 1978, S. 89). Müller bezeichnet diese Rede gar als „antifaschistisch“. Hermann Giesecke schreibt: „Ein sozialdemokratischer Student denunzierte ihn“ (Giesecke, Hermann: Hitlers Pädagogen, Weinheim/München 1993, S. 41) und zitiert ausführlich die Arbeit Müllers.

[549] Eine ebensolche Solidarisierung hat es mit Theodor Lessing, einem Erziehungswissenschaftler der „Linken“, ganz und gar nicht gegeben. Die Tatsache der Ermordung Lessings durch einen NS-Mörder 1933 war dann keine Bemerkung wert. In Kürze: Am 25.4.1925 veröffentlichte Lessing eine Charakterstudie über Hindenburg im „Prager Tagblatt“. Dort hieß es, weit vorausblickend: „Nach Plato sollen die Philosophen Führer des Volkes sein. Ein Philosoph würde mit Hindenburg nun eben nicht den Thronstuhl besteigen. Nur ein repräsentatives Symbol, ein Fragezeichen, ein Zero. Man kann sagen: ‚Besser ein Zero als ein Nero‘. Leider zeigt die Geschichte, dass hinter einem Zero immer ein künftiger Nero verborgen steht“ (zitiert nach: Jörg Wollenberg in seinem Aufsatz „ ‚Juden raus, Lessing raus!‘. Der Fall Theodor Lessing als drohendes Vorspiel der Ereignisse von 1933“ (Beitrag für die 25. Konferenz der German Studies Association in Washington, D.C. vom 4.–7.10.2001, http://www.user.uni-bremen.de/~wolli/texte/Lessing/lessing-02-text.htm, eingesehen am 27.3.2007). Daraufhin begann eine auch antisemitisch gefärbte Hetzkampagne gegen Lessing, der an der TU Braunschweig lehrte. Am 16.6.1926 erfolgte die Einstellung der Lehrtätigkeit und die unbefristete Beurlaubung bei

Kriecks zu mobilisieren, die die Folge des pronazistischen Auftretens Kriecks 1931 war.[550] Taktisch geschickt entwarf Baeumler zunächst zusammen mit Litt eine Erklärung, die dann von Spranger leicht abgeändert in eine für alle Unterzeichner akzeptierte Endfassung gebracht wurde.[551] Litt, Spranger und Kerschensteiner haben trotz ihrer Differenzen die Petition für Krieck unterschrieben, ebenso wie Petersen.[552]

---

reduzierten Bezügen. Am 31.1.1933 emigrierte Lessing in die Tschechoslowakei. Im Juni verbreitete eine sudetendeutsche Zeitung, dass für seine Ergreifung ein Kopfgeld ausgesetzt sei. Am 30.8.1933 wurde von einem NS-Täter auf den Einundsechzigjährigen in seinem Arbeitszimmer geschossen; er verstarb einen Tag später.

Wollenberg hat den gesamten Vorgang rekonstruiert, die Entfernung Lessings aus der Universität in der Weimarer Republik und die Auseinandersetzung darüber, im Einzelnen rekonstruiert. Von Bedeutung ist dabei, dass Spranger, der 1931/32 für Krieck eintrat und später seinen Rücktritt 1933 unter anderem mit der Freiheit der Wissenschaft begründete, in diesem Fall keinen Bedarf sah, die Freiheit der Wissenschaft oder auch Lessings zu verteidigen. Im Gegenteil fertigte er ein in scheinbar neutraler Form abgefasstes Gutachten für den damals führenden Kulturpolitiker Becker an, das im Anhang von Wollenbergs Aufsatz komplett abgedruckt wird. In diesem Gutachten heißt es: „Er ist also Pazifist, wirtschaftlich anscheinend Kommunist, wie es bei rein ästhetisch sensiblen Naturen der Fall zu sein pflegt." Zusammenfassend heißt es in Sprangers Gutachten: „Ob ein Mann von dieser Grundrichtung als *wissenschaftlicher* Führer der akademischen Jugend günstig wirkt, ist mir sehr zweifelhaft (...)" (Hervorhebung im Original). Auf gar keinen Fall hat Spranger sich in der Öffentlichkeit für Lessing eingesetzt, ein gewichtiges Argument, um die Glaubwürdigkeit Sprangers in seinem Eintreten für die Freiheit der Wissenschaft und die Unabhängigkeit der Universität zu hinterfragen (zu Lessing siehe auch: Marwedel, Rainer: Theodor Lessing 1872–1933. Eine Biographie, Frankfurt am Main 1987 und Schoeps, Julius H.: Der ungeliebte Außenseiter. Zum Leben und Werk des Philosophen und Schriftstellers Theodor Lessing, in: Hassler, Marianne (Hrsg.): Der Exodus aus Nazideutschland und die Folgen. Jüdische Wissenschaftler im Exil, Tübingen 1997, S. 286–303).

Ähnlich lag der Fall von Emil Julius Gumbel. Nachdem der NS-dominierte AStA Heidelberg 1931 die Entlassung des als „Hund" und „Landesverräter" bezeichneten Professors Emil Julius Gumbel gefordert hatte, der seit 1920 über nationalistische Bünde und militaristische Aufrüstung aufklärte, solidarisierten sich u. a. Max Horkheimer, Theodor W. Adorno, Albert Einstein, Ferdinand Tönnies, Alfred Kantorowicz und Theodor Lessing mit Gumbel. Das Dokument „Protesterklärung republikanischer und sozialistischer Hochschullehrer" mit ca. 80 Unterschriften ist abgedruckt in: Gumbel, Emil Julius: Verschwörer. Zur Geschichte und Soziologie der deutschen nationalistischen Geheimbünde 1918–1924, Frankfurt am Main 1984, S. 286–287 (der Text wurde ursprünglich in der Zeitschrift „Die Menschenrechte", Nr. 6–7 vom 15.6.1931 veröffentlicht). Der Aufruf protestiert gegen den Versuch, „die akademische Lehr- und Gesinnungsfreiheit mit der Entfernung Professor Gumbels aus seiner Lehrtätigkeit in Heidelberg aus politischen Gründen zu vernichten" (Gumbel, S. 286). Siehe dazu auch: Hammerstein, Notker: Antisemitismus und deutsche Universitäten 1871–1933, Frankfurt am Main 1995.

[550] Klaus-Peter Horn hat eine akribische Recherche zu diesem Vorfall vorgelegt („Die Hauptsache ist, dass ein deutlicher Protest erfolgt". Die ‚Strafversetzung' Ernst Kriecks 1931 im Kontext, in: Jahrbuch für historische Bildungsforschung, Band 8, Bad Heilbrunn 2002, S. 289–320).

[551] Beide Fassungen sind abgedruckt bei: Horn, Klaus-Peter: „Die Hauptsache ist, dass ein deutlicher Protest erfolgt". Die „Strafversetzung" Ernst Kriecks 1931 im Kontext, in: Jahrbuch für historische Bildungsforschung, Band 8, Bad Heilbrunn 2002, S. 289–320. Horn zieht quantitativ gesehen Bilanz: 29 der 95 Professoren als Fachvertreter für Pädagogik waren angefragt worden, 14 Pädagogikprofessoren hatten unterschrieben. Horn betont, wie wenige das gewesen sind, es ließe sich jedoch mit gutem Grund gegen die quantitative Methode hier einwenden, dass es qualitativ dennoch von erheblicher Bedeutung für den Zustand der deutschen Erziehungswissenschaft war, dass Männer wie Litt, Spranger, Petersen, Kerschensteiner und Flitner dieser Erklärung zustimmten, die dann von Flitner in der renommierten Zeitschrift „Die Erziehung" abgedruckt wurde.

[552] Auch Helmut Heiber erinnert an die Solidaritätserklärung für Krieck und vermerkt, das „seltsame Duo Baeumler–Litt" habe einen Großteil der erziehungswissenschaftlichen Kollegen hinter sich hergezogen. Den Briefwechsel zur Entstehung dieser Erklärung nennt er „eine bedrückende Lektüre". Die Unterstützung Kriecks als einen der nationalsozialistischen Hauptideologen zählt er „zu jenen Dummheiten, die schlimmer noch sind als Verbrechen" (Heiber, Helmut: Universität unterm Hakenkreuz, Teil II: Die Kapitulation der Hohen Schulen. Das Jahr 1933 und seine Themen, Band 1, München/New Providence/London/Paris 1992, S. 455).

Heiber, ein langjähriger Mitarbeiter des Instituts für Zeitgeschichte, legte in den Jahren 1991 bis 1994 zwei Teile seiner geplanten fünfbändigen Arbeit über „Universität unterm Hakenkreuz" vor. Heiber verstarb im November 2003, ohne sein umfangreiches Werk (die erschienenen beiden Teile umfassen gut zweitausend Seiten) vollenden zu können. Folgende Teile sind erschienen: Heiber, Helmut: Universität unterm Hakenkreuz, Teil I: Der Professor im Dritten Reich. Bilder aus der akademischen Provinz, München/New Providence/London/Paris 1991; Teil II: Die Kapitulation der Hohen Schulen. Das Jahr 1933 und seine Themen, Band 1, München/New Providence/London/Paris 1992; Teil II: Die Kapitulation der Hohen Schulen. Das Jahr 1933 und seine Themen, Band 2, München/New Providence/London/Paris 1994.

Strafversetzt lehrte Krieck im Wintersemester 1931/32 dann an der Pädagogischen Akademie Dortmund. Krieck trat am 1.1.1932 dem „Nationalsozialistischen Lehrerbund“ (NSLB) und der NSDAP bei.[553] Die Strafversetzung wurde – nach neuen politischen Verhältnissen in Preußen – im August 1932 aufgehoben. Krieck kehrte ab Herbst 1932 wieder an seinen alten Arbeitsplatz in Frankfurt am Main zurück.[554]

1932 veröffentlichte er das Buch „Nationalpolitische Erziehung“[555] und beteiligte sich an einer Fülle von nationalsozialistischen Versammlungen als Redner. Nachdem Hitler Reichskanzler geworden war erfolgte die Berufung Kriecks als Professor an die J. W. Goethe-Universität im Frankfurt am Main zum 1.5.1933. Er wurde zum ersten NS-Rektor in Deutschland. Krieck gründete rasch einen „Ausschuss für politisch Verdächtige“, so dass nach Denunziationen sechsundsechzig Studenten vom Studium ausgeschlossen wurden. Nach 1933 wurden in Frankfurt 36,5 Prozent der Professoren und Dozenten, darunter der Pädagoge Hans Weil, entlassen.[556] Krieck wurde rechtzeitig Rektor der Frankfurter Universität, um zur Bücherverbrennung am 10. Mai einzuladen. Er schrieb:

> *„Das Studentenfreikorps lädt die Gesamtheit der Professorenkollegien zu der Verbrennung der marxistischen und korruptionistischen Schriften ein, die am 10. Mai, auf dem Römerberg stattfinden wird. (...) Abmarsch Mittwoch 20 Uhr mit Musik.“*[557]

Laut Berichten soll er an der Spitze marschiert sein, als die Werke von Marx, Freud, Heine, Kästner und anderen verbrannt wurden.

1934 verließ Krieck Frankfurt, erhielt am 1.4.1934 den Lehrstuhl für Philosophie und Pädagogik in Heidelberg und übernahm 1936/37 dort das Rektorat. Seit 1934 war er Mitglied der SS (Nr. 107 221), ab 1937 Sturmbannführer der SS. Zudem war er Mitarbeiter des Sicherheitsdienstes (SD) von Heydrich, Abschnitt Südwest. Soweit einige Daten zu seiner Biographie in dieser Zeitspanne.

Bis zum Ende des NS-Regimes wurde sein entscheidendes Werk dieser Zeitspanne, „Nationalpolitische Erziehung“,[558] in einer Auflage von 80.000 Exemplaren verbreitet, 1933 ging es bereits in die 17./18. Auflage. Die 19. Auflage 1935, nach der nachfolgend zitiert wird, war abgesehen von einem neuen Vorwort unverändert und umfasste die Exemplare 55.000 bis 57.000.

Der deutsche Erziehungsstaat

Ziel der Schrift ist laut Kriecks Vorwort, dass

---

[553] Historisch falsch ist die Behauptung Gieseckes, mit dem Eintritt in den NSLB sei die „Mitgliedschaft in die NSDAP automatisch verbunden“ gewesen (Giesecke, Hermann: Hitlers Pädagogen. Theorie und Praxis nationalsozialistischer Erziehung, Weinheim/München 1993, S. 42). 97 Prozent der Lehrer waren im NSLB, aber wesentlich weniger, nämlich 32 Prozent in der NSDAP (siehe: Ortmeyer, Benjamin: Schicksale jüdischer Schülerinnen und Schüler in der NS-Zeit, Witterschlick/Bonn 1998, S. 111).

[554] Erich Weniger, Direktor der Pädagogischen Akademie in Frankfurt, schrieb am 5.8.1932 an Krieck, dass er es als nicht nur gerecht, sondern auch als sachlich sehr erfreulich ansehe, wenn Krieck nun zurückkehre (Horn, Klaus-Peter: „Die Hauptsache ist, dass ein deutlicher Protest erfolgt“. Die „Strafversetzung“ Ernst Kriecks 1931 im Kontext, in: Jahrbuch für historische Bildungsforschung, Band 8, Bad Heilbrunn 2002, S. 308).

[555] Krieck, Ernst: Nationalpolitische Erziehung, 19. Auflage, Leipzig 1935.

[556] Siehe Stuchlik, Gerda: Goethe im Braunhemd. Universität Frankfurt 1933–1945, Frankfurt am Main 1984, S. 83 bzw. S. 90. Ein Faksimile eines solchen Ausschlusses mit der Unterschrift Kriecks findet sich dort auf S. 84.

[557] Stuchlik, Gerda: Goethe im Braunhemd. Universität Frankfurt 1933–1945, Frankfurt am Main 1984, S. 112.

[558] Saul Esh betonte 1958 in seinem Vortrag auf der 4. Landeskonferenz der „Historical Society of Israel“ in Jerusalem, dass die Schrift Ernst Kriecks ein „Eckpfeiler des Nationalsozialismus“ sei (Esh, Saul: „Nationalpolitische Erziehung“ – Ein Eckpfeiler des Nationalsozialismus, in: Internationales Jahrbuch für Geschichtsunterricht, Band VIII, Braunschweig 1962, S. 125–136).

„aus dem deutschen Volke der platonische Zucht- und Erziehungsstaat auf der Grundlage eines rassisch-völkischen Weltbildes und im Zusammenhang eines neu entstehenden Geschichtsbildes errichtet werden.“ (Krieck 1935, S. VI)

Sein Staatsbild fasst er in der These zusammen: „Der Staat als Zuchtmeister und Ordner am ganzen Volk“ (Krieck 1935, S. 22).

Der Antisemitismus

In dieser vor allem für die Lehrerschaft 1932 verfassten, wirkungsgeschichtlich wichtigsten Schrift, die – wie aus Schuldokumenten der NS-Zeit hervorgeht – in Lehrerkollegien geschult wurde, polemisiert Krieck gegen den Intellektualismus und das „Literatentum vorwiegend jüdischer Herkunft und Art“, das als „negative, auflösende Lebensmacht“ charakterisiert wird (Krieck 1935, S. 47). Er kreiert nun erstmals die Phrase einer „germanische(n) und jüdische(n) Wissenschaft“ (Krieck 1935, S. 5).

Der Rassismus

Der Rassismus hat bei Krieck nun eine herausragende Bedeutung:

„An der Schwelle des neuen Zeitalters steht die Rassefrage: mit der führenden nordischen Rasse ist Grundlage und Aufriss künftiger deutscher Volksordnungen vorgegeben.“ (Krieck 1935, S. 24)

Er polemisiert unverhohlen gegen den „Rassenmischmasch“ und erklärt programmatisch: „Dagegen hilft nur der Endsieg der höheren Rasse mit Ausscheidung des Gegnerischen, wenn nicht das Volk untergehen soll“ (Krieck 1935, S. 25). Das war das Programm des „Deutschland erwache, Juda verrecke“, auch wenn Krieck seine vornehmste Aufgabe im ersten Teil der SA-Parole, nämlich in der Aufzucht der nordisch-deutschen Rasse sah. Krieck lässt es sich nicht nehmen, im Stil von Goebbels die Notwendigkeit der Hochzucht der nordisch-deutschen Rasse mit einem Seitenhieb auf die sogenannten „Neger“ zu versehen: „in der Nachkriegszeit ist in Frankreich selbst der Neger schon regierungsfähig geworden“ (Krieck 1935, S. 31).

Krieck bestätigt seinen Rassenbegriff als Einheit von Biologie und Geist, als Einheit von „bestimmten Eigenschaften des Leibes“, „bestimmten seelischen Verhaltensweisen“ und „geistigen Werten“ und polemisiert gegen einen Biologismus, der nicht den ganzen Menschen im Rahmen „einer gesamten Anthropologie“ sieht (Krieck 1935, S. 28 f.).

Kriegsankündigung

Krieck greift auch seine positive Darstellung des Krieges aus dem Jahre 1910 wieder auf, betont: „Die letzten politischen Entscheidungen eines Zeitraums erfolgen im Krieg“ und propagiert, dass der deutsche Gesamtstaat als „Zuchtform des rassisch-völkischen Menschentums“ die „völkische Lebenskraft in Raum gewinnende politische Macht“ umsetzen werde (Krieck 1935, S. 80 f.). An anderer Stelle spricht er von der „die Grenzen sprengenden Macht“ (Krieck 1935, S. 47) – die akademische Form der Kriegsvorbereitung und Kriegshetze.

Antikommunismus

Auch der Antikommunismus als eine der Grundkomponenten der Demagogie der NS-Ideologie wird deutlich, wenn Krieck schreibt:

„Zum Beispiel ‚diskutiert‘ und argumentiert der Nationalsozialist nicht mit dem Marxisten über Marxismus, sondern ‚widerlegt‘ diesen damit, dass er ihm den Anhang wegnimmt durch neue Methoden der Erregung und Bewegung“ (Krieck 1935, S. 37).

Pädagogik mit primitiven Mitteln

Der Pädagoge Krieck beschreibt ganz praktisch, wie die NS-Agitation vorbildlich funktioniert:

> *„(...) nicht mit intellektuellen Beweisen und Argumenten, sondern mit der Urkraft des Rhythmus, der auf der Grenze alles Rationalen und Irrationalen beheimatet ist. (...) Der Sprechchor ist dieser Art und die ganze Kunst der Beherrschung, der Erregung und Lenkung von Massenversammlungen.“* (Krieck 1935, S. 38)

Die Methode der „Erregung und Lenkung vom Menschenmassen“ bedeutete auf die Schule bezogen, dass im Kampf gegen den Individualismus ausgesprochen große Klassen befürwortet wurden.[559]

Bildung?

Unmissverständlich fordert Krieck in diesem Werk, die Lehrerbildung gegen den „Humanitätswahn“ (Krieck 1935, S. 152) nach nationalen Bildungsstandards auszurichten; nötig sei der „Lehrer der deutschen Bildung“ und die „Heraufführung zum völkischen Weltbild“ (Krieck 1935, S. 177):

> *„Die Lösung kann nur darin liegen, dass auf die Allseitigkeit, auf die Vielfächerigkeit, überhaupt auf das Prinzip der Fächerung, und auf die angebliche ‚Harmonie‘ dieser enzyklopädischen ‚Allgemeinbildung‘ grundsätzlich verzichtet wird (...).“* (Krieck 1935, S. 179)

Statt dessen? Krieck umreißt das „maßgebende Wertsystem dieser Rasse und ihrer Zucht“ wie folgt, ein bisschen Nietzsche, ein wenig Kant und ein Anteil Fredericus Rex. Es geht Krieck um das

> *„Hochbewusstsein eines Herrenmenschentums in der Unbedingtheit des Dienstes, des Rechtssinnes, der kategorischen Pflichterfüllung und der Opferbereitschaft mitsamt der ganzen soldatischen Zuchtform (...).“* (Krieck 1935, S. 32)

Im Grunde hatte Krieck mit diesem Werk den Höhepunkt seines Erfolgs erreicht. Die Mehrheit der Lehrerschaft war bald für den „Führer“ und die Nazi-Ideologie gewonnen, Krieck war der erste nationalsozialistische Rektor einer Universität geworden. Aber er wollte mehr, er wollte ganz offensichtlich die Nummer eins werden, polemisierte gegen die ihm zu primitiv erscheinenden Thesen „Nationalsozialismus ist angewandte Biologie“ eines Hans Schemm, wollte auch den Platz nicht mit dem Nietzsche zum Vordenker des Nationalsozialismus hochventilierenden Baeumler teilen, ja wollte als Erschaffer einer geschlossenen nationalsozialistischen Weltanschauung seine Rassentheorie von Leben, Seele und Geist fest etabliert sehen.

c) Ernst Krieck 1936–1945: Seine Schrift „Völkisch-politische Anthropologie“ und sein aggressiver Antisemitismus

Krieck wollte in der NS-Zeit die Nummer eins der NS-Pädagogen[560] werden, schrieb zwischen 1936 und 1938 die dreibändige „Völkisch-politische Anthropologie“[561] und verwickelte

---

[559] Krieck wörtlich: „Die großen Schulklassen werden das Ende der sogenannten ‚individualisierenden‘ Methode bringen“ (Krieck 1935, S. 147). Seine Argumentation ist zynisch und einleuchtend zugleich: In so großen Klassen braucht man zwingend als Lehrer andere Methoden, um durch „Zucht und Form zur inneren Gemeinschaft“ zu kommen. Wie? Durch die „Methode der gemeinsamen Belebung, der seelischen Erregung und Bewegung“ (Krieck 1935, S. 148). Somit wird der Sprechchor – unter Berufung auf Pestalozzi – schließlich auch von Krieck an anderer Stelle als probates Mittel gegen Individualismus empfohlen: „Pestalozzi hat die Methode erfunden, sich selbst und seine Kinderschar mit primitiven Mitteln in eine hochgespannte, hochgradig empfängliche Seelenlage zu steigern, vornehmlich mit sprechchorartigen Methoden“ (Krieck 1935, S. 39).

[560] Aber das Problem war Alfred Rosenberg und eine pragmatische Parteiführung, die an theoretischen „Systemen“ als Grundlage für ihre Politik ganz und gar keinen Bedarf hatten. Krieck war für die NS-Führung eine Standarte, um große Teile der oberen deutschnationalen Schichten an sich zu binden, mehr nicht. Für die nazistisch orientierte Lehrerschaft war er aus pragmatischer Sicht als abgehobener Theoretiker auch nicht sehr brauchbar. Und so begann der dritte Abschnitt: Fortgesetzte Ehrungen und gleichzeitig andauernde Konflikte mit anderen NS-Größen. Rosenberg griff rasch ein, als Band 1 der „Völkisch-politischen Anthropologie“ mit einer auf die Führungsrolle abzielenden Einleitung erschienen war und schrieb am 16.3.1936 einen Brief an Krieck, in dem er darauf hinweist, dass Krieck nicht das Recht habe, sich mit der Autorität der NSDAP zu schmücken und den Anspruch zu erheben, die Darstellung der nationalsozia-

sich mit seinem Organ „Volk im Werden“ immer mehr in schwer zu durchschauende Auseinandersetzungen, insbesondere mit dem ehemaligen sächsischen Kultusminister Wilhelm Hartnacke.[562]

Worum ging es in diesem Buch, das Krieck als Entwurf einer einheitlichen nationalsozialistischen Weltanschauung betrachtete? Krieck erhebt Anklage: „Aus der nationalsozialistischen Revolution – nicht aus der Fachwissenschaft ‚Biologie‘ – (...) erhebt sich die Empörung, der Aufstand des Lebensprinzips“ (Krieck 1936–1938, S. 13). Und für die Erzieher und die Erziehungszucht hebt er hervor: „(...) die Jungen bringen den Nationalsozialismus nicht schon von der Muttermilch her mit“ (Krieck 1936–1938, S. 101). Hochstehende Rasse und Deutschtum, so Krieck, seien nur notwendige, aber nicht hinreichende Voraussetzungen. Ohne nationalsozialistische Zucht und Erziehung können sich trotzdem – hier beruft sich Krieck erneut gar auf Kants These „Der Mensch ist ein Tier, das einen Herrn nötig hat“ – das Böse, Egoistische und Gemeinschaftsfeindliche durchsetzen: „Davor bewahrt keine Natur und keine gute Rasse“ (Krieck 1936–1938, S. 104). Daher wiederholt er immer wieder sein Rassenprinzip als „Einheit von ‚Natur‘ und ‚Geist‘ “ (Krieck 1936–1938, S. 93).[563]

In seinem 1940 erschienenen Buch „Der Mensch in der Geschichte“[564] spitzte Krieck seinen Antisemitismus nun nicht mehr nur auf die Juden in Deutschland, sondern auf das „Weltjudentum“ zu. Er spricht vom „Weltjudentum, das sich die westlichen Demokratien hörig gemacht hatte“ und der Kriegschuldige sei (Krieck 1940, S. 220).[565]

---

listischen Grundhaltung auszusprechen: „Jedenfalls kann sich die NSDAP nicht von vornherein amtlich binden und kann auch Ihnen nicht das Recht zusprechen, ohne weiteres den in der Einleitung erhobenen Anspruch aufzustellen“ (Generallandesarchiv Karlsruhe, nach einer Kopie aus dem Privatarchiv von Karl-Christoph Lingelbach). Drei Tage später antwortet Krieck, dass er aus diesem Brief die Folgerung ziehe, „meine Parteiämter zur Verfügung zu stellen“ (Generallandesarchiv Karlsruhe, Nr. 2244-46). Er trat in Folge dieser weiter geführten Auseinandersetzungen 1938 auch tatsächlich „ehrenhaft“ aus der SS aus, um sich seinen Forschungen zu widmen, wie es öffentlich hieß. Seine ganze weitere Arbeit zeigt aber, dass er nicht verstehen konnte, warum die NS-Propagandaführung kein Interesse an einer in sich geschlossenen Theorie hatte, eher an der praktisch zu leistenden Arbeit der kriegerischen Ertüchtigung der Jugend Anteil nahm und bewusst mehrere Ansätze des Rassismus nebeneinander laufen lassen wollte, um verschiedene Abteilungen der Bevölkerung anzusprechen und einzubinden.

561 Krieck, Ernst: Völkisch-politische Anthropologie, Teil 1–3 (Weltanschauung und Wissenschaft, Band 1–3), Leipzig 1936–1938.

562 Ausführlich wird die Polemik zwischen Krieck und Hartnacke in Gerhard Müllers Dissertation „Ernst Krieck und die nationalsozialistische Wissenschaftsreform. Motive und Tendenzen einer Wissenschaftslehre und Hochschulreform im Dritten Reich“ (Weinheim/Basel 1978) dargestellt, um die inneren Querelen der NS-Führungsclique in einer Weise zu deuten, als wäre Krieck zum Zeitpunkt 1938 zum Gegner des NS-Staates mutiert. Der Grund für den Austritt aus der SS am 20.10.1938, die ihm allerdings einen „ehrenhaften Abschied“ gewährte (Müller, S. 139), war, dass Reinhard Heydrich die dauernden Querelen zwischen Krieck und Hartnacke leid war und im Interesse der nazistischen Staatssicherheit und der Geschlossenheit der Bewegung die öffentlichen Diskussionen verbot.

563 Und Krieck eröffnete zudem eine neue Front zur Radikalisierung der nationalsozialistischen Bewegung gegen die Kirchen in NS-Deutschland. Er fordert: „Ein nordisches, ein deutsch-völkisches Christentum, nicht ein kirchliches und erst recht nicht ein orientalisches Christentum“ (Krieck 1936–1938, S. 69). Die Propaganda gegen das „Orientalische“ war eigentlich deutlich, - eine Mobilisierung des religiös motivierten Antijudaismus. Er spricht von der „gründlichen Abstoßung des Alten Testaments“, die in den Römerbriefen schon vollzogen sei (Krieck 1936–1938, S. 63).

564 Krieck, Ernst: Der Mensch in der Geschichte, Leipzig 1940.

565 In Kriecks 1938 erschienenem Werk „Leben als Prinzip der Weltanschauung und Problem der Wissenschaft“ (Leipzig 1938), in dem er wieder Rasse als „Leib, Seele und Geist“ definiert (Krieck 1938, S. 8), beschäftigt sich Krieck auch mit der Psychologie und fordert den Kampf gegen die jüdische Psychologie Freuds „bis zu ihrer Vernichtung in unserem völkischen Lebenskreis“ (Krieck 1938, S. 169). „Nur ein Jude konnte schließlich Seele gleich Sexualtrieb setzen: eine Selbstoffenbarung, nicht eine Gegenstandserkenntnis“ (Krieck 1938, S. 170). In einer Polemik gegen amerikanische Psychologen argumentiert er nicht, sondern agitiert über den Begriff des „Schöpferischen“: „Dagegen ist Wesentliches über die rassische Art des Negers ausgesagt, was man mit dem Test-Verfahren niemals feststellen kann, dass der Neger weder den Kraftwagen, noch die liberale Demokratie, noch das Einmaleins, noch die Kanone, noch die Rechtswissenschaft oder sonst irgendeine Wissenschaft noch die Humanitätsidee erfunden hat“ (Krieck 1938, S. 182). Was Rasse sei, sollen sich die Herren Test-Psychologen doch in New York mal ansehen, es genüge doch der Besuch eines „Gottesdienst(es) in der Synagoge des Oberrabbiners, einen Negergottesdienst(es) in der Manier des Harlemer Negerchristentums“ im Vergleich mit einer Erbauungsstunde der Quäker (Krieck 1938, S. 183).

Die Ehrungen für Krieck hörten jedenfalls nicht auf. 1939 erschien – parallel zu einem Beitrag Baeumlers – Kriecks Beitrag zum 50. Geburtstag Adolf Hitlers im Sammelband „Deutsche Wissenschaft, Arbeit und Aufgabe“ (Leipzig 1939). In dem vollständig vorliegenden Text[566] bekennt sich Krieck zu seinem „rassisch-völkische(n) Prinzip“ und bekämpft das „Epigonentum gegenüber Kant, Hegel, Nietzsche usw.“ (Krieck 1939, in: Leske, S. 304). Ohne Hemmungen formuliert hier Krieck über sich selbst: „Krieck hat der Bewegung seit 1932 auch die zugehörige Erziehungswissenschaft mit auf den Weg gegeben“ (Krieck 1939, in: Leske, S. 305).

1940 wandte sich Krieck so gestärkt gegen Zensurmaßnahmen, da seiner immer rasender werdenden Abrechnung mit den großen Gestalten der deutschen Philosophie, deren „Verjudung“ er ständig in seinen Zeitschriften herausstellte, selbst Teilen der NS-Führung zu weit ging, da die von Krieck angegriffenen, angeblich „verjudeten“ Deutschen eben immerhin „große Deutsche“ seien, denen gegenüber Ehrfurcht angebracht sei. Die Zensur befürchtete eine Verächtlichmachung großer Deutscher wie Kant und Herder, wenn Krieck etwa das Lob Kants für den polnischen Juden Maimon als Beispiel für die Verjudung Kants anführt. Verlangt wird von Krieck, den „großen kulturellen Leistungen der Vergangenheit mit Ehrfurcht“ zu begegnen“[567].

Krieck hat am 26.6.1940 an den Reichserziehungsminister geschrieben und ihn um Schutz gebeten: „Ich bin stolz, dass es mir nach jahrelanger Arbeit gelungen ist, die Tatsache der rassischen Bestimmtheit weiter Strecken der Geistesgeschichte nachzuweisen und zu erschließen.“ Und weiter: „Es ist nicht zu ersehen, was das Reichspropagandaministerium veranlasst, (...) die jüdischen Einflüsse auf die deutsche Geistesgeschichte unter seinen besonderen Schutz zu stellen.“ In einer beigelegten Erklärung empörte er sich, dass er „diese jüdischen Einflüsse unter Ehrfurchtsschutz“ stellen solle. Krieck wurde mehr und mehr zum Ärgernis und er drohte nun damit, wenigstens nach dem Krieg Hitler einzuschalten: „Ich behalte mir vor, nach Kriegsende darüber dem Führer wenigstens die zahlreichen mich betreffenden Fälle – als Ausschnitt aus einer Fülle ähnlicher Fälle – vorzulegen.“[568]

Zu Kriecks 60. Geburtstag 1942 gab es in Heidelberg eine bemerkenswerte Feier. Er erhielt die Goethe-Medaille, die nach dem „Nationalpreis für Kunst und Wissenschaft“ die höchste von Hitler verliehene wissenschaftliche Auszeichnung war. Ebenfalls erhielt er das Goldene Parteiabzeichen der NSDAP. Und 1943 betonte Krieck in einem Brief an den Heidelberger Rektor Schmitthenner: „Es soll mir niemand vorwerfen, ich sei von der Linie des Nationalsozialismus abgefallen, weil ich den allgemeinen Abfall von dieser Linie nicht mitmache.“[569]

d) Ernst Krieck kein Rassist?

Eine Strategie seiner Rehabilitierung und der Verharmlosung seiner nazistischen, rassistischen und antisemitischen Propaganda wurde 1978 von Gerhard Müller[570] ausführlich entwickelt: Krieck sei kein Rassist, sondern Gegner des NS-Regimes gewesen. 1993 folgte Hermann

[566] Leske, Monika: Philosophen im „Dritten Reich“, Berlin 1990, S. 304–306.

[567] Brief des Reichsministeriums für Volksaufklärung und Propaganda vom 21.6.1940, Generallandesarchiv Karlsruhe, Nr. 2244-46.

[568] Krieck an das Reichswissenschaftsministerium, 4.9.1940, Generallandesarchiv Karlsruhe, Nr. 2244-46, in: Ortmeyer, Benjamin (Hrsg.): Materialien zu Pädagogik, Rassismus und Antisemitismus: Ernst Krieck, Frankfurt am Main 2004, S. 29–32.

[569] Krieck an Schmitthenner (Rektor der Universität Heidelberg), 13.7.1943, Universitätsarchiv Heidelberg, Generalia-Personalakten Prof. Ernst Krieck, in: Ortmeyer, Benjamin (Hrsg.): Materialien zu Pädagogik, Rassismus und Antisemitismus: Ernst Krieck, Frankfurt am Main 2004, S. 41.

[570] Müller, Gerhard: Ernst Krieck und die nationalsozialistische Wissenschaftsreform, Weinheim/Basel 1978.

Giesecke in seinem Buch „Hitlers Pädagogen“[571] weitgehend der Argumentation Müllers, so dass fünfzig Jahre nach dem Sieg über die Nazi-Diktatur Stefan Schnurr mit Chaim Seeligmann eine ausführliche Widerlegung der These Gieseckes, Krieck sei zwar „Antisemit, aber kein Rassist“ (Seeligmann/Schnurr, S. 53)[572] gewesen, verfasste. In der Zeitschrift „Neue Praxis“ veröffentlichte Seeligmann gemeinsam mit Stefan Schnurr den gegen Giesecke gerichteten Aufsatz „Ein Antisemit – aber kein Rassist?“[573]. Seeligmann und Schnurr schreiben:

> *„Die erziehungswissenschaftlichen Versuche einer Schadensbegrenzung in Sachen Ernst Krieck, in denen behauptet wird, Krieck sei ‚kein Rassist gewesen‘ oder habe ‚sich scharf gegen die NS-Rassenlehre ab(gesetzt)‘, bedürfen einer Revision.“* (Seeligmann/Schnurr, S. 64)

Seeligmann und Schnurr weisen anhand der Texte Kriecks nach, dass Gieseckes Behauptung, Krieck sei kein Rassist gewesen „nicht zu rechtfertigen ist“ (Seeligmann/Schnurr, S. 56). Sie zitieren unter anderem ausführlich Kriecks Position aus der Zeitschrift „Volk im Werden“[574]:

> *„Wir wollen in Deutschland keine Vorherrschaft des Judentums. (...) Von Palästina oder sonstwo aus mag dann das Volk der Juden versuchen, wie es (...) zu der ihm verheißenen Weltherrschaft kommt.“* (Krieck 1933, S. 59)

Krieck fährt fort, dass die Juden in Deutschland einen „zersetzenden Antigermanismus“ verbreitet hätten: „(...) wo immer eine Bewegung gegen die Nation aufkam, standen Juden in der Führung. (...) Die Juden haben eine andere Art, eine andere Weltanschauung, eine andere Rasse und vor allem eine andere Ehre als wir“ (Krieck 1933, in: Seeligmann/Schnurr, S. 59). Kriecks zentrale Schlussfolgerung für Deutschland und auch die anderen Völker der Welt lautet:

> *„Eine Nation, die auf sich hält, ein Volk, das zu sich selbst kommen will, das seine Eigenart in seinen Lebensordnungen und seiner Kultur zur Darstellung bringen will, darf diesen Krebs, der unter dem Schutz der ‚Freiheit‘ wuchert, auch keinen Tag länger in seinem Körper dulden.“* (Krieck 1933, S. 61)

---

[571] Giesecke, Hermann: Hitlers Pädagogen. Theorie und Praxis nationalsozialistischer Erziehung, Weinheim/München 1993.

[572] Giesecke zeichnet eine höchst wohlwollende Biographie Kriecks. Obwohl der Pädagoge bereits 1931 mit dem Ruf „Heil dem Dritten Reich!“ auftrat, nimmt Giesecke ihn in Schutz und bezeichnet seine Maßregelung als „rechtlich höchst problematisch“ (Giesecke, S. 41). Nach einer sechsseitigen Zusammenstellung von Zitaten, in denen Krieck von den „Rasseeigenschaften“ und von „Rassebewusstsein“ spricht (Giesecke, S. 49), kommt Giesecke auf Kriecks Antisemitismus zu sprechen: „Krieck war zwar Antisemit, aber kein Rassist. Über ‚Die Judenfrage‘ schrieb er 1933 einen Aufsatz in seiner Zeitschrift ‚Volk im Werden‘, in dem er die religiöse und kulturelle Eigenart der Juden als Volk respektierte, ihnen in Deutschland einen Minderheitenstatus mit eigenen Schulen und Hochschulen einräumen wollte, obwohl ihm die zionistische Lösung – ein eigener Judenstaat, wie er dann später in Gestalt des Staates Israel auch realisiert wurde – am liebsten gewesen wäre. Zugleich warf er den deutschen Juden vor, mit ihrem angeblichen Anti-Germanismus und Internationalismus die deutsche Volkwerdung zu behindern bzw. derartige Bestrebungen zu zersetzen. Zudem hätten die Juden im Vergleich zu ihrem Bevölkerungsanteil zu viele Machtpositionen inne. Diese Argumentation lief auf ein ‚Deutschland den Deutschen!‘ hinaus, aber nicht im Sinne der Staatsbürgerschaft – die Juden in Deutschland waren ja durchweg deutsche Staatsbürger mit allen damit zusammenhängenden Rechten und Pflichten – sondern im Sinne einer völkischen Zugehörigkeit. Zwei Jahre später werden die ‚Nürnberger Gesetze‘ diese Ungleichheit der Staatsbürgerschaft rechtlich verankern, indem zwischen ‚Staatsangehörigen‘ und ‚Reichsbürgern‘ unterschieden wird. ‚Reichsbürger‘ konnten nur ‚Staatsangehörige deutschen oder artverwandten Blutes‘ sein. An Kriecks Antisemitismus ist also nichts zu verharmlosen, aber mit Hitlers Rassismus hatte er wenig zu tun“ (Giesecke, S. 53). Es ist nicht nachvollziehbar, wie Giesecke von einem SS-Mann wie Krieck sagen kann, dass er „die religiöse und kulturelle Eigenart der Juden als Volk“ respektierte.

[573] Seeligmann, Chaim/Schnurr, Stefan: „Ein Antisemit – aber kein Rassist“?, in: Neue Praxis, 25. Jg. (1995), Heft 1, S. 59–69. Seeligmann und Schnurr weisen darauf hin, dass Müllers Arbeit von 1978 die theoretische Grundlage für die Behauptungen Gieseckes darstellt, die Rückendeckung durch das Vorwort von Christoph Führ und Wolfgang Mitter erhalten haben, die einleitend ebenfalls behaupteten, dass Krieck sich „scharf gegen die NS-Rassenlehre“ abgegrenzt habe (Seeligmann/Schnurr, S. VI).

[574] Krieck, Ernst: Die Judenfrage, in: Volk im Werden. Zeitschrift für Kulturpolitik, 1. Jg. (1933), S. 57–63, faksimiliert in: Ortmeyer, Benjamin (Hrsg.): Materialien zu Pädagogik, Rassismus und Antisemitismus: Ernst Krieck, Frankfurt am Main 2004, S. 24–27.

Wie recht Seligmann und Schnurr hatten, dass Krieck keinesfalls nur kultureller Antisemit ohne eliminatorische Ambitionen sei, zeigt sich auch in dem 1943 erschienenen, wohl letzten großen Buch Kriecks, „Heil und Kraft. Ein Buch germanischer Weltweisheit“.[575] Zunächst findet Krieck folgende theoretische Definition:

> *„Bestimmende Grundlage für die Geschichte eines Volkes ist sein rassisch angelegter Volkscharakter: er ist die Konstante im Wechsel der Geschlechter, liefert die lebendige Kontinuität im Wandel der Schicksale, der Gestaltungen und der Zeitalter. Der Motor der Geschichte aber ist das jeweils geschickte, in der schöpferischen Tat kundwerdende Heil: Die Kraft zur Bewegung und Gestaltung. Darum liefert eine völkisch-politische Charakterologie die nötige Voraussetzung für die Historik.“* (Krieck 1943, S. 97)

Die Metapher für das Wirken der NSDAP ist in diesem Buch der Arzt, der das eigene Volk heilt und das artfremde jüdische chirurgisch abschneidet. Das „Judentum“ wird hier als „Seuche“ bezeichnet (Krieck 1943, S. 101). Es heißt: „Das Problem der Vererbung überhaupt ist, soweit sich die Sache vom menschlichen Zweckwillen beeinflussen lässt, ein höchstes politisches Problem“ (Krieck 1943, S. 102). Es geht laut Krieck darum, ob die Krankheit im Prinzip heilbar ist,

> *„oder ob das heillos und hilflos verdorbene Einzelleben um der Gesundheit des Ganzen willen zu amputieren sei, wie der Strafrichter kranke Glieder am Volkskörper abschneidet, wie der Chirurg Glieder des Leibes um der Erhaltung des Restes willen amputiert. (...) die politische Entfernung eines erbkranken, verderblichen oder verbrecherischen Gliedes soll den Volkskörper heilen.“* (Krieck 1943, S. 102)

Krieck betont, dass die Staatsführung das „Recht über Leben und Tod“ haben müsse und entscheide, wer gewaltsam ausscheide (Krieck 1943, S. 102). Die mörderischen Implikationen im Jahre 1943 liegen auf der Hand. Auch der Adressat ist klar, denn Krieck, der in diesem Werk in allen Ecken und in jeder Hinsicht Juden und jüdischen Geist aufspürt, weiß: „(...) über die Juden ist Asien am Werk der bewussten Unterhöhlung von Reich und Rasse“ (Krieck 1943, S. 152).

Das waren die Worte Ernst Kriecks 1943, der angeblich kein Rassist war, der angeblich „nur“ kulturellen Antisemitismus betrieb, der angeblich gegen Gewalt sei, der angeblich ein Gegner des NS-Systems gewesen sei, gar politisch verfolgt, wie er 1946 in seinen handschriftlichen Anweisungen dem Rechtsanwalt zur Ausformulierung übermittelte.

Ernst Krieck mit seinen hier vorgestellten Publikationen war so etwas wie ein „Prototyp“ des NS-Wissenschaftlers. Es lässt sich konstatieren, dass dieser NS-Emporkömmling im akademischen Betrieb in vielerlei Hinsicht keinen Vergleich mit Personen wie Eduard Spranger und Herman Nohl zulässt. Diese Sprache, dieser Ton – das war Ernst Krieck. Bei den Argumentationsfiguren im Einzelnen jedoch wird genauer zu prüfen sein, inwieweit sich inhaltliche Positionen dieser Art auch bei den vier Erziehungswissenschaftlern finden lassen.

[575] Ernst Krieck: Heil und Kraft. Ein Buch germanischer Weltweisheit, Leipzig 1943.

5. Konservative Theorie führt nicht zwangsläufig zur Loyalität gegenüber dem NS-Staat – Das Beispiel Theodor Litt

Als Beleg dafür, dass auch bei einer konservativer Grundhaltung und selbst bei einer inneren Bindung an Personen, die sich schon deutlich im Lager der Unterstützung des NS-Staates befanden, dennoch keinesfalls eine Unterstützung des NS-Staates in der Öffentlichkeit „zwangsläufig" erfolgen muss,[576] sei hier noch das Beispiel Theodor Litt vorgestellt, der, anders als Spranger, Nohl, Weniger und Petersen, sich gegen den NS-Staat positionierte.

Es wird wenig Sinn machen und auch keine Überzeugungskraft haben, Litt als Mann des „Widerstands" einzustufen.[577] Aber Litt hat vor 1933 zumindest versucht, seine Position zu nutzen, um gegen die Nazi-Studierenden an den Universitäten eine gemeinsame Erklärung zu erreichen. Dies scheiterte ausgerechnet an der Intervention Sprangers.[578] Litt kapitulierte und unternahm keinen eigenen Anlauf. 1933 steht sein Name sogar auf der Liste der Unterstützer Adolf Hitlers.[579] Und im Oktober 1933 veröffentlichte er in der Zeitschrift „Die Erziehung" seine Kritik nationalsozialistischer Ideen unter Berufung auf die Geisteswissenschaften mit einem doch eindeutig positiven Bekenntnis zum nationalsozialistischen Staat.[580] Doch seine

[576] In dem in der DDR von Karl-Heinz Günther und anderen herausgegebenen Werk „Geschichte der Erziehung" (16. Auflage, Berlin 1988) heißt es: „Diese Orientierung des pädagogisch-philosophischen Denkens in der ‚Deutschen Bewegung' führte zwangsläufig zum Faschismus" (Günther, S. 637). Der Begriff der Zwangsläufigkeit wirkt an dieser Stelle wie eine Karikatur auf die marxistische Analyse und verdunkelt das entscheidende Problem, nämlich welche Zwischenschritte auch bei einer Orientierung an der „Deutschen Bewegung" noch nötig waren, um zum NS-Faschismus zu gelangen, und welche Möglichkeiten es real gab, sich nicht auf den NS-Faschismus einzulassen.

[577] Zu Theodor Litt siehe auch Lingelbachs Studie, die auch die Grenzen der Kritik Litts an der Ideologie der NS-Pädagogik aufzeigt: Lingelbach, Karl Christoph: Erziehung und Erziehungstheorien im nationalsozialistischen Deutschland. Ursprünge und Wandlungen der 1933–1945 in Deutschland vorherrschenden erziehungstheoretischen Strömungen, ihre politischen Funktionen und ihr Verhältnis zur außerschulischen Erziehungspraxis des „Dritten Reiches" (Marburger Forschungen zur Pädagogik, Band 3), überarbeitete Zweitausgabe mit drei neueren Studien und einem Diskussionsbericht, Frankfurt am Main 1987, S. 221–245.

Litt behauptete allerdings 1962, Spranger in Schutz nehmend, dass er auch jener Täuschung widerstanden habe, „durch die im Jahre 1933 auch manche Gutgesinnte sich verführen ließen, von dem Reich Adolf Hitlers eine glückhafte Wendung des deutschen Schicksals zu erhoffen" (Litt, Theodor: Ein pädagogischer Denker in unserer Zeit, in: Pädagogische Rundschau. Monatsschrift für Erziehung und Unterricht, 16. Jg. (1962), Heft 7–8, S. 536).

[578] Zur Vorgeschichte der Haltung zum NS-Staat ab 1933 gehört für Heiber, dass Spranger 1932 Litts Protest gegen die nationalsozialistische Studentenbewegung im Grunde zu Fall gebracht habe, wobei er hervorhebt, dass Spranger nach 1945 seine positive Haltung zur „im Kern echten" NS-Bewegung noch im Nachhinein gegen Litt gerechtfertigt habe (Heiber, Helmut: Teil I: Der Professor im Dritten Reich. Bilder aus der akademischen Provinz, München/New Providence/London/Paris 1991, S. 50).

Für die Situation der Hochschuldozenten insgesamt vielleicht noch charakteristischer ist, wie Anselm Faust nachweist, dass Friedrich Meinecke 1931 der Versuch misslang, auch nur acht „gute Namen" für einen verfassungsfreundlichen Aufruf zusammenzubringen. Zum gescheiterten Versuch Litts, siehe: Faust, Anselm: Professoren für die NSDAP. Zum Verhalten der Hochschullehrer 1932/33, in: Heinemann, Manfred (Hrsg.): Erziehung und Schulung im Dritten Reich, Teil 2: Hochschule, Erwachsenenbildung (Veröffentlichungen der Historischen Kommission der Deutschen Gesellschaft für Erziehungswissenschaft, Band 4), Stuttgart 1980, S. 31–49, insbesondere S. 35.

[579] Der genaue Titel lautet: „Bekenntnis der Professoren an den deutschen Universitäten und Hochschulen zu Adolf Hitler und dem nationalsozialistischen Staat" (Leipzig ohne Jahr [1933]). Das Buch erschien in fünf Sprachen im November 1933 und hat die Zahl der unterschreibenden Professoren gegenüber dem März 1933 verdreifacht, blieb aber nach wie vor gegenüber der Unterstützung der Reichswehr im Ersten Weltkrieg mit 3.016 Professoren und Dozenten noch um 2.000 Unterschriften zurück. Litts Name findet sich auf Seite 136 dieser Publikation. Wolfgang Keim verweist darauf, dass die Unterschrift Litts unter das „Bekenntnis der Professoren an den deutschen Universitäten und Hochschulen zu Adolf Hitler und dem nationalsozialistischen Staat" vom November 1933 sowohl von Klafki (Die Pädagogik Theodor Litts. Eine kritische Vergegenwärtigung, Königstein 1982, S. 28 ff.) als auch von Reble (Theodor Litt. Eine einführende Überschau, Bad Heilbrunn 1995, S. 184) als „schwerwiegender Betrug" eingeschätzt wird (Keim, Wolfgang: Erziehung unter der Nazi-Diktatur. Band II: Kriegsvorbereitung, Krieg und Holocaust, Darmstadt 1997, S. 424).

[580] Litt hatte 1934 den NS-Staat so charakterisiert: „Der nationalsozialistische Staat: das ist spannende, erregende, wirkende und fordernde Gegenwart im eigentlichen Sinne des Wortes. Es ist die erfüllte Aktualität des geschichtlichen

Kritik an den Ideen des Nationalsozialismus, insbesondere an dem „heute vorherrschenden Rassenbegriff"[581], seine Forderung nach einer Debatte über diese Kritik ging dem NS-Regime schon zu weit. Es ging gegen Litt vor, Litt beendete 1936/37 seine Tätigkeit als Hochschullehrer.

Spranger, der Litt kurz vor den entscheidenden Verhandlungen mit dem preußischen Kultusministerium über die Rücknahme seines Rücktrittsgesuchs 1933 um Rat gebeten hatte, erhielt am 3.6.1933 eine im Grunde sehr eindeutige Antwort von Litt:

> *„(...) lieber sich kümmerlichen Existenzbedingungen aussetzten, als von der eigenen Würde soviel preisgeben, dass man sich ein Leben lang nicht mehr davon erholt."*

Den wohlmeinenden Ratschlägen, man müsse in schwierigen Übergangszeiten manches herunterschlucken, stellte Litt[582] an selber Stelle die These entgegen:

> *„(...) diese Übergangszeit ist gerade dadurch so übel geworden, dass man allerseits zu schnell bereit war, zu schlucken, was einem zugemutet wurde. Und es kommt auch bei einem Manne einmal der Punkt, wo er, jenseits aller berechtigten Erwägungen, einmal sagt: Hier geht es nicht mehr!"*[583]

Auch gegenüber Nohl forderte Litt endlich den Rückzug aus der Publikationstätigkeit. Er schrieb am 9.6.1937 an Nohl, dass es an der Zeit sei, vom Schauplatz abzutreten und dass ein völliges Verstummen der „loyalsten Opposition" so „auch äußerlich ungemildert sichtbar" werde.[584]

Im Oktober 1933 verfasste Litt die schon programmatisch zu nennende Schrift „Die Stellung der Geisteswissenschaften im nationalsozialistischen Staate".[585] Ursprünglich als Vortrag für eine Tagung in München geplant, wurde der Auftritt Litts abgesagt.[586] Der Text enthält eine Reihe von Passagen, die als „Friedensangebot" an die NS-Bewegung formuliert, möglicherweise zu diesem Zeitpunkt auch noch so gemeint waren. Klar wird aber im Verlauf des Textes, dass Litt klar und entschieden an bisherigen Positionen, die er ausdrücklich unterstreicht, festhalten wird. Die zentralen Punkte, die genau gelesen auch Spranger, Nohl, Weniger und Petersen betreffen, sind:

Augenblicks, die uns in Gestalt dieses Staates gegenübertritt und uns in ihren Bann zieht." (Litt, Theodor: Die Stellung der Geisteswissenschaften im nationalsozialistischen Staate, in: Die Erziehung. Monatsschrift für den Zusammenhang von Kultur und Erziehung in Wissenschaft und Leben, 9. Jg. (1933/34), Heft 1, Oktober 1933, S. 12). Zur Interpretation dieses Zitats im Kontext des gesamten Aufsatzes von Litt siehe: Bremer, Heidi: Theodor Litts Haltung zum Nationalsozialismus. Unter besonderer Berücksichtigung seiner Vorlesungen von 1933 bis 1937, Bad Heilbrunn 2005, insbesondere S. 98.

[581] Litt, Theodor: Die Stellung der Geisteswissenschaften im nationalsozialistischen Staate, in: Die Erziehung. Monatsschrift für den Zusammenhang von Kultur und Erziehung in Wissenschaft und Leben, 9. Jg. (1933/34), Heft 1 (Oktober 1933), S. 24.

[582] Wie Litt dann reagiert hat, als klar wurde, dass Spranger seinem Ratschlag nicht folgte und sein Rücktrittsgesuch zurücknahm, ist entweder nicht überliefert oder wird von Eisermann nicht zitiert, der offensichtlich den Briefwechsel Litt – Spranger auswerten konnte.

[583] Zitiert nach: Eisermann, Walter: Zur Wirkungsgeschichte Eduard Sprangers – Dargestellt an Reaktionen auf sein Rücktrittsgesuch im April 1933, in: Eisermann, Walter/Meyer, Hermann Josef/Röhrs, Hermann (Hrsg.): Maßstäbe. Perspektiven des Denkens von Eduard Spranger, Düsseldorf 1983, S. 319.

[584] Horn, Klaus-Peter: Pädagogische Zeitschriften im Nationalsozialismus. Selbstbehauptung, Anpassung, Funktionalisierung (Bibliothek für Bildungsforschung, Band 3), Weinheim 1996, S. 447.

[585] Litt, Theodor: Die Stellung der Geisteswissenschaften im nationalsozialistischen Staate, in: Die Erziehung. Monatsschrift für den Zusammenhang von Kultur und Erziehung in Wissenschaft und Leben, 9. Jg. (1933/34), Heft 1 (Oktober 1933), S. 12–32.

[586] Siehe genauer in: Bremer, Heidi: Theodor Litts Haltung zum Nationalsozialismus. Unter besonderer Berücksichtigung seiner Vorlesungen von 1933 bis 1937, Bad Heilbrunn 2005, S. 74–103 und Heinze, Carsten: Die Pädagogik an der Universität Leipzig in der Zeit des Nationalsozialismus 1933–1945, Bad Heilbrunn 2001, S. 161–182.

1. Kein Zurückweichen vor dem Argument der Unterordnung unter die „geschichtliche Stunde“ (Litt 1933, S. 12) – eine Formulierung, die Nohl benutzt, um den „Akzent“ doch auf die der NS-Bewegung genehme Seite im polaren Spannungsverhältnis zu legen.[587]

2. Keine Beschwörung des „Mythos“ gegenüber der Wissenschaft. Sonst ist für Menschen keine Selbstbesinnung und Selbstbegründung möglich (Litt 1933, S. 14).[588]

3. Die Wissenschaft liefert nicht „nachträgliche Begründungen“ – wird das gefordert, handelt es sich nicht um Wissenschaft (Litt 1933, S. 15).

4. Für die Wissenschaft wie für den Künstler gilt, was schon Schiller im neunten Brief über ästhetische Erziehung gefordert hat: Kind, aber nicht Zögling seiner Zeit zu sein.

5. Dies gilt auch für die Geschichte, die studiert, aber nicht für die „geschichtliche Stunde“ zugerichtet werden darf.[589] Ebenso wenig darf man in die „Prähistorie“ flüchten (Litt 1933, S. 21).[590]

6. Dahinter steht für Litt der falsche Ansatz, die „Rasse“ als erklärendes Prinzip einzuführen – unabhängig davon, ob es überhaupt eine wissenschaftliche Rassenkunde gibt („ich übergehe absichtlich die heikle Frage, ob wir faktisch eine Rassenkunde haben“; Litt 1933, S. 23) –, ob darunter nur biologische oder biologische und seelische Eigenschaften verstanden werden. Die „Stimme des Blutes“ (Litt 1933, S. 22) sagt nichts, außer dass der jeweilige Mensch, etwa der Mongole, einen „Inbegriff unendlicher Möglichkeiten“ in sich hat, die sich erst in Geschichte und Kultur entfalten. Anders wäre die Bedeutung der Antike und des Christentums für die „Germanen“ nicht zu erklären (Litt 1933, S. 23), soweit Litt.

Es wird deutlich, dass Litt nicht frontal vorgeht. Er liefert immanente Argumente zur Verbesserung des mageren Ideengutes des Nationalsozialismus. Und dennoch ist schon zu diesem Zeitpunkt sichtbar, dass Litt „nicht zu haben“ war. Die NS-Studenten randalierten schon 1934 in Leipzig gegen den Universitätsrektor Litt; er erhielt 1936 Vortragsverbot in Wien und beantragte selbst im Oktober 1936/37 seine Emeritierung.

Theodor Litt ging aber einen entscheidenden Schritt weiter. 1938 veröffentlichte er unter dem Titel „Der deutsche Geist und das Christentum. Vom Wesen geschichtlicher Begegnung“[591] eine direkte, systematische und massive Kritik an Alfred Rosenbergs „Mythus der 20. Jahrhunderts“, jenem Werk, das in der NS-Zeit von seiner Bedeutung her als erstrangig bezeichnet werden kann. Schon im Vorwort geht Litt Rosenberg frontal an und fordert – Rosenberg zitierend – für seine Schrift „Respekt“.

[587] Zu den „Friedensangeboten“ gehört auch folgender Einschub: „Dass in der nationalsozialistischen Bewegung ein Wissen um diese Notwendigkeit vorhanden ist, darauf deuten viele Ansätze hin“ (Litt 1933, S. 13), Litt benennt allerdings solche „Ansätze“ nicht genauer.

[588] Gleichzeitig heißt es dann wieder: „Darüber jedenfalls ist kein Zweifel möglich, dass die Selbstbesinnung und Selbstbegründung der nationalsozialistischen Bewegung, ob gewollt oder nicht, dem Boden der Geisteswissenschaften merklich zudrängt. Ihre Grundideen weisen zum ganz großen Teile auf ausgesprochen geisteswissenschaftliche Probleme hin. Damit offenbart sich schon im Eingang unserer Erwägungen die grundsätzliche Bedeutung, die den Geisteswissenschaften im Staat des Nationalsozialismus zukommt: sie sind ihm unentbehrlich bei der Klärung, Begründung, Formulierung der Ideen, ohne die eine große politische Bewegung nun einmal nicht leben kann“ (Litt 1933, S. 14).

[589] „Soll die Historie in der Vergangenheit lediglich den ‚Hintergrund‘ dessen, was die Gegenwart erfüllt, sichtbar machen? Das hieße fürwahr der Geschichte der Vergangenheit ihr eigenes Leben zugunsten der gegenwärtigen Geschichte rauben, hieße sie zur bloßen Staffage unseres zeitlichen Daseins herabwürdigen (…)“ (Litt 1933, S. 29).

[590] Litt fragt wieder nach seiner Forderung einer möglichst objektiven Annäherung an die Geschichte und ihrer Erforschung: „Und sollte der nationalsozialistische Staat sich eine *anderen* Erforscher der Geschichte wünschen als diesen? Er will doch das Leben des Volkes zu freudiger Bejahung und kräftiger Bewährung seiner selbst emporsteigern!“ (Litt 1933, S. 30, Hervorhebung im Original).

[591] Litt, Theodor: Der deutsche Geist und das Christentum. Vom Wesen geschichtlicher Begegnung, Leipzig 1938.

Auf knapp sechzig Seiten entwickelt Litt mit der Rückendeckung, dass das Christentum im NS-Staat als Ganzes bei weitem noch nicht als Ideologie „verboten“ wurde und als pragmatischer Faktor weitgehend zur Unterstützung des NS-Staates herangezogen worden war, eine Kritik am völkischen Rassendenken. Dabei zitiert er als Beleg für seine Kritik über achtzig Passagen von Rosenberg im Anhang.

Auffallend ist die innere Ruhe und Klarheit der Argumentation. Es geht Litt nicht um eine Akzentverschiebung, nicht um das zunächst zustimmende, dann einschränkende „aber“, nicht um jene pseudodialektisch immer angewandte „Sowohl-als-auch“-Argumentation, sondern um ein klares „Nein“ zur Vorstellung, dass es auf die „Rasse“ ankomme.

Wenn die „Rasse“, das „Blut“ seit der Zeit der Germanen bestimmend sei, so Litt, gibt es keinen Platz für das Christentum und für die kulturelle Entstehungsgeschichte des „deutschen Geistes“, der eben durch die Begegnung verschiedenster Kulturen, vor allem mit dem nicht aus dem „Abendland“ oder gar „Germanien“ stammenden Christentum seine besonderen Inhalte und seine Formen erhalten habe:

> *„Man mache sich klar, dass von solchen Voraussetzungen* [Rasse und Blut] *her das Endurteil nicht anders als vernichtend ausfallen kann. (...) Ob die christliche Heilslehre um ihres* ***Inhalts*** *willen zu beanstanden sei – danach braucht gar nicht erst gefragt zu werden. Ihre* ***Herkunft*** *ist für den rassebewussten nordischen Menschen ein Einwand, der hinreicht, um sie ihm unannehmbar zu machen“* (Litt 1938, S. 14 f., Hervorhebung im Original)

Litts Argumentation lässt sich ausdrücklich nicht auf Einzelheiten der christlichen Lehre ein. Er besteht schlicht und einfach auf der unstrittigen Tatsache der Entstehung und Ausbreitung des Christentums als nicht „germanische“ oder „deutsche“ Angelegenheit und weist auf die Unmöglichkeit hin, diese Entstehungsgeschichte wegzuoperieren.

Litt, ein am Humanismus und Christentum orientierter konservative Erziehungswissenschaftler der Weimarer Republik, gibt trotz seiner Zugeständnisse doch ein ganz anderes Bild ab als die vier Erziehungswissenschaftler, die im Weiteren untersucht werden sollen.

Teil B: Grundpositionen und Elemente der NS-Ideologie in den Publikationen der vier Erziehungswissenschaftler in der Zeitspanne 1933–1945

Prolog: „Ein Professor muss nach seinen Worten beurteilt werden, sie sind seine Taten“ – Helmut Thielickes Blick zurück

1984 erschienen die Erinnerungen des Theologieprofessors Helmut Thielicke,[592] der in der NS-Zeit als Theologe tätig war. Thielicke schildert, dass er Hitlers „Mein Kampf“ vor 1933 gelesen hatte, insofern also in gewisser Hinsicht gegen die NS-Ideologie immunisiert gewesen sei (Thielicke, S. 98) und dass ihn ein Ekel vor dem NS-Regime ergriffen habe. Unabhängig von biographischen Details ist von besonderem Interesse, welchen Weg der konservative Theologe Thielicke in der Zeit des NS-Regimes einschlug: einerseits eine gewisse Anpassung zu vollziehen, andererseits aber ein gewisses Rückgrat zu bewahren.

> *„Ich wählte folgende Lösung: Ich nahm mir bestimmte Dinge vor, die ich auf gar keine Fall tun würde. Ich würde nie, trotz allen Drängens und trotz aller Versprechungen, in die Partei eintreten. Und ich würde nie – weder mündlich noch schriftlich oder gar gedruckt – irgendein Bekenntnis zu diesem Regime oder auch nur eine positive Zensur zum Ausdruck bringen. Denn viel schlimmer als eine organisatorische Angliederung oder ein formelles Mitmachen empfand ich jeden Verrat am* ***Wort*** *und* ***mit Worten****. Die bekennende Aussage musste etwas sein, an dem der Vertreter eines Gesinnungsberufes, ein ‚Professor‘, seine Glaubwürdigkeit zu bewähren hatte; Zugeständnisse waren* ***hier*** *unmöglich. Ich konnte einem Freund die Parteizugehörigkeit verzeihen, wenn wenigstens sein Wort unantastbar blieb. Umgekehrt verachtete ich die, die einen äußeren Anschluss zwar vermieden, in ihren Worten aber hemmungslos opportunistisch waren. Ein Professor muss nach seinen Worten beurteilt werden; sie sind seine Taten. Nach dem Krieg hat es mich deshalb oft verdrossen, wie töricht die Kriterien waren, nach denen man einstige Schuld bemaß, wie man ein HJ-Abzeichen als diffamierend, eine organisatorische ‚Jungfräulichkeit‘ aber als heroischen Status erachtete, statt die einzig sachgemäße Frage zu stellen: ‚Was hast du gesagt und was hast du publiziert?‘*
>
> *Obwohl ich so ‚keusch‘ in meinen Worten blieb und später keine Enthüllungen zu befürchten brauchte, band ich nicht jedem Nazi meine politische Gesinnung auf die Nase. Allerdings habe ich ihn auch niemals, selbst in kritischen Situationen nicht, belogen. Das, was ich dabei trotzdem als Heuchelei empfand – etwas euphemistisch nennt man das Tarnung – führte mich gelegentlich zum Ekel vor mir selber, und manchmal meint ich, ich müsse mir die Hände waschen. Mir war auch bewusst, dass man so Schritt für Schritt, aus kleinen, harmlosen Anfängen heraus, zum Gesinnungsschuft werden konnte. Darum nahm ich mir vor, immer wieder einmal vor mir selber und anderen eine Art Zeichen aufzurichten und zu sagen: Macht mit mir, was ihr wollt, ich tue dies und das nicht!“* (Thielicke, S. 103, Hervorhebungen im Original)

Das war die Lösung von Thielicke, der auch in die Mühlen des NS-Regimes geriet. Das war ein Mann, dessen Auffassung jenen entgegengehalten werden kann, die das Verhalten von Spranger, Nohl, Weniger und Petersen „aus der Zeit heraus“ verstehen wollen. Ja, aus der Zeit heraus verstehen heißt, das Verhalten, die Handlungen der vier genannten Erziehungswissenschaftler mit der realen Möglichkeit, anders zu handeln, zu konfrontieren. Nicht mit dem Abstand von sechzig Jahren, sondern aus der Situation der damaligen Zeit heraus. Von daher ist es von so großer Bedeutung, wenn Thielicke schreibt:

> *„Ein Professor muss nach seinen Worten beurteilt werden; sie sind seine Taten.“* (Thielicke, S. 103)

Thielicke stellt die einzig sachgemäße Frage:

> *„Was hast du gesagt und was hast du publiziert?“* (Thielicke, S. 103)

---

[592] Thielicke, Helmut: Zu Gast auf einem schönen Stern. Erinnerungen, Hoffmann und Campe, Hamburg 1984. Thielicke habilitierte sich noch 1935 mit einer Arbeit über Lessing und gehörte zur Bekennenden Kirche. Er lernte Mitte der dreißiger Jahre in Verhören die Gestapo kennen. Er starb 1986.

Die entscheidende Handlung der damaligen Professoren war das, was sie publiziert haben.

Der Herausgeber der New Yorker Zeitschrift „Aufbau", Manfred George, erklärte nach 1945 – anlässlich von Interventionen für Eduard Spranger:

> *„Wir können niemanden danach beurteilen, was er gedacht oder intimen Freunden gegenüber geäußert hat – wir können jeden nur an seinen Taten erkennen."* [593]

[593] Zitiert nach: Horn, Klaus-Peter: Leben in und außer der Zeit. Die Korrespondenz zwischen Walter Feilchenfeld/Fales und Eduard Spranger 1923 bis 1953, in: Sacher, Werner/Schraut, Alban (Hrsg.): Volkserzieher in dürftiger Zeit. Studien über Leben und Wirken Eduard Sprangers. Beiträge zum Internationalen Spranger-Symposion in Nürnberg am 11./12. Oktober 2002 (Erziehungskonzeptionen und Praxis, Band 59), Frankfurt am Main/Berlin/Bern/Brüssel/New York/Oxford/Wien 2004, S. 101.

I. Zu den Publikationen in der NS-Zeit im Einzelnen

1. Zur Problematik der Textanalyse von Propaganda

Der Schwerpunkt der nachfolgenden Studie liegt auf der Dokumentation der „braunen Passagen“ in den Veröffentlichungen von Eduard Spranger, Herman Nohl, Erich Weniger und Peter Petersen in der NS-Zeit unter Berücksichtigung der grundlegenden Schriften und weiterer Publikationen. Die vorliegende Arbeit stellt sich damit auch offen der bei solchen Projekten unvermeidlichen Polemik, dass hier angeblich ein „Staatsanwalt“ Anklagematerial zusammengestellt habe.[594]

Hier entsteht ein weiteres Problem der Analyse der in großer Anzahl, ja in einer überwältigenden Fülle vorhandenen „brauen Passagen“. Die Widerlegung und Analyse nazistischer Propaganda – und darum handelt es sich in weiten Teilen – ist nicht die vorrangige Aufgabe dieser Studie. So wird lediglich an einzelnen Passagen exemplarisch zergliedert, auseinandergenommen und kritisiert, was durch die Niveaulosigkeit der NS-Rhetorik und der inhumanen Grundpositionen eigentlich „unter dem Niveau der Kritik“ liegt. Wenn die SS gelobt wird, dann müssen hier nicht die Verbrechen der SS aufgelistet werden, wenn Nohl gegen die Ostjuden in Berlin hetzt, dann muss nicht auf die Problematik der „Einwanderung“ eingegangen werden und wenn der Sieg des NS-Regimes im Weltkrieg bis in die letzten Kriegsjahre hinein gefordert wird, dann muss nicht auf den verbrecherischen Charakter dieses Krieges beweiskräftig hingewiesen werden.

In anderen Rahmen mag dies nötiger den je sein, in dieser Studie wird von den historisch bewiesenen Tatsachen und Einschätzungen ausgegangen, dass die NS-Bewegung seit ihrer Entstehung, schon vor 1933 eine verbrecherische und mörderische Bewegung war, dass das NS-Regime seit Januar 1933 auch im Bündnis mit den Deutschnationalen von Anfang an antidemokratisch, antisemitisch, kriegsvorbereitend und verbrecherisch handelnd war, dass Aktionen wie der April-Boykott 1933, die Entlassung und Verfolgung der jüdischen Wissenschaftler und aller NS-Gegner, die Bücherverbrennungen, der „Röhm-Putsch“, die Eugenik-Gesetzgebung bis hin zu den Nürnberger Rassegesetzen 1935 unstrittig Teile einer zutiefst verabscheuungswürdigen Politik und Folge der NS-Ideologie waren. Das gilt umso mehr angesichts des November-Pogroms 1938, der Massenmorde in den Euthanasie-Anstalten, des Überfalls auf Polen, Frankreich und die anderen europäischen Länder, angesichts des Überfalls auf die Sowjetunion, der systematisch staatlich organisierten und in Vernichtungsverlagern industriell durchgeführten Ermordung aller Juden in Europa, aller Sinti und Roma in Europa, derer das NS-Regime habhaft werden konnte. Die Liste der Mordverbrechen ließe sich noch verlängern.

Dort also, wo Eduard Spranger, Herman Nohl, Erich Weniger und Peter Petersen in ihren Publikationen das NS-Regime und seine Unterabteilungen propagieren, seine Verbrechen legitimieren, wird dies dokumentiert, aber im Einzelnen bewusst nicht zum Gegenstand der Kritik gemacht. Allerdings wird geprüft werden, inwieweit es sich – neben stereotypen Elementen der NS-Propaganda – um erziehungswissenschaftlich verkleidete Denkfiguren mit besonderer Wirkung handelt. Darauf wird nicht an jeder einzelnen Stelle, wohl aber in exemplarischen oder zusammenfassenden Analysen einzugehen sein.

594 Andreas Gruschka – dem es hier allerdings nicht um Spranger, Nohl, Weniger oder Petersen geht – formuliert treffend zur „einseitigen“ Zitatenauswahl: „Katharina Rutschky, pädagogische Intellektuelle außerhalb der erziehungswissenschaftlichen Zunft, kommt das Verdienst zu, in jüngster Zeit die Geschichte der Pädagogik wieder objektiver lesbar gemacht zu haben, indem sie die Sammlungen weihevoller pädagogischer Emphase kritisch konfrontierte mit den ‚geschwärzten‘ Stellen in den Werken der pädagogischen Klassiker wie den dort enthaltenen bzw. abzulesenden Erziehungspraktiken“ (Gruschka, Andreas: Negative Pädagogik. Einführung in die Pädagogik mit Kritischer Theorie (Schriftenreihe des Instituts für Pädagogik und Gesellschaft Münster, Band 1), Wetzlar 1988, S. 258).

Adorno behandelte diese Fragestellung in seinem Beitrag „Ideologie“ von 1956. Angesichts der Niveaulosigkeit Hitlers, aber auch Rosenbergs verböten sich bestimmte Formen akademischer Auseinandersetzungen: „In solchem sogenannten ‚Gedankengut‘ spiegelt kein objektiver Geist sich wider, sondern es ist manipulativ ausgedacht, bloßes Herrschaftsmittel, von dem im Grunde kein Mensch, auch die Wortführer nicht, erwartet haben, dass es geglaubt oder irgend ernst genommen werde.“ Es gelte vielmehr, „zu analysieren, auf welche Dispositionen in den Menschen sie spekulieren“.[595]

Adorno wendet sich damit auch gegen jene Form der „Einfühlsamkeitshermeneutik“, die nicht nur die „Liebe“ als Voraussetzung des Verstehens einfordert,[596] sondern er wendet sich auch gegen die Ausdehnung der Methode der immanenten „Widerlegung“ auf die NS-Lügenpropaganda, wie sie Hegel bei Kritik an Philosophen fordert.[597]

---

[595] Adorno, Theodor W.: Ideologie, in: Institut für Sozialforschung (Hrsg.): Soziologische Exkurse. Nach Vorträgen und Diskussionen (Frankfurter Beiträge zur Soziologie, Band 4), Frankfurt am Main 1956, S. 169.

[596] Spranger schreibt in der „Psychologie des Jugendalters“: „Also habe ich es mit Fichte gehalten, der ja gefordert hat, dass mit der Erkenntnis des Gegenstandes auch immer etwas von der Liebe zum erkannten Gegenstand wachgerufen werden müsse“ (Spranger, Eduard: Psychologie des Jugendalters, 5. Auflage, Leipzig 1926, S. XIII). Die Problematik einer solchen Herangehensweise liegt auf der Hand. Das gilt insbesondere, wenn mit solcher Voreinstellung eine kritisch-wissenschaftliche Distanz als „unhermeneutisch“ abgelehnt wird und Hermeneutik mit persönlicher Zuneigung oder gar Liebe verwechselt wird. Dilthey verweist in diesem Zusammenhang, möglicherweise doch mit einem ironischen Unterton, auf den „kühne(n) Satz Schleiermachers, es gelte, einen Autor besser zu verstehen als er sich selbst verstand“ (Wilhelm Dilthey: Das Verstehen anderer Personen und ihrer Lebensäußerungen, in: Dilthey, Wilhelm: Gesammelte Schriften, Band 7, Göttingen 1992, S. 217).

[597] Hegel schrieb im philosophischen Kontext zu Recht, dass die Widerlegung „nicht von außen“ kommen, sondern dass der Standpunkt des zu Widerlegenden „zuerst als wesentlich und notwendig anerkannt“ werden müsse (Hegel, Georg Wilhelm Friedrich: Werke in zwanzig Bänden, Band 6: Wissenschaft der Logik II, Frankfurt am Main 1969, S. 249 f.). Genau dieses Verfahren lässt sich auf die NS-Propaganda nicht anwenden. Dies gilt auch von der Forderung nach „Liebe“. Siehe zu dem gesamten Fragenkomplex den Überblick zum Stand der Diskussion in Eike Hennigs Beitrag „Die politische Soziologie faschistischer Bewegungen und die hermeneutische Analyse nationalsozialistischer Selbstdarstellungen“, der „den Nutzen eines unbefangenen Umgangs“ favorisiert (in: Kölner Zeitschrift für Soziologie und Sozialpsychologie, 34. Jg. (1982), S. 549–563, hier S. 559). Siehe zu diesem Problemfeld auch die beiden Schriften von Jürgen Ritsert: Inhaltsanalyse und Ideologiekritik. Ein Versuch über kritische Forschung, Frankfurt am Main 1972 und Jürgen Ritsert: Wissenschaftsanalyse als Ideologiekritik, Frankfurt am Main/New York 1975.

2. Spranger: Der „große positive Kern der nationalsozialistischen Bewegung“[598]

a) Veröffentlichungen 1933–1935

In der Zeitspanne 1933–1935 erschienen siebzehn längere Arbeiten von Eduard Spranger, fünf davon in der Zeitschrift „Die Erziehung“. Für sein Arbeitsprogramm standen aber vor allem die beiden Vorträge in der Preußischen Akademie der Wissenschaften. Diese Vorträge vor der Akademie zeichnen sich auch in den folgenden Jahren durch besonders sorgfältiges Quellenstudium und meist sachlich-wissenschaftlich gehaltenen Darstellungen von Problemfeldern aus. Im Vortrag „Die Urschichten des Wirklichkeitsbewusstseins“[599] von 1934 fasst Spranger seine philosophisch-erkenntnistheoretischen Grundansichten zusammen, während mit dem Vortrag „Nachforschungen“[600] von 1935 eine akribische Analyse biographischer und theoretischer Aspekte Pestalozzis vorliegt.

Die fünf Aufsätze in der Zeitschrift „Die Erziehung“ enthalten die weiter unten besprochenen politischen Positionierungen Sprangers, aber auch tiefer gehende wissenschaftstheoretische Analysen, etwa über den „Strukturbegriff in den Geisteswissenschaften“[601] oder über „Grundgedanken der geisteswissenschaftlichen Psychologie“.[602] Betrachtet man die Palette der insgesamt dreiundvierzig in diesem Zeitraum erschienenen Beiträge Sprangers, so werden von ihm auch in weiteren Fachzeitschriften wissenschaftstheoretische Fragen behandelt, wie etwa in den Aufsätzen „Umrisse der philosophischen Pädagogik“[603] oder „Metapsychologische Meditationen“.[604]

Einen festen Platz in der Publikationstätigkeit Sprangers haben personenbezogene kleinere und größere Aufsätze. 1933 erschien etwa der Spranger-Sammelband „Goethes Weltanschauung“[605] mit einem aktuellen Vorwort, aber auch ein Aufsatz über Sokrates, Pestalozzi und Fröbel[606] sowie zwei kleinere Aufsätze über den verstorbenen Heinrich Maier.[607] Auch dem

---

598 Spranger, Eduard: März 1933, in: Die Erziehung. Monatsschrift für den Zusammenhang von Kultur und Erziehung in Wissenschaft und Leben, 8. Jg. (1932/33), Heft 7 (April 1933), S. 403.

599 Spranger, Eduard: Die Urschichten des Wirklichkeitsbewusstseins, in: Sitzungsberichte der Preußischen Akademie der Wissenschaften, Philosophisch-historische Klasse, Jg. 1934, S. 610–625.

600 Spranger, Eduard: Pestalozzis „Nachforschungen“. Eine Analyse, in: Sitzungsberichte der Preußischen Akademie der Wissenschaften, Philosophisch-historische Klasse, Jg. 1935, S. 6–29.

601 Spranger, Eduard: Bemerkungen zum Strukturbegriff in den Geisteswissenschaften, in: Klemm, Otto/Volkelt, Hans (Hrsg.): Ganzheit und Struktur. Festschrift zum 60. Geburtstage Felix Kruegers (Neue Psychologische Studien, Band 12, Heft 2), München 1934, S. 81–96.

602 Spranger, Eduard: Grundgedanken der geisteswissenschaftlichen Psychologie, in: Die Erziehung. Monatsschrift für den Zusammenhang von Kultur und Erziehung in Wissenschaft und Leben, 9. Jg. (1933/34), Heft 5 (Februar 1934), S. 209–223 und Heft 6 (März 1934), S. 257–269.

603 Spranger, Eduard: Umrisse der philosophischen Pädagogik, in: Internationale Zeitschrift für Erziehungswissenschaft, 3. Jg. (1933/34), S. 160–180, 332–337 und 448–467.

604 Spranger, Eduard: Metapsychologische Meditationen, in: Nederlandsch Tijdschrift voor Psychologie, 2. Jg. (1934), Heft 1/2, S. 1–26.

605 Spranger, Eduard: Goethes Weltanschauung (Insel-Bücherei, Band 466), Leipzig ohne Jahr (1933). *[Dokumentation ad fontes Spranger: S. 270–271 (Vorbemerkung)]*

Im Teil „Zu den Publikationen in der NS-Zeit im Einzelnen“ wird bei der ersten Nennung einer Publikation der vier Erziehungswissenschaftler aus der NS-Zeit nicht nur auf die Originalquelle, sondern zusätzlich mit genauer Seitenangabe auf den Abdruck in der jeweiligen *Dokumentation ad fontes* verwiesen.

606 Spranger, Eduard: Vom pädagogischen Genius: Sokrates, Pestalozzi, Fröbel, in: Deutscher Almanach, Leipzig 1933, S. 58–71. *[Dokumentation ad fontes Spranger: S. 305–318]*

607 Spranger, Eduard: Heinrich Maier †, in: Forschungen und Fortschritte. Nachrichtenblatt der Deutschen Wissenschaft und Technik, 10. Jg. (1934), S. 25–26. *[Dokumentation ad fontes Spranger: S. 323]*

Spranger, Eduard: Gedächtnisrede auf Heinrich Maier, in: Sitzungsberichte der Preußischen Akademie der Wissenschaften, Philosophisch-historische Klasse, Jg. 1934, S. CXV–CXIX. *[Dokumentation ad fontes Spranger: S. 324–328]*

„Andenken Kerschensteiners“[608] widmet Spranger einen kleinen Artikel. Spranger, der bereits zwei große grundlegende Arbeiten über Wilhelm von Humboldt veröffentlicht hatte, publizierte 1935, zum hundertsten Todestag Humboldts, drei weitere Artikel.[609]

In pädagogischer Hinsicht wird von Spranger sowohl in der Zeitschrift „Die Erziehung“ als auch in anderen Fachzeitschriften, nicht ohne Bezug zum NS-Regime, über „Die Individualität des Gewissens“[610], aber auch über den „Politischen Mensch als Bildungsziel“[611], den Begriff der „Ehre“[612] und militärpädagogisch über die „Jungmännererziehung“[613] publiziert.

Von den sechs Artikeln in der Tages- und Wochenpresse sticht besonders der Artikel „Der Rücktritt Sprangers“[614] hervor, von dem noch die Rede sein wird. Die sechs in diesem Zeitraum erschienenen Rezensionen, die Spranger verfasst hat (vier davon in der Zeitschrift „Die Erziehung“), behandeln unterschiedliche Themenfelder, wie „Jugendgottesdienste an der Saar“[615] oder die „Theorie des Spiels“.[616]

Bevor genauer auf die politische Positionierung Sprangers in dieser Zeitspanne eingegangen wird, kann also festgestellt werden, dass er in vielerlei Hinsicht thematisch so weitergearbeitet und publiziert hat wie vor 1933. Eine Reihe von Artikeln und Arbeiten konnten daher auch ohne Probleme nach 1945 in den „Gesammelten Schriften“ oder in anderen Sammelwerken erneut erscheinen. Würde man die Publikationen Sprangers in dieser Zeitspanne nur quantitativ

---

608 Spranger, Eduard: Dem Andenken Kerschensteiners, in: Das Bayerland, 44. Jg. (1933), S. 673. *[Dokumentation ad fontes Spranger: S. 284]*

609 Spranger, Eduard: Wilhelm von Humboldt. Zu seinem 100. Todestag am 8. April 1935, in: Forschungen und Fortschritte. Nachrichtenblatt der Deutschen Wissenschaft und Technik, 11. Jg. (1935), S. 121–123. *[Dokumentation ad fontes Spranger: S. 413–415]*

Spranger, Eduard: Wilhelm von Humboldt. Zu seinem hundertsten Todestage am 8. April 1935, in: Das humanistische Gymnasium, 46. Jg. (1935), Heft 1/2, S. 65–77. *[Dokumentation ad fontes Spranger: S. 416–428]*

Spranger, Eduard: Wilhelm von Humboldt (Festansprache, gehalten am 19.5.1935 bei der Gedächtnisfeier seines 100. Todestages in der „Vereinigung der Freunde des Humanistischen Gymnasiums für Berlin und die Provinz Brandenburg“), in: Die Erziehung. Monatsschrift für den Zusammenhang von Kultur und Erziehung in Wissenschaft und Leben, 10. Jg. (1934/35), Heft 9 (Juni 1935), S. 385–391. *[Dokumentation ad fontes Spranger: S. 429–435]*

610 Spranger, Eduard: Die Individualität des Gewissens und der Staat, in: Logos, 22. Jg. (1933), S. 171 – 202.

611 Spranger, Eduard: Der politische Mensch als Bildungsziel, in: Die Erziehung. Monatsschrift für den Zusammenhang von Kultur und Erziehung in Wissenschaft und Leben, 9. Jg. (1933/34), Heft 2 (November 1933), S. 65–79. *[Dokumentation ad fontes Spranger: S. 287–303]*

612 Spranger, Eduard: Ehre, in: Die Erziehung. Monatsschrift für den Zusammenhang von Kultur und Erziehung in Wissenschaft und Leben, 9. Jg. (1933/34), Heft 12 (September 1934), S. 529–536.

613 Spranger, Eduard: Jungmännererziehung unter psychologischen und nationalen Gesichtspunkten (Vortrag im Oktober 1933 in Marinestationen und am 15.2.1934 im Reichswehrministerium), in: Die Deutsche Volkskraft. Beilage zur „Deutschen Wehr“. Zeitschrift für Wehrmacht und Wehrkraft, 4. Jg. (1934), Heft 10, S. 89–91, Heft 11, S. 102–103, Heft 12, S. 115–116, Heft 13, S. 126–127 und Heft 14, S. 134–135. *[Dokumentation ad fontes Spranger: S. 333–346]*

614 Spranger, Eduard: Der Rücktritt Sprangers, in: Deutsche Allgemeine Zeitung, 72. Jg. (1933), Nr. 195 (27.4.1933), Morgenausgabe, S. 2. *[Dokumentation ad fontes Spranger: S. 276]*

Unter dem Titel „Warum Eduard Spranger ging“ auch in: Vossische Zeitung. Berlinische Zeitung von Staats- und gelehrten Sachen, Jg. 1933, Nr. 199 (27.4.1933), Morgen-Ausgabe. Der „Völkische Beobachter“ brachte einen Tag später (46. Jg. (1933), 28.4.1933) unter der Rubrik „Kulturpolitische Umschau“ folgende Meldung: „Professor Spranger reicht seinen Abschied ein. Vom Rektorat der Universität geht uns folgende Mitteilung zu: Professor Eduard Spranger hat den Minister für Wissenschaft, Kunst und Volksbildung gebeten, ihn von den Pflichten eines ordentlichen Professors der Philosophie und Pädagogik an der Universität Berlin zu entbinden. Die liberalistische Einstellung Sprangers ist bekannt.“ Unter derselben Überschrift wurde auch namentlich die Beurlaubung von neunundzwanzig Dozenten und dreizehn Universitätsprofessoren mitgeteilt.

615 Spranger, Eduard: Rezension: Jugendgottesdienste an der Saar (über: Walther Stein: Folge nur nach. Jugendgottesdienste der Cecilienschule, Saarbrücken 1934), in: Die Erziehung. Monatsschrift für den Zusammenhang von Kultur und Erziehung in Wissenschaft und Leben, 10. Jg. (1934/35), Heft 3 (Dezember 1934), S. 141–142. *[Dokumentation ad fontes Spranger: S. 369–370]*

616 Spranger, Eduard: Rezension: Eine neue Theorie des Spiels (über: F. J. J. Buytendijk: Wesen und Sinn des Spieles, Berlin 1933), in: Die Erziehung. Monatsschrift für den Zusammenhang von Kultur und Erziehung in Wissenschaft und Leben, 10. Jg. (1934/35), Heft 12 (September 1935), S. 497–505. *[Dokumentation ad fontes Spranger: S. 442–450]*

und nicht qualitativ analysieren, so könnte ohne Übertreibung von einem Übergewicht fachwissenschaftlicher Arbeiten ohne Bezug zur NS-Zeit gegenüber den politischen Positionierungen zum NS-Regime gesprochen werden.

Dass eine solche bloß quantitative Herangehensweise aber wesentliche Aspekte seines Werkes, die im Zusammenhang mit dem NS-Regime stehen, außer Acht lassen würde, soll die nachfolgende Analyse der auch in dieser Zeitspanne vorhandenen theoretischen und politischen Positionierungen zeigen.[617]

Theoretische Beiträge

In der Zeitspanne 1933–1935 lässt sich bei der Durchsicht der Veröffentlichungen Eduard Sprangers eine im Grunde bis 1945 durchgehaltene Ambivalenz feststellen. Einerseits loyale Unterstützung der NS-Diktatur bis hin zur Übernahme der NS-Diktion, andererseits das verstärkte Bemühen, den „Geist“, den „deutschen Geist“ als Kern seiner geisteswissenschaftlichen Orientierung an Platon, Kant und Hegel, Wilhelm von Humboldt, aber auch Pestalozzi und Fröbel in den Mittelpunkt seiner Publikationen zu rücken.

Von den vierunddreißig Veröffentlichungen Sprangers in den Jahren 1933–1935 können lediglich vier Publikationen als Stellungnahmen zur politischen Situation eingestuft werden. Die philosophische Orientierung in dieser Zeitspanne ist von der Auseinandersetzung mit Wilhelm von Humboldt anlässlich seines hundertsten Todestages gekennzeichnet, aber auch von der neuen Fragestellung, wie die Geisteswissenschaft mit der Betonung der Biologie durch das NS-Regime umzugehen hat. Psychologische Probleme, insbesondere das Problem vom Gesundsein und Kranksein, spielen eine untergeordnete Rolle. Direkt pädagogische Beiträge, einschließlich vieler Rezensionen, stehen im Vordergrund.

In seinem Aufsatz **„Aufbruch und Umbruch“**[618], der in Juni 1933 in der Zeitschrift „Die Erziehung“ erschienen ist, bemüht sich Spranger auf sechs Seiten, den Bogen von antiker Humanität zur deutschen Geisteswissenschaft zu schlagen. Nach wie vor sei der „archimedische Punkt aller Erziehung“ (Spranger: Aufbruch und Umbruch, 1933, S. 529) die Seele, die aber folgerichtig im deutschen Idealismus bei Herder mit dem „deutschen Geist“ zusammengewachsen sei, da beide „aus Gott“ (Spranger: Aufbruch und Umbruch, 1933, S. 532) seien: „In der großen Tradition der deutschen Universitäten liegt es, dass ihnen die deutsche Weltanschauung selbstverständlich war“ (Spranger: Aufbruch und Umbruch, 1933, S. 533). Dabei beruft sich Spranger auf Schleiermachers Schrift „Gelegentliche Gedanken über Universitäten im deutschen Sinne“. Der Aufsatz Sprangers hat insofern programmatischen Charakter, als die hier angerissenen Themen mehr oder minder ausführlich bis 1944 seine theoretische Arbeiten durchziehen.[619]

Dabei geht er, anders als vor 1933, insofern einen Schritt weiter, als er, etwa im Aufsatz **„Umrisse der philosophischen Pädagogik“** (1933), nun Naturwissenschaft und Biologie, den Begriff der „Rasse“, umstandslos in seine Theorie eingliedert:

[617] Die nachfolgende Unterteilung in die Zeitspannen 1933–1935, 1936–1938 und 1939–1945 ergibt sich sicher nicht zwingend, sondern erfolgt aus eher pragmatischen Gründen. Es lassen sich keine wesentlichen Änderungen der Ansichten Sprangers in den jeweiligen Zeitabschnitten feststellen. Für Spranger persönlich war der Japanaufenthalt 1936/37 ein Einschnitt. Der Beginn des Krieges 1939 bildet dagegen auch darüber hinaus eine neue Etappe.

[618] Spranger, Eduard: Aufbruch und Umbruch, in: Die Erziehung. Monatsschrift für den Zusammenhang von Kultur und Erziehung in Wissenschaft und Leben, 8. Jg. (1932/33), Heft 9 (Juni 1933), S. 529–533. *[Dokumentation ad fontes Spranger: S. 279–283]*

[619] Auch die im Aufsatz „Vom pädagogischen Genius. Sokrates, Pestalozzi, Fröbel“ (in: Deutscher Almanach, Leipzig 1933, S. 58–71) genannten Personen gehören zu den wiederkehrenden Themen Sprangers. Der fehlende Sinn für Frauentum und Mütterlichkeit bei Sokrates, im Gegensatz zu Pestalozzi und Fröbel, aber vor allem die Hinwendung zum Volk bei Pestalozzi sowie Fröbels Hinwendung zum Kind als „Pflanze“ im „Kindergarten“ werden bei Spranger abgerundet durch das Kernthema der „Nationalerziehung“, die er bei Fröbel und Fichte ansiedelt.

„Die Rasse ist kein Verband, sondern eine vorwiegend naturwissenschaftliche Kennzeichnung von zunächst leiblichen Eigentümlichkeiten, die durch blutsmäßigen Erbgang herausgebildet sind. Es gibt einen Rasseninstinkt, aber keine Rasse als Form des Zusammenlebens und Verbundenseins." [620]

Dies bedeutet bei Spranger nicht, auf die Bedeutung und Betonung des „Geistes" als die notwendige Krönung der durch Natur und Blut gegebenen Voraussetzungen zu verzichten.

Aber dennoch greift er – etwa in einem kleinen Aufsatz in der Zeitschrift „Forschungen und Fortschritte" mit dem Titel **„Die Vielheit der Erlebniswelten in ihrer Bedeutung für Volkskunde und Volkserziehung"** (Juli 1933) – auf Biologie und Tierpsychologie zunehmend zurück. Insbesondere die These von Jakob Johann von Uexküll, dass jede Pflanze und jedes Tier seine eigene „Erlebniswelt" habe, dehnt Spranger bewusst auf die Welt der Menschen aus, um Unterschiede zwischen den Völkern, aber auch in der Lebenswelt der Altersstufen deutlich machen zu können.[621]

Im Folgenden werden zunächst die entscheidenden politischen Stellungnahmen Sprangers analysiert, die alle das Jahr 1933 betreffen. Die biographischen Fragen der Umstände des Rücktritts Sprangers von seinem Lehrstuhl an der Berliner Universität, die vielfältig erörtert und diskutiert wurden,[622] sollen hier zunächst zurückgestellt werden.

Politische Beiträge

Veröffentlichte Artikel und Aufsätze

Sprangers gewichtigster Aufsatz **„März 1933"**[623] hatte für die Erziehungswissenschaftler in Deutschland in gewisser Weise den Charakter einer zentralen Orientierung. Wie werden sich die führenden Erziehungswissenschaftler Deutschlands, die um die Zeitschrift „Die Erziehung" gruppiert waren, positionieren?

Zeitgeschichtlich bedeutete der März 1933 die Feier des Bündnisses von NSDAP und Deutschnationalen, von Hitler und Hindenburg, unter der Führung Hitlers und der NSDAP. Der siebeneinhalbseitige Aufsatz ist von Begeisterung gekennzeichnet, einer Begeisterung, der Spranger, beginnend mit diesem Aufsatz, bis 1944 Ausdruck verleiht,[624] auch wenn er gleichzeitig, ebenfalls ab 1933, als Mahner und Warner, als Vertreter deutschnationaler Positionen und als Geisteswissenschaftler die Arbeit am „deutschen Geist" betont. Die ihm eigene Kombination von klarer Loyalität im Allgemeinen und vorsichtiger Distanzierung im Detail lässt sich deutlich an diesem Aufsatz nachweisen. Der letzte Absatz lautet:

„Nach den begeisternden Tagen des März, die uns das lange gefährdete Bewusstsein wiedergaben, dass wir noch ein Volk sein können, beginne nun die geduldige und treue Arbeit im Einzelnen! Sie ist oft hart und schwer, zumal in der eng gewordenen, notdurchfurchten deutschen Welt. Aber auch diese

---

620 Spranger, Eduard: Umrisse der philosophischen Pädagogik, in: Internationale Zeitschrift für Erziehungswissenschaft, 3. Jg. (1933/34), S. 160–180, 332–337 und 448–467, hier S. 451.

621 Spranger, Eduard: Die Vielheit der Erlebniswelten in ihrer Bedeutung für Volkskunde und Volkserziehung, in: Forschungen und Fortschritte. Nachrichtenblatt der Deutschen Wissenschaft und Technik, 9. Jg. (1933), Heft 19, S. 277–278. *[Dokumentation ad fontes Spranger: S. 285]* So heißt es dort etwa auf S. 277 f.: „Dehnt man diese Betrachtungsweise von der tierischen Welt auf die menschliche aus, so gibt es auch für leiblich-seelisch-geistig verschieden organisierte Menschengruppen sehr verschiedene Weltbilder."

622 Zu Sprangers Rücktrittsgesuch siehe: Eisermann, Walter: Zur Wirkungsgeschichte Eduard Sprangers – Dargestellt an Reaktionen auf sein Rücktrittsgesuch im April 1933, in: Eisermann, Walter/Meyer, Hermann Josef/Röhrs, Hermann (Hrsg.): Maßstäbe. Perspektiven des Denkens von Eduard Spranger, Düsseldorf 1983, S. 297–223.

623 Spranger, Eduard: März 1933, in: Die Erziehung. Monatsschrift für den Zusammenhang von Kultur und Erziehung in Wissenschaft und Leben, 8. Jg. (1932/33), Heft 7 (April 1933), S. 401–408. *[Dokumentation ad fontes Spranger: S. 260–267]*

624 „Wäre ich jung, wäre ich Nationalsozialist", bekennt Spranger 1933 in einem Brief an Käthe Hadlich. Auch bedauert er in einem weiteren Brief an Hadlich, nicht den „großen Fackelzug von Hindenburg und Hitler" mit ansehen zu können (in: Martinsen, Sylvia/Sacher, Werner (Hrsg.): Eduard Spranger und Käthe Hadlich. Eine Auswahl aus den Briefen der Jahre 1903–1960, Bad Heilbrunn 2002, S. 287 bzw. S. 150).

deutsche Erziehungsarbeit sei alles zugleich: Freiwilliger Arbeitsdienst und Arbeitsdienstpflicht, Wehrwille des Leibes und Wehrwille des Geistes, Freiheit und Bindung, Wille zur Macht und Achtung vor Recht, irdisches Bauen und demütiger Gottesdienst!“ (Spranger: März 1933, 1933, S. 408)

Zu dieser Schlussfolgerung gelangt Spranger, indem er in einem Rückblick eine Art Rechenschaftsbericht zur Vorgeschichte des März 1933 ablegt, der deutlich machen soll, dass „der nationale Wille“ in der Geschichte Deutschlands nie abgebrochen, aber jetzt zu einer gewissen Vollendung gekommen sei.

Spranger arbeitet mit der Methode des Kontrasts, indem er schildert, welche gefährlichen Erscheinungen es in Deutschland gegeben habe, die nun überwunden werden können. In diesem Szenario tauchen als Erstes Materialismus und Marxismus auf. Durch eine „demokratisch und sozialistisch“ nivellierte Masse sei die „Quelle aller Volkskraft“ erstickt worden, nämlich „die metaphysischen Wurzeln des Daseins“ und der christliche „Glauben an Gott“ (Spranger: März 1933, 1933, S. 401).

Als zweiten, ebenso wichtigen Feind macht er die Psychoanalyse aus, die angeblich

„den Menschen als ein Bündel von Trieben bloß naturhafter, sexuell-begehrlicher Art deutete. Was diese Psychoanalyse an geistiger Volksgesundheit zerstört hat, scheint vielen bis heute noch nicht klar geworden zu sein.“ (Spranger: März 1933, 1933, S. 401 f.)

Bei der Aufzählung fehlt auch nicht die Beurteilung, dass die Deutschen angeblich „in der Lage eines Volkes zweiter Klasse“ gehalten würden (Versailler Vertrag). Erfreulich sei nun, dass die „Gefahr jenes Kommunismus, für den der Name eines politischen Programms ein zu hoher Titel wäre“, für Deutschland gebannt sei. Das deutsche Volk sei nun „wieder erwacht“. Spranger bezeichnete den erhabenen Namen der Pflicht als die „größte deutsche sittliche Idee“ (Spranger: März 1933, 1933, S. 402 f.).

Ausdrücklich an der NS-Ideologie orientiert, betont Spranger den „dem Norden“ entsprungenen Geist christlicher Erziehung, um dann die entscheidende Passage zur NS-Bewegung zu formulieren:

*„Religiös und sittlich unterbaut ist auch der Wille zur Volk**werdung** (denn ein Volk in diesem erstrebten höchsten Sinne waren wir noch nie!), der aus den Kriegserlebnissen zur Kraft geworden ist und der den großen **positiven** Kern der nationalsozialistischen Bewegung ausmacht, mag er heute auch für manche durch die bloß negative Seite eines übersteigerten Antisemitismus verdeckt werden. Auch der Sinn für den Adel des Blutes und für Gemeinsamkeit des Blutes ist etwas Positives. Bewusste Pflege der Volksgesundheit, Sorge für einen leiblich und sittlich hochwertigen Nachwuchs (Eugenik), bodenständige Heimattreue, Wetteifer der Stämme und Stände ohne unnötige Zentralisierung an verkehrter Stelle, gehören zu den Kräften, die neu belebt sind und die in eine bessere Zukunft weisen. Eine Fülle großer Erziehungsaufgaben ist damit angedeutet.“* (Spranger: März 1933, 1933, S. 403, Hervorhebungen im Original)

Das Zitat belegt, dass offensichtlich auch Distanz seine Positionen prägt, wenn er „die bloß negative Seite eines übersteigerten Antisemitismus“ benennt. Die Analyse dieser Textsequenz zeigt aber auch, dass Spranger all jene, die über das „Juda verrecke“ entsetzt sind, beruhigen will und gerade solchen Personen mit seiner ganzen Persönlichkeit den eigentlich „positiven Kern der nationalsozialistischen Bewegung“ erklären, nahebringen und begründen will. Welche Argumente führt er dafür an? Der erste Punkt ist die Bewahrung der Kraft aus dem Kriegserlebnis. Der zweite Punkt ist der „Sinn für den Adel des Blutes und für die Gemeinsamkeit des Blutes“. Ausdrücklich positiv benennt Spranger außerdem die Eugenik.[625]

[625] 1934 schrieb Spranger im Aufsatz „Vom Wandel des Lebens und der Werte“ über das „Vorwalten der Geschlechterverbände“ und den „naturhaft gegebenen Blutbändern“ sowie über „Aufbau von Volk und Staat durch das zusammenhaltende Bewusstsein der Generationen und ihrer Abstammung – mindestens von einem geglaubten Ahnherren“ (in: Das Innere Reich, Band 1 (1934), S. 319–337, hier S. 333). *[Dokumentation ad fontes Spranger: S. 347–365]*

Im weiteren Verlauf des Aufsatzes wird deutlich, dass ein entscheidender Punkt im Denken Sprangers ein „militärischer Geist“ als eine der zentralen Achsen des „deutschen Geistes“ ist (Spranger: März 1933, 1933, S. 403). Spranger erwartet – zeitgeschichtlich nicht zu Unrecht – einen zweiten Aufbruch, einen erneuten Krieg:

> *„Wer wollte es uns verdenken, wenn wir bei einem Blick auf unsere Grenzen, auf unsere gewaltsam klein gehaltene Wehrmacht, auf manchen Eingriff von Nachbarvölkern in unser elementarstes Lebensrecht als Volk den Krieg nicht nur als Vergangenheit sehen, sondern die Notwendigkeit eines zweiten Aufbruches zur Verteidigung aus der gespannten Weltlage heraus vorfühlen müssen?“* (Spranger: März 1933, 1933, S. 404)

Die Aufforderung „den Krieg nicht nur als Vergangenheit“ zu sehen, kann als eine mehr oder minder vornehm formulierte Propaganda, die Niederlage des Ersten Weltkriegs durch einen neuen Krieg wieder wett zu machen, bezeichnet werden.

Im zweiten Teil des Aufsatzes spricht Spranger, seiner eigentlichen Qualifikation gemäß, nun über pädagogische Konsequenzen aus der neuen Situation. In den freiwilligen Arbeitsdienst, so seine These, müsse mehr Richtung auf den Staat hineingebracht werden: „Ein neuer Führertypus ist hier am Platze.“ Spranger, der hier schon die Arbeitsdienstpflicht anvisiert, möchte, dass die Führer der Arbeitslager mehr sind als bloße Arbeitsleiter. Sie müssten, so Spranger, den „Staatsethos“ in sich tragen, der den Arbeitsdienst adeln solle (Spranger: März 1933, 1933, S. 405).

Im nächsten Schritt erklärt Spranger den Unterschied zwischen Hochschule und Armee. Beide seien nötig für die Höchstform der Ausbildung für Nation und Staat. Für die Universität reklamiert Spranger Freiheit: „Der wissenschaftliche Geist lässt sich nicht kommandieren“ (Spranger: März 1933, 1933, S. 408). Gerade an dieser Stelle wird deutlich, wo die Konfliktlinie in der Koalition zwischen NS-Partei und deutschnationalen Kräften im universitären Bereich lag, die in der Auseinandersetzung zwischen Alfred Baeumler und Eduard Spranger bei dessen Rücktritt eine Rolle spielte.

Am Schluss seines Aufsatzes betätigt sich Spranger als Fachmann für die nun mögliche Neuorganisierung des Staates. Statt konkurrierender Ministerien und Institutionen schlägt er ein „Volkserziehungsministerium“ vor:

> *„Was wir aber brauchen, ist auch in diesem Sinne* ***Ein Geist*** *und Eine Totalerziehung des deutschen, volks- und staatsverbundenen Menschen.“* (Spranger: März 1933, 1933, S. 407, Hervorhebung im Original)

Das ist Sprangers Thema. Er sieht es als seine zentrale Aufgabe, diesen einen Geist der Deutschen aus der Tiefe „des Gesunden“ herauszuholen und durch die Tat zu festigen. In diesem politisch-erziehungswissenschaftlichen Aufsatz ist im Grunde ein ganzes Programm enthalten, an das sich Spranger weitgehend gehalten hat.

Die Wirkung dieses Aufsatzes wurde wesentlich erhöht durch den Abdruck einer Zusammenfassung in der „Deutschen Allgemeinen Zeitung“ vom 21.4.1933 unter dem Titel **„Die Erziehungsideale der neuen Zeit“**[626].

In einem kurz davor erschienenen Artikel **„Die zwei Fundamente“**[627] in der Berliner Zeitung „Der Tag“, die am 16. April titelte „Auferstehung aus deutscher Nacht“, leistet Spranger ebenfalls einen Beitrag zur Sammlung führender künstlerischer und wissenschaftlicher Persönlichkeiten, die ihre Unterstützung des NS-Regimes bekunden. Zunächst erklärt er, was das entscheidende Neue sei, nämlich „der Wille zur Volkwerdung“:

---

[626] Spranger, Eduard: Die Erziehungsideale der neuen Zeit, in: Deutsche Allgemeine Zeitung, 72. Jg. (1933), Nr. 186 (21.4.1933), Abendausgabe, S. 2–3. *[Dokumentation ad fontes Spranger: S. 269]*

[627] Spranger, Eduard: Die zwei Fundamente, in: Der Tag, Jg. 1933, Nr. 91 (16.4.1933). *[Dokumentation ad fontes Spranger: S. 273]*

„Wenn die nationalsozialistische Bewegung unter dem Namen ‚Nationalsozialistische Deutsche ***Arbeiterpartei*** *‘ auftritt, so ist damit als wichtigste Aufgabe angedeutet, dem deutschen Arbeiter seine volle Gliedstellung im Volksganzen und seinen unverkürzten Anteil am Staat zu gewährleisten.“* (Spranger: Zwei Fundamente, 1933, Hervorhebung im Original)

Spranger mahnt an, an die geistigen Erbgüter anzuknüpfen und auf die Mitarbeit der Kirchen nicht zu verzichten. Seine religiös-völkischen Auffassungen konzentrieren sich in folgender Passage:

„Im Volk als gottgewollter Ordnung, in der Arbeitswelt als einer Form des Gottesdienstes, im Staat als sittlicher Rechts- und Machtentfaltung sind Keime des Göttlichen enthalten, die dem Christentum und seinem Evangelium der Liebe nicht widersprechen. Aus solchen Tiefen muss der neue deutsche Aufbau erfolgen, d. h. aus dem Bezug zum Ewigen und Mehr-als-Irdischen; (...).“ (Spranger: Zwei Fundamente, 1933)

Die ideologiekritische Auseinandersetzung mit solchen Thesen kann an dieser Stelle nicht vertieft werden. Die an Luther orientierte Arbeitsideologie und die an Hegel orientierte Idealisierung des Staates ist offensichtlich. Die doppelte Pointe des Artikels, „Der Staat ist heilig, aber er ist nicht Gott“, zeigt einerseits, welche Haltung Spranger zum Staat hat, dass er andererseits aber auch den an Nietzsche orientierten nichtchristlichen oder gar antichristlichen Kräften in der NSDAP misstraut.

Spranger gab als Mitglied des Vorstands des Verbands der Deutschen Hochschulen am 22.4.1933 zusammen mit sieben weiteren Vorstandsmitgliedern eine nur eine Seite umfassende **Erklärung** heraus.[628] Darin bekräftigen die Vorstandsmitglieder, dass sie „den Führern, die der ehrwürdige Herr Reichspräsident eingesetzt hat, mit Vertrauen und Begeisterung“ folgen und begrüßen „den Fortfall unseliger Klassengegensätze“. Auch in dieser Erklärung wird die von Spranger mitgetragene Methode des „Einerseits – Andererseits“ verfolgt. Einerseits heißt es, die deutsche Hochschule „bejaht eine Politisierung, die den gemeinsamen nationalen Willen stärkt und also Willensschulung durch Wissensschulung bewirkt“. Andererseits wird die „Verengung auf Sonderanschauungen“ abgelehnt und betont, dass die „Wiederherstellung der alten Auslese nach dem Adel von Geist und Charakter“ keinen Bruch mit der Überlieferung des Hochschulwesens beinhalte, „dem Männer wie Humboldt und Fichte, Schleiermacher und Hegel, Ranke und Treitschke das Gepräge gegeben haben“. Die Unterzeichner erklären ihren „geistigen Wehrwillen“, betonen die „Freiheit durch Gehorsam“ und führen aus:

„Wir werden neue Formen der Nationalerziehung wie Arbeitsdienst, Siedlungsschulung, Wehrsport, Grenzlandschutz durch Jugendorganisationen und Jugendbünde auch als unsere Sache betrachten; denn sie sind Sache der ganzen Nation.“[629]

Auch in dieser Erklärung wird uneingeschränkte Loyalität mit der Vertretung der Interessen universitär-akademischer Belange verbunden. Dadurch wird neben der klaren Unterstützung des NS-Regimes auch eine gewisse Distanz deutlich.

Bekanntlich hat Eduard Spranger aus einem gewissen Protest gegen Übergriffe nationalsozialistischer Studenten und aus tiefer Verletzung über die Berufung seines Konkurrenten Alfred Baeumler heraus kurz darauf öffentlich seinen Rücktritt vom Lehramt an der Berliner Universität erklärt. Die „Deutsche Allgemeine Zeitung“ druckte seine Rücktrittserklärung unter dem Titel **„Der Rücktritt Sprangers“**[630] am 27. April 1933 vollständig ab. Die Rücktrittserklärung Sprangers enthält drei Punkte: Erstens wird das „Glück über das wieder gewonnene Deutsch-

[628] *[Dokumentation ad fontes Spranger: S. 274]*

[629] Spranger, Eduard u. a.: Der Vorstand des Verbandes der Deutschen Hochschulen erklärt (Flugblatt, zusammen mit Tillmann, Fröhlich, Schlink, von Köhler, Nägel, Schleicher und Fels), Würzburg, 22.4.1933 *[Dokumentation ad fontes Spranger: S. 274]*

[630] Spranger, Eduard: Der Rücktritt Sprangers, in: Deutsche Allgemeine Zeitung, 72. Jg. (1933), Nr. 195 (27.4.1933), Morgenausgabe, S. 2. Unter dem Titel „Warum Eduard Spranger ging“ auch in: Vossische Zeitung. Berlinische Zeitung von Staats- und gelehrten Sachen, Jg. 1933, Nr. 199 (27.4.1933), Morgen-Ausgabe.

land, das am 21. März[631] kaum irgendwo so rein und ganz empfunden wurde, wie an den deutschen Hochschulen" als klare Unterstützung des NS-Regimes betont. Zweitens wird beklagt, dass von Studenten „gegenüber den Professoren" eine Haltung eingenommen würde, die dem „ethisch hochgeachteten Führerprinzip" widerspreche. Beklagt wird von Spranger, dass ein Aufruf nationalsozialistischer Studenten nicht entfernt wurde, „der bei aller guter Gesinnung ein paar Sätze enthält, die auch beim nationalsten Leser schwersten Anstoß erregen müssen".[632] Drittens nennt Spranger als Grund für seinen Rücktritt, dass ihm bei der Gründung des Instituts für politische Pädagogik an der Universität Berlin „keinerlei Mitwirkung" zugedacht werde.[633]

Wenig später nahm Spranger jedoch nach Gesprächen mit dem NS-Erziehungsminister Rust seinen Rücktritt in einer öffentlichen Erklärung mit dem Titel **„Spranger bleibt im Amt"** wieder zurück.[634] Dort heißt es:

> *„Die Besorgnisse, die mich damals erfüllt haben, darf ich als* ***nicht mehr begründet*** *ansehen."* (Hervorhebung im Original)[635]

Spranger hat in einem Rückblick nach 1945 klargestellt, dass es ihm nicht um die entlassenen jüdischen Dozenten ging: Spranger gedachte, ohne Namen und Fakten zu nennen, „beklagenswerter Vorfälle (...), deren sich kurz zuvor einzelne jüdische Dozenten schuldig gemacht hatten und die ich scharf missbilligte".[636] Unklar bleibt, ob Spranger hier den Fall Gumbel aus dem Jahr 1931 mit „kurz zuvor" anspricht, oder den Austritt von Albert Einstein aus der Preußischen Akademie der Wissenschaften, den Einstein mit dem Hinweis auf den anwachsenden Antisemitismus NS-Deutschlands öffentlich bekannt machte.

In einem Sitzungsbericht der Preußischen Akademie der Wissenschaften, deren Mitglied Spranger war, trug er 1933 Teile einer Abhandlung **„Zur gegenwärtigen geistigen Lage in Deutschland"** vor. In der veröffentlichten Zusammenfassung findet sich eine Passage, die Ludwig Marcuse 1934 in der in Amsterdam erscheinenden Zeitschrift „Die Sammlung" mit Entsetzen und Empörung kommentierte.[637] In der Zusammenfassung heißt es:

---

[631] 21. März 1933, der sogenannte „Tag von Potsdam" oder auch „Tag der nationalen Erneuerung".

[632] Der Aufruf enthielt antisemitische Ausfälle im Stil der NS-Zeitung „Der Stürmer". Die „Zwölf Thesen wider den undeutschen Geist" sind abgedruckt in: Walberer, Ulrich (Hrsg.): 10. Mai 1933. Bücherverbrennung in Deutschland und die Folgen, Frankfurt am Main 1983, S. 35 und in: Wulf, Joseph: Kultur im Dritten Reich, Band 2: Literatur und Dichtung im Dritten Reich. Eine Dokumentation, Frankfurt am Main/Berlin 1989, S. 44 f.

[633] In einem 1988 erschienenen Aufsatz von Wolfgang Keim („Vergangenheit", die nicht vergehen will, in: Pädagogik, 40. Jg. (1988), Heft 10, S. 34–39) benennt Keim als Grund für den Rücktritt Sprangers lediglich die Konkurrenz mit Baeumler um die Berufung auf den Lehrstuhl in Berlin. Das greift doch zu kurz. Es ist eine objektive Tatsache, dass im In- und Ausland in der Begründung Sprangers auch das Element des Protests gegen die „Zwölf Thesen" der NS-Studenten und ihren Antisemitismus bekannt war. Umso schwerer wiegt, dass Spranger sein Rücktrittsgesuch nur wenig später wieder zurückgenommen hat, als ob das Problem des Antisemitismus und der Übergriffe gegen jüdische Dozenten gelöst worden wäre. Insofern hat Keim sicherlich Recht, dass von einem „Widerstand gegen das NS-Regime nicht gesprochen werden kann" (Keim, S. 38).

[634] Die Grundproblematik Sprangers, die sich auch in den Aufsätzen in der Zeitschrift „Die Erziehung" nach 1933 zeigt, besteht im Grunde im Fehlen eines intellektuell fundierten Nationalsozialismus – Spranger fordert einen Nationalsozialismus ohne Propaganda und ohne primitiven, übertriebenen Antisemitismus. Von sich selbst und seiner Rolle überzeugt, schreibt er im Oktober 1933: „Es scheint ja, dass man eines Tages auf Leute wie mich zurückgreifen muss (...). Man vergl. die Bemühungen des Propagandaministeriums, mich für den Stockholmer Vortrag am 2.XI. zu gewinnen" (Martinsen, Sylvia/Sacher, Werner (Hrsg.): Eduard Spranger und Käthe Hadlich. Eine Auswahl aus den Briefen der Jahre 1903–1960, Bad Heilbrunn 2002, S. 302, 19.10.1933).

[635] Spranger bleibt im Amt, in: Vossische Zeitung. Berlinische Zeitung von Staats- und gelehrten Sachen, Jg. 1933, Nr. 279 (13.6.1933), Morgen-Ausgabe. *[Dokumentation ad fontes Spranger: S. 278]*

[636] Spranger, Eduard: Mein Konflikt mit der nationalsozialistischen Regierung 1933 (1955), in: Universitas. Zeitschrift für Wissenschaft, Kunst und Literatur, 10. Jg. (1955), Heft 5, S. 460.

[637] „Dieser Eduard Spranger verherrlichte, nachdem er zuerst gebockt hatte, weil er zurückgesetzt worden war, bei einer Sitzung der Preußischen Akademie der Wissenschaften, auf der er *‚Zur gegenwärtigen geistigen Lage in Deutschland* sprach, in Hitler den ‚charismatischen' Führer. Nein! Man bürde den neuen Herren nicht mehr auf, als sie an sich schon zu tragen haben. Der deutsche Geist war längst nicht mehr der Geist des großen Kritizisten Kant, des fanatischen Moralisten Fichte, des Weltbürgers Herder und jenes Hegel, der die Entwicklung der Menschheit als eine Entwicklung

„Beherrschend ist der neue (im Einzelnen analysierte) ***Volksgedanke****, verbunden mit dem Werden eines neuen, bodenständigen, volkverflochtenen, aktivistisch-heroischen Menschentypus; beide sind aus dem Kriegserleben geboren worden. Zu beiden gehört ein neuer* ***Staatsgedanke****, eine res publica militans, die nicht mehr Ergebnis einer ‚Integration‘ der mannigfachen Willensrichtungen in der Gesellschaft ist, sondern umgekehrt den Staatswillen, repräsentiert durch den charismatischen Führer, der den neuen Volksgedanken hat, in Form einer ‚Emanation‘ hierarchisch der Gesellschaft aufprägt.“* [638]

Trotz aller akademischer sprachlicher Verkleidung wird deutlich, dass und wie weit Spranger nicht nur seinen antidemokratischen Gedanken Ausdruck gibt, sondern indirekt, aber doch deutlich Adolf Hitler als charismatischem Führer seine akademische Weihe verleiht.

In einem dreißigseitigen gewichtigen Aufsatz mit dem Titel **„Die Individualität des Gewissens und der Staat“** betont Spranger die überragende Rolle des individuellen Gewissens, das seiner Meinung nach aber mit dem „objektiven Geist“, der „Offenbarung Gottes“ untrennbar verbunden ist. Die Pointe dieser langatmigen theologischen Ausführungen fasst er in folgender Passage zusammen:

„Vielmehr wird sich das Göttliche, Gute und Wahre, wofern es wirklich im Gewissen spricht, vermöge seiner höheren Legitimation Bahn brechen. Das können wir getrost den Führungen Gottes überlassen, in der festen Zuversicht, dass deutsche Staatsmänner vor allem sich solchen Stimmen verpflichtet fühlen und ihre Sendung verstehen, als ein – vor Gott gebundenes und ihm gehorsames Gewissen.“ [639]

Spranger, der betont, dass er diesen Aufsatz am 8. Januar 1933 begonnen und am 17. März 1933 abgeschlossen habe, verbindet hier Qualitäten „deutscher Staatsmänner“ (darunter damals auch ohne Frage Adolf Hitlers) mit der Führung Gottes, so dass wirklich individuellem Gewissen logisch und sprachlich gesehen kein Raum bleibt. Besorgnisse oder Sorgen? „Das können wir getrost den Führungen Gottes überlassen.“

Im Oktober 1933 und Februar 1934 hielt Spranger Vorträge vor Militärs zum Thema **„Jungmännererziehung unter psychologischen und nationalen Gesichtspunkten“**, die veröffentlicht wurden. Dort heißt es:

„Und die militärische Ausbildung hat nicht das Ziel, dies oder jenes einzelne aus dem jungen Mann herauszuholen, sondern ihn ganz, mit Haut und Haar, in diese neue Welt hineinzubilden. Das erste tut schon die Uniform: man wird tatsächlich ein anderer Mensch, sobald man sie anzieht. Der vielgeschmähte Drill ist unentbehrlich; denn es soll einem etwas Neues ‚zur zweiten Natur werden‘. Vieles muss automatisiert werden, damit man Kraft und Aufmerksamkeit für etwas Höheres frei bekommt. Man muss sogar eine Zeitlang aufhören, Individuum zu sein, um ganz ‚in Reih und Glied‘ zu existieren.“ [640]

Der Drill ist unentbehrlich, es gilt eine Zeitlang aufhören, Individuum zu sein. Das schrieb Spranger tatsächlich.

---

zu immer größerer Freiheit deutete.“ (Marcuse, Ludwig: Der Deutsche Kampf gegen den Deutschen Idealismus, in: Marcuse, Ludwig: Essays, Porträts, Polemiken aus vier Jahrzehnten, Zürich 1988, S. 216 f.)

[638] Spranger, Eduard: Zur gegenwärtigen geistigen Lage in Deutschland (Zusammenfassung), in: Sitzungsberichte der Preußischen Akademie der Wissenschaften, Philosophisch-historische Klasse, Jg. 1933, S. 821, Hervorhebungen im Original. *[Dokumentation ad fontes Spranger: S. 286]*

[639] Spranger, Eduard: Die Individualität des Gewissens und der Staat, in: Logos, 22. Jg. (1933), S. 171–202, hier S. 201; wortwörtlich auch in: Gesammelte Schriften, Band VIII: Staat, Recht und Politik, Tübingen/Heidelberg 1970, S. 32.

[640] Spranger, Eduard: Jungmännererziehung unter psychologischen und nationalen Gesichtspunkten (Vortrag im Oktober 1933 in Marinestationen und am 15.2.1934 im Reichswehrministerium), in: Die Deutsche Volkskraft. Beilage zur „Deutschen Wehr“. Zeitschrift für Wehrmacht und Wehrkraft, 4. Jg. (1934), Heft 10, S. 89–91, Heft 11, S. 102–103, Heft 12, S. 115–116, Heft 13, S. 126–127 und Heft 14, S. 134–135, hier Heft 11, S. 103. *[Dokumentation ad fontes Spranger: S. 333–346]*

Kurt Beutler zitiert diese Passage Sprangers und kommentiert: „So schreibt ein am Humanitätsideal Humboldts gebildeter Pädagoge und er schlägt sich damit in einer zentralen Frage auf die Seite der Nationalsozialisten“ (Beutler, Kurt: Geisteswissenschaftliche Pädagogik zwischen Politisierung und Militarisierung – Erich Weniger, Frankfurt am Main 1995, S. 52).

Ende 1933 formulierte Spranger im Aufsatz **„Der politische Mensch als Bildungsziel“**[641]:

> *„Das Ganze aber ist das Volk in seiner Lebendigkeit. Dazu gehört, auf Boden und geschichtlichen Schicksalen beruhend, ein höchster Macht- und Rechtsverband* ***Staat****, der vermutlich seit uralten Zeiten nie wieder so sehr aus dem Eigenleben des Volkstums hervorgegangen ist, wie es die gegenwärtige nationalsozialistische Bewegung anstrebt. Die Kernidee des Nationalsozialismus wenigstens besagt, dass dem Volk ein Lebensprimat vor dem Staat eigen sei, während die Lehre vom totalen Staat doch in einer etwas anderen Linie liegt.“* (Spranger: Politischer Mensch, 1933, S. 74, Hervorhebung im Original)

Sich auf Platon berufend, etwas Nietzsche einfließen lassend, heißt es weiter:

> *„Der Herrenmensch kann, nach einem ewigen Lebensgesetz, nur erzogen werden am Gehorchen und Dienen.“* (Spranger: Politischer Mensch, 1933, S. 67)

Und er ergänzt: „Das Ethos des Soldaten in Bezug auf den Staatsdienst ist bei jedem Volksgenossen im Kerne gleich zu denken“ (Spranger: Politischer Mensch, 1933, S. 76).

Die hier von Spranger anvisierte „Emanation“, also eine Art religiös-erkenntnistheoretische Ausschüttung höchster Glaubensinhalte auf die einzelnen Bereiche dieser Welt, findet sich wenige Monate später in einem Artikel im „Staats-Anzeiger für Württemberg“ vom 10. November 1933 wieder. Unter der Überschrift **„Politik aus dem Glauben“**[642] wird von Spranger der Austritt Deutschlands aus dem Völkerbund begeistert begrüßt.[643] Es heißt dort wirklich zum Aufruf des „Volkskanzlers“ Adolf Hitler wortwörtlich:

> *„Einen Deutschen jedenfalls, der nicht ehrlich ‚Ja‘ sagte zu dem Aufruf des Volkskanzlers und damit eine Absage erteilte an die Knechtung, die man aufs Neue über uns verhängt, wird es nicht geben. Das ist der endgültige Glaube, der in uns lebendig ist: nur* ***mit*** *Deutschland kann die Welt genesen.“* (Spranger: Politik aus dem Glauben, 1933, S. 2, Hervorhebung im Original)

Dieser Schlusssatz von Sprangers Artikel beruht auf einer Argumentation der Politik aus dem Glauben und bemüht nicht nur Fichte, sondern auch Gott. Zunächst heißt es zum Sieg der NS-Bewegung:

> *„Wie in den Tagen Fichtes schlug zuletzt diese Flamme der höheren Vaterlandsliebe mächtig heraus und entfesselte eine Bewegung von seltener Einmütigkeit. Sie stammt, wie alles Große, aus einer religiösen Tiefe. Denn nur für ein Mehr-als-Irdisches und Mehr-als-Zeitliches lohnt es sich, so zu leben, dass man dafür auch sterben kann. Und man lebt nur für das* ***ganz****, wofür man auch sterben kann.“* (Spranger: Politik aus dem Glauben, 1933, S. 2, Hervorhebung im Original)

Die Assoziation mit der NS-Propaganda ist nicht polemisch und nicht zufällig. Spranger geht noch einen Schritt weiter und schreibt:

> *„Auch das deutsche Volk verdient nicht zu leben, wenn es sich nicht in den Dienst göttlicher Absichten stellt. Und alle Formen inneren Dienstes am Staat – Wehrdienst, Arbeitsdienst, Wissensdienst, empfangen ihre letzte Weihe nur von oben.“* (Spranger: Politik aus dem Glauben, 1933, S. 2)

---

[641] Spranger, Eduard: Der politische Mensch als Bildungsziel, in: Die Erziehung. Monatsschrift für den Zusammenhang von Kultur und Erziehung in Wissenschaft und Leben, 9. Jg. (1933/34), Heft 2 (November 1933), S. 65–79. *[Dokumentation ad fontes Spranger: S. 287–303]*

Der abschließende Nebensatz richtet sich offensichtlich gegen an Hegel orientierte italienische Intellektuelle wie Gentile, die als Theoretiker des italienischen Faschismus die These vom „totalen Staat“ vertreten haben. Siehe dazu auch den Aufsatz **„Was heißt Geistesgeschichte?“**. Hier wird von Spranger „der große Mann und Staatsmann als wesentlicher Sendbote (Repräsentant) des Geistes“ erkannt (in: Die Erziehung. Monatsschrift für den Zusammenhang von Kultur und Erziehung in Wissenschaft und Leben, 12. Jg. (1936/37), Heft 7 (April 1937), S. 289–302, hier S. 301). *[Dokumentation ad fontes Spranger: S. 488–501]*

[642] Spranger, Eduard: Politik aus dem Glauben, in: Staats-Anzeiger für Württemberg, Jg. 1933, Nr. 263 (10.11.1933), S. 2. *[Dokumentation ad fontes Spranger: S. 304]*

[643] Spranger zielt in diesem Beitrag auch darauf ab, dass die Idee des Völkerbunds „ihre Heimat in Deutschland“ hatte und bezieht sich dabei auf Kants Schrift „Zum ewigen Frieden“. Ausgehend von diesem Gedanken entwickelt Spranger, dass der Austritt aus dem Völkerbund nur angesichts der „Knebelung“ durch die Siegermächte des Ersten Weltkriegs als Ultima Ratio gerechtfertigt sei.

Es ist schwer begreiflich, dass Spranger meint entscheiden zu können, wann das deutsche Volk ein Recht habe zu leben. Auch wenn hier nicht explizit NS-Terminologie verwendet wird, so ist die aus der Religion abgeleitete Anmaßung deutlich.

Sprangers nicht gedruckte Vorträge vor dem „Stahlhelm“ (Oktober 1933), in der „Mittwochs-Gesellschaft“ (April 1935) und im Reichskriegsministerium (November 1935)

Die drei folgenden Quellen – das sei hier ausdrücklich hervorgehoben – sind alle in der NS-Zeit nicht gedruckt publiziert worden. Sie haben daher alle nur einen begrenzten Zuhörer- oder Leserkreis erreicht, waren aber auch ganz und gar keine privaten Dokumente. Die Rede vor dem „Stahlhelm“ existiert nur als handschriftliches Manuskript, der Vortrag in der „Mittwochs-Gesellschaft“ entstammt den handschriftlichen Eintragungen Sprangers in das Protokollbuch der Gesellschaft (es handelt sich hier also lediglich um eine Zusammenfassung des Vortrags), während der Vortrag im Reichskriegsministerium als maschinenschriftliches Manuskript noch im selben Jahr von der „Weltkriegsbücherei“ in Stuttgart erworben wurde.

In einem **Vortrag vor dem „Stahlhelm“**[644] am 21. Oktober 1933, in den Eduard Spranger im selben Jahr eingetreten war,[645] wird ein ganzes Programm konstruktiver Kritik am Nationalsozialismus, vom „wahren Preußentum“ ausgehend, entwickelt. Ausgangspunkt für Spranger ist der 21. März 1933, der sogenannte „Tag von Potsdam“, an dem Hindenburg und Hitler ihr Bündnis schlossen. Die Kritik Sprangers betrifft fünf Punkte, nämlich die Missachtung von Religion, Person, Rechtsgedanke, Volksgedanke und Wissenschaft. Zusammengefasst warnt er vor der „Gefahr eines Caesarenkultes“, den er als schwerste Bedrohung der „deutschen Seele“ ansieht (Spranger: Beurteilung des NS, 1933, S. 2). Diese Warnung Sprangers zielt auf Tendenzen, sich zu sehr an Mussolini und dem Duce-Kult zu orientieren. Die zentrale Passage des Vortrags lautet:

> *„**Unsere** Aufgabe ist es, den zusammengebrochenen Staat Bismarcks zeitgemäß von innen her zu beseelen, ihm wieder innere Kraft zu geben: nationalsozialistisch, aber nicht propagandistisch.“* (Spranger: Beurteilung des NS, 1933, S. 4, Hervorhebung im Original)

Spranger will also einen überzeugenden Nationalsozialismus, der nicht oberflächlich, mit Suggestion und Propaganda arbeitet,[646] sondern mit Erziehung, „deutscher Seele“ und tiefer Religiosität. Die von ihm kritisierten Punkte bezeichnet er als die „5 negativen Seiten“, die in positive Seiten verwandelt werden sollen.

---

[644] Spranger, Eduard: Thesen zur Beurteilung des Nationalsozialismus, Manuskript, Bundesarchiv Koblenz, Nachlass Eduard Spranger N 1182, unverzeichnet. Der Titel findet sich nicht im Manuskript selbst, sondern wurde von Gerhard Meyer-Willner, Leiter des Spranger-Archivs, ergänzt. Die Abschrift dieses handschriftlichen Manuskripts ist im Anhang der vorliegenden *Dokumentation ad fontes Spranger* vollständig abgedruckt. Eine Kopie des Vortragsmanuskripts wurde freundlicherweise von Klaus Himmelstein aus dessen Privatarchiv zur Verfügung gestellt. *[Dokumentation ad fontes Spranger: S. 996–1000]*

[645] Es konnte nicht geklärt werden, ob Spranger aus dem „Stahlhelm“ ausgetreten ist, nachdem der „Stahlhelm“ 1934 in die SA überführt wurde. Formal wäre Spranger dann Mitglied der SA gewesen. Zur Geschichte des „Stahlhelm“ siehe: Klotzbücher, Alois: Der politische Weg des Stahlhelm, Bund der Frontsoldaten, in der Weimarer Republik. Ein Beitrag zur Geschichte der „Nationalen Opposition“ 1918–1933, Erlangen/Nürnberg 1965; Berghahn, Volker R.: Der Stahlhelm. Bund der Frontsoldaten 1918–1935 (Beiträge zur Geschichte des Parlamentarismus und der politischen Parteien, Band 33), Düsseldorf 1966 und Mahlke, Bernhard: Zum Anteil des Stahlhelm an der Vorbereitung, Errichtung und Festigung der faschistischen Diktatur in Deutschland (1929 bis 1934/1935), Potsdam 1968.

Zu den internen Auseinandersetzungen im „Stahlhelm“ siehe insbesondere den Bericht von Theodor Duesterberg, bis 1933 Bundesvorsitzender des „Stahlhelm“: Duesterberg, Theodor: Der Stahlhelm und Hitler, Wolfenbüttel/Hannover 1949.

[646] „Ich habe gelesen: ‚Mein Kampf‘ und Krieck, ‚Nationalpolitische Erziehung‘. Über beides bin ich im Positiven wie im Negativen klar. Die Rassenmythologie und die Propaganda – das ist das Unmögliche“ (Spranger an Hadlich, 14.9.1933, Martinsen, Sylvia/Sacher, Werner (Hrsg.): Eduard Spranger und Käthe Hadlich. Eine Auswahl aus den Briefen der Jahre 1903–1960, Bad Heilbrunn 2002, S. 301).

Das Propagandistische am NS-System ist für Spranger schädlich, betrifft aber seiner Meinung nach nicht dessen Grundgedanken:

> *„Der Grundgedanke des Nationalsozialismus ist zu bejahen."* (Spranger: Beurteilung des NS, 1933, S. 1)

Kritik dürfe sich nicht wieder im Negativen verlieren. Als Fehler Hitlers benennt er dessen „Abgehen vom Eliteprinzip" (Spranger: Beurteilung des NS, 1933, S. 4). Diesen Fehler dürfe der „Stahlhelm" nicht wiederholen, so seine Schlussfolgerung.

Abschließend stellt Spranger fest:

> *„Der einzelne muss sich als Träger göttlicher Aufträge und als Empfänger göttlicher Weisungen in der Linie seiner Schicksale fühlen dürfen."* (Spranger: Beurteilung des NS, 1933, S. 4)

In gewisser Weise handelt es sich bei diesem Vortragsmanuskript um ein Schlüsseldokument, in dem noch offener als in dem Aufsatz „März 1933" Kritik am vulgären und groben Nationalsozialismus geübt wird und ein besserer, geistig-elitärer Nationalsozialismus durch konstruktive Kritik angestrebt wird. Deutlich wird auch, dass Spranger seine Rolle darin sah, jenen Kräften entgegenzutreten, die nicht einzelne Punkte des Nationalsozialismus, sondern den Nationalsozialismus überhaupt ablehnten.

Eine besondere Textsorte bilden die Vorträge Sprangers in der „Mittwochs-Gesellschaft", die in der NS-Zeit nicht publiziert wurden.[647] Der im Anhang der *Dokumentation ad fontes Spranger* abgedruckte Vortrag **„Gibt es eine ‚liberale' Wissenschaft?"**[648] vom 17. April 1935 sticht dabei heraus, da in direkter Polemik, so das Protokoll, gegen die nationalsozialistische Ablehnung „liberaler" Wissenschaft die Unabhängigkeit eines wissenschaftlichen Wahrheitsbegriffs entwickelt wird.

Spranger äußert sich zunächst zustimmend zur Ablehnung des angeblichen voraussetzungslosen Positivismus. Die Behauptung einer sozusagen überhistorischen, vom Subjekt des Wissen-

---

[647] An dieser Stelle soll kurz auf die Mittwochs-Gesellschaft hingewiesen werden. Klaus Scholder (Die Geschichte der Mittwochs-Gesellschaft 1933–1944, in: Scholder, Klaus (Hrsg.): Die Mittwochs-Gesellschaft. Protokolle aus dem geistigen Deutschland 1933–1944, Berlin 1982, S. 9–47) gibt einen gedrängten Überblick über die in diesem Buch abgedruckten sehr unterschiedlichen Vorträge, informiert zugleich aber auch über wichtige Einzelheiten der Biographien der Mitglieder der Gesellschaft. Da vier Mitglieder dieser Mittwochs-Gesellschaft nach dem Attentat auf Hitler am 20. Juli 1944 hingerichtet wurden, gibt es im Nachhinein eine Deutung, bei der die Mittwochs-Gesellschaft insgesamt als eine Art Widerstandsorganisation dargestellt wird, der eben auch Spranger angehörte. Die Protokolle zeigen jedoch eine große Bandbreite, die auch rassistische Vorträge mit einschließt. Unter den Teilnehmern sticht der Kunsthistoriker Werner Weisbach, „das einzige jüdische Mitglied des Kreises" (Scholder, S. 15), hervor. Weisbach hat nach seiner Emigration auch Berichte über seine Eindrücke in der Mittwochs-Gesellschaft veröffentlicht (Weisbach, Werner: Geist und Gewalt, Wien/München 1956.) Möglicherweise bezeichnender, als es viele andere Episoden zum Verständnis der Atmosphäre dieser Zeit waren, war, dass sich Weisbach nach der Ablehnung seines Aufnahmegesuchs in die „Reichsschrifttumskammer" 1935 als „Nichtarier" mit einem Brief an alle Mitglieder der Mittwochs-Gesellschaft wandte. Er erhielt als einmütigen Beschluss die Antwort, dass man keine Veranlassung sehe, die Stellungnahme ihm gegenüber „irgendwie zu ändern" (Scholder, S. 26). Spranger wandte sich in einem Brief direkt an Weisbach und schrieb: „Vieles was heute geschieht schmerzt mich als Deutschen, weil Undankbarkeit und Unwahrheit die Seele verunreinigen" (Scholder, S. 26 f.). Ende 1935 emigrierte Weisbach und erhielt im Namen der Mittwochs-Gesellschaft einen Brief, in dem die Mitglieder schreiben, das sie „nicht nur die Tatsache" seiner „Übersiedlung nach Basel bedauern, sondern auch die Verhältnisse", die ihn „dazu gezwungen haben" (Scholder, S. 28). Spranger schrieb erneut einen gesonderten Brief an Weisbach. Für Weisbach war in dieser Situation nicht mehr klar, wo die Grenze zwischen Mitgefühl und Höflichkeit, zwischen echter Anteilnahme und den Anstandsregeln in akademischen Kreisen zu ziehen sei. Er schrieb: „Wie sollte mein Inneres tiefer berührt werden durch bloße Worte der Sympathie von Männern, die, selbst in gesicherter Position befindlich, meine Auswanderung wie etwas Unabwendbares – fast möchte ich sagen Selbstverständliches hinnahmen?" (Scholder, S. 28). Hier wird deutlich, wie der Begriff des „Normalen" in den verbrecherischen Alltag des NS-Regimes eingedrungen war.

[648] Spranger, Eduard: Gibt es eine „liberale" Wissenschaft? (1935), in: Texte für die Mittwochs-Gesellschaft 1935–1944, 2. überarbeitete Auflage, München 1988, S. 27–33. Die 1988 in 2. Auflage erschienenen Protokolle von zehn Vorträgen Eduard Sprangers sind nicht die Manuskripte der Vorträge, sondern in der Regel vom Referenten selbst zusammengestellte Abstrakta, also zusammenfassende Kurzprotokolle ohne Darstellung der Diskussion. *[Dokumentation ad fontes Spranger: S. 1001–1007]*

schaftlers losgelösten Wissenschaft lehnt Spranger ebenso ab wie die „aktuelle Bewegung“ (also die NS-Bewegung). Er verweist aber darauf, dass auch Marx und Einstein, „die nicht zu den Ahnen des Nationalsozialismus gehören“, vom „situationsgebundenen Erkennen“ ausgegangen wären. Allein mit der Ablehnung des Positivismus sei nichts gewonnen. Es gelte, auf den deutschen Idealismus seit Hegel und Fichte zurückzugreifen, die die „Seinsverbundenheit des Denkens stark betont“ haben (Spranger: Liberale Wissenschaft, 1935, S. 28).[649]

In einem zweiten Schritt wendet sich Spranger gegen die NS-These, dass „nur der rassisch reine, der körperlich gesunde, der soldatische und willenstarke Mensch“ (Spranger: Liberale Wissenschaft, 1935, S. 29) mit Erfolg Wissenschaft treiben könnte und widerlegt sie mit der These, dass die sogenannte „liberale Wissenschaft“ auch im 19. Jahrhundert „charaktervolle Vertreter“ gehabt habe (Spranger: Liberale Wissenschaft, 1935, S. 29).

In einem dritten Schritt verwirft Spranger ausdrücklich – hier in einen größeren Diskussionszusammenhang über Nietzsche eingreifend – Wissenschaft aus dem „Willen zur Macht“, da Wissenschaft sich, wie er an anderer Stelle deutlicher formuliert, am „Willen zur Wahrheit“ (Spranger: Liberale Wissenschaft, 1935, S. 32) zu orientieren habe. Spranger lehnt die Orientierung der Wissenschaft am Glauben als aktuelle, tagespolitische Orientierung, als „politisierte Wissenschaft“ ab (Spranger: Liberale Wissenschaft, 1935, S. 30).

Auch wenn er die Ablehnung von Max Webers Standpunkt durch den Nationalsozialismus billigt, führt er aus:

> *„Dass der Nationalsozialismus, soweit er sich theoretisch formuliert, trotzdem nicht problemlos ist, beweist der schroffe Gegensatz Carl Schmitt – Köllreuter, Baeumler – Krieck (beide = Aktivismus contra erneuerte organische Romantik) und der ungelöste Kontrast zwischen Rassenideologie (übrigens künstlicher!) und Rassen**wissenschaft**. In der Sache drängt sich also entschieden der Wesensunterschied zwischen gläubiger, aktivistischer politischer Ideologie und kritischer, zugleich wirklichkeitsnaher Wissenschaft auf. Die Auseinandersetzung zwischen beiden, seit Urzeiten gegeben, könnte fruchtbar sein, wenn sie zugelassen würde.“* (Spranger: Liberale Wissenschaft, 1935, S. 31, Hervorhebung im Original)

Im nächsten Schritt betont Spranger die Rolle der subjektiven Ehrlichkeit und Ethik des einzelnen Wissenschaftlers – „ganz in das strenge Gewissen des Einzelnen hineingeschoben und gestattet keine verbindlichen kollektiven Maßstäbe“ (Spranger: Liberale Wissenschaft, 1935, S. 32) – und kritisiert:

> *„Der Nationalsozialismus kann seinem Prinzip nach für den Standpunkt des subjektiven Gewissens in der Politik keinen Raum haben, wie schon Hegel das Recht des bloß subjektiven Gewissens im Staate bestritt.“* (Spranger: Liberale Wissenschaft, 1935, S. 32)

Durch diesen letzten Zusatz deutet Spranger seine Differenz zu Hegels Verabsolutierung des Staates an – der subjektive deutsche Idealismus Fichtes mit seiner Dialektik von Individuum und deutscher Nation wird offensichtlich von Spranger favorisiert. Die eigene Maxime formuliert er abschließend:

> *„Der Dienst an der Wahrheit ist nicht liberal, sondern rigorose Pflicht, nicht nur politisch, sondern ethisch-religiös. Und auch das ‚ewige Deutschland‘ muss erst im Innern erschaut und erkämpft sein, ehe wir ihm in der äußeren Welt einen relativ langen Bestand geben können.“* (Spranger: Liberale Wissenschaft, 1935, S. 33)

Es kann dabei abschließend festgestellt werden, dass Spranger die Ein- und Unterordnung (nicht Auslöschung) des individuellen Gewissens unter die „Volksmoral“ und den „deutschen Geist“ deutlicher akzentuiert.

---

[649] In diesen Passagen greift Spranger in eine größere und gewichtigere Diskussion über den französischen und englischen Positivismus einerseits und über das Werk Max Webers andererseits in allgemeiner Form ein.

In zunächst verblüffendem Kontrast zu dem doch eher kritischen Vortrag in der „Mittwochs-Gesellschaft" referiert Spranger im selben Jahr im Reichskriegsministerium im Duktus eines alten Militärs, der weiß, was Militärfachleute von ihm als wissenschaftlichem Psychologen und Pädagogen erwarten. Der Vortrag **„Seelische Faktoren im Kriege"**[650] vom 21. November 1935 umfasst vierundzwanzig Manuskriptseiten.[651] Im ersten Abschnitt erinnert Spranger an die Zeit der Augusttage 1914:

> *„Mobilmachung ist keine bloße Organisationssache; sie ist vor allem auch seelische Mobilmachung, Aufwühlung der ganzen Bevölkerung zum entschiedenen Wehrwillen. Die Augusttage von 1914 werden mit Recht als eine der herrlichsten Erscheinungen der deutschen Geschichte gerühmt. Die Gemeinsamkeit einer heiligen Begeisterung, wie Fichte sie in der Rede: ‚Über den Begriff des wahrhaften Krieges' gefordert hatte, war in allen Wirklichkeit geworden."* (Spranger: Seelische Faktoren, 1935, S. 3)

Spranger spricht sich also für das Anknüpfen an diese Phase aus, auch wenn er davor warnt, lediglich Enthusiasmus zu erzeugen, aber nicht sachgerecht etwa eine Luftschutzaufklärung zu betreiben. Ihm geht es dabei um Komponenten der psychologischen Kriegsführung im Kontext von Politik. Er begründet – und das gilt es festzuhalten –, dass es

> *„unter den heutigen Weltverhältnissen psychologisch falsch ist, mit einer formellen Kriegserklärung zu beginnen; das gehört anscheinend zu den Stilformen von gestern."* (Spranger: Seelische Faktoren, 1935, S. 4)

Im Klartext propagiert er einen Überfall ohne Kriegserklärung. Wie in dem Aufsatz „März 1933" deutlich wurde, war nicht nur für ihn klar, dass es in der Politik des NS-Regimes um einen erneuten Krieg geht. In einer Fußnote kommentiert er seine These, dass es nötig ist, eindeutige Kriegsziele festzulegen, mit einer Kritik daran, dass im Ersten Weltkrieg die Kriegsziele nicht festgelegt worden seien. Für ihn ist dies eine Tatsache, die er nicht nur kritisiert, sondern auch nutzt, um angeblich zu beweisen, dass es keine deutsche Kriegsschuld gegeben habe.

> *„Zum Beweise gegen die Lüge von der deutschen Kriegsschuld genügt eigentlich diese einfache Tatsache, dass wir kein festes Kriegsziel hatten."* (Spranger: Seelische Faktoren, 1935, S. 5, Fußnote 1)

Spranger belehrt schließlich die Anwesenden darüber, warum Propaganda nötig sei, um Krieg führen zu können:

> *„**Die Propaganda kämpft mit**. Das haben wir seit 1914 schmerzlich erfahren. Wir haben seitdem gelernt, dass eine eigne, wendige Geistesart dazugehört, auf allen Wellen zu spielen, die die heutige Technik für die Beeinflussung der Weltmeinung und der Inlandmeinung zur Verfügung stellt."* (Spranger: Seelische Faktoren, 1935, S. 7, Hervorhebung im Original)

Es geht hier nicht so sehr um die Aussage Sprangers selbst, sondern darum, wie er sich als Erziehungswissenschaftler als Fachmann für Kriegspropaganda inszeniert. Aber auch hier gibt er sich nicht nur als Experte, sondern auch als Warner, möchte keine plumpe Propaganda, sondern überzeugende. Denn „es gibt auch Gasschutzmasken gegen Propagandagase." (Spranger: Seelische Faktoren, 1935, S. 7)

---

[650] Spranger, Eduard: Seelische Faktoren im Kriege (Manuskript eines Vortrags im Reichskriegsministerium am 21.11.1935), Bibliothek für Zeitgeschichte in der Württembergischen Landesbibliothek. Die Kopien wurden freundlicherweise von Klaus Himmelstein zur Verfügung gestellt.

Leider konnte nicht recherchiert werden, wer bei dem Vortrag anwesend war. Kerngedanken dieses Vortrags wurden von Spranger bereits 1934 in seinem Aufsatz „Grundgedanken der geisteswissenschaftlichen Psychologie" (in: Die Erziehung. Monatsschrift für den Zusammenhang von Kultur und Erziehung in Wissenschaft und Leben, 9. Jg. (1933/34), Heft 5 (Februar 1934), S. 209–223 und Heft 6 (März 1934), S. 257–269) entwickelt, insbesondere Überlegungen über den vollendeten Soldaten, die Seele der Soldaten und die Technik (siehe dort insbesondere S. 260).

[651] Dieses Manuskript wurde zwar vervielfältigt, aber nicht im engeren Sinne veröffentlicht. Daher wurde es in der *Dokumentation ad fontes Spranger* (S. 1011–1034) bewusst als Teil des Anhangs faksimiliert.

In einem zweiten Teil betont Spranger die Notwendigkeit, dass der Soldat „seinen Willen aufgeben und ganz in einem größeren Aktionsganzen funktionieren“ müsse (Spranger: Seelische Faktoren, 1935, S. 13), aber dennoch nie seine Einzelseele verlieren dürfe, da auch im Krieg im Rahmen vorgeschriebener Aktionen Einzelentscheidungen zu fällen seien.[652]

In einer Darlegung über das Verhältnis von Technik und Mensch bedauert Spranger, dass der Krieg durch neue Waffengattungen „das freudige und ritterliche Moment“ verloren habe (Spranger: Seelische Faktoren, 1935, S. 20), nun gehe es um Vernichtung. Er stellt fest:

> *„Vernichtung ist etwas anderes als das Ringen von Menschen mit Menschen.“* (Spranger: Seelische Faktoren, 1935, S. 20 f.)

Spranger schätzt die Chancen gering, Konventionen für die Kriegsführung einzuhalten, insbesondere beim Einsatz von Gas:

> *„So gibt es z. B. humane und unhumane Gase.“* (Spranger: Seelische Faktoren, 1935, S. 21)

Die realistische Einschätzung Sprangers lautet, die Idee des totalen Krieges vorwegnehmend:

> *„Denn wenn es heut zwischen den Mächten zum Kriege kommt, so handelt es sich schwerlich nur um Gebietsstreifen und Einflusszonen. Hinter jedem Krieg zwischen Kulturvölkern steht sogleich das* ***absolute*** *Schicksal der Staaten: Sein oder Nichtsein; Alles oder Nichts!“* (Spranger: Seelische Faktoren, 1935, S. 21, Hervorhebung im Original)

Es besteht kein Zweifel, dass Spranger diese Einschätzung nicht als Pazifist, sondern als Berater der deutschen Kriegsführung vornimmt.

In der Literatur über die NS-Zeit wird an verschiedenen Stellen diskutiert, wie weit Wahn und Massenpsychose eine Rolle gespielt haben, um die Masse einfacher Menschen in Wehrmachtsuniformen in das zu verwandeln, was sie während des Krieges wurden. Spranger zumindest hat diesen psychologischen Gesichtspunkt als Berater des Reichskriegsministeriums bewusst zur Berücksichtigung empfohlen:

> *„In den Momenten großer Entscheidungen, in denen das Schicksal die gesamte Kraft des Volkes aufruft, wird dieses gemeinsame und Allgemeine zu einer dämonischen Macht, von der auch der Einfachste sich besessen fühlt; er dient ihm mit ganzer sittlicher Hingabe, nicht im Rausch der Selbsthingabe, sondern aufgerufen zu seinem höheren Selbst.“* (Spranger: Seelische Faktoren, 1935, S. 22 f.)

So wie er Dialektik versteht, folgt aus der Beschwörung der „dämonischen Macht“ das Göttliche als zusätzlicher und höherer Kraftquell. Und Spranger führt den Gedanken wie folgt weiter:

> *„Aber wenn die letzte Kraft herausgeholt werden soll, so muss noch ein Größeres dahinter wirksam werden: das ‚Dieu le veut‘ – die Überzeugung, dass es um einen Kreuzzug, einen heiligen Krieg geht. Erinnern wir uns, was Enthusiasmus heißt: von Gott erfüllt sein. Die Franzosen preisen die ‚Seelengröße‘. Aber was macht die Seele groß als die Gewissheit, im Dienst eines Gottgewollten wirken zu müssen?“* (Spranger: Seelische Faktoren, 1935, S. 23)

Der von ihm vorhergesagte „Kreuzzug“ wird – so seine Prognose – mit dem Verlust des „ritterlichen Kriegsethos“ (Spranger: Seelische Faktoren, 1935, S. 23) verbunden sein. Abschließend erklärt er:

> *„(...) die wichtigste Umstellung in unseren Vorstellungen vom Krieg liegt darin, dass wir uns mit dem Gedanken vertraut machen: es wird im künftigen Kriege auch keinen Unterschied zwischen Zivilbevölkerung und eingekleideten Armeen mehr geben. Schon 1914/18 hat sich die Wendung angedeutet: Alles arbeitet mit, alles verteidigt mit, alles kämpft irgendwie mit. Man redet heut vom ‚totalen Staat‘.*

---

[652] In seiner Schrift „Welt, Überwelt und Heimat“ vertiefte Spranger diesen Gesichtspunkt. Sein Ansatz war, dass, um das Volk als Ganzes zu erfassen, man „durchstoßen“ müsse, „bis zur Seele des Einzelnen, weil wir Seele – im Gegensatz zum überwölbenden Gemeingeist – an keiner anderen Stelle greifen können“. Das Ziel dieses „Durchstoßens“ ist klar formuliert: „Das Leben dem Staate zu opfern ist erst möglich, wenn er ganz mit der Tiefe der eigenen Seele verwachsen ist“ (in: Mélanges D. Gusti. XXV Ans d'Enseignement universitaire 1910–1935, Bukarest 1936, S. 448–455, hier S. 541 und S. 454). *[Dokumentation ad fontes Spranger: S. 473–480]*

Man wird in dem bezeichneten Sinne auch auf den totalen Krieg gefasst sein müssen.“ (Spranger: Seelische Faktoren, 1935, S. 23 f.)

Die Beteuerung Sprangers am Schluss des Vortrags, bei alledem ginge es um den Frieden, wirkt nicht sehr überzeugend.[653] Die weiteren Publikationen Sprangers bis 1944 zeigen, dass die in diesem – nicht gedruckt publiziertem – Dokument eingenommene Grundhaltung zu Beginn des Zweiten Weltkriegs bis 1944/45 nicht von ihm in Frage gestellt wurde.

b) Veröffentlichungen 1936–1938

Theoretische Beiträge

Die Zeitspanne 1936–1938 war für Spranger von seinem Japanaufenthalt geprägt. Aber auch in dieser Zeit veröffentlicht er größere theoretische Arbeiten, insbesondere in Auseinandersetzung mit Oswald Spenglers „Untergang des Abendlandes“ im Rahmen des kulturhistorischen Vortrags „Probleme der Kulturmorphologie“[654], gehalten 1936 vor der Preußischen Akademie der Wissenschaften. Sein theoretisches Interesse richtete sich weiterhin darauf, geschichtsphilosophische Grundfragen zu behandeln. So veröffentlichte er Arbeiten zur „Wirklichkeit der Geschichte“[655] und „Zum Problem der Teleologie“[656], kommt erneut auf die Frage „Was heißt Geistesgeschichte?“[657] zurück und beschäftigt sich begrifflich und historisch mit Fragen von „Geist und Seele“[658].Das grundlegende Problem für Spranger, seine Vorstellung von „Volkstum und Erziehung“[659] als wesentlichem Bestandteil seiner Vorstellung von Geist und Geisteswissenschaft, wird in dem gleichnamigen Aufsatz in der Zeitschrift „Die Erziehung“ erneut entwickelt. Sein Aufsatz „Zur Geschichte der Schulpflicht“[660] eröffnet eine Reihe von sehr quellenreichen und informativen historischen Studien zur Geschichte der Schule in Deutschland.

---

[653] Klaus Himmelstein erinnert an die Mitgliedschaft Sprangers in der „Deutschen Gesellschaft für Wehrpolitik und Wehrwissenschaften“, an deren Veranstaltungen Spranger regelmäßig teilnahm; Ehrenmitglieder waren auch Alfred Baeumler, Ernst Jünger und Heinrich Himmler (Himmelstein, Klaus: Eduard Spranger und der Nationalsozialismus, in: Sacher, Werner/Schraut, Alban (Hrsg.): Volkserzieher in dürftiger Zeit. Studien über Leben und Wirken Eduard Sprangers. Beiträge zum Internationalen Spranger-Symposion in Nürnberg am 11./12. Oktober 2002 (Erziehungskonzeptionen und Praxis, Band 59), Frankfurt am Main/Berlin/Bern/Brüssel/New York/Oxford/Wien 2004, S. 112).

[654] „Welche Kultur wird siegen?“, fragt Spranger in dieser Schrift und antwortet, dass es „sehr zweifelhaft“ sei, „ob es gerade die Kultur des inneren Wertes sein wird. Denn der Sieg liegt vielleicht in den Gewichten der Bomben, die man treffsicher abzuwerfen vermag.“ (Spranger, Eduard: Probleme der Kulturmorphologie, in: Sitzungsberichte der Preußischen Akademie der Wissenschaften, Philosophisch-historische Klasse, Jg. 1936, S. 2–39, hier S. 38)

[655] Spranger, Eduard: Die Wirklichkeit der Geschichte, in: Die Erziehung. Monatsschrift für den Zusammenhang von Kultur und Erziehung in Wissenschaft und Leben, 11. Jg. (1935/36), Heft 12 (September 1936), S. 513–526 und 12. Jg. (1936/37), Heft 1 (Oktober 1936), S. 1–14.

[656] Spranger, Eduard: Zum Problem der Teleologie, in: Synthese. Maandblat voor het Geestesleven van onzen Tijd, 3. Jg. (1938), S. 397–410. *[Dokumentation ad fontes Spranger: S. 662–675]*

[657] Spranger, Eduard: Was heißt Geistesgeschichte? (Vortrag am 13.1.1937 für die Literarische Gesellschaft in Tokio), in: Die Erziehung. Monatsschrift für den Zusammenhang von Kultur und Erziehung in Wissenschaft und Leben, 12. Jg. (1936/37), Heft 7 (April 1937), S. 289–302. *[Dokumentation ad fontes Spranger: S. 488–501]*

[658] Spranger, Eduard: Geist und Seele, in: Blätter für Deutsche Philosophie. Zeitschrift der Deutschen Philosophischen Gesellschaft, Band 10 (1937), S. 358–383.

[659] Spranger, Eduard: Volkstum und Erziehung (nach einem Vortrag bei der „Sudetendeutschen Pädagogischen Tagung“ in Reichenberg am 20.1.1938), in: Die Erziehung. Monatsschrift für den Zusammenhang von Kultur und Erziehung in Wissenschaft und Leben, 13. Jg. (1937/38), Heft 9 (Juni 1938), S. 377–387. Auch in: Mitteilungen aus dem höheren Schulwesen, 37. Jg. (1938), S. 1–8 und in: Der Bildungswert der Heimatkunde (Vortrag). Mit dem Anhang: Volkstum und Erziehung, Leipzig ohne Jahr (1943). *[Dokumentation ad fontes Spranger: S. 650–660]*

[660] Spranger, Eduard: Zur Geschichte der Schulpflicht, in: Die Erziehung. Monatsschrift für den Zusammenhang von Kultur und Erziehung in Wissenschaft und Leben, 13. Jg. (1937/38), Heft 12 (September 1938), S. 465–476.

Auch in dieser Zeitspanne veröffentlicht Spranger eine weitere Arbeit über Goethe[661] und analysiert die interessante Frage ausführlich, warum Hegel aus seinen geschichtsphilosophischen Überlegungen heraus das Todesurteil gegen Sokrates ausdrücklich befürwortet hat.[662]

In einer Reihe kleinerer Arbeiten beschäftigt er sich mit den Pädagogen Pestalozzi und Fröbel[663], aber auch mit „Fichtes Vermächtnis"[664], der ihm als großer Volkspädagoge gilt. Schließlich stellt er in dieser Zeitspanne auch seine Eindrücke aus Japan der deutschen Leserschaft vor.[665] Von zentraler Bedeutung sind jedoch seine Vorträge in Japan über die Lage in Deutschland, in denen er sehr massiv Bezüge zum NS-Regime herstellt.

In seinem Vortrag **„Probleme der Kulturmorphologie"**[666] an der Preußischen Akademie der Wissenschaften verknüpft Spranger in umfangreichen Ausführungen kulturelle Fragen mit „erbbiologisch gerichteter Forschung" (Spranger: Kulturmorphologie, 1936, S. 8). Dabei wird ausdrücklich der Bezug zur NS-Gegenwart hergestellt:

> *„Die tiefgehende nationale Selbstbesinnung, zu der das deutsche Volk seit kurzem wieder erwacht ist, legt die Frage nach dem Eigenen und Ursprünglichen der deutschen kulturformenden Kräfte nahe. Soweit diese auf das vorwaltende nordisch-rassische Erbgut in der Blutszusammensetzung des deutschen Volkes zurückgeführt werden, greift das Thema bis in naturwissenschaftlich-anthropologische Problemschichten hinab. Der Zusammenhang zwischen dem rassisch bestimmten Blutserbe und den moralisch-geistigen Anlagen zum Aufbau einer eigenartigen Kultur musste ergründet werden. Die Kulturmorphologie bedarf dazu der Hilfe naturwissenschaftlich, speziell erbbiologisch gerichteter Forschungen."* (Spranger: Kulturmorphologie, 1936, S. 8)

Diese erbbiologische Komponente, diese Übernahme der nun in der NS-Zeit üblichen Kategorie des „Nordisch-Rassischen" verbindet Spranger mit der Fragestellung: „Welcher Menschentypus hat die Aussicht, politisch-militärisch zu siegen?" Die Menschentypen unterteilt Spranger dann systematisch nach den Gesichtspunkten der „Rassenpsychologie, Nationalpsychologie, Standes- und Berufspsychologie, Individuellen Charakterologie" (Spranger: Kulturmorphologie, 1936, S. 26).[667]

---

[661] Spranger, Eduard: „Höchstes Glück der Erdenkinder sei nur die Persönlichkeit", in: Goethe-Jahrbuch der Goethe-Gesellschaft in Japan, Band 6 (1937), S. 1–10.

[662] Spranger, Eduard: Hegel über Sokrates, in: Sitzungsberichte der Preußischen Akademie der Wissenschaften, Philosophisch-historische Klasse, Jg. 1938, S. 284–296.

[663] Spranger, Eduard: Johann Heinrich Pestalozzi, in: Deutsche Männer. 200 Bildnisse und Lebensbeschreibungen, Berlin ohne Jahr (1938), S. 150. *[Dokumentation ad fontes Spranger: S. 684]*

Spranger, Eduard: Friedrich Fröbel, in: Deutsche Männer. 200 Bildnisse und Lebensbeschreibungen, Berlin ohne Jahr (1938), S. 244. *[Dokumentation ad fontes Spranger: S. 685]*

[664] Spranger, Eduard: Fichtes Vermächtnis, in: Der Türmer. Zum Sehen geboren – Zum Schauen bestellt, 41. Jg. (1938/39), Heft 1 (Oktober 1938), S. 377–378. *[Dokumentation ad fontes Spranger: S. 686–687]*

[665] Spranger, Eduard: Brief aus Kyoto, in: Goethe. Vierteljahresschrift der Goethe-Gesellschaft, Neue Folge des Jahrbuchs, Band 2 (1937), S. 159. *[Dokumentation ad fontes Spranger: S. 535]*

Spranger, Eduard: Das ewige Japan, in: Hannoverscher Kurier. Zeitung für Norddeutschland, 90. Jg. (1938), Nr. 57 (27.2.1938). *[Dokumentation ad fontes Spranger: S. 625]*

Spranger, Eduard: Japan zwischen den Zeiten, in: Forschungen und Fortschritte. Nachrichtenblatt der Deutschen Wissenschaft und Technik, 14. Jg. (1938), S. 158–159. *[Dokumentation ad fontes Spranger: S. 626]*

Spranger, Eduard: Japanische Kulturfragen, in: Nippon. Zeitschrift für Japanologie, 4. Jg. (1938), Heft 1, S. 1–22. *[Dokumentation ad fontes Spranger: S. 627–649]*

Spranger, Eduard: Laieneindrücke vom religiösen Leben in Japan, in: Zeitschrift für Missionskunde und Religionswissenschaft, 53. Jg. (1938), S. 195–201. *[Dokumentation ad fontes Spranger: S. 677–683]*

[666] Spranger, Eduard: Probleme der Kulturmorphologie, in: Sitzungsberichte der Preußischen Akademie der Wissenschaften, Philosophisch-historische Klasse, Jg. 1936, S. 2–39. Dieser Aufsatz ist unverändert abgedruckt in den Gesammelten Schriften, Band V, S. 129–172 und wurde daher in die *Dokumentation ad fontes Spranger* nicht aufgenommen.

[667] Sämtliche hier zitierten Textpassagen sind unverändert und unkommentiert im Rahmen der Gesammelten Schriften wieder abgedruckt worden, siehe: Spranger, Eduard: Gesammelte Schriften, Band IV: Psychologie und Menschenbildung, herausgegeben von Walter Eisermann, Tübingen/Heidelberg 1974, S. 136 bzw. 157.

Politische Beiträge

Spranger besuchte 1936/37 im Auftrag des NS-Staats Japan – im Kontext der Anti-Komintern-Achse Berlin – Rom – Tokio. Das in Tokio 1937 herausgegebene Buch „Erinnerungen an die Gedenktage für Jiro Harada, den verstorbenen Gründer der Stiftung ‚Harada-Sekizenkai' " enthält Fotografien, die Spranger bei seiner Rede am 7.4.1937 vor einer überdimensionalen Hakenkreuzfahne neben der japanischen Nationalflagge sowie bei der Ankunft am Bahnhof mit dem Hitlergruß zeigen. Beim Abschiedsempfang in der deutschen Botschaft in Tokio am 8.10.1937 antwortet Spranger auf eine Lobrede des deutschen Botschafters mit den Worten:

> *„Was ich getan habe, konnte ich tun, weil hinter mir die Kraft und das Ansehen des nationalsozialistischen Deutschlands stand."*[668]

In seinem Vortrag **„Über Land und Volk Deutschlands"**[669] bemüht Spranger sich zunächst, den japanischen Zuhörern einen geographischen Überblick über Deutschland zu geben. Im zweiten Teil des Vortrags exponiert er einen Zusammenhang von deutschem militärischem Geist und der Geschichte der Könige und Philosophen Deutschlands. So formuliert er:

> *„Friedrich der Große ist für uns das Sinnbild dieses Ethos, des Dienstes und der Disziplin. Und der große Denker Kant ist der philosophische Verkünder des kategorischen Imperativs der Pflicht. Von Zeit zu Zeit sind wir immer wieder in Gefahr, diese Tugenden zu verlieren oder geringer zu schätzen. Nach dem Weltkrieg erlebten wir wieder eine solche Epoche der Erschlaffung und der individualistischen Zersplitterung. Der Nationalsozialismus, die Bewegung Adolf Hitlers, ruft uns zu den alten Werten preußischen Dienstes an der Gesamtheit zurück. Der äußere Ausdruck für energische Willenskonzentration im Dienste des Ganzen ist die Uniform. Wenn Sie heut nach Deutschland, in das alte Land der Kasernen, kommen, werden Sie finden, dass nicht nur das Militär in Uniform erscheint, sondern auch die Träger der ‚Bewegung'.*
>
> *Man sieht also bei uns außer dem Militär, dem einzigen Waffenträger der Nation, auch andere Gruppen in Uniform oder in uniformähnlicher Kleidung: das Jungvolk, die Hitler-Jugend, die zum pflichtmäßigen Arbeitsdienst Eingezogenen und die beiden Stoßtrupps der ‚Bewegung', nämlich die Sturmabteilungen (S.A.) und die Sicherheitsstaffel (S.S.)."* (Spranger: Land und Volk, 1937, S. 32 f.)

Der Gedankensprung von einem auf einen Philosophen der Pflicht reduzierten Kant zu Adolf Hitler und dem Nationalsozialismus als Verkünder altpreußischer Werte endet bei Spranger in einer Vorstellung Deutschlands als „Land der Kasernen", als Land der Uniformen. Spranger versteht sich in Japan 1937, anders als in seiner Rede im Reichskriegsministerium 1935, dann aber doch mehr als Pädagoge, der an diesem Gesamtwerk mitwirkt. Abweichend von seinem bereits 1933 geäußerten Konzept von der Notwendigkeit eines neuen Kriegs bindet er nun die Uniformen in ein pädagogisches Konzept ein:

---

[668] Ansprache des deutschen Botschafters und Ansprache Sprangers am 8.10.1937 beim Abschiedsempfang der Deutschen Botschaft (Bundesarchiv Koblenz, Nachlass Eduard Spranger N 1182, 124). An dieser Stelle sei Klaus Himmelstein für die freundliche Überlassung der Kopien der beiden Ansprachen gedankt.

Der deutsche Botschafter in Japan sagte über Spranger: „Auf hoher geistiger Warte stehend haben Sie die Ideale, von denen die Wissenschaft des nationalsozialistischen Deutschlands beseelt ist, praktisch bestätigt und Ihren Zehntausenden von Hörern ein Stück deutschen Geisteslebens vermittelt. Sie haben dabei ebenso explizite wie auch implizite den Hörern den Grundgedanken nationalsozialistischer Wissenschaftsauffassung nahegebracht, den Gedanken, dass jede Wissenschaft volksgebunden ist und auf den völkischen Kräften beruht. Sie haben nicht als eine internationale geistige Größe vor Ihnen gestanden, sondern sind immer als *deutscher* Gelehrter, als Vertreter des *deutschen* Geisteslebens vor sie getreten. Ihre Aufgabe war hier, als Kulturbotschafter des nationalsozialistischen Reichs alte nach Japan führende Brücken zu befestigen und neue Brücken zwischen dem japanischen und deutschen Geistesleben zu schlagen. Diese Aufgabe haben Sie erfüllt" (Hervorhebungen im Original).

[669] Spranger, Eduard: Über Land und Volk Deutschlands (Vortrag im Auditorium in Matsuzaka am 7. April 1937), in: Japanisch-Deutsche Medizinische Gesellschaft (Hrsg.): Erinnerungen an die Gedenktage für Jiro Harada, den verstorbenen Gründer der Stiftung „Harada-Sekizenkai", Tokio 1937, S. 25–36. *[Dokumentation ad fontes Spranger: S. 505–516]*

„Die vielen Uniformen bei uns könnten den Anschein erwecken, als ob wir kriegerische Absichten hätten. Aber das ist nicht die eigentliche Bedeutung dieser Uniformen. Sie sind nur der Ausdruck des Erziehungsstiles, zu dem sich die neue ‚Bewegung‘ bekennt: Der gemeinsame, gleiche Dienst aller ‚Volksgenossen‘ soll dadurch betont werden.“ (Spranger: Land und Volk, 1937, S. 33)

Und Spranger fährt fort:

„Die schönste Errungenschaft der nationalsozialistischen Bewegung ist die Entstehung eines tieferen Gemeinschaftsbewusstseins im Volke.“ (Spranger: Land und Volk, 1937, S. 34)

Über die Jugenderziehung führt er abschließend aus:

„Von den neuen politischen Jugendorganisationen habe ich schon gesprochen. Es versteht sich, dass zu ihren Gunsten das Leben mit der Familie mehr in den Hintergrund treten muss. ‚Die Jugend gehört dem Staat‘ – das ist das neue Prinzip, das seit vier Jahren durchgeführt worden ist.“ (Spranger: Land und Volk, 1937, S. 35)

Ohne Frage betätigt sich Spranger hier als Propagandist des Nationalsozialismus und des NS-Regimes. Seine These, dass der Mensch das ist, was er tut und wie er handelt, widerspricht dann doch sehr all den Vorstellungen und Behauptungen, Spranger habe sich in die „innere Emigration“ nach Japan zurückgezogen.[670]

In seinem Aufsatz **„Gruß an die japanische Jugend“** (1937)[671] zeichnet Spranger zunächst ein Bild der Jugend in Deutschland vor 1933, das von Zerrissenheit und Ziellosigkeit geprägt ist, um dann der japanischen Jugend mitzuteilen:

„Auch auf diesem Gebiet brachte die nationale Erneuerung Deutschlands durch Adolf Hitler einen völligen Umschwung. ‚Die Bewegung‘ – so heißt der Nationalsozialismus bei uns – fasste die gesamte deutsche Jugend zentral zusammen. Anfangs schwankte der Sprachgebrauch noch zwischen ‚Staatsjugend‘ und ‚Hitlerjugend‘.“ (Spranger: Japanische Jugend, 1937, S. 16)

Während in der Jugendbewegung viel Romantik und Schwärmerei zu finden gewesen sei, so Spranger, sei jetzt der Hauptgedanke „Dienst an der Nation und am nationalsozialistischen Staat“ (Spranger: Japanische Jugend, 1937, S. 18). Dabei erinnert er, ähnlich wie im vorherigen Text, an den Geist Preußens, Kants Pflichtethik, nun aber auch an Platons Staatserziehungslehre (Spranger: Japanische Jugend, 1937, S. 22).

1937 verfasste Eduard Spranger für die Zeitschrift „Die Erziehung“ die Rezension **„Die Widerstandskraft im modernen Kriege“**. Offensichtlich gab es im erziehungswissenschaftlichen Bereich noch Personen, denen Spranger einleitend meint erklären zu müssen, warum die Besprechung militärischer Literatur jetzt in eine erziehungswissenschaftliche Zeitung gehöre:

„Militärische Literatur galt früher als Fachangelegenheit im strengsten Sinne. Darin beginnt jetzt eine Wandlung einzutreten, deren Ursachen verständlich sind. Wenn der Krieg aufhört, Sache der regulären Truppen zu sein, wenn die Zukunft wirklich den ‚totalen Krieg‘ zu bringen droht, so gehen die Bedingungen, unter denen er stehen wird oder kann, schon im Frieden jeden Denkenden an. Da ferner ‚totaler Krieg‘ schon viel mehr bedeutet als nur technischen Krieg, so muss ***jede*** *Kulturarbeit unter dem Gesichtspunkt betrachtet werden, wie sie im äußersten Falle die Bewährungsprobe bestehen würde.“*[672]

[670] Siehe dazu: Tashiro, Takahiro: Affinität und Distanz. Eduard Spranger und der Nationalsozialismus, in: Pädagogische Rundschau, 53. Jg. (1999), S. 43–58, hier S. 55 f.

[671] Spranger, Eduard: Gruß an die japanische Jugend (Daigakusyorin-Bücherei, Nr. 103), Tokio 1937. *[Dokumentation ad fontes Spranger: S. 536–552]*

[672] Spranger, Eduard: Rezension: Die Widerstandskraft im modernen Kriege (über: Karl Pintschovius: Die seelische Widerstandskraft im modernen Kriege, Oldenburg 1936), in: Die Erziehung. Monatsschrift für den Zusammenhang von Kultur und Erziehung in Wissenschaft und Leben, 12. Jg. (1936/37), Heft 3 (Dezember 1936), S. 135–138, hier S. 135 f., Hervorhebung im Original. *[Dokumentation ad fontes Spranger: S. 482–485]*

Der bisher 1935 nur intern verwendete Begriff des „totalen Krieges“ bei Spranger wird nun öffentlich. Mehr noch, er nutzt seine Position innerhalb der Erziehungswissenschaft, um seine Profession auf einen solchen Krieg einzustimmen.

An Weihnachten 1937 wurde Spranger aufgefordert, für die Tageszeitung „Berliner Lokal-Anzeiger“ eine Antwort auf die Frage **„Gibt es Gottesgeschenke an die Völker?“** zu verfassen. In diesem Artikel, der auf der Titelseite der Zeitung beginnt, benennt er zunächst die „notgeborene Härte des deutschen Volkes“ und die „Straffung des zartgeborenen deutschen Gemütes“ als Gottesgeschenke. Er versteigt sich zu der Formulierung: „Aber die deutsche Seele ist das Sieghafteste von Allem, was es in Deutschland gibt.“ Abschließend wird das entscheidende Gottesgeschenk formuliert:

> *„Die Krisen und Nöte, die die deutsche Nation seit ihren Anfängen durchgemacht hat, waren sehr verschiedener Art und Herkunft. Aber Gott hat immer dafür gesorgt, dass in der Stunde der Gefahr große Männer erstarken, die in schwerem Ringen gegen innere und äußere Widerstände auf eine neue Höhe führten.“* [673]

Spranger spricht nicht aus – zumindest nicht an dieser Stelle – wen Gott Weihnachten dem deutschen Volk als „großen Mann“ geschenkt habe. Die Leserschaft hatte diese Leerstelle selbst auszufüllen und wird es getan haben.

Grundlegenderen Charakter für diese Phase der Publikationstätigkeit Sprangers hat die als Broschüre in Tokio 1938 erschienene Schrift **„Kulturprobleme im gegenwärtigen Japan und Deutschland“**[674], ein Text, der 1941 auch in der Zeitschrift „Die Erziehung“ erschien.[675] Nach einer ersten Positionsbestimmung zur Frage der „Rasse“[676] und einer Darstellung des überindividuellen Geistes bei Hegel und der großen Rolle der Familie bei Pestalozzi und Fröbel erklärt Spranger:

> *„Die Wiederbelebung des Volkes in Wirklichkeit und Denken erfolgt jetzt unter dem Zeichen der jungen Wissenschaft vom Leben. Man kennt schon einige Vererbungsgesetze. Man kennt also einige Wege zur Sicherung eines gesunden und – wenn nötig – zur Ausmerzung eines kranken Nachwuchses. Maßnahmen zur Eugenik werden ausgebildet. Dies alles aber geschieht nicht mehr im Interesse der einzelnen oder einzelner Familien, sondern vom Boden des Volkes als einer Lebenseinheit aus.“* (Spranger: Kulturprobleme, 1938, S. 9)

Und er fügt hinzu:

> *„Die Medizin z. B. hat jetzt ihren Mittelpunkt in der Volkshygiene, nicht mehr nur in der Gesunderhaltung und Heilung des Einzelnen.“* (Spranger: Kulturprobleme, 1938, S. 10)

Die Wiederveröffentlichung dieses Texts 1941 mit der Passage über die „Ausmerzung“ von Teilen des Nachwuchses geschah in einer Zeitspanne, als inzwischen auch in Deutschland die

---

[673] Spranger, Eduard: Gibt es Gottesgeschenke an die Völker?, in: Berliner Lokal-Anzeiger. Organ für die Reichshauptstadt, 55. Jg. (1937), Nr. 308 (25.12.1937), Morgenausgabe, S. 2. *[Dokumentation ad fontes Spranger: S. 560–561]*
Schon 1928 hatte Spranger formuliert: „Der große Mann aber ist der, ‚der den Königsgedanken‘ hat, Diktatur ist sinnlos, ohne die beschwingende Idee“ (Spranger, Eduard: Das deutsche Bildungsideal der Gegenwart in geschichtsphilosophischer Beleuchtung. Sonderdruck aus der „Erziehung“, Leipzig 1928, S. 32).

[674] Spranger, Eduard: Kulturprobleme im gegenwärtigen Japan und Deutschland, Tokio 1938. *[Dokumentation ad fontes Spranger: S. 596–621]*

[675] Spranger, Eduard: Kulturprobleme im gegenwärtigen Japan und Deutschland. Rede, gehalten am 9.10.1937 in Tokyo, in: Die Erziehung. Monatsschrift für den Zusammenhang von Kultur und Erziehung in Wissenschaft und Leben, 16. Jg. (1940/41), Heft 6–7 (März–April 1941), S. 121–132.

[676] „Von den Taten und Leistungen, die die Geschichte zeigt, schließen wir auch zurück auf Naturanlagen, die der Rasse eigen sind. Aber die Rasse ist keine absolute Konstante. Sie ist selbst in einem Erbgang von Jahrtausenden geformt. Wir können nicht von der Rasse als einer bestimmten Größe ausgehen und aus ihr die Geschichte deduzieren.“ (Spranger: Kulturprobleme, 1938, S. 3) Andererseits schreibt Spranger in „Probleme der Kulturmorphologie“ (1936): „Selbst die wissenschaftliche Erkenntnisintention ist ihrem Ausgangspunkte nach rassisch, national, geographisch und historisch individualisiert“ (in: Sitzungsberichte der Preußischen Akademie der Wissenschaften, Philosophisch-historische Klasse, Jg. 1936, S. 21 und in: Gesammelten Schriften, Band V, S. 151).

Praxis der Vernichtung des „lebensunwerten Lebens“ in die Öffentlichkeit gedrungen und von Bischof Clemens Galen inzwischen sogar von der Kanzel herab angeprangert worden war.[677]

Im weiteren Verlauf des Aufsatzes erklärt Spranger, dass Staat und Volk „ein und dieselbe Sache unter verschiedenen Gesichtspunkten betrachtet“ (Spranger: Kulturprobleme, 1938, S. 14) und betont, dass die „Formel auf dem Boden des Volkssozialismus“ nur heißen kann: „Der Staat um des Volkes willen“ (Spranger: Kulturprobleme, 1938, S. 15).

In einem nächsten Schritt erklärt Spranger die Rolle des Führers:

> *„Die Sehnsucht nach einem Führer ging lange durch die Volksseele, ehe ein Führer entstand. Seine Beglaubigung kann nur liegen in reinem Willen und in rettender Tat. Das Recht des Führers folgt aus dem Charisma, d. h. aus höherer Begnadigung, die ihm zuteil geworden ist.“* (Spranger: Kulturprobleme, 1938, S. 15)

Diesen Versuch der Legitimation eines antidemokratischen Führerstaats hatte Spranger ja bereits 1933 in der Preußischen Akademie vorgetragen. „Autoritäre Regierungsformen“ erklärt Spranger so: „Wenn eine Festung belagert wird, wird der Ausnahmezustand erklärt“ (Spranger: Kulturprobleme, 1938, S. 21). Den letzten großen Gedankengang in diesem Aufsatz widmet er dem „Notruf“ – so Spranger wörtlich – „Volk ohne Raum“ (Spranger: Kulturprobleme, 1938, S. 16).

Bei der Beurteilung der nachfolgenden Passagen über die Notwendigkeit von Expansionskriegen muss bewusst sein, dass Japan damals bereits China überfallen hatte[678] und Spranger gleichzeitig den Expansionskrieg Deutschlands ideologisch vorbereitet (bzw. bei der Wiederveröffentlichung 1941 nach zwei Jahren den bereits stattfindenden Expansionskrieg rechtfertigt). Spranger wirft die Frage unmissverständlich auf:

> *„Fehlen jedoch im Inlande die für die heimischen Bedürfnisse und für die Exportindustrie erforderlichen Rohstoffe, dann ist der Tatbestand gegeben, der heut mit dem Worte ‚Volk ohne Raum‘ gemeint ist. Man kann diesen Tatbestand auch kürzer ‚Armut‘ nennen; denn so sieht Armut als Schicksal eines Volkes aus. In diesem Sinne hat der deutsche Reichsminister Schacht 2 Klassen von Nationen unterschieden: die Have's und die Have-not's (die Habenden und die Nichthabenden).*
>
> *Die politische Zukunftsfrage, die sich daraus ergibt, ist diese: Sollen solche zurzeit bestehenden Raumverhältnisse als unabänderlich angesehen werden, oder besteht für die Nationen das Recht auf Erweiterung ihres Siedlungsraumes und ihrer politischen Einflusssphäre?“* (Spranger: Kulturprobleme, 1938, S. 16)

---

[677] Im Ansatz hat Spranger bereits 1934 auf einem medizinischen Kongress einen Vortrag mit den Titel „Das ethische Moment im Gesundsein und Kranksein“ solche Positionen vertreten: „Jedes lebendig wirksame Moralsystem, besonders auf wenig individualisierten Kulturstufen, schließt aufgrund eines unverbildeten Moralinstinktes hygienische Normen ein, die sich auf Angelegenheiten der Volks-, Standes- und Familienhygiene beziehen; inhaltlich betreffen sie vor allem das Gebiet der Fortpflanzung, der Aufzucht des Nachwuchses, der Ernährung und der Körperpflege. In Zeiten einer differenzierten und rationalisierten Kultur werden auch diese Moralinstinkte der Gruppe schwach. Gesetzgebung muss dann sozialhygienisch nachhelfen“ (in: Forschungen und Fortschritte. Nachrichtenblatt der Deutschen Wissenschaft und Technik, 10. Jg. (1934), S. 369–370, hier S. 369). *[Dokumentation ad fontes Spranger: S. 331–332]*

Siehe auch Sprangers Aufsatz „Vom Wandel des Lebens und der Werte“, in dem Spranger die Abstammung „mindestens von einem geglaubten Ahnherrn“ betont (in: Das Innere Reich, Band 1 (1934), S. 319–337, hier S. 333). *[Dokumentation ad fontes Spranger: S. 347–365]*

[678] Zweiter Japanisch-Chinesischer Krieg, 7. Juli 1937 bis 9. September 1945.

Im Aufsatz „Japan zwischen den Zeiten“ (in: Forschungen und Fortschritte. Nachrichtenblatt der Deutschen Wissenschaft und Technik, 14. Jg. (1938), S. 158–159) *[Dokumentation ad fontes Spranger: S. 262]* schreibt Spranger dann: „China muss somit zum Gegner und zum Ausbeutungsobjekt werden, solange es schwach ist; ja, man muss seine Schwäche rechtzeitig benutzen.“

An anderer Stelle, im Aufsatz „Japanische Kulturfragen“, begründet er den Überfall auf China auch mit dem Antikommunismus, dem Anti-Komintern-Pakt. Er schreibt über Japan: „Die Gesundheit seines Organismus war groß genug, in Krisenzeiten die gefährlichen Keime des Kommunismus auszustoßen. Japan will auch bei den Nachbarvölkern keinen volkszersetzenden Einfluss dulden, der zur Ansteckungsgefahr werden könnte. In diesem Willen liegt die tiefgehende weltanschauliche Verwandtschaft, die das nationalsozialistische Deutschland und Dai Nippon vor einem Jahr zueinander geführt hat“ (in: Nippon. Zeitschrift für Japanologie, 4. Jg. (1938), Heft 1, S. 1–22, hier S. 21 f.).

Spranger entwickelt nun zwei Ideen von Gerechtigkeit: „Nach der 1. Idee von Gerechtigkeit sind Gebietsveränderungen unzulässig" (Spranger: Kulturprobleme, 1938, S. 17). Diese Idee verwirft Spranger als überholt. Er entwickelt eine andere, seiner Meinung nach richtige Idee und begründet sie mit der „überlegenen Kulturkraft":[679]

„*Die andere Idee von Gerechtigkeit, die sich jetzt herausarbeitet, lässt sich in den 3. Ausruf zusammendrängen: ‚Raum für kulturelle Leistungsfähigkeit!' Der Erdball beginnt eng zu werden. Es fragt sich, ob die Nationen, die zum Kulturaufbau und zur wertvollen Ausnützung von Bodenschätzen fähig sind, solchen, die dazu nicht fähig sind, das unbedingte Verfügungsrecht über ihr Siedlungsgebiet lassen müssen. In der Stellungsnahme zu dieser Frage liegt eine große Kulturverantwortung. Es ist das brennendste sittliche Problem, dem gegenüber sich die Völker in der neuen Weltepoche entscheiden müssen.*" (Spranger: Kulturprobleme, 1938, S. 17)

Sehr deutlich zeichnet Spranger die Konsequenz imperialer Kriege, die er klar rechtfertigt:

„*Wenn solche Ideen durchdringen, dann bleibt es nicht bei bloßer Ideologie. Dann werden auch Handlungen folgen. In ihnen liegt die Gefahr kriegerischer Verwicklungen. Wer kann es leugnen, dass wir – schon seit 1914 – in eine Epoche großer Kriege eingetreten sind? Die Weisheit der Staatsmänner der Welt wird schwerlich ausreichen, die große Neuverteilung der Erde, die notwendig kommt, in bloßen Weltkonferenzen fertig zu bringen.*" (Spranger: Kulturprobleme, 1938, S. 18)

Die Neuverteilung der Erde als Notwendigkeit – darauf bereitet Spranger in der Rolle eines Propagandisten des NS-Staates diejenigen vor, die noch das Werk des Friedens betreiben wollten.[680] Zweiflern begegnet er noch mit einem weiteren Argument für die Expansion:

„*Und die Erweiterung des Raumes bei den rohstoffarmen Nationen ist auch deshalb wichtig, weil man im Kriegsfall die Ernährung des Volkes und die Rüstungsindustrie aus einheimischen Quellen sichern muss. Das lehrt das Schicksal Deutschlands im Weltkriege eindrucksvoll.*" (Spranger: Kulturprobleme, 1938, S. 19)

Dabei hält er daran fest, dass die Wissenschaft zwar dieser Politik zunehmend dienen müsse, dennoch aber nicht „politisiert" werden dürfe. Der Umbau „mit eiserner Hand" (Spranger: Kulturprobleme, 1938, S. 21)[681] erklärt sich ihm als eine Wende weg von Kant und mehr hin zu Hegel, auch auf dem Gebiet der Geisteswissenschaft:

„*Wenn es die Aufgabe der Geisteswissenschaften ist, dem Geist, der in der menschlichen Geschichte lebt und wirkt, zur Selbsterkenntnis und zum Bewusstsein seiner selbst zu verhelfen, so werden die Geisteswissenschaften immer den Stempel ihres nationalen Ursprungs tragen. Das hat schon Hegel gewusst. Mit dem Siege des Volksprinzips in der politischen Wirklichkeit war auch eine besonders starke Nationalisierung der Geisteswissenschaften verbunden. Man suchte sich über die eigenen Kraftquellen klarer zu werden und versenkte sich daher in die eigene Vergangenheit, um die nationale Wesensart tiefer zu erfassen.*" (Spranger: Kulturprobleme, 1938, S. 22)

Und Spranger ergänzt:

„*Denn während Kant die Selbständigkeit der sittlichen Person betont, lehrt Hegel das Eingebettetsein der Person in die großen sittlichen Mächte des geschichtlich gewordenen Volkslebens.*" (Spranger: Kulturprobleme, 1938, S. 22)

---

679 „Das Recht zum Kolonisieren hängt wirklich von der sittlichen Kulturkraft ab, die eine Nation beweist." (Spranger: Kulturprobleme, 1938, S. 17)

680 In seinem Aufsatz „Kulturpolitik" von 1937 schreibt Spranger ähnlich, die Biologie mit einbeziehend: „Von den Naturgrundlagen her und von den biologischen Lebensgesetzen her, und von neuen Glaubenskräften her muss eine Neuverteilung des Bodens, der Macht und der Güter erfolgen" (in: Die Erziehung. Monatsschrift für den Zusammenhang von Kultur und Erziehung in Wissenschaft und Leben, 13. Jg. (1937/38), Heft 1 (Oktober 1937), S. 1–6, hier S. 5). *[Dokumentation ad fontes Spranger: S. 553–558]*

681 „Aber so große Umbauten können nur mit eiserner Hand durchgeführt werden, wenn der Zusammenbruch des Ganzen vermieden werden soll. Dies ist ein weiterer Erklärungsgrund für das Auftreten autoritärer Regierungsformen in den verschiedensten Staaten. Wenn eine Festung belagert wird, wird der Ausnahmezustand erklärt." (Spranger: Kulturprobleme, 1938, S. 21)

Spranger vollzieht hier ohne Zwischenschritte den Wechsel von der Kriegsbefürwortung zur geisteswissenschaftlicher Reduktion und Akzentverschiebung. Der Sieg der Partei Adolf Hitlers wird zum „Sieg des Volksprinzips“ und Hegel zum geistigen Mäzen des „Stempels“ des nationalen Ursprungs der Geisteswissenschaft erklärt. Die Verwunderung über solche Äußerungen, vor allem aber über die „Militarisierung der Hochschulen“, hat Spranger wohl vernommen. Er reagiert auch hier mit einer Apologie im Sinne des NS-Staates:

> *„Die deutschen Universitäten sind völlig umgebaut worden. Über ihre neue Gestalt habe ich manche Stimme der Verwunderung oder Missbilligung in Japan und anderwärts gehört. Man muss aber die Militarisierung der Hochschule im Lichte der geschilderten allgemeinen Verhältnisse betrachten. Da höchste wissenschaftliche Leistungen für jede Kulturnation unentbehrlich sind, da auch sie wesentliche Vorbedingung des politischen Gelingens sind, werden die Träger der Wissenschaft es als ihre nationale Pflicht betrachten, das Niveau der Forschungsleistung zu sichern, wenn nötig auch außerhalb der Stätten, die der höchsten Stufe der Nationalerziehung gewidmet sind.“* (Spranger: Kulturprobleme, 1938, S. 24)

Sprangers am Nationalismus und Militarismus orientierte Apologie der Zustände an den deutschen Universitäten in der NS-Zeit wäre nicht vollständig, wenn nicht das Ewige und Göttliche als nötige Zugabe auch für Kunst und Politik präsentiert würde.

> *„Man muss den lieben Gott bitten, dass er große Künstler sendet, wie Er es ist, der große Staatslenker sendet“* (Spranger: Kulturprobleme, 1938, S. 24)

Mit dieser – bitteren – Pointe rundet Spranger das Bild seiner Rede in Japan ab. Der Führer, von Gott gesendet, wie der Kaiser von Japan, das religiös-erhabene Ewige als eigentliche Kraftquelle – das sind die jeder Diskussion unzugänglichen Bereiche, Fragen des „Glaubens“, die von Spranger geschickt in die apologetische Rhetorik des NS-Regimes eingebaut werden.

Es ist abschließend noch einmal festzuhalten, dass diese formal und inhaltlich extreme Rede Sprangers 1941 unverändert in der Zeitschrift „Die Erziehung“ abgedruckt und verbreitet wurde. In den „Gesammelten Schriften“ ist die Rede hingegen weder aufgenommen noch in irgendeiner Weise erwähnt worden.

In seinem Aufsatz **„Zur Geschichte der Schulpflicht“**[682] von 1938 wird im entscheidenden Schlussteil (der von Spranger sicher nicht zufällig 1949 im Sammelband „Zur Geschichte der deutschen Volksschule“ ohne Kennzeichnung teils gekürzt, teils verändert wurde)[683] die Geschichte der Schulpflicht bis zum Reichsgesetz vom 6. Juli 1938 fortgeschrieben. Spranger betont, dass nun

> *„die Schulpflicht die Erziehung und Unterweisung der deutschen Jugend im Geiste des Nationalsozialismus sichere.“* (Spranger: Schulpflicht, 1938, S. 476)

Dies schildert Spranger nicht nur als Sachverhalt, sondern folgert, dass „ein langes Ringen (…) siegreich zu Ende geführt“ wurde (Spranger: Schulpflicht, 1938, S. 476).

Einen gewissen Höhepunkt in diesem Zeitabschnitt bildet der Aufsatz **„Die Epochen der politischen Erziehung in Deutschland“**[684]. Die Grundlage dieses Aufsatzes bildet ein Vortrag gleichen Titels, den Spranger im Juli 1937 in Japan auf der Tagung des Nationalsozialistischen Lehrerbundes gehalten hatte. Die in der Zeitschrift „Die Erziehung“ 1938 abgedruckte Fassung enthält, wie Spranger in einer Fußnote mitteilt, nicht den ursprünglichen Schlussteil des

---

[682] Spranger, Eduard: Zur Geschichte der Schulpflicht, in: Die Erziehung. Monatsschrift für den Zusammenhang von Kultur und Erziehung in Wissenschaft und Leben, 13. Jg. (1937/38), Heft 12 (September 1938), S. 465–476. *[Dokumentation ad fontes Spranger: S. 676 (Auszug)]*

[683] Spranger, Eduard: Zur Geschichte der deutschen Volksschule, Heidelberg 1949, S. 62 f. Siehe dazu auch die Synopse in der *Dokumentation ad fontes Spranger*, S. 676.

[684] Spranger, Eduard: Die Epochen der politischen Erziehung in Deutschland, in: Die Erziehung. Monatsschrift für den Zusammenhang von Kultur und Erziehung in Wissenschaft und Leben, 13. Jg. (1937/38), Heft 4 (Januar 1938), S. 137–164. *[Dokumentation ad fontes Spranger: S. 565–592]*

Vortrags mit dem Titel „Über die gegenwärtigen Formen politischer Erziehung in Deutschland“, dessen Inhalt er „bei dem deutschen Leser als bekannt“ voraussetzt. Spranger teilt weiter mit, dass stattdessen „nur eine kurze Schlussbemerkung“ angefügt wurde, auf die noch eingegangen werden wird. Außerdem merkt er an, dass die „ursprüngliche Fassung“ in der „gedruckten japanischen Übersetzung“ vorliegt (Spranger: Epochen der politischen Erziehung, 1938, vgl. dazu Sprangers Fußnote S. 137).

In dem Aufsatz schildert Spranger die Etappen politischer Erziehung in Deutschland seit dem Mittelalter, über Friedrich den Großen bis Kaiser Wilhelm und der Weimarer Republik und arbeitet im Hinblick auf die Zeit nach den antinapoleonischen Kriegen heraus:

> *„Das deutsche Heer ist seitdem der vornehmste und wichtigste Träger einer politischen Erziehung der Nation geblieben.“* (Spranger: Epochen der politischen Erziehung, 1938, S. 151)

Der Sozialdemokratie wird eine „Missachtung der blutmäßigen und nationalen Verwurzelung“ (Spranger: Epochen der politischen Erziehung, 1938, S. 157) vorgeworfen. Die „von General v. Seeckt aufgebaute Reichswehr“ wird als eine „Elite im Hinblick auf Charakter“ bezeichnet (Spranger: Epochen der politischen Erziehung, 1938, S. 163). Der Aufsatz endet vor der neu hinzugefügten Schlussbemerkung mit folgender Einschätzung:

> *„Das schwerste Problem, das für Deutschland nach dem verlorenen Kriege bestand, lag in der Frage: Wie gelingt es, die marxistische, sehr stark unter fremdstämmigen Einfluss gelangte Arbeiterschaft wieder national zu machen? Diese beinahe unmöglich scheinende Leistung vollbracht zu haben, ist das wesentlichste Verdienst von Adolf Hitler.“* (Spranger: Epochen der politischen Erziehung, 1938, S. 164)

Spranger spricht hier nicht von jüdischem Einfluss, sondern von „fremdstämmigem“ Einfluss. Die Wortwahl ist vornehmer, die Sache ist dieselbe. Als wesentlichstes Verdienst wird Adolf Hitler die Beseitigung des jüdischen Einflusses, des marxistischen Einflusses angerechnet. Nun folgt im japanischen Original eine Ausführung der politischen Erziehung in NS-Deutschland. In der in der Zeitschrift „Die Erziehung“ abgedruckten Version fasst Spranger, wie bereits erwähnt, diesen gleich noch zu behandelnden Schlussteil in allgemeiner Form zusammen:

> *„Die tiefgreifenden Wandlungen, die sich in der politischen Erziehung des deutschen Volkes seit 1933 vollzogen haben, werden sich in noch schärferen Umrissen herausheben, wenn man sie auf dem Hintergrunde der hier skizzierten Vorgeschichte betrachtet.“* (Spranger: Epochen der politischen Erziehung, 1938, S. 164)

Für Spranger ist „die Rückwendung zur weltanschaulichen Einheit des Staates“ ein „Einschnitt von größter geschichtlicher Bedeutung“. Abschließend heißt es:

> *„Die zentrale Stellung, die der nationalpolitischen Erziehung schon weltanschaulich zugewiesen wird, ist ebenfalls etwas grundlegend Neues. Es beginnt also mit dem Jahre 1933 eine Epoche, die nicht aus der Vergangenheit abgeleitet werden kann, sondern als ganz eigentümliche Gesamtstruktur verstanden werden muss.“* (Spranger: Epochen der politischen Erziehung, 1938, S. 164)

Der ursprüngliche Schlussteil der Rede Sprangers in Japan mit dem Titel **„Über die gegenwärtigen Formen politischer Erziehung in Deutschland“** wurde 1937 lediglich in japanischer Sprache veröffentlicht und liegt erst seit 2006 in der Rückübersetzung in deutscher Sprache vor.[685] Das Originalmanuskript Sprangers konnte in den Archiven nicht aufgefunden werden.

Spranger entwickelt vor seinen japanischen Hörern in fünf Punkten, was er beim deutschen Leser als bekannt voraussetzt. In Punkt eins erklärt er den Nationalsozialismus als einen im

---

[685] Die Übersetzung des Schlussteils der Rede Eduard Sprangers wurde erstmals in deutscher Sprache publiziert in: Horn, Klaus-Peter/Ogasawara, Michio/Sakakoshi, Masaki/Tenorth, Heinz-Elmar/Yamana, Jun/Zimmer, Hasko (Hrsg.): Pädagogik im Militarismus und im Nationalsozialismus. Japan und Deutschland im Vergleich, Bad Heilbrunn 2006, S. 124–126. Der Text dieser Rückübersetzung aus dem Japanischen ist im Anhang der *Dokumentation ad fontes Spranger*, S. 1008–1010 vollständig abgedruckt.

„Erlebnis im Schützengraben“ geschaffenen Gedanken. Auch das „Führerprinzip“ wird einerseits aus diesem Erlebnis erklärt, aber auch mit Gott begründet:

„Das Führungsrecht ist ein Charisma, also eine besondere ‚Gabe Gottes‘.“ (Spranger: Gegenwärtige Formen politischer Erziehung, 1937, S. 125)

In einem zweiten Punkt betont Spranger die nun überragende Rolle des Volkes als „biologische Lebensgemeinschaft“. Er führt dazu aus:

„So wurde die neue Genetik zur wichtigsten Wissenschaft, und die Eugenik und das Rassenbewusstsein wurden zum grundsätzlichen Element der politischen Erziehung.“ (Spranger: Gegenwärtige Formen politischer Erziehung, 1937, S. 125)

Im dritten Punkt behandelt Spranger den Staat als höchste Ausdrucksform des Willens des Volkes, um sich im vierten Punkt dem Thema „Die Jugend gehört dem Staat“ zu widmen. Er schildert die Hitlerjugend, den Arbeitsdienst und den Militärdienst und betont die Mitwirkung von SA und SS „an der Erziehung im nationalsozialistischen Geist“ (Spranger: Gegenwärtige Formen politischer Erziehung, 1937, S. 125).

Im fünften Punkt betont Spranger abschließend, dass die Standesunterschiede, die früher eine große Rolle gespielt hätten, „in der heutigen ‚Volksgemeinschaft‘ “ all ihre Bedeutung verloren hätten (Spranger: Gegenwärtige Formen politischer Erziehung, 1937, S. 126).

Bei der Beurteilung dieser Passagen entsteht das Problem, dass verschwimmt, was Spranger schildert und wie er es bewertet. Der Kontext seiner Ausführungen und seiner gesamten Vorträge in Japan macht deutlich, dass er aus der Sicht der japanischen Zuhörer und aus der Sicht der Leserschaft der Zeitschrift „Die Erziehung“ in Deutschland eine Form der Darstellung gewählt hat, die trotz sachlichem Gehalt keinen Zweifel daran lässt, dass er den Kern des Nationalsozialismus für richtig hält und unterstützt.

c) Veröffentlichungen 1939–1944

Theoretische Beiträge

In der Zeitspanne von 1939–1944, also in der Zeit des Zweiten Weltkriegs, bleibt Eduard Spranger zunächst in seiner theoretischen Arbeit bei „seinen“ Themen. Erneut skizziert er „Die Bedeutung der Geisteswissenschaften“[686], beschäftigt sich verstärkt mit den „Wegen und Zielen der Völkercharakterologie“[687] und setzt seine philosophiegeschichtlichen Studien mit dem Beitrag „Nietzsche über Sokrates“[688] fort. In seinem Vortrag über die „Weltfrömmigkeit“[689],

[686] Spranger, Eduard: Skizze über die Bedeutung der Geisteswissenschaften, in: Das Jahrzehnt 1930–1940 im Spiegel der Arbeit des Stifterverbandes der Deutschen Forschungsgemeinschaft (Notgemeinschaft der Deutschen Wissenschaft). Zum achtzigsten Geburtstag Seiner Exzellenz des Herrn Staatsministers Dr. F. Schmidt-Ott 4.6.1940, ohne Ort, ohne Jahr (1940), S. 145–158. *[Dokumentation ad fontes Spranger: S. 772–785]*

[687] Spranger, Eduard: Wege und Ziele der Völkercharakterologie, in: Jahrbuch der Kaiser-Wilhelm-Gesellschaft zur Förderung der Wissenschaften (1939), S. 141–177.

[688] Spranger, Eduard: Nietzsche über Sokrates, in: Les Quarante Années de l'activité scientifique de Theophile Boréas, Athen 1939, S. 9–25.

[689] Spranger, Eduard: Weltfrömmigkeit. Ein Vortrag, Leipzig 1941. In dieser Schrift legt Spranger Friedrich dem Großen, „der uns zum Vorbild des Mutigen in der weltanschaulichen Haltung wurde“ in den Mund: „Es ist nicht nötig, dass ich glücklich werde, wohl aber, dass ich meine Pflicht tue“ (Spranger: Weltfrömmigkeit, 1941, S. 31). *[Dokumentation ad fontes Spranger: S. 844–846 (Vorwort)]*

In der ursprünglichen Fassung wird das Christentum als eine „Religion des Sieges“ vorgestellt, „wenn es die Kraft gibt, im Kriege das Leben einzusetzen für sittliche Güter, die nicht bloß der Zeit gehören“ (Spranger: Weltfrömmigkeit, 1941, S. 38). Diese Passage wurde von Spranger für die Nachkriegsausgabe (Die Magie der Seele, 2. erweiterte Auflage, Tübingen 1949, S. 40) wegoperiert; siehe auch: Gesammelten Schriften, Band IX, S. 249.

aber auch über „Die Schwierigkeiten des geistlichen Berufs“[690] behandelt Spranger Fragen der Theologie, die er in einer längeren Abhandlung „Zur Psychologie des Glaubens“[691] vertieft.

Die zentrale neue Arbeit in dieser Zeitspanne, ein Vortrag vor der Preußischen Akademie der Wissenschaften, betrifft den „Philosoph von Sanssouci“[692]. In dieser Arbeit versucht Spranger pointiert nachzuweisen, dass der Kant'sche Pflichtbegriff wesentlich von der Persönlichkeit und dem Wirken Friedrichs des Großen geprägt gewesen sei. Für die Pädagogik bedeutsam ist Sprangers umfangreiche und detaillierte Studie über „Friedrich Fröbels Gedankenwelt“[693] (ursprünglich ebenfalls ein Vortrag in der Preußischen Akademie). Dabei legt er den Akzent stark auf Fröbels „Deutschtum“.

Als führendes Mitglied der Goethe-Gesellschaft setzt Spranger seine Studien über Goethe fort und erweitert diesen Themenkomplex im Schiller-Jahr 1941 um einen Beitrag zu „Schillers Geistesart“[694]. Erneut geht er auf die Bedeutung Fichtes in Geleitworten[695] zur Herausgabe von dessen Schriften ein, hier jedoch mit starken Bezügen zu den Aufgaben der Deutschen in den Kriegsjahren.

Seine Arbeit zur Geschichte der Schule in Deutschland wird in zwei weiteren umfangreichen Beiträgen vertieft: „Zur Geschichte der Berufsschulpflicht“[696] und „Zur Entstehungsgeschichte der deutschen Volksschule“[697], in denen akribisch und auf umfangreiche Quellen gestützt die politischen, juristischen und realen Vorgänge nachgezeichnet werden.

Wie bereits erwähnt, geht Spranger noch einmal auf „Kulturprobleme im gegenwärtigen Japan und Deutschland“[698] ein, indem er in der Zeitschrift „Die Erziehung“ 1941 zum ersten

[690] Spranger, Eduard: Über innere Schwierigkeiten des geistlichen Berufs, in: Siegbert Stehmann (Hrsg.): Der Pfarrerspiegel, Berlin 1940, S. 31–46. *[Dokumentation ad fontes Spranger: S. 763–771]*

[691] Spranger, Eduard: Zur Psychologie des Glaubens. Friedrich Meinecke zum 80. Geburtstage in tiefer, herzlicher Verehrung (nach einem Vortrag vom 6.3.1942 im Institut für Psychologische Forschung und Psychotherapie in Berlin), in: Die Erziehung. Monatsschrift für den Zusammenhang von Kultur und Erziehung in Wissenschaft und Leben, 17. Jg. (1941/42), Heft 11–12 (August–September 1942), S. 197–211.

[692] Spranger, Eduard: Der Philosoph von Sanssouci (Abhandlungen der Preußischen Akademie der Wissenschaften, Philosophisch-historische Klasse, Nr. 5), Berlin 1942.

[693] Spranger, Eduard: Aus Friedrich Fröbels Gedankenwelt (Abhandlungen der Preußischen Akademie der Wissenschaften, Philosophisch-historische Klasse, Nr. 7), Berlin 1939.

In dieser auf umfangreiches Quellenmaterial gestützten wissenschaftlichen Studie bezeichnet Spranger Fröbel als „Deutschesten“ (Spranger: Fröbels Gedankenwelt, 1939, S. 3), dessen Darlegung des Deutschtums noch viel zu unbekannt sei. Der Aufsatz enthält eine Reihe von Zitaten Fröbels in dieser Richtung. Spranger erinnert an Fröbels Schrift mit dem ungewöhnlichen Titel „Durchgreifende dem deutschen Charakter erschöpfend genügende Erziehung ist das Grund- und Quellbedürfnis des deutschen Volkes“ (Spranger: Fröbels Gedankenwelt, 1939, S. 30). Fröbel bezeichnet seine Erziehungsanstalten ausdrücklich, wie Spranger hervorhebt, als ein Erzeugnis des „Deutschen Krieges“ (Spranger: Fröbels Gedankenwelt, 1939, S. 30).

[694] Spranger, Eduard: Schillers Geistesart, gespiegelt in seinen philosophischen Schriften und Gedichten (Abhandlungen der Preußischen Akademie der Wissenschaften, Philosophisch-historische Klasse, Jg. 1941, Nr. 13), Berlin 1941.

[695] Spranger, Eduard: Geleitwort, in: Fichte, Johann Gottlieb: Reden an die Deutsche Nation (Philosophische Bibliothek, Band 204), Leipzig ohne Jahr (1943), S. III–XIV. *[Dokumentation ad fontes Spranger: S. 932–943]*

Spranger, Eduard: Geleitwort in: Fichte, Johann Gottlieb: Die Bestimmung des Menschen (Philosophische Bibliothek, Band 226), 2., um ein Geleitwort Eduard Sprangers und ein Sachverzeichnis erweiterte Auflage, Leipzig ohne Jahr (1945), S. 157–188.

[696] Spranger, Eduard: Zur Geschichte der Berufsschulpflicht, in: Die Erziehung. Monatsschrift für den Zusammenhang von Kultur und Erziehung in Wissenschaft und Leben, 14. Jg. (1938/39), Heft 2–3 (November–Dezember 1938), S. 49–64 und Heft 8 (Mai 1939), S. 330–344.

[697] Spranger, Eduard: Zur Entstehungsgeschichte der deutschen Volksschule (Abhandlungen der Preußischen Akademie der Wissenschaften, Philosophisch-historische Klasse, Jg. 1944, Nr. 1), Berlin 1944.

[698] Spranger, Eduard: Kulturprobleme im gegenwärtigen Japan und Deutschland. Rede, gehalten am 9.10.1937 in Tokio, in: Die Erziehung. Monatsschrift für den Zusammenhang von Kultur und Erziehung in Wissenschaft und Leben, 16. Jg. (1940/41), Heft 6–7 (März–April 1941), S. 121–132.

Mal in Deutschland die mit NS-Terminologie und NS-Inhalten behaftete in Japan gehaltene Rede veröffentlicht, die bereits 1938 als eigenständige Broschüre[699] in Japan erschienen war.

Neben einigen Wiederveröffentlichungen älterer Schriften[700] erscheinen insgesamt achtzehn Rezensionen, wobei lediglich auf eine davon (über die „Kolonialpädagogik“)[701] ausführlicher einzugehen sein wird. Eher en passant befasst sich Spranger auch mit „Berlin als Sitz weltgestaltender Philosophie“[702], Fragen von „Volkstum und Rechtsordnung“[703] und der Rolle des „Unterrichtsfilms“[704].

Siebzehn weitere kleine Artikel erschienen vor allem in der Tages- und Wochenpresse, wobei von ihrer Bedeutung her insbesondere die „Deutsche Allgemeine Zeitung“[705] und die Wochenzeitung „Das Reich“[706] hervorzuheben sind. Zumindest einer dieser Artikel wurde vom NS-Regime als so bedeutend angesehen, dass er kurz nach seiner Veröffentlichung in „Das Reich“ auch in der Zeitschrift „Die Deutsche Polizei“, herausgegeben vom Reichsführer SS Heinrich Himmler, nachgedruckt wurde.

In der Schnittmenge zwischen theoretischen und politischen Aufsätzen findet sich im Aufsatz **„Wege und Ziele der Völkercharakterologie“**[707] eine deutlich biologistisch-rassistische Terminologie. Spranger schreibt:

> *„Wir müssten also wissen, was der ‚Seelenstil‘ einer ganzen Rasse und eines ganzen Volkes ist. Rasse und Volk müssen hierbei als reale Zeugungsgemeinschaften und Erbstränge genommen werden, nicht*

---

[699] Spranger, Eduard: Kulturprobleme im gegenwärtigen Japan und Deutschland (deutsch und japanisch), Tokio 1938.

[700] Spranger, Eduard: Der Bildungswert der Heimatkunde (Vortrag). Mit einem Anhang: „Volkstum und Erziehung“, Leipzig 1943; Spranger, Eduard: Goethes Weltanschauung. Reden und Aufsätze, Leipzig 1943 und Spranger, Eduard: Psychologie des Jugendalters, 18. Auflage, unveränderter Nachdruck der 16. Auflage, Leipzig 1945.

[701] Spranger, Eduard: Rezension von: Herbert Theodor Becker: Die Kolonialpädagogik der großen Mächte. (Hamburg 1930), in: Die Erziehung. Monatsschrift für den Zusammenhang von Kultur und Erziehung in Wissenschaft und Leben, 15. Jg. (1939/40), Heft 3 (Dezember 1939), S. 75–79. *[Dokumentation ad fontes Spranger: S. 708–712]*

[702] Spranger, Eduard: Berlin als Sitz weltgestaltender Philosophie (nach einem Vortrag für die Ortsvereinigung Berlin der Deutschen Philosophischen Gesellschaft und den Verein für die Geschichte Berlins am 9.12.1939), in: Forschungen und Fortschritte. Nachrichtenblatt der Deutschen Wissenschaft und Technik, 16. Jg. (1940), S. 49–51. *[Dokumentation ad fontes Spranger: S. 718–720]*

[703] Spranger, Eduard: Volkstum und Rechtsordnung, in: Gesetzgebung und Literatur, 22. Jg. (1941/42), Heft 2, S. 21–23.

[704] Spranger, Eduard: Gedanken zum Filmwesen und zum Unterrichtsfilm, in: Die Erziehung. Monatsschrift für den Zusammenhang von Kultur und Erziehung in Wissenschaft und Leben, 16. Jg. (1940/41), Heft 8–9 (Mai–Juni 1941), S. 193–198. *[Dokumentation ad fontes Spranger: S. 834–839]*

[705] Die „Deutsche Allgemeine Zeitung“ erschien von 1861 bis 1945 in Berlin. Obwohl der Sozialdemokrat Wilhelm Liebknecht zur Gründungsredaktion gehörte, entwickelte sich die Zeitung rasch in eine nationalliberal-konservative und regierungsnahe Richtung. In der Zeit des Kaiserreichs und der Weimarer Republik gehörte die „Deutsche Allgemeine Zeitung“ neben der „Frankfurter Zeitung“, dem „Berliner Tageblatt“ und der „Vossischen Zeitung“ zu den bekanntesten und renommiertesten Blättern der deutschen Presselandschaft. Ab Mitte der 1920er Jahre dominierten in der Zeitung mehr und mehr rechtskonservativ-antirepublikanische Positionen (vgl. Fischer, Heinz-Dietrich: Die Deutsche Allgemeine Zeitung, in: Fischer, Heinz-Dietrich (Hrsg.): Deutsche Zeitungen des 17. bis 20. Jahrhunderts (Publizistik-historische Beiträge, Band 2), Pullach 1972, S. 269–282).

[706] Die nationalsozialistische Wochenzeitung „Das Reich“ erschien von 1940 bis 1945. Ihr Konzept war, NS-Propaganda auf hohem journalistischem Niveau zu verbreiten. Für die Mitarbeit gewonnen wurden u. a. Theodor Heuss, Max Planck, Elisabeth Noelle-Neumann und Werner Höfer; Goebbels schrieb in unregelmäßigen Abständen Leitartikel. „Das Reich“ entwickelte sich rasch zur auflagenstärksten NS-Zeitung nach dem „Völkischen Beobachter“. Bis April 1945 stieg die Auflage auf 1,4 Millionen Exemplare an (vgl. Martens, Erika: Zum Beispiel „Das Reich“. Zur Phänomenologie der Presse im totalitären Regime, Köln 1972).

[707] Spranger, Eduard: Wege und Ziele der Völkercharakterologie, in: Jahrbuch der Kaiser-Wilhelm-Gesellschaft zur Förderung der Wissenschaften (1939), S. 141–177.

Dieser Aufsatz ist im Wesentlichen identisch mit dem späteren Beitrag „Wie erfasst man einen Nationalcharakter?“ (1940). Er ist mit geringfügigen stilistischen Änderungen abgedruckt in den Gesammelten Schriften, Band IV, S. 305–327 (nach der Fassung von 1940) und wurde daher in die Dokumentation ad fontes Spranger nicht aufgenommen. Die Änderungen sind auf S. 422 f. der Gesammelten Schriften (Band IV) dokumentiert. Die hier zitierte Stelle befindet sich auf S. 311.

> *bloß als logisch gewonnene Klassifikationsergebnisse mit abstrakt herausgehobenen Merkmalen.“* (Spranger: Völkercharakterologie, 1939, S. 151)

Dabei verweist Spranger auf Oswald Kroh[708] und Gerhard Pfahler[709] sowie auf Eugen Fischers[710] Untersuchung über die „Bastardstämme in Südafrika“ (Spranger: Völkercharakterologie, 1939, S. 149 bzw. 151).

Politische Beiträge

Im Jahr 1939 veröffentlicht Eduard Spranger in der Zeitschrift „Die Erziehung“ eine umfangreiche und kenntnisreiche Arbeit mit dem Titel **„Zur Geschichte der Berufsschulpflicht“**. Auch hier wird der spätere Abdruck im Sammelband „Zur Geschichte der deutschen Volksschule“[711] in einer Weise bearbeitet, die nicht korrekt ist. Spranger geht in seinem Vorwort von 1949 mit keinem Wort auf die vorgenommenen Veränderungen ein. Die eindeutigen Bezüge auf das NS-Regime, die in den letzten beiden Absätzen der ursprünglichen Fassung von 1939 enthalten sind, werden in der veränderten Fassung zehn Jahre später in einem zusammenfassenden, neu geschriebenen letzten Absatz getilgt. Es geht um das Thema der planmäßigen Berufslenkung. Spranger diagnostiziert:

> *„Sie wäre unter den früheren Umständen schwer möglich gewesen. Unter dem Zeichen des Nationalsozialismus liegen die Verhältnisse anders. Eine völlig freie Berufswahl* ***kann*** *– besonders wenn gleichzeitig andere große Umstellungen stattfinden – für das Volksganze erhebliche Gefahren mit sich bringen. Die alte Selbstregulierung im Stile der freien Konkurrenz reicht für die gewaltigen neuen Aufgaben, die zu lösen sind, nicht mehr aus.“* [712]

Dies schrieb Spranger im Jahr 1939, und die „großen Umstellungen“, auf die Spranger anspielt, sind die wiederholt propagierten Vorbereitungen auf den Aggressionskrieg.

In einer Reihe von **Rezensionen** Sprangers aus dem Jahr 1939 findet sich u. a. ein Hohelied auf Hermann Lietz, dessen Leitlinie „Pflege wertvollen Erbgutes und rassischer Art“ nach Spranger „in der Gegenwart zu einer kräftigen Symphonie“ geworden sei.[713] In einer weiteren

---

[708] Zu dem NSDAP-Mitglied Kroh siehe: Retter, Hein: Oswald Kroh und der Nationalsozialismus. Rekonstruktion und Dokumentation einer verdrängten Beziehung, Weinheim 2001.

[709] In seinem Buch „Warum Erziehung trotz Vererbung?“ (5. Auflage, Leipzig 1943), zuerst 1935 erschienen, dessen fünf Auflagen immerhin 21.000 Exemplare erreichten, wendet sich Pfahler mit den bekannten und berüchtigten Zahlenbeispielen nicht nur massiv gegen die „Zigeunerkinder“ (Pfahler 1935/1943, S. 11), sondern überhaupt gegen die Betreuung erbkranker oder als erbkrank bezeichneter Kinder.

Pfahler greift in „Rasse und Erziehung“ (in: Zeitschrift für pädagogische Psychologie und Jugendkunde, 40. Jg. (1939), Heft 9–10, S. 201–221) zunächst auf die Geschichte zurück: „Die Nürnberger Bürger des 15. und 16. Jahrhunderts haben sich ohne den Begriff Rasse des wuchernden Judentums in der Stadt erwehrt“ (Pfahler 1939, S. 202). Er fordert eine wissenschaftliche „Rassenlehre“, um das „Wesen der Erziehung im Rahmen der Rasse“ anzupacken (Pfahler 1939, S. 204). Die Argumentation geht in zwei Richtungen. Die Erziehung der „negativen Rassen“ sei unsinnig und nutzlos, die Erziehung der „positiven Rasse“ aber sei nötig, gerade für den „Kampf mit den zerstörenden Kräften einer fremden Rasse“ (Pfahler 1939, S. 205), was der Nationalsozialismus ja gerade anpacke.

[710] Eugen Fischer, Verfasser der Schrift: „Die Rehobother Bastarde und das Bastardisierungsproblem beim Menschen“ (Jena 1913), referierte am 7. Juni 1933 in der Mittwochs-Gesellschaft über „Die Rassen der Juden“ und am 9. Januar 1934 über „Das Problem der Rassenkreuzung beim Menschen“.

[711] Spranger, Eduard: Zur Geschichte der deutschen Volksschule, Heidelberg 1949, S. 95 f. Siehe dazu auch die Synopse in der *Dokumentation ad fontes Spranger*, S. 703–704.

[712] Spranger, Eduard: Zur Geschichte der Berufsschulpflicht, in: Die Erziehung. Monatsschrift für den Zusammenhang von Kultur und Erziehung in Wissenschaft und Leben, 14. Jg. (1938/39), Heft 2–3 (November–Dezember 1938), S. 49–64 und Heft 8 (Mai 1939), S. 330–344, hier S. 344, Hervorhebung im Original. Es handelt sich hierbei um die Fortsetzung des Aufsatzes „Zur Geschichte der Schulpflicht“ von 1938.

[713] Spranger, Eduard: Rezension von: Hermann Lietz: Deutsche Natzonalerziehung. Auswahl aus seinen Schriften (Weimar 1938) und Hermann Lietz: Gott, Volk, Vaterland (Weimar 1938), in: Die Erziehung. Monatsschrift für den Zusammenhang von Kultur und Erziehung in Wissenschaft und Leben, 14. Jg. (1938/39), Heft 5 (Februar 1939), S. 209–210, hier S. 209. *[Dokumentation ad fontes Spranger: S. 697–698]*

Rezension wird ohne Distanz aus Max Zollingers Buch „Hochschulreife“ zusammenfassend hervorgehoben:

> *„dass alle Erziehungsformen nunmehr nur* ***ein*** *Ziel haben sollen: die Formung des nationalsozialistischen Menschen.“* (Hervorhebung im Original)[714]

1939, nach dem Einmarsch in Österreich und dessen Anschluss ans Deutsche Reich, hielt Spranger einen Vortrag in Wien mit dem Titel **„Volksmoral und persönliche Sittlichkeit“**, der im Band V der „Gesammelten Schriften“ erstmals publiziert wurde. Die Verantwortung dafür trägt Hans Wenke, der ehemalige verantwortliche Schriftleiter der Zeitschrift „Die Erziehung“[715], der auch der Herausgeber dieses Bandes ist. Sprangers positive Darstellung des „gesunden Sinns“ des Nationalsozialismus[716] findet sich in folgender Formulierung:

> *„Was wir heute Liberalismus im schlechten Sinne nennen, ist ein Auflösungsprodukt, ein Anzeichen für den gefährlichen Zerfall der Volksgemeinschaft, das der Nationalsozialismus mit gesundem Sinn erkannt hat.“*[717]

An dieser Stelle sei auch auf die ganzseitige Einschaltung in der Zeitschrift „Die Erziehung“ **zu Adolf Hitlers fünfzigstem Geburtstag** verwiesen. Spranger war inzwischen alleiniger Herausgeber[718] und Wenke verantwortlicher Schriftleiter:

> *„Adolf Hitler / dem Oberhaupt des Großdeutschen Reiches / dem Führer und Beschützer des deutschen Volkes / dem Verkünder nationalsozialistischer Ideale / zum fünfzigsten Geburtstag / GLÜCK UND SEGEN“*[719]

1940 entwickelt Spranger in einer längeren vierseitigen **Rezension von „Die Kolonialpädagogik der großen Mächte“**[720] auch seine Position zu Kolonialismus und Rassismus. Zunächst stellt er fest – ganz im NS-Jargon –, dass das Buch hineingestellt sei in den Rahmen „der großen Rassen-, Wirtschafts- und Weltanschauungskämpfe unserer Zeit“ (Spranger: Kolonialpädagogik, 1939, S. 75). Bezüglich der Kolonialvölker führt Spranger aus:

> *„Dahinter liegt die große Rassenproblematik, die die gegenwärtige Welt bewegt. Rassenmischung wird immer mehr als bedenklich erkannt. Hilfe der weißen Rasse bei der kulturellen Selbstentfaltung der Farbigen kann, ja muss auf die Dauer Kräfte wecken, die der bisherigen Alleinherrschaft der Europäer und Amerikaner gefährlich werden, zumal wenn ihr Geburtenrückgang anhält. Aber das neu*

---

[714] Spranger, Eduard: Rezension von: Max Zollinger: Hochschulreife. Bestimmung und Verantwortung der schweizerischen Gymnasien (Zürich/Leipzig 1939), in: Die Erziehung. Monatsschrift für den Zusammenhang von Kultur und Erziehung in Wissenschaft und Leben, 14. Jg. (1938/39), Heft 9 (Juni 1939), S. 402–404, hier S. 402. *[Dokumentation ad fontes Spranger: S. 705–706]*

[715] Seit dem 13. Jahrgang der Zeitschrift (1937/38) bis zu deren Einstellung 1943 fungierte Spranger als alleiniger Herausgeber und Wenke als Schriftleiter.

[716] Es sei dahingestellt, ob Wenke dieses Manuskript veröffentlicht hat, weil er diese Passage übersehen oder gerade weil er sie für wichtig erachtet hat. Es sei hier nur daran erinnert, dass Wenke Sprangers Werk bereits 1942 auf die Wehrmachtspsychologie ausgerichtet hat (siehe: Wenke, Hans: Zur Philosophie des totalen Krieges, in: Wenke, Hans (Hrsg.): Geistige Gestalten und Probleme. Eduard Spranger zum 60. Geburtstag, Leipzig 1942, S. 267–289).

[717] Spranger, Eduard: Volksmoral und persönliche Sittlichkeit (1939), in: Gesammelte Schriften, Band V: Kulturphilosophie und Kulturkritik, Tübingen/Heidelberg 1969, S. 247–264, hier S. 256.

Zu dem Einmarsch in Österreich heißt es bei Spranger in diesem Vortrag, den er 1936 in Budapest und Prag und 1939 in Wien gehalten hat: „Es ist gerade ein Jahr her, dass Österreich und das Reich sich wiederfanden. *Als* sie sich aber fanden, fühlten beide Volksteile, dass sie in einem zeitüberlegenen Sinne zueinander gehören und dass sie in der Welt eine untrennbar gemeinsame sittliche Aufgabe zu erfüllen haben“ (Spranger, Eduard: Volksmoral und persönliche Sittlichkeit (1939), in: Gesammelte Schriften, Band V: Kulturphilosophie und Kulturkritik, Tübingen/Heidelberg 1969, S. 264, Hervorhebung im Original).

[718] Noch 1941 sprach Spranger nicht ohne einen gewissen Stolz von „meiner Zeitschrift ‚Die Erziehung‘“ (Das Reich, Jg. 1941, Nr. 2 (12.1.1941).

[719] Die Erziehung. Monatsschrift für den Zusammenhang von Kultur und Erziehung in Wissenschaft und Leben, 14. Jg. (1938/39), Heft 7 (April 1939), S. 265.

[720] Spranger, Eduard: Rezension von: Herbert Theodor Becker: Die Kolonialpädagogik der großen Mächte. (Hamburg 1930), in: Die Erziehung. Monatsschrift für den Zusammenhang von Kultur und Erziehung in Wissenschaft und Leben, 15. Jg. (1939/40), Heft 3 (Dezember 1939), S. 75–79. *[Dokumentation ad fontes Spranger: S. 708–712]*

angebrochene kolonialpolitische Zeitalter steht unvermeidlich unter dem Zeichen ‚Kolonialpädagogik'. Im günstigsten Fall darf man von der Zukunft eine friedliche Kooperation der Rassen erhoffen." (Spranger: Kolonialpädagogik, 1939, S. 76)

Spranger, der sich hier auch auf Hans Grimm bezieht, beruft sich auf angloamerikanische und französische Erfahrungen bei dem „Problem der Negererziehung" und stellt fest: „Rassenmischung lehnen die Engländer wie die Deutschen ab" (Spranger: Kolonialpädagogik, 1939, S. 77). Spranger bedauert den schmerzhaften Verlust deutscher Kolonien und hebt als Pointe seiner Rezension das Zitat „Kolonisation ist, richtig verstanden, nichts anderes als eine Art Erziehung" hervor (Spranger: Kolonialpädagogik, 1939, S. 78).

Die Position Sprangers entspricht zwar einerseits den gängigen kolonialistisch-rassistischen Thesen des NS-Regimes[721], ist aber insofern nicht typisch nationalsozialistisch, da solche Positionen, ähnlich wie der deutschnationale Militarismus, weit über geschulte Ideologen des NS-Regimes hinaus sozusagen Allgemeingut des deutschnationalen Geistes und deutschnationaler Politik spätestens seit der Existenz deutscher Kolonien waren.

In der Wochenzeitung „Das Reich" vom 6. Oktober 1940 (auf der Titelseite prangen die Überschriften „In Erwartung des nächsten Angriffs" und „Der lange Krieg") wird Sprangers Artikel **„Berlin als geistige Weltstadt"** veröffentlicht. In ihm spannt er den Bogen vom Geist Friedrichs des Großen über Hegel („In Berlin ist nur ein Dom gebaut worden: die Hegelsche Philosophie") bis zur Gegenwart und folgert:

„Die Armee der Forschung repräsentieren die Akademie, das Hochschulsystem, die Kaiser-Wilhelm-Institute und der Große Forschungsrat. Siemens, Borsig, die Allgemeine Elektrizitätsgesellschaft, um nur diese zu nennen, sind die ‚Werke' Berlins. Der Generalstab im neuen erweiterten Sinne ist der dritte Mittelpunkt einzigartiger geistiger Planungskraft. Das alles marschiert noch heute im preußischen Schritt und in dicht gedrängten Kolonnen der Arbeit." [722]

Diese literarisch eher an Goebbels als an Hegel angelehnte Darstellung des Dreibunds von Wissenschaft, Kapital und Militär ist ein Beleg dafür, welche stilistische Anpassungsfähigkeit

---

[721] An anderer Stelle spricht Spranger auch von dem „berühmte(n) Rassentheoretiker Hans Günther" Er bescheinigt Günther, dass er „von tiefem ethischem Ernst" erfüllt sei, wenn er das „germanisch-bäuerliche Ideal" auf den „Anteil der nordischen Rasse" zurückführt, auch wenn Spranger mit der Verherrlichung des Bäuerlich-Technikfeindlichen Probleme hat. Zur erfolgreichen Kriegsführung, so Spranger, müsse es Städte und Technik geben: „Wollte man die Technisierung aus keinem anderen Gesichtspunkt gelten lassen, so müsste es um der Wehrtechnik willen geschehen" (Spranger, Eduard: Rezension von: Hans F. K. Günther: Das Bauerntum als Lebens- und Gemeinschaftsform (Leipzig/Berlin 1939), in: Die Erziehung. Monatsschrift für den Zusammenhang von Kultur und Erziehung in Wissenschaft und Leben, 15. Jg. (1939/40), Heft 6 (März 1940), S. 157–160, hier S. 157 F. und S. 160). *[Dokumentation ad fontes Spranger: S. 739–742]*

In einer weiteren Rezension eines Buchs Günthers betont Spranger, neben Kritiken im Detail: „Kein anderes Kulturgebilde lebt so stark durch die ethische Tradition, die in ihm lebendig ist, wie ein Heer. Diese Tradition ist einer der größten Erziehungsmächte, über die es verfügt. Wo die Tradition nicht nur Umweltmacht ist, sondern durch Kontinuität der Blutsvererbung unterstützt wird, erlangt sie ihre höchste Kraft. Deshalb ist das Thema ‚Familienforschung im Bereich von alten Soldatengeschlechtern' von großer Bedeutung sowohl unter erbbiologischen wie unter historisch-ethischen Gesichtspunkten." (Spranger, Eduard: Rezension von: Hans R. G. Günther: Begabung und Leistung in deutschen Soldatengeschlechtern (Berlin 1940), in: Die Erziehung. Monatsschrift für den Zusammenhang von Kultur und Erziehung in Wissenschaft und Leben, 15. Jg. (1939/40), Heft 10–11 (Juli–August 1940), S. 277–279, hier S. 279) *[Dokumentation ad fontes Spranger: S. 746–748]*

Die mörderischen Konsequenzen solcher erbbiologischer Familienforschung in der Wehrmacht, die teilweise jüdische Soldaten betraf, aber dann auch die erbbiologisch erfassten Sinti und Roma in der Wehrmacht, die „enttarnt" teilweise direkt aus der Wehrmacht in die Vernichtung nach Auschwitz deportiert wurden, werden von Spranger möglicherweise nicht intendiert, sind aber zeitgeschichtliche Realität (siehe dazu: Rose, Romani (Hrsg.): Der nationalsozialistische Völkermord an den Sinti und Roma, 2. überarbeitete und ergänzte Auflage, Heidelberg 1995 und Zimmermann, Michael: Rassenutopie und Genozid. Die nationalsozialistische „Lösung der Zigeunerfrage", Hamburg 1996).

[722] Spranger, Eduard: Berlin als geistige Weltstadt, in: Das Reich. Deutsche Wochenzeitung, Jg. 1940, Nr. 20 (6.10.1940). *[Dokumentation ad fontes Spranger: S. 751–753]*

Spranger im journalistischen Bereich anzubieten hatte. Der Artikel endet entsprechend: „Es ist der Geist, der Eisen bricht und lenkt.“[723]

In einem **„Vortrag zur Jahrhundertfeier des Pestalozzi-Fröbel-Hauses I“**[724] im „Nachrichtendienst für die ehemaligen Schülerinnen des Pestalozzi-Fröbel-Hauses I“ von 1940 schlägt Spranger den Bogen vom Frankreichfeldzug der deutschen Wehrmacht zur an der Familie orientierten Pädagogik Pestalozzis und Fröbels. Er betont einleitend:

> *„Wir gedenken unserer Soldaten als Brüder und Schwestern, Söhne und Töchter, oder als Eltern. Und indem ich diese Benennung brauche, nenne ich sie mit lauter Namen, die auf eine große Familie hindeuten, unser aller große Familie, das deutsche Volk.“* (Spranger: Pestalozzi-Fröbel-Haus, 1940, S. 4)

Spranger nutzt das Gedenken an die großen Namen der Geschichte der Pädagogik, um nicht nur des Volkes, sondern auch der Führung zu gedenken:

> *„Wir vereinigen uns hier in unserer kleinen Gemeinde nicht als Sekte, sondern als Glieder unseres Volkes. Als solche gedenken wir in Dank und Bewunderung der Führung des deutschen Reiches und der Wehrmacht, mit der unsere Herzen Tag für Tag zusammenschlagen.“* (Spranger: Pestalozzi-Fröbel-Haus, 1940, S. 4)

Und weiter heißt es:

> *„Was heute siegreich und im Ausgleich alten bitteren Unrechtes errungen wird, verdanken wir der Genialität der Führenden, aber auch der Gesundheit und Tüchtigkeit der deutschen Volksgemeinschaft, der wir alle angehören. In solchen Tagen unerhörter kriegerischer Leistung könnten die deutschen Frauen meinen, das Los der Stunde sei nur den Männern anvertraut und es sei an ihnen, geduldig abzuwarten, wie das Schicksal an der Front sich entscheidet.“* (Spranger: Pestalozzi-Fröbel-Haus, 1940, S. 4)

Dass dem aber laut Spranger nicht so ist, liegt auf der Hand, denn was die Männer sind, sind sie durch ihre Frauen, die die stillen Kräfte „aus dem heiligen Schoße des Inneren in die Welt des Ringens und Kämpfens hingeben“. In diesem Kontext zeichnet Spranger das Bild eines kriegerisch-militaristischen Fröbel. Fröbel war, so Spranger, „nicht nur der Frauenwelt verbunden, sondern auch der Welt des Schwertes. Als freiwilliger Lützower Jäger hat er selbst das Schwert zu schmieden geholfen, das Deutschland zusammenschmiedete“ (Spranger: Pestalozzi-Fröbel-Haus, 1940, S. 4). Während die Männer das Schwert führen, sind jedoch auch die Frauen laut Spranger für den aktuellen Krieg unentbehrlich. Sie sind für ihn „Mittelpunkt und Kraftzentrum“ (Spranger: Pestalozzi-Fröbel-Haus, 1940, S. 5).

Der Aufsatz **„Die Stimmen der Völker. Volkstum, Rechtsidee und Lebensordnung“**[725] von 1941, in dem Spranger ausführt, dass die deutsche Rechtsauffassung die Festschreibung der Ungleichheit als Ordnung gewährleisten müsse („im Sinne einer höheren Lebensordnung“, Spranger: Stimmen der Völker, 1941, S. 3 f.), endet mit der Aussage:

---

[723] Dieser Artikel ist unter dem Titel „Das geistige Berlin“ wieder abgedruckt in: Spranger, Eduard: Berliner Geist. Aufsätze, Reden und Aufzeichnungen, Tübingen 1966, S. 39–48. Die beiden hier zitierten Passagen wurden von den Herausgebern des Sammelbands weggekürzt. Im Bezug auf die Kürzungen wurde mitgeteilt: „Bei der Wiedergabe der Beiträge sind einzelne Teile, die nicht zur Thematik dieses Buches gehören, ausgelassen worden“ (Spranger, Eduard: Berliner Geist. Aufsätze, Reden und Aufzeichnungen, Tübingen 1966, S. 221).

[724] Spranger, Eduard: Vortrag zur Jahrhundertfeier des Pestalozzi-Fröbel-Hauses I, in: Nachrichtendienst für die ehemaligen Schülerinnen des Pestalozzi-Fröbel-Hauses I (früher Vereins-Zeitung), 52. Jg. (1940), Heft 213, S. 3–9. *[Dokumentation ad fontes Spranger: S. 756–762]*

[725] Spranger, Eduard: Die Stimmen der Völker. Volkstum, Rechtsidee und Lebensordnung, in: DWD. Deutscher Wissenschaftlicher Dienst, Nr. 42 (20.4.1941), S. 3–4. Der Beitrag erschien außerdem unter demselben Titel in den Zeitschriften Forschungen und Fortschritte. Nachrichtenblatt der Deutschen Wissenschaft und Technik, 17. Jg. (1941), S. 260–261 und Deutsches Adelsblatt, 59. Jg. (1941), S. 286–287 sowie unter dem Titel „Volkstum und Rechtsordnung“ in der Zeitschrift: Gesetzgebung und Literatur, 22. Jg. (1941/42), Heft 2, S. 21–23. *[Dokumentation ad fontes Spranger: S. 840–841]*

„Der Krieg ist der Vater aller Dinge. Aber jeder Krieg wird geführt im Sinne eines Gottesurteils, damit neues Recht entstehe.“ (Spranger: Stimmen der Völker, 1941, S. 4)

Diese Auffassung von Recht, von deutschem Recht, deckt sich mit der Realität des NS-Staates und der NS-Kriegsführung und wird in einer offen-zynischen Weise ausgesprochen, die dem damaligen Optimismus Ausdruck gibt, dass Deutschland seinen Angriffskrieg siegreich beenden könne.[726] Für die Akzeptanz von Sprangers Ausführungen unter den Entscheidungsträgern des NS-Regimes spricht, dass gerade dieser Artikel in vier verschiedenen Zeitschriften veröffentlicht wurde.

Für eine Analyse der Wirkungsgeschichte der Veröffentlichungen Eduard Sprangers in der NS-Zeit muss an dieser Stelle noch einmal ausdrücklich darauf hingewiesen werden, dass seine 1937 in Tokio gehaltene und dort publizierte Rede **„Kulturprobleme im gegenwärtigen Japan und Deutschland“** 1941 nun erstmals in Deutschland als Aufsatz in der Zeitschrift „Die Erziehung“ mit weitaus größerer Wirkung abgedruckt wurde. Die Aussage, dass die Wissenschaft nun Wege „zur Ausmerzung eines kranken Nachwuchses“ mit dem Ziel der „rassische(n) Höherbildung des Volkes“ kennen würde, steht nun im zeitgeschichtlichen Kontext der real durchgeführten Euthanasie-Programme.[727]

In seinem Aufsatz **„Zu den Energiequellen deutschen Geistes“**[728] erklärt Spranger im selben Jahr, nach zwei Jahren imperialen Krieges: „Wir Deutschen erheben heute unser Haupt stolzer. Krieg und Sieg erinnern uns täglich an unser Deutschtum“, und er führt weiter aus: „Wir führen einen Krieg um deutsche Art, Gesittung und Kultur“ (Spranger: Energiequellen, 1941, S. 199). Spranger empfiehlt das Lesen der deutschen Literatur, deren Quellen „die stählenden Ströme“ aussenden würden, „damit man sich in ihnen stark bade“ (Spranger: Energiequellen, 1941, S. 202).

1943 stand zeitgeschichtlich nicht mehr im Zeichen großer Siege der deutschen Wehrmacht; die NS-Führung mobilisierte die Bevölkerung zunehmend und umfassend für die Weiterführung des Krieges. Ausgerechnet in der Zeitschrift „Die Deutsche Polizei“ (Ausgabe für Sicherheitspolizei und SD, herausgegeben im Auftrag des Reichsführers SS und Chefs der Deutschen Polizei vom Kameradschaftsbund der Deutschen Polizei), auf deren Titelseite Heinrich Himmler „Männer eines siegreichen SS-Panzerkorps“ begrüßt, wurde Sprangers Artikel **„Selbsterziehung“**[729] veröffentlicht.

Fichte, Goethe und Schiller werden bemüht, um den Durchhaltewillen zu stärken. Nun ist die Rede von der „harten, entsagenden Arbeit an sich“, vom „elektrischen Funken sokratischer Aufwühlung“ und vom „Urquell, aus dem er das höhere Leben des Enthusiasmus schöpft“. Spranger als Altphilologe erklärt den Begriff des „Enthusiasmus“ als „Vom-Gott-Erfülltsein“, der alleine helfe, „aus sich selbst die letzten Möglichkeiten herauszuholen“ (Spranger: Selbsterziehung, 1943, S. 239). Es ist die Situation des Krieges, die auch Spranger, bei aller übergeschichtlichen philosophischen Terminologie, durchaus reflektiert. Er schreibt:

---

[726] Spranger formulierte am 1. September 1941 in einem Brief an Käthe Hadlich: „Gott sei Dank: Die U-Boote wie die Flugzeuge haben England *unbedingt* in der Zange. Ich zweifle nicht, dass nun im September die Insel auch erledigt wird und dass der Krieg ein Ende nimmt“ (Martinsen, Sylvia/Sacher, Werner (Hrsg.): Eduard Spranger und Käthe Hadlich. Eine Auswahl aus den Briefen der Jahre 1903–1960, Bad Heilbrunn 2002, S. 331, Hervorhebung im Original, 1.9.1941).

[727] Spranger, Eduard: Kulturprobleme im gegenwärtigen Japan und Deutschland. Rede, gehalten am 9.10.1937 in Tokio, in: Die Erziehung. Monatsschrift für den Zusammenhang von Kultur und Erziehung in Wissenschaft und Leben, 16. Jg. (1940/41), Heft 6–7 (März–April 1941), S. 121–132, hier S. 124.

[728] Spranger, Eduard: Zu den Energiequellen deutschen Geistes, in: Technik voran! Jahrbuch für alle Freunde deutscher Technik, Leipzig/Berlin 1941, S. 199–205. *[Dokumentation ad fontes Spranger: S. 848–854]*

[729] Spranger, Eduard: Selbsterziehung, in: Die Deutsche Polizei. Ausgabe für Sicherheitspolizei und SD, herausgegeben im Auftrag des Reichsführers SS und Chefs der Deutschen Polizei vom Kameradschaftsbund der Deutschen Polizei, 11. Jg. (1943), Nr. 12 (Juni 1943), S. 238–239. *[Dokumentation ad fontes Spranger: S. 920–921]* Zuerst erschienen in: Das Reich, Jg. 1943, Nr. 15 (11.4.1943).

„In der Situation des Krieges genügt nicht Willensstärke, sondern es bedarf dieser Geistesstärke, die dem Willen erst den Schwung zu großen Taten und freien Opfern einhaucht.“ (Spranger: Selbsterziehung, 1943, S. 239)

Sprangers positive Haltung zum Krieg des NS-Staates ist angesichts solcher Passagen klar.

Im Aufsatz **„Geistige Energiequellen im Kriege. West-östliche Unterschiede“**,[730] in dem Spranger den Geist der Japaner[731] mit dem der „Abendländer“ vergleicht, kommt er zu der Schlussfolgerung:

„Das Opfer des Ich wird dem Abendländer nur da sinnvoll, wo es gleichzeitig mit ***dem Gefühl des höchsten Lebens*** *erfüllt ist. Man stirbt nur für das, wofür man in letzter Tiefe lebt, und man lebt ganz nur für das, wofür man in äußerster Entscheidung auch sterben könnte – als geschlossene Persönlichkeit.“* (Spranger: Energiequellen im Kriege, 1943, S. 299, Hervorhebung im Original)

Im **„Geleitwort“**[732] zu Fichtes „Reden an die Deutsche Nation“ geht es Spranger im Jahr 1943 darum, die hohe Aktualität dieses deutschnationalen Aufrufs zu betonen, das Nationalbewusstsein zu stärken. Daher möchte er an die Verbindung von Deutschtum und Metaphysik anknüpfen:

„Auch für uns gibt es noch Bilder, die trächtig sind von metaphysischen Gehalten. Wir nennen sie sogar Symbole, um anzudeuten, dass der eigentliche Sinn ‚hinter‘ ihnen liegt. So ist die Fahne Symbol für das Vaterland. Und das Vaterland ist Symbol für Werte, an denen unsere höhere sittliche Bestimmung haftet. Es bleibt folglich dabei: ohne dass wir es uns immer deutlich machen, hat auch unser Nationalbewusstsein einen religiösen und metaphysischen Kern.“ (Spranger: Geleitwort Fichte, 1943, S. VII f.)

Spranger betont das einzigartige „Sendungsbewusstsein“ der Reden Fichtes, die mehr seien als nur die Verherrlichung des Deutschtums:

„Sie sprechen in der Sprache des Begeisterten, der ewig über die Nichtbegeisterten siegt, von einer Weltwende. Sie wird die Stunde der Deutschen bringen.“ (Spranger: Geleitwort Fichte, 1943, S. XIII)

Die von Spranger 1943 in Erinnerung gerufene angebliche „Weltwende“ brachte offensichtlich nicht „die Stunde der Deutschen“ und es bleibt in anderem Kontext zu prüfen, wie weit die von Spranger getroffene Feststellung, dass Fichte der „deutscheste unter den deutschen Philosophen“ (Spranger: Geleitwort Fichte, 1943, S. XIV) sei, berechtigt oder unberechtigt ist. Spranger schließt mit einem Wort von Heinrich von Treitschke, dessen Ausspruch „Die Juden sind unser Unglück“ in ganz Deutschland teils auf Transparenten prangte, teils fester Bestandteil des in der NS-Zeit real existierenden „deutschen Geistes“ geworden war. Der Geschichtsprofessor Treitschke, dem Spranger aus aktuellem Anlass das letzte Wort lässt, schreibt:

„Wir Lebenden werden Fichtes Geist dann am treuesten bewahren, wenn alle edleren Köpfe unter uns dahin wirken, dass in unsern Bürgern wachse, reife der ‚Charakter des Kriegers‘, der sich zu opfern weiß für den Staat.“ (Spranger: Geleitwort Fichte, 1943, S. XIV)[733]

1943 produziert, jedoch damals nicht veröffentlicht, wurde ein kurzer Film über Spranger, in dem er selbst sein Werk charakterisiert. Publiziert wurde eine Abschrift erst 1973. Im Wesentlichen betont Spranger dort „das Deutsche“ gegenüber Sokrates und Platon als Bildungsziel und

---

730 Spranger, Eduard: Geistige Energiequellen im Kriege. West-östliche Unterschiede, in: Europäische Revue, 19. Jg. (1943), S. 297–302. *[Dokumentation ad fontes Spranger: S. 926–931]*

731 Spranger schreibt: „Die ungeheuren militärischen Leistungen der Japaner in den letzten eineinhalb Jahren haben die Bewunderung der ganzen Welt erweckt“ (Spranger: Energiequellen im Krieg, 1943, S. 298) und benennt den japanischen Kaisermythos. Er folgert: „Es stirbt sich leicht in dieser großen Gegenwart“ (Spranger: Energiequellen im Krieg, 1943, S. 300).

732 Spranger, Eduard: Geleitwort, in: Fichte, Johann Gottlieb: Reden an die Deutsche Nation (Philosophische Bibliothek, Band 204), Leipzig ohne Jahr (1943), S. III–XIV. *[Dokumentation ad fontes Spranger: S. 932–943]*

733 Spranger gibt in seinem Geleitwort keine Quelle für das Treitschke-Zitat an, es ist entnommen aus: Treitschke, Heinrich von: Zur Erinnerung an Fichte. Vortrag, gehalten zu Leipzig am 19. Mai, in: Die Grenzboten. Zeitschrift für Politik, Literatur und Kunst, 21. Jg. (1862), S. 372–389.

schildert anhand einer Kurzvorstellung seiner Publikationen, dass sein Weg von Wilhelm von Humboldt über Kant zu Fichte gegangen sei.[734]

Eine besondere Textsorte erschließt sich beim Studium der Artikel und Aufsätze Sprangers in seinem Beitrag **„Arbeite an dir selbst!“**[735] von 1943, der sich offensichtlich, wie der Titel der Zeitschrift mitteilt, an deutsche Kriegsgefangene richtet. Es sei dahingestellt, ob es für die deutschen Kriegsgefangenen wirklich tröstlich oder hilfreich war, ihnen mitzuteilen, dass ihre Lage „nur eine Steigerung dieses allgemeinen Loses, der ‚Gefangenschaft in der Welt‘ “ (Spranger: Arbeite an dir selbst, 1943, S. 3) sei. Der Hinweis „Lerne leiden“ (Spranger: Arbeite an dir selbst, 1943, S. 4) oder „Sei mit dem Geschick zufrieden, so wie es ist, und du wirst glücklich sein“ (Spranger: Arbeite an dir selbst, 1943, S. 5) mag peinliche Ungeschicklichkeit sein. Ernster wird es, wenn Spranger die „Liebe zu dem Vaterland“ beschwört, die „dem Leben Wert gibt“ (Spranger: Arbeite an dir selbst, 1943, S. 6). Er geht sogar noch einen Schritt weiter und schreibt:

> *„Im Leben stehen wir immer auf Posten (...). Auch sonst gilt: Soldat sein, heißt seine Pflicht tun, gleichviel was daraus folgt.“* (Spranger: Arbeite an dir selbst, 1943, S. 6)

Wo der Theoretiker des Gewissens praktisch wird, fehlt der Hinweis auf mögliche Konflikte zwischen Pflicht und Gewissen. Der Zusatz „gleichviel was daraus folgt“ ähnelt jener faulen Kant-Interpretation, die Adolf Eichmann in seiner Verteidigungsrede im Prozess in Jerusalem 1961 bemüht hat.[736]

[734] Publikationen zu wissenschaftlichen Filmen, Sektion Geschichte, Pädagogik, Publizistik, Band 2 (1973), Heft 4, S. 430–439.

[735] Spranger, Eduard: Arbeite an dir selbst!, in: Brücke zur Heimat (für Kriegsgefangene herausgegeben durch das Rote Kreuz), Jg. 1943, Heft 1, S. 3–6. *[Dokumentation ad fontes Spranger: S. 956–959]*

[736] Siehe dazu: Arendt, Hannah: Eichmann in Jerusalem. Ein Bericht von der Banalität des Bösen, München 1965.

Auszug:

März 1933

VON EDUARD SPRANGER

DIE großen Ereignisse, die der März 1933 für das deutsche Volk und das Deutsche Reich gebracht hat, bergen in sich die höchsten Verpflichtungen. Es liegt im Wesen des Erziehungsgedankens, den Blick sogleich auf die Zukunft zu lenken und Aufgaben zu erfassen. Gleichwohl ist es nötig, auch einen Augenblick bei der Vergangenheit zu verweilen und sich Rechenschaft darüber abzulegen, was wir überwunden haben.

Deutschland ist aus einer langen Erschöpfungsperiode, die dem Kriege gefolgt war, endlich erwacht. Die abgelaufene Epoche als Ganzes zu schildern, kann hier nicht die Absicht sein. Sie war voll von Selbsttäuschungen und Hoffnungen, die eines Tages zerrinnen mußten. Im Erziehungswesen hat der nationale Wille — das erfordert die Gerechtigkeit zu sagen — nicht ganz gefehlt. Stand doch etwa über der preußischen Schulreform von 1924/25 das „Ideal des deutschen Menschen". „Deutschkunde" und „Deutsche Bildung" sind Leitworte, die erst nach dem Kriege zur Herrschaft kamen. Aber dieser deutsche Gedanke war von zwei Seiten her gefährdet.

Zunächst griff eine Weltanschauung um sich, die seinem tiefsten Gehalt entgegengesetzt war. Sie wird meist kurz als Materialismus oder als Marxismus gekennzeichnet. In Wahrheit handelte es sich um vielverzweigte Auflösungserscheinungen, die schwer unter einen Namen zu fassen sind. Das vom Westen her eingedrungene Programm, durch eine rein innerweltlich gerichtete Gesellschaftsreform Wohlfahrt und Glückseligkeit einer demokratisch und sozialistisch nivellierten Masse heraufzuführen, erstickte die letzten Quellen aller Volkskraft: das Gefühl für die metaphysischen Wurzeln des Daseins, den christlichen Glauben an Gott und das demütige Bewußtsein, daß das wahre Leben nur durch Einsatz des Lebens für Göttliches und Mehr-als-Irdisches gewonnen werden kann. Dem Daseinsanspruch des Einzelnen gerecht zu werden, galt nun als höchstes Ziel. Unter dem Namen der Volksherrschaft ging doch der wahre Volkszusammenhang immer mehr verloren. Die Psychoanalyse, die den Mut hatte, sich Tiefenpsychologie zu nennen, sprach das letzte noch fehlende Wort, wenn sie den Menschen als ein Bündel von Trieben bloß naturhafter, sexuell-begehrlicher Art deutete. Was diese Psychoanalyse an geistiger Volksgesundheit zerstört

Die Erziehung. Monatsschrift für den Zusammenhang von Kultur und Erziehung in Wissenschaft und Leben, 8. Jg. (1932/33), Heft 7 (April 1933), S. 401–408.

Politik aus dem Glauben

Eine große Bewegung, wie wir sie jetzt in Deutschland erleben, entzündet sich an den Realitäten der Welt. Ihre Kraft aber erhält sie nur aus einem in der Tiefe wirkenden Glauben, der gleichsam der Motor in ihrem Getriebe ist. Sie kann nur durchdringen und zum Siege kommen, wenn der gleiche beflügelnde Glaube in ihr erhalten bleibt, aus dem sie ursprünglich erwachsen war.

Welches war dieser Glaube? — Er war in seiner einfachsten und doch allmählich alle Zögernden mit fortreißenden Gestalt der Glaube des deutschen Volkes an sich selbst. Aus Not und nationalem Zusammenbruch, aus Kleinmut und Entartung glühte in zehn Jahren des Ringens immer stärker die inbrünstige Gewißheit empor, daß das deutsche Volk noch lebe und daß ihm seine Zukunftsaufgabe in der Welt beschieden sei. Wie in den Tagen Fichtes schlug zuletzt diese Flamme der höheren Vaterlandsliebe mächtig heraus und entfesselte eine Bewegung von seltener Einmütigkeit. Sie stammt, wie alles Große, aus einer religiösen Tiefe. Denn nur für ein Mehr-als-Irdisches und Mehr-als-Zeitliches lohnt es sich, so zu leben, daß man dafür auch sterben kann. Und man lebt nur für das ganz, wofür man auch sterben kann. Das bedeutet nicht, daß wir unser Volk zum Gotte machen. Im Gegenteil: Alles, was in dem Gefühl eines göttlichen Auftrages und also eines von Gott verliehenen Rechts gewirkt wird, ist erkennbar an den Zeichen der tiefen Demut, die sich als das vergängliche Werkzeug eines Höheren weiß. Auch das deutsche Volk verdient nicht zu leben, wenn es sich nicht in den Dienst göttlicher Absichten stellt. Und alle Formen inneren Dienstes am Staat — Wehrdienst, Arbeitsdienst, Wissensdienst, empfangen ihre letzte Weihe nur von oben.

Die Reichsregierung hat einen Schritt von ungeheurer Tragweite getan, weil sie überzeugt war, daß ein solcher Glaube im deutschen Volk hinter ihr stehe, und weil sie selbst von diesem Glauben erfüllt war. Sie hat ihn nicht getan aus Ueberschätzung ihrer tatsächlichen Macht, sondern aus einem zweiten Glauben heraus, zu dem sie die höchste Befugnis hatte, aus dem Glauben an die Geltung eines Rechtes auch zwischen den Völkern. Wenn irgendetwas aus dem großen Völkerkrieg hervorgegangen war, was eine höhere sittliche Stufe hätte bedeuten können, so war es die Idee des Völkerbundes. Denn ihm lag nach der ursprünglichen Ideologie, die selbst ihre Heimat in Deutschland hatte, die Anerkennung eines Selbsterkennungsrechtes der großen nationalen Lebenseinheiten zugrunde, der Gedanke also, daß den Kulturstaaten, solange sie den Frieden der Welt nicht stören, ein Recht auf Dasein eigen ist. In diesem Falle freilich diente die Idee nur dazu, eine sehr andersartige Realität zu verdecken. Die Zweifel, daß hier, wie so oft, die Berufung auf das Recht nur tatsächliche Uebermachtsverhältnisse verewigen sollte, waren in uns nie ganz zur Ruhe gekommen. Sie haben sich nach unsagbarer Geduld von unserer Seite nun endgültig bestätigt. Wenn auch nur ein einziges Mal der Tatbeweis erbracht worden wäre, daß man vonseiten der Siegermächte an eine noch so bescheidene Gleichberechtigung Deutschlands dächte, wenn man ihm nur einmal in seiner Not um den erforderlichen Lebensraum geholfen hätte, so hätten wir schwerlich dem Völkerbund den Rücken gekehrt; denn gerade der deutschen Art liegt es nur zu sehr, aus Ideen Politik zu treiben. Statt dessen sind nicht einmal die Bestimmungen des Vertrages gehalten worden, der schon einseitig genug zu unserer Knebelung gemacht worden war. Damit ist mehr geschehen als ein Schlag gegen Deutschland. Die allmählich sich bildende Atmosphäre des Vertrauens auf Frieden und Ordnung in der Welt ist frevelhaft wieder zerstört worden.

So bleibt uns in Deutschland nichts als ein dritter, diesmal sehr trüber Glaube: die Ueberzeugung nämlich, daß die Kulturwelt des Abendlandes sich weiter selbst vernichten wird, wenn nicht endlich ein Verständnis in ihr erwacht, daß ein schwer erkranktes Glied die anderen anstecken muß. Diese Märtyrerrolle eines großen Volkes belastet nicht nur seine eigene Politik, sondern die eng miteinander verflochtenen Gesamtverhältnisse der modernen Welt. „Deutschland ist keine Insel." Es kann sich nicht isolieren, aber auch die anderen können nicht ein zweitesmal uns isolieren. Man gebe uns die Luft zum atmen; man lasse uns das bescheidene Recht, für die Verteidigung unserer Grenzen gerüstet zu sein; man stelle endlich unsere Ehre und unsere Freiheit wieder her! Man beginne endlich zu verstehen, daß manches, was bei uns geschieht und anderen fremdartig erscheint, die Folge eines Ueberdruckes von außen ist, unter dem wir seit 15 Jahren existieren. Einen Deutschen jedenfalls, der nicht ehrlich „Ja" sagte zu dem Aufruf des Volkskanzlers und damit eine Absage erteilte an die Knechtung, die man aufs neue über uns verhängt, wird es nicht geben. Das ist der endgültige Glaube, der in uns lebendig ist: nur mit Deutschland kann die Welt genesen!

Prof. Eduard Spranger.

Staats-Anzeiger für Württemberg

Der Staats-Anzeiger erscheint täglich, Sonn- und Feiertage ausgenommen. Beiblatt: „Besondere Beilage." Postbezugspreis ohne Bestellgeld vierteljährlich 6.25 RM. Preis der Einzelnummer 15 Pf. Schriftleitung (22051) und Geschäftsstelle (22052) Königstraße 42.

Anzeigenpreise: Die 1spaltige 1 mm hohe und 27 mm breite Druckfläche: In Württemberg 10 Pfennig, außerhalb Württembergs 15 Pfennig. Reklamen: Die 1 mm hohe und 88 mm breite Druckfläche: in Württemberg 40 Pfennig, außerhalb Württembergs 60 Pfennig.

№ 263 Stuttgart, Freitag, den 10. November 1933

Auszug:

Die Epochen der politischen Erziehung in Deutschland[1]

VON EDUARD SPRANGER

UNTER politischer Erziehung verstehe ich im Rahmen dieser historischen Betrachtung Erziehung *für* den Staat, natürlich *im* Staat, und meistens auch *durch* den Staat. Ihre Formen sind abhängig von der jeweils gegebenen Struktur des Staates und dem jeweils herrschenden politischen Aufbauwillen. Meine Übersicht soll sich beschränken auf die Epochen politischer Erziehung im sog. *modernen* Staat. Welches sind aber die Kennzeichen des modernen Staates? Denn das bloße Wort „modern" sagt inhaltlich natürlich noch nichts. In der Regel werden 2 Kriterien angegeben: 1. die Weltlichkeit des Staates, 2. die Überwindung des Feudalismus. Bei beiden Kriterien muß ich einleitend verweilen, da sie Sachverhalte betreffen, die bis in die Gegenwart nachwirken.

1. Die Behauptung, der moderne deutsche Staat sei ein rein weltlicher Staat, betrifft den weltanschaulichen Hintergrund der Staatsbildung. Die Entwicklung vom ausdrücklich christlichen Staat zum ausdrücklich weltlichen Staat war ein langer und langsamer Prozeß, bei dem es an Rückschritten und Rückbildungen nicht gefehlt hat. Das „*Heilige* Römische Reich deutscher Nation" im Mittelalter war allerdings keine reine Theokratie, aber

[1] Dieser Beitrag stammt, ebenso wie die in Jahrgang XII Heft 7 und 12 abgedruckten, aus meinen in Japan gehaltenen Vorträgen. Über das Thema: „Epochen der politischen Erziehung in Deutschland" habe ich zuerst auf der Tagung des Nationalsozialistischen Lehrerbundes in Karuizawa, Juli 1937, gesprochen. Eine erweiterte (zweistündige) Vorlesung habe ich im September 1937 für die „Kokumin Seishinbunka Kenkyusho" (amtliche englische Bezeichnung: The Government Research Institute of National Culture") und für die Bunrika-Universität, beide in Tokio, gehalten. Der vorliegenden Fassung liegt der deutsche Text der letztgenannten Vorträge zugrunde. Der Anfang, der nur der Orientierung der japanischen Hörerschaft dienen sollte, ist fortgelassen; ebenso der Schlußteil, der die gegenwärtigen Formen politischer Erziehung in Deutschland darstellte. Diese können bei dem deutschen Leser als bekannt vorausgesetzt werden. Statt dessen ist nur eine kurze Schlußbemerkung angefügt worden. Die ursprüngliche Fassung ist in der gedruckten japanischen Übersetzung von Dr. Kotsuka festgelegt.

Eine gedrängte, nur die Hauptlinien einfach heraushebende Darstellung ist vielleicht auch für den deutschen Leser brauchbar. Genaueres ist in folgenden früheren Veröffentlichungen von mir zu finden: 1. Der Zusammenhang von Politik und Erziehung in der Neuzeit, in der Zeitschrift: „Deutsche Schule" Bd. XVIII—XX. 2. 25 Jahre deutscher Erziehungspolitik, Berlin 1916. — 3. Volk, Staat, Erziehung; Leipzig 1932.

Die Erziehung. Monatsschrift für den Zusammenhang von Kultur und Erziehung in Wissenschaft und Leben, 13 Jg. (1937/38), Heft 4 (Januar 1938), S. 137–164.

Auszug:

S e e l i s c h e F a k t o r e n i m K r i e g e.

Vortrag
gehalten im Reichskriegsministerium
am 21. November 1935
von
Eduard S p r a n g e r.

"Der Sieg ruht auf der Spitze des Degens" - das heißt heut: er ruht auf der Spitze der zusammengedrängten wissenschaftlich-technischen, militärischen und sittlichen Kraft der ganzen Nation.

Meine Herren!

Manche in diesem Kreise erinnern sich noch an die ersten Automobile, die um die Jahrhundertwende in den Straßen von Berlin auftauchten. Sie waren gebaut als Pferdekutschen - ohne Pferd. Sie erweckten den Eindruck, als wären die Pferde davongelaufen, der Rosselenker aber jage ihnen mit dämonischen Zauberkünsten nach. Sie wirkten lächerlich, weil sie einen neuen Gedanken nur halb verwirklicht hatten.

Das Beispiel deutet auf eine allgemeine Erscheinung hin: Jede technische Aufgabe wird zunächst nur halb gelöst; hinsichtlich der andern Hälfte steckt man noch in den Fesseln alter Vorstellungen. Jeder neue Krieg wird begonnen mit Gesamtmethoden, die teils in den Erfahrungen des letzten Krieges wurzeln, teils schon auf einem produktiven Vorausdenken beruhen; aber es kommt dann doch ganz anders. Die Art des Menschen überhaupt ist jenem Motorwagen vergleichbar. Der Mensch hat einen Antrieb, den Motor Seele. Aber für ganz unerwartete Aufgaben und Verhältnisse ist dieser Motor noch ungeschickt eingebaut; er leistet noch nicht, was die neue Situation von ihm fordert.

Eduard Spranger in Japan 1937

Vor dem Bahnhof Matsuzaka

Der deutsche Gruß (rechts: Eduard Spranger)

Im Auditorium der Stadt Matsuzaka

Rechts hinter dem Rednerpult (sitzend): E. Spranger

Vortrag von Eduard Spranger, 7. April 1937

Fotos: Japanisch-Deutsche Medizinische Gesellschaft (Hrsg.): Erinnerungen an die Gedenktage für Jiro Harada, Tokio 1937, S. 10 und S. 13.

Ausgabe für Sicherheitspolizei und SD

Die Deutsche Polizei

Herausgegeben im Auftrage des Reichsführers ᛋᛋ und Chefs der Deutschen Polizei vom Kameradschaftsbund der Deutschen Polizei

11. Jahrgang | Berlin, den 15. Juni 1943 | Nr. 12

Der Reichsführer ᛋᛋ Heinrich Himmler begrüßt Männer eines siegreichen ᛋᛋ-Panzerkorps

ᛋᛋ-PK.-Aufnahme: Kriegsberichter Neumann

Höchste kroatische Kriegsauszeichnung für den Reichsführer ᛋᛋ

Kürzlich weilte der Reichsführer ᛋᛋ Heinrich H i m m l e r in der kroatischen Hauptstadt. Während seines Aufenthaltes in Agram wurde der Reichsführer ᛋᛋ vom Staatsführer des unabhängigen Staates, Dr. Ante P a w e l i c, empfangen, der ihm die höchste kroatische Kriegsauszeichnung, das Großkreuz des Ordens der Krone des Königs Zvonimir mit Eichenlaub, überreichte.

Sprangers Artikel „Selbsterziehung“ befindet sich auf den Seiten 238–239 dieser Ausgabe.

3. Nohl: „Jedenfalls hat der nationalsozialistische Staat die Überzeugung der pädagogischen Bewegung hinter sich …“[737]

Wo und vor allem inwiefern es Kontinuitäten und Diskontinuitäten bei Nohl vor und nach 1933 (und vor und nach 1945) gibt, wo und inwiefern er dazu tendiert, die antiken Bildungsideen von Platon und die Hauptdokumente des deutschen Idealismus als Rüstzeug in den NS-Staat einzubringen – das sind Leitfragen der folgenden, auf Dokumente gestützten Untersuchung.

Biographisch ist unstrittig – trotz vieler offener Fragen – dass Nohl vor 1945 aus Sicht des NS-Überwachungssystems nie als ganz zuverlässig eingestuft werden konnte; angesichts seiner familiären Situation, seiner aus einer – im NS-Jargon – „Mischehe“ stammenden Frau (die NS-Ideologen und NS-Juristen hatten hierfür den Begriff „Halbjüdin“, ja „Vierteljüdin“ erfunden) und angesichts zweier Töchter, die in England mit Juden verheiratet waren, trotz seiner SS-Mitgliedschaft und späteren guten Leumundszeugnisse der zuständigen NS-Stellen. Diese die Biographie betreffenden Fragen werden hier nicht vertieft.

Wie bereits an anderer Stelle vermerkt, ist es eine Besonderheit, dass eigentlich alle großen Schriften Herman Nohls in der NS-Zeit verfasst und veröffentlicht und auch nach 1945 weitgehend unverändert publiziert wurden. Komplizierter wird die Lage dadurch, dass die von der Wirkungsgeschichte her wichtigste Schrift Nohls, nämlich „Die pädagogische Bewegung in Deutschland und ihre Theorie“, bereits 1932 verfasst, jedoch erst 1933 und erneut 1935 veröffentlicht wurde. Daher werden lediglich die 1935 verfassten Vor- und Nachworte hier kommentiert.[738]

Die vor der NS-Zeit geschriebenen, aber in der NS-Zeit als Sammelband unter dem Titel „Landbewegung, Osthilfe und die Aufgabe der Pädagogik“[739] publizierten Aufsätze zeigen die grundsätzliche Annäherung Herman Nohls an die NS-Politik, seine Denkfigur einer Bejahung des Kerns der NS-Ideologie und NS-Bewegung bei gleichzeitiger Warnung vor der Vernachlässigung der Freiheit der Geistigkeit. Auch Nohls zutiefst deutschnationalistische Ausrichtung wird beim Studium und bei der Analyse dieser Aufsätze deutlich.[740]

a) „Landbewegung, Osthilfe und die Aufgabe der Pädagogik“ (Sammelband 1933)

Die sieben Aufsätze aus dem Sammelband „Landbewegung, Osthilfe und die Aufgabe der Pädagogik“[741] wurden alle vor 1933 verfasst, jedoch 1933 mit einem neuen Vor- und Nachwort

---

[737] Nohl, Herman: Die pädagogische Bewegung in Deutschland und ihre Theorie, 2., durchgesehene und mit einem Nachwort versehene Auflage, Frankfurt am Main 1935, S. 287.

[738] In der NS-Ausgabe wurde eine Montage dreier Fotos der Jugendbewegung als Symbol der drei Stufen der pädagogischen Bewegung in Deutschland veröffentlicht. Das letzte Foto zeigt die Hitlerjugend mit wehenden Hakenkreuz-Fahnen. Diese ganze Abbildung wurde aus naheliegenden Gründen in der dritten Auflage mit der zugehörigen Erklärung nach 1945 entfernt. Der Vorgang wird in der *Dokumentation ad fontes Nohl* in einer Synopse auf S. 391–392) dokumentiert.

[739] Nohl, Herman: Landbewegung, Osthilfe und die Aufgabe der Pädagogik, Leipzig 1933. *[Dokumentation ad fontes Nohl: S. 484–577]*

[740] In dem 1949 erschienenen Sammelband „Pädagogik aus dreißig Jahren“ (Frankfurt am Main 1949) wurden lediglich zwei der sieben Aufsätze wieder abgedruckt, darunter erstaunlicherweise ausgerechnet der Beitrag „Die volkserzieherische Arbeit innerhalb der pädagogischen Bewegung“. Dort hatte Nohl 1932 erklärt, was seiner Meinung nach die Jugend „heute am Nationalsozialismus begeistert und jeder Erzieher in ihm bejahen muss“, auch wenn er sich von der Methode der Gewalt und der materialistischen Rassentheorie abgrenzt (siehe Nohl, Herman: Landbewegung, Osthilfe und die Aufgabe der Pädagogik, Leipzig 1933, S. 75 sowie unverändert in Nohl, Herman: Pädagogik aus dreißig Jahren, Frankfurt am Main 1949, S. 216).

[741] Nohl, Herman: Landbewegung, Osthilfe und die Aufgabe der Pädagogik, Leipzig 1933.

versehen erneut veröffentlicht. Die Besonderheit dieses Sammelbands, der seine Wirkung nach dem Februar 1933 entfaltete, lässt sich so charakterisieren: Nohl beweist mit dieser Aufsatzsammlung, dass er nicht erst nach dem Februar 1933 deutlich nationalistische Positionen eingenommen hat, sondern bereits davor – einschließlich einer gewissen Unterstützung der NS-Bewegung.

Will man diese sieben Aufsätze zusammenfassen, so wird klar, wie sehr Nohl eine Einschätzung politischer Situationen mit seiner pädagogischen Konzeption verbindet, so dass eine rein pädagogische Kritik ohne Einschätzung der politischen Situation nicht möglich ist. In jedem dieser Aufsätze zeigt sich im Grunde das Bemühen und Bestreben, mit der Pädagogik der „Osthilfe“ den angeblichen „Raum ohne Volk“ (sic!) im Osten[742] möglichst rasch zu besiedeln, landwirtschaftlich zu nutzen und so auch eine Reagrarisierung im Bewusstsein der verstädterten Deutschen zu erreichen, gegen eine angeblich drohende Gefahr aus dem Osten.

Der erste Aufsatz trägt den Titel **„Landbewegung, Osthilfe und die nationale Aufgabe der Pädagogik“** (Nohl: Osthilfe, 1933, S. 1–16).[743] Nohl spricht sich hier, neben seiner Forderung der Reagrarisierung (sich auf Rousseau berufend), gegen die Arbeitslosigkeit aus und betätigt sich, um in der Frage der Nahrungsmittel autark vom Ausland zu werden, als Bevölkerungspolitiker. Er formuliert:

> *„Hier in Lippoldsberg im Hause von Hans Grimm ist uns sein Wort vom ‚Volk ohne Raum‘ besonders nahe, aber angesichts des immer menschenleerer werdenden Ostens hat man mit Recht vom ‚Raum ohne Volk‘ gesprochen: gibt es doch in der Grenzmark eine ganze Reihe von Kreisen, die heute weniger Einwohner haben als 1870 und wo auf dem qkm nur 43 Menschen wohnen gegenüber 91 bei den Polen. Gelingt es nicht, den Wall von deutschen Menschen hier zu verstärken und sie mit einem anderen Heimatwillen zu erfüllen, so brechen die Polen wirklich über kurz oder lang dort ein. Das braucht nicht kriegerisch zu sein, sondern sie strömen gewissermaßen schon rein dem Gefälle nach herüber, und kein Rechtsanspruch auf den Boden wird uns helfen, wenn die deutschen Menschen ihn selbst verlassen haben.“* (Nohl: Osthilfe, 1933, S. 3 f.)

Nohl verweist darauf, dass eine „Änderung in Bezug auf den Korridor und die Grenzen“, die er offensichtlich für möglich hält, für ihn nicht ausreicht, wenn man die Menschen nicht an die Scholle bindet (Nohl: Osthilfe, 1933, S. 4). In diesen Passagen wird mehrerlei deutlich. Der ausdrückliche Bezug auf Hans Grimm, dessen kolonialistischer Bestseller „Volk ohne Raum“ 1926 erschienen war (200.000 Exemplare bis 1933), zeigt, dass Nohl der Idee der Kolonialisierung positiv gegenübersteht. Weiter wird schon durch die Wahl des Vokabulars deutlich („so brechen die Polen wirklich über kurz oder lang dort ein“), dass Nohl nicht gerade an einem harmonischen Interessenausgleich zwischen Polen und Deutschland interessiert ist, sondern sich 1932 an der antipolnischen Mobilmachung beteiligt. Kurz gesagt, Nohl schürt Ängste vor Polen und hält eine Verschiebung der Grenze für möglich.

Aus der Zeitspanne des Ersten Weltkriegs und danach zieht Herman Nohl folgende Lehre:

> *„Der Kriegsausbruch wirkte hier wie eine Erlösung, man wusste plötzlich, ‚wozu man da war‘, aber nach der Niederlage, aus der wir aktiver als irgendein anderes Volk hervorgingen, wurde wieder kein einheitliches Ziel sichtbar (...).“* (Nohl: Osthilfe, 1933, S. 7)

Nicht die Verbrechen des Krieges zählen hier für Nohl, sondern oberstes Kriterium ist, dass eine Einheit des Volkes, eine allgemeine Begeisterung bei Kriegsausbruch geschaffen wurde. Als entscheidende Wendung nach dem Ersten Weltkrieg sieht Nohl, dass jetzt die pädagogi-

---

[742] Michael Gran verweist darauf, dass Adolf Hitler auf dem Reichsparteitag der NSDAP in Nürnberg 1927 feststellte: „Man hat mit Recht von ‚Raum ohne Volk‘ gesprochen.“ (Gran, Michael: Das Verhältnis der Pädagogik Herman Nohls zum Nationalsozialismus, Hamburg 2005, S. 190)

[743] Niederschrift einer Diskussionseinleitung bei der Zusammenkunft der Sozialen Gilde mit dem Pädagogischen Seminar der Universität Göttingen in Lippoldsberg/Weser am 19. Juli 1931, zuerst erschienen in: Die Erziehung. Monatsschrift für den Zusammenhang von Kultur und Erziehung in Wissenschaft und Leben, 7. Jg. (1931/32), S. 65–76.

schen Energien aus ihrem latenten nationalen Gehalt wieder „nationalpädagogisch“ ausgerichtet werden können (Nohl: Osthilfe, 1933, S. 16). Ausgangspunkt für seine ganzen Überlegungen ist „dieser neue Wille für das volkliche Ganze“ (Nohl spricht tatsächlich von „volklich“, nicht von „völkisch“). Hier erweist sich Nohl bereits 1932 als nationalistischer und „volklicher“ Denker, der zudem die Detailfrage der Bezirke des Ostens, für die er eine pädagogische Osthilfe mobilisieren will, zu einer „Lebensfrage unserer Nation“ hochstilisiert (Nohl: Osthilfe, 1933, S. 15).

Im Vortrag **„Die pädagogische Osthilfe“** (Nohl: Osthilfe, 1933, S. 17–34)[744] versucht Nohl durch die Unterscheidung von faustischer und idyllischer Geistigkeit dem Leser die Idylle der Wohnstube nahezubringen, hierbei sich auf Pestalozzi und Fröbel berufend. Aber bei aller Romantisierung warnt Nohl, bei der nachdrücklichen Aufforderung, in den Osten überzusiedeln, nicht nur davor, nicht „die richtige Frau“ dazu zu haben, sondern auch davor, „dass hier mit Romantik nicht geholfen ist, dass man arbeiten muss, kämpfen und aushalten, wie damals unsere Jugend im Schützengraben“ (Nohl: Osthilfe, 1933, S. 34).

Im Aufsatz **„Die sozialpädagogische und nationalpolitische Bedeutung der Kinderfürsorge auf dem Lande“** (Nohl: Osthilfe, 1933, S. 43–50)[745] betont Nohl insbesondere die frühkindliche Erziehung in den „sprachgemischten Bezirken des Ostens“. Die Begründung, warum Deutsch schon in den ersten Jahren gelernt werden muss, ist, dass dann „mit der Sprache auch der Mythos in der Seele wächst, der alle spätere Entwicklung des Kindes und noch der Erwachsenen leitet“ (Nohl: Osthilfe, 1933, S. 49). Hier ist also schon die irrationale Komponente des Nationalismus, der Mythos, bei Nohl 1932 deutlich vorhanden. In massiver Form wird von Nohl zum Abschluss des Aufsatzes wieder die Wohnstube bemüht und die Familie heroisiert. So heißt es:

> *„Politik und Wirtschaft müssen ihr Werk tun, die Führer denken und die Künstler schaffen, aber die letzte aufbauende und opferbereite Kraft unseres Volkes kommt aus dem gesunden Leben seiner Familien (…).“* (Nohl: Osthilfe, 1933, S. 50)

Nohl schrieb dies 1932, es gab noch mehrere Führer, die denken, aber die Art der Aufzählung und kategorialer Verwirrungen deuten schon an, dass Nohl sich mehr und mehr in seine Idee der nationalpädagogischen Wende vertieft und verliert.

Der nun folgende veröffentlichte Vortrag **„Die zweifache deutsche Geistigkeit und ihre pädagogische Bedeutung“** (Nohl: Osthilfe, 1933, S. 51–68)[746], der 1949 auch im Sammelband „Pädagogik aus dreißig Jahren“ veröffentlicht wurde, richtet sich massiv gegen eine einseitige „humanistisch und klassizistisch“ bedingte Geistigkeit und Bildung. In deutlicher Abkehr von Platon wird hier erneut die Hinwendung zum Leben gefordert. Die Trennung der Bildung von Tugenden wie Arbeitsamkeit und Sparsamkeit wird Platon und seinen Nachfolgern vorgeworfen: „Der Humanismus hat diese Trennung im Grunde immer festgehalten“ (Nohl: Osthilfe, 1933, S. 51 f.).

Platon wird von Nohl sozusagen aus der Sicht des gemeinen Volkes als Philosoph der Aristokratie dargestellt und habe sich nicht um die Pflege der Tugenden der einfachen Leute gekümmert, die da sind: „Arbeitsamkeit, Fleiß, Betriebsamkeit, Sparsamkeit, verantwortliches Rechnen mit der Zeit, innere und äußere Sauberkeit und Ordnungssinn, Ehrlichkeit, Beschei-

---

[744] Vortrag in der „Ostmarkenwoche“, veranstaltet von der Deutschen Studentenschaft in Göttingen im Februar 1932, zuerst erschienen in: Die Erziehung. Monatsschrift für den Zusammenhang von Kultur und Erziehung in Wissenschaft und Leben, 7. Jg. (1931/32), S. 449–461.

[745] Zuerst erschienen in: Kindergarten, Zeitschrift des Deutschen Fröbel-Verbandes, des Deutschen Verbandes für Schulkinderpflege und der Berufsorganisation der Kindergärtnerinnen, Hortnerinnen und Jugendleiterinnen e.V. (Kindergarten in Dorf und Siedlung, Sonderdruck), 73. Jg. (1932), S. 168–171.

[746] Niederschrift eines Vortrags bei der Tagung des Vereins der Sozialbeamtinnen am 28. Mai 1932 auf dem Rothenfels am Main, zuerst erschienen in: Die Erziehung. Monatsschrift für den Zusammenhang von Kultur und Erziehung in Wissenschaft und Leben, 8. Jg. (1932/33), Heft 1 (Oktober 1932), S. 4–16.

denheit, Hilfsbereitschaft und der Opferwille für die Kinder und für ihren Aufstieg" (Nohl: Osthilfe, 1933, S. 54). Mit der platonischen oder aristotelischen Tugend der Gerechtigkeit war nach Nohls Ansicht die Jugend offensichtlich nicht zur Ansiedlung im Osten zu bewegen.

Nohl beruft sich erneut auf Hans Grimm und nun auch auf Oswald Spengler, wonach das Eigentum das heilige Mittel der Bewegung sei und die „Grundlage jeder Kultur des Geistes und der Seele" (Nohl: Osthilfe, 1933, S. 55), so jedenfalls habe Hans Grimm Oswald Spengler zitiert. Mit diesem Argument des Eigentums wendet sich Nohl nun dem tiefsten Grund für die Osthilfe zu, jener christlichen Liebe, die „Pestalozzi auf den Instinkt der Mütterlichkeit gründet" (Nohl: Osthilfe, 1933, S. 57). Und wieder wird von Nohl mit einer gewissen Penetranz das traute Heim beschworen, gegen die „ahasverisch schweifende Romantik". Im Klartext: Gegen den ewig wandernden Juden, unstet und unstabil, stellt Nohl diese „heitere Gläubigkeit, die sich dankbar bescheidet in den Beziehungen der Familie und der Wohnstube" (Nohl: Osthilfe, 1933, S. 58). In diesem Tenor geht es weiter: „Unsere ganze Bildungsarbeit ist bisher fast ausschließlich humanistisch-faustisch gewesen" (Nohl: Osthilfe, 1933, S. 61). Tatsächlich propagiert Nohl folgerichtig als notwendige polare Ergänzung auch die Bedeutung der „Gartenpflege und Kleintierzucht" für die Volksbildung (Nohl: Osthilfe, 1933, S. 63).

Nohl fasst vier Grundbedingungen seiner „Geistigkeit des gemüterfüllten Tuns" (Nohl: Osthilfe, 1933, S. 65) zusammen: Als Erstes die Hinwendung zum flachen Land, als Zweites das Wachsen des religiösen Sinnes, als Drittes die nationale Bewegung und als Viertes die Pädagogik selbst. Er betont wie immer, dass nicht das eine gegen das andere ausgespielt werden dürfe, dass er selbstverständlich beide deutschen Geistigkeiten, die idyllische und die faustische, aufbewahren und bewahren möchte, gemäß seinem Konzept der Polarität.

Eine besonders kryptische Passage sei hier noch erwähnt: Nohl lässt sich aus über „die eigentümliche Mentalität der *nationalen* Bewegung" (Nohl: Osthilfe, 1933, S. 66, Hervorhebung im Original). Es ist unklar, inwieweit Nohl hier mit dem Begriff der nationalen Bewegung die nationalsozialistische Bewegung meint, aber die Hypothese liegt nahe. Jedenfalls schreibt er über diese nationale Bewegung, dass sie

> *„zwar noch immer sehr undeutlich ist und in ihrer brutalen Ablehnung von Wissenschaft und Geistigkeit barbarisch wirkt, hinter der aber augenscheinlich auch eine neue Schätzung des Tuns, aller bindenden Kräfte, und auch ein neues Ideal weiblicher Existenz steht, das ebenfalls noch roh und unklar ist, sich aber im Gegensatz gegen einen bloß intellektuellen Typus entwickelt und die tieferen Funktionen der Frau bewahrt wissen möchte."* (Nohl: Osthilfe, 1933, S. 66 f.)

Sollte er die NS-Bewegung wegen ihrer Ablehnung von Wissenschaft und Geistigkeit hier massiv kritisiert haben, so steht dann gleichzeitig fest, dass er zutiefst zufrieden darüber ist, dass die NS-Bewegung, wenn es denn um sie geht, „die tieferen Funktionen der Frau bewahrt wissen möchte" (Nohl: Osthilfe, 1933, S. 67). So oder so, deutlich ist, dass Nohl seinen nationalpädagogischen deutschnationalistischen Weg 1932 selbständig gehen möchte und zunehmend spürt, dass er sich in einem Prozess der Abgrenzung und Annäherung zur NS-Bewegung deutlich wird äußern müssen. Die Wendung weg vom Ideal Platons hin zum Alltag, zur Familie und zur Wohnstube, ja zum Kamin als heroischen Ort kann mehrfach interpretiert werden. Es kann auch der Vorbote des Rückzugs aus allen politischen Zusammenhängen sein.

Im gewichtigen sechsten Beitrag **„Die volkserzieherische Arbeit innerhalb der pädagogischen Bewegung"** (Nohl: Osthilfe, 1933, S. 69–82)[747], der nach 1945 Anlass heftiger Debatten über die Haltung Nohls zum Nationalsozialismus war, entwickelt er seine Theorie von den drei Phasen der pädagogischen Bewegung nun im Hinblick auf den Nationalsozialismus und die Pädagogik:

[747] Niederschrift eines Vortrags auf der Stolper Tagung des Deutschen Fröbelverbandes im August 1932, zuerst erschienen in: Die Erziehung. Monatsschrift für den Zusammenhang von Kultur und Erziehung in Wissenschaft und Leben, 8. Jg. (1933), Heft 6 (März 1933), S. 337–346.

„Sehen wir nun wieder auf die pädagogische Bewegung ***unserer*** *Generation, so ist offensichtlich, dass auch hier jene dritte Phase begonnen hat, die wieder nach Gehalt und Richtung der Kräfte verlangt. Das erscheint oft wie bloße Reaktion, in Wahrheit aber ist immer das überlegene Ganze gemeint mit seiner objektiven Gewalt, dass die individuellen Kräfte in Anspruch nimmt und die egoistischen in einer großen Verpflichtung bindet.“* (Nohl: Osthilfe, 1933, S. 74, Hervorhebung im Original)

Dieses überlegene Ganze, so Nohl, ist noch nicht vollständig in der NS-Bewegung enthalten, aber der Kern dieser dritten Phase, die auf das Ganze abzielt, ist da. Es ist der Nationalsozialismus:

„Was die Jugend heute am Nationalsozialismus begeistert und jeder Erzieher in ihm bejahen muss, auch wo er seiner agitatorischen Praxis, seiner Methode der Gewalt und seiner materialistischen Rassetheorie ablehnend gegenübersteht, ist, dass jenseits des politischen Tageskampfes auch er die seelischen und geistigen Kräfte als die entscheidenden gegenüber Wirtschaft und Politik erkennt und die Aufgabe der Zeit wieder als eine große Erziehungsaufgabe sieht: die Form des Menschen und des Volkes muss zuerst von innen her eine andere werden.“ (Nohl: Osthilfe, 1933, S. 75)[748]

Dies ist die zentrale Passage Nohls zum Nationalsozialismus vor 1933. Sie zielt nicht in erster Linie auf die fanatisierte Anhängerschaft der NS-Bewegung ab, sondern eher auf Nohls eigenes Umfeld. Gegenüber den Skeptikern in seinem Umfeld bemüht sich Nohl in diesem ursprünglich als Vortrag gehaltenen Text deutlich zu machen, dass nun einmal feststehe, dass die Jugend vom Nationalsozialismus begeistert sei. Nohl fragt nach dem Warum und gibt selbst eine Antwort: die Forcierung der seelischen und geistigen Kräfte, das sei jener Punkt, den „jeder Erzieher“ im Nationalsozialismus bejahen müsse. Das ist das Argument, um gleich drei Einwände wegzuwischen, die Nohl zwar konstatiert, aber keinesfalls für ausschlaggebend hält, um die NS-Bewegung abzulehnen: die agitatorische Praxis, die Methode der Gewalt und die materialistische Rassentheorie. Diese drei Merkmale der NS-Bewegung sind nach Nohl eher nebensächlich, zeitweilig und untergeordnet. Es ist im Kern die Position, mit der später Hindenburg, trotz ähnlicher Kritiken, Hitler das Kanzleramt übergab, ohne mit der NSDAP in jedem Punkt im Detail einverstanden zu sein.

Dies ist ein Dokument des Bündnisses und des Bündnisangebotes der deutschnationalen reaktionären Bewegung mit und an die NS-Bewegung auf der pädagogischen Ebene.

* * *

Auch das 1933 verfasste **Nachwort** (Nohl: Osthilfe, 1933, S. 93–96) dieses Sammelbands bleibt teilweise in diesem Rahmen, wenngleich die kräftige Unterstützung des NS-Regimes und die abschließende Berufung auf Mussolini im Vordergrund steht. Nohl schildert einleitend, dass auch praktisch die in der Aufsatzsammlung enthaltenen Vorschläge in einzelnen Punkten realisiert worden seien und reagiert kurz auf einige Rezensionen in Fachzeitschriften. Die letzten beiden Absätze des Nachworts lassen – sozusagen in Reinkultur – erkennen, was wir an verschiedenen Stellen bei Nohl immer wieder erleben: begeisterte Zustimmung in starken Worten bei gleichzeitiger Mahnung, die pädagogische Methode nicht zu vernachlässigen. Die Zustimmung zum NS-Regime liest sich wie folgt:

„Hinter dem begrenzten pädagogischen Werk, das diese Vorträge aufzuzeigen suchen, sind jetzt die gigantischen Umrisse eines sehr viel größeren erschienen, der neuen Gestaltung unseres gesamten deutschen Daseins, und vieles von dem, um das die pädagogische Bewegung im Verein mit Jugendbewegung und Volkshochschulbewegung seit Kriegsende gerungen hat, ist plötzlich in greifbare Nähe gerückt. Die politische Macht hat mit einem Schlag die äußere Einheit des Willens verwirklicht, die die elementare Voraussetzung auch der nationalen Erziehung ist. Dass die Potestas eine eminent pädagogische Bedeutung hat, ist dem, der es noch nicht wusste, jetzt auf das großartigste offenbart worden, wenn auch wohl niemand die hemmungslose Wucht dieser ‚Gleichschaltung‘ der Herzen und

[748] In der Zeitschrift „Die Erziehung“, 8. Jg. (Heft 6, März 1933) ist dieses Zitat, wie der ganze Beitrag, ebenfalls enthalten. Allerdings fehlt dort die Passage „und seiner materialistischen Rassetheorie“ (vgl. dort S. 341).

der Hirne geahnt hat. Die Überwindung des Partikularismus in jeder Gestalt und eine neue Volkswerdung sind jedem sichtbar.“ (Nohl: Osthilfe, 1933, S. 95)

Nun folgt das „ja, aber“: Nohl hat Angst um den Bestand dieser Erfolge, da mit Suggestion und Psychotechnik allein die Sache keinen Bestand habe, wenn sie nicht in die Tiefe gehe.

„Soll eine Gesinnung mehr sein als ein mystischer Glaube und der harten Not des Lebens gegenüber standhalten, so muss der Hingabe des Augenblicks mit ihrer Begeisterung und ihrem Schwung die freie Einsicht folgen, muss die neue Haltung getragen sein von einem Reichtum von Kräften, die das Heute an die Ewigkeit und ihre geschichtlichen Offenbarungen binden, und letztlich ganz realistisch gründen in der Befriedung des Lebens der einfachen Menschen, die, wie Pestalozzi immer sagte, ihres Brotes, ihres Blutes und ihrer Ehre sicher sind.“ (Nohl: Osthilfe, 1933, S. 95 f.)

Aber Nohl endet nicht mit Pestalozzi, mit dem er „Blut und Ehre“ im NS-Kontext adelt. Er endet mit Mussolini:

„Mussolini hat gemeint: ‚die Grundbedingung des nationalen Sieges seien gesunde Mütter und gesunde Kinder‘. Ich möchte hinzusetzen: ihre Voraussetzung ist ein gesundes Haus- und Familienwesen. ***Zur nationalen Erziehung gehört nicht bloß Arbeitsdienst und Wehrsport und jede herrliche Zucht der Männlichkeit, sondern neben vielem anderen vor allem auch die treue Pflege des Lebens und der Innigkeit des Gemüts und die echte Emporbringung der weiblichen Kräfte unseres Volkes.****“* (Nohl: Osthilfe, 1933, S. 96, Hervorhebung im Original)

b) Herman Nohls Vorlesung „Die Grundlagen der nationalen Erziehung“ (1933/34)

Die wissenschaftlichen Debatten über Herman Nohls Haltung zum NS-Regime beziehen sich in den letzten zehn Jahren vor allem auf das Manuskript seiner Vorlesung „Die Grundlagen der nationalen Erziehung. Eine Vorlesung im Wintersemester 1933/34“,[749] obwohl es kaum bekannt ist und anscheinend nur wenige Exemplare des von Nohl selbst 1940 vervielfältigten Manuskript erhalten geblieben sind. Das in der *Dokumentation ad fontes Nohl* faksimiliert wiedergegebene Exemplar ist offensichtlich eines der an Mitarbeiterinnen und Mitarbeiter verschickten Exemplare, in diesem Fall an Elisabeth Siegel. Dass es eine Abschrift dieser Vorlesung in mehreren Exemplaren gibt, wurde erstmals von Elisabeth Blochmann mitgeteilt: im Dezember 1940 hatte Nohl, wie Blochmann berichtet, auch ein Exemplar an Theodor Litt gesandt.[750]

Dieses Dokument, das Herman Nohl selbst 1934 publizieren wollte (wozu es aber nicht kam),[751] ist von seiner ganzen Anlage und Struktur her prädestiniert, die Problematik des Wirkens Herman Nohls in der NS-Zeit zu beleuchten. Nohl schreibt in einem Rundbrief im April 1940: *„Meine Vorlesung über die ‚Grundlagen der nationalen Erziehung‘ aus dem Wintersemester 1933/34 habe ich auf Wunsch abschreiben lassen und Abschriften sind zum Preise von 5 Mark bei mir zu haben.“*[752]

---

[749] Nohl, Herman: Die Grundlagen der nationalen Erziehung. Eine Vorlesung zum Wintersemester 1933/34 (Typoskript), ohne Ort, ohne Jahr (Göttingen 1940). *[Dokumentation ad fontes Nohl: S. 143–365]*

[750] Siehe: Blochmann, Elisabeth: Herman Nohl in der pädagogischen Bewegung seiner Zeit 1879–1960, Göttingen 1969, S. 170 f. Nohl hatte mit dieser Vorlesung ihrer Ansicht nach versucht, seinen Studenten „zu zeigen, wie sie auch unter den veränderten Umständen und unter Anerkennung bestimmter neuer Prinzipien pädagogisch verantwortlich und sinnvoll arbeiten könnten“. An Stelle einer Kritik dieses Versuchs trägt Blochmann das bemerkenswerte, teilweise auch bemerkenswert unkritische Lob von Theodor Litt vor, dem Nohl das Manuskript 1940 zur Kritik übersandt hatte. Litt antwortete Ende 1940, Nohl sei es in dieser Vorlesung gelungen, seine „eigene Haltung zu wahren und dabei doch das Anerkennenswerte in dem Neuen zu würdigen und einzubauen“. Litt kritisierte allerdings auch in äußerst höflicher, ja galanter Form, wie Blochmann darstellt, nicht zu Unrecht dieses zu große Vertrauen Nohls „in das Neue“, sprich in den Nationalsozialismus (Blochmann, S. 171).

[751] Siehe Rundbrief Nohls vom 5.3.1934, in: Zimmer, Hasko: Die Hypothek der Nationalpädagogik. Herman Nohl, der Nationalsozialismus und die Pädagogik nach Auschwitz, in: Beutler, Kurt/Wiegmann, Ulrich (Red.): Auschwitz und die Pädagogik (Jahrbuch für Pädagogik 1995), Frankfurt am Main/Berlin/Bern/New York/Paris/Wien 1995, S. 100.

[752] Niedersächsische Staats- und Universitätsbibliothek Göttingen, Cod. Ms. H. Nohl 646g/40, zitiert nach: Gran, Michael: Das Verhältnis der Pädagogik Herman Nohls zum Nationalsozialismus, Hamburg 2005, S. 337.

Dieses Dokument zu analysieren, beinhaltet im Grunde auch, Gemeinsamkeiten und Unterschiede mit den Veröffentlichungen Nohls vor 1933 und nach 1945 mit zu bedenken.

Die Analyse ergibt, dass die entscheidenden Änderungen in diesem Text gegenüber Nohls vor 1933 verfassten Schriften die theoretische Beschäftigung mit dem Begriff der Rasse und die Zustimmung zur nationalsozialistischen Eugenik sind. Während der Rassebegriff in der 1938 erschienenen Schrift „Charakter und Schicksal“ eng verbunden mit der Frage „der Deutschen“ als Nation diskutiert wird, gibt Nohl in diesem Vorlesungsmanuskript eugenischen Gesichtspunkten und rassistischer Auslesephilosophie einen hohen Stellenwert.

Gleich nach der siebenseitigen Einleitung über das individuelle, sokratisch-pädagogische Denken einerseits und das platonische, auf Gemeinschaft und Staat („Nationalerziehung“ nach Nohl) ausgerichtete pädagogische Denken anderseits, beginnt Nohl mit der biologischen Seite dieser Frage. Er begründet den Aufbau seiner Vorlesung nicht, sondern stellt fest:

> *„Wir suchen im ersten Abschnitt die Elemente des Aufbaus für unser Dasein als Volk, 1) die biologische Substanz dieses Volks mit allem, was man Eugenik nennt, seine Gliederungen in Stadt und Land, das Leben seiner Familie und das Verhältnis seiner Generationen, und 2) seine Volksgeistigkeit mit Sprache, Mythos, Sitte, Kunst und Festen, allem, was man die Heimat nennt. (...) es ist das ganz Neue unserer Nationallage, dass die volkserzieherische Aufgabe bis in die biologische Substanz unseres Volkes selbst hinunterreicht, an den Brunnen seines Lebens.“* (Nohl: Vorlesung, 1933/34, S. 6 f.)

In der Einleitung bezieht sich Nohl sehr deutlich auf Adolf Hitlers Buch „Mein Kampf“ und favorisiert Ernst Krieck und andere Autoren, die er positiv einschätzt. Diese Autoren grenzt er von unernster Literatur, die er als bloße Anpassung an die neue Lage einstuft, ab, ohne jedoch genauer zu werden. Es heißt:

> *„Wenn man mit einem Wort bezeichnen will, was wir erleben, so ist es eine leidenschaftliche Konzentration des Gesamtlebens unseres Volkes, und wieder wird die Erziehung das Hen Mega – der Führer der nationalen Bewegung hat es in seinem ‚Kampf‘ und dann immer wieder in seinen Reden betont –, in deren Händen schließlich das Schicksal des Ganzen von innen her ruht. Eine Flut von Büchern über Nationalerziehung und politische Erziehung ist bereits erschienen, die unsere heutige Aufgabe zu formulieren versuchen. Ich nenne nur die Bücher von Ernst Krieck, Anrich, Beck, aber auch von Wilhelm Stapel.[753] Diese Bücher haben eine echte Erregung und besitzen darum auch eine wirkliche Stoßkraft.“* (Nohl: Vorlesung, 1933/34, S. 5 f.)

Die drei Abschnitte der Vorlesung bewegen sich von der „Lebenssubstanz des Volkes“ über die „Volksgeistigkeit“ hin zu dem, was Nohl als das „bewusste Leben der Nation“ bezeichnet.

[753] Wilhelm Stapel (1882–1954) war ein bereits in der Weimarer Republik hetzender glühender Antisemit. Salomon Korn schrieb über Wilhelm Stapel in der „Zeit“ vom 5.6.2003 im Artikel „Wie deutsch soll's denn sein?“: „Den Begriff der ‚Symbiose zwischen Deutschen und Juden‘ hat als Erster der bekennende Antisemit Wilhelm Stapel 1927 in der von ihm herausgegebenen Monatsschrift Deutsches Volkstum (Heft 6, S. 418) verwendet – im negativen Sinne; und damit kam er bei aller sonstigen Beschränktheit seiner Thesen dem tatsächlichen Gang deutsch-jüdischer Geschichte näher als jene, die später im Nachhinein eine verklärte deutsch-jüdische Symbiose konstruiert haben. ‚Den Streit zwischen Juden und Antisemiten‘, so Wilhelm Stapel, werde man nicht verstehen, wenn man ihn nur als einen Streit von Individuen betrachte. Es handele sich nicht darum, dass ‚einzelne Menschen dieser Art mit einzelnen Menschen anderer Art‘ nicht auskommen könnten. Es handele sich vielmehr um den Gegensatz von Völkern: ‚Volksinstinkte, Volksanlagen, Volkheiten stoßen aufeinander.‘ Nicht Wünsche und Bedürfnisse von Individuen zählten demnach, sondern einzig und allein die vermeintlich naturverhafteten Eigenschaften des Kollektivs.“ Siehe auch Schmalz, Oliver: Kirchenpolitik unter dem Vorzeichen der Volksnomoslehre. Wilhelm Stapel im Dritten Reich (Europäische Hochschulschriften, Reihe 23: Theologie, Band 789), Frankfurt am Main/Berlin/Bern/Brüssel/New York/Oxford/Wien 2004 und Keinhorst, Willi: Wilhelm Stapel – ein evangelischer Journalist im Nationalsozialismus. Gratwanderer zwischen Politik und Theologie (Europäische Hochschulschriften, Reihe 31: Politikwissenschaft, Band 242), Frankfurt am Main/Berlin/Bern/New York/Paris/Wien 1993.

Zum ersten Abschnitt der Vorlesung „Die Lebenssubstanz des Volkes"

Zum ersten Kapitel „Erbstrom, Familientradition und Volkstypus"

Der erste Satz der Vorlesung lautet:

> *„Die Sorge um den Erbstrom und die vitale Substanz unseres Volkes ist das, was recht eigentlich neu in die Theorie der Nationalerziehung hineingekommen ist. Außer Platos Pädagogik weiß keine der späteren etwas davon."* (Nohl: Vorlesung, 1933/34, S. 9)

In diesem Satz vollzieht Nohl mehrere Manöver. Durch den – nicht ganz falschen – Hinweis auf Platons Ideen einer biologistischen Aufzucht einschließlich der Aussetzung behinderter Kinder (an einem „unzugänglichen und unbekannten Ort") in dessen Schrift „Politeia"[754] adelt er das Neue an der Nationalerziehung, eben das Nationalsozialistische. Gleichzeitig verweist er darauf, dass das Neue damit eigentlich auch doch nicht so neu ist, lediglich als eine Art Neoplatonismus wiederbelebt wird.

Abgesehen davon, dass es Platon nicht um eine Rassentheorie und schon gar nicht um das Konstrukt einer „arischen Rasse" ging, sondern um die inhumane Tötung der Behinderten, zeigt sich bei Nohl auch eine Unkenntnis gegenüber dem rassistischen Diskurs im Rahmen der sogenannten Reformpädagogik, insbesondere bezogen auf die an Nietzsche orientierten Zuchtgedanken in Ellen Keys Buch „Das Jahrhundert des Kindes" (in deutscher Sprache 1902). Darin wird gefordert, dass unter ärztlicher Aufsicht – ebenfalls an Platon orientiert – missgebildete Kinder „erlöst" werden sollen.[755]

Dass Nohl – an der Sozialpädagogik orientiert – selbst „neu" zu diesem Thema Stellung nimmt, soll jedoch konstatiert werden. Bevor er sich zur Eugenik äußert, beschreibt Nohl drei „Erfahrungen" als Gefahren für die „Volkssubstanz": die „Abnahme der Fruchtbarkeit", die „Qualitäten der Geburten" und die „gesteigerten Einwanderungen aus dem Osten" (Nohl: Vorlesung, 1933/34, S. 11).

„Allein in Berlin 4.000 zugewanderte Juden"

Das NS-Regime hatte bereits seine ersten antisemitischen staatlichen Maßnahmen getroffen, die Universitäten von jüdischen Professoren gesäubert und den Boykott jüdischer Geschäfte am 1. April 1933 durchgeführt, und nun schreibt Nohl:

> *„Die dritte Erfahrung entstand aus der gesteigerten Einwanderung aus dem Osten, die vor allem Berlin ein ganz neues Gesicht gab. Frick teilt in seiner Ansprache auf der ersten Sitzung des Sachverständigenbeirats für Bevölkerungs- und Rassenpolitik mit, dass im Jahre 1930 allein in Berlin 4.000 zugewanderte Juden eingebürgert wurden."* (Nohl: Vorlesung, 1933/34, S. 11)[756]

Ohne Frage verbreitet Nohl mit diesem Gesichtspunkt jenen Antisemitismus gegen die „Ostjuden" (wie es damals hieß), der einen vorrangigen Aspekt der NS-Propaganda seit 1923 bildete, aber sehr wohl schon in der Weimarer Republik auch weit hinein ins deutschnationale

[754] Siehe dazu den Abschnitt über Platon bei: Mürner, Christian: Philosophische Bedrohungen. Kommentare zur Bewertung der Behinderung, Frankfurt am Main/Berlin/Bern/New York/Paris/Wien 1995, S. 26–31.

[755] „Im Zusammenhang hiermit steht die Entwicklung neuer Rechtsbegriffe auf diesen Gebieten. Während die heidnische Gesellschaft in ihrer Härte die schwachen oder verkrüppelten Kinder aussetzte, ist die christliche Gesellschaft in der ‚Milde' so weit gegangen, dass sie das Leben des psychisch und physisch unheilbar kranken und missgestalteten Kindes zur stündlichen Qual für das Kind selbst und seine Umgebung verlängert. Noch ist doch in der Gesellschaft – die unter anderem die Todesstrafe und den Krieg aufrecht erhält – die Ehrfurcht vor dem Leben nicht groß genug, als dass man ohne Gefahr das Verlöschen eines solchen Lebens gestatten könnte. Erst wenn ausschließlich die Barmherzigkeit den Tod gibt, wird die Humanität der Zukunft sich darin zeigen können, dass der Arzt unter Kontrolle und Verantwortung schmerzlos ein solches Leiden auslöscht." (Key, Ellen Karolina Sofia: Das Jahrhundert des Kindes. Studien, Weinheim/Basel 1992, S. 28 f.)

[756] Nohl gibt als Quelle in einer Fußnote lediglich „Langensalza 1933" an.

Lager salonfähig war. Nach der Klarstellung, dass es gegen Juden geht, referiert Nohl die Vorgeschichte des NS-Rassismus ohne jede kritische Distanz im Kontext einer zustimmenden Vertiefung, um so seine studentische Zuhörerschaft an die entsprechende Literatur heranzuführen. Nohl führt in einer längeren Passage im unmittelbaren Anschluss aus:

„*Wie immer entwickelt sich ein solcher neuer Gesichtspunkt zu voller Kraft aber erst, wo er sich dialektisch gegen eine andere einseitige Theorie absetzt, hier also gegenüber dem alten Sozialismus, der bei aller sozialen Leidenschaft, die ihn in seinen besten Vertretern beseelte, letztlich immer doch nur an das Wohlsein des Einzelnen dachte und einem falschen Gleichheitsgedanken huldigte, der die Schuld an dem Aufstieg oder Abstieg des Einzelnen ausschließlich im Milieu und den Startbedingungen suchte. Diesem Individualismus und Kultur-Lamarckismus gegenüber bildete sich jetzt die neue Front der Eugenik und der Rassenhygiene, die vom Ganzen des nationalen Volkskörpers ausgeht und hinter den einzelnen Lebenden das Idioplasma sucht, aus dem die künftigen Generationen durch Auslese entstehen sollen. Die Mittel für diese ganz andere Sehweise kamen aus sehr verschiedenen Quellen: aus der Biologie, der konservativen Familienkunde und der Rassenkunde Gobineaus und seiner Nachfolger. Die wichtigste war die Eugenik, wie sie Francis Galton, der Vetter Darwins, 1865 mit einer Arbeit über ‚Erblichkeit von Talent und Charakter' und dann in weiteren Arbeiten über ‚Erblichkeit des Genies' 1869 ausgebaut hatte. Seine berühmt gewordene Vorlesung über ‚Eugenik' hielt er als alter Mann 1904. Eugenik war ihm die Lehre von allen Einflüssen, die geeignet sind, die angeborenen Eigenschaften, also das ‚Erbgefüge' einer Rasse zu verbessern und sie zu höchster Vollkommenheit zu entwickeln. Eugenes d. h. wohlgeboren ist derjenige, der noble Qualitäten geerbt hat. ‚Rasse' meint bei Galton nicht die anthropologische Rasse, also eine größere Gruppe von Menschen mit gleichen Erbanlagen, sondern eine solche Gruppe unter dem Gesichtspunkt des Erbgefüges ohne Rücksicht darauf, ob die Anlagen gleich oder ungleich sind. Wertvoll ist jede Erbanlage, die sich in der Gesamtökonomie eines Volkes als nützlich erweist. Jede Berufsgruppe des Volkes braucht ihre eigene Eignung.*

Unabhängig von Galton hatten in Deutschland Alfred Ploetz und Wilhelm Schallmayer die Eugenik entwickelt. Diese sprechen beide von ‚Rassenhygiene', wobei Rassenhygiene im bewussten Unterschied von Sozialhygiene eben nicht das Wohl der einzelnen, sondern das Wohl einer zeitlich dauernden Gemeinschaft als solcher verfolgt. Das Buch von Ploetz erschien 1895 unter dem Titel ‚Grundlinien einer Rassenhygiene, 1. Teil, Die Tüchtigkeit unserer Rasse und der Schutz der Schwachen', Schallmayers Buch ‚Vererbung und Auslesung' 1903. Auch Ploetz versteht unter Rasse nicht die anthropologische Rasse, sondern die ‚Vitalrasse', wie er sagt, oder die biologische Rasse: die Erhaltungs- und Entwicklungseinheit des Lebens. Rassenhygiene ist die Wissenschaft von den optimalen Bedingungen der Erhaltung und Steigerung des Erbstromes der sowohl durch die anthropologischen Rassen wie durch die Völker fließt. Schallmayer spricht im Unterschied zu Rassenhygiene von Rassehygiene: sie soll der Gesundheit und Tüchtigkeit des Volkskörpers dienen durch Verbesserung seiner Erbanlagen, was durch starke Vermehrung von Personen mit guter Erbanlage und durch schwache Vermehrung der erblich Minderwertigen erreichbar sei. Das Entscheidende in diesen Büchern ist im Gegensatz zu der Milieu-Theorie des Larmarckismus der Erb- und Auslesegedanke: das Glück eines Volkes hängt nicht nur von seinen glücklichen Lebensbedingungen ab, sondern mehr noch von seinen guten Erblinien. Ploetz gründete die ‚Deutsche Gesellschaft für Rassenhygiene'.

Das Organ der Bewegung wurde das ‚Archiv für Rassen- und Gesellschaftsbiologie einschließlich Rassen- und Gesellschaftshygiene', das Ploetz führt. Daneben wäre die Zeitschrift ‚Eugenik' zu nennen, Zeitschrift für Erblehre und Erbpflege, die Ostermann im Verein mit den modernen Biologen Fischer, Lenz, Muckermann, Rudin und Verschuer herausgibt." (Nohl: Vorlesung, 1933/34, S. 11 ff., Hervorhebungen im Original)

In dieser in sich stimmigen Zusammenfassung verschiedener Akzente in den Werken unterschiedlicher Rassetheoretiker betont Nohl zu Beginn dieser Passage und durchaus in seinem Sinne „die neue Front der Eugenik und Rassenhygiene, die vom Ganzen des nationalen Volkskörpers ausgeht".

Nohl folgt den Thesen im weiteren Verlauf seiner Vorlesung, beschreibt die Gesetze der Vererbung nach Mendel („Auch wo sich Rassen mischen, ist nicht die eine ‚stärker' als die andere"; Nohl: Vorlesung, 1933/34, S. 14) und die Vererbungsquoten bei Erbkrankheiten, betont den „Auslesegedanken Darwins“ (Nohl: Vorlesung, 1933/34, S. 15) und doziert, sich auf Muckermann[757] berufend:

> *„Die Kulturvölker vermehren sich nicht so wie die weniger kultivierten. Das gilt insbesondere für die nordische Rasse.“* (Nohl: Vorlesung, 1933/34, S. 15)

„Die kranken Erblinien ausmerzen“ und „die erbgesunden Familien bevorzugen“

Nohl schildert nun, sich auf Verschuer berufend, die „Kontraselektion“, d. h. die Umgehung der „natürliche(n) Auslese“, die „z. B. die Kurzsichtigkeit, Taubstummheit und Geisteskrankheit beseitigen“ (Nohl: Vorlesung, 1933/34, S. 17) würde, nun aber zum Anwachsen der Erbkranken führe. Nohl führt aus:

> *„Von hier aus entsteht die grausame Frage an die Wohlfahrtspflege, ob sie durch ihre Maßnahmen, mit denen sie dem einzelnen Kranken oder der einzelnen kranken Familie hilft, nicht bloß den gesunden Familien Mittel entzieht, sondern geradezu für das Weiterbestehen und die Fruchtbarkeit der erbkranken Familien Sorge trägt?*
>
> *Aber damit kämen wir schon zur Frage nach dem, was angesichts dieser Einsichten zu tun ist, um unseren Volkskörper richtig zu gestalten. Bei diesem Umbau handelt es sich um negative und um positive Maßnahmen.*
>
> *Negative Maßnahmen sind alle Schritte, die darauf zielen, die kranken Erblinien auszumerzen. Die Antike konnte da hart vorgehen. Die Spartaner setzten minderwertiges Leben aus. Auch Plato fordert in seinem Staat, dass krankes Leben vernichtet und auch von zu alten Eltern Erzeugtes getötet werden solle. Unsere christliche Fürsorge, die jede Seele unmittelbar zu Gott weiß, kann das nicht mehr. Ist das Leben einmal da, so muss dafür gesorgt werden, dass es menschenwürdig existiert und zu seinem Wohl kommt. Es ist das an sich auch keine Gefahr für die Volkswohlfahrt – abgesehen davon, dass es etwas kostet; aber ein Volk, das auf solche Fürsorge und auf die Entfaltung der Eigenschaften, die solche Fürsorge tragen, verzichten wollte, nähme sich einen höchsten Wert und würde schnell sittlich korrumpieren. Wohl aber wird es nötig sein, erstlich bestimmte Gruppen dieser Menschen zu sterilisieren, wie das Gesetz zur Verhütung erbkranken Nachwuchses das fordert, das am 1. Januar 1934 in Kraft getreten ist, und zweitens die methodischen Verfahren der Fürsorge grundsätzlich umzuwenden.*

---

[757] Herrmann Muckermann war führend beteiligt am Zustandekommen des „Eugenik-Gesetzes“ 1933. Am 2. Juli 1932 stellte Muckermann auf der Sitzung des Preußischen Landesgesundheitsrates zum Thema „Die Eugenik im Dienste der Volkswohlfahrt“ seinen Entwurf für ein Eugenik-Gesetz vor. Diese Sitzung setzte ein Gesetzgebungsverfahren in Gang, das am 14. Juli 1933 im „Gesetz zur Verhütung erbkranken Nachwuchses“ seinen Abschluss fand. Der Entwurf Muckermanns war konsensbildend für die an der Sitzung Beteiligten. Anwesend auf dieser Sitzung waren neben den Rassehygienikern bzw. Eugenikern Baur, Bluhm, Fischer und eben Muckermann die Sozialhygieniker Chajes, Harmsen und Scheumann, der Bevölkerungswissenschaftler und Präsident des Statistischen Reichsamts Friedrich Burgdörfer, der katholische Moraltheologe Joseph Mayer, die Psychiater Karl Bonhoeffer, Hübner, Lange, Kurt Pohlisch (ein späterer „Euthanasie“-Gutachter), Emil Sioli und Otmar von Verschuer – und die Juristen Ebermayer, Heimberger und Kohlrausch sowie der Landtagsabgeordnete und spätere Reichsgesundheitsführer Leonardo Conti von der NSDAP. 1937 wurden wohl angesichts zunehmender Widersprüche zwischen Muckermann und den NS-Ideologen seine Bücher verboten, was im Einzelnen hier nicht nachgeprüft werden konnte (vgl. Grosch-Obenauer, Dagmar: Hermann Muckermann und die Eugenik, Mainz 1986; Kröner, Hans-Peter: Von der Rassenhygiene zur Humangenetik. Das Kaiser-Wilhelm-Institut für Anthropologie, menschliche Erblehre und Eugenik nach dem Kriege, Stuttgart/Jena/Lübeck/Ulm 1998; Schmuhl, Hans-Walter: Grenzüberschreitungen. Das Kaiser-Wilhelm-Institut für Anthropologie, menschliche Erblehre und Eugenik 1927–1945, Göttingen 2004).

Von Muckermanns Schriften seien hier nur genannt: Rassenforschung und Volk der Zukunft. Ein Beitrag zur Einführung in die Frage vom biologischen Werden der Menschheit (Das kommende Geschlecht, Band 4, Heft 2), Berlin 1928. Wesen der Eugenik und Aufgaben der Gegenwart. Aus dem Kaiser-Wilhelm-Institut für Anthropologie, menschliche Erblehre und Eugenik, Abteilung für Eugenik (Das kommende Geschlecht, Band 5, Heft 1/2), Berlin 1929. Rassenhygiene, in: Staatslexikon, Band 4: Papiergeld bis Staatsschulden (5., von Grund aus neubearbeitete Auflage), Freiburg 1931. Zusammen mit Otmar Freiherr von Verschuer: Eugenische Eheberatung (Das kommende Geschlecht, Band 6, Heft 1/2), Berlin/Bonn 1931. Eugenik und Strafrecht (Arbeiten über Rassenkunde, Erblehre und Erbpflege aus dem Kaiser Wilhelm Institut für Anthropologie, menschliche Erblehre und Eugenik in Berlin-Dahlem, Teil 37), Berlin 1932. Volkstum, Staat und Nation, eugenisch gesehen. Aus dem Kaiser-Wilhelm-Institut für Anthropologie, menschliche Erblehre und Eugenik, Abteilung für Eugenik, Essen ohne Jahr (1933). Eugenik und Katholizismus, Berlin 1934.

Die Sterilisation der Erbkranken, die nicht Kastration, also kein Angriff auf die Persönlichkeit des Menschen, sondern nur eine Verhinderung seiner Zeugungsfähigkeit ist, nimmt ihm nicht das Glück der geschlechtlichen Liebe, nur das der Elternschaft. Eine Begründung des Gesetzes hat Reichsminister Frick in der Ansprache über die Bevölkerungs- und Rassenpolitik gegeben, die ich schon nannte." (Nohl: Vorlesung, 1933/34, S. 17 f., Hervorhebung im Original)

Nohl stellt nicht nur die „grausame Frage", er gibt mit dem NS-Reichsinnenminister die zu diesem Zeitpunkt gültige nationalsozialistische Antwort. Er erklärt seiner studentischen Zuhörerschaft, dass er – ansonsten Platoniker – hier aus christlicher Überzeugung gegen die Tötung, nicht aber gegen die Sterilisierung sei. Das entsprach zu diesem Zeitpunkt 1933/34 der offiziellen Lesart des NS-Regimes.

Nach der Betonung der Notwendigkeit der Sterilisation in einer Fülle von im Einzelnen aufgeführten Fällen wendet sich Nohl nun gegen die finanziellen und personellen Kürzungen der sozialen Fürsorge und die Übertreibung des „Ausmaßes der erblichen Minderwertigkeit" (Nohl: Vorlesung, 1933/34, S. 20). Sozusagen als neue Richtlinie legt sich Nohl auf folgende Formulierung fest:

„Ein weiteres muss, wie gesagt, die grundsätzliche Umwendung der Fürsorgemethoden sein, die statt der bisher überwiegenden Einzelfürsorge Familienfürsorge treiben wird und statt der wahllosen Unterstützung von allen Familien nur nach dem Maßstab ihrer Not, die erbgesunden Familien bevorzugen muss." (Nohl: Vorlesung, 1933/34, S. 19)

Herman Nohl wehrt sich in diesen Passagen einerseits gegen alle Kürzungsabsichten, gesteht aber auf der anderen Seite zu:

„Vielleicht war wirklich ein Teil dieser Anstalten, z. B. der Fürsorgeanstalten, allmählich zu ‚schön' geworden. Man wird sie jetzt mehr auf das Land verlegen und primitiver einrichten als bisher." (Nohl: Vorlesung, 1933/34, S. 20)

Im folgenden Teil über die positiven Maßnahmen geht es Nohl um den Ehrenkodex, doch die Ehe und die Nachkommenschaft nach den Interessen des Volkes, des Staates, des „Volkskörpers" auszurichten:

„Weder Organisation noch Gesetz sichern die steile Höhe, auf der die Gesundheit und die Kraft und die vitalsittliche Gesundheit eines Volkes stehen, sondern nur das Gewissen, das dem einzelnen schlägt, damit, um noch einmal Plato zu zitieren, ‚für jede Ehe als Wahlspruch einzig dieser gilt, dass ein jeder gehalten sei, eine dem Staat segensreiche, nicht eine für seine eigene Lustbegier besonders erwünschte Ehe einzugehen' (‚Gesetze' 773)." (Nohl: Vorlesung, 1933/34, S. 22 f.)

Der eigentliche Wahlspruch der NS-Propaganda „Du bist nichts, das Volk ist alles" wird hier von Nohl in den Kontext einer Platon-Interpretation gestellt und damit akademisch geadelt.[758]

„Rassenpolitik mit der Front gegen den Osten" und gegen „das weitere Einströmen nicht bloß der jüdischen, sondern auch der slawischen Volkselemente, die den Prozess der deutschen Rassenbildung stören"

Unmittelbar an diese Ausführung anschließend, wendet sich Nohl nun gegen das „weitere Einströmen nicht bloß der jüdischen, sondern auch der slawischen Volkselemente" (Nohl: Vorlesung, 1933/34, S. 25) und entwickelt seine Vorstellung von der Herausbildung eines deutschen Typus im Kontext der Rassenlehre. Gegen die „Aufnordung" als Bevorzugung der Norddeutschen gegen die Süddeutschen polemisierend (wobei die Frage aufzuwerfen ist, wer von den NS-Rassenideologen überhaupt gegen Bayern und Österreicher vorgegangen sein soll),

[758] Jürgen Reyer schreibt in seiner Studie „Eugenik und Pädagogik. Erziehungswissenschaft in einer eugenisierten Gesellschaft" (Weinheim/München 2003) zu Nohls Vorlesung: „Was Nohl im ersten Abschnitt seiner Vorlesung über ‚nationale Erziehung' auf dreiundzwanzig Schreibmaschinenseiten niederschrieb, war ein systematisch angelegter Versuch, nicht nur die Rassenhygiene mit ihrem theoretischen Hintergrund und praktischen Anwendung in die Erziehungstheorie zu integrieren, sondern auch die rassenanthropologische Linie einzubauen" (Reyer, S. 154, siehe auch S. 151 ff.).

entwickelt Nohl „seinen" Plan, nämlich die „Schaffung des nationaldeutschen Typus durch Mischung unserer Stämme und Isolierung nach außen" (Nohl: Vorlesung, 1933/34, S. 25), die sich als „Rassenpolitik mit der Front gegen den Osten" versteht. Es heißt bei Nohl:

> *„Die letzte Frage in diesem Zusammenhang ist die nach der Bedeutung der Rassereinheit für ein Volk und nach dem national-deutschen Typus. Hier hat die dritte der Bewegungen eingesetzt, die jene Wendung vom einzelnen zum Volkskörper vollzogen haben, seit Gobineaus ‚Sur l'inégalité des races humaines' (1853), Richard Wagners Schrift ‚Was ist deutsch?', Chamberlains ‚Grundlagen des XIX. Jahrhunderts' (1900) und den Büchern von Woltmann, Schemann, Günther, Rosenberg. Gobineau sieht in der Rasse nicht nur die erste, sondern schlechthin die einzige lebende Kraft, die alle großen Veränderungen in der Welt hervorgebracht hat. ‚Rasse' bedeutet hier die wissenschaftlich nicht weiter auflösbare Eigenart einer Menschengruppe, und Gobineau glaubt, diese Rassenindividualität würde durch alle Zeiten unverändert dauern, wenn die Rasse rein bliebe. Da nun alle Völkerrassen gemischt sind, so ist der ganze Prozess der Weltgeschichte eigentlich eine fortschreitende Degeneration. Die Urgestalt steht im Anfang, und es kann nur die Aufgabe sein, dieses reine Gold aus dem Gemenge immer wieder herauszuwaschen. Dazu kommt dann die Überzeugung, dass von den drei großen Menschenrassen, die Gobineau annimmt, der schwarzen, gelben und weißen, nur die weiße edle Vorzüge hat und in ihr vor allem der arische Zweig und die germanische Familie, und dass der Aufbau der Kultur in der Welt allein auf dem Anteil der weißen Rasse beruht, aller Untergang durch Degeneration der weißen Rasse, durch das Überwiegen des minder edlen Blutes über das edle herbeigeführt wurde. Ist die Rassenmischung einmal ganz vollendet, so beginnt damit die Ära der Einheit, Gleichheit und allgemeinen Mittelmäßigkeit. – Bei Chamberlain erscheint die Geschichte als der Gegensatz zweier großen Tendenzen, der universalen und der nationalen. Das römische Reich, die römische Kirche sind die Repräsentanten des Völkerchaos, die Germanen die Träger der nationalen Bewegung, die einen die Rasselosen, die anderen die Rassefesten. Rasselosigkeit und Charakterlosigkeit ist dasselbe. Rasselose Menschen bleiben gespalten und unsicher, haben keine gesunde und starke Empfindung. Die Nation als politische Volksgemeinschaft ist nur die schützende Hülle für eine ausgebildete Rasse. Sein Buch ist damals überall gelesen worden und hat gewiss auch auf die Führer unserer nationalen Bewegung stark gewirkt.*
>
> *Tatsache ist, dass keine der europäischen Nationen eine reine Rasse darstellt, alle aus Rassenmischung hervorgegangen sind. Sie sind überhaupt keine Naturgewächse, sondern Produkte der Geschichte.*[759] *Und hier setzt die entscheidende Frage für die Gestaltung unseres Volkskörpers ein. Es ist gewiss richtig, wie ich schon im Anfang sagte, dass uns Deutschen noch der feste, gleichmäßige Rassecharakter fehlt, den Engländer und Franzosen besitzen. Hintze sagt: ‚Weil unsere Nationalität diese feste physische Grundlage noch entbehrt, weil sie nach dem Wort Lagardes nur im Gemüt und nicht auch im Geblüt steckt, ist der Deutsche im Ausland so leicht in Gefahr, sein Deutschtum zu verlieren, und behauptet er es nicht mit der Zähigkeit wie der Engländer und Franzose'. Wir werden sehen, dass auch unsere Sprache und andere geistige Momente an dieser Frage beteiligt sind, aber ein tiefer Grund liegt gewiss in diesem fehlenden biologisch-einheitlichen Rassecharakter. Soll man nun diesen national-deutschen Typus, der uns mangelt, durch ‚Aufnordung' schaffen, – das heißt also durch bewusste bevölkerungspolitische Bevorzugung der nordischen Bestandteile in unserem Volk, ganz gleich, wie man sich das vorstellt – oder durch eine zunehmende Ausgleichung der in unserem Volke vorhandenen Rassen? In dem einen Fall steht der Typus am Anfang und muss wieder aus dem Gemenge rein herausgearbeitet werden; im andern Fall liegt er in der Zukunft, ist die deutsche Rasse überhaupt erst in der Bildung begriffen und wird fertig sein, wenn die deutschen Stämme, Bayern und Preußen, Schwaben und Sachsen sich zum nationaldeutschen amalgamiert haben. Unsere Kleinstaaterei, zum Teil gerade auf diesen Stammesgegensätzen beruhend, hat doch auch diesen Ausgleich gehindert. Die Schaffung des einen deutschen Volkes durch unsere nationale Revolution, diese geniale*

[759] Nohl nennt in der Fußnote als Quelle Otto Hintze: „Rasse und Nationalität in ihrer Bedeutung für die Geschichte" (Deutsche Bücherei 100). Diese Schrift konnte nicht nachgewiesen werden. Otto Hinze gehört zu den bekannten deutschnationalen Historikern des Kaiserreiches und der Weimarer Republik. Seine jüdische Frau floh 1939 in die Niederlande. Otto Hintze starb 1940 in Deutschland (vgl. Jütte, Robert/Hirschfeld, Gerhard (Hrsg.): „Verzage nicht und lass nicht ab zu kämpfen…". Die Korrespondenz 1925–1940. Otto Hintze und Hedwig Hintze, Essen 2004). Nach seinem Tod erschienen noch folgende Schriften in der NS-Zeit: Staat und Verfassung. Gesammelte Abhandlungen zur allgemeinen Verfassungsgeschichte, Band I: Staat und Verfassung, Leipzig 1941; Band II: Zur Theorie der Geschichte, Leipzig 1942.

Sprengung uralter Grenzen, nicht bloß der Stammes- und Ländergrenzen, sondern auch die Herstellung eines einheitlichen deutschen Volksgefühls und -willens eröffnet auch ganz neue Möglichkeiten für unsere physische Einheit. Das Komplement solchen inneren Ausgleiches wäre eine Rassenpolitik mit der Front gegen den Osten, die das weitere Einströmen nicht bloß der jüdischen, sondern auch der slawischen Volkselemente, die den Prozess der deutschen Rassenbildung stören und die Festigkeit unserer Nationalität lockern, verhindert." (Nohl: Vorlesung, 1933/34, S. 23 ff., Hervorhebungen im Original)

Wer genau mitliest, spürt bei der Schilderung der Auffassungen dieser rassistischen Theoretiker gleichzeitig eine gewisse andere Akzentsetzung. Nohl favorisiert, wie im letzten Satz des Zitates deutlich wird, nicht die innerdeutsche „Aufnordung" einer von anderen Rassisten angenommenen angeblich schon existierenden „deutschen Rasse", sondern favorisiert den „Prozess der deutschen Rassenbildung", den die Juden stören. Der Jude stört die deutsche Rassenbildung – das ist die Pointe des Antisemiten und Rassisten Nohl 1933/34. Er misstraut offensichtlich – ähnlich wie Ernst Krieck – einer rein biologischen Sichtweise der Rassentheorie im Kontext der Geschichte. Denn dann wäre ja für Pädagogen nichts mehr zu tun. Für die studentische Zuhörerschaft dieser Vorlesung wird sichtbar, dass Nohl – an Ernst Krieck angelehnt – eigene Akzente setzt, ohne die Rassentheorie überhaupt oder im Kern abzulehnen – im Gegenteil präsentiert er sich als der bessere Rassist.[760]

Auf den folgenden Seiten lässt sich Nohl über die Population und den Bevölkerungsrückgang in Deutschland mit Zahlen und Statistiken aus, wobei er warnend betont, „die Fruchtbarkeit der slawischen Frauen" sei „rund doppelt so groß wie die der deutschen Frauen" (Nohl: Vorlesung, 1933/34, S. 28) – ein Gedanke, den Nohl ja schon vor 1933 in seinen Aufsätzen zur „Osthilfe" sehr deutlich herausgearbeitet hatte.

Der erste Abschnitt des ersten Kapitels endet mit Hinweis auf die Unterstützung kinderreicher Familien durch den NS-Innenminister Fricke, alles mit dem Ziel „die Familie als die biologische Zelle des Volkes mehr als bisher in den Mittelpunkt der Nationalpädagogik und Nationalpolitik" (Nohl: Vorlesung, 1933/34, S. 29) zu rücken.

Zum zweiten Kapitel „Stadt und Land": „Deutsche Waldfreiheit", „die Wurzel unserer mystischen Kraft" und „der Intellektualismus der Städter"

Nohl behandelt nun eine Frage, die ihn schon in der Zeit der Weimarer Republik beschäftigt hat und in einer ausgearbeiteten Tradition deutsch-reaktionärer Ablehnung der Industriegesellschaft und der „Verstädterung" steht, auf die schon Heinz-Joachim Heydorn in seiner Schrift „Über den Widerspruch von Bildung und Herrschaft" (vor allem im Abschnitt „Industrielle Revolution: Fluchtversuche") eingegangen ist.[761] Einleitend heißt es in diesem zweiten Kapitel, sich auf den Reichskanzler Adolf Hitler stützend:

„Die biologische Krise eines Volkes ist immer schon zusammengebracht worden, vor allem seit Rousseau und der großen physiokratischen Bewegung des 18. Jahrhunderts, mit seiner Verstädterung.[762] In der Gegenwart tritt die Verbindung beider in der bekannten Formel von ‚Blut und Boden' auf. Unter den Maßnahmen zur Steigerung des Nachwuchses erscheint überall die Forderung einer neuen Berücksichtigung des Landes. So in der mehrfach genannten Ansprache Fricks, so in der programmatischen Erklärung des Reichskanzlers vom 10. Februar 1933: ‚Volk und Erde sind die Wurzeln unserer Kraft. Das Ziel unseres Kampfes: Die Erhaltung dieses Volkes, dieses Bodens.' ‚Blut und Boden' ist

[760] „Der Nohl von 1933/34 und 1935/36 offenbart sich in seiner Vorlesung als Rassist und Antisemit." (Brumlik, Micha: „Dieses Problem, von dem wir bis zuletzt nichts geahnt hatten." Nohl, Spranger, der Antisemitismus und die Frauen, in: Sozialwissenschaftliche Literatur-Rundschau (SLR). Sozialarbeit, Sozialpädagogik, Sozialpolitik, soziale Probleme, 28. Jg. (2005), Heft 50, S. 10).

[761] Heydorn, Heinz-Joachim: Über den Widerspruch von Bildung und Herrschaft (Bildungstheoretische Schriften, Band 2), Frankfurt am Main 1979, S. 218 ff.

[762] Nohl nennt hier in einer Fußnote folgende Quelle: Eichler, Arthur: Die Landbewegung des 18. Jahrhunderts und ihre Pädagogik, Langensalza/Berlin/Leipzig 1933.

der Titel einer bekannten Zeitschrift. Am wirksamsten sind die Bücher des Reichsministers Darré geworden, schon wegen seiner politischen Stellung: ‚Das Bauerntum als Lebensquell der nordischen Rasse' 2. Auflage 1933. ‚Neuadel aus Blut und Boden' 1933. Dann das Buch von Böhmer ‚Das Erbe der Enterbten' 2. Auflage 1933." (Nohl: Vorlesung, 1933/34, S. 32)

So wie bereits Platon zur Begründung der Eugenik herangezogen wurde, bemüht sich nun Nohl hier, Rousseau zum Vater der „Blut und Boden"-Mystik zu krönen. Auch ohne hier im Einzelnen die reduktionistische und Rousseau unterstellte Parole „Zurück zur Natur" (in Wirklichkeit geht es Rousseau um die „Natur des Menschen", im Sinne des eigentlichen Wesens der Menschen angesichts von Degenerierung durch Eigentumszivilisation) genauer zu behandeln, wird deutlich, dass Nohl den Reichskanzler Hitler und das „Blut und Boden"-Gerede mit Hinweis auf Rousseau akademisch adelt und für seine studentische Zuhörerschaft annehmbar aufbereitet.

Nachdem Nohl nun Zahlenmaterial über Stadt und Land vorträgt, folgert er ernsthaft:

„Das heißt aber für Deutschland, das Gleichgewicht von Landwirtschaft und Industriewirtschaft, das durch die Entwicklung der letzten 50 Jahre zerstört war, wieder in Ordnung zu bringen und sich zu reagrarisieren." (Nohl: Vorlesung, 1933/34, S. 34)

Daneben warnt er vor der Landflucht gerade in den Grenzgebieten im Osten:

„Was das nationalpolitisch bedeutet, ist klar, denn ein menschenarmes Land neben einem stark wachsenden muss die Instinkte des Nachbarn reizen, und es ist fast unmöglich, ein Recht auf einen Boden zu behaupten, wenn die Menschen ihn verlassen." (Nohl: Vorlesung, 1933/34, S. 35)

Neben seinen Forderungen, das Leben auf dem Lande zu verbessern, um der Landflucht entgegenzuarbeiten, geht es Nohl im Folgenden vor allem um die „seelische und sittliche" Bedeutung:

„Die ***geistige Bedeutung*** *ist seit Rousseau und Pestalozzi immer gesehen worden, am schönsten vielleicht von Friedrich Paulsen in seinem Aufsatz: Das Dorf als Bildungsstätte. Das Kind erfährt hier die ewigen Elemente des Lebens, sowohl seinen Inhalten wie seiner Technik nach. Es erfährt sie nicht abstrakt aus dem Buch, sondern konkret im lebendigen Ablauf des Jahres und seiner Arbeit, nicht nach der Willkür des Schulmeisters, sondern aus der Notwendigkeit der Natur mit Sonne und Regen, Sommer und Winter, Säen und Ernten, und nicht als Belieben der Menschen wie in allem Zivilisatorischen in der Stadt, sondern als organisches Wachsen und Vergehen: wie Pflanze und Tier, so auch der Mensch, schicksalgebunden an seinen Boden, an den Hof und sein Gesetz. Der rasche Intellektualismus der Städter verstummt hier vor einer tieferen Wirklichkeit, die einfacher, aber dauernder ist, einen längeren Lebensatem hat und redlicher ist. Der eigentliche Kern dieser Lebenshaltung ist aber das, was ich den ‚Idealismus des Landes' nenne."* (Nohl: Vorlesung, 1933/34, S. 38 f., Hervorhebung im Original)

In dieser Passage – nun auch Pestalozzi bemühend – wird die romantisierende Seite rassistischer, biologistischer und eben auch „naturverbundener" Argumentationsfiguren deutlich, die vor und nach der NS-Zeit ebenfalls in Blüte standen und stehen. Dieser „Idealismus des Landes" lappt ins Mystische, oft auch Religiöse; jedenfalls hat der Intellekt zu verstummen, das „Überwältigende", ja „Erhabene" der Natur lehrt in dieser Argumentationsfigur im Grunde, sich „schicksalgebunden" in das Organische hineinzubegeben, sich an „Blut und Boden" zu binden.

Nohl – eben noch der Reagrarisierung und Naturbegeisterung verhaftet – warnt dann auch vor der Enge des bäuerlichen und ländlichen Lebens. Aber hier ist laut Nohl ja nun seit 1933 Abhilfe geschaffen. Nohl schreibt über die Abstinenz der bäuerlichen Jugend gegenüber der Wandervogelbewegung:

„Man muss sich die Polarität dieses Zuges zu dem landwirtschaftlichen deutlich machen, um die Spannung zu sehen, die in der Geistigkeit der deutschen Bewegung an dieser Stelle enthalten ist. Die bäuerliche Jugend nahm an ***dieser*** *Jugendbewegung nicht teil, sie wird erst heute von der Hitler-Jugend erfasst, die an ganz anderer Stelle angreift und die Landbevölkerung zu jenem Enthusiasmus für das Ganze erzieht, der ihr von Haus aus schwerfällt."* (Nohl: Vorlesung, 1933/34, S. 41, Hervorhebung im Original)

Von der als positiv eingeschätzten Rolle der Hitlerjugend geht Nohl nun zur Darstellung des „deutschen Waldes“ über. Der deutsche Wald, das ist für ihn deutsche Freiheit, die „deutsche Waldfreiheit“:

„Denn aus dieser deutschen Waldfreiheit, die so fremdartig aus unseren übrigen modernen Zuständen heraussieht, strömt ein tiefer Einfluss auf Sitte und Charakter aller Volksschichten. Kein Park oder Gartenanlage kann das ersetzen. Der Wald ist das großartigste Schutzgehege unserer eigensten volkstümlichen Gesittung, er ist uns heilig, weil er nicht gemacht ist, sondern gewachsen und weil er mehr gilt durch das, was er ist, als das, was er einträgt. Wir werden stumm in ihm, und die religiösen Kräfte erwachsen.“ (Nohl: Vorlesung, 1933/34, S. 43)

Der Wald ist, so Nohl, „die Wurzel unserer mystischen Kraft, ohne die sich das Leben nicht lohnt“. (Nohl: Vorlesung, 1933/34, S. 44) So endet dieses Kapitel und Nohl wendet sich im dritten Kapitel des Teils I der Familie zu.

Zum dritten Kapitel „Die Familie“: „Autorität, Zucht und Gehorsam“ und „wo es kein richtiges Hausregiment gibt, gibt es auf die Dauer keinen gesunden Staat“

Nachdem Nohl bisher Platon zur Eugenik bemüht hat, nimmt er nun beim Thema Familie eine kritische Haltung zu Platon ein und greift in einem Atemzug die „humanistische Bildung“ überhaupt an. Es heißt zu Beginn dieses Kapitels:

„Auch die Familie hat in unserer humanistischen Bildung nur eine geringe Rolle gespielt. Auch das war ein Erbstück aus der griechischen Antike, insbesondere von Plato, weniger aus der römischen Welt. In dieser humanistischen Bildung besteht kein Lebenszusammenhang zwischen der idealen Welt von Kunst und Wissenschaft und der Arbeitswelt des Hauses und den Sorgen der Familie.“ (Nohl: Vorlesung, 1933/34, S. 44)

Neben der humanistischen Bildung und Platon werden aktuelle geistige Bewegungen als Hemmnis für den Familiengeist angesehen:

„Aber die geistigen Bewegungen, die dann einsetzten, die sozialistische, die Frauenbewegung, die Jugendbewegung, standen ihr wieder negativ gegenüber, weil sie die Stellung der Frau und der Jugend verändern wollten und das zunächst nur auf Kosten der Familie erreichen konnten. Die Emanzipation der Frau musste ihren Blick und ihre Sehnsucht ebenso von der Familie weg richten wie die Emanzipation der Jugend (...).“ (Nohl: Vorlesung, 1933/34, S. 45 f.)

Dagegen führt Nohl nicht nur Pestalozzi und Fröbel ins Feld, sondern auch den NS-Frauenbund:

„Die maßgebende Äußerung über das neue Frauenideal und die Stellung der Frau im öffentlichen Leben ist die Schrift der Referentin für Frauenfragen im Reichsministerium des Innern Paula Siber von Grote, ‚Die Frauenfrage und ihre Lösung durch den Nationalsozialismus‘, Wolfenbüttel-Berlin 1933.“ (Nohl: Vorlesung, 1933/34, S. 48)[763]

Nohl wendet sich gegen Frauenverachtung in der Männerschaft mit folgenden – im Kern gerade für die Frauen beleidigenden – Argumenten:

„Sie ist die Trägerin der Sitte – Männer allein verwildern sehr schnell – sie bewahrt die äußere und innere Sauberkeit des Hauses – Männer haben merkwürdig geringen Sinn für Schmutz – sie hütet aber auch das Gemütsleben des Hauses. Nur **die** *Festsitte bleibt erhalten, bei der die Frau mittun kann. Wo bliebe selbst Weihnachten ohne die Mütter (...).“* (Nohl: Vorlesung, 1933/34, S. 51, Hervorhebung im Original)

---

[763] Siber, Paula: Die Frauenfrage und ihre Lösung durch den Nationalsozialismus, Wolfenbüttel/Berlin 1933. Paula Siber, die einleitend „die weltgeschichtliche Tat der Übernahme des deutschen Reichskanzleramts durch Adolf Hitler“ (Siber, S. 5) begeistert begrüßt und feststellt: „im Schoß der Frau ruht die Zukunft eines Volkes“ (Siber, S. 10), beklagt dann die seelische „Verkümmerung der von ihrer Wesensbedingtheit losgelösten und wurzellos gewordenen Frau (...), die unter der Herrschaft des demokratischen Gedankens zu einem Großteil der jüdischen Lehre von der Geschlechtergleichheit und Geschlechterfreiheit als Ausgleich für den Verlust der Familie verfiel“ (Siber, S. 8). Die Tonart ist klar, auch hier gilt die NS-Parole „Der Jud ist schuld“.

Nohl beschließt das Kapitel mit einigen zentralen Passagen über die Familie als Hort von Autorität, Zucht und Gehorsam:

> *„Wir wissen heute wieder, dass die Einheit eines nationalen Willens und die Möglichkeit einer echten Führung nur da vorhanden sind, wo es Autorität, Zucht und Gehorsam gibt, machen uns aber selten klar, dass alle politische Autorität abstrakt, künstlich und zufällig bleibt, wenn sie nicht in der Tatsache der natürlichen Autorität, wie sie in den Bezügen des häuslichen Lebens enthalten ist, einen Wurzelgrund hat. Das Verhältnis ist hier dasselbe wie vorhin in dem von abstrakter Idealität zu der mütterlichen Gemütswelt: so hier von der politischen Autorität zu der väterlichen Zucht. Wo es kein richtiges Hausregiment gibt, gibt es auf die Dauer keinen gesunden Staat, wo das Kind nicht einen Fond von kindlicher Pietät und Gehorsamserfahrung bekommen hat und den Gehalt dieser Erfahrung bejahen kann, kennt es auch später keine soziale Festigkeit, keinen herrschaftlichen Willen und keine freie Unterordnung. Ein festes Haus verlangt, dass jeder einzelne Stein eine feste Form hat. Der positive Sinn dieser Gehorsamserfahrung des Kindes im Haus des Vaters ist, dass es das Glück eines festen Willens und eines durch solchen Willen geformten Lebens gespürt hat."* (Nohl: Vorlesung, 1933/34, S. 53 f.)

Also die „Gehorsamserfahrung" in der Familie als Basis des „nationalen Willens" gipfelt in der Schlussfolgerung: „Wo es kein richtiges Hausregiment gibt, gibt es auf die Dauer keinen gesunden Staat". Die Familie als „Hausregiment" – diese Nohl'sche Idylle weist als Problem die Arbeiterfamilie auf:

> *„In dieser Fabrikarbeit gibt es keine Würde des Altwerdens, keine Möglichkeit des Mannwerdens im eigensten Sinne durch verantwortungsvolle Arbeit, die Erfahrung und gesteigerten Willen fordert. Die kann der Fabrikarbeiter heute nur außerhalb der Arbeit finden in seiner politischen Tätigkeit, in seinem Schrebergarten, früher beim Militär, jetzt im SA-Dienst – und eben in seiner Familie."* (Nohl: Vorlesung, 1933/34, S. 56)

Die Lage in der Fabrik bleibt wie sie ist, der SA-Dienst, der Schrebergarten und die Familie sind das Nohl'sche Gegengewicht. Und mit vollem Ernst fügt Nohl hinzu:

> *„Wie kann man in dem vierten Stock eines Hauses in der Großstadtstraße mit dem Blick auf den Hinterhof wirklich zu Hause sein?"* (Nohl: Vorlesung, 1933/34, S. 57)

Nohl fordert im Zuge der Reagrarisierung das „Bauernhaus" als wirkliches Zuhause und favorisiert den Osten als „Raum ohne Volk".

Zum zweiten Abschnitt der Vorlesung „Die Volksgeistigkeit"

Zum vierten und fünften Kapitel „Die Sprache" und „Die Heimat": Die „germanische Kraft des Wanderns" und „Mussolini"

Die Stärkung des deutschen Volkes durch Vermehrung und Reagrarisierung im Osten soll im Sinne von Nohls nationalpädagogischem Bezug vor allem durch die Sprache gesichert und vertieft werden. In diesem vierten Kapitel definiert Nohl, an Fichte angelehnt, das Volk als „sprachverbundene Menschen" und betont erneut, dass in Deutschland mehrere Rassen existieren und dass eine Definition des Volkes und der Nation, die sich allein auf einem Rassenbegriff stützt, ja bedeuten würde, die geschichtliche Zukunft des deutschen Volkes auf der Rassengemeinschaft mit anderen Völkern, Engländern, Schweden usw. aufzubauen. Diese Akzentuierung richtet sich gegen ausschließlich biologische Definitionen und favorisiert den ideellen Faktor, in diesem Kapitel eben die Sprache, damit der „nationaldeutsche Typus" in der Zukunft wirklich geschaffen werden könne. Nohl schreibt:

> *„Heute ist man auf den ersten Blick geneigt, die Blutsgemeinschaft oder vielmehr die Rassengleichheit als das Wesentliche anzusehen. Aber wir sahen: unser Volk enthält viele Rassen, und der nationaldeutsche Typus liegt eigentlich noch in der Zukunft. Umgekehrt finden sich gleiche Rassen in ganz verschiedenen Völkern, und die Hoffnung, die geschichtliche Zukunft unseres Volkes auf der Rassengemeinschaft mit anderen Völkern, Engländern, Schweden usw. aufzubauen, ist eine Utopie."* (Nohl: Vorlesung, 1933/34, S. 59)

Weiter wird durch die von Nohl wiederholt angeführten Auslandsdeutschen in seiner Argumentation klar, dass das deutsche Volk für ihn mehr ist als die Anzahl der in den damaligen Staatsgrenzen lebenden Menschen, dass „Volk nicht gleich Staat“ ist (Nohl: Vorlesung, 1933/34, S. 61). Hierbei beruft sich Nohl auf Tönnies’ soziologisch motivierte Unterscheidung von „Wesenwille und Kürwille“ und „Wesensgemeinschaft und Willensgemeinschaft“.

An dieser Stelle muss kurz innegehalten werden, denn eine der grundlegenden Methoden Nohls, die eine Auseinandersetzung mit ihm massiv erschwert, wird an dieser Stelle deutlich: Nohl gibt grobe Hinweise in Hülle und Fülle, die eigentlich genau auf den Prüfstand gestellt werden müssten. Die Unterscheidung von Gemeinschaft und Gesellschaft ist die eigentliche Pointe bei Tönnies, die Nohl allerdings überspringt, wobei seine Darstellung nicht direkt falsch ist. Indem aus dem „Gesellschaftsvertrag“ bei Nohl unter der Hand die „Willensgemeinschaft“ herauswächst, entfernt er sich nämlich schon wieder von Tönnies, den er kurz und eklektisch gestreift hat, und ist bei Schmidt-Rohr, der von ihm zustimmend über die Sprachgemeinschaft zitiert wird:

> *„Sprachgemeinschaft ist nicht schon unter allen Umständen bewusste Willensgemeinschaft. Aber sie ist trotzdem im Stillen Weg- und Wesensgemeinschaft, Willensgemeinschaft im Sinn eines volkstümlichen Ethos. Sie ist da trotz Hochverrat und Schurkerei. Sie ist da, ohne dass wir uns dagegen wehren können, weil sie uns formt, ohne dass wir es merken. Sie umfängt uns als Schicksalsmacht, deren Wirkung wir ebenso wenig abwaschen können, wie der Mohr die Schwärze seiner Haut.“* (Nohl: Vorlesung, 1933/34, S. 61 f.)

Aus dieser Einschätzung der Rolle des Nichtbewussten für die Willensgemeinschaft folgert Nohl, an Lagarde und die deutsche Romantik anknüpfend, die Erziehung zur deutschen Sprache als wesentliche Grundform der Erziehung. Denn ein „deutsches Herz“, so Nohl, kann ja nicht vererbt werden, es muss unbewusst und bewusst erzogen werden (Nohl: Vorlesung, 1933/34, S. 62).

> *„Der nationale Pädagoge, der heute unser Volk gestalten will, wird ein offenes Verständnis für die Spannung haben müssen, die hier besteht. Sein Aufbau der Nation wird nur gelingen, wenn er die volle Einsicht in diese unbewusste Wesensgemeinschaft eines Volkes, ihre Kräfte und Bindungen besitzt, die überall die Voraussetzung der bewussten Organisation sind und deren wichtigste eben die gemeinsame Sprache ist.“* (Nohl: Vorlesung, 1933/34, S. 62)

So betont er die Muttersprache, die Familie und eben die Mutter als Träger dieses für ihn entscheidenden Faktors für die Erziehung von Kindern im Alter bis zu vier Jahren. Daraus folgert Nohl die entscheidende Bedeutung der Kindergärten und der frühkindlichen Erziehung zum Deutschtum durch die Sprache. Um diesen Gedanken zu verdeutlichen, greift Nohl noch einmal zu einem Zitat von Schmidt-Rohr:

> *„Schmidt-Rohr formuliert: ‚Die entscheidenden Siege der Weltgeschichte werden in den Ehebetten und auf den Kinderspielplätzen errungen. Das Ehebett entscheidet darüber, ob die Körperzellen des Volksganzen auf natürlichem Wege ersetzt und vermehrt werden. Der Kinderspielplatz entscheidet, ob sie auf nachgeburtlichem Wege vermehrt oder vermindert werden, indem eine Sprache sich als stärker erweist als die andere und aus dem ursprünglichen Bereich fremde Volkstumszellen zu sich herüberziehen. Das Menschtier an sich ist neutral, kann als Körperzelle zu verschiedenem Volkstum gehören.‘“* (Nohl: Vorlesung, 1933/34, S. 64)[764]

Nohl vermeidet trotz anderer Aktentsetzung die direkte Konfrontation mit rein rassenbiologischen Ansätzen und formuliert wieder die Gegensätze ausgleichend und synthetisierend: „Die Spracheinheit vollendet erst die biologische Rassenmischung zu dem nationaldeutschen Typus, den wir suchen.“ (Nohl: Vorlesung, 1933/34, S. 65)

---

[764] Nohl nennt hier keine Quelle. Es handelt sich um: Schmidt-Rohr, Georg: Unsere Muttersprache als Waffe und Werkzeug des deutschen Gedankens (Tat-Flugschriften, Band 20), Jena 1917 und Schmidt-Rohr, Georg: Mutter Sprache. Vom Amt der Sprache bei der Volkswerdung (Schriften der Deutschen Akademie, Band 12), 2. Auflage, Jena 1933.

Nachdem Nohl einige Ausführungen über das unterschiedliche Anwachsen der Sprachen in Europa dargestellt und das Verhältnis der Mundarten zur deutschen Hochsprache und der Rolle der Bibelübersetzung Luthers dabei referiert hat, mahnt er dennoch den Gebrauch der Volkssprache an und warnt vor dem Fremdwort. Nohl betätigt sich hier als „Warner", als „Mahner":

> *„Es ist eine Lebensfrage unserer Bildung, dass sie mit ihrer Sprache in Dichtung, Wissenschaft und Predigt den Zusammenhang mit der Volkssprache nicht verliert, nicht bloß, weil sie sonst vom Volk nicht mehr verstanden wird und sich damit von ihm trennt, sondern weil sie auch selbst durch solche Abspaltung abstrakt wird. Das Blut kreist dann nicht mehr im geistigen Volkskörper. Das Überwuchern des* ***Fremdwortes*** *ist da nur die äußerste Zuspitzung."* (Nohl: Vorlesung, 1933/34, S. 71, Hervorhebung im Original)

So endet das vierte Kapitel im Trivialen, im deutschtümlerischen Jargon des Beginns des 19. Jahrhunderts.[765]

Im fünften Kapitel über die Heimat, dem vielleicht schwächsten der ganzen Vorlesung, erfährt man im Grunde nichts, was an Theorie oder Geisteswissenschaft anknüpft. Auffallend in diesem Loblied auf die Heimat sind lediglich zwei Punkte.

Behauptet wird eine „germanische Kraft des Wanderns":

> *„Ich sage ausdrücklich germanische Kraft des Wanderns, denn sie ist bestimmend gewesen für unsere Geschichte seit der Völkerwanderung und den Wikingerfahrten bis zu den Kreuzzügen und den Italienfahrten."* (Nohl: Vorlesung, 1933/34, S. 77)

Hier wird sichtbar, was man etwas feuilletonistisch einen Hang zu sehr großen Bogenschlägen bezeichnen könnte: Das Germanische am Wandern in der NS-Zeit in den Kontext der Völkerwanderung und der Kreuzzüge zu stellen, ist nun schwerlich wissenschaftlich zu kritisieren.

Die Vorliebe für Mussolini bei Nohl in der NS-Zeit zeigt sich auch hier:

> *„Mussolini hat in Italien ein großes Vorbild gegeben. Im Jahre 1933 sind etwa 150 000 Kinder von Auslandsitalienern während ihrer Ferienzeit in Italien untergebracht worden. Je nach Anweisung der Ärzte kommen sie an die See oder ins Gebirge, auch in die Großstadt. Die Leitung dieser Arbeit liegt in den Händen eines General-Sekretariats der ausländischen faschistischen Organisation. Die Kosten bis an die Grenze trägt die Auslands-Kolonie selbst, die Kosten in Italien der italienische Staat. Von Deutschland reisen so etwa jährlich 400 Kinder nach Italien. Mussolini empfängt die Kinder selbst und sagt ihnen in immer neuen Variationen, dass die Weltmachtstellung einer großen Nation davon abhänge, inwieweit die junge Generation im Ausland von einem lebendigen Gefühl nationaler Heimatverbundenheit erfüllt sei. Hier werden wir zu lernen haben."* (Nohl: Vorlesung, 1933/34, S. 79)

Die „Auslandsdeutschen" richtig an die Heimat zu binden, sie zur „Weltmachtstellung" zu nutzen – das sind die an Mussolini angelehnten Überlegungen ganz praktisch-politischer Art, die Nohl hier seiner studentischen Zuhörerschaft anbietet.

Zum sechsten Kapitel „Typus, Mythus und Symbol": „soldatische Zuchtform", „der Führer der nationalsozialistischen Bewegung", der „heroische(n) nationale(n) Ethos" und „die Fahne, der Gruß und die Nationalhymne"

Zu Beginn des Kapitels rekapituliert Nohl noch einmal das bisher gesagte:

> *„Wir sprachen oben von der Aufgabe, den nationalen deutschen Typus aus der Rassenmengung unseres Volkes herauszuarbeiten, um ihm die Glaubwürdigkeit der biologischen Erscheinung zu geben, die andere, glücklichere Völker bereits haben. Es ist nun aber klar, dass ein solcher Typus nicht bloß rassenmäßig bedingt ist und gelingt, sondern auch geistig gegründet sein muss, und es ist auch weiter*

---

[765] Clemens Knobloch hat einen forschungsorientierten Überblick („Die deutsche Sprachwissenschaft im Nationalsozialismus", in: Kritische Ausgabe. Zeitschrift für Germanistik und Literatur, Jg. 2004, Heft 2, S. 42–47) vorgestellt. Auch in seinem Vortrag „Sprache als Gewalt", als Manuskript veröffentlicht von der Ludwig Maximilian-Universität München und dem Goethe-Institut (http://www.goethe.de/mmo/priv/1510982-standard.pdf, eingesehen am 11.12.06) beschreibt er die seit 1917 existierenden Anstrengungen von Schmidt-Rohr, eine mystische Bedeutung der deutschen Sprache im Kontext der diversen Sprachkampagnen seit Arndt und Fichte zu verankern.

deutlich, dass Deutschland einen solchen Typus bisher noch nicht besaß." (Nohl: Vorlesung, 1933/34, S. 83)

Auch wenn es heutigem Denken weitgehend fremd ist, in Feinheiten absurder Rassenlehren einzudringen, lässt sich diese Position Nohls nur im Kontext verschiedener rassentheoretischer Schulen und Positionen vor und in der NS-Zeit verstehen. Allein die Frage, wie viele Rassen es gibt und wie man sie (nicht nur nach der Hautfarbe) eigentlich wirklich definiert, führt zu unendlichen Publikationen und Polemiken im Rahmen des NS-Systems.

Die Nohl'sche Formel lautet: Wir sind noch keine einheitliche Rasse, wir müssen erst eine werden, auch durch geistige Zucht. Das entspricht in etwa auch den Positionen Ernst Kriecks und birgt – in sich logisch – auch ein Aufgabenfeld für die „geistige Zucht", eben die Nationalpädagogik. Würde alles allein biologisch, auf Grund der schon vorhandenen arischen Rasseneigenschaften laufen, gäbe es etwa für den Bildungs- und Propagandaminister Goebbels, für die NSDAP etc. gar nichts mehr zu tun, allein die Biologen und Rassentheoretiker, die Mediziner hätten das Wort. Nohl greift nun erneut auf Platons „Politeia" zurück. Nohl fasst Platon wie folgt zusammen:

„(...) ein Typus erwächst nur, wo ein politischer Wille ist, der sich zur Führung erzieht, und er wächst immer nur von oben nach unten, nicht umgekehrt. Das hat am konsequentesten Plato in der großen Typenzucht seines Staates entwickelt. Er denkt nur an die Erziehung der Herrenschicht, weil ihm selbstverständlich ist, dass dann das ganze Volk seine Form bekommt, so wie er mit aller Klarheit betont, dass auch die Verwahrlosung eines Volkes nicht von unten, sondern immer von oben beginnt, eben wenn die Zuchtform der führenden Schicht zerfällt. Gewiss ist ihm diese Herrenschicht auch rassenmäßig begründet, aber die Zucht ist vor allem geistige Zucht, Disziplin, gründet in der richtigen Verfassung der Seele und ist das Erzeugnis des Hen Mega der Erziehung. Und diese Formung fordert Entsagung, Verzicht, insbesondere auch Verzicht auf die Freiheit des individuellen Willens in allen geistigen Richtungen, radikal aber bei ihm für Beruf, Eigentum und Ehe." (Nohl: Vorlesung, 1933/34, S. 84)

Nohl referiert nun, an Lichtwark[766] orientiert, dass der eigentliche deutsche Typus der des gebildeten Offiziers sein müsse, die „Kombination von Offizier, Oberlehrer und Professor" (Nohl: Vorlesung, 1933/34, S. 89), beklagt einseitige geistige Bildung und Missachtung des Körpers und hebt hervor, dass Ernst Krieck am energischsten auf die „Bedeutung der Zuchtform" (Nohl: Vorlesung, 1933/34, S. 89) hingewiesen habe.

Von Platon über Lichtwark, Krieck bis zur Praxis der bündischen Jugendbewegung waren also die einzelnen theoretischen und praktischen Elemente vorhanden, aber eben nicht auf die rechte Art verbunden, „ihr fehlte das politische Knochengerüst" (Nohl: Vorlesung, 1933/34, S. 90), um mit Nohl zu sprechen. Und nun kommt die eigentliche Pointe der gesamten Vorlesung:

„Und in der ganzen nationalen Breite entstand der neue Typus erst in der soldatischen Zuchtform, die Hitler unserem Volke vorgeschrieben hat, indem er es in die SA-Uniform und die Uniform des Arbeitsdienstes steckte, ihm Mythos und Symbol gab und das ‚schweifende Bildungsleben der Väter auf die elementaren Notwendigkeiten des Volksdaseins ausrichtete', es damit vereinfachte und zugleich konzentrierte." (Nohl: Vorlesung, 1933/34, S. 90)

Hier wird deutlich, dass die NS-Bewegung und Adolf Hitler für Nohl so etwas wie Vollstrecker der Geschichte Deutschlands sind. Der Gedankengang Nohls ist in etwa folgender: Es existieren in der Geschichte Deutschlands, insbesondere in der „Deutschen Bewegung", alle nötigen Zutaten, die nur noch als Ganzes zusammengefasst werden müssen, um mit Hilfe dieser nationalen ganzheitlichen Bewegung den deutschen Typus wirklich zu schaffen. Diese Zusammenfassung ist, so Nohl, trotz aller Bedenken, die historische Leistung des NS-Regimes.

[766] Nohl bezieht sich auf die Schrift Lichtwark, Alfred: Das Bild des Deutschen, Langensalza ohne Jahr (1930).

Nohl lehnt das NS-Regime nicht nur nicht ab, nein, er begrüßt es ausdrücklich, bejaht diese Kraft (schon seit 1932), betätigt sich aber auch weiterhin als „Mahner", der weiter in die Zukunft blickt und weiß, dass allein durch politische Mittel „der deutsche Typus" nicht geschaffen werden kann, dass hier die nationale Pädagogik eingreifen, züchten, bilden, formen und in der Tiefe das vorher Gewonnene verankern müsse.

Ganz und gar keinen Zweifel will Nohl daran lassen, dass er diesen Aspekt nur als Zusatz, nicht als Widerspruch zur nationalsozialistischen Bewegung einbringen möchte. Um dies zu untermauern geht er so weit, ausgerechnet seinen erziehungswissenschaftlichen Kollegen Wilhelm Flitner der Verleugnung des Führerprinzips öffentlich vor der studentischen Zuhörerschaft und ihren mitschreibenden Teilen zu überführen:

> *„Wir sagten, am Ende gehe die Typenbildung in einem Volk immer von oben nach unten, die verantwortliche Führerschicht schaffe den Typus und müsse ihn in sich erhalten. Flitner ist in dem genannten schönen Aufsatz für unsere heutige deutsche Situation anderer Meinung: ‚regierbares Volk gestalten, das die Regentschaft erträgt und produktiv trägt', das sei unser erstes Problem, die Bildung der Regentenschicht erst das sekundäre (717/18). Ich meine, der ganze Aufbau, wie ihn der Führer der nationalsozialistischen Bewegung geschaffen hat, widerspricht dem. Nur der Führer lebt den Typus vor. Auch hier geht die Bewegung der Typenbildung unerbittlich nur von oben nach unten, und nur wenn die Führererziehung gelingt, wird auch die Volkserziehung gelingen. Diese führende Schicht ist keine Kaste mehr, auch keine Kaste der Gebildeten, aber sie bleibt ein herausgehobener Kreis von Menschen, allen sichtbar in ihrem Tun und Lassen, Reden und Entscheiden, als Träger der Verantwortung in Ämtern jeder Art. Wie sie leben, sich benehmen, was sie schätzen und ablehnen, das gestaltet als Vorbild das Volk."* (Nohl: Vorlesung, 1933/34, S. 91)

Bei dem von Nohl gelobten und kritisierten Aufsatz Flitners[767] geht es in der Tat um so etwas wie demokratische Bildung, sozusagen ein Relikt aus längst vergangenen Tagen.[768] Der einfache Gedanke, dass die Regierten ja die Regierenden eigentlich im demokratischen Sinne tragen müssten (und nicht ertragen, wie Flitner noch halbherzig einschränkt), wird hier von Nohl aus antidemokratischen Grundpositionen heraus in der Kontinuität seiner Theorie der Pädagogik und seiner politischen Positionierung nicht nur abgelehnt, sondern an einem ihm nahestehenden Kollegen demonstrativ angegriffen und abgewertet. Das Geistige müsse hinzukommen, so Nohl:

> *„Wir werden über diese Geistigkeit ja noch ausführlich reden, es bleibt aber dabei, dass der Typus mit seiner Zucht und Gebundenheit die Voraussetzung aller wahren geistigen Entwicklung sein muss. Der Schritt geht nicht vom geistigen Reichtum zum Typus, sondern immer umgekehrt."* (Nohl: Vorlesung, 1933/34, S. 91)

Nohl ist also für diese Grundlegung und Reihenfolge. Seine Mahnung bezieht sich darauf, dass Goethe, Schiller, eben „das Geistige" nicht wegfallen dürfe. Er schreibt weiter:

> *„Was man nun aber weiter sehen muss, ist, dass ein solcher Typus nicht bloß ein festes System von normalen Gewohnheiten ist, wenn auch die Gewöhnung hier das entscheidende Bildungsmittel sein wird – auch das hat Plato schon gesehen, und unsere Militärerziehung hat das seit Jahrhunderten geübt –, sondern immer eine Geistigkeit voraussetzt, ein Ideal und einen Glauben. Gewohnheiten allein schaffen keine wahre Form."* (Nohl: Vorlesung, 1933/34, S. 92)

Nohl wendet sich nun den Mythen und Symbolen zu. Hier bemüht er wieder die Großen der Geistesgeschichte. Nietzsches These, dass die großen Masseninstinkte die „eigentlichen Träger und Hebel der Weltgeschichte" (Nohl: Vorlesung, 1933/34, S. 93) seien, ist nur eine Brücke zur

[767] Dieser Aufsatz erschien in der Zeitschrift „Die Erziehung", deren Mitherausgeber Flitner war: Flitner, Wilhelm: Gentleman-Ideal und Gentleman-Erziehung. Eine Besprechung von Hoylers gleichnamigem Buch (Leipzig 1933), in: Die Erziehung. Monatsschrift für den Zusammenhang von Kultur und Erziehung in Wissenschaft und Leben, 8. Jg. (1932/33), Heft 12, (September 1933), S. 711–718.

[768] Die Abrechnung Nohls mit Flitner aus der platonischen „Führerposition" heraus und unter Berufung auf Adolf Hitler ist ein in den bisherigen Debatten über diese Vorlesung weitgehend übergangener Aspekt (mit Ausnahme von Michael Grans Studie, der am Rande darauf eingeht).

angeblich notwendigen Mythenbildung als Teil des „heroischen nationalen Ethos", den er im Spannungsverhältnis zur Wissenschaft bei Dilthey verortet (Nohl: Vorlesung, 1933/34, S. 94).[769] Nohl ruft Sokrates und Platon, Cato und Rousseau als Zeugen für die Notwendigkeit der Rede für das nationale Ethos und gegen die „Wurzellosigkeit des Intellekts" auf (Nohl: Vorlesung, 1933/34, S. 94).

Und wieder schildert er die Lage so: Alle Elemente sind vorhanden, aber sie müssen zusammengefasst werden. Und das habe für den Nationalsozialismus Alfred Rosenberg geschaffen:

> *„In der Gegenwart hat der Faschismus die Bedeutung des Mythos wieder gewonnen. Sorel.*[770] *Für den Nationalsozialismus hat sie A. Rosenbergs Buch ‚Der Mythos* [sic!] *des 20. Jahrhunderts' zu formulieren gesucht. In dem dritten Buch ‚Das kommende Reich' überschreibt er das erste Kapitel ‚Mythos und Typus'. ‚Die nicht fassbare Zusammenfassung aller Richtungen des Ich, des Volks, überhaupt einer Gemeinschaft macht seinen Mythos aus' (459). ‚Als natürliche Abwehr gegen die Weltgefahr des Chaos geht ein neues Erleben wie ein unfassbares Fluidum über den Erdball, welches die Idee des Volkstums und der Rassen instinktiv und bewusst ins Zentrum des Denkens stellt, verbunden mit den organisch gegebenen Höchstwerten einer jeden Nation, um welche ihr Fühlen kreist, welche ihren Charakter und die Farbigkeit ihrer Kultur von jeher bestimmten. Als Aufgabe wird plötzlich von Millionen erfasst, was zum Teil vergessen, zum Teil vernachlässigt worden war: ein Mythos zu erleben und einen Typus zu schaffen und aus diesem Typus heraus Staat und Leben zu bauen. Jetzt fragt sich nur, wer inmitten eines Gesamtvolkes dazu berufen ist, die typenbildende Architektonik zu entwerfen und durchzusetzen?' (481)"* (Nohl: Vorlesung, 1933/34, S. 95 f.)

Nohl lernt hier von Alfred Rosenbergs „Der Mythus des 20. Jahrhunderts". Das gilt es zunächst festzuhalten.[771] Nohl sieht nicht nur sehr klar das Ziel des nationalen Mythos, er sieht auch die Wege und Methoden, nämlich das Symbol als Mittel der Ausrichtung:

> *„Ein überwältigender Eindruck dieser neuen mythenbildenden Kraft ist das Wiedererscheinen des Symbolwillens. Das Symbol ist das sichtbare Zeichen eines unerschöpflichen höheren Gehalts, und es gehört keinem Einzelnen sondern immer einem Wir, – das sind seine zwei Wesenszüge. Seine Macht beruht auf einer Doppelheit, dass der Geist in ihm sichtbar wird, nicht mehr übersehbar, unmittelbar gegenwärtig und mahnend, und dass es Ausdruck und Bindung der Gemeinschaft ist. Die Fahne, der Gruß, die Nationalhymne, – das begrifflich nicht formulierbare Ziel der Gemeinschaft kommt hier in dem Medium der Phantasie fordernd und erinnernd zum Bewusstsein, redet auch ohne Worte und wird wortlos verstanden."* (Nohl: Vorlesung, 1933/34, S. 96)

Die praktische Bedeutung des „Symbolwillens" für den auch an der Militärpädagogik interessierten Nohl wird im nachfolgenden Absatz deutlich:

> *„Die soldatische Existenz hat die führende Kraft des Symbols der Fahne nie vergessen, die Todesbereitschaft des Kriegers brauchte den metaphysischen Mythos zu notwendig."* (Nohl: Vorlesung, 1933/34, S. 96 f.)

Es fällt schwer, Nohl hier nicht recht zu geben. Die Elemente der Analyse, selbst der Rückgriff auf Analysen Hegels über Symbole in dessen „Ästhetik", sind stimmig. Das grundlegende Problem bleibt aber, dass Nohl derartige Methoden der Überwältigung nicht ablehnt, sondern den „metaphysischen Mythos" unterstützt, fördert und fordert:

---

[769] Bereits 1932 im Vorwort zu dem Dilthey-Sammelband „Von Deutscher Dichtung und Musik" schreibt Nohl über die Studien Diltheys zur Geschichte der Pädagogik: „Die Bildungsgeschichte der Völker wird dort verstanden aus dem polaren Verhältnis ihres nationalen Ethos und des Fortschritts der Wissenschaften, und Dilthey hat damals bereits den Versuch gemacht, die ‚Heroenzeit des germanischen Geistes', in der sich sein nationales Ethos gestaltete, darzustellen." (Leipzig/Berlin 1933, hier zitiert nach der 2. unveränderten Auflage, Stuttgart 1957, S. III)

[770] Sorel mit seiner 1908 erschienenen Schrift „Les illusions du progrès" (Paris 1908) gilt als von Mussolini ausgewerteter Theoretiker des (faschistischen) Mythos. Siehe dazu: Sternhell, Zeev/Sznajder Mario/Asheri Maia: Die Entstehung der faschistischen Ideologie. Von Sorel zu Mussolini, Hamburg 1999. Aktuell dazu erschienen ist: Lenk, Kurt: „Das Problem der Dekadenz seit Georges Sorel", in: Kauffmann, Heiko; Kellershohn, Helmut; Paul, Jobst (Hg.): Völkische Bande. Dekadenz und Wiedergeburt. Analysen rechter Ideologie, Münster 2005, S. 49–63.

[771] Die eigene Broschüre Litts 1938 gegen das Buch Rosenbergs spricht da eine ganz andere Sprache. Siehe Litt, Theodor: Der deutsche Geist und das Christentum. Vom Wesen geschichtlicher Begegnungen, Leipzig 1938.

„Wenn jetzt in der Morgenfrühe der Kreis junger Menschen um den Fahnenmast steht und mit dem Lied das Hissen der Flagge begrüßt, spürt jeder den Schauer der metaphysischen Wirklichkeit der Volksgemeinschaft und erfährt die formende Gewalt, die nur das Symbol besitzt." (Nohl: Vorlesung, 1933/34, S. 97 f.)

Zum dritten Abschnitt der Vorlesung: „Das bewusste Leben der Nation"

Zum siebten Kapitel „Das Selbstbewusstsein eines Volkes und seine Erziehungsmittel": „Man denke an ‚Deutschland erwache' "

Auf den sieben Seiten dieses Kapitels begibt sich Nohl in den Bereich der Diskussion über Volk, Nation und Staat. Sein Ausgangspunkt ist:

„Wir müssen nun heute einen dritten Schritt tun, nämlich den vom Volk zur Nation und zum Staat, denn nicht jedes Volk ist ja Nation, und jedes Volk ist auch nicht Staatsvolk. Ist doch unser eigenes Volk auf die verschiedensten Staaten in der Welt zerstreut." (Nohl: Vorlesung, 1933/34, S. 98)

Sein Material sind Fichtes „Reden an die Nation", Renans Aufsatz „Was ist die Nation" von 1882, die Materialien der „Völkerpsychologie" in Deutschland (die er dann in „Charakter und Schicksal" 1938 genauer vorstellt) und die Erfahrungen mit Nationalfesten im revolutionären Frankreich. Originell absurd und der Zeit mehr als der Semantik angepasst, ist die Behauptung, Geburt sei gleich Rasse: „Ursprünglich ist natio (= nasci) die Rasse" (Nohl: Vorlesung, 1933/34, S. 99).

Eher altbekannt ist dagegen die Feststellung, dass „vor allem Kriegstaten das Selbstbewusstsein der Nation" erzeugen (Nohl: Vorlesung, 1933/34, S. 103), und schon nicht mehr überraschend ist Nohls Lob der Arbeitsfront, der Bauernfront und des Fests des 1. Mai nach 1933 (Nohl: Vorlesung, 1933/34, S. 103). Auch wenn Nohl die wirklich wichtigen Fragen der Geschichte der Definitionen von Volk, Staat und Nation streift, ohne diese Fragen soziologischer Art zu vertiefen, stehen sie nicht im Vordergrund. Im Grunde ist klar, so Nohl, dass Volk, Staat und Nation erst noch eins werden müssen, es geht eher um das „Wie".

Nohl geht dann den Weg von der Pädagogik zur Propaganda eindeutig mit:

„Damit ist nun schon ein Stück der pädagogischen Aufgaben sichtbar geworden, die sich nun auf dieser Stufe der Bewusstheit auftun. Das Ziel ist immer ein doppeltes: Wecken, – man denke an das ‚Deutschland erwache!' – und Formen. Die großen Mittel für das Wecken sind Propaganda, Nationalfeste und Nationalspiel. Die ungeheure pädagogische Bedeutung der ***Propaganda*** *ist uns jetzt erst ganz bewusst geworden (...)."* (Nohl: Vorlesung, 1933/34, S. 104, Hervorhebung im Original)

Hier wird der „pädagogische Bezug" großräumig hergestellt: Das doppelte Wecken und Formen des „Deutschland erwache" werden fixiert, das nachfolgende „Juda verrecke" bleibt hier unausgesprochen. Eher technisch begeistert resümiert Nohl dann:

„(...) heute hat das Auto einerseits, Rundfunk und Volksempfänger andererseits die Möglichkeit gegeben, diese Propaganda auch auf das Land und in die kleinen Landstädte zu tragen und so wirklich auch den letzten Einzelnen in seiner Einsamkeit im Gebirge, im Moor in Hinterpommern und den Wäldern Masurens zu erregen und zu wecken." (Nohl: Vorlesung, 1933/34, S. 104)

Nohl, der genau Fest und Feier unterscheidet, sieht wohl die Olympischen Spiele in Berlin schon vor sich (Nohl: Vorlesung, 1933/34, S. 104), hebt auf die Fußball-Nationalmannschaft und deren objektiv nationalpädagogische Funktion ab und schreibt:

„Eine analoge Bedeutung haben die Nationalspiele, nur dass hier durch den Wettkampf noch ein besonderes volksbildendes Element hineinkommt, weil er in der ganzen Breite des Volkes den Ehrgeiz für die Steigerung der Kraft wachruft, die in der nationalen Mannschaft sich dann wieder mit anderen Völkern misst.

Es handelt sich da um eine nationalpädagogische Angelegenheit größten Stils, auch wenn das dem Einzelnen, der mitkämpft, gar nicht bewusst wird, und es kommt darum für die formende Wirkung solcher Untersuchungen alles darauf an, dass sie in richtiger Haltung und Gesinnung geschehen.“ (Nohl: Vorlesung, 1933/34, S. 106 f.)

Und am Ende des siebten Kapitels heißt es dann eher trivial:

„Unsere öffentlichen Fußballspiele waren vor kurzem noch in der großen Gefahr, nur Schaustellungen von Berufsspielern zu werden, die den Sieg um jeden Preis erringen wollten und dem eine johlende und den Schiedsrichter verprügelnde Masse zusah. Auch hier hat die neue Zuchtform unseres Volkes augenscheinlich schon Wesentliches verändert und wird es immer mehr tun, je stärker die nationale Verantwortlichkeit im einzelnen Spieler mitwirkt.“ (Nohl: Vorlesung, 1933/34, S. 107)

Um nicht an dieser Stelle Fragen des Nationalsports in der Zeit des Nationalsozialismus vertiefend zu behandeln, wird zu den letzten beiden Kapiteln dieser Vorlesung übergegangen.

Zum achten Kapitel „Die Willensform des Staates und die politische Erziehung“: Die „Erfahrung des Krieges“, „die neue Staatsjugend formen: Hitlerjugend und S. A.“ und die „Ausrichtung auf den höchsten Führer des Staates“

Angesichts der deutschen Minderheiten im Ausland unterscheidet Nohl – sich auf Ulitz, einen Führer der Sudetendeutschen stützend – zwischen den „volksdeutschen“ Aufgaben und den staatspolitischen Aufgaben. Die drei Funktionen in der Hand des Staates – Macht, Recht und Kultur – werden angeführt und von den Theorien der englischen und französischen Soziologen mit ihrem „Gesellschaftsbegriff“ en passant abgegrenzt. Dagegen wird der Staat in die „deutsche Tradition“ gestellt: Die deutschen Staatsphilosophen haben dem Staat, so Nohl „eine ganz besondere Stellung und Heiligkeit“ (Nohl: Vorlesung, 1933/34, S. 111) gegeben.

Platons „Der Staat“ (Nohl: Vorlesung, 1933/34, 6. Buch) wird hier erneut von Nohl bemüht (Nohl: Vorlesung, 1933/34, S. 114), um den Staat als Zusammenkommen von Macht und Philosophie zu charakterisieren. Die politische Erziehung im Rahmen der nationalen Erziehung wird anknüpfend an Kerschensteiners staatsbürgerliche Erziehung nun von Nohl zunächst auf den Ersten Weltkrieg als Modell zurückgeführt:

„Der Krieg brachte dann eine großartige Steigerung der herrschaftlichen Ordnung. Zucht, Unterordnung, Dienst waren die neuen Erfahrungen.“ (Nohl: Vorlesung, 1933/34, S. 116 f.)

Das war, so Nohl, jedoch nicht die einzige Erfahrung, da beim Ende des verlorenen Krieges Zucht und Führung wieder verloren gingen:

„Diese Auflösung begann beim Militär, ergriff dann die Beamtenorganisation wie die Fabrik-Organisation, um schließlich jedes Zusammenwirken, in dem noch Herrschaftsverhältnisse bestanden, aufzuheben. Der Schülerstreik und das Komitee zur Revolutionierung der Jugend waren die letzten lächerlichen Konsequenzen, die Forderung eines Aufbaus der Schule ohne jede personale Autorität, rein genossenschaftlich aus den Lebensnotwendigkeiten der Gemeinschaft.“ (Nohl: Vorlesung, 1933/34, S. 117)

Doch die bündische Jugend hielt nach Nohl dagegen, entwickelte das „Verhältnis des Führers zu seinem Volk“, propagierte die „Autorität des Charisma“ (Nohl: Vorlesung, 1933/34, S. 117) und bereitete den Weg. Nun kommt der Nationalsozialismus und Nohl formuliert zum Abschluss des achten Kapitels:

„Zu einer wirklich politischen Bedeutung konnte das aber erst kommen, wo diese Hinwendung auf den Führer nicht in seiner Person endigte, sondern in ihm der Vertreter – nicht bloß des objektiven Geistes, wie bei Wynecken –, sondern des lebendigen Volkes gefunden werden konnte, wo dann Autorität und personale Macht, Herrschaft und Dienst aus dem Ganzen her geweiht wurde. Das gelang aus den Erfahrungen des Krieges. Aus ihnen gingen dann folgerichtig die großen Jugendorganisationen hervor, die nun die neue Staatsjugend formen: Hitler-Jugend und S.A. mit ihrer Wertung des Wehrwillens und der Wehrkraft, ihrer Erziehung zu Befehl und Gehorsam, und der Arbeitsdienst mit seinem Wissen um das nationale Werk. Beide Formen geben dem Einzelnen die Uniform des Ganzen und damit auch die Ehre des Ganzen, lassen ihn die Charakterkräfte der Zucht, der Einordnung, des Dienstes erleben

und richten jeden Einzelnen im Zusammenhang seiner Formation in die gemeinsame Front und zugleich auf den höchsten Führer des Staates aus." (Nohl: Vorlesung, 1933/34, S. 118)

„Folgerichtig" ist hier ein Schlüsselwort. So wie Nohl die einzelnen Elemente aus der Geistesgeschichte aufbereitet, soll es nur „folgerichtig" sein, dass nun die Formen des Erziehens „den Einzelnen auf den höchsten Führer des Staates" ausrichten. So endet die Erziehung zu „Befehl und Gehorsam". Diese Passagen lassen keinen Zweifel aufkommen, dass Nohl die SA und Hitler propagiert, „Befehl und Gehorsam" akzeptiert und eben lediglich als Ergänzung mehr Geistigkeit fordert. Nohl fährt mit einer Definition des „neuen Sozialismus" fort:

„Was sie unterscheidet von den alten Formen des Militär- und Beamtendienstes, ist der neue Sozialismus, der den Aufstieg in die politisch herrschende Schicht, die den Staat trägt, aus allen Ständen ermöglicht, eine Auslese der Leistungsfähigen aus einer Gesamtheit des Volkes, die sich hier in einem Verantwortungsbereich tätig erwiesen haben." (Nohl: Vorlesung, 1933/34, S. 118)

Einzelnen „den Aufstieg in die politisch herrschende Schicht" zu ermöglichen ist für Nohl der neue Sozialismus, der Nationalsozialismus. Ein Gefreiter kann Führer werden, darauf reduziert sich polemisch zugespitzt der Gerechtigkeitssinn des „ neuen Sozialismus".

Zum neunten Kapitel „Die Schule": „Jedenfalls hat der Staat die Überzeugung der pädagogischen Bewegung hinter sich, wenn er hier radikal zugreift"

Im letzten Kapitel stellt Nohl im Grunde lediglich noch einmal die Notwendigkeit einer einheitlichen, nicht konfessionell oder anders zersplitterten deutschen Schule als sein Credo vor, zitiert aus seinen älteren Schriften, in denen er dies in Übereinstimmung mit dem seit 1848 aktiven „Allgemeinen Deutschen Lehrerverband" schon gesagt habe.

Nohl stellt sich hier (sich selbst zitierend) sozusagen als Sprecher der „pädagogischen Bewegung" in Deutschland vor, die er in der gleichnamigen Schrift (die 1935 neu erschien) konstruiert hatte:

„(...) jedenfalls hat der Staat die Überzeugung der pädagogischen Bewegung hinter sich, wenn er hier radikal zugreift und die Ganzheit als die entscheidende Macht oberhalb aller dieser Gegensätze herausarbeitet. Er besitzt in dem nationalen Gehalt seiner Geschichte wie seiner Sendung auch den Fundus, der die einheitliche Schule zu tragen vermag." (Nohl: Vorlesung, 1933/34, S. 124)

Was den Gehalt dieser deutschen Schule angeht, so geht es Nohl um eine Zusammenfassung der „deutschen Bewegung", wie sie sein Lehrer Dilthey angefangen, aber nicht zu Ende geführt habe: die „Geschichte der Deutschen Bewegung", so realistisch wie möglich, an die aktuelle Sprache des Volkes angepasst, nicht als abstrakte Wahrheiten, sondern als Hilfen zur Gestaltung des Lebens. Dabei bezieht sich Nohl ausdrücklich auf Rudolf Hildebrandt, den großen „Erzieher zur Deutschheit" (Nohl: Vorlesung, 1933/34, S. 128).[772]

Enden aber lässt Nohl seine Rede unter Berufung auf Heideggers Rede im Mai 1933, „Die Selbstbehauptung der Universität".[773] Es heißt zunächst:

„Wo einer nationalen Welt seine freie Geistigkeit versagt ist, weil sie gehemmt wird, wie in den Staaten der Inquisition, oder nicht gewertet wird wie in Sparta, oder weil die radikalen Köpfe fehlen, die immer wieder mutig zu den letzten Grundlagen der Existenz durchstoßen, da geht ein Volk zugrunde. Plato ist es gewesen, der in seinem Staat die staatengestaltende Kraft der freien Wissenschaft, d. h. der Wissenschaft, die nicht im Dienst der Praxis steht, sondern die Wahrheit um ihrer selbst willen

[772] Siehe zu diesem Fragenkomplex genauer: Zimmer, Hasko: Pädagogik, Kultur und nationale Identität. Das Projekt einer „deutschen Bildung" bei Rudolf Hildebrand und Herman Nohl, in: Auernheimer, Georg/Gstettner, Peter (Red.): Pädagogik in multikulturellen Gesellschaften (Jahrbuch für Pädagogik 1996), Frankfurt am Main/Berlin/Bern/New York/Paris/Wien 1996, S. 159–177.

[773] Diese Rede erschien zusammen mit einem Gespräch aus dem Jahre 1945 unter dem Titel Heidegger, Martin: Die Selbstbehauptung der deutschen Universität. Rede, gehalten bei der feierlichen Übernahme des Rektorats der Universität Freiburg i. Br. am 27.5.1933 (beigefügt: Das Rektorat 1933/34. Tatsachen und Gedanken), 2. Auflage, Frankfurt am Main 1990.

sucht, ich sage Plato hat die staatengestaltende Kraft dieser freien Wissenschaft als erster ausgesprochen und so formuliert, dass sie bis heute fortwirkt: wahrhaft gebunden ist eine Überzeugung erst, wo sie nicht bloß im Enthusiasmus gründet, sondern gerechtfertigt ist durch ein wahrhaftes Denken. Der innerste Nerv jeder Schule, auch einer Kunstschule, ist darum die Erziehung zu diesem Willen zur Wahrheit im Sinn von Wahrhaftigkeit. Das letzte Ziel des Unterrichts von der Volksschule bis zur Universität sind nicht die einzelnen Kenntnisse als Resultate, auch nicht die Methodenbeherrschung als Mittel, sondern das Leben in einer Welt der Wahrheit, das einen Zusammenhang von Wahrheiten erarbeitet mit Hilfe der Zucht des Denkens. Solcher Objektivitätswille hat nichts zu tun mit auflösender Sophistik oder Gesinnungslosigkeit, sondern ist Dienst am Leben der Nation. Je tiefer ein Glaube geht, umso senkrechter sucht er die Wahrheit.“ (Nohl: Vorlesung, 1933/34, S. 129 f.)

Es ist gerade dieser „Zusatz“, diese „Ergänzung“, mit der sich Nohl als loyaler Unterstützer des NS-Regimes vorstellt, der dennoch die „freie Geistigkeit“ im Rahmen dieser nationalen Loyalität einfordert. Und eher unvermittelt und überraschend angesichts der bisherigen Ausführungen Nohls im Kontrast zur Haltung Jaspers in der NS-Zeit endet die ganze Vorlesung unter Berufung auf Karl Jaspers:

„Wie Jaspers in seinem stolzen Büchlein über Max Weber[774] *und sein vorbildliches deutsches Wesen im Forschen und Philosophieren einmal sagt: ‚Der Boden der geschichtlichen Gegenwart, des Willens und Glaubens wird nur rein, wenn er sich im Feuer grenzenlosen Wissenwollens festigt zu Wahrheit und Vernünftigkeit‘.“* (Nohl: Vorlesung, 1933/34, S. 130)

Es ist realistisch zu vermuten, dass Nohl deutlich seine besondere Akzentsetzung der loyalen Unterstützung des NS-Regimes hier kontrastiert mit dem Anspruch, allumfassend die großen Denker von Max Weber über Martin Heidegger bis Karl Jaspers, alle mit dem „vorbildlichen deutschen Wesen“, mit einzubeziehen in dieses große nationalpädagogische Programm. Es ist die Einforderung des großen Bündnisses von deutschnationalen Teilen der deutschen Geisteswissenschaft mit den staatspolitischen nationalsozialistischen Praktikern.

c) „Die pädagogische Bewegung in Deutschland und ihre Theorie“ (Vorwort und Nachwort 1935)

Die im zweiten Teil der *Dokumentation ad fontes Nohl* abgedruckten Teile aus der zweiten Auflage der „Pädagogischen Bewegung in Deutschland“ (1935) enthalten das eine Seite umfassende Vorwort und das neunseitige Nachwort.[775] Die Schrift als Ganzes wurde 1932 („vor dem nationalen Umbruch“, wie Nohl im Vorwort 1935 formuliert) verfasst, aber 1933 als Band 1 des „Handbuches der Pädagogik“ (der so genannte „Pallat“) veröffentlicht. Eine zweite Auflage folgte 1935 sowie dann 1949 eine dritte Auflage, in der der gesamte Text von 1935 einschließlich Vor- und Nachwort unverändert nachgedruckt und ein weiteres Nachwort von Nohl angefügt wurde. Im Vorwort von 1935 heißt es:

„Wenn unser neuer Staat mit gutem Grund sein erstes und entscheidendes Mittel in einer diktatorischen Massenführung hat, die auch den Letzten noch national erweckt und bewusst macht und unserm Volk die Einheit seines Gefüges wiedergibt, wobei dann ganz neue pädagogische Aufgaben und Möglichkeiten erscheinen, so werden die wahren Einsichten der pädagogischen Bewegung in irgendeiner Gestalt doch in diese Arbeit eingehen müssen.“ (Nohl: Pädagogische Bewegung, 1935, ungezählte Seite)

Die „diktatorische Massenführung“ wird klar benannt, aber offensichtlich als Chance angesehen, „unserem Volk die Einheit seines Gefüges“ wiederzugeben. Aber, so die Botschaft, „ohne Pädagogik“ geht es nicht! Nohl beginnt sein Vorwort mit folgender Behauptung:

---

[774] Jaspers, Karl: Max Weber. Rede bei der von der Heidelberger Studentenschaft am 17. Juli 1920 veranstalteten Trauerfeier, Tübingen 1921.

[775] *[Dokumentation ad fontes Nohl: S. 369–378]*

„Es gibt zwei Wege, ein Volk zu gestalten: die Politik und die Pädagogik. Was in diesem Buch dargestellt wird, ist die Geschichte der leidenschaftlichen Anstrengung unserer Nation seit dem Wissen um die Kulturkrise, das Problem ihres neuen Volkwerdens auf dem pädagogischen Wege zu lösen. Dieser Versuch ist nicht geglückt – jeder Ansatz endete mit dem Zerfall in die Parteien, der gerade überwunden werden sollte, und die Politik nahm schließlich die Aufgabe in ihre Hände. Damit ist der große Sinn dieser Bewegung und ihr echter Wille aber nicht vergebens gewesen." (Nohl: Pädagogische Bewegung, 1935, ungezählte Seite)

Diese Passage ist der Schlüssel zur Denkweise Nohls. Die Pädagogik hat es nicht geschafft; gut dass die „Bewegung" die Aufgaben in ihre Hände genommen hat. Das Streben Nohls ist, dass der NS-Staat, die NS-Bewegung nun die Tradition der „pädagogischen Bewegung" in sich aufnimmt und zur Entfaltung bringt. Darum geht es, „die wahren Einsichten der pädagogischen Bewegung in irgendeiner Gestalt" doch einbringen zu müssen. Nohl gibt sich in dieser Vorbemerkung selbstkritisch: „Was ich zugelernt habe [seit der ersten Auflage 1933], wird aus dem Nachwort am Schluss des Bandes ersichtlich sein", schrieb Nohl im September 1935.

Im Nachwort aus dem Jahr 1935 gibt es stellenweise Überschneidungen mit der im ersten Teil der *Dokumentation ad fontes Nohl* abgedruckten Einleitung des Vorlesungsmanuskripts „Die Grundlagen der nationalen Erziehung".[776] Im Unterschied zu diesem Manuskript wurde jedoch das Nachwort in mehreren Auflagen bis heute veröffentlicht, so dass es im Gegensatz zu dem Vorlesungsmanuskript eine erhebliche Wirkung entfalten konnte.

Die Grundidee in seinem Nachwort, das er „Zwei Formen der Pädagogik" nannte, besteht in der Gegenüberstellung der zwei Pole der Pädagogik, dem individuell-subjektiv-sokratischen und der am Ganzen, am Staat orientierten objektiv-platonischen Pädagogik. Hier ergeben sich zwei Fragen, da Nohl davon ausgeht, dass beide Aspekte immer zur Geltung kommen müssen. Die erste Frage ist die nach der prinzipiellen logischen Struktur und die zweite Frage betrifft den jeweiligen Akzent in bestimmten Zeitspannen. In diesem Nachwort wird klar, dass Nohl sowohl aus prinzipiellen Gründen als auch aus aktuellen Gründen der „geschichtlichen Stunde" das Volk gegenüber dem Individuum favorisiert. Die typische NS-Parole „Du bist nichts, dein Volk ist alles" würde Nohl in seiner Absolutheit nicht akzeptieren. Wohl aber schreibt er:

„Wir leben für uns, jeder einzelne für sich, dass er zu dem Genuss seines Daseins komme, zu seiner Entfaltung und zu seiner Überzeugung – und wir leben für unser Volk und für Werte, die höher sind als wir selber und für die wir uns opfern." (Nohl: Pädagogische Bewegung, 1935, S. 280)

Es ist für Nohl die Schaffung des „nationaldeutschen Typus, der die solide Voraussetzung für jede klare Individualität abgibt". Und er formuliert drastisch: „(...) so gewinnt der Einzelne den Stil seiner Bildung schließlich nur aus dem Lebensstil seines Volkes" (Nohl: Pädagogische Bewegung, 1935, S. 281).

Nachdem Nohl eigentlich die Beziehungen der beiden polaren Aspekte prinzipiell geklärt hat, fügt er hinzu: „Welche dieser Betrachtungsweisen aber jeweilig als die entscheidende heraustritt, ist eine Frage des geschichtlichen Augenblicks" (Nohl: Pädagogische Bewegung, 1935, S. 283). Klar ist für Nohl, der sich jetzt der Frage der pädagogischen Autonomie zuwendet, dass die geschichtliche Stunde die platonische Form der Pädagogik erfordert. Er schreibt direkt anschließend:

„Im Frühling 1933 schlug bei uns in Deutschland die Sokratische Form der Pädagogik in die Platonische um. Das Schibboleth gewissermaßen des Umbruchs wurde der Begriff der pädagogischen Autonomie. Wie plötzlich das geschah, dafür ist charakteristisch, dass ein Hochschullehrer, der im vorangegangenen Wintersemester noch eine Übung über diese Autonomie abgehalten und ihre Tragweite, wie leider meist, übertrieben hatte, sie in der Eröffnungsrede des Sommersemesters kreuzigte. Dabei

[776] Nohl nahm folgende drei Änderungen gegenüber der Einleitung des Vorlesungsmanuskripts 1933/34 vor: Dem Text des Nachwortes 1935 wurden zwei Passagen hinzugefügt. Außerdem wurde eine Passage aus der Einleitung des Vorlesungsmanuskripts im Nachwort gestrichen. Zusätzlich wurde dem Nachwort am Ende eine Passage aus dem neunten Kapitel des Vorlesungsmanuskripts hinzugefügt.

kann sie als Struktureinsicht genau so wenig durch historische Entwicklungen unwahr gemacht werden, wie ein mathematischer Satz, wie sie ja auch kein Ergebnis der bloßen individuellen Überlegung ist, sondern eine Offenbarung des sich entfaltenden Lebens. Nur ihre politische Bedeutung hatte sich gewandelt! Wie die Reichswehr, so hatte sich auch die Erziehung dadurch aus dem Kampf der Gegensätze zu retten gesucht, dass sie sich konsequent an ihre eigenste Aufgabe hielt und ***gerade dadurch für das Ganze bewahren wollte****."* (Nohl: Pädagogische Bewegung, 1935, S. 283, Hervorhebung im Original)

In dieser Passage zeigt sich, wie Nohl „Autonomie der Pädagogik“ versteht. Als Metapher verwendet er das Beispiel der Reichswehr. Die Reichswehr hat nicht dieser oder jener Partei zu dienen, also nicht einzelnen Teilen, sondern nur dem Staat und dem Volk als ganzem. Ist garantiert, dass es um das Ganze geht, ist auch klar, dass die Reichswehr keineswegs autonom ist, sondern sich absolut loyal in den Dienst des Ganzen stellt. Entscheidend für Nohl ist, dass dies jenseits des Parteiengezänks vor sich geht, jenseits konfessioneller Streitigkeiten usw. Der Begriff der „pädagogischen Autonomie“ bei Nohl muss analog verstanden werden. Die NSDAP an der Macht, das war für Nohl nicht mehr ein Teil, das war für Nohl jetzt das Ganze, der totale Staat, für den die „pädagogische Bewegung“ sich aufbewahrt hatte. Autonomie bedeutet bei Nohl autonom zu sein gegenüber den einzelnen Teilen, aber absolut untergeordnet zu sein gegenüber dem Ganzen, dem Volk, der Nation.

Ausdrücklich stellt sich Nohl hinter Ernst Krieck, den er als „führende(n) Kopf der neuen objektiven Pädagogik“ bezeichnet und warnt lediglich davor, dass seine soziologischen Einsichten von der Typenbildung „von den Nachfolgern übersteigert“ werden (Nohl: Pädagogische Bewegung, 1935, S. 283). Nohl wendet sich also gegen „Überspannungen“, die aber seiner Ansicht nach „schnell zurückgenommen“ werden (Nohl: Pädagogische Bewegung, 1935, S. 284). Nohl stellt sich also als kritischer Begleiter der NS-Bewegung vor, der vor Simplifizierungen warnt, aber auch den Optimismus ausstrahlt, dass diese oder jene kleine Übertreibung eigentlich kein Gewicht hat.

Nohl geht jedoch noch einen Schritt weiter und diskutiert in diesem Nachwort von 1935 bereits die Möglichkeit, dass die Parole „Du bist nichts, dein Volk ist alles“ doch ihre Berechtigung erhält, nämlich im Falle des Krieges:

„(…) wo das Ganze in Gefahr ist, verschwindet der Einzelne: das großartigste Dokument solcher ***kriegerischen Nationalpädagogik*** *bei uns sind Fichtes Reden und die Schriften seiner Schüler Arndt, Jahn, Jachmann (…)."* (Nohl: Pädagogische Bewegung, 1935, S. 285, Hervorhebung im Original)

Was Herman Nohl „zugelernt“ hat, zeigt sich auch anhand der folgenden Passage über die „biologische Substanz“:

„Wir suchen zunächst die Elemente des Aufbaus für unser Dasein als ***Volk****: seine* ***biologische Substanz****, seine Gliederung in Stadt und Land, das Leben seiner Familien und das Verhältnis seiner Generationen, und seine* ***geistige Substanz*** *in Sprache, Sitte, Kunst, Fest, und in allem, was man die Heimat nennt, in Typus, Mythus und Symbol."* (Nohl: Pädagogische Bewegung, 1935, S. 286, Hervorhebungen im Original)

Auch hier gilt wieder, dass Nohl betont, auf Biologie und Geist achten zu müssen, wobei unter der geistigen Substanz nun der „Mythos“, eben jener Mythos des 20. Jahrhunderts, den Alfred Rosenberg beschwört, seinen Platz erhält. Nohl selbst bezeichnet das als das „ganz Neue unserer Nationallage“, dass „die volkserzieherische Aufgabe (…) auf den neuen Volkstypus, den biologischen wie den geistigen Typus, gerichtet ist“ (Nohl: Pädagogische Bewegung, 1935, S. 287).

Weiter heißt es – direkt aus dem Vorlesungsmanuskript übernommen – bei Nohl in diesem Sinne, nun in aller Öffentlichkeit die „Typenbildung“ Ernst Kriecks herausstellend:

„Man kann sich aber nicht denken, dass der Einheitswille unseres Volkes, der heute seine stärkste Sehnsucht ausdrückt, nicht auch mit dieser Trennung fertig werden sollte. Jedenfalls hat der nationalsozialistische Staat die Überzeugung der pädagogischen Bewegung hinter sich, wenn er hier radikal

zugreift und die Ganzheit oberhalb aller dieser Gegensätze herausarbeitet. Er besitzt in dem nationalen Gehalt unserer Geschichte wie unserer Sendung auch den Fundus, der die einheitliche Schule zu tragen vermag.“ (Nohl: Pädagogische Bewegung, 1935, S. 287)

Nach so viel Unterstützung des NS-Regimes in theoretischer, politischer und praktischer Hinsicht geht Nohl – auch wieder aus dem Schlussteil des Vorlesungsmanuskripts übernommen – in seinem abschließenden Statement, sich auf Heidegger und Jaspers berufend, jedoch auch erneut 1935 deutlich ein Stück weit auf Distanz:

„Die geistige Welt ist aber nicht bloß das bewusst-gemachte jeweilige historische Dasein, sondern greift darüber hinaus nach den ewigen Grundrechten der Idealität, die auch das höchste historische Dasein noch richten. Wo einem Volk solche freie Geistigkeit versagt ist, weil sie gehemmt wird wie in den Staaten der Inquisition, oder nicht gewertet wird wie in Sparta, oder weil die radikalen Köpfe fehlen, die immer wieder mutig zu den letzten Grundlagen der Existenz durchstoßen, da geht es zugrunde. Plato ist es gewesen, der in seinem Staat die staatengestaltende Kraft der freien Wissenschaft, d. h. der Wissenschaft, die nicht im Dienst der Praxis steht, sondern die Wahrheit um ihrer selbst willen sucht, als erster ausgesprochen und so formuliert hat, dass sie bis heute fortwirkt: wahrhaft gebunden ist eine Überzeugung erst, wo sie nicht bloß im Enthusiasmus gründet, sondern gerechtfertigt ist durch ein wahrhaftes Denken.“ (Nohl: Pädagogische Bewegung, 1935, S. 288)

In dieser abschließenden Passage, in der Nohl die freie Wissenschaft zu verteidigen beansprucht, bleibt ein Problem. Die Wahrheit, dass längst jede Freiheit der Wissenschaft beseitigt wurde, dass längst die „radikalen Köpfe“ fehlten, weil sie ermordet oder vertrieben worden waren, kann Nohl natürlich nicht aussprechen, das heißt: Diese Wahrheit spricht er nicht aus. Es bleibt, dass die Unterstützung des NS-Regimes und biologistische und totalitäre Kernthesen trotz Warnungen vor Übertreibungen und Überspannungen unwiderlegbar auch dieses Nachwort Herman Nohls im Jahre 1935 kennzeichnen.

d) „Charakter und Schicksal“: Zum Abschnitt „Die Rassen- und Völkerunterschiede“ (1938)

In der *Dokumentation ad fontes Nohl* wurden aus Nohls umfassender und grundlegender Schrift „Charakter und Schicksal“[777] elf Seiten faksimiliert, nämlich das Kapitel „Die Rassen- und Völkerunterschiede“.[778] Beim Studium dieses Kapitels wird deutlich, dass Herman Nohl schon bemerkt, dass die rassistische und biologistische Basis ein sehr schwankender Boden ist. Im Grunde schildert Nohl die erheblichen Schwierigkeiten bei der Definition einer Rasse ebenso wie bei dem Versuch, „nationale Charakterform wissenschaftlich fest(zu)stellen“ (Nohl: Charakter und Schicksal, 1938, S. 159). Nohl beginnt mit einer phänomenologischen Selbstbeobachtung, die in das unfreiwillig Komische hineinreicht:

„(...) und begegnen uns gar exotische Rassen, Mongolen, Neger, aber auch schon Inder oder Zigeuner, so unterliegt selbst der gebildete Mensch leicht dem Zwang, immer wieder hinsehen zu müssen; man steht wie erschrocken vor dieser andern Form des Menschseins.“ (Nohl: Charakter und Schicksal, 1938, S. 159)

Nohl schließt seine Einleitung mit folgender Fragestellung:

„Die große Frage, die sich hier auftut, ist nun wieder dieselbe, die wir jedes Mal tun mussten und doch nie reinlich beantworten konnten: handelt es sich hier um geschichtliche Ergebnisse auf Grund von historischen Schicksalen und einer geistigen Produktivität oder um biologisch bedingte Erscheinungen, die Auswirkung einer im Erbstrom festgelegten seelischen Anlage?“ (Nohl: Charakter und Schicksal, 1938, S. 160)

Wer Nohls polare Herangehensweise, das „Sowohl-als-auch“, aus all seinen grundlegenden Schriften kennt, wird nicht fehlgehen in der Annahme, dass es auch bei dieser Fragestellung um

[777] Nohl, Herman: Charakter und Schicksal. Eine pädagogische Menschenkunde, Frankfurt am Main 1938.
[778] *[Dokumentation ad fontes Nohl: S. 379–390]*

eine Versöhnung und Harmonisierung von biologistisch-rassistischem und geisteswissenschaftlich-pädagogischem Denken geht. Nohl geht dann auch tatsächlich davon aus, dass sich „in der Sache geistesgeschichtliche und biologische Bedingtheiten verweben“ (Nohl: Charakter und Schicksal, 1938, S. 162). Bei seinen Überlegungen beruft Nohl sich unter anderem auf Richard N. Wegener und andere.[779]

Nohl betont in seinem zweiten Abschnitt den „modernen Rassebegriff“, der eben „eine letzte biologische Tiefe kennt, aus der unsere Geistigkeit emporsteigt (...)“ (Nohl: Charakter und Schicksal, 1938, S. 162). Nohl führt diesen Gedanke wie folgt fort:

> *„Die letzten Jahrzehnte haben eine leidenschaftliche Bewegung in fast allen Völkern geweckt, die darauf aus ist, die tiefste Schicht zum Bewusstsein zu bringen und in reinen Formen auszuprägen, die Eigenheiten eines Blutstammes dadurch gleichsam zu festigen, ja zu verdichten und schöpferisch zu steigern. Tiefe instinktive Mächte sind hier an der Arbeit.“* (Nohl: Charakter und Schicksal, 1938, S. 162)

Nohl zieht hier eine Parallele zur biologischen Tatsache, dass es Männer und Frauen gibt. So gebe es eben auch verschiedene Rassen. Die Untersuchung der Charaktereigenschaften sei ähnlich schwierig:

> *„Amerika mit seinem Rassengemisch gibt den günstigen Boden für solche Untersuchungen ab. Man prüft verschiedene Rassen unter den gleichen Bedingungen und Angehörige der gleichen Rasse unter verschiedenen Bedingungen und kommt dabei zu interessanten Feststellungen.“* (Nohl: Charakter und Schicksal, 1938, S. 163)

Solche „interessanten Feststellungen“ folgen jedoch nicht. Nohl wendet sich seiner Betrachtungsweise zu, um Rassen zu beleuchten:

> *„Damit wird die* ***geisteswissenschaftliche*** *Betrachtungsweise sichtbar, die nun hermeneutisch an die Lebensform der Rasse herangeht.“* (Nohl: Charakter und Schicksal, 1938, S. 164, Hervorhebung im Original)

Ob diese Methode ergiebig ist, sei hier dahingestellt. Das Ergebnis von Nohls Überlegungen lautet jedenfalls:

> *„So stellt sie z. B. bei den Germanen die zweckfreie Kraftäußerung fest (...).“* (Nohl: Charakter und Schicksal, 1938, S. 164)

Die Schwierigkeit der Beurteilung solcher Ergebnisse löst Nohl mit dem Begriff des „Mythos“:

> *„Solches Ethos und solcher Lebensstil ist dann aber nicht mehr in einer objektiven Schicht zu suchen, sondern auch hier sind wie in der Geschlechter-Psychologie Wirklichkeit und Ideal nicht trennbar, und auch hier wird man zurückgeführt bis in das ursprünglichste Erscheinen des rassischen Wesens in Mythos und Sage.“* (Nohl: Charakter und Schicksal, 1938, S. 164)

Nohl, der weiter feststellt, dass „Rasse ein biologischer Begriff ist, kein geschichtlicher“, betont in der ihm eigenen Art die untrennbare „Einheit von innen und außen, die mit Rasse gemeint ist“ (Nohl: Charakter und Schicksal, 1938, S. 164). Die zentrale Passage bei Nohl lautet dann:

> *„Die entscheidende Ursache für die Rassebildung, d. h. die Wandlung der Anlagen selbst, ist nicht die Mutation, sondern nur die Auslese. Hier allein können auch Eugenik und Pädagogik einsetzen. Solche Auslese verlangt aber zugleich, wie der bekannte Rassenforscher F. Lenz auf der Naturforscherver-*

[779] Wegner, Richard N.: Volkslied, Tracht und Rasse. Bilder und alte Lieder deutscher Bauern (mit einer nur für dieses Werk hergestellten Schallplatte mit Stücken aus alten Liedern deutscher Rassen), München 1934; Lendvai-Dircksen, Erna: Das deutsche Volksgesicht, Berlin ohne Jahr (1932) und Wähler, Martin: Der deutsche Volkscharakter. Eine Wesenskunde der deutschen Volksstämme und Volksschläge, Jena 1937.

sammlung in Stuttgart (1938) sagte, ‚ein geistiges Klima worin Menschen von Einsicht, Initiative und Leistungsfähigkeit gedeihen'." (Nohl: Charakter und Schicksal, 1938, S. 164 f.)[780]

Hier hat Nohl nun also die Rolle der Pädagogik eingesetzt: Pädagogik als Auslese.

Die im Folgenden vorgestellten Überlegungen von Nohl weisen wenig Systematik oder Logik auf. Seine Behauptungen über die „vergleichende Rassenphysiologie" mit ihren Ergebnissen über „Drüsenfunktionen" sowie „Kinn und Nase" und der Behauptung, dass in der „nordischen Rasse der leptosome Typus häufiger" sei (Nohl: Charakter und Schicksal, 1938, S. 165), bleiben hier unberücksichtigt.

Im dritten und letzten Abschnitt dieses Kapitels geht Nohl von den Rassenunterschieden zu den Völkern über, wobei er betont, welche große Rolle nationalpädagogische und volkspädagogische Anstrengungen faschistischer Art selbst bei einem Volk wie den Italienern spielen kann:

„Oder man erinnere sich, wie Mussolini die ***Italiener*** *in bewusster Formgebung umgestaltete: ‚Der Anblick, die Lebensweise und die Leistung und nicht zuletzt die Denkart' sind in den letzten 15 Jahren andere geworden. Vor dem Kriege konnte eine Gruppe Italiener keinen Eisenbahnwagen ohne Streit und Geschrei rangieren, jetzt gewinnen sie die Weltmeisterschaft in einem solchen Teamspiel wie dem Fußball und fliegen die schwierigsten Luftmanöver."* (Nohl: Charakter und Schicksal, 1938, S. 166; Hervorhebung im Original)

Bei dem Versuch, sich dem Wesen der Deutschen zu nähern, wählt Nohl den Pflichtbegriff. Auf die Frage, in welcher Idee „die Grundhaltung unseres nationalen Wesens, das System der deutschen Weltanschauung auszudrücken wäre, so müsste man sie wohl in dem Begriff der *Pflicht* finden." (Nohl: Charakter und Schicksal, 1938, S. 167 f., Hervorhebung im Original). Als ein Beleg verweist Nohl darauf, dass das Wort Pflicht weder in den antiken noch in den modernen Sprachen seine Entsprechung findet. So folgert Nohl, dass die „Kantische Ethik wirklich der vollkommene Ausdruck unseres Wesens" (Nohl: Charakter und Schicksal, 1938, S. 168) sei, wenn auch nicht alles. Nohl schildert dies feststellend und nicht ohne Hinweis auf die Problematik einer fehlenden Ästhetik und Geistigkeit. Er verweist auf die Problematik der Unsicherheit, „wo die Pflicht nicht klar liegt" (Nohl: Charakter und Schicksal, 1938, S. 168). Nohl betont, dass diese Pflichtauffassung protestantisch und norddeutsch sei, eine „kulturelle Grundeigenschaft des Christen" (Nohl: Charakter und Schicksal, 1938, S. 169). Abschließend stellt er fest:

„Die Charakterform des preußischen Staats hat dann von Heer und Verwaltung aus allmählich unser ganzes Volk durchdrungen und geformt. Schließlich aber kann man doch diese Haltung, die in einer so protestantischen und preußischen Figur wie Hindenburg gipfelte, schon in der Nibelungensage finden, bei Hagen, Rüdiger und Dietrich von Bern, ihr Heldentum gewann seine Opferkraft aus ihrer Bindung an ihre Pflicht." (Nohl: Charakter und Schicksal, 1938, S. 169)

Analytisch zeigt sich im Grunde, dass Nohl den Rassismus und Biologismus nicht ablehnt. „Sein" Gebiet ist die Geistesgeschichte und seine Präferenz ist der deutsche Nationalismus. Gerade die Herausstellung von Hindenburg ist ein Schlüssel. Nohl ist für das Bündnis von Hindenburg und Hitler, für den NS-Staat, aber innerhalb dieses Bündnisses favorisiert er Hindenburg und das seiner Meinung nach geschichtlich gewachsene Deutschnationale.

---

[780] Lenz, Fritz: Grundriss der menschlichen Erblichkeitslehre und Rassenhygiene. Band 1: Menschliche Erblichkeitslehre, 2. vermehrte und verbesserte Auflage, München 1923. Band 2: Menschliche Auslese und Rassenhygiene, 2. vermehrte und verbesserte Auflage, München 1923.

Fritz Lenz (1887–1976), einer der führenden Rassehygieniker und Eugeniker in der NS-Zeit, seit 1937 Mitglied der NSDAP. Hitler geht in „Mein Kampf" ausführlich auf Lenz' Hauptwerk ein. Lenz, der an Zwangssterilisation farbiger deutscher Kinder („Rheinlandbastarde") beteiligt war, verfasste zwei Denkschriften für das „Rasse- und Siedlungshauptamt der SS" zur Ostkolonisation. Von 1946 bis 1955 wurde er Professor für menschliche Erblehre in Göttingen. Siehe dazu: Weingart, Peter/Kroll, Jürgen/Bayertz, Kurt: Rasse, Blut und Gene. Geschichte der Eugenik und Rassenhygiene in Deutschland, Frankfurt am Main 1988 und Becker, Heinrich/Dahms, Hans-Joachim/Wegeler, Cornelia (Hrsg.): Die Universität Göttingen unter dem Nationalsozialismus, 2. erweiterte Ausgabe, München 1998, S. 244 ff.

e) Artikel und Aufsätze aus Zeitungen, Zeitschriften und Broschüren 1933–1944

Aus der Betrachtung der siebzehn Artikel und Aufsätze aus Zeitungen, Zeitschriften und Broschüren aus den Jahren 1933 bis 1944, die in der *Dokumentation ad fontes Nohl* – nach aktuellem Stand lückenlos – zusammengetragen wurden, ergeben sich kaum gewichtige neue Gesichtspunkte. Wichtiger ist die Feststellung, dass Nohl bis 1944 in der Tagespresse des NS-Regimes publizieren konnte. Die Themenvielfalt ist eher eng: vier Mal über seinen Freund, den Maler Kuithan, einiges über Familie, Frauen und Kinder, auch Biographisches, kleine Bemerkungen über die Großen der Pädagogik und Geistesgeschichte sowie drei Rezensionen zu aktuellen pädagogischen Publikationen. Zu diesen Beiträgen Nohls sei hier nur einiges kurz erwähnt:

In dem kleinen Aufsatz zu **Diltheys hundertstem Geburtstag**[781] lobt Nohl ausdrücklich Heideggers Buch „Sein und Zeit", da er „den philosophischen Sinn der Diltheyschen Arbeit erkannt und durch seine Radikalisierung aktualisiert hat".

Im kurzen Aufsatz **„Die Bedeutung der Frau und Mutter für das Deutschtum im Ausland"**[782] definiert Nohl als Aufgabe der Kindergärten „dem Kinde Sprache, Mythos und Sitte unseres Volkes in den frühen Jahren zu lehren, wo sie noch seine unbewussten Instinkte gestalten". Lobend hebt Nohl hervor, dass in dieser Hinsicht das „Grenzlanddeutschtum" vorangegangen sei und „den Kindergarten für seinen Kampf benutzt". Der Gedanke der pädagogischen Autonomie findet sich hier nicht einmal im Ansatz. Für die Zusammenhänge zwischen Pädagogik und Psychologie in der NS-Zeit mag es von Gewicht sein, dass Nohl ausgerechnet ein Buch von Erich Jaensch in der zweiten Auflage von 1935 positiv bespricht.[783]

1943 bescheinigt Nohl in seinem Artikel **„Der Maler Erich Kuithan (1875–1917)"**[784] der „Neuromantik", dass sie „vorwärts drängte in eine neue völkische Zukunft".

---

[781] Nohl, Herman: Zu Wilhelm Diltheys hundertstem Geburtstag, in: Forschungen und Fortschritte, Nachrichtenblatt der Deutschen Wissenschaft und Technik, 9. Jg. (1933), Heft 33, S. 479–480. *[Dokumentation ad fontes Nohl: S. 395]*

[782] Nohl, Herman: Die Bedeutung der Frau und Mutter für das Deutschtum im Ausland, in: Kindergarten, Zeitschrift des Deutschen Fröbel-Verbandes, des Deutschen Verbandes für Schulkinderpflege und der Berufsorganisation der Kindergärtnerinnen, Hortnerinnen und Jugendleiterinnen e. V., 74. Jg. (1933), S. 125–126. *[Dokumentation ad fontes Nohl: S. 396–397]*

[783] Nohl, Herman: Rezension von: Erich Jaensch: Neue Wege der Erziehungslehre und Jugendkunde und die deutsche Erneuerung, in: Zeitschrift für Kinderforschung, Jg. 1936, Band 45, S. 241. *[Dokumentation ad fontes Nohl: S. 408]* Jaensch plädiert in dieser Schrift unter anderem für die „rechte Gattenwahl" als wichtigsten Vorgang für die „völkische und rassische Höherführung" (Jaensch, S. 66).

Bereits 1933 erschien von Jaensch die Broschüre „Die Lage und die Aufgaben der Psychologie. Ihre Sendung in der deutschen Bewegung und an der Kulturwende" (Leipzig 1933), wobei er an die Begrifflichkeit Nohls von der „deutschen Bewegung" anknüpft. Jaensch betätigt sich als ausgesprochener Antisemit und beschuldigt die Weimarer Republik, sie habe angeblich dafür gesorgt, dass das Fach Psychologie „ja nirgends in arische Hände kam". In einer Fußnote rechtfertigt er ausdrücklich die Vertreibung der jüdischen Hochschullehrer: „Zahlreiche deutsche Hochschullehrer erhalten jetzt Briefe aus dem Ausland, in denen zum Ausdruck gebracht wird, man verstünde dort den Antisemitismus an unseren Hochschulen nicht. Wir hätten ihn früher wohl selbst nicht verstanden; denn der Deutsche ist aufs äußerste friedfertig und gutmütig. Man weiß aber auch im Ausland anscheinend nicht, dass unsere Unterrichtsministerien 14 Jahre lang bemüht waren, das Judentum förmlich gegen uns auszuspielen, mit seiner Hilfe und durch seine starke Heranziehung in verschiedenen, namentlich in den für Weltanschauungsfragen wichtigen Fächern, alles niederzuhalten, was eigentümlich deutsch ist. Es gibt wohl in keinem anderen Lande ein entsprechendes Beispiel, und darum ist es begreiflich, dass man auswärts die Vorgänge in Deutschland nicht versteht" (Jaensch 1933, S. 125).

Es ist ein an anderer Stelle auch im Zusammenhang mit Heinrich Roth zu behandelnder Fragenkomplex, wie fast alle nicht vertriebenen Vertreter der Psychologie in Deutschland trotz (oder angesichts des erzeugten „Personalmangels" wegen) des vorhandenen Antisemitismus in die Sparte der „Wehrmachtspsychologie" übergewechselt sind. Siehe Ortmeyer, Benjamin (Hrsg.): Heinrich Roths Veröffentlichungen in der NS-Zeit, Frankfurt am Main 2006.

[784] Nohl, Herman: Der Maler Erich Kuithan (1875–1917), in: Das XX. Jahrhundert, 5. Jg. (1943), Heft Juni/Juli, S. 229–230. *[Dokumentation ad fontes Nohl: S. 475–476]*

In der **Rezension** des Sammelbands **„Deutsche Frauen schreiben an Kinder“**[785] seiner Schülerin Erika Hoffmann hebt Nohl wohlwollend im Stil des Veteranen des Ersten Weltkriegs über eine Mutter hervor: „Sie schreibt aber auch den großen preußischen Satz: ‚Bloß durch strengen Gehorsam kann man Großes hervorbringen.‘ “ Er zitiert weiter eine andere Mutter „die schon einen Sohn im Krieg verlor und nun an den zweiten schreibt, der als Torpedomatrose in See geht“. Wie kommentiert Nohl dies? Er bezeichnet sie bewundernd als „glaubensstarke deutsche Mutter, die zu Leben und Tod bereit ist“.

* * *

Die Versuche, die Widersprüche in Herman Nohls Biographie aufzudecken und zu verstehen, spielen in der Rezeption der Werke Nohls eine nicht unwichtige Rolle. In der Tat hat Nohl selbst sehr ausführlich Einblicke in seine Familie geben wollen und gegeben. Seine beiden in die *Dokumentation ad fontes Nohl* aufgenommenen familiär-autobiographischen Aufsätze,[786] die nur in kleiner Auflage in der NS-Zeit (1939 und 1940) publiziert wurden, enthalten auch eine Schlüsselpassage zum Umgang Herman Nohls mit dem Antisemitismus. Nohl geht den Umweg über die Schilderung der als liebevoll vorgestellten antisemitischen Vorstellungen seines Vaters. Es heißt in dieser Schilderung:

> *„Er las, so lange ich denken kann, die Tägliche Rundschau, die Zeitung der nationalliberalen und alldeutschen Oberlehrer, war auch nicht ganz frei von ihrem Antisemitismus. Wenn eins der Kinder schrie, schob er den Kinderwagen unter dem Gesang ‚Schmeißt ihn raus, den Juden Itzig‘*[787] *ins andere Zimmer. Wollte er einen auf das Judentum des anderen aufmerksam machen, zog er die Nase an und krümmte den Zeigefinger. Wenn einer der Schüler bei der Aufnahme des Nationalen seine Religion mit ‚mosaisch‘ angab, dann verbesserte er ihn ‚also jüdisch‘. Aber das alles doch ohne Schärfe, wie er denn auch gegen meine jüdischen Freunde immer freundlich und gerecht blieb.“*[788]

Diese Passage Nohls über seine „jüdischen Freunde“ nach dem Pogrom vom 9. November 1938 enthält einerseits eine klare Akzentsetzung gegen den aktuellen NS-Antisemitismus. Andererseits wird jedoch auch in bedrückender Weise sichtbar, mit welchem volksverhetzenden und diskriminierenden Alltagsantisemitismus die deutschnationalen Akademiker schon vor der NS-Zeit teilweise sicher auch mehr unbewusst als bewusst operierten. Herman Nohl selbst hätte nach 1938 eine Ahnung haben können und eine Gewissheit haben müssen, dass diese pseudo-

---

[785] Nohl, Herman: Rezension von: Erika Hoffmann: „Deutsche Frauen schreiben an Kinder“, in: Deutsche Allgemeine Zeitung, Nr. 234, 25.8.1944, Beiblatt. *[Dokumentation ad fontes Nohl: S. 480–481]*

Nohl druckte diesen Beitrag nach 1945 erneut ab und schreibt dazu in einer Fußnote: „Die Besprechung erschien gekürzt bereits in der DAZ. vom 25.8.1944. Ich drucke sie hier noch einmal voll ab, um unsere Leser auf diese wichtige Briefsammlung nachdrücklich hinzuweisen. Sie ist eine der wenigen Veröffentlichungen der letzten Jahre, die nicht in Vergessenheit geraten dürfen“ (in: Die Sammlung. Zeitschrift für Kultur und Erziehung, 1. Jg. (1945/46), Heft 5, S. 302–305, hier S. 302).

[786] Nohl, Herman: (Einleitung ohne Titel), in: Bertha Nohl und ihre Eltern Johann und Josephine Oser. Erinnerungen für ihre Kinder, als Manuskript gedruckt, ohne Ort 1939, S. 5–35 *[Dokumentation ad fontes Nohl: S. 410–425]* und Nohl, Herman: Mein Vater, in: Nohl, Herman (Hrsg.): Hermann Nohl 1850–1929 und die Geschichte seiner Familie. Erinnerungen für seine Enkel, als Manuskript gedruckt, ohne Ort 1940, S. 28–55. *[Dokumentation ad fontes Nohl: S. 426–455]*

[787] Diese Textzeile stammt wohl aus der Zeitspanne antisemitischer Agitation um 1880 (siehe dazu: Hoffmann, Gerd: Der Prozess um den Brand der Synagoge in Neustettin. Antisemitismus in Deutschland ausgangs des 19. Jahrhunderts, Schifferstadt 1998), lässt sich aber auch in der „Kasperle“-Geschichte „Kasper und Abraham“ nachweisen, die im Ersten Weltkrieg im von Johannes Rabe herausgegebenen Sammelband „Sünd ji all dor? Althamburgische Kasperszenen“ (Hamburg 1915) erschien. In diesem antisemitischen Kinderstück erschlägt der „lustige“ Kasperle den Juden Abraham. Die Leiche wird mit dem Gesang „Schmeißt ihn raus, den Juden Itzig“ beseitigt (Rabe 1915, S. 49). Das Lied, dann mit Noten, taucht auch in einem weiteren Sammelband von Rabe auf (Vivat Putschenelle! Alte Kasperschwänke, Hamburg 1916). Der Hamburger Erziehungswissenschaftler Matthias Heyl kommentierte: „Hier wurde der Judenmord gleichsam als Kinderspiel vorgeführt und eingeübt“ (Presseinformation der Forschungs- und Arbeitstelle „Erziehung nach/über Auschwitz“ vom 21.5.2001, zitiert nach: http://www.fasena.de/archiv/presse.htm, eingesehen am 16.4.2008).

[788] Nohl, Herman: Mein Vater, in: Nohl, Herman (Hrsg.): Hermann Nohl 1850–1929 und die Geschichte seiner Familie. Erinnerungen für seine Enkel, als Manuskript gedruckt, ohne Ort 1940, S. 49 f.

humoristische Verächtlichmachung, so harmlos sie im Alltag zu sein schien, schließlich in blutigen und mörderischen Pogromen vor aller Welt einen vorläufigen Höhepunkt fand.

Die in diesen beiden Aufsätzen veröffentlichten Einschätzungen Herman Nohls zu seiner Familie spielen auch in der Sekundärliteratur eine gewisse Rolle und erhellen auch jene Fragen, die insbesondere im Zusammenhang mit den im Anhang der *Dokumentation ad fontes Nohl* abgedruckten Archivdokumenten knapp vorgestellt werden sollen.

f) Archivdokumente zu Herman Nohl

Aus dem umfangreichen Werk Michael Grans über Herman Nohl[789] wurden für die *Dokumentation ad fontes Nohl* aus den 53 dort faksimilierten Dokumenten sieben ausgewählt, die biographische Fragen seines bis heute nicht umfassend geklärten Ausscheidens aus der Universität Göttingen 1937 betreffen sowie seine Denunziation als der KPD nahe stehend, die Kennzeichnung seiner Frau als „jüdischer Mischling“ und seine Mitgliedschaft in der SS.

Das Dokument 1, die Entlassungsurkunde Nohls von 1937,[790] belegt, dass Nohl sozusagen ehrenhaft im März 1937 aus der Universität Göttingen entlassen wurde. Der offizielle Grund ist hier wie folgt fixiert: „Aus Anlass des Neuaufbaus des deutschen Hochschulwesens“. Bei der Auswertung der vorhandenen Dokumente und Quellen zur Entlassung Nohls ergibt sich eine Gemengelage von Gründen und Ursachen. Unstrittig spielen Rivalitäten zwischen verschiedenen Erziehungswissenschaftlern in der NS-Zeit hierbei eine Rolle. Aber auch die formalen Begründungen der Reduzierung der Hochschullehrer in Göttingen sind von Bedeutung. Inwieweit Nohl selbst ein Jahr nach dem Tod seiner Frau hier aktiv war, weil er möglicherweise doch ernsthaft in England eine Professur annehmen wollte, bleibt als dritter Faktor ebenfalls unklar.

Das Dokument 2, ein Schreiben des Göttinger Kreispersonalamtsleiters von 1937,[791] beweist jedenfalls, dass noch 1937 die jüdische Mutter seiner Frau verschiedenen NS-Schergen ein Dorn im Auge war. Gerade in diesem Dokument vom 14.5.1937 wird seine Entlassung als „notwendige Folgerung seiner politisch völlig unzuverlässigen Haltung“ charakterisiert. Dabei griff der Berichterstatter zu dem völlig absurden und unhaltbaren Argument, „er gehörte vor der Machtübernahme zu den intellektuellen Anhängern der KPD und hat sich als solcher aktiv betätigt“.

In Dokument 3, einer Einschätzung Nohls durch den Göttinger Kreispersonalamtsleiter von 1937,[792] wird diese Argumentation beibehalten und Nohls Entlassung aus dem Hochschuldienst als unbedingt notwendige Folgerung „aus der völlig unzuverlässigen Haltung dieses Professors“ dargestellt. In diesem Dokument wäre noch der Frage nachzugehen, aus welcher Ecke diese Denunziationen kamen, Nohl sei „intellektueller Anhänger der KPD“ gewesen, insbesondere die Behauptung: „Die Ehefrau gehörte ebenfalls dem ISK-Kreis an.“ Mit ISK ist hier der „Internationale Sozialistische Kampfbund“ um Minna Specht gemeint, die in London im Exil aktiv war.

[789] Gran, Michael: Das Verhältnis der Pädagogik Herman Nohls zum Nationalsozialismus, Hamburg 2005.

[790] Entlassungsurkunde Herman Nohls vom 30.3.1937 (unterzeichnet von Adolf Hitler und Hermann Göring), Niedersächsische Staats- und Universitätsbibliothek Göttingen, Abteilung Handschriften und alte Drucke (offizielle Schriftwechsel), Cod. Ms. H. Nohl 874/30. *[Dokumentation ad fontes Nohl: S. 580]*

[791] Schreiben des Kreispersonalamtsleiters Göttingen an die Gauleitung der NSDAP, Gaupersonalamt Hannover vom 14.5.1937, Bundesarchiv Berlin (ohne Kennung). *[Dokumentation ad fontes Nohl: S. 581]*

[792] Einschätzung Nohls durch den Kreispersonalamtsleiter Göttingen vom 29.6.1937, Bundesarchiv Berlin, Vorgänge PK und NSLB (ehem. BDC). *[Dokumentation ad fontes Nohl: S. 582]*

Aus Dokument 4, einem Bewerbungsschreiben Nohls von 1938,[793] geht hervor, wie ernsthaft Nohl sich um eine Professur in England bemüht hat. Sehr offen schreibt er: „Als 1933 die Pädagogik in Deutschland von der Politik abgelöst wurde und ich hier keine mögliche Arbeit mehr für mich sah, wandte ich mich wieder den Studien zu, die ich vor dem Krieg begonnen hatte.“ Hier fällt auf, dass im Grunde sein Rückzug aus der Hochschule als seine Entscheidung dargestellt wird. Andererseits formuliert er: „Ostern 1937 wurde ich auf Grund des § 4 des Gesetzes zur Umformung der Universität (Einsparung von Lehrstühlen) von meinen Amtspflichten entbunden.“ Nohl fügt hinzu: „Ich habe diese Emeritierung, die in allen Ehren erfolgte, so verstanden, dass meine Art die Dinge zu sehen nicht mehr in die weltanschaulich begründete Universität des Nationalsozialismus passt.“

In den Dokumenten 5 und 6, zwei Einschätzungen Nohls durch die NSDAP aus dem Jahr 1944,[794] sind folgende Aspekte von Bedeutung: Der NSDAP-Kreisleitung Göttingen war offensichtlich nicht bekannt, dass Nohl Mitglied der SS war, da in der Rubrik „Zugehörigkeit“ ein „Nein“ eingetragen war. Im Unterschied zu den 1937 erstellten Einschätzungen enthalten beide NS-Dokumente sehr wohlwollende Charakterisierungen Nohls. Es sei „nichts Nachteiliges“ zu melden. Im Jargon des Ortsgruppenleiters der NSDAP heißt es, Nohl stehe jetzt „auf dem Boden der Tatsachen“ und weiter: „Versammlungen der NSDAP werden von ihm besucht und seine Opferwilligkeit wird als gut beurteilt.“ In dem schwer lesbaren Dokument vom 28.10.1944 heißt es nun über die Ehefrau Nohl, es sei „bei Gelegenheit ihres Gesuchs um Aufnahme in d. R.-Musikkammer vom Rassenpol. Reichsamt die arische Abstammung festgestellt worden“.

Zu den Merkwürdigkeiten solcher internen Berichte gehört auch, dass 1944 die Einschätzungen Herman Nohls von 1937 (Dokument 6) erneut vorgetragen und noch verstärkt wurden („aus hier vorliegenden Unterlagen aus dem Jahr 1937 geht hervor, dass Professor N. als Mitglied des ISK zu den stärksten Anhängern der KPD über seine demokratische Einstellung hinaus gerechnet werden konnte“), gleichzeitig aber die Behauptung aufgestellt wurde, seine verstorbene Ehefrau sei nicht „Jüdin oder Mischling ersten Grades“ gewesen. Dies habe sich „nicht aufrecht erhalten lassen“. Die wiederholte Behauptung, Herman Nohl sei Anhänger der KPD gewesen, könnte möglicherweise auf eine Verwechslung mit seinem Bruder Johannes Nohl zurückgehen. Peter Dudek hat in einer Studie die politisch weit links stehende Position von Johannes Nohl im Kontakt mit Erich Mühsam detailliert nachgezeichnet.[795]

Das Dokument 7, der Entnazifizierungsfragebogen Nohls vom Mai 1945,[796] bietet nun die Überraschung, dass er „eine zeitlang zahlendes Mitglied der SS“ war. Im Fragebogen selbst hat Nohl bei der Frage nach der Mitgliedschaft in der SS „nein“ eingetragen, mit dem Hinweis „vergleiche beiliegendes Blatt“. Auf diesem Beiblatt bleibt offen, wie lange Nohl („eine zeitlang“) Mitglied in der SS war und was er mit der Unterstreichung „*zahlendes* Mitglied“ aussagen wollte. Der Eintritt in die SS muss nach dieser Darstellung vor 1936 erfolgt sein, da Nohls Frau 1936 verstorben war, seine Darstellung aber lautet: „In meiner Abwesenheit hatte man meiner Frau durch Drohungen die Einzeichnung in die Liste abgepresst, weil sie ‚nicht

---

793 Bewerbungsschreiben Nohls bezüglich der „Taylor Professorship of German Language and Literature“ vom Sommer 1938, Niedersächsische Staats- und Universitätsbibliothek Göttingen, Abteilung Handschriften und alte Drucke (offizielle Schriftwechsel), Cod. Ms. H. Nohl 874/93. *[Dokumentation ad fontes Nohl: S. 583–586]*

794 Einschätzung Nohls durch den Ortsgruppenleiter der NSDAP vom 28.10.1944, Bundesarchiv Berlin, Vorgänge PK und NSLB (ehem. BDC). *[Dokumentation ad fontes Nohl: S. 587–588]*

Einschätzung Nohls durch den Abschnittsleiter der NSDAP vom 13.11.1944, Bundesarchiv Berlin, Vorgänge PK und NSLB (ehem. BDC). *[Dokumentation ad fontes Nohl: S. 589–590]*

795 Dudek, Peter: Ein Leben im Schatten. Johannes und Herman Nohl – zwei deutsche Karrieren im Kontrast. Heinz-Elmar Tenorth zum 60. Geburtstag, Bad Heilbrunn 2004.

796 Entnazifizierungsfragebogen Nohls vom 26.5.1945, Niedersächsisches Hauptstaatsarchiv Hannover, Signatur NdS. 171 Hildesheim, Nr. 311. *[Dokumentation ad fontes Nohl: S. 591–594]*

arisch‘ sei und wir unseren Sohn seit 1933 in England erziehen ließen.“ Nohl hatte diese Erklärung den englischen Entnazifizierungsbehörden übergeben.

Auch in seinen späteren Ausführungen über die NS-Zeit hat er nicht die Gelegenheit ergriffen, diesen Vorgang umfassend aufzuklären, obwohl sich eine Reihe von Fragen geradezu aufdrängen: War es wirklich möglich, Mitglied der SS zu werden durch eine Eintragung durch die eigene Frau? Gab es vor 1936 die Praxis der SS, durch Drohungen Einzeichnungen in die Mitgliedschaft zu erpressen? Gab es wirklich ein Interesse der SS, jemanden als Mitglied aufzunehmen, dessen Frau zunächst als „nichtarisch“ eingeschätzt wurde? Wahrscheinlicher ist die Hypothese, dass Nohl doch sehr bewusst und selbständig in die SS eingetreten ist, in einer Mischung aus damaliger Zustimmung zu den Kerngedanken des Nationalsozialismus und möglicherweise eben auch einem Schutzgedanken angesichts der Diffamierungen seiner Frau und seiner sich in England aufhaltenden Kinder.

* * *

So oder so: Nach 1945 und auch nach abgewickelter Entnazifizierung haben Wissenschaftler wie Nohl nirgends wirklich die Gelegenheit gesucht und genutzt, systematisch und wissenschaftlich, moralisch und selbstkritisch die eigenen Anteile an der Unterstützung des NS-Regimes in den verschiedenen Phasen und aus unterschiedlichsten Motivationen heraus klarzustellen.

Herman Nohl

Die Grundlagen der nationalen Erziehung

eine Vorlesung im Wintersemester 1933/34

Inhalt

Auszug:

Negative Maßnahmen sind alle Schritte, die darauf zielen, die kranken Erblinien auszumerzen. Die Antike konnte da hart vorgehen. Die Spartaner setzten minderwertiges Leben aus. Auch Plato fordert in seinem Staat, daß krankes Leben vernichtet und auch von zu alten Eltern Erzeugtes getötet werden solle. Unsere christliche Fürsorge, die jede Seele unmittelbar zu Gott weiß, kann das nicht mehr. Ist das Leben einmal da, so muß dafür gesorgt werden, daß es menschenwürdig existiert und zu seinem Wohl kommt. Es ist das an sich auch keine Gefahr für die Volkswohlfahrt – abgesehen davon, daß es etwas kostet; aber ein Volk, das auf solche Fürsorge und auf die Entfaltung der Eigenschaften, die solche Fürsorge tragen, verzichten wollte, nähme sich einen höchsten Wert und würde schnell sittlich korrumpieren. Wohl aber wird es nötig sein, erstlich bestimmte Gruppen dieser Menschen zu sterilisieren, wie das Gesetz zur Verhütung erbkranken Nachwuchses das fordert, das am 1.Januar 1934 in Kraft getreten ist, und zweitens die methodischen Verfahren der Fürsorge grundsätzlich umzuwenden.

Die Sterilisation der Erbkranken, die nicht Kastration, also kein Angriff auf die Persönlichkeit des Menschen, sondern nur eine Verhinderung seiner Zeugungsfähigkeit ist, nimmt ihm nicht das Glück der geschlechtlichen Liebe, nur das der Elternschaft. Eine Begründung des Gesetzes hat Reichsminister Frick in der Ansprache über die Bevölkerungs- und Rassenpolitik gegeben, die ich schon nannte. Eine kluge Besprechung findet sich in der "Kinderforschung", Band 42, Heft 2. Das Gesetz, das Vorgänger in Amerika, Kanada und in der Schweiz hat, hat ausschließlich eugenischen Charakter und erfaßt nur die Erbkranken, nicht die phänotypisch Gesunden aus erbkrankem Stamm, auch nicht die Psychopathen und Hysteriker, also nur: angeborenen Schwachsinn (nicht bloß ererbten), Schizophrenie, zirkuläres Irresein, Epilepsie, Chorea, erbliche Blindheit, erbliche Taubheit, schwere körperliche Mißbildung. Schließlich kann auch unfruchtbar gemacht werden, wer an grobem Alkoholismus leidet. Hier wie beim angeborenen Schwachsinn handelt es sich nicht so sehr um die kranke Erbmasse als um die Bedenkenlosigkeit und Rücksichtslosigkeit dieser Gruppen im geschlechtlichen Verkehr, ihre Unfähigkeit zur Erziehung und die Gefährdung der materiellen Existenz der Familie, deren Kinder dann der Gemeinschaft zur Last fallen. Die erblich Blinden und Tauben betragen etwa 13 000 bzw. 15 000 in Deutschland, die körperlich schwer Defekten etwa 52 000. Im ganzen handelt es sich um etwa 500 000 Menschen, von denen ein eerheblicher Teil sich noch durch besonderen Kinderreichtum auszeichnet. Daß die eugenische Bedeutung des Gesetzes mit langen Zeiträumen rechnen muß, ergibt sich aus einer Aufstellung, die Fetscher für die Epilepsie gemacht hat. Könnte man alle Epileptiker gleichzeitig sterilisieren, so wäre ihre Zahl wegen der Latenz der Vererbung in der nächsten Generation um 10 Prozent vermindert, und erst in zehn Generationen um 75 Prozent. Daraus ergibt sich schon, daß die Sterilisation nur ein Teil der eugenischen Maßnahmen in Gegenwart und Zukunft sein kann.

Ein weiteres muß, wie gesagt, die grundsätzliche Umwendung der Fürsorgemethoden sein, die statt der bisher überwiegenden Einzelfürsorge Familienfürsorge treiben wird und statt der wahllosen Unterstützung von allen Familien, nur nach dem Maßstab ihrer Not, die erbgesunden Familien bevorzugen muß. Wenn man heute geneigt ist, die ganze soziale Fürsogge abzubauen, Fürsorgeamstalten einzuziehen und die Fürsorgezöglinge in Arbeitslager zu stecken, die Ausgaben für Psychopathen zu drosseln, die Schulkindergärten zu schließen usw., so ist das bestimmt sehr kurzsichtig und beruht auf einer falschen Theorie. Wenn man z.B. weiß, welche furchtbare Gefahr für ein gesundes Familiendasein ein psychopathisches Kind bedeuten kann, dann wird man nicht einen Schritt in der Betreuung der Psychopathen zurücktun wollen. Und ähnliches gilt für die Fürsorgeerziehung, deren Zöglinge man in die Arbeitslager stecken möchte: ein paar Fälle von Verwahrlosung können ein ganzes Lager stören und die Kraft des Leiters lahmlegen. Es gilt auch für die Aufnahme schulunreifer Kinder in der Schulklasse statt sie in besonderen Schulkindergärten zusammenzufassen: die Ersparnisse werden auf Kosten der Gesunden gemacht! Vielleicht war wirklich ein Teil dieser Anstalten, z.B. der Fürsorgeanstalten, allmählich zu "schön" geworden. Man wird sie jetzt mehr auf das Land verlegen und primitiver einrichten als bisher. Es liegt doch dieser ganzen Opposition gegen die Fürsorge auch eine Übertreibung des Ausmaßes der erblichen Minderwertigkeit dieser Kinder zugrunde, von denen ein großer Teil noch erziehbar ist und nur durch ihre Umwelt geschädigt wurde. Nur wird man eben auch hier mehr das Vorbeugen als das Heilen betonen müssen und die entscheidende Einsicht aller Heilpädagogik im Kopf behalten, daß jeder pädagogische Einfluß im Negativen wie im Positiven um so stärker ist, je jünger das Kind ist, daß die Mittel also vor allem auch von diesem Gesichtspunkt aus für das Kleinkind und die Unterstützung der Familie und ihre Aufzuchtbedingungen bereitgestellt werden müssen.

Die letzte Frage in diesem Zusammenhang ist die nach der Bedeutung der <u>Rassereinheit</u> für ein Volk und nach dem <u>nationaldeutschen Typus.</u> Hier hat die <u>dritte</u> der Bewegungen eingesetzt, die jene Wendung vom einzelnen zum Volkskörper vollzogen haben, seit Gobineaus "Sur l'inégalité des races humaines" (1853), Richard Wagners Schrift "Was ist deutsch?", Chamberlains "Grundlagen des XIX.Jahrhunderts" (1900) und den Büchern von Woltmann, Schemann, Günther, Rosenberg. <u>Gobineau</u> sieht in der Rasse nicht nur die erste, sondern schlechthin die einzige lebende Kraft, die alle großen Veränderungen in der Welt hervorgebracht hat. "Rasse" bedeutet hier die wissenschaftlich nicht weiter auflösbare Eigenart einer Menschengruppe, und Gobineau glaubt, diese Rassenindividualität würde durch alle Zeiten unverändert dauern, wenn die Rasse rein bliebe. Da nun alle Völkerrassen gemischt sind, so ist der ganze Prozeß der Weltgeschichte eigentlich eine fortschreitende Degeneration. Die Urgestalt steht im Anfang, und es kann nur die Aufgabe sein, dieses reine Gold aus dem Gemenge immer wieder herauszuwaschen. Dazu kommt dann die Überzeugung, daß von den drei großen Menschenrassen, die Gobineau annimmt, der schwarzen, gelben und weißen, nur die weiße alle Vorzüge hat und in ihr vor allem der arische Zweig und die germanische Familie, und daß der Aufbau der Kultur in der Welt allein auf dem Anteil der weißen Rasse beruht, aller Untergang durch Degeneration der weißen Rasse, durch das Überwiegen des minder edlen Blutes über das edle herbeigeführt wurde. Ist die

Rassenmischung einmal ganz vollendet, so beginnt damit die Aera der Einheit, Gleichheit und allgemeinen Mittelmäßigkeit. - Bei Chamberlain erscheint die Geschichte als der Gegensatz zweier großen Tendenzen, der universalen und der nationalen. Das römische Reich, die römische Kirche sind die Repräsentanten des Völkerchaos, die Germanen die Träger der nationalen Bewegung, die einen die Rasselosen, die anderen die Rassefesten. Rasselosigkeit und Charakterlosigkeit ist dasselbe. Rasselose Menschen bleiben gespalten und unsicher, haben keine gesunde und starke Empfindung. Die Nation als politische Volksgemeinschaft ist nur die schützende Hülle für eine ausgebildete Rasse. Sein Buch ist damals überall gelesen worden und hat gewiß auch auf die Führer unserer nationalen Bewegung stark gewirkt.

Tatsache ist, daß keine der europäischen Nationen eine reine Rasse darstellt, alle aus Rassenmischung hervorgegangen sind. Sie sind überhaupt keine Naturgewächse, sondern Produkte der Geschichte[1]. Und hier setzt die entscheidende Frage für die Gestaltung unseres Volkskörpers ein. Es ist gewiß richtig, wie ich schon im Anfang sagte, daß uns Deutschen noch der feste, gleichmäßige Rassecharakter fehlt, den Engländer und Franzosen besitzen. Hintze sagt: "Weil unsere Nationalität diese feste physische Grundlage noch entbehrt, weil sie nach dem Wort Lagardes nur im Gemüt und nicht auch im Geblüt steckt, ist der Deutsche im Ausland so leicht in Gefahr, sein Deutschtum zu verlieren, und behauptet er es nicht mit der Zähigkeit wie der Engländer und Franzose". Wir werden sehen, daß auch unsere Sprache und

1) Otto Hintze: "Rasse und Nationalität in ihrer Bedeutung für die Geschichte " Deutsche Bücherei 100.

andere geistige Momente an dieser Frage beteiligt sind, aber ein tiefer Grund liegt gewiß in diesem fehlenden biologisch-einheitlichen Rassecharakter. Soll man nun diesen nationaldeutschen Typus, der uns mangelt, durch "Aufnordung" schaffen, - das heißt also durch bewußte bevölkerungspolitische Bevorzugung der nordischen Bestandteile in unserem Volk, ganz gleich, wie man sich das vorstellt - oder durch eine zunehmende Ausgleichung der in unserem Volke vorhandenen Rassen? In dem einen Fall steht der Typus am Anfang und muß wieder aus dem Gemenge rein herausgearbeitet werden; im andern Fall liegt er in der Zukunft, ist die deutsche Rasse überhaupt erst in der Bildung begriffen und wird fertig sein, wenn die deutschen Stämme, Bayern und Preußen, Schwaben und Sachsen sich zum nationaldeutschen Amalgamiert haben. Unsere Kleinstaaterei, zum Teil gerade auf diesen Stammesgegensätzen beruhend, hat doch auch diesen Ausgleich gehindert. Die Schaffung des einen deutschen Volkes durch unsere nationale Revolution, diese geniale Sprengung uralter Grenzen, nicht bloß der Stammes- und Ländergrenzen, sondern auch die Herstellung eines einheitlichen deutschen Volksgefühls und -Willens eröffnet auch ganz neue Möglichkeiten für unsere physische Einheit. Das Complement solchen inneren Ausgleiches wäre eine Rassenpolitik mit der Front gegen den Osten, die das weitere Einströmen nicht bloß der jüdischen, sondern auch der slawischen Volkselemente, die den Prozeß der deutschen Rassenbildung stören und die Festigkeit unserer Nationalität lockern, verhindert. Der Staatsmann und Volkspädagoge hat heute diese beiden gestalterischen Möglichkeiten: Aufnordung aus einem statischen Glauben an- die Urbegabung, oder Schaffung des nationaldeutschen Typus durch Mischung unserer Stämme und Isolierung nach außen.

Mir scheint der zweite Weg der einzig mögliche zu sein, schon deswegen, weil über Dreiviertel unseres Volks nicht zur nordischen Rasse gehören und eine solche Bevorzugung eines kleinen Teils der Nation, vereinfacht gesagt, des norddeutschen über den süddeutschen, für den andern unerträglich wäre; vor allem aber, weil die differenzierte Fortpflanzung unseres Volkes von selbst dahin geht, daß die nordische und fälische Rasse sich wesentlich geringer vermehren als die dinarische, alpine und ostische. Auf die Dauer - wenn der Zeugungswille der nordischen Rasse sich nicht völlig ändert bzw. umgekehrt der der anderen - wird Süddeutschland Norddeutschland überwachsen, ob man das nun positiv oder negativ werten mag. Die Schwaben, Bayern und Franken haben schließlich auch ihre Meriten. Die natürliche Entwicklung im Verein mit der neuen geschichtlichen Schöpfung der nationalen Bewegung scheint mir darum eindeutig auf den zweiten Weg, die Schaffung des nationaldeutschen Typus, hinzuweisen. Wir werden darauf noch einmal zurückkommen müssen, wenn wir von den <u>geistigen</u> Grundlagen des Deutschtums reden.

Synopse zu zentralen Veränderungen in der Schrift „Charakter und Schicksal“ (1938) im Vergleich zur 3. Auflage (1947)

Die entscheidende, wirklich grundsätzliche Änderung betrifft eine Textpassage und eine Fotoseite, die beide in der ersten und zweiten Auflage identisch sind, in der als „3., vermehrte Auflage“ bezeichneten Fassung von 1947 entfernt wurden.

Es geht um die hier faksimilierten Fotographien sowie um folgenden Satz, der diese Fotos interpretiert: ***„Die Fotographien, die wir vorlegen, brauchen keine Erklärung, sie zeigen den Wandel und seinen dialektischen Sinn deutlicher, als es jede Beschreibung machen könnte.“*** (1. Auflage 1938, S. 158; 2. Auflage 1940, S. 162)

Jugendwandel

Die Formung von drei Generationen (vgl. Text Seite 158)

Da in der dritten Auflage von 1947 diese Fotoseite fehlt, auf der im dritten Bild die marschierende und Hakenkreuzfahnen schwenkende Hitlerjugend zu sehen ist, fehlt auch der eben beschriebene Kommentar vollständig. Nun wird folgender Satz eingefügt; nicht auf die Fotoseite bezogen, die ja nicht mehr vorhanden ist, sondern auf die Jugendbewegungen im Allgemeinen: ***„Sie lassen auch unmittelbar sehen, wo Jugend echt jugendlich lebt und wo sie von außen gedrillt wird."*** (3. Auflage 1947, S. 158)

Um den Bezug zu der entfernten Fotoseite ganz zu verschleiern, wird statt: ***„In solchen revolutionären Zeiten*** [bezogen auf die HJ in der NS-Zeit] ***mit den großen geschichtlichen Begebenheiten und Umstürzen bekommt die Jugend die führende Stellung, während in konservativen Epochen die Erfahrung des Alters entscheidend wird."*** (1. Auflage 1938, S. 158) nun die allgemeine, übergeschichtliche Formulierung ***„In revolutionären Zeiten …"*** (3. Auflage 1947, S. 158) verwendet.

Charakter und Schicksal, 1. Auflage 1938, S. 158:

Wie hat sich das Jugendbild der letzten drei Generationen geändert! Die Photographien, die wir vorlegen, brauchen keine Erklärung, sie zeigen den Wandel und seinen dialektischen Sinn deutlicher als es jede Beschreibung machen könnte. Da sind Formen der Seelen sichtbar geworden[1]). In solchen revolutionären Zeiten mit den großen geschichtlichen Begebenheiten und Umstürzen bekommt die Jugend die führende Stellung, während in konservativen Epochen die Erfahrung des Alters entscheidend wird. Beide Male muß das aber die seelische Verfassung der Generationen tief verändern. Eine führende Jugend entwickelt ganz andere Eigenschaften als eine, die im Schatten des Alters groß wird. Und auch der einzelne wird davon geformt, ob er anlagemäßig zu dem führenden Generationstypus gehört, wo dann alle seine Anlagen gesteigert werden, oder zu dem unterdrückten, wo er dann entweder der Zeitströmung nachgeben muß entgegen seiner Veranlagung und unfruchtbar bleibt oder sich einsam hält und Epigone oder Vorläufer wird.

[1]) Eine Sammlung des deutschen Jugendbildes ist heute noch eine Forderung. Sie sollte in jedem Dorf angeregt werden, besonders für die Konfirmanden- und Schulabgangsbilder. Sie würden einen urkundlichen Einblick in die Geschichte der körperlichen und seelischen Entwicklung des deutschen Menschentums in den verschiedenen Orten geben.

Veränderung in der 3. Auflage.1947, S. 157 f:

Wie hat sich das Jugendbild der letzten drei Generationen geändert!
Eine Sammlung des deutschen Jugendbildes ist heute noch eine Forderung. Sie sollte in jedem Dorf angeregt werden, besonders für die Konfirmanden- und Schulabgangsbilder. Sie würden einen urkundlichen Einblick in die Geschichte der körperlichen und seelischen Entwicklung des deutschen Menschentums in den verschiedenen Orten geben. Da sind Formen der Seelen sichtbar geworden. Sie lassen auch unmittelbar sehen, wo Jugend echt jugendlich lebt und wo sie von außen gedrillt wird. In revolutionären Zeiten mit den großen geschichtlichen Begebenheiten und Umstürzen bekommt die Jugend die führende Stellung, während in konservativen Epochen die Erfahrung des Alters entscheidend wird. Beide Male muß das aber die seelische Verfassung der Generationen tief verändern. Eine führende Jugend entwickelt ganz andere Eigenschaften als eine, die im Schatten des Alters groß wird. Und auch der einzelne wird davon geformt, ob er anlagemäßig zu dem führenden Generationstypus gehört, wo dann alle seine Anlagen gesteigert werden, oder zu dem unterdrückten, wo er dann entweder der Zeitströmung nachgeben muß entgegen seiner Veranlagung und unfruchtbar bleibt oder sich einsam hält und Epigone oder Vorläufer wird.

4. Weniger: „Wir stehen erst am Anfang einer neuen Wehrepoche, deren Anbruch wir der elementaren Wucht der nationalsozialistischen Idee verdanken…“[797]

a) Veröffentlichungen 1933–1935

In den ersten drei Jahren des NS-Regimes, nach seiner Entfernung aus der Frankfurter Pädagogischen Akademie 1933, veröffentlichte Erich Weniger zirka dreißig kleinere Aufsätze und Artikel, in der Mehrzahl Rezensionen. 1935 entstehen die ersten Vorarbeiten zu seinen großen wehrpädagogischen Schriften. Seine erste Publikation in der NS-Zeit, der Aufsatz **„Zur Entwicklungsgeschichte der deutschen Lehrerbildung“**[798] in der Zeitschrift „Die Erziehung“, zeigt schon deutlich eine Annäherung an die NS-Terminologie, vor allen Dingen aber auch Kerngedanken der NS-Pädagogik – trotz oder gerade wegen seiner Entlassung aus dem Hochschuldienst. Zunächst stellt Weniger fest:

> *„In den letzten Jahren hat dann die Vorherrschaft politischer Parteien im Staat zu Trübungen des ursprünglichen und dauernden Verhältnisses geführt.“* (Weniger: Entwicklungsgeschichte, 1933, S. 687)

Diese Vorherrschaft politischer Parteien, von der Weniger spricht, war 1933 durch das NS-Regime beseitigt worden. In seiner Darstellung der Lehrerbildung und der Lehrerfortbildung geht Weniger in großen Schritten von Friedrich Wilhelm I. über Friedrich den Großen zum Ersten Weltkrieg „bis zur nationalen Revolution“. Diese „nationale Revolution“ habe die Bedeutung, „der Volksschullehrerschaft“ gehoben, „übrigens genau entsprechend der Steigerung der volkserzieherischen Bedeutung des Offiziers“ (Weniger: Entwicklungsgeschichte, 1933, S. 688). Weniger diagnostiziert, dass die Volksschullehrerschaft sich allzu sehr etwa an den theologischen Liberalismus, den Rationalismus und politisch an die „kleinbürgerliche Fortschrittsbewegung“ angelehnt habe (Weniger: Entwicklungsgeschichte, 1933, S. 689). Aber diese Gefahr, so Weniger, ließe sich nun überwinden. Offensichtlich an Nohl angelehnt, spricht er über die

> *„zweite Welle der Deutschen Bewegung, wie sie mit der Kulturkritik von Nietzsche und Lagarde einsetzte, dann sich formte zu einer pädagogischen Bewegung weit über das Gebiet der Schule hinaus, wobei dann eine besondere Erwachsenenbildungsbewegung mit ihren Volkshochschulen und Arbeitslagern sich heraushob.“* (Weniger: Entwicklungsgeschichte, 1933, S. 691)

Anknüpfend an diese deutsche Bewegung und an die pädagogische Bewegung fordert Weniger (im Jahr 1933) die „Gestaltung des neuen *Menschen*typus“ (Weniger: Entwicklungsgeschichte, 1933, S. 693, Hervorhebung im Original). Die Lehrerbildung gehe jetzt „vom neuen deutschen Menschen“ aus (Weniger: Entwicklungsgeschichte, 1933, S. 693). An seinen bisherigen Ausführungen über Volksbildung und Bildungsinhalte anknüpfend, entwickelt Weniger im Verlauf des Aufsatzes die große Bedeutung der Volkstumspflege und der „Gestaltwerdung des Volkes in den großen Persönlichkeiten“. Ein Gedanke, der ihn noch weiter beschäftigen wird. Er warnt vor der „Utopie einer für alle gleichen Bildung“ und dem Irrglauben, der darin bestehe, dass die Volksschule intellektualisiert werden müsse:

> *„Die Kulturkritik seit Nietzsche hat diese Irrwege unbarmherzig aufgewiesen und die Umkehr der Bildung, nicht nur der Elementarbildung gefordert.“* (Weniger: Entwicklungsgeschichte, 1933, S. 697)

---

[797] Weniger, Erich: Bücher über Soldatentum und Wehrerziehung, in: Deutsche Zeitschrift. Monatshefte für eine deutsche Volkskultur, 49. Jg. (1935/36), Heft 9–10 (Juni–Juli 1936), S. 399.

[798] Weniger, Erich: Zur Entwicklungsgeschichte der deutschen Lehrerbildung, in: Die Erziehung. Monatsschrift für den Zusammenhang von Kultur und Erziehung in Wissenschaft und Leben, 8. Jg. (1932/33), Heft 12 (September 1933), S. 685–698. *[Dokumentation ad fontes Weniger: S. 158–171]*

Anschließend behauptet Weniger, dass nach dem Ersten Weltkrieg „der Versuch einer Inflation der Bildung“ existiert habe und schlägt vor, die angeblich großen handelnden Menschen unserer Volksgeschichte durch ein Zurückgehen auf „ältere mythische Formen der Veranschaulichung“ zu vergegenwärtigen (Weniger: Entwicklungsgeschichte, 1933, S. 698).

Der Bildungsbegriff und der Bildungsinhalt ist in diesem Aufsatz zugeschnitten auf das „deutsche Volkserbe“, insbesondere aber auf die Erfahrungen des Ersten Weltkriegs. Die akademische Lehrerschaft, so Weniger, sei „Erbe des Krieges“ und es gelte, dieses Erbe zu bewahren und „die menschliche Haltung, wie sie aus den Kriegserfahrungen hervorgegangen diesem Erbe gemäß ist, dem erzieherischen Nachwuchs zu vermitteln“ (Weniger: Entwicklungsgeschichte, 1933, S. 698).

In diesem Aufsatz ist im Grunde das Programm enthalten, mit dem Weniger in den nächsten zwölf Jahren versucht, innerhalb des NS-Regimes seine theoretischen Positionen zu etablieren und auszubauen. Der Rückgriff auf die „Deutsche Bewegung“, die Tradition des Ersten Weltkriegs, die Ablehnung intellektualistischer Bildung sowie der Rückgriff auf Nietzsche und seine Kritik an intellektueller Bildung sind Bausteine, die den Lesern in diesem Aufsatz vorgestellt werden.[799]

Die nächsten vier Publikationen Wenigers wurden in verschiedenen Zeitungen veröffentlicht. Zunächst die Rede auf Heinrich Becker, den 1933 verstorbenen Staatsminister, in der „Preußischen Lehrer-Zeitung“ und in der Folge drei Artikel in der „Frankfurter Zeitung“ über den dänischen Pädagogen Grundtvig, den 1933 verstorbenen Berthold Otto sowie über die Dilthey-Schule.

Auf der Titelseite der „Preußischen Lehrer-Zeitung“, in der Wenigers Artikel **„Gedächtnisworte der Pädagogischen Akademie Frankfurt a. M. für Staatsminister Carl Heinrich Becker“**[800] erschienen ist, hat der Deutsche Beamtenbund seine Unterstützung für Hindenburg und Hitler als Leitartikel platziert. Ebenfalls auf der Titelseite verkündet Reichskommissar Rust die Gründzüge seiner Schulpolitik und der sogenannten Bereinigung der deutschen Lehrerschaft. In diesem Umfeld erinnerte Weniger an Carl Heinrich Becker, dem er persönlich offensichtlich tief verbunden war. In seiner Gedächtnisrede hebt er hervor, dass Becker die Pädagogische Akademie gegen „politische Schwierigkeiten“ geschaffen und sie vom „politischen Tageskampf“ ferngehalten habe. Weniger schließt mit der Hoffnung, „dass trotz aller wirtschaftlichen und gesellschaftlichen Nöte – eine solche Zeit schöpferischer Freiheit in strenger Bindung an die Volksaufgabe wiederkommen möge, die dann das volkserzieherische

---

[799] Die Schrift „Zur Entwicklungsgeschichte der deutschen Lehrerbildung“ wurde 1952 im Sammelband „Die Eigenständigkeit in Theorie und Praxis“ (Weinheim ohne Jahr (1952), S. 23–37) unter dem veränderten Titel „Die Motive der akademischen Bildung des Volksschullehrers“ mit Veränderungen wiederveröffentlicht.

Zu den Veränderungen heißt es im bibliographischen Nachweis: „Die Einleitung ist auf die heutige Situation bezogen worden; an einer Stelle des Textes ist der Bezug auf die damalige Lage fortgelassen“ (1952: S. 540). Statt positiver Bezüge zum NS-Regime wird 1952 eingefügt: „Eine rückläufige Bewegung in den letzten Jahren des Nationalsozialismus (sic!)“ (1952: S. 23). Aus „bis zur nationalen Revolution“ (1933: S. 688) wird nun „bis heute“ (1952: S. 27). Die 1933 formulierte „Steigerung der volkserzieherischen Bedeutung des Offiziers“ (1933: S. 688) entfällt in der Fassung von 1952. 1933 ist von „Volkshochschule und Arbeitslagern“ (1933: S. 691) die Rede, 1952 wird dies weggelassen und von der „bunten Mannigfaltigkeit“ (1952: S. 29) geredet.

Auch der Schluss des Beitrags wurde gravierend geändert: Die Behauptung „Der Krieg hat dann auch eine menschliche Haltung sich entwickeln lassen“ (1933: S. 698) wird so 1952 nicht mehr formuliert. Es ist auch nicht mehr vom „Erbe des Krieges“ (1933: S. 698) die Rede und es wird nicht mehr über die „menschliche Haltung, wie sie aus den Kriegserfahrungen hervorgegangen ist“ (1933: S. 698), gesprochen – diese Passagen wurden gestrichen (vgl. 1952: S. 37).

Auf diese Änderungen hat Helmut Gaßen im Detail aufmerksam gemacht im Sammelband „Lehrerbildung, Sozialpädagogik, Militärpädagogik“ (Weinheim/Basel 1990).

[800] Weniger, Erich: Die Pädagogische Akademie. Gedächtnisworte der Pädagogischen Akademie Frankfurt a. M. für Staatsminister Carl Heinrich Becker bei der Feier im Römer am 20. Februar 1933, in: Preußische Lehrer-Zeitung, Nr. 32 (16.3.1933).

Vermächtnis des Ministers Becker zu neuer Blüte bringen wird". Er distanzierte sich allerdings auch von Becker, wenn er formulierte, dass nicht verschwiegen werden dürfe, dass Becker „in der zeitgebundenen Sprache einer etwas dünnen Ideologie vom dritten Humanismus" gesprochen habe.[801]

In seinem kurzen Artikel **„Berthold Otto †. 6. August 1859–29. Juni 1933"**[802] für die „Frankfurter Zeitung" stellt Weniger gleich einleitend ohne Beleg fest:

> *„Otto hat die nationale Revolution, deren Anfänge er noch miterlebte, ohne Zweifel von Herzen begrüßt."* (Weniger: Berthold Otto, 1933)

Weniger hebt hervor, dass sich Ottos Lehre vom volksorganischen Denken zu Recht auf die „Verwandtschaft mit dem Nationalsozialismus" berufen könne, wobei er erklärt, dass Ottos wirtschaftliche und politische Gedanken nicht wesentlich seien. Der Unterschied zwischen Ottos Denken und dem Nationalsozialismus, so die Pointe von Wenigers Artikel, sei der Unterschied zwischen Sektenbildung und wirklicher Macht. Der Nationalsozialismus habe die Pläne Ottos als Material verwandt und weiterentwickelt. Unter Berufung auf Ernst Kriecks Buch „Nationalpolitische Erziehung"[803] weist Weniger darauf hin, dass das erzieherische Erbe Berthold Ottos „einer der verheißungsvollen Ansätze deutscher Zukunft" sei. In diesem Artikel bemüht sich Weniger sehr offensichtlich, der neuen Situation in Deutschland Rechnung zu tragen.

Von Interesse ist auch Wenigers Rezension eines neuen Bands der Diltheyausgabe mit dem Titel **„Von deutscher Dichtung und Musik"**[804] in der Zeitschrift „Die Erziehung". Darin wird deutlich, dass Weniger nicht für einen modernen Nationalismus eintritt, sondern den deutschen Nationalismus im Kontext von Diltheys Werk auf das Germanische, das Völkische, auf eine angeblich zweitausend Jahre alte Tradition der deutschen Nation bezieht. Unter Berufung auf Nohl wird herausgestellt, dass in diesem Sammelband vereinigt werde, was Dilthey „unter dem Germanischen im deutschen Wesen verstand". Dies gehört für Weniger zum „nationalpädagogischen Vorhaben" (Weniger: Rezension Dilthey 1, 1933, S. 723). Der Sammelband solle „uns helfen, das eigentlich Germanische in unserer Geschichte und die großen Gestaltungen des deutschen Geistes in ihrer Sonderheit zu erfassen" (Weniger: Rezension Dilthey 1, 1933, S. 724). Weniger fasst Diltheys Ansichten wie folgt zusammen:

> *„Dilthey sieht das eigentlich Germanische am deutschen Wesen in der Wertschätzung, die Kraft als solcher ohne Begrenzung zuteil wird."* (Weniger: Rezension Dilthey 1, 1933, S. 725)

Es ist schwer zu trennen, was Weniger meint und was Dilthey wirklich sagt. Wenigers Rezension hat jedenfalls den Anspruch, die Ansichten Diltheys wiederzugeben. An der Position Diltheys sticht heraus, dass das Germanische bei ihm nicht durch eine rationale Zwecksetzung bestimmt ist, stattdessen wird „etwas Irrationales" im germanischen Tun festgestellt (Weniger: Rezension Dilthey 1, 1933, S. 725). Dilthey habe unter anderem bei Klopstock „den germanischen, nordischen Geist als den Sinn für die unfassliche, unbestimmte Größe, das Heroische" gefunden (Weniger: Rezension Dilthey 1, 1933, S. 725). Über das Nibelungenlied, Bach, Händel, Beethoven, Kant und Goethe heißt es:

---

[801] Dennoch war diese Form der Solidarisierung mit einem Staatsminister der „Systemzeit" eventuell mit ein Grund, dass Weniger sehr rasch aus dem Hochschuldienst entfernt wurde.

[802] Weniger, Erich: Berthold Otto †. 6. August 1859–29. Juni 1933, in: Frankfurter Zeitung und Handelsblatt, 78. Jg. (1933/34), Nr. 540–541 (23.7.1933), Beilage „Für Hochschule und Jugend". *[Dokumentation ad fontes Weniger: S. 157]*

[803] Krieck, Ernst: Nationalpolitische Erziehung, Leipzig 1932.

[804] Weniger, Erich: Rezension: „Von deutscher Dichtung und Musik". Ein neuer Band der Diltheyausgabe (über: Wilhelm Dilthey: Von deutscher Dichtung und Musik, Leipzig/Berlin 1933), in: Die Erziehung. Monatsschrift für den Zusammenhang von Kultur und Erziehung in Wissenschaft und Leben, 8. Jg. (1932/33), Heft 12 (September 1933), S. 723–726. *[Dokumentation ad fontes Weniger: S. 172–175]*

„Wie aus dem Urgestein germanischen Wesens scheinen sie hervorzubrechen. Sie vergegenwärtigen dem Deutschen und dem Ausland, was deutscher Geist sei." (Weniger: Rezension Dilthey 1, 1933, S. 726)

Es wird sich im weiteren Verlauf der Publikationen Wenigers zeigen, dass diese Ansicht Diltheys im Kern auch von Weniger geteilt wird.

1934 veröffentlicht Weniger neun Aufsätze und Artikel, die alle entweder Rezensionen oder kurze Zusammenfassungen sind. In der „Frankfurter Zeitung" erschien zunächst der Artikel über **„Kerschensteiner von heute aus gesehen"**[805]. Hier kritisiert Weniger, dass Kerschensteiner der Rückführung des Bildungsideals auf den Beruf als „Ei des Kolumbus" bezeichnet habe und hält dagegen, dass „die Rettung nur aus einem neuen, für das ganze Volk gemeinsamen Ideal" kommen könne. Unterstützt wird aber Kerschensteiners Position, der von der „Einseitigkeit der alten intellektualistischen und kontemplativen Bildungswege" spricht.

Von größerem Gewicht ist dagegen die Rezension von **„Philipp Hördts pädagogische Schriften"**[806], die Weniger unter dem Pseudonym Lorenz Steinhorst in der Zeitschrift „Die Erziehung" veröffentlichte. In dieser wohlwollenden Schilderung wird Hördt als Anhänger Kriecks vorgestellt. Dabei wird konstatiert, dass Hördt die NS-Pädagogik mit der „pädagogischen Theorie in ihrer geisteswissenschaftlichen Form" verbunden habe, „während Krieck seinen Weg ganz für sich" gegangen sei (Weniger: Philipp Hördt, 1934, S. 207). Im Hintergrund steht dabei, dass Spranger heftig mit Krieck aneinandergeraten war.

Weniger bemüht sich um eine Synthese. Er versucht auszuführen, dass Hördt, obwohl dieser Krieck die führende Stellung in der Erziehungswissenschaft eingeräumt hat, dennoch wieder den Zusammenhang mit den geisteswissenschaftlichen Pädagogen hergestellt habe. Außerdem habe er positiv über Paul Geheebs Odenwaldschule und Peter Petersens Universitätsübungsschule in Jena berichtet (Weniger: Philipp Hördt, 1934, S. 207).

Als bedeutsam in der Schrift Hördts stellt Weniger heraus, dass die verschiedenen pädagogischen Beziehungen aufgezeigt würden: „Volk, Rasse, Staat" (Weniger: Philipp Hördt, 1934, S. 207). Weniger kritisiert lediglich methodisch, dass durch den Vorlesungscharakter der Bücher Hördts gewisse Wiederholungen entstehen würden. Die entscheidende abschließende Kritik übt Weniger an Krieck. Dessen These von der „Urfunktion" der Gemeinschaft für die Erziehung wird von Weniger als nicht ausreichend bezeichnet, da die Gesetzmäßigkeiten „in ihrer historischen Entwicklung" verstanden werden müssten. Hochschulpolitisch zeigt sich hier, dass Weniger seine Auseinandersetzung mit Krieck keinesfalls beendet hat. Es handelt sich jedoch nicht um eine Auseinandersetzung über die nationalsozialistische Ausrichtung Kriecks, sondern über die grundlegende Frage, ob an geisteswissenschaftliche Phänomene wie die Erziehung historisch herangegangen werden muss oder ob es ausreicht, von einer „Urfunktion" zu sprechen (Weniger: Philipp Hördt, 1934, S. 208).

In einer **Rezension eines weiteren Bands der „Gesammelten Schriften" Diltheys**[807] wird dessen „Weltanschauungslehre" vorgestellt, insbesondere seine Auffassung vom Typus. Weniger stellt in seiner Rezension heraus, dass der Charakter der Typeneinstellung bei Dilthey vorläufige Bedeutung habe und das Entscheidende nicht eine Klassifizierung der Typen sei,

---

805 Weniger, Erich: Kerschensteiner von heute aus gesehen. Zur „Theorie der Bildungsorganisation", in: Frankfurter Zeitung und Handelsblatt, 78. Jg. (1933/34), Nr. 153 (25.3.1934), Beilage „Für Hochschule und Jugend". *[Dokumentation ad fontes Weniger: S. 195–197]*

806 Weniger, Erich (unter dem Pseudonym Lorenz Steinhorst): Philipp Hördts pädagogische Schriften, in: Die Erziehung. Monatsschrift für den Zusammenhang von Kultur und Erziehung in Wissenschaft und Leben, 9. Jg. (1933/34), Heft 4 (Januar 1934), S. 204–208. *[Dokumentation ad fontes Weniger: S. 188–192]*

807 Weniger, Erich: Rezension von: Wilhelm Dilthey: Gesammelte Schriften, Band 8: Weltanschauungslehre (Leipzig/Berlin 1931), in: Philosophie und Schule. Blätter für den Unterricht in Philosophie und die philosophische Vertiefung der Schulwissenschaften, 5. Jg. (1933/34), Heft 6, S. 216–218. *[Dokumentation ad fontes Weniger: S. 199–201]*

„sondern ihre Herkunft aus dem Lebenszusammenhang selber" (Weniger: Rezension Dilthey 2, 1933/34, S. 217). Festgehalten wird, dass Dilthey der deutschen Nation eine besondere Nähe zum „objektiven Idealismus" zugeschrieben habe (Weniger: Rezension Dilthey 2, 1933/34, S. 218). Abschließend heißt es mehrdeutig:

> *„In einer Zeit, in der die weltanschaulichen Voraussetzungen jedes Handelns wieder so leidenschaftlich hervorgehoben werden, wird Diltheys ‚Weltanschauungslehre' viel zu sagen haben."* (Weniger: Rezension Dilthey 2, 1933/34, S. 218)

Neben einer Reihe kleiner, meist nur sieben oder acht Zeilen umfassenden Anzeigen von verschiedenen Neuerscheinungen, interessiert 1934 noch die etwas ausführlichere **Rezension von Peter Petersens Buch „Pädagogik"**[808]. Auf diesen fünf Seiten wird durchaus kritisch aufgezeigt, dass der Realismus, den Petersen für sich beansprucht, eigentlich nichts ist, als „eine Deutung des Lebens unter christlichem, genauer lutherischem Aspekt, die sich als realistisch gegenüber allen anderen Auffassungen vom Menschen empfindet" (Weniger: Rezension Petersen, 1934, S. 496). Weniger registriert, dass Petersen am Ende seines Buchs von der autonomen Erziehungswissenschaft spricht, wobei Petersen sich selbst und Krieck als deren Begründer ansieht (Weniger: Rezension Petersen, 1934, S. 496). Als Widerspruch dazu wird von Weniger festgestellt, dass Petersen sich gleichzeitig der philosophischen Anthropologie Martin Heideggers anschließt. Methodisch wird kritisiert, dass Petersens Polemiken sich hinter der Form enzyklopädischer Abrisse der Literatur verbergen würden, die so für den Anfänger nicht zu durchschauen seien, sondern in einem eigenen Teil hätten behandelt werden müssen. Es ist aber auch offensichtlich, dass Weniger mit den Grundfragen der Pädagogik Petersens nicht einverstanden ist, aber die Rezension ausdrücklich nicht als Ort der Auseinandersetzung benutzt.[809]

1935 beginnt Weniger seine Ausarbeitungen zur Militärpädagogik. Dennoch überwiegen in den dreizehn Publikationen dieses Jahres noch die Rezensionen. Zunächst wird von Weniger aber in einem zehnseitigen Aufsatz mit dem Titel **„Der pädagogische Streit und die Wirklichkeit der Erziehung"**[810] in der Form eines initiierten Streitgesprächs die Problematik der konfessionellen katholischen und protestantischen Erziehungspädagogik vorgestellt. Deutlich wird in dieser stilistisch geschickt gestalteten Schrift, dass sich Weniger gegen eine konfessionelle Erziehung ausspricht: „Gemeinsam ist Katholiken und Protestanten beispielsweise das deutsche Schicksal" (Weniger: Pädagogische Streit, 1935, S. 167). Als Pointe des Beitrags wird auf die Musik von Johann Sebastian Bach verwiesen, die als christliche Musik eingestuft wird. Jedoch wird dem Leser nahegelegt, dass die Frage, ob es sich um protestantische oder katholische Musik handelt, nicht sinnvoll sei. Ähnlich, so Weniger, stehe es mit der Pädagogik Pestalozzis. Natürlich sei er Christ gewesen, aber es sei nicht wesentlich, dass jeweils „nachweisbare Katholische oder Protestantische" an Pestalozzi oder anderen großen Pädagogen zu untersuchen (Weniger: Pädagogische Streit, 1935, S. 176).

In Wenigers sechsseitigem Aufsatz **„Über den Freiherrn vom Stein"**[811] wird dieser als vielschichtige Persönlichkeit geschildert. Vor allem sei der Freiherr im Alter für den Fortschritt in folgender Weise eingetreten: Der wahre Fortschritt liege im Rückgriff auf das Mittelalter. Freiherr vom Stein sei dadurch zunehmend von verschiedenen Konservativen, Reaktionären,

---

808 Weniger, Erich: Rezension von: Peter Petersen: Pädagogik (Berlin 1932), in: Göttingische Gelehrte Anzeigen, 196. Jg. (1934), Heft 12, S. 495–499. *[Dokumentation ad fontes Weniger: S. 203–207]*

809 Hier wird spürbar, dass sich Weniger sehr von oben herab mit dem Praktiker Petersen beschäftigt, dem er sich offensichtlich weit überlegen fühlt.

810 Weniger, Erich: Der pädagogische Streit und die Wirklichkeit der Erziehung, in: Schmidthüs, Karlheinz (Hrsg.): Christliche Verwirklichung. Romano Guardini zum 50. Geburtstag, dargebracht von seinen Freunden und Schülern, Rothenfels 1935, S. 167–177.

811 Weniger, Erich: Über den Freiherrn vom Stein, in: Die Schildgenossen. Katholische Zweimonatsschrift, 14. Jg. (1934/35), Heft 3, S. 238–243.

Liberalen, Feudalen, Monarchisten und Demokraten in Anspruch genommen worden. Weniger wendet sich gegen diese tagespolitische Ausbeute des Handelns und der Schriften des Freiherrn vom Stein und schließt sich dem Biographen Gerhard Ritter[812] an, dass es vor allem darum gehe herauszuarbeiten, was Stein in seiner Zeit getan habe. Es wird herausgestellt, dass Stein sowohl das „moralische Pathos und den Fortschrittswillen der Aufklärung“ als auch „altständisch-reichsritterliche Phantasien“ in sich getragen habe (Weniger: Freiherr vom Stein, 1934/35, S. 241). Zusammenfassend stellt Weniger fest: „Stein war, unabhängig von den jeweiligen Inhalten, die Verkörperung des moralischen und nationalen Willens und seiner Kraft schlechthin“ (Weniger: Freiherr vom Stein, 1934/35, S. 242). Und auf die Pädagogik bezogen heißt es bei Weniger, dass der Kerngedanke der Stein'schen Reform „die Erziehung des Volkes für den Staat durch die erzieherische Gestaltungen der staatlichen Ordnungen“ gewesen sei (Weniger: Freiherr vom Stein, 1934/35, S. 243).

Nochmals geht Weniger in einem Beitrag auf **„Wilhelm Diltheys pädagogische Schriften“**[813] ein, ähnlich wie schon in den vorangegangenen Rezensionen.

Nach 1945 weitgehend unbeachtet blieb Wenigers gewichtiger Artikel **„Höhere Schule – wozu?“**[814], den er unter dem Pseudonym Lorenz Steinhorst in der Beilage „Für Hochschule und Jugend“ der „Frankfurter Zeitung“ als Kritik an einer Denkschrift des deutschen Philologenverbandes veröffentlichte und so vermutlich eine große Breitenwirkung erzielte. Einerseits wird festgestellt, dass es sehr erfreulich sei, dass der Philologenverband seine Mitarbeit bei der Um- und Neugestaltung der Höheren Schulen „im nationalsozialistischen Staate“ erklärt habe. Weniger wirft den Verfassern der Denkschrift jedoch vor, dass sie die Frage der Höheren Schule nicht wirklich radikal genug stellen, sondern auf die Umstellung des gesamten Unterrichts auf nationalsozialistische Inhalte ausweichen würden:

> *„Die Verteidigung wird im Wesentlichen, besonders im ersten Hauptteil, der sich mit den ‚Kernfächern deutscher Bildung‘ befasst, so geführt, dass nachgewiesen wird, wie der Unterricht in den einzelnen Fächern gemäß den Anforderungen der nationalsozialistischen Weltanschauung zu gestalten ist. Niemand zweifelt daran, dass diese Aufgabe mit Ernst angepackt werden muss, aber sie ist allen Schulformen und Stufen gemeinsam gestellt.“* (Weniger: Höhere Schule, 1935)

Weniger nutzt die doppelte Fragestellung der Ausrichtung auf den Nationalsozialismus einerseits und der besonderen Rolle der einzelnen Schulformen andererseits, um sehr deutlich klarzustellen, dass er für eine Ausrichtung der Schule insgesamt, aller Schulformen, im nationalsozialistischen Sinne eintritt. Dies geschieht in der „Frankfurter Zeitung“, nicht in einer Fachzeitschrift. Weniger kritisiert, dass die Volksschulen und die Berufsschulen aus der Sicht des Philologenverbands einen „minderen Rang“ hätten. Er kritisiert weiterhin:

> *„Als Ziel der Erziehung gilt mit Recht der heroische Mensch oder, wie der Verfasser umschreibt: ‚Der Inbegriff der Frontkämpfergeneration muss zugleich der Inbegriff der Erziehung der heranwachsenden und der künftigen Generationen sein.‘“* (Weniger: Höhere Schule, 1935)

So weit geht Weniger mit, kritisiert aber, dass es für den Philologenverband nicht entscheidend sei, ob der Held gut oder böse handle, edel oder unedel sei. Er stellt dagegen heraus, dass gerade im Deutschunterricht das deutsche Erbe, die Bindung an das Inhaltliche des deutschen Geistes herausgestellt werden müsse, und das sei eben gut und edel.

[812] Ritter, Gerhard: Die Staatsanschauung des Freiherrn vom Stein, ihr Wesen und ihre Wurzeln. Festrede zur Reichsgründungsfeier der Universität Freiburg am 18. Januar 1927 (Einzelschriften zur Politik und Geschichte, Band 27), Berlin 1927.

[813] Weniger, Erich: Wilhelm Diltheys pädagogische Schriften, in: Die Erziehung. Monatsschrift für den Zusammenhang von Kultur und Erziehung in Wissenschaft und Leben, 10. Jg. (1934/35), Heft 1 (Oktober 1934), S. 25–34. *[Dokumentation ad fontes Weniger: S. 208–216]*

[814] Weniger, Erich (unter dem Pseudonym Lorenz Steinhorst): Höhere Schule – wozu?, in: Frankfurter Zeitung und Handelsblatt, 79. Jg. (1934/35), Nr. 186 (11.4.1935), Beilage „Für Hochschule und Jugend“. *[Dokumentation ad fontes Weniger: S. 224]*

Aus der Reihe der Rezensionen sei hier noch die Besprechung des Bandes **„Deutsche Jugend“**[815] von Will Vesper hervorgehoben. Einleitend schreibt Weniger:

> *„Die Dichter Will Vesper und Hans Friedrich Blunck geben der deutschen Jugendbewegung gleichsam das Geleit in das Dritte Reich. Sie verbürgen sich dafür, dass die Jugendbewegung ihrem tiefsten Wollen nach auf das neue Reich gerichtet und Ausdruck des gleichen revolutionären Erneuerungswillens gewesen sei, der im Nationalsozialismus durchgebrochen ist.“* (Weniger: Deutsche Jugend, 1935, S. 331 f.)

Weniger kritisiert diese Art der Darstellung als zu einfach und als eine Art Rechtfertigung, die die Besonderheiten der NS-Bewegung nicht berücksichtige:

> *„Weder der Wandervogel noch die bündische Jugend sind die Grundlage der Hitlerjugend, und der Typ der neuen Jugend ist weder der Wandervogel noch der bündische Mensch, sondern der Hitlerjunge, der den politischen Kampf an seiner Stelle mit durchgefochten hat.“* (Weniger: Deutsche Jugend, 1935, S. 332)

Weniger stimmt dieser Darstellung eines Führers der Hitlerjugend offensichtlich zu. In diesem Sammelband findet sich auch ein Bericht von Wilhelm Flitner über die pädagogische Arbeit der Jugendbünde. Deutlich wird, dass Weniger den allzu gradlinigen Weg verschiedener Funktionäre der Jugendbewegung, die sich als Vorläufer der NS-Bewegung verstehen, nicht für glaubwürdig hält. Er unterstützt aber andererseits die Auffassungen der Hitlerjugend ausdrücklich.

Von Interesse ist, dass noch 1934 in einem **„Handbuch der Erziehungswissenschaft“**[816] ein Beitrag von Maria Montessori („Die Grundlagen meiner Pädagogik“) enthalten ist, den Weniger knapp bespricht. Er schreibt:

> *„Es versteht sich von selbst, dass diese kleine Abhandlung nach Inhalt und Form sehr eindrucksvoll ist. Aber der Widerspruch zu den vorhergehenden Beiträgen ist doch sehr groß, eine Berührung gibt es kaum und so erscheinen sie wohl nur in diesem Bande zusammen, weil die Dottoressa katholischer Konfession ist.“* (Weniger: Rezension Heinen, 1935)

Es bleiben, von weiteren kurzen Rezensionen abgesehen, für das Jahr 1935 zwei große Vorarbeiten für die erziehungswissenschaftlich-lehrpädagogischen Schriften Wenigers, die erst 1938 ihren vollen Umfang annahmen. Es handelt sich zunächst um den Beitrag **„Kriegserinnerung und Kriegserfahrung“**[817], der fast vollständig in späteren Schriften Eingang gefunden hat. Dieser Beitrag wird in der 1938 erschienenen Schrift „Wehrmachtserziehung und Kriegserfahrung“ von Weniger überarbeitet, inhaltlich jedoch vollständig aufgenommen und kann daher übergangen werden.

In einem zweiten Beitrag mit dem Titel **„Wehrwissenschaft und Heereserziehung“**[818] gibt Weniger eine Art Vorbericht über den bisherigen Stand der Heereserziehung oder Wehrmachtserziehung – über Oskar Kroh, Max Simoneit und Friedrich Altrichter. Zu Gerhard Günthers Buch „Deutsches Kriegertum im Wandel der Geschichte“[819] erfahren wir: „Die Schilderung der

---

[815] Weniger, Erich: Rezension: Deutsche Jugend (über: Will Vesper (Hrsg.): Deutsche Jugend. Dreißig Jahre Geschichte einer Bewegung, Berlin 1934, in: Die Erziehung. Monatsschrift für den Zusammenhang von Kultur und Erziehung in Wissenschaft und Leben, 10. Jg. (1934/35), Heft 7 (April 1935), S. 331–335. *[Dokumentation ad fontes Weniger: S. 225–228]*

[816] Weniger, Erich: Rezension von: Heinen, Anton u. a. (Hrsg.): Familien- und Kleinkinderpädagogik, Handbuch der Erziehungswissenschaft, Teil 3, Band 1 (München 1934), in: Zeitschrift für Kinderforschung. Organ des deutschen Vereins zur Fürsorge für jugendliche Psychopathen e. V., 44. Jg. (1935), Reihe Referate, S. 117. *[Dokumentation ad fontes Weniger: S. 245]*

[817] Weniger, Erich: Kriegserinnerung und Kriegserfahrung, in: Deutsche Zeitschrift. Monatshefte für eine deutsche Volkskultur, 48. Jg. (1934/35), Heft 11–12 (August–September 1935), S. 397–405. *[Dokumentation ad fontes Weniger: S. 229–237]*

[818] Weniger, Erich: Wehrwissenschaft und Heereserziehung. Ein Vorbericht, in: Deutsche Zeitschrift. Monatshefte für eine deutsche Volkskultur, 49. Jg. (1935/36), Heft 1–2 (Oktober–November 1935), S. 62–68. *[Dokumentation ad fontes Weniger: S. 238–244]*

[819] Günther, Gerhard: Deutsches Kriegertum im Wandel der Geschichte, Hamburg 1934.

Freikorps ist besonders gut geraten“ (Weniger: Wehrwissenschaft, 1935, S. 65). Besonders gelobt wird auch Hermann Foertschs „Die Wehrmacht im nationalsozialistischen Staate“ (Weniger: Wehrwissenschaft, 1935, S. 66). Hervorgehoben wird aber auch Arthur Ehrhardts Buch „Kleinkrieg“[820], das eine Entwicklungsgeschichte dieser oft vernachlässigten Seite des Krieges gebe, „besonders im Hinblick auf die Franktireurs und die roten Partisanen“ (Weniger: Wehrwissenschaft, 1935, S. 67).

* * *

So lässt sich zusammenfassend sagen, dass in den Jahren 1933 bis 1935 zunächst einige Vorarbeiten zu Wenigers kriegspädagogischen Schriften sowie eine Fülle von kurzen historischen und theoretischen Rezensionsarbeiten erschienen sind. Gleichzeitig hat sich Weniger aber auch in der „Frankfurter Zeitung“ – sehr deutlich am Beispiel der Erinnerung an Berthold Otto und an der Kritik am Philologenverband zu erkennen – öffentlich und eindeutig für die nationalsozialistische Ausrichtung der Schule, den NS-Staat und die „nationale Revolution“ ausgesprochen. Dass er dabei zeitweilig auch ausdrücklich Nietzsches Kritik am Bildungssystem als Kulturkritik unterstützt hat, sei hier am Rande zunächst festgehalten.

b) Kleinere Veröffentlichungen 1936–1939

1936 erschienen achtzehn Publikationen von Erich Weniger, darunter zwölf teilweise längere Rezensionen. Den umfangreichsten Aufsatz veröffentlichte Weniger unter dem Titel „Das deutsche Bildungswesen im Frühmittelalter“ in der „Historischen Vierteljahresschrift“. Er verfasst außerdem ausführliche Vorberichte über die Bände 11 und 12 der „Gesammelten Schriften“ Diltheys. Von Interesse in diesem Zeitraum ist zudem der Titel „Zur Geistesgeschichte und Soziologie der Pädagogischen Fragestellung“.

1936 erscheinen mit einem achtseitigen **„Vorbericht des Herausgebers“**[821] die Jugendaufsätze und Erinnerungen Diltheys unter dem Titel „Vom Aufgang des geschichtlichen Bewusstseins“ als Band 11 der „Gesammelten Schriften“. In einem weiteren **„Vorbericht des Herausgebers“**[822] zum Dilthey-Band „Zur preußischen Geschichte“ stellt sich Weniger diese Aufgabe:

> *„Die Legende von dem nur ästhetisch empfindenden, alles verstehenden, vorsichtig zurückhaltenden Dilthey wird beseitigt durch das Bild, das uns hier entgegentritt: von dem Freunde und rückhaltlosen Bewunderer Treitschkes, der mit ihm selbst gegen Ranke steht, der die ‚stahlharte Natur‘ Schleiermachers hinter der weichen Außenseite entdeckt und liebt, dem ‚Männlichkeit die Tugend der Tugenden ist‘. So erhellt sich jetzt jener eigene Zug in seinen geistesgeschichtlichen Arbeiten, die er mit Vorliebe der Wirkung männlicher Naturen, wie Lessing, Schiller, Schlosser, Schleiermacher, der ‚germanischen Kraft‘, dem ‚Heldenmütigen‘ in der Wissenschaft nachgeht.“* (Weniger: Vorbericht Dilthey, 1936, S. V f.)

Dilthey fordert, auf die Geschichte des preußischen Staats stolz zu sein, da die Energie seines Geistes „zugleich der Ursprung der Größe Preußens und der Charakter der deutschen Nation“ sei (Weniger: Vorbericht Dilthey, 1936, S. VIII). In der **„Einleitung“**[823] zu den Briefen Diltheys an Rudolf Haym erfährt man, dass Dilthey schließlich den Weg zu Bismarck gefunden habe (Weniger: Einleitung Dilthey, 1936, S. 5)

---

[820] Ehrhardt, Arthur: Kleinkrieg. Geschichtliche Erfahrungen und künftige Möglichkeiten, Potsdam ohne Jahr (1935).

[821] Weniger, Erich: Vorbericht des Herausgebers, in: Wilhelm Dilthey: Gesammelte Schriften, Band 11: Vom Aufgang des geschichtlichen Bewusstseins. Jugendaufsätze und Erinnerungen (Leipzig/Berlin 1936), S. V–XIII. *[Dokumentation ad fontes Weniger: S. 249–257]*

[822] Weniger, Erich: Vorbericht des Herausgebers, in: Wilhelm Dilthey: Gesammelte Schriften, Band 12: Zur preußischen Geschichte. Schleiermachers politische Gesinnung und Wirksamkeit. Die Reorganisatoren des preußischen Staates. Das allgemeine Landrecht (Leipzig/Berlin 1936), S. V–VIII. *[Dokumentation ad fontes Weniger: S. 258–261]*

[823] Weniger, Erich: Einleitung, in: Weniger, Erich (Hrsg.): Briefe Wilhelm Diltheys an Rudolf Haym 1861–1873 (Abhandlungen der Preußischen Akademie der Wissenschaften. Philosophisch-historische Klasse, Jg. 1936, Nr. 9, Berlin 1936, S. 3–6. *[Dokumentation ad fontes Weniger: S. 264–267]*

In einer zwölfseitigen Studie zur **„Geistesgeschichte und Soziologie der Pädagogischen Fragestellung“**[824], als Prolegomena zu einer Geschichte der pädagogischen Theorie verfasst, entfernt sich Weniger von der strengen, ausschließlich geistesgeschichtlichen Fragestellung und wendet sich der Soziologie als Grundlage gesellschaftlicher Bedingungen für pädagogische Prozesse zu. In dieser kenntnisreichen Studie wird herausgestellt, dass die Erziehungsziele in der Geschichte der Erziehung in der Regel nicht von den Erziehern gemacht, sondern von der Gesellschaft als vorgegeben so definiert worden seien, dass es immer ein asymmetrisches Verhältnis von der älteren zur jüngeren Generation gebe und dass die Nachahmung der älteren Generation und Gewöhnung an die Gegenwart in der Geschichte immer Hauptmittel der Erziehung gewesen seien (Weniger: Geistesgeschichte, 1936, S. 363).

Unter Berufung auf Schleiermacher stellt Weniger heraus, dass die Erziehungspraxis viel älter als die Erziehungstheorie sei, wenngleich die Praxis erst durch die Herausbildung von Theorien einen festen und bestimmten Charakter bekommen habe. Soziologisch wird letztlich auf die Funktion der Hauslehrer bei Rousseau, vor allem aber auf die Elitebildung bei Platon und auf die Theorie des Kindergartens bei Fröbel verwiesen, die die Erziehung in bestimmte Hände absondert. Die Erziehungstheorie, so referiert Weniger, sei über Jahrhunderte und Jahrtausende weitgehend von einer Erziehungswissenschaft und einer Erziehungswirklichkeit für die breiten Massen weit entfernt gewesen. Von Platon bis Rousseau hätten Erziehungsdiskussionen in erster Linie Utopien und nicht einen systematischen Plan für die Erziehung aller Menschen enthalten. Die Erziehung des Menschengeschlechtes sei vielmehr der Kultur, der Kirche, der Religion übertragen worden. Die Theorie des Unterrichts im eigentlichen Sinne, so Weniger, beziehe sich auf die Elitenbildung und auf die Ausbildung von Künsten und Fertigkeiten ausgewählter Teile der Bevölkerung. Zum Problem der Volkserziehung führt er aus:

> *„Es ist sehr charakteristisch, dass auch der Begriff Volkserziehung zuerst konzipiert wird nicht als Gesamterziehung, sondern als Erziehung eines Standes, des Standes der Geführten, Gehorchenden, Abhängigen, des Standes der Bauern, der kleinen Leute, ja geradezu als Erziehung der Leute im Stande der Armut, so noch bei Pestalozzi.“* (Weniger: Geistesgeschichte, 1936, S. 369)

Mit dieser richtigen Beobachtung, die er auch auf die Volksschullehrerausbildung ausdehnt, erfasst Weniger auch, dass die Konzeptionen von Reformation und Aufklärung eigentlich auf die Mündigmachung der Menschen abzielten. Die Pointe ist also, dass Weniger es als Pestalozzis Verdienst ansieht, dass dieser sich von diesem „Bündnis mit Aufklärung und Individualismus“ gelöst und beide zu überwinden versucht habe (Weniger: Geistesgeschichte, 1936, S. 371).

Als Besonderheit sieht Weniger die Wendung hin zum Kind, mit der sich die moderne Pädagogik seiner Meinung nach als Wissenschaft eigentlich erst konstituiert habe, während diese Wendung vorher, insbesondere in der antiken Pädagogik, gefehlt habe. Methodisch bezieht er sich klar auf eine Konzeption der Synthese, insbesondere hinsichtlich der Frage der individuellen Erziehung und der kollektiven oder Gemeinschaftserziehung, wenn er formuliert:

> *„Ursprünglich herrschte vielleicht die Sozialpädagogik, und dann kam die Individualpädagogik, und jetzt bestehe die Aufgabe, einer Synthese zwischen beiden Forderungen. Das berüchtigte ‚sowohl als auch‘ ist der Weisheit letzter Schluss, und man wundert sich nur, weshalb man nicht von jeher so schlau gewesen ist, zu einem ‚sowohl als auch‘ zu kommen.“* (Weniger: Geistesgeschichte, 1936, S. 370 f.)

Im Rahmen dieser kenntnisreichen Gesamtüberlegungen, die soziologische Fragestellungen bewusst in geistesgeschichtliche Dimensionen einbezieht, fehlt auch nicht die Berufung auf die pädagogische Bewegung, wie Nohl sie definierte: „Auch die pädagogische Bewegung am

[824] Weniger, Erich: Zur Geistesgeschichte und Soziologie der Pädagogischen Fragestellung. Prolegomena zu einer Geschichte der pädagogischen Theorie, in: Bildung und Erziehung. Katholische Zweimonatsschrift, Jg. 1936, Heft 6, S. 363–374.

Anfang des 20. Jahrhunderts ist durch Nietzsche, Lagarde und den Rembrandt-Deutschen eingeleitet“ (Weniger: Geistesgeschichte, 1936, S. 366). Der Aufsatz endet mit der Wendung zum Volk und zur Volkserziehung. Es heißt abschließend:

> *„Das Volk ist heute Gegenstand einer Volkserziehung unmittelbarer Art geworden,* ***wo nun ‚Volk‘ nicht mehr ein Bild für eine neue Gruppe ist, sondern seine volle Wirklichkeit hat.*** *Damit gewinnt auch die Theorie der Erziehungswirklichkeit eine neue Form.“* (Weniger: Geistesgeschichte, 1936, S. 374, Hervorhebung im Original)

Weniger lässt diese wirklich lesenswerten Gedanken zur Geschichte der Erziehungswirklichkeit und der Geschichte der Theorie der Erziehung also mit einem Bekenntnis zur Volkserziehung enden. Deutlich stellt er heraus, dass nun – im Jahre 1936 – das Volk als Ganzes Realität geworden sei, und nicht mehr nur das einfache Volk unter dem Begriff Volk verstanden werden könne.

In einer ausführlichen Studie behandelt Weniger schließlich auf fast fünfzig Seiten, weitgehend ohne soziologischen Tiefgang, **„Das deutsche Bildungswesen im Frühmittelalter“**[825]. Das Problem, das Weniger in dieser Studie lösen will, ist, dass Karl der Große ein christlich-abendländisches, auf die Antike bezogenes Bildungssystem (zumindest für die oberen Schichten) installiert hat und dies gleichzeitig als legitimes „Erbe des Germanentums“ vorgestellt werden soll.

Weniger, der feststellt: „Das Bildungswesen, in dem das deutsche Volk seinen Nachwuchs schult, ist nicht germanischen Ursprungs“, löst das Problem durch die Frage, wer Träger dieser neuen Erziehung seit Karl dem Großen war: „Für diese Aufgabe gewann Karl die edelsten Kräfte germanischen Blutes. (...) Aber diese Trägerschaft erfüllte Stoff, Form und Problematik mit einem besonderen deutschen Gehalt“ (Weniger: Bildungswesen im Frühmittelalter, 1936, S. 447 f.). Und weiter:

> *„Sie nahm alles in einer eigentümlichen Haltung auf und schmolz es sich ein in einer Weise, die eben doch deutsch und germanisch war. Die Forschung beginnt erst seit einiger Zeit auf diese Zusammenhänge aufmerksam zu werden. Sie weiß heute von den Vorgängen, die zu einer Germanisierung des Christentums geführt haben.“* (Weniger: Bildungswesen im Frühmittelalter, 1936, S. 448 f.)

Weniger bezeichnet das Christentum als ausgesprochene Erziehungsreligion und hebt hervor, dass „mit schmiegsamer Anpassung an germanische Vorstellungen und erweitert durch die martyrologische Überlieferung, die den Deutschen besonders einging“, sich das Christentum im Mittelalter ausbreitete (Weniger: Bildungswesen im Frühmittelalter, 1936, S. 457). Diese merkwürdige Verherrlichung des Germanentums zeigt sich in Sätzen wie: „Von solcher Müdigkeit bei den Germanen keine Spur, mit großer Frische gehen sie an die Schulwissenschaften heran“ (Weniger: Bildungswesen im Frühmittelalter, 1936, S. 466). Die Christenlehre sei nun auf germanische Art verstanden worden, die Weniger wie folgt zusammenfasst: „Christus als König und Gefolgschaftsherr, Sündenvergebung, Jenseitshoffnung“ (Weniger: Bildungswesen im Frühmittelalter, 1936, S. 467). Weniger behauptet:

> *„Auch in dem schmalen Bereich der Überlieferung der christlich-spätantiken Bildung ist die innere* ***Eindeutschung*** *das eigentliche Thema des Mittelalters. Die christliche Veränderung geschah bewusst, die germanisch-deutsche, von Ausnahmen abgesehen, unbewusst aus der Kraft des germanischen Blutes und aus der Fülle der deutschen Individualitäten, die gar nicht anders sein konnten als deutsch.“* (Weniger: Bildungswesen im Frühmittelalter, 1936, S. 468, Hervorhebung im Original)

Weniger bedient hier das Theoriebedürfnis der deutschen Christen und betreibt objektiv eine antijudaistische Reinigung der Lehren des Christentums. Dennoch enthält der Beitrag viele interessante Passagen und Hinweise, etwa auf die Prügelstrafe, die Karl der Große auch für

[825] Weniger, Erich: Das deutsche Bildungswesen im Frühmittelalter, in: Historische Vierteljahrsschrift. Zeitschrift für Geschichtswissenschaft und für lateinische Philologie des Mittelalters, 30. Jg. (1936), Heft 3, S. 446–492. *[Dokumentation ad fontes Weniger: S. 268–314]*

Frauen einführte, wenn das Vaterunser und das Glaubensbekenntnis nicht gelernt wurden (Weniger: Bildungswesen im Frühmittelalter, 1936, S. 484, bei Weniger ohne genaue Quellenangabe). Gänzlich pathetisch und unwissenschaftlich wird von Weniger jedoch in seiner Zusammenfassung betont:

> *„Auf eine große Zeit deutschen Daseins blicken wir zurück, in der die schlichte Bildungsarbeit in den Klöstern und Stiften der einfache aber tragende Grund für die politischen Großtaten des deutschen Volkes war, in der der hohe Adel nicht nur die politische, sondern auch die geistliche und geistige Führung des Volkes hatte. Neben den herrlichen Gestalten der deutschen Kaiser stehen nicht minder groß, mit ihnen eines Blutes, die deutschen Bischöfe, als in ihrer Art vollkommene Verkörperungen des deutschen und christlichen Wesens zugleich, eine stolze Reihe."* (Weniger: Bildungswesen im Frühmittelalter, 1936, S. 492)

Es wird hier deutlich, dass Wenigers Nationalismus keinesfalls nur das 19. Jahrhundert als Beginn der Herausbildung der deutschen Nation umfasst, sondern tiefer geht, indem er vom germanischen Blut spricht und die großen deutschen Kaiser als Begründer und Bewahrer des ersten tausendjährigen Reiches, dem Zeitgeist entsprechend, zurechtstutzt.

Auch 1936 publizierte Weniger einen Artikel in der „Frankfurter Zeitung", in dem er in allgemeiner Form auf **„Philosophie und Bildung"**[826], auf die Wirkung philosophischer Theorien innerhalb der Philosophiegeschichte und auf das Leben überhaupt eingeht. Er warnt in diesem Artikel vor der Verflachung und der ausschließlichen Verwendung von Schlagworten und fordert die Kenntnis der Geschichte philosophischer Bemühungen um die Bildung von Begriffen. Weniger tritt für ein Weiterdenken ein, warnt vor Schematismus und hebt gleichzeitig hervor, dass „die Treue gegenüber der geschichtlichen Gestalt, die Dankbarkeit gegen den Lehrer und Meister" auf einem anderen Gebiet liege. Der Sinn des Artikels, der Bezug auf Luther, Kant, Kierkegaard, Dilthey, Jaspers und Heidegger nimmt, ist klar. Nicht ganze Systeme sollen übernommen werden, sondern die großen Namen der deutschen Philosophie sollen hochgehalten werden. Dieser Artikel, der keinen direkten Bezug zur NS-Terminologie herstellt, hat die Funktion, vor Niveausenkung zu warnen.

1936 erschien im Kontext der Debatte zur Vorbereitung auf den von Deutschland zu führenden Zweiten Weltkrieg die Fachzeitschrift „Militärwissenschaftliche Rundschau" neu. Weniger schaltet sich zu diesem Zeitpunkt massiv in die sogenannte Wehrpädagogik ein und betätigt sich als erziehungswissenschaftlicher Fachmann für wehrpädagogische und wehrpolitische Literatur. Im vierseitigen Sammelbericht **„Bücher über Soldatentum und Wehrerziehung"**[827] schildert er distanzlos die Linie der Reichswehr, sich auf den Krieg vorzubereiten. Zustimmend wird aus einem Geleitwort des Reichskriegsministers Werner von Blomberg zitiert, der unter anderem mitteilt: „Manneszucht umschließt auch Zucht der Gedanken, beim Schreiben und beim Lesen" (Weniger: Soldatentum, 1936, S. 397). Weniger bezeichnet dies als „wünschenswerte Deutlichkeit" und warnt vor „blendenden Antithesen", die „beim ersten scharfen Schuss in ihrer Nichtswürdigkeit" sich enthüllen würden (Weniger: Soldatentum, 1936, S. 397). Im Rahmen dieser Buchbesprechungen prägt Weniger den Satz:

> *„Dem Frontsoldaten ist auch die kämpferische These ‚nie wieder Militärs, aber immer und ewig Soldaten' ganz aus der Seele gesprochen."* (Weniger: Soldatentum, 1936, S. 397)

Als einen der bekannteren Autoren stellt Weniger unter anderem Generaloberst von Seeckt vor, betont aber insbesondere die Schriften von Hermann Foertsch und Friedrich Altrichter

[826] Weniger, Erich: Philosophie und Bildung. Zur Frage nach der „Wirkung" philosophischer Systeme, in: Frankfurter Zeitung und Handelsblatt, 80. Jg. (1935/36), Nr. 353 (12.7.1936), Beilage „Für Hochschule und Jugend". *[Dokumentation ad fontes Weniger: S. 324–327]*

[827] Weniger, Erich: Bücher über Soldatentum und Wehrerziehung, in: Deutsche Zeitschrift. Monatshefte für eine deutsche Volkskultur, 49. Jg. (1935/36), Heft 9–10 (Juni–Juli 1936), S. 397–400. *[Dokumentation ad fontes Weniger: S. 319–322]*

sowie die „Wehr-Ethik“ von Max Simoneit.[828] Es ist hier nicht der Platz, auf diese Schriften genauer einzugehen – Max Simoneit wird später in der Wehrpsychologie eine führende Rolle spielen –, es soll aber doch knapp vermerkt werden, wie Weniger das Buch „Die wehrpolitische Revolution des Nationalsozialismus“ von Walter Jost[829] bewertet.

Auch wenn die Rezension in der Form eines Literaturberichts gehalten ist, wird ohne kritische Distanz zustimmend zitiert, wie etwa die Position von Walter Jost: „Keine andere wehrpolitische Revolution kann sich an Größe und Schwierigkeit der Aufgabe mit der unsrigen messen.“ Über die preußischen Reformer heißt es bei Weniger: „Für die Lehren der Geschichte, die der Soldat zu beachten hat, gibt es keinen besseren Anknüpfungspunkt als die Jahre der preußischen Heeresreform von 1806–1813. Viele der damaligen Forderungen der Reformer sind erst heute erfüllt“ (Weniger: Soldatentum, 1936, S. 399). Weniger fasst zusammen:

> *„Wir stehen erst am Anfang einer neuen Wehrepoche, deren Anbruch wir der elementaren Wucht der nationalsozialistischen Idee verdanken, deren Weltbild wurzelt in der germanischen Frühzeit, in dem Preußen der Soldatenkönige und im 19. Jahrhundert.“* (Weniger: Soldatentum, 1936, S. 399)

Erwähnt werden soll noch die Vorstellung des Buchs „Soldat und Vaterland“ von Kurt Hesse,[830] das nach Weniger „kurz und eindrucksvoll alles Wissenswerte bringt“ (Weniger: Soldatentum, 1936, S. 400).

Aus den nachfolgenden elf im Jahre 1936 verfassten Einzelrezensionen mit einer großen Bandbreite von Themen – von der altgermanischen Erziehung, der Vorstellung einer Einführung der Philosophie Diltheys und der Vorstellung zweier Bücher von Friedrich Altrichter zur soldatischen Erziehung und der Erziehung bulgarischer Menschen, der gemeinsamen Grundausbildung aller zukünftigen Lehrer bis hin zu Ständestaat und Schule – sollen nur einige Punkte kurz vorgestellt werden.

In einer Besprechung über die **„Geschichtliche Besinnung“**[831] legt Weniger zunächst, bevor er auf Gustav Schnürers Buch aus der Reihe „Geschichte der führenden Völker“[832] eingeht, seine eigenen Auffassungen dar und betont:

> *„Die Erfahrung einer Revolution revolutioniert auch die Frage an die Geschichte, da sie neue Tiefen der Geschichtlichkeit unseres Daseins freilegt. Dabei bilden sich wie von selbst neue Brennpunkte des historischen Interesses, die nun die Gegenwart in ein anderes Licht setzen.“* (Weniger: Geschichtliche Besinnung, 1935/36, S. 183 f.)

Was Weniger damit meint, beschreibt er wie folgt:

> *„Im Mittelpunkt solcher geschichtlichen Besinnung stehen heute die großen Fragen nach dem Sinn des Eintritts der Germanen in die Weltgeschichte und nach der Bedeutung und Tragweite der Christianisierung der nordischen Völker.“* (Weniger: Geschichtliche Besinnung, 1935/36, S. 184)

Wieder also, offensichtlich im Kontext dessen, was als nationalsozialistische Revolution aufgefasst wird, tritt die Frage des Sinns des Eintritts der Germanen in die Weltgeschichte in den Vordergrund. Die Rede ist nun von den nordischen Völkern bzw. – wie bei Gustav Schnürer – von den führenden Völkern des Abendlandes.

---

[828] Simoneit, Max: Wehr-Ethik. Ein Abriss ihrer Probleme und Grundsätze, Berlin 1936.

[829] Jost, Walter: Die wehrpolitische Revolution des Nationalsozialismus, Hamburg 1936.

[830] Hesse, Kurt: Soldat und Vaterland. Drei Jahrhunderte des deutschen Soldatentums bis zur Wehrmacht des Dritten Reiches in Wort und Bild, Berlin 1935.

[831] Weniger, Erich (unter dem Pseudonym Lorenz Steinhorst): Rezension: Geschichtliche Besinnung (über: Gustav Schnürer: Anfänge der abendländischen Völkergemeinschaft, Freiburg 1932 und Hermann Heimpel: Deutschlands Mittelalter, Deutschlands Schicksal, Freiburg 1933), in: Die Schildgenossen. Katholische Zweimonatsschrift, 15. Jg. (1935/36), Heft 2, S. 183–186. *[Dokumentation ad fontes Weniger: S. 328–330]*

[832] Schnürer, Gustav: Die Anfänge der abendländischen Völkergemeinschaft (Geschichte der führenden Völker, Band 11), Freiburg 1932.

In der Vorstellung des Buchs „Deutschlands Mittelalter. Deutschlands Schicksal" von Hermann Heimpel[833] in derselben Rezension wird der Reichsgedanke als die „ordnende Gewalt des Weltdienstes der Deutschen im Ausgang des Mittelalters" bezeichnet (Weniger: Geschichtliche Besinnung, 1935/36, S. 185). Und weiter heißt es:

> *„Die Macht der Deutschen, der Sachsenkaiser und der Salier, war damals in Übereinstimmung mit den Bedürfnissen der Menschheit schlechthin. Die Deutschen waren die ersten Treuhänder aller der Anliegen des Menschen überhaupt."* (Weniger: Geschichtliche Besinnung, 1935/36, S. 185)

Ein kritischer Blick auf solche Gedanken findet sich bei Weniger in dieser Rezension nicht. Im Gegenteil, abschließend heißt es, dass die vorgestellten Reden „gerade für den Geschichtslehrer bedeutsam" seien, der „ferne von der Universität seinen erworbenen Wissensbesitz unter den heutigen Erfahrungen neu zu ordnen hat" (Weniger: Geschichtliche Besinnung, 1935/36, S. 186).

Auch im Jahr 1936 stellt Weniger in der **„Zeitschrift für Kinderforschung"**[834] in sehr knappen Rezensionen weitere Bücher vor.

Im Jahre 1937 sind von dreiundzwanzig Publikationen Erich Wenigers zwanzig kurze Buchrezensionen. Die drei eigenen Aufsätze „Erziehung und Drill", „Gedanken über den Wert von Kriegserinnerungen und Kriegserfahrung" und „Die historische Kritik an der Überlieferung des Weltkrieges und das kriegerische Urteil" sind Vorarbeiten zu seiner großen wehrpädagogischen Arbeit „Wehrmachtserziehung und Kriegserfahrung" 1938.

Wenigers **„Gedanken über den Wert von Kriegserinnerung und Kriegserfahrung"**[835] wurden in der „Militärwissenschaftlichen Rundschau" abgedruckt und weitgehend in seine späteren Schriften übernommen.

---

[833] Heimpel, Hermann: Deutschlands Mittelalter. Deutschlands Schicksal. Zwei Reden (Freiburger Universitätsreden, Band 12), Freiburg 1933.

[834] Weniger, Erich: Rezension von: H. Criditon-Miller: Contrainte et punition dans la famille et à l'école (Zwang und Strafe in der Familie und in der Schule, in: Journal belge de neurologie et de psychiatrie, 35. Jg. (1935), S. 390–397), in: Zeitschrift für Kinderforschung. Organ des deutschen Vereins zur Fürsorge für jugendliche Psychopathen e. V., 45. Jg. (1936), Reihe Referate, S. 78. *[Dokumentation ad fontes Weniger: S. 335]*

Weniger, Erich: Rezension von: Friedrich Altrichter: Inhalt und Aufgaben der soldatischen Erziehung, in: Die Erziehung, 11. Jg. (1935/36), S. 166–171, in: Zeitschrift für Kinderforschung. Organ des deutschen Vereins zur Fürsorge für jugendliche Psychopathen e. V., 45. Jg. (1936), Reihe Referate, S. 244. *[Dokumentation ad fontes Weniger: S. 335]*

Weniger, Erich: Rezension von: Janko Janeff: Die Erziehung des bulgarischen Menschen, in: Internationale Zeitschrift für Erziehung, 4. Jg. (1935), S. 340–347, in: Zeitschrift für Kinderforschung. Organ des deutschen Vereins zur Fürsorge für jugendliche Psychopathen e. V., 45. Jg. (1936), Reihe Referate, S. 245. *[Dokumentation ad fontes Weniger: S. 335]*

Weniger, Erich: Rezension von: Jean-Édouard Spenlé: L'enseignement secondaire en France (Das höhere Schulwesen in Frankreich, in: Internationale Zeitschrift für Erziehung, 4. Jg. (1935), S. 327–340, in: Zeitschrift für Kinderforschung. Organ des deutschen Vereins zur Fürsorge für jugendliche Psychopathen e. V., 45. Jg. (1936), Reihe Referate, S. 248. *[Dokumentation ad fontes Weniger: S. 336]*

Weniger, Erich: Rezension von: Johannes Guthmann: Gemeinsame Grundausbildung aller zukünftigen Lehrer, in: Deutsches Bildungswesen. Erziehungswissenschaftliche Monatsschrift des Nationalsozialistischen Lehrerbundes für das gesamte Reichsgebiet, 4. Jg. (1936), S. 89–105, in: Zeitschrift für Kinderforschung. Organ des deutschen Vereins zur Fürsorge für jugendliche Psychopathen e. V., 45. Jg. (1936), Reihe Referate, S. 253. *[Dokumentation ad fontes Weniger: S. 336]*

Weniger, Erich: Rezension von: Friedrich Altrichter: Gedanken eines Soldaten über die Wehrerziehung an den höheren Schulen, in: Die Erziehung, 11. Jg. (1935/36), S. 257–269, in: Zeitschrift für Kinderforschung. Organ des deutschen Vereins zur Fürsorge für jugendliche Psychopathen e. V., 45. Jg. (1936), Reihe Referate, S. 387. *[Dokumentation ad fontes Weniger: S. 337]*

Weniger, Erich: Rezension von: Robert Krasser: Ständestaat und Schule (Wien/Leipzig 1935), in: Zeitschrift für Kinderforschung. Organ des deutschen Vereins zur Fürsorge für jugendliche Psychopathen e. V., 45. Jg. (1936), Reihe Referate, S. 410–411. *[Dokumentation ad fontes Weniger: S. 338]*

[835] Weniger, Erich: Gedanken über den Wert von Kriegserinnerung und Kriegserfahrung, in: Militärwissenschaftliche Rundschau, 2. Jg. (1937), Heft 2 (März 1937), S. 231–245. *[Dokumentation ad fontes Weniger: S. 350–364]*

Aus dem bereits 1937 veröffentlichten Vorabdruck aus seiner Schrift „Wehrmachtserziehung und Kriegserfahrung“ von 1938, der unter dem Titel **„Die historische Kritik an der Überlieferung des Weltkrieges und das kriegerische Urteil“**[836] im „Militär-Wochenblatt“ erschien, trifft er eine Auswahl, die dieses umfangreiche Werk möglicherweise doch aus seiner Sicht prägnant charakterisiert. Im letzten Abschnitt heißt es:

> *„Aber für den Soldaten gibt es letzte Gewissheiten und Verpflichtungen, die er nicht in Frage stellen darf. Darstellungen oder Kritiken, die die Pflicht zur Behauptung von Staat und Volk im Kriege oder die Möglichkeit sittlicher Bewährung durch kriegerische Tugenden überhaupt leugnen, fallen aus dem Rahmen verwendbarer Erfahrungen. Wer nicht weiß oder nicht anzuerkennen vermag, dass Manneszucht und Gehorsam die unaufhebbaren Grundlagen jeder kriegerischen Leistung sind, ohne die das Heer sich selbst aufgeben würde, der hat kein Recht zu einem Urteil über irgendeine kriegerische Handlung. Wer die Notwendigkeit des Opfers nicht einsieht, vermag auch nicht zu Urteilen über einen Führerentschluss, der über Leben und Tod von vielen Tausenden entscheiden muss. Die Grundlagen des soldatischen Daseins: bedingungslose Hingabe an die Verteidigung von Volk und Staat, Manneszucht und fragloser Gehorsam, Pflichterfüllung bis zum Einsatz des eigenen Lebens sind auch für die historische Kritik vorgegeben. Sie können weder durch ein historisches oder pädagogisches Urteil aufgehoben werden. Sie geben selber den Maßstab für die Erfassung der echten Überlieferung des Weltkrieges und für die Prüfung der Kriegserfahrung.“* (Weniger: Historische Kritik, 1937, Sp. 1439)

Diese Zusammenfassung der Begrenzung der Kritik auf die Akzeptierung grundlegenderer Prinzipien, die von Weniger in militärischer Hinsicht formuliert sind, stellt eine Absage an die Freiheit wissenschaftlicher Kritik überhaupt dar und stellt klar, dass Weniger sich nicht im Auftrag der Wissenschaft, sondern im Auftrag der Kriegsvorbereitung an der wehrpädagogischen Arbeit beteiligt hat.

Auch 1937 veröffentlichte Weniger Artikel in der „Frankfurter Zeitung“, unter anderem eine Rezension von Walther Malmsten-Scherings Schrift „Die Kriegsphilosophie von Clausewitz“ unter dem Titel: **„Clausewitz als Philosoph“**[837]. Während die „Frankfurter Zeitung“ auf der Titelseite den Spanischen Bürgerkrieg thematisiert und titelt: „Frankreich wünscht Absperrung Spaniens“ und „Englands Sorge: die Freiwilligen“, gleichzeitig das neue Recht auf Promotionen problematisiert und auf die Entziehung der Promotionsrechte für jüdische Doktoranden eingeht, betont Weniger in seiner Rezension, dass Clausewitz selbst „vom Vernichtungsgedanken als dem höchsten Gesetz der Waffenentscheidung“ ausgegangen sei und die Theorie des Krieges „zum Range einer Geisteswissenschaft erhoben“ habe.

In einer weiteren Rezension mit dem Titel **„Die seelische Widerstandskraft im modernen Kriege“**[838] zu Max Simoneits gleichnamiger Schrift kritisiert Weniger den psychologischen Ansatz Simoneits:

> *„Gelegentlich freilich überschreitet der Verfasser die Grenzen, die der Psychologie gesetzt sind. So wenn er von dem ‚sentimentalen Nebenerlebnis‘ der* ***Kameradschaft*** *spricht. In Wirklichkeit war die Kameradschaft eine* ***Grunderfahrung*** *für den Soldaten des großen Krieges, ein Halt, an dem alle etwa verlorengegangenen Ordnungen des Volkes bewahrt oder wiedergewonnen werden konnten.“* (Weniger: Seelische Widerstandskraft, 1937, Hervorhebungen im Original)

Ohne auf die Schrift Max Simoneits genauer einzugehen und die Berechtigung dieser Kritik genauer einschätzen zu können, wird doch deutlich, dass Weniger als ein in der Wolle gefärbter

---

[836] Weniger, Erich: Die historische Kritik an der Überlieferung des Weltkrieges und das kriegerische Urteil, in: Militär-Wochenblatt. Unabhängige Zeitschrift für die deutsche Wehrmacht, 122. Jg. (1937), Heft 23 (03.12.1937), Sp. 1436–1439. *[Dokumentation ad fontes Weniger: S. 388–389]*

[837] Weniger, Erich: Rezension: Clausewitz als Philosoph (über: Walther Malmsten-Schering: Die Kriegsphilosophie von Clausewitz, Hamburg 1935, in: Frankfurter Zeitung und Handelsblatt, 81. Jg. (1936/37), Nr. 11–12 (07.1.1937). *[Dokumentation ad fontes Weniger: S. 344–346]*

[838] Weniger, Erich: Rezension: Die seelische Widerstandskraft im modernen Kriege (über: Karl Pintschovius: Die seelische Widerstandskraft im modernen Kriege, Oldenburg/Berlin 1936), in: Frankfurter Zeitung und Handelsblatt, 81. Jg. (1936/37), Nr. 170–171 (04.4.1937). *[Dokumentation ad fontes Weniger: S. 366]*

Soldat von der wissenschaftlichen Psychologie nicht an der Frage der Kameradschaft rütteln lassen will.

Während die „Frankfurter Zeitung" am 8. August 1937 mit dem „Raubbau am deutschen Wald?" titelt und „Die Fliegerangriffe im Mittelmeer" auf der Titelseite kommentiert, veröffentlicht Weniger unter der Überschrift **„Wehrpsychologie"**[839] eine Rezension der „Abhandlungen zur Wehrpsychologie" von Oberst Hans von Voß und Oberregierungsrat Dr. Simoneit. Die Menschenauslese für das Heer, so Weniger, sei offensichtlich dabei, von der Psychotechnik „fortzuschreiten zu geisteswissenschaftlichen Methoden", so dass von Weniger, möglicherweise auch im Hinblick auf seine weitere Arbeit in der Wehrmacht, versöhnlichere Töne gegenüber Simoneit angeschlagen werden.[840]

In den Jahren 1938 und 1939 wendet sich Weniger zunehmend der Wehrmachtserziehung zu. Er veröffentlichte das dreihundertzwanzigseitige Werk „Wehrmachtserziehung und Kriegserfahrung", das nachfolgend genauer besprochen werden soll. In den kleineren Artikeln und Rezensionen der Jahre 1938 und 1939 dominieren weiter militärpolitische und wehrpädagogische Themen.

Aus der Reihe der kleineren Artikel sei hier der Artikel vom Oktober 1939 zum sechzigsten Geburtstag von **„Herman Nohl"**[841] aus der „Frankfurter Zeitung" hervorgehoben. Die Zeitung titelt: „Ordnung im Osten – Sicherheit in Europa. Der Führer entwickelt das Programm für eine endgültige europäische Befriedung". Ebenfalls auf der Titelseite heißt es: „Die Leistung des deutschen Soldaten" einschließlich einer Auflistung der bis dahin im Zweiten Weltkrieg gefallenen deutschen Soldaten, denen Dank ausgesprochen wird. In seinem Artikel erinnert Weniger währenddessen an Nohls Veröffentlichung über „Die ästhetische Wirklichkeit"[842] aus dem Jahr 1935, spricht von der „Nohl-Schule", „einer Göttinger Richtung der Pädagogik", und betont Nohls „an Volk und Staat orientierte Ordnung". Diese Veröffentlichung kann nicht ohne Zusammenhang mit der 1937 erfolgten Emeritierung Nohls, auf die an anderer Stelle eingegangen wird, bewertet werden.

Acht Tage nach dem Überfall der deutschen Wehrmacht auf Polen veröffentlicht Weniger im Mitteilungsblatt „Die Nassauische Artillerie" den Artikel **„25 Jahre"**[843], den er dem 1934 verstorbenen Hindenburg widmet. Die verarbeitete produktive Erfahrung des Ersten Weltkriegs, so Weniger, sei die „Grundlage für die politischen Ordnungen der Erneuerung von Volk und Reich (...) – beides gehört zusammen und wurzelt in dem gleichen Mutterboden des deutschen

---

[839] Weniger, Erich: Rezension: Wehrpsychologie (über: Hans von Voß/Max Simoneit (Hrsg.): Abhandlungen zur Wehrpsychologie. Vorträge aus einem Fortbildungskurs beim Psychologischen Laboratorium des Reichskriegsministeriums, Leipzig 1936/37, in: Frankfurter Zeitung und Handelsblatt, 82. Jg. (1937/38), Nr. 399 (08.8.1937). *[Dokumentation ad fontes Weniger: S. 374]*

[840] Aus der Fülle der Rezensionen aus dem Jahr 1937 sei noch drauf hingewiesen, dass bei Weniger zu Wilhelm Hehlmanns Buch „Wesensformung aus geschichtlicher Verantwortung" zumindest eine kritische Bemerkung zu finden ist. Er bespricht dieses Buch unter der Voraussetzung, dass der Autor eine Synthese von Flitner und Krieck mit der rassischen Vererbungslehre Gerhard Pfahlers versucht habe. Er schreibt: „Die Arbeit ist sachlich gut fundiert und entspricht der Problemlage von heute. Doch darf man noch keine wissenschaftliche Durcharbeitung erwarten. Die Probleme und Lösungen werden mehr thematisch aufgewiesen als wirklich kritisch entwickelt. Aber das ist vielleicht bei einem solchen ersten Griff auch noch nicht zu fordern" (Weniger, Erich: Rezension von: Wilhelm Hehlmann: Wesensformung aus geschichtlicher Verantwortung. Untersuchungen zum Existenzproblem des Lehrens und Erziehens (Berlin 1936), in: Zeitschrift für Kinderforschung. Organ des deutschen Vereins zur Fürsorge für jugendliche Psychopathen e. V., 46. Jg. (1937), Reihe Referate, S. 342). *[Dokumentation ad fontes Weniger: S. 370]*

[841] Weniger, Erich: Herman Nohl, in: Frankfurter Zeitung und Handelsblatt, 84. Jg. (1939/40), Nr. 511 (07.10.1939). *[Dokumentation ad fontes Weniger: S. 488–489]*

[842] Nohl, Herman: Die ästhetische Wirklichkeit. Eine Einführung, Frankfurt am Main 1935.

[843] Weniger, Erich: 25 Jahre, in: Die Nassauische Artillerie. Mitteilungsblatt des Traditionsverbandes des ehemaligen 2. Nassauischen Feldartillerie-Regiments Nr. 63 Frankfurt und der Kriegsformationen, Heft 55 (August 1939), S. 1. *[Dokumentation ad fontes Weniger: S. 486]*

Soldatentums" (Weniger: 25 Jahre, 1939, S. 1). In einer Nachbemerkung, angesichts der aktuellen Ereignisse, heißt es dann:

> *„Nun, da diese Zeilen in Druck sind, ist die Welt wieder verändert. Teile unseres deutschen Ostheeres sind gestern in Warschau eingedrungen! Der Korridor, Bromberg und Graudenz, Ostoberschlesien sind in einem großen Zuge zurückgewonnen. Die alten vertrauten Schlachtnamen des Ostens begegnen uns wieder: Gorlice, Przasnyz, Narew, Duracez und Lysagora. Was auch immer noch kommen mag, was noch zu tun und zu bestehen ist – die Alten können nun tief beruhigt wissen, dass die neue Wehrmacht nun auch schon, in so wenigen Tagen, ihre eigene Bewährung und ihren eigenen Ruhm errungen hat. Sie hat die Überlieferung nicht verloren gehen lassen; sie ist im Begriff – und der Anfang ist schon geschrieben – ihr ein neues reiches Kapitel hinzuzufügen. 9. September 1939."* (Weniger: 25 Jahre, 1939, S. 1)

Die neue Wehrmacht hat, durch den Überfall auf Polen und die Bombardierung Warschaus, so Weniger, damals noch Oberleutnant d. R., alte Gebiete „zurückgewonnen" und „in so wenigen Tagen, ihre eigene Bewährung und ihren eigenen Ruhm errungen". Die öffentliche und propagandistische Unterstützung des Aggressionskrieges gegen Polen ist eindeutiger Fakt.

In der „Zeitschrift für Kinderforschung" veröffentlicht Weniger 1939 wieder eine Reihe von kleineren, jeweils nur fünfzehn oder zwanzig Zeilen umfassenden Rezensionen. Von Bedeutung ist hier, dass er sich mit der **„Allgemeinen Anordnung über die Hilfsschulen in Preußen"**[844] beschäftigt. In einer keinesfalls distanzierten Art hebt Weniger unkritisch hervor:

> *„Zum Schluss wird außer den Aufgaben der Hilfsschule die volksbiologische Seite unterstrichen und der Wunsch nach Abgrenzung dieser Aufgaben von denen der an der Arbeit beteiligten Mediziner durch die zuständigen Dienststellen ausgesprochen."* (Weniger: Rezension Krampf, 1939, S. 568)

Diese hier benannte volksbiologische Seite, das sei ausdrücklich hervorgehoben, bedeutete in der Praxis nach 1939 eine zunehmende Beteiligung der Hilfsschullehrer an der Aussonderung jener Kinder, die nicht als „brauchbare Hilfsschulkinder"[845] eingestuft wurden, sondern als „lebensunwertes Leben". Weniger hat nach 1945 zu diesem gewichtigen Kapitel deutscher Erziehungswissenschaft und Pädagogik nicht Stellung genommen.[846]

Abschließend bleibt zu erwähnen, dass Weniger, der nun auch Rezensionen in den Monatsheften „Wissen und Wehr" publiziert, in der „Frankfurter Zeitung" die Rezension **„Die Stunde des Offiziers"**[847] veröffentlicht. In dieser kurzen Besprechung der gleichnamigen Schrift Hermann Sauers kritisiert Weniger das einseitig protestantische Vorgehen des Autors, hebt aber

---

[844] Weniger, Erich: Rezension von: Alfred Krampf: Zur „Allgemeinen Anordnung über die Hilfsschulen in Preußen" (in: Die deutsche Sonderschule. Organ der Reichsfachschaft V (Sonderschulen) im Nationalsozialistischen Lehrerbund. 5. Jg. (1938), S. 484–490), in: Zeitschrift für Kinderforschung. Organ des deutschen Vereins zur Fürsorge für jugendliche Psychopathen e. V., 47. Jg. (1939), Reihe Referate, S. 568. *[Dokumentation ad fontes Weniger: S. 482]*

[845] Siehe dazu: Stoppenbrink-Buchholz, Frieda: Das brauchbare Hilfsschulkind, ein Normalkind (Neue Forschungen zur Erziehungswissenschaft, Band 1), Weimar 1939. Bei der Einschätzung dieses Buchs sei ausdrücklich darauf hingewiesen, dass nicht nur der Titel inhumanes Potenzial enthält. Auch die Praxis der Beteiligung der Hilfsschullehrerschaft an den Sterilisationen kann am Beispiel Frieda Buchholz nachgewiesen werden. Da Buchholz in einem Fall dem Hamburger Erbgesundheitsgericht mitteilte, dass sie gegen eine Sterilisierung sei, wurde Druck auf sie ausgeübt. Sie schildert den Fall und schreibt am 3.11.1940 an Peter Petersen: „Zu meinem Glück lag nun ein Antrag von mir vor, auf Sterilisierung eines Schülers, und dieser Antrag rettete die Situation für mich" (Petersen, Uwe-Karsten: Der Jena-Plan. Die integrative Schulwirklichkeit im Bilde von Briefen und Dokumenten aus dem Nachlass Peter Petersens, Frankfurt am Main/Bern/New York/Paris 1991, S. 141).

[846] Ein anderer Rezensent erklärt ergänzend: „Wurden früher in ihr zunächst die Idioten und Imbecillen betreut und später zusätzlich, aber mehr als Ausnahme, die Debilen und fraglich Debilen, so soll sich in Zukunft Erziehung und Unterricht nur auf diejenigen erstrecken, die wirklich bildungsfähig sind und die Opfer an Zeit, Geld und Mühe lohnen" (in: Zeitschrift für Kinderforschung. Organ des deutschen Vereins zur Fürsorge für jugendliche Psychopathen e. V., 47. Jg. (1939), Reihe Referate, S. 568).

[847] Weniger, Erich: Rezension: Die Stunde des Offiziers (über: Hermann Sauer: Die Stunde des Offiziers, Berlin 1938), in: Frankfurter Zeitung und Handelsblatt, 83. Jg. (1938/39), Nr. 105–106 (26.2.1939). *[Dokumentation ad fontes Weniger: S. 478]*

gleichzeitig hervor: „Mit Recht fasst er den Fahneneid als ein tragendes Symbol für die verschworene Gemeinschaft des deutschen Volkes auf."

c) „Wehrmachtserziehung und Kriegserfahrung" (1938)

Im Vorwort des 1938 erschienenen Werks „Wehrmachtserziehung und Kriegserfahrung"[848] wird als Ziel der Schrift zunächst vorgestellt, dass sie den „Aufgaben der neuen Wehrmacht" (Weniger: Wehrmachtserziehung, 1938, S. VII) dienen solle, indem sie die Kriegserfahrungen vor allem des Ersten Weltkriegs auswertet. Wenigers Grundthese, dass zum Soldaten erzogen werden kann, soll auf zwei in der NS-Zeit erschienenen Schriften bezogen werden: „Die Pflichten des Deutschen Soldaten" und die neuen Dienstvorschriften, besonders die Leitsätze für Erziehung und Unterricht. Mit dem Problem, dass „der Krieg die eigentliche Praxis des Soldaten ist" (Weniger: Wehrmachtserziehung, 1938, S. VIII), nach dem Ersten Weltkrieg aber kein weiterer Krieg stattgefunden habe, stelle sich die Frage nach einer praxisbezogenen Ausbildung im Jahre 1938. Weniger, der sich ausdrücklich auf Clausewitz' Theorie des Krieges bezieht, möchte den Geist der Wehrmachtsdienstvorschriften durch die Analyse einzelner Gesichtspunkte hervorheben und betont: „Eine solche Einführung in das Verständnis der Dienstvorschriften hat ja eine erhebliche praktische Bedeutung" (Weniger: Wehrmachtserziehung, 1938, S. IX). Weniger will helfen, den Bruch zu kitten, der in der Grundlage der Methodik der Wehrpädagogik angelegt ist, nämlich die Differenz zwischen Erfahrung und Forderung. Abschließend kündigt er an, seine Untersuchungen über die Kriegserfahrung, über die Erziehung des Offiziers und über den Offizier als Erzieher im Herbst 1938 vorlegen zu können.

Das Werk ist in zwei große Teile, „Erstes" und „Zweites Buch", aufgeteilt. Im ersten Teil geht es um die Kriegserfahrungen und die Erziehung und Führung des Soldaten. Weniger behandelt hier das Problem, ob Soldaten erzogen werden können und welche Rolle die „Manneszucht" für die Disziplin und die Kameradschaft, als Vorstufe der Kampfgemeinschaft, spielt. Der zweite Teil dreht sich um die Theorie und Praxis in der Erziehung und Ausbildung des Soldaten. Weniger versucht, den Unterschied zwischen der Vorbereitung auf den Krieg im Frieden und die Erziehung im Krieg herauszuarbeiten. Hier erscheinen ihm insbesondere die Kriegserinnerungen und Kriegserfahrungen aus dem Ersten Weltkrieg ungenügend ausgewertet und er macht Vorschläge, wie systematisch – bei allen Kriegsteilnehmern, aber auch im Volk – aus dieser Erfahrung gelernt und sie in die Ausbildung der Soldaten aufgenommen werden kann. Ein spezielles Problem nach dem verlorenen Ersten Weltkrieg wird von Weniger in einem eigenen Abschnitt behandelt. Es geht darum, wie eine militärische Kritik am Verlauf des Ersten Weltkriegs durchgeführt werden kann, ohne das Prestige der Wehrmacht und der Führung zu gefährden. Im letzten Abschnitt macht Weniger besonders deutlich, dass, bei allem Lernen aus den Erfahrungen des Ersten Weltkriegs und bei der Auswertung der Lehren der deutschen Kriegsführung überhaupt, der nächste Krieg doch eine Fülle von Besonderheiten aufweisen werde, so dass schematische oder dogmatische Lehren nicht gezogen werden dürften, sondern in den Situationen, die der neue Krieg bringt, mit offenen Augen militärische und wehrpädagogische Ausbildung durchgeführt werden müsse.

Der Grundtenor des ganzen Buchs ist methodisch ein „Sowohl-als-auch", was an anderer Stelle schon als synthetische Grundmethode bei Weniger festgestellt wurde. Die Grundidee der Schrift ist, zentrale Begriffe des Militärs und der Wehrpädagogik als polare Gegensätze vorzustellen und sie in einer Synthese aufzulösen. So beginnt Weniger im Abschnitt „Der ‚geborene' und der ‚erzogene' Soldat" (Weniger: Wehrmachtserziehung, 1938, S. 3 ff.) einerseits mit der Feststellung, dass es geborene Soldaten gebe. Andererseits hält er es aber für

[848] Weniger, Erich: Wehrmachtserziehung und Kriegserfahrung. Berlin 1938. *[Dokumentation ad fontes Weniger: S. 393–474]*

nötig, „dialektisch“ festzustellen, dass es keine geborenen Soldaten gebe. Der Begriff sei nur eine Art Metapher für ein positives Werturteil, das letztlich erst nach der Praxis und auf Grund der Erprobung in der Praxis bestimmten Soldaten, die Weniger dann doch als geborene Soldaten ansieht, zuerkannt werden könne. Ihm kommt es jeweils darauf an, klarzumachen, dass hier kein Gegensatz existiere, sondern dass sowohl Soldaten als auch Offiziere selbstverständlich erzogen werden müssten, sonst wäre die ganze Idee der Wehrpädagogik überflüssig. Ein zweiter Gegensatz, den Weniger aufhebt, ist der zwischen Erziehung und Drill. Er versucht zu verdeutlichen, wie beides aufeinander bezogen und funktional voneinander abhängig sei und sich nicht gegenseitig behindern dürfe. Im Verlauf der Besprechung dieses Textes wird diese Grundmethode Wenigers öfter wiederkehren: Das Vorstellen eines „Sowohl-als-auch“ einerseits und das offene Zulassen eines gewissen Spielraumes, der durch die Zukunft geregelt oder geklärt werden müsse, andererseits.

Eine Besonderheit der ganzen Schrift wird gleich in der Einleitung zum ersten Teil deutlich. Die Feststellung, „dass man zum Soldaten erzogen werden kann“ (Weniger: Wehrmachtserziehung, 1938, S. 4), geht davon aus, dass es im nächsten Weltkrieg nicht in erster Linie um Berufssoldaten gehe, sondern „die ganze waffenfähige Mannschaft des Volkes“ gefordert sei. Das Soldatentum muss für Weniger „zur politischen Lebensform für das ganze Volk“ werden (Weniger: Wehrmachtserziehung, 1938, S. 5). Ihm geht es also keinesfalls nur um die Offiziere oder eine Elite der Armee, sondern für ihn gilt bei der Auswertung insbesondere der Erfahrungen des Ersten Weltkriegs, dass die „bleibenden erzieherischen Gehalte der Kriegserfahrung (...) in die Gesamterziehung des Volkes eingehen sollen“ (Weniger: Wehrmachtserziehung, 1938, S. 5). Hier steht auch der zentrale Satz, der genau den Unterschied zwischen der deutschen Wehrmachtserziehung und der Erziehung des Militärs etwa der Alliierten der Anti-Hitler-Koalition, ausmacht. Das, was man Militarisierung der deutschen Bevölkerung nennt, fasst Weniger, keinesfalls mit negativer Konnotation, in folgendem Satz zusammen:

> *„Die Wehrmacht vermittelt sie* [die „erzieherischen Gehalte der Kriegserfahrung“] *unabhängig von ihrer Aufgabe der Vorbereitung auf den Krieg als ‚Erziehungsschule der Nation‘.“* (Weniger: Wehrmachtserziehung, 1938, S. 5)

Während Weniger zunächst das Zugeständnis macht: „Zweifellos gibt es geborene Soldaten“ und behauptet: „Der gewaltige Ernst des kriegerischen Tuns prägt sich in ihrem Antlitz aus“ (Weniger: Wehrmachtserziehung, 1938, S. 7), hebt er dennoch hervor, dass entgegen der Legende „fast alle großen Soldaten eine gründliche kriegswissenschaftliche Bildung“ (Weniger: Wehrmachtserziehung, 1938, S. 9) besaßen. Er wehrt sich gegen eine Vorstellung von konstanten soldatischen Anlagen (Weniger: Wehrmachtserziehung, 1938, S. 11), räumt jedoch ein, dass man möglicherweise das Soldatische „als Ganzes Anlage nennt und sie z. B. als Rasseneigenschaft auffasst“ (Weniger: Wehrmachtserziehung, 1938, S. 11). Diese Rasseneigenschaft als Anlage unterliege jedoch geschichtlichem Wandel. Einer der Kernthesen Wenigers lautet:

> *„Aus dem Zwang des Sollens wird durch Erziehung die Freiheit des Müssens, in der der Mann Herr über sich und sein Schicksal wird, und aus dem Bestandteil einer willenlosen Masse zum Glied einer zuchtvollen Gemeinschaft.“* (Weniger: Wehrmachtserziehung, 1938, S. 11)

In dieser Passage ist von der pädagogischen Verantwortung, die Individualität jedes Einzelnen auch im Kollektiv zu wahren, nichts zu spüren.[849]

Die Einleitung schließt mit einem Lobgesang auf Friedrich den Großen: „In diesem ist das Soldatentum aus Pflicht zu einem ewigen Mythos geworden“ (Weniger: Wehrmachtserziehung, 1938, S. 14).

Das erste Kapitel befasst sich mit dem Gegensatz von „Erziehung und Drill“ (Weniger: Wehrmachtserziehung, 1938, S. 15 ff.) und ist eine weitgehende Überarbeitung von Wenigers

[849] Die von Weniger geforderte Selbständigkeit des einzelnen Soldaten unterliegt der militärischen Notwendigkeit und hat nichts mit der Herausbildung individueller Eigenschaften der einzelnen Soldaten zu tun.

schon vorher publizierten Arbeiten zu diesem Thema. Weniger weiß, worum es geht, da einige im Drill „das Hauptkennzeichen des verhassten preußischen Militarismus“ (Weniger: Wehrmachtserziehung, 1938, S. 15) sahen, ein Phänomen, das bei Weniger prinzipiell und auf ganzer Linie bestritten wird. Dem Dilemma Erziehung oder Drill entgeht Weniger mit seiner „Sowohl-als-auch“-Methode und spricht sich für Erziehung *und* Drill aus. Er wendet sich gegen die Gleichsetzung von Drill und Kadavergehorsam und löst das Problem durch die „einfache Klärung des Begriffs“ (Weniger: Wehrmachtserziehung, 1938, S. 19). Den altpreußischen Drill erklärt er aus den historischen Bedingungen der damaligen Zeit, die nicht mehr existierten. Damals hätten andere Bedingungen geherrscht:

> *„Die Truppen bestanden zunächst aus Söldnern, unter denen ein großer Hundertsatz an Ausländern war (...). Bei ihnen allen konnte man sittliche Motive für die Erfüllung ihrer soldatischen Pflichten nicht voraussetzen.“* (Weniger: Wehrmachtserziehung, 1938, S. 23)

So ergaben sich altpreußische Drill-Mittel „wie Stockschläge und Fuchtel“, und Friedrich der Große, so berichtet Weniger, „wusste nur eine Garantie für das Gelingen dieser Aufgabe. Der Soldat müsse seine Offiziere mehr fürchten als den Feind.“ Dem altpreußischen Drill wird durchaus „das Ziel der Willensbrechung“ zugestanden, was historisch nötig gewesen sei. Das gelte insbesondere für die „Masse fremdsprachiger und aus höchst dürftigen Verhältnissen stammenden Rekruten“ (Weniger: Wehrmachtserziehung, 1938, S. 24 f.). Dieser Drill sei aber „gegen Ende des 18. Jahrhunderts unter dem Einfluss des aufgeklärten Zeitgeists auch humanisiert“ worden (Weniger: Wehrmachtserziehung, 1938, S. 28). Unabhängig von dieser Frage behauptet Weniger, dass nicht der Drill das entscheidende Mittel des Erfolgs der preußischen Armee gewesen sei, sondern der „Einsatz des Offizierskorps und der Unteroffiziere“ (Weniger: Wehrmachtserziehung, 1938, S. 29). Auch in den „Befreiungskriege“ genannten Kämpfen gegen die napoleonischen Truppen habe der Drill „seine Vorzugsstellung“ behalten (Weniger: Wehrmachtserziehung, 1938, S. 31).

Hier setzt Weniger nun an und unterscheidet den Exerzierdrill vom Gefechtsdrill, den er klar favorisiert, ohne den Exerzierdrill völlig zu verwerfen. Als historische Rechtfertigung für den Drill vor dem Ersten Weltkrieg werden die polnischen Soldaten genannt, die 1830, 1840 und 1863 einen „durchaus nicht zuverlässigen“ Teil der Truppen gebildet hätten. Auf den Ersten Weltkrieg bezogen diagnostiziert Weniger über „den Polen“, also Rekruten polnischer Herkunft, die in der deutschen Armee eingezogen worden waren:

> *„Im Weltkrieg kam der Pole zunächst nicht in politische Versuchungen, zumal der Kampf gegen Russland bei ihm populär war. 1918 ist er im Osten den politischen Versuchungen dann sofort erlegen.“* (Weniger: Wehrmachtserziehung, 1938, S. 34)

Als Problem vor dem Ersten Weltkrieg sah Weniger auch die „glaubenslose Masse“, insbesondere aus der Arbeiterschaft und der Landarbeiterschaft des Ostens:

> *„Einer solchen glaubenslosen Masse gegenüber schien es wirklich kein anderes Mittel zu geben als den Drill. Mit einem überkommenen Gehorsam war nicht zu rechnen. Der Gehorsam musste erst mit allen Mitteln errungen werden.“* (Weniger: Wehrmachtserziehung, 1938, S. 34 f.)

Der Weltkrieg jedoch, insbesondere seine militärischen Anforderungen hätten den alten „überlebten Drill“ beseitigt und das Problem neu aufgeworfen (Weniger: Wehrmachtserziehung, 1938, S. 35).

Weniger schildert nun im Abschnitt „Der moderne Drill“ (Weniger: Wehrmachtserziehung, 1938, S. 38 ff.), wie sich über verschiedene Militärtheoretiker und Militärpraktiker geschichtlich die moderne Auffassung des Drills als Gefechtsdrill durchgesetzt habe. Er geht davon aus, dass diese moderne Auffassung noch nicht endgültig gesichert sei, da zuerst die Kriegserfahrung noch weiter zum Allgemeingut werden müsse:

> *„Aber endgültig gesichert ist es erst, wenn die aus dem Krieg erwachsene neue Volksordnung das soldatische Bewusstsein des ganzen Volkes weckt.“* (Weniger: Wehrmachtserziehung, 1938, S. 38)

Es ist nicht zu weit gegriffen, in der „neuen Volksordnung“ nicht die Weimarer Republik zu sehen, sondern das NS-Regime.

Der Grundgedanke Wenigers ist hier, dass der Drill aus Einsicht und Wille erfolgen solle, da er eine nachvollziehbare Bedeutung zur Vorbereitung auf das Gefecht haben müsse. Insofern sei er auch ein Teil der Schulung, der Erklärung, der Bewusstmachung. Das gelte für die Beherrschung sowohl der Waffentechnik als auch der Technik der Geräte und insbesondere der Gefechtstechniken, da in der neuen Kriegsführung Soldaten oft auf verschiedene Möglichkeiten vorbereitet werden müssten. Das müsse auch „gedrillt“ werden, damit es im Ernstfall, also in der Realität des Krieges, funktioniere. Der Exerzierdrill müsse demgegenüber zurücktreten, auch wenn er seine Funktion nicht ganz verloren habe. Das NS-Regime habe aber die Rekruten allerdings schon vor ihrer Einziehung in die Wehrmacht in dieser Hinsicht weitgehend vorbereitet. Das ist für Weniger ein Argument für die Zurückdrängung des Exerzierdrills:

> *„Da ferner die militärischen Formen weithin zugleich die Formen des öffentlichen Auftretens des politisch gestalteten Volkes und insbesondere seiner Jugend geworden sind, so darf man bei den Rekruten künftig schon ein beträchtliches Maß an Beherrschung der ‚soldatischen Umgangsformen‘ voraussetzen. Das erleichtert die Ausbildung und erlaubt es, die Zeit für den Exerzierdrill auf ein Mindestmaß zu beschränken.“* (Weniger: Wehrmachtserziehung, 1938, S. 46)

Und er folgert: „So gewinnt der Exerzierdrill eine Freudigkeit und eine männliche Grazie“ (Weniger: Wehrmachtserziehung, 1938, S. 46). Hier wird die Unterordnung der schulischen und jugendlichen Erziehung für die Kriegserziehung deutlich. Weniger, der den Sport als Form körperlicher Ertüchtigung gegenüber dem Drill favorisiert, geht dann davon aus, dass der moderne Drill bestimmte Voraussetzungen hat:

> *„Der moderne Drill ist eine Folge der Erziehung, weil er die höheren sittlichen Motive schon voraussetzt: die vaterländische Gesinnung, das soldatische Bewusstsein, den männlichen Willen, und hinter ihm als tragenden Grund den Wehrwillen des ganzen Volkes. Diese Motive zu wecken ist die Aufgabe einer umfassenden sittlichen, politischen und soldatischen Erziehung in Haus und Schule, in der Jugendgemeinschaft und in den politischen Gliederungen wie in der Wehrmacht selbst. Eine solche Erziehung erweckt und entwickelt Gehorsam, Pflichtgefühl, soldatische Gesinnung aus den gegebenen Anlagen heraus. Die Wehrmachtserziehung setzt hier schon Begonnenes fort und bringt es zur Reife.“* (Weniger: Wehrmachtserziehung, 1938, S. 48)

Diese Passage wird deshalb so ausführlich zitiert, weil hier deutlich wird, dass der Wehrmachtspädagoge Weniger als Pädagoge für Jugend und Schule eine Gesinnungsausrichtung vor dem Einzug in die Wehrmacht voraussetzt – unter den Bedingungen des NS-Regimes in der Tat nicht unrealistisch.

Der von Weniger militärtheoretisch definierte Begriff des Drills ist eine Automatisierung von Handlungen, die den Kopf freimacht, um die eigentlich wichtigen Probleme zu lösen. Weniger betont ausdrücklich den Vorrang der Erziehung vor dem Drill. Allerdings räumt er ein, dass dafür insgesamt bestimmte Bedingungen gegeben sein müssten:

> *„Diese Möglichkeit gibt es freilich nur in einem gesunden Volke und in einer gesunden soldatischen Atmosphäre. Sind Volk und Truppe selbst nicht in Ordnung, dann ist es schwer, guten Willen vorauszusetzen. Aber dann wäre das Gegenmittel nicht so sehr der Drill, der vielmehr nur der vorläufigen Sicherung der Ordnung und Manneszucht zu dienen hätte, als die Neubildung eines gesunden Soldatentums durch Vorbild, Beispiel, Reinigung der Atmosphäre, Ausmerzen der verderbten Glieder.“* (Weniger: Wehrmachtserziehung, 1938, S. 50)[850]

Die ansonsten eher von reformpädagogischem Vokabular geprägten Ausführungen Wenigers kommen hier an einen gefährlichen Punkt – dem „Ausmerzen verderbter Glieder“. Weniger ist sich sicher: „Echte Erziehung gibt sich hier keinerlei Illusionen über die Natur des Menschen

[850] Siehe dazu auch: Rehbein, Klaus: Ausmerzen heißt ausmerzen, in: Päd. extra & demokratische Erziehung, 2. Jg. (1989), Heft 11/12, S. 53–56.

hin“ (Weniger: Wehrmachtserziehung, 1938, S. 50), und er fordert gegen Böse oder Schwache „unter Umständen mit drakonischer Härte“ vorzugehen (Weniger: Wehrmachtserziehung, 1938, S. 51). Allerdings räumt er wieder ein: „Die Freiwilligkeit ist also das Ziel der soldatischen Erziehung“ (Weniger: Wehrmachtserziehung, 1938, S. 51). Unter Berufung auf Kant und Pestalozzi (Weniger: Wehrmachtserziehung, 1938, S. 51) geht er davon aus, dass guter Wille zunächst vorausgesetzt werden müsse, dann würde er sich auch entwickeln. Den bösen Willen könne man dann als Ausnahme mit drakonischer Härte brechen. Mit dieser Voraussetzung des guten Willens als „methodischen Kniff“ (Weniger: Wehrmachtserziehung, 1938, S. 52) schließt Weniger mit seiner „Sowohl-als-auch“-Methode den bösen Willen keinesfalls aus:

> *„Böser Wille muss natürlich, sobald er sich zeigt und wirklich nachweisbar ist – oft wird doch Schwäche als ein solcher missverstanden –, mit allen Mitteln gebrochen werden. Da hat wiederum der Drill seinen Platz.“* (Weniger: Wehrmachtserziehung, 1938, S. 52)

Aber er warnt davor, dass der Drill hier nicht wirklich weiterhelfen könne, solange er einen Schein des Gehorsam erzeuge, der in falscher Sicherheit wiege. So schlussfolgert er:

> *„Es bleibt nichts anderes übrig, als die Unerziehbarkeit festzustellen und das faule Glied aus der Truppe auszumerzen. Mit unerzogenen, bloß äußerlich an Gehorsam gewöhnten Leuten kann man keinen Krieg führen.“* (Weniger: Wehrmachtserziehung, 1938, S. 52)

Für Weniger gilt, dass „die Truppe (...) auch keine Besserungsanstalt“ sei; für ihn ist Wehrdienst Ehrendienst (Weniger: Wehrmachtserziehung, 1938, S. 52).

Nachdem sich Weniger gegen die Theorie der Gewöhnung an Tugend ausspricht („Tugenden kann man nicht drillen“, Weniger: Wehrmachtserziehung, 1938, S. 55) und als Ergänzung zur formalen Autorität die wirklich inhaltliche Autorität fordert, nachdem er vor der Versuchung „zum Quäler“ zu werden dringend abrät (Weniger: Wehrmachtserziehung, 1938, S. 56), stellt er zusammenfassend und im Einklang mit den Wehrmachtsvorschriften fest:

> *„Unentbehrliches Mittel für die Erziehung der Mannschaft zur Ordnung und zur Manneszucht ist der Drill.“* (Weniger: Wehrmachtserziehung, 1938, S. 57)

Es bleibt bei dem „Sowohl-als-auch“, sowohl Erziehung als auch Drill, wobei der moderne Drill für Weniger „ein freudig bejahtes Werkzeug“ und eine „Bestätigung richtiger militärischer Vorstellungen“ ist (Weniger: Wehrmachtserziehung, 1938, S. 58).

Im zweiten Kapitel über „Die Manneszucht“ (Weniger: Wehrmachtserziehung, 1938, S. 58 ff.) definiert Weniger als Ausgangspunkt:

> *„Die Manneszucht und der ihr zugeordnete bedingungslose Gehorsam bleiben also wie von jeher die Grundlage des Soldatentums und der Wehrmacht.“* (Weniger: Wehrmachtserziehung, 1938, S. 65)

Die Grundlage der „Manneszucht“ und des Gehorsams ist für Weniger der Glaube. Der Glaube an das Volk und seine Kraft und an die Führung, die selbst wiederum verantwortlich für diesen Glauben ist:

> *„Diesen Glauben zu erhalten ist Aufgabe der politischen und geistigen Führung der Nation. Die Wehrmacht muss ihn voraussetzen. Aber das Vertrauen zu erzeugen und zu bewahren ist ihr eigenstes Anliegen, nicht nur im großen, sondern für jedes Führungsverhältnis, auch für die kleinste Einheit.“* (Weniger: Wehrmachtserziehung, 1938, S. 67)

Von Interesse ist, dass Weniger „eine höhere Zahl von Todesurteilen in der Armee“ nicht als möglichen Ausdruck einer Erschütterung der Disziplin, sondern umgekehrt als Ausdruck von „Ehrgefühl“ ansieht. Schon da wird eine harte Bestrafung gefordert, „wo in anderen Armeen mit laxeren Auffassungen eine mildere Beurteilung üblich ist“ (Weniger: Wehrmachtserziehung, 1938, S. 71 f.). Auf deutscher Seite seien im Ersten Weltkrieg von hundertfünfzig Todesurteilen gegen Meuterer nur achtundvierzig vollstreckt worden. Wirkliche Meutereien geschlossener Truppenteile seien auf deutscher Seite „bis zum Herbst 1918 nicht vorgekommen“ (Weniger: Wehrmachtserziehung, 1938, S. 73).

Einen Einblick in die Mentalität der Wehrmacht und auch in die Mentalität Erich Wenigers erhält man, wenn er über ein „todeswürdiges Verbrechen“ spricht; im einzelnen Fall müsse unter Umständen auch von einem „vorübergehenden Nervenzusammenbruch“ ausgegangen werden. Die jeweiligen Frontführer müssten dann entscheiden, „ob in diesem Fall ein ‚Exempel statuiert werden müsse‘, d.h. ob jemand, der subjektiv ‚nichts dazu kann‘, doch zu opfern ist, um eine allgemeine Ansteckung zu verhindern“. Weniger zeigt auf, dass eine „normale Strafe“, wie etwa Kerkerhaft, im Krieg eher eine Belohnung sei, da man dort in Sicherheit ist (Weniger: Wehrmachtserziehung, 1938, S. 75 f.).

Der Text Wenigers zeichnet sich durch eine Fülle von Zitaten aus Dienstvorschriften und allzu allgemeinen Plattitüden aus, so z. B. dass an die Armee und an die einzelnen Truppenteile keine „unerfüllbaren Anforderungen“ gestellt werden dürften (Weniger: Wehrmachtserziehung, 1938, S. 80); Dinge, die sich eigentlich von selbst verstehen.

Eine Vorstellung davon, wie die reformpädagogischen Maßnahmen, die Weniger für die Armee vorschlägt, im Detail auszusehen haben, gibt seine Formulierung von der „eisernen Faust im Samthandschuh“, mit der auf französischer Seite General Petain einer Meuterei Herr geworden sei. Weniger empfiehlt ebenso, Modelle der „Gleichzeitigkeit der Strafe und der Fürsorgemaßnahmen“ zu übernehmen, wenn es zur Meuterei kommen sollte (Weniger: Wehrmachtserziehung, 1938, S. 86). Im Grunde charakterisiert die Parole „Politik der eisernen Faust im Samthandschuh“ Wenigers Haltung sehr treffend: Eine Politik, die er der Wehrmachtsführung empfiehlt – in der Sache nicht nachzugeben, sich aber in der Form geschmeidig zeigen.

Aufschlussreich sind auch die Ausführungen Wenigers darüber, wie er im kommenden Krieg mit jenen umgehen möchte, die die „Kampfkraft lähmen“. Er empfiehlt

> *„die rücksichtslose Säuberung der Truppe von all den Elementen, die ihre Kampfkraft lähmen. Das Volksaufgebot umfasst Gute und Böse, auch die Asozialen, die Verbrecher, die Willenlosen und die Feigen.“* (Weniger: Wehrmachtserziehung, 1938, S. 96)

Weniger gibt sich hier als Scharfmacher, der weiß, wie es im Krieg zugeht, und der eine größere Befehlskompetenz für die Führer der Truppe bei Verfehlungen in der Armee fordert. Er betont, dass es „der Natur der Sache nach unmöglich ist, bei bestimmten standgerichtlichen Verfahren noch eine Revision zuzulassen“ und hebt hervor, dass der Führer, der solche Vollmachten vollstreckt, „die Gewissheit haben (muss), dass er von oben her gedeckt wird“, auch wenn er wissen müsse, dass er für sein Handeln einzustehen habe (Weniger: Wehrmachtserziehung, 1938, S. 98).

Weniger spricht sich dagegen aus, dass deutsche Soldaten gequält und körperlich gezüchtigt werden. „Anbinden und dergleichen“ lehnt er strickt ab (Weniger: Wehrmachtserziehung, 1938, S. 99). Er erklärt in seiner „Sowohl-als-auch“-Art: „Die rohe Peitsche allein macht es nicht“, was nach logischen Gesichtspunkten und durch den Einschub des Wörtchens „allein“ die rohe Peitsche nicht ausschließt. Weniger tritt auch für ein „gutes Beschwerderecht“ ein, um die Stimmung der Truppe günstig zu beeinflussen (Weniger: Wehrmachtserziehung, 1938, S. 100). Andererseits geht er aufgrund der Revolte der Matrosen und Soldaten 1918 davon aus, dass „ein starker Einsatz militärischer Strafgewalt“ nötig gewesen sei (Weniger: Wehrmachtserziehung, 1938, S. 104). Weniger, der vorgibt, auch Kleinigkeiten wie den offenen obersten Knopf, die Frage des Haarschnitts und der jeweiligen Kopfbedeckung zu behandeln (Weniger: Wehrmachtserziehung, 1938, S. 112 f.), lässt sein Kapitel damit enden, dass letztlich die „Kameradschaft das bedeutsamste Geschenk des Krieges an das Volk“ sei (Weniger: Wehrmachtserziehung, 1938, S. 116), die die Fragen der Disziplin und des Gehorsam weitgehend tugendhaft überstrahlend geregelt habe und regeln könne. Dabei gelte es auch vom Feind zu lernen. Die Deutschen sollten insbesondere „eine gewisse Geschmeidigkeit in der Anpassung an die kriegerischen Bedingungen“ lernen (Weniger: Wehrmachtserziehung, 1938, S. 116).

Im dritten Kapitel über „Kameradschaft und Kampfgemeinschaft" (Weniger: Wehrmachtserziehung, 1938, S. 117ff.) macht Weniger deutlich, dass über Gehorsam und Disziplin hinaus die Kameradschaft nicht kommandiert werden könne, für Weniger ein wichtiges Ziel von Ausbildung in Frieden und Krieg. Kameradschaft steht für ihn nicht im Gegensatz zu der Rolle des Führers. Die Notwendigkeit des Führertums innerhalb der Kameradschaft steht für Weniger außer Frage:

> *„Der Führer stellt seine Mannschaft in den Dienst der Sache, indem er sie zwingt, ihm zu gehorchen und zu folgen."* (Weniger: Wehrmachtserziehung, 1938, S. 121)

Weniger referiert hier weitgehend, wie Lehrbücher, die in verschiedenen Armeen der Welt verwendet werden könnten, die Rolle der Ehre und der Beschämung des Soldaten behandeln. Das geht bis hin zur gemeinsamen Verpflegung in der Feldküche und der „volle(n) Bedeutung der gemeinsamen Sportausübung" (Weniger: Wehrmachtserziehung, 1938, S. 124 f.). Über weite Strecken wird über den kameradschaftlichen Ton referiert sowie „das Nebeneinander einer herrlichen und kurz angebundenen Befehlssprache und eines kameradschaftlichen Umgangstones" besprochen und vor falscher Kameradschaft, etwa beim Stehlen, gewarnt (Weniger: Wehrmachtserziehung, 1938, S. 128 f.) – weitgehend Plattitüden, wie sie in jedem militärischen Lehrbuch zur Genüge vorhanden sind und auch in den Dienstvorschriften der NS-Wehrmacht ihren Platz hatten.

Im Unterschied zu den Dienstvorschriften flechtet Weniger, als Professor der Erziehungswissenschaft, ein wenig von der „Kantschen Ethik" ein und erklärt die Pflicht zum freiwilligen Gehorsam als eine Aufnahme „des objektiven Gesetzes" durch den bewussten Entschluss des einzelnen Soldaten. Der „innerliche Gehorsam" oder der „denkende Gehorsam" sind Terminologien, die Weniger vorschlägt, um klarzumachen, dass es um eine Verinnerlichung eines Gehorsams geht, den der einzelne Soldat selber wollen müsse (Weniger: Wehrmachtserziehung, 1938, S. 134).

Immer wieder erinnert Weniger daran, das „kämpfende und leidende Volk in Waffen" (Weniger: Wehrmachtserziehung, 1938, S. 137) nicht zu vergessen, was für die Kriegsführung im Ersten Weltkrieg und auch für die zukünftige Kriegsführung wesentlich sei:

> *„Die geheimnisvolle Macht des Volkstums, die unzerstörbare völkische Substanz auch in der Masse der Soldaten umfasste diese mit den Eliten in einer höheren Einheit."* (Weniger: Wehrmachtserziehung, 1938, S. 138)

Begrifflich unterscheidet Weniger die Kampfgemeinschaft von der Kameradschaft. Kampfgemeinschaft könne nur im Ernst der vollen kriegerischen Verantwortung, im „Feuer der Schlachten" geschaffen werden (Weniger: Wehrmachtserziehung, 1938, S. 141). Ausdrücklich wird auch für die Friedenszeit der Korpsgeist als wichtige Hilfestellung und wichtiger Ansporn für die gesamte Disziplin, „Manneszucht", Kameradschaft und Kampfgemeinschaft gefordert (Weniger: Wehrmachtserziehung, 1938, S. 143).

Weniger schließt den ersten Teil des Buchs mit der folgenden Passage:

> *„Alle Friedensnotwendigkeiten müssen freilich letzten Endes zurücktreten vor dem Gesetz der Vorbereitung auf den Krieg und, wir wiederholen es, die Formen des Friedens dürfen die Ansätze nicht zerstören, aus denen dann im Kampf die höchsten Gestaltungen des Soldatentums erwachsen können: die Kampfgemeinschaft und der selbständig denkende und handelnde Einzelkämpfer."* (Weniger: Wehrmachtserziehung, 1938, S. 144)

Hier überschneidet sich die Kriegsvorbereitung im Allgemeinen, die in der Ausbildung jeder Armee eine Rolle spielt, mit der konkreten NS-Kriegsvorbereitung des Jahres 1938. Deutlich wird auch, dass im Rahmen der Kampfgemeinschaft die Selbständigkeit des Einzelnen als „handelnde(r) Einzelkämpfer" gefordert und herausgestellt wird. Anders gesagt: Es ging um die Effektivität der NS-Wehrmacht.

Der zweite Teil des Buchs handelt von „Theorie und Praxis in der Erziehung und Ausbildung des Soldaten“. Einleitend wird festgehalten: „Der Krieg ist der absolute Maßstab für das soldatische Dasein. (…) Der Krieg (ist) die höchste Erfüllung des soldatischen Lebens und auch in dem Sinne Maßstab, als nur in ihm die eigentliche Bewährung des Soldaten zu finden ist“ (Weniger: Wehrmachtserziehung, 1938, S. 147).

Den Krieg als „die höchste Erfüllung des soldatischen Lebens“ zu bezeichnen – genau das ist Militarismus. Wenn es überhaupt eine Rechtfertigung für Soldaten gibt, dann im Kampf um einen Zustand, der den Krieg verhindert, der den Frieden erhält oder wiederherstellt. Die Forderung von der Erfüllung des soldatischen Lebens durch den Krieg ist Ausdruck einer klaren militaristischen Denkweise, die sich keinesfalls mit den Vorstellungen der Armeen anderer Länder, die gegen das NS-Regime kämpften, vereinbaren lässt. Bei Weniger heißt es:

> *„Ein kriegerisches Scheindasein aber ist der Tod des Soldatentums, kein Mann hält es aus, bloß zu spielen.“* (Weniger: Wehrmachtserziehung, 1938, S. 148)

Diese Passage enthält den Hauptgedanken des ganzen Buchs und zeigt die Berechtigung des Vorwurfs im Entnazifizierungsverfahren, dass Weniger Militarist gewesen sei. Im Folgenden wird dieser Gedanke von Weniger weiter ausgeführt, wenn es darum geht, den Unterschied zwischen der Ausbildung im Frieden und der eigentlichen Kriegserfahrung deutlich zu machen. Weniger geht es darum, in Friedenszeiten die Armee auf den kommenden Krieg so schonungslos und so deutlich wie möglich vorzubereiten. Die „Vorbereitung auf den Krieg“ (Weniger: Wehrmachtserziehung, 1938, S. 158) schließt ein, sich auf den totalen Krieg einzurichten:

> *„Flieger, weittragende Geschütze, Gas, Fallschirmlandungen, der totale Krieg mit seinen wirtschaftlichen und propagandistischen Maßnahmen baut sein festes Gerüst für die Kriegführung, ehe noch die Herrschaft über das Gesetz des Handelns entschieden ist. Etappe und Heimat als verhältnismäßig geschonte Gebiete wird es kaum noch geben.“* (Weniger: Wehrmachtserziehung, 1938, S. 159)

Militärisch gesehen hat Weniger hier nicht unrecht. Es wird außerdem deutlich, wie offen schon 1938 über die Kriegsvorbereitungen und über den „totalen Krieg“ gesprochen wurde.

Weniger entwickelt so lehrbuchartig ein ganzes Repertoire an Möglichkeiten, die Soldaten schon im Frieden auf den Krieg vorzubereiten. Befehlstechnik, Geländeübungen, Bewegungsübungen und körperliche Belastungen – alles wird der Vorbereitung des Krieges untergeordnet. Das Elementare und Einfache, unter Berufung auf Pestalozzi, wird als Kern der ersten Soldaten- oder Rekrutenausbildung vorgestellt, immer unter der Prämisse, dass es im Kriege wesentlich anders und wesentlich dramatischer zugehen werde. Dieses Credo versucht Weniger im ganzen zweiten Kapitel des zweiten Teils anhand der Kriegserfahrungen und Kriegserinnerungen des Ersten Weltkriegs deutlich zu machen. Weniger geht es darum, die Kriegserinnerungen auszuwählen und zu deuten und wirkliche Kriegserfahrungen – also letztlich Lehren über die Härte des Krieges – deutlich zu machen, aber auch taktisch-militärische Lehren aus der wissenschaftlichen Auswertung des Ersten Weltkriegs zu ziehen. Mit sichtlicher Genugtuung stellt er fest:

> *„Der Kampf der Parteien und Weltanschauungen um die Deutung des Krieges und um die Schuldfrage ist nun zu Ende.“* (Weniger: Wehrmachtserziehung, 1938, S. 176)

Nun gehe es um die wirkliche Auswertung des Ersten Weltkriegs zur Vorbereitung des Zweiten Weltkriegs:

> *„Es wird sich nicht nur darum handeln, die aktive Wehrmacht zum Siege zu führen, sondern eben ein ganzes Volk in der Mannigfaltigkeit seiner Anlagen und Kräfte, unter den verschiedenartigen Bedingungen, die Herkunft, Alter, Schicksal, Lebenserfahrung für seinen Einsatz geben.“* (Weniger: Wehrmachtserziehung, 1938, S. 177 f.)

Das „Volk in Waffen“ (Weniger: Wehrmachtserziehung, 1938, S. 178) ist für Weniger der Garant, dass die Wehrmacht schließlich den Sieg im zukünftigen Krieg erringen wird:

„Gerade die Aufgabe der Wehrmacht, die soldatischen Erziehungsschüler des deutschen Volkes zu sein, schließt die Abhängigkeit vom Volksganzen ein, und noch die kleinste erzieherische Maßnahme während der militärischen Ausbildung hat ihren Bezug zu dem Ganzen der Volksaufgabe." (Weniger: Wehrmachtserziehung, 1938, S. 178)

Es folgt die zentrale Stelle des ganzen Werks, die auf Weniger selbst angewandt werden muss:

„Schließlich muss die Wehrmacht auch ein lebendiges und ausdrückliches Wissen von dem haben, ***wofür*** *sie kämpfen und sterben soll. Verliert sich das Bewusstsein dessen, was es zu verteidigen gilt, so wird aus Soldatentum Militarismus, das heißt der Leerlauf des Selbstzwecks."* (Weniger: Wehrmachtserziehung, 1938, S. 179, Hervorhebung im Original)

Weniger definiert schon einen Begriff von Militarismus in der Abgrenzung zum Soldatentum, der auf Wenigers Schriften und seine weitere theoretische Arbeit selbst angewandt werden kann. Die Aussage Wenigers ist eindeutig: Militär als Selbstzweck, das ist Militarismus. So ergibt sich logisch, dass der Rückzug auf das rein Militärische auch von Weniger selbst als Militarismus eingestuft wird. Wenn Weniger das aber ablehnt, beginnt für ihn ein größeres Problem. Dann ist er kein bloßer Militarist, sondern jemand, der das Militär einer bestimmten Idee, einer bestimmten politischen Ordnung ein- und unterordnet. Dies würde bedeuten, dass Weniger ein überzeugter Nationalsozialist gewesen ist, der das Soldatische in den Dienst dieser nationalsozialistischen Ziele gestellt hat – und zwar bewusst. Da Weniger nicht nur an dieser Stelle vor dem Militarismus warnt, die Frage aufwirft, wofür der Soldat kämpft, und bewusst die Ziele des Soldatentums in der NS-Zeit unterstützt, bleibt die Frage, inwiefern er sich nicht doch sehr weitgehend mit den Kriegszielen des NS-Regimes identifiziert und die Ziele dieses Krieges ausdrücklich gutgeheißen hat und sich somit eben doch nicht nur als rein handwerklicher Soldat oder Theoretiker des Soldatentums verstanden hat.

Hier ist ein Dilemma für die Beurteilung Wenigers selbst angelegt: Die Tatsache, dass Weniger eben nicht „nur" Militarist ist, sondern sich in der NS-Zeit bewusst für den Krieg und die Kriegsführung des NS-Regimes eingesetzt hat, dass er wusste, „wofür die Wehrmacht kämpft und wofür die Soldaten sterben" sollen. Der Vorwurf des Militarismus ist demgegenüber noch der geringere. Der gravierendere Vorwurf ist, dass Weniger bewusst die Unterstützung der NS-Führung als Ausdruck des Willens des deutschen Volkes begriffen und sich dafür eingesetzt hat.

Für Weniger kommt es darauf an, deutlich zu machen, dass der Erste Weltkrieg nicht „vergeblich" gewesen sei (Weniger: Wehrmachtserziehung, 1938, S. 180), dass er eine große Erfahrung bedeute, aus der für den künftigen Krieg gelernt werden könne. Weniger rechnet kurz mit den „parlamentarischen Untersuchungsausschüsse(n)" ab, die die Wunden des Krieges durch die Frage nach der Kriegsschuld und nach grundlegenden Fehlern offengehalten hätten und hebt demgegenüber die Erinnerungsbücher Ernst Jüngers positiv hervor (Weniger: Wehrmachtserziehung, 1938, S. 182). Die Erfahrungen dieses Weltkriegs könnten nur von denen, die selbst glaubwürdig in diesem Krieg standgehalten hätten, vermittelt werden (Weniger: Wehrmachtserziehung, 1938, S. 184). Das gelte für die militärische Erziehung im Großen, aber auch überall dort, „wo die Jugend erzogen wird, in der Schule, in der Jugendführung, im Arbeitsdienst. In dem Begriff des politischen Soldaten kommt die Bedeutung dieser Haltung für den Staat und das Volk in all ihren Bezügen am Sinnfälligsten zum Ausdruck" (Weniger: Wehrmachtserziehung, 1938, S. 184).

Möglicherweise werden diese Passagen Anlass sein, besser als bisher zu verstehen, dass die positive Haltung vieler Erziehungswissenschaftler der Weimarer Republik zum Ersten Weltkrieg ein wesentlicher Baustein für die Vorbereitung des Zweiten Weltkriegs und für die Verhetzung der deutschen Jugend für diesen Weltkrieg war. Weniger belehrt im Folgenden seine Leser über die Rolle verschiedener Textsorten zur Auswertung der Kriegserfahrungen und stellt den Rahmen taktisch-psychologischer Kritiken an Fehlern im Ersten Weltkrieg sehr deutlich klar. Weniger, der diese taktisch-psychologische Kritik an Fehlern im Ersten Weltkrieg fordert, stellt fest:

> *„Für den Soldaten gibt es letzte Gewissheiten und Verpflichtungen, die er nicht in Frage stellen darf. Darstellungen oder Kritiken, die die Pflicht zur Behauptung von Staat und Volk oder die Möglichkeit sittlicher Bewährung durch kriegerische Tugenden überhaupt leugnen, scheiden aus dem Bereich verwendbarer Erfahrungen aus. (...) Bedingungslose Hingabe an die Verteidigung von Volk und Staat, Manneszucht und fragloser Gehorsam, Pflichterfüllung bis zum Einsatz des Lebens, sind auch für die historische Kritik vorgegeben.“* (Weniger: Wehrmachtserziehung, 1938, S. 191 f.)

Er betont, dass es völkische „Grundgesetze“ gebe, „vor denen das Urteil halt zu machen habe“ (Weniger: Wehrmachtserziehung, 1938, S. 193):

> *„Voraussetzung jeglicher kritischen Arbeit ist die Ehrfurcht vor der Größe des Volksschicksals, der Stolz auf die durchgängige Bewährung von Führung und Truppe vor den gewaltigen Anforderungen dieser langen Jahre.“* (Weniger: Wehrmachtserziehung, 1938, S. 193)

Unter Berufung auf Generaloberst von Seeckt werden nun auch taktische Überlegungen zu Fehlern im Ersten Weltkrieg vorgestellt, wobei Weniger auch die Erfahrungen des Kriegs in Spanien (ohne dass er die Legion Condor und das Eingreifen deutscher Soldaten konkret benennt) als Beleg dafür anführt, dass viele taktische Veränderungen seit 1918 dennoch nicht für den nächsten Krieg entscheidend sind:

> *„Schließlich und vor allem scheinen die letzten kriegerischen Ereignisse in Spanien zu zeigen, dass die taktischen Erfahrungen doch trotz aller Weiterentwicklung der Kampfmittel noch nicht so überholt sind, wie man bis dahin angenommen hatte.“* (Weniger: Wehrmachtserziehung, 1938, S. 205)

Hier ist nicht der Platz, militärisch zu fachsimpeln, ob dies nun stimmt oder nicht – entscheidend ist, dass Weniger das aktuelle Kriegsgeschehen auswertet und sich selbst zumindest als Fachmann auf diesem Gebiet vorstellt.

Im Abschnitt über Kritik an psychologischen Fehlern im Ersten Weltkrieg, in dem sich Weniger unter anderem auf Hans von Hentigs „Psychologische Strategie des großen Krieges“[851] beruft, geht es um Wehrmachtspsychologie.

Die Wehrmachtspsychologie von Simoneit, Altrichter und anderen habe schon „zu beträchtlichen Ergebnissen geführt“ (Weniger: Wehrmachtserziehung, 1938, S. 212). Dennoch warnt Weniger davor, das „Prestige der Führung und des Heeres, das die Voraussetzung für das Vertrauen des Volkes“ sei, zu sehr oder überhaupt in Frage zu stellen, denn es gehe darum, „das Strahlende in dem Geschehen auf den Schlachtfeldern“ zu erhalten (Weniger: Wehrmachtserziehung, 1938, S. 215). Weniger versteht genau das Problem, einerseits das Prestige der Wehrmacht angesichts der Fehler im Ersten Weltkrieg nicht zu gefährden und andererseits dennoch wissenschaftlich dafür zu arbeiten, militärisch, taktisch und psychologisch und in der Ausbildung der Soldaten die Fehler des Ersten Weltkrieges im nächsten Krieg zu vermeiden. Es geht ihm um den „Glauben an die Fähigkeit des Führers, die ihm anvertrauten Aufgaben meistern zu können“ (Weniger: Wehrmachtserziehung, 1938, S. 225), wobei offen bleibt, welchen Führer er hier meint, der aber von den Lesern 1938 vermutlich mit Adolf Hitler identifiziert wurde, auch wenn es an dieser Stelle eigentlich um die Führung im Ersten Weltkrieg geht.

Wenigers Lösung des Problems, einerseits schonungslos die militärischen Fehler des Ersten Weltkriegs aufzudecken, aber gleichzeitig das Prestige der damaligen militärischen Führung (die zur Zeit der Abfassung der Schrift immer noch aktiv war) zu schonen, lautet: Die Schuldfrage ausklammern, denn eine Pflichtverletzung der Führung habe keinesfalls vorgelegen (Weniger: Wehrmachtserziehung, 1938, S. 228). Es geht Weniger um ein geschichtliches und sachliches Urteil, nicht um ein moralisches (Weniger: Wehrmachtserziehung, 1938, S. 230).

[851] Hentig, Hans von: Psychologische Strategie des großen Krieges, Heidelberg 1927.

Die Motive, auch jener, die Fehler gemacht haben, so der Kern seiner Ausführungen, waren rein, sonst wären sie wegen Pflichtverletzung vor ein Kriegsgericht gestellt worden. Weniger forderte die öffentliche, kontroverse und namentliche Debatte darüber in der Fachpresse der Militärwissenschaft. Er geht dabei davon aus, dass auch dem Volk die Wahrheit nicht vorenthalten werden dürfe (Weniger: Wehrmachtserziehung, 1938, S. 234 f.). Diese Haltung sei nötig gegen romantische Verklärungen aller Einzelheiten des Ersten Weltkriegs. Die zentrale Passage dieses Abschnitts ist:

> *„Der wahre Optimismus, zu dem es sich durchzuringen gilt, glaubt aber an die unzerstörbaren Kräfte der Rasse und des Volkes, an seine geistigen Fähigkeiten und sittlichen Tugenden, an die Gerechtigkeit der Sache.“* (Weniger: Wehrmachtserziehung, 1938, S. 238)

Diese „unzerstörbaren Kräfte“ der „Rasse und des Volkes“, die Weniger hier beschwört und sie in einem Atemzug mit der „Gerechtigkeit der Sache“ nennt, gehen über „normalen“ Nationalismus weit hinaus. 1938, in der Zeit der NS-Diktatur, von „unzerstörbaren Kräften der Rasse und des Volkes“ zu sprechen, bedeutet, die Ideologie des NS-Systems für die Vorbereitung des Weltkriegs zu mobilisieren. So relativiert sich auch der nachträgliche Kritikpunkt Wenigers, dass es ein „Fehlgriff“ im Ersten Weltkrieg gewesen sei, „den Siegeswillen des Volkes nur durch Hinweis auf Eroberungen, nicht durch den Anruf des Selbsterhaltungstriebes“ erhalten zu wollen (Weniger: Wehrmachtserziehung, 1938, S. 239).[852] Hier wird deutlich, dass Wenigers Appell zur Verkündung der Wahrheit nicht lange angehalten hat, wenn es um die Tatsache geht, welche Ziele der Erste Weltkrieg aus deutscher Sicht hatte. Er fordert mehr wissenschaftliche Forschung, um die Frage der Erfahrung und der notwendigen Kritik des Ersten Weltkriegs fundiert vorantreiben zu können. Dabei sind für ihn die Fragen bestimmend, „die der Wehrmacht, der Führung und dem Volk heute vor ihren Aufgaben wichtig werden“, um in einer Art „Planwirtschaft in der Erforschung des Weltkrieges“ die wesentlichen Fragen zu erforschen und nicht Nebensächlichkeiten (Weniger: Wehrmachtserziehung, 1938, S. 244). Die kritische Geschichte des Krieges, die Weniger für die Ausbildung des Offiziers anstrebt (Weniger: Wehrmachtserziehung, 1938, S. 255), könne gefährlich werden, so seine Grundüberlegung, wenn sie nicht von einer anderen grundlegenden Geschichtsbeschreibung und Geschichtsbetrachtung ausgeht. Er stellt dazu fest:

> *„Aber diese kritische Geschichte für sich allein kann gefährlich werden für den Charakter des Werdenden und Lernenden und für das Vertrauen, dessen die soldatische Arbeit bei Volk und Staat bedarf. Daher setzt sie eine andere Art der Geschichtsbetrachtung voraus, die mit Nietzsche als die monumentale bezeichnet werden mag. Die kritische Geschichtsbetrachtung ist ein Werkzeug für die Ausbildung des künftigen soldatischen Führers. Die monumentale Geschichtsbetrachtung ist eines der großen Mittel der Erziehung und Bildung der Glieder der Volksgemeinschaft, der Träger des Volkswillens, der Führer der Volkskraft.*
>
> *Sie begeistert die junge Mannschaft der Nation durch die Vertiefung in die große Vergangenheit des Volkes, in die Taten der großen Deutschen. Sie erhebt zur Höhe der Aufgabe, indem sie sich an der Geschichte des Volkes und seiner großen Männer seiner Kraft und Größe versichert. Als Kriegsgeschichte ist sie eine Geschichte der Helden und ihrer Taten, der Helden als Feldherrn und Führer wie auch der Helden als der unbekannten Soldaten. Diese Art der Geschichtsbetrachtung geht aus von der Positivität der geschichtlichen Leistungen, von dem Strahlenden in den Geschehnissen. Sie verehrt den Ruhm und die Ehre des Volkes in seinen Führern wie in seiner Wehrmacht. Im Stolz auf die Vergangenheit bilden sich Bereitschaft, Mut und Selbstvertrauen gegenüber den kommenden Aufgaben.*
>
> *Diese* ***heroische Geschichtsbetrachtung*** *muss dem gesamten Nachwuchs der Nation zuteil werden. Die Schule des Staates, die politischen Gliederungen des Volkes haben dem jungen Soldaten bereits vor seinem Eintritt diese Art der Geschichte vermittelt. Aber sie muss ihm auch in der Folge ständig gegenwärtig bleiben als der große Hintergrund aller Gegenwart, damit er die Vergangenheit nicht mit der kritischen Geschichtsbetrachtung bloß als Fachmann anzusehen lerne, sondern als Soldat Begeis-*

[852] Dieses „nur“ schließt logisch ein, dass das Motiv der Eroberung auch existent sei; aber eben nicht „nur“.

terung, Ehrfurcht und Mut mit Nüchternheit und Klarheit lebendig vereine." (Weniger: Wehrmachtserziehung, 1938, S. 255, Hervorhebung im Original)

Diese Ausführungen verdienen besondere Aufmerksamkeit. Zunächst wird klar, dass für Weniger die kritische Betrachtung im Detail in taktischer Hinsicht nötig ist, aber die große grundlegende Aufgabe der Verklärung und der Mythologisierung des Soldatentums damit keinesfalls aufgehoben werden soll. Diese Passage, die mehr nach Hitlers „Mein Kampf" als nach einem kritischen Erziehungswissenschaftler klingt, kulminiert in der Formulierung der „heroischen Geschichtsbetrachtung" (Weniger: Wehrmachtserziehung, 1938, S. 255). „Diese Art der Geschichtsbetrachtung" geht davon aus, dass die Geschichtsbetrachtung zur Mobilisierung nationalistischer Motive im Begriff des Stolzes und nicht im Begriff der kritischen Bewusstwerdung der Geschichte der eigenen Nation einschließlich ihrer Verbrechen dient. Diese Form des Nationalstolzes, in der sich der Einzelne selbst in der Rolle des „unbekannten Soldaten" feiert (Weniger: Wehrmachtserziehung, 1938, S. 255), in der vor allem aber die Führung gefeiert wird, ist gerade das Gegenteil notwendiger pädagogischer Bemühungen. Hier entwirft Weniger ein ganzes Programm, das in der NS-Zeit in vielerlei Hinsicht schon Realität geworden war. Die Diskreditierung der Idee der Dialektik findet ihren Höhepunkt im Abschluss dieses dritten Kapitels des zweiten Teils. Während Weniger einerseits die Entfernung romantischer Ideen mit der Losung „Nie wieder Langemarck" (Weniger: Wehrmachtserziehung, 1938, S. 256) vorstellt, schließt er gleichzeitig an:

> *„Aber darüber steht begeisternd und erhebend das große* ***Symbol Langemarck*** *als das Zeugnis für den Willen der Jugend zum Opfer, zum bedingungslosen Einsatz des Lebens, für ihre Tapferkeit und für die edle Form der Hingabe."* (Weniger: Wehrmachtserziehung, 1938, S. 256, Hervorhebung im Original)

Es geht Weniger also darum, taktische Fehler, Niederlagen im Krieg zu vermeiden und im nächsten Krieg den Sieg zu erringen, auch unter Einsatz des Lebens der Jugendlichen, die jedem Pädagogen eigentlich in Verantwortung anvertraut sind.

Im abschließenden vierten Kapitel des zweiten Teils (Weniger: Wehrmachtserziehung, 1938, S. 256 ff.) geht es Weniger um den Widerspruch zwischen der wissenschaftlichen Forschung einerseits und den Unvorhersehbarkeiten eines neuen Krieges andererseits, den sogenannten „Antinomien des kriegerischen Handelns" (Weniger: Wehrmachtserziehung, 1938, S. 260). Weniger sieht die Lösung nicht in einem bloß anzustrebenden Ideal kriegerischen Handelns, sondern verweist darauf, dass die Auswertung der zukünftigen Praxis des Krieges notwendige Ergänzung zur theoretischen Reflexion über den Ersten Weltkriegs bieten müsse. Das Problem der Eigenständigkeit sowohl des einzelnen Soldaten als auch unter geordneter Truppenführung wird von Weniger in der Hinsicht gelöst, dass über das Ausmaß solcher Selbständigkeit die jeweilige Führung den Kriegsinteressen entsprechend zu entscheiden habe. In diesem Rahmen fordert er, dass „der Nachwuchs zu selbständigem Denken und kritischem Urteil als Grundlage zu eigenem Handeln" erzogen werden solle (Weniger: Wehrmachtserziehung, 1938, S. 278) und bietet sich in dieser Hinsicht als Fachmann für Erziehungswissenschaft im militärischen Rahmen an.

Ähnlich betont Weniger zum Ende seiner Abhandlung, sich auf Moltke berufend, dass im Krieg „die Eigenschaften des Charakters schwerer als die des Verstandes" wiegen würden (Weniger: Wehrmachtserziehung, 1938, S. 290 f.), dass die Vorbereitung auf den zukünftigen Krieg auch „spekulative Theorie" nötig mache und verschiedene Möglichkeiten vorab durchzudenken seien (Weniger: Wehrmachtserziehung, 1938, S. 292). Er stellt heraus, dass die Erfahrungen des Weltkriegs trotz aller Fehler die Voraussetzung dafür war, dass „der neue politische und soldatische Wille und der neue Geist entstand, der den Aufbau von Volk, Staat und Wehrmacht heute trägt" (Weniger: Wehrmachtserziehung, 1938, S. 296). 1938 geht es Weniger letztlich um eine Synthese des NS-Staats mit der Tradition der Frontkämpfergeneration des Ersten Weltkriegs.

Die abschließenden Vorschläge für die Ausbildung der Soldaten und Offiziere, gegen primitiven Pragmatismus gerichtet, dienen letztlich dazu, Leute wie ihn als notwendige Berater der Wehrmacht zu empfehlen. „Noch der geborene Soldat", so der abschließende Rückgriff auf die Einleitung, „bedarf der Schulung" (Weniger: Wehrmachtserziehung, 1938, S. 310). Die soldatische Persönlichkeit müsse durchaus durch Erörterung der Dienstvorschriften eine Art „Einführung in Geist, Methode und Tragweite der Dienstvorschriften" erhalten (Weniger: Wehrmachtserziehung, 1938, S. 311). Angesichts Wenigers realistischer Einschätzung, dass der Verlauf des nächsten Krieges nicht in Einzelheiten vorwegzunehmen sei, betont er nachdrücklich, dass gerade der Anfang festgelegt sein müsse. Die strategischen Pläne, gerade für die erste Phase des Krieges, werden von Weniger, übrigens im Einklang mit dem dann begonnenen Zweiten Weltkrieg, als besonders gewichtig vorgestellt. Er bekräftigt in den letzten Absätzen des Buchs, dass „die Erziehung der Nation durch die Wehrmacht Inhalt und Form" gewinnen solle (Weniger: Wehrmachtserziehung, 1938, S. 316 f.). Die Vorbereitung auf den, wie Weniger formuliert, totalen Krieg ist also im Wesentlichen auch eine Sache der Wehrmacht und der Wehrmachtsführung wie der politischen Führung des NS-Staats überhaupt. Die Wehrmachtspädagogik stelle, so Weniger, „erzieherische Methoden" bereit, die den Erfolg des nächsten Krieges weitgehend garantierten. Der „kriegserfahrene Soldat als Vorbild und Beispiel", so heißt es im letzten Absatz, bringe „der Kriegsvorbereitung in Theorie und Praxis", den „kriegerischen Geist" zur anschaulichen Darstellung (Weniger: Wehrmachtserziehung, 1938, S. 317).

Im Jahr nach der Veröffentlichung von Wenigers Schrift begann bekanntlich der Zweite Weltkrieg mit dem Überfall auf Polen.

* * *

Die Referierung diese umfangreichen Werks Erich Wenigers steht vor dem Problem einer Kritik im Detail. Die Anpassung an die NS-Terminologie bis hin zu den Begriffen „Rasse und Volk" ist eine Seite. Sie sollte unstrittig sein. Weniger hat mit diesem Buch keinesfalls Widerstand gegen das NS-Regime vorbereitet, sondern im Gegenteil die Unterordnung unter die Führung und die unkritische Heroisierung der deutschen Geschichte zum Programm erhoben. Andererseits enthält das Buch eine Fülle von militärtechnischen Ausarbeitungen, die – im Vergleich mit militärischen Handbüchern der Alliierten der Anti-Hitler-Koalition – nicht im engen Sinn des Wortes als Militarismus oder gar als NS-spezifisch charakterisiert werden können. Auch die semantische Analyse der angeführten Passagen führen im Detail möglicherweise in die Irre. Die Gesamtschau der Schrift ermöglicht es jedoch, deutlich klarzumachen, dass Weniger, an seiner eigenen Definition des Militarismus gemessen, geschichtlich vor dem Urteil steht, Militarist und Unterstützer des NS-Regimes gewesen zu sein. Die bloß handwerklich-soldatische Darstellung der Ausbildung von Soldaten und Offizieren birgt in sich die Gefahr, wie Weniger selbst klar sieht, als Militarist dazustehen: Als ein Militarist, dem es egal ist, wofür gekämpft wird und worum es eigentlich geht, der das Handwerk des Tötens anderer Soldaten so nimmt wie ein Metzger, der lernt, wie man gekonnt Tiere schlachtet. Wenigers gesamte Schrift wehrt sich dagegen, das Soldatentum in dieser Hinsicht nur als Handwerk zu bezeichnen, betont immer das „Wofür". Das „Wofür" war 1938 eindeutig das NS-Regime. Seine Unterstützung des NS-Regimes führt dazu, dass die Bezeichnung Wenigers als Militarist im Grunde sogar schmeichelhaft ist. Das eigentliche Dilemma des deutschen, des preußischen Militarismus wird damit nicht erfasst. Das Dilemma, dass der deutsche Militarismus in der Zeit des NS-Regimes eine Verbindung mit der Ideologie von „Rasse und Volk" einging, in der Theorie, aber vor allem in der Praxis einen verbrecherischen Krieg vorbereitete und durchführte, der in all seinen Abteilungen objektiv dem Ziel diente, nicht nur den Völkermord an der jüdischen Bevölkerung und an den Sinti und Roma abzusichern, sondern auch andere Völker zu versklaven.

Die Verantwortung Erich Wenigers, zu seiner Schrift aus dem Jahre 1938 nach dem Ende des NS-Regimes nicht Punkt für Punkt kritisch Stellung genommen zu haben,[853] wiegt schwer.

d) Kleinere Veröffentlichungen 1940–1944

1940 sind zunächst vier Aufsätze erschienen, die die 1942 veröffentlichte Schrift „Goethe und die Generale“ vorbereiteten. Neben einer Reihe kleinerer Rezensionen wurde auch der Beitrag „Führerauslese und Führereinsatz im Kriege und das soldatische Urteil der Front“ in zwei Teilen in der „Militärwissenschaftlichen Rundschau“ publiziert. Es macht Sinn, die vier Schriften über Goethe und die Generäle aus dem Jahr 1940, weitgehend Vorabdrucke und Auszüge aus seinem größeren Werk, zusammen mit diesem Werk von 1942 zu behandeln.

Erwähnt werden muss noch, dass Weniger in seiner Rezension **„Vermächtnis der Front“**[854] in der „Frankfurter Zeitung“ den Überfall auf Polen als ersten „Kriegsmarsch gegen Polen“ bezeichnet. Hier wird deutlich, dass Weniger mit einem zweiten und mit weiteren Kriegsmärschen rechnet, wenn nicht gegen Polen, dann gegen andere Länder. Dass er die Form des Lehrgesprächs als nicht ausreichend betrachtet und den dialektischen Gang der Theorie als notwendig bezeichnet, ist demgegenüber nebensächlich.

In seinem zweiteiligen Aufsatz über **„Führerauslese und Führereinsatz im Kriege und das soldatische Urteil der Front“**[855] ist nun die Realität gewordene Kriegsführung für Weniger der Ausgangspunkt, um allgemein festzustellen: „Im Kriege können unmittelbare Einblicke in die Fähigkeiten und Leistungen jedes Mannes gewonnen werden“ (Weniger: Führerauslese 1, 1941, S. 345). Angesichts des erfolgreichen Kriegs gegen Polen führt Weniger ein gegenteiliges Moment aus, nämlich dass die Bewährung „oft am herrlichsten war, die Leistung objektiv am größten, wenn der Erfolg versagt blieb“ (Weniger: Führerauslese 1, 1941, S. 349). Damit stilisiert er die Niederlage des Ersten Weltkriegs um, die die Größe der Wehrmacht nicht wirklich geschmälert und auch nicht den „Mythos des Feldmarschalls“ wirklich beschädigt habe (Weniger: Führerauslese 1, 1941, S. 349). Weniger betont im zweiten Teil des Aufsatzes:

> *„Im bedingungslosen Vollzug des Führerwillens zeigt sich das Vertrauen der Truppe. (...) So bleibt die Selbständigkeit immer in den Grenzen des Gehorsams.“* (Weniger: Führerauslese 2, 1941, S. 202 f.)

Der absolute Gehorsam wird als „Grundlage des Soldatentums“ bezeichnet und der Inhalt des Dienstes und der Hingabe an den Dienst sei, so Weniger, „durch den Willen der obersten

---

[853] Am 6.9.1946 ergänzt Weniger seine Stellungnahmen während des Entnazifizierungsverfahrens auf einem maschinenschriftlichen Blatt durch eine „Stellungnahme zu ‚Wehrmachtserziehung und Kriegserfahrung‘“. Dort heißt es: „Das Buch ist nach den strengen Maßstäben der *geisteswissenschaftlichen* Methode gearbeitet. Es darf den Anspruch erheben, dass jeder Satz vor dem wissenschaftlichen Gewissen bestehen kann. Von Militarismus und Nationalsozialismus findet sich in dem Buch keine Spur.“ (Niedersächsische Staats- und Universitätsbibliothek Göttingen, Abteilung für Handschriften und seltene Drucke, Cod. Ms. E. Weniger 5/2, Hervorhebung im Original) Zu den Kritiken an seinen Veröffentlichungen in der NS-Zeit schreibt er dann im Dezember 1947 an das Niedersächsische Kultusministerium: „Ich glaube sagen zu dürfen, dass vor allen Dingen mein Buch über Wehrmachtserziehung auch wissenschaftlich einen Rang hat und dass nichts darin steht, was nicht sachlich begründet ist. Dass Gegebenheiten wie die Kriegsartikel zitiert werden müssen, versteht sich von selbst. Es kommt alles auf die Interpretation an.“ (Brief an Dr. Dr. Wende vom 11.12.1947, S. 4, Niedersächsische Staats- und Universitätsbibliothek Göttingen, Abteilung für Handschriften und seltene Drucke, Cod. Ms. E. Weniger 5/23)

[854] Weniger, Erich: Rezension: Vermächtnis der Front (über: Herbert Freudenthal: Vermächtnis der Front. Ein Nachtgespräch vom Krieg, Oldenburg/Berlin 1940), in: Frankfurter Zeitung und Handelsblatt, 85. Jg. (1940/41), Nr. 484–485 (22.9.1940). Auch in: Frankfurter Zeitung und Handelsblatt, 85. Jg. (1940/41), Nr. 487 (24.9.1940). *[Dokumentation ad fontes Weniger: S. 498]*

[855] Weniger, Erich: Führerauslese und Führereinsatz im Kriege und das soldatische Urteil der Front. Ein Beitrag, in: Militärwissenschaftliche Rundschau, 5. Jg. (1940), Heft 4 (Januar 1941), S. 345–354. *[Dokumentation ad fontes Weniger: S. 499–508]*

Weniger, Erich: Führerauslese und Führereinsatz im Kriege und das soldatische Urteil der Front (Teil II). Der Feldherr als Erzieher, in: Militärwissenschaftliche Rundschau, 6. Jg. (1941), Heft 3 (September 1941), S. 198–206. *[Dokumentation ad fontes Weniger: S. 511–519]*

Führung bestimmt" (Weniger: Führerauslese 2, 1941, S. 200 f.). Er schildert das Dilemma, was zu tun sei, wenn ein Befehl offensichtlich falsch sei und keine Korrektur vorgenommen werde und erklärt sehr deutlich:

> *„Es gehört zur Tragik des Soldatentums, dass beim Fehlen dieser Voraussetzung der Gehorsam dennoch nicht aufgesagt werden darf. Es bleibt die absolute Gehorsamspflicht. (...) Änderungen sind nur als politische Akte möglich, durch das Eingreifen der Staatsführung."* (Weniger: Führerauslese 2, 1941, S. 205)

Wenn Weniger nach 1945 seine wehrpädagogischen Schriften als Vorbereitung für den Widerstand gegen das NS-Regime innerhalb der Wehrmacht vorstellen wird, sollte an diese Passage erinnert werden.

Die letzten drei Jahre, in denen Weniger in der NS-Zeit publizierte, waren durch zwei wesentliche Themen – Rezensionen fallen weitgehend weg – geprägt: Goethe und die Wehrmachtspädagogik. Das Goethe-Thema ist unter der Überschrift „Goethe und die Generale" bereits 1940 in einer ausführlichen Schrift vorgestellt worden und wird nun 1942 als selbständiger Band publiziert, zu dem einzelne Auszüge oder Zusammenfassungen in verschiedenen Zeitungen noch dazukommen, die aber inhaltlich nichts Neues bieten.

Der zweite Schwerpunkt (Kriegspädagogik) ist in seiner letzten Publikation zu soldatisch-pädagogischen Themen durch zwei Schriften gekennzeichnet: „Die geistige Führung der Truppe"[856] erscheint 1942. Die Neuauflage 1944[857] orientiert sich weitestgehend an der Ausgabe von 1942. Eine zweite größere Schrift Wenigers erschien 1944 unter dem Titel „Die Erziehung des deutschen Soldaten".[858] Es ist weitgehend eine Zusammenfassung des großen, 1938 erschienenen Buchs mit einigen aktuellen Ergänzungen. Auch diese Schrift, so Weniger, sei von der NS-Zensur oder von NS-Dienststellen ohne sein Wissen verändert worden, zumindest laut Wenigers Aussage in seinem Entnazifizierungsverfahren. Die vorliegende Studie geht jedoch davon aus, dass Publikationen so, wie sie publiziert wurden, analysiert werden müssen.

e) „Goethe und die Generale" (1942/1944)

Wenigers Werk „Goethe und die Generale"[859] erschien 1942 ohne den wissenschaftlichen Apparat und die Quellen, die 1940 in der Fassung des Hochstifts[860] noch vorhanden waren. In der Tat ist diese Schrift eine schwer einzuordnende Textsorte. In einem sehr ausführlichen Verfahren wird versucht, Goethe in die deutsche Bewegung der Generäle einzubeziehen und dafür die Tagebuchaufzeichnungen Goethes, konkret die Fülle seiner Begegnungen mit Herzögen, Fürsten, Generälen und anderen wichtigen Personen der damaligen Zeitgeschichte zu rekonstruieren. Da der Verlauf dieser Gespräche inhaltlich in den wenigsten Fällen dokumentiert ist, ergibt sich eine Chronologie von Begegnungen, des Teetrinkens und ähnlicher Aktivitäten, die zur Diskussion über Goethe und die „Deutsche Bewegung" nicht wirklich Wesentliches beiträgt. So müsste der Titel eigentlich „Die Generäle und Goethe" lauten, denn die Hauptargumentation Wenigers ist, dass die Generäle ohne Frage Goethe gelesen und zu

---

[856] Weniger, Erich: Die geistige Führung der Truppe. Das Ethos des deutschen Soldatentums und die Erziehung des deutschen Offiziers, ohne Ort, ohne Jahr (1942), 39-seitige Ausgabe.

[857] Weniger, Erich: Die geistige Führung der Truppe. Das Ethos des deutschen Soldatentums und die Erziehung des deutschen Offiziers, 2. Auflage, ohne Ort, ohne Jahr (1944), 32-seitige Ausgabe. *[Dokumentation ad fontes Weniger: S. 633–662]*

[858] Weniger, Erich: Die Erziehung des deutschen Soldaten, ohne Ort (Berlin), ohne Jahr (1944). *[Dokumentation ad fontes Weniger: S. 548–632]*

[859] Weniger, Erich: Goethe und die Generale, Leipzig 1942.

[860] Weniger, Erich: Goethe und die Generäle. Vorstudien zu einer politischen Geschichte der deutschen Bewegung, in: Jahrbuch des Freien Deutschen Hochstifts, Jg. 1940, S. 408–593.

Goethe gestanden hätten. Die Frage jedoch, wie Goethe zu Napoleon und den antinapoleonischen, antifranzösischen Kriegen gestanden hat, bewegte die Goethe-Gesellschaft in Deutschland schon seit vielen Jahren und bewegte sie bereits vor der NS-Zeit. Wäre Weniger seriös an diese Frage herangegangen, hätte er die inhaltlichen Positionen Goethes zu der Frage, was eine „Deutsche Bewegung“ eigentlich ist, welche Dimensionen sie hat, welchen militärischen und kulturellen Charakter sie hat, anhand der Originalschriften Goethes und nicht anhand seiner teils kryptischen Tagebuchaufzeichnungen rekonstruiert.[861]

Das NS-Regime und seine Ideologen haben sich jedenfalls nie offen gegen Goethe ausgesprochen. Er war eben einer der „großen Deutschen“. Es kann hier nur kurz angedeutet werden, dass Goethe für die primitiven antifranzösischen oder antiwelschen Bewegungen in Deutschland tiefe Verachtung empfand, auch wenn er sich immer mit den „Großen“ seiner Zeit innerlich verbunden sah.

Die Schrift Wenigers umfasst über zweihundert Seiten. Er entwickelt in der Einleitung, dass es ihm um eine Einheit zwischen Weimar und Potsdam, also um die Einheit zwischen den Dichtern und Generälen und dem Preußentum geht. Er schildert in zwei Kapiteln die Vorgeschichte der Begegnungen Goethes mit den Generälen, um dann in vier Kapiteln Punkt für Punkt – historisch und chronologisch gegliedert – Goethes Begegnungen mit Generälen zu rekonstruieren, hauptsächlich aufgrund formaler Indizien, die in Goethes Tagebüchern vorhanden sind, und nicht aufgrund inhaltlicher Aufzeichnungen oder Äußerungen Goethes. Das siebte Kapitel dreht schließlich den Spieß um und fragt, wie die preußischen Generäle sich zur Dichtung Goethes verhalten haben, während im achten Kapitel, am Beispiel Gneisenaus, die Einheit der „Deutschen Bewegung“ aus der Sicht Wenigers noch einmal hervorgehoben wird.[862] In einer Anmerkung informiert Weniger darüber, dass das Buch als Fortsetzung der Arbeit „Wehrmachtserziehung und Kriegserfahrung“ von 1938 entstanden sei (Weniger: Goethe, 1942, S. 217 f.).

In der Einleitung erklärt Weniger, dass es ihm nicht um die Aufhebung von Gegensätzen, sondern um „schöpferische Synthesen“ (Weniger: Goethe, 1942, S. 5) geht, um den Schatten, der zwischen Goethe und den Deutschen, den Generälen der antifranzösischen Kriege liegt, zu beseitigen. Jene, die Goethe nicht im Einklang mit den Generälen und dem Preußentum sehen, werden als „die geistigen und politischen Gegner des deutschen Volkes“ bezeichnet (Weniger: Goethe, 1942, S. 6). Weniger schreibt:

> *„**Weimar oder Potsdam** ist die Formel dafür, wobei die Gegner unserer geistig politischen Einheit für Weimar Partei gegen Potsdam nehmen.“* (Weniger: Goethe, 1942, S. 6, Hervorhebung im Original)

In der Einleitung wird nun ein ganzes Programm entwickelt. Weniger weigert sich, auf die Belege jener einzugehen, die Goethe als Gegner des Preußentums einstufen. Solche Erklärungs- und Rechtfertigungsversuche würden ja faktisch nur deren Wichtigkeit unterstreichen:

> *„Denn die gefährliche These von den beiden Deutschland wurde damit nur bestätigt. Den Gegnern unserer geistig-politischen Einheit, die für Weimar gegen Potsdam Partei nehmen, schien Goethes eigene Stellungnahme recht zu geben.*
>
> *Aber das landläufige Urteil über Goethes vaterländische Gesinnung und politische Haltung ist zu kurz gegriffen und deshalb falsch. Es kann sich nicht um eine Rettung Goethes handeln, sondern um eine Revision des Urteils, insbesondere über seine Stellung zu den deutschen Freiheitskämpfern, und zwar*

[861] Zu Goethes Haltung zum Krieg siehe: Kühn, Dieter: Goethe zieht in den Krieg. Eine biographische Skizze, Frankfurt am Main 2001; Mommsen, Wilhelm: Die politischen Anschauungen Goethes, Stuttgart 1948; Hildebrandt, Kurt: Die Idee des Krieges bei Goethe, Hölderlin, Nietzsche (Das Bild des Krieges im deutschen Denken, Band 1, Heft 9: Deutsche Philosophie), Stuttgart/Berlin 1941; Fritz, Curt: Goethes Stellung zum Kriege, Hilchenbach 1931, und Der feldgraue Goethe. Goethe-Worte über den Krieg, Breslau ohne Jahr (1915).

[862] Eingefügt sind auch dreißig Bildtafeln von großen Persönlichkeiten der „Deutschen Bewegung“, die in der späteren Auflage 1959, in der auch der wissenschaftliche Apparat wieder publiziert wurde, fortgelassen wurden.

auf Grund einer neuen Untersuchung und unbefangener Würdigung der sogenannten ‚feststehenden Tatsachen'.“ (Weniger: Goethe, 1942, S. 6 f.)

Weniger lässt sich also nicht auf eine Widerlegung der vorgebrachten Tatsachen ein, sondern geht davon aus, dass diese Äußerungen schlicht zu kurz greifen und durch seine Darlegungen über Goethes Treffen mit Generälen beim Tee, beim Abendessen und auf dem Schlachtfeld der preußischen Armee widerlegt würden. Im Rahmen der vorliegenden Studie kann nicht auf Einzelheiten der Debatte über Goethe und sein Wirken im kulturellen und politischen Leben des preußischen Deutschland eingegangen werden. Es können nur wenige Bemerkungen anhand der Positionierung Wenigers formuliert werden. Das erste Argument Wenigers ist tautologisch. Er behauptet schlicht:

„Wem Goethes Werk in seiner gewaltigen Fülle gegenwärtig ist, dem wird es überflüssig erscheinen, einen solchen Nachweis [dass es keinen Gegensatz zwischen Weimar und Potsdam gebe] überhaupt zu führen. Die nationale Bedeutung der Dichtung Goethes ist ihm ohne weiteres gewiss, er zweifelt auch nicht daran, dass ohne Werther und Götz, Egmont und den ersten Teil des Faust es damals wohl kaum eine nationale Erneuerungsbewegung hätte geben können.“ (Weniger: Goethe, 1942, S. 9)

Da Weniger konsequent den Vertretern, die Goethe anders einschätzen, in seiner Darlegung aus dem Weg geht, bleibt nur, dass er deren Positionierung von vornherein als „aus der Unkenntnis Goethes stammend“ bewertet. Weniger geht der Sache nach von der Konstruktion der von Nohl formulierten und auf Dilthey zurückgehenden „Deutschen Bewegung“ aus. Er formuliert geradeheraus, dass es gelte, die Epoche der deutschen Geschichte von den letzten Regierungsjahren Friedrichs des Großen bis zu den preußischen Reformen und den antifranzösischen Kriegen „statt mit der üblichen Bezeichnung ‚Zeitalter des deutschen Idealismus', welche die Dialektik dieser Epoche nicht erkennen lässt“, als „die ‚Deutsche Bewegung' – nach einer Formulierung, die Nohl zuerst für die Geistesgeschichte, für die Dichtung von Sturm und Drang über die Klassik zur Romantik und für die Philosophie von Kant über Fichte und Jacobi zu Hegel, Schelling und Schleiermacher angewandt hat –, zu benennen“ (Weniger: Goethe, 1942, S. 11). Weniger sogar geht so weit, aus der Begegnung Goethes mit den Generälen zu folgern:

„Die aus dieser Bewegung entsprungene Gemeinsamkeit des Willens ermöglichte den Kampf gegen die Französische Revolution und gegen Napoleon.“ (Weniger: Goethe, 1942, S. 11)

Hier ist ein bedeutsamer Punkt angesprochen: Die Gleichsetzung der Französischen Revolution von 1789 mit der expansionistischen Politik Napoleons ist eines der wesentlichen konstituierenden Momente dessen, was Nohl als „Deutsche Bewegung“ begreift. Demgegenüber begrüßten Kant, Goethe und auch Beethoven die Französische Revolution und sahen Napoleon zunächst als deren Vertreter an. Später lehnten sie ihn ab, als klar wurde, dass er nicht in erster Linie die Ideale der Französischen Revolution, sondern die Eroberung und Besetzung anderer Länder vertrat.

Dass Goethe sich einerseits mit den „Großen“ der damaligen Welt gern oder auch ungern traf, um seine Position zu festigen, ist eine Sache. Dass er aber ein begeisterter Anhänger des Soldatentums und des Militärs gewesen sein soll, ist eine andere Sache. Weniger zitiert die Position Goethes, als er selbst kurze Zeit Mitglied des preußischen Militärs wurde:

„Auch durch diese Erbkrankheit der Welt musste ich einmal hindurch, offenbar um auch auf diesem Felde ein Bildungserlebnis zu haben.“ (Goethe, zitiert nach Weniger: Goethe, 1942, S. 14)

Diese Formulierung Goethes wiegt schwer. Vom Militär und dem Soldatentum als Erbkrankheit der Welt zu sprechen, ist gerade das Gegenteil der Verherrlichung des Soldatentums und der Generäle, die Weniger betreibt. Schließt diese Formulierung auch nicht aus, dass Goethe in bestimmten Situationen das Soldatentum doch für nötig hielt, so ist jedoch für jede Art allgemeiner Idealisierung und Verherrlichung des Soldatentums mit der Bezeichnung „Erbkrankheit“ der Weg versperrt.

Weniger selbst ist Wissenschaftler genug, um in der Einleitung (Weniger: Goethe, 1942, S. 16) wenigstens anzumerken, dass es ein Quellenproblem gibt, da die überlieferten Gespräche mit Goethe eben keine Originalquellen sind. So ist in der Schrift Wenigers eine Fülle von Konjunktiven und hypothetischen Aussagen, Vermutungen und Mutmaßungen zu finden. Der ganze Bericht über die Treffen mit den Generälen wirkt, das sei hier vorweggenommen, keinesfalls überzeugend, seriös oder gar wissenschaftlich abgesichert.

Weniger schreibt über die Position Goethes zu den Feldzüge von 1792 und 1793, dieser habe die Feldzüge als eine „der unglücklichsten Unternehmungen in den Jahrbüchern der Welt“ bezeichnet und an seine Mutter geschrieben: „Keine Feder und keine Zunge kann das Elend der kombinierten Armee beschreiben“ (Goethe, zitiert nach Weniger: Goethe, 1942, S. 22). Diese deutlichen Worte Goethes gegen die preußische Armee kommentiert Weniger wie folgt: „Der Dichter möchte möglichst bald an den mütterlichen Fleischtöpfen von dem bösen Traum dieses Krieges erwachen“ (Weniger: Goethe, 1942, S. 22).

An dieser Stelle wird deutlich, dass Weniger als Kenner der Werke Goethes weiß, dass dieser keinesfalls umstandslos in die sogenannte „Deutsche Bewegung“ einzugliedern ist. Umso heftiger bemüht er sich, das Gegenteil zu beweisen. Weniger, der vermerkt: „Der Dichter aber resignierte politisch und militärisch, verzichtete künftig auf politische Einwirkung“ (Weniger: Goethe, 1942, S. 28), bemüht die Konstruktion einer objektiven Wirkung von Goethes Dichtung auf die sogenannte „Deutsche Bewegung“. Weniger wendet sich auch gegen Arndt, der die Begegnung zwischen Goethe und Freiherr vom Stein als die Begegnung „zweier deutscher Welten“ ansah. Weniger sieht darin im Gegenteil das „Zeichen einer inneren Verbundenheit kämpferischer Geister“ (Weniger: Goethe, 1942, S. 29).

Um den Stil der Schilderungen Wenigers kurz zu charakterisieren: Man erfährt, dass Goethe zum Tee bei der regierenden Herzogin vom Stein gewesen sei (Weniger: Goethe, 1942, S. 29) oder dass Goethe „fürchterlich trinken“ konnte (Weniger: Goethe, 1942, S. 30). Die Formulierungen changieren zwischen „Goethe scheint“, „vermutlich“ und „Ob Goethe (...) steht dahin“ (Weniger: Goethe, 1942, S. 30 f.) usw. Dieser Stil, hier willkürlich aus nur zwei Seiten herausgegriffen, zieht sich durch das ganze Buch und macht den Wert der Vermutungen und Hypothesen Wenigers nicht größer.

Die im Original zitierten Briefe Goethes lassen sich nicht als inhaltliche Formulierungen und Überlegungen Goethes interpretieren, denn es handelt sich fast ausschließlich um Höflichkeitserklärungen, die Goethe in großer Anzahl abgelegt zu haben scheint. Die Schlussfolgerung Wenigers aus solchen Höflichkeitsbriefen, dass „der Dichter den Soldaten die Maßstäbe gegeben“ habe (Weniger: Goethe, 1942, S. 35), lässt sich aus den Quellen nicht belegen. Weniger erklärt Goethes Skepsis gegenüber den antifranzösischen preußischen Kriegen auch dadurch, dass im preußischen Bündnis selbst „an offene Auflehnung grenzende Kritik an der obersten Führung“ geübt worden sei. „Diskussionen und Räsonnement herrschten statt des einfachen Glaubens an den Sieg“ (Weniger: Goethe, 1942, S. 37).

Nach dem ersten und zweiten Kapitel, von Weniger als Vorgeschichte bezeichnet, erfährt man auch im dritten bis sechsten Kapitel nichts wesentlich Neues oder wesentlich Erhellendes über Goethes Haltung zum Preußentum. Bemerkenswert erscheint es Weniger immerhin, dass Goethe Ende Mai bis Anfang September 1807 eine Reihe von Gesprächen geführt habe, unter anderem mit dem Fürsten Reuß in Schleiz, in denen es auch um die „Einwirkung der Pfaffen und Juden“ gegangen sei (Weniger: Goethe, 1942, S. 73).

An mehreren Stellen der Schrift wird deutlich, dass Weniger von Goethes Art und Weise, sich bestimmten Dingen gegenüber zu äußern, wenig verstanden hat. Wenn Goethe etwa dem Ansinnen, über den Krieg zu dichten, entgegnete, „der Krieg sei ihm zu poetisch, als dass des Dichters Phantasie etwas hinzufügen könnte“ (Weniger: Goethe, 1942, S. 75), sieht Weniger gar nicht die Vieldeutigkeit dieser Äußerung Goethes und nimmt sie, wie auch andere Passagen, anscheinend wortwörtlich. Immerhin vermerkt er nicht nur eine Widmung Goethes für General Blücher, sondern auch ein Gedicht Goethes über die Kaiserin von Frankreich (Weniger: Goethe, 1942, S. 82), was möglicherweise der biographischen These entspricht, dass Goethe jeweils den Generälen und dem Kaiser gab, was den Generälen und des Kaisers ist, um sich ganz auf seine eigene Position zurückzuziehen, ohne in Konflikt mit den herrschenden Kreisen der jeweiligen Zeitspanne zu geraten.

Weniger registriert erfreut, dass Goethe den Lützow'schen freiwilligen Jägern seinen Segen erteilt habe und bemerkt überhaupt nicht, welche möglichen Interpretationen die Formulierung Goethes zulässt: „Wenn ihr jungen Vaterlandsbefreier meint, dass mein Segen für eure Waffen von Erfolg sein könne, so sei er euch von ganzem Herzen erteilt". Goethe sah offensichtlich keine Notwendigkeit, dieser Meinung zu widersprechen oder sich gar direkt gegen die Lützow'schen Jäger auszusprechen (Weniger: Goethe, 1942, S. 111). Ein Präsident von Schön bat Goethe, ein Kriegsgedicht zu schreiben und berichtet dann: „Das hat er aber gar nicht gewollt" (Schön, zitiert nach Weniger: Goethe, 1942, S. 112).

Es muss festgehalten werden, dass Weniger auch Passagen Goethes zitiert, die im Grunde seine ganze Grundthese widerlegen. Plausibel wird seine Argumentation dadurch nicht. Weniger berichtet auch, dass Goethe 1813/14, bei der Aufstellung eines Freiwilligenheeres gegen Napoleon, seinen Sohn August davon abhält, sich als Freiwilliger zu melden:

> *„Aber hier ist nun die Zurückhaltung des Sohnes August vom Dienst an der Front zu vermelden, die ein peinliches Kapitel bleibt, weniger für Goethe den Vater, dessen Argumente ja durchaus berechtigt waren, als für den Sohn, der sich so von der Erfüllung seiner Pflicht zurückhalten ließ."* (Weniger: Goethe, 1942, S. 127)

Aufgeklärt durch weitere Quellen wird der gesamte Vorgang nicht, das Verständnis für Goethe als Vater geht damit einher, dass Weniger insgesamt den Vorgang als „peinliches Kapitel" bezeichnet.[863]

Weniger, der Goethe als „heimlichen König Deutschlands" bezeichnet (Weniger: Goethe, 1942, S. 137), berichtet aus einem Gespräch, in dem sich Goethe eigentlich gegen den Enthusiasmus der „Deutschen Bewegung" wehrt:

> *„Ich habe gleich, als der Enthusiasmus losging, den Fluch des Bischofs Arnulphus über alles deutsche politische Gerede ausgesprochen und mir dadurch die Qual vom Halse gehalten. Wie sie mir davon anfingen, hub ich gleich an: ich verfluche euch usw. Da waren sie bald stille und ließen mich ungeschoren."* (Goethe, zitiert nach Weniger: Goethe, 1942, S. 138)

Wenigers Argumentation, das Goethe sich lediglich gegen das „Gerede" gewandt hätte, aber nicht gegen die „Deutsche Bewegung", ist wenig überzeugend. Deutlich wird eher, dass Goethe einen deutlichen Widerwillen gegen die dichtenden und breitpathetisch redenden Generäle, Soldaten und „großen Köpfe" entwickelt hatte. Es ist andererseits nötig, die Ablehnung Goethes nicht zu übertreiben oder zu heroisieren, denn er hat zum Beispiel in der Tat ein Blücher-Denkmal in Rostock mit eingeweiht und Verse dazu geliefert, wie Weniger mit gewissem Stolz berichtet (Weniger: Goethe, 1942, S. 145).

Während Weniger vor allem im vierten Kapitel eine Reihe von Begegnungen aus indirekten Schilderungen wiedergegeben hat, versucht er im sechsten Kapitel anhand der Bibliothek Goethes nachzuweisen, wie sehr dieser an Preußen und den Freiheitskriegen gegen Frankreich innerlich teilgenommen habe. Schopenhauers Ärger über den intensiven Umgang Goethes mit den Generäle und Fürsten der damaligen Zeit wird von Weniger als Beleg angeführt, wie sehr Goethe mit den Generälen und Soldaten verbunden gewesen sei. Schopenhauer registriert, dass Goethe durch den „Umgang mit den regierenden, diplomatischen und militärischen Personen"

[863] Weniger verweist hier auf Goethes Lied „Kriegsglück": „Ja, mich erwarten hohe Freuden. Und ich erfülle meine Pflicht!" (Goethe, zitiert nach Weniger: Goethe, 1942, S. 128)

wenig Zeit gehabt habe (Weniger: Goethe, 1942, S. 153), was nach den Tagebuchnotizen, die Weniger auswertet, gewiss der Fall war, jedoch ein anderes Licht auf Goethe wirft. Goethe versucht sich offensichtlich zu arrangieren. Das kann, wie Schopenhauer es getan hat, durchaus kritisiert werden, ist aber gewiss kein Beleg für Goethes besondere Liebe zu Preußen und den Generälen.

In den folgenden Kapiteln entwickelt Weniger nun, dass die Generäle von großer Bewunderung für Goethe gewesen seien, auch wenn sie den Zeitumständen entsprechend noch nicht durch die „Deutsche Klassik“ gebildet sein konnten, sondern sich diese Bildung im Selbststudium aneignen mussten (Weniger: Goethe, 1942, S. 159 ff.). Fest steht jedoch, das hat Weniger nachgewiesen, dass die Generäle, die bei Goethe und dem ihn beherbergenden Herzog Karl August ein und aus gingen, ebenfalls dichteten und es nicht lassen konnten, Goethe Proben ihrer Dichtungen und schriftstellerischen Versuche vorzulegen. Auch hier hat Goethe, wie Weniger berichtet, auf derbe Weise reagiert. Ein General Rühle gab Goethe eine ihn bewundernde Schrift ab und Goethe notiert 1809 dazu, dass solche Schriften bei diesen Leuten wohl „das Innere rege“ machten. Mitunter gehe ihnen dann auch „ein Bandwurm ab“ (Goethe, zitiert nach Weniger: Goethe, 1942, S. 172). Weniger interpretiert den Sinn dieser Passage Goethes nicht weiter, obwohl die Positionierung Goethes doch eindeutig ist. Diese Passage ist vielleicht die humoristisch gelungenste Antwort Goethes auf seine Bewunderer unter den Generälen, die nicht davor halt machten, ihn mit ihren dichterischen und schriftstellerischen Ergüssen zu belästigen. Damit steht diese Passage im eklatanten Kontrast zu Wenigers Ausführungen und Interpretationsansätzen.

Weniger erweist sich in seiner Schrift als ein Kenner von Verwandtschaftsverhältnissen und persönlichen Beziehungen – ein wahres „Who’s who“ der damaligen Fürstenhöfe –, gesteht aber zu, dass Goethe weder Gneisenau noch Scharnhorst persönlich getroffen habe. Weniger stellt fest, dass außer Gneisenau keiner der Generäle orthographisch richtig schreiben konnte (Weniger: Goethe, 1942, S. 203) und zitiert dennoch Scharnhorst: „Ein Mann ohne Bildung ist doch ein wahres Vieh“ (Scharnhorst, zitiert nach Weniger: Goethe, 1942, S. 202).

Weniger geht im achten Kapitel noch einmal zusammenfassend auf seine gesamte Darstellung ein. Er behauptet abschließend, „dass unser Wunschbild von der Einheit zwischen Weimar und Potsdam damals Wirklichkeit“ gewesen sei (Weniger: Goethe, 1942, S. 210). Das Buch Wenigers schließt mit einem Gedicht aus dem „Westöstlichen Divan“ Goethes, das er Gneisenau gewidmet habe. Die letzte Zeile in Wenigers Buchs lautet: „Drum grüße freundlich jeden, der begrüßt“ (Goethe, zitiert nach Weniger: Goethe, 1942, S. 215). Wie diese Zeile klärt auch das ganze Buch in Wirklichkeit nicht, welche Ideen und Positionen Goethe wirklich zu Fragen des Nationalismus, des antifranzösischen Hasses bei Jahn und Arndt, zu Friedrich dem Großen und zum Preußentum überhaupt entwickelt hat. Wenigers Buch kann also nicht viel mehr sein, als eine Anregung, sich mit Goethe und diesem Fragenkomplex tiefer zu beschäftigen und klarzumachen, dass ein großer Schaden, den Menschen wie Weniger anrichten, darin liegt, die kritische Auseinandersetzung mit Goethe zu verdunkeln statt zu erhellen.

Als das Buch 1959 erneut aufgelegt wurde,[864] schreibt Weniger im Vorwort:

> *„Wenn ein Buch, das zwischen 1933 und 1945 zum ersten Male erschienen ist, heute neu herauskommt, erwartet man erhebliche Veränderungen im Text oder nimmt an, dass heute Kompromittierendes weggelassen sei. Ich habe die Einleitung unverändert gelassen. Meine Auffassungen haben sich nicht gewandelt.“* (Weniger: Goethe, 1959, S. IX)

Im Schlusssatz des Vorworts heißt es an gleicher Stelle:

---

[864] Weniger, Erich: Goethe und die Generale der Freiheitskriege. Geist, Bildung, Soldatentum, neue erweiterte Auflage, Stuttgart 1959.

„Möge der Neudruck dazu beitragen, dass in der neuen Bundeswehr Humanität eine Macht werde und dass in ihrem inneren Gefüge die echte soldatische Überlieferung und das geistige Erbe unseres Volkes ehrfürchtig bewahrt bleiben.“ (Weniger: Goethe, 1959, S. X)

Ehrfurcht vor der Generalität des preußischen Heeres und vor allem vor Friedrich dem Großen sollen also der Kern der Ideologie und Weltanschauung der Bundeswehr werden, folgt man dem Goethe-Buch Wenigers und was dieser irreführend mit dem Begriff Humanität bezeichnet.

f) „Die geistige Führung der Truppe“ (1942)

1942 erschien von Weniger, der inzwischen Major geworden war, die Schrift „Die geistige Führung der Truppe“.[865] Sie ist in sechs Abschnitte gegliedert; der erste und sechste Abschnitt werden in dieser Broschüre zum ersten Mal veröffentlicht; Abschnitt zwei, drei, vier und fünf waren mit zum Teil erheblichen Änderungen schon vorher in der Zeitschrift „Erziehung und Bildung im Heere“ erschienen.[866]

Die Broschüre, auf deren Geschichte auch nach 1945 noch einzugehen sein wird, erschien 1944 in einer zweiten Auflage.[867] Es werden nachfolgend immer beide Auflagen zitiert. Dort, wo Abweichungen zu den vorher veröffentlichten Aufsätzen existieren, wird ausdrücklich darauf aufmerksam gemacht.

Im ersten Abschnitt mit dem Titel „Zucht, Erziehung, geistige Führung“ ist der Grundgedanke, dass neben den bisherigen Methoden des Militärs von Zucht und Erziehung nun auch unbedingt – sogar gegen eine Verwahrlosung der Truppe gewendet – eine geistige Führung hinzutreten müsse, um auf Zucht und Erziehung aufbauend den Geist und Ethos des Soldatentums zu festigen. Es geht Erich Weniger um Überzeugung:

„Das tragende Ethos für die geistige Führung der Truppe kann nur das Ethos des Soldatentums sein, das seine Lebensinhalte, den Sinn seines Daseins aus den Kräften des deutschen Volkes und den nationalpolitischen Aufgaben des Reiches empfängt.“ (Weniger: Geistige Führung, 1942: S. 8, 1944: S. 7)

Deutlich ist hier der Bezug zur Gegenwart, zum gegenwärtigen deutschen Volk und zur gegenwärtigen nationalpolitischen Führung angesprochen, um klarzumachen, dass es bei den geschichtlichen Betrachtungen um eine Einordnung in das aktuelle Erziehungsproblem der Wehrmacht und um die aktuelle geistige Führung der Wehrmacht geht. Die Schrift selbst beschäftigt sich mit der Geschichte des Zusammenhangs von Zucht, Erziehung und geistiger Führung, um daraus Kraft gegen „Erschlaffung und Niedergang“ (Weniger: Geistige Führung, 1942: S. 9, 1944: S. 8) zu schöpfen. Der „geschichtsmächtige Ethos“ (Weniger: Geistige Führung, 1942: S. 9, 1944: S. 8) ist insofern auch das zentrale Thema dieser Schrift.

---

[865] Weniger, Erich: Die geistige Führung der Truppe. Das Ethos des deutschen Soldatentums und die Erziehung des deutschen Offiziers, ohne Ort, ohne Jahr (1942), 39-seitige Ausgabe.

[866] Die Kapitel 2–5 erschienen 1942 vorab in vier Teilen in der Zeitschrift „Erziehung und Bildung im Heere“ jeweils mit eigenen Titeln: „Das Erbe Friedrichs des Großen“ (Heft 1, S. 7–12), „Die preußische Prägung“ (Heft 2, S. 77–83), „Die Wege der Offizierserziehung“ (Heft 3, S. 118–123) und „Geist und Bildung des deutschen Offiziers“ (Heft 5, S. 193–198). *[Dokumentation ad fontes Weniger: S. 542–547]*

„Erziehung und Bildung im Heere“ war eine dienstinterne Zeitschrift der Wehrmacht. Dennoch war die Verbreitung um ein Vielfaches größer als die, die sonstige Schriften Wenigers über den Buchhandel oder über andere Zeitschriften erreichen konnten. In einem Brief vom 30.10.1943 teilt Dr. Korn, der Schriftleiter der Zeitschrift „Bildung und Erziehung im Heere“, Weniger mit: „Unsere Zeitschrift floriert ganz schön. Die Auflage ist inzwischen 100.000 geworden.“ (Niedersächsische Staats- und Universitätsbibliothek Göttingen, Abteilung für Handschriften und seltene Drucke, Cod. Ms. E. Weniger 5/23)

[867] Weniger, Erich: Die geistige Führung der Truppe. Das Ethos des deutschen Soldatentums und die Erziehung des deutschen Offiziers, 2. Auflage, ohne Ort, ohne Jahr (1944), 32-seitige Ausgabe. *[Dokumentation ad fontes Weniger: S. 633–662]*

Im zweiten Kapitel mit dem Titel „Das Erbe Friedrichs des Großen“ warnt Weniger einleitend davor, aus falschen Überlieferungen zu lernen und stellt somit die Aufgabe, die für ihn wesentlichen Traditionen von den unwesentlichen zu unterscheiden. Ausgehend von diesen methodischen Vorbemerkungen entwickelt Weniger dann, dass die heutigen Erben Friedrichs des Großen lernen müssten, dass sich das Ethos des deutschen Offiziers auf den Schlachtfeldern herausgebildet habe.

In der ursprünglichen Fassung[868] in „Erziehung und Bildung im Heere“ wird zunächst sehr deutlich ein aktueller Zusammenhang hergestellt, der in den anderen Fassungen, sowohl 1942 als auch 1944, nicht aufscheint. Es heißt dort:

„Der Führer und Oberste Befehlshaber der großdeutschen Wehrmacht hat in seiner Rede vor den Offiziersanwärtern Ende Januar 1939 den Zusammenhang der heutigen Wehrmacht mit Friedrich dem Großen ausdrücklich hervorgehoben, und der damalige Oberbefehlshaber des Heeres hat im Anschluss daran geradezu von ihrem friderizianischen Charakter gesprochen.

Auch das deutsche Offizierskorps in seiner gegenwärtigen Gestalt lebt von dem Erbe des großen Königs, es hat seine preußische Prägung behalten.

So gehen die Grundsätze für die Erziehung des deutschen Offiziers und des Offizierskorps in wesentlichen Zügen auf Friedrich den Großen zurück. Er brachte auch den entscheidenden Leitgedanken mit dem Satz: ‚Der Geist einer Armee steckt in ihren Offiziers.‘

Diese Grundsätze haben durch zwei revolutionäre geschichtliche Ereignisse eine Erweiterung und Vertiefung erfahren; einmal durch die preußische Reform vor den Freiheitskriegen, die von Scharnhorst, Boyen, Gneisenau und Grolman getragen und durch Clausewitz geistig bewältigt und geordnet wurde, dann in unseren Tagen durch die nationalsozialistische Revolution des Führers mit ihrer Erneuerung der Volksordnungen aus dem Geiste des Frontsoldatentums und des völkischen Bewusstseins.“[869]

Nachdem also in dem Artikel, anders als in den beiden Broschüren, ausdrücklich auf Hitlers Hinweis auf Friedrich den Großen eingegangen und auch die „nationalsozialistische Revolution“ bewusst einbezogen wurde, wird dann – gleichlautend im Artikel und in beiden Ausgaben der Broschüre – auf das „Genie des Feldherrn“ eingegangen, der eine wesentliche Rolle für den Geist des Offizierskorps innehabe (Weniger: Geistige Führung, 1942: S. 12, 1944: S. 10).

Sozusagen als Ausgleich für den gegenüber dem Artikel ausgelassenen aktuellen Beziehungen heißt es in den beiden Broschürenfassungen:

„In den gewaltigen Kämpfen des gegenwärtigen Krieges werden das Ethos und damit die Erziehung des Offiziers wiederum ganz neue Seiten gewinnen und eine großartige Erweiterung und Vertiefung erfahren, deren Tragweite wir erst ahnen können.“ (Weniger: Geistige Führung, 1942: S. 12, 1944: S. 10)

Der zweite Abschnitt handelt nicht nur von Friedrich dem Großen, sondern vom Preußentum überhaupt, dass laut Weniger „eine deutsche Mission zu tragen“ habe, als es 1866 gegen „deutsche Volksgenossen“, gegen die Habsburger Monarchie vorgehen musste (Weniger: Geistige Führung, 1942: S. 14, 1944: S. 12).

Das NS-Regime hatte zwei Probleme, die bewusst sein müssen, um die nachfolgenden Passagen richtig einordnen zu können. Jede Darstellung des sogenannten „arisch-deutschen

---

[868] Es kann hier nicht geklärt werden, wer wann welche Veränderungen vorgenommen hat; die ursprüngliche Fassung wurde jedenfalls in vielerlei Hinsicht abgeändert. Der Name Erich Weniger jedoch steht auf allen publizierten Fassungen. In seinem Entnazifizierungsverfahren hat Weniger darauf verwiesen, dass Streichungen und Ergänzungen nicht von ihm, sondern von anderer Seite vorgenommen worden seien. An drei Stellen, so Weniger, seien in der Schrift „Die geistige Führung der Truppe“ Veränderungen vorgenommen worden, die er als Einfügungen der „vorgesetzten Dienststelle“ in eine Dienstschrift bezeichnet (undatierte Anlage in Wenigers Entnazifizierungsakte, Niedersächsische Staats- und Universitätsbibliothek Göttingen, Abteilung für Handschriften und seltene Drucke, Cod. Ms. E. Weniger 5/23).

[869] Weniger, Erich: Das Erbe Friedrichs des Großen, in: Erziehung und Bildung im Heere, Jg. 1942, Heft 1, S. 7.

Menschen", blond und blauäugig, konnte durch den Abdruck der Porträts von Goebbels, Göring, Himmler und Hitler karikiert werden. So sind auch keine Publikationen bekannt, die ausdrücklich auf die Physiognomie der Führer des NS-Regimes im Kontext seiner Rassenlehre eingehen. Ein ähnliches Problem ergibt sich bei der Darstellung des klassischen preußischen Offiziers. Wenn diese Offiziere und die klassischen preußischen Generäle hervorgehoben werden, entsteht das Problem, dass Hitler ja nicht aus Preußen stammt. So hat Weniger in die Broschüren 1942 und 1944 folgende Passage eingefügt:

> *„Am großartigsten freilich wird der Zusammenhang sichtbar in der Person des Führers selber, der, Ostmärker und bayrischer Kriegsfreiwilliger, das Gesetz der preußischen Führung als die Grundlage der von ihm neugeschaffenen großdeutschen Wehrmacht bestehen ließ."* (Weniger: Geistige Führung, 1942: S. 14, 1944: S. 12)

Das Preußentum verwirklicht durch einen „Ostmärker" und bayrischen Kriegsfreiwilligen, das muss auf die wirklich preußischen Offiziere und Generäle wie eine unfreiwillige Komik gewirkt haben. Das spiegelt aber das Problem wider, dass in der elitären Gruppe der preußischen Generäle Hitler möglicherweise keine ausreichende Autorität besaß. Der Hinweis, dass Hitler nicht gegen das Preußentum, sondern ausdrücklich für die preußischen Traditionen auftrat und die preußische Offiziersmentalität ausdrücklich begrüßte, hat hier seinen Platz.

Eine zweite interessante Änderung betrifft den Aufsatz, der von Weniger ursprünglich in „Erziehung und Bildung im Heere" veröffentlicht wurde. Der letzte Absatz wurde für die Broschüren 1942 und 1944 ersatzlos gestrichen. Er lautet:

> *„Das Besondere an diesem ausdrücklichen, politischen Bewusstsein des deutschen Offizierskorps ist, dass es sich der politischen Führung vorbehaltlos unterordnet und keine Politik auf eigene Faust und keine Teilnahme an dem Hin und Her des innerpolitischen Kampfes zulässt. Offiziersjunten und Kamarillen, die in vielen Staaten so häufig die Einheit der soldatischen Führung und die Schlagkraft der Heere gefährden, hat es im deutschen Offizierskorps nicht gegeben. Die gelegentlichen Versuchungen zu eigener Politik der Armee und des Offizierskorps wurden immer wieder überwunden, und so ist aus ihnen keine dauernde Bedrohung der Einheit der Wehrmacht erwachsen. In der großen Staatskrise von 1811 gaben die preußischen Reformer selbst ein Beispiel für den fruchtbaren Verzicht, der die Möglichkeit zu der geschlossenen Erhebung von 1813 schuf. Die Folgen der schleichenden Krise von 1848 und 1850 wurden durch das Reorganisationswerk Kaiser Wilhelms I. und Roons endgültig überwunden. Die politischen Krisen der Jahre nach dem Weltkrieg haben dann die Notwendigkeit des politischen Denkens und der politischen Zurückhaltung für die Wehrmacht noch einmal ganz sichtbar gemacht."*[870]

Die Akzentsetzung, dass die Wehrmacht keine eigenständigen politischen Ideen haben solle, kann und muss doppelt gelesen werden. Diese Passage richtet sich gewiss gegen eine zunehmende NS-Indoktrination der Wehrmacht, aber gleichzeitig auch gegen jene Weniger bekannte oppositionelle Haltung in der Armee, die sich gerade nicht „der politischen Führung vorbehaltlos" unterordnen wollte. Im Grunde polemisiert Weniger hier also gegen möglichen militärischen Widerstand, wie er sich später bei den Generälen des 20. Juli zeigte. Nochmals: Wenn Weniger dabei gleichzeitig das vorbehaltlose Unterordnen unter diese politische Führung als Kern des preußischen Offizierskorps darstellt und betont, „Offiziersjunten und Kamarillen" habe es im preußischen Offizierskorps nicht gegeben, dann wird klar, dass sich Weniger propagandistisch sehr deutlich gegen eine besondere Rolle der Wehrmacht ausspricht und die Zurückhaltung der Wehrmacht in den politischen Auseinandersetzungen fordert.[871]

[870] Weniger, Erich: Das Erbe Friedrichs des Großen, in: Erziehung und Bildung im Heere, Jg. 1942, Heft l, S. 12.

[871] An dieser Stelle sei darauf verwiesen, dass Weniger, wie auch andere Erziehungswissenschaftler, nach 1945 wirklich aufklärerische Arbeit hätte leisten können, wenn er genauer auf seine Publikationen in der NS-Zeit eingegangen wäre und Punkt für Punkt auf Änderungen und Auslassungen und den jeweiligen Zusammenhang hingewiesen hätte.

Im dritten Abschnitt über „Die preußische Prägung“ wird einleitend darauf verwiesen, dass anders als in der Zeit der Söldnerheere nun eine ethische Bindung, eine wirkliche Bindung an die Armee durch die Offiziere stattfand:

> *„Der Fahneneid blieb nicht mehr die religiöse Bestätigung eines Dienstvertrages, sondern wurde der sakrale Ausdruck für eine unauflösliche Bindung.“* (Weniger: Geistige Führung, 1942: S. 15, 1944: S. 13)[872]

Weniger berichtet, dass bei Friedrich dem Großen nach Schlachten gesungen wurde „Nun danket alle Gott!“ und fährt fort:

> *„Auch heute noch gehört es zu den Pflichten des deutschen Soldaten, gottesfürchtig zu sein, und das Vorhandensein metaphysischer Bindungen, die Gläubigkeit, gilt immer noch als eine Selbstverständlichkeit für den echten Soldaten, sowenig man heute fragt, woher dieser Glaube stammt und wie er sich begründet.“* (Weniger: Geistige Führung, 1942: S. 16, 1944: S. 13)

Er wiederholt nun die in anderen Schriften schon ausgeführten Eigenschaften des preußischen Offiziers („Die Ehre besteht in dem Recht, seine Pflicht tun zu dürfen.“ Weniger: Geistige Führung, 1942: S. 13, 1944: S. 16), dass die Pflicht über das eigene Leben gehen müsse und erklärt dann:

> *„Im Korpsgeist des Offizierskorps ist die ritterliche Standesehre wieder aufgenommen, aber zur Zucht eines Ordens erhoben, der auf Gehorsam, Dienst, Pflichterfüllung, Treue gegen den Führer verschworen ist.“* (Weniger: Geistige Führung, 1942: S. 17, 1944: S. 14)

Weniger entwickelt das „Herrentum“ aus der Tradition der Ritterlichkeit des Deutschen Ordens und definiert:

> *„Eines der wesentlichsten Kennzeichen des wahren Herrentums (ist), dass es das ganze Leben, Pflicht und Muße, Alltag und Festtag, dienstlichen und persönlichen Bereich unter das gleiche Gesetz stellt.“* (Weniger: Geistige Führung, 1942: S. 20, 1944: S. 17)

Dieses „Herrentum“ schließe Ritterlichkeit gegen das andere Geschlecht oder den besiegten Gegner mit ein. Es gelte, „Härte gegen den Feind mit ritterlich-menschlicher Gesinnung und Haltung zu verbinden“ (Weniger: Geistige Führung, 1942: S. 21, 1944: S. 17). Weniger erinnert an Generaloberst von Seeckts Wort, dass „der Offizier ein Herr sein muss“ und fährt dann fort:

> *„Der Führer hat wiederholt von dem Herrentum des deutschen Offiziers gesprochen. (...) Der Offizier ist Herr als Vorbild und als Repräsentant für das Herrentum des ganzen deutschen Volkes.“* (Weniger: Geistige Führung, 1942: S. 22, 1944: S. 18)

Dieser Zusammenhang zwischen dem Offiziersethos und der Formulierung „Herrentum des ganzen deutschen Volkes“ hat angesichts der deutschen Besatzungsarmee in Frankreich und anderen Ländern eine tiefere Bedeutung. Sie lässt sich weder aus dem realgeschichtlichen Kontext 1942 lösen noch aus der Ideologie des Herrenmenschentums, die in Preußen und Deutschen, zumal im preußisch-deutschen Offizier, im Grunde die Herren über andere Völker sah. Genau das ist es, was zu Recht als deutscher Militarismus und Imperialismus bezeichnet wird.[873]

---

[872] In der Aufsatzfassung heißt es: „Friedrich Wilhelm der I. ist damit der Schöpfer des spezifisch preußischen Pflichtgefühls, das seine Ehre im entsagungsvollen Dienst sucht: ‚Wer auf des Königs seidene Fahne schwört, hat nichts mehr was ihm selbst gehört!‘ (Walter Flex.)“ (Weniger, Erich: Die preußische Prägung, in: Erziehung und Bildung im Heere, Jg. 1942, Heft 2, S. 78). Dieser Vers fehlt in den Broschüren von 1942 und 1944.

[873] Zwei Änderungen sollen hier noch kurz erwähnt werden. Gegenüber dem Aufsatz in der Zeitschrift „Erziehung und Bildung im Heere“ wurde folgender Einschub fortgelassen: „Den namenlosen Generalstabsoffizier hat der Führer in seiner Reichstagsrede nach den Frankreichfeldzügen gefeiert“ (Weniger, Erich: Die preußische Prägung, in: Erziehung und Bildung im Heere, Jg. 1942, Heft 2, S. 80).

Und im letzten Absatz heißt es in der Broschüre (1942: S. 18, 1944: S. 22): „Jeder gesunde deutsche junge Mann kann Offizier werden“. Diese Passage fehlte im genannten Aufsatz (vgl. S. 83).

Im vierten Abschnitt mit dem Titel „Die Wege der Offizierserziehung“ löst Weniger deutlicher als in seiner 1938 verfassten Schrift „Über Wehrerziehung“ das Problem der sogenannten geborenen Soldaten und stellt angesichts des aktuell stattfindenden Krieges fest:

> *„Der totale Krieg hat diese große Erfahrung, dass man zum Offizier erzogen werden könne und dass also nicht nur mit den sogenannten geborenen Soldaten als Führern zu rechen sei, erneut in größtem Ausmaß bestätigt.“* (Weniger: Geistige Führung, 1942: S. 24, 1944: S. 19)[874]

Die Grundidee dieses Abschnitts ist eine Art Typenlehre für den Offizier. Aus Sicht Wenigers gibt es einen „einheitlichen und geformten Typus des deutschen Offiziers“, der „feste Normen verkörpert“, wobei aber „bei schärfster Herausformung des Typus“ dennoch genügend Raum für Eigentümlichkeiten einzelner Offiziere existieren würde (Weniger: Geistige Führung, 1942: S. 25, 1944: S. 20).[875] Weniger, der von der „Züchtung eines hohen Durchschnitts“ (Weniger: Geistige Führung, 1942: S. 26, 1944: S. 21) spricht, betont wiederum die große Rolle des Vorbilds, darunter auch des Vorbilds des sogenannten geborenen Soldaten, dessen Lebensarbeit sich in den soldatischen Tugenden der Kühnheit und des Wagemuts wiederfindet und die mit Besonnenheit und Klarheit des Geistes verbunden sei.[876] Dazu werden aktuelle Beispiele aus dem Zweiten Weltkrieg angeführt, es fallen Namen wie Immelmann, Boelcke und Richthofen.

Auch der grundlegende Gedanke, dass man eigentlich nur Jugendliche und Kinder erzieht und Erwachsenen nicht mehr erzieht, sondern bildet, findet sich bei Weniger:

> *„Gewöhnlich schließt die Erziehung mit dem Eintritt in das Mannesalter.“* (Weniger: Geistige Führung, 1942: S. 28, 1944: S. 22)

Und Weniger setzt fort – sich auf Generaloberst von Seeckt beziehend –, dass die Erziehung des Offiziers während seiner gesamten Dienstzeit niemals aufhöre. Dieser erzieherische Wille durch die Führung sei bei deutschen Offizieren wesentlich. Deutlich wird abschließend unterstrichen, dass diese „erhaltende Zucht des Willens zur Hingabe an den Dienst“ einen ganz bestimmten Inhalt habe und dieser Inhalt sei „durch den Willen der obersten Führung bestimmt“ (Weniger: Geistige Führung, 1942: S. 28, 1944: S. 23).

Das fünfte Kapitel ist überschrieben mit „Geist und Bildung des deutschen Offiziers“. Weniger unterscheidet deutlich die Erziehung, die er immer mit Zwang, mit erst erzwungener und dann freiwilliger Einsicht in übergeordnete Notwendigkeiten verbindet, von Geist und Bildung. Wiederum ausgehend von Friedrich dem Großen erklärt Weniger, dass dieser „um die weltanschaulichen Grundlagen des Soldatentums in den metaphysischen Kräften und in den Gehalten des Volkstums“ wusste (Weniger: Geistige Führung, 1942: S. 29, 1944: S. 24). Weniger ist dabei bewusst, dass Friedrich der Große eher französische als deutsche Bildung genossen hat: Er habe eben erst eine neue deutsche Bildung mit herbeigeführt. Aber entscheidend sei, dass er um die selbständige Macht des Geistes gewusst habe, wobei die sogenannte „innere Freiheit (...) aus der positiven Religion, dem Christentum erwuchs“ (Weniger: Geistige Führung, 1942: S. 29, 1944: S. 24).[877]

---

[874] In der ursprünglichen Fassung in der Zeitschrift „Erziehung und Bildung im Heere“ heißt es statt „Der totale Krieg“ lediglich „Der Weltkrieg“ (Weniger, Erich: Die Wege der Offizierserziehung, in: Erziehung und Bildung im Heere, Jg. 1942, Heft 3, S. 118).

[875] In der Broschüre von 1944 wird ein Absatz aus der Zeitschrift „Erziehung und Bildung im Heere“, der in der Fassung von 1942 gefehlt hatte, wieder aufgenommen: „Im Gegenteil, es ist der Ruhm des deutschen Offizierkorps, dass sich innerhalb seiner typischen Formen eine unendliche Mannigfaltigkeit landsmannschaftlicher, charakterlicher, geistiger, beruflicher Ausprägungen des Führertums bilden konnten, die den Anforderungen der Stunde in Krieg und Frieden auf sehr verschiedene Weise gerecht zu werden vermochten“ (Weniger, Erich: Die Wege der Offizierserziehung, in: Erziehung und Bildung im Heere, Jg. 1942, Heft 3, S. 120).

[876] Im gesamten Text, so auch hier, werden Gedanken aus der Schrift „Wehrmachtserziehung und Kriegserfahrung“ aus dem Jahr 1938 im Grunde nur in anderen Worten wiederholt bzw. teilweise wörtlich übernommen.

[877] Dies ist eine Änderung gegenüber der ursprünglichen Fassung aus „Erziehung und Bildung im Heere“. Dort hieß es an dieser Stelle: „Heute hat die deutsche Wehrmacht unendlich verfeinerte Methoden der Auslese herausgebildet. An dem Bildungsgrundsatz wird an sich festgehalten.“ Und weiter: Der Bildungsbegriff sei lebendiger und konkreter

Wiederum wird – gegen Übertreibungen gerichtet und vor der Gefahr der Intellektualisierung und dem geistigen Snobismus warnend – die Nohl'sche Definition der „Deutschen Bewegung“ vorgestellt, die nach Weniger immerhin „von Lessing und Herder über Goethe und Schiller bis zu Kleist, Fichte, Hegel und Schleiermacher“ die Besonderheiten des deutschen Offiziers gegenüber etwa der französischen Überfremdung repräsentiert hätte (Weniger: Geistige Führung, 1942: S. 30, 1944: S. 24). Weniger spricht hier erneut über „die innere Einheit der Deutschen Bewegung, das Bündnis zwischen ‚Weimar‘ und ‚Potsdam‘“ (Weniger: Geistige Führung, 1942: S. 30, 1944: S. 24), das er im Buch „Goethe und die Generale“ entwickelt hatte und geht dann auf die Frage ein, inwieweit das Offizierstum ein bestimmtes Bildungsprivileg, ein ererbtes Privileg oder ein traditionelles Privileg bestimmter Kasten und Schichten sei. Es heißt eindeutig: „Heute ist das Bildungsprivileg in der deutschen Wehrmacht endgültig gefallen“ (Weniger: Geistige Führung, 1942: S. 32, 1944: S. 26).

Entscheidend ist in diesem Abschnitt aber wiederum, dass es nicht nur um Geist und Bildung der Offiziere geht, sondern auch um die Rolle dieses Offizierskorps im deutschen Volk:

> *„Der Anspruch an Geist und Bildung des Offizierskorps wird in der Wehrmacht heute mit aller Strenge festgehalten. Ein wesentlicher Grund dafür ist auch, dass der Offizier seit der Einführung der allgemeinen Wehrpflicht ja nicht mehr nur, wie im achtzehnten Jahrhundert, der Ausbilder von Soldaten für den Krieg und der Führer im Kriege ist, sondern ein Volkserzieher geworden ist, der die gesamte junge Mannschaft der Nation in soldatischem Geist zu erziehen und zu bilden hat. (Hitler: Mein Kampf.)“* (Weniger: Geistige Führung, 1942: S. 33, 1944: S. 27)

Hier wird deutlich, dass es Weniger keinesfalls nur um die Ausbildung der Offiziere für den Krieg geht, sondern um das, was man Geist des Soldatentums oder eben auch Militarismus nennt; das, was man – vom Offizier ausgehend – als Erziehung des gesamten deutschen Volkes ansieht. Er bekräftigt damit im Grunde seine schon in vorherigen Jahren geäußerten Ansichten, diesmal jedoch mit Bezug auf Adolf Hitlers „Mein Kampf“, um der Position besonderen Nachdruck zu verleihen.

Der sechste, für die Broschüre neu geschriebene Abschnitt „Theorie und Praxis in der Erziehung und Ausbildung des deutschen Offiziers“ handelt von der Notwendigkeit der Härte und der Einfachheit und vor allem vom „hartem Denken in strenger Schulung“ (Weniger: Geistige Führung, 1942: S. 37, 1944: S. 31):

> *„Die Voraussetzung für alle Kriegstheorie und für die deutsche soldatische Führerausbildung überhaupt ist der heiße Glaube an die gute Sache, an die Aufgaben der Wehrmacht, an die unzerstörbaren Kräfte der Rasse, des Volkes, des deutschen Soldatentums, an seine geistigen Fähigkeiten und sittlichen Tugenden; ferner der fanatische Wille zum Sieg und die rückhaltlose Bereitschaft zum Kämpfen und schließlich der Gehorsam, der sich dem Willen des Führers bedingungslos fügt.“* (Weniger: Geistige Führung, 1942: S. 38, 1944: S. 31)

Abschließend sei noch hervorgehoben, dass dem gebildeten deutschen Offizier, den Weniger will und der wiederum Volkserzieher im soldatischen Sinne sein soll, ein ganz bestimmter Bildungsbegriff zugrunde liegt: Die Bildung wird auf das Soldatische zugeschnitten und entsprechend ausgewählt. Weniger spricht von der Auslese des Stoffs vom Ethos des Soldatentums her:

---

geworden, „wenn auch der Weg über eine Höhere Schule die Regel bleiben“ müsse (Weniger, Erich: Geist und Bildung des deutschen Offiziers, in: Erziehung und Bildung im Heere, Jg. 1942, Heft 5, S. 196). Dahinter steht die Frage, ob 1942 oder gar 1944 auch Offizier werden konnte, wer keine höhere Schulbildung hatte.

Außerdem hieß es in der Aufsatzfassung „aus der christlichen Religion“ (Weniger, Erich: Geist und Bildung des deutschen Offiziers, in: Erziehung und Bildung im Heere, Jg. 1942, Heft 5, S. 193) statt später „positive Religion, dem Christentum“. Hier hat sich Weniger in der überarbeiteten Fassung eher an das Parteiprogramm der NSDAP angelehnt, in dem vom „positiven Christentum“ die Rede ist.

„Die Auslese der Stoffe und Gehalte wird vom Ethos des Soldatentums und den Aufgaben des Reiches und seiner Wehrmacht bestimmt. An dem bloß gebildeten Soldaten, an der Bildung an sich liegt gar nichts, in sich ruhend wäre sie eher eine Gefahr.“ (Weniger: Geistige Führung, 1942: S. 8, 1944: S. 7)

Dass Bildung ohne soldatischen Zuschnitt in der Tat eine Gefahr für ungerechte Herrschaftsverhältnisse ist, das hat Weniger – sowie Heydorn in umgekehrtem Bewertungszusammenhang – klug erkannt.[878]

g) „Die Erziehung des deutschen Soldaten“ (1944)

1944 erschien Wenigers Schrift „Die Erziehung des deutschen Soldaten“[879] als „Frontbuchhandelsausgabe für die Wehrmacht“. Es handelt sich im Grunde um eine populäre Darstellung von Wenigers grundlegendem Werk „Wehrmachtserziehung und Kriegserfahrung“ von 1938, nun zusammengefasst auf knapp neunzig Seiten. Die Einleitung weist darauf hin, dass sich die ganze Schrift gegen die Diffamierung des deutschen Soldatentums wendet:

„Man versucht das deutsche Soldatentum unter dem Schlagwort vom preußischen Militarismus zu entwerten und abzutun.“ (Weniger: Erziehung des deutschen Soldaten, 1944, S. 6)

So will diese Schrift das deutsche Soldatentum, und die Erziehung dazu, ausdrücklich ins Bewusstsein bringen,

„um Verständnis zu wecken für eine Lebensform, die nicht nur eine Garantie des Sieges ist, sondern eine Mitgift zu dem den Völkern gewordenen gemeinsamen Auftrag der Geschichte.“ (Weniger: Erziehung des deutschen Soldaten, 1944, S. 6)

Das deutsche Soldatentum wird hier en passant auch dem Rest der Welt als Mitgift angeboten. Die Passage erinnert an die Formel „Am deutschen Wesen soll die Welt genesen“, allerdings so umgeändert, dass das deutsche Soldatentum grundlegend für die gesamte Geschichte als Mitgift notwendig geworden sei.

Die nachfolgenden siebzehn Abschnitte gliedern sich grob entlang der Darstellung in „Wehrmachtserziehung und Kriegserfahrung“ in vier große Teile. Zunächst wird im Allgemeinen die soldatische Form dargestellt. Die Frage der soldatischen Form wird anhand der schon bekannten Darstellungen über Exerzier- und Gefechtsdrill konkretisiert, aber auch in der Erziehung zu Mut und Kühnheit, dem Schwerpunkt der soldatischen Erziehung und Ausbildung überhaupt. Im dritten Teil werden die Pflichten des deutschen Soldaten, die soldatischen Tugenden (Kameradschaft und Kampfgemeinschaft) sowie das Gesetz der Kampfgemeinschaft – der Korpsgeist der Truppe – vorgestellt. In einem abschließenden vierten Teil werden die Merkmale der soldatischen Erziehung zusammengefasst, nicht ohne noch einmal zu betonen, dass Soldatentum nicht Militarismus ist. Darüber hinaus wird die deutsche Wehrmacht erneut als Erziehungsschule der Nation vorgestellt.

Da die vorliegende Schrift wie bereits erwähnt nur ein Kompendium der 1938 erschienenen „Wehrmachtserziehung“ darstellt, sollen hier nur die neuen Gesichtspunkte hervorgehoben werden. Grundsätzlich lassen sich keine gravierenden Abweichungen von den bisherigen militärischen Schriften Wenigers feststellen. Insgesamt ist diese Schrift aber – insbesondere im Schlussteil – deutlicher an die Terminologie von Hitlers „Mein Kampf“ angelehnt.

---

[878] In einem Brief von 1952 schreibt Weniger über seine Schrift „Die geistige Führung der Truppe“: „Ich habe es flüchtig noch einmal angesehen und nichts gefunden, was nicht seine Gültigkeit behalten hat, wenn es auch natürlich in unsere Verhältnisse übertragen werden muss“ (Brief vom 15.5.1952, Bundesarchiv – Militärarchiv Freiburg, Bestand Erich Weniger, N 488/1, Blatt 45, zitiert nach: Beutler, Kurt: Die militärpädagogische Publikations- und Beratertätigkeit Erich Wenigers nach dem Zweiten Weltkrieg, in: Hoffmann, Dietrich/Neumann, Karl (Hrsg.): Bildung und Soldatentum. Die Militärpädagogik Erich Wenigers und die Tradition der Erziehung zum Kriege, Weinheim 1992, S. 157).

[879] Weniger, Erich: Die Erziehung des deutschen Soldaten, ohne Ort (Berlin), ohne Jahr (1944). *[Dokumentation ad fontes Weniger: S. 548–632]*

Weniger wehrt sich zunächst dagegen, dass die deutsche Wehrmacht nur eine „gedrillte Truppe“ sei, immerhin habe sie „einige der größten Siege der Weltgeschichte“ errungen. Und weiter hält er Kritikern entgegen: „Indem sie nun die deutschen Erfolge auf eine Art von Massensuggestion zurückführen, glauben sie an unserem Endsieg zweifeln zu können“ (Weniger: Erziehung des deutschen Soldaten, 1944, S. 8). Der Glaube an den Endsieg ist also zweifellos eines der Ziele, das Weniger bei der Erziehung der Soldaten mit dieser Schrift unterstützen und erreichen will.

In prägnanter Form werden seine Thesen über Erziehung und Zwang in dieser Broschüre vorgestellt:

> *„Erzogen ist der, der die ihm auferlegten Pflichten selbstverständlich erfüllt und den Zwang nicht mehr empfindet. (...) So wird der bedingungslose Gehorsam Äußerung der höchsten Freiheit des Soldaten, seines freien Willens.“* (Weniger: Erziehung des deutschen Soldaten, 1944, S. 14)

In dieser schon bekannten Darlegung über die begrenzte, aber doch wesentliche Rolle des Drills, die „die vaterländische Gesinnung, das soldatische Bewusstsein, den männlichen Willen und hinter ihm als tragenden Grund den Wehrwillen des ganzen Volkes“ voraussetze (Weniger: Erziehung des deutschen Soldaten, 1944, S. 27), wiederholt Weniger auch seine Passagen über die „Reinigung der Atmosphäre und Ausmerzen verderbter Glieder“ und konstatiert: „Die Schlacht in Frankreich war die Begegnung eines gesunden mit einem kranken Volke“ (Weniger: Erziehung des deutschen Soldaten, 1944, S. 29). Weniger erklärt sich den Sieg über Frankreich aus der richtigen Auswertung der Folgen des Ersten Weltkriegs, die in Frankreich nicht vorhanden gewesen sei. Die Franzosen hätten sich zu eng am Erfahrungshorizont des Ersten Weltkriegs orientiert und nach dem Ersten Weltkrieg keine wirkliche Revolution gehabt, so wie die Deutschen:

> *„Aber dieser vorwärtsdrängende Zug in der deutschen Wehrmacht setzt nicht mehr und nicht weniger als eine Revolution des ganzen Volkes voraus.“* (Weniger: Erziehung des deutschen Soldaten, 1944, S. 37)

Gemeint ist ohne Frage der Machtantritt der NSDAP 1933.

Neben schon weitgehend bekannten Positionen über Ehre, Tugend, Soldatentum, Gehorsam, inneren Gehorsam und denkenden Gehorsam findet sich in der Darstellung über das Gesetz der Kampfgemeinschaft, über den Korpsgeist der Truppe, im Wesentlichen eine Zusammenfassung älterer Schriften, auch folgende Passage:

> *„Aber jede Filmaufnahme deutscher Soldaten von den Vormärschen in Polen, Norwegen, Frankreich und auf dem Balkan zeigt schon, dass es dieses gedrillte Massenauftreten bei der deutschen Wehrmacht außer bei den Paraden gar nicht mehr gibt. Es sind immer wieder kämpfende Gruppen in selbständigem Einsatz zu sehen, welche die Verwirklichung solcher hohen Anforderungen bezeugen.“* (Weniger: Erziehung des deutschen Soldaten, 1944, S. 61 f.)

Weniger, der in Nordfrankreich auch für die Betreuung der Wehrmacht durch Filmeinsatz zuständig war, äußert sich hier zufrieden über die Darstellung deutscher Soldaten in Polen, Norwegen und Frankreich, ohne jedes Schamgefühl angesichts der Besetzung dieser Länder. Ihn interessiert die Form der Darstellung, nicht der Inhalt, die Aggression und die Verbrechen der Wehrmacht in diesen Ländern sind ihm gleichgültig. Ihm geht es um „die leuchtenden Augen und den frohen Gesichtsausdruck der Männer“ (Weniger: Erziehung des deutschen Soldaten, 1944, S. 78), um den „metaphysische(n) Gehalt des Soldatentums und seine Bedeutung als männliche Lebensform“ (Weniger: Erziehung des deutschen Soldaten, 1944, S. 80).

Die beiden letzten Abschnitte mit den Titeln „Soldatentum ist nicht Militarismus“ und „Die deutsche Wehrmacht als Erziehungsschule der Nation“ enthalten die inhaltlich gravierendsten Passagen Wenigers in der NS-Zeit. Um sich gegen den Vorwurf zu verwehren, dass Soldatentum Militarismus sei, betont Weniger stärker als bisher den Sinn des Soldatischen. Hier sei zunächst ein längerer Abschnitt zitiert:

„Soldatentum ist zwar die grundlegende Lebensform für den deutschen Mann, aber es ist dennoch nicht Selbstzweck. ‚Die Wehrmacht ist der Waffenträger des deutschen Volkes. Sie schützt das Deutsche Reich und Vaterland, das im Nationalsozialismus geeinte Volk und seinen Lebensraum.' Ohne solche festumrissene Aufgabe, ohne die lebendige Beziehung auf Volk, Staat und Reich wäre das Soldatenleben, bei allen Möglichkeiten zu männlicher Betätigung, ein sinnloses Spiel, ein unendlicher Leerlauf, bloßer Sport. Es droht die gefährliche Umkehrung, bei der die bewaffnete Macht, nur um Taten zu tun und der Langeweile des Friedensdienstes zu entgehen, dem Staate ihren Betätigungsdrang aufzwingt. Das ist es, was man mit Recht Militarismus nennen kann. Von solchem Militarismus findet sich in der deutschen Heeresgeschichte seit den Zeiten des Großen Kurfürsten kein Spur, im Gegensatz zu der französischen Überlieferung und nicht wenigen englischen Kolonialunternehmungen, die nur dazu dienten, die Truppen zu beschäftigen oder gar abzulenken. Der deutsche Soldat ist kein Landsknecht oder Reisläufer, die deutsche Führung hat jede Neigung dazu stets mit aller Schärfe unterdrückt, auch wenn tüchtigen Soldaten dadurch eine Wirkungsmöglichkeit genommen wurde.

Die deutsche Wehrmacht lebt nicht gesondert von dem übrigen Volk in einem abgeschlossenen Raum, wie es die liberale Legende und die ausländische Kritik wahrhaben wollen. Sie ist ganz eingebettet in den Strom des völkischen Daseins; das gleiche Blut pulsiert in ihr wie in allen anderen deutschen Lebensgemeinschaften." (Weniger: Erziehung des deutschen Soldaten, 1944, S. 80 f.)

Weniger hat eine klare Vorstellung davon, was Militarismus ist. Er ist – im Sinne Clausewitz', dass der Krieg die Fortsetzung der Politik mit anderen Mitteln sei – der Meinung, dass der Vorwurf des Militarismus nur dadurch zu entkräften sei, dass man die Politik der NS-Führung gutheiße. Genau das tut Weniger ausführlich und betont, angesichts des Vorwurfs, dass er möglicherweise das Preußische zu sehr herausstellte, zudem erneut die Einheit von preußischem und großdeutschem Geist:

„Diese Einheit preußischer Prägung und großdeutscher Gesinnung als Voraussetzung des neuen deutschen Soldatentums ist das persönliche Werk des Führers und Obersten Befehlshabers; in seiner Person, in seinem Schicksal und in seinem Willen stellt er diese Einheit symbolisch dar." (Weniger: Erziehung des deutschen Soldaten, 1944, S. 81 f.)

Dass deutscher Militarismus nicht nur heißt, Soldatentum als einen inhaltsleeren Beruf zu begreifen, wird im letzten Abschnitt deutlich: Der Kern des deutschen Militarismus, nämlich die gesamte Nation, die gesamte Bevölkerung auf soldatisches Denken, auf soldatisches Tun, auf soldatische Lebensformen einzuschwören, ist für Weniger eine selbstverständliche Forderung:

„Ganz anders steht es mit der deutschen Wehrmacht. Schon die durch die geschichtliche Lage aufgezwungene Notwendigkeit der Selbstbehauptung fordert eine totale Anspannung, die es nicht erlaubt, die einmal errungene soldatische Lebenshaltung irgendwann einmal aufzugeben. Dieser Zwang zu dauernder Selbstbehauptung über das auch anderen Völkern auferlegte Maß hinaus hat vielmehr die Folge, dass der deutsche Mann auch im bürgerlichen Kleid immer den Sinn für das Soldatische bewahrt und sich mit schöner Selbstverständlichkeit stets für den Dienst in der Wehrmacht bereithält. Ebenso erweist es sich bei den hohen Anforderungen an den aktiven Dienst als notwendig, schon die Jugend in einer militärischen Vorausbildung vorzubereiten.

So hat sich bei uns eine umfassende ***Wehrerziehung*** *des ganzen deutschen Volkes herausgebildet, von der die aktive Dienstzeit und die militärischen Übungen nur ein Teil sind. In der vormilitärischen Ausbildung durch die Hitler-Jugend, SA., Schule und Reichsarbeitsdienst werden die körperlichen, geistigen und sittlichen Voraussetzungen für den aktiven Wehrdienst geschaffen. In der Fortsetzung der Schulung nach dem aktiven Wehrdienst und neben den Reserveübungen werden, vor allem in den Wehrmannschaften der SA., die soldatischen Tugenden lebendig und die kriegerischen Kräfte wach gehalten."* (Weniger: Erziehung des deutschen Soldaten, 1944, S. 83, Hervorhebung im Original))

Im Grunde leistet Weniger hier unfreiwillig einen bedeutenden Dienst für die Erkenntnis dessen, was zum einen deutscher Militarismus eigentlich ist und was zum anderen die Ausdehnung der Besonderheiten des soldatischen Handwerks auf die normale Mentalität einer

Bevölkerung überhaupt bedeutet.[880] Erich Kästners Gedicht „Kennst du das Land wo die Kanonen blühen“ spiegelt dichterisch diese Mentalität wider. Für Weniger ist das jedoch genau der Kern einer positiven Lebensform für das ganze deutsche Volk. Er beruft sich bei der Darstellung der Rolle der Wehrmacht als Schule der Nation und des deutschen Soldatentums als Lebensform für das gesamte deutsche Volk ausdrücklich auf Hitler. Auch hier soll zum besseren Verständnis eine längere Passage zitiert werden:

> *„So stellt die deutsche Führung in der Wehrerziehung alle Erziehungsmächte in den Dienst der Wehrmacht. Die soldatischen Lebensformen werden vorbereitet und aufrechterhalten unter Mitwirkung aller Einrichtungen der Volkserziehung.*
>
> *Aber diesen Dienst vergilt die deutsche Wehrmacht reichlich, indem sie sich bei der Erfüllung ihrer kriegerischen Vorbereitungsaufgaben immer zugleich mit höchstem Bewusstsein ihrer Verantwortung als erzieherische Macht und als wesentliches Glied der Volkserziehung fühlt und einsetzt. In dem Zusammenwirken der Stufen und Kreise der Volkserziehung hat die aktive Dienstzeit ihren festen Platz und ihre bestimmten Aufgaben. Die Wehrmacht ist nach dem Wort des Führers die ‚letzte und höchste Schule vaterländischer Erziehung‘ und damit zugleich die letzte Stufe der Erziehung zur Mannbarkeit im Sinne der altgermanischen Überlieferung.*
>
> *‚Im völkischen Staat soll also das Heer nicht mehr dem einzelnen Gehen und Stehen beibringen, sondern es hat als die letzte und höchste Schule vaterländischer Erziehung zu gelten. Der junge Rekrut soll im Heer die nötige Waffenausbildung erhalten, er soll aber zugleich auch weiter geformt werden für sein sonstiges späteres Leben. An der Spitze der militärischen Erziehung aber hat das zu stehen, was schon dem alten Heere als höchstes Verdienst angerechnet werden musste: In dieser Schule soll der Knabe zum Mann gewandelt werden.‘ (Mein Kampf.)“* (Weniger: Erziehung des deutschen Soldaten, 1944, S. 84 f.)

Wenigers Broschüre endet mit einer wirklich beispiellosen Provokation. Weniger schreibt 1944:

> *„Das ist wohl das in einem besonderen Sinne Deutsche an der deutschen Soldatenerziehung, dass sie in der Erfüllung der Aufgabe der Kriegsvorbereitung zugleich so ganz auf die friedliche Einwirkung ihres Geistes auf das ganze Volk und seine männlichen Kräfte gestellt ist. So ist sie bewusst ein Werkzeug des Friedens. Imperialistische und aggressive Tendenzen lagen ihr schon damals fern.“* (Weniger: Erziehung des deutschen Soldaten, 1944, S. 85)

Weniger betont mit Moltke, dass durch den Militärstand „nicht nur zu körperlicher Rüstigkeit, sondern auch zu geistiger Frische“ erzogen werde (Weniger: Erziehung des deutschen Soldaten, 1944, S. 86). Er schließt an, dass Hitler diese volkserzieherische Leistung bereits gewürdigt habe:

> *„Der Führer hat in ‚Mein Kampf‘ diese volkserzieherische Leistung schon des alten Heeres eingehend gewürdigt:*
>
> *‚Das Heer erzog zur unbedingten Verantwortlichkeit in einer Zeit, da diese Eigenschaft schon sehr selten geworden war... es erzog zum persönlichen Mute in einem Zeitalter, da die Feigheit zu einer grassierenden Krankheit zu werden drohte... Das Heer erzog zur Entschlusskraft, während im sonstigen Leben schon Entschlusslosigkeit und Zweifel die Handlungen der Menschen zu bestimmen begannen... Das Heer erzog zum Idealismus und zur Hingabe an das Vaterland und seine Größe, während im sonstigen Leben Habsucht und Materialismus um sich gegriffen hatten. Es erzog ein einiges Volk gegenüber der Trennung in Klassen.*

[880] Nach 1945 führte Weniger zum Thema Militarismus aus: „Militarismus heißt doch wohl die Überzeugung, dass Macht und Gewalt vor Recht gehen. Ich war und bin ein schärfster Gegner dieser Überzeugung gewesen und habe sie in Wort und Schrift bekämpft. Militarismus kann weiter heißen der Versuch, andere Völker zu unterdrücken und Angriffskriege zu führen. Ich bin jederzeit leidenschaftlich gegen diese Bestrebungen eingetreten und habe jeden Gedanken an Eroberungskriege für verbrecherisch gehalten. Militarismus kann vielleicht endlich heißen Anwendung unmenschlicher Formen innerhalb der Wehrmacht und Forderung unmenschlichen Verhaltens für den Soldaten. Ich habe in Wort und Schrift gegen diese trübe Form des Soldatentums Stellung genommen.“ (Stellungnahme Wenigers vom 13.9.1946, S. 6, Niedersächsische Staats- und Universitätsbibliothek Göttingen, Abteilung für Handschriften und seltene Drucke, Cod. Ms. E. Weniger 5/19)

So blieb in dem neuerstandenen großdeutschen Reich auch die Kameradschaft des Frontsoldatentums des Weltkrieges nicht wie sonst so oft eine bloße Erinnerung an die Zeit, in der die Männer unseres Volkes einmal Übermenschliches geleistet hatten, sondern wurde eine erzieherische Macht, die besonders zwei im Nachkriegsdeutschland von völliger Verwahrlosung bedrohte Lebensgebiete, Politik und Arbeit, unter das Gesetz der soldatischen Verantwortung stellte. Seitdem ist das Soldatentum einer der entscheidenden Charakterwerte, die man bei jedem deutschen Mann voraussetzt.

*Der **politische Soldat** und der **Soldat der Arbeit** stehen heute neben dem Waffenträger der Nation, aus den gleichen Kräften des deutschen Soldatentums lebend und wirkend."* (Weniger: Erziehung des deutschen Soldaten, 1944, S. 86 f., Hervorhebungen im Original)

Die analytische Beurteilung dieser Passage wird weitgehend durch die Primitivität des von Weniger verwendeten NS-Jargons erschwert. Weniger kannte die Bedingungen der Zensur und er war sich der Bedeutung der Tatsache bewusst, dass er die Broschüre unter seinem Namen herausbringen konnte und wollte. Das ist geschehen, unbeschadet der eigentlich nur von Weniger selbst aufzuklärenden Frage, welche Passagen in dieser Broschüre von ihm formuliert wurden[881] und welche Passagen möglicherweise nachträglich von Vorgesetzten oder Lektoren eingefügt oder verändert wurden.

* * *

Als Wenigers letzte Publikation in der NS-Zeit erschien im August 1944, also kurz nach dem Attentat auf Hitler, eine Zusammenfassung der Gedankengänge aus seinem 1938 erschienenem Buch „Wehrmachtserziehung und Kriegserfahrung" unter dem Titel **„Die Selbständigkeit der Unterführer und ihre Grenzen"**.[882] Gleichzeitig wird durch eine Auswertung von Heeresbe-

[881] In den Akten zu Wenigers Entnazifizierungsverfahren befinden sich 11 maschinenschriftliche Seiten mit Zitaten aus der von Weniger „Dienstschrift" genannten Schrift „Die Erziehung des deutschen Soldaten" (ohne Ort, ohne Jahr [Berlin 1944]). Dazu schreibt Weniger 1947: „Auch in der beanstandeten Dienstschrift ist der sachliche Inhalt einwandfrei. Ich lege die berühmten Auszüge, die zur Denunziation gedient haben, bei. Sie werden sehen, dass neben Tarnungssätzen auch Dinge zitiert sind, die einfach objektiv richtig sind, wenn man von der Voraussetzung ausgeht, dass es eine Wehrmacht gibt." (Brief an Dr. Dr. Wende vom 11.12.1947, S. 4, Niedersächsische Staats- und Universitätsbibliothek Göttingen, Abteilung für Handschriften und seltene Drucke, Cod. Ms. E. Weniger 5/23)

Nachdem Weniger in einer Vernehmung am 23.9.1947 die oben genannten Passagen vorgelegt worden waren, verfasste er am 25.9.1947 eine zweiseitige Stellungnahme, die er bat „zu den Akten zu nehmen". Er verweist darauf, dass auf den Seiten 28 bis 30 einzelne Formulierungen nicht von ihm stammen würden. Dies ergebe sich auch aus dem Textvergleich dieser Passagen mit einer Passage auf Seite 50 seiner Schrift „Wehrmachtserziehung und Kriegserfahrung" (Berlin 1938). Die beanstandeten Stellen seien „von einer Dienststelle eingeschoben" worden. „Sie sind meinem Sprachrhythmus und meiner Art zu schreiben völlig fremd." (Stellungnahme Wenigers vom 25.9.1947, Niedersächsische Staats- und Universitätsbibliothek Göttingen, Abteilung für Handschriften und seltene Drucke, Cod. Ms. E. Weniger 5/23)

An anderer Stelle schreibt Weniger: „Man wird in meinen militärischen Schriften nichts finden, was auf Militarismus deutet, und nichts, was irgendeine Zustimmung zum Nationalsozialismus enthält." Zu seiner Schrift „Die Erziehung des deutschen Soldaten" erklärte er: „Im größten Teil des Buches, achtzig von siebenundachtzig Seiten, ist von nichts die Rede, was an Militarismus und Nationalsozialismus erinnert. Auf Seite acht findet sich ein von der ursprünglichen Schriftleitung eingefügter Satz über die Wirkungsweise des deutschen Heeres, der also nicht von mir stammt, aber getragen werden konnte, da er nur einen Tatbestand ausdrückte. Auf den letzten Seiten sind Führerworte zitiert, denen ein Sinn unterlegt wird, der offensichtlich das Gegenteil von dem darstellt, was Hitler sagen wollte, z. B. eben, dass es sich nicht um Militarisierung des ganzen Volkes handeln dürfe. Die Form dieser Tarnung war mit dem Oberbefehlshaber sorgfältig diskutiert und von ihm gebilligt (es handelt sich um die vormilitärische Erziehung). Die Schlusssätze im vorletzten Abschnitt sind Einfügungen der ursprünglichen Schriftleitung. Sie konnten ohne Bedenken hingenommen werden (ganz abgesehen davon, dass mir eine eigene Schlussredaktion nicht möglich gemacht war), weil meine positive These, dass der Soldat kein ‚politischer Soldat' sei, dadurch nur umschrieben wurde." (undatierte Stellungnahme Wenigers im Rahmen des Entnazifizierungsverfahrens, S. 3 bzw. S. 5, Niedersächsische Staats- und Universitätsbibliothek Göttingen, Abteilung für Handschriften und seltene Drucke, Cod. Ms. E. Weniger 5/19) In einer Anlage zu seiner Entnazifizierungsakte konkretisiert Weniger seine Behauptungen über Tarnungssätze und fremde Einfügungen. Als Beispiel für eine solche Tarnung verweist er auf das Lob für Adolf Hitler auf Seite 81 der Schrift (Niedersächsische Staats- und Universitätsbibliothek Göttingen, Abteilung für Handschriften und seltene Drucke, Cod. Ms. E. Weniger 5/23).

[882] Weniger, Erich: Die Selbständigkeit der Unterführer und ihre Grenzen, in: Militärwissenschaftliche Rundschau, 9. Jg. (1944), Heft 2 (August 1944), S. 101–115. *[Dokumentation ad fontes Weniger: S. 663–667]*

richten aus dem Ersten Weltkrieg die ursprüngliche Fassung erweitert. Die Grundlinie des gesamten Beitrags entspricht Wenigers bereits bekanntem „Sowohl-als-auch“. Sowohl Selbständigkeit der Unterführer als auch absoluter Gehorsam gegenüber der Führung kann als Grundaussage dieses Textes zusammenfassend festgestellt werden. Die existierenden Widersprüche müssten anhand der Kriegslage geklärt werden, die Grenzen der Selbständigkeit müssten vom Führungsstab und nicht von den Unterführern festgelegt werden. Anders gesagt: Selbständigkeit ist notwendig, wenn sie befohlen wird. So zitiert Weniger General Ludendorffs 1935 erschienene Schrift, die den bezeichnenden Titel „Der totale Krieg“[883] trägt:

> *„Selbständigkeit in straffster Einordnung bleibt den Unterführern. Nur auf solcher Grundlage kann der Feldherr die Durchführung seines Willens stellen.“* (Ludendorff, zitiert nach Weniger: Selbständigkeit, 1944, S. 104)

Bei der Frage der Selbständigkeit handelt es sich, so Weniger, „nicht um ein Prinzip“, sondern die Grenzen der Selbständigkeit müssten eben „in den wechselnden Lagen des Krieges“ umfassend von den führenden Stellen festgelegt werden (Weniger: Selbständigkeit, 1944, S. 110).

Noch 1944 kann man von Weniger Sätze wie diesen lesen:

> *„Denn da kann es keinen Zweifel geben: Es ist der Feldherr, der will und entscheidet. Dieser Wille der obersten Führung muss absoluten Gehorsam verlangen, er muss sich unter allen Umständen durchsetzen.“* (Weniger: Selbständigkeit, 1944, S. 112)

Es ist sicherlich richtig, dass in solchen Aufsätzen auch zwischen den Zeilen gelesen werden muss. Weniger wendet sich offensichtlich an die Zweifelnden, die, angesichts der Lage im August 1944, immer deutlicher sahen, dass es mehr als ein Argument gegen den „Glauben an den Endsieg“ gibt. Weniger schreibt:

> *„Voraussetzung für die strenge Ordnung der Führung ist freilich immer, wie sich gerade am Beispiel der Marneschlacht zeigt, dass ein wirklicher Feldherr an der Spitze steht und dass der Feldherr sich als Feldherr beweist, dass der Führungswille sich als echt kriegerischer, auf den Sinn der Sache gerichteter, von Geist erfüllter, verantwortlicher Wille zeigt. Denn sonst diente der absolute Gehorsam einem kraftlosen Phantom und folgte ihm auf seinen verhängnisvollen Irrwegen.“* (Weniger: Selbständigkeit, 1944, S. 114)

Falls der Leser 1944 davon ausging, dass Weniger nicht nur von der Marneschlacht spricht, wird er spätestens an dieser Stelle aufhorchen:

> *„Es gehört zur Tragik des Soldaten, dass beim Fehlen dieser Voraussetzungen der Gehorsam dennoch nicht aufgesagt werden darf. (...) Änderungen sind nur als politische Akte möglich, durch Eingreifen der obersten Staatsführung.“* (Weniger: Selbständigkeit, 1944, S. 114 f.)

Das sind klare Worte: Der Gehorsam soll nicht aufgekündigt werden, selbst wenn die Führung einen verhängnisvollen Irrweg geht.

* * *

Am 12.4.1944 hält „Major Dr. Erich Weniger“ den nicht publizierten Vortrag **„Der Krieg als Schicksal und Aufgabe“**[884] vor der Feldkommandantur in St. Cloud im besetzten Frankreich. Das Manuskript dieses Vortrages ist vollständig als maschinenschriftliche Fassung erhalten und wurde schon von Helmut Gaßen in seinem Bericht über die Dokumentenlage erwähnt.[885] Einleitend erklärt Weniger, dass er nicht „in dienstlicher Eigenschaft spreche, als NS-Führungs-

---

[883] Ludendorff, Erich: Der totale Krieg, München 1935.

[884] Weniger, Erich: Der Krieg als Schicksal und Aufgabe. Vortrag vor der Feldkommandantur in St. Cloud am 12. April 1944, Niedersächsische Staats- und Universitätsbibliothek Göttingen, Abteilung für Handschriften und seltene Drucke, Cod. Ms. E. Weniger 7/13. *[Dokumentation ad fontes Weniger: Nachtrag]*

[885] Gaßen, Helmut: Bericht über den Nachlass Erich Wenigers, in: Neumann, Karl (Hrsg.): Erich Weniger. Leben und Werk. Dokumentation eines Symposions in Gifhorn und Steinhorst vom 31. Oktober bis 2. November 1986 (Zentralstelle für Weiterbildung der Georg-August-Universität Göttingen, Göttinger Beiträge zur universitären Erwachsenenbildung, Band 11), Göttingen 1987, S. 83–112.

Offizier", sondern als „Philosoph oder doch in philosophischer Absicht" (Weniger: Krieg als Schicksal, 1944, S. 1).

Der siebzehn Seiten umfassende Vortrag erklärt als Ziel, „durch rücksichtslose Erkenntnis rücksichtsloses Handeln zu ermöglichen" (Weniger: Krieg als Schicksal, 1944, S. 2). Ausgehend von der Auswahl des Standpunkts „beherzt mitten in der Parteilichkeit, der Voreingenommenheit für Volk, Staat und Reich" (Weniger: Krieg als Schicksal, 1944, S. 2), entwirft Weniger einen Blick auf die Kriege der deutschen Geschichte und warnt vor einseitigen Analogien: Heute kämpfe das deutsche Volk, Europa „um seine nackte Existenz, und das ist sehr wörtlich zu nehmen und meint uns alle" (Weniger: Krieg als Schicksal, 1944, S. 3).

Die Kompliziertheit der weltpolitischen Situation im Kriege ist das zweite große Thema, wobei die Gefahr des Bolschewismus im Vordergrund steht. In der ersten Phase war das noch nicht so, aber aktuell heißt es bei Weniger:

> *„Vor allem aber, es wurde ein Krieg der Weltanschauungen: Bolschewismus gegen Nationalsozialismus, Nationalsozialismus gegen die liberale Plutokratie, Plutokratie und Bolschewismus gegen alle Logik vereint."* (Weniger: Krieg als Schicksal, 1944, S. 11)

Wie kommt es nun, fragt Weniger, dass USA und Russland statt gegeneinander, miteinander gegen Deutschland kämpfen? Die Antwort ist für den Philosophen Weniger klar:

> *„(...) das Einigende, jeder einzelnen Problematik der den Völkern gestellten geschichtlichen Aufgabe Vorgezogenes ist der Hass gegen den Nationalsozialismus, der genährt vor allem durch die jüdische Emigration, nun jede geschichtliche Rangordnung, jede wirkliche Zuordnung der politischen Probleme zueinander, jedes Abwägen des Notwendigen und Möglichen bewusst vernachlässigen lässt und Machtkonstellationen zusammenbringt, die in sich sinnlos sind und keine dauernde Wirkung hervorbringen können."* (Weniger: Krieg als Schicksal, 1944, S. 12)[886]

Diese Denkfigur beinhaltet Antisemitismus. Ausgerechnet die aus Deutschland emigrierten Juden werden hier den Feldkommandanten als Ursache für den vermehrten Hass vorgestellt. In der Tat hatte Weniger in Frankreich in der Résistance mit solchen jüdischen Emigranten aus Deutschland wie Ernst Jouhy zu tun, die sich allerdings nicht so sehr mit dem weltpolitischen Bündnis zwischen den USA und der Sowjetunion beschäftigten, sondern die Befreiung von Paris und ganz Frankreich vorbereiteten. Die weltpolitischen Verschwörungsphantasien, dass jüdische Emigranten die Regierungen der USA und der Sowjetunion zusammenbringen und zusammenhalten würden, zeigen, wie weit gerade Weniger Denkfiguren des NS-Antisemitismus propagiert hat. Der Anspruch dieses Vortrags, „durch rücksichtslose Erkenntnis rücksichtsloses Handeln zu ermöglichen", erhält hier eine ganz besondere Färbung.

* * *

Zusammenfassend lässt sich feststellen, dass Erich Weniger in seinen Publikationen zur Wehrpädagogik und zur Wehrmachtserziehung in der NS-Zeit gewissen Schwankungen ausgesetzt war. Einerseits verstand er das Soldatentum als eine Art Handwerk, dem er durch Handreichungen und Hilfestellungen eine professionelle Ausrichtung geben wollte, andererseits

---

886 Über die erste Phase des Krieges heißt es bei Weniger: „Von uns aus gesehen war dieser Krieg zunächst ein unvermeidlich gewordenes Wiederaufnahmeverfahren in Sachen der Wiedergutmachung des Versailler Vertrages; die Vollendung des nationalen Gedanken also, die 1918 unterbrochen war. Dann in unmittelbarem Zusammenhang damit die Wiedervereinigung der damals widerrechtlich getrennten Volksgenossen in Rumpf-Österreich und im Sudentenland. Begrenzte Ziele, die sich in ihrer Logik auch dem Gegner aufdrängen mussten, die diese aber dennoch zu verhindern suchten, sei es auch mit Waffengewalt. Durch die Existenz der böhmischen Enklave wurde die endliche Erfüllung der nationalen Einigung verbunden mit einer Erneuerung des Reichsgedankens, die sonst vielleicht einer späteren Generation vorbehalten geblieben wäre. Es ergab sich die Notwendigkeit, das Reich als Ordnungsmacht im mitteleuropäischen Raum wieder einzusetzen, weil sonst die nationale Einigung Großdeutschlands nicht durchzuhalten war. Von da aus war mitgegeben und uns aufgegeben der Kampf um unseren Lebensraum, um die wirtschaftliche und soziale Autarkie dieses Raumes und seine Grundlagen. ‚Volk ohne Raum' war das Kennwort, Ostraum oder Kolonialraum die Möglichkeiten" (Weniger: Krieg als Schicksal, 1944, S. 11).

war ihm klar, dass ein bloßes Soldatentum, losgelöst von inhaltlichen Zielsetzungen, nichts als Militarismus ist.

So erklärte er sich deutlich für die Politik des NS-Staates, indem er immer noch ein Bündnis der NSDAP einerseits und der deutschnationalen Hindenburg-Anhänger und des preußischen Offizierskorps andererseits nicht zu Unrecht sah. Aber auch nachdem dieses Bündnis – wenigstens zum Teil – zerbrochen war und einige Generäle das Attentat auf Hitler verübt hatten, ist nicht bekannt, dass sich Weniger dieser Form des militärischen Widerstands gegen das NS-Regime angeschlossen hätte.

Es ist festzuhalten, dass Erich Wenigers Publikationen zu militärpädagogischen Fragen und zur Erziehung der deutschen Soldaten, der deutschen Offiziere und der deutschen Wehrmacht überhaupt eine systemstabilisierende und das NS-Regime unterstützende Funktion hatten – im Kontext eines verbrecherischen Krieges der deutschen Wehrmacht unter der Führung des NS-Regimes.

Preis 40 Pfg.

Militär-Wochenblatt

Unabhängige Zeitschrift für die deutsche Wehrmacht

Werkbild

„Caproni 134", das neuste italienische Aufklärungsflugzeug

Beachtenswert ist der nur halbgeschlossene Beobachtersitz, der außerordentlich weit zurückverlegt ist und dadurch beste Sichtverhältnisse gewährleistet. Große, mit durchsichtigem Werkstoff verkleidete Fenster in den beiden Rumpfseiten bedeuten eine weitere Verbesserung der Sicht. Die Anordnung des doppelten Höhen- und Seitenleitwerks ist mit Rücksicht auf ein gutes Schußfeld nach hinten getroffen. Ausgerüstet mit einem flüssigkeitsgekühlten 12-Zylinder-V-Motor Isotta-Fraschini „Asso XI R. C. 40" von 900 PS, erreicht das Aufklärungsflugzeug „Caproni 134" eine Höchstgeschwindigkeit von 390 km/h und eine Gipfelhöhe von 8000 m. Bewaffnung: zwei starre, durch den Luftschraubenkreis feuernde MG. und ein bewegliches MG. auf Drehkranz für den Beobachter.

[redacted]

Wenigers Artikel „Die historische Kritik an der Überlieferung des Weltkrieges und das kriegerische Urteil" (3.12.1937) befindet sich in den Spalten 1436–1439 dieser Ausgabe.

Wehrmachtserziehung

und

Kriegserfahrung

Von

Erich Weniger

1938

Verlag von E. S. Mittler & Sohn / Berlin

Feldartillerie-Regiment Frankfurt

Die Nassauische Artillerie

Mitteilungsblatt

des Traditionsverbandes des ehem. 2. Naß. Feldartillerie-Regiments Nr. 63 Frankfurt und der Kriegsformationen

Verbandsführer: Oberstlt. z. V. v. Reckow, Oberursel a. T., Füllerstr. 12, Ruf 227. — Schriftf.: Otto Gubat, Frankfurt a. M., Eschersheimer Landstraße 26, bei Adelmanns Druckerei, Fernspr. 56 708 Frankfurt a. M. — Kassenw.: Ferdinand Gosewisch, Frankfurt a. M., Wiesenhüttenstr. 18, Fernruf 33 622, Gesch.: 78 328, Feuerbachstr. 48, Postscheck: Vereinigung der Offiziere des ehem. 2. Naß. Feldart.-Regts. 63 Frankfurt, Nr. 36 645, Frankfurt a. M. — Kameradschaft Frankfurt des Regiments: Führer Karl Rakow, Frankfurt a. M., Stoltzestr. 16, Postscheckkonto: 6461 Frankfurt a. M. — Kameradsch. Mainz-Wiesbaden des Regiments, Führer: Oblt. d. R. Karl Barthel, Mainz, Barcusstraße 4, Bankkonto: 34 742 der Mainzer Volksbank in Mainz (deren Postscheckkonto: 900 Frankfurt a. M.).

Herausgegeben von der Offizierkameradschaft

Abgeschlossen am 25. August 1939

Nr. 55

Die Treue ist das Mark der Ehre! — Niemals an Deutschland verzweifeln, sondern fest glauben, daß es alle Prüfungen überwinden wird.
(Hindenburg.)

25 Jahre

Ein Menschenalter trennt uns nun schon von den Ereignissen, die für Volk und Reich wie für jeden Einzelnen von uns so bestimmend geworden sind. Ein Menschenalter ist eine lange Zeit und für gewöhnlich pflegen sich die Erinnerungen dann allmählich zu trüben. Hier aber, bei dem Gedächtnis an den Weltkrieg, ist es anders gekommen. Mag zuerst in trüben Jahren der Hoffnungslosigkeit manches verblaßt, vieles seltsam unwirklich geworden sein — heute sind die Erinnerungen frischer und lebendiger als je, ja sie haben eine Tiefe gewonnen, die sie nicht immer hatten.

Die Wiedergewinnung der Wehrhoheit und der Aufbau der Großdeutschen Wehrmacht haben dieses Wunder vollbracht. Durch sie durfte unsere Erinnerung p r o d u k t i v werden; in die Zukunft gerichtet steigert sie sich zu Erfahrungen und Lehre. Nicht mehr trauern wir um unwiderbringlich Verlorenes oder um bessere Zeiten; nicht mehr versammeln wir uns nur, um den Blick rückwärts gewandt, wie man der Jugend, ihrer Träume und Taten gedenkt, die Zeiten wieder aufleben zu lassen, in denen wir etwas sein und leisten durften. Vielmehr wird die Erinnerung vor den neuen Aufgaben unsrer Gegenwart zur Besinnung auf die Kräfte, die damals in Sieg und Abwehr lebendig waren, auf die Haltung, in der so Ungeheures bestanden wurde, auf das, was das deutsche Heer mitbrachte aus seiner ruhmreichen Vergangenheit, zugleich aber auch auf das im Feuer der Schlachten neu Gewonnene und Gestaltete.

Denn auf beides muß die erinnernde Vergegenwärtigung gerichtet sein: auf die unvergleichliche Bewährung des alten Heeres, deren Symbol der Name Hindenburg ist, und auf das neue Frontsoldatentum, für das der Mythos des unbekannten Soldaten zeugt. Das gute Alte, das von Lüttich und Tannenberg bis Doumont und Gorlice und bis ans Ende immer wieder ruhmreich bestätigt wurde, und das zunächst so unscheinbare Neue, das in den Schlachten des Weltkrieges geboren wurde, um später dann die Grundlage für die politischen Ordnungen der Erneuerung von Volk und Reich zu werden — beides gehört zusammen und wurzelt in dem gleichen Mutterboden des deutschen Soldatentums.

Lüttich, Bertrix, Lothringen, Tannenberg und Masuren stehen neben Langemarck, Verdun, der Somme und Flandern, neben Serbien und Rumänien. Das in ihnen allen Wirksame vereinte sich in der großen Schlacht in Frankreich, am Chemin des Dames und in den durchaus nicht ruhmlosen Rückzugskämpfen im Herbst 1918. Altes und Neues sind unauflöslich verbunden; wir dürfen nicht zulassen, daß man es zu scheiden versucht.

In der gemeinsamen Überlieferung finden sich Offizier und Mann des Vorkriegsheeres und seine Reservisten und Landwehrleute, die so selbstverständlich zu den Fahnen eilten, mit den Kriegsfreiwilligen von 1914 und den alten und jungen Rekruten der Kriegsjahre ohne Eifersucht zusammen. Jeder weiß von den Leistungen des anderen und von den eigenen Grenzen; so machen wir uns gegenseitig die Erinnerungen nicht streitig. Kritische Besonnenheit gegen uns selbst, dankbare Anerkennung der Taten der Mitkämpfer, das gibt einen guten Klang in der Kameradschaft der Front.

Unsere Verantwortung in der Gemeinschaft der Traditionsverbände, auch wenn es uns nicht mehr vergönnt sein sollte, aktiv an den Aufgaben der neuen Wehrmacht mitzuarbeiten, besteht darin, das Dauernde, Lebenzeugende und Lebenerhaltende in der Überlieferung des Weltkrieges immer wieder zu vergegenwärtigen: nicht behaglich als Veteranen einer großen Vergangenheit, sondern kämpferisch als Zeugen und, wenn es sein kann, als Beispiele dessen, was „bleiben muß im Wandel der Zeit".

Nachwort

Nun, da diese Zeilen in Druck sind, ist die Welt wieder verändert. Teile unseres deutschen Ostheeres sind gestern in Warschau eingedrungen! Der Korridor, Bromberg und Graudenz, Ostoberschlesien sind in einem großen Zuge zurückgewonnen. Die alten vertrauten Schlachtennamen des Ostens begegnen uns wieder: Gorlice, Przasnyz, Narew, Duracez und Lysagora. Was auch immer noch kommen mag, was noch zu tun und zu bestehen ist — die Alten können nun tiefberuhigt wissen, daß die neue Wehrmacht nun auch schon, in so wenigen Tagen, ihre eigene Bewährung und ihren eigenen Ruhm errungen hat. Sie hat die Überlieferung nicht verloren gehen lassen; sie ist im Begriff — und der Anfang ist schon geschrieben — ihr ein neues reiches Kapitel hinzuzufügen.

9. September 1939

Professor Dr. Erich Weniger
Oberleutnant d. R.

Nachwort

Nun, da diese Zeilen in Druck sind, ist die Welt wieder verändert. Teile unseres deutschen Ostheeres sind gestern in Warschau eingedrungen! Der Korridor, Bromberg und Graudenz, Ostoberschlesien sind in einem großen Zuge zurückgewonnen. Die alten vertrauten Schlachtennamen des Ostens begegnen uns wieder: Gorlice, Przasnyz, Narew, Duracez und Lysagora. Was auch immer noch kommen mag, was noch zu tun und zu bestehen ist — die Alten können nun tiefberuhigt wissen, daß die neue Wehrmacht nun auch schon, in so wenigen Tagen, ihre eigene Bewährung und ihren eigenen Ruhm errungen hat. Sie hat die Überlieferung nicht verloren gehen lassen; sie ist im Begriff — und der Anfang ist schon geschrieben — ihr ein neues reiches Kapitel hinzuzufügen.

9. September 1939

Professor Dr. Erich Weniger
Oberleutnant d. R.

Nachwort zu Wenigers Artikel „25 Jahre", in: Die Nassauische Artillerie. Mitteilungsblatt des Traditionsverbandes des ehemaligen 2. Nassauischen Feldartillerie-Regiments Nr. 63 Frankfurt und der Kriegsformationen, Heft 55 (August 1939), S. 1.

Die geistige Führung der Truppe

das Ethos des deutschen Soldatentums und die Erziehung des deutschen Offiziers

von Major Dr. Erich Weniger

Ungültig

usgegeben von der Inspektion des Bildu ngswesens der Marine

In Frankreich 1942 (und in 2. Auflage textidentisch 1944) erschienen.

Auszug: Der Krieg als Schicksal und Aufgabe. Vortrag vor der Feldkommandantur in St. Cloud am 12. April 1944.

DER KRIEG ALS SCHICKSAL UND AUFGABE

Vortrag vor der Feldkommandantur in St. Cloud
am 12. April 1944

Meine Aufgabe, wenn anders ich sie richtig verstanden habe, geht dahin, den Ertrag der winterlichen Besinnungsstunden dieses Kreises zusammenzufassen, die ja alle, soviel ich weiss, gerichtet waren auf die Erkenntnis dessen, was uns anvertraut und überantwortet ist, auf die Voraussetzungen und Bedingungen unseres Kampfes, auf die Möglichkeiten, die uns gegeben sind, zum Gelingen beizutragen.

Ich glaube meinen Auftrag richtig zu deuten, wenn ich hier nicht in dienstlicher Eigenschaft spreche, als NS-Führungs-Offizier etwa, freilich hoffentlich auch nicht als der shakespearische "Narr, der philosophiert", so unentbehrlich nach uralter Erfahrung die Narren als Kommentatoren der Weltgeschichte auch sein mögen: sie hüten die menschliche Freiheit gerade in der schwersten Bedrängnis, sie verhindern, dass die Handelnden jenem tierischen Ernst verfallen, der sie unter ihr Niveau versetzt und vergessen lässt, dass menschliche Aufgaben nur menschlich bestanden werden können. Aber dennoch nicht als Narr, denke ich, sondern, obgleich das nicht so sehr weit auseinander liegt, als Philosoph oder doch in philosophischer Absicht, d.h. in dem Bemühen, den Dingen auf den Grund zu gehen, ihren Kern näher zur Formel zu finden. Alle echte Philosophie freilich will praktisch werden, wie Dilthey einmal gesagt hat, aber das geht nun einmal nicht unmittelbar, handgreiflich, so etwa, dass man nun von der philosophischen Besinnung gleich Rezepte des Handelns mit nach Hause tragen könnte; vielmehr gehören mühsame Wege hier zum Wesen der Sache, die freilich den Soldaten leicht ungeduldig machen und den Philosophen militärisch fragwürdig erscheinen lassen. Nun, das muss er auf sich nehmen, wenn er nicht seinen Beruf verfehlen will.

Ein kriegerischer Beitrag besteht nicht, wie gerade zivile Philosophen heute oft die Sache missverstehen, in möglichst kriege-

„(...) das Einigende, jeder einzelnen Problematik der den Völkern gestellten geschichtlichen Aufgabe Vorgezogenes ist der Hass gegen den Nationalsozialismus, der genährt vor allem durch die jüdische Emigration, nun jede geschichtliche Rangordnung, jede wirkliche Zuordnung der politischen Probleme zueinander, jedes Abwägen des Notwendigen und Möglichen bewusst vernachlässigen lässt und Machtkonstellationen zusammenbringt, die in sich sinnlos sind und keine dauernde Wirkung hervorbringen können.“ (S. 12)

5. Petersen: „Neue Erziehungswissenschaft gibt dem Satz seinen vollen Sinn: Adolf Hitler, der Erzieher des deutschen Volkes“[887]

***Buchenwald, 25. April 1944:** Der Erziehungswissenschaftler Prof. Dr. Peter Petersen (Jena) hält im Konzentrationslager Buchenwald bei Weimar auf Befehl des Reichsführers SS Heinrich Himmler den Vortrag „Wissenschaft im Dienst des Lebens – Erziehungswissenschaft der Gegenwart“. Die Zuhörer sind norwegische Studenten, die wegen ihrer Proteste gegen die NS-Besatzungsmacht in Norwegen inhaftiert wurden. Ziel des Vortrages ist es, die norwegischen Studenten zum Eintritt in die Waffen-SS zu bewegen.*[888]

Peter Petersen war nie Mitglied der NSDAP. Insbesondere in der Frage, welche Haltung die NSDAP zum Christentum einnahm, gab es gewiss Vorbehalte Petersens, der wusste und sah, dass zumindest ein bestimmter Flügel der NSDAP nicht einfach positives deutsches Christentum auf seine Fahne geschrieben hatte, sondern arisch-mystische Alternativen mehr und mehr favorisierte, ohne je das Bündnis mit der katholischen und evangelischen Kirche in Deutschland ganz aufzukündigen. Diese Vorbehalte verstärkten sich, als klar wurde, dass im Dschungel der inneren Machtkämpfe der führenden deutschen Erziehungswissenschaftler von der NS-Führung bewusst keine Eindeutigkeit zugelassen wurde und dass der Plan Petersens, „seine“ Schulideen des Jenaplans auf ganz Deutschland auszudehnen (was Montessori durch ihr Bündnis mit Mussolini und dem Papst im faschistischen Italien in einer ersten Phase gelang),[889] nicht zu verwirklichen war. Diese Vorbehalte verstärkten sich zudem, als immer klarer wurde, dass NS-Deutschland unter Führung Adolf Hitlers seine Versprechungen über rasche Blitzsiege seit 1943 ganz und gar nicht mehr einhalten konnte. An diesem Punkt war sich Petersen mit einer großen Gruppe ehemaliger deutschnationaler Bündnispartner der NSDAP gewiss einig. Doch ebenso klar und eindeutig beweisbar ist, dass Peter Petersen sich seit 1933 mit Lobeshymnen als innerdeutscher und internationaler Propagandist des NS-Regimes betätigte. Eine Durchsicht der von ihm geschriebenen Beiträge und Broschüren nach dem Januar 1933 zeigt dies.

---

[887] Petersen, Peter: Von der Methodik zur Pädagogik des Unterrichts, in: Bayrische Lehrerzeitung, 69. Jg. (1935), Heft 16/17, S. 257.

[888] Am Abend des 13. Januar 1944 kamen 349 norwegische Studenten im KZ Buchenwald an und wurden am ganzen Körper kahlgeschoren. Sie erhielten die Häftlingsnummern 39089 bis 39437 und wurden in die Holzbaracke des Blocks 19 eingewiesen (Hirte, Roland/Stein, Harry: Die Beziehungen der Universität Jena zum Konzentrationslager Buchenwald, in: Hoßfeld, Uwe/John, Jürgen/Lemuth, Oliver/Stutz, Rüdiger (Hrsg.): „Kämpferische Wissenschaft“. Studien zur Universität Jena im Nationalsozialismus, Köln/Weimar/Wien 2003, S. 384. Vgl. dazu auch: Hemmerling, Axel: Die Friedrich-Schiller-Universität Jena und das Konzentrationslager Buchenwald (Seminararbeit), Universitätsarchiv Jena 1999, Sonderdruck Nr. 229, S. 14–16 und Zimmermann, Susanne: Die medizinische Fakultät der Universität Jena während der Zeit des Nationalsozialismus, Berlin 2000, S. 185–187).

Torsten Schwan teilt mit, dass Petersen 1944 insgesamt drei Vorträge im KZ Buchenwald zu den Themen „Pädagogik (Allgemeine Erziehungswissenschaft)“, „Über Jesuitenerziehung, ein historisches Moment“ und „Wissenschaft im Dienste des Lebens“ gehalten hat. Die beiden überlebenden Zuhörer Jan Bendix Lien und Arnt Friisk erinnern sich, dass die Vorträge „schwerpunktmäßig (…) doch mit ‚Rassentheorie und Nazipropaganda vermischt‘ gewesen“ seien. Petersen selbst schreibt am 1.4.1944 an Döpp-Vorwald: „Zur Zeit habe ich einen Sonderauftrag [sic!] mit durchzuführen an rd. 300 Studenten, wöchentlich einmal, aber ganz kann ich das nicht so pünktlich ausführen, weil ältere Verpflichtungen dazwischen kommen“ (Schwan, Torsten: Die Petersen-Rezeption in der Bundesrepublik Deutschland 1960 bis 1984. Die Jenaplan-Pädagogik zwischen „defensiver Rezeption“ und einsetzender „Petersen-Kritik“, Frankfurt am Main/Berlin/Bern/Brüssel/New York/Oxford/Wien 2007, S. 137 ff.).

[889] Siehe dazu Hélène Leenders: Der Fall Montessori. Die Geschichte einer reformpädagogischen Erziehungskonzeption im italienischen Faschismus, Bad Heilbrunn 2001.

a) Veröffentlichungen 1933–1936

Petersen veröffentlichte im Juni 1933 eine **Rezension** in der Zeitschrift „Blut und Boden. Monatsschrift für wurzelstarkes Bauerntum, deutsche Wesensart und nationale Freiheit“. Er bespricht Karl Beyers Buch „Jüdischer Intellekt und deutscher Glaube“ (Leipzig 1933). In einer Mischung aus Wiedergabe der Ansichten Beyers und Petersens eigenen Vorstellungen heißt es:

> *„Denn da es unleugbar in Deutschland ganz besonders ausgeprägt und viel viel stärker als in anderen Ländern (von denen die Mehrzahl einen eigentlichen Antisemitismus nicht kennt) eine völlige Ablehnung ‚jüdischen‘ Wesens gibt, so muss ja das seinen Grund darin haben, dass deutsches Wesen irgendwie sich als Gegensatz zum Jüdischen empfindet. Beyer entwickelt mit Schärfe, wie alle Versuche von Juden, deutsche Art, deutsches Verehren und Lieben, deutsche Kultur und Politik zu verstehen, gar sich uns anzupassen, völlig misslingen. Alles bleibt Oberfläche, wird Lieben und Hassen ‚um die Ecke herum‘, Handeln ohne Gewissen und Treue und Ehre, so wie Deutsche Ehre, Treue, Gewissen erleben und vor allem leben müssen, um nicht zerspalten, zerbrochen unseelig dahinzuleben. Weil es dem Juden unmöglich wird, unsre Art innerlich mitzuleben, so wirkt er in allem, das er angreift, für uns zersetzend, verflachend, ja vergiftend und tritt alles in den Dienst seines Machtstrebens. Da er ja hier nicht ehrlich echt dienen kann, so rückt alles für ihn unter den Gesichtspunkt, wie kann es der Mehrung meiner Macht über die Menschen dienstbar gemacht werden? Und damit kommt es auch zu einer Überernährung des Intellektuellen, des Abstrakten und Gefühlsleeren. Alle diese Gedanken würden sich tausendfach belegen lassen, wenn Beyer noch auf das Gebiet der Philosophie eingegangen wäre, wo der Versuch jüdischer Denker, deutsche Philosophie auszulegen und fortzubilden, gleiche Zersetzungserscheinungen aufweist.“*

Ohne Frage will Petersen die antisemitische „Analyse“ noch auf das Gebiet der Philosophie verlängert und vertieft wissen. Der deutsch-nationalistische Antisemitismus wird von Petersen Mitte 1933 punktgenau formuliert. Auch der abschließende Absatz entsprach der NS-Sprachregelung 1933, wie sie auch Ernst Krieck ähnlich formuliert hatte:

> *„Ob nicht in den Kreisen des Judentums selber die Erkenntnis aufdämmert, dass seine Versuche, sich in fremde Kulturen einzuleben, mindestens in die deutsche Denk- und Fühlweise, wie sie seit dem 18. Jahrhundert immer wieder bis in die jüngste Zeit hinein gemacht worden sind, misslungen sind? Dann würde auch bei den in Deutschland lebenden Juden die Rückbesinnung auf die eigene Art zu einer Gesundung führen, wie sie ja im Zionismus mit bestem Erfolg bereits erfolgt ist.“*[890]

Der erste wesentliche Aufsatz Petersens nach dem Januar 1933 war **„Bedeutung und Wert des Politisch-Soldatischen für den deutschen Lehrer und unsere Schule“**.[891] Wie der Titel schon andeutet, geht es vor allem um ein bestimmtes Menschenbild, das Bild des „Soldatischen“ als das Vorbild für Erziehungsarbeit:

> *„Der deutsche Offizier, Entwicklung und Darstellung eines Mannestypus, der in der Welt einzig dasteht, ist verantwortlich für die alle Männer unseres Volkes erfassende Wehrerziehung, die immer zugleich auf den ganzen Mann ausging.“* (Petersen: Bedeutung und Wert, 1934, S. 2)

Petersen wendet sich unter Berufung auf Alfred Lichtwark, Hugo Göring und Hermann Lietz sowie Alfred Baeumler gegen die alte, „im Kern undeutsche Schule“ und spricht sich für einen „Militärgeist“ aus, der „echt militärisch streng und konsequent“ sein, aber nicht beim deutschen Mann „Sklavenfurcht“ erzeugen soll,

---

[890] Petersen, Peter: Rezension von: Karl Beyer: Jüdischer Intellekt und deutscher Glaube (Leipzig 1933), in: Blut und Boden. Monatsschrift für wurzelstarkes Bauerntum, deutsche Wesensart und nationale Freiheit, 5. Jg. (1933), Heft 6, S. 285–286. *[Dokumentation ad fontes Petersen: Nachtrag]*

Ein Heft später erklärt Petersen im Rahmen einer weiteren **Rezension**, dass der japanisch-chinesische Krieg von demselben Weltkapital angezettelt worden sei, das „Deutschland zum Sklaven zu machen versucht hat“. Und er kommentiert: „Etwas, das uns die aus Japan gemeldeten Judenverfolgungen auf einmal verständlich macht!“ (Petersen, Peter: Rezension von: Ludwig Roselius: Briefe und Schriften zu Deutschlands Erneuerung (Oldenburg 1933), in: Blut und Boden. Monatsschrift für wurzelstarkes Bauerntum, deutsche Wesensart und nationale Freiheit, 5. Jg. (1933), Heft 7, S. 334–335, hier S. 335). *[Dokumentation ad fontes Petersen: Nachtrag]*

[891] Petersen, Peter: Bedeutung und Wert des Politisch-Soldatischen für den deutschen Lehrer und unsere Schule, in: Deutsches Bildungswesen, 2. Jg. (1934), S. 1–17. *[Dokumentation ad fontes Petersen: S. 87–103]*

„denn im Gegensatz zum alten militärischen Drill, der oft falsche Überheblichkeit und gelegentlich selbst schroffe, barsche Naturen hochkommen ließ, beherrscht der SA- und SS-Dienst die kameradschaftliche Gesinnung des Frontsoldaten aus dem Weltkriege.“ (Petersen: Bedeutung und Wert, 1934, S. 6)

Kern ist, wie Petersen an Baeumler angelehnt entwickelt, dass die Tradition sich nicht auf 1848, sondern auf den Frontsoldaten 1871 bezieht, nicht die „humanistische Philosophie“, sondern die „Philosophie unserer soldatischen Erziehung“.

Weiter führt Petersen – sich auch auf Aristoteles' Einordnung der Pädagogik in eine Politik der Volkserziehung berufend – aus:

„(...) und wir kehren ja nur in voller Breite heute zurück zur Anerkennung dieses natürlichen Ortes der Pädagogik im Systeme der Wissenschaften, wenn uns seit Jahr und Tag die führenden Politiker des Nationalsozialismus seine volkserzieherische Bedeutung lehren und ***Adolf Hitler*** *als Volkserzieher preisen.“* (Petersen: Bedeutung und Wert, 1934, S. 5, Hervorhebung im Original)

In einem Abschnitt zur Symbolik von Uniform und Gruß ruft Petersen den Nationalismus aller Zeiten und Länder auf, um festzustellen, jeder würde „zu allen Zeiten, und heute wie in Ewigkeit wird es nie anders sein, als den schönsten Tod, den Tod fürs Vaterland“ feiern (Petersen: Bedeutung und Wert, 1934, S. 7):

„Und wer die Fahne um seinen Leib gewickelt tot auf dem Schlachtfelde niedersinkt, vor dem neigt sich ehrend noch jeder Gegner; denn er legt sich in das heiligste Leichentuch, das ein Volk seinen Söhnen schenken kann.“ (Petersen: Bedeutung und Wert, 1934, S. 7)

Petersen geht von der Vereinigung von Soldatischem und Wissenschaftlichem aus und erklärt:

„(...) und es bezeugt die Instinktsicherheit des Nationalsozialismus, dass er auch die national gefährlichen Verzerrungen und Afterbilder im Bezirk der Wissenschaft geißelt und zu beseitigen entschlossen ist.“ (Petersen: Bedeutung und Wert, 1934, S. 9)

Die von Petersen hier nachhaltig unterstützte Beseitigung „national gefährlicher Afterbilder“ bedeutete, wie schon erwähnt, in der von Petersen miterlebten Realität seit 1933 die Entlassung jüdischer Wissenschaftlerinnen und Wissenschaftler und die Entlassung demokratisch aktiver Gegner des NS-Regimes, die verfolgt und oft genug ermordet wurden.

Für die pädagogische Praxis entwickelt Petersen nun die Bedeutung der soldatischen und nationalsozialistischen Rituale. Er beschwört, dass der deutsche Gruß aufs beste in seine Überlegungen hineinpasst, „mit dem die Schule sich in die große Volksgemeinschaft feierlich einfügt und sich symbolisch als wahrhafte *Volks*schule erfasst“ (Petersen: Bedeutung und Wert, 1934, S. 16, Hervorhebung im Original). Gruß, Fahne, Feiern und kindgemäße Gelöbnisse als Mittel für eine „neue Ausrichtung in allen Fragen der Zucht und der Autorität“ (Petersen: Bedeutung und Wert, 1934, S. 17) – das sind Petersen Kernpunkte der alltagspädagogischen Hinwendung zum Politisch-Soldatischen.

In seinem Aufsatz **„Psychologische Bedeutung der politischen Symbole“**[892] von 1934 wird sein Griff auf die Seele der Menschen durch Pathetik, durch Fahne und Nationalhymne deutlich:

„Wer die Uniform trägt oder wen ihr Anblick ergreift, so dass er vor ihr innerlich pariert, der weiß bewusst oder unbewusst in solchem Augenblick dahinter die Tausende, welche sie tragen, um ihr Volk in besonderem Auftrag zu verteidigen, dazu ausgebildet und berufen, des Vaterlandes Ehre zu schützen an erster Stelle, ‚wenn es gilt'. Genau so werden dem anderen hinter der Fahne die Millionen seines Volkes sichtbar, welche sie zu schirmen wissen bis zum Tode, und hinter dem Liede, der Hymne jene Millionen, welche dasselbe Ideal, dieses gleiche Volk lieben und es im gleichen Liede preisen.

---

[892] Petersen, Peter: Psychologische Bedeutung der politischen Symbole, in: Zeitschrift für Jugendkunde, 4. Jg. (1934), Heft 1 (= Sonderheft: Die seelische Haltung der politischen Jugend), S. 10–14. *[Dokumentation ad fontes Petersen: S. 104–108]*

Aus allem zusammen genommen strömt der ***erhebende*** *Charakter aller reinen politischen Symbole. Die Individualitäten werden aufgehoben und verströmen hinein in das Ganze. So empfindet sich der Deutsche während des Deutschlandliedes im Einklang mit seinem ganzen Volke, darum herausgetragen aus seiner Vereinzelung in die Volksgemeinschaft. Individualität ist das den Menschen Begrenzende, damit auch ihn in Teilen Verengende, Beschränkende, das, was ihm immer nur gestattet, teilweise, als Glied in einem Ganzen zu sein. Wo er aber unter die Wucht politischer Symbole gerät, dort erlebt er sich eingereiht und ausgeweitet in das Ganze seines Volkes hinein, und das ist jenes Ganze, zu dem er als Glied gehört, im vollen Sinne dieses schönen Wortes so, wie ihn die neueste Theologie und von da her entworfene Politik (Friedrich Gogarten) wieder gefunden hat, dem er hörig ist, dem er gehorchen muss und auf das hin er in all seinem Tun auch horchen sollte; denn er ist als Teil aus ihm nur gelöst für eine individuale Aufgabe, im Volke und für sein Volk zu erfüllen. Erhebt ihn also die Kraft politischer Symbolik, so ist er in solchen Augenblicken entrafft in die Fülle, aus der sein Leben kam und in die es zurückfluten soll. Das aber macht ihn reicher, stärker, glücklicher. Deswegen auch das Verzücken, das aus den starrer blickenden Augen so ergriffener Menschen leuchtet, das aus der straffer werdenden Haltung der Singenden oder Lauschenden spricht, und der oftmals beseligte Ausdruck des Gesichtes noch Minuten nachher wie beim ersten Ergriffenwerden, wenn die ersten Töne vernommen werden, das Banner kommt, vorbeigeht oder hochgezogen wird, entfaltet wird, die Reihen der Marschierenden sich nahen und vorüberziehen.“* (Petersen: Psychologische Bedeutung, 1934, S. 12, Hervorhebung im Original)

Es zeigt sich also, dass Petersen schon 1934 begonnen hatte, recht systematisch seine Konzeption der Einbindung seiner Ideen in das NS-Regime vorzubereiten.

In seiner Rezension **„Auslanddeutschtum“** aus dem Jahr 1934 erklärt Petersen, warum der Satz „Die deutsche Heimat muss in Russland verteidigt werden!“ gilt. Die „zwei Millionen deutsche(n) Bauern“ in Russland, die verfolgt würden, sind Petersens Argument, „dass wir im Reich, aufflammen und brennen, um zu helfen. Denn wir müssen dies Blut erhalten – gegen den Osten, gegen Asien!“[893]

Die umfangreichste Darlegung Petersens über seine Vorstellung der Verbindung seiner in der Weimarer Republik entwickelten erziehungswissenschaftlichen Grundlagen und seines „Jenaplans“ mit dem Ideengebäude des „Nationalsozialismus“ findet sich in dem Aufsatz **„Die erziehungswissenschaftlichen Grundlagen des Jenaplanes im Lichte des Nationalsozialismus“**[894].

In diesem fünf eng bedruckte Seiten umfassenden Aufsatz legt Petersen nach zwei Jahren nazistischer Diktatur in Deutschland in vier Abschnitten einen Abriss seiner Einschätzung der „neuen deutschen Erziehungswissenschaften“ (Abschnitt I) dar, betont den „Erstrang der Erziehung“ (Abschnitt II), stellt vor, was er unter „völkischem Realismus“ (Abschnitt III) versteht, um dann seine Ansichten über „Schulleben und die Ordnung: Lehrer-Schüler nach dem Jenaplan“ (Abschnitt IV) darzulegen.[895] Im Einzelnen ergibt sich folgendes Bild:

---

[893] Petersen, Peter: Auslanddeutschtum (Rezension von: Heinrich Schröder: Die systematische Vernichtung der Russland-Deutschen, Langensalza/Berlin/Leipzig ohne Jahr [1934] und Heinrich Schröder: Auslanddeutschtum in der Volksschule Langensalza/Berlin/Leipzig ohne Jahr [1934]), in: Heimat und Arbeit. Monatshefte für pädagogische Politik, 7. Jg. (1934), S. 126. *[Dokumentation ad fontes Petersen: Nachtrag]*

[894] Petersen, Peter: Die erziehungswissenschaftlichen Grundlagen des Jenaplanes im Lichte des Nationalsozialismus, in: Die Schule im nationalsozialistischen Staat, 11. Jg. (1935), Nr. 6, S. 1–5. *[Dokumentation ad fontes Petersen: S. 202–206]*

[895] Zur Frage der pädagogischen Realität in den Jenaplan-Schulen in der NS-Zeit gibt es einen interessanten Bericht der polnischen Pädagogin Józefa Jedrychowka aus dem Jahre 1938: „Wieder, wie vor Jahren stand ich vor der Universitätsschule in Jena. Scheinbar hat sich wenig verändert. Es ist hier aber ein anderer Geist eingedrungen. In feierlichen Augenblicken treten militärische Formen auf. Ältere Jungen versammelt – das ist die Hitlerjugend. Die Unterhaltung ‚im Kreis‘ am Montag fängt mit dem Führergruß ‚Heil Hitler‘ an. (…) Es fallen Kommandorufe: Achtung! wird gerufen, die Fahne des Dritten Reiches schwebte langsam nach oben. Eine Ansprache von Prof. Petersen, 2 Lieder werden von Kindern gesungen, so wird das westliche Programm zum Fahnen-Appell gestaltet. (…) Die pädagogische Arbeit in Deutschland entwickelt sich im Zeichen der Führung Adolf Hitlers; seine Methode der Führung des Volkes hinterließ sichtbare Spuren in der Erziehungsrealität. Führer und Führung sind Ausdrücke, die in den Arbeiten Petersens vor 1933 als Grundbegriffe der Pädagogik und der Erziehung vorgestellt werden. Heute gewinnen sie konkrete

Im ersten und zweiten Abschnitt beruft sich Petersen auf die „letzten Jahrhunderte“, in denen dann nach 1920 verstärkt folgendes Prinzip entstanden sei: „Volk ist die oberste aller erziehenden Gemeinschaften“ (Petersen: Lichte des NS, 1935, S. 1). Als geistige Väter dieser „deutschen pädagogischen Reformbewegung“ mit einem „echten deutschen Erziehungsziel mit deutschbestimmter Schule“ benennt er die deutschen Chauvinisten und Antisemiten Lagarde und Langbehn sowie den „Herrenmenschtheoretiker“ Nietzsche (Petersen: Lichte des NS, 1935, S. 1), aber auch Jahn und Arndt sowie Stein (Petersen: Lichte des NS, 1935, S. 4).

> *„In diese Linie“*, so Petersen, *„heute klar zurückgeführt bis in die germanische Vorzeit, ist der **Nationalsozialismus** eingerückt. Sein gesamtes führendes Schriftentum, wie alle jüngsten Kundgebungen offenbaren seinen innigsten Zusammenhang mit dem nordischen Denken über Volk und Staat und setzen es in scharfen Gegensatz zum orientalisch-südlichen“* (Petersen: Lichte des NS, 1935, S. 4, Hervorhebung im Original)

Petersen bemüht sich den in den antinapoleonischen Kriegen von Stein geprägten Gedanken der „Selbstverwaltung“ im Sinne des Nationalsozialismus zu interpretieren:

> *„Gedanken, an die der Reichsinnenminister Frick ständig anknüpft und denen er in unserer Zeit sinngemäße Form zu verleihen strebt, zuletzt im Aufbau der Deutschen Arbeitsfront.“* (Petersen: Lichte des NS, 1935, S. 4)

Hier tritt einem ein Geschichtsbild entgegen, dessen Traditionen im Einzelnen an anderer Stelle verfolgt werden muss. Die Grundidee ist, dass die deutsche Geschichte angeblich nur der Vorläufer des Nationalsozialismus war, der die Ideen der „großen Deutschen“ verwirklicht.

Petersen kritisiert den italienischen Faschismus als zu etatistisch und „südlich“ und führt, faktisch Mussolini kritisierend, weiter zum italienischen Faschismus aus: „Dazu kommt aber noch, dass der Faschismus keine Rassenfrage kennt“ (Petersen: Lichte des NS, 1935, S. 4).

Petersen betont die besondere Nähe der Erziehungswissenschaft zum Nationalsozialismus:

> *„Als im März 1933 die deutsche Bewegung zum Siege geführt war, da standen nur wenige Wissenschaftler mit ihr in Linie: u. a. aber bestimmt die **deutsche** Soziologie und eng mit ihr verbunden die deutsche **Erziehungswissenschaft**.“* (Petersen: Lichte des NS, 1935, S. 2, Hervorhebungen im Original)

Und an anderer Stelle:

> *„So begründet es der Erziehungswissenschaftler, dass der Führer in so mancher Rede bis in die jüngste Zeit hinein sich mit Fug und Recht gegen die ‚Intellektuellen‘ wendet und diejenigen preist, welche aus jenem völkischen Urgrunde heraus seine Tat und sein Planen weit eher aufnehmen und dem Führer folgen, als jene.“* (Petersen: Lichte des NS, 1935, S. 2)

Die Realität dieser Jahre war, wie Petersen hautnah wusste, Bücherverbrennung, die Entlassung der jüdischen Wissenschaftlerinnen und Wissenschaftler und demokratisch aktiver Gegner des NS-Regimes, Verfolgung und Inhaftierung bis hin zur Ermordung.

Im dritten Abschnitt mit dem Titel „Der völkische Realismus“ beginnt Petersen wie folgt:

> *„Die Erziehungswissenschaft, auf deren Grundlagen der Jenaplan ruht, ist die erste, welche **volkstheoretisch** begründet wurde.*[896] *Wie sie sich eindeutig gegen jeden Liberalismus und Internationalismus, gegen Demokratie und Individualismus wandte, so auch gegen die idealistischen Theorien von der Menschheit. Es gibt keine Menschenbürger, es gibt nur Volksbürger.“* (Petersen: Lichte des NS, 1935, S. 3, Hervorhebung im Original)

Bedeutung auf dem Territorium des Dritten Reiches, denn sie beinhalten ein bestimmtes politisches und gesellschaftliches Programm. Beim Vergleich der Theorie Petersens mit ihrer gegenwärtigen gesellschaftlichen Realisierung werden den geschätzten Leser unschwer zu bestimmten Fällen Änderungen auffallen.“ (zitiert nach: Retter, Hein: Peter Petersen und der Jenaplan: Von der Weimarer Republik bis zur Nachkriegszeit. Berichte – Briefe – Dokumente, Weinheim 1996, S. 179 f.)

[896] An dieser Stelle verweist Petersen selbst in Fußnote 7 auf die Kontinuität seines Denkens: „S. im bes. Allgem. Erziehungswissenschaft I, 1924, S. 230–276: Volk.“

Der humanistischen Theorie und Pädagogik wird hier eine klare Absage erteilt. Der von Petersen so genannte „völkische Realismus“ fungiert hier als erster Schritt des von Grillparzer bereits 1849 anklagend beschriebenen Weges: „Der Weg der neuern Bildung geht von Humanität durch Nationalität zur Bestialität.“[897]

Petersen begründet zwei Jahre nach den Sterilisationsgesetzen des NS-Regimes ausgerechnet aus der sozialbiologisch und völkisch verstandenen „Ehrfurcht vor dem Leben“, dass die Theorie und Praxis des Jenaplans „von jeher offen für alle Forderungen der Hygiene und Eugenik, der Rassenlehre und der Erbwissenschaft“ war (Petersen: Lichte des NS, 1935, S. 3). Deutscher Nationalismus schlägt hier um in Rassismus.

Im vierten Abschnitt stellt Petersen zunächst klar, dass er im Jenaplan nicht einfach eine „Methode“ sieht, sondern den Jenaplan im Sinne des „völkischen Realismus“ mit dem Ziel eines Neubaus, „eines rein deutsch bestimmten Schulwesens“, einsetzen will (Petersen: Lichte des NS, 1935, S. 3).

Ausdrücklich hebt er hervor, „dass ich nur aus dem rassisch gebundenen Denken des nordischen Menschen heraus urteilen kann, da ich keinerlei Fremdkörper im Blute habe“. In einer Fußnote schreibt er: „So kennzeichnet es auch das Schulleben nach dem Jenaplan von Anfang an (seit 1924), dass darin alles parlamentarische Wesen ausgeschaltet ist“. Er betont die Forderung nach „schärfster Kampfansage gegen die dem deutschen Wesen ganz und gar zuwiderlaufende Überfremdung mit den Formen der parlamentarischen Demokratie“ (Petersen: Lichte des NS, 1935, S. 3).

Zusammenfassend kann bis hierher bereits festgestellt werden, dass Petersen mit diesem Aufsatz selbst einen Zusammenhang seiner Arbeit in der Weimarer Republik mit den Zielen des Nationalsozialismus herstellt. Er schildert ausdrücklich eine Kontinuität antidemokratischer Theorie und Praxis der Jenaschulen und betont ganz besonders die Notwendigkeit des rassistischen Denkens (in Abgrenzung zum italienischen Faschismus) bis hin zur Eugenik (Befürwortung der Zwangssterilisation zu diesem Zeitpunkt). Er begründet als erziehungswissenschaftlichen Ausgangspunkt, dass es keine Menschenbürger, sondern nur „Volksbürger“ gäbe und Erziehung daher vom „völkischen Urgrund“, so seine mystische Formulierung, kommen müsse. Darüber hinaus werden in mehr oder minder durchsichtiger Form die führenden Köpfe des NS-Regimes gelobt und hervorgehoben.

In weiteren Beiträgen wiederholte Petersen die Übereinstimmung seiner Pädagogik mit dem Nationalsozialismus. Im Artikel **„Von der Methodik zur Pädagogik des Unterrichts“**[898] schreibt er:

> *„In dieses wirre Bild, das sich von der Stoffseite her gesehen innerhalb der Schulwelt bot, brachte Ruhe und Richtung der feste Kurs nationalsozialistischer Weltanschauung; sie, die mit dem Ausleseziel Ordnung und Sicherheit bringt und dadurch der Schule einen ungeheuren Dienst geleistet hat.“* (Petersen: Methodik, 1935, S. 256)

Und weiter heißt es:

> *„Neue Erziehungswissenschaft gibt dem Satz seinen vollen Sinn:* ***Adolf Hitler****, der Erzieher des deutschen Volkes.“* (Petersen: Methodik, 1935, S. 257, Hervorhebung im Original)[899]

[897] Grillparzer, Franz: Sämtliche Werke. Ausgewählte Briefe, Gespräche, Berichte, Band 1, München 1960, S. 500.

[898] Petersen, Peter: Von der Methodik zur Pädagogik des Unterrichts, in: Bayrische Lehrerzeitung, 69. Jg. (1935), Heft 16/17, S. 254–258. *[Dokumentation ad fontes Petersen: S. 252–256]*

[899] Am 2. Dezember 1948 gab Peter Petersen die Erklärung ab: „Dass ich deswegen jeden Vorwurf eines Nazismus in meinem Verhalten oder in meinem Schrifttum als böswillige Verleumdung mit Entschiedenheit zurückweise ist nur natürlich“ (Erklärung von Peter Petersen vom 2.12.1948, in: Kluge, Barbara: Peter Petersen. Lebenslauf und Lebensgeschichte. Auf dem Weg zu einer Biographie, Heinsberg 1992, S. 173).

Bereits zwei Jahre vor Erscheinen der „Führungslehre des Unterrichts" erklärte Peter Petersen 1935 in seinem Aufsatz **„Gemeinschaftspädagogik rings um die öffentliche Schule! – Warum nun nicht auch in allen Schulen?"**[900]:

> *„(...) ich verweise auf die unerbittliche und klare Sichtung der Schüler nach ihren Führereigenschaften wie ihren Gemeinschaftswerten in einer Schule, die die ‚Stammgruppen' des Jena-Plans einrichtet und nun jedem Führer, sagen wir einer Untergruppe, dreimal in 10 Schuljahren unnachsichtlich, und rein aus der Schulordnung und ihrem Leben selber heraus, den durch nichts zu vermeidenden oder auch nur abzumildernden Zwang auferlegt, sich dreimal voll unterzuordnen und erneut durchzusetzen, sich wirklich zu bewähren. Eine deutlichere Führerauslese ist in Schulen überhaupt kaum denkbar."* (Petersen: Gemeinschaftspädagogik, 1935, S. 433)

An dieser Stelle wird besonders deutlich, dass Petersen keinesfalls nur politisch – sei es aus Opportunismus, sei es aus Überzeugung – Loblieder auf Adolf Hitler verfasste, sondern dass sein „Führerprinzip" als ein Kernpunkt seiner Pädagogik mit dem NS-Führerprinzip durchaus Übereinstimmungen zeigte.

Bei der Übernahme der Elemente der NS-Ideologie ließ Peter Petersen auch den Aspekt des Antikommunismus nicht aus und betonte an Hitler angelehnt die „weltgeschichtliche Aufgabe" im „Kampf gegen den Bolschewismus" 1936 im Aufsatz **„Der zeitgeschichtliche Hintergrund des Religionsunterrichts und die Verantwortung der deutschen Schule"**[901]:

> *„Nun hat der Führer, z. B. wieder auf dem Nürnberger Parteitage 1935, oft betont, dass der Nationalsozialismus der Gegenpol des Bolschewismus sei, und daran ist schon dem bekannten 24. Programmpunkte nach kein Zweifel möglich. Der Führer hat darum auch recht, wenn er auch immer wieder darauf hinweist, dass dieses Deutschland dem Bolschewismus gegenüber seine* ***weltgeschichtliche*** *Aufgabe erkannt habe und willens sei, sie durchzuführen."* (Petersen: Hintergrund des Religionsunterrichts, 1936, S. 171, Hervorhebung im Original)

b) Veröffentlichungen 1937–1944

Sein zunächst 1932 erschienenes Buch „Pädagogik" (Berlin 1932) erschien mit Ergänzungen erneut 1937 unter dem Titel **„Pädagogik der Gegenwart"** (Berlin 1937).[902] Aus welchen Gründen auch immer entschloss sich der Beltz Verlag im Jahr 1973 zu einem unveränderten Faksimile-Reprint ausgerechnet dieser zweiten Auflage aus der NS-Zeit.

Der historische Abriss der Geschichte der Pädagogik wird von Petersen im ersten Teil, Abschnitt vier („Die deutsche Bewegung der neuen Erziehung") um einen Unterpunkt mit dem Titel „e) Anfänge neuer Gemeinschaftserziehung" ergänzt. So konnten Pädagogikstudentinnen und -studenten 1937 über die Rolle der HJ, der SA und der SS folgendes lesen:

> *„Seit dem ‚Reichsgesetz über die HJ.' vom 1.12.1936 gehört die gesamte deutsche Jugend als Reichsjugend zur HJ. Damit ist die dem individualistischen Zeitalter angehörende Jugendbewegung beendet und dem deutschen Volke wieder eine naturgemäße organische Einordnung seiner Jugend in das Volk gelungen.*
>
> *e) Innerhalb der HJ. entwickelt sich aus der sie tragenden nationalsozialistischen Weltanschauung heraus eine neue Pädagogik, d. i. ja Lehre von der Jugendführung. Zugleich aber erweitert sich diese auf das ganze Volk durch die großen volkserzieherischen Veranstaltungen und Organisationen der NSDAP., so neben der Bewegung selber und ihrem Bildungs- und Schulungswesen in den Formationen der SA. und SS., ferner vor allen Dingen im Deutschen Arbeitsdienst. Und wie neben diesen das*

---

[900] Petersen, Peter: Gemeinschaftspädagogik rings um die öffentliche Schule! – Warum nun nicht auch in allen Schulen?, in: Die Deutsche Schule, 39. Jg. (1935) S. 431–436. *[Dokumentation ad fontes Petersen: S. 216–221]*

[901] Petersen, Peter: Der zeitgeschichtliche Hintergrund des Religionsunterrichts und die Verantwortung der deutschen Schule, in: Die Deutsche Schule, 40. Jg. (1936), S. 169–173. *[Dokumentation ad fontes Petersen: S. 302–306]*

[902] Hier und im Folgenden zitiert nach der Ausgabe Weinheim/Basel 1973, bei der es sich um einen Faksimile-Reprint der Ausgabe Berlin 1937 handelt. Ein Vergleich beider Auflagen ist im Anhang der *Dokumentation ad fontes Petersen (S. 361–377)* im Detail vorgenommen worden.

volksverbindende Werk ‚Kraft durch Freude‘ steht, so neben der HJ., und zum Teil unter ihrer unmittelbaren Leitung, das vorbildliche deutsche Jugendherbergswerk, die deutsche Landschulheimbewegung und das Landjahr. Und um den Ring dieser großen Einheit zu schließen, so durchdringt derselbe pädagogische Geist die Erziehung des deutschen Soldaten in den Gliederungen des Heeres. Es ist ***eine*** *große politische Erziehung, ausgerichtet nach demselben Ziele: der Volksgemeinschaft. Denn alles soll, nach den richtungsweisenden Worten des Führers, der Erneuerung, der Erhaltung und der Leistungssteigerung des Volkes dienstbar werden. Damit ist wieder ein oberstes Bildungs- und Erziehungsziel gesetzt, das aus der völkischen Zerrissenheit zur Volkseinheit, aus einer auflösenden, volkzersetzenden Zeit in eine gemeinschaftsbildende Epoche hineinweist. Aus diesem Erleben und dem Mitschaffen an diesem Werke werden der deutschen Pädagogik die nächsten, heute schon erkennbaren Antriebskräfte kommen. In ihrer Mitte stehen die Fragen der Zucht und Ordnung, der Verantwortung und Führung.“* (Petersen: Pädagogik der Gegenwart, 1937, S. 45 f., Hervorhebung im Original)[903]

Das Erschreckende an dieser Passage ist, dass Petersen von der Schule bis zur Wehrmacht, zur SA und zur SS seine Idee der Gemeinschaft, der Volksgemeinschaft bis hin zum Führer[904] systematisch darstellt.[905]

In seiner populärsten theoretischen Schrift nach dem „Kleinen Jena-Plan“, der Schrift **„Führungslehre des Unterrichts“** (Langensalza/Leipzig/Berlin 1937)[906], stellt Peter Petersen in seinem Vorwort seine Position innerhalb der Reformpädagogik klar:

> *„Der neue Dienst, den die* ***Lehrer*** *zu leisten haben, ist von Anfang an als ‚Führung‘ der Kinder und Jugendlichen bezeichnet worden, dieses Wort im Vollsinne genommen und damit zugleich als Absage an jede Spielform: an die romantische und sentimentale Verfälschung des ‚Vom Kinde aus‘, an die weichliche Auffassung von Kamerad und Freund.“* (Petersen: Führungslehre, 1937, S. 6 bzw. 1984, S. 7, Hervorhebung im Original)

Die tief wurzelnde Grundposition von Petersen ist tatsächlich „vom Volk aus“ und nicht wie bei fortschrittlicher Reformpädagogik der Grundsatz „vom Kind aus“. Die von Petersen angekündigte Härte wird im weiteren Verlauf seiner Schrift deutlich. Gleichlautend in beiden Ausgaben wendet er sich ausdrücklich gegen demokratische Elemente innerhalb der Schule, spricht sich gegen Abstimmungen und ähnlich „kindlich-kindische“ Formen der Demokratie aus, weil sie nur „die Spaltungen im Volke befördern, anstatt der Volksgemeinschaft aufbauend zu dienen“ (Petersen: Führungslehre, 1937, S. 87 bzw. 1984, S. 78).

Sehr deutlich wendet sich Petersen dem „Geschenk des Nationalsozialismus“ zu. Er formuliert rhetorisch:

---

[903] Ähnlich formuliert Petersen auch noch 1942 in seinem Beitrag „Selbstverantwortlichkeit in der deutschen Jugend. Erziehung zur Selbstverantwortlichkeit in der deutschen Jugend“, siehe: Geist der Zeit, 20. Jg. (1942), S. 197. *[Dokumentation ad fontes Petersen: S. 463–476]*

[904] Auch noch 1940 – in einer Buchbesprechung über Werner Sombarts Buch „Vom Menschen. Versuch einer geisteswissenschaftlichen Anthropologie“ (Berlin 1938) fordert Petersen einen „Neubau des deutschen Geistes zu vollziehen, wie es der Führer für den Volkskörper tat und tut“ (in: Heimat und Arbeit. Monatshefte für pädagogische Politik, 13. Jg. (1940), S. 330–331, hier S. 330).

[905] Dass Wilhelm Kosse in seinem Nachwort „Pädagogik aus dem Anspruch der Situation“ behauptet, Petersen habe „niemals und nirgends in opportunistischer und globaler Identifikation mit der nationalsozialistischen Ideologie“ gestanden, sei hier nur am Rande erwähnt (Kosse, Wilhelm: Pädagogik aus dem Anspruch der Situation, in: Petersen, Peter: Pädagogik der Gegenwart. Ein Handbuch der neuen Erziehungswissenschaft und Pädagogik. Einführung in die Geschichte und das System der Pädagogik (2. Auflage der „Pädagogik“), Berlin 1937 (Faksimile-Reprint Weinheim/Basel 1973), S. 200).

[906] Neben der Originalausgabe von 1937 wird hier außerdem zitiert nach der Ausgabe Weinheim/Basel 1984. Hierbei handelt es sich um einen Faksimile-Reprint der 5. Auflage 1955, die wiederum nur geringfügige Änderungen gegenüber den beiden letzten von Petersen selbst besorgten Auflagen (2. Auflage 1949 bzw. 3. Auflage 1951) enthält.

Am 15.4.1937 schrieb Peter Petersen voll Begeisterung, aber ohne die Quelle zu nennen: „Meine ‚Führungslehre‘ ist vom Reichwissenschaftsministerium zur Anschaffung empfohlen worden!“ (zitiert nach: Petersen, Uwe-Karsten: Der Jena-Plan. Die integrative Schulwirklichkeit im Bilde von Briefen und Dokumenten aus dem Nachlass Peter Petersens, Frankfurt am Main/Bern/New York/Paris 1991, S. 110).

„Und nun, wo wir den unvergleichlichen Wert der Familie für den Volksorganismus neu erkennen, da wäre ebenso notwendig eine Umstellung der Schulzucht die Folge – ein wunderbares Geschenk des Nationalsozialismus an die deutsche Schule, Schüler, Eltern und Erzieher gleichermaßen?“ (Petersen: Führungslehre, 1937, S. 61; diese Passage entfiel in den Auflagen nach 1945, vgl. etwa 1984: S. 55)

In seiner Überarbeitung nach 1949[907] veränderte Peter Petersen im nachfolgenden Zitat lediglich drei Worte. So heißt es in der von Petersen durchgesehenen Neuauflage:

„Jede Volksschule muss eine echte Zelle der Volksgemeinschaft sein, in kind- und jugendgemäßer Form das völkisch-staatliche Leben erfassen und verarbeiten, das sie durchflutet, leben und tätig sein ‚in Gegenwart‘. Aber woher nimmt sie ihr Leben? Als vollblütige Zelle lebt sie aus der Landschaft und ihren Menschen, aus der ‚lebendigen Kultur‘, Sitte und Sittlichkeit, Arbeit und Geschichte der Menschen ihres Standortes. Mit allen Schulen ihres Volkes hat sie gemeinsam den Auftrag, die Grundfertigkeiten erlernen zu lassen, die das Volk verbindende Hochsprache, ein bestimmtes gemeinsames Liedgut und Geschichtswissen, saubere politische Haltung[908] zu pflegen.“ (Petersen: Führungslehre, 1984, S. 108)

Diese völkisch-biologistische Sprache („echte Zelle der Volksgemeinschaft“) ist Petersen, wie noch gezeigt werden wird, bitter ernst. Es ist eine wesentliche Überschneidung mit der NS-Ideologie, Grundbegriffe der Biologie und des „Organischen“ auf Fragen der menschlichen Gesellschaft zu übertragen, die per se als „Volksgemeinschaft“ definiert wird.[909]

Dass der Lehrer nicht nur Halbgott für die Schülerschaft sein soll, sondern gar „an Gottes Statt“ stehen soll, zeigt, in welch autoritärem Grundtenor[910] Petersen seine Führungslehre des Unterrichts versteht:

„Alle hohe, alte Rede vom Lehrer als ‚an Gottes Statt‘, als an der Eltern Statt erhält wieder ihren Sinn; wir fangen damit an, höher von unserem Stande zu denken und den Sinn eines Berufes als dessen, wozu ich berufen sein soll, zu erfassen und zu erfüllen.“ (Petersen: Führungslehre, 1937, S. 144 bzw. 1984, S. 128)[911]

[907] Bereits 1947, damals Mitglied der SED, versuchte sich Petersen an einer Überarbeitung, um sein Buch in der sowjetisch besetzten Zone herauszugeben. In einem Gutachten von Prof. Dr. Wilhelm Heise über den Antrag auf Zweitauflage der „Führungslehre des Unterrichts“ vom Februar/März 1947 heißt es: „Das Buch ist durch und durch von nationalsozialistischer Phraseologie getragen, von nationalsozialistischem Geist erfüllt. Erstaunlich ist der Mut, mit dem ein so leichtfertig bearbeitetes Buch zur Druckgenehmigung vorgelegt wird. Das Verfahren der Überarbeitung grenzt an Zynismus, der Akt der Vorlage an Hohn.“ (abgedruckt in: Retter, Hein: Peter Petersen und der Jenaplan: Von der Weimarer Republik bis zur Nachkriegszeit. Berichte – Briefe – Dokumente, Weinheim 1996, S. 311)

[908] Statt dem unklaren Begriff „saubere politische Haltung“ hieß es 1937 noch „die gleiche politische Symbolik“ (Petersen: Führungslehre, 1937, S. 119).

[909] Die Ideologie der Volksgemeinschaft bezieht Petersen auch auf den Betrieb. So schreibt er: „Das Gesetz zur Ordnung der nationalen Arbeit vom 20. Januar 1934 (ADG) ordnet das Arbeitsverhältnis in den Betrieben. Der Unternehmer als Führer und die beschäftigten Angestellten und Arbeiter als Gefolgschaft sind danach jetzt miteinander in Treue verbundene Personen.“ (Petersen, Peter: Gemeinschaftspädagogik rings um die öffentliche Schule! Warum nun nicht auch in allen Schulen?, in: Die Deutsche Schule, 39. Jg., 1935, Heft 6, S. 435)

[910] In der Schrift „Die Führung der Jugend zu Staat und Gesellschaft vom Evangelium aus“ unterstreicht Peter Petersen als Lehrsatz „Seid untertan der Obrigkeit, die Gewalt über Euch hat, denn sie trägt nicht das Schwert umsonst“ (Petersen, Peter: Die Führung der Jugend zu Staat und Gesellschaft vom Evangelium aus, Bremen 1950, S. 9).

[911] In seiner Schrift „Grundfragen der Mitmenschlichkeit“, die nach seinem Tod 1962 in Bremen unter dem Titel „Über den Umgang mit Menschen“ erschien, begründet Petersen sein autoritäres gesellschaftliches Grundkonzept mit Martin Luthers Position: „Diese ‚Ständelehre‘, wie sie Luther in unübertrefflicher Anschaulichkeit im ‚Großen Katechismus‘ geschildert hat, lehrt erkennen, dass alles, und so auch jeder Mensch, an seinem schicksalhaften Orte steht, diesem Schicksal treu bleiben muss, der Bestimmung gehorchend, und dass er sonst mehr oder minder sein Leben verfehlt, gar es verliert.“ (Petersen, Peter/Ritter, Gerhard-Reinhard: Über den Umgang mit Menschen (Jugend und Alter, Heft 10), Bremen 1962, S. 7) Und an anderer Stelle heißt es: „Wie wir alle Gestalten der deutschen Geschichte auf unsere Zeit, auf Großdeutschland und den Nationalsozialismus neu ausrichten müssen, so auch Person und Werk *Martin Luthers*. (…) Nicht umsonst weist Alfred Rosenberg immer wieder auf Martin Luther hin als auf den Kämpfer für deutsche Art und Innerlichkeit.“ (Petersen, Peter: Luther der Auf-Rührer, in: Heimat und Arbeit, 12. Jg., 1939, S. 142, Hervorhebung im Original). *[Dokumentation ad fontes Petersen: S. 388–396]*

Klar ist bei einer solchen Denkweise, dass der Lehrer als Führer keinerlei von ihm nicht kontrollierte Tätigkeit dulden kann. So erkennt Petersen, aus seiner Sicht konsequent, wer „unsere schlimmsten Feinde“ sind:

> *„**Die Clique, die Bande, die Masse** bleiben unsere schlimmsten Feinde. Während die Bande und die Masse am leichtesten zu zerstören sind, wenn man nur den rechten Zeitpunkt abpasst und überhaupt nichts in Hitze tut, was überhaupt schlecht ist, so ist die Clique außerordentlich schwer zu brechen.“* (Petersen: Führungslehre, 1937, S. 180 bzw. 1984, S. 159, Hervorhebung im Original)

Sicherlich sind solche Auffassungen keinesfalls nur bei NS-Pädagogen vorhanden. Es geht um einen autoritären „Führungsstil“, der in der Tradition der ganzen deutschnationalen Erziehungsbewegung steht.

Ein Kern der autoritären Strömung der Reformpädagogik ist ja gerade, nur den Anschein zu erwecken, als würden die Schülerinnen und Schüler selbständig arbeiten, während die Pädagogen in Wirklichkeit durch umfassende Vorbereitung „alle Fäden in ihrer Hand haben“. Genau das schildert Peter Petersen bei seiner Lobrede auf eine Lehrerin, die in seinem Sinne Unterricht gestaltet: „Alle Fäden sind in ihrer Hand, trotzdem ist keinem Schüler das Gefühl des freien Schaffens und Mitwirkens genommen.“ (Petersen: Führungslehre, 1937, S. 204 bzw. 1984, S. 181)[912]

Dass Petersen 1939 den Antisemitismus der NS-Zeit als selbstverständlich begreift, kommt in einer kurzen **Rezension**[913] über das von Rudolf Murtfeld herausgegebene, scheinbar harmlose **„Handbuch für den Deutschunterricht“**[914] zum Ausdruck, in der er in den wenigen Zeilen der Buchvorstellung ausgerechnet das Thema Judentum hervorhebt und den Erziehern empfiehlt. Unter dem Stichwort „Juden“ findet sich in diesem Handbuch eine Liste von Namen, die „zu wissen für den Lehrer wichtig sind“ (Handbuch, S. 315). Der Eintrag „Die Judenfrage“ stellt den Hintergrund klar: „Wenn man heute auf die Zeit seit 1848 zurückschaut, so erkennt man, wie das Judentum allmählich die kulturellen Einrichtungen, die Presse, das Theater, die Musik, in seine Hand bekommt und mit diesen wichtigen Mitteln nun der deutschen Kultur sein jüdisches Gesicht zu geben versucht“ (Handbuch, S. 314). Die Schlussfolgerung lautet: Die Juden „sollen wieder restlos aus dem deutschen Volksleben ausgeschaltet werden“, dazu solle der Deutschunterricht seinen Beitrag leisten (Handbuch, S. 314).

1940 erscheint in der gleichen Zeitschrift, in „Heimat und Arbeit“, der „Führerzeitschrift des Reichsarbeitsdienstes“, deren fester Mitarbeiter Petersen war, dessen Aufsatz **„Rassische Geschichtsbetrachtung“.**[915] In diesem Aufsatz geht es Petersen darum, Grundsätze „einer rassischen Geschichtsschreibung“, angelehnt an die damals aktuelle Literatur vorzustellen. Er

[912] Zwischen Juli und Oktober 1937 besuchte Peter Petersen im Auftrag des NS-Regimes die Südafrikanische Union. In seinem Abschlussbericht erwähnte Peter Petersen, dass er unter anderem im Auftrag des Reichswissenschaftsministers über das „Erziehungswesen im Dritten Reich“ gesprochen habe. Die Übernahme antisemitischer Stereotypen – sei es aus Opportunismus, sei es aus Überzeugung – wird in diesem Bericht deutlich, wenn es heißt: „Von jüdischer Seite aus war in der Presse gegen mich Stimmung gemacht worden unter Ausbeutung eines Aufsatzes im Educational Yearbook, T.C., Columbia University, New York, 1934 ‚The Making of Nazis‘, der sich auf meine Schriften beruft. Wie anderswo, so erwies sich auch hier die englisch eingestellte Lehrerschaft als stark judenhörig. In Kapstadt wurde ebenfalls unter erkennbarem jüdischen Einfluss eine geschlossene Wirkung der Vorträge dadurch vereitelt, dass man mich an vier verschiedenen Stellen einsetzte“ (Bericht über die Vortragsreise des o. ö. Prof. Dr. Dr. h. c. Peter Petersen Jena durch die Südafrikanische Union Juli–Okt. 1937, Universitätsarchiv Jena, Bestand M, Nr. 631, Blatt 208 f.).

Die Kopien wurden freundlicherweise von Wolfgang Keim zur Verfügung gestellt. Sowohl der Reisebericht als auch die auf Petersen abzielende Passage des amerikanischen Pädagogen Isaac Leon Kandel sind im Anhang der *Dokumentation ad fontes Petersen (S. 684–691)* abgedruckt.

[913] Petersen, Peter: Rezension von: Rudolf Murtfeld (Hrsg.): Handbuch für den Deutschunterricht (Langensalza/Berlin/Leipzig 1937/38), in: Heimat und Arbeit. Monatshefte für pädagogische Politik, 12. Jg. (1939), S. 59–60, hier S. 60. *[Dokumentation ad fontes Petersen: Nachtrag]*

[914] Murfeldt, Rudolf (Hrsg.): Handbuch für den Deutschunterricht, Band 1 und 2, Langensalza/Berlin/Leipzig 1937/38.

[915] Petersen, Peter: Rassische Geschichtsbetrachtung, in: Heimat und Arbeit. Monatshefte für pädagogische Politik, 13. Jg. (1940), Heft 8, S. 218–221. *[Dokumentation ad fontes Petersen: Nachtrag]*

betont, dass es für eine Umschreibung der europäischen Völkergeschichte nötig sei, „in allen Völkern strengste wissenschaftliche Voruntersuchungen über die rassischen Zusammensetzungen“ vorzunehmen (Petersen: Rassische Geschichtsbetrachtung, 1940, S. 219). Kernpunkt seiner Überlegungen – Walther Groß und Werner Hüttig folgend – ist:

„Rassische Geschichtsschreibung nötigt danach zu folgenden grundsätzlichen Betrachtungsweisen: An die Stelle jenes Wunschbildes einer Gleichheit über alle Völker und Zeiten hinweg tritt die biologische Erkenntnis von der unaufhebbaren Unterschiedlichkeit der einzelnen Menschen wie der Rassen. Und die Verschiedenheit geht zurück auf erbliche Anlagen, die in der uns zugänglichen geschichtlichen Zeit unveränderlich geblieben sind.“ (Petersen: Rassische Geschichtsbetrachtung, 1940, S. 220)

Petersens Aufsatz schließt mit der Zusammenfassung dessen, was für ihn rassische „Geschichtsschreibung“ bedeutet:

„Im Mittelpunkt ***unserer*** *geschichtlichen Auseinandersetzung steht damit als einziges Ziel: der deutsche Gedanke der völkischen Eigenart; aus ihm heraus sind Volk der Gegenwart und das Reich zu bauen.“* (Petersen: Rassische Geschichtsbetrachtung, 1940, S. 221, Hervorhebung im Original)

In derselben Zeitschrift erschien Anfang 1941 Petersens Aufsatz **„Es gibt rassische Hochwertigkeit. Sie verpflichtet!“**[916]. Petersen beklagt hier, dass trotz der „Bedrohung des weißen Mannes“ durch die Gefahren der „Rassenverschlechterung“ in England „das Verständnis für die deutsche Bevölkerungspolitik und überhaupt für die Politik des Dritten Reiches“ nicht wachse, obwohl selbst Hans Grimm 1937 in England zu diesem Thema Vorträge gehalten habe (Petersen: Rassische Hochwertigkeit, 1941, S. 38). Den Hamburger Rassenbiologen Friedrich Keiter zitierend stellt Petersen fest: „Kulturarmut ist mithin keineswegs einfach Folge der wirtschaftlichen Situation. ‚Auf die Rasse kommt es an!‘ “ (Petersen: Rassische Hochwertigkeit, 1941, S. 39). Petersen vertritt mit seinem Kolonialrassismus folgende Behauptung:

„Wiederum kann eine wissenschaftliche rassenbiologische Beurteilung nicht anders als schließen, dass diese europäischen Völker, und vor allem wiederum der Nordeuropäer, ***höherwertige*** *seelische Kräfte besessen haben müssen, die es ihnen in den letzten zehntausend Jahren, wo wir immer sie fassen und vergleichen können, ermöglichten, stets zu Spitzenleistungen aufzusteigen.“* (Petersen: Rassische Hochwertigkeit, 1941, S. 40, Hervorhebung im Original)

Einwände sind nicht statthaft:

„Kein Forscher, der ernst genommen werden will, kann heute leugnen und leugnet heute, dass es Rassenunterschiede der Begabung gibt.“ (Petersen: Rassische Hochwertigkeit, 1941, S. 41)

Petersen erklärt populär:

„Denken wir uns alle Völker ihrer Leistung, ihrem Kulturwerte nach auf eine Kurve aufgetragen, so finden wir die Weißen im letzten höchsten Teile der Kurve, ihnen sind die höheren Werte vorbehalten.“ (Petersen: Rassische Hochwertigkeit, 1941, S. 41)

Petersen räumt ein, dass „der Neger den größten Teil der einfachen Berufe ebenso gut ausfüllen“ könne wie der Weiße, aber „die höher gestaltete Schöpferkraft fehlt und sie wird immer fehlen“ (Petersen: Rassische Hochwertigkeit, 1941, S. 41). Über die „hochwertigen Rassen“ heißt es:

„Sie sind die großen Ordnungsmächte, die Organisatoren der Welt, die machtvollsten Gestalter des Erdballs auf wirtschaftlichem, sozialem, politischem und geistig-kulturellem Gebiete. Es gibt demnach Herrenvölker, und mit ihren höheren Gaben besitzen sie zugleich der Menschheit gegenüber höhere Pflichten, nicht nur Rechte (...).“ (Petersen: Rassische Hochwertigkeit, 1941, S. 41)

Nach dieser politischen Rechtfertigung der „Herrenvölker“ ordnet Petersen diese Frage auch noch theoretisch ein und illustriert sie praktisch:

---

[916] Petersen, Peter: Es gibt rassische Hochwertigkeit. Sie verpflichtet!, in: Heimat und Arbeit. Monatshefte für pädagogische Politik, 14. Jg. (1941), Heft 2, S. 38–41. *[Dokumentation ad fontes Petersen: Nachtrag]*

„Diese Erkenntnisse verlangen allerdings völligen Bruch mit den Anschauungen des Liberalismus, der in den freimaurerischen Ideologien wurzelt, die seit der Französischen Revolution von 1789 sich über Europa und die Welt ausbreiteten. Unter ihrem Wahnideal von der ‚Gleichheit der Völker‘ konnte allen Ernstes laut in die Welt hinausposaunt werden als sicheres Mittel zur Völkerversöhnung und Schaffung einer ‚Menschheitskultur‘: Mischung aller Rassen miteinander, um so die eine Rasse zu züchten, den Träger jener Menschheitskultur.“ (Petersen: Rassische Hochwertigkeit, 1941, S. 41)

Petersen erläutert diesen Gedanken, offensichtlich aus seiner Reisetätigkeit für das NS-Regime profitierend, die ihm 1937 in die Südafrikanische Union führte, wie folgt:

„Einen einzigen Tag gründlich eine Schule für Farbige besuchen, etwa in Südafrika, wobei ich dann besonders die von Pietermaritzburg in Natal empfehle, oder in Neuyork oder Cleveland, Ohio oder Chicago dürfte genügen, jeden der den Menschen liebt und achtet, von Rassenmischung abzuschrecken. Er wird mit Grauen feststellen, was für ein Verbrechen es ist, Gelbe mit Weißen, Schwarze mit Gelben, Schwarze mit Weißen, Mischlinge wieder mit Mischlingen usf. zu paaren, und zwar wegen der seelischen Entartung, die so oder so letzten Endes unvermeidlich ist.“ (Petersen: Rassische Hochwertigkeit, 1941, S. 41)

Der Aufsatz endet nicht ohne pädagogische Wendung:

„Das Gesetz der Rasse ist ungeheuer streng und rächt sich an jedem, der es missachtet. Umso höher die Pflicht hochwertiger Völker und Rassen, ihr Erbgut und seine Kräfte heilig, und das ist dann, rein zu halten! Es ist mehr als nur Sünde wider das Blut; es ist ein Vergehen gegen die Pflichten, die sie der Welt gegenüber haben. Das lehrt die Kulturbiologie unserer Tage eindringlich den Politiker; sie weist damit aller pädagogisch ausgerichteten Politik klare und deutliche Bahn.“ (Petersen: Rassische Hochwertigkeit, 1941, S 41)

En passant sei hier erwähnt, dass Petersen in einem Brief an „Fräulein Dr. Buchholz“ vom 4.3.1940 mitteilt, dass ihn antireligiöse Elemente innerhalb der NSDAP immer massiver stören („hier wollte man sehr ernstlich Weihnachten bei guter Gelegenheit mit abschaffen lassen“), was ihn nicht hindert folgende Grundeinstellung zu betonen:

„Jeder, der tiefer und weiter sieht und denkt, weiß ja, es geht um die Stellung der weißen Rasse in der Welt, bes. des Europäers germanischer Art. Und an dem Endsieg zweifle ich nicht, bin der festen Überzeugung, er ist im Frühjahr 1941 da.“ [917]

1942, der Überfall auf die Sowjetunion hatte schon begonnen, schrieb Petersen in seinem Aufsatz **„Selbstverantwortlichkeit in der deutschen Jugend“**[918]:

„Nietzsche antwortet einmal auf die Frage: Was ist Freiheit? ‚Dass man den Willen zur Selbstverantwortlichkeit hat. Dass man die Distanz, die uns abtrennt, festhält. Dass man gegen Mühsal, Härte, Entbehrung, selbst gegen das Leben gleichgültig wird. Dass man bereit ist, an seiner Sache Menschen zu opfern, sich selbst nicht abgerechnet. Freiheit bedeutet, dass die männlichen, die kriegs- und siegensfrohen Instinkte die Herrschaft haben über andere Instinkte, zum Beispiel über die des Glücks.‘

Unbestreitbar geht vom Geist dieser Forderungen an einen freien Menschen durch sämtliche neuen Formen der deutschen Jugenderziehung in der Gegenwart. Es ist ein männlicher und heldischer Geist, der aufgerufen wird, so wie ihn zugleich die allgemeine Lage eines Volkes fordert, das im Lebenskampf um seine nationale Ehre und Weltgeltung steht.“ (Petersen: Selbstverantwortlichkeit, 1942, S. 207)[919]

---

[917] Brief von Petersen an Buchholz vom 4.3.1940, in: Petersen, Uwe-Karsten: Der Jena-Plan. Die integrative Schulwirklichkeit im Bilde von Briefen und Dokumenten aus dem Nachlass Peter Petersens, Frankfurt am Main/ Bern/New York/Paris 1991, S. 139.

[918] Petersen, Peter: Selbstverantwortlichkeit in der deutschen Jugend. Erziehung zur Selbstverantwortlichkeit in der deutschen Jugend, in: Geist der Zeit. Monatshefte für Wissenschaft und Hochschule, 20. Jg. (1942), S. 194–207. *[Dokumentation ad fontes Petersen: S. 463–476]*

[919] Petersen zitiert hier ohne Quellenangabe aus: Friedrich Nietzsche: Götzen-Dämmerung, in: Werke in sechs Bänden, Band IV, München 1980, S. 1015.

Mit solchen Passagen zur Zeit des umfassenden Angriffskrieges Deutschlands beweist Petersen, in welch ungeheuerlicher Weise er mit Nietzsche im Rucksack Jugendliche in Deutschland auffordert „Menschen zu opfern, sich selbst nicht abgerechnet".

1942 erschien auch Petersens Schrift **„Friedrich Fröbel. Deutschlands größter Erzieher"** (Gotha 1942)[920]. In diesem Buch unterzieht sich Petersen der Aufgabe – 1942 wie gesagt – aus Fröbels Kindergartenpädagogik und seiner Biographie das herauszuziehen, was für den deutschen Nationalismus und Militarismus brauchbar schien. Da heißt es etwa: „Ja, Friedrich Fröbel ist in seinen Werken so eingewachsen deutsch, dass sich in ihnen überhaupt keine ausländischen Einflüsse finden" (Petersen: Fröbel, 1942, S. 14). Petersen beruft sich insbesondere auf den von ihm behaupteten soldatischen Geist Fröbels und kündigt an, dass der NSLB eine Gesamtausgabe des Werkes Fröbels vorlegen wird, da er „im Zeitalter des Parlamentarismus missverstanden oder unterdrückt ward" (Petersen: Fröbel, 1942, S. 17).[921]

1943, während in den Vernichtungslagern fabrikmäßig organisiert und rassistisch motiviert Juden sowie Sinti und Roma ermordet wurden, erschien die Schrift **„Die Wissenschaft im Dienste des Lebens"** (Jena/Leipzig 1943).[922] Hier polemisiert Petersen gegen die These, dass Wissenschaft unabhängig von einzelnen Kulturen und Völkern zum Fortschritt der Menschheit dient. Petersen bezeichnet diese Auffassung als überheblich und fordert für die Wissenschaft „die in einer Rasse wurzelnde Sittlichkeit und ihr Rechtsempfinden" (Petersen: Wissenschaft, 1943, S. 23). Petersen unternimmt tatsächlich den abenteuerlichen Versuch, am Beispiel der Mathematik nachzuweisen, dass alle Wissenschaft nur „in der Bindung an bestimmte Rassen und Völker" (Petersen: Wissenschaft, 1943, S. 24) dargestellt werden kann. Auch für die Mathematik könne niemand bezweifeln, so Petersen, „dass wir es zu tun haben mit volkhaft gebundenen, rassenbedingten Schöpfungen menschlichen Geistes" (Petersen: Wissenschaft, 1943, S. 24 f.).

Als letzte Publikation während der NS-Zeit erschien 1944 in der Reihe „Schriften der Akademie für Jugendführung"[923] die Broschüre **„Jesuitenerziehung"**[924] In dieser Schrift beurteilt er als deutschnationaler Protestant den Katholizismus als international, das Papsttum als international und die Jesuiten als international. Petersen fordert dagegen „von den Grundlagen eines ‚Völkischen Realismus' aus" zu urteilen (Petersen: Jesuitenerziehung, 1944, S. 26). Der Jesuit ist für ihn ein national entwurzelter Mensch. Petersen bekämpft im Typ des Jesuiten das rationale und berechnende, nicht am Mythos des deutschen Volkes, der Volksgemeinschaft orientierte Denken. Er greift den Allgemeinspruch „Nur wer gehorchen lernt, kann segensvoll

---

[920] *[Dokumentation ad fontes Petersen: S. 478–538]*

[921] An anderer Stelle zu erörtern wäre das autoritär-reaktionäre Weltbild Petersens bei seiner Fröbelinterpretation. Petersen behauptet: „Die Menschheit ist nach Fröbel in eine Welt hineingestellt, die eine große Erziehungsanstalt Gottes ist" (Petersen: Fröbel, 1942, S. 17).

[922] *[Dokumentation ad fontes Petersen: S. 544–566]*

[923] Petersen berichtet im Brief vom 17.11.1943 von einem Kursus für kriegsversehrte HJ-Führer an der „Akademie der Jugendführung" in Braunschweig, an der er 22 Vorlesungen gehalten hat. In einem Brief vom 25.1.1944 berichtet er über sechs Vorträge in Flakartillerieschulen in Kitzingen und Göppingen. Nebenbei erwähnt er in einem Brief vom 28.12.1944, dass „die Dänen in einer starken Schicht unzurechnungsfähig" geworden sind, weil jeder, der mit den „Deutschen kooperiert", fürchten muss, niedergeschossen zu werden (zitiert nach: Petersen, Uwe-Karsten: Der Jena-Plan. Die integrative Schulwirklichkeit im Bilde von Briefen und Dokumenten aus dem Nachlass Peter Petersens, Frankfurt am Main/Bern/New York/Paris 1991, S. 154, S. 155 und S. 157).

[924] Petersen, Peter: Jesuitenerziehung (Schriften der Akademie für Jugendführung, Band 1; Nur für den Dienstgebrauch), ohne Ort (Braunschweig) 1944. *[Dokumentation ad fontes Petersen: S. 572–602]*

Die „Nur für den Dienstgebrauch" zu verwendende Schrift wurde nach 1945 von der alliierten Besatzungsmacht indiziert, wie Torsten Schwan berichtet (Schwan, Torsten: Die Petersen-Rezeption in der Bundesrepublik Deutschland 1960 bis 1984. Die Jenaplan-Pädagogik zwischen „defensiver Rezeption" und einsetzender „Petersen-Kritik", Frankfurt am Main/Berlin/Bern/Brüssel/New York/Oxford/Wien 2007, S. 140).

Die hier zitierten Stellen wurden von Petersen unverändert übernommen in: Petersen, Peter: Allgemeine Erziehungswissenschaft, Band III: Der Mensch in der Erziehungswirklichkeit, Berlin 1954, S. 70 f.

Auszug:

Dr. Peter Petersen, Jena:

Bedeutung und Wert des Politisch-Soldatischen für den deutschen Lehrer und unsere Schule

Eine erziehungswissenschaftliche Betrachtung.

Wer sich verantwortungsbewußt in den Dienst der praktischen Erziehung stellt, der übernimmt damit auch die Verpflichtung, sich in seinem menschlich-leiblichen Sein besonders durchzubilden und in Form zu halten. Er muß seine ganze Vitalität, das, was Ludwig Klages die „Ursprünglichkeit" eines Menschen nennt, pflegen, d. h. die von einem Menschen ausstrahlende ganze Lebendigkeit dieses Menschen, wie sie vor allen Dingen in die Gesamtheit seiner Ausdrucksbewegungen ausstrahlt. Das ist nicht nur Pflicht eines jeden Menschen gegen sich selbst, sondern die eines jeden Erziehers und Lehrers in erhöhtem Maße. Denn mit der Formung dieser Lebensseite des menschlichen Wesens, mit der Gewinnung gesunder Grundlagen, einer schönen Körperlichkeit und Natürlichkeit wird immer auch zugleich das Geistige eines Menschen gekräftigt, ja erlangt dieses gleichzeitig in der geformten und zuchtvollen Körperlichkeit und allen ihren Ausdrucksweisen einen sprechenden Ausdruck. Alles an einem solchen Menschen wird lebensvoller und damit wirkungsvoller. Deswegen gehören solche Ausführungen hinein in die Untersuchungen über die beste „erzieherische Haltung"[1]), und sie bereits stoßen vor in die tieferen Gründe echter Autorität, der gewachsenen Autorität, der Autorität in Funktion. Ganz ohne Zweifel erwächst diese leichter dort, wo ein Mensch gesunden Körpers, gestraffter und doch gefälliger Haltung, widerstandsfähig und zäh unter seinen Zöglingen und Schülern steht — wenn auch ebenso gewiß diese Seite nur die Hälfte des Ganzen ist und noch persönlich-geistige Kräfte hinzukommen müssen, um die Haltung und die Autorität eines Erziehers voll zu erklären.

1. Solche Erwägungen haben wiederholt deutsche Erzieherpersönlichkeiten angeregt darüber nachzudenken, was denn im deutschen Volke für Persönlichkeitstypen entwickelt seien, in denen sich deutsche Art ganz besonders treu und charakteristisch darstelle. Gibt es einen im deutschen Volke angelegten oder während der letzten Jahrhunderte infolge seiner besonderen Schicksale und Geschichte entstandenen eigentümlichen Bildungstypus züchtender Kraft? Besitzen wir dann damit eine Zuchtform, ein Richtmaß für die Formung jener Ursprünglichkeit? Es ist jedermann geläufig, daß andere Völker eine solche völkische Zuchtform besitzen, so Spanien seinen caballero, England den gentleman; und wir?

Nach solchen typischen Ausprägungen deutscher Art suchte Alfred Lichtwark auf dem Dresdner Kunsterziehungstage 1901 in seiner unvergänglichen Plauderei

[1]) Vergl. Petersen „Ursprung der Pädagogik", 1931, § 8.

Deutsches Bildungswesen, 2. Jg. (1934), Heft 1, S. 1–17.

Auszug:

Die Schule

im nationalsozialistischen Staat

Ein Volk * Ein Reich * Eine Schule * Für Volksgemeinschaft und Führertum

Herausgeber: Prof. Dr. Hans Cordsen, Soltau in Hann. * Verlag: Westfälische Buch- und Kunstdruckerei Gustav Thomas, Bielefeld

Nr. 6 1935 * 11. Jahrgang * Postlieferungsort Bielefeld

Peter Petersen-Jena:

Die erziehungswissenschaftlichen Grundlagen des Jenaplanes im Lichte des Nationalsozialismus

I. Die neue deutsche Erziehungswissenschaft.

Nach 1920 hat sich in Deutschland im Bereiche des pädagogischen Denkens und Forschens die neue Wissenschaft von der Erziehung entwickelt, eine „Erziehungswissenschaft", die als ihren Teil, als eine ihrer Disziplinen die Pädagogik einschließt. Damit hat Deutschland eine eigene und bedeutsame geistige Leistung vollbracht, die ihm auf diesem Gebiete einen Vorrang vor allen Völkern verschafft hat.

Wer die deutsche geistige Entwicklung der letzten Jahrhunderte übersieht, der weiß, daß damit die durch den Herbartianismus unterbrochene Kontinuität wiederhergestellt ist, die auf Pestalozzi und Fröbel zurückführt; denn vor diesen beiden stand bereits die Aufgabe der Erziehung in ihrem vollen Umfange als etwas, das weit mehr ist, als was die Schule und ihr verwandte Kulturkreise an pädagogischen Aufgaben stellen. Sie wußten beide, daß den Menschen lebenslang erziehende Mächte umspielen, daß er geformt wird von Landschaft und Klima, von seiner besonderen Arbeit und sozialen Stellung, von der ganzen Umwelt wie von innen her nach der in ihm angelegten Erbkraft wie durch seinen sittlichen Willen, und daß es dieses Ineinanderspielen mannigfacher Mächte ist, das den Menschen bildet.

Im besonderen aber erklärt sich die Tatsache, daß nach 1920 innerhalb der deutschen Grenzen eine Erziehungswissenschaft auftreten konnte, dadurch, daß es sich hierbei um die Erbschaft aus der deutschen pädagogischen Reformbewegung hin zu einem echten, ursprünglich deutschen Erziehungsziel mit deutschbestimmter Schule handelt. Diese setzt unmittelbar nach dem Kriege 1870/71 ein. In Männern wie Lagarde, dem jungen Nietzsche, dann in Langbehn, den Männern der Schulreform Ende der achtziger Jahre ansteigend bis etwa zu den Kunsterziehungstagen 1901—05, den „Deutschen Erziehungstagen" in Weimar ab 1904 leitet sie über die Gründung der Deutschen Landerziehungsheime und erste diese Bewegung begleitende praktische Schulversuche hin zum „Bund für Schulreform" (1908), der den ersten großen Versuch bildete, alle an der Erziehung und Bildung des deutschen Kindes verantwortlich mitwirkenden Kreise zu vereinen. Nur auf dem Hintergrunde dieses gewaltigen Ringens um eine Deutsche Schule, um eine echte deutsche Erziehungs- und Charakterschule, wird das Hervorbrechen der eigenständigen Erziehungswissenschaft begreiflich. Denn dadurch waren Augen und Sinne weit geöffnet worden, die Fülle erzieherischen Geschehens innerhalb eines Volksganzen aufzunehmen, und so erfüllt, daß das innerlich Geschaute zur systematischen Darstellung drängte.

Die großen allgemeinen Wahrheiten wie: das Leben erzieht; die Landschaft erzieht und bildet den Menschen wie in einer Gußform; das Leid ist des Menschen stärkste Erziehung; Erziehung geschieht nur inmitten der Gemeinschaft; Volk ist die oberste aller erziehenden Gemeinschaften — sie nötigten nunmehr gebieterisch, daraus die letzten Folgen auch für die überlieferten Bildungsformen zu ziehen, für das, was als Schule u. dgl. unter uns überliefert war und von allen Seiten her wegen seiner Erstarrung und Lebensfremdheit angegriffen, ja abgelehnt wurde. Deutschland hatte seit 1900 der Welt ein Schauspiel geliefert wie noch nie ein Volk der Welt. Es war nicht mehr imstande, seine Jugend zu bilden; diese kehrte den staatlichen Bildungsanstalten den Rücken und fand sich selber zurück zu den Urmächten aller Erziehung: zum lebendigen Volkstum, wie es in der lebenden Kultur, der Sitte und dem Brauchtum, der Volkskunst und vor allem in der völkischen Landschaft als der von den verschiedenen Stammescharakteren her durchformten Natur des vaterländischen Bodens machtvoll lebt, und sodann zur Natur selber als der ewigen Bildnerin der Menschen und der Völker. In keinem Volke war der Boden so aufgewühlt und so für eine neue wissenschaftliche Ernte vorbereitet wie gerade in Deutschland. Daraus allein kann ich mir den Durchbruch der erziehungswissenschaftlichen Bewegung erklären. Freilich fehlt noch eine und nicht die geringste antreibende Kraft, das war das Kriegserlebnis und damit verbunden die neue Besinnung auf die Bindung Mensch zu Gott, die Religion genannt wird.

Nun konnte als Grundsatz aller neuen Erziehungswissenschaft der Satz hingestellt werden: Die Erziehung ist eine Funktion der Wirklichkeit, des Seienden; sie ist eine kosmische Funktion, oder ähnliche Wendungen mehr. Worauf zielt jedoch diese Funktion ab? Immer auf den Menschen. Sie ist es, welche innerhalb der Wirklichkeit schlechthin den menschlichen Lebens- und Wirkbereich besonders hervorhebt. Damit stand die neue Erziehungswissenschaft schon Anfang der zwanziger Jahre vor denselben Fragen, die später die Existenzphilosophie aufgriff, von der alsdann um 1930 bedeutsame Rückwirkungen auf die Erziehungswissenschaft ausgehen konnten.

Unvermeidlich hatten die erziehungswissenschaftlichen Ueberlegungen zugleich den alten Wissenschaftsbegriff gesprengt. Offen lehrten sie, es sei unmöglich, als allgemeine wie als praktische Wissenschaft anzufangen, auch nur die schlichteste pädagogische Praxis zu durchleuchten, „ohne sich zuerst mit der Beziehung aller Erziehung zum Sinn des Seins und des Geschehens auseinanderzusetzen. Sie hebt demnach mit einer Erziehungsmetaphysik an"[1]). Damit war das positivistische Dogma von der voraussetzungslosen und der „objektiven" Wissenschaft abgetan. Da aber zugleich alles erzieherische Denken und Forschen im Rahmen wie im Dienste der obersten erziehenden Gemeinschaft unter Menschen, d. i. des Volkes, anheben und abschließen muß, so war die neue Erziehungswissenschaft von Anfang an „politisch" oder nationalpolitisch[2]). Und insofern sie das ganze Problem

[1]) Petersen, Der Ursprung der Pädagogik (II. Teil der: Allgemeinen Erziehungswissenschaft), 1931, S. 14, und bereits in den „Pädagogischen Antithesen" herausgegeben von Erich Feldmann, Karlsruhe, 1926, S. 75.

[2]) Vgl. den ganzen I. Teil meiner „Allgemeinen Erziehungswissenschaft", 1924, und aus jüngster Zeit folgende Aufsätze: „Bedeutung und Wert des Politisch-Soldatischen für den deutschen Lehrer und unsere Schule", Deutsches Bildungswesen, Januar 1934; „Psychologische Bedeutung der politischen Symbole", Zeitschrift für Jugendkunde, 1. Heft 1934; „Nationalpolitische Bildung der menschlichen Sittlichkeit", Die Erziehung, Febr. 1935.

Die Schule im nationalsozialistischen Staat. Ein Volk. Ein Reich. Eine Schule. Für Volksgemeinschaft und Führertum, 11. Jg. (1935), Heft 6, S. 1–5.

Auszug:

Dr. Dr. h. c. Peter Petersen, Jena

Rassische Geschichtsbetrachtung

Die Geschichtsschreibung, die auf uns gekommen ist, geht an irgendwelche Völker heran, je nach dem Forschungsdrang des Historikers, unter der Voraussetzung, daß alle Menschen, und so auch alle Völker, ohne weiteres unter einem einheitlichen Gesichtspunkte gesehen werden müssen und können. Wir besitzen Geschichten Ägyptens und Roms, Indiens und Griechenlands, in die der konservative oder demokratische, nationalliberale oder sonst ein politischer Parteistandpunkt mit aller Seelenruhe hineingetragen wird, als ob es sich um Verhältnisse denen gleich gehandelt habe, die sich zur Zeit der betreffenden Historiker abspielten und in denen diese selber mitwirkten. Anders ist immer nur die Umwelt und was diese aus den Menschen und den Völkern gemacht haben soll. Mit Vorliebe wurden die „Macht"verschiebungen, die Inhaber der jeweiligen Macht und deren Mit- oder Gegenstreiter betrachtet, hinter denen das „Volk" geradezu verschwand.

Wir sehen seit einem Jahrzehnt und länger die Geschichtswissenschaft mitten im Wandel, und zwar unter dem Einfluß ihrer kulturwissenschaftlichen Hilfswissenschaften, wie man früher sagte. Heute sind diese mehr und mehr in den Mittelpunkt der Geschichtsforschung vorgedrungen und geben ihr Kern und Mark. Dabei interessiert uns immer wieder, wie daran gegangen wird, die Geschichte des „Volkes" zu schreiben. Was tat, arbeitete, liebte und litt z. B. das deutsche Volk, während seine Kaiser mit wenigen tausend Rittern nach Italien zogen? Wie verlief unter dem „großen historischen" Geschehen der letzten Jahrhunderte, das wir alle aus den Geschichtsstunden kennen, zum Teil lernen mußten, die „Lebensgeschichte des Volkes", das diese Taten erleiden, sie nur bitterwenig mittun konnte, so fragt heute ein Kulturbiologe wie Walther Scheidt-Hamburg. Unsere Vorgeschichtsforscher, vor allem seit Hans Hahnes unvergeßlichem Wirken, fortgeführt von seinem Schüler und Nachfolger in Halle W. Schulz, im Süden Deutschlands besonders glücklich Adolf Helbok, bauen seit je echte Volks-Vorgeschichte aus dem auf, was der Boden ihnen schenkt. Th. Scheffer hat in ganz

Heimat und Arbeit. Monatshefte für pädagogische Politik, 13. Jg. (1940), Heft 8, S. 218–221.

Auszug:

Dr. Dr. h. c. Peter Petersen

Es gibt rassische Hochwertigkeit. Sie verpflichtet!

Hans Grimm, der bekannte Verfasser des aufrüttelnden Werkes „Volk ohne Raum", hat 1937 in verschiedenen Teilen des vereinigten Königreichs vor Engländern Vorträge gehalten. Darin versuchte er seinen Zuhörern klar zu machen, daß es für den weißen Mann darum gehe, seine im Chaos der allerorten aufsteigenden Masse bedrohte „Hochwertigkeit" zu erhalten, denn damit stehe und falle seine Vormachtstellung in der seither wesentlich von ihm errichteten und durchgestalteten Welt. Es sei darum, nach seiner Meinung, die ernsteste Pflicht gerade auch des verantwortlich denkenden Engländers von heute, sich mit der Gefahr der Vermassung und Rassenverschlechterung auseinanderzusetzen. Geschehe das, so werde außerdem das Verständnis für die deutsche Bevölkerungspolitik und überhaupt für die Politik des Dritten Reiches wachsen, ja ganz von selber kommen. Im Anhang der deutschen Ausgabe seiner „Englischen Rede" erzählt er uns nun, daß es ihm außerordentlich schwer gefallen sei, ja nahezu unmöglich gewesen sei, für das Verständnis zu finden, was er unter „Hochwertigkeit" und „hochwertige Menschen" verstand. Es gäbe schon kein englisches Wort dafür, und so hätten Zuhörer und Leser seiner Rede häufig es so aufgefaßt: hochwertige Menschen seien „hochmütige, die auf Macht und Genuß und Selbstbespiegelung und Selbstvergrößerung aus seien" oder der Redner lehre Klassendünkel, er sei ein Reaktionärer oder er vertrete einen unliebsamen Rassendünkel, rede im Geiste des (dann freilich mißdeuteten) Nietzscheschen Übermenschen und der „blonden Bestie".

Für jeden deutschen Leser seiner „Englischen Rede" hat Hans Grimm sehr eindeutig gesprochen, und wir können uns nur wiederum wundern und die Tragik empfinden, die darin liegt, daß sich zwei so nah verwandte Völker so schwer verstehen, sich so stark auseinander gelebt haben. Es gibt, ganz objektiv, wissenschaftlich streng nachweisbar, Völker und damit Volkskulturen und Volkstümer verschiedenen Wertes, nachweisbar und ganz unwiderlegbar für jeden Menschen mit gesundem Menschenverstand, vor allem bei etwas klarem Verstand und gutem Willen, die Wirklichkeit der Menschen und der Völker zu sehen, wie sie ist und immer gewesen ist. Wir überblicken heute die ganze Fülle der Volkskulturen, die auf der Erde nebeneinander bestehen, und können viele viele von ihnen fast zehntausend Jahre zurück verfolgen, können infolgedessen auch die heutigen miteinander vergleichen, sowohl in ihrem heutigen Zustand wie den Stand von heute unter dem genau zu verfolgenden Einfluß der Kulturen aufeinander während der letzten vier, fünf Jahrhunderte, desgleichen lassen sich die vorgeschichtlichen Kulturen, deren Eigenart wir kennen, wiederum mit ihnen in diesen oder jenen Voraussetzungen verwandten Kulturen von heute vergleichen. Also eine Möglichkeit zur

Heimat und Arbeit. Monatshefte für pädagogische Politik, 14. Jg. (1941), Heft 2, S. 38–41.

Auszug:

Bericht über die
Vortragsreise des o.ö.Prof.Dr.Dr.h.c.
Peter P e t e r s e n-Jena
durch die Südafrikanische Union Juli-Okt.1937.

M Nr. 631

Während der Universitätssommerferien 1937 folgte ich einer Einladung der Lehrervereinigung des Orange-Freistaates(O.V.S.O.V.) in den vier Staaten der Südafrikanischen Union Vorträge über Theorie und Praxis der Jenaischen Pädagogik zu halten,sowie in Bloemfontein einen einwöchigen Kursus ("Pädagogische Woche")zur gründlicheren Einführung in diese Pädagogik.Die Einladung wurde gestützt vom Unterrichtsdepartment (Department van Onderwys) des Freistaates sowie von der Dachgesellschaft der (englischen und kapholländischen)Lehrervereinigungen (The Federal Council of Teachers'Associations in South Africa).Sie verpflichteten sich, mir sämtliche Reisekosten zu erstatten und mir ihr Land zu zeigen,soweit es sich nur mit der Vortragsreise verbinden liesse.

Die Vorträge waren im Lande innerlich vorbereitet:1933 war eine meiner Schriften samt einem Auszuge aus einer zweiten ins "Afrikanische"(=Kapholländische) übersetzt und für die beiden folgenden Jahre als Pflichtlektüre für das zweite Lehrerexamen behördlich vorgeschrieben worden.+ Zeitschriften brachten gelegentlich Aufsätze über den"Jena-Plan",d.i.die "heimatgebundene Gruppenunterrichtsschule"nach der Bezeichnung des Reichswissenschaftsministeriums.Einzelne Lehrer und Lehrerinnen aus Südafrika hatten die Universitätsschule in Jena besucht und daheim berichtet.

Die Reise selber war bestens vorbereitet.Ich konnte mich genau siebzig Tage in der Union aufhalten und habe während dieser Zeit an 27 Orten 63 mal gesprochen(s.Übersicht).Man hatte mich gebeten,je nach Wunsch der örtlichen Verbände englisch oder holländisch zu sprechen.Es zeigte sich aber bald,dass die jüngere Generation dem Holländischen entfremdet ist.Darum entschloss ich mich nach der dritten Woche,"afrikaans"zu reden,das mir als Niederdeutschem nicht schwer fiel zu erlernen und anzuwenden.Alle Aussprachen waren von da an zweisprachig.Unverkennbar war es, dass sich dem afrikaans Redenden die Menschen williger öffnen. Mithin habe ich 21 mal englisch,5 mal holländisch,30 mal afrikaans und 6 ~~mal deutsch gesprochen.~~

+ Die Nieu Europese Opvoedingsbeweging.Bylae oor die Jena-Plan, Pretoria 1933.

Das Interesse war gross.Nur 5 oder 6 Abende währten kürzer als
Stunden,manche aber bis zu 3 1/2 Stunden.An vielen Orten,die
elpunkte grosser Gebiete sind,waren Lehrer aus mehr als 100
Meilen Entfernung gekommen.An keinem Abend habe ich abwegige
gen zu beantworten gehabt.Der tiefere Grund für dieses Interesse
te im Folgenden zu finden sein:geistig wie auch politisch ist
eit der "afrikanische "Teil der Lehrerschaft der regste.Er hat
erkannt,dass er für seine nächsten kulturellen wie politischen
gaben das bestehende individualistische und liberalistische
und Erziehungswesen nicht gebrauchen kann.Es ist auf englis
r Grundlage aufgebaut,aber seit dem Weltkriege stark amerika-
h durchsetzt mit Testmethoden,unsinnigem Prüfungswesen,vom kon-
n Leben gelöst,Schule und Elternhaus sind getrennt;es hat sich
reine Lerné und Prüfungsschule entwickelt.Darum sucht er mit
stem Ernst vor allem nach einer Praxis,die den Individualismus
den Liberalismus soweit wie nur möglich überwunden hat.Diese
mmenhänge sind im Führerkreise dieser Lehrerschaft vollkommen
und erklären ihr Verlangen,ganz einfach zu erfahren,wie man
nun praktisch anfangen soll,um eine neue Schule im Sinne echter
inschaftspädagogik auf Grundlage ihres Volkstums einzurichten.
führende Politiker des Afrikanertums,die den engeren Schulfra-
ern stehen,erkannten darin den Wert meiner Vorträge und spra-
es öffentlich vor den Lehrern aus,wie z.B.beim Empfange in
mfontein der Administrator des Freistaates Mnr.van Rensburg,
aus diesen Gründen auch der Lehrerschaft öffentlich seine Unter-
zung zusicherte.

Von Bedeutung scheint es mir noch zu berichten,dass in stark
isch eingestellten Städten das Interesse -vor allem zahlenmäs-
am geringsten war,ja dass auch Gegenarbeit geleistet wurde.
gilt von Kapstadt,Port Elizabeth,Johannesburg,Pietermaritzburg
d Durban.Hier war der Besuch,durchschnittlich geurteilt,am ge-
ngsten,wiewohl die Erschienenen bestens mitgingen.Am geringsten
die Besucherzahl am zweiten Johannesburger Abend,wo ich eng-
sch sprach über "Character Education".Von jüdischer Seite aus war
der Presse gegen mich Stimmung gemacht worden unter Ausbeutung
nes Aufsatzes im Educational Yearbook,T.C.,Columbia University,
wyork,1934 "The Making of Nazis",der sich auf meine Schriften be-
lt.

Wie anderswo, so erwies sich auch hier die englisch eingestellte Lehrerschaft als stark judenhörig. In Kapstadt wurde ebenfalls unter erkennbarem jüdischen Einfluss eine geschlossene Wirkung der Vorträge dadurch vereitelt, dass man mich an vier verschiedenen Stellen einsetzte. Dagegen tat das benachbarte Stellenbosch alles, um eine einheitliche Wirkung zu erreichen: man liess mir volle Freiheit, eine Reihenfolge in sich eng zusammenhängender Vorträge zu halten, sodass ich vier Vorlesungsstunden sprach und danach mit allen Interessierten eine ergiebige Aussprache hatte. In Durban liess der Leiter der Veranstaltung keine Aussprache zu, weil man unter den Erschienenen "Freunde der Sowjetrepublik" vermutete, die nur versuchen würden, dem deutschen Redner Schwierigkeiten zu machen, wie es dort s.Zt. bei dem Vortrages des Prof. Graf von Dürckheim-Kiel geschehen sei. Mir ist aber an keinem Orte eine ähnliche Ungehörigkeit begegnet. Und es muss der Gerechtigkeit halber gesagt werden, dass in Grahamstown, CP., dem "Oxford von Südafrika", einer der allerbesten Abende war, desgleichen in dem durchaus eng~~lisch eingestellten Kim~~berley, CP. Es bleibt jedoch bestehen, dass in allen Zentren des Afrikanertums die Aufnahme die beste war, so in Stellenbosch, Burgersdorp, Steynsburg, Bloemfontein, Potchefstromm, Ermelo, Middelburg, Heidelberg. In Pretoria hatten sich wieder verschiedene Kreise um Vorträge beworben, die alle etwas Besonderes wünschten. Jeder Kreis hatte aber alles bestens vorbereitet, und jedesmal waren Besuch und Interesse sehr gut. Die Universität Pretoria wird den von ihr gewünschten Vortrag über die "Neue deutsche Erziehungswissenschaft in ihrer Beziehung zur neuen deutschen Philosophie" in ihre Schriften aufnehmen.

Am geschlossensten und so auch am nachhaltigsten musste die "Pädagogische Woche" in Bloemfontein wirken. Dafür waren alle Lehrer des Freistaates, die teilnehmen wollten, beurlaubt. Die Zahl betrug mehr als 2oo (s. Anlage II). Ich sprach täglich von 3-5 Uhr, und beantwortete zum Schluss in über zwei Stunden mir schriftlich eingereichte Fragen und daneben noch weitere, die während der Schlußaussprache aufkamen. Ausserdem sprach ich an einem Abend besonders im Bloemfonteiner Universitätskollege.

Der Herr Reichswissenschaftsminister hatte mich im Schreiben vom 14.4.37. bescheiden lassen, auch die Verbindung mit der "Deutsch-Südafrikanischen Kulturunion" aufzunehmen. Das ist umgehend geschehen. Ich habe daraufhin in Pretoria in der Kulturunion über das

"Erziehungswesen im DrittenReich"gesprochen. Ich konnte ja doch darüber hinaus noch einen weiteren Schritt auf diesem Gebiete tun. In Johannesburg wurde ich mit dem bedeutenden Schriftsteller und Vorsitzenden des "Afrikaanse Skrywers Kring"bekannt, Dr. C.M. van den Heever, Prof. der afrikanischen Literatur an der Universiteit van die Witwatersrand. Ich hatte mehrere Werke dieses neuen Schrifttums gelesen und war von der Eigenart und Kraft sehr ergriffen. Darum bat ich ihn am Schlusse unserer wiederholten Unterhaltungen, mir eine Liste derjenigen Schriftwerke aufzustellen, die er für die besten halte und wert, ins Deutsche übertragen zu werden; ich wollte mit den mir bekannten Inhabern des Verlages Eugen Diederichs-Jena über die Möglichkeit verhandeln, wenigstens einen Teil zu übersetzen. Der Verlag ist sehr willig darauf eingegangen, und wir dürfen erwarten, dass auch dadurch eine wertvolle Verbindung auf kulturellem Gebiete zwischen den beiden so eng verwandten Völkern gestiftet wird. Gleichfalls will ich beim Eutiner Dichterkreis anregen, etwa Herrn van den Heever zum Mitglied zu ernennen. Er gedenkt im kommenden Jahre Deutschland zu besuchen, und ich bin gern bereit, über ihn dann noch einige mir wichtig erscheinende Aufklärungen zu geben. Im Dezember d.J. dürfte ein anderer angesehener Schriftsteller und Mitbegründer des afrikanischen Schrifttums, den ich in Bloemfontein kennen lernte, nach Deutschland kommen, D.F. Malherbe.

Ich besuchte die deutschen Schulen in Kapstadt, Paarl, C.P., Ost-London, Pretoria, Wartburg-Kirchdorf (Natal), Schulen der deutschen Benediktiner bei Durban und im Zululand. Darüber hinaus traf ich oft Deutsche bei meinen Vorträgen, die sich dann auch von mir Auskunft, Arbeitsmittel und Literatur erbaten; ausser in den genannten Orten in Ermelo, Pietersburg, TV., Pietermaritzburg. Zu den Deutschen sprach ich in ihren Vereinen in Kapstadt, Ost-London, Pretoria und Durban. Dort fast immer über inner- und aussenpolitische Fragen, die dem Verständnis der Politik unseres Führers dienten und von denen ich bemerkt hatte, dass den Deutschen im Auslande das Material fehlte, den Gegnern die rechte Antwort zu geben. Ferner habe ich auf der Rückreise auf Wunsch des politischen Leiters an zwei Schulungsabenden zur Gefolgschaft des Dampfers "Watussi" gesprochen.

Bericht über die Vortragsreise des o. ö. Prof. Dr. Dr. h. c. Peter Petersen Jena durch die Südafrikanische Union Juli–Okt. 1937, Universitätsarchiv Jena, Bestand M, Nr. 631, Blatt 207–214.

regieren“ (Petersen: Jesuitenerziehung, 1944, S. 26) ausdrücklich unterstützend auf und betont: „Der *Gehorsam* wird nirgends in einer zuchtvollen Erziehungsform entbehrt werden können, auch nicht in einem charaktervollen Mannesleben“ (Petersen: Jesuitenerziehung, 1944, S. 26, Hervorhebung im Original).

6. Zwischenergebnisse

Allen vier Erziehungswissenschaftlern ist gemeinsam, dass sie nicht Mitglied der NSDAP waren. Während Peter Petersen nach 1945 in der BRD nicht wieder richtig Fuß fassen konnte, gelangen den drei anderen Erziehungswissenschaftlern, insbesondere Eduard Spranger und Erich Weniger, bis zu ihrem Tod Anfang der 1960er Jahre beeindruckende Karrieren. Alle vier Autoren galten, weitgehend ohne Einschränkung, bis Mitte der 1980er Jahre als „Säulenheilige“ (Hans-Georg Herrlitz) der Disziplin.[925]

a) Spranger

Eduard Spranger steht für die theoretische Konstruktion einer „geisteswissenschaftlichen Erziehungswissenschaft“. Die massive Abgrenzung von den Gedanken der Aufklärung und dem englischen und französischen Positivismus sowie den Positionen Max Webers wurde von ihm in umfangreichen philosophischen Schriften fundiert. Seine empirisch-historischen Arbeiten, vor allem im Rahmen seiner Tätigkeit in der Preußischen Akademie, aber auch seine Studien zu Wilhelm von Humboldt und zur Schulgeschichte in Deutschland sind von den inhaltlichen Positionen her sicher fragwürdige, aber auf jeden Fall materialreiche und bis heute gewichtige Studien.

Zudem hat er durch seine Schriften über die „Lebensformen“ und das „Jugendalter“ das Bedürfnis nach „anständiger Psychologie“ befriedigt, wie Bernfeld ironisierend analysierte. Die Grundfrage, wie Naturwissenschaft und die „anderen“ Wissenschaften einer gemeinsamen Wissenschaftstheorie unterliegen, ist das überragende Thema Sprangers. Gegen die „Kälte“ der wissenschaftlichen Logik, gegen die Kombination von Naturwissenschaft und Aufklärung stellt er das „Leben“, das Irrationale, den Mythos und den Pathos. Die Metaphysik, das „Schauen“ vom religiösen Urgrund und den göttlichen Archetypen her, wird in seinen Schriften als geschichtlich geformter „deutscher Geist“ dargestellt.

In der NS-Zeit referierte er im Kriegsministerium und publizierte bis 1944 in der Tagespresse. Dabei berührte er keinesfalls nur abgelegene Themen wie Nohl, sondern bemühte sich, mit Fichte für den Sieg im Krieg des NS-Regimes zu agieren. 1937 betätigte er sich in Japan im Sinne der NS-Propaganda.

Die Zusammenfassung seiner politisch durchgängig reaktionären Positionen vor 1933 im Sammelband „Volk, Staat, Erziehung“[926] zeigen die theoretischen Schwierigkeiten, „deutsche Ideologie“ von der NS-Ideologie abzugrenzen. Sowohl inhaltlich als auch in der Terminologie sind die Überschneidungen, wie die Analyse dieses Sammelbands zeigt, erheblich. Die Quattrologie „Blut, Arbeit, Ordnung, Gläubigkeit“,[927] die Spranger 1930 formulierte, weist deutlich darauf hin, dass auch in der Geisteswissenschaft der Biologismus bereits vor 1933 Einzug gehalten hatte. Die theoretischen Arbeiten Sprangers in der NS-Zeit räumten biologisti-

[925] Herrlitz, Hans-Georg: Vergangenheitsbewältigungen, in: Die Deutsche Schule. Zeitschrift für Erziehungswissenschaft, Bildungspolitik und pädagogische Praxis, 89. Jg. (1997), Heft 2, S. 134.

[926] Spranger, Eduard: Volk, Staat, Erziehung. Gesammelte Reden und Aufsätze, Leipzig 1932.

[927] Spranger, Eduard: Volkskenntnis, Volksbildung, Volkseinheit (1930), in: Spranger, Eduard: Volk, Staat, Erziehung, Leipzig 1932, S. 138.

schen und zoologistischen Einflüssen in der Erziehungswissenschaft breiten Raum ein. Der Begriff der „Rasse“ findet sich nun auch bei Spranger.[928]

Sprangers politische Optionen vor und nach 1933 beinhalteten eine Zustimmung zum Bündnis der NSDAP mit den Deutschnationalen, von Hitler und Hindenburg, wobei Sprangers Akzentsetzung im Rahmen dieses Bündnisses und im Rahmen der Unterstützung des „großen positiven Kerns“ der nationalsozialistischen Bewegung auf der Linie Hindenburgs lag. In Bezug auf dieses Bündnis lavierte Spranger sowohl praktisch (sein Rücktrittsgesuch 1933, das er kurz darauf wieder zurücknahm), aber auch theoretisch. Ob mit oder ohne Überzeugung: Spranger unterstützte sowohl in der Zeitschrift „Die Erziehung“ als auch in seinen Vorträgen in Japan 1937/38 und in anderen Schriften terminologisch den Nationalsozialismus, nämlich dessen Phrase vom „Adel des Blutes“ und der „Pflege des hochwertigen Nachwuchses (Eugenik)“.[929] Spranger ging sogar so weit, 1938 als das „wesentlichste Verdienst Adolf Hitlers“ herauszustellen, dass es ihm gelungen sei, gegen „marxistischen“ und „fremdstämmigen“ Einfluss die Arbeiterschaft wieder national zu machen.[930]

Während Spranger also typisch nationalsozialistische Gedankengänge auch in deren Terminologie übernahm, verstärkte er gleichzeitig das, was er als sein Profil verstand, und womit er die nationalsozialistischen Erziehungsprozesse verändern und verbessern wollte: Gegen äußerliche Zustimmung und propagandistische Phrasen wollte er seinen Beitrag dazu leisten, dass die Jugend aus innerer Überzeugung den NS-Staat und insbesondere die Kriegsvorbereitungen und später die Kriegsanstrengungen unterstützt.

Keinesfalls nur im Krieg seit 1939, sondern schon vorher – insbesondere im Rahmen seiner Rede im Reichskriegsministerium 1935 – verstand sich Spranger als Fachmann für „seelische Mobilmachung“ mit klaren politischen Optionen für einen Angriffskrieg. Sätze wie: „So gibt es z. B. humane und unhumane Gase“ müssen hier nicht kommentiert werden.[931]

Die „Selbsterziehung“[932] bemüht Spranger 1943 in der Zeitschrift des „Reichsführers SS“ mit Zitaten von Fichte, Goethe und Schiller im Sinne der Mobilmachung. In praktischer Hinsicht, also im Hinblick auf seinen Einfluss auf andere Pädagogen und auf Jugendliche, ist das der möglicherweise gravierendste Punkt. Sein Aufruf, dass der Charakter desjenigen reifen müsse, der „sich zu opfern weiß für den Staat“[933], beweist, dass eine mögliche innere Distanzierung Sprangers zu immer unglaubwürdigeren Propagandisten des NS-Systems nicht verhinderte, dass er den nazistischen Raub- und Vernichtungskrieg bis in das Jahr 1943 hinein mit seiner Autorität unterstützt hat.

Die letzte in der NS-Zeit publizierte Äußerung Sprangers ist programmatisch im negativen Sinn:

> *„Soldat sein, heißt seine Pflicht tun, gleichviel was daraus folgt.“*[934]

---

[928] Spranger, Eduard: Umrisse der philosophischen Pädagogik, in: Internationale Zeitschrift für Erziehungswissenschaft, 3. Jg. (1933/34), S. 451.

[929] Spranger, Eduard: März 1933, in: Die Erziehung. Monatsschrift für den Zusammenhang von Kultur und Erziehung in Wissenschaft und Leben, 8. Jg. (1932/33), Heft 7 (April 1933), S. 403.

[930] Spranger, Eduard: Die Epochen der politischen Erziehung in Deutschland, in: Die Erziehung. Monatsschrift für den Zusammenhang von Kultur und Erziehung in Wissenschaft und Leben, 13. Jg. (1937/38), Heft 4 (Januar 1938), S. 164.

[931] Spranger, Eduard: Seelische Faktoren im Kriege (Manuskript eines Vortrags im Reichskriegsministerium am 21.11.1935), Bibliothek für Zeitgeschichte in der Württembergischen Landesbibliothek, hier S. 3 bzw. S. 21.

[932] Spranger, Eduard: Selbsterziehung, in: Die Deutsche Polizei. Ausgabe für Sicherheitspolizei und SD, herausgegeben im Auftrag des Reichsführers SS und Chefs der Deutschen Polizei vom Kameradschaftsbund der Deutschen Polizei, 11. Jg. (1943), S. 238–239.

[933] Spranger, Eduard: Geleitwort, in: Fichte, Johann Gottlieb: Reden an die Deutsche Nation (Philosophische Bibliothek, Band 204), Leipzig ohne Jahr (1943), S. XIV.

[934] Spranger, Eduard: Arbeite an dir selbst!, in: Brücke zur Heimat (für Kriegsgefangene herausgegeben durch das Rote Kreuz), Jg. 1943, Heft 1, S. 6.

Die Analyse zeigt zweifelsfrei, dass Spranger – bei allen teilweisen Einschränkungen – öffentlich und mit Nachdruck die nationalsozialistische Bewegung und Adolf Hitler nicht nur unterstützt, sondern sogar propagiert hat.

b) Nohl

Herman Nohl veröffentlichte 1932/33 im „Pallat", dem bekannten mehrbändigen „Handbuch der Pädagogik", seine wirkungsgeschichtlich bedeutende Schrift „Die pädagogische Bewegung in Deutschland und ihre Theorien". Hier lässt er die gesamte „Deutsche Bewegung" (seit dem 18. Jahrhundert) einmünden in eine „Pädagogische Bewegung" (seit Beginn des 20. Jahrhunderts).

Die – nach 1945 verschwiegene – Pointe ist, dass er immer von einer dreistufigen Bewegung ausging, wobei die dritte Stufe die beiden ersten in sich „aufhebt": Die erste Phase ist der Einzelne, die zweite Phase die „Gemeinschaft" und die dritte Phase, die Synthese, ist das Dienen des Einzelnen an der Gemeinschaft. Diese dritte Phase – so sein theoretischer Beitrag zum „neuen Staat" – sei nun in der neu formierten Erziehungswelt des NS-Regimes repräsentiert, wie er noch 1938 in „Charakter und Schicksal" schrieb und mit drei Fotos illustrierte.

Nohls von ihm selbst vervielfältigtes Vorlesungsmanuskript von 1934/35 zeigte eine argumentative Identifizierung mit Denkfiguren der NS-Ideologie, insbesondere im Hinblick auf „Rassenhygiene", Eugenik, Antisemitismus und Gehorsam. Seine lange Zeit im NS-Staat publizierten Bücher, Broschüren und Artikel in der Tagespresse enthalten nach 1938 keine wirklich bemerkenswerten Aspekte mehr. Die Umstände seiner Mitgliedschaft in der SS (als „zahlendes Mitglied") bleiben unaufgeklärt. Nohls Werk hat Gewicht, sowohl für die Sozialpädagogik als auch im Kontext der Gründung der Volkshochschulen – hier lag einer seiner Schwerpunkte. Die von Nohl selbst an Platon orientierte Vorstellung eines „pädagogischen Bezugs" ist – trotz Mollenhauers Kritik 1964[935] – bis heute weitgehend uneingeschränkt akzeptiert.

Nohl war nicht bereit, sich aktiv am politischen Widerstand gegen die NSDAP und ihre jeweiligen Machtorgane zu beteiligen, ganz im Gegenteil. Während die am Pädagogischen Institut Göttingen tätigen Aktivisten des ISK, die Nelson-Gruppe, schon vor 1933 aktiv auf die Gefahren des NS-Regimes aufmerksam machten und die NS-Bewegung bekämpften, forderte Nohl kontinuierlich seit 1932 dazu auf, pädagogisch und politisch den Kern dieser „Bewegung" zu bejahen und lediglich kritisch „deutschen Geist" einzufordern und diesen „deutschen Geist" quasi als Zugabe und Vertiefung der NS-Bewegung mit mahnenden Worten anzubieten.

Dabei wiegt schwer, dass Nohl – ohne Not, eigenständig und stolz auf seine Leistung – im Vorlesungsmanuskript 1933/34, das er noch 1940 an Litt und andere schickte, produktiv in den rassistischen Diskurs der NS-Zeit eingriff. Nohl hat seine Positionen mit ausdrücklichen Hinweisen auf Ernst Kriecks Schriften begründet.[936] Beide, Nohl wie Krieck, waren der Meinung, dass die deutsche Rasse als deutscher Typus eben erst noch zu schaffen sei, wobei Nohl 1933/34 die biologistische Konzeption von Rassen und Rassismus grundlegend zum ersten Mal übernahm. Dass Nohl zudem, wieder ohne Not, in seiner Vorlesung 1933/34 seinen Studierenden Zwangssterilisation in hundertprozentiger Übereinstimmung mit der NS-Politik nahebringt, gehört ohne Frage zu jenen pronazistischen Positionen, die nicht entschuldigt oder relativiert werden können.

---

[935] Mollenhauer, Klaus: Pädagogik und Rationalität, in: Die Deutsche Schule. Zeitschrift für Erziehungswissenschaft, Bildungspolitik und pädagogische Praxis, 56. Jg. (1964), Heft 12, S. 665–676.

[936] Siehe etwa: Nohl, Herman: Die Grundlagen der nationalen Erziehung. Eine Vorlesung zum Wintersemester 1933/34 (Typoskript), ohne Ort, ohne Jahr (Göttingen 1940), S. 5 f., S. 89 oder S. 283.

Zusammengefasst ergibt sich insbesondere für Nohls Vorlesung „Die Grundlagen der nationalen Erziehung“[937] aus dem Wintersemester 1933/34 folgendes Bild:

Nohl lässt sich auf Biologie und Rassenlehre als angebliche Grundlage der Pädagogik ein und begründet ausführlich den angeblichen Nutzen und Sinn der Eugenik. Unter Heranziehung rassistischer- und NS-Literatur legitimiert er konkret das Eugenik-Gesetz 1933/34 zur Zwangssterilisierung. Nohl beteiligt sich aktiv an der rassistisch motivierten NS-Hetze gegen Juden „aus dem Osten“ und fordert eine Front gegen „jüdische und slawische Volkselemente“, „die den Prozess der deutschen Rassenbildung“ stören. Dabei stützt er sich ausdrücklich auf NS-Minister Frick.[938]

Abweichend von einem Teil der NS-Rassenideologen geht Nohl vom deutschen Volk als „Rassenmengung“ aus und fordert mit allen Mitteln, auch den geistigen Mitteln, die „Rassenreinheit“ des erst zu schaffenden „national-deutschen Typus“, denn „die deutsche Rasse (ist) überhaupt erst in der Bildung begriffen“. Dabei orientiert er sich an und beruft sich auf Ernst Krieck.[939]

Nohl rühmt ausdrücklich die SA und Adolf Hitler und propagiert den Aufbau unerbittlich „von oben nach unten“, „wie ihn der Führer der nationalsozialistischen Bewegung geschaffen hat“. Darauf aufbauend und sich auf Alfred Rosenbergs „Der Mythus des 20. Jahrhunderts“ (München 1937) berufend, entfaltet Nohl seine Überlegungen zu Mythos und Symbolen (vor allem nationale Symbole wie Hymne und Fahne) und betont die Bedeutung der NS-Propaganda.[940]

Die Vorlesung variiert bei allen Themen zwischen dem begeisterten Bejahen der Grundlagen des NS-Regimes und dem zögerlich-mahnenden „aber vergesst nicht die deutsche Geistigkeit“. So könnten – eklektisch gelesen – aus diesem Vorlesungsmanuskript lediglich die Zitate angeführt werden, die sich in einhundertprozentiger Übereinstimmung mit Adolf Hitler befinden. Es könnten aber auch lediglich jene „Ja, aber“-Zitate angeführt werden, die für sich genommen als Elemente der Kritik gelesen werden könnten.

Die gesamte Vorlesung jedoch ermöglicht erst das Grundverständnis dieser fatalen Unterstützung der NS-Bewegung mit kleinen Nohl’schen Zusätzen, die eine Funktion hatten und haben sollten, nämlich die bislang nicht einhundertprozentig von der NSDAP und Hitler überzeugten geisteswissenschaftlichen Pädagogen in das Regime einzubinden, sie von dem zu bejahenden Kern zu überzeugen, trotz dieser oder jener Übertreibung und ungeistigen Beimischung der aktuellen NS-Politik.

In den öffentlich publizierten Beiträgen, sei es in dem 1933 erschienenen Vorwort und Nachwort zur „Pädagogischen Bewegung“ (hier begrüßt Nohl die „diktatorische Massenführung“)[941] oder in bestimmten Teilen der Schrift „Charakter und Schicksal“ von 1938, hat Herman Nohl eine mehr als nur äußerliche Anpassung vorgenommen. Insbesondere das Foto mit der HJ als Beleg für die dritte Stufe seiner formal-dialektischen Höherbildung der pädagogischen Bewegung[942] bis zur Höhe der NS-Jugendbewegung ist ein Beleg für die inhaltliche

[937] Nohl, Herman: Die Grundlagen der nationalen Erziehung. Eine Vorlesung zum Wintersemester 1933/34 (Typoskript), ohne Ort, ohne Jahr (Göttingen 1940).

[938] Nohl, Herman: Die Grundlagen der nationalen Erziehung. Eine Vorlesung zum Wintersemester 1933/34 (Typoskript), ohne Ort, ohne Jahr (Göttingen 1940), S. 25 bzw. S. 11.

[939] Nohl, Herman: Die Grundlagen der nationalen Erziehung. Eine Vorlesung zum Wintersemester 1933/34 (Typoskript), ohne Ort, ohne Jahr (Göttingen 1940), S. 23 und S. 25.

[940] Nohl, Herman: Die Grundlagen der nationalen Erziehung. Eine Vorlesung zum Wintersemester 1933/34 (Typoskript), ohne Ort, ohne Jahr (Göttingen 1940), S. 90, S. 91, S. 95 und S. 104.

[941] Nohl, Herman: Die pädagogische Bewegung in Deutschland und ihre Theorie, 2. durchgesehene und mit einem Nachwort versehene Auflage, Frankfurt am Main 1935, ungezählte Seite.

[942] Nohl, Herman: Charakter und Schicksal. Eine pädagogische Menschenkunde, Frankfurt am Main 1938, S. 158.

Zuarbeit zur NS-Pädagogik. Der „hermeneutische" Bezug auf den Begriff der Rasse mit Berufung auf Fritz Lenz[943] zeigt zudem, dass Nohl Rassismus als antihumanistische Ideologie keinesfalls abgelehnt hat, im Gegenteil. Dass Nohl biographisch im Hinblick auf seine dokumentierte Mitgliedschaft in der SS nichts zur Aufklärung beigetragen hat, sei an dieser Stelle ausdrücklich erwähnt.

c) Weniger

Der Rückblick auf das Werk Erich Wenigers ergibt ein widersprüchliches Bild: Er war ein belesener Erziehungswissenschaftler, in seinem ganzen Denken und Handeln von einem reformierten Militarismus, einem intellektuell anspruchsvollen Militarismus, einem pädagogisch und geisteswissenschaftlich aufbereiteten Militarismus bestimmt.

Erich Weniger hat zu seinen Lebzeiten zwar Sammelbände (etwa „Eigenständigkeit der Erziehung", 1952), aber keine wirklich bekannten Monographien veröffentlicht. Sein gewichtigstes Buch über „Wehrmachtserziehung und Kriegserfahrung" (in der Sekundärliteratur von Gaßen gar als Wenigers „Allgemeine Pädagogik" vorgestellt) und weitere militärpädagogische Schriften (z. B. „Die Erziehung des deutschen Soldaten", 1944) konnten nach 1945 schwerlich wieder aufgelegt werden. Seine in der NS-Zeit verfasste Publikation „Goethe und die Generale" stellt eine beispiel- und bodenlose, ins Absurde gehende Indiziensuche dar, Goethe als Vorreiter des Militarismus und deutschen Nationalismus zu deuten. Weniger hatte ein besonders langwieriges und problematisches Entnazifizierungsverfahren zu durchlaufen, am Ende wurde aber trotz des Militarismus in seinen Schriften und seiner Beförderung zum NS-Führungsoffizier in seinem Sinne entschieden.

Weniger konzentrierte sich seit seiner Habilitation auf die Didaktik der Geschichte, worunter er eine Zuschneidung der Geschichte auf „deutsche Anliegen" verstanden hat. Insbesondere der Geschichtsunterricht solle sich nicht am Ideal der Geschichtswissenschaft orientieren, sondern erzählend den Glauben an Deutschland durch entsprechend ausgewählte Ereignisse und Personen in die Jugend hineintragen – so verlautbarte Weniger kontinuierlich seit der Weimarer Republik bis in die BRD hinein.

Goethe und die Generäle, Clausewitz als Geisteswissenschaftler, das pädagogisierte Militär als Vorbild für die Gesellschaft – das sind Grundelemente seines Denkens, die sich in seinen Schriften in der NS-Zeit, vor allem in „Wehrmachtserziehung und Kriegserfahrung" (Berlin 1938), aber auch vor und nach der NS-Zeit als Kontinuum immer wieder aufzeigen lassen. Der grundlegende Habitus von Weniger ist es, als „Warner" vor Übertreibungen (beim Drill, bei der Indoktrination, bei geschichtlichen Analysen) aufzutreten, um durch das ausgewogene „Sowohl-als-auch" die Sache selbst gelungener durchzusetzen und zudem den Anschein eines gelehrigen Schülers von Schleiermachers Dialektik zu erwecken. Diese Methode der Akzentsetzung und Akzentverschiebung ermöglichte es Weniger in der Tat, seine grundlegenden Positionen durch drei politische Systeme hindurch aufrechtzuerhalten.

Erich Weniger betonte, dass er kein Militarist gewesen sei, da er immer für die *Inhalte* des Krieges eingetreten sei. In dieser Hinsicht war er in der Tat zumindest teilweise eher ein Unterstützer des NS-Staates und der NS-Politik. Aber die zentrale Rolle der Wehrmacht als Erzieherin der Nation herauszustellen, das Soldatische als Vorbild auch für das zivile Leben zu fordern, ist deutlicher Ausdruck einer Ideologie, die als Militarismus bezeichnet wird. Im Bewusstsein eines Bruchs mit der pädagogischen Tradition, bei der Erziehung im Mannesalter eigentlich aufhört, wird das Soldatische von Weniger als „Volkserziehung" definiert und begründet.

[943] Nohl, Herman: Charakter und Schicksal. Eine pädagogische Menschenkunde, Frankfurt am Main 1938, S. 162–164.

Wenn Autoren nach 1945 also – eigentlich als Lob gedacht – feststellen, dass Weniger in seiner Militärpädagogik seine „Allgemeine Pädagogik“, die er als eigenständigen Text nicht geschrieben hatte, entwickelt habe,[944] so treffen sie das Wesentliche. Weniger war vor allem Militarist, er filterte die Grundgedanken des Militarismus aus klassischen Texten der Pädagogik als Lehre vom „Gehorsam“ heraus und trug sie wieder in das Militär hinein.

Weniger hat sich auf die „unzerstörbaren Kräfte der Rasse und des Volkes“[945] berufen und betonte deutlich seine Einbindung in die Politik und Kriegsführung des NS-Staates und Adolf Hitlers.[946]

Wenigers Schriften aus der NS-Zeit zeigen nicht nur Militarismus und Unterstützung des NS-Staats, sondern auch, dass er in einer Weise Goethes Biographie bearbeitet, in der Goethe als Militarist und Nationalist erscheint. Das war das Ergebnis dessen, was Weniger „heroische Geschichtsbetrachtung“ nennt.[947] Mit dieser Formel sollten Widersprüche in der deutschen Geschichte beseitigt werden. Die Unterschiede zwischen einem „Geist von Weimar“ und einem „Geist von Potsdam“ müssten beseitigt werden, behauptete Weniger.[948] Es zeigt sich auch, dass Schleiermacher in der Geistesgeschichte Deutschlands von Weniger so zurechtgestutzt wurde, dass er zum Theoretiker eines formalistischen „Sowohl-als-auch“ in allen Lebenslagen herabgewürdigt wird.[949]

Eine Zusammenfassung von Wenigers Schriften in der NS-Zeit ergibt, dass sich Weniger bereits 1933 für die „nationale Revolution“ ausgesprochen hat.[950] Unmissverständlich sprach Weniger 1935 vom revolutionären Erneuerungswillen, „der im Nationalsozialismus durchgebrochen“ sei.[951] Wie auch schon vor 1933 wurde nun die „Frontkämpfergeneration“ als „Inbegriff der Erziehung der heranwachsenden und der künftigen Generationen“ vorgestellt.[952] Als positiv in der neuen Zeit betonte Weniger 1936, dass das Volk „heute Gegenstand einer Volkserziehung unmittelbarer Art“ geworden sei.[953] Gelobt wurde 1936 auch der Anbruch „der elementaren Wucht der nationalsozialistischen Ideen“, der „der Anfang einer neuen Wehrepo-

[944] Siehe etwa: Schwenk, Bernhard: „Wehrmachtserziehung und Kriegserfahrung“ – Erich Wenigers Allgemeine Pädagogik?, in: Hoffmann, Dietrich/Neumann, Karl (Hrsg.): Bildung und Soldatentum. Die Militärpädagogik Erich Wenigers und die Tradition der Erziehung zum Kriege, Weinheim 1992, S. 141–151; Gaßen, Helmut (Hrsg.): Lehrerbildung, Sozialpädagogik, Militärpädagogik. Politik, Gesellschaft, Erziehung in der geisteswissenschaftlichen Pädagogik. Erich Weniger (Pädagogische Bibliothek Beltz, Band 5), Weinheim/Basel 1990 oder Dahmer, Ilse/Klafki, Wolfgang: Geisteswissenschaftliche Pädagogik am Ausgang ihrer Epoche – Erich Weniger, Weinheim/Berlin 1968.

[945] Weniger, Erich: Wehrmachtserziehung und Kriegserfahrung, Berlin 1938, S. 238.

[946] Weniger, Erich: Die geistige Führung der Truppe. Das Ethos des deutschen Soldatentums und die Erziehung des deutschen Offiziers, ohne Ort, ohne Jahr (1942), 39-seitige Ausgabe, S. 38.

[947] Weniger, Erich: Wehrmachtserziehung und Kriegserfahrung, Berlin 1938, S. 255.

[948] Weniger, Erich: Goethe und die Generale, Leipzig 1942, S. 6, Hervorhebung im Original.

[949] „Das berüchtigte ‚sowohl als auch‘ ist der Weisheit letzter Schluss, und man wundert sich nur, weshalb man nicht von jeher so schlau gewesen ist, zu einem ‚sowohl als auch‘ zu kommen.“ (Weniger, Erich: Zur Geistesgeschichte und Soziologie der Pädagogischen Fragestellung. Prolegomena zu einer Geschichte der pädagogischen Theorie, in: Bildung und Erziehung. Katholische Zweimonatsschrift, Jg. 1936, Heft 6, S. 370 f)

[950] Weniger, Erich: Zur Entwicklungsgeschichte der deutschen Lehrerbildung, in: Die Erziehung. Monatsschrift für den Zusammenhang von Kultur und Erziehung in Wissenschaft und Leben, 8. Jg. (1932/33), Heft 12 (September 1933), S. 688.

[951] Weniger, Erich: Rezension: Deutsche Jugend (über: Will Vesper (Hrsg.): Deutsche Jugend. Dreißig Jahre Geschichte einer Bewegung, Berlin 1934), in: Die Erziehung: Monatsschrift für den Zusammenhang von Kultur und Erziehung in Wissenschaft und Leben, 10. Jg. (1934/35), Heft 7 (April 1935), S. 331.

[952] Weniger, Erich (unter dem Pseudonym Lorenz Steinhorst): Höhere Schule – wozu?, in: Frankfurter Zeitung und Handelsblatt, 79. Jg. (1934/35), Nr. 186 (11.04.1935), Beilage „Für Hochschule und Jugend“.

[953] Weniger, Erich: Zur Geistesgeschichte und Soziologie der Pädagogischen Fragestellung. Prolegomena zu einer Geschichte der pädagogischen Theorie, in: Bildung und Erziehung. Katholische Zweimonatsschrift, Jg. 1936, Heft 6, S. 374.

che" zu verdanken sei.[954] 1937 erklärte Weniger „die Aufgabe der Wehrmacht, die soldatische Erziehungsschule des deutschen Volkes zu sein".[955]

Den Überfall auf Polen stellte Weniger 1939 mit einer Widmung an den im August 1934 verstorbenen Hindenburg als ruhmreiche Tat der Wehrmacht dar.[956] In seinen sogenannten militärpädagogischen Ausführungen ist die Rede vom „Ausmerzen der verderbten Glieder".[957]

Trotz Einwänden gegen eine Übertreibung des Drills heißt es in seiner „Wehrmachtserziehung": „Böser Wille muss (...) mit allen Mitteln gebrochen werden. Da hat wiederum der Drill seinen Platz." Weniger spricht nicht einfach von strafwürdigem Verhalten in der Armee, sondern nennt es „todeswürdiges Verbrechen", da Kerkerhaft im Krieg eher eine Belohnung sei. Er spricht von der Vorbereitung, „die aktive Wehrmacht zum Sieg zu führen", denn für ihn war 1938 klar: „der totale Krieg", „Flieger, weittragende Geschütze, Gas, Fallschirmlandungen" standen an. Der Krieg musste kommen: „Ein kriegerisches Scheindasein aber ist der Tod des Soldatentums, kein Mann hält es aus, bloß zu spielen."[958] Auch in der Formulierung hat Weniger sich dem NS-Jargon angepasst und glaubt nun „an die unzerstörbaren Kräfte der Rasse und des Volkes".[959] 1941 betont Weniger nochmals die „absolute Gehorsamspflicht",[960] nachdem schon „fragloser Gehorsam" gefordert worden war.[961]

Wie Militärpädagogik und Allgemeine Pädagogik in Wenigers Auffassungen zusammenhängen, wird deutlich, wenn er schreibt: „Erzogen ist der, der die ihm auferlegten Pflichten selbstverständlich erfüllt und den Zwang nicht mehr empfindet. (...) So wird der bedingungslose Gehorsam Äußerung der höchsten Freiheit des Soldaten, seines freien Willens."[962]

Die Einheit zwischen dem Preußentum und dem sonstigen Deutschland wird für Weniger sichtbar „in der Person des Führers selber".[963] Der Sieg über Frankreich wird von ihm beschrieben als „Begegnung eines gesunden mit einem kranken Volke". Weniger wehrte sich 1944 gegen jene, die glauben „an unserem Endsieg zweifeln zu können" und sprach von „im Nationalsozialismus geeinte(n) Volk".[964]

[954] Weniger, Erich: Bücher über Soldatentum und Wehrerziehung, in: Deutsche Zeitschrift. Monatshefte für eine deutsche Volkskultur, 49. Jg. (1935/36), Heft 9–10 (Juni–Juli 1936), S. 399.

[955] Weniger, Erich: Gedanken über den Wert von Kriegserinnerung und Kriegserfahrung, in: Militärwissenschaftliche Rundschau, 2. Jg. (1937), Heft 2 (März 1937), S. 238. An anderer Stelle heißt es: „Die Erziehung der Nation durch die Wehrmacht" (Weniger, Erich: Wehrmachtserziehung und Kriegserfahrung, Berlin 1938, S. 316).

[956] „Teile unseres deutschen Ostheeres sind gestern in Warschau eingedrungen!" Die Wehrmacht sei im Begriff, ihrem bisherigen Ruhm nun „ein neues reiches Kapitel hinzuzufügen" (Weniger, Erich: 25 Jahre, in: Die Nassauische Artillerie. Mitteilungsblatt des Traditionsverbandes des ehemaligen 2. Nassauischen Feldartillerie-Regiments Nr. 63 Frankfurt und der Kriegsformationen, Heft 55 (August 1939), S. 1).

[957] Weniger, Erich: Wehrmachtserziehung und Kriegserfahrung, Berlin 1938, S. 50. Siehe auch S. 52.

[958] Weniger, Wehrmachtserziehung, 1938, S. 96, S. 177, S. 159 und S. 148.

[959] Weniger, Wehrmachtserziehung, 1938, S. 238. An anderer Stelle spricht Weniger ebenfalls vom „heiße(n) Glaube(n)" „an die unzerstörbaren Kräfte der Rasse, des Volkes, des deutschen Soldatentums" (Weniger: Geistige Führung, 1942, S. 38).

[960] Weniger, Erich: Führerauslese und Führereinsatz im Kriege und das soldatische Urteil der Front (Teil II). Der Feldherr als Erzieher, in: Militärwissenschaftliche Rundschau, 6. Jg. (1941), Heft 3 (September 1941), S. 205.

[961] Weniger, Erich: Die historische Kritik an der Überlieferung des Weltkrieges und das kriegerische Urteil, in: Militär-Wochenblatt. Unabhängige Zeitschrift für die deutsche Wehrmacht, 122. Jg. (1937), Heft 23 (03.12.1937), Sp. 1439.

Ähnlich auch: „Manneszucht und fragloser Gehorsam" (Weniger, Erich: Wehrmachtserziehung und Kriegserfahrung, Berlin 1938, S. 191 f).

[962] Weniger, Erich: Die Erziehung des deutschen Soldaten, ohne Ort (Berlin), ohne Jahr (1944), S. 14.

[963] Weniger, Erich: Die geistige Führung der Truppe. Das Ethos des deutschen Soldatentums und die Erziehung des deutschen Offiziers, ohne Ort, ohne Jahr (1942), 39-seitige Ausgabe, S. 14, siehe auch: Weniger, Erich: Die Erziehung des deutschen Soldaten, ohne Ort (Berlin), ohne Jahr (1944), S. 81 f.

[964] Weniger, Erich: Die Erziehung des deutschen Soldaten, ohne Ort (Berlin), ohne Jahr (1944), S. 29, S. 8 bzw. S. 80.

Ausdrücklich stellte er „Wehrerziehung des ganzen deutschen Volkes" heraus, die vormilitärischen „Ausbildung durch die Hitler-Jugend, SA., Schule und Reichsarbeitsdienst".[965] Angelehnt an ein Zitat aus Hitlers „Mein Kampf" verkündete Weniger: „Die Wehrmacht ist nach dem Wort des Führers die ‚letzte und höchste Schule vaterländischer Erziehung'."[966]

In seinem nichtveröffentlichten Vortrag vor der Feldkommandantur in St. Cloud im besetzten Frankreich 1944 richtet Weniger den Stoß ausgerechnet gegen „die jüdische Emigration", die vor allem jenen „Hass gegen den Nationalsozialismus" nähren würde, der das Bündnis zwischen den USA und der Sowjetunion gegen den Nationalsozialismus zusammenhalte.[967]

1944, in seiner letzten Publikation in der NS-Zeit, ließ Weniger „keinen Zweifel" an seiner Position zum NS-Staat:

> *„Denn da kann es keinen Zweifel geben: Es ist der Feldherr, der will und entscheidet. Dieser Wille der obersten Führung muss absoluten Gehorsam verlangen, er muss sich unter allen Umständen durchsetzen."* [968]

d) Petersen

Peter Petersen gilt als der deutsche Reformpädagoge, der in erster Linie durch seinen „Kleinen Jena-Plan" (1927) international bekannt wurde und bis heute auch in Deutschland bekannt ist. Viele Dutzend Schulen tragen heute seinen Namen, in Jena wurde 1990 der Karl-Marx-Platz in Peter-Petersen-Platz umbenannt. Seine 1937 verfasste „Führungslehre" hat gegenüber dem Jena-Plan wirkungsgeschichtlich sekundäre Bedeutung. Die veränderte Neuauflage dieser Schrift nach 1945 ist jedoch eine eigene Geschichte,[969] andere größere Schriften wie seine Habilitationsschrift zu Aristoteles und dem Protestantismus sind weitgehend in Vergessenheit geraten.

1934 begann Petersen den NS-Jargon und auch NS-Positionen zu übernehmen. Er stellte Hitler als „Volkserzieher" vor[970] und hob die „kameradschaftliche Gesinnung" des SA- und SS-Dienstes hervor.[971] Vorahnend feierte er den „Tod fürs Vaterland" als den schönsten Tod, beschwor die Landesfahne als das „heiligste Leichtuch" und lobte die „Instinktsicherheit des Nationalsozialismus".[972]

Ebenfalls 1934 betonte Petersen in pathetischer Form die Kraft der politischen Symbole, der Uniform, der Fahne und des Deutschlandlieds als Mittel gegen die „Vereinzelung", für die Herstellung der „Volksgemeinschaft".[973]

---

[965] Weniger: Erziehung des deutschen Soldaten, 1944, S. 83.

[966] Weniger: Erziehung des deutschen Soldaten, 1944, S. 85. Weitere Zitate aus „Mein Kampf" finden sich auf S. 84 und S. 86.

[967] Weniger, Erich: Der Krieg als Schicksal und Aufgabe. Vortrag vor der Feldkommandantur in St. Cloud am 12. April 1944, Niedersächsische Staats- und Universitätsbibliothek Göttingen, Abteilung für Handschriften und seltene Drucke, Cod. Ms. E. Weniger 7/13, S. 12.

[968] Weniger, Erich: Die Selbständigkeit der Unterführer und ihre Grenzen, in: Militärwissenschaftliche Rundschau, 9. Jg. (1944), Heft 2 (August 1944), S. 112.

[969] Siehe dazu die Synopse in der *Dokumentation ad fontes Petersen*, S. 641–643.

[970] Petersen, Peter: Bedeutung und Wert des Politisch-Soldatischen für den deutschen Lehrer und unsere Schule, in: Deutsches Bildungswesen, 2. Jg. (1934), S. 5. An anderer Stelle heißt es: „Neue Erziehungswissenschaft gibt dem Satz seinen vollen Sinn: Adolf *Hitler*, der Erzieher des deutschen Volkes" (Petersen, Peter: Von der Methodik zur Pädagogik des Unterrichts, in: Bayrische Lehrerzeitung, 69. Jg. (1935), Heft 16–17, S. 257, Hervorhebung im Original).

[971] Petersen, Peter: Bedeutung und Wert des Politisch-Soldatischen für den deutschen Lehrer und unsere Schule, in: Deutsches Bildungswesen, 2. Jg. (1934), S. 6.

[972] Petersen: Bedeutung und Wert, 1934, S. 9.

[973] Petersen, Peter: Psychologische Bedeutung der politischen Symbole, in: Zeitschrift für Jugendkunde, 4. Jg. (1934), Heft 1 (= Sonderheft: Die seelische Haltung der politischen Jugend), S. 12.

1935 fühlte sich Petersen offensichtlich berufen festzustellen, dass „im März 1933 die deutsche Bewegung zum Siege geführt“ sei und „die deutsche Erziehungswissenschaft“ eng mit dem Nationalsozialismus verbunden sei. Er führte die Reden des „Führers“ gegen die Intellektuellen an[974] und bot in knappen Worten das ganze Programm seiner Erziehungswissenschaft dem neuen Staat an:

> *„Die Erziehungswissenschaft, auf deren Grundlagen der Jenaplan ruht, ist die erste, welche* ***volkstheoretisch*** *begründet wurde. Wie sie sich eindeutig gegen jeden Liberalismus und Internationalismus, gegen Demokratie und Individualismus wandte, so auch gegen die idealistischen Theorien von der Menschheit. Es gibt keine Menschenbürger, es gibt nur Volksbürger.“*[975]

Petersen beschwor die Linie von Lagarde und Langbehn, Jahn und Arndt bis zum Nationalsozialismus als Ausdruck des Zusammenhangs mit dem „nordischen Denken(s)“ und kritisierte Mussolini, da „der Faschismus keine Rassenfrage kennt“. Petersen bemühte einerseits die „Ehrfurcht vor dem Leben“, um gleichzeitig zu betonen, dass der Jena-Plan „von jeher offen für alle Forderungen der Hygiene und Eugenik, der Rassenlehre und der Erbwissenschaft“ war.[976]

Er betonte, dass sein Jena-Plan hervorragend geeignet sei, „Führereigenschaften“ herauszubilden: „Eine deutlichere Führerauslese ist in Schulen überhaupt kaum denkbar“.[977]

1936 unterstützte Petersen Hitlers Rede auf dem Nürnberger Parteitag 1935, in der dieser die weltgeschichtliche Aufgabe Deutschlands gegenüber dem Bolschewismus hervorgehoben hatte.[978]

In der zweiten Auflage seines Buchs „Pädagogik“ (Berlin 1932), nun unter dem Titel „Pädagogik der Gegenwart“ (Berlin 1937) herausgegeben, entfaltete er „nach den richtungsweisenden Worten des Führers“ den Erziehungsprozess der Jugend und des ganzen Volkes über HJ, den Organisationen der NSDAP und dem Bildungs- und Schulungswesen in den Formationen der SA und SS.[979]

Petersen, der sich als Reformpädagoge vorstellt, erteilt in seinem Buch „Führungslehre des Unterrichts“ (Langensalza/Leipzig/Berlin 1937) eine Absage an die „weichliche Auffassung von Kamerad und Freund“ und an „die romantische und sentimentale Verfälschung des ‚Vom Kinde aus‘ “. Der Begriff der Führung müsse „im Vollsinne“ genommen werden. Ohne Einschränkung heißt es: „Alle hohe, alte Rede vom Lehrer als ‚an Gottes Statt‘, als an der Eltern Statt erhält wieder ihren Sinn (…).“[980]

In einem internen Bericht beschwerte sich Petersen 1937 heftig, dass „von jüdischer Seite aus“ in der Presse gegen ihn Stimmung gemacht worden sei.[981]

In zwei Aufsätzen 1940 und 1941 betonte er die „biologische Erkenntnis von der unaufhebbaren Unterschiedlichkeit der einzelnen Menschen wie der Rassen“[982] und dass durch „wissenschaftliche, rassenbiologische Beurteilung“ bewiesen sei, dass die Nordeuropäer „höherwertige

---

[974] Petersen, Peter: Die erziehungswissenschaftlichen Grundlagen des Jenaplanes im Lichte des Nationalsozialismus, in: Die Schule im nationalsozialistischen Staat, 11. Jg. (1935), Nr. 6, S. 2.

[975] Petersen: Lichte des NS, 1935, S. 3, Hervorhebung im Original.

[976] Petersen: Lichte des NS, 1935, S. 4, S. 2 bzw. S. 3.

[977] Petersen, Peter: Gemeinschaftspädagogik rings um die öffentliche Schule! – Warum nun nicht auch in allen Schulen?, in: Die Deutsche Schule, 39. Jg. (1935), S. 433.

[978] Petersen, Peter: Der zeitgeschichtliche Hintergrund des Religionsunterrichts und die Verantwortung der deutschen Schule, in: Die Deutsche Schule, 40. Jg. (1936), S. 171.

[979] Petersen, Peter: Pädagogik der Gegenwart, Berlin 1937, S. 45 f.

[980] Petersen, Peter: Führungslehre des Unterrichts, Langensalza, Leipzig, Berlin 1937, S. 6, S. 144 bzw. S. 180.

[981] Petersen, Peter: Bericht über die Vortragsreise des o. ö. Prof. Dr. Dr. h. c. Peter Petersen Jena durch die Südafrikanische Union Juli–Okt. 1937“ (Universitätsarchiv Jena, Bestand M, Nr. 631, Blatt 208 f.

[982] Petersen, Peter: Rassische Geschichtsbetrachtung, in: Heimat und Arbeit. Monatshefte für pädagogische Politik, 13. Jg. (1940), Heft 8, S. 220.

seelische Kräfte“ besessen haben müssen. Er schlussfolgerte, dass es demnach „Herrenvölker“ gibt, warnte vor dem „Wahnideal“ der „Gleichheit der Völker“ und sprach davon, „was für ein Verbrechen es sei, „Gelbe mit Weißen, Schwarze mit Gelben, Schwarze mit Weißen, Mischlinge wieder mit Mischlingen usf. zu paaren“.[983] Petersen schrieb:

> *„Das Gesetz der Rasse ist ungeheuer streng und rächt sich an jedem, der es missachtet. Umso höher die Pflicht hochwertiger Völker und Rassen, ihr Erbgut und seine Kräfte heilig, und das ist dann, rein zu halten!“* [984]

Petersens Unterstützung des NS-Staates, sein ausgewiesener Rassismus, seine klare Ausrichtung auf Militarismus und deutschen Nationalismus stehen nicht allein. Petersens manipulative schulpädagogische Technik der „Führungslehre“ wird als Vorbereitung auf Befehl und Gehorsam und Führerauslese eingepasst in die nazistische Vorstellung von Führertum.

* * *

Es macht wenig Sinn, die Frage nach Kontinuität und Diskontinuität im Werk der vier Erziehungswissenschaftler pauschal in den Vordergrund einer Zusammenfassung zu stellen. Eine Differenzierung ist zwingend, weil die Frage selbst allgemein gehalten falsch gestellt ist und des Zusatzes des Aristoteles bedarf: „In welcher Beziehung, inwiefern?“ „Inwiefern“ bedeutet hier, eine Reihe von Fragen zu differenzieren:

Erstens: Inwiefern ist die Favorisierung des Irrationalen, der „Gläubigkeit“, eine grundlegende, vom Anfang bis zum Ende geltende Komponente ihrer Konstrukte?

Hier ist Oelkers' Befund anzuführen, dass die antiaufklärerische, dogmatische und auf einen Mythos abzielende Denkweise als Kontinuum einzuschätzen ist. Der „Mythos“ als ein Zentralbegriff zielt theoriegeschichtlich und pädagogisch auf den „deutschen Geist“ der „Deutschen Bewegung“ ab, einschließlich des Mythos der „Volksgemeinschaft“. Hier gibt es keine Brüche, hier zeigt sich eine lückenlose Kontinuität, auch wenn der Begriff „Volksgemeinschaft“ zwischen 1933 und 1945 und in der Realität oft genug ausdrücklich die als nicht dazugehörig definierten Personen ausgeschlossen hat.

Zweitens: Inwiefern ist das Theorem, nach dem es eine „Deutsche Bewegung“ und darauf aufbauend eine im Kern doch einheitliche deutsche „Pädagogische Bewegung“ gegeben habe, als konstituierendes Element einer erziehungswissenschaftlichen Theoriebildung kontinuierlich, also lückenlos reklamiert worden?

Die Konstruktion eines „deutschen Geistes“ und die Aufgabenstellung für die Pädagogik, einen „Deutschen Typus“ zu schaffen, so wie es mit der Denkfigur der „großen Deutschen“ vorexerziert wurde, war eine der Säulen der NS-Ideologie, aber diese Denkweise macht auch die Aktualität dieses Denkens im negativen Sinne aus.

Drittens: In politischer Hinsicht ist die Frage zu stellen, inwiefern Positionen zu Militär und Krieg kontinuierlich und ohne Lücken formuliert und öffentlich gemacht wurden.

Hier ergibt die Analyse, dass alle vier Erziehungswissenschaftler keinen Zweifel daran gelassen haben, dass der Krieg von Seiten NS-Deutschlands berechtigt war und nach ihrer Auffassung pädagogisch sogar ausgesprochen positive Wirkungen auf das deutsche Volk und die deutsche Jugend (auch im Rückblick auf den Ersten Weltkrieg) hatte und zukünftig haben wird. Hier kann nach 1945 durchaus ein Bruch konstatiert werden, keinesfalls aber bereits 1933. Allerdings: Bei dem Blick auf den Ersten Weltkrieg und seine Unterstützung gibt es von Anfang bis Ende keine kritische Stellungnahme. Eine Einschätzung der deutschen Überfälle auf

[983] Petersen, Peter: Es gibt rassische Hochwertigkeit. Sie verpflichtet!, in: Heimat und Arbeit. Monatshefte für pädagogische Politik, 14. Jg. (1941), Heft 2, S. 40 bzw. S. 41.

[984] Petersen, Peter: Es gibt rassische Hochwertigkeit, 1940, S. 41. Noch 1943 betont Petersen „die in einer Rasse wurzelnde Sittlichkeit und ihr Rechtsempfinden“ (Petersen, Peter: Die Wissenschaft im Dienste des Lebens, Jena/Leipzig 1943, S. 23).

Polen, Frankreich, die Sowjetunion usw. etwa als Raubkriege gibt es nicht, eine Auseinandersetzung mit der Genesis des Antisemitismus bis hin zu Auschwitz findet bei den vier Erziehungswissenschaftlern nicht statt.

Viertens: Die Frage: „Waren Spranger, Nohl, Weniger und Petersen Nazis?“[985] (jenseits der Diskussion über Kontinuität und Diskontinuität), lässt sich keinesfalls einfach mit einem plakativen „Nein“ und der Forderung nach einem Schlussstrich beantworten. Vor dem Hintergrund dieser Studie ist diese Frage genauer aufzuschlüsseln.

Dabei geht es nicht nur um die Kenntnis aller Details der Schriften und der Biographie, sondern es stellen sich weitere Fragen, deren Ignorierung sich oft genug als Fahrlässigkeit erweist. Dabei sind einige Ebenen zu unterscheiden:

Subjektiv haben Nohl, Spranger, Petersen und Weniger sich gewiss nie selbst als hundertprozentige Nationalsozialisten eingeschätzt.[986] Sie haben sich auch selbst nie als Nationalsozialisten bezeichnet. Sie sahen sich als Männer mit einem „geschichtlichen Blick“, die in der NS-Bewegung zwar eine großartige und begrüßenswerte, aber auf keinen Fall schon fertige und ausgereifte Bewegung am Werke sah.

Handelt es sich nun – bei aller Kritik – um „aufrechte Gelehrte“[987]? Auch wenn man nicht von „enthusiastischen Befürwortern“ des Nationalsozialismus sprechen könne, so prägt Fritz K. Ringer doch den Begriff der „bereitwilligen Kollaborateure“.[988] Jürgen Oelkers verwendet in seinem Beitrag zum „Handbuch der deutschen Bildungsgeschichte“ die Formulierung von der „Kollaboration mit dem Regime“.[989] Nicht nur in der Ideologie, sondern auch in der Realität der Eliten gab es, so Fritz Fischer, „einen harten reaktionären Kern“, der sich zu einem „neudeutschen Nationalismus“, zu einem völkisch-reaktionären Bündnis mit dem NS-Regime zusam-

---

985 Nicht ganz ohne arg vereinfachende Rhetorik veröffentlichte Klaus Prange 1990 unter dem Titel „Sind wir allzumal Nazis?“ eine Polemik gegen „moralische Entschiedenheit“ und meint, sich gegen die „alttestamentarische Wucht“ wehren zu müssen. Nach Prange hat „die Entnazifizierung (…) kein Ende“; er hält dies für „pharisäisch“ (in: Zeitschrift für Pädagogik, 36. Jg. (1990), Heft 5, S. 745–751, hier S. 746 und S. 749).

Ludwig Marcuses Ansatz ist dagegen ein anderer. Dem 1968 erschienenen Sammelband „War ich ein Nazi?“ (München/Bern /Wien 1968) stellt Marcuse als „Anleitung für den Leser“ den gewichtigen Aufsatz „Waren sie Nazis?“ (Marcuse, S. 5–12) voran. Am Beispiel von Gerhart Hauptmann, Richard Strauß, aber auch C. G. Jung und schließlich Martin Heidegger verweist Marcuse auf das Phänomen der fehlenden Aufklärung nach 1945 über die eigene Verwicklung in die NS-Ideologie und das NS-Regime. Das, so Marcuse, wiege vielleicht noch schwerer als der „damalige Erguss“ zwischen 1933 und 1945 (Marcuse, S. 7). Vieldeutig erklärt Marcuse: „Nicht wenige antworten auf die Frage: War ich ein Nazi? mit einer Autobiographie, die viel mehr mitteilt als zur Beantwortung nötig ist.“ Und er warnt davor, die Tatsache zu unterschätzen, dass die Talente des Schriftstellers es ihm ermöglichen, die Wahrheit „zugleich zu offenbaren und zu verhüllen“. Nicht ohne Anspielung auf Spranger heißt es weiter: „Zur Verteidigung der eigenen Vergangenheit gehört nicht selten auch der Hinweis auf das spätere Wohlverhalten (als ‚œvre‘ vornehm gemacht); aber das gilt nur für die Mandarine“ (Marcuse, S. 10). Marcuse hört genau hin, achtet besonders auf die Zwischentöne und stellt zusammenfassend fest: „Auffällt in der gesamten Rückblicks-Literatur vor allem, dass unfeine Motive wie: Antisemitismus, Sadismus, Hoffnung auf Teilnahme an der eroberten Beute, vor allem der gewiss weit verbreitete Opportunismus kaum in Erscheinung treten“ (Marcuse, S. 11).

986 Hilfreich mag hier auch der Hinweis von Alfred Kantorowicz sein, der in seiner Schrift „Deutsches Tagebuch“ den Typ des Gestapo-Beamten Ohnesorge als einen „nicht vernaziten Nazi“ schildert, um so dessen mögliche Selbsteinschätzung mit der objektiven Funktion zu kontrastieren (Kantorowicz, Alfred: Deutsches Tagebuch, Band I. Vom Autor gekürzte und neu durchgesehene Ausgabe, München 1964, S. 57).

987 So charakterisierte Iring Fetscher im Jahre 2000 etwa Eduard Spranger als „einen „aufrechten Gelehrten“. (Fetscher, Iring: Geleitwort, in: Priem, Karin: Bildung im Dialog. Eduard Sprangers Korrespondenz mit Frauen und sein Profil als Wissenschaftler 1903–1924 (Beiträge zur historischen Bildungsforschung, Band 24), Köln/Weimar/Wien 2000, S. 12).

988 Ringer, Fritz K.: Die Gelehrten. Der Niedergang der deutschen Mandarine 1890–1933, Stuttgart 1983, S. 391.

989 Oelkers, Jürgen: Pädagogische Reform und Wandel der Erziehungswissenschaft, in: Führ, Christoph/Furck, Carl-Ludwig (Hrsg.): Handbuch der deutschen Bildungsgeschichte, Band 6: 1945 bis zur Gegenwart, 1. Teilband: Bundesrepublik Deutschland, München 1998, S. 220.

mengeschlossen habe.[990] Die vorliegende Studie zeigt, dass diesen Einschätzungen ganz und gar nicht widersprochen werden kann.

Eine andere Ebene betrifft die objektive Wirkung unmittelbar vor und während der NS-Zeit. Max Webers Unterscheidung von Gesinnungsethik und Verantwortungsethik in seinem Vortrag „Politik als Beruf" (1919)[991] zielte darauf ab, die bloß hermeneutische, auf das Verstehen der Personen und ihrer Motive abzielende Fragestellung unbedingt zu ergänzen um die Frage nach der (kurzfristigen und langfristigen) Wirkung der eigenen Handlungen. Dieser Begriff der Verantwortung beinhaltet den Aspekt der objektiven Funktion. Die Frage ist, ob Eduard Sprangers, Herman Nohls, Erich Wenigers und Peter Petersens Haltung und Schriften dem NS-Regime als Ganzem genutzt oder geschadet haben und welche Funktion Menschen wie Eduard Spranger (oder auch Wilhelm Furtwängler,[992] Gerhart Hauptmann[993] und Martin Heidegger[994]) für den Gewinn von Stabilität des NS-Regimes und für den Gesamterfolg hatten.

Um diese Frage hier zumindest im Ansatz beleuchten zu können, ist die von Karl-Christoph Lingelbach in Bezug auf die Erziehungswissenschaft formulierte These in Betracht zu ziehen, dass das NS-Regime ganz bewusst in einer Reihe von Bereichen nicht stringent pyramidenförmig aufgebaut war, sondern trotz aller Gleichschaltung Konkurrenzen und Unklarheiten zugelassen hat.[995] Die führende Spitze der NS-Bewegung und des NS-Staates wusste sehr wohl, dass es Führung und Geführte gab und dass es innerhalb der Geführten verschiedene Abteilungen gab, die mit besonderen Methoden in das Ganze eingegliedert werden mussten. Das von Heinz-Joachim Heydorn in diesem Zusammenhang herausgestellte Bündnis deutschnationaler Eliten mit NS-Funktionären, politisch symbolisiert durch Hindenburg und Hitler,[996] fand seinen Niederschlag auch in Publizistik und Wissenschaft. So wie sich in der Presselandschaft der „Stürmer" mit anderer Zielgruppenorientierung vom „Völkischen Beobachter" unterschied und zusätzlich die „Deutsche Allgemeine Zeitung" mit wieder anderer Akzentsetzung von beiden, so waren alle mehr oder minder bewusst als Steuerungsmittel einer Gesamtkonzeption unterworfen. Und so gab es in der Erziehungswissenschaft eben Alfred Baeumler und Ernst Krieck, Theodor Wilhelm und Peter Petersen, aber auch Eduard Spranger, Erich Weniger und Herman Nohl. So wie der „Stürmer" vom „Völkischen Beobachter" und die beiden Zeitungen wiederum von der „Frankfurter Zeitung" schon äußerlich sofort zu unterscheiden waren, so sind auch die großen Namen in der Erziehungswissenschaft dieser Zeit sehr wohl voneinander zu unterscheiden.

---

990 Fischer, Fritz: Bündnis der Eliten. Zur Kontinuität der Machtstrukturen in Deutschland 1871–1945, Düsseldorf 1998, S. 13 ff.

991 Weber, Max: Politik als Beruf, 7. Auflage, Berlin 1982.

992 Siehe: Prieberg, Fred K.: Musik im NS-Staat, Frankfurt 1982.

993 Siehe: Sarkowicz, Hans (Hrsg.): Hitlers Künstler. Die Kultur im Dienst des Nationalsozialismus, Frankfurt am Main/Leipzig 2004.

Marcel Reich Ranicki berichtete, dass er als Jugendlicher in der NS-Zeit im Theater selbst Gerhart Hauptmann in der Ehrenloge mit Hermann Göring erlebt habe: „Für den enthusiastischen Beifall, an dem sich auch Göring kräftig beteiligte", habe, so Reich-Ranicki „Hauptmann mit dem Hitler-Gruß gedankt" (Reich-Ranicki, Marcel: Geliehene Jahre, in: Reich-Ranicki, Marcel (Hrsg.): Meine Schulzeit im Dritten Reich. Erinnerungen deutscher Schriftsteller, 2. Auflage, München 1985, S. 66).

994 Safranski, Rüdiger: Ein Meister aus Deutschland. Heidegger und seine Zeit, Frankfurt am Main 2001.

995 Lingelbach, Karl Christoph: Erziehung und Erziehungstheorien im nationalsozialistischen Deutschland. Ursprünge und Wandlungen der 1933–1945 in Deutschland vorherrschenden erziehungstheoretischen Strömungen, ihre politischen Funktionen und ihr Verhältnis zur außerschulischen Erziehungspraxis des „Dritten Reiches" (Marburger Forschungen zur Pädagogik, Band 3), Weinheim/Berlin/Basel 1970.

996 Heydorn schrieb: „1933 schlossen Reaktion und Faschismus ihr endgültiges Bündnis in der Garnisonskirche von Potsdam am Grab Friedrich des Großen." (Heydorn, Heinz-Joachim: Deutsche Geschichte und deutsche Jugend, in: Heydorn, Heinz-Joachim: Werke, Band 8: Vermischte Schriften 1942–1974, Vaduz 1998, S. 271). Die Losung lautetet auf einer Postkarte 1933, die Hitler und Hindenburg abbildete: „Das neue und das alte Deutschland geben sich die Hand".

Die Funktion der Nicht-NSDAP-Mitglieder für das NS-Regime war klar: Es galt diese bekannten Erziehungswissenschaftler als Galionsfiguren im deutschnationalen Kontext zu nutzen, um Zweifler doch zur Mitarbeit und Unterstützung für das große Bündnis zu gewinnen oder zumindest vom aktivem Widerstand abzuhalten. Diese Funktion wurde subjektiv und objektiv erfüllt.

Die objektive Funktion des Wirkens der vier Erziehungswissenschaftler in der Zeitspanne von 1932/33 bis 1945 lässt sich verdeutlichen, wenn man aus der die Sicht der Verfolgten des NS-Regimes auf diese vier Menschen blickt:

Die Tatsache, dass die vier Erziehungswissenschaftler in unterschiedlichem Ausmaße Adolf Hitler, die SA und die HJ propagierten, Befürworter der NS-Zwangssterilisation waren, teils sogar die Volksverhetzung gegen Juden betrieben – all dies sind Fakten, die sich nicht als Bagatellen bezeichnen lassen. Viele vom NS-Regime vertriebenen Emigranten und viele der Verfolgten in Deutschland wären, wenn sie solche Tiraden hätten lesen können, mit gutem Recht und wissenschaftlich begründet zu der Schlussfolgerung gekommen: Diese „Mandarine" schweigen nicht nur zu dieser Art von „deutscher Geistigkeit", sie machen auf ihre Weise bei der NS-Bewegung mit, sie wollen den „Nationalsozialismus" verbessern, sie wollen den Gesamterfolg des NS-Staats und machen dafür fundierte pädagogische Hilfsangebote. Menschen wie diese vier Erziehungswissenschaftler waren durch ihre Publikationen Teil des mörderischen NS-Systems.

Blankertz' eigentlich erhellendes Argument, dass die Erziehungswissenschaftler – zum Beispiel etwa Nohl – nur aus dem Fenster hätten schauen müssen, hat einen entscheidenden Fehler: Es ging ja nicht nur um die HJ, die „mit Fahnen, Trommeln und Fanfaren" vorbeimarschierte,[997] es ging um die für alle sichtbare Bücherverbrennung, es ging um Verhaftungen und Ermordungen von Gegnern des NS-Regimes und die für jeden offensichtliche Verschleppung in KZs, es ging um die für jeden sichtbare Massenindoktrination, um den Boykott der jüdischen Geschäfte, die Diffamierung und Verfolgung der Jüdinnen und Juden und die täglich hörbare Äußerung „Juda verrecke" im Kontext von „Deutschland erwache", die 1938 vor aller Augen sichtbar wurde: Die Verschleppung der Juden und dann deren Ermordung waren nicht in allen Details, aber mehr als genug bekannt. Das ist und bleibt unwiderlegbar. Das war der „Gesamterfolg" des NS-Staates; das war niemandem so bewusst wie den vom NS-System Verfolgten.

[997] Blankertz, Herwig: Die Geschichte der Pädagogik. Von der Aufklärung bis zur Gegenwart, Wetzlar 1982, S. 272.

II. Aus der Zeit heraus verstehen? Sechs zeitgenössische Kritiken von Fritz Helling, Ludwig Marcuse, Isaac Leon Kandel, Albert Schreiner, Paul Oestreich und Thomas Mann

Eine der gewichtigsten Kategorien für das, was oft als hermeneutische Methode vorgestellt wird, ist der Begriff des Zeitgeistes und die Aufforderung: „Das muss man aus der Zeit heraus verstehen". Diese völlig richtige Forderung verliert lediglich dann ihre kritische Komponente und ihre wissenschaftliche Berechtigung, wenn unter dem Zeitgeist nur *ein* Geist oder nur der *vorherrschende* Geist verstanden wird. Umso wichtiger erscheint es, auf jene Elemente des Zeitgeistes einzugehen, die zwar real weitgehend ausgegrenzt wurden, aber im wissenschaftlichen Diskurs von höchster Bedeutung sind.

Sowohl direkt vor 1933 als auch in der NS-Zeit und direkt nach 1945 gab es kritische Stimmen, die ebenfalls einen „Zeitgeist" repräsentierten. Die Hartnäckigkeit, mit der die vier behandelten Erziehungswissenschaftler auch nach 1945 eine von ihnen vorzunehmende kritische Analyse ihrer eigenen Werke verweigerten, ist auch die Folge einer systematischen Ignorierung der nachfolgend vorgestellten Kritiken, die ihr Werk, ihre Auffassungen und ihre Person betrafen.

1. Eine erste scharfe Kritik, die auf Sprangers Nähe zum Bündnis zwischen Deutschnationalen und Nationalsozialisten abzielt, findet sich in der Zeitschrift „Die Neue Erziehung" in einem Beitrag von **Fritz Helling**, der im Januar 1933 erschien. Die am Ende des Aufsatzes angekündigte Fortsetzung konnte durch die Errichtung der NS-Diktatur offensichtlich nicht mehr erscheinen. Unter der Überschrift „Spranger als politischer Pädagoge"[998] wird durch eine Sammlung ausführlicher Zitate aus dem Sammelband „Volk, Staat, Erziehung" klargestellt, dass „sich Spranger als Politiker und politischer Pädagoge ostentativ in die politische Kampffront der Gegenwart (stellt). Die Entscheidung, die er trifft, ist von weittragender Bedeutung. Sie wirkt wie ein Signal" (Helling, S. 80) Die Kritik legt den Hauptakzent darauf, dass Spranger sein lutheranisches und deutsch-idealistisches Denken nun vor allem mit den „Ideen des modernen *Nationalismus*" ausbaue (Helling, S. 81, Hervorhebung im Original). Hinzu komme die etatistische Vorstellung, dass der Staat eine Erscheinung der „Pflichtidee" sei, die, wie Spranger formuliert, „im deutschen Sinn" verstanden werden müsse (Helling, S. 83). Die Forderung Sprangers nach Abschaffung des Klassenkampfs und die Forderung nach etwas Neuem „in einem einheitlichen Staatswillen" ist, so die Einschätzung Hellings, „nichts anderes als den Ausweg des *Faschismus*" zu fordern (Helling, S. 86, Hervorhebung im Original). Als Beleg führt Helling die These Sprangers an, dass „der Parlamentarismus in Deutschland widerlegt" worden sei (Helling, S. 86). Sehr wohl registrierte Helling, dass Sprangers Feststellung: „Es kommt die Wendung zur Diktatur", gleichzeitig die „Schonung des organischen Eigenlebens wie die Achtung vor dem gottgebundenen Gewissen" fordere (Helling, S. 86). Aber, so beendet Helling seinen Aufsatz, Spranger fordert, dass alle Deutschen verstehen müssten, „was freie, adlige Subordination" bedeute (Helling, S. 88).[999]

[998] Helling, Fritz: Spranger als politischer Pädagoge, in: Die neue Erziehung. Monatsschrift für entschiedene Schulreform und freiheitliche Schulpolitik, 15. Jg. (1933), Heft 1, S. 80–88.

[999] Die Fortsetzung von Hellings Kritik an Eduard Spranger erschien dreiunddreißig Jahre später, 1966, unter dem Titel „Eduard Sprangers Weg zu Hitler" (in: Schule und Nation. Zeitschrift für ein demokratisches Bildungswesen, 13. Jg. (1966), Heft 2, S. 1–4). Wieder abgedruckt in: Helling, Fritz: Eduard Sprangers Weg zu Hitler, in: Helling, Fritz: Pädagogen in gesellschaftlicher Verantwortung. Ausgewählte Schriften eines entschiedenen Schulreformers (Sozialhistorische Untersuchungen zur Reformpädagogik und Erwachsenenbildung, Band 7), Frankfurt am Main 1988, S. 139–149.

Fritz Helling (1888–1973) war ein führender Kopf des „Bundes Entschiedener Schulreformer". Er wurde 1933 aus dem Schuldienst entlassen und von April bis August 1937 von der Gestapo verhaftet. Siehe dazu: Dietz, Burkhard (Hrsg.): Fritz Helling, Aufklärer und „politischer Pädagoge" im 20. Jahrhundert. Interdisziplinäre Beiträge zur intellektuellen

2. Eine zweite Kritik an Spranger erschien 1933 in der Exilzeitung „Das Neue Tage-Buch“ in Paris und reagierte auf den Sitzungsbericht der Preußischen Akademie vom 15.6.1933, in dem Spranger „Zur gegenwärtigen geistigen Lage in Deutschland“[1000] referiert. Der Artikel „Der Fall Spranger“[1001], den **Ludwig Marcuse**[1002] unter dem Pseudonym Heinz Raabe veröffentlichte, spiegelt wider, dass Marcuse sehr wohl registriert hatte, wie Spranger nach seinem Rücktrittsintermezzo den Weg zu Hitlers Deutschland wiedergefunden hat. Auf den Seiten der Exilzeitschriften war genau registriert worden, wie sich die deutschen Universitäten von jenen reinigten, „die nicht den wissenschaftlichen Vorzug rein-arischer Abstammung“ hatten. Das abgegriffene Wort von der Betroffenheit gewinnt eine andere Qualität, wenn man Marcuses Entsetzen über Menschen wie Spranger spürt. Hier gibt es nicht jene mit akademischer Watte versehene pseudowissenschaftliche, verständnisvolle und oft genug apologetische distanzierte Beschäftigung mit Spranger, mit der sich der wissenschaftliche Diskurs nach 1945 auseinanderzusetzen hat. Ludwig Marcuse formuliert:

> *„Der Berliner Philosophie-Lehrer Eduard Spranger war zunächst etwas böse auf Hitlers Reich, weil es ihn nicht genügend poussierte. Da es doch nun aber einmal an der Macht ist, da Spranger keine Eule der Minerva ist und keineswegs gesonnen, den Nazismus erst dann mit Begriffen zu verklären, wenn er stirbt – so beeilte er sich, in der Sitzung der philosophisch-historischen Klasse der Preußischen Akademie der Wissenschaften seine philosophisch-tiefgründigen Apercus ‚Zur gegenwärtigen geistigen Lage in Deutschland‘ vorzutragen. Streng fachlich, deducierte er und analysierte er die ‚geistige Strömung‘, das ‚Generationengeflecht‘, die ‚historische Antithetik‘, die ‚historische Schlichtung‘ – und plötzlich war das konkrete Resultat da: nach einer Erschöpfung gelangten ab 1928 die im Weltkriege enthaltenen positiven Momente zu entschiedener, fruchtbarer Einwirkung. Der neue Staatsgedanke, die res publica militans, ist jetzt nicht mehr das Ergebnis einer ‚Integration‘ der mannigfachen Willensrichtungen in der Gesellschaft, sondern umgekehrt im Willen, repräsentiert durch den charismatischen Führer (das hat noch niemand von Hitler gesagt!), der den neuen Volksgedanken in Form einer ‚Emanation‘ der Gesellschaft aufprägt. In Ewigkeit Amen!*
>
> *Man beachte: es handelt sich hier nicht um einen dar philosophischen Windhunde Spengler, Prinzhorn, Bäumler* [sic!], *auch nicht um tiefgründige Charlatane wie Heidegger; es handelt sich hier um einen korrekten Gelehrten von sauberer wissenschaftlicher Herkunft und beachtenswerten, wenn auch nicht übergroßen Leistungen. Wenn analphabetische Redaktionslümmel Einstein ankläffen, so ist das nicht aufschlussreich für das geistige Niveau Deutschlands: denn der gründige Morast, zu dem auch Minister gehören können zeigte noch nie das Niveau an. Der Fall Spranger aber zeigt wirklich die furchtbare Situation: dass die Tiefe und die Höhe nur noch unterschieden sind durch die Vulgarität oder die Exklusivität der Diktion.“*[1003]

Ludwig Marcuse kommentiert zudem 1934 in der in Amsterdam erscheinenden Zeitschrift „Die Sammlung“ im Aufsatz „Der Deutsche Kampf gegen den Deutschen Idealismus“ mit Entsetzen und Empörung:

> *„Dieser Eduard Spranger verherrlichte, nachdem er zuerst gebockt hatte, weil er zurückgesetzt worden war, bei einer Sitzung der Preußischen Akademie der Wissenschaften, auf der er ‚Zur gegenwärtigen geistigen Lage in Deutschland‘ sprach, in Hitler den ‚charismatischen‘ Führer. Nein! Man bürde den neuen Herren nicht mehr auf, als sie an sich schon zu tragen haben. Der deutsche Geist war längst nicht mehr der Geist des großen Kritizisten Kant, des fanatischen Moralisten Fichte, des Welt-*

Biographie, Wissenschaftsgeschichte und Pädagogik (Studien zur Bildungsreform, Band 43), Frankfurt am Main/Berlin/Bern/Brüssel/New York/Oxford/Wien 2003.

[1000] Spranger, Eduard: Zur gegenwärtigen geistigen Lage in Deutschland (Zusammenfassung), in: Sitzungsberichte der Preußischen Akademie der Wissenschaften, Philosophisch-historische Klasse, Jg. 1933, S. 821.

[1001] Raabe, Heinz (d. i. Ludwig Marcuse): Der Fall Spranger, in: Das Neue Tage-Buch, 1. Jg. (1933), Heft 3, S. 74.

[1002] Ludwig Marcuse war vor 1933 Assistent bei Troeltsch, dann Schriftsteller und Theaterkritiker, u. a. in Berlin und Frankfurt am Main. Er emigrierte nach 1933, seine Werke wurden verboten, er selbst wurde 1937 ausgebürgert. Ab Ende der 1930er Jahre bekleidete er eine Professur in den USA. Ludwig Marcuse starb 1971.

[1003] Raabe, Heinz (d. i. Ludwig Marcuse): Der Fall Spranger, in: Das Neue Tage-Buch, 1. Jg. (1933), Heft 3, S. 74, Hervorhebung im Original.

bürgers Herder und jenes Hegel, der die Entwicklung der Menschheit als eine Entwicklung zu immer größerer Freiheit deutete.“ [1004]

Die in gedrängter polemischer und feuilletonistischer Form vorgetragene Einschätzung berührt zwar die biographische Einschätzung Sprangers, betont aber vor allem den Geist der dahinter stehenden Anpassungsfähigkeit und Charakterlosigkeit, lässt sich dabei vom akademischen Wortgeklingel nicht blenden und versteht die Identität vulgärer und exklusiver Betrachtungen über Adolf Hitler als Kennzeichen im Grunde der gesamten Lage in Deutschland – ein Gedankengang, den Marcuse 1945 in der Zeitschrift „Aufbau“, nun als Emigrant in den USA, wiederholte.

Nach 1945 blitzte kurz die eben erwähnte scharfe Kritik von Ludwig Marcuse durch den fast unveränderten Wiederabdruck seiner erstmals 1933 veröffentlichten Kritik im August 1945 unter dem Titel „Hitler und sein Philosoph“ in der Zeitschrift „Aufbau“ auf (die Nachbemerkung zu diesem Neuabdruck enthielt einen sachlichen Fehler; Marcuse ging fälschlicherweise davon aus, Spranger hätte in der NS-Zeit den Rektorenposten der Berliner Universität von den Nazis erhalten). Marcuse reagierte mit diesem erneuten Abdruck seiner Kritik an Spranger auf die Meldung, dass Spranger unter neunundzwanzig bekannten deutschen Gelehrten sei, die einen Ausschuss zur Erneuerung der deutschen Hochschule gebildet hätten. Der „Aufbau“ hatte diese Meldung mit dem von Marcuse aufgegriffenen Zusatz veröffentlicht, diese Wissenschaftler hätten sich „angeblich stets vom Nationalsozialismus ferngehalten“ und kommentiert: „Dieses Wort ‚angeblich‘ ist wichtig. Mindestens einer hat sich nicht fern genug gehalten“.[1005] Es war seit 1945 und in den folgenden Jahren in der Tat ein schwieriges Problem – und zwar theoretisch wie praktisch – zu definieren, wer ein Nazi war, geworden war oder gar geblieben ist. Diese Frage beschäftigte nicht nur die mit dem Prozess der Entnazifizierung Befassten, sondern auch Publizistik und Wissenschaft. Der Herausgeber der Zeitschrift „Aufbau“, Manfred George, schrieb in diesem Zusammenhang in einem Antwortbrief am 24.9.1945:

> *„Wir können niemanden danach beurteilen, was er gedacht oder intimen Freunden gegenüber geäußert hat – wir können jeden nur an seinen Taten erkennen.“* [1006]

3. Peter Petersen war, wie aus dem Bericht über seine Reise im Auftrag des NS-Regimes in die Südafrikanische Union hervorgeht, sehr wohl darüber informiert, dass seine deutlich am Nationalsozialismus orientierten Aufsatz in den USA durchaus registriert, analysiert und heftig kritisiert worden waren. **Isaac Leon Kandel** veröffentlichte 1935 in den USA ein umfangreiches Werk mit dem Titel „The Making of Nazis“[1007], in dem er direkt auf Petersens Aufsatz „Bedeutung und Wert des Politisch-Soldatischen für den deutschen Lehrer und unsere Schule“[1008] eingeht. Kandel kritisiert vor allem, dass Petersen als Typ des Erziehers das Politisch-

---

[1004] Marcuse, Ludwig: Der Deutsche Kampf gegen den Deutschen Idealismus, in: Marcuse, Ludwig: Essays, Porträts, Polemiken aus vier Jahrzehnten, Zürich 1988, S. 209–221, hier S. 216 f.

[1005] H. B. (d. i. Ludwig Marcuse): Hitler und sein Philosoph, in: Aufbau, 11. Jg. (1945), Nr. 34 (24.8.1945), S. 4.

Klaus-Peter Horn hat anhand des Briefwechsels zwischen Spranger und Fales aufgearbeitet, dass der jüdische Emigrant Fales (ursprünglich Feilchenfeld) bei der Redaktion des „Aufbau“ protestiert hat, dieser Protest aber vom Herausgeber George nicht veröffentlicht wurde. Siehe dazu: Horn, Klaus-Peter: Leben in und außer der Zeit. Die Korrespondenz zwischen Walter Feilchenfeld/Fales und Eduard Spranger 1923 bis 1953, in: Sacher, Werner/Schraut, Alban (Hrsg.): Volkserzieher in dürftiger Zeit. Studien über Leben und Wirken Eduard Sprangers. Beiträge zum Internationalen Spranger-Symposion in Nürnberg am 11./12. Oktober 2002 (Erziehungskonzeptionen und Praxis, Band 59), Frankfurt am Main/Berlin/Bern/Brüssel/New York/Oxford/Wien 2004, S. 83–104.

[1006] Horn, Klaus-Peter: Leben in und außer der Zeit. Die Korrespondenz zwischen Walter Feilchenfeld/Fales und Eduard Spranger 1923 bis 1953, in: Sacher, Werner/Schraut, Alban (Hrsg.): Volkserzieher in dürftiger Zeit. Studien über Leben und Wirken Eduard Sprangers. Beiträge zum Internationalen Spranger-Symposion in Nürnberg am 11./12. Oktober 2002 (Erziehungskonzeptionen und Praxis, Band 59), Frankfurt am Main/Berlin/Bern/Brüssel/New York/Oxford/Wien 2004, S. 101.

[1007] Kandel, Isaac Leon: The Making of Nazis, New York 1935.

[1008] Petersen, Peter: Bedeutung und Wert des Politisch-Soldatischen für den deutschen Lehrer und unsere Schule, in: Deutsches Bildungswesen, 2. Jg. (1934), S. 1–17.

Soldatische mit dem Vorbild der SA und SS in den Mittelpunkt stellt. Es heißt bei Kandel, Petersen analysierend:

„*The ideal of the politician-soldier is also urged by Professor Peter Petersen of the University of Jena. Education is a part of politics and every politician must be an educator, which means that he must emphasize discipline, training, and order* ***(Disziplin, Zucht, und Ordnung)****. The political-soldierly type implies the development of personality with its spirit rooted in the people. The political-soldierly ideal must permeate the conduct and life of every German teacher. By his bearing he represents authority of the highest rank, – the right of his people and the word of God. The qualities necessary for such leadership can be produced by physical training, through service in the* ***S.A****. or the* ***S.S.*** *Soldierly education demands acceptance of a world hierarchically organized. The uniform and the greeting are not artificial creations but are symbolic of moral unity, implying readiness for service and sacrifice for common ideas and values. (...) A teacher's higher education must be in sciences of significance to the people, the nation, and the race. The combination of learning (not research ability or originality) with the political-soldierly ideal would make the best teacher, a leader of children and youth, a real spiritual vocation based on an attitude of reverence to God. Such a type began to be introduced into secondary schools when teachers were at the same time reserve officers in the army. (Peter Petersen,* ***Bedeutung und Wert des Politisch-Soldatischen für den deutschen Lehrer und unsere Schule. Deutsches Bildungswesen****, January, 1934, pp. 1 ff.). It is interesting to compare this article with Professor Petersen's philosophy before the Revolution. More than most German educators, he urged that attention should be given to educational theories abroad in order to escape from national smugness. His position then was definitely humanistic in favor of ideals of humanity and tolerance gaining in force and validity internationally. In his practice school at Jena he insisted that the school must be a self-contained community and that 'children must be kept beyond the limits of the political struggle,' that 'the child's world must be kept free from the scurry and bustle of the adult world,' that 'such temporal powers as state, church, the sects, political or other views of life' should be kept aloof, that teachers have 'subtle pastoral tasks,' and that pupils must learn in a natural way through attractive situations!)*" (Kandel, S. 50 f., Hervorhebung im Original)

Diese treffende Zusammenfassung registriert nicht nur die politische Unterstützung des NS-Regimes und das Lob für SA und SS, sondern sieht den Zusammenhang mit der Geschichte des Militarismus und Nationalismus in der Pädagogik Deutschlands, weist auf die Einbeziehung Gottes durch Petersen hin und verweist zudem darauf, dass die nun offensichtliche politischen Manipulationen dem ursprünglichen Anspruch der Jena-Plan-Schulen direkt widersprechen.

4. 1939 erschien in Paris das Buch „Vom totalen Krieg zur totalen Niederlage Hitlers. Eine kritische Auseinandersetzung mit der Wehrmachtsideologie des Dritten Reiches"[1009] von **Albert Schreiner**. Schreiner, der als Offizier der Internationalen Brigaden in Spanien Militärerfahrung sammelte, analysierte in seinem Exil in Paris genau jene Literatur, die auch Erich Weniger in seinen wehrpädagogischen Schriften auswertete. In dieser beeindruckenden Übersicht über die offene Kriegsvorbereitung des NS-Regimes in seinen militärtheoretischen Zeitschriften und Publikationen von 1933 bis 1938 stieß Schreiner auch auf Wenigers militärpädagogische Schriften. Da Schreiner auch auf die von der NS-Wehrmachtsführung propagierten Klassiker der Militärtheorie wie Clausewitz, Gneisenau und Scharnhorst eingeht, liest sich das Buch über weite Strecken wie eine ideologiekritische Antwort auf Wenigers Buch „Wehrmachtserziehung und Kriegserfahrung".

Im Gegensatz zu Weniger betont Schreiner zunächst, dass der antisemitische und rassistische Charakter der Wehrmacht nicht bestritten werden könne. Dass die Wehrmacht alles andere als ein Hort der Freiheit, auch vor Beginn des Krieges, gewesen sei, werde schon dadurch deutlich, dass nach § 15 des Wehrgesetzes Juden keinen aktiven Wehrdienst leisten durften und entfernt wurden. Schreiner erinnert an die Passage aus Hitlers „Mein Kampf", dass man zwölf- oder

[1009] Schreiner, Albert: Vom totalen Krieg zur totalen Niederlage Hitlers (Nachdruck der Ausgabe Paris 1939), Berlin 1980.

fünfzehntausend der „hebräischen Volksverderber" unter Giftgas hätte halten müssen (Schreiner, S. 150).

Im Detail geht er auf Wenigers Passagen über die Unterscheidung von Exerzierdrill und Gefechtsdrill ein und zitiert, dass das Entscheidende am Gefechtsdrill sei, dass die Vorstellung des Gehorchenmüssens zwingend ist (Schreiner, S. 158).

Bereits 1939 wurden genau Wenigers Passagen über die „rücksichtslose Säuberung der Truppe von all den Elementen, die ihre Kampfkraft lähmen" aufgegriffen und die ganze Brutalität des Militärpädagogen Weniger aufgedeckt. Schreiner zitiert folgende Passage Wenigers: „Bei der Säuberung der Truppe wird die Strafe hart sein müssen". Und er verweist darauf, dass Weniger fordert „die Standgerichtsbarkeit in den Gefahrenzone eher zu erweitern als einzuschränken" (Schreiner, S. 166).

Erich Wenigers Unterstützung des NS-Militärs, mit einem einseitigen Begriff von Zeitgeist als „normal" eingestuft, erweist sich auch aus der Sicht eines zeitgenössischen Kritikers als ausgesprochen inhumane, brutale und den NS-Staat und seine Kriegsvorbereitungen direkt unterstützende Position.

5. Direkt nach 1945 erinnerte sich **Paul Oestreich** an das Wirken Petersens und kritisierte ihn in einem offenen Brief vom 27.12.1945 unter dem Titel „Eine Anfrage an Herrn Professor Peter Petersen in Jena"[1010]. Es heißt dort:

„Sehr geehrter Herr Professor Petersen!

Es muss gestattet sein, eine öffentliche und anklagende Anfrage zu stellen, ohne Denunziant zu sein, oder vielmehr als ein Denuntiator eines drohenden öffentlichen Übelstandes. Ich selber bin allzu oft anonym denunziert worden. Ich frage Sie und die Demokratische Öffentlichkeit, ob Sie geeignet sind, die pädagogische Ausbildung der thüringischen Neulehrer zu leiten?

Ich kenne Sie seit 1919, als Schriftführer des liberalsozialen ‚Deutschen Ausschusses für Erziehung und Unterricht', als kollegialen Leiter der Hamburger Lichtwarkschule und Hamburger Hochschuldozenten für Pädagogik. Sie gaben im Auftrage des DA die Sammeldenkschrift für die achtjährige höhere Schule heraus. Sie erschienen mir nicht als Kämpfer, aber echt. Sie wurden um 1923 von der knappen SP-KP-Regierung als Ordinarius der Pädagogik und Leiter der thüringischen Lehrerausbildung nach Jena berufen, als Kampfprofessor. Der Genosse, Kollege und Minister ***Greil*** *erklärte mir Pfingsten 1925, als wir ‚Entschiedenen Schulreformer' in Jena eine öffentliche Tagung abhielten, empört, dass Sie als Kämpfer völlig versagt, sich als Professor distanziert und in die ‚normale' Professorenschar auch gesellschaftlich eingegliedert hätten, während* ***Peters*** *und* ***Schaxel*** *in der Front gegen die bürgerliche Reaktion standen. Mir erschienen Sie als Redner auf unserer Jenenser Tagung wie ein abseitiger Konsistorialrat. Ich verlor Sie aus dem Gesicht, Sie versanken, je näher die Nazizeit kam, umso mehr in die rettende bürgerliche Dumpfheit, während wir ‚Entschiedene' bis zum Letzten verzweifelt uns einsetzten. Sie schrieben Bücher über Bücher, ließen Bücher schreiben und schufen Ihren kompilatorischen ‚Jena-Plan', der ebenso reaktionär wie fortschrittlich benutzbar war."* (Oestreich 1945/1967, S. 82)

Neben diesen Erinnerungen an das Wirken Petersens in der Weimarer Republik ist an dieser Passage insbesondere der letzte Satz in die Erziehungswissenschaftliche Diskussion eingegangen: Die Nutzung der Jena-Plan-Gedanken als methodische Konzeption erlaubt Wochenplan und Gruppentische über Goethe oder über Horst Wessel. Für Oestreich war dies keine bloße Hypothese. Er fährt in seinem Brief fort:

„Sie traten den Beweis dafür an. Als wir Armen im Geiste 1933 in die Hitler-Gefängnisse wanderten und dienstentlassen wurden, florierten Sie, der stillgewordene ‚Sozialist'. Schleunigst, bald nach dem Erscheinen der zentralen nazipädagogischen Zeitschrift in Bayreuth, ließen Sie dort einen klar durchdisponierten längeren Aufsatz erscheinen, in dem dargelegt wurde, ‚überzeugend', dass ***der Offizier***

[1010] Oestreich, Paul: Eine Anfrage an Herrn Peter Petersen in Jena, in: Drefahl, Günther (Hrsg.): Universität Jena und neue Lehrerbildung. Herausgegeben anlässlich der 20. Wiederkehr des Gründungstages der Sozialpädagogischen Fakultät der Friedrich-Schiller-Universität Jena, Jena 1967, S. 82–83.

> ***das Leitbild des Lehrers** sein müsse. (Während der verstorbene **Richard Seyfert** seinen ehrenvollen Lebensabend und seine Vergangenheit als demokratischer Minister damit befleckte, dass er in einem Artikel am gleichen Ort über die nunmehr ‚entpolitisierte' Schule jubelte, diese Schule der Nazi-Verblödung, die Lehrer seines Dresdener Pädagogischen Instituts dazu überredete, SA-Männer und Pgs. zu werden, um das Pädagogische Institut zu ‚retten' und damit eine Schar wertvoller Menschen ins Unglück, 1933 wie 1945, brachte, denn – sie hatten 1933 natürlich **keinen** Erfolg – und der ehemalige Akademiedirektor **Weimer** an gleicher Stelle pathetisch die Wiedererstehung der **‚Erziehung aus der Ehre und zur Ehre'** proklamierte!) O, Ihr Ewig-Blinden, was ist der Sinn Eures Lebens? Die deutsche Professorenschaft war 1933 in nicht geringem Umfange eine bebende Schafsherde: Theologen ohne Martyriumsbereitschaft, Ethiker ohne Ethos, Juristen ohne Rechtsgefühl, Mediziner mit bereiter Phiole, Pädagogen ohne Pestalozziliebe und – Charakter!"* (Oestreich 1945/1967, S. 82)

Auch Paul Oestreich hatte, wie Kandel in der USA, den Aufsatz zum „Soldatischen" registriert. Oestreich ging es, wie dieser Abschnitt zeigt nicht um Petersen allein, es ging um den Anstoß sich überhaupt mit der Rolle der Professorenschaft („eine bebende Schafsherde") in der NS-Zeit zu beschäftigen. Oestreich berichtet nun von Episoden in der NS-Zeit.

> *„Sie, Herr **Petersen**, wurden also ‚national' und retteten sich. Als Sie später doch einmal angegriffen wurden, bedrohten Sie jeden mit gerichtlicher Klage, der an Ihrem bewährten Nationalismus zweifele, so schrieb damals eine pädagogische Zeitschrift. Und Sie erschienen offenbar dem Nazitum, auch seiner thüringischen Spitzengarnitur, als verdaulich. Man vertraute Ihnen die Ausbildung der Nazi-Junglehrer an, Sie sprachen auf deren Tagungen. Anfang 1934 las mir **Paul Geheeb**, der aus seiner Odenwaldschule Vertriebene, in Berlin einen Brief von Ihnen vor, in dem Sie auf ‚die Anerkennung stolz' waren, die ‚Ihre Pädagogik' jetzt fände, **ohne** dass Sie der Partei beigetreten seien. Wir schüttelten unsere Häupter. Sie aber belebten weiter die Nazijunglehrertagungen, doch wohl im Sinne, dem verruchten von damals: ‚Pestalozzi – Fichte – Hitler'! Und hatten damit soviel Anklang, dass ich in nazistischen Pädagogik-Heften einmal einen jubelnden Bericht las: ‚**Ernst Krieck und Peter Petersen sind die völkischen** Pädagogen Deutschlands!' (also **Ernst Krieck**, der völkische Kultur-Papst und Wissenschafts-Kain und **Peter Petersen**!)"* (Oestreich 1945/1967, S. 82 f.)[1011]

Hier erinnert Oestreich, als Kenner der Interna, an die Tätigkeit Petersens, aber er verweist ausdrücklich auch auf den ideologisch konstruierten Dreiklang Pestalozzi – Fichte – Hitler und die immerhin auch offizielle Anerkennung im NS-Staat. Oestreich räumt ein, dass er biographisch nicht alle Details kennt. Er wusste offensichtlich, dass sozusagen üblicherweise auf diese oder jene Konflikte mit Vertretern des NS-Regimes hingewiesen wurde, um von eigener Zustimmung abzulenken. Er schreibt weiter:

> *„Ich hörte in meiner einsamen und geplagten Stille weiter nichts von Ihnen. Möglich, dass nachher auch Sie einmal beargwöhnt, möglich, dass auch Sie belästigt wurden. Aber selbst eine KZ-Episode würde Sie mir nach solcher **Charakter-Wendigkeit nicht geeignet** erscheinen lassen, die demokratischen Neulehrer zu erziehen, mögen Sie noch soviel ‚positives Wissen' im Kopfe haben. Sie haben 1933 keinerlei Kameradschaft den Niedergeschlagenen gegenüber und zu ihnen bewiesen, sondern sich gerettet und – **bei den Nazis** Ihre ‚Anerkennung' gefunden. Nun kann wohl die Öffentlichkeit verlangen, dass man Genaueres über Ihre Qualifikation zum Lehrerbildner erfährt, denn – die deutsche Jugend soll in Zukunft ihren **Charakter** formen am – **Vorbild**! Ehrgeiz allein reicht nicht aus!*
>
> *Berlin-Zehlendorf, den 27.12.1945 (Paul Oestreich)"* (Oestreich 1945/1967, S. 83)[1012]

[1011] Es handelt sich hierbei möglicherweise um den Beitrag „Professor Peter Petersen" von Josef Dolch in der Zeitschrift „Heimat und Arbeit" (7. Jg. (1934), S. 124–125). Dort heißt es: „Es ist gar nicht möglich, ja nicht einmal wünschenswert, dass heute schon umfassende Lehrbücher einer nationalsozialistischen pädagogischen Theorie und Praxis geschrieben, gedruckt und gelesen werden. Die Werke aus der Kampfzeit: *Hitler, Krieck, Hördt, Petersen* und einiges andere genügen vollauf für eine vorläufige Ausrichtung". An anderer Stelle heißt es: „Wir dürfen also feststellen, dass die beiden maßgebenden Verbreiter und Verkünder völkischer Pädagogik in Deutschland *Krieck* und *Petersen* waren und sind." (Dolch, S. 125) Diese Stellungnahme von Dolch erschien auch im dritten Heft 1933/34 der „Internationalen Zeitschrift für Erziehungswissenschaft. Josef Dolch war Schriftleiter der von Minister Hans Schemm herausgegebenen Zeitschrift „Deutsches Bildungswesen".

[1012] Sämtliche Hervorhebungen in diesem Zitat im Original.

Die tiefe nicht unberechtigte Skepsis gegen Personen wie Petersen sozusagen als Wendehälse findet ihre Pointe hier darin, dass die für möglich gehaltene „KZ-Episode" in gänzlich anderer als gedachter Form wirklich existierte: Petersens Vorträge im KZ Buchenwald. Es soll an dieser Stelle nicht um die Auseinandersetzung um die Biographie Paul Oestreichs und nicht um die Auseinandersetzung mit Peter Petersen in den ersten Jahren nach 1945 in Jena überhaupt gehen.[1013] Es sollte lediglich deutlich gezeigt werden, dass die Verfolgten des NS-Regimes doch mit anderen Interpretationen den sogenannten Zeitgeist als hermeneutischen Kronzeugen heranzogen.

6. Es entsprach der vorherrschenden Atmosphäre in der Bundesrepublik nach 1949, dass man es sich mit Kritikern aus dem Lager der jüdischen Emigranten oder gar der Kommunisten leicht machen konnte. Da war **Thomas Mann** nun ein Kritiker von einem anderen, weltbekannten Niveau. Und dennoch wurde sehr lange seine Kritik an Eduard Spranger in der deutschen Erziehungswissenschaft so gut wie gar nicht zur Kenntnis genommen.

1946 erschienen in Los Angeles als Privatdruck unter dem Titel „Leiden an Deutschland"[1014] die Tagebuchblätter Thomas Manns aus den Jahren 1933/34. Unter dem Datum „März 1933" beginnt Mann mit einer Gesamteinschätzung des NS-Regimes: „Mir klingen die Ohren von Mord- und Schauergeschichten aus München, die die fortlaufenden regulären Gewalttaten politischer Art ständig begleiten: wüste Misshandlungen von Juden" (Mann, S. 7).

Thomas Mann registriert „die nationalen Betäubungsfeierlichkeiten, Glockengeläute, Fahnen, Freiheitsjubel. Es ist gar zu blödsinnig, gemein und ekelhaft. Grauen und Erbitterung erfüllen mich wieder ganz und gar" (Mann, S. 9). Über Intellektuelle, u. a. Eduard Spranger, heißt es:

> *„Was wird eines Tages mit diesen Intellektuellen, die es hemmungslos, mit unterworfenen und begeisterten Hirnen mitgemacht haben! Spranger, der in der Preußischen Akademie der Wissenschaften Hitler den ‚charismatischen Führer' nennt. Der Ordinarius für Philosophie, A. Messer, der ein Heft seiner Zeitschrift der ‚Weltanschauung des Nationalsozialismus' widmet und darin einen Artikel bringt: ‚Goethe und das Dritte Reich'. Nicht zu reden von einem Bäumler* [sic!], *dem Nietzsche-Verhunzer, der auf Fichtes Katheder sagt: ‚Hitler ist nicht weniger als die Idee – er ist mehr als die Idee, denn er ist wirklich.' Petersen,*[1015] *der Goethe und Schiller ‚die ersten Nationalsozialisten', Bertram, der Schiller ‚einen dorisch-germanisch-friderizianischen Menschen' nennt und Hitler unbedenklich mit George's ‚Retter' verwechselt."* (Mann, S. 22)

Thomas Mann ähnelt offensichtlich der untergegangenen Kritik von Ludwig Marcuse, wenn er Spranger mit Entsetzen kommentiert. Es ist nicht in jedem Fall bekannt, was „eines Tages", also nach 1945, mit diesen Intellektuellen geschah. Was Thomas Mann offensichtlich befürchtete, trat in diesem Fall ein: Spranger galt nach wie vor nach 1945 als einer der führenden Intellektuellen der Bundesrepublik.

[1013] Siehe hierzu u. a.: Oestreich, Paul: Entschiedene Schulreform. Schriften eines politischen Pädagogen (Pädagogische Bibliothek), Berlin 1978, Dudek, Peter: Peter Petersen: Reformpädagogik in der SBZ und der DDR 1945–1950. Eine Fallstudie (Bibliothek für Bildungsforschung, Band 4), Weinheim 1996, Retter, Hein: Reformpädagogik und Protestantismus im Übergang zur Demokratie. Studien zur Pädagogik Peter Petersens (Braunschweiger Beiträge zur Kulturgeschichte, Band 1), Frankfurt am Main 2007.

[1014] Mann, Thomas: Leiden an Deutschland. Tagebuchblätter aus den Jahren 1933 und 1934, Los Angeles 1946.

Hier zitiert nach: Mann, Thomas: Leiden an Deutschland. Tagebuchblätter aus den Jahren 1933 und 1934, in: Mann, Thomas: An die gesittete Welt. Politische Schriften und Reden im Exil (Gesammelte Werke in Einzelbänden), Frankfurt am Main 1986, S. 7–89.

[1015] Es handelt sich hier sehr wahrscheinlich um den Germanisten Julius Petersen, jedenfalls nicht um Peter Petersen.

III. Zur inneren Logik der in der NS-Zeit vertretenen Positionen

Vorbemerkung

Ein grundlegendes Problem ist folgende Differenzierung: In den Publikationen aus der NS-Zeit wird in der vorliegenden Studie der durch die Zeit bedingte Jargon von der Unterstützung der NS-Politik unterschieden. Wenn es um KdF-Fahrten geht, um die Hitlerjugend oder den neuen Erlass von Minister Rust, kann es sich im Einzelfall einfach nur um die Verwendung von amtlichen Bezeichnungen oder NS-Eigennamen handeln, die heute deutlich als NS-Jargon zu erkennen sind. Die Übernahme solcher Begrifflichkeiten in erziehungswissenschaftliche Publikationen kann sich jedoch aus einer sachlichen Bezeichnung in eine positiv wertende Darstellung verwandeln. Ob dies der Fall ist, muss im Einzelfall geprüft werden. Denn es geht auch um die Haltung der vier Erziehungswissenschaftler zum NS-Staat im Allgemeinen und zu seinen einzelnen Institutionen bis hin zur Haltung gegenüber der SA, der SS und der NSDAP.

In der vorliegenden Studie wird daher zwischen dem bloßen Gebrauch von Begriffen des NS-Jargon und der direkten, aktiven Unterstützung von politischen Aktivitäten des NS-Staates zu bestimmten Zeitpunkten unterschieden. Es liegt auf der Hand, dass es sich etwa bei der Unterstützung der Eugenik-Gesetze 1933/34, des Überfalls auf Polen 1939 oder der Kriegsanstrengungen nach dem Überfall auf weitere Staaten um eine eindeutig politische Positionierung handelt. Sich zu diesen Themen und Ereignissen an die Öffentlichkeit zu wenden und den NS-Staat öffentlich zu unterstützen hat eine andere Qualität als die Verwendung damals üblicher NS-Bezeichnungen.

Von solchen konkreten politischen Stellungnahmen sind nun die theoretischen Äußerungen zu unterscheiden, die in der NS-Zeit formuliert wurden. Auch allgemeine Begriffe wie „Volk“, „Opferbereitschaft“, „Rasse“, „nordisch“ usw., die vor 1933 in bestimmten gesellschaftlichen Zusammenhängen benutzt wurden, können in der NS-Zeit nicht aus dem Kontext der gesellschaftlichen (verbrecherischen) Realität gelöst werden. Die „Volksgemeinschaft“ – das wusste jeder – umfasste nun ausdrücklich nicht mehr die Juden. Die Opferbereitschaft im Krieg betraf nicht mehr die Kriege von 1812, 1870/71 oder 1914, sondern eben den Krieg des NS-Regimes gegen europäische Völker. Dies lässt sich im Einzelnen nicht immer am Text belegen, besonders, wenn bewusst übergeschichtlich formuliert wird. Worum es jeweils geht, ist deshalb genauer zu prüfen. Dass es im Jahr 1924 schon ein Problem ist, vom „Führer“ zu sprechen, liegt auf der Hand, meint aber eben noch nicht Adolf Hitler. Nach 1933 jedoch die Rolle des Führers – wenn auch in allgemeiner Weise und in scheinbar übergeschichtlichem Kontext – zu preisen, kann die aktuelle Konnotation mit Hitler eindeutig nicht mehr verhindern.

Hier ist womöglich die analytisch am schwierigsten zu greifende Problematik enthalten, die sich bis heute fortschreibt. Es ist – manchmal schwer – nachzuvollziehen, dass „SS“ heute für viele Menschen die gebräuchliche Abkürzung für „Sommersemester“ ist, und „KZ“ womöglich die „Kurzzeit“-Eintrittskarte ins Schwimmbad bezeichnet. Das Kokettieren mit solchen „Doppelbedeutungen“ mag teils bewusst geschehen, teils nur Ausdruck mangelnder Sensibilität und zunehmender Geschichtsvergessenheit sein – es betrifft aber auch weitergehende Begriffe wie „Rasse“, „Volksgemeinschaft“, „Volksempfinden“, die allemal schon vor 1933 verwendet wurden, daher nicht typisch nazistisch, wenn auch in der Regel nicht aufklärerisch waren.

Wir stehen also vor dem Grundproblem, dass theoretische und propagandistische Denkfiguren der NS-Zeit eine lange Vorgeschichte haben. Werden sie nach 1945 verwendet, können sie nicht automatisch als Beleg für NS-Auffassungen verwendet werden, wenngleich unter Einbeziehung der Wirkungsgeschichte bei der Analyse von Begriffen Hypothesen auf der Hand liegen: Die Begrifflichkeit theoretischer Vordenker der Ideologen des NS-Systems war zu ihrer

Zeit schon problematisch, wenn auch nicht nazistisch, kann aber nach der „Nutzung" durch das NS-System in der heutigen Zeit nicht einfach wertfrei als historisch entstanden verwendet werden. Wer heute „unbefangen" vom „Volksempfänger" statt vom Radio spricht, Juden als „Rasse" bezeichnet, das Hakenkreuz als altindisches Glückssymbol deutet, an einem Schultor die Redewendung „Arbeit macht frei" anbringt, kann theoretisch nachweisen, dass diese Begriffe – ursprünglich ähnlich wie „Die Juden sind unser Unglück" – nichts mit der NS-Zeit zu tun hatten bzw. nicht erst in der NS-Zeit „erfunden" wurden.[1016]

Nachfolgend soll diese Problematik der Vordenker der NS-Ideologie bzw. einzelner NS-Grundpositionen genauer beleuchtet werden, um mit dem nach 1945 üblichen Denkmuster, dass Kernthesen der NS-Ideologie doch „eigentlich" gar nicht nazistisch gemeint waren, sondern lediglich altes deutsches Geistesgut der „Deutschen Bewegung" beinhalteten, besser brechen zu können.

[1016] Es wird vom Stand der Aufklärung über die deutsche Geschichte und die deutsche Ideologie vor und nach 1933 abhängen, ob als Methode der Verharmlosung der NS-Ideologie diese rhetorische Ausnutzung der Überschneidungen einzelner Elemente der NS-Ideologie mit den Vorläufer-Ideologien gelingt oder nicht.

1. Vordenker einzelner Elemente der NS-Ideologie

a) Militarismus, völkischer Nationalismus und Antisemitismus (Lichtwark, Lagarde und Langbehn)

Die Kritik an allgemein gehaltener oder auch an politischen Handlungen festzumachender Unterstützung des NS-Staates ersetzt in der Tat nicht die selbständige, tiefer gehende Auseinandersetzung mit anderen, als ideologisch zu bezeichnenden Positionen der vier Erziehungswissenschaftler, die sie der deutschen Geistesgeschichte und insbesondere der Geschichte der „Deutschen Bewegung" entnommen haben. Daher erscheint zunächst die Vorstellung der Hauptakteure der sogenannten „Deutschen Bewegung" und ihrer Ideen einschließlich ihres vornazistischen Antisemitismus notwendig, um dann auf theoretisch begründete Positionen der vier Erziehungswissenschaftler genauer eingehen zu können.

Alfred Lichtwark: „Der Deutsche der Zukunft"

In der Reihe der Persönlichkeiten der „Deutschen Bewegung", ihrer Ahnherren, soll als erstes der wiederholt von den vier Erziehungswissenschaftlern hervorgehobene Alfred Lichtwark vorgestellt werden. Alfred Lichtwark schrieb 1901 in seiner Schrift „Der Deutsche der Zukunft":[1017]

> *„Diese drei Stände, der Professor, der Lehrer und der Offizier, die unsere Lebensauffassung und Lebensführung allein durch ihre Allgegenwart stärker beeinflussen als selbst die Kirche, deren Vertreter in größere Ferne gerückt sind, haben in keinem anderen Volk dieselbe Stellung und Bedeutung."* (Lichtwark, S. 52)

Und er fährt fort:

> *„Was wir an guten Eigenschaften des Charakters, an Kräften und Fähigkeiten für den Deutschen der Zukunft erstreben, wird ihm am sichersten und schnellsten übermittelt, wenn es der Professor, der Lehrer und der Offizier durch ihr Beispiel ihm vorleben."* (Lichtwark, S. 52)

Hier wird ein Modell erarbeitet, auf dass die vier Erziehungswissenschaftler sehr klar zurückgegriffen hatten:

> *„Wie mit der Schulpflicht hat sich das deutsche Volk mit der* ***Wehrpflicht*** *im neunzehnten Jahrhundert in vorbildlich gewordenem Entschluss eine schwere Last auferlegt, aber zugleich eine Einrichtung von unschätzbarem erziehlichem Einfluss geschaffen."* (Lichtwark, S. 60, Hervorhebung im Original)

Die Kombination von Pädagogik und Militär ist bei Lichtwark nicht gleichberechtigt. Vorrang hat der Offizier:

> *„Wenn wir die höchsten Formen des Lehrer-, des Professoren- und des Offizierstypus vergleichen – und nur diese sollte man zum Vergleich nebeneinander stellen – so treten beim Offizier eine Reihe von Eigenschaften schärfer hervor, die bei seinen Miterziehern unseres Volkes wohl vorhanden sein können und auch mehr und mehr aufkommen, aber noch nicht als notwendig gelten. Das ist die Ausbildung des Körpers, die Erziehung des Willens und die drakonisch durchgeführte formale Erzogenheit, die sich beim höchsten Typus, wie ihn der erste Kaiser darstellte, nicht bloß auf die äußere Haltung, sondern auch auf die Bildung des Herzens erstreckt, auf der die Fähigkeit beruht, in jedem Augenblick Herr seiner selbst zu sein und Worte und Taten des Takts zu finden. (...) Durch die Tatsache der Wehrpflicht ist diese Wirkung auch für die Zukunft festgelegt. Auch künftig durchschreitet das ganze Volk einmal die Sphäre des Offiziers. Alles Gute und Edle, was der Offizier sich erhält und erwirbt, wird sich von ihm aus als äußere Haltung und innere Gesinnung dem ganzen Volke mitteilen. Alle Arbeit, die der einzelne Offizier an seine Entwickelung zum Ideal seines Standes setzt, wird, wie dieselbe Arbeit des Lehrers und Professors, zugleich für die Erhöhung unseres Volkstums geleistet, denn*

[1017] Lichtwark, Alfred: Das Bild des Deutschen. Eingeleitet von Julius Gebhard (Kleine pädagogische Texte, Band 15), 2. Auflage, Weinheim 1962.

nichts wirkt mit so lebendiger Kraft wie das Beispiel. (...) Dass dies Gefühl der Verpflichtung gegen sein Volk im Deutschen der Zukunft erweckt und lebendig erhalten wird, darauf kann niemand durch sein Beispiel stärker, stetiger und unmittelbarer hinwirken als der deutsche Professor, der deutsche Lehrer und der deutsche Offizier.“ (Lichtwark, S. 61 ff.)

Die große Bedeutung eines deutschen Nationalismus im Kontext des deutschen Militarismus äußert sich bei Lichtwark in der Vorbildrolle des Offiziers und in einem Denkstil, der offensichtlich entscheidende Wirkung auch für Spranger, Nohl, Weniger und Petersen hatte.

Gewichtiger als Lichtwark waren jedoch andere Ideologen.

1953 erschien mit „Kulturpessimismus als politische Gefahr“[1018] von **Fritz Stern** eine umfassende Untersuchung über die geistigen Vorläufer des Nationalsozialismus. Die Aufgabenstellung, so Stern in der Einleitung, ist klar formuliert: „Thema dieses Buches sind also Ursprung, Gehalt und Auswirkung einer Ideologie, die nicht nur dem Nationalsozialismus ähnlich ist, sondern sogar von den Nationalsozialisten selbst als wesentlicher Bestandteil ihres politisch-kulturellen Erbes anerkannt wurde“ (Stern, S. 5).[1019]

Stern weist auf die Besonderheit hin, dass in Deutschland „schon die Generation von Arndt und Fichte (...) die Ideen und politischen Institutionen des Liberalismus als fremdländisch, ‚undeutsch‘ und westlich“ verworfen habe: „Den völkischen Kritikern fiel es also weit leichter, die Ideen der Französischen Revolution als fremdländischen Betrug zu verwerfen“ (Stern, S. 15). Wesentlich für diese Strömung ist bei Stern zunächst Paul de Lagarde.

Paul de Lagarde: „Deutsche Schriften“

Paul de Lagarde war um 1860 Professor in Göttingen. Die NS-Ideologen haben ihn ausdrücklich als Vordenker des NS-Ideengebäudes gefeiert. Stern charakterisiert ihn wie folgt:

> *„Lagardes ethisches Denken war keineswegs originell. Wir finden darin die traditionelle Verschmelzung von Protestantismus – besonders Luthertum – und preußischem Ethos wieder, aber auch einige Grundthemen der deutschen Romantik und der Literatur der Befreiungskriege.“* (Stern, S. 53)

In einer ideologiekritischen Betrachtung zeigt Stern, dass Lagarde versuchte, eine „nationale Religion“ zu schaffen, und stellt klar, dass für Lagarde „die Einheit der deutschen Nation nur herbeigeführt werden“ könne, „wenn die beiden Urheber jeder Zwietracht ausgemerzt würden – die Liberalen und die Juden“ (Lagarde, in: Stern, S. 84).

Lagarde, einer der Begründer der „Deutschen Bewegung“ und insbesondere von Nohl, Weniger und Petersen immer wieder aufgerufen,[1020] war einer der Väter des deutschen Antise-

---

[1018] Stern, Fritz: Kulturpessimismus als politische Gefahr. Eine Analyse nationaler Ideologie in Deutschland, Bern/Stuttgart/Wien 1963. Stern, dessen Eltern aus Nazideutschland emigriert waren, veröffentlichte seine Schrift zunächst 1953 in den USA, 1963 dann in Deutschland.

[1019] Doris Mendlewitsch legt 1988 ihre Dissertation „Volk und Heil. Vordenker des Nationalsozialismus im 19. Jahrhundert“ (Rheda-Wiedenbrück 1988) vor, in der sie nicht nur auf Langbehn und Lagarde eingeht, sondern auch die Vordenker des Rassismus Chamberlain und Wagner detailliert behandelt.

In dem von Karl Schwedhelm herausgegebenen Sammelband über die „Propheten des Nationalismus“ (München 1969) finden sich auch zusammenfassende Darstellungen über Lagarde, Langbehn und Moeller van den Bruck sowie über Jahn, Treitschke, Ludwig Klages und Hermann Grimm.

[1020] Siehe etwa: Nohl, Herman: Die pädagogische Bewegung in Deutschland und ihre Theorie, 2., durchgesehene und mit einem Nachwort versehene Auflage, Frankfurt am Main 1935; Nohl, Herman: Die ästhetische Wirklichkeit. Eine Einführung, Frankfurt am Main 1935 und Nohl, Herman: Die Grundlagen der nationalen Erziehung. Eine Vorlesung zum Wintersemester 1933/34 (Typoskript), ohne Ort, ohne Jahr (Göttingen 1940).

Weniger, Erich: Zur Entwicklungsgeschichte der deutschen Lehrerbildung, in: Die Erziehung. Monatsschrift für den Zusammenhang von Kultur und Erziehung in Wissenschaft und Leben, 8. Jg. (1932/33), Heft 12 (September 1933), S. 685–698 und Weniger, Erich: Zur Geistesgeschichte und Soziologie der pädagogischen Fragestellung. Prolegomena zu einer Geschichte der pädagogischen Theorie, in: Bildung und Erziehung. Katholische Zweimonatsschrift, Jg. 1936, Heft 6, S. 363–374.

mitismus, auch wenn er den biologistischen, determinierenden Rassengedanken ablehnte.[1021] Bei Lagarde findet sich auch der später (leicht abgewandelt) wiederholt verwendete Satz „Die Juden als Juden (sind) in jedem europäischen Volke ein schweres Unglück" (Lagarde, in: Stern, S. 89).[1022] Stern zitiert auch folgende Passage:

> *„Weil ich die Deutschen kenne, kann ich nicht wünschen, dass Juden mit ihnen zusammengelassen werden. (...) Jeder Jude ist ein Beweis für die Unkräftigkeit unseres nationalen Lebens und die Wertlosigkeit dessen, was wir christliche Religion nennen."* (Lagarde, in: Stern, S. 89)[1023]

Lagarde fordert nicht nur, allen Juden ihre Existenzmittel zu nehmen und Kapitalisten, Kredit- und Bankanstalten zu enteignen, sondern schreibt weiter:

> *„Mit Trichinen und Bazillen wird nicht verhandelt, Trichinen und Bazillen werden auch nicht erzogen, sie werden so rasch und so gründlich wie möglich vernichtet."* (Lagarde, in: Stern, S. 90 f.)[1024]

Es zeigt sich hier, dass der mörderische Antisemitismus nicht zwingend an Rassenkategorien gebunden sein muss.

Stern arbeitet heraus, dass sich das Deutsche Reich aus Sicht Lagardes ausdehnen müsse und der Krieg eine positive Sache sei (Stern, S. 97). Was die Bildungstheorien von Lagarde angeht, findet sich als ein Grundgedanke, dass Demokratie und Bildung sich ausschließen – verbunden mit der Klage über die fortschrittliche demokratische Erziehung (Stern, S. 100). Direkt bekämpft Lagarde das Ideal der allgemeinen Bildung für alle. Der Kern besteht laut Stern für Lagarde darin, „dass man einigen wenigen eine umfassende Bildung zukommen ließ, während die überwiegende Mehrheit des Volkes sich mit einer Unterweisung in den Elementarfächern begnügen sollte" (Stern, S. 102).

Als Beleg für die Abwendung vom Humanismus und die Hinwendung zum deutschen Nationalismus dient Stern auch die 1890 von Wilhelm II. einberufene Konferenz zur Erneuerung des Erziehungswesens in Deutschland, zu der Lagarde allerdings nicht eingeladen wurde (Stern, S. 110). Stern verweist darauf, dass Alfred Rosenberg 1934 in einer an Adolf Hitler gerichteten Rede auf dem Parteitag der NSDAP Lagarde ausdrücklich neben Goethe, Hölderlin, Wagner und Chamberlain als Vordenker der Theorien und Ansichten Hitlers in Anspruch nimmt (Stern, S. 111).

Die scharfe Kritik Sterns an Lagarde regt dazu an, sich mit einem noch heute in Deutschland vertriebenen Buch Lagardes genauer zu beschäftigen. 1994 erschien in einem ominösen „Verlag der Freunde" (Berlin, Postfach) ein Neudruck von Lagardes Buchs „Deutsche Schriften"[1025].

Schon im Einleitungsteil „Über die gegenwärtigen Aufgaben der deutschen Politik" äußert sich Lagarde in schärfster Form gegen das Judentum und die einzelnen Juden. Hier sei nur eine kurze Auswahl antisemitischer Passagen vorgestellt. Es wird erklärt: „Die Juden haben nie irgendwo in der Geschichte sich der Zuneigung ihrer Mitmenschen zu erfreuen gehabt." Für Lagarde ist allerdings nicht die Geschichte, sondern die Natur die Ursache der Verdorbenheit der Juden (Lagarde, S. 11). Zwar akzeptiert er im Prinzip Ausnahmen für seinen Antisemitismus, dennoch heißt es: „Trotzdem hat das jüdische Volk nicht einen einzigen bedeutenden

---

Petersen, Peter: Die erziehungswissenschaftlichen Grundlagen des Jenaplanes im Lichte des Nationalsozialismus, in: Die Schule im nationalsozialistischen Staat. Ein Volk. Ein Reich. Eine Schule. Für Volksgemeinschaft und Führertum, 11. Jg. (1935), Heft 6, S. 1–5 und Petersen, Peter: Der Jena-Plan einer freien allgemeinen Volksschule. Kleiner Jena-Plan, 7./8. durchgesehene und erweiterte Auflage, Langensalza/Berlin/Leipzig 1936/37.

[1021] „Gewiss ist die Judenfrage auch eine Rassenfrage, aber kein ideal gesinnter Mensch wird je leugnen, dass der Geist auch die Rasse überwinden kann" (Lagarde, Paul de: Ausgewählte Schriften, 2. vermehrte Auflage, München 1934, S. 223).

[1022] Lagarde, Paul de: Deutsche Schriften, 3. Auflage, München 1937, S. 421 f.

[1023] Lagarde, Paul de: Deutsche Schriften, 3. Auflage, München 1937, S. 30 ff.

[1024] Lagarde, Paul de: Ausgewählte Schriften, 2. vermehrte Auflage, München 1934, S. 239.

[1025] Lagarde, Paul de: Deutsche Schriften, Berlin 1994.

Mann hervorgebracht, wenn man allenfalls Spinoza ausnimmt“ (Lagarde, S. 12). Lagarde, der von „jüdischem Rassenhochmut“ spricht (Lagarde, S. 13), entwickelt dann seine politischen Ideen zum Ausschluss der Juden vom Staatsleben. Religiöse Begründungen lehnt er eindeutig ab, völkisch-nationalistische Argumentationen stehen im Vordergrund: „Juden dürfen am Staatsleben nicht teilnehmen, wann und weil sie unfähig dazu sind: einen andern Grund, sie auszuschließen, gibt es nicht.“ Ein weiteres Argument Lagardes lautet: „Aber es ist unmöglich, eine Nation in der Nation zu dulden. Und eine Nation sind die Juden“ (Lagarde, S. 14).

Auf über vierhundert Seiten entwickelt Lagarde Fragen des Verhältnisses von Politik und Religion und der Religion der Zukunft und beschäftigt sich weiter mit der Klage über die deutsche Jugend, der angeblich der Idealismus fehle. Er formuliert aus seiner Sicht Prinzipien für die nächsten Aufgaben deutscher Politik. Im Punkt über das Programm einer konservativen Partei Preußens (Lagarde, S. 345 ff.) geht Lagarde erneut auf die „Judenfrage“ ein. Hier wird die Behauptung aufgestellt, dass „sie wenigstens in Europa die Herren der Nichtjuden sind“. Die Juden seien „Träger der Verwesung“. Es ließe sich nicht bestreiten, dass die Juden „eine Nation ausmachen“ (Lagarde, S. 345). Der Jude habe nichts in Europa bewegt, einem jüdischen Herz sei nichts „entquollen“, was irgendeine Erfindung gewesen sein, und so reiht Lagarde ein negatives Adjektiv an das andere. Er verkündet, dass der Jude

> *„uns fremd (ist), und weil er uns fremd ist, erzeugt er in unsrem Körper Eiterung. Es ist zweifellos nicht statthaft, dass in irgendeiner Nation eine andere Nation bestehe: es ist zweifellos geboten, diejenigen, welche sogar nach des Notabeln Th. Mommsen Urteile von jeher die Dekomposition befördert haben, zu beseitigen: es ist das Recht jedes Volkes, selbst Herr auf seinem Gebiete zu sein, für sich zu leben, nicht für Fremde.“* (Lagarde, S. 346 f.)

Lagarde wendet sich dagegen, dass Deutschland „verjudet“: „Wie sehr Deutschland schon verjudet ist, erkennen jetzt endlich alle, welche von der Krankheit nicht mit erfasst sind, deutlich genug“ (Lagarde, S. 347). Weiter heißt es:

> *„Mit der Humanität müssen wir brechen: denn nicht das allen Menschen Gemeinsame ist unsere eigenste Pflicht, sondern das nur uns Eignende ist es. (...) Deutschland ist nun einmal das Herz Europas. Können die Konservativen Preußens in der angegebenen Weise die Aufgabe, das Judentum zu zerstören, für Preußen lösen, so ist sie für Europa gelöst. Und gelöst muss sie werden, sonst wird Europa zu einem Totenfelde. (...) Weil die konservative Partei diesen Prinzipien folgt, darum ist gerade sie berufen, mit den Juden fertig zu werden. In das jetzige, Altensteinische, Falkische Preußen die Juden hineinnehmen, heißt Preußen zu Palästina machen: in* ***unser*** *Preußen sie hineinnehmen, heißt sie durch ihre Neugeburt beseitigen. Und fort müssen sie.“* (Lagarde, S. 348 ff., Hervorhebung im Original)

So zeigt sich, dass die Schrift Lagardes nicht einfach nur nationalistisch und chauvinistisch, kriegsverherrlichend ist, sondern auch unversöhnlichen Antisemitismus enthält.

Julius Langbehn: „Rembrandt als Erzieher“

Ein Jahr vor dem Tod Lagardes erschien 1890 (zunächst anonym) Julius Langbehns Werk „Rembrandt als Erzieher“. Langbehn verstand sich, wie Fritz Stern herausstellt, als ein Schüler Lagardes. Sein etwas verworrenes Buch, mit viel Hass gegen die Naturwissenschaften und einer Betonung eines „Kults der Jugend“ (Langbehn, in: Stern, S. 162), fordert sowohl nationalistisch als auch antisemitisch, dass die Kunst die Erlösung bringen und auf die Erlösung folgen würde (Langbehn, in: Stern, S. 170). Langbehn schreibt über die „Ausrottung“ aller assimilierten Juden:

> *„Sie sind ein Gift für uns; und müssen als solches behandelt werden. (...) Sie sind demokratisch gesinnt; es zieht sie gern zum Pöbel; sie sympathisieren überall mit der Fäulnis.“* (Langbehn, in: Stern, S. 176)[1026]

[1026] Langbehn, Julius: Rembrandt als Erzieher. Von einem Deutschen, 33. Auflage, Leipzig 1891, S. 284.

Und an anderer Stelle:

> *„Deutschland für die Deutschen. Ein Jude kann so wenig zu einem Deutschen werden, wie eine Pflaume zu einem Apfel werden kann.“* (Langbehn, in: Stern, S. 176)[1027]

Die Juden seien jetzt zu Unterdrückern geworden, während sie zu Lessings Zeiten selbst noch unterdrückt gewesen seien (Langbehn, in: Stern, S. 176). Langbehns Bilder sind kraftvoll und eindeutig:

> *„Die Juden sind für uns nur eine vorübergehende Pest und Cholera.“* (Langbehn, in: Stern, S. 177)[1028]

Langbehn erinnert daran, dass bei den Jesuiten vor der Aufnahme in den Orden die Abstammung über fünf Generationen überprüfen werde und fordert eine solche Überprüfung auch als Voraussetzung für die Zuerkennung der deutschen Staatsbürgerschaft (Stern, S. 177). Die Heftigkeit der Angriffe gegen die Juden füllen in seinem Buch „Rembrandt als Erzieher“ nur wenige Seiten, waren aber von großer Bedeutung für die Einbeziehung Langbehns in die Ahnengalerie des NS-Regimes. Für ihn ist der Bauer das Urdeutsche, während der Professor eher das Gekünstelte darstellt. So schreibt er: „Es kann am Ende doch noch sein, dass der Bauer den Professor totschlägt; dass das Urwüchsige in der Natur des Deutschen das Gekünstelte in derselben überwiegt und überwindet“ (Langbehn, in: Stern, S. 183).[1029] Langbehn knüpft an die „deutsche Sendung“ an, wie sie bei Emanuel Geibel 1861 (Deutschlands Beruf, 1861) mit den Worten „Und es soll am deutschen Wesen einmal noch die Welt genesen“ zum Ausdruck kommt (Langbehn, in: Stern, S. 186).

Das Buch war ein Erfolg. Bis zum Ende des Zweiten Weltkriegs wurden insgesamt 150.000 Exemplare verkauft (Stern, S. 192). Schon zu seiner Zeit wurde das Buch als chauvinistisches und antisemitisches Pamphlet kritisiert, blieb jedoch eins der zentralen Kernstücke dessen, was Herman Nohl mit „deutscher Gesinnung“ beschrieben hat. Langbehn galt in seiner Zeit, wenn auch umstritten, als Prophet, als „Praeceptor Germaniae“ (Stern, S. 205). Er war, so Stern, eine Art Bindeglied zwischen den Radau-Antisemiten und bestimmten elitären Kreisen der deutschen Gesellschaft (Stern, S. 209). So war der „Rembrandtdeutsche“ etwa auch von großer Bedeutung für den Wandervogel:

> *„Der Rembrandtdeutsche war gleichsam das Urbild des Wandervogels und aller jener völkischen Bewegungen, die hofften, die Vorherrschaft des Verstandes brechen und eine lebenskräftige, volks- und urtümliche Gesellschaft ins Leben rufen zu können.“* (Langbehn, in: Stern, S. 220)

Auch hier macht es Sinn, Sterns Kritik an Langbehn als Anregung zu verstehen, sich mit dem für die Geschichte der Pädagogik so entscheidenden Buch „Rembrandt als Erzieher“[1030] genauer auseinanderzusetzen. Langbehn versteht sich als Volkserzieher und schreibt:

> *„Der monarchische Beruf des deutschen Volkes wird durch das Wort Volk – folk – selbst ausgedrückt; denn dieses bedeutet ursprünglich Gefolge; zu einem Gefolge aber gehört notwendig ein Führer.“* (Langbehn, S. 175)

Hier findet sich auch schon die zwiespältige Rückbesinnung auf Blut einerseits und auf „deutsche Gesinnung“ andererseits. Im Abschnitt „Preußische Blutmischung“ (Langbehn, S. 182 ff.) heißt es: „Es ist keine Frage, dass in Preußen teils als slawische, teils als jüdische und französische Blutbeimischung, ein undeutsches Element vorhanden ist“. Langbehn fordert eine „Ahnenprobe zwar nicht auf rein deutsches Blut, aber auf rein deutsche Gesinnung“ (Langbehn, S. 183). Der Gedanke der Volksgemeinschaft – gegen die Sozialdemokratie gerichtet – ist ein Kernstück seiner Argumentation:

[1027] Langbehn, Julius: Rembrandt als Erzieher. Von einem Deutschen, 49. Auflage, Leipzig 1909, S. 348 ff.

[1028] Langbehn, Julius: Der Rembrandtdeutsche. Von einem Wahrheitsfreund, Dresden 1892, S. 184.

[1029] Langbehn, Julius: Rembrandt als Erzieher. Von einem Deutschen, 33. Auflage, Leipzig 1891, S. 227.

[1030] Langbehn, Julius: Rembrandt als Erzieher. Von einem Deutschen, 77.–84. Auflage, Leipzig 1922.

„Der besitz- und friedlose Pöbel muss wieder in Volk verwandelt werden! (...) Natürlich kann das nur auf nationaler Basis geschehen." (Langbehn, S. 224)

Zur deutschen Erziehung erfährt man: „Zur Erziehung gehört die Rute!" (Langbehn, S. 272).

Langbehn fordert eine Erziehung „für eine edle Minderheit der Nation. (...) Endlich müsste die Schülerzahl auf eine Minorität wirklich begabter Kinder von einheimischer Abstammung beschränkt werden; (...) Das Gymnasium wird wieder dadurch zu dem gemacht, was es ursprünglich in Deutschland war, eine Minoritätsschule" (Langbehn, S. 314 f.). In etwas derberer Form werden hier Gedanken entwickelt, die letztlich auch bei Spranger ihren Niederschlag fanden.

Für den Antisemitismus Langbehns ist eine Theorie der „zweierlei Juden" kennzeichnend, die später in breiten Teilen des deutschen Bürgertums noch vorhanden war und sich vom rassistischen Antisemitismus des NS-Regimes unterscheidet. Indem er „edles und unedles Judentum" unterscheidet, bekommt sein Antisemitismus eine besondere Wucht in der Gegenwart, denn den „edlen Juden" gab es für Langbehn nur früher, der „unedle Jude" dagegen herrsche heute. So konnte Langbehn sein Problem lösen, dass Rembrandt Hochachtung für „frühere" Juden empfand. Aber das seien „echte Juden" gewesen, die modernen Juden seien ganz anders. Er erklärt, es sei eben ein weiter Weg „von Abraham, Hiob, Jesajas, dem Psalmisten, bis zu den heutigen Börsenjobbern", und er stimmt ein wahres Loblied auf Männer wie Börne und Spinoza, die gebildeten Juden der Vergangenheit, an. All diesen stellt er den „Durchschnittsjuden" (Langbehn, S. 362) entgegen: „Der Deutsche, der das gute Judentum so oft anerkannt hat, wird sicherlich auch das niederträchtige Judentum zu strafen wissen" (Langbehn, S. 363). Ausdrücklich wendet sich Langbehn gegen die plebejischen Antisemiten und spricht sich für einen aristokratischen Antisemitismus aus (Langbehn, S. 363), um jedoch auf die Gegenwart bezogen zu formulieren: „Das deutsche Volk hat ein Recht, mauschelnde Literaturgrößen von heute zur Tür hinauszubefördern" (Langbehn, S. 363), und man erfährt, dass das deutsche Theater sich „überwiegend in den Händen moderner Juden" befände, „unfruchtbar, trivial und teilweise unzüchtig" geworden sei. „Hier tun scharfe Mittel Not!" (Langbehn, S. 364). Zu den Besonderheiten der Ideen Langbehns gehört die Integration von Kunst, Krieg und Religion. Und er beschwört „das Zusammenwirken von Kreuz und Schwert; also im tieferen Sinne dasjenige von Kunst und Krieg, von Christentum und Deutschtum" (Langbehn, S. 369).

Die Erziehungswissenschaftler in Deutschland könnte es nachdenklich stimmen, dass Stern pointiert die Auswirkungen dieser völkischen Ideologie auf Lehrerschaft und Schule herausstellt:

„Tausend Lehrer im republikanischen Deutschland, die in ihrer Jugend Lagarde und Langbehn gelesen und verehrt hatten, waren für den Sieg des Nationalsozialismus mindestens ebenso wichtig wie die Millionen von Mark, die Hitler von den deutschen Großindustriellen erhielt." (Stern, S. 344)

b) Die Ideologie vom „Dritten Reich" vor 1933 (Moeller van den Bruck), die sogenannte „konservative Revolution" und die Problematik des Begriffs „konservativ"

Als Ernst Krieck zur Jahreswende 1931/32 „Heil dem Dritten Reich!" ausrief, wurde dies, sicherlich nicht zu Unrecht, als Unterstützung der NSDAP eingeschätzt. Allerdings: Der Begriff „Drittes Reich" hatte zu diesem Zeitpunkt auch eine andere Bedeutung. Nach dem Ersten Weltkrieg verdichteten sich die Vorstellungen verschiedener nationalistischer Intellektueller, nach dem ersten Reich Karls des Großen und dem zweiten Reich Bismarcks nun ein „Drittes Reich" zu schaffen. **Arthur Moeller van den Bruck** schrieb 1922 ein Buch mit dem gleichnamigen Titel, „Das dritte Reich"[1031] wurde zum geflügelten Wort. Moeller van den Bruck wurde die führende Persönlichkeit einer rechtsnationalistischen Bewegung, die sich aus verschiedenen

[1031] Moeller van den Bruck, Arthur: Das dritte Reich, 3. Auflage, Hamburg 1931.

Quellen speiste und als „konservative Revolution" bekannt wurde. Er begrüßte, dass die deutsche Sozialdemokratie 1914 national geworden sei und nun eben auch etwas Preußisches an sich habe (Stern, S. 242). Er formuliert „mit dickfelliger Brutalität", wie Fritz Stern sich ausdrückt:

> *„Will man einen Pesthaufen aus der Menschheit machen? (...) Krieg ist seither noch immer der Ausdruck für den Kampf ums Dasein gewesen."* (Moeller van den Bruck, in: Stern, S. 244)[1032]

Stern verweist darauf, dass auch Thomas Mann 1915 den Ersten Weltkrieg begeistert begrüßt hatte (Stern, S. 249).[1033] Moeller van den Bruck verwendet auch den Begriff des Sozialismus, verstand darunter aber eine Ideologie des Gesundstoßens auf Kosten anderer Völker: „ein Sozialismus, der mit einer Expansion beginnen und durch Imperialismus zu nationaler Einheit und Wohlfahrt führen sollte" (Stern, S. 266) – so formuliert es Stern.

Stern schildert auch das Zusammentreffen von Moeller van den Bruck mit Hitler, wobei Moeller van den Bruck enttäuscht festgestellt haben soll: „Er verstand nicht, seinen Nationalsozialismus geistig zu unterbauen" (Moeller van den Bruck, in: Stern, S. 285).[1034] Kurz, den Akademikern und Intellektuellen um Moeller van den Bruck sei Hitler zu primitiv gewesen.[1035] Moeller van den Bruck zu verstehen, hilft wesentlich, auch jene deutsch-nationalistischen und antisemitischen Kräfte genauer einordnen zu können, die, aus intellektuellen Kreisen kommend, sich später um die Zeitschrift „Das Gewissen" gruppierten und, wie Stern feststellt, sowohl den „Stahlhelm" als auch Teile der SA beeinflussten. Antikommunismus und Antisemitismus verknüpfte Moeller van den Bruck bereits in seinem Buch „Das dritte Reich", wenn es gegen Marx gerichtet heißt, er habe „als Jude kein Vaterland" besessen (Moeller van den Bruck, in: Stern, S. 306).[1036]

Moeller van den Bruck beging bereits 1924 Selbstmord, aber sein Einfluss auf die führenden Intellektuellenkreise der Rechten, so Stern, könne kaum überschätzt werden. Vieles liest sich auch in der Tat wie in den Ausführungen Nohls, Sprangers, Wenigers und Petersens.[1037]

[1032] Moeller van den Bruck, Arthur: Entscheidende Deutsche, Minden ohne Jahr (1910), S. 260 f.

[1033] Mann, Thomas: Friedrich und die große Koalition (Sammlung von Schriften zur Zeitgeschichte, Band 5), Berlin 1915, S. 12 f.

[1034] Das Gewissen. Unabhängige Zeitung für Volksbildung, 5. Jg. (1923), S. 45.

[1035] Es gehört zu der Geschichte der „konservativen Revolution", dass die Nachfolger von Moeller van den Bruck, die sich auf ihn beriefen, zumindest in Teilen in erheblichen Widerspruch zum NS-Regime gerieten. Darunter war auch Rudolf Pechel, der dieses Kapitel in seinem Buch „Deutscher Widerstand", Zürich 1947, aufgearbeitet hat. Anders als Langbehn und Lagarde galt Moeller van den Bruck mit seinem Werk „Das dritte Reich" ausdrücklich nicht als Vordenker von Adolf Hitler, so sehr waren offensichtlich die geplatzten Verhandlungen zwischen Hitler und Moeller van den Bruck noch in Erinnerung. Er sei, wie Stern aus NS-Dokumenten zitiert, eben nicht „der ‚geistige Begründer' unseres nationalsozialistischen Staates" (Stern, S. 351). Siehe dazu: Rödel, Helmut: Moeller van den Bruck. Standort und Wertung, Berlin 1939, insbesondere S. 164.

[1036] Moeller van den Bruck, Arthur: Das dritte Reich, 3. Auflage, Hamburg 1931, S. 34. An anderer Stelle heißt es weiter über Marx: „Er stand als Intellektmensch außerhalb aller nationalen Bindungen. Er besaß als Jude kein Vaterland. Also versicherte er dem Proletariat, dass es gleichfalls kein Vaterland habe. Er redete ihm aus, dass ein Land und ein Volk eine Einheit bilden. (...) Er gehörte einem Volke an, das von den Vaterländern der Anderen seinen Nutzen zu ziehen pflegt. (...) Er wandte sich nicht, wie das folgerichtig gewesen wäre, gegen den Kapitalismus, den das Judentum nach Europa gebracht hatte, um so die Schuld zu sühnen, mit der seine eigene Rasse belastet war." (...) Er ist „sich über seine rassenmäßige Bedingtheit selber nicht klar gewesen. (...) Ihre Wirkung war jüdisch, indem sie zersetzend war. Er drängte sich vor, wie Juden tun, ohne Scheu, ohne irgendwelche Hemmungen, mit dem Rechte einer Wirtschaftswissenschaft, die eine Rechnung gegen bar war. Er mischte sich als Gast in das Leben seiner Wirtsvölker, von dessen überlieferungsmäßiger, leibhafter, seelischer Grundlage er nichts verstand" (Moeller van den Bruck, S. 140 f.).
Der tief sitzende Rassismus wird nicht nur bei den antisemitischen Passagen zu Karl Marx deutlich, sondern auch am Schluss des Buches: „Das Tier im Menschen kriecht heran. Afrika dunkelt in Europa herauf. Wir haben die Wächter zu sein an der Schwelle der Werte" (Moeller van den Bruck, S. 245).

[1037] Immerhin konstatiert in Bezug auf Peter Petersen Kaßner für den „Christlich-Sozialen Volksdienst Deutschlands" (CSVD), dessen Mitglied Petersen war und für den er im März 1933 für den Reichstag kandidierte: „Aber auch Moeller van den Brucks Gedanken eines Neuaufbaus des ‚Reiches' finden im Volksdienst ihren Niederschlag" (Kaßner, Peter:

Für Stern geht es darum, einen inneren Zusammenhang zwischen den „aggressiveren Nationalisten der Befreiungskriege, wie Jahn und Arndt", sowie Herder und Fichte und den von ihm vorgestellten drei Schriftstellern herzustellen (Stern, S. 329). Er schreibt zusammenfassend:

> *„Lagarde, Langbehn und Moeller gehören verschiedenen Generationen an, aber in ihrem Denken und Streben waren sie sich bemerkenswert ähnlich. Die Übereinstimmungen in ihrem Denken erlauben uns, von einem Aufstieg einer völkischen Ideologie zu sprechen."* (Stern, S. 318)

In der Auswertung der Bedeutung von Lagarde, Langbehn und Moeller van den Bruck für den Nationalsozialismus heißt es bei Stern weiter:

> *„In Wirklichkeit haben Lagarde, Langbehn und Moeller beide Seiten* [die deutsche Elite und den Nationalsozialismus] *stark beeinflusst und so eine Gemeinsamkeit zwischen ihnen geschaffen: die völkische Ideologie war eine jener Traditionen, die sowohl von der deutschen Elite wie von den Nationalsozialisten übernommen wurden."* (Stern, S. 342)

1950 erschien das Buch „Die konservative Revolution in Deutschland 1918–1932"[1038] von **Armin Mohler**, gegen das Fritz Stern zumindest teilweise polemisiert hat, ohne direkt darauf einzugehen. Mohler legte seine Arbeit 1949 als Dissertation bei Karl Jaspers vor. Im Beitrag „Zwischen Wissenschaft und Mythos. Einige Anmerkungen zu Armin Mohlers ‚Konservative Revolution'" von Helmut Kellershohn wird darauf verwiesen, dass insbesondere Nohl und Bollnow den Begriff der „Deutschen Bewegung" durch ihre Publikationen ähnlich wie Mohler geprägt haben.[1039]

Mohlers durchaus quellengesättigte Schrift schildert im Vorwort, dass insbesondere die Zeitspanne 1932 bis zum „Röhm-Putsch" 1934 für die Gemengelage der zwei Stränge, der sogenannten „konservativen Revolution" und des Nationalsozialismus, von entscheidender Bedeutung gewesen sei. Der Nationalsozialismus habe sich bis zum „Röhm-Putsch" 1934 noch in Gärung befunden und habe sich dann erst in einem weiteren Schritt zum eigentlichen Nationalsozialismus gewandelt (Mohler, S. 9). Mohler schlägt einen Bogen von den Auseinandersetzungen zwischen dem Nationalsozialismus und der sogenannten „Konservativer Revolution" in der Weimarer Republik über den „Stahlhelm" und den „Röhm-Putsch" bis hin zum versuchten Staatsstreich der Generäle und Offiziere der Wehrmacht 1944. Mohler geht davon aus, dass Hofmannsthal 1927 in seiner Rede „Das Schrifttum als geistiger Raum der Nation"[1040]

Peter Petersen: Politische und pädagogische Handlungsfelder, in: Rülcker, Tobias/Kaßner, Peter (Hrsg.): Peter Petersen: Antimoderne als Fortschritt? Erziehungswissenschaftliche Theorien und pädagogische Praxis vor den Herausforderungen unserer Zeit, Frankfurt am Main/Bern/New York/Paris 1992, S. 24).

[1038] Mohler, Armin: Die konservative Revolution in Deutschland 1918–1932. Grundriss ihrer Weltanschauungen, Stuttgart 1950.

[1039] Kellershohn, Helmut: Zwischen Wissenschaft und Mythos. Einige Anmerkungen zu Armin Mohlers „Konservative Revolution", in: Kauffmann, Heiko/Kellershohn, Helmut/Jobst, Paul (Hrsg.): Völkische Bande. Dekadenz und Wiedergeburt. Analysen rechter Ideologie (Edition DISS, Band 8), Münster 2005, S. 82.

Mohler verstarb 2003 und bekannte sich in einem der letzten Interviews unverfroren zwar als ein Gegner des Nationalsozialismus, aber als Faschist. Danach gefragt, was Faschismus für ihn sei, antwortet Mohler in diesem Interview: „Faschismus ist für mich, wenn enttäuschte Liberale und enttäuschte Sozialisten sich zu etwas Neuem zusammenfinden. Daraus entsteht, was man konservative Revolution nennt" (Kauffmann, Heiko/Kellershohn, Helmut/Jobst, Paul (Hrsg.): Völkische Bande. Dekadenz und Wiedergeburt. Analysen rechter Ideologie (Edition DISS, Band 8), Münster 2005, S. 7). Mohler, der Privatsekretär Ernst Jüngers gewesen war, wollte mit diesem Interview von 1995 und mit seinen darauf folgenden Äußerungen zeigen, dass er ein Ideologe jener Richtung ist, die heute, unter der Schirmherrschaft der Wochenzeitung „Junge Freiheit", als neu organisierte akademische Rechte bezeichnet werden kann.

In der 1993 erstmals erschienenen ideengeschichtlichen und politischen Studie „Anatomie der konservativen Revolution" (2. durchgesehene und korrigierte Auflage, Darmstadt 1995) analysiert Stefan Breuer unter anderem die zentralen Begriffe Nation, Volk, Rasse und Reich, entfaltet das Spektrum der Teilnehmer dieser Bewegung bis hin zu den Regierungen Brüning, Papen und Schleicher, um in einem abschließenden Teil den Zusammenhang herzustellen, „die Fäden zusammenzuziehen", die die Ideologen der konservativen Revolution mit den Vertretern eines neuen Nationalismus verbinden (Breuer, S. 180).

[1040] Hofmannsthal, Hugo von: Das Schrifttum als geistiger Raum der Nation, München 1927.

als Erster von der „konservativer Revolution“ gesprochen habe (Mohler, S. 18). Der Kern dieser Revolution sei das, was man die „Deutsche Bewegung“ nennt (Mohler, S. 21).

Mohler verweist ausdrücklich auf Nohl, meint aber, der Begriff der „Deutschen Bewegung“ gehe auf Karl Weinhold 1873[1041] zurück (Mohler, S. 21). Mohler spricht das Paradoxon des „intellektuellen Anti-Intellektualismus“ (Mohler, S. 28) an. Mohler bildet vier Phasen der konservativen Revolution: 1789 bis 1870, 1871 bis 1918, 1918 bis 1932 und 1933 bis 1945 (Mohler, S. 35).

Die Kriegsbegeisterung von 1914 und die Freikorps nach 1918 sind für Mohler wesentliche Bestandteile der Entstehung dessen, was er „konservative Revolution“ nennt. In dieser umfangreichen Materialzusammenstellung werden Literatur, Verlage und Zeitungen, ja selbst geographische Herkunft der Vertreter der „konservativen Revolution“ unterschieden und das Material in einer ausführlichen Bibliographie vorgestellt, die Mohler in die fünf Abteilungen der konservativen Revolution einteilt. Diese fünf Bereiche sind leicht zu erfassen. Mohler unterscheidet die völkische, die jungkonservative und die nationalrevolutionäre Bewegung, sieht auch die Überschneidungen zwischen diesen Gruppierungen und betont noch die bündische und die Landvolkbewegung.

In seinem Aufsatz „Aufruhr der Mittelschichten. Eine Auseinandersetzung mit dem ‚Tat‘-Kreis[1042] von 1931 vermerkt **Siegfried Kracauer** zunächst, dass eine Auseinandersetzung erfordert, sich über die Anschauungen von der Vernunft auseinanderzusetzen, „auf die der Tat-Kreis bekanntlich nicht gut zu sprechen ist“. Ein Kernpunkt ist dabei für ihn der Begriff „Volk“: „Sie postulieren ihn als einen unzerlegbaren Grundbegriff. Bald geht die Rede vom ‚völkischen Gesamtheitsgedanken‘, bald werden die öffentlichen Einrichtungen auf ihre ‚Volksnähe‘ geprüft. Der romantisch gebrauchte Begriff meint ersichtlich das Volk als etwas Gewachsenes.“ Er zitiert als Kernsatz die These der „konservativen Revolution“: „Ein neuer Glaube, ein neuer Mythos lösen das System des Liberalismus ab“ (Kracauer, S. 405).[1043] Der Aufsatz diagnostiziert soziologisch die Positionen des „Tat“-Kreises als Ausdruck eines bedrohten Mittelstandes.

Kurt Sontheimer legt 1959 seinen Aufsatz „Der Tatkreis“[1044] vor und konzentriert sich auf die Zeitspanne 1929–1933. Die Auflage der Zeitschrift „Die Tat“ war von 800 Exemplaren 1929 auf 30.000 Exemplare 1932 gestiegen. Für Sontheimer ist ein Merkmal des „Tat“-Kreises die Berufung auf einen zutiefst religiösen Ansatz und der ständige Versuch, Ideologien und politische Programmatik zu synthetisieren. Über den Zusammenhang der Intellektuellen mit der NSDAP heißt es in der aufschlussreichen Studie:

> *„Der NSDAP hat es, vor allem ab 1930, an Sympathisierenden aus der Schicht der Akademiker und Intellektuellen nicht gefehlt, aber darum unterschrieben diese noch lange nicht jeden Punkt des Parteiprogramms. Was ihnen am Nationalsozialismus imponierte, war seine revolutionäre, gegen den bestehenden Staat gerichtete Kraft, sein Massencharakter, der, wie man bei aller gelegentlichen Esoterik wohl wusste, in einem Zeitalter der Massen allein einen durchschlagenden Erfolg garantierte. Es gab nicht wenige, die die nationalsozialistischen Formationen gerne gewähren ließen, sich aber aus einem besonderen Elitebewusstsein oder einer ästhetisierenden Betrachtung des Politischen heraus nicht mit dem Gebrüll der Führer oder der Primitivität ihrer schriftlichen Verlautbarungen solidarisch erklären wollten. Der Nationalsozialismus war für sie eine Partei, die man zwar wählen mochte, deren Programm man aber nicht allzu ernst nahm. Tatsächlich ging ja auch in den Nationalsozialismus soviel verschiedenartiges Ideengut ein, dass die eigentliche ‚ideologische‘ Stärke der*

[1041] Weinhold, Karl: Die deutsche geistige Bewegung vor hundert Jahren. Rede zur Feier des Geburtstages Seiner Majestät des deutschen Kaisers Königs von Preußen Wilhelm I., gehalten an der Christian-Albrechts-Universität am 22. März 1873, Kiel 1873.

[1042] Kracauer, Siegfried: Aufruhr der Mittelschichten. Eine Auseinandersetzung mit dem „Tat“-Kreis (1931), in: Kracauer, Siegfried: Schriften, Band 5.2: Aufsätze 1927–1931, Frankfurt am Main 1990, S. 406, S. 407 und S. 408.

[1043] Kracauer zitiert hier den „Tat“-Mitarbeiter Zehrer.

[1044] Sontheimer, Kurt: Der Tatkreis, in: Vierteljahreshefte für Zeitgeschichte, 7. Jg. (1959), Heft 3, S. 229–260.

NSDAP gerade darin zu erblicken ist, dass sie sich auf keine fest umrissene Ideologie festlegte und festlegen ließ. " (Sontheimer, S. 253)

Die Distanz der Intellektuellen zu den Propagandisten der NSDAP wird treffend anhand eines Beitrags von Edgar Jung in der „Deutschen Rundschau" vom Juni 1932 beschrieben: „Ich habe Achtung vor der Primitivität einer Volksbewegung, vor der Kämpferkraft siegreicher Gauleiter und Sturmführer. Aber ihre Arriviertheit gibt ihnen noch nicht das Recht, sich als das Salz der Erde zu betrachten und den geistigen Vorkämpfer gering zu achten" (Jung, in: Sontheimer, S. 253)

In dieser Analyse stecken gewichtige Beobachtungen, die unabhängig von der konkreten Nähe zum „Tat"-Kreis die Haltung der vier Erziehungswissenschaftler recht genau charakterisiert. Man könnte, schrieb Sontheimer, diese Haltung der deutschen Gebildeten als „Salon-Nationalsozialismus" kennzeichnen, also eine Art Versuch, „die national-sozialistische Ideologie aus den Niederungen der Parteiversammlungen und deren Bierkellerdemagogie" emporzuheben, um sie „den deutschen Intellektuellen mundgerecht" zu machen" (Sontheimer, S. 255).

Der Blick auf die sogenannte „konservative Revolution" hat seine Tücken. Zum einen können Personen wie Spranger, Nohl, Weniger und Petersen keinesfalls direkt dieser Strömung in der Weimarer Republik zugerechnet werden,[1045] obgleich etwa durch den „Stahlhelm" und eine Reihe anderer sich als deutsch-national vorstellender Organisationen eine Fülle von Überschneidungen existierten. Die Strömung, die teilweise sogar sogenannte „nationalbolschewistische" Elemente in sich enthielt, ist ideologisch von Interesse, da sie sich eben bemühte, aus der deutschen Geistesgeschichte, aus der deutschen Bewegung eine Art Programm zu entwickeln.[1046] Der theoretische Eklektizismus führte übrigens auch zu einem politischen Zerfall, einige Anhänger des „Tat"-Kreises, wie die Anhänger der „konservativen Revolution" auch genannt wurden, schlossen sich mit wehenden Fahnen der NS-Bewegung an, andere gingen gar in den Widerstand.[1047]

Die Auseinandersetzung mit dieser Strömung kann auch von einer ganz anderen Seite her hilfreich sein. Handelte es ich hier wirklich um Konservative? In der gesamten Rezeption insbesondere Sprangers, aber auch Nohls, findet sich immer wieder, fast stereotyp, dass Spranger als „Konservativer" eingeschätzt wird.[1048] Die Kategorie „Reaktionär" findet sich kaum oder gar nicht. Für den Verlauf unserer Untersuchung ist daher die Diskussion über die Begrifflichkeit von „konservativ" und „reaktionär" von besonderem Interesse.

1958 schrieb der Wiener Historiker **Friedrich Heer**, der nach der Okkupation Österreichs durch die Nazi-Wehrmacht in der Widerstandsbewegung in Österreich tätig war, den interessan-

[1045] Allerdings kann konstatiert werden, dass Weniger im besetzten Paris eng mit Ernst Jünger verbunden war. Peter Petersen soll nach dem Bericht seines Sohns Uwe-Karsten Petersen 1939 mit ihm zusammen Ernst Jüngers „Auf den Marmorklippen" (Hamburg 1939) gelesen haben (Petersen, Uwe-Karsten: Der Jena-Plan. Die integrative Schulwirklichkeit im Bilde von Briefen und Dokumenten aus dem Nachlass Peter Petersens, Frankfurt am Main/Bern/New York/Paris 1991, S. 19). Eduard Spranger war durch die Mitgliedschaft im „Stahlhelm" in diesem Milieu nicht unbekannt.

[1046] Christian Graf von Krockow legt 1958 „eine Untersuchung über Ernst Jünger, Carl Schmitt, Martin Heidegger" mit dem Titel „Die Entscheidung (Göttingen 1958) vor, in der er solche ideologischen Zusammenhänger aufspürt.

[1047] Das Standardwerk über „Antidemokratisches Denken in der Weimarer Republik" (München 1994) von Kurt Sontheimer behandelt die „konservative Revolution" relativ knapp (Sontheimer 1994, S. 118–123). Joachim Petzold verweist in seiner Studie „Wegbereiter des deutschen Faschismus. Die Jungkonservativen in der Weimarer Republik" (Köln 1978) nach einer Analyse der einzelnen Varianten der Ideologien der „konservativen Revolution" darauf, dass es Überläufer zur NSDAP gab, bei anderen aber auch Widersprüche zur NS-Herrschaft entstanden.

[1048] Marnie Schlüter verweist in einem Aufsatz ausdrücklich auf inhaltliche Übereinstimmung von Eduard Spranger und Thesen von Moeller van den Bruck als „Vorstellungswelt der Konservativen Revolution" (Schlüter, Marnie: Die Aufhebung des humanistischen Bildungsideals. Eduard Spranger im Spektrum des Weimarer Konservativismus, in: Apel, Hans Jürgen (Hrsg.): Das öffentliche Bildungswesen. Historische Entwicklung, gesellschaftliche Funktionen, pädagogischer Streit, Bad Heilbrunn 2001, S. 317).

ten Aufsatz „Die Konservative und die Reaktion"[1049] mit an Eichendorff festgemachten Überlegungen über den Unterschied zwischen Konservativen und Reaktionären. Der Titel mag zunächst täuschen. Es handelt sich nicht um eine theoretische Analyse bisheriger Versuche, den Begriff „konservativ" vom Begriff „reaktionär" abzugrenzen. Es geht Heer vielmehr um eine teils mit viel Humor, teils mit genauer Literaturkenntnis und politischem Bewusstsein vorgetragene deutliche Trennung zwischen dem politischen Konservativen als das Positive und dem politisch Reaktionären als das Negative.

Als Kern des Konservativen ist, so Heers Pointe, die Erhaltung bestimmter Traditionen mit offenem Blick für die Zukunft zu verstehen, während das Reaktionäre „in eine gute, alte Zeit" zurückkehren will, die angeblich „besser war als die schlimme Neuzeit, die dem Teufel, der Demokratie, dem Fortschritt, der Technik verfallen ist". Die Reaktion, so die entscheidende These von Heer, der sich gründlich mit Fragen der katholischen Theologie beschäftigt hat, ist zudem „in ihrem Wesen nationalistisch" (Heer, S. 406 f.). Am Humanismus orientiert, wie Lessing oder Kant, das sei jene konservative Haltung, die für das Neue offen sei.

Eichendorff etwa habe das Heilige Römische Reich Deutscher Nation keinesfalls als Ideal gesehen, sondern verspottet: „Es bekam so lebensgefährliche Risse, dass es von Polizei wegen abgetragen werden musste" (Heer, S. 494). Es mag verwundern, dass hier ausgerechnet Eichendorff als glaubwürdiger Zeuge für das Konservative und gegen das Reaktionäre angeführt wird, aber, so zeigt die Studie, es geht keinesfalls nur um Dichtung, sondern um politische und inhaltliche Positionierung. Wesentliches nachzuweisendes Merkmal der Reaktionäre sei die Übermittlung der „schlechte(n) Botschaft von der bösen Neuzeit" (Heer, S. 495). Der Konservative hingegen sei, „im schärfsten Gegensatz zum Reaktionär, ein Mensch, der vor der Phantasie keine Angst" habe (Heer, S. 496). Man könnte nun einwenden, dass das Bild des Konservativen, das hier gezeichnet wird, überzogen sei – bei Heer ist der Konservative heiter und erotisch, der Reaktionär neurotisch und humorlos –, doch ist an den Beobachtungen Heers mehr Beachtenswertes als nur seine feuilletonistischen Pointen. Der Katholik Heer zitiert Eichendorffs Anklage an die Reaktionäre, mit der Religion ihr Spiel zu treiben, sich sozusagen hochmütig und schlau Gottes zu bedienen, ihn an sich reißen zu wollen:

> *„Gott in den Griff zu bekommen: das ist tatsächlich das offenbare Geheimnis des religiösen Betriebes des Reaktionärs. Dieser will Gott in den Griff bekommen, auf seine Herrschaft verpflichten, auf seine Fahne und Standarte. Sein Schlachtruf ist, in Literatur, Politik, Leben: ‚Gott mit uns!' "* (Heer, S. 508)

Genau diese Denkfigur wird – im Gegensatz zu den Konservativen – als Kernpunkt einer reaktionären Position fixiert.[1050]

[1049] Heer, Friedrich: Die Konservative und die Reaktion, in: Die Neue Rundschau, 69. Jg. (1958), Heft 3, S. 490–527.

[1050] Anfang der 1960er Jahre veröffentlichte Hans Kohns das Buch „Wege und Irrwege. Vom Geist des deutschen Bürgertums" (Düsseldorf 1962), in dem er das, was Nohl „deutsche Bewegung" nannte, auf knapp vierhundert Seiten einer kritischen Analyse unterzog. Krohn schlägt einen Bogen von der Zeit des Wiener Kongresses 1848 bis zum Ersten Weltkrieg und arbeitet die jeweils existierenden Gegensätze, etwa zwischen Turnvater Jahn und Heinrich Heine, kenntnisreich heraus.

Kurz danach, im Anschluss und im Kontext Kohns erschien von Hermann Glaser das Buch „Spießer-Ideologie. Von der Zerstörung des deutschen Geistes im 19. und 20. Jahrhundert" (1. und 2. Auflage 1964; 3. neue, ergänzte Ausgabe mit einem einleitenden Essay zur Wirkungsgeschichte des Buches, Köln 1974), in dem präzise die Fülle der Schlagworte der „deutschen Bewegung" aufgelistet wird. Es wird die Kultur als Fassade enttarnt und die Denkfigur „Mythos gegen Logos" genau analysiert. In einem dritten Teil, „Verdrängung und Komplex" (von der Analyse der Formel „Das deutsche Mädel" bis zu Antisemitismus und dem „Idyll") nähert sich Glaser auch psychologisch den Orgien der Irrationalität dieser Zeitspanne: „Krieg und Kunst, Gemeinheit und Schönheit werden zu auswechselbaren Begriffen; das gespaltene Wesen ist das Wesen des Kleinbürgers schlechthin. Man verehrt Goethe, aber er ähnelt dem Soldatenkönig. (…) Die Dichter und Denker werden wichtiges propagandistisches Material in der Hand der ‚Richter und Henker' " (Glaser, S. 27). Glaser setzte diese Arbeit in seinem Buch „Bildungsbürgertum und Nationalismus. Politik und Kultur im Wilhelminischen Deutschland" (München 1993) fort und entwickelt besonders im dritten Abschnitt („Spätbürgerlicher Bildungsbegriff und Nationalismus", S. 106–216) ein Bild der Entstehung des Nationalmythos von der „Gartenlaube" über das Deutschlandlied bis hin zur Sedanfeier und Bismarck.

c) Die Ideologie vom (volks)pädagogischen Nutzen des Krieges: Durch den Krieg zur Volksgemeinschaft (der Mythos „August 1914“) und die geistesgeschichtlichen Wurzeln der Kriegsverherrlichung

Der Mythos „August 1914“: Durch den Krieg zur Volksgemeinschaft

Jeffrey Verhey publizierte im Jahr 2000 die Analyse „Der ‚Geist von 1914‘ und die Erfindung der Volksgemeinschaft“[1051], die ursprünglich in englischer Sprache erschien. Das Buch deckt einen Widerspruch auf: Auf der einen Seite wird ausführlich dokumentiert, wie die Größen der deutschen Geisteswissenschaften, etwa ein Philosophieprofessor wie Rudolf Eucken, jubelnd den Ausbruch des Ersten Weltkrieges begrüßten (Verhey, S. 15). Auf der anderen Seite wird als Grundthese entwickelt, dass der „Geist von 1914“ ein politischer Mythos sei.[1052] Durch geschickte Pressezensur, vor allem aber durch das Umschwenken der Sozialdemokratie sei ein Bild gemalt worden, in dem Kriegsgegnerschaft nicht vorkommen durfte, um eben einen Mythos zu schaffen. Verhey verweist darauf, dass auch der „Geist von 1914“ nicht einheitlich gewesen sei: „Trotz aller Bemühungen der herrschenden Eliten in den Sozialisierungsinstitutionen wie den Schulen und beim Militär gab es keine unumstrittenen nationalen ‚Mythen‘ “ (Verhey, S. 23).

Auch von anderen Mythen, sei es Friedrich der Große, sei es Hermann der Cherusker, gebe es mindestens zwei Versionen in Deutschland und es gehöre zu einer soliden geschichtlichen und soziologischen Untersuchung, die verschiedenen Versionen gegenüberzustellen. Dies sei auch vor, im und nach dem Ersten Weltkrieg der Fall gewesen, es habe immer eine „Gegenöffentlichkeit“ gegeben (Verhey, S. 32). Die Billigung der Kriegskredite durch die Sozialdemokratie am 4.8.1914, so Verheys These, werde zu Unrecht als vollständige Unterstützung aller Arbeiter für den Ersten Weltkrieg umgedeutet, um die Ideologie der Volksgemeinschaft, um die Ideologie des einheitlichen Deutschlands im August 1914 auch in den späteren Jahren weiterzutragen.

In einer Auswertung von Artikeln in Tageszeitungen, die vor und während des Ersten Weltkriegs erschienen sind, sowie von Publikationen von Karl Kraus, wird deutlich, dass es auch in der Presse erhebliche Widersprüche zum Ersten Weltkrieg gab. Die Massenpsychologie der kriegsbegeisterten Deutschen im August 1914 wird nicht geleugnet, es wird lediglich bestritten, dass es ohne Widerspruch und ohne nachweisbaren intellektuellen Widerstand zu einer einmütigen Unterstützung des Ersten Weltkriegs von deutscher Seite gekommen sei. Durch eine akribische Auswertung der in Zeitungen wiedergegebenen Massenveranstaltungen wird versucht, diese Position empirisch zu untermauern. Aus dem Organ der Sozialdemokratie, dem „Vorwärts“, wird die Ansprache des deutschen Kaisers, in dem er den berühmten Satz, er kenne keine Parteien mehr, es „gibt unter uns nur noch Deutsche“, spricht, im Original zitiert. Der Kaiser erklärte, auch jene, die gegen ihn vorgegangen seien, würden die Dinge jetzt anders sehen: „(...) ich verzeihe ihnen allen. Es handelt sich jetzt nur darum, dass wir alle wie Brüder zusammenstehen, und dann wird dem deutschen Schwert Gott zum Siege verhelfen“ (Verhey, S. 118).[1053]

Im weiteren Verlauf der Studie wertet Verhey nicht nur die Presse aus, sondern untersucht auch die soziale Schichtung derjenigen, die sich freiwillig an die Front gemeldet hatten. Im Einzelnen schildert Verhey, wie im Lauf der Jahre nach 1914 die Vorstellung einer einmütigen Begeisterung aller Deutschen im August 1914 im akademischen Diskurs Fuß gefasst hat

---

[1051] Verhey, Jeffrey: Der „Geist von 1914“ und die Erfindung der Volksgemeinschaft, Hamburg 2000.

[1052] „Politische Mythen sind ein wesentlicher Bestandteil der modernen politischen Kultur. Sie bilden ein Gewebe von gemeinsamen Vorstellungen, mit deren Hilfe die Mitglieder einer komplexen Gesellschaft ein Zusammengehörigkeitsgefühl entwickeln und erhalten.“ (Verhey, S. 22)

[1053] Vorwärts. Berliner Volksblatt. Zentralorgan der Sozialdemokratischen Partei Deutschlands, 31. Jg. (1914), Nr. 208 (2.8.1914).

(Verhey, S. 217 ff.). Das, was auf theoretischem Gebiet in der Unterscheidung zwischen Gesellschaft und Gemeinschaft diskutiert wurde, war nun praktisch geworden. „August 1914“, das war die deutsche Gemeinschaft, die Gemeinschaft der Deutschen, die Gemeinschaft des Volkes. So entstand das „offizielle Narrativ des ‚Geistes von 1914‘ “ (Verhey, S. 227). In einer Analyse der Zensur nach 1914 wird auch deutlich, dass und wie dieses kollektive Narrativ von den Augustereignissen 1914 militärisch und polizeistaatlich durchgesetzt wurde. So heißt es in einer Mitteilung des Generalstabs an Zensoren: „Die geschlossene Stimmung der Parteien und die bisher einmütige Haltung der Presse für den Krieg ist für die Oberste Heeresleitung von großer Bedeutung.“ Geringste Versuche, diese zu stören, müssten „sofort auf das Energischste“ unterdrückt werden (Verhey, S. 239).[1054]

Eine Tabelle der verbotenen Zeitungen und der Anzahl der Verbote und Zensureingriffe (Verhey, S. 242 f.) zeigt eindrucksvoll, dass der Mythos vom „August 1914“ in der Tat polizeistaatlich durchgesetzt wurde. In der Folge wird analysiert, wie auch die politische Rhetorik aller Parteien, einschließlich der Sozialdemokratie, auf dieses mythische Erlebnis vom August 1914 zurückgreift. Ausgerechnet der spätere preußische Kultusminister Konrad Haenisch, der dann im Oktober 1914 auch für die Unterstützung des Ersten Weltkriegs seitens der SPD eintrat, erinnerte 1916 an diese Begeisterung: „Wäre damals nicht die deutsche Sozialdemokratie so einmütig und vorbehaltlos auf den nationalen Boden getreten, so wäre das große Augusterlebnis des deutschen Volkes (…) niemals möglich geworden“ (Verhey, S. 279). Als entscheidend beschreibt er das Erlebnis: „(…) aus vollem Herzen, mit gutem Gewissen und ohne Angst, dadurch zum Verräter zu werden (…), durfte in den brausenden Sturmgesang: Deutschland, Deutschland über alles!“ eingestimmt werden (Verhey, S. 280).[1055]

Im letzten großen Abschnitt der umfangreichen Studie werden Zahlen über die begeisterte Unterstützung des deutschen Krieges 1914 Zahlen jener Demonstrationen und Kundgebungen aus den Jahren 1918/19 gegenübergestellt, die sich gegen Militarismus und Krieg richteten, wobei es nun nach Verhey nicht um Zehntausende, sondern um Hunderttausende ging. Zentral habe sich, so die Kernthese, aus dem Augusterlebnis 1914 der Begriff der „Volksgemeinschaft“ herausgebildet. Der Verfasser verweist dabei auf die Schwierigkeiten, die Geschichte dieses Begriffs genau zu verfolgen. Ein erster Ansatz findet sich in der Schrift von Günther Mai, „ ‚Verteidigungskrieg‘ und ‚Volksgemeinschaft‘ “[1056] (Verhey, S. 346 f.). Der „Geist von 1914“ war eigentlich, so Verhey, auch das Vorbild für die Inszenierung des Tages von Potsdam, als Hindenburg und Hitler sich am 21. März 1933 die Hand gaben, um die Einheit „des alten Preußen mit dem neuen Deutschland“ zu symbolisieren (Verhey, S. 363). Eine besondere Bedeutung bei diesem Tag hatten, wie Verhey rekonstruiert, die protestantischen und die katholischen Geistlichen, also die Einheit der katholischen und evangelischen Christen. Generalsuperintendent Dibelius erinnerte bei der Eröffnung des Reichstags am 21. März 1933 an die Augustereignisse 1914 mit den Worten: Wir wollen „wieder sein, wozu Gott uns geschaffen hat, wir wollen wieder Deutsche sein!“ (Verhey, S. 364).[1057] Unter Auswertung diverser Publikationen aus der NS-Zeit wird plausibel erklärt, dass für den Mythos des NS-Regimes von der „Volksgemeinschaft“ die Erinnerung an den August 1914 einen zentralen Stellenwert hat, insbesondere in der Zeitspanne vor 1933. Im Kontext der Kriegsvorbereitung im Jahr 1939 konstatiert Verhey, dass Hitler und andere NS-Führer keine oberflächliche und

[1054] „Erlass des Chefs des Generalstabes des Feldheeres an die bundesstaatlichen Kriegsministerien und die Generalkommandos betr. die Wahrung des Burgfriedens“, in: Deist, Wilhelm (Hrsg.): Quellen zur Geschichte des Parlamentarismus und der politischen Parteien, Reihe 2: Militär und Politik, Band 1: Militär und Innenpolitik im Weltkrieg 1914–1918, Düsseldorf ohne Jahr (1970), S. 139.

[1055] Haenisch, Konrad: Die deutsche Sozialdemokratie in und nach dem Weltkriege, 4. Auflage, Berlin 1919, S. 33.

[1056] Mai, Günther: „Verteidigungskrieg“ und „Volksgemeinschaft“. Staatliche Selbstbehauptung, nationale Solidarität und soziale Befreiung in Deutschland in der Zeit des Ersten Weltkrieges (1900–1929), in: Michalka, Wolfgang (Hg.): Der erste Weltkrieg. Wirkung, Wahrnehmung, Analyse, München 1973, S. 583–602.

[1057] Verhandlungen des Reichstages. Stenographische Berichte, Band 457: 1933, Berlin 1933, S. 3.

kurze Begeisterung entfalten wollten (Verhey, S. 371). Für sie galt, so Hitler in einer Rede am 19. Juli 1940, nicht mit der Oberflächlichkeit eines Hurrapatriotismus in den neuen Krieg zu gehen, sondern „mit dem fanatischen Ernst einer Rasse, die das Schicksal kennt, das ihr bevorsteht, falls sie besiegt werden sollte" (Verhey, S. 371).[1058]

Die material- und quellenreiche Studie ist von großer Bedeutung, um Ideologiekritik mit empirischer Forschung zu verbinden und den Mythos des „August 1914" genauer zu erfassen.

Geistesgeschichtliche Wurzeln der Kriegsverherrlichung

2004 erschien der Sammelband „Geisteswissenschaftliche Pädagogik, Krieg und Nationalsozialismus"[1059], herausgegeben von **Thomas Gatzemann** und **Anja Silvia Göing**. Den Herausgebern geht es um die „geistesgeschichtlichen Wurzeln von Kriegsverherrlichung sowie die ideologiekritische Analyse der in ihrem Sog entstandenen und schon lange vor der Machtergreifung durch den NS-Staat angebahnten Erziehungs- und Bildungsvorstellungen, denen auch reformpädagogische Konzepte zuzuordnen sind" (Gatzemann/Göing, S. 7).

Im ersten Beitrag von **Winfried Böhm**,[1060] inzwischen emeritierter Professor der Universität Würzburg, der eine personelle Pädagogik, die das Individuum betont, vertritt und im Rahmen seiner katholischen Positionen eine radikale Kritik am Nationalismus und der Kriegsverherrlichung vorträgt, heißt es einleitend:

> *„Wer den wirklichen Krieg manifest als Erzieher feiern wollte, der würde heute in der Tat Schimpf und Schande einer breiten Mehrheit auf sich laden; wer den Krieg als Ideal jedoch latent für pädagogisch wertvoll hält oder ihm unbemerkt erzieherisch zuarbeitet, der scheint sich auch heute noch, horribile dictu: gerade heute wieder, des Wohlwollens eines breiten pädagogischen Publikums erfreuen zu können."* (Böhm, S. 11)

In einem forcierten Durchgang durch die Geschichte verweist Böhm darauf, dass auch ein Mann wie Herder den „Hass unter den Völkern" predigte und dass auch Hegel den Krieg als Träger des absoluten Geistes und Instrument des Staates verherrlicht habe (Gatzemann/Göing, S. 13 f.). Durch den Rückgriff auf die antinapoleonischen Kriege hätten Männer wie Fichte und Arndt den „wohltätigen Hass" und den „wahren Krieg" als Volkskrieg in die pädagogischen Überlegungen eingebracht (Böhm, S. 15 f.). Selbst Humboldt habe in seinen „Ideen zu einem Versuch, die Grenzen des Staates zu bestimmen", den Krieg als „eine der heilsamsten Erscheinungen zur Bildung des Menschengeschlechts" in die Pädagogik eingeführt und Schiller habe den Krieg als „moralisches Bad" gepriesen (Böhm, S. 16). Solche Verirrungen des pädagogischen Denkens liegen, so Böhm, auf der Linie gegenaufklärerischen Denkens. Böhm schreibt:

> *„Es handelt sich um jene Erziehung zum blinden Gehorsam und zu jener Untertanengesinnung, die, wie die von Theodor W. Adorno 1950 vorgelegten Studien über den autoritären Charakter (der Deutschen) gezeigt haben, auch noch dem Nationalsozialismus pädagogisch das Feld bestellt haben."* (Böhm, S. 17)

In der Auseinandersetzung mit einer Pädagogik des bloßen Gehorsams um des Gehorsams Willen, unter Ausschluss von Gründen oder gar unter der Diskreditierung jeglicher Pädagogik, die Gründe für Gehorsam anzugeben versucht, nimmt Böhm die Losung „Lerne vom Militär" und die Übernahme militärischer Rituale bei der Ausführung von Kommandos im Schulunter-

---

[1058] Zitiert nach: Klöss, Erhard (Hrsg.): Reden des Führers. Politik und Propaganda Adolf Hitlers 1922–1945, München 1967, S. 254.

[1059] Gatzemann, Thomas/Göing, Anja Silvia (Hrsg.): Geisteswissenschaftliche Pädagogik, Krieg und Nationalsozialismus. Kritische Fragen nach der Verbindung von Pädagogik, Politik und Militär, Frankfurt am Main/Berlin/Bern/Brüssel/New York/Oxford/Wien 2004.

[1060] Böhm, Winfried: Der Krieg als Erzieher. Die Verherrlichung des Krieges durch die Pädagogik, in: Gatzemann, Thomas/Göing, Anja Silvia (Hrsg.): Geisteswissenschaftliche Pädagogik, Krieg und Nationalsozialismus. Kritische Fragen nach der Verbindung von Pädagogik, Politik und Militär, Frankfurt am Main/Berlin/Bern/Brüssel/New York/Oxford/Wien 2004, S. 9–36.

richt aufs Korn (Böhm, S. 18 f.). In diese Traditionslinie sieht Böhm auch den einzigen Nobelpreisträger unter den deutschen Philosophieprofessoren, Rudolf Eucken, der ebenso wie Paul Natorp im Ersten Weltkrieg eine Befreiung des Tatmenschen aus der intellektuellen Verödung gesehen habe. Die Idee der „Volksgemeinschaft" sei in erster Linie in der Ideologie des Ersten Weltkrieges entstanden, in der eine Gemeinschaft begründet worden sei, die „vom Kaiser bis zum kleinsten Sozialdemokraten" die bedingungslose Einordnung in eine „Befehls- und Gehorsamshierarchie" eingefordert habe (Böhm, S. 21 f.).

Die manifeste „Kriegsverherrlichung durch die deutsche Pädagogik" ist für Böhm der Ausgangspunkt für seine Forderung, dass die Verherrlichung der Gemeinschaft gegenüber der Gesellschaft, die Geringschätzung des Lernens gegenüber dem Erlebnis und der sogenannte Kampf gegen die angebliche Verkopfung von Schule und Erziehung Themen einer kritischen Erziehungswissenschaft sein müssen (Böhm, S. 23). „Alle drei Momente sind Ausdruck eines antiintellektuellen, gegenaufklärerischen Affronts", und Böhm bezeichnet sie metaphorisch als „Trojanische Pferde einer undemokratischen Erziehung und Schule" (Böhm, S. 24).

Im abschließenden Teil über Reformpädagogik wird von Böhm insbesondere die militaristische Gemeinschaftserziehung Petersens, der aus dem völkischen Urgrunde schöpfen wollte, heftig kritisiert. Die Losung „Kopf, Herz und Hand" drohe dort, „wo sie Herz und Hand gegen den Kopf auszuspielen versucht", einer kopflosen Pädagogik den Boden zu bereiten, den Rosenberg und Hitler mit ihren Erziehungskonzeptionen dann bestens nutzen konnten (Böhm, S. 30).

Böhms Fazit lautet:

> *„Die Gefahr eines gegenaufklärerischen Denkens und damit die Gefahr einer latenten Kriegsverherrlichung in Pädagogik und Erziehung ist nicht nur ein historisches Ereignis, sondern eine permanente Bedrohung."* (Böhm, S. 32)

Andreas von Prondczynsky kritisiert in seinem Aufsatz „Kriegspädagogik 1914–1918",[1061] dass diese Zeitspanne ein „nahezu blinder Fleck der historischen Bildungsforschung" sei (Gatzemann/Göing, S. 37). Oelkers[1062] habe ebenso wie Skiera[1063] die Auseinandersetzung mit der Kriegspädagogik ausgeklammert. In seine Analyse des Aufrufs vom 4.10.1914 – bekannt geworden als „Aufruf der Dreiundneunzig", den u. a. Rudolf Eucken, Karl Lamprecht und Max Planck unterschrieben hatten – stellt Prondczynsky klar, dass hier der deutsche Militarismus positiv als Teil der deutschen Kultur dargestellt wird. In dem „Manifest der Dreiundneunzig" heißt es:

> *„Ohne den deutschen Militarismus wäre die deutsche Kultur längst vom Erdboden getilgt. Zu ihrem Schutz ist er aus ihr hervorgegangen."* (in: Prondczynsky, S. 43)[1064]

Die Vorstellung, „den Militarismus (...) offensiv bejahen zu können", fixiert Prondczynsky in seiner Darstellung der chauvinistischen Professorenpublizistik als Ausgangspunkt (Prondczynsky, S. 44). Auch die Hermeneutik werde bemüht, um der ausländischen Presse zu bescheinigen, dass sie die Deutschen „nicht verstehen" würden und man sich weigere, sie zu verstehen. Prondczynsky geht davon aus, dass sich das späte Erbe der „deutschen Einfühlsamkeitshermeneutik" auch in der Erklärung der 3.100 Hochschullehrer vom 23.10.1914 widerspiegelt

---

[1061] Prondczynsky, Andreas von: Kriegspädagogik 1914–1918. Ein nahezu blinder Fleck der Historischen Bildungsforschung, in: Gatzemann, Thomas/Göing, Anja Silvia (Hrsg.): Geisteswissenschaftliche Pädagogik, Krieg und Nationalsozialismus. Kritische Fragen nach der Verbindung von Pädagogik, Politik und Militär, Frankfurt am Main/Berlin/Bern/Brüssel/New York/Oxford/Wien 2004, S. 37–67.

[1062] Oelkers, Jürgen: Reformpädagogik. Eine kritische Dogmengeschichte, 4. vollständig überarbeitete und erweiterte Auflage, Weinheim/München 2005.

[1063] Skiera, Ehrenhard: Reformpädagogik in Geschichte und Gegenwart. Eine kritische Einführung, München 2003.

[1064] Der Aufruf ist abgedruckt in: Ungern-Sternberg, Jürgen von/Ungern-Sternberg, Wolfgang von: Der Aufruf „An die Kulturwelt!". Das Manifest der 93 und die Anfänge der Kriegspropaganda im Ersten Weltkrieg. Mit einer Dokumentation (Historische Mitteilungen, Beiheft, Band 18), Stuttgart 1996, S. 145.

(Prondczynsky, S. 45). In diesem Dokument wird die angebliche Unterstellung eines preußischen Militarismus durch das Ausland zurückgewiesen und die „selbstentsagende Pflichttreue, (...) die Manneszucht, die Treue, der Opfermut des einträchtigen freien deutschen Volkes" hervorgehoben (Prondczynsky, S. 46). Die philosophischen und erziehungswissenschaftlichen Professoren, einschließlich Friedrich Wilhelm Foerster, hatten um 1914 und danach fast einmütig das Kriegsgeschehen des Ersten Weltkriegs aus deutscher Sicht befürwortet.[1065] Auch Max Weber habe mit dem Ausruf: „einerlei wie der Erfolg ist – dieser Krieg ist groß und wunderbar"[1066] dem Chauvinismus Vorschub geleistet (Prondczynsky, S. 49). Der Pädagoge Theobald Ziegler habe 1914 in „Zehn Gebote einer Kriegspädagogik",[1067] den Krieg benutzt, um mit dem Schlagwort vom „Jahrhundert des Kindes" abzurechnen (Prondczynsky, S. 61). Der preußische Ministerialbeamte Adolf Matthias verurteilte das Buch „Das Jahrhundert des Kindes"[1068] von Ellen Key wie folgt:

> *„Es war pädagogische Stickluft, die über diesem Buche lag und in ihm atmete. Der große Krieg hat – für Deutschland wenigstens – dieser seichten Pädagogik ein rasches Ende bereitet und auf dunklem, blutgerötetem Hintergrunde das heilige Wort ‚Pflicht' widerstrahlen lassen."* (Siehe Prondczynsky, S. 61)[1069]

Prondczynsky kritisiert auch, dass selbst „im einschlägigen Handbuch der deutschen Bildungsgeschichte", das den Zeitraum von 1870 bis 1918 behandelt,[1070] keine wirkliche Analyse der Kriegspädagogik vorhanden ist (Prondczynsky, S. 65).

* * *

Die Analyse der Vordenker einzelner Elemente der NS-Ideologie könnte umfassend ausgedehnt werden. Die Rolle von Ernst Moritz Arndt, Turnvater Jahn und die Mentalität der antinapoleonischen deutschen Bewegung, wie sie Heinrich Heine aufs Korn genommen hat, insbesondere aber auch die Vordenker kolonialistischer und „arischer" Rassenideologie, die Vermischung von Botanik und Zoologie mit Pädagogik spielen in diesem Kontext eine gewichtige Rolle. Im Hinblick auf die vier Erziehungswissenschaftler wurde jedoch aus gutem Grund der Hauptakzent auf die Geschichte des Nationalismus und Militarismus gelegt. Auf diesen Gebieten liegen, so ein Zwischenergebnis, die entscheidenden ideologischen Kontinuitäten in ihren theoretischen und politischen Ausarbeitungen. Darüber jedoch wölbt sich das Dach der Irrationalität als Schutz gegen wissenschaftliche Widerlegung.

[1065] Zu Foerster siehe bei Prondczynsky S. 48 f.

[1066] Zitiert nach: Mommsen, Wolfgang Justin: Max Weber und die deutsche Politik 1890–1920, 2. überarbeitete und erweiterte Auflage, Tübingen 1974, S. 206.

[1067] Ziegler, Theobald: Kriegspädagogik und Zukunftspädagogik. Vortrag gehalten am 23. Januar 1915 im Frankfurter Lehrerverein (Bausteine Deutscher Kultur, 1. Jg., Heft 2), Mannheim 1915, S. 25–26.

[1068] Key, Ellen: Das Jahrhundert des Kindes, Weinheim/Basel 2000.

[1069] Matthias, Adolf: Krieg und Schule (Zwischen Krieg und Frieden, Band 16), Leipzig 1915, S. 23.

[1070] Berg, Christa (Hrsg.): Handbuch der deutschen Bildungsgeschichte, Band 4: 1870–1918. Von der Reichsgründung bis zum Ende des Ersten Weltkriegs, München 1991.

2. „Politik aus dem Glauben“ – Der Appell an das Irrationale

Zunächst muss klargestellt werden, dass Spranger in seinem Artikel „Politik aus dem Glauben“, in dem er den „Volkskanzler“ Hitler und den Austritt Deutschlands aus dem Völkerbund rühmt,[1071] eine Formulierung okkupiert, die keinesfalls zwingend mit Irrationalität gleichgesetzt werden kann.[1072] Es ist hier also nicht jüdische und christliche Religion oder Religion im Allgemeinen das Thema, sondern jene Vermischung von Wissenschaft und Politik mit Fragen der Metaphysik, die mit den Begriff „Irrationalität“ gekennzeichnet werden kann. Während diese Berufung auf das Irrationale (einschließlich der im Programm der NSDAP und von Hitler vorgenommenen Berufung auf ein „positives Christentum“) zwar weitgehend zum Kernbestand der NS-Ideologie gehört, kann vice versa nicht gefolgert werden, dass jede Berufung auf Irrationalität Merkmal der NS-Ideologie sei. Immerhin zeigt die folgende Zusammenfassung jedoch, dass antiwissenschaftliche Argumentationen von Wissenschaftlern ihren besonderen Stellenwert hatten, um die Ideologie und die Politik des NS-Regimes zu adeln und zu legitimieren.

Dabei zeigt sich, dass das Element des Irrationalen für verschiedene Themenbereiche eingesetzt wird – Rasse, Nation, Krieg, Führer –, so dass Überschneidungen unvermeidlich werden.[1073] So bringt **Spranger**[1074] 1937 Nation, Gott und Führer in einen untrennbaren Zusammenhang:

> *„Die Krisen und Nöte, die die deutsche Nation seit ihren Anfängen durchgemacht hat, waren sehr verschiedener Art und Herkunft. Aber Gott hat immer dafür gesorgt, dass in der Stunde der Gefahr große Männer erstarken, die in schwerem Ringen gegen innere und äußere Widerstände auf eine neue Höhe führten.“*[1075]

1933 entwickelt Spranger – aus seiner Sicht möglicherweise sogar mit kritischem Unterton – folgenden Gedanken:

> *„Vielmehr wird sich das Göttliche, Gute und Wahre, wofern es wirklich im Gewissen spricht, vermöge seiner höheren Legitimation Bahn brechen. Das können wir getrost den Führungen Gottes überlassen, in der festen Zuversicht, dass deutsche Staatsmänner vor allem sich solchen Stimmen verpflichtet*

[1071] Spranger, Eduard: Politik aus dem Glauben, in: Staats-Anzeiger für Württemberg, Jg. 1933, Nr. 263 (10.11.1933), S. 2.

[1072] Der sozialistisch orientierte Katholik Ernst Michel (der zusammen mit Franz Rosenzweig Gründungsdirektor der Akademie der Arbeit war (einer Einrichtung, die seit 1921 an der Universität Frankfurt Gewerkschaftssekretäre ausbildet), veröffentlichte gegen die sich staatsgläubig gebenden Thesen Carl Schmitts das Buch „Politik aus dem Glauben“ (Jena 1926) und verwandte diese Formulierung dann doch in einem anderen, gerade entgegengesetzten Kontext wie Eduard Spranger in der NS-Zeit (siehe dazu genauer: Motschenbacher, Alfons: Katechon oder Großinquisitor? Eine Studie zu Inhalt und Struktur der politischen Theologie Carl Schmitts, Marburg 2000, insbesondere S. 102 ff.). Walter Dirks, nach 1945 gemeinsam mir Eugen Kogon Herausgeber der „Frankfurter Hefte“, knüpfte nach 1945 ausdrücklich an Ernst Michels Publikation an.

[1073] So wird auch das deutsche Volk bereits 1930 in einen irrational-gläubigen Zusammenhang gestellt: *„Blut, Arbeit, Ordnung, Gläubigkeit.* Der Volkszusammenhang wurzelt im *Blut.*“ (Spranger, Eduard: Volkskenntnis, Volksbildung, Volkseinheit (1930), in: Spranger, Eduard: Volk, Staat, Erziehung, Leipzig 1932, S. 138, Hervorhebung im Original).

[1074] Bereits 1905 lautet Sprangers Kernthese: „Werte aber sind ihrem eigensten Wesen nach irrationale Tatsachen (…)“ (Spranger, Eduard: Die Grundlagen der Geschichtswissenschaft. Eine erkenntnistheoretisch-psychologische Untersuchung, Berlin 1905, S. 12).

[1075] Spranger, Eduard: Gibt es Gottesgeschenke an die Völker?, in: Berliner Lokal-Anzeiger. Organ für die Reichshauptstadt, 55. Jg. (1937), Nr. 308 (25.12.1937), Morgenausgabe, S. 2.

Ähnlich heißt es in einem Vortrag in Japan aus dem gleichen Jahr: „Das Führungsrecht ist ein Charisma, also eine besondere ‚Gabe Gottes‘ “ (Spranger, Eduard: Über die gegenwärtigen Formen politischer Erziehung in Deutschland (Schlussteil), in: Horn, Klaus-Peter/Ogasawara, Michio/Sakakoshi, Masaki/Tenorth, Heinz-Elmar/ Yamana, Jun/Zimmer, Hasko (Hrsg.): Pädagogik im Militarismus und im Nationalsozialismus. Japan und Deutschland im Vergleich, Bad Heilbrunn 2006, S. 125).

fühlen und ihre Sendung verstehen, als ein – vor Gott gebundenes und ihm gehorsames Gewissen.“ [1076]

An dieser Stelle wird deutlich, dass mit der in der Irrationalität begründeten festen Zuversicht, dass Gott deutsche Staatsmänner schon auf den rechten Weg leite – da sich „höhere Legitimation“ am Ende doch Bahn breche –, politische Führung bedenkenlos legitimiert und gefestigt wird: „Das können wir getrost den Führungen Gottes überlassen (...).“[1077]

Die manipulative Gewalt des Einsatzes des Irrationalen wird besonders dramatisch spürbar, wenn es gilt, Menschen in staatliche Kriegsanstrengungen einzubinden. Diesen Mechanismus bedient Spranger sehr rational, wenn er 1933 formuliert:

„Der Einzelne muss sich als Träger göttlicher Aufträge und als Empfänger göttlicher Weisungen in der Linie seiner Schicksale fühlen dürfen.“ [1078]

Ganz bewusst geht es Spranger um den Rausch, um den Kreuzzug, um den heiligen Krieg – gekleidet in die „sittliche Hingabe“. So erklärt er 1935 im Kriegsministerium:

„In den Momenten großer Entscheidungen, in denen das Schicksal die gesamte Kraft des Volkes aufruft, wird dieses gemeinsame und Allgemeine zu einer dämonischen Macht, von der auch der Einfachste sich besessen fühlt; er dient ihm mit ganzer sittlicher Hingabe, nicht im Rausch der Selbsthingabe, sondern aufgerufen zu seinem höheren Selbst. (...) Aber wenn die letzte Kraft herausgeholt werden soll, so muss noch ein Größeres dahinter wirksam werden: das ‚Dieu le veut‘ – die Überzeugung, dass es um einen Kreuzzug, einen heiligen Krieg geht. Erinnern wir uns, was Enthusiasmus heißt: von Gott erfüllt sein. Die Franzosen preisen die ‚Seelengröße‘. Aber was macht die Seele groß als die Gewissheit, im Dienst eines Gottgewollten wirken zu müssen?“ [1079]

Hier zeigt sich, allerdings nicht allein NS-spezifisch, die Bedeutung des Religiös-Irrationalen für die Kriegsführung. Auch noch 1940, in seiner Rede über „Weltfrömmigkeit“ in einer Berliner Kirche, stellt Spranger das Christentum als die „Religion des Sieges“ vor:

„Niemand wird sagen dürfen, dass das Christentum die Religion der Schwäche sei. Im Gegenteil: wenn es die Kraft gibt, im Kriege das Leben einzusetzen für sittliche Güter, die nicht bloß der Zeit gehören, dann ist es eine Religion des Sieges.“ [1080]

Diese „Religion des Sieges“ muss für den einfachen Mann nachvollziehbar heruntergebrochen werden in „Bilder, die trächtig sind von metaphysischen Gehalten“, und in diesem Sinn betont Spranger die Bedeutung der „Fahne“ als „Symbol für das Vaterland“:

[1076] Spranger, Eduard: Die Individualität des Gewissens und der Staat, in: Logos, 22. Jg. (1933), S. 171–202, hier S. 201; wortwörtlich auch in: Gesammelte Schriften, Band VIII: Staat, Recht und Politik, Tübingen/Heidelberg 1970, S. 32.

[1077] Ähnlich heißt es bei Spranger 1938: „Die Sehnsucht nach einem Führer ging lange durch die Volksseele, ehe ein Führer entstand. Seine Beglaubigung kann nur liegen in reinem Willen und in rettender Tat. Das Recht des Führers folgt aus dem Charisma, d. h. aus höherer Begnadigung, die ihm zuteil geworden ist“. Dort heißt es weiter: „Man muss den lieben Gott bitten, dass er große Künstler sendet, wie Er es ist, der große Staatslenker sendet“ (Spranger, Eduard: Kulturprobleme im gegenwärtigen Japan und Deutschland, Tokio 1938, S. 15 bzw. S. 24).

Die antiaufklärerische Grundposition Sprangers wird in seinem Aufsatz „Kulturmorphologische Betrachtungen“ deutlich. Es heißt dort: „Wo die Aufklärung beginnt, beginnt die Bewusstwerdung und die Reflexion, die die heilige Tradition auflöst. Wo die Aufklärung beginnt, beginnt die Emanzipation und der Individualismus, die unvermeidlich weiterfressen.“ (in: Die Erziehung. Monatsschrift für den Zusammenhang von Kultur und Erziehung in Wissenschaft und Leben, 12. Jg., 1936/37, Heft 12, September 1937, S. 481–497, hier S. 489).

[1078] Spranger, Eduard: Thesen zur Beurteilung des Nationalsozialismus, Manuskript, Bundesarchiv Koblenz, Nachlass Eduard Spranger N 1182, unverzeichnet, S. 4.

[1079] Spranger, Eduard: Seelische Faktoren im Kriege (Manuskript eines Vortrags im Reichskriegsministerium am 21.11.1935), Bibliothek für Zeitgeschichte in der Württembergischen Landesbibliothek, S. 22 f.

[1080] Spranger, Eduard: Weltfrömmigkeit. Ein Vortrag, Leipzig 1941, S. 38. Ganz bewusst hat Spranger nach 1945 diese Fassung entschärft. Die Passage wurde von Spranger für die Nachkriegsausgabe (Die Magie der Seele, 2. erweiterte Auflage, Tübingen 1949, S. 40) gestrichen und findet sich in der ursprünglichen Fassung von 1941 auch nicht in den „Gesammelten Schriften“ (Band IX, S. 249).

„Auch für uns gibt es noch Bilder, die trächtig sind von metaphysischen Gehalten. Wir nennen sie sogar Symbole, um anzudeuten, dass der eigentliche Sinn ‚hinter‘ ihnen liegt. So ist die Fahne Symbol für das Vaterland. Und das Vaterland ist Symbol für Werte, an denen unsere höhere sittliche Bestimmung haftet. Es bleibt folglich dabei: ohne dass wir es uns immer deutlich machen, hat auch unser Nationalbewusstsein einen religiösen und metaphysischen Kern.“ [1081]

Auch **Nohl** verweist auf den irrationalen Mythos und die neue „mythenbildende Kraft“. Auch er stellt den Zusammenhang mit der soldatischen Existenz ausdrücklich her. Die Verfälschung des Ethos zum Mythos mit Hilfe des pathetischen Stils wird deutlich:

„Solches Ethos und solcher Lebensstil ist dann aber nicht mehr in einer objektiven Schicht zu suchen, sondern auch hier sind wie in der Geschlechter-Psychologie Wirklichkeit und Ideal nicht trennbar, und auch hier wird man zurückgeführt bis in das ursprünglichste Erscheinen des rassischen Wesens in Mythos und Sage.“ [1082]

Bereits 1911/12 hatte Nohl die von ihm konstruierte „Deutsche Bewegung“ als Antwort auf Rationalismus und das „Zeitalter der Aufklärung“ dargestellt.[1083]

Nohl schreibt 1933/34 in seiner Vorlesung:

„Ein überwältigender Eindruck dieser neuen mythenbildenden Kraft ist das Wiedererscheinen des Symbolwillens. Das Symbol ist das sichtbare Zeichen eines unerschöpflichen höheren Gehalts, und es gehört keinem Einzelnen sondern immer einem Wir, – das sind seine zwei Wesenszüge. Seine Macht beruht auf einer Doppelheit, dass der Geist in ihm sichtbar wird, nicht mehr übersehbar, unmittelbar gegenwärtig und mahnend, und dass es Ausdruck und Bindung der Gemeinschaft ist. Die Fahne, der Gruß, die Nationalhymne, – das begrifflich nicht formulierbare Ziel der Gemeinschaft kommt hier in dem Medium der Phantasie fordernd und erinnernd zum Bewusstsein, redet auch ohne Worte und wird wortlos verstanden. (...) Die soldatische Existenz hat die führende Kraft des Symbols der Fahne nie vergessen, die Todesbereitschaft des Kriegers brauchte den metaphysischen Mythos zu notwendig.“ [1084]

All dies endet bei Nohl im „Schauer der metaphysischen Wirklichkeit der Volksgemeinschaft“:

„Wenn jetzt in der Morgenfrühe der Kreis junger Menschen um den Fahnenmast steht und mit dem Lied das Hissen der Flagge begrüßt, spürt jeder den Schauer der metaphysischen Wirklichkeit der Volksgemeinschaft und erfährt die formende Gewalt, die nur das Symbol besitzt.“ [1085]

Dass für Nohl die Gläubigkeit Voraussetzung für geisteswissenschaftliche Pädagogik überhaupt ist, wirft die Frage nach Nohls Begriff von Wissenschaftlichkeit auf. Jürgen Oelkers wies auf diesen Punkt nachdrücklich hin, als er mit folgendem Zitat Nohls Grundposition markierte:

„Die gesunde Dogmatik der Pädagogen beginnt mit einer radikalen Gläubigkeit an das Gesetz seiner Lebensarbeit.“ [1086]

[1081] Spranger, Eduard: Geleitwort, in: Fichte, Johann Gottlieb: Reden an die Deutsche Nation (Philosophische Bibliothek, Band 204), Leipzig ohne Jahr (1943), S. VII f.

[1082] Nohl, Herman: Charakter und Schicksal. Eine pädagogische Menschenkunde, Frankfurt am Main 1938, S. 164.

[1083] Nohl, Herman: Deutsche Bewegung und die idealistischen Systeme (1911/12), in: Nohl, Herman: Pädagogik aus dreißig Jahren, Frankfurt am Main 1949, S. 28. Weiter heißt es dort auf S. 37: „Die Aufgabe ist nicht kausal zu erklären, sondern das Endliche aus dem Unendlichen zu verstehen und zu gestalten.“ An anderer Stelle heißt es bei Nohl: „Die Reflexion zerstört das Leben, wir brauchen andere Methoden es zu erfassen“ (Nohl, Herman: Die Deutsche Bewegung. Vorlesungen und Aufsätze zur Geistesgeschichte von 1770–1830, Göttingen 1970, S. 99).

[1084] Nohl, Herman: Die Grundlagen der nationalen Erziehung. Eine Vorlesung zum Wintersemester 1933/34 (Typoskript), ohne Ort, ohne Jahr (Göttingen 1940), S. 96 f.

[1085] Nohl, Herman: Die Grundlagen der nationalen Erziehung. Eine Vorlesung zum Wintersemester 1933/34 (Typoskript), ohne Ort, ohne Jahr (Göttingen 1940), S. 97 f.

[1086] Nohl, Herman: Die Pädagogische Bewegung in Deutschland und ihre Theorie, Frankfurt am Main 1935, S. 130.

Hier handelt es sich in der Tat um eine Kernaussage, die nicht nur die militaristische und nationalistische Ausrichtung der Pädagogik, sondern generell Grundfragen der geisteswissenschaftlichen Pädagogik betrifft.

Weniger bemüht im Rahmen seiner „Militärpädagogik" ebenfalls den „heißen Glauben an die gute Sache":

> *„Die Voraussetzung für alle Kriegstheorie und für die deutsche soldatische Führerausbildung überhaupt ist der heiße Glaube an die gute Sache, an die Aufgaben der Wehrmacht, an die unzerstörbaren Kräfte der Rasse, des Volkes, des deutschen Soldatentums, an seine geistigen Fähigkeiten und sittlichen Tugenden; ferner der fanatische Wille zum Sieg und die rückhaltlose Bereitschaft zum Kämpfen und schließlich der Gehorsam, der sich dem Willen des Führers bedingungslos fügt."* [1087]

Glaube und irrationaler Optimismus werden mobilisiert:

> *„Der wahre Optimismus, zu dem es sich durchzuringen gilt, glaubt aber an die unzerstörbaren Kräfte der Rasse und des Volkes, an seine geistigen Fähigkeiten und sittlichen Tugenden, an die Gerechtigkeit der Sache."* [1088]

Es wird deutlich, dass Weniger zwar einerseits die Rassentheorie und den „Willen des Führers" im NS-Kontext bemüht, andererseits die alte Tradition des Militarismus reklamiert:

> *„Auch heute noch gehört es zu den Pflichten des deutschen Soldaten, gottesfürchtig zu sein, und das Vorhandensein metaphysischer Bindungen, die Gläubigkeit, gilt immer noch als eine Selbstverständlichkeit für den echten Soldaten, sowenig man heute fragt, woher dieser Glaube stammt und wie er sich begründet."* [1089]

Auch bei Weniger wird die metaphysische Bindung an die Gläubigkeit[1090] auf den einzelnen Soldaten zugeschnitten:

> *„Der Fahneneid blieb nicht mehr die religiöse Bestätigung eines Dienstvertrages, sondern wurde der sakrale Ausdruck für eine unauflösliche Bindung."* [1091]

Petersen argumentiert weitgehend identisch und hebt als Praktiker nachdrücklich Uniform, Fahne und Deutschlandlied als Symbole des sich Einordnens und Gehorchens hervor. Der nachfolgende längere Auszug aus seinem 1934 verfassten Aufsatz beleuchtet, wie Irrationalität durch Pathetik ästhetisch aufbereitet und zur Mobilmachung eingesetzt wird: Das „Verzücken, das aus den starrer blickenden Augen so ergriffener Menschen leuchtet" und der „beseligte Ausdruck des Gesichtes" sind für Petersen als Pädagoge nicht abschreckende Bilder, sondern Idealbilder, Teil einer Pädagogik der Unterordnung und des Gehorchens:

> *„Wer die Uniform trägt oder wen ihr Anblick ergreift, so dass er vor ihr innerlich pariert, der weiß bewusst oder unbewusst in solchem Augenblick dahinter die Tausende, welche sie tragen, um ihr Volk in besonderem Auftrag zu verteidigen, dazu ausgebildet und berufen, des Vaterlandes Ehre zu schützen an erster Stelle, ‚wenn es gilt'. Genau so werden dem anderen hinter der Fahne die Millionen*

[1087] Weniger, Erich: Die geistige Führung der Truppe. Das Ethos des deutschen Soldatentums und die Erziehung des deutschen Offiziers, ohne Ort, ohne Jahr (1942), 39-seitige Ausgabe, S. 38.

[1088] Weniger, Erich: Wehrmachtserziehung und Kriegserfahrung, Berlin 1938, S. 238.

[1089] Weniger, Erich: Die geistige Führung der Truppe. Das Ethos des deutschen Soldatentums und die Erziehung des deutschen Offiziers, ohne Ort, ohne Jahr (1942), 39-seitige Ausgabe, S. 16.

[1090] Auch nach 1945 bemüht Weniger den Glauben an die Aufgaben des deutschen Volkes in ultimativer Form: „Auch ein solcher entmythisierter Geschichtsunterricht setzt freilich einen Glauben voraus, den Glauben an die Aufgabe unseres deutschen Volkes, die ihm auch heute noch geblieben ist." Wer rein rational an Geschichte herangeht, so der Geschichtsdidaktiker Weniger, darf seiner Meinung nach keinen Geschichtsunterricht geben: „Wer in diesem Sinn nicht gläubig ist, kann keinen Geschichtsunterricht geben, mag er nun die Facultas haben oder nicht, ebenso wie der nicht christlich Gläubige keinen Religionsunterricht geben sollte." (Weniger, Erich: Geschichte ohne Mythos. Zur Neugestaltung des Geschichtsunterrichtes, in: Die Sammlung. Zeitschrift für Kultur und Erziehung, 3. Jg., 1948, S. 38 f.)

[1091] Weniger, Erich: Die geistige Führung der Truppe. Das Ethos des deutschen Soldatentums und die Erziehung des deutschen Offiziers, ohne Ort, ohne Jahr (1942), 39-seitige Ausgabe, S. 15.

seines Volkes sichtbar, welche sie zu schirmen wissen bis zum Tode, und hinter dem Liede, der Hymne jene Millionen, welche dasselbe Ideal, dieses gleiche Volk lieben und es im gleichen Liede preisen.

Aus allem zusammen genommen strömt der ***erhebende*** *Charakter aller reinen politischen Symbole. Die Individualitäten werden aufgehoben und verströmen hinein in das Ganze. So empfindet sich der Deutsche während des Deutschlandliedes im Einklang mit seinem ganzen Volke, darum herausgetragen aus seiner Vereinzelung in die Volksgemeinschaft. Individualität ist das den Menschen Begrenzende, damit auch ihn in Teilen Verengende, Beschränkende, das, was ihm immer nur gestattet, teilweise, als Glied in einem Ganzen zu sein. Wo er aber unter die Wucht politischer Symbole gerät, dort erlebt er sich eingereiht und ausgeweitet in das Ganze seines Volkes hinein, und das ist jenes Ganze, zu dem er als Glied gehört, im vollen Sinne dieses schönen Wortes so, wie ihn die neueste Theologie und von da her entworfene Politik (Friedrich Gogarten) wieder gefunden hat, dem er hörig ist, dem er gehorchen muss und auf das hin er in all seinem Tun auch horchen sollte; denn er ist als Teil aus ihm nur gelöst für eine individuale Aufgabe, im Volke und für sein Volk zu erfüllen. Erhebt ihn also die Kraft politischer Symbolik, so ist er in solchen Augenblicken entrafft in die Fülle, aus der sein Leben kam und in die es zurückfluten soll. Das aber macht ihn reicher, stärker, glücklicher. Deswegen auch das Verzücken, das aus den starrer blickenden Augen so ergriffener Menschen leuchtet, das aus der straffer werdenden Haltung der Singenden oder Lauschenden spricht, und der oftmals beseligte Ausdruck des Gesichtes noch Minuten nachher wie beim ersten Ergriffenwerden, wenn die ersten Töne vernommen werden, das Banner kommt, vorbeigeht oder hochgezogen wird, entfaltet wird, die Reihen der Marschierenden sich nahen und vorüberziehen.“* [1092]

1931 heißt es bei Petersen grundsätzlich:

„Das ist bis in unsere Tage hinein der Erzfehler aller Aufklärer gewesen, zu wähnen, des Menschen Sein und Werden bestehe auf Rationalität. Nein, es besteht auf Irrationalität.“[1093]

Auch für Petersen geht es nicht nur um Nation, Militär und Volk, er bemüht auch die Irrationalität, um die Rolle des Lehrers als Autorität festzuschreiben:

„Alle hohe, alte Rede vom Lehrer als ‚an Gottes Statt‘, als an der Eltern Statt erhält wieder ihren Sinn; wir fangen damit an, höher von unserem Stande zu denken und den Sinn eines Berufes als dessen, wozu ich berufen sein soll, zu erfassen und zu erfüllen.“ [1094]

[1092] Petersen, Peter: Psychologische Bedeutung der politischen Symbole, in: Zeitschrift für Jugendkunde, 4. Jg. (1934), Heft 1 (= Sonderheft: Die seelische Haltung der politischen Jugend), S. 12, Hervorhebung im Original.

[1093] Petersen, Peter: Allgemeine Erziehungswissenschaft, Band II: Der Ursprung der Pädagogik, Berlin 1931, S. 31.

[1094] Petersen, Peter: Führungslehre des Unterrichts, Langensalza/Leipzig/Berlin 1937, S. 144.

3. Deutscher Geist und deutsches Volk: Völkischer Nationalismus

Das Grundproblem ist zunächst, ob mit der Verwendung des Begriffs „deutsch“ schlicht eine sachliche Feststellung beabsichtigt ist oder ob dieser durchweg als positives Werturteil im Kontrast zu „undeutsch“ genutzt wird.

Parallel ist nicht zu leugnen, dass der Gebrauch und die Entwicklung der deutschen Sprache (Luthers Bibelübersetzung ins Deutsche, Entwicklung wissenschaftlicher Publikationen in deutscher Sprache, deren Verbreitung durch die Entstehung der Buchdruckkunst) durchaus als Teil eines Prozesses der Aufklärung (mit den darin enthaltenen Möglichkeiten eines entgegengesetzten Prozesses) begriffen werden können. So wie es keinen einheitlichen „Zeitgeist“ gibt, kann auch nicht von einem einheitlichen „deutschen Geist“ die Rede sein, will man nicht – um auf die nächste entscheidende Phase der deutschen Geschichte zu verweisen –, die Gegensätze zwischen Turnvater Jahn und Heinrich Heine einfach verwischen. Politisch bietet die Geschichte des Nationalismus ein doch recht unterschiedliches Bild: Der republikanische Nationalgedanke vor, während und nach 1848 wäre dann auch deutlich zu unterscheiden von jenem Nationalismus, der zur Zurückdrängung und Ausschaltung der Sozialdemokratie genutzt und am deutlichsten von Bismarck repräsentiert wurde. Dieser Nationalismus reicht bis in die Politik 1870/71 und in den Ersten Weltkrieg hinein und ist nach wie vor ein heikles Thema.[1095]

Diese Fragen der Vorgeschichte und Geschichte des Deutschen Reiches jedenfalls spielen in den Publikationen der vier Erziehungswissenschaftler eine zentrale Rolle, die im Rahmen dieser Studie vielfach nur angedeutet werden kann. Die Kombination von Irrationalität mit einem als positiv eingeschätzten deutschen Geist richtete sich von vornherein gegen eine kritische Einschätzung der deutschen Vorgeschichte und Geschichte mit ihrer Kette von militärischen

[1095] Eine unfangreiche und informative Studie über die Geschichte der Nation und die Geschichte des Nationalismus bis zum ausgehenden 20. Jahrhundert mit dem Titel „Nationen und Nationalismus. Mythos und Realität seit 1780“ (2. Auflage, Frankfurt am Main/New York 1992) legte der aus Deutschland nach England emigrierte Eric J. Hobsbawm 1989 erstmals vor. In seinem einleitenden Literaturbericht wird deutlich die Schwierigkeit der Definition nach objektiven und subjektiven Kriterien hervorgehoben und das politische Spiel mit irrationalen Konstruktionen nationaler Fragen angesprochen. Hobsbawm unterscheidet die Konstruktion der Nation und der nationalen Frage von oben von Nationalbewegungen von unten. Seine eigene Position ist, dass kein ernsthafter Historiker, der über Nationen und Nationalismus arbeitet, ein überzeugter politischer Nationalist sein kann, da, wie Renan schon 1882 feststellte, keine Nation ohne Fälschung der eigenen Geschichte auskomme (siehe: Renan, Ernest: Was ist eine Nation? und andere politische Schriften, Wien/Bozen 1995).

Ernest Gellner, auf den sich Hobsbawm unter anderem stützt, betont in seinem Buch „Nationalismus und Moderne“ (Berlin 1991) insbesondere: „Der Mensch macht die Nation“ (Gellner, S. 16); Nationen sind für Gellner kein Naturprodukt. Er beklagt, dass die Analyse des Nationalismus, trotz ihrer unbestreitbaren Bedeutung, „verhältnismäßig wenig Beachtung bei akademischen politischen Philosophen“ finde (Gellner, S. 182). Gellner wendet sich jedoch gleichzeitig auch gegen die These, dass Nation ein reines Konstrukt des Denkens sei, und besteht auf der Analyse ihrer ökonomischen und politischen historischen Entstehung.

Der amerikanische Historiker Geoff Eley, der insbesondere historische Kontinuitäten in seiner 1991 erstmals erschienenen Studie „Wilhelminismus, Nationalismus, Faschismus. Zur historischen Kontinuität in Deutschland“ (2. Auflage, Münster 1991) betont, analysiert im zweiten Abschnitt den Nationalismus und Antisemitismus in Deutschland vor 1933 unter Einbeziehung des terroristischen Potenzials gegenüber der Arbeiterbewegung.

Helmuth Plessners Studie „Die verspätete Nation“ (2. erweiterte Auflage, Stuttgart 1959) analysiert die Geschichte des bürgerlichen Geistes in Deutschland und dessen politische Verführbarkeit. Plessner, der aufgrund der jüdischen Herkunft seines Vaters aus seinem Hochschulamt entlassen wurde und emigrierte, schrieb das Buch bereits 1935. Er stand nach 1945 kurze Zeit dem Institut für Sozialforschung in Frankfurt am Main vor und wurde 1960/61 Rektor der Universität Göttingen. Plessner verweist auf die merkwürdige Verbindung des „Heiligen, Römischen und National-Deutschen“ (Plessner, S. 40), analysiert die Verwandlung von Weltfrömmigkeit in Obrigkeitsfrömmigkeit und verweist auf die Besonderheit der Geschichte, dass ausgerechnet Spanien, Italien und Deutschland an der Entwicklung des modernen Staatsbewusstseins des 17. Jahrhunderts nicht teilgenommen haben (Plessner, S. 47). Plessner zeigt auf, wie Lessing vom Aufklärer zum „Führer zu deutscher Art“ uminterpretiert wurde (Plessner, S. 68) und weist kenntnisreich darauf hin, dass die „Historie für Deutschland als ein Ersatz der fehlenden bürgerlich-politischen Tradition“ verwendet wurde (Plessner, S. 85).

Expansionen. Ein Kristallisationspunkt ist die Beschwörung des „Geistes des August 1914“ – des Geistes der nun entstandenen „Volksgemeinschaft“ im Krieg und durch den Krieg.

Wenn die Frage eines spezifischen deutschen Militarismus in einem weiteren Abschnitt gesondert behandelt wird, so bleibt der historisch gewachsene deutsche Nationalismus dennoch bei den vier Erziehungswissenschaftlern untrennbar mit der Verherrlichung des Expansionskrieges verbunden.

Der deutsche Nationalismus ist untrennbarer Teil der NS-Ideologie. Er war ein wesentlicher, wenn nicht der wesentliche Hebel, durch den die NS-Führung in der deutschen Bevölkerung eine so große Unterstützung bekam. Der deutsche Nationalismus ist viel älter als die NS-Ideologie und wiederum gilt, dass zwar jeder Vertreter der NS-Ideologie Nationalist, Verherrlicher des Deutschtums war, aber nicht jeder Nationalist automatisch und zwangsläufig NS-Apologet war oder wurde. Folglich muss die Bedeutung dieser ideologischen Komponente im Kontext der NS-Politik und NS-Propaganda herausgearbeitet werden.

Bei der Durchsicht der Schriften der vier Erziehungswissenschaftler ergibt sich, dass das deutsche Volk, der deutsche Staat, die deutsche Geschichte, die deutsche Kultur, der deutsche Geist, die „Großen Deutschen“ usw. ein durchgehendes Thema sind.

Dabei kann konstatiert werden, dass als ein Grundmuster das Ideal eines „deutschen Menschen“ angenommen und daraufhin die „Volkserziehung“ insgesamt und die Erziehung im Einzelnen ausgerichtet wurde. Diese deutsche Norm wird nicht genau definiert, sondern weitgehend vorausgesetzt. Bei Versuchen der Definition eines „deutschen Volkscharakters“ werden immer wieder Begriffe wie „deutsche Pflicht“[1096] genannt.

In einer zusammenfassenden Darstellung des völkischen Nationalismus der vier Erziehungswissenschaftler können nur exemplarische Passagen aus ihren Schriften zitiert werden, da dieses Thema sämtliche Schriften vor, während und nach der NS-Zeit durchzieht.

a) Das irrationale Element des Glaubens an Deutschland ist grundlegend und kommt treffend in der 1923 formulierten Passage **Sprangers** zum Ausdruck:

> *„Die höchste und größte Stunde des Deutschtums ist noch nicht vorüber, sie liegt noch vor uns. – In diesem Glauben reichen wir uns die Hände und geloben uns: Deutschland unsre Hoffnung! Deutschland unser Wille! Deutschland unsre Gewissheit!“* [1097]

Eine auffällige Vorstellung dieses Nationalismus besteht in jenem Denkmuster, das in der Formel „Am deutschen Wesen soll die Welt genesen“ seinen Ausdruck fand. So schreibt Spranger bereits 1926:

> *„Das alles haben nur wir Deutschen heut, weil auf uns die tragische Bestimmung liegt, die neue Weltstufe durchzukämpfen* ***für die anderen****.“* [1098]

1938, in der damaligen Terminologie den Anschluss Österreichs beschreibend, heißt es dann bei Spranger:

> *„Es ist gerade ein Jahr her, dass Österreich und das Reich sich wiederfanden.* ***Als*** *sie sich aber fanden, fühlten beide Volksteile, dass sie in einem zeitüberlegenen Sinne zueinander gehören und dass sie in der Welt eine untrennbar gemeinsame sittliche Aufgabe zu erfüllen haben.“* [1099]

[1096] So heißt es in einer frühen Schrift Sprangers: „Denn der Staat ist uns die höchste Erscheinung der Pflichtidee, solange wir ihn im deutschen Sinn verstehen. Ohne Pflichtgedanken ist bei uns kein Staat möglich“ (Spranger, Eduard: Über Erziehung zum deutschen Volksbewusstsein (1924), in: Spranger, Eduard: Volk, Staat, Erziehung. Gesammelte Reden und Aufsätze, Leipzig 1932, S. 70).

[1097] Spranger, Eduard: Der Anteil des Neuhumanismus an der Entstehung des deutschen Nationalbewusstseins (1923), in: Spranger, Eduard: Volk, Staat, Erziehung. Gesammelte Reden und Aufsätze, Leipzig 1932, S. 56.

[1098] Spranger, Eduard: Die Kulturzyklentheorie und das Problem des Kulturverfalls (1926), in: Gesammelte Schriften, Band V: Kulturphilosophie und Kulturkritik, Tübingen/Heidelberg 1969, S. 29, Hervorhebung im Original.

[1099] Spranger, Eduard: Volksmoral und persönliche Sittlichkeit (1939), in: Gesammelte Schriften, Band V: Kulturphilosophie und Kulturkritik, Tübingen/Heidelberg 1969, S. 264, Hervorhebung im Original.

Ausdrücklich und ohne Ausnahme verneint Spranger 1923 und nochmals 1932 jegliche Ideologie des Chauvinismus und jegliche imperialistische Tendenz Deutschlands.[1100]

Auch **Nohl** fixiert bereits 1915 das Recht der Deutschen auf eine Großmachtstellung. Nohl ging davon aus,

> *„dass die Behauptung unseres deutschen Wesens als einer Großmacht in der Welt ihr unerschütterliches Recht hat in dem Kulturwert des deutschen Geistes".*[1101]

Weniger sieht schon im Mittelalter die „Macht der Deutschen (...) in Übereinstimmung mit den Bedürfnissen der Menschheit schlechthin". Für Weniger waren die Deutschen bereits zu jener Zeit „die ersten Treuhänder aller (...) Anliegen des Menschen überhaupt".[1102]

Weniger bestätigt den Deutschen ausgerechnet in der NS-Zeit eine friedliche Mission:

> *„Das ist wohl das in einem besonderen Sinne Deutsche an der deutschen Soldatenerziehung, dass sie in der Erfüllung der Aufgabe der Kriegsvorbereitung zugleich so ganz auf die friedliche Einwirkung ihres Geistes auf das ganze Volk und seine männlichen Kräfte gestellt ist. So ist sie bewusst ein Werkzeug des Friedens. Imperialistische und aggressive Tendenzen lagen ihr schon damals fern."*[1103]

b) Ein weiteres typisches Merkmal des deutschen Nationalismus ist auch die Abkehr von dem in der alten griechischen Philosophie wurzelnden Humanismus. Grundpositionen zur Vorrangigkeit des Deutschen finden sich bei **Spranger** schon 1909:

> *„Als erste Quelle unsrer letzten Bildung kann nie und nimmer das Altertum angesehen werden, sondern allein die deutsche klassische Literatur und der deutsche Idealismus."*[1104]

Spranger betont bereits 1923, dass der „Grundton" des Historikers, der sich mit der „Entstehung des deutschen Nationalbewusstseins" befasse, weder das klassische Griechenland (in Sprangers Diktion „Griechheit") noch Menschheit, sondern die „Deutschheit" in diesem Akkord sei. Alles andere sei „wie ein unbegreiflicher geistiger Landesverrat".[1105]

[1100] „Die Gelüste des Eroberers haben wir so wenig gekannt, wie ein Tropfen von Chauvinismus in unserem Blute war." (Spranger, Eduard: Der Anteil des Neuhumanismus an der Entstehung des deutschen Nationalbewusstseins (1923), in: Spranger, Eduard: Volk, Staat, Erziehung. Gesammelte Reden und Aufsätze, Leipzig 1932, S. 36) Siehe auch: Spranger, Eduard: Über Erziehung zum deutschen Volksbewusstsein (1924), in: Spranger, Eduard: Volk, Staat, Erziehung. Gesammelte Reden und Aufsätze, Leipzig 1932, S. 69.

[1101] Nohl, Herman: Die Ideen in der auswärtigen Politik (1915), in: Nohl, Herman: Pädagogische Aufsätze, 2. vermehrte Auflage, Langensalza/Berlin/Leipzig 1929, S. 140.

1946 spricht Nohl davon, dass ein „jahrtausendalter Kampf um unsere deutsche Weltstellung (...) ein tragisches Ende gefunden" habe (Nohl, Herman: Manuskript zu einem Vortrag in Hildesheim 1946 ohne Titel (Auszüge), in: Blochmann, Elisabeth: Herman Nohl in der pädagogischen Bewegung seiner Zeit 1879–1960, Göttingen 1969, S. 185). Abgesehen davon, dass die Formulierung „tragisch" für das Ende des NS-Regimes alles andere als treffend ist, wird offensichtlich die Tradition der Vorgeschichte der NS-Zeit, der Kampf um die deutsche Weltstellung, gar nicht erst in Frage gestellt.

[1102] Weniger, Erich (unter dem Pseudonym Lorenz Steinhorst): Rezension: Geschichtliche Besinnung (über: Gustav Schnürer: Anfänge der abendländischen Völkergemeinschaft, Freiburg 1932 und Hermann Heimpel: Deutschlands Mittelalter, Deutschlands Schicksal, Freiburg 1933), in: Die Schildgenossen. Katholische Zweimonatsschrift, 15. Jg. (1935/36), Heft 2, S. 185.

[1103] Weniger, Erich: Die Erziehung des deutschen Soldaten, ohne Ort (Berlin), ohne Jahr (1944), S. 85.

[1104] Spranger, Eduard: Wilhelm von Humboldt und die Humanitätsidee (1909), 2. unveränderte (durch photomechanischen Druck hergestellte) Auflage, Berlin 1928, S. 497.

[1105] „*Deutschheit, Griechheit* [sic!] und *Menschheit* erschienen als eine große Identität. Aber der Historiker muss fühlen, wie der Grundton in diesem Akkord doch eben die *Deutschheit* ist. Sonst wäre das alles wie ein unbegreiflicher geistiger Landesverrat." (Spranger, Eduard: Der Anteil des Neuhumanismus an der Entstehung des deutschen Nationalbewusstseins (1923), in: Spranger, Eduard: Volk, Staat, Erziehung. Gesammelte Reden und Aufsätze, Leipzig 1932, S. 42, Hervorhebungen im Original)

Die Bildung durch die Antike sei, so **Nohl** 1925, „nur ein Notbehelf". Nun müsse ein „höheres deutsches Menschentum" erreicht werden.[1106]

c) Ein Grundmuster ist auch die Vorstellung eines geschichtlich gewachsenen Deutschtums. **Weniger**, der von „Urgestein germanischen Wesens" spricht,[1107] betont 1936 in seinem Geschichtsrückblick das Germanische:

> *„Auch in dem schmalen Bereich der Überlieferung der christlich-spätantiken Bildung ist die innere **Eindeutschung** das eigentliche Thema des Mittelalters. Die christliche Veränderung geschah bewusst, die germanisch-deutsche, von Ausnahmen abgesehen, unbewusst aus der Kraft des germanischen Blutes und aus der Fülle der deutschen Individualitäten, die gar nicht anders sein konnten als deutsch."* [1108]

Die Formulierung von der „Kraft des germanischen Blutes" verweist auf die Zunahme biologisch-rassischer Argumentationen, um das Völkische zu definieren. 1938 heißt es dann:

> *„Die geheimnisvolle Macht des Volkstums, die unzerstörbare völkische Substanz auch in der Masse der Soldaten umfasste diese mit den Eliten in einer höheren Einheit."* [1109]

So spricht auch **Nohl** von zwei Elementen des Aufbaus für das Dasein als Volk, von biologischer und geistiger Substanz:

> *„Wir suchen zunächst die Elemente des Aufbaus für unser Dasein als **Volk**: seine **biologische Substanz**, seine Gliederung in Stadt und Land, das Leben seiner Familien und das Verhältnis seiner Generationen, und seine **geistige Substanz** in Sprache, Sitte, Kunst, Fest, und in allem, was man die Heimat nennt, in Typus, Mythus und Symbol."* [1110]

Nach 1945 spricht **Weniger** nach wie vor von der „nordisch-germanischen Welt"[1111] und **Nohl** konstatiert, dass die jungen Menschen vom „nationalen Ton" angesprochen werden.[1112]

Prinzipiell für die Geisteswissenschaften betont **Spranger**, der 1938 den „Siege des Volksprinzips in der politischen Wirklichkeit" konstatiert, „eine besonders starke Nationalisierung der Geisteswissenschaften".[1113]

Als grundlegendes Resümee seiner Erkenntnisse verkündet **Petersen**: „Es gibt keine Menschenbürger, es gibt nur Volksbürger." Als Besonderheit seiner Pädagogik „im Lichte des Nationalsozialismus" stellt er 1935 die „volkstheoretische" Begründung heraus.[1114] Deutlich heißt es bei Petersen:

[1106] Nohl, Herman: Die Deutsche Bewegung in der Schule (1925), in: Nohl, Herman: Pädagogik aus dreißig Jahren, Frankfurt am Main 1949, S. 42 f.

[1107] Weniger, Erich: Rezension: „Von deutscher Dichtung und Musik". Ein neuer Band der Diltheyausgabe (über: Wilhelm Dilthey: Von deutscher Dichtung und Musik, Leipzig/Berlin 1933), in: Die Erziehung. Monatsschrift für den Zusammenhang von Kultur und Erziehung in Wissenschaft und Leben, 8. Jg. (1932/33), Heft 12 (September 1933), S. 726.

[1108] Weniger, Erich: Das deutsche Bildungswesen im Frühmittelalter, in: Historische Vierteljahrsschrift. Zeitschrift für Geschichtswissenschaft und für lateinische Philologie des Mittelalters, 30. Jg. (1936), Heft 3, S. 468, Hervorhebung im Original.

[1109] Weniger, Erich: Wehrmachtserziehung und Kriegserfahrung, Berlin 1938, S. 138.

[1110] Nohl, Herman: Die pädagogische Bewegung in Deutschland und ihre Theorie, 2. durchgesehene und mit einem Nachwort versehene Auflage, Frankfurt am Main 1935, S. 286, Hervorhebungen im Original.

[1111] „Die nordisch-germanische Welt als wirkende Welt bleibt auch heute lebendig, obwohl freilich gerade hier die mythologisierenden Übersteigerungen des Nationalsozialismus zugunsten einer gerechten und vorurteilsfreien Würdigung abgebaut werden müssen." (Weniger, Erich: Geschichte ohne Mythos. Zur Neugestaltung des Geschichtsunterrichtes, in: Die Sammlung. Zeitschrift für Kultur und Erziehung, 3. Jg., 1948, S. 46)

[1112] „Wo der nationale Ton angeschlagen wird, nehmen sie [die jungen Menschen] ihn sofort begeistert auf, sie leiden unter dem ständigen Beschimpftwerden ihres Volkes und sind in ihrem innersten Selbstgefühl verletzt." (Nohl, Herman: Die geistige Lage im gegenwärtigen Deutschland (1947), in: Pädagogik aus dreißig Jahren, Frankfurt am Main 1949, S. 258)

[1113] Spranger, Eduard: Kulturprobleme im gegenwärtigen Japan und Deutschland, Tokio 1938, S. 22.

[1114] „Die Erziehungswissenschaft, auf deren Grundlagen der Jenaplan ruht, ist die erste, welche *volkstheoretisch* begründet wurde. Wie sie sich eindeutig gegen jeden Liberalismus und Internationalismus, gegen Demokratie und

„Im Mittelpunkt ***unserer*** *geschichtlichen Auseinandersetzung steht damit als einziges Ziel: der deutsche Gedanke der völkischen Eigenart; aus ihm heraus sind Volk der Gegenwart und das Reich zu bauen."* [1115]

Die Konzentration der Aufmerksamkeit auf das Deutsche kann als ein Grundzug bei den vier Erziehungswissenschaftlern festgehalten werden.

Individualismus wandte, so auch gegen die idealistischen Theorien von der Menschheit. Es gibt keine Menschenbürger, es gibt nur Volksbürger." (Petersen, Peter: Die erziehungswissenschaftlichen Grundlagen des Jenaplanes im Lichte des Nationalsozialismus, in: Die Schule im nationalsozialistischen Staat, 11. Jg., 1935, Nr. 6, S. 3, Hervorhebung im Original)

Es versteht sich, dass auch die Geschichte der Pädagogik in Deutschland nationalistisch interpretiert wird, wenn es bei Petersen etwa über Fröbel heißt: „Ja, Friedrich Fröbel ist in seinen Werken so eingewachsen deutsch, dass sich in ihnen überhaupt keine ausländischen Einflüsse finden" (Petersen, Peter: Friedrich Fröbel. Deutschlands größter Erzieher, Gotha 1942, S. 14).

Spranger erinnert an Fröbels Schrift mit dem ungewöhnlichen Titel „Durchgreifende, dem deutschen Charakter erschöpfend genügende Erziehung ist das Grund- und Quellbedürfnis des deutschen Volkes". Fröbel bezeichnet seine Erziehungsanstalten ausdrücklich, wie Spranger hervorhebt, als ein Erzeugnis des „Deutschen Krieges" (Spranger, Eduard: Aus Friedrich Fröbels Gedankenwelt, Abhandlungen der Preußischen Akademie der Wissenschaften, Philosophisch-historische Klasse, Nr. 7, Berlin 1939, S. 30).

[1115] Petersen, Peter: Rassische Geschichtsbetrachtung, in: Heimat und Arbeit. Monatshefte für pädagogische Politik, 13. Jg. (1940), Heft 8, S. 221, Hervorhebung im Original.

4. Krieg und Militarismus: Zucht und Gemeinschaft durch Befehl und Gehorsam

Wird die Frage „Krieg und Frieden“ geschichtlich betrachtet, hatte sie – wie seit Sparta bekannt – immer eine große Bedeutung für die Erziehung der Jugend und ist neben der Ausbildung für die Arbeit eine zweite große Säule in der Geschichte der Erziehung. Die Erziehung zum Gehorsam wird im Idealbild des Soldaten verkörpert. Der Gehorsam gegenüber Gott, Kaiser und Vaterland als Dreieinigkeit – in der Familie eingeübt gegenüber dem Vater, in der Schule gegenüber dem Lehrer –, ist in der Geschichte der Pädagogik in Deutschland allemal eine feste Größe.[1116] In dieser Beziehung hatte das NS-Regime die allerbesten Voraussetzungen vorgefunden, um das „Führerprinzip“ in der Gesellschaft zu verankern und die Rolle des „bedingungslosen Gehorsams“ auf allen Gebieten durchzusetzen. Die moralische Aufladung des Gehorsams durch die Begriffe der „Pflicht“ und des „Opfers“ sind allemal keine von der NS-Ideologie geschaffenen, sehr wohl aber von ihr strapazierten Denkfiguren. Das Militär überhaupt, das Militär in Kriegshandlung im Besonderen war die Inkarnation des Dienstbegriffs. Das große Problem der Besonderheiten eines deutschen Militär- und Beamtenapparats mit spezifischen Traditionen kann nur angedeutet werden. Ohne kritischen Blick auf die Geschichte des Militärs und des Gehorsams in ihrer Bedeutung für die Pädagogik konnte dieses Element in der Ideologie des NS-Regimes weder theoretisch noch praktisch zurückgewiesen werden.

Auch hier gilt jedoch, dass nicht automatisch jeder Militarist Anhänger der NS-Ideologie als Ganzes sein musste. Er konnte gegen Euthanasie sein, möglicherweise auch gegen die Ermordung der jüdischen Bevölkerung in Europa. Aber als Militarist war er an Befehl und Gehorsam gebunden.

Jene deutschen Militärs, die großen Wert darauf legten, dass sie angeblich keine Militaristen seien, sondern den Satz von Clausewitz ernst nehmen würden, dass der Krieg nur die Fortsetzung der Politik mit anderen Mitteln sei, ein Militär zumindest ab Offiziersrang bewusst diese „Fortsetzung der Politik“ und damit die politischen Ziele des Krieges verstanden und diese unterstützt hatten, befanden sich nach dem Zweiten Weltkrieg in einem Dilemma. Ihre Verteidigung, dass sie keine Militaristen seien, beinhaltete die Einordnung als bewusste Unterstützer der Kriegsziele des NS-Regimes.

Die Beziehung zwischen der Frage des Gehorsams im Militär einerseits und der Frage des Gehorsams im sonstigen Leben andererseits ist nicht zwingend. Das reale Problem war aber,

---

[1116] 1963 erschien die umfangreiche Studie „Die Armee als Erziehungsschule der Nation“ (Bad Harzburg 1963) von Reinhard Höhn mit dem irreführenden Untertitel „Das Ende einer Idee“. Beginnend mit dem Wehrgesetz von 1814 („Das stehende Heer ist die Hauptbildungsschule der ganzen Nation für den Krieg“; Höhn, S. XLIII) über die Entwicklung der Idee, dass die Armee „Erziehungsschule der Nation“ wird, verfolgt Höhn diese Frage bis zum Ende des Ersten Weltkriegs. Dabei wird insbesondere die Haltung der Sozialdemokratie zu Armee und Krieg ausgesprochen kenntnisreich dargestellt. Die Pointe liegt hier beim Verfasser. Reinhard Höhn war SS-Oberführer bzw. Generalleutnant der Waffen-SS und Führer im SD-Hauptamt seit 1934 und leitete ab 1935 das Institut für Staatsforschung in Berlin. Sein direkter Vorgesetzter war Reinhard Heydrich. Er war also tatsächlich ein akademisch gebildeter Fachmann zur Liquidierung aller gegen das Militär und die Wehrmacht auftretenden oppositionellen Kräfte. En passant sei erwähnt, dass Peter Petersen in seiner „Führungslehre“ 1937 ausführlich Höhns damals bekannte antidemokratische Kernthese vertrat, dass die Volksgemeinschaft vor der Rechtsgemeinschaft komme und die Volksgemeinschaft über allgemeinen Wertvorstellungen stehe (siehe: Petersen, Peter: Führungslehre des Unterrichts, Langensalza 1937, S. 73 ff.).

Auch Höhns weitere Geschichte nach 1945 ist erwähnenswert. 1962 entwickelt er das „Harzburger Modell“ an der Akademie für Führungskräfte der Wirtschaft, nachdem er nach 1945 zunächst untergetaucht war. Bis zu seinem Tod im Jahr 2000 wurden nach seiner Führungslehre, eben dem „Harzburger Modell“, ca. 600.000 Führungs- und Nachwuchskräfte in Bad Harzburg instruiert. Mit Texten wie „Moderne Führungsprinzipien der Kommunalverwaltung“ (1972), „Firm im Führen“ (1978) bis hin zur Hilfe für Chefsekretärinnen mit dem Titel „Fit und froh im Büro“ (1986) setzt er seine Publikationstätigkeit fort, die in der NS-Zeit mit Titeln wie „Rechtsgemeinschaft und Volksgemeinschaft“ (1935) und „Der Soldat und das Vaterland während und nach dem siebenjährigen Krieg“ (1940) begonnen hatte.

dass nicht auf der logischen Ebene, sondern auf der als „Geist" zu umschreibenden Ebene in der Geschichte der deutschen Pädagogik beide Fragen als untrennbare Einheit begriffen und nicht getrennt gedacht und behandelt wurden. Auch dieser Punkt war ein Wesensmerkmal des NS-Regimes und seines Führerprinzips. Aber vice versa musste nicht jeder Militarist und an absolutem Gehorsam orientierter Pädagoge automatisch schon deswegen Anhänger der NS-Ideologie insgesamt sein. Allerdings: Eine solche Einstellung erleichterte gewiss wesentlich den Übergang zum überzeugten NS-Anhänger.

Bei der nachfolgenden Zusammenstellung geht es nicht um Vollständigkeit, da insbesondere Erich Weniger zur Frage der sogenannten „Militärpädagogik" umfassende Bücher verfasst hat und auch die anderen drei Erziehungswissenschaftler sehr häufig ihre Haltung zu Soldatentum, Krieg und Gehorsam ausgebreitet haben. Es soll zunächst deutlich werden, dass die Tradition des deutschen Militarismus bei allen Rückgriffen auf Friedrich den Großen, Scharnhorst und Gneisenau doch im Wesentlichen der Erste Weltkrieg war.

Es handelt sich hier nicht in erster Linie um ein theoretisches Thema, denn die der Pädagogik anvertrauten Educandi standen sowohl im Ersten als auch im Zweiten Weltkrieg vor einer lebensbedrohlichen Situation. Sie sollten freudig in den Krieg ziehen.

a) **Spranger** spricht 1915 der deutschen Schule[1117] die Aufgabe zu, „den Geist lebendig zu halten, der die Kämpfer von 1914 durchglühte, *den deutschen Geist*"[1118], und gleichzeitig schreibt er in einem Brief: „Überall nur Heroismus. Es ist eine Lust zu leben (...)." Und ohne den Widerspruch zu bemerken, setzt er hinzu: „Beklagenswert scheint mir der, der nicht mitsterben kann."[1119] Spranger berichtet auch, er habe 1914 „eine flammende Rede (...) über das sittliche Recht des Krieges" gehalten.[1120]

Der Begriff der Pflicht und des Opfers spielt eine wesentliche Rolle.[1121] Als Teil des deutschen Bildungsideals plädiert Spranger auch 1926 dafür, zur Bereitschaft zu erziehen, das „Leben zu opfern, wie es Christus selbst geopfert hat".[1122]

In der NS-Zeit knüpft Spranger an diese Mentalität an. Er schreibt 1936: „Das Leben dem Staate zu opfern ist erst möglich, wenn er ganz mit der Tiefe der eigenen Seele verwachsen ist."[1123] Noch 1943 schreibt Spranger:

[1117] Bereits 1924 heißt es bei Spranger: „Was *lernt* man in einer harten Schule? *Gehorchen und befehlen*" (Spranger, Eduard: Die Generationen und die Bedeutung des Klassischen in der Erziehung (1924), in: Gesammelte Schriften, Band I: Geist der Erziehung, Tübingen/Heidelberg 1969, S. 88, Hervorhebungen im Original).

[1118] Spranger, Eduard: Zum Geleit für 1915, in: Die Deutsche Schule, 19. Jg. (1915), Heft 1, S. 3, Hervorhebung im Original.

[1119] Spranger an Käthe Hadlich nach Beginn des Ersten Weltkriegs, zitiert in: Löffelholz, Michael: Eduard Spranger 1882–1963, in: Gall, Lothar (Hrsg.): Die großen Deutschen unserer Epoche, Berlin/Frankfurt am Main 1995, S. 94.

[1120] Spranger an Käthe Hadlich, 30.7.1914, in: Martinsen, Sylvia/Sacher, Werner (Hrsg.): Eduard Spranger und Käthe Hadlich. Eine Auswahl aus den Briefen der Jahre 1903–1960, Bad Heilbrunn 2002, S. 145.

Auch Nohl schreibt 1932 über den Ersten Weltkrieg: „Der Kriegsausbruch wirkte hier wie eine Erlösung" (Nohl, Herman: Landbewegung, Osthilfe und die nationale Aufgabe der Pädagogik (1932), in: Nohl, Herman: Landbewegung, Osthilfe und die Aufgabe der Pädagogik, Leipzig 1933, S. 6).

Und auch Weniger knüpft 1938 immer wieder am Ersten Weltkrieg an: „Aber darüber steht begeisternd und erhebend das große *Symbol Langemarck* als das Zeugnis für den Willen der Jugend zum Opfer, zum bedingungslosen Einsatz des Lebens, für ihre Tapferkeit und für die edle Form der Hingabe" (Weniger, Erich: Wehrmachtserziehung und Kriegserfahrung, Berlin 1938, S. 256, Hervorhebung im Original).

[1121] So schreibt Nohl kurz vor Ausbruch des Zweiten Weltkriegs, am 27.8.1939, an Erika Hoffmann: „(...) wenn der Krieg wirklich kommt (...), dann kann man nur an seiner Stelle still sein und seine Pflicht tun und mit dem nächsten Menschen so freundlich und innig sein, wie es einem möglich ist" (zitiert in: Blochmann, Elisabeth: Herman Nohl in der pädagogischen Bewegung seiner Zeit 1879–1960, Göttingen 1969, S. 181 f.).

[1122] Spranger, Eduard: Das deutsche Bildungsideal der Gegenwart in geschichtsphilosophischer Beleuchtung (1926), in: Gesammelte Schriften, Band V: Kulturphilosophie und Kulturkritik, Tübingen/Heidelberg 1969, S. 77.

[1123] Spranger, Eduard: Welt, Überwelt und Heimat, in: Mélanges D. Gusti. XXV Ans d'Enseignement universitaire 1910–1935 (Archives pour la science et la réforme sociales, Band 13), Bukarest 1936, S. 454.

„Wir Lebenden werden Fichtes Geist dann am treuesten bewahren, wenn alle edleren Köpfe unter uns dahin wirken, dass in unsern Bürgern wachse, reife der ‚Charakter des Kriegers', der sich zu opfern weiß für den Staat." [1124]

Dabei knüpft er bewusst an die Augusttage von 1914 an.[1125] Spranger fügt 1937 Friedrich den Großen, Kant und Adolf Hitler zusammen. Friedrich der Große sei das Sinnbild „des Dienstes" und „der große Denker Kant ist der philosophische Verkünder des kategorischen Imperativs der Pflicht". Im selben Absatz heißt es weiter: „Der Nationalsozialismus, die Bewegung Adolf Hitlers, ruft uns zu den alten Werten preußischen Dienstes an der Gesamtheit zurück." Dieses Militärische, die Ausbreitung der Uniformen, ist für Spranger „Ausdruck des Erziehungsstiles".[1126] Ausdrücklich sieht er es als seine Aufgabe an, militärische Fragen und militärische Literatur in die Erziehungswissenschaft einzuführen.[1127] Spranger hat bereits 1935 festgestellt: „(...) es wird im künftigen Kriege auch keinen Unterschied zwischen Zivilbevölkerung und eingekleideten Armeen mehr geben." Er will „auf den totalen Krieg" vorbereiten.[1128]

Bereits 1933 war für Spranger klar, dass es gelte, „den Krieg nicht nur als Vergangenheit" zu sehen, und er spricht von der „Notwendigkeit eines zweiten Aufbruches".[1129] Ausdrücklich wird 1938 die „Militarisierung der Hochschule" begründet und gerechtfertigt.[1130] Bei Spranger, aber nicht nur bei ihm, wird nun die Wehrmacht, das deutsche Heer, „der vornehmste und wichtigste Träger einer politischen Erziehung der Nation".[1131] 1941 lässt er keine Zweifel, dass er den von NS-Deutschland begonnenen Krieg unterstützt:

[1124] Spranger, Eduard: Geleitwort, in: Fichte, Johann Gottlieb: Reden an die Deutsche Nation (Philosophische Bibliothek, Band 204), Leipzig ohne Jahr (1943), S. XIV.

[1125] „Die Augusttage von 1914 werden mit Recht als eine der herrlichsten Erscheinungen der deutschen Geschichte gerühmt. Die Gemeinsamkeit einer heiligen Begeisterung, wie Fichte sie in der Rede: ‚Über den Begriff des wahrhaften Krieges' gefordert hatte, war in allen Wirklichkeit geworden." (Spranger, Eduard: Seelische Faktoren im Kriege (Manuskript eines Vortrags im Reichskriegsministerium am 21.11.1935), Bibliothek für Zeitgeschichte in der Württembergischen Landesbibliothek, S. 3)

[1126] Spranger, Eduard: Über Land und Volk Deutschlands (Vortrag im Auditorium in Matsuzaka am 7. April 1937), in: Japanisch-Deutsche Medizinische Gesellschaft (Hrsg.): Erinnerungen an die Gedenktage für Jiro Harada, den verstorbenen Gründer der Stiftung „Harada-Sekizenkai", Tokio 1937, S. 32 f.

„Und die militärische Ausbildung hat nicht das Ziel, dies oder jenes einzelne aus dem jungen Mann herauszuholen, sondern ihn ganz, mit Haut und Haar, in diese neue Welt hineinzubilden. Das erste tut schon die Uniform: man wird tatsächlich ein anderer Mensch, sobald man sie anzieht. Der vielgeschmähte Drill ist unentbehrlich; denn es soll einem etwas Neues ‚zur zweiten Natur werden'. Vieles muss automatisiert werden, damit man Kraft und Aufmerksamkeit für etwas Höheres frei bekommt. Man muss sogar eine Zeitlang aufhören, Individuum zu sein, um ganz ‚in Reih und Glied' zu existieren." (Spranger, Eduard: Jungmännererziehung unter psychologischen und nationalen Gesichtspunkten (Vortrag im Oktober 1933 in Marinestationen und am 15.2.1934 im Reichswehrministerium), in: Die Deutsche Volkskraft. Beilage zur „Deutschen Wehr". Zeitschrift für Wehrmacht und Wehrkraft, 4. Jg. (1934), Heft 11, S. 103)

[1127] „Militärische Literatur galt früher als Fachangelegenheit im strengsten Sinne. Darin beginnt jetzt eine Wandlung einzutreten, deren Ursachen verständlich sind. Wenn der Krieg aufhört, Sache der regulären Truppen zu sein, wenn die Zukunft wirklich den ‚totalen Krieg' zu bringen droht, so gehen die Bedingungen, unter denen er stehen wird oder kann, schon im Frieden jeden Denkenden an. Da ferner ‚totaler Krieg' schon viel mehr bedeutet als nur technischen Krieg, so muss *jede* Kulturarbeit unter dem Gesichtspunkt betrachtet werden, wie sie im äußersten Falle die Bewährungsprobe bestehen würde." (Spranger, Eduard: Rezension: Die Widerstandskraft im modernen Kriege, in: Die Erziehung. Monatsschrift für den Zusammenhang von Kultur und Erziehung in Wissenschaft und Leben, 12. Jg., 1936/37, Heft 3, Dezember 1936, S. 135 f., Hervorhebung im Original)

[1128] Spranger, Eduard: Seelische Faktoren im Kriege (Manuskript eines Vortrags im Reichskriegsministerium am 21.11.1935), Bibliothek für Zeitgeschichte in der Württembergischen Landesbibliothek, S. 23 f.

[1129] Spranger, Eduard: März 1933, in: Die Erziehung. Monatsschrift für den Zusammenhang von Kultur und Erziehung in Wissenschaft und Leben, 8. Jg. (1932/33), Heft 7 (April 1933), S. 404.

[1130] Spranger, Eduard: Kulturprobleme im gegenwärtigen Japan und Deutschland, Tokio 1938, S. 24.

[1131] Spranger, Eduard: Die Epochen der politischen Erziehung in Deutschland, in: Die Erziehung. Monatsschrift für den Zusammenhang von Kultur und Erziehung in Wissenschaft und Leben, 13. Jg. (1937/38), Heft 4 (Januar 1938), S. 151.

„Der Krieg ist der Vater aller Dinge. Aber jeder Krieg wird geführt im Sinne eines Gottesurteils, damit neues Recht entstehe.“ [1132]

Wenigers Position, die er in seinen umfassenden Studien entwickelt, knüpft ebenfalls an die „Frontkämpfergeneration“ des Ersten Weltkriegs an: „Als Ziel der Erziehung gilt mit Recht der heroische Mensch (...).“[1133] Da auch Weniger 1937 davon ausgeht: „Der Krieg der Zukunft wird ein vollständiger sein“, geht es auch ihm um eine Volkserziehung. Er bezeichnet die Wehrmacht als „soldatische Erziehungsschule des deutschen Volkes“[1134] und die „Vorbereitung auf den Krieg als ‚Erziehungsschule der Nation‘ “. Der Wehrwille des ganzen Volkes soll geweckt werden. Es geht Weniger um

die Aufgabe einer umfassenden sittlichen, politischen und soldatischen Erziehung in Haus und Schule, in der Jugendgemeinschaft und in den politischen Gliederungen wie in der Wehrmacht selbst. Eine solche Erziehung erweckt und entwickelt Gehorsam, Pflichtgefühl, soldatische Gesinnung aus den gegebenen Anlagen heraus. Die Wehrmachtserziehung setzt hier schon Begonnenes fort und bringt es zur Reife.“ [1135]

Wenigers Erziehungsprogramm zielt auf die Soldaten in der Wehrmacht (hier spricht er vom „Ausmerzen der verderbten Glieder“ und fordert „die rücksichtslose Säuberung der Truppe von all den Elementen, die ihre Kampfkraft lähmen“) und auf die militärische Erziehung des ganzen Volkes. Für die Soldaten sei der Krieg die „höchste Erfüllung“.[1136]

Ausdrücklich werden beide Erziehungsprogramme verknüpft. 1944 heißt es bei Weniger, an Adolf Hitler anknüpfend:

„So stellt die deutsche Führung in der Wehrerziehung alle Erziehungsmächte in den Dienst der Wehrmacht. Die soldatischen Lebensformen werden vorbereitet und aufrechterhalten unter Mitwirkung aller Einrichtungen der Volkserziehung.

Aber diesen Dienst vergilt die deutsche Wehrmacht reichlich, indem sie sich bei der Erfüllung ihrer kriegerischen Vorbereitungsaufgaben immer zugleich mit höchstem Bewusstsein ihrer Verantwortung als erzieherische Macht und als wesentliches Glied der Volkserziehung fühlt und einsetzt. In dem Zusammenwirken der Stufen und Kreise der Volkserziehung hat die aktive Dienstzeit ihren festen Platz und ihre bestimmten Aufgaben. Die Wehrmacht ist nach dem Wort des Führers die ‚letzte und höchste Schule vaterländischer Erziehung‘ und damit zugleich die letzte Stufe der Erziehung zur Mannbarkeit im Sinne der altgermanischen Überlieferung.“ [1137]

Für Weniger ist klar, dass der soldatisch erzogene deutsche Mann „auch im bürgerlichen Kleid immer den Sinn für das Soldatische bewahrt“. So beschreibt er eine „umfassende *Wehrerziehung* des ganzen deutschen Volkes“, die mit HJ, SA, Schule und Reichsarbeitsdienst

---

1132 Spranger, Eduard: Die Stimmen der Völker. Volkstum, Rechtsidee und Lebensordnung, in: DWD. Deutscher Wissenschaftlicher Dienst, Nr. 42 (20.4.1941), S. 4.

1133 Weniger, Erich (unter dem Pseudonym Lorenz Steinhorst): Höhere Schule – wozu?, in: Frankfurter Zeitung und Handelsblatt, 79. Jg. (1934/35), Nr. 186 (11.4.1935), Beilage „Für Hochschule und Jugend“.

1134 Weniger, Erich: Gedanken über den Wert von Kriegserinnerung und Kriegserfahrung, in: Militärwissenschaftliche Rundschau, 2. Jg. (1937), Heft 2 (März 1937), S. 237 f.

„Gerade die Aufgabe der Wehrmacht, die soldatischen Erziehungsschüler des deutschen Volkes zu sein, schließt die Abhängigkeit vom Volksganzen ein, und noch die kleinste erzieherische Maßnahme während der militärischen Ausbildung hat ihren Bezug zu dem Ganzen der Volksaufgabe.“ (Weniger, Erich: Wehrmachtserziehung und Kriegserfahrung. Berlin 1938, S. 178).

1135 Weniger, Erich: Wehrmachtserziehung und Kriegserfahrung. Berlin 1938, S. 5 bzw. S. 48.

1136 Weniger, Erich: Wehrmachtserziehung und Kriegserfahrung. Berlin 1938, S. 50, S. 96 und S. 147.

„Der Krieg ist der absolute Maßstab für das soldatische Dasein. (...) Der Krieg (ist) die höchste Erfüllung des soldatischen Lebens und auch in dem Sinne Maßstab, als nur in ihm die eigentliche Bewährung des Soldaten zu finden ist. (...) Ein kriegerisches Scheindasein aber ist der Tod des Soldatentums, kein Mann hält es aus, bloß zu spielen.“ (Weniger, Erich: Wehrmachtserziehung und Kriegserfahrung. Berlin 1938, S. 147 f.).

1137 Weniger, Erich: Die Erziehung des deutschen Soldaten, ohne Ort (Berlin), ohne Jahr (1944), S. 84 f.

beginnt und in Wehrdienst und Reserveübungen fortgesetzt wird, um „die soldatischen Tugenden lebendig und die kriegerischen Kräfte“ wach zu halten.[1138]

Petersen, der in seiner Schrift von 1934 umfassend auf „Bedeutung und Wert des Politisch-Soldatischen für den deutschen Lehrer und unsere Schule“ eingegangen ist,[1139] entwickelt ebenfalls militaristische Vorstellungen, betont dabei aber – entsprechend seiner „Führungslehre“ – ganz besonders die Rolle des deutschen Offiziers:

> *„Der deutsche Offizier, Entwicklung und Darstellung eines Mannestypus, der in der Welt einzig dasteht, ist verantwortlich für die alle Männer unseres Volkes erfassende Wehrerziehung, die immer zugleich auf den ganzen Mann ausging.“*

Die Vorbereitung auf den Opfertod im Krieg ist hier schon enthalten:

> *„Und wer die Fahne um seinen Leib gewickelt tot auf dem Schlachtfelde niedersinkt, vor dem neigt sich ehrend noch jeder Gegner; denn er legt sich in das heiligste Leichentuch, das ein Volk seinen Söhnen schenken kann.“* [1140]

1942, mitten im Zweiten Weltkrieg, beruft sich Petersen auf Nietzsche, dass man bereit sein müsse, „Menschen zu opfern, sich selbst nicht abgerechnet“. Die „kriegs- und siegensfrohen Instinkte“ müssten die Herrschaft über „die des Glücks“ haben.[1141] Und Petersen folgert nach diesem philosophischen Seitenhieb gegen Aristoteles[1142] und dessen Betonung des Glücks (der Eudaimonia, der Glückseligkeit) seine Unterstützung der aktuellen Form der Jugenderziehung:

> *„Unbestreitbar geht vom Geist dieser Forderungen an einen freien Menschen durch sämtliche neuen Formen der deutschen Jugenderziehung in der Gegenwart. Es ist ein männlicher und heldischer Geist, der aufgerufen wird, so wie ihn zugleich die allgemeine Lage eines Volkes fordert, das im Lebenskampf um seine nationale Ehre und Weltgeltung steht.“* [1143]

b) Die Frage von Befehl und Gehorsam ist fraglos für das Militär und die Kriegsführung zentral. Sie ist darüber hinaus aber ganz offensichtlich auch eine Grundfrage in der Geschichte der Pädagogik.

Spranger erklärt 1933 prinzipiell:

> *„Der Herrenmensch kann, nach einem ewigen Lebensgesetz, nur erzogen werden am Gehorchen und Dienen.“* [1144]

Nohl betont 1933/34, dass „die Einheit eines nationalen Willens und die Möglichkeit einer echten Führung nur da vorhanden sind, wo es Autorität, Zucht und Gehorsam gibt“[1145], und dies ist für Nohl bereits eine Frage der Kindererziehung:

> *„Wo es kein richtiges Hausregiment gibt, gibt es auf die Dauer keinen gesunden Staat, wo das Kind nicht einen Fond von kindlicher Pietät und Gehorsamserfahrung bekommen hat und den Gehalt dieser*

[1138] Weniger, Erich: Die Erziehung des deutschen Soldaten, ohne Ort (Berlin), ohne Jahr (1944), S. 83, Hervorhebung im Original.

[1139] Petersen, Peter: Bedeutung und Wert des Politisch-Soldatischen für den deutschen Lehrer und unsere Schule, in: Deutsches Bildungswesen, 2. Jg. (1934), S. 1–17.

[1140] Petersen, Peter: Bedeutung und Wert des Politisch-Soldatischen für den deutschen Lehrer und unsere Schule, in: Deutsches Bildungswesen, 2. Jg. (1934), S. 2 bzw. S. 7.

[1141] Petersen, Peter: Selbstverantwortlichkeit in der deutschen Jugend. Erziehung zur Selbstverantwortlichkeit in der deutschen Jugend, in: Geist der Zeit. Monatshefte für Wissenschaft und Hochschule, 20. Jg. (1942), S. 207.

[1142] In seiner Schrift „Weltfrömmigkeit“ (Leipzig 1941, S. 31) legt Spranger Friedrich dem Großen, „der uns zum Vorbild des Mutigen in der weltanschaulichen Haltung wurde“ in den Mund: „Es ist nicht nötig, dass ich glücklich werde, wohl aber, dass ich meine Pflicht tue.“

[1143] Petersen, Peter: Selbstverantwortlichkeit in der deutschen Jugend. Erziehung zur Selbstverantwortlichkeit in der deutschen Jugend, in: Geist der Zeit. Monatshefte für Wissenschaft und Hochschule, 20. Jg. (1942), S. 207.

[1144] Spranger, Eduard: Der politische Mensch als Bildungsziel, in: Die Erziehung. Monatsschrift für den Zusammenhang von Kultur und Erziehung in Wissenschaft und Leben, 9. Jg. (1933/34), Heft 2 (November 1933), S. 67.

[1145] Nohl, Herman: Die Grundlagen der nationalen Erziehung. Eine Vorlesung zum Wintersemester 1933/34 (Typoskript), ohne Ort, ohne Jahr (Göttingen 1940), S. 53.

Erfahrung bejahen kann, kennt es auch später keine soziale Festigkeit, keinen herrschaftlichen Willen und keine freie Unterordnung.“ [1146]

Ein weiterer zentraler Begriff ist für Nohl 1933/34 der Dienst. Wiederum anknüpfend an den Ersten Weltkrieg heißt es:

„Der Krieg brachte dann eine großartige Steigerung der herrschaftlichen Ordnung. Zucht, Unterordnung, Dienst waren die neuen Erfahrungen.“

Er entwickelt daraus folgenden Gedanken:

„Hitler-Jugend und S.A. mit ihrer Wertung des Wehrwillens und der Wehrkraft, ihrer Erziehung zu Befehl und Gehorsam, und der Arbeitsdienst mit seinem Wissen um das nationale Werk. Beide Formen geben dem Einzelnen die Uniform des Ganzen und damit auch die Ehre des Ganzen, lassen ihn die Charakterkräfte der Zucht, der Einordnung, des Dienstes erleben und richten jeden Einzelnen im Zusammenhang seiner Formation in die gemeinsame Front und zugleich auf den höchsten Führer des Staates aus.“ [1147]

Weniger, der im Rahmen der Wehrmacht „Manneszucht und fraglosen Gehorsam“ hervorhob,[1148] wusste, an Nohl angelehnt, eigentlich schon: „Gewöhnlich schließt die Erziehung mit dem Eintritt in das Mannesalter.“[1149] Doch dieser Gedanke wird im Grunde vollständig aufgegeben, wenn er gleichzeitig schreibt:

„Das Volk ist heute Gegenstand einer Volkserziehung unmittelbarer Art geworden, ***wo nun ‚Volk‘ nicht mehr ein Bild für eine neue Gruppe ist, sondern seine volle Wirklichkeit hat.*** *Damit gewinnt auch die Theorie der Erziehungswirklichkeit eine neue Form.“* [1150]

Das gilt umso mehr für Soldaten. Weniger schuf die Formel: „Aus dem Zwang des Sollens wird durch Erziehung die Freiheit des Müssens“[1151] und erklärt:

„Erzogen ist der, der die ihm auferlegten Pflichten selbstverständlich erfüllt und den Zwang nicht mehr empfindet. (...) So wird der bedingungslose Gehorsam Äußerung der höchsten Freiheit des Soldaten, seines freien Willens.“ [1152]

Diese Form der zynisch anmutenden Dialektik findet sich auch bei **Petersen**, der den Wechsel zwischen Befehl und Gehorsam didaktisch und methodisch in seine „Führungslehre“ eingebaut hat: „Das Kind gehorcht und bleibt frei“, wenn es „die vom Lehrer in die Arbeitsmittel versenkten Befehle“ gehorsamst ausführt.[1153] Der Wechsel von Befehl und Gehorsam („Nur wer gehorchen lernt, kann segensvoll regieren“)[1154] ist für ihn die Voraussetzung einer pädagogischen Führungslehre. Petersen begründete diese Einstellung 1934 wie folgt: Es komme

---

[1146] Nohl, Herman: Die Grundlagen der nationalen Erziehung. Eine Vorlesung zum Wintersemester 1933/34 (Typoskript), ohne Ort, ohne Jahr (Göttingen 1940), S. 53 f.

[1147] Nohl, Herman: Die Grundlagen der nationalen Erziehung. Eine Vorlesung zum Wintersemester 1933/34 (Typoskript), ohne Ort, ohne Jahr (Göttingen 1940), S. 116 ff.

[1148] Weniger, Erich: Die historische Kritik an der Überlieferung des Weltkrieges und das kriegerische Urteil, in: Militär-Wochenblatt. Unabhängige Zeitschrift für die deutsche Wehrmacht, 122. Jg. (1937), Heft 23 (3.12.1937), Sp. 1439.
„Denn da kann es keinen Zweifel geben: Es ist der Feldherr, der will und entscheidet. Dieser Wille der obersten Führung muss absoluten Gehorsam verlangen, er muss sich unter allen Umständen durchsetzen.“ (Weniger, Erich: Die Selbständigkeit der Unterführer und ihre Grenzen, in: Militärwissenschaftliche Rundschau, 9. Jg. (1944), Heft 2 (August 1944), S. 112)

[1149] Weniger, Erich: Die geistige Führung der Truppe. Das Ethos des deutschen Soldatentums und die Erziehung des deutschen Offiziers, ohne Ort, ohne Jahr (1942), 39-seitige Ausgabe, S. 28.

[1150] Weniger, Erich: Zur Geistesgeschichte und Soziologie der Pädagogischen Fragestellung. Prolegomena zu einer Geschichte der pädagogischen Theorie, in: Bildung und Erziehung. Katholische Zweimonatsschrift, Jg. 1936, Heft 6, S. 374, Hervorhebungen im Original.

[1151] Weniger, Erich: Wehrmachtserziehung und Kriegserfahrung. Berlin 1938, S. 11.

[1152] Weniger, Erich: Die Erziehung des deutschen Soldaten, ohne Ort (Berlin), ohne Jahr (1944), S. 14.

[1153] Petersen, Peter: Führungslehre des Unterrichts, Langensalza 1937, S. 222.

[1154] Petersen, Peter: Jesuitenerziehung (Schriften der Akademie für Jugendführung, Band 1), ohne Ort (Braunschweig) 1944, S. 26.

> *„alles darauf an, den Willen der Schüler einzuspannen. Sie sollen bei Leibe nicht tun, was sie wollen, aber wir möchten, dass sie wollen, was sie tun“.*[1155]

Seine Konzeption der Führungslehre ermöglicht das doppelt:

> *„(...) ich verweise auf die unerbittliche und klare Sichtung der Schüler nach ihren Führereigenschaften wie ihren Gemeinschaftswerten in einer Schule, die die ‚Stammgruppen' des Jena-Plans einrichtet und nun jedem Führer, sagen wir einer Untergruppe, dreimal in 10 Schuljahren unnachsichtlich, und rein aus der Schulordnung und ihrem Leben selber heraus, den durch nichts zu vermeidenden oder auch nur abzumildernden Zwang auferlegt, sich dreimal voll unterzuordnen und erneut durchzusetzen, sich wirklich zu bewähren. Eine deutlichere Führerauslese ist in Schulen überhaupt kaum denkbar.“*[1156]

Auch in der NS-Zeit hat Petersen das Christentum bemüht, um zu begründen, dass „willig gehorchend leben“ Maxime seines Bildungsauftrags ist.[1157]

Die auch heute noch heikle Frage des Lobs der Disziplin kann nicht allein mit einem Verweis auf das Soldatische und Militaristische abgetan werden. Dennoch: Ohne diese Aspekte und ihre nachweisbaren Spuren in der Geschichte der Erziehungswissenschaft in Deutschland zu verfolgen, kann diese Frage auch nicht behandelt werden. Das zeigt deutlich die Synopse der Ansichten der vier Erziehungswissenschaftler vor und in der NS-Zeit zum Thema Soldatentum und Gehorsam.

[1155] Petersen, Peter: Das gruppenunterrichtliche Verfahren. Die Stufen des Gruppenunterrichts, in: Petersen, Peter (Hrsg.): Die Praxis der Schulen nach dem Jena-Plan, Weimar 1934, S. 80 f.

Die Grundposition Petersens zu Fragen der Autorität ist bereits 1931 folgende: „Und so gibt es keine Erziehung ohne Autorität, ohne ein den anderen Zwingendes. Aber es dürfte bereits zur Genüge deutlich sein, dass dieses Zwingende niemals ein Vergewaltigendes sein darf. Ich darf nicht das Gefühl haben, dass mir Gewalt angetan wird, gegen die ich gar anknirschen möchte“ (Petersen, Peter: Allgemeine Erziehungswissenschaft, Band II: Der Ursprung der Pädagogik, Berlin 1931, S. 149).

[1156] Petersen, Peter: Gemeinschaftspädagogik rings um die öffentliche Schule! Warum nun nicht auch in allen Schulen?, in: Die Deutsche Schule, 39. Jg. (1935), S. 433.

[1157] „Gewinne ich aber meine Existenz als Mensch allein vom andern her, dann lebe ich in schöpfungsgemäßen, von Gott gesetzten Ordnungen und muss in ihnen gehorchen und dienen. Nur in der Erfüllung dieser Nächstenpflichten kann es auch zur Entfaltung des Menschen in Freiheit kommen. Und so reden unsere Erziehungswissenschaft und Pädagogik und ebenso die gegenwärtige Wirklichkeitsphilosophie und Staatslehre von ‚gebundener Freiheit', von der Knechtschaft des freien Christenmenschen. Entsteht nun aber Sittlichkeit, nein – *geschieht das Gute* unter uns Menschen allein, wenn wir in den uns vorgegebenen, mit der Geburt und der Geschichte aller unserer Ahnen gesetzten Bindungen willig gehorchend leben, so führt uns diese ‚gebundene Freiheit' geradenwegs zu jenen oben beschriebenen Bindungen eines jeden Einzelnen an die ursprünglichen Gemeinschaften seines Volkes. Also kann keine sittliche Erziehung eines Menschenkindes heilsam sein, zu einer unverbogenen, aufrechten Persönlichkeit die Wege ebnen, die nicht auf der Grundlage der ‚nationalpolitischen' Bildungsmächte baut, d. h. jedes Volk muss nicht nur im Allgemeinen die Grundlagen der Bildung, vor allem seiner Jugenderziehung, aus den eigenen Kräften seines Wesens nehmen, ihm kann die *sittliche* Erziehung überhaupt nur artgemäß, in engster Volksverbundenheit aller seiner Glieder wohl gelingen.“ (Petersen, Peter: Nationalpolitische Bildung der menschlichen Sittlichkeit, in: Die Erziehung, 10. Jg., 1934/35, Heft 5, Februar 1935, S. 217 f., Hervorhebungen im Original)

5. Biologismus und Rassismus, Eugenik und Aufzucht

Gerade auch für die Frage des Rassismus gilt, dass er in seinen verschiedenen Varianten weit vor der NS-Zeit theoretisch konstruiert wurde. Seine Vorläufer Chamberlain, Gobineau und andere[1158] waren allerdings bei weitem in der Erziehungswissenschaft vor 1933 nicht so vertreten wie die Ideologen des deutschen Nationalismus und des deutschen Militarismus. Dennoch gilt auch hier, dass rassistische Äußerungen in der NS-Zeit auf ihren Gehalt geprüft werden müssen. Die Konstruktion von Rassen allein, der Rückgriff auf den Hautfarben-Rassismus, auch die Eugenik und selbst die Konstruktion der Juden als Rasse sind allemal vor der NS-Zeit an deutschen Hochschulen, in der Wissenschaft und in der Öffentlichkeit hoffähig gewesen.

Die Welt der Biologie als Vorbild für gesellschaftliche Erscheinungen (Sozialdarwinismus) ist ein Grundproblem noch vor der Frage des Rassismus. Die immanente biologische Diskussion, ob es überhaupt menschliche Rassen gibt oder von einer einzigen menschlichen Rasse ausgegangen werden muss, soll hier nicht geführt werden. Die Konstruktion menschlicher Rassen bietet immanent – auch in der NS-Zeit – eine solche Fülle von konfusen Kategorien, Begriffen

---

[1158] Doris Mendlewitsch informiert im zweiten Kapitel ihrer Arbeit „Volk und Heil. Vordenker des Nationalsozialismus im 19. Jahrhundert“ (Rheda-Wiedenbrück 1988) über Chamberlain (Mendlewitsch, S. 18–50).

Über die Vorgeschichte und Geschichte der Rassenhygiene und Eugenik in der sozialen Arbeit informiert Manfred Kappeler in seiner Studie „Der schreckliche Traum vom vollkommenen Menschen“ (Marburg 1999), der von der Ausnutzung der Lehren Darwins ausgehend die Rolle Ernst Haeckels in Deutschland, Francis Galtons in England beleuchtet und auch die Geschichte von Alfred Ploetz als Vordenker der Eugenik schildert. Dabei gilt sein besonderer Blick der Haltung katholischer und protestantischer Eugeniker.

Zur Geschichte des Rassismus siehe auch: Poliakov, Léon/Delacampagne, Christian/Girard, Patrick: Über den Rassismus. Sechzehn Kapitel zur Anatomie, Geschichte und Deutung des Rassenwahns, Frankfurt am Main/Berlin/Wien 1984 und Mosse, George L.: Die Geschichte des Rassismus in Europa, vom Autor durchgesehene und erweiterte Ausgabe, Frankfurt am Main 1990; Geulen, Christian: Geschichte des Rassismus, München 2007.

Eine ausgesprochen quellenreiche Studie über „Die Rassenlehre des Nationalsozialismus in Wissenschaft und Propaganda“ (Darmstadt 1961) wurde von Karl Saller vorgelegt, der selbst in der NS-Zeit Bücher zur Anthropologie und zur deutschen Rasse publiziert hatte.

Christian Mürner verweist in seiner Arbeit „Philosophische Bedrohungen. Kommentare zur Bewertung der Behinderung“ (Frankfurt am Main/Berlin/Bern/New York/Paris/Wien 1995) auf die philosophische Vorgeschichte der Diskriminierung und Tötung insbesondere auch bei Platon und Aristoteles (Mürner, S. 26–37).

Eine umfassende Geschichte der Eugenik und Rassenhygiene in Deutschland bis in die NS-Zeit und mit einem Blick auf heutige Diskussionen von der Eugenik zur Humangenetik leisten Peter Weingart, Jürgen Kroll und Kurt Bayertz in ihrer siebenhundertseitigen Studie „Rasse, Blut und Gene“ (Frankfurt am Main 1988).

Lilli Segal entfaltet in ihrer Studie „Die Hohenpriester der Vernichtung. Anthropologen, Mediziner und Psychiater als Wegbereiter von Selektion und Mord im Dritten Reich“ (Berlin 1991) eine heftige Polemik gegen die Vertuschung der Beteiligung deutscher Rassenhygieniker an den Euthanasiemorden, verfolgt dabei aber auch die Vorgeschichte der „neuen Priester der biologischen Wissenschaften“.

Jürgen Reyer, der auch in einem gesonderten Abschnitt auf Nohl und Spranger eingeht (Reyer, S. 146–153), fordert in seiner Studie „Eugenik und Pädagogik. Erziehungswissenschaft in einer eugenisierten Gesellschaft“ (Weinheim/München 2003), dass sich die Pädagogik nicht „im Diskursabseits“ einrichten sollte und behandelt im Detail, auch anhand der Fachzeitschrift „Die Erziehung“, die Problematik der „pädagogischen Menschenzüchter“.

In einem umfangreichen Forschungsvorhaben stellen Hans-Christian Harten, Uwe Neirich und Matthias Schwerendt in ihrem Buch „Rassenhygiene als Erziehungsideologie des Dritten Reichs“ (Berlin 2006) eine Art Nachschlagewerk zusammen. In einer umfangreichen Einführung wird auch auf die Rolle der deutschen Psychologen Jaensch, Kroh und Pfahler (Harten/Matthias/Schwerendt, S. 151–166), aber auch in einem gesonderten Abschnitt auf Peter Petersen und seine Schüler eingegangen (Harten/Matthias/Schwerendt, S. 174–177). Insbesondere die Beziehung Petersens zu den NS-Rassentheoretikern wie Lothar Stängel-Rudkowski und Karl Astel wird nachgewiesen.

Dass es nicht nur um die Theorie, sondern auch um die Ermordung der zum „unwerten Leben“ erklärten Kranken ging, wurde bereits in der 1948 im Verlag der „Frankfurter Hefte“ veröffentlichten Studie „Die Tötung Geisteskranker in Deutschland“ (4. Auflage, Bonn 2001) von Alice Platen-Hallermund deutlich.

Die gewichtigste Darstellung der mörderischen Konsequenzen der Euthanasie findet sich in Ernst Klees Standardwerk „‚Euthanasie‘ im NS-Staat. Die ‚Vernichtung lebensunwerten Lebens‘“ (Frankfurt am Main 1991).

und Unterabteilungen, dass ganz und gar nicht von Klarheit gesprochen werden kann. Abstrakt gesehen muss ja keine Wertung bei der – eher abenteuerlichen – Konstruktion von menschlichen Rassen vorgenommen werden. Die reale Geschichte der Konstruktion menschlicher Rassen ist jedoch davon bestimmt, von äußerlichen Merkmalen, vor allem der Hautfarbe, auch auf innere Werte, auf niedere und höhere Rassen zu schließen, wobei geschichtlich der Kolonialrassismus der „weißen Rasse“ gegen den Rest der Welt im Vordergrund stand.[1159]

Nach der immanenten Logik von Rassisten bildet die Konstruktion einer „arischen Rasse“ und einer „jüdischen Rasse“ ein nicht unbedingt zwingendes Novum. Dieser „arische“ Rassismus enthält zwar real bei ihren Anhängern immer auch den Kolonialrassismus, aber es ist durchaus vorstellbar, dass ein glühender Anhänger der Vorherrschaft der „weißen Rasse“ die Theorie der „arischen Rasse“ und der „jüdischen Rasse“ ganz und gar nicht akzeptiert, weil seine gewohnte Orientierung an äußerlichen Merkmalen dann doch versagt.

Die Schwierigkeiten des „arischen“ Rassismus, des rassistischen Antisemitismus, der sich mit Blut, Schädelformen, Nasenkrümmungen etc. befasste, kulminierten in der pragmatischen Kapitulation vor den theoretischen Absurditäten durch die Einführung des Judensterns. Diese Schwierigkeiten wurden nach 1933 Jahr für Jahr sichtbar in den absurder werdenden juristischen Definitionsversuchen, wer „arisch“ und wer „nichtarisch“ sei, bis hin zu den Definitionen der Wannseekonferenz.

Wenngleich in der NS-Zeit schonungslos gegen die angeblichen zwei „außereuropäischen Rassen“ in Deutschland, gegen Juden und gegen Sinti und Roma, vorgegangen wurde, bis hin zur Vernichtung, stand umgekehrt das Problem der Konstruktion des Modells einer positiven „arischen Rasse“ an.

Dieser „nordische Typ“ stand nicht nur im Kontrast zur Physiognomie der realen Führungsriege der NS-Partei – Hitler, Goebbels, Göring –, sondern bot Schwierigkeiten in der Kombination mit dem deutschen Nationalismus. Der Begriff des „Deutschen“ wurde durch rassistische Vorstellungen nicht nur eingeschränkt, sondern durch den arischen Rassenbegriff auch weit ausgedehnt. So galt es dann, unter allen Ariern die deutschen Arier wiederum hervorzuheben und zudem den Zuchtgedanken, aus der Pflanzen- und Tierwelt auf die „deutsche Volksgemeinschaft“ zu übertragen. Dieser Zuchtgedanke wiederum war zwar unverzichtbares Merkmal des nazistischen Rassismus, aber er war keinesfalls an die Konstruktion von Rassen oder gar einer arischen Rasse gebunden.

Die Idee der Eugenik, die Kategorien „erbkrank“ und „gesund“, die Vorstellung, mittels staatlicher Gesetze in die menschliche Fortpflanzung einzugreifen, all das hat eine lange Vorgeschichte, die bis in die griechische Antike reicht. In Deutschland und in anderen europäischen Ländern hatten sich lange vor dem NS-Staat entsprechende Organisationen gegründet, die mit medizinischer und finanzieller Argumentation die Fortpflanzung im Sinne einer „Volksgesundheit“ geregelt sehen wollten. In der zweiten Etappe der NS-Zeit war klar: Auch der Ariernachweis schützt nicht vor den Gaskammern oder mörderischen Injektionen, wenn Ärzte (und im Vorfeld Hilfsschullehrer) „unwertes Leben“ diagnostizierten. Der erste Schritt von der Eugenik zur „Euthanasie“ waren die Gesetze zur Zwangsterilisation, die Selektionsmerkmale festlegten.

Das wirklich „Neue“ (der Begriff „modern“ hätte in diesem Kontext einen zynischen Beigeschmack) des NS-Regimes war die systematische, staatlich organisierte und umfassende Erfassung der als „unheilbar krank“ oder „erbkrank“ Bezeichneten, mit der praktischen

[1159] In dem von Martina Johannsen herausgegebenen Sammelband „Schwarzweißheiten. Vom Umgang mit fremden Menschen“ (Oldenburg 2001) wird insbesondere auch auf den Kolonialrassismus eingegangen, aber auch die Geschichte des Rassenbegriffs überhaupt analysiert. Von besonderer Bedeutung ist der Beitrag von Reiner Pommerin über die Praxis nationalsozialistischer Rassenpolitik am Beispiel der sogenannten „Rheinlandbastarde“ (Pommerin, S. 157–162).

Konsequenz einer systematischen Aussonderung und Ermordung durch die Konstruktion von Gaskammern in psychiatrischen Anstalten, die zusätzlich zu den tödlichen Injektionen als Modell ausprobiert und ausgebaut wurden.

Grundlegend soll zunächst klargestellt werden, dass alle vier Erziehungswissenschaftler schon aus ihrer Profession heraus – ähnlich wie Ernst Krieck – eine alleinige Determination der Menschen durch die „Rasse", die die Bedeutung der Erziehung auf null reduziert, klar ablehnten. Die grundlegende Denkfigur kann in die Polarität des „Sowohl-als-auch" von „Rasse" einerseits und Erziehung andererseits gefasst werden. Die apologetischen Verteidiger der vier Erziehungswissenschaftler, die deren Abgrenzungen von allzu primitiver Rassenideologie zitieren, übersehen, dass der Begriff und die Bedeutung der „Rasse" grundlegend anerkannt wurde. Es geht den vier Erziehungswissenschaftlern im Grunde einzig und allein darum, eine Verabsolutierung der Bedeutung der Rasse nicht zuzulassen, aber dennoch „Rassentheorie" nicht prinzipiell abzulehnen.

a) **Spranger**[1160] kritisiert 1935 in seinen Texten für die Mittwochs-Gesellschaft anhand des Gegensatzes Baeumler/Krieck den Unterschied zwischen „Rassenideologie" und „Rassenwissenschaft" und fordert die Zulassung der Auseinandersetzung.[1161] Die „Rasse" ist für Spranger „eine vorwiegend naturwissenschaftliche Kennzeichnung von zunächst leiblichen Eigentümlichkeiten, die durch blutsmäßigen Erbgang herausgebildet sind. Es gibt einen Rasseninstinkt, aber keine Rasse als Form des Zusammenlebens und Verbundenseins."[1162]

1936 sprach Spranger vom „nordisch-rassische(n) Erbgut in der Blutszusammensetzung des deutschen Volkes" und fordert die Hilfe „speziell erbbiologisch gerichteter Forschungen".[1163]

1938 heißt es noch relativierend: „Aber die Rasse ist keine absolute Konstante. Sie ist selbst in einem Erbgang von Jahrtausenden geformt. Wir können nicht von der Rasse als einer bestimmten Größe ausgehen und aus ihr die Geschichte deduzieren."[1164] 1939 heißt es dann:

> *„Wir müssten also wissen, was der ‚Seelenstil' einer ganzen Rasse und eines ganzen Volkes ist. Rasse und Volk müssen hierbei als reale Zeugungsgemeinschaften und Erbstränge genommen werden, nicht bloß als logisch gewonnene Klassifikationsergebnisse mit abstrakt herausgehobenen Merkmalen."* [1165]

[1160] Der Abstand, aber auch die Nähe Sprangers zur NS-Ideologie wird in einem Brief an Käthe Hadlich vom 14.9.1933 deutlich: „Ich habe gelesen: ‚Mein Kampf' und Krieck ‚Nationalpolitische Erziehung'. Über beides bin ich im Positiven wie im Negativen klar. Die Rassenmythologie und die Propaganda – das ist das Unmögliche" (in: Martinsen, Sylvia/Sacher, Werner (Hrsg.): Eduard Spranger und Käthe Hadlich. Eine Auswahl aus den Briefen der Jahre 1903–1960, Bad Heilbrunn 2002, S. 301).

[1161] Spranger, Eduard: Gibt es eine „liberale" Wissenschaft? (1935), in: Spranger, Eduard: Texte für die Mittwochs-Gesellschaft 1935–1944, 2. überarbeitete Auflage, München 1988, S. 31.

In der Preußischen Akademie der Wissenschaften erklärt er dann 1936 in „Probleme der Kulturmorphologie" (1936): „Selbst die wissenschaftliche Erkenntnisintention ist ihrem Ausgangspunkte nach rassisch, national, geographisch und historisch individualisiert" (Spranger, Eduard: Probleme der Kulturmorphologie, 1936, in: Sitzungsberichte der Preußischen Akademie der Wissenschaften, Philosophisch-historische Klasse, Jg. 1936, S. 21).

[1162] Spranger, Eduard: Umrisse der philosophischen Pädagogik, in: Internationale Zeitschrift für Erziehungswissenschaft, 3. Jg. (1933/34), S. 451.

[1163] „Die tiefgehende nationale Selbstbesinnung, zu der das deutsche Volk seit kurzem wieder erwacht ist, legt die Frage nach dem Eigenen und Ursprünglichen der deutschen kulturformenden Kräfte nahe. Soweit diese auf das vorwaltende nordisch-rassische Erbgut in der Blutszusammensetzung des deutschen Volkes zurückgeführt werden, greift das Thema bis in naturwissenschaftlich-anthropologische Problemschichten hinab. Der Zusammenhang zwischen dem rassisch bestimmten Blutserbe und den moralisch-geistigen Anlagen zum Aufbau einer eigenartigen Kultur musste ergründet werden. Die Kulturmorphologie bedarf dazu der Hilfe naturwissenschaftlich, speziell erbbiologisch gerichteter Forschungen." (Spranger, Eduard: Probleme der Kulturmorphologie, in: Sitzungsberichte der Preußischen Akademie der Wissenschaften, Philosophisch-historische Klasse, Jg. 1936, S. 8)

[1164] Spranger, Eduard: Kulturprobleme im gegenwärtigen Japan und Deutschland, Tokio 1938, S. 3.

[1165] Spranger, Eduard: Wege und Ziele der Völkercharakterologie, in: Jahrbuch der Kaiser-Wilhelm-Gesellschaft zur Förderung der Wissenschaften (1939), S. 151.

Auch bei **Nohl** wird 1933/34 sichtbar, dass er gegen die Verabsolutierung des Rassenbegriffs ist. Für ihn muss das deutsche Volk erst „rassenmäßig" zum „national-deutschen Typus" gebildet werden. Er stellt, im Ton wertfrei, fest, dass „für die nordische Rasse" gilt, dass sie sich nicht so vermehrt wie weniger kultivierte Völker.[1166] Für Nohl steht fest, dass „die deutsche Rasse überhaupt erst in der Bildung begriffen" ist. Er warnt vor der „Rassengemeinschaft" des deutschen Volkes mit anderen Völkern und favorisiert eine „Glaubwürdigkeit der biologischen Erscheinung" durch die Herausarbeitung des „nationalen deutschen Typus", wobei für ihn (wie für Spranger) klar ist, „dass ein solcher Typus nicht bloß rassenmäßig bedingt ist und gelingt, sondern auch geistig gegründet sein muss". Nohl verbindet Geisteswissenschaft mit Rassentheorie und schlussfolgert, dass es für die „geisteswissenschaftliche Betrachtungsweise" nun darum gehe, „hermeneutisch an die Lebensform der Rasse" heranzugehen.[1167]

Weniger behandelt die Frage der „Rasse" nicht ausdrücklich und schon gar nicht als theoretisches Problem, sondern spricht wie selbstverständlich in den verschiedensten Zusammenhängen vom Glauben „an die unzerstörbaren Kräfte der Rasse und des Volkes".[1168]

Petersen stellt 1934 fest, „dass ich nur aus dem rassisch gebundenen Denken des nordischen Menschen heraus urteilen kann, da ich keinerlei Fremdkörper im Blute habe".[1169] Er fordert 1943 für die Wissenschaft „die in einer Rasse wurzelnde Sittlichkeit und ihr Rechtsempfinden".[1170] Als Kritik am Faschismus in Italien formuliert Petersen 1935, „dass der Faschismus keine Rassenfrage kennt".[1171]

b) In diesen Passagen wird schon deutlich, dass die vor 1933 entstandene Rassenideologie und die Betonung einer nordischen Rasse ineinandergreifen.[1172] Eine der wesentlichen Voraussetzungen war sicherlich auch der kolonialistische Hautfarbenrassismus, der vor und in der NS-Zeit in den Schriften der Erziehungswissenschaftler ebenfalls seinen Platz hat.

So heißt es bei **Spranger** 1930 bereits:

> *„Ob man New York oder Paris, Berlin oder Rio de Janeiro sieht, – überall nicht nur der gleiche beengte Grundtypus des Daseins, sondern dieselbe merkwürdige Rückkehr in das Primitive und Niggerhafte, dieselbe Passivität im eigentlich Ethisch-Kulturellen, bei scheinbar aufs Höchste gesteigerter Leistungskraft."* [1173]

1939 spricht Spranger von der großen Rassenproblematik, „die die gegenwärtige Welt bewegt. Rassenmischung wird immer mehr als bedenklich erkannt." Die „Hilfe der weißen Rasse" für die „Farbigen", so Spranger, kann „gefährlich werden, zumal wenn ihr Geburtenrückgang

---

[1166] Nohl, Hermann: Die Grundlagen der nationalen Erziehung. Eine Vorlesung zum Wintersemester 1933/34, Typoskript, ohne Ort, ohne Jahr (Göttingen 1940), S. 23 bzw. S. 15.

[1167] Nohl, Herman: Die Grundlagen der nationalen Erziehung. Eine Vorlesung zum Wintersemester 1933/34 (Typoskript), ohne Ort, ohne Jahr (Göttingen 1940), S. 25, S. 59, S. 83 und S. 164.

[1168] Weniger, Erich: Wehrmachtserziehung und Kriegserfahrung, Berlin 1938, S. 238.

[1169] Petersen, Peter: Die erziehungswissenschaftlichen Grundlagen des Jenaplanes im Lichte des Nationalsozialismus, in: Die Schule im nationalsozialistischen Staat, 11. Jg. (1935), Nr. 6, S. 3.

[1170] Petersen, Peter: Die Wissenschaft im Dienste des Lebens, Jena/Leipzig 1943, S. 23.

[1171] Petersen, Peter: Die erziehungswissenschaftlichen Grundlagen des Jenaplanes im Lichte des Nationalsozialismus, in: Die Schule im nationalsozialistischen Staat, 11. Jg. (1935), Nr. 6, S. 4.

[1172] In einem Bericht über die Landschultagung in Lübbecke vom 16. bis 18. September 1933 wird Petersen, der dort unter anderem einen Vortrag über die erziehungswissenschaftlichen Grundlagen des Jena-Plans hielt, wie folgt wiedergegeben: „‚Volk' ist für uns ein Konkretum, eine Wirklichkeit, kein leerer Begriff ohne Anschauung. Wer in diesem Sinne empfindet, der gibt zugleich einen Rassetest ab, nämlich erweist sich als nordisch" (zitiert nach: Retter, Hein: Peter Petersen und der Jenaplan: Von der Weimarer Republik bis zur Nachkriegszeit. Berichte – Briefe – Dokumente, Weinheim 1996, S. 277).

[1173] Spranger, Eduard: Zur geistigen Lage der Gegenwart (1930), in: Gesammelte Schriften, Band V: Kulturphilosophie und Kulturkritik, Tübingen/Heidelberg 1969, S. 217.

anhält".[1174] Deutlich auf die Kolonien bezogen heißt es: „Rassenmischung lehnen die Engländer wie die Deutschen ab."[1175]

Nohl spricht von exotischen „Rassen": „Mongolen, Neger, aber auch schon Inder oder Zigeuner".[1176]

Petersen redet 1925 vom „zum Teil barbarischen System" der „Negerkulturen".[1177] Petersen wertet im Rahmen des Kolonialrassismus deutlich:

> *„Denken wir uns alle Völker ihrer Leistung, ihrem Kulturwerte nach auf eine Kurve aufgetragen, so finden wir die Weißen im letzten höchsten Teile der Kurve, ihnen sind die höheren Werte vorbehalten."*[1178]

Petersen, der daraus folgert: „Es gibt demnach Herrenvölker", führt aus:

> *„Das Gesetz der Rasse ist ungeheuer streng und rächt sich an jedem, der es missachtet. Umso höher die Pflicht hochwertiger Völker und Rassen, ihr Erbgut und seine Kräfte heilig, und das ist dann, rein zu halten! Es ist mehr als nur Sünde wider das Blut; es ist ein Vergehen gegen die Pflichten, die sie der Welt gegenüber haben."*[1179]

c) Aus der biologistisch-rassistischen Denkweise ergab sich vor der NS-Zeit bereits die Idee der Eugenik, der Züchtung.[1180]

Spranger hebt als den „großen *positiven* Kern der nationalsozialistischen Bewegung" den Sinn „für die Gemeinsamkeit des Blutes" hervor. Darunter versteht er „bewusste Pflege der

---

[1174] Spranger, Eduard: Rezension von: Herbert Theodor Becker: Die Kolonialpädagogik der großen Mächte. (Hamburg 1930), in: Die Erziehung. Monatsschrift für den Zusammenhang von Kultur und Erziehung in Wissenschaft und Leben, 15. Jg. (1939/40), Heft 3 (Dezember 1939), S. 76.

[1175] Spranger, Eduard: Rezension von: Herbert Theodor Becker: Die Kolonialpädagogik der großen Mächte. (Hamburg 1930), in: Die Erziehung. Monatsschrift für den Zusammenhang von Kultur und Erziehung in Wissenschaft und Leben, 15. Jg. (1939/40), Heft 3 (Dezember 1939), S. 77.

[1176] Nohl, Herman: Charakter und Schicksal. Eine pädagogische Menschenkunde, Frankfurt am Main 1938, S. 159.

[1177] Petersen, Peter: Sozialbiologische Probleme der Berufsschule, in: Petersen, Peter/Zimmermann, Waldemar (Hrsg.): Die Aufgaben des neuen Berufsschulwesens und die Berufsschulgemeinde im Lichte der Jugendkunde und sozialer Politik, Weimar 1925, S. 124.

[1178] Petersen, Peter: Es gibt rassische Hochwertigkeit. Sie verpflichtet!, in: Heimat und Arbeit. Monatshefte für pädagogische Politik, 14. Jg. (1941), Heft 2, S. 41. Weiter heißt es an gleicher Stelle: „Einen einzigen Tag gründlich eine Schule für Farbige besuchen, etwa in Südafrika, wobei ich dann besonders die von Pietermaritzburg in Natal empfehle, oder in Neuyork oder Cleveland, Ohio oder Chicago dürfte genügen, jeden der den Menschen liebt und achtet, von Rassenmischung abzuschrecken. Er wird mit Grauen feststellen, was für ein Verbrechen es ist, Gelbe mit Weißen, Schwarze mit Gelben, Schwarze mit Weißen, Mischlinge wieder mit Mischlingen usf. zu paaren, und zwar wegen der seelischen Entartung, die so oder so letzten Endes unvermeidlich ist."

[1179] Petersen, Peter: Es gibt rassische Hochwertigkeit. Sie verpflichtet!, in: Heimat und Arbeit. Monatshefte für pädagogische Politik, 14. Jg. (1941), Heft 2, S. 41. In einem Brief an Frieda Buchholz vom 4.3.1940 schreibt Petersen: „Jeder, der tiefer und weiter sieht und denkt, weiß ja, es geht um die Stellung der weißen Rasse in der Welt, bes. des Europäers germanischer Art. Und an dem Endsieg zweifle ich nicht, bin der festen Überzeugung, er ist im Frühjahr 1941 da" (in: Petersen, Uwe-Karsten: Der Jena-Plan. Die integrative Schulwirklichkeit im Bilde von Briefen und Dokumenten aus dem Nachlass Peter Petersens, Frankfurt am Main/Bern/New York/Paris 1991, S. 139).

[1180] Die schon vor der NS-Zeit vorhandene Ideologie der Rassenzüchtung war auch Petersen nicht fremd; er spricht 1925 über das „Problem der Rassenzüchtung" wie folgt: „Seit vielen Jahrtausenden wird der Wert gelegt auf gute Zucht von Weizen und Gerste, von Schafen und Ochsen und Pferden, es ist nicht abgelegen und gesucht, die Frage nach der besten Züchtung und Aufzucht von Menschen zu stellen." Petersens sozialdarwinistische Schlussfolgerung lautet: „Das Gesunde hat nicht nur ebensoviel, sondern mehr Recht auf Pflege und Schutz und tägliche Förderung als das Kranke, Anormale und all das, was auf dem Schlachtfelde des Lebens zu verbluten droht" (Petersen, Peter: Sozialbiologische Probleme der Berufsschule, in: Petersen, Peter/Zimmermann, Waldemar (Hrsg.): Die Aufgaben des neuen Berufsschulwesens und die Berufsschulgemeinde im Lichte der Jugendkunde und sozialer Politik, Weimar 1925, S. 116 bzw. 115). Bereits 1908 hatte Petersen in seiner ersten Publikation über die „Kluft" zwischen den „niedersten Menschenrassen und den vollkommensten Tieren" sinniert (Petersen, Peter: Der Entwicklungsgedanke in der Philosophie Wundts. Zugleich ein Beitrag zur Methode der Kulturgeschichte, Leipzig 1908, S. 67).

Volksgesundheit, Sorge für einen leiblich und sittlich hochwertigen Nachwuchs (Eugenik)".[1181] 1938 erklärt Spranger:

„Die Medizin z. B. hat jetzt ihren Mittelpunkt in der Volkshygiene, nicht mehr nur in der Gesunderhaltung und Heilung des Einzelnen."

Was das bedeutet, führt er wie folgt aus:

„Man kennt schon einige Vererbungsgesetze. Man kennt also einige Wege zur Sicherung eines gesunden und – wenn nötig – zur Ausmerzung eines kranken Nachwuchses. Maßnahmen zur Eugenik werden ausgebildet." [1182]

Über die Methodik der „Ausmerzung" finden sich keine weiteren Ausführungen.[1183] 1937 kommt Spranger zu dem Schluss:

„So wurde die neue Genetik zur wichtigsten Wissenschaft, und die Eugenik und das Rassenbewusstsein wurden zum grundsätzlichen Element der politischen Erziehung." [1184]

Nohl referiert in seiner Vorlesung 1933/34 nicht nur ausgesprochen ausführlich die rassistische Theorie der Eugenik vor und in der NS-Zeit, sondern wertet auch und betont „die biologische Substanz dieses Volks mit allem, was man Eugenik nennt":

„Es ist das ganz Neue unserer Nationallage, dass die volkserzieherische Aufgabe bis in die biologische Substanz unseres Volkes selbst hinunterreicht, an den Brunnen seines Lebens." [1185]

Die von Nohl benannte „neue Front der Eugenik und der Rassenhygiene" wird in positive und negative Maßnahmen unterteilt. Er wendet sich gegen die Tötung kranken Lebens, die Platon gefordert habe („Die Antike konnte da hart vorgehen."), betont aber:

„Wohl aber wird es nötig sein, erstlich bestimmte Gruppen dieser Menschen zu sterilisieren, wie das Gesetz zur Verhütung erbkranken Nachwuchses das fordert, das am 1. Januar 1934 in Kraft getreten ist, und zweitens die methodischen Verfahren der Fürsorge grundsätzlich umzuwenden."

Und weiter heißt es:

„Die Sterilisation der Erbkranken, die nicht Kastration, also kein Angriff auf die Persönlichkeit des Menschen, sondern nur eine Verhinderung seiner Zeugungsfähigkeit ist, nimmt ihm nicht das Glück der geschlechtlichen Liebe, nur das der Elternschaft. Eine Begründung des Gesetzes hat Reichsminister Frick in der Ansprache über die Bevölkerungs- und Rassenpolitik gegeben, die ich schon nannte." [1186]

Für die Fürsorgemethode gelte, dass „erbgesunde Familien" bevorzugt werden müssen.[1187]

[1181] Spranger, Eduard: März 1933, in: Die Erziehung. Monatsschrift für den Zusammenhang von Kultur und Erziehung in Wissenschaft und Leben, 8. Jg. (1932/33), Heft 7 (April 1933), S. 403, Hervorhebung im Original.

[1182] Spranger, Eduard: Kulturprobleme im gegenwärtigen Japan und Deutschland, Tokio 1938, S. 10 bzw. S. 9.

[1183] 1934 spricht Spranger über die „Familienhygiene", bei der gegebenenfalls die Gesetzgebung „sozialhygienisch nachhelfen" müsse (Spranger, Eduard: Das ethische Moment im Gesundsein und Kranksein, in: Forschungen und Fortschritte. Nachrichtenblatt der Deutschen Wissenschaft und Technik, 10. Jg. (1934), S. 369).

[1184] Spranger, Eduard: Über die gegenwärtigen Formen politischer Erziehung in Deutschland (Schlussteil, 1937), in: Horn, Klaus-Peter/Ogasawara, Michio/Sakakoshi, Masaki/Tenorth, Heinz-Elmar/Yamana, Jun/Zimmer, Hasko (Hrsg.): Pädagogik im Militarismus und im Nationalsozialismus. Japan und Deutschland im Vergleich, Bad Heilbrunn 2006, S. 125.

Hermann Lietz unterstützend wird von Spranger an dessen „Pflege wertvollen Erbgutes und rassischer Art" erinnert, die „in der Gegenwart zu einer kräftigen Symphonie" geworden sei (Spranger, Eduard: Rezension von: Hermann Lietz: Deutsche Nationalerziehung. Auswahl aus seinen Schriften (Weimar 1938) und Hermann Lietz: Gott, Volk, Vaterland (Weimar 1938), in: Die Erziehung. Monatsschrift für den Zusammenhang von Kultur und Erziehung in Wissenschaft und Leben, 14. Jg. (1938/39), Heft 5 (Februar 1939), S. 209).

[1185] Nohl, Herman: Die Grundlagen der nationalen Erziehung. Eine Vorlesung zum Wintersemester 1933/34 (Typoskript), ohne Ort, ohne Jahr (Göttingen 1940), S. 6 f.

[1186] Nohl, Herman: Die Grundlagen der nationalen Erziehung. Eine Vorlesung zum Wintersemester 1933/34 (Typoskript), ohne Ort, ohne Jahr (Göttingen 1940), S. 12 bzw. S. 17 f.

[1187] Nohl, Herman: Die Grundlagen der nationalen Erziehung. Eine Vorlesung zum Wintersemester 1933/34 (Typoskript), ohne Ort, ohne Jahr (Göttingen 1940), S. 19.

Auch **Petersen**, der das „Sozialbiologische" „in den Mittelpunkt des Pädagogischen" rückt, begründet zwei Jahre nach den Sterilisationsgesetzen des NS-Regimes ausgerechnet aus der sozialbiologisch und völkisch verstandenen „Ehrfurcht vor dem Leben", dass die Theorie und Praxis des Jenaplans „von jeher offen für alle Forderungen der Hygiene und Eugenik, der Rassenlehre und der Erbwissenschaft" gewesen sei.[1188]

* * *

Rassenideologie und Rassentheorie erschöpfen sich nicht nur in Biologismus, Hautfarbenrassismus, Zuchtphantasien und Eugenik. In der Tat typisch für die NS-Ideologie ist die Gegenüberstellung der „arischen" und „jüdischen Rasse", des typisch Deutschen zum Jüdischen, zum „Juden".

[1188] Petersen, Peter: Die erziehungswissenschaftlichen Grundlagen des Jenaplanes im Lichte des Nationalsozialismus, in: Die Schule im nationalsozialistischen Staat, 11. Jg. (1935), Nr. 6, S. 3.

6. Antisemitismus und die Juden: „an deren Sonderschicksal wir uns schließlich irgendwie unbeteiligt fühlen“[1189]

Eins der gewichtigsten Probleme ist die Frage des Antisemitismus. Die NS-Ideologie ist ohne Antisemitismus in vielerlei Varianten nicht denkbar. Auch hier gilt, dass nicht jeder Antisemit automatisch NS-Anhänger wurde, zumal der Antisemitismus historisch und in der Geschichte Deutschlands eine Fülle von Variationen beinhaltete.[1190]

Aus der Fülle von Untersuchungen zu diesem Fragenkomplex geht weitgehend unstrittig hervor, dass ein vom Christentum tradierter religiös motivierter Antijudaismus in Deutschland seit Luther auch eine fremdenfeindliche, die Juden als „undeutsch“ einstufende Komponente hatte. Die „Bildung“ – real und geistig – des Begriffs des deutschen Volkes kreiste von vornherein auch um die Frage, ob die in Deutschland lebenden Juden dazugehören oder nicht. Die Geschichte Deutschlands kennt die Verknüpfung des traditionellen Antijudaismus mit einem sozial argumentierenden Antisemitismus gegen die „jüdischen Wucherer“ einerseits und die osteuropäischen „Betteljuden“ andererseits bereits seit dem Mittelalter. Diese Verknüpfung wurde fortgesetzt in die zweite Hälfte des 19. Jahrhunderts mit der Bildung antisemitischer politischer Programme.

[1189] Weniger, Erich: Das Bild des Krieges. Erlebnis, Erinnerung, Überlieferung, in: Die Erziehung. Monatsschrift für den Zusammenhang von Kultur und Erziehung in Wissenschaft und Leben, 5. Jg. (1929/30), S. 11.

[1190] Aus der kaum überschaubaren Fülle von Analysen über die Geschichte des Antisemitismus können die folgenden Studien hervorgehoben werden. In den 1950er und 1960er Jahren: Massing, Paul W.: Vorgeschichte des politischen Antisemitismus, Frankfurt am Main 1959; Thieme, Karl (Hrsg.): Judenfeindschaft. Darstellung und Analysen, Frankfurt am Main/Hamburg 1963; Sterling, Eleonore: Judenhass. Die Anfänge des politischen Antisemitismus in Deutschland (1815–1850), Frankfurt am Main 1969.

Léon Poliakov stellte zwischen 1977 und 1989 eine achtbändige „Geschichte des Antisemitismus“ (Worms/Frankfurt am Main 1977–1989) zusammen, in der, teilweise jedoch ohne Analyse des historischen Kontexts, Kernpassagen der „Großen“ dieser Welt zu Judenhass und Antisemitismus zusammengetragen wurden.

Die Problematik, dass Antisemitismus und Aufklärung in der Realität oft keine Antipoden waren (ein Thema, dass schon Adorno und Horkheimer in ihren Studien zur „Dialektik der Aufklärung“ behandelt haben), zeigt sich in folgenden Studien: Claussen, Detlev: Grenzen der Aufklärung. Zur gesellschaftlichen Geschichte des modernen Antisemitismus, Frankfurt am Main 1987; Claussen, Detlev: Vom Judenhass zum Antisemitismus. Materialien einer verleugneten Geschichte, Darmstadt/Neuwied 1987; Katz, Jacob: Vom Vorurteil bis zur Vernichtung. Der Antisemitismus 1700–1933, München 1989; Brumlik, Micha: Deutscher Geist und Judenhass. Das Verhältnis des philosophischen Idealismus zum Judentum, München 2000; Gronke, Horst/Meyer, Thomas/Neißer, Barbara (Hrsg.): Antisemitismus bei Kant und anderen Denkern der Aufklärung. Prämierte Schriften des wissenschaftlichen Preissausschreibens „Antisemitische und antijudaistische Motive bei Denkern der Aufklärung“, Würzburg 2001.

Im von Günther B. Ginzel herausgegebenen Sammelband „Antisemitismus. Erscheinungsformen der Judenfeindschaft gestern und heute“ (Köln 1991) wird in einem ersten Teil zunächst der christliche Antijudaismus bis ins Mittelalter analysiert. In einem zweiten Abschnitt wird der Wandel vom religiösen zum rassischen Judenhass, vom Gottesmörder zum Weltfeind analysiert, bis hin zur Judenpolitik des NS-Regimes, während in einem dritten Abschnitt die Aktualität des Antisemitismus unter die Lupe genommen wird.

In den 1990er Jahren erschienen folgende Studien, die insbesondere auch die Konstruktion einer jüdischen Rasse untersuchten: Kiefer, Annegret: Das Problem einer „jüdischen Rasse“. Eine Diskussion zwischen Wissenschaft und Ideologie (1870–1930), Frankfurt am Main 1991; Ley, Michael: Genozid und Heilserwartung. Zum nationalsozialistischen Mord am europäischen Judentum, Wien 1993; Poliakov, Léon: Der arische Mythos. Zu den Quellen von Rassismus und Nationalismus, Hamburg 1993; Brechtken, Magnus: „Madagaskar für die Juden“. Antisemitische Idee und politische Praxis 1885–1945, München 1997; Alter, Peter/Bärsch, Claus-Ekkehard/Berghoff, Peter (Hrsg.): Die Konstruktion der Nation gegen die Juden, München 1999.

Aus den Veröffentlichungen der letzten Jahre soll besonders auf die Studie über den Zusammenhang von Nationalismus und Antisemitismus (Holz, Klaus: Nationaler Antisemitismus. Wissenssoziologie einer Weltanschauung, Hamburg 2001), aber auch auf zwei weitere, die verschiedenen Varianten des Antisemitismus beleuchtende Studien hingewiesen werden: Benz, Wolfgang: Was ist Antisemitismus?, Bonn 2004 und Salzborn, Samuel (Hrsg.): Antisemitismus – Geschichte und Gegenwart, Gießen 2004.

Die NS-Ideologie, in der der Rassismus als Konstrukt eine wesentliche Rolle spielt, verzichtete keinen Moment auf die Nutzung aller geschichtlich bekannten Spielarten des Antisemitismus. Auch der noch nicht rassistisch begründete Antisemitismus hatte bereits die Palette von eliminatorischen, mörderischen Programmen bis hin zur kulturell-geistigen Ausmerzung entfaltet, wobei in den Formulierungen oft auch bewusst Unklarheit über die Schärfe und Konsequenz gelassen wurde.

Die Frage der rassistischen Begründung des Antisemitismus ist da nur eine weitere Komponente der NS-Ideologie in der Entfaltung vielfältiger Begründungen für das nazistische „Juda verrecke". Die Konstruktion einer „jüdischen Rasse", deren Mitglieder auch nicht durch Assimilation ihr Wesen ändern können, ist nur eine Variante eines Rassismus, der als Kolonialrassismus auch ohne antisemitische Komponente existieren konnte.

Auch im rassistisch begründeten Antisemitismus kann unterschieden werden, ob es sich um einen Rassismus mit eliminatorischer Konsequenz handelt oder um einen sich milde vorstellenden, auf Austreibung aus Deutschland und Europa abzielenden rassistischen Antisemitismus. Die Palette von der Diskriminierung über die Austreibung bis zur Vernichtung existiert in theoretischer Hinsicht auch hier.

Bei all diesen theoretischen Varianten soll nicht aus dem Auge verloren werden, dass in der Praxis des NS-Staates die Kombination des traditionellen und des rassistischen Antijudaismus und Antisemitismus auch auf verschiedene Teile der Bevölkerung abzielte, so wie die Verschärfung der praktischen Konsequenz bis hin zur Vernichtung auch nie auf eine Kombination antisemitischer Motive über den Rassismus hinaus verzichtete, bis hin zur wesentlichen Neukonstruktion des jüdischen Bolschewismus und des die Welt dominierenden jüdischen Weltkapitals, des „Weltjudentums", das angeblich die USA und England in der Hand hat.

Die Kombination der Irrationalität mit dem Konstrukt des arischen Deutschen und einem aggressiven, eliminatorischen Antisemitismus erlaubt so viele Varianten, dass es umso wichtiger ist, die praktischen Konsequenzen aus diesen verschiedenen Konglomeraten diverser NS-Propagandisten einzubeziehen.

Die skizzenhafte Darstellung wäre nicht vollständig, wenn nicht auch die antisemitische Variante der Gleichgültigkeit gegenüber dem Schicksal der jüdischen Bevölkerung in Theorie und Praxis thematisiert würde. Im Rahmen einer Arbeitsteilung der NS-Propaganda, die sich an verschiedene Teile der Bevölkerung richtete, war die antihumanistische Kehrseite einer auf das als arisch-deutsch definierte Volk konzentrierten Propaganda und einer solchen „Volkserziehung", dass auch die Gleichgültigkeit als Denkfigur ihren Beitrag zur Stabilisierung der NS-Herrschaft leistete.

An dieser Stelle sei ausdrücklich hervorgehoben, dass alle vier Erziehungswissenschaftler gewiss nicht frei von antisemitischen Tendenzen waren, aber gerade in ihren Publikationen in der NS-Zeit der NS-Propaganda-Ton des „Juda verrecke", das eliminatorische Element, nicht nachgewiesen werden kann.

Die privaten Aufzeichnungen Eduard Sprangers und Herman Nohls mit einem urwüchsig-deutsch sozialisierten Antisemitismus und die wenigen Andeutungen bei Weniger und Petersen greifen auf ein vor und in der NS-Zeit existierendes Gewebe verschiedenartiger Elementen des Antijudaismus und des Antisemitismus zurück.

a) Vor 1933 finden sich vereinzelte Passagen, die gewiss nicht als philosemitisch bezeichnet werden können. 1918 lautet **Sprangers** Befund: „Hier zeigt ein ganzes Volk, dass kein Wachstum ohne Wurzeln erreichbar ist."[1191] Das Klischee der „Wurzellosigkeit" der Juden, der

[1191] Spranger, Eduard: Der Aufstieg der Begabten (Flugschrift des Dürerbundes, Band 179), München ohne Jahr (1918), S. 4, zitiert nach: Himmelstein, Klaus: Die Konstruktion des Deutschen gegen das Jüdische im Diskurs Eduard

„Umherschweifenden", die keine innere Ruhe haben, sondern mit „jüdischer Hast" umherirren, wird hier bedient.

b) **Weniger** geht schon 1930 in seinem Aufsatz „Das Bild des Krieges" auf Arnold Zweigs Werk „Sergeant Grischa"[1192] von 1927 ein. Weniger wendet sich in dem Aufsatz

> *„gegen die jüdisch-differenzierte Geistigkeit Zweigs, an deren Sonderschicksal wir uns schließlich irgendwie unbeteiligt fühlen, so dass wir geneigt sind, die Überspitzung der Problemstellung abzulehnen".*[1193]

Was bedeutet „jüdisch-differenziert"? Die akademische Variante des „jüdisch zersetzenden Geistes"? Weniger führt den Gedanken nicht aus. Ein Vertreter der synthetisierenden Denkweise geisteswissenschaftlicher Hermeneutik fühlt sich herausgefordert. Gewichtiger als diese, hier nicht genauer zu beleuchtende Frage, ist aber die Formulierung vom „Sonderschicksal". Der Begriff für sich bleibt zunächst leer, im Zusammenhang mit dem Fortgang des Satzes füllt er sich jedoch mit Inhalt: „Das hat nicht so viel mit uns zu tun" bedeutet die Rede vom sich „irgendwie unbeteiligt fühlen". Die daraus folgende Neigung, die „Überspitzung" des jüdischen Schriftstellers abzulehnen, der offensichtlich im „wir" von Weniger und der von ihm angesprochenen Leserschaft keinen rechten Platz hat, mag mit der inhaltlich unterschiedlichen Einschätzung der „Kriegserlebnisse" zusammenhängen, aber vorgetragen wird als Ursache, dass Zweig Jude ist – mit den für Weniger selbstverständlichen Eigenschaften. Der springende Punkt in der ganzen Passage ist das unscheinbare Wörtchen „wir". Die Juden gehörten für Erich Weniger schon vor der NS-Zeit einfach nicht dazu. Das ist völkischer deutsch-nationaler Antisemitismus. Nicht mehr, aber auch nicht weniger.

c) Ein anderes Klischee bedient **Spranger** 1926. Er schreibt über die Psychologie der jüdischen Jugendlichen: „Die Entwicklung vollzieht sich schneller, die Pubertät tritt früher ein. Die Seite der Sexualität ist dabei *im Allgemeinen* stärker betont als bei nordischen Völkern: das Blut pocht stärker."[1194]

Abgesehen von der tiefen Wissenschaftsfeindlichkeit solcher aus der Luft gegriffenen Behauptungen ist der springende Punkt hier die Vorstellung eines Gegensatzes von „nordischen Völkern" und den Juden. Klar und eindeutig werden angeblich biologische Tatsachen aus der Geographie der Völker abgeleitet. Die jüdischen Jugendlichen sind eindeutig keine Deutschen, sie gehören nicht zu den „nordischen Völkern". Dieser Punkt ist der gewichtigere.[1195]

d) Antisemitische Klischees zeigen sich bei Spranger auch schon in seinem theoretischen Hauptwerk, den „Lebensformen" (1927). Dort heißt es:

> *„Der tiefe Liebesgeist gewisser Juden (...) ist gleichsam das Erbe vieler gedrückter Generationen; auch die Kinder von Wucherern oder ausgetrockneten Kapitalisten neigen oft mit ihrer ganzen Seele zur helfenden Liebe."*[1196]

Diese Passage enthält rhetorische Elemente, die den Kern verhüllen. Ein tiefer „Liebesgeist" ist nun ja nichts Schlechtes. Und die Feststellung, dass Juden „das Erbe vieler gedrückter

---

Sprangers, in: Meyer-Willner, Gerhard (Hrsg.): Eduard Spranger. Aspekte seines Werks aus heutiger Sicht, Bad Heilbrunn 2001, S. 60.

[1192] Zweig, Arnold: Der Streit um den Sergeanten Grischa (1927), Frankfurt am Main 1972.

[1193] Weniger, Erich: Das Bild des Krieges. Erlebnis, Erinnerung, Überlieferung, in: Die Erziehung. Monatsschrift für den Zusammenhang von Kultur und Erziehung in Wissenschaft und Leben, 5. Jg. (1929/30), S. 11.

[1194] Spranger, Eduard: Über die Besonderheit der jüdischen Jugend. Aus einem Brief, in: Der Jugendbund. Mitteilungen des Verbandes der Jüdischen Jugendvereine Deutschlands, 2. Jg. (1926), Heft 14, S. 1, zitiert nach: Himmelstein, Klaus: Die Konstruktion des Deutschen gegen das Jüdische im Diskurs Eduard Sprangers, in: Meyer-Willner, Gerhard (Hrsg.): Eduard Spranger. Aspekte seines Werks aus heutiger Sicht, Bad Heilbrunn 2001, S. 64, Hervorhebung im Original.

[1195] Dass Spranger scheinbar neutral die stärker betonte Sexualität benennt, verliert sich übrigens, wenn im Zusammenhang die Haltung Sprangers zur Sexualität im Allgemeinen und zu Sigmund Freud im Besonderen nachgelesen wird.

[1196] Spranger, Eduard: Lebensformen. Geisteswissenschaftliche Psychologie und Ethik der Persönlichkeit, unveränderter Nachdruck der 5., vielfach verbesserten Auflage, München/Hamburg 1965, S. 178.

Generationen“ mit sich tragen, enthält für sich auch noch keine problematische Formulierung. Der springende Punkt ist die Zusammenführung von „gewissen Juden“ und „Wucherern oder ausgetrockneten Kapitalisten“. Oberflächlich betrachtet überwiegen die positiven Zuschreibungen, aber gleichzeitig wird sichtbar, was dann doch die Oberhand behält: die Assoziation zwischen Juden und Wucherern. Beweiskräftig kann die Analyse dieses Satzes nur im größeren Zusammenhang der existierenden Varianten der antisemitischen Klischees erfolgen. So erhält dieser Satz allein einen nachvollziehbaren, allerdings eben antisemitischen Sinn. Die Unbestimmtheit („gewisse Juden“, „oft“) gehört zu jenem rhetorischen Kapital, das jegliche Kritik vorausahnend erschweren soll und in der Tat erschwert.

e) 1933 wendet sich Spranger praktisch gegen antisemitische Hetze der NS-Studenten in Berlin und schreibt gleichzeitig über „den großen *positiven* Kern der nationalsozialistischen Bewegung (...), mag er heute auch für manche durch die bloß negative Seite eines übersteigerten Antisemitismus verdeckt werden“.[1197]

Handelt es sich hier um sprachliche Ungeschicklichkeit? Meint Spranger möglicherweise etwas ganz anderes, als das, was er schreibt? Sprachlich und logisch ist klar, dass er sich ausdrücklich nur gegen den „übersteigerten“ Antisemitismus wendet.[1198]

An dieser Stelle sei auch daran erinnert, mit welchem Zynismus Spranger nach 1945 meinte, sich von jüdischen Dozenten, die gegen das NS-Regime protestiert hatten, distanzieren zu müssen: „beklagenswerter Vorfälle (...), deren sich kurz zuvor einzelne jüdische Dozenten schuldig gemacht hatten und die ich scharf missbilligte“.[1199]

f) **Nohl** schreibt 1933/34 schon recht deutlich:

> *„Die Schaffung des einen deutschen Volkes durch unsere nationale Revolution, diese geniale Sprengung uralter Grenzen, nicht bloß der Stammes- und Ländergrenzen, sondern auch die Herstellung eines einheitlichen deutschen Volksgefühls und -willens eröffnet auch ganz neue Möglichkeiten für unsere physische Einheit. Das Komplement solchen inneren Ausgleiches wäre eine Rassenpolitik mit der Front gegen den Osten, die das weitere Einströmen nicht bloß der jüdischen, sondern auch der slawischen Volkselemente, die den Prozess der deutschen Rassenbildung stören und die Festigkeit unserer Nationalität lockern, verhindert.“* [1200]

Nicht gegen alle Juden geht es hier bei Nohl, sondern gegen alles, was aus dem Osten kommt. Das ist die Oberfläche. Aber welches Argument verwendet Nohl? Der entscheidende Punkt ist hier, dass diese Ablehnung in propagandistisch-vulgärer Sprache („Einströmen“) mit folgendem Argument begründet wird: Die Juden stören „den Prozess der deutschen Rassenbildung“. Hier handelt es sich um einen nationalistisch-rassistischen Antisemitismus, der zudem jene Kombination von Antisemitismus und Nationalismus bedient, die im Programm der NSDAP ganz bewusst den Kampf gegen die „Ostjuden“ aus populistischen Gründen favorisierte, wie nur aus dem zeitgeschichtlichen Kontext der Kenntnis politischer Programme nachweisbar ist. So berichtet Nohl dann auch im selben Manuskript von 1933/34, das er 1940 versandt hat, über die

> *„gesteigerte(n) Einwanderung aus dem Osten, die vor allem Berlin ein ganz neues Gesicht gab. Frick teilt in seiner Ansprache auf der ersten Sitzung des Sachverständigenbeirats für Bevölkerungs- und*

[1197] Spranger, Eduard: März 1933, in: Die Erziehung. Monatsschrift für den Zusammenhang von Kultur und Erziehung in Wissenschaft und Leben, 8. Jg. (1932/33), Heft 7 (April 1933), S. 403.

[1198] Spranger schreibt in einem Brief an Käthe Hadlich vom 2.5.1924: „Der Kampf gegen die Juden, in gewissem Sinne notwendig, ist kein politisch notwendiges Programm“ (zitiert nach: Priem, Karin: Bildung im Dialog. Eduard Sprangers Korrespondenz mit Frauen und sein Profil als Wissenschaftler 1903–1924 (Beiträge zur historischen Bildungsforschung, Band 24), Köln/Weimar/Wien 2000, S. 9). In welchem Sinne der „Kampf gegen die Juden“ notwendig sei, führt Spranger nicht aus. Klar ist aber, dass er ihn für notwendig erachtet.

[1199] Spranger, Eduard: Mein Konflikt mit der nationalsozialistischen Regierung 1933 (1955), in: Universitas. Zeitschrift für Wissenschaft, Kunst und Literatur, 10. Jg. (1955), Heft 5, S. 460.

[1200] Nohl, Herman: Die Grundlagen der nationalen Erziehung. Eine Vorlesung zum Wintersemester 1933/34 (Typoskript), ohne Ort, ohne Jahr (Göttingen 1940), S. 25.

Rassenpolitik mit, dass im Jahre 1930 allein in Berlin 4.000 zugewanderte Juden eingebürgert wurden.“ [1201]

Nohl beruft sich bei diesem rhetorischen Manöver mit der Denkfigur der „Überfremdung“ ausdrücklich auf den NS-Minister Frick.

g) Gleichzeitig legt Nohl 1940 Wert darauf, einen „liebevollen, neckenden“ Antisemitismus anhand seines geliebten Vaters aufzuzeigen:

„Er las, so lange ich denken kann, die Tägliche Rundschau, die Zeitung der nationalliberalen und alldeutschen Oberlehrer, war auch nicht ganz frei von ihrem Antisemitismus. Wenn eins der Kinder schrie, schob er den Kinderwagen unter dem Gesang ‚Schmeißt ihn raus, den Juden Itzig‘ ins andere Zimmer. Wollte er einen auf das Judentum des anderen aufmerksam machen, zog er die Nase an und krümmte den Zeigefinger. Wenn einer der Schüler bei der Aufnahme des Nationalen seine Religion mit ‚mosaisch‘ angab, dann verbesserte er ihn ‚also jüdisch‘. Aber das alles doch ohne Schärfe, wie er denn auch gegen meine jüdischen Freunde immer freundlich und gerecht blieb.“ [1202]

Welche Elemente des Antisemitismus lassen sich hier zeigen? Zunächst gibt es die rhetorische Formel, eine bestimmte Gruppe, hier die Juden, mit einem Namen – „Itzig“ – zu fixieren. Auch hier ist im geschichtlichen Kontext klar, dass dieses „Itzig“ kein Kosename war. Der Hinweis auf die gekrümmte Nase, also auf die Vorstellungen einer Physiognomie, die deutlich „jüdisch“ sei, verweist auf jahrhundertealte antisemitische Klischees. Dass er aber überhaupt hinter dem Rücken von jüdischen Menschen seinesgleichen mit diesem Zeichen darauf aufmerksam macht („Achtung, Jude“), deutet auf eine bestimmte Sorte des Humors, die mit eigentlichem Humor nichts zu tun hat. Jener „Tendenzwitz“ (Sigmund Freud), der sich negativer Zuschreibung bedient, um Menschen wegen der Zugehörigkeit zu einer Gruppe zu diskriminieren, war ein wesentliches Mittel jeglicher antisemitischer Rhetorik, wie sie in den Goebbels-Reden ihren mörderischen Höhepunkt gefunden hat.

Damit nicht genug, wird auch noch in scheinbar unverständlicher Weise berichtet, dass bei der „Aufnahme des Nationalen“ Schüler ihre Religion mit „mosaisch“ angaben, Nohls Vater jedoch verbesserte: „also jüdisch“. Die Definitionsgewalt war klar, „jüdisch“ war mehr als die „mosaische Religionszugehörigkeit. Und das Ganze wurde aus Sicht des Sohnes „immer freundlich und gerecht“ vorgetragen. Der Sachverhalt selbst kann nicht überprüft werden. Er ist für eine ideologische Analyse auch nicht wesentlich. Unterstellt, der Sohn und der Vater empfanden sich immer als „freundlich und gerecht“, bleibt noch die Frage nach der Empfindung der „jüdischen Freunde“. Da auch dieser Punkt hier nicht geklärt werden kann, soll unterstellt werden, dass diese Spielart des Antisemitismus sich subjektiv nicht als bösartig verstand. Aber es bleibt, dass die Verharmlosung der Ideologie des Antisemitismus mitten in der NS-Zeit angesichts der realen Vertreibung und Ermordung der Juden ein Ausmaß an Unsensibilität dokumentiert, das quantitativ nicht zu bezeichnen ist. Die Problematik dieser Passage und das Problem des Antisemitismus erhält eine dramatische Deutlichkeit, wenn hinzugefügt werden muss, dass es durchaus beachtenswert von Nohl war, dass er 1940 überhaupt noch von seinen „jüdischen Freunden“ sprach.

h) Von den publizierten Positionen sollen nachfolgend bewusst die nicht öffentlich zugänglichen Stellungnahmen unterschieden werden. Dabei hat **Petersen** sich klar an die antisemitischen, vom NS-Regime geprägten Klischees gehalten. Bereits Mitte 1933 behauptet Petersen in der Zeitschrift „Blut und Boden“, dass der deutsche Antisemitismus angesichts der „Zerset-

[1201] Nohl, Herman: Die Grundlagen der nationalen Erziehung. Eine Vorlesung zum Wintersemester 1933/34 (Typoskript), ohne Ort, ohne Jahr (Göttingen 1940), S. 11.

[1202] Nohl, Herman: Mein Vater, in: Nohl, Herman (Hrsg.): Hermann Nohl 1850–1929 und die Geschichte seiner Familie. Erinnerungen für seine Enkel. Als Manuskript gedruckt, ohne Ort 1940, S. 49 f.

zungserscheinungen" seine Berechtigung habe, die jüdische Gedanken und jüdische Denker in die „deutsche Art" tragen würden.[1203]

In einem internen Bericht aus dem Jahr 1937 teilt er mit, dass bei seiner Vortragsreise durch die Südafrikanische Union „von jüdischer Seite aus" gegen ihn Stimmung gemacht worden sei. Die „englisch eingestellte Lehrerschaft" habe sich als „stark judenhörig" erwiesen.[1204]

In seinen privaten Briefen an die jahrelange Freundin und gute Bekannte Käthe Hadlich findet sich bei **Spranger** eine Ansammlung verschiedenartiger antisemitischer Klischees auch schon weit vor 1933. Dabei lassen sich solche Äußerungen durchaus in Kategorien unterteilen.

Ohne nähere Begründung, sozusagen als feststehende Tatsache ist die Rede von der „Unbildsamkeit des *jüdischen* Wesens".[1205] (Hervorhebung Spranger) Spranger charakterisiert die „jüdische Ethik" als „theoretisch ganz jammervoll schlecht und zurückgeblieben".[1206]

Der an der Physiognomie festgemachte Antisemitismus liest sich so: „recht hässlich, z. T. unliebenswürdig oder gar echt jüdisch" und „Judensippschaft (...). Solche Gesichter, solche Nasen."[1207] Weiter wird die Allmacht der Juden beschworen: „Überall herrschen die Juden", die kommende Nationalversammlung sah er als „eine Judenversammlung" an.[1208]

Die Weimarer Republik schätzt Spranger als ein System ein, das weitgehend in den Händen der Juden war. Er schreibt: „Zur Hälfte haben wir eine Judenherrschaft". Die Liberalen waren für ihn „Kapitalisten und überwiegend Juden".[1209]

Diese an eine Verschwörungstheorie erinnernden Äußerungen finden sich bei Spranger 1932 auch im Hinblick auf den akademischen Bereich. Angesichts der Antrittsvorlesung des Psychologen Géza Révész in Amsterdam schreibt Spranger: „(...) da sammelte sich Palästina aus der ganzen Welt: Polak aus Groningen, Lederer und Mannheim (beide ehemals Heidelberg) usw. Ich bin fest überzeugt, dass alle diese Universitätsdozenten jüdischer Abstammung ein Nachrichtenbüro unterhalten."[1210]

[1203] Petersen, Peter: Rezension von: Karl Beyer: Jüdischer Intellekt und deutscher Glaube (Leipzig 1933), in: Blut und Boden. Monatsschrift für wurzelstarkes Bauerntum, deutsche Wesensart und nationale Freiheit, 5. Jg. (1933), Heft 6, S. 285–286.

Ein Heft später erklärt Petersen im Rahmen einer weiteren Rezension, dass der japanisch-chinesische Krieg von demselben Weltkapital angezettelt worden sei, das „Deutschland zum Sklaven zu machen versucht hat". Und er kommentiert: „Etwas, das uns die aus Japan gemeldeten Judenverfolgungen auf einmal verständlich macht!" (Petersen, Peter: Rezension von: Ludwig Roselius: Briefe und Schriften zu Deutschlands Erneuerung (Oldenburg 1933), in: Blut und Boden. Monatsschrift für wurzelstarkes Bauerntum, deutsche Wesensart und nationale Freiheit, 5. Jg. (1933), Heft 7, S. 334–335, hier S. 335).

[1204] Petersen, Peter: Bericht über die Vortragsreise des o. ö. Prof. Dr. Dr. h. c. Peter Petersen Jena durch die Südafrikanische Union Juli–Okt. 1937, Universitätsarchiv Jena, Bestand M, Nr. 631, Blatt 208 f. Sowohl der Reisebericht als auch die auf Petersen abzielende Passage des amerikanischen Pädagogen Isaac Leon Kandel sind im Anhang der *Dokumentation ad fontes Petersen* (S. 684–691) abgedruckt.

[1205] Brief vom 8.2.1904, in: Martinsen, Sylvia/Sacher, Werner (Hrsg.): Eduard Spranger und Käthe Hadlich. Eine Auswahl aus den Briefen der Jahre 1903–1960, Bad Heilbrunn 2002, S. 26.

[1206] Brief vom 3.4.1904, in: Martinsen, Sylvia/Sacher, Werner (Hrsg.): Eduard Spranger und Käthe Hadlich. Eine Auswahl aus den Briefen der Jahre 1903–1960, Bad Heilbrunn 2002, S. 33.

[1207] Undatierter Brief aus dem Jahr 1916 und Brief vom 24.12.1916, zitiert nach: Himmelstein, Klaus: Die Konstruktion des Deutschen gegen das Jüdische im Diskurs Eduard Sprangers, in: Meyer-Willner, Gerhard (Hrsg.): Eduard Spranger. Aspekte seines Werks aus heutiger Sicht, Bad Heilbrunn 2001, S. 61.

[1208] Brief vom 24.11.1926, Brief vom 29.11.1918 und vom 29.12.1918, zitiert nach: Himmelstein, Klaus: Die Konstruktion des Deutschen gegen das Jüdische im Diskurs Eduard Sprangers, in: Meyer-Willner, Gerhard (Hrsg.): Eduard Spranger. Aspekte seines Werks aus heutiger Sicht, Bad Heilbrunn 2001, S. 61 f.

[1209] Brief vom 15.11.1918 und Brief vom 12.1.1919, in: Martinsen, Sylvia/Sacher, Werner (Hrsg.): Eduard Spranger und Käthe Hadlich. Eine Auswahl aus den Briefen der Jahre 1903–1960, Bad Heilbrunn 2002, S. 201 und S. 205.

[1210] Brief vom 25.10.1932, zitiert nach: Himmelstein, Klaus: Die Konstruktion des Deutschen gegen das Jüdische im Diskurs Eduard Sprangers, in: Meyer-Willner, Gerhard (Hrsg.): Eduard Spranger. Aspekte seines Werks aus heutiger Sicht, Bad Heilbrunn 2001, S. 62. Es soll nicht auf die antisemitischen Denkfiguren dieser Passage im Einzelnen

Spranger bedient auch das Klischee der betrügerischen Juden: „(...) keine jüdische Vermittlung, anscheinend lauter anständige Leute."[1211]

Trotz all dieser Äußerungen lässt sich deutlich zeigen, dass Spranger sehr wohl die Drangsalierung der jüdischen Bevölkerung in Deutschland registriert und negativ kommentiert. Im September 1933 schreibt er:

> *„Die Selbstmorde der entlassenen Juden häufen sich schrecklich."* [1212]

Auch 1943 wusste Spranger von den Deportationen. Er schreibt:

> *„Frau Öppinger schrieb, es sei eines Tages ein Telefonanruf von Wiesbaden gekommen, am nächsten Vormittag werde die Oma nach dem Osten abgeholt werden. Diese machte darauf in der Nacht selbst ein Ende – gleichsam unter Assistenz der Tochter. So löste sich dieses Problem, von dem wir bis zuletzt nichts geahnt hatten."* [1213]

Es ist schwer, objektiv den letzten Satz „So löste sich dieses Problem, von dem wir bis zuletzt nichts geahnt hatten" zu kommentieren. Die Selbsttötung als Lösung des Problems zu beschreiben, ist auch für eine zynische Deutung offen, die sich sicher nicht zwingend nachweisen lässt. In der Formulierung „nichts geahnt hatten" ist sicherlich eine Tatsachenbehauptung enthalten, die konkret auf den Tag der Deportation der als Oma bezeichneten Mutter von Frau Öppinger bezogen stimmt. Aber konnte Spranger wirklich „nicht ahnen", was den jüdischen Menschen in Deutschland 1943, die noch nicht deportiert waren, bevorstand? Hier kann mit gutem Grund widersprochen werden. Es zeichnet sich durch die Art der Formulierung eine Überschneidung ab, mit dem Klischee „Davon haben wir nichts gewusst", „Das konnten wir doch nicht ahnen", wie es nach 1945 üblich wurde.[1214]

In der NS-Zeit, 1934, ist in seinem privaten Brief nun gar nichts von Solidarität mit emigrierten Juden zu spüren. Bei einem Vortrag in Marienbad, jenem Ort, an dem Theodor Lessing ermordet wurde, schrieb Spranger an Käthe Hadlich, es seien „allzu viel Juden" im Hotel.[1215]

Konkreter wird es dann 1938. Spranger berichtet, dass er wieder Vorsitzender einer Ortsgruppe der Goethe-Gesellschaft wird und schreibt: „Es beginnt wohl oder übel damit, dass ich die Juden herauskomplimentieren muss. Denn da kann jetzt kein Zweifel mehr sein."[1216]

---

eingegangen werden, aber der Hinweis, dass die Mitglieder dieses angeblichen Nachrichtenbüros nach 1933 in großer Zahl emigrieren mussten, muss in diesem Fall ergänzt werden. Leo Polak kam 1941 im KZ Sachsenhausen ums Leben.

[1211] Brief vom 24.11.1926, zitiert nach: Himmelstein, Klaus: Die Konstruktion des Deutschen gegen das Jüdische im Diskurs Eduard Sprangers, in: Meyer-Willner, Gerhard (Hrsg.): Eduard Spranger. Aspekte seines Werks aus heutiger Sicht, Bad Heilbrunn 2001, S. 61.

[1212] Brief vom 14.9.1933, in: Martinsen, Sylvia/Sacher, Werner (Hrsg.): Eduard Spranger und Käthe Hadlich. Eine Auswahl aus den Briefen der Jahre 1903–1960, Bad Heilbrunn 2002, S. 301.

[1213] Brief vom 3.4.1943, in: Martinsen, Sylvia/Sacher, Werner (Hrsg.): Eduard Spranger und Käthe Hadlich. Eine Auswahl aus den Briefen der Jahre 1903–1960, Bad Heilbrunn 2002, S. 342.

[1214] Hier sei auch auf den Brief Sprangers an Gertrud Öppinger vom 23.3.1943 verwiesen. Die Analyse dieses Briefs, der darauf eingeht, dass Öppingers jüdische Mutter sich vor der Deportation das Leben nahm, wäre eine eigenständige analytische Arbeit wert. In seinem Kondolenzbrief schreibt Spranger: „Es war wohl so der rechte Weg; er führte zum Frieden." Weiter schreibt er: „(...) ich bin fast am Schreien" und dass ihm sein „liebste(r) Lehrer" mit 83 Jahren 1939 auf die gleiche Art genommen worden sei. Und weiter: „Nach all der Last und dem Leid der Entscheidung finden Sie schon versöhnliche Worte. Das ehrt Sie als Frau" (Gesammelte Schriften, Band VII: Briefe 1901–1963, Tübingen/Heidelberg 1978, S. 214). Unabhängig von der ausstehenden Analyse dieses vielseitig zu interpretierenden Briefs bleibt die Tatsache, dass Wissenschaftler wie Spranger 1943 sehr klar den Prozess der „Endlösung der Judenfrage" des NS-Regimes in ihrer Reichweite wahrgenommen hatten.

[1215] Brief vom 17.9.1934, in: Martinsen, Sylvia/Sacher, Werner (Hrsg.): Eduard Spranger und Käthe Hadlich. Eine Auswahl aus den Briefen der Jahre 1903–1960, Bad Heilbrunn 2002, S. 417.

[1216] Brief vom 14.4.1938, zitiert nach: Himmelstein, Klaus: Die Konstruktion des Deutschen gegen das Jüdische im Diskurs Eduard Sprangers, in: Meyer-Willner, Gerhard (Hrsg.): Eduard Spranger. Aspekte seines Werks aus heutiger Sicht, Bad Heilbrunn 2001, S. 65.

Zu diesem Brief vom April 1938 ergaben Recherchen von Eisermann, dass im April 1932 von 279 Mitgliedern der Goethe-Gesellschaft 65 „nichtarisch" waren und 1938 von 220 Mitgliedern lediglich noch 18, die aber sämtlich Anfang

In den veröffentlichten und brieflich vorgetragenen Passagen, die durchaus von Antisemitismus gekennzeichnet sind, lässt sich eine Überschneidung mit der von der NS-Propaganda betriebenen antisemitischen Hetze feststellen. Aber darauf soll nicht der Hauptakzent gesetzt werden. Deutlich wurde auch, dass der propagandistische Antisemitismus des NS-Systems eher als störend empfunden wurde und nicht die ureigenste Sache der vier Erziehungswissenschaftler war.

Eigene antijüdische Vorurteile deuten sich auch nach 1945 bei Spranger an, wenn er es für erwähnenswert hält, dass ihn „ein jüdischer Unteroffizier" der US-Armee abgeholt habe oder dass „Johannes R. Becher mit einem jungen, stark jüdisch sprechenden Adlatus" zu ihm kam.[1217]

Weniger behauptet in einem Vortrag vor Militärs, dass „der Hass gegen den Nationalsozialismus (...) vor allem durch die jüdische Emigration" genährt werde.[1218]

* * *

Die Frage ist jedoch nicht nur, inwieweit die vier Erziehungswissenschaftler selbst öffentlich Antisemitismus in deutsch-nationalem oder nationalsozialistischem Jargon betrieben haben. Viel gewichtiger ist im Grunde die durchgehende praktische Mentalität der Bagatellisierung des durchaus zur Kenntnis genommenen Antisemitismus in der Propaganda und auf der Straße. Diese tiefsitzende Gleichgültigkeit ermöglichte es ja, dass diese Frage keinen Bruch im Verhältnis zum NS-Regime herbeiführte. Diese Frage wurde zu einer Formfrage deformiert. Die Gleichgültigkeit gegenüber dem Antisemitismus und der jüdischen Bevölkerung, selbst wenn kein antisemitisches Wort gefallen wäre, manifestiert sich drastisch in jeder einzelnen das NS-Regime unterstützenden Handlung: die die Diskriminierung der Juden 1933 als unschöne Bagatelle behandelnde Unterstützung der „nationalen Revolution", der „neuen Bewegung", der Person des „charismatischen Führers", die ja einen „positiven Kern" habe und was der Rede mehr war – das alles beinhaltet jene Form des „Gleichgültigkeits-Antisemitismus", der für den Gesamterfolg des NS-Regimes bei der Enthumanisierung der deutschen Bevölkerung von wesentlicher Bedeutung war.

April 1938 „ausgetreten" seien (Eisermann, Walter: Ein vorläufiger Versuch, sich dem Rätsel eklatanter Widersprüche in den Hadlich-Briefen Eduard Sprangers verstehend zu nähern. Ein Entwurf, Spranger-Archiv, TU Braunschweig, ohne Ort, 1994, S. 5 f.).

1217 Spranger, Eduard: Die Universität Berlin nach Kriegsende 1945 (1945/1953), in: Gesammelte Schriften, Band X: Hochschule und Gesellschaft, Tübingen/Heidelberg 1973, S. 276 bzw. S. 291.

1218 Weniger, Erich: Der Krieg als Schicksal und Aufgabe. Vortrag vor der Feldkommandantur in St. Cloud am 12. April 1944, Niedersächsische Staats- und Universitätsbibliothek Göttingen, Abteilung für Handschriften und seltene Drucke, Cod. Ms. E. Weniger 7/13, S. 12.

7. Unterstützung der Politik des NS-Staates

Es kann nicht bestritten werden, dass unter den verschiedenen hypothetischen „Deutungen“ von Formulierungen, in denen das NS-Regime unterstützt wird, mehr oder minder tatsächlich taktische Floskeln enthalten sind, die inhaltlich nicht allzu viel aussagen müssen.

a) In einem Brief an Papen vom 30.4.1933 bezeichnet **Spranger** Hitler als den „Führer der nationalen Erhebung“, „zu dessen großem Werk für das deutsche Volk ich mit innerster Überzeugung und Treue ja sage“.[1219] Das klingt 2008 zwar nicht besonders mutig, aber als Floskel für sich kann es noch nicht beeindrucken. Solche Beispiele lassen sich bei allen vier Erziehungswissenschaftlern nicht nur in Briefen anführen. In der Tat gilt auch in Artikeln und Aufsätzen bei allgemein gehaltenen Floskeln eine ähnliche Einschränkung – mit dem Unterschied, dass, wenn auch floskelhaft mit der Autorität der eigenen Person und des dahinter stehenden Werkes das NS-Regime in der Öffentlichkeit für alle sichtbar unterstützt wurde.[1220] An dieser Stelle sollen einige solcher Floskeln knapp konstatiert werden. Wenn Spranger in Publikationen in der NS-Zeit von den „begeisternden Tagen des März“[1221] 1933 redet, 1940 von der „Genialität der Führenden“ spricht, seine „Bewunderung der Führung des deutschen Reiches“[1222] ausspricht, Adolf Hitler zu dessen fünfzigstem Geburtstag „Glück und Segen“ wünscht[1223] und solche Floskel sich häufen, ist das eine Sache. Wesentlich gewichtiger ist jedoch, wenn damit inhaltliche Positionen eingeleitet und gewertet werden, die Kernpunkte der NS-Ideologie und NS-Politik betreffen.

Nohl lobt en passant Ernst Kriecks Bücher, stellt Paula Sieber von Grote für die NS-Frauenposition heraus, lobt das „Mannwerden“ im „SA-Dienst“[1224] und spricht vom „große(n) Sinn dieser Bewegung“ nach 1933, der darin bestehe, nun „ein Volk zu gestalten“.[1225] In seiner Vorlesung von 1933/34 betont Nohl auch die Unterstützung der „pädagogischen Bewegung“ für den NS-Staat.[1226]

Bei **Weniger** sind das Floskeln wie die von der „nationale(n) Revolution“ 1933[1227] oder seine These, dass niemand daran zweifelt, dass die einzelnen Unterrichtsfächer „gemäß den Anforde-

[1219] Brief Sprangers an Papen vom 30.4.1933, Bundesarchiv Koblenz, Nachlass Eduard Spranger, N 1182-27. Der Brief ist im Anhang der *Dokumentation ad fontes Spranger* (S. 1038–1039) abgedruckt.

[1220] Beim Abschiedsempfang in der deutschen Botschaft in Tokio am 8.10.1937 antwortet Spranger auf eine Lobrede des deutschen Botschafters mit den Worten: „Was ich getan habe, konnte ich tun, weil hinter mir die Kraft und das Ansehen des nationalsozialistischen Deutschlands stand“ (Ansprache des Deutschen Botschafters und Ansprache Sprangers am 8.10.1937 beim Abschiedsempfang der Deutschen Botschaft, Bundesarchiv Koblenz, Nachlass Eduard Spranger N 1182-124).

[1221] Spranger, Eduard: März 1933, in: Die Erziehung. Monatsschrift für den Zusammenhang von Kultur und Erziehung in Wissenschaft und Leben, 8. Jg. (1932/33), Heft 7 (April 1933), S. 408.

[1222] Spranger, Eduard: Vortrag zur Jahrhundertfeier des Pestalozzi-Fröbel-Hauses I, in: Nachrichtendienst für die ehemaligen Schülerinnen des Pestalozzi-Fröbel-Hauses I (früher Vereins-Zeitung), 52. Jg. (1940), Heft 213, S. 4.

[1223] Die Erziehung. Monatsschrift für den Zusammenhang von Kultur und Erziehung in Wissenschaft und Leben, 14. Jg. (1938/39), Heft 7 (April 1939), S. 265.

[1224] Nohl, Herman: Die Grundlagen der nationalen Erziehung. Eine Vorlesung zum Wintersemester 1933/34 (Typoskript), ohne Ort, ohne Jahr (Göttingen 1940), S. 4 f., S. 48 bzw. S. 56.

[1225] Nohl, Herman: Die pädagogische Bewegung in Deutschland und ihre Theorie, 2. durchgesehene und mit einem Nachwort versehene Auflage, Frankfurt am Main 1935, Vorwort (ungezählte Seite).

[1226] „Jedenfalls hat der nationalsozialistische Staat die Überzeugung der pädagogischen Bewegung hinter sich, wenn er hier radikal zugreift und die Ganzheit oberhalb aller dieser Gegensätze herausarbeitet.“ (Nohl, Herman: Die pädagogische Bewegung in Deutschland und ihre Theorie, 2., durchgesehene und mit einem Nachwort versehene Auflage, Frankfurt am Main 1935, S. 287)

[1227] Weniger, Erich: Zur Entwicklungsgeschichte der deutschen Lehrerbildung, in: Die Erziehung. Monatsschrift für den Zusammenhang von Kultur und Erziehung in Wissenschaft und Leben, 8. Jg. (1932/33), Heft 12 (September 1933), S. 688.

rungen der nationalsozialistischen Weltanschauung" zu gestalten sind.[1228] Sicher wird es im Einzelnen ernster zu nehmen sein, wenn Weniger von der „elementaren Wucht der nationalsozialistischen Idee" spricht, der der nun einsetzende „Anfang einer neuen Wehrepoche" zu verdanken sei,[1229] und 1942 von der „Einheit preußischer Prägung und großdeutscher Gesinnung" spricht, die er als „das persönliche Werk des Führers und Obersten Befehlshabers" ansieht.[1230]

Bei **Petersen** ist der Ton ähnlich, vielleicht sogar schärfer, wenn er „die kameradschaftliche Gesinnung" lobt, die in der Tradition der Frontsoldaten den „SA- und SS-Dienst" beherrscht,[1231] oder den „feste(n) Kurs nationalsozialistischer Weltanschauung" herausstellt.[1232] Im selben Jahr schreibt Petersen: „Als im März 1933 die deutsche Bewegung zum Siege geführt war, da standen nur wenige Wissenschaftler mit ihr in Linie: u. a. aber bestimmt die *deutsche* Soziologie und eng mit ihr verbunden die deutsche *Erziehungswissenschaft*."[1233] Da ist es schon eine eher milde Selbstverständlichkeit, wenn Petersen die HJ positiv wertend schreibt, der HJ sei wieder die Einordnung der Jugend in das Volk gelungen.[1234]

Es kann nicht bezweifelt werden, dass die Liste solcher den NS-Staat und seine allgemeinen Einrichtungen positiv bewertenden Äußerungen um noch so manche Passage verlängert werden könnte. Doch darum geht es an dieser Stelle nicht. Deutlich soll werden, dass sich – teils auch bei genauerer Beachtung des Zusammenhangs der hier knapp zitierten Äußerungen – die Frage wesentlich anders stellt, wenn nicht im Allgemeinen das NS-System mit seinen Unterabteilungen gelobt wird, sondern gezielt einzelne Punkte herausgegriffen und öffentlich unterstützt werden.

b) Die im Einzelfall auch schon problematische „Deutung" solcher Äußerungen als bloße Floskeln „zum Fenster hinaus" kann dann ausgeschlossen werden, wenn gezielt NS-Positionen unterstützt werden. Das wird deutlich, wenn von Spranger konkret der Austritt Deutschlands aus dem Völkerbund 1933 öffentlich unterstützt wird, ja zusätzlich der „Aufruf des Volkskanzlers" ausdrücklich hervorgehoben wird.[1235] Oder wenn von Spranger 1938, kurz vor Kriegsbeginn, sich ausdrücklich auf „Reichsminister Schacht" berufend, rhetorisch das „Recht auf Erweiterung" des „Siedlungsraumes" herausgearbeitet wird.[1236] Aber auch die inhaltliche

[1228] Weniger, Erich (unter dem Pseudonym Lorenz Steinhorst): Höhere Schule – wozu?, in: Frankfurter Zeitung und Handelsblatt, 79. Jg. (1934/35), Nr. 186 (11.4.1935), Beilage „Für Hochschule und Jugend".

[1229] Weniger, Erich: Bücher über Soldatentum und Wehrerziehung, in: Deutsche Zeitschrift. Monatshefte für eine deutsche Volkskultur, 49. Jg. (1935/36), Heft 9–10 (Juni–Juli 1936), S. 399.

[1230] Weniger, Erich: Die Erziehung des deutschen Soldaten, ohne Ort (Berlin), ohne Jahr (1944), S. 81 f.

[1231] Petersen, Peter: Bedeutung und Wert des Politisch-Soldatischen für den deutschen Lehrer und unsere Schule, in: Deutsches Bildungswesen, 2. Jg. (1934), S. 6.

[1232] Petersen, Peter: Von der Methodik zur Pädagogik des Unterrichts, in: Bayrische Lehrerzeitung, 69. Jg. (1935), Heft 16/17, S. 256.

[1233] Petersen, Peter: Die erziehungswissenschaftlichen Grundlagen des Jenaplanes im Lichte des Nationalsozialismus, in: Die Schule im nationalsozialistischen Staat, 11. Jg. (1935), Heft 6, S. 2, Hervorhebungen im Original.

[1234] Petersen, Peter: Pädagogik der Gegenwart. Ein Handbuch der neuen Erziehungswissenschaft und Pädagogik. Einführung in die Geschichte und das System der Pädagogik (2. Auflage der „Pädagogik"), Berlin 1937 (Faksimile-Reprint Weinheim/Basel 1973), S. 45.

[1235] Spranger, Eduard: Politik aus dem Glauben, in: Staats-Anzeiger für Württemberg, Jg. 1933, Nr. 263 (10.11.1933), S. 2. Es sei hier nochmals im Zusammenhang zitiert. Spranger schreibt: „Einen Deutschen jedenfalls, der nicht ehrlich ‚Ja' sagte zu dem Aufruf des Volkskanzlers und damit eine Absage erteilte an die Knechtung, die man aufs Neue über uns verhängt, wird es nicht geben. Das ist der endgültige Glaube, der in uns lebendig ist: nur *mit* Deutschland kann die Welt genesen" (Hervorhebung im Original).

[1236] „Fehlen jedoch im Inlande die für die heimischen Bedürfnisse und für die Exportindustrie erforderlichen Rohstoffe, dann ist der Tatbestand gegeben, der heut mit dem Worte ‚Volk ohne Raum' gemeint ist. Man kann diesen Tatbestand auch kürzer ‚Armut' nennen; denn so sieht Armut als Schicksal eines Volkes aus. In diesem Sinne hat der deutsche Reichsminister Schacht 2 Klassen von Nationen unterschieden: die Have's und die Have-not's (die Habenden und die Nichthabenden). Die politische Zukunftsfrage, die sich daraus ergibt, ist diese: Sollen solche zurzeit bestehenden Raumverhältnisse als unabänderlich angesehen werden, oder besteht für die Nationen das Recht auf Erweiterung ihres

Positionierungen gegen den „fremdstämmigen Einfluss", den national umzuändern Spranger als das „wesentlichste Verdienst Adolf Hitlers" bezeichnet,[1237] kann nicht in den Bereich der Allgemeinplätze oder Floskeln eingeordnet werden. Spranger, Nohl und Petersen haben auf ihre Weise jeweils die Euthanasie-Gesetzgebung des NS-Staates unterstützt.[1238] Das war ein sehr gewichtiger konkreter Punkt, keine Floskel. Und wenn Petersen 1935 den Nürnberger Parteitag der NSDAP und den „Führer" ausdrücklich darin unterstützt, dass „dieses Deutschland dem Bolschewismus gegenüber seine *weltgeschichtliche* Aufgabe" erkannt habe,[1239] ist darin eine klare politische Positionierung enthalten.

* * *

Alle vier Erziehungswissenschaftler haben in der Tat Elemente der NS-Ideologie unter Berufung auf deren Vordenker in der NS-Zeit veröffentlicht. Das gilt es in der Tat „aus der Zeit heraus zu verstehen", auch wenn einzelne Passagen an sich nicht genuin als NS-Ideologie bezeichnet werden können.

Deutlich haben alle vier Erziehungswissenschaftler nicht nur in Floskeln den NS-Staat und seine Ideologie positiv erwähnt, sondern sie haben auch konkrete politische Handlungen und Ereignisse in der NS-Zeit im Sinne des NS-Regimes in der Öffentlichkeit unterstützt.

Das war die Ausgangslage für eine Auseinandersetzung nach 1945.

Siedlungsraumes und ihrer politischen Einflusssphäre?" (Spranger, Eduard: Kulturprobleme im gegenwärtigen Japan und Deutschland, Tokio 1938, S. 16)

Siehe auch: Spranger, Eduard: Kulturprobleme im gegenwärtigen Japan und Deutschland. Rede, gehalten am 9.10.1937 in Tokyo, in: Die Erziehung. Monatsschrift für den Zusammenhang von Kultur und Erziehung in Wissenschaft und Leben, 16. Jg. (1940/41), Heft 6–7 (März–April 1941), S. 121–132.

[1237] Spranger, Eduard: Die Epochen der politischen Erziehung in Deutschland, in: Die Erziehung. Monatsschrift für den Zusammenhang von Kultur und Erziehung in Wissenschaft und Leben, 13. Jg. (1937/38), Heft 4 (Januar 1938), S. 164.

[1238] Spranger, Eduard: März 1933, in: Die Erziehung. Monatsschrift für den Zusammenhang von Kultur und Erziehung in Wissenschaft und Leben, 8. Jg. (1932/33), Heft 7 (April 1933), S. 403 und Spranger, Eduard: Kulturprobleme im gegenwärtigen Japan und Deutschland, Tokio 1938, S. 9.

Nohl, Herman: Die Grundlagen der nationalen Erziehung. Eine Vorlesung zum Wintersemester 1933/34 (Typoskript), ohne Ort, ohne Jahr (Göttingen 1940), S. 12.

Petersen, Peter: Die erziehungswissenschaftlichen Grundlagen des Jenaplanes im Lichte des Nationalsozialismus, in: Die Schule im nationalsozialistischen Staat, 11. Jg. (1935), Nr. 6, S 3.

[1239] „Nun hat der Führer, z. B. wieder auf dem Nürnberger Parteitage 1935, oft betont, dass der Nationalsozialismus der Gegenpol des Bolschewismus sei, und daran ist schon dem bekannten 24. Programmpunkte nach kein Zweifel möglich. Der Führer hat darum auch recht, wenn er auch immer wieder darauf hinweist, dass dieses Deutschland dem Bolschewismus gegenüber seine *weltgeschichtliche* Aufgabe erkannt habe und willens sei, sie durchzuführen." (Petersen, Peter: Der zeitgeschichtliche Hintergrund des Religionsunterrichts und die Verantwortung der deutschen Schule, in: Die Deutsche Schule, 40. Jg. (1936), S. 171, Hervorhebung im Original)

Teil C: Die Stellungnahmen der vier Erziehungswissenschaftler zur NS-Zeit nach 1945

„Für Hitler und seine Anhänger gibt es auf dieser Erde keine Strafe, die ihren Taten gerecht wäre. Aber aus Liebe zu kommenden Generationen muss nach Beendigung des Krieges ein Exempel statuiert werden, dass niemand auch nur die geringste Lust je verspüren sollte, Ähnliches aufs Neue zu versuchen. Vergesst auch nicht die kleinen Schurken dieses Systems, merkt Euch die Namen, auf dass keiner entkomme! Es soll ihnen nicht gelingen, in letzter Minute noch nach diesen Scheußlichkeiten die Fahne zu wechseln und so zu tun, als ob nichts gewesen wäre!"

Viertes Flugblatt der Weißen Rose[1240]

I. Entnazifizierung und Reeducation

Direkt nach 1945 nahmen die Alliierten bzw. die von ihnen eingesetzten Bürgermeister oder Magistrate die Erziehungsfrage ernst. In einem Beschluss des Magistrats der Stadt Berlin vom 11.6.1945 wird der „geistige und moralische Verfall des Schulwesens" in Deutschland während der NS-Zeit konstatiert. Es heißt dort weiter:

„Die Naziherrschaft hat das gesamte Schulwesen von der Hilfsschule bis zur Universität völlig in den Dienst der faschistischen Parteipolitik, der Kriegsvorbereitung, des Rassenhasses und der chauvinistischen Verhetzung gestellt." [1241]

1. Entnazifizierung und Rehabilitierung

Westdeutsche Publikationen wie die von Caspar von Schrenck-Notzing diffamierten den ganzen Prozess der Entnazifizierung als „Charakterwäsche",[1242] so der Titel des Buches. Mit einer gewissen Verbitterung befürchtete Eugen Kogon, ehemaliger Häftling in Buchenwald und Verfasser des Buches „Der SS-Staat"[1243]: „Die stille, allmähliche schleichende, unaufhaltsame Wiederkehr der Gestrigen scheint das Schicksal der Bundesrepublik zu sein."[1244] Und Kogon schrieb, auf das Problem Renazifizierung statt Denazifizierung anspielend: „Das böse Wort läuft um: ‚Seitdem uns die demokratische Sonne bescheint, werden wir immer brauner'."[1245]

Eine Quelle von Gegensätzen und Widersprüchen im gesamten Prozess der Entnazifizierung war von vornherein die Frage nach Inhalt und Umfang des Begriffs „Nazi". Unumstritten war, dass allein die Parteimitgliedschaft gewiss nicht ausreicht, nicht nur in dem Sinne, dass es NSDAP-Mitglieder gab, die nicht als Nazis eingeschätzt werden können, sondern vor allem auch in dem Sinne, dass auch außerhalb der NSDAP Leute sich an nazistischen Verbrechen beteiligt hatten und als „Nazis" eingeschätzt werden mussten.

[1240] Scholl, Inge: Die weiße Rose, erweiterte und revidierte Neuausgabe, Frankfurt am Main 1985, S. 114.

[1241] Verordnungsblatt der Stadt Berlin, Nr. 3 (25.7.1945), zitiert nach: Arbeitsgruppe Pädagogisches Museum (Hrsg.): „Heil Hitler, Herr Lehrer". Volksschule 1933–1945. Das Beispiel Berlin, Hamburg 1983, S. 235.

[1242] Schrenck-Notzing, Caspar von: Charakterwäsche. Die Amerikanische Besatzung in Deutschland und ihre Folgen, Stuttgart 1965.

[1243] Kogon, Eugen: Der SS-Staat. Das System der deutschen Konzentrationslager, Frankfurt am Main 1959.

[1244] Kogon, Eugen: Beinahe mit dem Rücken zur Wand, in: Frankfurter Hefte. Zeitschrift für Kultur und Politik, 9. Jg. (1954), S. 641–645, zitiert nach: Niethammer, Lutz: Entnazifizierung in Bayern. Säuberung und Rehabilitierung unter amerikanischer Besatzung, Frankfurt am Main 1972, S. 21.

[1245] Kogon, Eugen: Die unvollendete Erneuerung, Frankfurt am Main 1964, S. 23, zitiert nach: Grams, Wolfram: Kontinuität und Diskontinuität der bildungspolitischen und pädagogischen Planungen aus Widerstand und Exil im Bildungswesen der BRD und DDR, Frankfurt am Main/Bern/New York/Paris 1990, S. 204.

In seiner Darstellung der Entnazifizierung durch die Alliierten im Allgemeinen und der USA im Besonderen verweist Lutz Niethammer[1246] insbesondere auch darauf, dass nicht nur die Bestrafung der deutschen Verbrecher in den Ländern, in denen sie Verbrechen begangen hatten, vorgesehen war (mit Ausnahme der deutschen Hauptkriegsverbrecher), sondern dass es immer auch darum gegangen ist, Deutschland „ein für allemal vom Nazismus und vom preußischen Militarismus“[1247] zu befreien, beziehungsweise darum, „den deutschen Militarismus und Nazismus zu zerstören“.[1248] Der Militarismus hatte also neben dem Nazismus immer eine eigenständige Bedeutung.

Um eine Vorstellung von der Größenordnung der geplanten Entnazifizierung zu geben, soll zunächst darauf verwiesen werden, dass von ca. fünf Millionen NSDAP-Mitgliedern von den Alliierten etwa zwei Millionen NSDAP-Mitglieder aus dem öffentlichen Dienst und der weiteren politischen Arbeit ausgeschlossen werden sollten (Niethammer, S. 55).[1249]

Niethammer verweist darauf, dass schon der Begriff „Entnazifizierung“ im Deutschen einen „schlechten Klang“ (Niethammer, S. 11) habe, und er zitiert die Umfrage, dass 1948 nur 14 Prozent der Bevölkerung an die Notwendigkeit der Entnazifizierung und ihre richtige Durchführung glaubten, und nur 16 Prozent hielten es 1950 für sinnvoll und nützlich, dass die Tatsachenberichte über die NS-Herrschaft veröffentlicht wurden.[1250]

Niethammer schildert auch die Entnazifizierungsvorstellungen der deutschen Widerstandsbewegung im Exil und in den Konzentrationslagern und zitiert etwa Willy Brandt, der im Exil schrieb, dass nicht nur Parteiführer und Gestapoterroristen, sondern auch „die Gruppen von Junkern, Großindustriellen, Generalen, Bürokraten und Professoren, die daran beteiligt waren, den Terror und den Krieg zu entfesseln“, schuldig sind. Er forderte, auch sie „zu internieren und (…) zur Pflichtarbeit heranzuziehen“.[1251]

Voraussetzung der Entnazifizierung war die Erfassung aller Deutschen, die über 18 Jahre alt waren, und zwar in Meldebögen, von denen „über 90 Prozent“ korrekt ausgefüllt waren. Niethammer weist darauf hin, dass im Rahmen der Entnazifizierung in ganz Deutschland etwa 100.000 Nazi-Täter untergetaucht waren, die nach der Amnestie in den fünfziger Jahren wieder auftauchten (Niethammer, S. 569 f.).

Der Autor weist in seiner Studie nach, dass die Entnazifizierung durch Spruchkammern das Gegenteil einer wirklichen Verfolgung war. In der Regel war die Entnazifizierung die Aufhebung und Rückgängigmachung der vorher verhängten Strafen.[1252] Die Fülle der Einzelfallanaly-

---

[1246] Niethammer, Lutz: Entnazifizierung in Bayern. Säuberung und Rehabilitierung unter amerikanischer Besatzung, Frankfurt am Main 1972. Seitenzahlen im Text beziehen sich im Folgenden auf diese Schrift.

[1247] Roosevelts Rundfunkbericht über die Konferenzen von Kairo und Teheran vom 24.12.1943, in: Roosevelt, Franklin D.: Links von der Mitte. Briefe, Reden, Konferenzen, Frankfurt am Main ohne Jahr (1951), S. 437 f., zitiert nach: Niethammer, Lutz: Entnazifizierung in Bayern, Frankfurt am Main 1972, S. 33.

[1248] Kommuniqué der Konferenz von Jalta vom 12.1.1945, zitiert nach: Niethammer, Lutz: Entnazifizierung in Bayern, Frankfurt am Main 1972, S. 33.

[1249] Schnorbach macht die leider nicht mit genauen Quellen belegte Angabe, dass im Zuge der Demokratisierung des deutschen Bildungs- und Erziehungswesens in der sowjetischen Besatzungszone 20.000 Nazi-Lehrer entlassen wurden, in der britischen 16.000 (= 25 Prozent), in der französischen etwas über 3.000 (= 25 Prozent) und in der amerikanischen 50 bis 75 Prozent (Schnorbach, Hermann (Hrsg.): Lehrer und Schule unterm Hakenkreuz. Dokumente des Widerstands von 1930 bis 1945, Königstein 1983, S. 188).

[1250] Noelle, Elisabeth/Neumann, Erich Peter (Hrsg.): Jahrbuch der öffentlichen Meinung 1947–1955, Allensbach 1956, S. 136 und S.142, zitiert nach: Niethammer, Lutz: Entnazifizierung in Bayern, Frankfurt am Main 1972, S. 11.

[1251] Brandt, Willy: Draußen. Schriften während der Emigration, München 1966, S. 118 f., zitiert nach: Niethammer, Lutz: Entnazifizierung in Bayern, Frankfurt am Main 1972, S. 99.

[1252] So schreibt Niethammer: „Es war vielleicht das verwirrendste Merkmal der ‚politischen Befreiung‘ und gab ihr eine abgründige Zweideutigkeit, dass deutlich spürbare Nachteile meist nicht nach dem Verfahren durch den Spruch über den Betroffenen verhängt wurden, sondern dass er durch das Urteil von ihnen befreit wurde“ (Niethammer, S. 575).

sen zeigt, dass die Entnazifizierung in der Regel nicht zu scharf, sondern in oft extrem nachlässiger Weise betrieben wurde.[1253]

Mit Recht folgert Niethammer nach der Analyse solcher Fälle: „Die Spruchkammern versagten in diesen Fällen völlig; die Beispiele spiegeln Hilflosigkeit in der Beweiswürdigung und moralischen Bewertung“ (Niethammer, S. 597).[1254] Niethammers ideologiekritische Betrachtung, mit welcher Argumentation eine Verteidigung in diesen Spruchkammerverfahren aufgebaut wurde, ist insbesondere wichtig, weil sie weitgehend allgemeingesellschaftlichen nach 1945 entsprach. Der Begriff „Mitläufer“ ist sozusagen der Stereotyp der Entnazifizierung schlechthin: „Im Rückblick erschien es den meisten Betroffenen so, als seien sie aus irgendwelchen Umständen Hitler nachgelaufen (bzw. dazu gebracht worden)“ (Niethammer, S. 609).

Die Angeklagten verteidigten sich überwiegend mit dem Argument, „aus Laufbahngründen“ oder mit ihrer angeblich „‚anständigen‘ Verhaltensweise“ (Niethammer, S. 611), wobei Niethammer zu Recht feststellt, dass diese ganze Mentalität eine „moralische(n) Aufwertung des Opportunismus“ (Niethammer, S. 612) enthalte. Die Mentalität der Verbrecherkameradschaft kam auch in der inflationären Erstellung von „Persilscheinen“ zum Ausdruck. Niethammer geht davon aus, dass allein in Bayern ungefähr 2,5 Millionen eidesstattliche Versicherungen zugunsten der Betroffen abgegeben wurden (Niethammer, S. 613). Die Analyse einer großen Anzahl solcher „Persilscheine“ ergab, dass sie ein und denselben Inhalt haben: „das Lob des Unpolitischen, der innerlichen Integrität, der privaten Moralität“ (Niethammer, S. 614 f.). Mit gewissem Sarkasmus vermerkt Niethammer, dass Ärzte in ihren Praxen oder Geschäftsbesitzer in ihren Läden für ihre Patienten und Kunden Listen für „Persilscheine“ auslegten; „Gestapo-Kollegen versicherten sich ihrer Höflichkeit bei Vernehmungen politischer Gegner“ (Niethammer, S. 615), und so weiter und so fort.

Zum Verständnis der gesellschaftlichen Atmosphäre ist gewiss von großer Bedeutung, dass beide christlichen Kirchen zu den schärfsten öffentlichen Verdammern der Prinzipien der amerikanischen Entnazifizierung gehörten. Kardinal Faulhaber zum Beispiel erklärte die Internierten zu neuen politischen Verfolgten, und zu Weihnachten wurden Geschenkpaketaktionen für die Insassen der Internierungslager initiiert (Niethammer, S. 616).

Niethammer, der in der Durchführung des Entnazifizierungsverfahrens und auch in der Internierungspraxis durchaus Kritikwürdiges feststellt, hebt jedoch hervor, dass die weitverbreitete Meinung, die Entnazifizierung habe Korruption bewirkt, insofern falsch sei, als „die Korruption in den Spruchkammern zu allermeist von den Betroffenen ausging bzw. zu ihren Gunsten ausschlug“ (Niethammer, S. 653). Die Enthumanisierung und Demoralisierung der Mehrheit der Betroffenen wurde nicht durch das Entnazifizierungsverfahren erzeugt, sondern war in der NS-Zeit entstanden und gefestigt worden und hielt sich auch nach 1945.

[1253] Als Beispiel sei der Fall des M 191, eines Blockwarts und Denunzianten erwähnt, der einen Juden der Rassenschande bezichtigt hatte, worauf dieser deportiert worden war. Er hatte mit einer nichtjüdischen Untermieterin zusammengelebt, und der Denunziant erklärte: „Ich habe mir bei der Anzeige gedacht, dass ich durch meine Anzeige die Zimmer erhalte, indem der Jude aus der Wohnung raus muss. Dass der Jude eventuell in ein KZ kommen könnte, habe ich mir nicht gedacht“ (zitiert nach: Niethammer, S. 595). Er habe die Anzeige nicht aus Antisemitismus und Nazismus, sondern lediglich aus sittlichen Gründen erstattet. Die Hauptkammer ging auf diese Sachverhalte überhaupt nicht mehr ein, sondern schloss sich der Argumentation des Rechtsanwalts des Blockwarts an, in der es heißt, dass aus der Sachdarstellung klar ersichtlich ist, dass dieser Anzeige keine politischen, sondern rein persönliche Motive zugrunde lagen. Die Handlungsweise sei zwar gehässig, aber: „Nicht jede Gehässigkeit (…), deren Opfer zufällig ein rassisch Verfolgter war, fällt unter das BefrG“ (in: Niethammer, S. 595).

[1254] Im fünften Kapitel, das den Spruchkammerverfahren und den Betroffenen gewidmet ist, stellt Niethammer zunächst seine Vorgehensweise vor, nämlich 300 Fallstudien des Buchstaben „M“ herauszugreifen, was nach Ansicht von Niethammer „theoretisch eine gute Annäherung an eine echte Zufallsstichprobe ergibt“ (Niethammer, S. 539). An diesem an sich hochinteressanten und detailliert ausgearbeiteten Teil fällt auf, dass sich Niethammer teilweise in der Diktion vergreift, so etwa, wenn er bei der Durchführung des Befreiungsgesetzes in Bayern formuliert, es sei „mit einem Schauprozess [sic!] gegen den Pedell der Münchener Universität“ (Niethammer, S. 547) begonnen worden, der die Geschwister Scholl denunziert hatte.

Die aufklärende Wirkung dieser Niethammer-Analyse von dreihundert Fällen lässt mit besonderer Deutlichkeit spüren, dass eine spezifische pädagogisch-wissenschaftliche Analyse der Entnazifizierung der Hochschullehrer nach 1945 bis heute aussteht.

2. Zur Politik der Reeducation

Die Alliierten standen 1945 vor der Aufgabe, als Besatzungsmächte wieder ein Schul- und Erziehungssystem zu installieren und festzulegen, was verändert werden soll und wie es verändert werden soll.[1255] Hierbei handelte es sich nicht in erster Linie um eine theoretische Auseinandersetzung mit dem, was NS-Erziehung gewesen oder nicht gewesen ist, sondern es galt, in einer Art Bestandsaufnahme der Realität der NS-Erziehung Schlussfolgerungen zu ziehen. Schlussfolgerungen, die das Lehrpersonal, die Hochschullehrer, aber auch die Schulbücher betrafen.[1256]

In seiner umfangreichen Studie macht Karl-Ernst Bungenstab[1257] klar, dass die Problematik schon in der vielfältigen Übersetzungsmöglichkeit des Begriffs „Reeducation" steckt. „Education", sowohl mit Erziehung als auch mit Bildung zu übersetzen, schließt den Begriff der Kultur, in der wörtlichen Übersetzung sogar die Entwicklung des Vorhandenen ein. Das Lateinische „educare", das Herausführen, trifft in vielfacher Hinsicht recht präzise auf die Situation nach 1945 zu: Es musste aus der NS-Erziehung herausgeführt werden. Reeducation verweist auf den Ansatz, auf etwas zurückführen, zurückführen zu den demokratischen Ansätzen. Oder, wie Bungenstab schreibt, wieder zu erlernen, „was unterdrückt, verlernt oder vergessen worden ist" (Bungenstab, S. 11).

Unter diesem pragmatisch-praktischen Gesichtspunkt stand in konzentrierter Form die Diskussion, was Kontinuität und was Diskontinuität war. Gleichzeitig wird von Anfang an deutlich, dass alle Besatzungsmächte vor dem Problem standen, eigentlich nicht von außen indoktrinieren und oktroyieren zu wollen, andererseits aber keine Mehrheit von nichtnationalsozialistischen Erziehern und erziehungswissenschaftlichen Persönlichkeiten zur Verfügung stand, die sich an der Aufgabe der Demokratisierung aktiv hätten beteiligen können.

Hinzu kam, dass das Bemühen um Reeducation, wie schon erwähnt, noch bis in die sechziger Jahre hinein auch theoretisch als „Charakterwäsche" diffamiert wurde.[1258]

Bungenstab geht zunächst von den gemeinsamen, schon im Potsdamer Abkommen 1945 festgelegten Zielsetzungen der Alliierten aus, das Erziehungssystem von Nazismus und Militarismus zu befreien. Für Bungenstab stellten sich die nach 1945 ohne Nazi-Diktatur lebenden deutschen Pädagogen nicht positiv dar. Im Gegenteil, die Widerstände und Schwierigkeiten, mit denen die Militärregierungen bei der Durchsetzung der Schulreformpläne und der Reeducation entgegengesetzt konfrontiert waren, geben „ein lebhaftes Zeugnis für das geistige

[1255] Die Konzeption der Reeducation wurde unter anderem in der USA auf einer von Richard Brickner geleiteten Konferenz 1944 thematisiert, an der auch Margaret Mead und Erich Fromm teilnahmen. Die Grundproblematik eines paranoiden, hierarchiegläubigen und aggressiven deutschen Nationalcharakters hatte Brickner bereits 1943 in seiner Studie „Ist Deutschland unheilbar?" untersucht (Brickner, Richard M.: Is Germany incurable?, Philadelphia/New York 1943). Siehe dazu genauer: Latzin, Ellen: „Reeducation" – „Reorientation": Theorie und Praxis zentraler Leitbegriffe der amerikanischen Besatzungspolitik nach 1945, in: Kraus, Elisabeth (Hrsg.): Die Universität München im Dritten Reich. Aufsätze, Band 1 (Beiträge zur Geschichte der Ludwig-Maximilians-Universität München, Band 1), München ohne Jahr (2006), S. 612 f.).

[1256] Unverständlich ist, dass Grams die Reeducation als eine „Bestrafung" einschätzt, wobei er davon ausgeht, dass die Alliierten von einer Kollektivschuldthese ausgegangen seien, ohne dies zu belegen oder zu beweisen (Grams, Wolfram: Kontinuität und Diskontinuität der bildungspolitischen und pädagogischen Planungen aus Widerstand und Exil im Bildungswesen der BRD und DDR, Frankfurt am Main/Bern/New York/Paris 1990, S. 154).

[1257] Die umfangreiche Studie „Umerziehung zur Demokratie? Re-education-Politik im Bildungswesen der US-Zone 1945–1949" (Düsseldorf 1970) von Karl-Ernst Bungenstab gibt indirekt auch Einblick in die Realität der NS-Erziehung.

[1258] Siehe: Schrenck-Notzing, Caspar von: Charakterwäsche. Die Amerikanische Besatzung in Deutschland und ihre Folgen, Stuttgart 1965.

Klima ab, das damals unter einem großen Teil deutscher Erzieher und in den Erziehungsbehörden vorherrschte" (Bungenstab, S. 52).

Generell wurde festgelegt, dass solche Personen, die „in Wort und Schrift aktiv und freiwillig Nationalsozialismus, Militarismus und Rassismus propagiert haben" (Bungenstab, S. 72), von der Beteiligung am Neuaufbau des Schulwesens auszuschließen seien. Die Militärregierung nahm bewusst in Kauf, dass dadurch ein Lehrermangel entstand (Bungenstab, S. 73).

Diese klar formulierte Eingrenzung des Personenkreises ist von besonderer Bedeutung, wenn man sich anschaut, wie rasch dieses Kriterium bei der Wiedereinsetzung etwa von Hochschullehrern seit Gründung der Bundesrepublik 1949 außer Kraft gesetzt wurde.[1259]

Mit Hilfe von Umfragen sollte der Erfolg der Reeducation durch die amerikanische Militärbehörde festgestellt werden. Es stellte sich heraus, dass im Herbst 1951 „nur 37 Prozent der westdeutschen Bevölkerung der Meinung waren, dass insgesamt gesehen mehr Böses als Gutes an der nationalsozialistischen Ideologie gewesen ist". Gar 42 Prozent glaubten, dass das NS-Regime mehr gute als schlechte Seiten hatte. Vielleicht noch deprimierender ist die Antwort der Bevölkerung auf die Frage, wie man sich gegenüber einer neuerstarkenden neonazistischen Partei verhalten würde. Nur 20 Prozent waren der Ansicht, alles in ihrer Kräften Stehende tun zu müssen, um das Aufkeimen einer solchen Partei zu verhindern, 30 Prozent hätten eine solche Partei nicht gerne gesehen, sich aber nicht gegen sie engagiert, 23 Prozent hätten sich überhaupt nicht darum gekümmert, 10 Prozent das Entstehen einer solchen Partei begrüßt, 3 Prozent sogar auf jede erdenkliche Weise gefördert. 14 Prozent hatten keine Meinung. Einen aktiven Antinazismus gab es also bei 80 Prozent der Bevölkerung in Deutschland im Jahre 1951 nach dieser amerikanischen Umfrage nicht (Bungenstab, S. 154).

[1259] Nach diesem Kriterium hätten Wissenschaftler wie Spranger, Weniger und Nohl selbstverständlich nicht mehr in den Hochschuldienst aufgenommen werden dürfen, unabhängig davon, ob sie Mitglieder der NSDAP waren oder nicht.

3. Rechtfertigungsstereotype am Beispiel Alfred Baeumler

1987 erschien Ralph Giordanos Buch „Die zweite Schuld".[1260] Giordanos grundlegende Einschätzung besteht darin, dass sich das zwischen 1933 und 1945 existierende „nationale Kollektiv der Hitleranhänger" (A. und M. Mitscherlich) im Mai 1945 mit dem Schrei „Wir sind nie Nazis gewesen" in Luft aufgelöst habe. Die „zweite Schuld" bestehe in der Verdrängung der ersten Schuld nach 1945. Und dabei geht es hier nicht in erster Linie um die Schuld der großen Henker, der Eichmanns, Himmlers und Hitlers, sondern um die Schuld einer ganzen Generation der „Anhänger, Befürworter, Großsprecher, Nutznießer und Mitläufer" (Giordano, S. 10).

Giordano geht des Weiteren von der These aus, dass der „große Friede mit den Tätern" nach 1945 umfassend war und einherging mit einem Verlust an humaner Orientierung, der sich unter anderem in der ständig wiederkehrenden Floskel zeigt, „dass doch alles nicht so schlimm gewesen ist".[1261] Er macht deutlich, dass bei einer ehrlichen Analyse der NS-Zeit dem Thema eine „Anklage ganz natürlich innewohnt" und sich niemand als Ankläger „aufspielen" muss, wie oft unterstellt wird.

* * *

Alfred Baeumler war neben Ernst Krieck der prominenteste Repräsentant des NS-Systems in der Erziehungswissenschaft. Er wurde nach 1945 drei Jahre lang in den Lagern Hammelburg und Ludwigsburg interniert und war sich, ähnlich wie Krieck, im Grunde keinerlei Schuld bewusst. Er nutzte seine Zeit im Internierungslager, um sich auf seine Weise mit der NS-Zeit auseinanderzusetzen. So entstanden in den Jahren 1945–1947 die Aufzeichnungen Baeumlers „Hitler und der Nationalsozialismus", die 1991 in der Zeitschrift „Der Pfahl" veröffentlicht wurden[1262], und im Mai 1948 die für die Spruchkammerverhandlung angefertigte Aufzeichnung „Meine politische Entwicklung", die 1989 erstmals in einer Dokumentation veröffentlicht wurde.[1263] Aus der Vorbemerkung der Dokumentation erfährt man, dass Baeumler 1948 in die Gruppe II der „Belasteten" eingestuft wurde. Er wurde als „Förderer der NS-Gewaltherrschaft" verurteilt. Aber Baeumler legte Berufung ein und wurde angeblich ein Jahr später von einem mit Juristen besetzten Berufungsgericht freigesprochen.[1264] In Baeumlers Rechtfertigungsversuchen sind klassische Stereotype der Verdrängung und Verfälschung der NS-Zeit in zugespitzter Form enthalten.

Die erste Denkfigur beruft sich auf Naivität angesichts der Atmosphäre von 1933. So schreibt Baeumler:

[1260] Giordano, Ralph: Die zweite Schuld oder von der Last ein Deutscher zu sein, Hamburg/Zürich 1987.

[1261] Giordano wusste, worauf er sich mit dem Begriff der Schuld gegen das vierzig Jahre alte, „feingesponnene Netz der Nachsicht" eingelassen hatte: Wer die Frage der Schuld anspricht, der verletzt den „ungeschriebenen bundesdeutschen Polit-Knigge". Er schreibt: „Bei uns hat sich eingebürgert, jede Thematisierung von Schuld im Zusammenhang mit der Nazizeit als Selbstanmaßung, als politisches Pharisäertum zu verdächtigen. Hinter dieser bezeichnenden Allergie gegen *Anklage* steckt die Absicht, publizistische Bearbeitung der Schuldfrage überhaupt zu verunglimpfen. Die Schuldangst, die das öffentliche Bewusstsein der bundesdeutschen Gesellschaft so lange panisch bestimmt hat und, wenn auch abgeschwächt, heute noch bestimmt, hat damit ein sehr erfolgreiches Abschreckungsrezept gefunden" (Giordano, S. 12, Hervorhebung im Original).

[1262] Baeumler, Alfred: Hitler und der Nationalsozialismus. Aufzeichnungen von 1945–1947, in: Der Pfahl. Jahrbuch aus dem Niemandsland zwischen Kunst und Wissenschaft, 5. Jg. (1991), S. 159–204.

[1263] Baeumler, Alfred: Meine politische Entwicklung (1948), in: Baeumler, Marianne/Brunträger, Hubert/Kurzke, Hermann: Thomas Mann und Alfred Baeumler. Eine Dokumentation, Würzburg 1989, S. 193–201.

[1264] Baeumler, Alfred: Meine politische Entwicklung (1948), in: Baeumler, Marianne/Brunträger, Hubert/Kurzke, Hermann: Thomas Mann und Alfred Baeumler. Eine Dokumentation, Würzburg 1989, S. 192.

„Dass ich einem so gelungenen Täuschungsmanöver wie dieser Wahl und dem ‚Tag von Potsdam' aufsitzen konnte, geht schließlich auf das totale Versagen der Republik von Weimar zurück." [1265]

Die zweite Denkfigur besteht darin, typisch nazistische interne Machtkämpfe im Nachhinein als Distanz zum NS-System auszulegen und darauf zu verweisen, dass es in der NS-Hierarchie ja noch höhere Positionen gegeben habe. So heißt es zunächst: „Der ‚Philosoph' und Pädagoge des NS war Krieck und nicht ich". Wer genau mitliest, spürt die darin enthaltene, noch nach 1945 wirkende Kränkung. Die Spannung gegenüber Schirach und der Hitlerjugend kam, wie Baeumler selbst schreibt, darin zum Ausdruck, dass „ich, obwohl angeblich ein führender nationalsozialistischer Pädagoge, bei der Planung und Durchführung der Adolf-Hitler-Schulen nie beteiligt war".[1266]

Die dritte Denkfigur lautet: „Man konnte unmöglich etwas wissen." Ein Beispiel für diese Apologie findet sich angesichts des Vorwurfes, „er habe doch nach der sogenannten Kristallnacht Bescheid gewusst." Baeumler antwortet:

„(...) ich hielt diese ungeheuerliche Rohheit für einen Goebbels-Streich, der sich gegen ihn selber wenden musste. Dass dieser Streich einen Markstein in der Behandlung der Juden in Deutschland bildete, konnte ich unmöglich wahrnehmen. Im Jahre 1938 bewegte mich eine philosophische Tagung mit Nachwuchskräften, die ich veranstaltete – lauter gute junge Leute, die heute fast alle in Stellungen sitzen."[1267]

Es fällt schwer, auf die Mentalität dieser Apologie einzugehen. Während Dutzende von Menschen auf den Straßen erschlagen wurden, bewegte Baeumler die angebliche „philosophische Tagung" mit Nachwuchskräften, und er behauptet, dass dieser Pogrom eine Art „Streich" gewesen sei. In diese Verharmlosung mischt sich noch die unbegründete Behauptung, dass er unmöglich habe wahrnehmen können, dass dies ein Markstein in der Behandlung der Juden in Deutschland gewesen sei. Somit sei klar, dass ihm keine Schuld zugesprochen werden könne.

Die vierte Denkfigur bemüht die Phrase, dass die Wahrheit in der Mitte liege: Natürlich sind die Juden nicht an allem schuld, aber – so schreibt Baeumler: „Es war falsch, dass Hitler sagte: die Juden sind an allem schuld; ebenso falsch ist es zu sagen: Hitler ist an allem schuld. Das ist die umgekehrte Diktatur."[1268]

Deutlich wird auch von Baeumler die Nachkriegsvariation des antisemitischen Klischees „Juden sind ungerecht" vorgegeben, wobei Baeumler dieses Klischee mit der Toga des „Verständnisses" umgibt: „Aber wie kann man von einem schwer misshandelten Volk wie dem jüdischen Gerechtigkeit verlangen?"[1269] Zusätzlich und angeblich differenziert wird der Allgemeinplatz von „Licht und Schatten" bemüht:

„Ich habe an dem Gehalt dessen, was ich für Nationalsozialismus hielt, mitgearbeitet, ich habe an die Lebensfähigkeit, an die Kraft unseres Volkes geglaubt. Und ich glaube heute daran.

Der Nationalsozialismus hat zwei Gesichter,

Licht und Schatten.

[1265] Baeumler, Alfred: Meine politische Entwicklung (1948), in: Baeumler, Marianne/Brunträger, Hubert/Kurzke, Hermann: Thomas Mann und Alfred Baeumler. Eine Dokumentation, Würzburg 1989, S. 201.

[1266] Baeumler, Alfred: Meine politische Entwicklung (1948), in: Baeumler, Marianne/Brunträger, Hubert/Kurzke, Hermann: Thomas Mann und Alfred Baeumler. Eine Dokumentation, Würzburg 1989, S. 201 und S. 197.

[1267] Brief an Manfred Schröter vom 24.3.1950, in: Baeumler, Marianne/Brunträger, Hubert/Kurzke, Hermann: Thomas Mann und Alfred Baeumler. Eine Dokumentation, Würzburg 1989, S. 204.

[1268] Baeumler, Alfred: Hitler und der Nationalsozialismus. Aufzeichnungen von 1945–1947, in: Der Pfahl, 5. Jg. (1991), S. 164.

[1269] Brief an Manfred Schröter vom 24.3.1950, in: Baeumler, Marianne/Brunträger, Hubert/Kurzke, Hermann: Thomas Mann und Alfred Baeumler. Eine Dokumentation, Würzburg 1989, S. 211.

Hat nicht jede menschliche Einrichtung zwei Gesichter? Jeder Staat? Ja selbst die Kirche? Gebet und Inquisition, Idee und Macht?" [1270]

Hitler zum Beispiel habe auch nicht alles falsch gemacht, etwa in der Frage, wie man Menschen führt: „Es fehlte an jeder Erfahrung der Menschenführung. In dieser Hinsicht war die Kritik Hitlers überzeugend."[1271]

Die fünfte Denkfigur bemüht das Bild des „kleinen Nazi", der ungerecht verfolgt werde. Die kleinen Mitläufer hätten unschuldig kollektiv zu büßen. Warum? „Weil einige ‚oben' Verbrechen begehen, müssen wir, die wir moralisch gehandelt haben, es büßen."[1272] Das heißt, Baeumler konstatiert sich selbst ausdrücklich, dass er moralisch gehandelt habe.[1273] Gleichzeitig wird das Manöver anvisiert, die Schuld soweit zu verallgemeinern, dass keine besondere oder persönliche Schuld mehr sichtbar wird: „Trotzdem erkenne ich eine unbewusste Schuld *aller* Deutschen, nicht nur der Parteigenossen, den Juden gegenüber an."[1274] Wenn alle es gewesen sind, ist es letztlich keiner gewesen. Die Rolle jedes Einzelnen, auch des Professors Baeumler, muss so natürlich nicht gesondert untersucht werden.

Die sechste Denkfigur Baeumlers ist von größter Bedeutung: Baeumler konstruiert einen „Hitlerismus", der im „Unterschied gegenüber dem Nationalsozialismus" nachhaltig abzulehnen sei: „Unterschied gegenüber dem ‚Nationalsozialismus' (...) Der Hitlerismus (‚Der Jude ist an allem schuld') ist streng zu trennen von dem, was dem NS zum Durchbruch im deutschen Volke verholfen hat".[1275]

[1270] Baeumler, Alfred: Hitler und der Nationalsozialismus. Aufzeichnungen von 1945–1947, in: Der Pfahl, 5. Jg., 1991, S. 183 f., Hervorhebungen im Original.

[1271] Baeumler, Alfred: Hitler und der Nationalsozialismus. Aufzeichnungen von 1945–1947, in: Der Pfahl, 5. Jg. (1991), S. 159.

[1272] Baeumler, Alfred: Hitler und der Nationalsozialismus. Aufzeichnungen von 1945–1947, in: Der Pfahl, 5. Jg. (1991), S. 193.

[1273] Am 25.2.1945 formulierte Baeumler sechs Thesen: „I. Was geschehen ist, ist furchtbar. II. Ich habe von der Planung des Krieges nichts, von allem Vorgegangenen fast nichts gewusst. III. Ich fühle mich schuldig vor mir selbst = verantwortlich und haftbar dafür, dass ich unbewusst und indirekt teilgehabt habe. Ich erwarte, dass jeder andere Deutsche sich ebenso schuldig empfindet. IV. Mich selbst öffentlich für ‚schuldig' zu erklären, halte ich für unwürdig und sinnlos. V. Für ganz unmöglich halte ich es, das deutsche Volk, das sich selber nicht für schuldig erklären kann, weil es keine Person ist, von irgendwoher schuldig zu nennen. VI. *Erkenntnis* dessen, was geschehen ist in allen seinen Zusammenhängen, ist notwendig. In der Erkenntnis liegt alles – die *Distanzierung*, die moralisch Reue, religiös Buße heißt" (Baeumler, Alfred: Hitler und der Nationalsozialismus. Aufzeichnungen von 1945–1947, in: Der Pfahl, 5. Jg., 1991, S. 195 f., Hervorhebungen im Original).

[1274] Brief an Manfred Schröter vom 24.3.1950, in: Baeumler, Marianne/Brunträger, Hubert/Kurzke, Hermann: Thomas Mann und Alfred Baeumler. Eine Dokumentation, Würzburg 1989, S. 211, Hervorhebung im Original.

[1275] Baeumler, Alfred: Hitler und der Nationalsozialismus. Aufzeichnungen von 1945–1947, in: Der Pfahl, 5. Jg. (1991), S. 188.

Die von Baeumler vorgetragene Denkfigur, dass Hitler kein Arier gewesen sei, ist so absurd, dass sie sich im Unterschied zu den anderen, gewichtigen Denkfiguren bei den Rechtfertigungsbemühungen anderer Professoren und Intellektueller kaum finden wird. Die Aufrichtung einer Weltherrschaft des „arischen Blutes" wird von Baeumler zwar „differenziert" abgelehnt, aber bei Beibehaltung des rassenideologischen Kerns: „Der Gedanke selber ist nicht arisch. War Hitler arischen Blutes? Nach meiner Überzeugung *nein*" (Baeumler, Alfred: Hitler und der Nationalsozialismus. Aufzeichnungen von 1945–1947, in: Der Pfahl, 5. Jg., 1991, S. 160, Hervorhebung im Original).

4. Die Strategie der Rehabilitierung nach 1945 – Ernst Krieck

1945 wurde der führende NS-Pädagoge Ernst Krieck rasch von den US-Truppen interniert. Im Internierungslager hinterließ Krieck seinem Anwalt lange handschriftliche Vorarbeiten und Anweisungen, um seine Entlassung und Rehabilitierung zu erreichen. Seine Tochter Ilse[1276] betrieb nach dem Tod ihres Vaters 1947 aufgrund der Aufzeichnungen Kriecks die „Entnazifizierung", die nach noch ungeklärten Aussagen wohl auch gelang.[1277]

Die dann von Kriecks Rechtsanwalt Klaus Curtius aufgrund von Kriecks handschriftlichen Aufzeichnungen formulierte siebzehnseitige Verteidigungsschrift für Krieck vom 9.2.1948[1278] ist eine gewichtige, in der bisherigen wissenschaftlichen Forschung noch nicht ausgewertete Quelle, die sozusagen fast alle Argumentationsfiguren enthält, die zur Verdrehung der Wahrheit möglich sind.[1279] Die Kernpunkte sind:

1. Zur Parteimitgliedschaft heißt es: „Der Betroffene war hierüber nicht gefragt worden und hatte seine Zustimmung nicht gegeben." Also Parteimitglied wider seinen Willen. Krieck habe „ganz entschieden jede aktive Mitarbeit" abgelehnt. Versammlungen habe er nur „in seltenen Fällen" besucht. Auch in der SS wurde er „ungefragt in den Status eines Ehrenführer" befördert und die SS-Uniform trug er laut Anwalt nur zwei bis drei Mal im Jahr. Über seine Mitarbeit im SD erfährt man, dass er an keiner Polizeiaktion selbst teilgenommen habe, da dies ausschließlich Sache der Gestapo gewesen sei (Krieck/Curtius, S. 3 f.).

2. „Von den Verbrechen, die von der SS begangen wurden, hatte er nicht im entferntesten Kenntnis, geschweige denn, dass er daran mitgewirkt hätte" (Krieck/Curtius, S. 5).

3. „Immer in seinem Leben und in seiner Wissenschaft trat er für Recht und Gerechtigkeit, für Wahrheit und Menschlichkeit ein". Man erfährt: „Der Betroffene war gegen jede Gewaltpolitik" (Krieck/Curtius, S. 8).

4. „Er vertrat im Hinblick auf das Judentum die Ansicht, dass man diesem einen eigenen Staat zur Verfügung stellen müsse und veröffentlichte darüber einen Aufsatz, der ihm von Seiten der Partei heftige Kritik, von Seiten der Juden freudige Zustimmung einbrachte" (Krieck/Curtius, S. 8 f.).

5. Ausführlich werden dann die Gegensätze zu Hartnacke und anderen Instanzen des NS-Regimes dargestellt, ohne auf den Inhalt dieser Auseinandersetzung auch nur mit einem Wort einzugehen.

6. Krieck habe, so heißt es weiter, sich am 10.11.1938 für die „jüdische Familie Koppel" (Krieck/Curtius, S. 14) gegen Jugendliche eingesetzt. Die Familie Koppel oder einzelne Angehörige konnten jedoch nicht mehr als Zeugen aussagen. Sie finden sich nicht auf der

---

[1276] Die Entnazifizierung nach dem Tode Kriecks hatte auch in der Hinsicht Bedeutung, ob das Vermögen eingezogen wird oder vererbt werden kann. Das Vermögen betrug laut Aktenlage 48.000 RM.

[1277] So behauptet jedenfalls Giesecke in seiner Schrift „Hitlers Pädagogen" (Weinheim/München 1993): „Einige Jahre später [nach Kriecks Tod] wurde er als Mitläufer entnazifiziert" (Giesecke, S. 58).

[1278] Generallandesarchiv Karlsruhe, Nr. 2244-46, zitiert nach dem Faksimile, in: Ortmeyer, Benjamin (Hrsg.): Materialien zu Pädagogik, Rassismus und Antisemitismus: Ernst Krieck (Erziehungswissenschaft und Pädagogik in Frankfurt. Eine Geschichte in Portraits), Frankfurt am Main 2004, S. 47–54. Alle nachfolgend im Text verwendeten Seitenzahlen beziehen sich auf das Originalschreiben des Rechtsanwalts. Die Kopien wurden freundlicherweise von Karl-Christoph Lingelbach zur Verfügung gestellt.

[1279] Zunächst erfährt man über die angefragten Einkommensverhältnisse, dass in der fraglichen Zeitspanne zwischen 1942 und 1944 sich sein Jahreseinkommen um 1.000 RM gesteigert hat. Unstrittig ist auch sein NSDAP-Beitritt am 1.1.1932 und seine SS-Mitgliedschaft von 1934 bis 1938 (seit 1937 als Sturmbannführer) sowie seine Position im Sicherheitsdienst (SD) zwischen 1933 und 1938 als Gutachter sowie seine Position als Gaudozentenführer 1936 bis 1938. Anfangs behauptete der Anwalt wahrheitswidrig und unverfroren „Orden und Ehrenzeichen irgendwelcher Art hatte der Betroffene nicht inne". Dies musste er später korrigieren.

Zeugenliste. Kurz eingefügt sei hier nur, dass Krieck in einem Schreiben vom 1.4.1938 an den Minister des Kultus und Unterrichts Bericht darüber erstattet, dass er in einer Wohnung wohne, deren „einer Eigentümer Koppel Jude ist“. Da sei er reingefallen, denn dass habe er nicht gewusst: „Ich habe stets darauf geachtet, nicht bei einem Juden zu mieten.“ Aus seiner Sicht würde sich die Sache jedoch bald erledigen. Als letzten Satz fügt er an: „Koppel soll übrigens im Verlauf dieses Jahres auswandern“.[1280]

7. Man erfährt, Krieck sei in religiöser Hinsicht von „absoluter Duldsamkeit“ gewesen: „Er pflegte sein Tageswerk mit einem Morgenchoral zu beginnen“ (Krieck/Curtius, S. 15 f.). In den Schlussfolgerungen bringt es Kriecks Anwalt auf den Punkt: Krieck habe am „Nationalsozialismus nur nominell teilgenommen“, „diesen nicht unterstützt, statt dessen aber bekämpft.“ Er sei „nachweisbar politisch verfolgt und unterdrückt“ gewesen (Krieck/Curtius, S. 17).[1281]

Außerdem bat der Anwalt, Herrn Weinstock von der Liste der Zeugen zu streichen, hier habe ein Missverständnis vorgelegen. Ein Problem des Persilscheins war entstanden. Weinstock schrieb am 27.5.1946 an die Tochter Kriecks, dass er der Bitte um ein solches Zeugnis nicht nachkommen könne, „ohne der Wahrheit und also meinem Gewissen ins Gesicht zu schlagen.“ Als Kernpunkt stellt Weinstock heraus:

> *„Ihr Vater trägt an erster Stelle die Verantwortung dafür, dass die Gehirne der deutschen Schulmeister in unbeschreiblicher Weise verwirrt und verschlammt wurden, durch die schauderhafte Schundliteratur, die er in krankhafter Fruchtbarkeit produzierte (denn das ist der Weg vom Krieck der Philosophie der Erziehung zum Krieck der nationalpolitischen Erziehung).“*[1282]

Anders dagegen Erich Weniger. Am 23.11.1946 erstellte Weniger als neu ernannter Direktor der Pädagogischen Hochschule in Göttingen ein „Gutachten“, in dem er feststellte, dass Krieck „sich in ritterlichster Weise“ für ihn eingesetzt habe. Auch Juden habe er geholfen. Er berichtet von einem unmittelbaren Eingreifen für eine „jüdische Dame“.[1283]

* * *

Bei der Analyse der vier Erziehungswissenschaftler wird sich zeigen, dass durchaus Unterschiede zu den Denkfiguren Baeumlers und Kriecks existieren, sehr wohl aber auch ein Ausmaß an Übereinstimmung existiert, das zeigt, dass diese Art von Argumentation in dem vorherrschenden Zeitgeist nach 1945 fest verankert war.

[1280] Faksimile des Briefes in: Ortmeyer, Benjamin (Hrsg.): Materialien zu Pädagogik, Rassismus und Antisemitismus: Ernst Krieck (Erziehungswissenschaft und Pädagogik in Frankfurt. Eine Geschichte in Portraits), Frankfurt am Main 2004, S. 30.

[1281] Abschließend wird aus den handschriftlichen Ausführungen Kriecks zitiert: „Beim Eintritt [nach seiner Verhaftung] in das Camp 71 habe ich mich zum Verhör bereit erklärt, sofern Sühne gefordert werde, mich der Kugel freiwillig zu stellen“ (Brief Kriecks, S. 17). An zwei Punkten musste der Anwalt dann am 19.2.1948 korrigieren: Krieck habe doch Auszeichnungen und Orden, nämlich das goldene Parteiabzeichen und das Kriegsverdienstkreuz II. Klasse erhalten. Die Goethe-Medaille wurde nicht erwähnt.

[1282] Faksimile des Briefes von Heinrich Weinstock vom 27. 5. 1946 in: Ortmeyer, Benjamin (Hrsg.): Materialien zu Pädagogik, Rassismus und Antisemitismus: Ernst Krieck (Erziehungswissenschaft und Pädagogik in Frankfurt. Eine Geschichte in Portraits), Frankfurt am Main 2004, S. 43.

[1283] Faksimile des Briefes von Erich Weniger vom 31.11.1946 in: Ortmeyer, Benjamin (Hrsg.): Materialien zu Pädagogik, Rassismus und Antisemitismus: Ernst Krieck (Erziehungswissenschaft und Pädagogik in Frankfurt. Eine Geschichte in Portraits), Frankfurt am Main 2004, S. 45 f.

II. Positionen zum NS-System nach 1945

„Pädagogik müsste, anstatt mit Tiefsinn aus zweiter Hand übers Sein des Menschen zu schwafeln, eben der Aufgabe sich annehmen, deren unzulängliche Behandlung man der reeducation so eifrig vorwirft.“

Theodor W. Adorno (1963)[1284]

„Es ist mir nicht möglich, mich der Meinung derjenigen anzuschließen, die dafürhalten, es gelte da möglichst viel zu vergessen und zu verzeihen. Wer notorisch seine Wissenschaft dazu hergegeben hat, den Gewalthabern des Dritten Reiches Vorspanndienste zu leisten, der ist weder würdig noch geeignet, als Lehrer vor die deutsche Jugend hinzutreten. Man lasse ihn wissenschaftlich weiterarbeiten, aber halte ihn der Hochschule fern.“

Theodor Litt (1948)[1285]

1. Spranger: „zwei oder drei Schönheitsflecken“[1286]

Nach 1945 ist die Tätigkeit Sprangers zunächst in Berlin, dann in Tübingen davon bestimmt, einerseits auf die neue Situation zu reagieren, andererseits durch neue Akzentsetzung seine bisherige wissenschaftliche Arbeit zu popularisieren und teilweise durch begriffliche und auch sprachliche Veränderungen zu erweitern.

Die Methodik der Herausgeber der „Gesammelten Schriften“ lässt keinen deutlichen Schnitt der Zeitspanne nach 1945 erkennen. Thematisch geordnet werden Sprangers Schriften aus der Kaiserzeit, der Weimarer Republik, der NS-Zeit (wenngleich dabei zeitgeschichtliche publizis-

[1284] Adorno, Theodor W.: Was bedeutet Aufarbeitung der Vergangenheit? (1959), in: Eingriffe. Neun kritische Modelle (1. Auflage 1963), Frankfurt am Main 1968, S. 142.

Adorno selbst leistete einen Beitrag, als er pars pro toto einige Bemerkungen zu Bollnow in seiner großen, vor allem auch gegen Heidegger gerichteten Studie „Jargon der Eigentlichkeit – Zur Deutschen Ideologie“ (Adorno, Theodor W.: Jargon der Eigentlichkeit, in: Adorno, Theodor W.: Gesammelte Schriften, Band 6: Negative Dialektik. Jargon der Eigentlichkeit, Frankfurt am Main 1973), schrieb.

Einleitend berichtete er vom Zusammenwirken jener in den „frühen zwanziger Jahren“, die er „anti-intellektuelle Intellektuelle“ (Adorno 1959/1963, S. 415) nannte: „Sie bestätigten sich ihr höheres Einverständnis dadurch, dass sie einen, der nicht derart sich bekannte, wie sie es sich gegenseitig bezeugten, aussperrten. Was sie geistig verfochten, buchten sie als ihr Ethos, wie wenn es den inneren Rang eines Menschen erhöhte, dass er einer Lehre vom Höheren anhängt“ (Adorno 1959/1963, S. 415). Zu Otto Friedrich Bollnows Bemühungen um eine „Neue Geborgenheit“ (1. Auflage, Stuttgart 1955) enthält die Studie folgende Bemerkung: „Als der autonome Gedanke sich noch seine humane Verwirklichung zutraute, verfuhr er weniger human. Je weniger indessen Philosophen von Philosophie angekränkelt sind, desto unbefangener lassen sie die Katze aus dem Sack (…).“ (Adorno 1959/1963, S. 428) Sein Widerspruch entzündete sich an Bollnows Umgang mit Rilke und Bergengruen. Die Gedanken über die „heile Welt“ konfrontiert Adorno mit jener Zeit, „da man Juden, die man nicht gründlich genug vergast hatte, lebend ins Feuer warf, wo sie das Bewusstsein wiederfanden und schrien. Der Dichter, dem man bestimmt keinen billigen Optimismus nachsagen könnte, und der philosophisch gestimmte Pädagoge, der ihn auswertet, vernahmen nichts als Lobgesang. ‚Wir bezeichnen diese innere Verfassung des Menschen in einer ersten Bestimmung als den getrosten Mut, und es ergibt sich die Aufgabe, das Wesen dieser Seelenverfassung auf seine Möglichkeiten hin zu untersuchen.‘ (Bollnow, S 51). Für diese Aufgabe, die angesichts des Entsetzens nicht einmal mehr durch ihre Komik versöhnt, hat Bollnow den besten aller möglichen Namen gefunden, Seinsgläubigkeit (Bollnow S. 57); der Anklang an die Deutschgläubigkeit ist sicherlich Zufall.“ (Adorno 1959/1963, S. 429) Die an dieser Stelle nur kurz angerissene Kritik an Bollnow zeigt deutlich Adornos Distanz zur geisteswissenschaftlichen Pädagogik und ihrem „existenzialen Brimborium“(S. 429).

[1285] Litt, Theodor: Die deutsche Jugend der Gegenwart, in: Verhandlungen des Neunten Deutschen Soziologentages vom 9. bis 12. August 1948 in Worms. Vorträge und Diskussionen (Schriften der Deutschen Gesellschaft für Soziologie, I. Serie: Verhandlungen der Deutschen Soziologentage, Band IX), Tübingen 1949, S. 77.

[1286] Spranger, Eduard: Die Universität Berlin nach Kriegsende 1945 (1945/1953), in: Gesammelte Schriften, Band X: Hochschule und Gesellschaft, Tübingen/Heidelberg 1973, S. 292.

tische Positionierungen weitgehend ignoriert werden) und der Zeitspanne 1945 bis zu seinem Tod aneinandergereiht. Damit wird die Grundthese einer zeitübergreifenden theoretischen Arbeit Sprangers unterstrichen – als ob nichts gewesen wäre.

Verschiedene Sammelbände, die nach 1945, zunächst noch zu Sprangers Lebzeiten, erscheinen, unterstreichen diesen Aspekt. Zwei bedeutende späte pädagogische Schriften nach 1945 sollen hier hervorgehoben werden. Sie können als eine Art pädagogische Zusammenfassung seiner philosophischen und theoretischen Überlegungen mit hoher Verbreitung gelten.

In der Schrift „Der geborene Erzieher"[1287] entwickelt Spranger 1958 Merkmale des „wahren Pädagogen". Der Begriff der „pädagogischen Liebe" wird entfaltet und abgegrenzt.[1288] In der 1962 verfassten Schrift „Das Gesetz der ungewollten Nebenwirkungen in der Erziehung"[1289] charakterisiert er verschiedene Erziehungsstile.[1290] Bevor diese beiden deutlich christlich orientierten pädagogischen Schriften diskutiert werden, in denen gerade das Problem der Reflexion der NS-Zeit ausgeklammert, aber indirekt im Hinblick auf die „Reinheit der Seele" und des „individuellen Gewissens" durchaus behandelt wird, sollen jene Schriften und Aufsätze vorgestellt und analysiert werden, in denen Spranger den Rückblick auf die Vergangenheit vornimmt, der sich direkt nach 1945 „nicht vermeiden" (Nohl) ließ.

a) Biographische Rückblicke

Eduard Spranger schrieb 1945 die Stellungnahme **„Mein Konflikt mit der nationalsozialistischen Regierung 1933"**[1291], die 1955 in der Zeitschrift „Universitas" erstmals veröffentlicht wurde. Die Stellungnahme enthält folgende Gesichtspunkte:

Spranger berichtet, dass er Theodor Litts Idee, im Oktober 1932 gegen die NS-Studentengruppen eine Stellungnahme zu verfassen, ablehnte, weil er „die Bewegung der nationalen Studenten noch im Kern für echt, nur in der Form für undiszipliniert" hielt (Spranger: Mein Konflikt, 1955, S. 457). Ausführlich schildert er auch das Zustandekommen der Erklärung des Verbands der Deutschen Hochschulen von Ostern 1933 als Antwort auf die „Zwölf Thesen wider den undeutschen Geist".[1292]

Spranger führt aus, dass die „Kränkung im Amte" als „affektauslösende Accedenz" ein wesentlicher Punkt seines Rücktrittsgesuchs gewesen sei (Spranger: Mein Konflikt, 1955, S. 461). Seine Einschätzung dieses Zeitpunkts muss allerdings genauer betrachtet werden:

> *„Solang es noch möglich war, Hitlers Absichten mit einer sittlichen Wiedergeburt des deutschen Volkes zu verwechseln, konnte also von ‚nationaler' Seite gegen mich kein Vorwurf erhoben werden. Im Gegenteil: ich erhoffte eine Befreiung von bloßer Parteipädagogik, die sich in letzter Zeit an den Universitäten breitgemacht hatte."* (Spranger: Mein Konflikt, 1955, S. 461)

[1287] Spranger, Eduard: Der geborene Erzieher (1958), in: Gesammelte Schriften, Band I: Geist der Erziehung, Tübingen/Heidelberg 1969, S. 280–338.

[1288] Siehe dazu ausführlicher auch: Spranger, Eduard: Stufen der Liebe. Über Wesen und Kulturaufgabe der Frau. Aufsätze und Vorträge, Tübingen 1965.

[1289] Spranger, Eduard: Das Gesetz der ungewollten Nebenwirkungen in der Erziehung (1962), in: Gesammelte Schriften, Band I: Geist der Erziehung, Tübingen/Heidelberg 1969, S. 348–405.

[1290] Siehe dazu auch: Spranger, Eduard: Grundstile der Erziehung (1951), in: Gesammelte Schriften, Band I: Geist der Erziehung, Tübingen/Heidelberg 1969, S. 208–231.

[1291] Spranger, Eduard: Mein Konflikt mit der nationalsozialistischen Regierung 1933 (1955), in: Universitas. Zeitschrift für Wissenschaft, Kunst und Literatur, 10. Jg. (1955), Heft 5, S. 457–473.

[1292] Die „Zwölf Thesen wider den undeutschen Geist" sind abgedruckt in: Walberer, Ulrich (Hrsg.): 10. Mai 1933. Bücherverbrennung in Deutschland und die Folgen, Frankfurt am Main 1983, S. 35 und in: Wulf, Joseph: Kultur im Dritten Reich, Band 2: Literatur und Dichtung im Dritten Reich. Eine Dokumentation, Frankfurt am Main/Berlin 1989, S. 44 f. Das Flugblatt mit der Erklärung des Verbands der Deutschen Hochschulen ist in der *Dokumentation ad fontes Spranger* S. 274 abgedruckt.

Hier umschreibt Spranger, dass er sich offensichtlich einer Verwechslung schuldig gemacht hatte und selbst Hoffnung auf Hitler gesetzt habe.[1293] Spranger schildert nun, dass er sich am 26. April 1933 an die „Allgemeine Deutsche Zeitung“, also an die Öffentlichkeit gewandt habe. Diese Erklärung[1294] begann mit der These, dass an den deutschen Hochschulen „das Glück über das wiedergewonnene Deutschland“ (Spranger: Mein Konflikt, 1955, S. 464) empfunden werde. Zur Einschätzung der damaligen Situation schreibt er 1945, man müsse sich vergegenwärtigen, „dass sich damals das eigentliche Gesicht des Hitlerismus noch nicht voll enthüllt hatte“ (Spranger: Mein Konflikt, 1955, S. 465). Er verweist auf den „Dualismus in der Regierung“, da „die Seite Hindenburg-Papen-Hugenberg auch noch etwas zu sagen hatte“ (Spranger: Mein Konflikt, 1955, S. 465 f.). Sprangers damalige Einschätzung Adolf Hitlers wird deutlich, wenn er 1945 festhält:

> *„Ich fasste daher den Entschluss, unmittelbar bis zu Hitler vorzudringen und ihm die Dinge, die mich für die Hochschule besorgt machten, in offener Darstellung vorzutragen. Es konnte ja sein, dass er selbst über sie nicht orientiert war und dass er sich auf einem ihm fremden Gebiete eines Besseren belehren ließe.“* (Spranger: Mein Konflikt, 1955, S. 466)

Spranger schildert, wie die Stimmung zu seinen Ungunsten kippte und auch andere Mitglieder des Vorstands des Verbands der Deutschen Hochschulen von ihm abrückten. Er kommt rückblickend zu dem Schluss: „Ich musste versuchen, der Idee von Wissenschaft und Hochschulerziehung zu dienen, indem ich an der Universität blieb“ (Spranger: Mein Konflikt, 1955, S. 472). So erklärte Spranger dann, auch öffentlich in der „Vossischen Zeitung“ vom 13. Juni 1933:

> *„Die Besorgnisse, die mich damals erfüllt haben, darf ich als nicht mehr begründet ansehen.“* (Spranger: Mein Konflikt, 1955, S. 473)

Für die Öffentlichkeit waren die „Besorgnisse“, die sich ja aus den antisemitischen Erklärungen des NS-Studentenbundes und ihren „12 Thesen wider den undeutschen Geist“ (die mit zu den nachfolgenden Bücherverbrennungen am 11. Mai 1933 geführt hatten) ergeben hatten, also von Spranger nun zurückgenommen. Die Wirkung einer solchen Erklärung auf all jene, deren Bücher verbrannt worden waren und in dieser Zeit ins Exil getrieben wurden, lässt sich leicht nachvollziehen.

Spranger schildert weiter, dass er im Sommersemester 1934 noch Konflikte mit Aktivisten der NS-Studentenschaft hatte, dass man ihn aber von Winter 1934/35 an in Ruhe ließ und er seine Lehrtätigkeit unbehelligt fortsetzen konnte, zumal er sich von allen Geschäften, die über seine Lehrtätigkeit hinausgingen, zurückgezogen hatte.

[1293] 1947 hebt Spranger hervor, die NSDAP habe anfangs Programmpunkte in den Vordergrund geschoben, „denen auch rechtschaffene Deutsche zustimmen mussten“ und verweist darauf, dass jene, die ins Abseits geraten seien, in die Rolle von „Volksfeinden“ geraten seien, die verfemt wurden. Und weiter heißt es: „So entstand ein allgemeines Mitlaufen, weil es keiner auf seiner Ehre sitzen lassen wollte, er sei ein schlechterer Deutscher als andere. In den Anfängen, die uns heute nicht mehr so plastisch vor Augen stehen, war eine solche innere Unsicherheit des Urteils noch möglich; denn das System hatte sich dem In- und Auslande noch nicht in seiner wahren Gestalt enthüllt“ (Spranger, Eduard: Falsche Ehrbegriffe (1947), in: Gesammelte Schriften, Band VIII: Staat, Recht und Politik, Tübingen/Heidelberg 1970, S. 283).

In Sprangers Erklärung an die alliierten Behörden nach 1945 heißt es über die Anfänge der NS-Zeit: „*Verbrecherische* Handlungen der Regierung waren damals noch nicht bekannt, Widerstand galt als Verrat an der nationalen Sache“ (Spranger, Eduard: Erklärung an die Alliierten Behörden, undatiertes Typoskript, Universitätsbibliothek Tübingen, Mn 26, zitiert nach: Priem, Karin: Bildung im Dialog. Eduard Sprangers Korrespondenz mit Frauen und sein Profil als Wissenschaftler 1903–1924 (Beiträge zur historischen Bildungsforschung, Band 24), Köln/Weimar/Wien 2000, S. 55, Hervorhebung im Original).

[1294] Spranger, Eduard: Der Rücktritt Sprangers, in: Deutsche Allgemeine Zeitung, 72. Jg. (1933), Nr. 195 (27.4.1933), Morgenausgabe, S. 2. Unter dem Titel „Warum Eduard Spranger ging“ auch in: Vossische Zeitung. Berlinische Zeitung von Staats- und gelehrten Sachen, Jg. 1933, Nr. 199 (27.4.1933), Morgen-Ausgabe.

In einer zweiten Erinnerungsschrift mit dem von den Herausgebern der „Gesammelten Schriften“ vergebenen Titel **„Die Universität Berlin nach Kriegsende 1945“**[1295] geht es in erster Linie um die zeitweilige Übernahme der Geschäfte der Universität Berlin nach dem 8. Mai 1945 durch Eduard Spranger.

Zur Schuldfrage behauptet Spranger: „Im totalitären Staat fällt die Schuld auf den Staat, nicht auf die einzelnen, die ohnmächtig sind“ (Spranger: Universität Berlin, 1945/1953, S. 312). Der erste Teil des Satzes ist gewiss nicht falsch, aber das formulierte „Entweder-oder“ statt des notwendigen „Sowohl-als-auch“ zeigt, dass sich Spranger 1953 weit von selbstkritischen Überlegungen und der notwendigen dialektischen Methode entfernt hat und an der Stelle eine pauschale Entschuldung des Individuums vornimmt, die unter dem Deckmantel der harten und berechtigten Anklage gegen den „totalitären Staat“ verborgen wird. Sprangers „Theorie des Gewissens“ löst sich in dieser Passage in nichts auf.

Die Verhaftung Sprangers im Kontext des 20. Juli 1944, die seine Einkerkerung in Moabit vom 8. September bis 14. November 1944 zur Folge hatte, muss unter zwei Gesichtspunkten betrachtet werden. Zum einen wird an anderer Stelle von Spranger klar herausgearbeitet, dass er keinesfalls, weder direkt noch indirekt, an den Attentatsplänen gegen Hitler beteiligt war, er insofern „unschuldig“ verhaftet worden sei. Er konnte nach seiner Entlassung ohne jede Einschränkung seine Arbeit wieder aufnehmen. Die andere Seite dieser Episode beinhaltet, wie Spranger selbst schreibt, dass er als „Gegner des nationalsozialistischen Systems bekannt war“ (Spranger: Universität Berlin, 1945/1953, S. 274). So hat es eine gewisse Logik, auch wenn es eine eigene Problematik ist, dass die sowjetische Besatzungsmacht zunächst auf ihn zurückgriff.[1296]

Es war dann die US-Besatzungsmacht, die ihn einige Wochen später wie einen „gewöhnliche(n) Gefangene(n)“ inhaftierte. Spranger hielt es noch Mitte der 1950er Jahre für notwendig, zu formulieren, dass „ein jüdischer Unteroffizier (kam), um mich nach Wannsee abzuholen“ (Spranger: Universität Berlin, 1945/1953, S. 291). Weiter formuliert er:

> *„Die Posten zeigten sich durchaus nicht humaner als die SS-Leute, in deren Obhut ich dreiviertel Jahr vorher gewesen war.“* (Spranger: Universität Berlin, 1945/1953, S. 291)

Spranger berichtet, dass er in einem Verhör seinen Konflikt mit der NS-Regierung 1933 und seine Verhaftung 1944 schilderte. Und er fügt hinzu:

> *„Ich (...) verschwieg auch nicht die zwei oder drei Schönheitsflecken, die allenfalls zu Verdachtsmomenten hätten werden können.“* (Spranger: Universität Berlin, 1945/1953, S. 292)

Ob Spranger wirklich „alles, was in Betracht kam“, berichtet hat, und was er als „zwei oder drei Schönheitsflecken“ empfand, erfährt man aus seinem Bericht nicht.[1297] Die vom *For-*

[1295] Spranger, Eduard: Die Universität Berlin nach Kriegsende 1945 (1945/1953), in: Gesammelte Schriften, Band X: Hochschule und Gesellschaft, Tübingen/Heidelberg 1973, S. 273–321. Aufgrund von Aufzeichnungen aus dem Jahr 1945 geschrieben 1953–1955.

[1296] Auf einem anderen Blatt steht allerdings die Schilderung Sprangers über seine erste Kontaktaufnahme mit der sowjetischen Besatzungsmacht bzw. der KPD. Spranger schildert dies wie folgt: „Johannes R. Becher kam mit einem jungen, stark jüdisch sprechenden Adlatus zu mir“ (Spranger: Universität Berlin, 1945/1953, S. 276). Es stellt sich die Frage, warum Spranger den Aspekt „stark jüdisch sprechend“ meint hervorheben zu müssen und von welchem „Geist“ Spranger dabei geleitet wurde.

[1297] SS-Obergruppenführer Kaltenbrunner übergab seinen Bericht über das Verhör von Spranger am 13.11.1944 an Bormann. Dort heißt es: „Der bekannte Professor Eduard Spranger, der mit Beck in der ‚Mittwochs-Gesellschaft‘ öfters zusammentraf, stellt in seiner Vernehmung fest: ‚Im Allgemeinen stand Beck den militärischen Ereignissen kritisch-pessimistisch gegenüber.‘ Frage: ‚Welche Ansicht vertrat Beck hinsichtlich des Ausgangs des jetzigen Krieges?‘ Antwort: ‚Eine pessimistische. Er hatte Zweifel am siegreichen Ende des Krieges und begründete dies u. a. mit Materialüberlegenheit der Gegner und Mangel an Menschen auf unserer Seite.‘ Frage: ‚Hat Beck ihnen gegenüber Gedanken geäußert, aus denen er doch noch eine Möglichkeit eines siegreichen Endes sah?‘ Antwort: ‚Nein‘“ (Jacobsen, Hans-Adolf (Hrsg.): Spiegelbild einer Verschwörung. Die Opposition gegen Hitler und der Staatsstreich vom 20. Juli 1944 in der SD-Berichterstattung. Geheime Dokumente aus dem ehemaligen Reichssicherheitshauptamt,

schungsprojekt ad fontes vorgelegte Dokumentation der Publikationen Sprangers in der NS-Zeit, insbesondere die Reden während seines Japan-Aufenthalts, beweist jedoch, dass die Formulierung von den „zwei oder drei Schönheitsflecken" nicht haltbar ist. Die Selbsteinschätzung Sprangers ist eine Sache, die vorliegenden Publikationen aus der NS-Zeit, als Basis einer wissenschaftlichen Einschätzung, sprechen eine andere Sprache.

Mitte der 1950er Jahre wurde, nicht nur von Spranger, ein Ton gegen die Alliierten angeschlagen, der 1946/47 nicht denkbar gewesen wäre. Der Vergleich der US-Soldaten mit der SS enthält eine Dimension, die Spranger eigentlich hätte bewusst sein müssen. In einer weiteren Passage vergleicht er die Hitler-Regierung mit den alliierten Behörden:

> *„Die Hitlerregierung hatte den ‚untragbaren' Beamten manchmal noch Pensionen bewilligt. Jetzt erfolgte fristlose Entlassung ohne jede Entschädigung."* (Spranger: Universität Berlin, 1945/1953, S. 295)

Mit solchen Einschätzungen, die 1973 ohne eine kritische Anmerkung in den „Gesammelten Schriften" publiziert wurden, bediente Spranger eine weit verbreitete Vorstellung, dass nach 1945 großes Unrecht in Deutschland Einzug gehalten habe.

Von besonderem Interesse ist, dass Spranger, ähnlich wie Peter Petersen, hinter dem amerikanischen Vorgehen gegen seine Person Fritz Karsen vermutete.[1298] Spranger behauptete: „Er hegte gegen mich seit der Zeit vor 1933 eine persönliche Feindschaft, deren Motiv sich kurz dahin formulieren lässt: Er hätte gern die Professur für Pädagogik in Berlin gehabt." (Spranger: Universität Berlin, 1945/1953, S. 304)

Spranger berichtet weiter, dass und warum er sich, insbesondere auch angesichts „kommunistischer Rückwanderer aus Russland", aus Berlin zurückzog und eine Professur in Tübingen annahm (Spranger: Universität Berlin, 1945/1953, S. 305).

In einem dritten Rückblick, einem in Stuttgart am 23. November 1953 gehaltenen Vortrag mit dem Titel **„Ein Professorenleben im 20. Jahrhundert"**[1299], geht Spranger auf die bisher erwähnten Ereignisse erneut ein. Zunächst schildert er allerdings die Situation in Deutschland nach dem Ende des Ersten Weltkrieges,[1300] wo die „Hörsäle erst von roten Eindringlingen befreit werden" mussten (Spranger: Ein Professorenleben, 1953, S. 346). Sprangers Unterstützung gilt dabei den Freikorps:

> *„Ich werde nie die ernsten Gesichter dieser jungen Kämpfer vergessen, die – aus einem aussichtslosen Kriege heimgekehrt – noch einmal in die schwerste Form des Krieges, den Bürgerkrieg, zurückgerufen wurden, und zwar durch ein Manifest des sozialdemokratischen Wehrministers Noske."* (Spranger: Ein Professorenleben, 1953, S. 346)

Eindeutig formuliert er über die zweite Periode seines Lebens 1920–1933: „Ich stand damals auf Seiten der Deutschnationalen" (Spranger: Ein Professorenleben, 1953, S. 347). In diesem knapp zwanzigseitigen Rückblick schildert er auch seine akademische Laufbahn und die Entstehung seiner entscheidenden wissenschaftlichen Arbeiten. Spranger, der 1925 zum ordentlichen Mitglied der Preußischen Akademie der Wissenschaften gewählt wurde, führt aus, dass er 1931 mit Albert Einstein „einen sehr merkwürdigen Tag" erlebt habe, ohne mehr

Band 1, Stuttgart 1984, S. 489 f.). Das Datum des Verhörs Sprangers wird nicht angegeben. Beck wurde am 20.7.1944 hingerichtet.

[1298] Während bei Peter Petersen Fritz Karsen in der Tat seinen Einfluss geltend gemacht hat, ist die Vermutung Sprangers zwar bezeichnend für dessen Denkweise, Belege dafür finden sich aber nicht. Zu Fritz Karsen, insbesondere nach 1945 siehe: Radde, Gerd: Fritz Karsen. Ein Berliner Schulreformer der Weimarer Zeit (Studien zur Bildungsreform, Band 37), erweiterte Neuausgabe, Frankfurt am Main/Berlin/Bern/New York/Paris/Wien 1999, S. 374 ff.

[1299] Spranger, Eduard: Ein Professorenleben im 20. Jahrhundert (1953), in: Gesammelte Schriften, Band X: Hochschule und Gesellschaft, Tübingen/Heidelberg 1973, S. 342–360.

[1300] In seinem Aufsatz „Die Wirklichkeit der Geschichte" (1936) schreibt Spranger: „1918 haben die Deutschen realiter verloren, im höheren Sinne haben sie gewonnen" (in: Die Erziehung. Monatsschrift für den Zusammenhang von Kultur und Erziehung in Wissenschaft und Leben, 11. Jg. (1935/36), Heft 12 (September 1936), S. 526).

darüber preiszugeben (Spranger: Ein Professorenleben, 1953, S. 349). Die sorgfältig dokumentierte Auseinandersetzung um den Austritt Einsteins aus der Preußischen Akademie 1933[1301] findet keinerlei Erwähnung.

Was die Ursachen des Sieges des Nationalsozialismus angeht, bedient sich Spranger der üblichen Erklärung:

> *„Wer den Sieg des Nationalsozialismus von 1933 verstehen will, muss sich der katastrophalen Arbeitslosigkeit erinnern, die von 1931 bis 1933 herrschte und zur Proletarisierung weiter Schichten der deutschen Intelligenz führte."* (Spranger: Ein Professorenleben, 1953, S. 349)[1302]

Erneut schildert Spranger in dieser Schrift die Entstehung der Erklärung des Vorstands des Verbands der Deutschen Hochschulen. Von besonderem Interesse sind seine Anmerkungen zu seinen Vortragsreisen nach Japan. Spranger behauptet:

> *„Als man bemerkt hatte, dass ich rein sachliche Vorträge hielt und jede Propaganda unterließ, wandelte sich die Stimmung, und ich gewann viele neue Freunde zu den alten."* (Spranger: Ein Professorenleben, 1953, S. 352)

Wer die Reden Sprangers in Japan nachliest, wird sich schwerlich der Einschätzung des Charakters seiner Vorträge anschließen können. Spranger behauptet auch, er sei in der NS-Zeit vor 1944 unbehelligt geblieben, da er „irgendeinen unsichtbaren Protektor" gehabt habe. Und er fügt ohne nähere Erläuterung hinzu:

> *„Wahrscheinlich in der SS, die ja durchaus zweiseitig war."* (Spranger: Ein Professorenleben, 1953, S. 353)

Eine solche Einschätzung der SS wurde 1953 offensichtlich in weiten Teilen der akademischen Elite durchaus geteilt. Sein Vortrag im Reichskriegsministerium von 1935 bleibt hier unerwähnt, aber er formuliert: „Da brach Anfang September 1939 der zweite große Krieg aus." (Spranger: Ein Professorenleben, 1953, S. 353). Spranger wurde zur Heerespsychologie eingezogen, erhielt auch eine Uniform, die er nach seiner Aussage „niemals getragen" habe, die ihm aber 1945, als sowjetische Soldaten sie auf seinem Speicher fanden, „beinahe das Leben gekostet" habe. Spranger behauptet, neben dem vermuteten SS-Protektor, einen zweiten Schutzpatron gehabt zu haben: „Denn die Zugehörigkeit zur Wehrmacht verlieh einen weiteren Schutz gegen die Partei, der ich nie angehört habe." (Spranger: Ein Professorenleben, 1953, S. 353)

Knapp berichtet Spranger weiter von den zehn Wochen seiner Haft 1944 und den Ermahnungen seines kommunistischen Mithäftlings: „Herr Professor, etwas müssen sie doch auch für die Sache tun" (Spranger: Ein Professorenleben, 1953, S. 355). Die Eroberung Berlins „durch die Russen" schildert er als „das Furchtbarste in meinem Leben überhaupt", wobei er hinzufügt,

---

[1301] Zum Austritt Albert Einsteins aus der Preußischen Akademie der Wissenschaften siehe: Einstein, Albert: Mein Weltbild, Frankfurt am Main/Berlin 1986, S. 81 ff. Einstein nennt dort als Begründung für seinen Austritt, dass die Akademie in einer offiziellen Erklärung von einer „Beteiligung Albert Einsteins an der Gräuelhetze" (Einstein, S. 81 f.) gegen Deutschland gesprochen habe. Einstein hatte sich in einem Schriftstück für die „Internationale Liga zur Bekämpfung des Antisemitismus" gegen die sich in Deutschland in furchtbarer Weise äußernde „Massenpsychose" gewandt. Die Akademie hatte zu seinem Austritt erklärt, dass sie keinen Anlass habe, „den Austritt Einsteins zu bedauern"(Einstein, S. 82). Heinrich von Ficker schrieb im Auftrag der Akademie, dass die Position Einsteins „zur Trennung wohl auch dann hätte führen müssen, wenn uns nicht Ihre Austrittsmitteilung zugegangen wäre" (Einstein, S. 84). Einstein antwortet in einem letzten Brief an die Akademie: „Ihr Schreiben beweist mir nur, wie richtig ich damit gehandelt habe" (Einstein, S. 85).

[1302] Ähnlich „einfühlsam" heißt es bei Spranger 1953: „Die Generation, die kurz vor 1900 geboren ist, hat einen Schicksalsschlag nach dem anderen mit leidensfähigem Bewusstsein erlebt: den ersten Weltkrieg, die Inflation, die große Arbeitslosigkeit von 1931, ohne die kein Hitler gekommen wäre, das sog. Dritte Reich und seinen von Anfang an tragischen Krieg, Eroberung, Flucht, Gefangenschaft" (Spranger, Eduard: Kulturfragen der Gegenwart, 2. unveränderte Auflage, Heidelberg 1956, S. 57).

dass seine Gabe, Klavier spielen zu können, vermutlich sein Leben gerettet habe (Spranger: Ein Professorenleben, 1953, S. 355).[1303]

In der kleinen, zwischen 1953 und 1955 entstandenen vierten und letzten Erinnerungsschrift, von den Herausgebern der „Gesammelten Schriften“ schlicht mit **„Rückblick“**[1304] betitelt, gibt Spranger in erster Linie eine konzentrierte Darstellung seiner wissenschaftlichen Tätigkeit und nennt als seine entscheidenden akademischen Lehrer Dilthey, Paulsen und Riehl. Als geistesgeschichtliches Erbe benennt Spranger Hegel, Plato, Kant und Pestalozzi, aber auch Schleiermacher und Ritschel. Pädagogisch reklamiert er den Begriff „innere Schulreform“ für sich, der in Verbindung mit der Lehrerbildung sein eigentliches Interesse gegolten habe.

Im vorletzten Absatz des dreiseitigen Manuskripts erklärt Spranger:

> *„Zur eigentlichen Demokratie habe ich mich spät, aber mit Einsicht bekehrt. Eben deshalb sehe ich manche Entwicklung* ***mit schwerster Sorge****, auf der* ***demokratischen****, nicht auf der antidemokratischen Seite.“* (Spranger: Rückblick, ohne Jahr, S. 430, Hervorhebungen im Original)

Diese Passage ist von Bedeutung, da Spranger hier selbst Einschätzungen widerspricht, dass er schon früh überzeugter Demokrat gewesen sei. Abschließend wird er pathetisch:

> *„Ich liebe mein Volk von ganzer Seele, wie es natürlich ist. Ich sehe seine ungewöhnlichen Vorzüge, vor allem seine dritte (oder wievielte?)* ***Bewährung gerade nach einem verlorenen Kriege****. Aber ich erschrecke vor seinen unverbesserlichen Blindheiten. Und so lange noch irgendein Funke von Kraft in mir ist, werde ich mich bemühen, ihm diese seine Grenzen immer wieder vorzuhalten. Aber ich bilde mir nicht ein, dass ein einzelner ein Volk erziehen könnte. Was Vater und Mutter tun, ist auch nicht regelhaftes Bessermachenwollen, sondern einfach – Lieben.“* (Spranger: Rückblick, ohne Jahr, S. 430, Hervorhebung im Original)[1305]

Solche Ausführungen lassen gewiss vielfältige Deutungen zu. Die „unverbesserliche Blindheit“ bei Eduard Spranger als Teil des deutschen Volkes würde Fragen nach möglicher Eigenliebe aufwerfen. Inwiefern die Liebe zum eigenen Volk „natürlich“ ist, bleibt offen, da der Kern einer solchen Argumentation ja ist, gesellschaftliche Phänomene nicht hinterfragen zu müssen, ja nicht hinterfragen zu können, da sie „natürlich“ sind. Der Bezug zur Liebe von Vater und Mutter wirft die Frage nach Sprangers eigenem Rollenverständnis auf. Ob es Sinn macht, einer „unverbesserlichen Blindheit“ mit Vorhaltungen zu begegnen, wäre ein weiteres Problem. Es ist sicherlich sinnvoller, die in dieser konzentrierten Passage enthaltenen Überlegungen an anderen ausführlicheren theoretischen Passagen weiter zu verfolgen.

[1303] Spranger, der später den 20. Juli 1944 klar positiv einschätzte (vgl. Spranger, Eduard: Gedanken zur staatsbürgerlichen Erziehung, Bonn 1957, S. 43), behauptet in diesem Vortrag noch zurückhaltend, dass die Bedeutung dieser Ereignisse nicht vor dem ethischen Forum entschieden werden könne, sondern „nur unmittelbar vor Gott“, nachdem er kurz vorher hervorgehoben hatte, dass das Mitglied der Mittwochs-Gesellschaft Rabenau „das Unternehmen vom 20. Juli 1944 nicht gebilligt“ habe, aber auch sein Opfer geworden sei (Spranger: Ein Professorenleben, 1953, S. 354).

[1304] Spranger, Eduard: Rückblick (ohne Jahr), in: Gesammelte Schriften, Band X: Hochschule und Gesellschaft, Tübingen/Heidelberg 1973, S. 428–430. Dieser Text wurde auch veröffentlicht in: Poliakov, Léon/Wulf, Joseph (Hrsg.): Das Dritte Reich und seine Denker. Dokumente und Berichte, Wiesbaden 1989, S. 89–94.

[1305] Ähnlich verquer heißt es bei Spranger 1953: „Die deutsche Geistesgeschichte lehrt nämlich eine auffallende Eigenschaft der Deutschen: sie haben das Talent, gerade nach verlorenen Kriegen aufzuwachen und über die alten Fehler hinauszuwachsen“ (Spranger, Eduard: Kulturfragen der Gegenwart, 2. unveränderte Auflage, Heidelberg 1956, S. 115). Eine solche Einschätzung der Entwicklung der Deutschen nach 1918 ist nicht nachvollziehbar, da ja nun ganz offensichtlich nicht aus alten Fehlern gelernt wurde.

b) Zur „Frage der deutschen Schuld" und zu „Verstrickung und Ausweg": „Alles sog. öffentliche ‚Wühlen' in der Schuld ist zu vermeiden"

1970 veröffentlichten die Herausgeber der „Gesammelten Schriften" erstmals ein Vortragsmanuskript Sprangers von 1946, in dem es um die **„Frage der deutschen Schuld"**[1306] geht. Ob der Vortag je gehalten wurde, ist nicht bekannt. Zum Zeitpunkt der Nürnberger Prozesse wurde in der Öffentlichkeit eine Rede des Pfarrers Martin Niemöller über deutsche Schuld heftig diskutiert.[1307] Dies nahm Spranger offensichtlich zum Anlass, um in seinem Manuskript auf die Notwendigkeit einer Differenzierung der Schuld der Deutschen – im Kontrast zum Begriff der „deutschen Kollektivschuld" – auf knapp acht Seiten einzugehen. Dieses Manuskript ist in vielerlei Hinsicht bemerkenswert.[1308]

In sehr scharfen Worten werden jene Zeitgenossen kritisiert, die nichts gehört und gesehen haben wollen. Gleichzeitig endet das Manuskript mit dem oft isoliert zitierten Aufruf:

> *„Alles sog. öffentliche ‚Wühlen' in der Schuld ist zu vermeiden, weil auch das Beste der Gefahr unterliegt, schließlich zerredet zu werden, und weil die christliche Gesinnung nur von Mitchristen ganz verstanden wird."* (Spranger: Deutsche Schuld, 1946, S. 267)

Nachfolgend soll versucht werden, den gesamten Gedankengang Sprangers in diesem Beitrag zu rekonstruieren und kritisch zu analysieren.

Einleitend erklärt Spranger unter Bezug auf Schillers „Wilhelm Tell", dass es nicht um rein sittliches Handeln gehe, sondern dass in Gewissenskonflikten sittliche Entscheidungen gefällt werden, die, wie in dem angesprochenen Fall, eigentlich sittlichen Werten wie dem Erhalt des Lebens widersprachen und dennoch sittlich gerechtfertigt seien. Hinter der Fragestellung der Berechtigung des „Tyrannenmords" aus „Wilhelm Tell" stand in der Diskussion der damaligen Zeit die Debatte über das Attentat auf Hitler vom 20. Juli 1944.

Zunächst wendet sich Spranger den „angeblich Unbeteiligten" zu:

> *„Was können diese angeblich Unbeteiligten zu ihrer Entlastung anführen? Worauf gründet sich ihr Anspruch auf ‚Ent-schuldigung'* [sic!]*?"* (Spranger: Deutsche Schuld, 1946, S. 261)

Mit dieser Frage wird deutlich, dass Spranger sehr massiv, wenn auch indirekt, einen Dialog mit sich selbst in Gang setzt oder zumindest in Gang setzen müsste. Die Formulierung „angeblich Unbeteiligte" enthält bereits den Aspekt, dass eine Unwahrheit aufgedeckt werden muss. In einem ersten Schritt zur Aufdeckung dieser Unwahrheit heißt es bei Spranger:

> *„1. Die erste Antwort: ‚Ich selbst habe nichts Böses getan' haben wir bereits abgewiesen. Denn selbst wenn dies zutreffen sollte – was im Einzelnen noch sehr fraglich ist – bleibt doch der Vorwurf: ‚Du hast auch nichts getan, um klares Unrecht zu verhindern; dazu aber warst du sittlich verpflichtet. Du hast z. B. öffentliche Lügen nicht bekämpft. Du hast es mitangesehen, wie Juden aus ihren Wohnungen vertrieben und gequält wurden. Du hast dich nicht gegen die Misshandlung von Kriegsgefangenen und Ausländern empört.' "* (Spranger: Deutsche Schuld, 1946, S. 261)

Diese sehr zutreffende Widerlegung einer offensichtlich 1946 weit verbreiteten Denkfigur ist von Bedeutung, wenn Biographen wertend, an Maßstäben Sprangers selbst orientiert, dessen Tätigkeit in der NS-Zeit analysieren. Es ist bekannt, und darauf soll hier ausdrücklich hingewiesen werden, dass der private Eduard Spranger in einem dokumentierten Fall gegen die Deporta-

[1306] Spranger, Eduard: Die Frage der deutschen Schuld (1946), in: Gesammelte Schriften, Band VIII: Staat, Recht und Politik, Tübingen/Heidelberg 1970, S. 260–267.

[1307] Niemöller, Martin: Ansprache in der Neustädter Kirche von Erlangen. Der Wortlaut der umstrittenen Rede (15.2.1946), in: Schoeller, Wilfried F. (Hrsg.): Diese merkwürdige Zeit. Leben nach der Stunde Null. Ein Textbuch aus der „Neuen Zeitung", Frankfurt am Main 2005, S. 66–74.

[1308] Barbro Eberan rekonstruierte in ihrer Arbeit „Luther? Friedrich „der Große"? Wagner? Nietzsche? …? …? Wer war an Hitler schuld? Die Debatte um die Schuldfrage 1945–1949" (2. erweiterte Auflage, München 1985) anhand der unterschiedlichsten Presseorgane inner- und außerhalb Deutschlands die Debatte über die Ursache der Schuld am NS-Regime und informiert umfangreich auch über den Stellenwert der „großen Deutschen" in dieser Debatte.

tion von Juden helfend einschreiten wollte.[1309] Erinnert werden kann an dieser Stelle auch an seinen Protest gegen das antisemitisch gefärbte Plakat von NS-Studenten von 1933. Dieser Versuch einzugreifen setzt voraus, dass Menschen in der Position Sprangers sehr genau über die Deportationen Bescheid wussten, dass es eben nicht nur um die Vertreibung der Juden „aus ihren Wohnungen“ ging.

Dass Spranger trotz dieses Wissens das NS-Regime und seine Führung bis weit in den Krieg hinein dennoch öffentlich unterstützt hat, beinhaltet die weitreichendere Konsequenz dieses richtigen Gedanken Sprangers, wenn er auf seine Biographie angewandt werden würde. Gerade diese Frage, wer etwas gewusst hat und wer nichts gewusst hat, behandelt Spranger in einem zweiten Schritt:

> *„2. Sogleich folgt die zweite Antwort: ‚Ich habe von alledem nichts gewusst.‘ Zugegeben, dass sehr viele ruhige Bürger das volle Ausmaß der Verbrechen, besonders im Felde, nicht gekannt haben, so bleibt doch genug, was jeder wissen konnte und musste. Die Judenverfolgung ist wieder das nächstliegende Beispiel. Nur zwei Kategorien können wirklich eine Entschuldigung für sich in Anspruch nehmen: 1. Diejenigen, die rückhaltlos protestiert und sich dadurch ins Gefängnis oder ins Konzentrationslager gebracht haben, wodurch sie dann an weiterem Widerstand tatsächlich verhindert wurden. Und 2. diejenigen, die zu jung waren, als dass man von ihnen das Eingreifen hätte erwarten dürfen, zu dem die Erwachsenen nicht den Mut fanden.“* (Spranger: Deutsche Schuld, 1946, S. 261)

Spranger hebelt hier im Grunde auch das Argument aus, dass Menschen in Deutschland wirklich von der realen Vernichtungspraxis in Auschwitz-Birkenau nichts gewusst haben. In der Tat: „So bleibt doch genug, was jeder wissen konnte und musste“. Für die von Spranger ausgenommenen beiden Gruppen könnten allerdings auf anderen Ebenen auch noch vertiefende Fragen gestellt werden. Alle, die wirklich Widerstand geleistet haben, müssen sich dennoch selbstkritisch die Frage stellen, welche Fehler dabei gemacht wurden, die vermeidbar gewesen wären. Und selbst Jugendlichen konnte zugemutet werden, im Rahmen ihrer Alltagserfahrung, etwa mit Gleichaltrigen oder bei erlebten öffentlichen Misshandlungen, sich selbst zu befragen. Aber in der Tat liegen diese beiden Fragenkomplexe außerhalb der Frage der eigentlichen Schuld oder Mitschuld an den Verbrechen des NS-Regimes.

In einem dritten Schritt schneidet Spranger die Fragen der Pflicht und der Obrigkeit als zentrale Punkte an:

> *„3. Aber nun folgt der dritte Entschuldigungsversuch, der mehr zu denken gibt. Man hört argumentieren: ‚Die Hitlerregierung war unsere legale Obrigkeit. Auch die ausländischen Staaten erkannten sie als solche an. Ich hatte gar nicht das Recht, ihr Widerstand zu leisten.‘ Vielleicht wird auch noch das Wort zitiert: ‚Jedermann sei untertan der Obrigkeit, die Gewalt über ihn hat.‘[1310] Das Problem, das hier vorliegt, hat in der Christenheit immer viel Schwierigkeiten verursacht. Selbst die großen Reformatoren haben verschieden dazu Stellung genommen. Dem Wortlaut nach hat sich Luther gegen jede Art von Revolution erklärt, ganz konkret z. B. im Bauernkrieg. Die Obrigkeit, auch eine ganz schlech-*

[1309] Spranger schreibt am 30.10.1941 an Gertrud Öppinger: „Lassen sie mich kurz andeuten: Kapitän, *hervorragend* kriegswichtig, gedrängt durch Vorgesetzte, hat sich zur Scheidung von seiner (nicht arischen) Frau bewegen lassen – auch um sie unterstützen zu können. Jetzt kommt die bekannte Aktion; er ist in höchster Sorge, bietet alles auf das Schlimmste zu verhüten. Ich bin bemüht, ihn, den ich nie gesehen habe, aber tief schätze, zu unterstützen. Die Sache liegt so: Solche Personen, die in einem Betrieb zwangsbeschäftigt sind, werden voraussichtlich gefeit sein. Meine Frage richtet sich nun eigentlich an ihren Herrn Gemahl: Gibt es bei IG Farben solche Beschäftigte? (Hier z. B. bei Siemens.) Kommen nur Fabrikarbeiter in Betracht, oder auch büroartige Tätigkeit? Ich frage deshalb, weil der derzeitige Wohnsitz Wiesbaden ist. Sollten Sie nichts erkunden können oder es Ihrem Herrn Gemahl unerwünscht sein, nach dieser Richtung Fragen zu stellen – verzeihen Sie bitte die Bemühung. Es ist der Wunsch zu helfen, der mir den Gedanken eingab.“ (Spranger an Öppinger, 30.10.1941, in: Gesammelte Schriften, Band VII: Briefe 1901–1963, Tübingen/Heidelberg 1978, S. 205, Hervorhebung im Original)

[1310] Spranger bezieht sich hier, ohne es jedoch auszusprechen, auf die Bibel-Stelle Römer 13,1. Die vollständige Stelle lautet: „Jedermann sei untertan der Obrigkeit, die Gewalt über ihn hat. Denn es ist keine Obrigkeit ohne von Gott; wo aber Obrigkeit ist, die ist von Gott verordnet. Wer sich nun der Obrigkeit widersetzt, der widerstrebt Gottes Ordnung; die aber widerstreben, werden über sich ein Urteil empfangen.“

te, müsse als von Gott eingesetzt gelten; man habe ihr zu gehorchen.“ (Spranger: Deutsche Schuld, 1946, S. 261 f.)

In der Tat war sowohl dem Wortlaut als auch der Praxis nach den christlichen Kirchen in Deutschland diese Mentalität eigen. Es wäre konsequent, an dieser Stelle auf die Verantwortung der katholischen und evangelischen Kirche im NS-Regime einzugehen. Spranger bricht jedoch den Gedankengang an dieser Stelle ab und fährt wie folgt fort:

„Im Gegensatz hierzu hat der Kalvinismus sich schon sehr früh ***für*** *das Widerstandsrecht erklärt. Die christliche Gemeinde habe nicht nur das Recht, sondern sogar die Pflicht, sich gegen eine sündhafte, unchristliche Obrigkeit zu erklären. In der katholischen Kirche stellten sich besonders die Jesuiten auf denselben Boden. Er ist auch maßgeblich für den Ausbruch der großen Revolutionen in England und in Frankreich.“* (Spranger: Deutsche Schuld, 1946, S. 262, Hervorhebung im Original)

An dieser Stelle wird deutlich, dass Spranger sich in seinem Manuskript bemüht, mit sehr grob gezeichneten Bildern das von der Bibel vorgegebene Problem zu relativieren. Unbeschadet einer genaueren Analyse des Kalvinismus und der Haltung der Jesuiten zu diesen Fragen ist es auf jeden Fall mehr als fraglich, ob ausgerechnet christlich motiviertes Widerstandsrecht „maßgeblich“ für den Ausbruch der großen Revolutionen (zumindest in Frankreich) gewesen ist. Nichtsdestotrotz ist ein Grundproblem hier treffend benannt.

Spranger geht im weiteren Text davon aus, dass Luther heute seine damalige Position korrigieren würde, was nun wahrlich schwer zu beurteilen ist. Im weiteren Verlauf seiner Überlegungen problematisiert Spranger auch die Form des gewaltsamen Widerstands als Gewissensproblem, um abschließend festzustellen:

„Er [der sittliche Strukturfehler] *hängt mit einem missverstandenen Luthertum zusammen, das den Deutschen in ihrer politischen Haltung schon in früheren Zeiten viel geschadet hat: Der leidende Gehorsam ist für den Christen nicht das höchste Verdienst; denn man soll Gott mehr gehorchen als den Menschen.“* (Spranger: Deutsche Schuld, 1946, S. 263)

Der sachliche Widerspruch liegt auf der Hand, da es nicht um ein missverstandenes Luthertum geht, sondern Luther im Grunde bibeltreu Obrigkeit als gottgegeben und Widerstand damit als Frevel gegen Gott einstuft.[1311]

In einem vierten Schritt behandelt Spranger den Einwand, man habe doch bei Widerstand sein Leben riskiert und keine wirkliche Chance gehabt. Seine Entgegnung auf diesen Einwand zergliedert Spranger in einen politischen und einen christlich-religiösen Teil:

„Politisch genommen war der späteste Zeitpunkt für ein aussichtsreiches Eingreifen der 30. Juni 1934. Hindenburg war dafür zu alt; den Generälen war, wenn man ihr Verhalten von der besten Seite sieht, eine politische, nichtmilitärische Stellungnahme fremd. Legt man den strengen christlichen Maßstab an, so kann die Berufung auf persönliche Nachteile, die uns ein sittlich gefordertes Verhalten bringt, nicht anerkannt werden. Die Vorsehung hat uns in diesem Fall – sie ahndet nicht immer so schnell – auch sehr bald darüber belehrt, dass man dem gefürchteten Unheil nicht entgehen kann. Denn was wir jetzt – als Volk und einzelne – erleben, ist oft genau so hart oder härter als das, was man vermeiden wollte. Aber im sittlichen Leben sollen wir die Folgen überhaupt nicht in Rechnung ziehen. Gewiss, es ist unendlich viel gefordert. Aber der Sinn der christlichen Glaubenshaltung

[1311] Zehn Jahre nach Ende des NS-Staates beschäftigte sich Gunnar Hillerdal in seiner umfangreichen Studie „Gehorsam gegen Gott und Menschen“ (Göttingen 1955) mit „Luthers Lehre von der Obrigkeit“ und der modernen evangelischen Staatsethik. Ebenfalls informativ zu dieser Frage ist der von Gunther Wolf herausgegebene Sammelband „Luther und die Obrigkeit“ (Darmstadt 1972).

Bei Luther heißt es wörtlich: „Aufs Erste müssen wir das weltliche Recht und Schwert wohl gründen, damit nicht Jemand daran zweifle, es sei von Gottes Willen und Ordnung in der Welt. Die Sprüche aber, die es gründen, sind diese, Röm. 13, 1 f.: ‚Eine jegliche Seele sei der Gewalt und Obrigkeit untertan; denn es ist keine Gewalt ohne von Gott. Die Gewalt aber, die allenthalben ist, die ist von Gott verordnet. Wer nun der Gewalt widersteht, der widersteht Gottes Ordnung. Wer aber Gottes Ordnung widersteht, der wird selbst die Verdammnis erlangen.‘ (Luther, Martin: Von weltlicher Obrigkeit (1523), in: Renner, Rolf Günter: Klassiker deutschen Denkens, Band 1: Vom Mittelalter bis zum 18. Jahrhundert, Freiburg/Basel/Wien 1992, S. 97)

liegt doch in dem Wort beschlossen: ‚Wer nicht sein Kreuz auf sich nimmt und mir nachfolgt, der ist meiner nicht wert.‘ Als Christen, daran ist kein Zweifel, müssen wir bekennen: wir tragen alle Schuld an dem, was seit 1933 in Deutschland geschehen ist.“ (Spranger: Deutsche Schuld, 1946, S. 263 f.)

Zunächst ist bemerkenswert, dass die entscheidende Frage eines Widerstands vor 1933 politisch nicht behandelt wird. Schwer verständlich ist auch, dass ausgerechnet der 30. Juni 1934, also der Tag des sogenannten „Röhm-Putschs“, als politisch aussichtsreich eingeschätzt wird. Die Entschuldigung des Verhaltens Hindenburgs („zu alt“) klammert im Grunde aus, wofür Hindenburg steht: die Rolle der Deutschnationalen, aber auch der geistigen Elite Deutschlands bis in die Reihen der Sozialdemokratie hinein, die Hindenburg gestützt und gar als Garant gegen Hitler eingeschätzt hatten.

Aber für Spranger ist gewichtiger als eine Diskussion über diese politischen Fragen seine sehr weit gehende christlich-sittliche Forderung, dass unabhängig von den Folgen jeder, der nicht den Weg des Martyriums gegangen sei, Schuld auf sich geladen habe. In christlich-religiöser Denktradition folgt er also weitgehend Martin Niemöller.

Die Analyse dieses Texts wäre jedoch nicht vollständig, wenn nicht auch jener untergeordnete Gedankengang Sprangers beachtet würde, in dem er die Situation 1946 als „genauso hart oder härter“ als das zu vermeidende NS-Regime bezeichnet. Oberflächlich betrachtet, etwa auf die Ernährungsfrage oder Versorgungsengpässe eingehend, mag Spranger nicht völlig im Unrecht sein. Darüber hinaus jedoch ist jede intendierte Gleichsetzung zwischen der Lage in der NS-Zeit und der Nachkriegslage bodenlos.

Nach diesen für Spranger bemerkenswerten Überlegungen, die zu seinen Lebzeiten nicht veröffentlicht wurden, gibt er im zweiten Teil seines Manuskripts und in dem mit „Schluss“ überschriebenen Teil der ganzen Argumentationskette eine wesentliche Wendung. Der erste Teil dient offensichtlich der Vorbereitung dieses entscheidenden zweiten Teils. Zunächst wendet sich Spranger gegen das vom NS-Regime eingeführte, eigentlich längst vergessene „Prinzip der Sippenhaftung“ (Spranger: Deutsche Schuld, 1946, S. 264). Diese berechtigte Anklage gegen das NS-Regime wird nun genutzt, um sich argumentativ gegen die Besatzungsmächte zu wenden:

„Jedoch kann nicht geleugnet werden, dass Strafaktionen von allen Besatzungsmächten gegen uns nebenher laufen, die im Stillen doch die Voraussetzung haben, dass eine Kollektivschuld der Deutschen besteht. Da diese Maßnahmen ohne klar erkennbare Normen und Grenzen erfolgen, so werden sie von uns nicht als Recht empfunden, sondern als einfache Fortsetzung des Kriegszustandes. Drücken wir uns ganz vorsichtig aus: Das deutsche Volk hat das Gefühl, dass auf diesem Wege keine Rückkehr zu geordneten Zuständen stattfinden kann. Noch immer herrscht die Macht, ja die Gewalt, nicht das Recht. Wann soll der Friede geschlossen werden, ohne den alles Reden von Rechtsordnung und Rechten verfrüht ist?“ (Spranger: Deutsche Schuld, 1946, S. 265)

Die Schwierigkeit dieses Absatzes liegt im nebulösen Charakter der Ausführungen. Von Einzelheiten abgesehen waren die Maßnahmen der Besatzungsmächte im Großen und Ganzen klar schriftlich fixiert. In der Tat gab es keinen Friedensvertrag, sondern eine vollständige und bedingungslose Kapitulation. Die von den Alliierten beschlossenen „Normen und Grenzen“, oft unterschiedlich in den einzelnen Besatzungszonen gehandhabt, waren für jeden klar erkennbar. Die allgemein gehaltene Anklage Sprangers und die Tatsache, dass beschlossene Maßnahmen in die Nähe der nazistischen Sippenhaft gerückt wurden[1312] – das entsprach damals öffentlich

[1312] Im Sammelband „Stufen der Liebe“ formuliert Spranger: „Aber in der letzten Zeit haben wir bei den Nationalsozialisten das Prinzip der Sippenhaftung wieder aufleben und von den Siegermächten das Prinzip der nationalen Gesamthaftung praktisch anwenden sehen.“ (Spranger, Eduard: Stufen der Liebe. Über Wesen und Kulturaufgabe der Frau. Aufsätze und Vorträge, Tübingen 1965, S. 104). Dieser ganze Sammelband ist eine Sammlung männlich-chauvinistischer Kalendersprüche. Einige Beispiele: „Auch nach der Veränderung in der Stellung der Frau, die die Frauenbewegung gebracht hat, behält es seinen guten Sinn, wenn man von dem natürlichen Beruf der Frau als Gattin, Mutter und Verwalterin des Hauses redet“ (Spranger: Stufen der Liebe, 1965, S. 92). Oder auch: „Die moderne Sekretärin ist eine wunderbare, für die Frau geschaffene Stellung“ (Spranger: Stufen der Liebe, 1965, S. 95 f.). Spranger

geäußerten Denkfiguren. Sprangers differenzierte Analyse im ersten Teil verkehrt sich in diesem zweiten, gegen die Alliierten gerichteten Teil ins Gegenteil. Spranger ergreift die Flucht ins Allgemeine und verlässt den Weg der Analyse der Besonderheiten der Schuld in Deutschland, wenn es zum Ende des zweiten Abschnitts heißt:

> *„Der Mensch ist von Konstitution, von Wesensart so, dass er nicht anders kann als sündigen. Das hat aber nichts mit nationaler Kollektivschuld zu tun. Denn an der verdorbenen menschlichen Gemütsart haben alle Nationen und alle Menschen Anteil. Von hier aus gesehen, folgt die Mahnung, die* ***rein*** *religiös begründet ist: ‚Richtet nicht, auf dass ihr nicht gerichtet werdet.' "* (Spranger: Deutsche Schuld, 1946, S. 265, Hervorhebung im Original)

In Erinnerung zu rufen, dass der Mensch schlecht sei, wenn die Frage der deutschen Schuld angesichts der Nürnberger Prozesse erörtert wird, ist mehr als nur ein Allgemeinplatz. Diese Art von Nivellierung erklärt Spranger zwar „rein religiös", der Kontext seiner Schrift ist aber die aktuelle politisch-gesellschaftliche Diskussion. Die NS-Führung stand in Nürnberg vor Gericht, die Richter mussten über diese Massenmörder ihr Urteil fällen, und Spranger mahnt „rein religiös": „Richtet nicht, auf dass ihr nicht gerichtet werdet." Diese feinsinnige Art, mit dem Schutzschild des Religiösen die vom NS-Regime erzwungene Richtertätigkeit der Besatzungsmächte im Grunde anzuklagen, ist noch nicht der Schlusspunkt dieses Aufsatzes.

Spranger verweilt bei seinem rein religiösen Denkansatz, betont aber, dass es in politischem Sinne notwendig sei, „auf die Handlungen und Unterlassungen der Gegenseite einzugehen und Gründe der Belastung bzw. der Entlastung gegeneinander abzuwägen" (Spranger: Deutsche Schuld, 1946, S. 266). Dieser eher en passant geäußerte Gedanke, dass es Aufgabe der Politiker sei, mit der „Gegenseite" Handlungen aufzurechnen, ohne dabei genauer auf einzelne Punkte einzugehen, wurde ja in der Tat bis in die heutige Zeit wiederholt propagiert (Bombardierung der Städte, Umsiedlungen, Reparationen als „Anklagepunkte" gegen die Alliierten).

In diesem Schlussabsatz ist oft das Subjekt nicht klar. Es scheint eher um alle Deutschen zu gehen, wenn es bei Spranger heißt:

> *„Vor Gott sind wir Menschen niemals ohne Schuld.*[1313] *Diesmal kommen wir mit besonders schweren Sünden. Streben wir mit reinem und heiligem Ernst danach, nichts zu beschönigen, sondern uns selbst auf das strengste zu prüfen, so dürfen wir einer gnädigen Vergebung gewiss sein, die uns von menschlichen Mächten vermutlich nicht zuteil wird."* (Spranger: Deutsche Schuld, 1946, S. 266 f.)

Was die menschlichen Mächte angeht, so traf die Vermutung Sprangers aus dem Jahr 1946 in den darauf folgenden Jahren weitgehend nicht zu. Die von den Alliierten angestrebte Entnazifizierung endete spätestens in den 1950er Jahren weitgehend in Spruchkammerverfahren, die in vielen Fällen „gnädige Vergebung" gewährten.

Der gesamte Schlussteil ist von einer durchaus beabsichtigten Vermischung von christlichen und politischen Überlegungen gekennzeichnet. Das wird besonders am letzten Absatz des Manuskripts deutlich, der bereits einleitend zitiert wurde:

> *„Kehren wir aber für einen Augenblick noch einmal zum politischen Standpunkt zurück. Es kommt jetzt viel darauf an, dass das deutsche Volk das Gefühl für seine nationale Würde nicht ganz verliert. Wird also ein politisches Schuldbekenntnis abgelegt, so sollte es von maßgebender Stelle einmal mit feierlichem Ernst und mit einem wohl überlegten Text geschehen. Das wäre dann ein politisches*

behauptet an anderer Stelle, dass „die Eignung der typischen Frau für das Rechtsdenken als gering zu bezeichnen ist. (…) Ja sogar für sich selbst und die Ihrigen nimmt die Frau gern einen Vorteil mit, der vielleicht nicht ganz rechtmäßig ist. (…) Gesetze ausarbeiten werden also die Frauen künftig nicht." (Spranger: Stufen der Liebe, 1965, S. 99 f.)

[1313] Spranger orientiert sich hier an jener Passage aus Heideggers „Sein und Zeit" (1927), die auch Martin Walser in seiner Paulskirchenrede 1998 aus Heideggers „Gewissensparagraph" zitierte: „Das Schuldigsein gehört zum Dasein selbst." Martin Walser fuhr nach Heidegger fort: „Ich hoffe nicht, dass das gleich wieder als eine bequeme Entlastungsphrase für zeitgenössische schuldunlustige Finsterlinge verstanden wird." (zitiert nach: Ortmeyer, Benjamin (Hrsg.): Das Gedenken an die vom Nazi-Regime Verfolgten und Ermordeten und die „Walser-Debatte". Dokumentation der Veranstaltung des GEW-Bezirksverbandes Frankfurt vom 26. Januar 1999, Witterschlick/Bonn 1999, S. 40)

Manifest von bleibender eindrucksvoller Gültigkeit. Vor Gott aber werden wir noch sehr lange mit dem Heil unserer Seele zu tun haben. Das gehört in den Gottesdienst in der Gemeinde oder in die einsamste Stille jedes Einzelnen. Alles sog. öffentliche ‚Wühlen' in der Schuld ist zu vermeiden, weil auch das Beste der Gefahr unterliegt, schließlich zerredet zu werden, und weil die christliche Gesinnung nur von Mitchristen ganz verstanden wird." (Spranger: Deutsche Schuld, 1946, S. 267)

Zunächst ist die Wendung des Schlussabsatzes überraschend. Die Betonung bei Spranger liegt auf „einmal", das Schuldbekenntnis soll zur Entlastung und nicht als Einstieg dienen in eine ernste wissenschaftliche und öffentliche Analyse der Verbrechen des NS-Regimes, einschließlich der verhetzenden Tätigkeit der Institutionen, also der Universitäten, der Schule und der Presse. Was ist gemeint mit dem „öffentlichen ‚Wühlen' in der Schuld"? Es sei daran erinnert, dass der Anlass die Nürnberger Prozesse sind. Nachfolgeprozesse waren angekündigt worden. Auch deutsche Gerichte sollten weiter gehen und öffentlich die NS-Verbrechen verhandeln.

Spranger nennt zwei Argumente gegen dieses „Wühlen". Zum einen die Gefahr, dass das Thema zerredet wird. Hier kann entgegnet werden, dass diese Gefahr dann besteht, wenn an die Stelle einer konkreten Analyse der NS-Gesellschaft allgemeinste Fragen über den Menschen als Sünder treten würden, also Allgemeinplätze an die Stelle konkreter Analysen. Die Gefahr, dass etwas zerredet wird, besteht abstrakt genommen immer, die erziehungswissenschaftliche und pädagogische Fragestellung hätte an dieser Stelle eröffnet werden müssen, aber nicht abgeschlossen werden dürfen.

Die Grundüberlegung „nur einmal, aber richtig" impliziert das Programm des „Schlussstrichs". Die Auffassung, dass es der „nationalen Würde" widerspreche, wenn die „Aufarbeitung der Vergangenheit" nicht mit einem Mal erledigt wird, sondern als langfristiger, im Grunde nicht abzuschließender Prozess verstanden wird, ist eine Denkfigur, die bis in die heutige Zeit konstituierend auch für weite Bereiche der Erziehungswissenschaft in Deutschland geblieben ist.

Das zweite Argument, wonach „die christliche Gesinnung nur von Mitchristen ganz verstanden wird", ist in verschiedener Hinsicht zu deuten. In seinen biographischen Rückblicken hatte Spranger wiederholt „das Jüdische" bei den Alliierten hervorgehoben. Der „jüdisch sprechende Adlatus" als Helfer der sowjetischen Besatzungsmacht und der jüdische Offizier der US-Armee, der ihn verhaftete, sind hier in Erinnerung zu rufen.[1314] Spranger selbst hat in diesem Manuskript die alltägliche Judenverfolgung in Deutschland als wesentlichen Ausgangspunkt angesprochen und thematisiert.[1315] Nun endet das Manuskript damit, dass die Nichtchristen, also auch die Juden, das christlich begründete Gedankengut ohnehin nicht verstehen könnten. Meint Spranger hier die „gnädige Vergebung"?

Die Schwierigkeit dieses bewusst undeutlich gehaltenen Schlussteils liegt auf der Hand. Das Kriterium der Humanität, der allgemeinen Menschlichkeit, wird nicht als oberstes Kriterium benannt, das ein jeder verstehen kann, sondern das exklusiv verstandene Christentum.

In seiner Schrift **„Verstrickung und Ausweg"**[1316] mit dem Untertitel „Ein Wort über die Jugend" aus dem Jahr 1946 beginnt Spranger mit folgender Einschätzung:

[1314] Spranger, Eduard: Die Universität Berlin nach Kriegsende 1945 (1945/1953), in: Gesammelte Schriften, Band X: Hochschule und Gesellschaft, Tübingen/Heidelberg 1973, S. 276 bzw. S. 291.

[1315] Spranger, der nie öffentlich auf die Verbrechen gegen die jüdische Bevölkerung in Deutschland eingegangen ist, formuliert in einem zu seinen Lebzeiten unveröffentlichten biographischen Rückblick aus dem Jahr 1961: „Ein jüdischer Lehrer, der bis zu seinem tragischen Ende 1939 über meinen Wegen gewacht hat (...)" (Spranger, Eduard: Kurze Selbstdarstellung, in: Bähr, Hans Walter/Wenke, Hans (Hrsg.): Eduard Spranger. Sein Werk und sein Leben, Heidelberg 1964, S. 14). Die Ungewissheit der Formulierung „tragisches Ende", die Namenlosigkeit des nun auf einmal wichtig gewordenen jüdischen Lehrers bleiben hier Stilelement.

[1316] Spranger, Eduard: Verstrickung und Ausweg. Ein Wort über die Jugend (1946), in: Gesammelte Schriften, Band VIII: Staat, Recht und Politik, Tübingen/Heidelberg 1970, S. 268–276.

> *„Gemäß seinem faschistischen Vorbild hat der Nationalsozialismus auch auf die Jugend seinen Allmachtsanspruch geltend gemacht. (...) Arbeitsdienstpflicht, Landjahr, Berufswettkampf sind auch in demokratischen Verfassungen denkbar. Die Frage hier kann nur sein, wo der Frevel des Systems an dem Nachwuchs der Nation begonnen hat, und die Anklage wird nur dann heilsam sein, wenn sie auch den Betroffenen mindestens nachträglich zum Bewusstsein bringt, welches Unrecht an ihnen verübt worden ist."* (Spranger: Verstrickung, 1946, S. 268)[1317]

Der theoretische Ansatz Sprangers ist, dass der Kern der christlichen Kultur, im Gegensatz zur Antike, ein „zweispitziges Gebilde" sei. Er schreibt: „Der Mensch gehört dem Staate und er gehört der Kirche" (Spranger: Verstrickung, 1946, S. 268). Nur so sei eine fruchtbare Spannung, in der auch das Gewissen des Einzelnen seinen Platz habe, zu erreichen. Spranger sieht ganz offensichtlich die Problematik eines Besitzanspruchs auf den Menschen nicht – sei er nun vom Staat, von der Kirche oder von beiden ausgehend. Der springende Punkt für Spranger ist dann erreicht, wenn der Mensch nur noch dem Staat gehört.

Auch der theoretisch-soziologische Ansatz Sprangers ist mehr als problematisch, wenn er mit dem Begriff des „Volkskörpers" operiert:

> *„Die soziologische Eingliederung der Jugend in das Ganze des Volkskörpers ist heute bei allen Völkern durch ihre Zugehörigkeit zu drei Verbänden bestimmt: dem Elternhause, der Schule und der Jugendgruppe."* (Spranger: Verstrickung, 1946, S. 268 f.)

Spranger weist nun nach, dass im NS-System die NS-Jugendgruppen das „absolute Übergewicht" (Spranger: Verstrickung, 1946, S. 269) erhalten hatten. Er verweist vor allem darauf, dass die HJ nicht nur ein Instrument der Indoktrinierung war, sondern auch für die Teilnahme an Verbrechen verwendet wurde:

> *„Dazu kam der direkte Befehl an die Jugend zur Teilnahme an unmenschlichen Handlungen. Für die raffiniert vorbereitete Judenverfolgung am 9. November 1938 wurde nachweislich auch die Hitlerjugend aufgeboten."* (Spranger: Verstrickung, 1946, S. 273)

Bei diesen teilweise richtigen Beobachtungen – es gab durchaus auch Jugendliche und andere Teile der Bevölkerung, insbesondere auf dem Land, die sich ohne „direkten Befehl" an den Pogromen beteiligten – dient die Ausdrucksweise „raffiniert vorbereitet" möglicherweise doch dazu, die Plumpheit und Brutalität der antijüdischen Hetze zu bestreiten. Es bleibt der Einwand, dass das „Juda verrecke!" als eine der zentralen Losungen der NS-Propaganda auf der Straße beweist, wie gradlinig und unmittelbar der mörderische Judenhass die Judenverfolgung vorbereitete. Hier deutet sich bereits an, dass aus der Anklage eine Verteidigungsrede werden wird.

[1317] Der Herausgeber des Bands VIII der „Gesammelten Schriften" Sprangers gibt den Hinweis, dass Spranger und andere „ein Gegengewicht" schaffen wollten, „zu den Stimmen des Nürnberger Tribunals, wo nur Ausländer anklagten und richteten. Diese Aktion konnte in Folge eines Eingriffs der damaligen Besatzungsmacht nicht in der beabsichtigten Form durchgeführt werden." In diesem Kontext erschien Sprangers Schrift „Verstrickung und Ausweg". Spranger aber war offensichtlich klug genug, folgende Passage nicht in die Druckfassung von 1946 aufzunehmen, die im handschriftlichen Manuskript enthalten ist: „Tatsächlich kam es auch zu einigen Maßnahmen, die an sich einwandfrei, ja lobenswert gewesen wären, wenn sie in anderem Gesamtzusammenhang gestanden hätten. Der pflichtmäßige Arbeitsdienst, das Landjahr, der Reichsberufswettkampf wären mit demokratischen Grundsätzen durchaus vereinbar gewesen." (zitiert nach den Anmerkungen zur Schrift „Verstrickung und Ausweg", in: Gesammelte Schriften, Band VIII: Staat, Recht und Politik, Tübingen/Heidelberg 1970, S. 441).

Nohl schrieb dazu ähnlich: „Die Pädagogik selbst wurde vom Nationalsozialismus kaltgestellt und hatte kein eigenes Wort mehr zu sagen, alle ihre Erfindungen wurden von ihm übernommen, aber in seine politische Form gebracht, wenn auch in der Verborgenheit an vielen Stellen das pädagogische Gewissen wach blieb und echt pädagogisch gearbeitet wurde, sogar in nationalsozialistischen Formationen wie in dem Weiblichen Arbeitsdienst oder im Landjahr." (Nohl, Herman: Schuld und Aufgabe der Pädagogik. Erich Weniger zum 11.9.1954 in Freundschaft gewidmet, in: Die Sammlung. Zeitschrift für Kultur und Erziehung, 9. Jg. (1954), S. 447)

An Stelle einer Würdigung etwa der Handlungen der Studierenden um Sophie Scholl[1318] erklärt Spranger:

> „*Der Einzelne war gegenüber dem ‚System‘ machtlos.*“ (Spranger: Verstrickung, 1946, S. 273)

Spranger kritisiert, dass das NS-Regime die deutsche Jugend in einen neuen Weltkrieg gestürzt habe, der „überdies die Fehler des ersten wiederholte“ (!?), und schildert zudem das „Teuflisch-Paradoxe“, dass die deutschen Soldaten „die Heimaterde mit dem eigenen Blute“ schützen mussten, aber eigentlich auch nicht siegen durften (Spranger: Verstrickung, 1946, S. 274).

Nach dieser Einführung beginnt die Verteidigungsrede:

> „*Welche Schuld auf uns ruht, ist zur Genüge und nicht nur von den fremden Mächten ausgesprochen worden. Man sollte sich aber auch im Auslande einmal dem verstehenden Gefühl dafür öffnen, dass ein hochstehendes Volk in eine so ausweglose Situation geführt worden ist.*“ (Spranger: Verstrickung, 1946, S. 274)

Im Folgenden konkretisiert Spranger die „ausweglose Situation“ am Beispiel der SS. Er behauptet:

> „*Unzählige Jugendliche, besonders auch der Volksdeutschen aus dem Auslande, wurden zur SS gepresst. Sollten sie den Makel der Fahnenflucht auf sich nehmen?*“ (Spranger: Verstrickung, 1946, S. 275)

Bei den Anstrengungen zur Rehabilitierung der SS, insbesondere seit den 1950er Jahren, wurde immer die Tatsache bemüht, dass sich ein kleiner Teil – keinesfalls jedoch „unzählige Jugendliche“ – der eine Million SS-Leute gegen Ende des Krieges in der Tat nicht freiwillig gemeldet habe.[1319] Die Haltung Sprangers zur moralisch gebotenen Desertion kann ebenfalls nicht unwidersprochen bleiben. Nicht nur die NS-Ideologie, sondern gerade auch der deutsche Militarismus führte ja in seinem geistigen Arsenal dazu, dass Fahnenflucht unter allen Umständen verwerflich sei. Mehrere zehntausende Deserteure hatten die Kraft, sich der Vorgabe, dass Fahnenflucht ein Makel sei, nicht zu folgen. Auf sie hätte Spranger sich beziehen können, was er offensichtlich nicht tat.

Spranger konstatiert aktuell 1946 eine „Selbstzerfleischung des deutschen Volkes“, die er nicht weiter erläutert, und lenkt das Augenmerk darauf, dass der von NS-Deutschland begonnene Krieg „der größte Volksselbstmord“ geworden sei, „den die Geschichte je gesehen hat“ (Spranger: Verstrickung, 1946, S. 275).

Der grundlegende Ansatz dieser Schrift, den Frevel des NS-Regimes an der Bevölkerung und besonders der Jugend in Deutschland zu thematisieren, soll vom Grundsatz her nicht kritisiert werden. Die Problematik eines solchen Verfahrens beginnt dort, wo einseitig und verabsolutierend dieser Aspekt ausgeführt wird. So werden nicht nur die Verbrechen an anderen Völkern und an der jüdischen Bevölkerung in Deutschland relativiert, sondern auch eine andere Seite der Frage, die wesentlich zum Verständnis des Erfolgs des NS-Regimes ist, wird ausgeklammert: die Tatsache, dass das NS-Regime nicht nur mit der „Peitsche“ gegen die eigene Bevölkerung, gegen die Minderheit, die Widerstand leistete, vorging, sondern vor allem auch mit „Zuckerbrot“, mit den durch „Arisierung“ und als Kriegsbeute gewonnenen Reichtümern auch breite

[1318] In seiner Schrift „Fünf Jugendgenerationen 1900–1949“ (1950) erwähnt Spranger: „Offener Widerstand, wie ihn die Geschwister Scholl gewagt haben, blieb selten.“ (in: Gesammelte Schriften, Band VIII: Staat, Recht und Politik, Tübingen/Heidelberg 1970, S. 340).

[1319] Vgl. dazu: Stein, George H.: Geschichte der Waffen-SS (unveränderter Nachdruck der deutschen Ausgabe 1967), Königstein/Düsseldorf 1978; Wegner, Bernd: Hitlers politische Soldaten: die Waffen-SS 1933–1945. Leitbild, Struktur und Funktion einer nationalsozialistischen Elite, 5. erweiterte Auflage, Paderborn/München/Wien/Zürich 1997; Cüppers, Martin: Wegbereiter der Shoah. Die Waffen-SS, der Kommandostab Reichsführer-SS und die Judenvernichtung 1939–1945 (Veröffentlichungen der Forschungsstelle Ludwigsburg der Universität Stuttgart, Band 4), Darmstadt 2005.

Teile der Bevölkerung materiell an sich binden konnte.[1320] Ohne diese Seite der Geschichte anzupacken, gerät die Darstellung, dass das NS-Regime auch gegen die eigene Bevölkerung vorgegangen ist, zur Apologie.

c) Pädagogische Schriften nach 1945: „Dies Mysterium des Verflochtenseins von Gehorsam und Freiheit"

In einer Reihe von Schriften nach 1945 berührt Spranger in einzelnen Punkten das Thema Nationalsozialismus, ohne es jedoch, wie in den eben behandelten Schriften, eingehend zu thematisieren. In der Schrift **„Fünf Jugendgenerationen 1900–1949"**[1321] von 1950 schildert Spranger die Zerrissenheit der 1930er Jahre und schreibt:

> *„Wahrlich,* ***der*** *Mann hätte das äußerste Wunder geleistet, der damals das deutsche Volk zur Einheit gebracht hätte! Er erschien, dieser Mann, und er fand Gefolgschaft."* (Spranger: Fünf Jugendgenerationen, 1950, S. 333, Hervorhebung im Original)[1322]

Spranger schildert die nationalistischen Jugendbünde der Weimarer Republik und beweist anhand eines von Will Vesper 1934 herausgegebenen Sammelwerks,[1323] dass führende Köpfe der bündischen Jugend zur NS-Bewegung übergegangen sind. Dennoch schreibt Spranger:

> *„Es ist nicht wahr, dass die Jahre nach 1933 die sinngemäße, geradlinige Weiterführung der Jugendbewegung gebracht hätten. Vielmehr stehen wir vor einem* ***Bruch****, der ein tragisches Schicksal guten Wollens genannt werden muss."* (Spranger: Fünf Jugendgenerationen, 1950, S. 334, Hervorhebung im Original)

Die Halbwahrheit dieser Einschätzung liegt auf der Hand und wird von Spranger eigentlich selbst belegt. Neben dem Bruch der NS-Jugendbewegung mit Tradition und Praxis der bündischen Jugend gab es eben auch wesentliche Aspekte der Kontinuität, so dass nur von einem Bruch zu reden nicht der Realität entspricht.[1324]

Für unseren Zusammenhang entscheidend ist der vierte Abschnitt über die Jugendgeneration im NS-Regime. Hier versteigt sich Spranger zu der Behauptung:

> *„Es kann keine Rede davon sein, dass der Nationalsozialismus an den deutschen Universitäten großgezogen worden wäre."* (Spranger: Fünf Jugendgenerationen, 1950, S. 337)

Auch hier umgeht Spranger die eigentliche Aufgabe, die Rolle der akademischen Jugend im NS-Regime systematisch zu analysieren, indem er eine apodiktische und unbelegte Behauptung in die Welt setzt. Über die deutsche Jugend in der NS-Zeit, über die vierte Generation, heißt es ganz allgemein:

> *„Diese jungen Menschen waren von sich aus bereit zu ehrlicher Gefolgschaftstreue gegen den endlich erschienenen* ***Führer*** *und zu einem opferbereiten Dienst am Gesamtleben des Volkes. Dem Reichsar-*

[1320] Belege dafür musste jeder, der die NS-Zeit erlebt hat, vor Augen haben. Systematisch hat sich Götz Aly mit diesem Aspekt aufgrund eines gründlichen Quellenstudiums befasst (siehe: Aly, Götz: Hitlers Volksstaat. Raub, Rassenkrieg und nationaler Sozialismus, durchgesehene und erweiterte Ausgabe, Frankfurt am Main 2006).

[1321] Spranger, Eduard: Fünf Jugendgenerationen 1900–1949 (1950), in: Gesammelte Schriften, Band VIII: Staat, Recht und Politik, Tübingen/Heidelberg 1970, S. 318–344.

[1322] An dieser Stelle sei nochmals an Sprangers Aufsatz „Die Epochen der politischen Erziehung in Deutschland" von 1938 erinnert, in dem er schrieb: „Das schwerste Problem, das für Deutschland nach dem verlorenen Kriege bestand, lag in der Frage: Wie gelingt es, die marxistische, sehr stark unter fremdstämmigen Einfluss gelangte Arbeiterschaft wieder national zu machen? Diese beinahe unmöglich scheinende Leistung vollbracht zu haben, ist das wesentlichste Verdienst von Adolf Hitler" (in: Die Erziehung. Monatsschrift für den Zusammenhang von Kultur und Erziehung in Wissenschaft und Leben, 13. Jg. (1937/38), Heft 4 (Januar 1938), hier S. 164).

[1323] Vesper, Will (Hrsg.): Deutsche Jugend. 30 Jahre Geschichte einer Bewegung, Berlin ohne Jahr (1934). Vesper schreibt gleich zu Beginn seines Geleitworts: „Der deutsche Nationalsozialismus ist eine revolutionäre und zugleich eine organische Weltanschauung (...), verwirklicht von einem wahrhaft gottgesandten Führer" (Vesper, S. IX).

[1324] Nebenbei erwähnt Spranger in dieser Schrift, dass er selbst einer Bewegung der „Neupfadfinder" mit der Zeitschrift „Der Weiße Ritter" nahegestanden habe (Spranger: Fünf Jugendgenerationen, 1950, S. 331).

beitsdienst, einer Einrichtung, die der anfangs oppositionelle Stahlhelmverband[1325] *am besten organisiert hatte, wird man auch heute kaum Ungünstiges nachzusagen haben.“* (Spranger: Fünf Jugendgenerationen, 1950, S. 338, Hervorhebung im Original)

Als Verfehlung bezeichnet Spranger dann allerdings doch, dass das gesamte Leben militärischen Kategorien unterstellt worden sei, „auch da, wo sie bestimmt nicht hingehörten“ (Spranger: Fünf Jugendgenerationen, 1950, S. 339). Die Schrift endet mit einem Loblied auf die fünfte, die Nachkriegsgeneration, wobei sich Spranger ausdrücklich auf die akademische Jugend bezieht.[1326]

Und Spranger schließt den vierten Abschnitt mit folgenden Worten:

„Aber es liegt mir daran, hinzuzufügen, dass es nicht der Nationalsozialismus war, der in die Katastrophe geführt hat, sondern ganz eigentlich der Hitlerismus.“ (Spranger: Fünf Jugendgenerationen, 1950, S. 341)

Diese 1950 vorgenommene Gegenüberstellung eines „Hitlerismus“ als dem Verwerflichen und dem Nationalsozialismus als einem davon zu unterscheidenden Gedankengebäude trägt in sich den Keim eines unbelehrbaren, zutiefst von seiner Einschätzung von 1933 überzeugten, nach wie vor von einem „positiven Kern“ des Nationalsozialismus ausgehenden Spranger.

* * *

Zu den bekanntesten pädagogischen Arbeiten Eduard Sprangers nach 1945, die sicher auch keinen unerheblichen Einfluss auf Lehrerbildung und Erziehungswissenschaft ausgeübt haben, müssen die Aufsätze und Schriften „Grundstile der Erziehung“ (1951), „Der geborene Erzieher“ (1958) und vor allem „Das Gesetz der ungewollten Nebenwirkungen in der Erziehung“ (1961) genannt werden.

Im vierundzwanzigseitigen Aufsatz **„Grundstile der Erziehung“**[1327] – 1949 als Vortrag gehalten und 1951 erstmals im Sammelband „Pädagogische Perspektiven“ publiziert – wendet Spranger methodologisch die in den „Lebensformen“ und in „Psychologie des Jugendalters“ definierten Typen abgewandelt auf Typen der Erzieher und auf Erziehungsstile an. Er betont, dass es sich um Idealtypen handelt, die in der Realität so nicht vorkommen, um mit dieser polaren Typenbildung die Pädagogik voranzubringen.

Ausgangspunkt ist hier, was Spranger in der Schrift über die „Nebenwirkungen“ später systematisch ausbaut, dass jeder Erziehungsstil notwendig auch Nachteile mit sich bringt. Als Erstes unterscheidet er als Grundmuster den weltnahen und lebensverbundenen Erziehungsstil vom isolierenden und schützenden Erziehungsstil. Das Problem von freiheitlichem und gebundenem Erziehungsstil ist für ihn das zweite Gegensatzpaar, das er geschichtlich und thematisch entwickelt. Dabei stellt er als Institutionen die Universität und das Heer gegenüber und versucht, die Zweckmäßigkeit der verschiedenen Erziehungsstile auch anhand der Wehrmacht zu erläutern, wobei er betont:

„Wenn ich diese alten Einrichtungen, die Universität und das Heer, rühme, so verteidige ich nicht bekannte Missbräuche, die damit verbunden waren.“ (Spranger: Grundstile, 1951, S. 223)

[1325] Für diese Einschätzung ist sicher nicht unerheblich, dass Spranger selbst seit 1933 Mitglied des „Stahlhelm“ war.

[1326] „Niemals hat eine Generation unter tragischeren Umständen studiert als die von 1946 bis 1949. Schon in äußerer Hinsicht: sie war mittellos, mangelhaft ernährt, gesundheitlich gefährdet, schlecht untergebracht, oft völlig heimatlos. Sie hatte auf der Schule wenig oder nichts gelernt; sie hatte das schrecklichste Schicksal gehabt, einen Krieg zu führen, an dessen Sinn sie wenigstens zum Schluss in keiner Beziehung mehr glauben konnte. (…) Sie war naturgemäß innerlich völlig desorientiert, ratlos, wurde aber zugleich von allen Seiten der Siegermächte her mit Heilmitteln und Umerziehungsversuchen bestürmt (…).Wenn ich aus der Erfahrung von 40 Jahren (…) bekenne, dass die studierende Jugend von 1945 bis 1949 die ernsteste und beste war, der ich je begegnet bin, so stehe ich mit meinem Urteil nicht allein.“ (Spranger: Fünf Jugendgenerationen, 1950, S. 342 f.)

[1327] Spranger, Eduard: Grundstile der Erziehung (1951), in: Gesammelte Schriften, Band I: Geist der Erziehung, Tübingen/Heidelberg 1969, S. 208–231.

Dennoch zeigen Sprangers Ausführungen über den Wert der Erziehung in der Wehrmacht, den er vom Erziehungsstil an den Universitäten abgrenzt, dass eine tiefgehende Auseinandersetzung mit dem Militarismus nicht stattgefunden hat. Er führt, vier Jahre vor der Einführung der Bundeswehr, aus:

> *„Aber die Wehrmacht war zugegebenermaßen doch auch ein wertvolles Stück allgemeiner Volkserziehung. Das haben die ‚Gedienten' hinterher meist willig anerkannt. Es war eine Erziehung* ***durch*** *den Dienst für den Dienst am Ganzen. Insbesondere der künftige Offizier musste von der Pike an dienen, um später sachverständig und selbstbeherrscht zu führen. Es ist eine uralte Erziehungsweisheit überhaupt: die schwere Kunst des Befehlens lernt man nur im Hindurchgehen durch Einordnung und durch selbstloses Dienen. Die höheren Rangstufen des Militärs stellten einen hervorragenden Bildungstypus von eigener Art dar: absolute Herrschaft über sich selbst, vielseitiges Wissen, eine herrliche Präzision der Sprache."* (Spranger: Grundstile, 1951, S. 222 f., Hervorhebung im Original)

An dieser Stelle muss hervorgehoben werden, dass es durchaus einen Unterschied zwischen deutschem Militarismus und seiner Ideologie und der NS-Ideologie gibt. Solche Ausführungen wie die Sprangers widersprechen zwar keinesfalls der NS-Ideologie und können vielmehr als Teil der NS-Ideologie im umfassenden Sinne eingeordnet werden, sind selbst jedoch nicht ausdrücklich mit der Gesamtideologie des NS-Systems identisch. Es gab in der Tat einen deutschen Militarismus von Befehl und Gehorsam, der nicht automatisch und unbedingt rassistisch und antisemitisch sein musste. Dass Spranger hier den militärischen Stil als „gebundenen Erziehungsstil" bezeichnet, schließt ein, dass sich auch die Erziehungswissenschaft genauer mit der Rolle des Militärs als Vorbild für Volkserziehung, Jugenderziehung und Erziehungsstile in den Schulen beschäftigen muss.[1328] Spranger selbst benennt diesen polaren Gegensatz als individualitätsbezogene und uniformierte Erziehung und warnt, wie üblich, vor den Übertreibungen in beide Richtungen.[1329] Die Akzentsetzung bei Spranger ist klar:

> *„So ergibt sich am Schluss wieder die paradoxe Antinomie, dass man zur Freiheit gerade durch gebundene Erziehung gelangen kann, in zu früh gewährter Freiheit aber gerade die Freiheit verfehlen kann, die eben immer auch Selbstbindung bedeutet."* (Spranger: Grundstile, 1951, S. 227)

[1328] In einem Vortrag von 1954 heißt es dazu: „Man erschrecke nicht, wenn ich den Rat gebe, bei den Versagern, die sich nicht selbst disziplinieren können, gelegentlich auch auf den militärischen Stil zurückzugreifen: Mit den Leichtfertigen müssen Verantwortungen gleichsam exerziert werden. In der geschlossenen Gruppe stärkt sich auch die Kraft der Schwachen und man wird an Ehrbegriffe gewöhnt, die das Herausspringen aus der Reihe als verächtlich erscheinen lassen." (Spranger, Eduard: Erziehung zum Verantwortungsbewusstsein (1959), in: Gesammelte Schriften, Band I: Geist der Erziehung, Tübingen/Heidelberg 1969, S. 344).

Für den Alltag findet sich bei Spranger eine denkwürdige Parallele über Hundeerziehung und Kindererziehung. Zur „Vorschule der Verantwortung" heißt es in einer Rundfunkrede: „Schon ein Hund edler Rasse zeigt an seinem ganzen Gehabe, wie stolz er darauf ist, die Aktentasche seines Herrn im Maul nach Hause tragen zu dürfen. Auch Kinder sind stolz darauf, wenn man ihnen eine verantwortungsvolle Aufgabe anvertraut." (Spranger, Eduard: Erziehung zum Verantwortungsbewusstsein (1959), in: Gesammelte Schriften, Band I: Geist der Erziehung, Tübingen/Heidelberg 1969, S. 343).

[1329] In einem Brief an einen Oberlehrer vom 9. Juli 1956 erinnert Spranger mit den Worten „Omnia sponte fluant absit violentia rebus" (wörtlich: „Alles fließe aus eigenem Antrieb, Gewalt sei fern den Dingen", nach Spranger: „Alles muss frei von innen her gehen; man verzichte auf Gewaltanwendung") zwar an Comenius, erklärt ihn jedoch auf seine Weise. Er betont, dass dieses freie Schulleben langsam aufgebaut werden muss. Wenn das aber geschehen ist, „dann soll nicht etwa die Ohrfeige ganz wegfallen. Aber sie trifft dann mit allgemeiner Billigung den, der die Ordnung und das von innen kommende Leben der Schule stört" (zitiert nach: Bähr, Hans Walter: Briefe Eduard Sprangers zum Auftrag des Lehrers, der Schule und der Pädagogik, in: Fischer, Hans-Joachim (Hrsg.): Ethos und Kulturauftrag des Lehrers, Frankfurt am Main 1994, S. 24). Warum Bähr diese Passage aus der Prügelpädagogik Sprangers mit seiner geisteswissenschaftlichen Begründung hier abdruckt, wirkt unverständlich, gewährt jedoch einen Einblick in die Praxis, die Spranger einem Oberlehrer empfiehlt.

Ähnlich beschreibt auch Werner Linke in seinem Beitrag „Grundformen erzieherischen Verhaltens" (in: Bähr, Hans Walter/Litt, Theodor/Louvaris, Nikolaus/Wenke, Hans (Hrsg.): Erziehung zur Menschlichkeit, Tübingen 1957, S. 291–305), der – angelehnt an Herman Nohl – vom pädagogischen Bezug zwischen Erzieher und Zögling handelt, die Grundstile der Erziehung nach Eduard Spranger. Linke tut Spranger aber gewiss nicht Unrecht, wenn er dessen bipolaren Stil nachahmt, um die positiven und negativen Seiten des Züchtigungsverbots in der Schule meint vorstellen zu müssen (Linke, S. 297).

Als dritten polaren Gegensatz benennt Spranger abschließend die vorgreifende und entwicklungstreue Erziehung. Es geht um Gegenwarts- und Zukunftsbezug, aber auch um den in diesen beiden Erziehungsstilen enthaltenen Gegensatz zwischen den Generationen. Mit dieser Schrift entwickelt Spranger seine geisteswissenschaftliche Pädagogik weiter. Spranger betont dabei, Akzente der Stilgebung auch von den Besonderheiten der Situation abhängig zu machen und eben nicht einen Stil zu verabsolutieren.

Schon in dieser Schrift begegnet einem, anders als in der Zeit der Weimarer Republik und in der NS-Zeit, ein neues Zentrum seiner Schriften, die ausdrückliche und sehr massiv vorgetragene Hinwendung zum Christentum. Auch diese Schrift lässt Spranger bei der Frage der Meisterung der Stile mit einem Bibelzitat enden: „Denn einer ist euer Meister, Christus“ (Spranger: Grundstile, 1951, S. 231).

Von Gewicht auch für andere Erziehungswissenschaftler in der Bundesrepublik ist der 1957 vorgelegte, fast programmatisch zu nennende Text **„Gedanken zur staatsbürgerlichen Erziehung“**,[1330] der vom Vorläufer der „Bundeszentrale für politische Bildung“, der „Bundeszentrale für Heimatdienst“, in großer Auflage publiziert wurde. Ausgehend von der Preußischen Kabinettsordnung von 1899 und Kerschensteiners Preisschrift über die staatsbürgerliche Erziehung der deutschen Jugend entwirft Spranger ein Unterrichtsprojekt der staatsbürgerlichen Erziehung außerhalb der Politik. Seine problematische Kernthese ist:

> *„Die ‚Aneignungsbereitschaft‘ für politische Wissensgüter kann bei 15- bis 18-jährigen in Deutschland nicht ohne weiteres vorausgesetzt werden.“* (Spranger: Staatsbürgerliche Erziehung, 1957, S. 11)

Spranger will an „Urphänomene“ anknüpfen und verwendet daher als Ausgangsmodell die Familie, um Herrschaft und Freiheit sowie Abhängigkeit und Unfreiheit zu diskutieren. So soll Jugendlichen die Notwendigkeit des Regelhaften anhand von Fallanalysen aus dem Erlebnisbereich der Jugendlichen nahegebracht werden. Der Zugang zu dem „Urphänomen“ Staat soll so erschlossen werden. Zusammenfassend heißt es:

> *„Wenn in dem jungen Menschen zuerst aufleuchtet, welchen Sinn die Familie zu erfüllen hat, was eine gerechte Verteilung ist, was ein Rechtsstaat zu leisten hat, so ist ihm dabei ein Maßstab für die je eigentümliche Richtigkeit der betreffenden Gebilde gegenwärtig.“* (Spranger: Staatsbürgerliche Erziehung, 1957, S. 42)

Die Frage der Elemente der politischen Bildung, die später Theodor Wilhelm in seiner „Partnerschaftslehre“ entwickelt hat und die in den 1970er Jahren in der bekannten Diskussion zwischen Giesecke[1331] und Schmiederer[1332] weitergeführt wurde, kann hier nicht entfaltet werden, sondern es kann nur knapp darauf hingewiesen werden, dass eine Entpolitisierung der staatsbürgerlichen Erziehung hin zu den „Urphänomenen“ in dieser Schrift Sprangers fundiert wurde.[1333]

[1330] Spranger, Eduard: Gedanken zur staatsbürgerlichen Erziehung (Schriftenreihe der Bundeszentrale für Heimatdienst, Heft 26), Bonn 1957.

[1331] Giesecke, Hermann: Didaktik der politischen Bildung, 8. Auflage (unveränderter Nachdruck der als Neue Ausgabe erschienenen völlig neubearbeiteten 7. Auflage), München 1973.

[1332] Schmiederer, Rolf: Zur Kritik der politischen Bildung. Ein Beitrag zur Soziologie und Didaktik des politischen Unterrichts, 4. Auflage, Frankfurt am Main/Köln 1974.

[1333] Dabei soll folgender Einschätzung Sprangers keinesfalls widersprochen werden: „Der eigentliche freie demokratische Geist hat in Deutschland noch keine tief wurzelnde Tradition. Im Gegenteil: die Demokratie ist jedes Mal gekommen, wenn ein großer Krieg verloren war.“ (Spranger: Staatsbürgerliche Erziehung, 1957, S. 49). Daraus jedoch die Schlussfolgerung einer „urphänomenologischen“ Erziehung zu ziehen, erscheint nicht zwingend, im Gegenteil.

Ebenfalls bemerkenswert ist, dass Spranger an einer Stelle auf Distanz zu Goethe geht. Folgende Äußerung Goethes, die laut Spranger im Ausland „scharf angegriffen“ worden sei, bezeichnet er als „nicht glücklich“. Goethe schrieb: „Es liegt nun einmal in meiner Natur: ich will lieber eine Ungerechtigkeit begehen, als Unordnung ertragen“ (Spranger: Staatsbürgerliche Erziehung, 1957, S. 33). Spranger zitiert hier aus der Goethe-Schrift „Belagerung von Mainz“ (1793) aus dem Abschnitt „Zum 25.7.“.

1958 erschien die fast sechzig Seiten umfassende Schrift **„Der geborene Erzieher“**,[1334] die er Carl Diem,[1335] „dem Hüter der olympischen Flamme, in dankbarer Freundschaft“ widmet. Spranger überlegt in dieser Schrift, wo der Hebel bei den Jugendlichen anzusetzen sei und wie die Suche nach Bildungsgütern erfolgreich gestaltet werden kann.

Zur soziologischen Pädagogik stellt er für den Erzieher fest:

> *„Die Gesellschaftsverhältnisse ringsum muss er nehmen, wie sie sind. Nur wenn er sich auf die Stufe des* ***Volkserziehers*** *erhebt und zugleich ein wenig zum Sozialpolitiker wird, kann er seine Mission auch in diese Weiten erstrecken.“* (Spranger: Geborener Erzieher, 1958, S. 297, Hervorhebung im Original)

Diese realistische Wendung, dass der Erzieher die gesellschaftlichen Verhältnisse eben nehmen muss, wie sie sind, ist wahr und falsch zugleich. Dass die Verhältnisse berücksichtigt werden müssen, steht außer Frage und gilt auch für die NS-Zeit, bedeutet aber eben ausdrücklich nicht, dass man die Verhältnisse nehmen muss, wie sie sind. Dass Spranger hier ausgerechnet den „Volkserzieher“ an jedem Erzieher hervorhebt, entspricht dieser Pathetik, bei der nicht genau klar wird, was mit dem Begriff „Volkserzieher“ eigentlich gemeint sein soll. Theoretisch ist zumindest sehr unklar, ob die bei Spranger eindeutig als „bewusstes Wollen“ (Spranger: Geborener Erzieher, 1958, S. 296) definierte Erziehung wirklich die Erwachsenen, das „Volk“, noch treffen soll oder ob Erziehung nicht ein Prozess ist, der mit dem Jugendalter beendet werden müsste. Der geborene, echte oder wahre Erzieher ist laut Spranger „auf seine Art ein Zauberer und ein Bezaubernder“ (Spranger: Geborener Erzieher, 1958, S. 298).

Die von Spranger in vielen Schriften hergestellten Zusammenhänge zwischen Einzelseele, Volksmoral und übergeschichtlich-metaphysischem Geist werden in dieser Schrift plastisch zusammengefasst:

> *„Es folgt aus der Struktur des Geisteslebens, dass die Erziehung, die das Regulierwerk des werdenden Menschen in den richtigen Gang bringen will, durch die Gemeinschaften und Institutionen nur hindurchstößt, um den eigentlichen Stoß in die Seele des Einzelnen zu führen.“* (Spranger: Geborener Erzieher, 1958, S. 301)

Die sprachliche Formulierung wird in ihrer Drastik noch übertroffen durch die Einführung einer „Volksmoral“, die Spranger als „überindividuelle Geistesmächte“ definiert und die vorausgesetzt werden müssen, „wenn jener pädagogische Stoß ins Herz gelingen soll“ (Spranger: Geborener Erzieher, 1958, S. 301).

Bei seiner Analyse der „Volksmoral“ greift Spranger auf seine in der NS-Zeit erschienene Schrift „Volkstum und Erziehung“[1336] zurück, ohne sich der Problematik der Argumentation eines angenommenen „gesunden Volksempfindens“ zu stellen. Die Ausweitung jedes geborenen Erziehers zum „Volkserzieher“, der sich als „Hüter echter Moral“ (Spranger: Geborener Erzieher, 1958, S. 303) fühlt, hat hier seine logische Begründung.

[1334] Spranger, Eduard: Der geborene Erzieher (1958), in: Gesammelte Schriften, Band I: Geist der Erziehung, Tübingen/Heidelberg 1969, S. 280–338.

[1335] Eine gründliche Auseinandersetzung mit der Rolle Diems in der NS-Zeit bietet: Laude, Achim/Bausch, Wolfgang: Der Sport-Führer. Die Legende um Carl Diem, Göttingen 2000. Siehe dazu auch: Kluge, Volker: Zum aktuellen Stand in der „Diem-Debatte“, in: Kurier. Informationen der Deutschen Sporthochschule Köln, 25. Jg. (2002), Heft 2, S. 1–4. Zu Carl Diem als Organisator der Olympischen Spiele 1936 siehe: Hoffmann, Hilmar: Mythos Olympia. Autonomie und Unterwerfung von Sport und Kultur, Berlin/Weimar 1993. Spranger hat einen umfangreichen Briefwechsel mit Carl Diem geführt, siehe: Lück, Helmut E./Quanz, Dietrich R. (Hrsg.): Der Briefwechsel zwischen Carl Diem und Eduard Spranger (Schriften der Deutschen Sporthochschule Köln, Band 31), Sankt Augustin 1995.

[1336] Spranger, Eduard: Volkstum und Erziehung (nach einem Vortrag bei der „Sudetendeutschen Pädagogischen Tagung“ in Reichenberg am 20.1.1938), in: Die Erziehung. Monatsschrift für den Zusammenhang von Kultur und Erziehung in Wissenschaft und Leben, 13. Jg. (1937/38), Heft 9 (Juni 1938), S. 377–387. Auch in: Mitteilungen aus dem höheren Schulwesen, 37. Jg. (1938), S. 1–8 und in: Spranger, Eduard: Der Bildungswert der Heimatkunde (Vortrag). Mit dem Anhang: Volkstum und Erziehung, Leipzig ohne Jahr (1943).

Spranger stellt in dieser Schrift im Vorbeigehen einen interessanten Ansatz vor, an den Geist der Griechen und der Antike differenziert heranzugehen (Spranger: Geborener Erzieher, 1958, S. 308 f.). Er entwickelt die von ihm angestrebten Bildungsideale in der Auseinandersetzung mit dem Klassisch-Griechischen und dem Klassisch-Deutschen, wobei der Hauptakzent bei ihm im fünften Abschnitt auf der pädagogischen Liebe liegt. An das „Symposion“ von Platon anknüpfend entfaltet Spranger hier die „Stufen der Liebe“[1337] von Platon bis zum Christentum (Spranger: Geborener Erzieher, 1958, S. 320 ff.). Spranger kommt wieder beim religiös begründeten Pflichtbegriff an und formuliert:

> *„Die ganze Kunst gipfelt darin, das Gebot ‚Liebet eure Pflichten‘ so in die Herzen der Werdenden hineinzuschreiben, dass sie mehr und mehr spüren: diese Forderungen kommen* ***aus*** *Liebe.“*[1338] (Spranger: Geborener Erzieher, 1958, S. 331, Hervorhebung im Original)

Kritische Bemerkungen zu einem pervertierten Pflichtbegriff fehlen nun vollständig. Der pädagogische „Stoß ins Herz“ des geborenen Erziehers wird nicht so sehr in der Dialektik von Pflicht und Freiheit, sondern ausdrücklich im untrennbaren Verbund von Gehorsam und Freiheit gesehen:

> *„Dies Mysterium des Verflochtenseins von Gehorsam und Freiheit muss erst in der Brust des Menschenbildners gelegen haben, ehe er den Sinn dafür in jungen Seelen weckt.“* (Spranger: Geborener Erzieher, 1958, S. 336)

Und so heißt es abschließend über den geborenen Erzieher, der „diese Art von Magie“ betreibt, mit Pathos:

> *„Gekettet an das Göttliche, das über ihm waltet und durch ihn hindurchwirkt, ausgeweitet durch den echten Wertgehalt der Kultur, die um ihn herum aufgebaut ist, wendet er sich an junge Seelen, um ihnen empor zu helfen.“* (Spranger: Geborener Erzieher, 1958, S. 337)

Es wird hier deutlich, dass der späte Spranger den Hauptakzent zunehmend auf das religiös motivierte pädagogische Konzept setzt, so dass eine wissenschaftliche Auseinandersetzung mit einer solchen Festlegung auf den „Glauben“ nicht mehr möglich ist und in die Irre führen würde.

1962 erschien mit fast sechzig Seiten die letzte größere Schrift **„Das Gesetz der ungewollten Nebenwirkungen in der Erziehung“**[1339] Sprangers. Die Grundidee dieses Aufsatzes ist, nach einer allgemeinen Einführung methodologischer Art, dass die von ihm nochmals dargelegten unterschiedlichen Erziehungsstile alle davon geprägt sind, dass sie ungewollte Nebenwirkungen haben, auf die zu achten ist. Dabei geht es nicht nur um Übertreibungen des jeweiligen Stils,[1340] die er auch anspricht, sondern ganz allgemein darum, dass zum Beispiel der gebundene und der freiheitliche Stil jeweils Nachteile mit sich bringen.

Spranger grenzt sich ganz ausdrücklich von der „Psychotechnik“ ab, also von der äußerlichen Konditionierung. Im Grunde wiederholt er die verschiedenen Stilrichtungen mit dem Ziel, das berechtigte Anliegen in jedem dieser Erziehungsstile hervorzuheben. So müsse die „Tiefe des Menschen“ erreicht werden, „wo er mit dem Urquell der Normativität in metaphysischer Verbindung steht“ (Spranger: Ungewollte Nebenwirkungen, 1962, S. 381).

[1337] Unter diesem Titel erschien nach Sprangers Tod ein Sammelband mit dem Untertitel „Über Wesen und Kulturaufgaben der Frau“: Spranger, Eduard: Stufen der Liebe. Über Wesen und Kulturaufgabe der Frau. Aufsätze und Vorträge, Tübingen 1965.

[1338] Spranger stellt diese Schrift in den Kontext einer Rede Thieleckes auf dem Hamburger Parteitag der CDU 1957.

[1339] Spranger, Eduard: Das Gesetz der ungewollten Nebenwirkungen in der Erziehung (1962), in: Gesammelte Schriften, Band I: Geist der Erziehung, Tübingen/Heidelberg 1969, S. 348–405.

[1340] Spranger nennt als Beispiel für eine solche Übertreibung die Wortwahl Fichtes in seiner zweiten „Rede an die deutsche Nation“. Dort schrieb Fichte über die Aufgabe des Erziehers gegenüber dem Zögling: „(…) du musst ihn machen, ihn also machen, dass er gar nicht andres wollen könne, als du willst, dass er wolle“ (Spranger: Ungewollte Nebenwirkungen, 1962, S. 358; Spranger zitiert hier nach der Fichte-Ausgabe Leipzig 1943, S. 31).

Die Schrift ist ein Appell für den Mittelweg. Spranger, der ansonsten von „Volkserziehung“ spricht, verweist in dieser Schrift darauf, dass „jede Erziehung sich zuletzt überflüssig machen und in Selbsterziehung übergehen“ solle (Spranger: Ungewollte Nebenwirkungen, 1962, S. 389). Auch diese Schrift endet mit dem Appell, zum Quell der Religiosität zurückzukehren und Pädagogik, wie Pestalozzi formulierte, als Dienst am Göttlichen zu betreiben (Spranger: Ungewollte Nebenwirkungen, 1962, S. 405).

2. Nohl: Das „Wühlen im Schmutz und Blut der Vergangenheit“[1341]

Nach 1945 hat Herman Nohl eine ganze Reihe von Aufsätzen und Artikeln veröffentlicht (sein Bibliograph Offermann führt über fünfzig an),[1342] von denen nur wenige zu dem Problem Stellung nehmen, wie die NS-Diktatur entstehen konnte und welche Rolle Erziehungswissenschaft und Pädagogik in dieser Hinsicht haben.

a) Das Geleitwort aus der ersten Ausgabe der Zeitschrift „Die Sammlung“ (1945)[1343]

Als Herausgeber der Zeitschrift „Die Sammlung“ eröffnete er im Geleitwort zum ersten Heft die Diskussionsbeiträge dieser Zeitschrift mit der polaren Auffassung über Rückblick und Zukunft, wobei der durch die „geschichtliche Stunde“ bedingte Akzent (ähnlich wie Bechers Anfang der DDR-Nationalhymne) eindeutig nicht auf dem Blick in die Vergangenheit liegt, sondern auf der Vorausschau in die Zukunft.[1344] Nohl schreibt:

> *„Unsere Zeitschrift will dem Wiederaufbau unseres Volkes dienen, seiner Kultur und insbesondere seiner neuen Erziehung. Der Rückblick auf die Vergangenheit wird sich nicht vermeiden lassen, aber unser Wille ist entschlossen nach vorwärts gerichtet in den grauen Morgen unserer Zukunft. Unser Kompass ist die einfache Sittlichkeit, ein standhafter Glaube an die Ewigkeit der geistigen Welt, Liebe zum Nächsten und die lebendige Hoffnung, dass auch uns einmal wieder die Sonne der Ehre und des Glücks scheinen werde. Wurde bisher sehr laut gesprochen, so wollen wir still und sachlich reden, und wurden Phantasie und Gedanken unseres Volkes zu lange einseitig nach außen gewiesen, so wollen wir sie wieder nach innen lenken und zur Sammlung führen, aus der allein neue Kräfte kommen können. Wir wenden uns vor allem an die Lehrer, die heute eine Mission bekamen, wie zu keiner anderen Zeit in der Geschichte unserer Nation, und wollen ihnen die Mittel für die neue Arbeit bereit-*

[1341] Nohl in einem Brief an Elisabeth Blochmann vom 10.3.1946, zitiert nach Blochmann, Elisabeth: Herman Nohl in der pädagogischen Bewegung seiner Zeit 1879–1960, Göttingen 1969, S. 200.

[1342] Offermann, Joseph: Bibliographie Herman Nohls, in: Nohl, Herman: Ausgewählte pädagogische Abhandlungen (Schöninghs Sammlung pädagogischer Schriften: Quellen zur Geschichte der Pädagogik), Paderborn 1967, S. 142–150.

[1343] Nohl, Herman: (Geleitwort ohne Titel), in: Die Sammlung. Zeitschrift für Kultur und Erziehung, 1. Jg. (1945/46), Heft 1, S. 2.

[1344] Nohl wurde von der englischen Besatzungsmacht überprüft. In einem Brief von 1946 schreibt Nohl: „Dass man mich tatsächlich vor den Denazifizierungsausschuss gestellt hat und ich um ein Haar auch abgeschossen worden wäre, hat mich nur unterhalten“ (Brief von Nohl an Ebstein vom 2.6.1946, Niedersächsische Staats- und Universitätsbibliothek Göttingen, Cod. Ms. H. Nohl 643/24, zitiert nach: Matthes, Eva: Geisteswissenschaftliche Pädagogik nach der NS-Zeit. Politische und pädagogische Verarbeitungsversuche, Bad Heilbrunn 1998, S. 72). Nohl wurde offensichtlich von der englischen Besatzungsbehörde vorgeschlagen, dass er in die Redaktion seiner Zeitschrift „Die Sammlung“ (deren Autoren nun ja nicht alle ohne Berührungspunkte zum Nationalsozialismus waren) möglichst jemand aufnehmen solle, „der im KZ gesessen hatte“ (Matthes, S. 200). Elisabeth Blochmann interpretiert das in ihrer Schrift „Herman Nohl in der pädagogischen Bewegung seiner Zeit 1879–1960“ (Göttingen 1969) als „Unverständnis der Besatzungsmächte“ (Blochmann, S. 200). Nohl wiederum notierte laut Blochmann am 23.6.1946: „Ich kann mich auch nicht entschließen, wen ich als den geforderten radikalen Kompagnon hineinnehmen soll. (…) Was so schwer für die Menschen zu verstehen ist, dass man heute bei uns möglichst still vorwärts gehen muss, wenn man nur richtig geht! Dann weckt man keine Opposition, und die Leser schlucken, was sie hören sollen und ohne Widerstand“ (Blochmann, S. 201 f.).

stellen, darüber hinaus aber alle Menschen sammeln, die guten Willens sind und der gewaltlosen Macht des Geistes vertrauen.“ (Nohl: Geleitwort, 1945, S. 2)

Analysiert man diese Zeilen, so sind folgende Gesichtspunkte festzuhalten: Erstens ergibt sich die Frage, wer „unser Volk“ ist. Der ganze Text, insbesondere die Passage, „dass auch uns einmal wieder die Sonne der Ehre und des Glücks scheinen werde“, geht nach wie vor von der Einheitlichkeit dieses deutschen Volkes aus. Es ist keinesfalls eine Spitzfindigkeit, hier die Fortsetzung der Idee der Volksgemeinschaft zu sehen und die einfache Frage zu stellen, ob die Überlebenden des Völkermords, ob die Überlebenden des politischen Widerstands gegen den Nationalsozialismus sich in solchen Formulierungen wiederfinden können oder nicht. Der „graue Morgen unserer Zukunft“ beschwört ebenfalls dieses falsche Wir-Gefühl und die Frage bleibt, ob der Morgen in seiner Färbung nicht doch recht verschieden ist, für die NS-Verbrecher einerseits und für die Gegner, die Verfolgten des NS-Regimes andererseits. Jene im Widerstand, die nicht nur vom „Kompass der einfachen Sittlichkeit“ redeten, wie die Geschwister Scholl, Adolf Reichwein und manche andere, können zu Nohl nicht mehr Stellung nehmen.

Die Pointe dieses Absatzes mit seiner pathetisch-primitiven Inhaltsleere (selbst die Phrase, dass die Lehrer wieder eine „Mission“ bekommen, durfte nicht fehlen) ist zweifellos die Art und Weise, wie der Rückblick ins Auge gefasst wird:

„Der Rückblick auf die Vergangenheit wird sich nicht vermeiden lassen (...)“

In dieser Formulierung schwingt einerseits eine Kritik an jenen Zeitgenossen mit, die diesen Rückblick überhaupt ablehnen. So weit, so gut. An sie wendet sich Nohl und versucht, diesen Rückblick als zwar unangenehm, aber unvermeidbar darzustellen, wie eine unangenehme Pflicht, eine lästige Notwendigkeit, die man hinter sich bringen muss:

„(...) aber unser Wille ist entschlossen nach vorwärts gerichtet (...).“

Noch ein Wort zu der „Mission der Lehrer“: 1932 hat Nohl ohne Not die Erzieher dazu aufgefordert, einen positiven Kern im Nationalsozialismus zu bejahen, statt die Situation demokratischer Verhältnisse in der Weimarer Republik zu nutzen, um mit pädagogischem und politischem Verantwortungsbewusstsein zum Widerstand gegen die NS-Mordbanden aufzurufen. Der bereits vorgenommene Rückblick auf die Positionen Nohls kurz vor und in der NS-Zeit lässt deutlich werden, warum er keinesfalls mit Energie und Begeisterung die Analyse der Erziehungswissenschaft und Pädagogik in der NS-Zeit als eine zentrale Aufgabe nach 1945 ansehen kann.

b) Das „Hildesheimer Manuskript“ (1946)

Es ist Elisabeth Blochmanns Verdienst, ausführliche Zitate aus einem **Hildesheimer Manuskript**[1345] Nohls von 1946 vorgelegt zu haben. Dieses Redemanuskript eines Vortrags vor Lehrern in Hildesheim ist nach Auffassung Blochmanns ursprünglich nicht für die Veröffentlichung vorgesehen gewesen, da es gründlicher Überarbeitung bedurft hätte. Dass Blochmann in ihrem Buch „Herman Nohl in der pädagogischen Bewegung seiner Zeit“ (Göttingen 1969) längere Passagen zitiert, begründet sie damit, dass dem Text „ein biographisches und ein zeitgeschichtliches Interesse zukommt“ (Nohl: Hildesheimer Manuskript, 1946, S. 185). Als Hauptgedanke hebt sie hervor:

„Ein jahrtausendalter Kampf um unsere deutsche Weltstellung hat ein tragisches Ende gefunden, außenpolitisch sind wir auf Generationen tot, ein zerbrochenes Volk, dem sein Machtwille genommen ist. Innenpolitisch geht es um unsere nackte leibliche und wirtschaftliche Existenz. Unsere Industrie ist zerstört, unsere Häuser, unsere Wohnmittel, Werkzeuge, die meisten unserer Kulturgüter und Erinnerungen, in denen die Gefühle unserer eigenen Jugend groß geworden sind – alles liegt an der Erde.

[1345] Nohl, Herman: Manuskript zu einem Vortrag in Hildesheim 1946 ohne Titel (Auszüge), in: Blochmann, Elisabeth: Herman Nohl in der pädagogischen Bewegung seiner Zeit 1879–1960, Göttingen 1969, S. 185–188.

Deutschland ist wie ausgebrannte Asche. Und dieser äußeren Vernichtung entspricht die innere. Auch da stehen wir vor einem Trümmerhaufen, einem Zusammenbruch unserer moralischen und intellektuellen Kultur, und bevor wir uns darüber nicht ganz klar geworden sind, und bevor wir auch hier die Trümmer einer Vergangenheit nicht sauber weggeräumt haben, wird auch im Geistigen der Neubau nicht gelingen." (Nohl: Hildesheimer Manuskript, 1946, S. 185)

Wie ist es möglich, dass Nohl ernsthaft schreibt: „Ein jahrtausendalter Kampf um unsere deutsche Weltstellung hat ein tragisches Ende gefunden"? Was will Nohl damit sagen? Dass das zwölf Jahre dauernde „Tausendjährige Reich" sein Ende gefunden hat, war ja nun nicht tragisch, sondern höchst erfreulich.

Auch die Phrase „unsere deutsche Weltstellung" impliziert ja keinesfalls eine Ablehnung imperialer deutscher Ambitionen. Gleichzeitig ist in diesem Satz die absurde Vorstellung eines „jahrtausendalten Kampfes" enthalten, eine Phrase des deutschen Nationalismus, mit der alle geschichtlichen Großereignisse als Vorläufer des Zweiten Weltkriegs eingeordnet werden: die Kreuzzüge und die Bauernkriege, der Dreißigjährige Krieg und die Revolution von 1848, der deutsch-französischen Krieg von 1871 und der Erste Weltkrieg.[1346]

Nohl, der angesichts der Gräuel in den KZs, die er kurz anschneidet, sagt, dass die „satanische Führung der Partei" die „Ehre unseres Volkes" beschmutzt habe, spricht als Nationalist von „dem heißen Schmerz über das, was jetzt den deutschen Menschen geschieht" (vom Schmerz über das, was nichtdeutschen Menschen und den vom NS-Regime verfolgten deutschen Menschen angetan wurde, ist bei Nohl nicht wirklich die Rede). Dennoch stellt Nohl zu diesem Zeitpunkt 1946 noch die richtige Frage:

„Wenn man nun aber fragt, wie war es überhaupt möglich, dass es so weit bei uns kommen konnte, dann wird sichtbar, dass der Nationalsozialismus mit seinen Methoden doch nur eine letzte entsetzliche Folge einer längeren geschichtlichen Entwicklung ist, in der wir alle mehr oder minder mitgemacht haben, ohne zu ahnen, wohin der Weg führte. Diese Entwicklung hier heute darzustellen, würde zu weit führen, ich will in dieser Stunde nur von der falschen Idealbildung sprechen, die wir uns angewöhnt hatten und ihren sittlichen Konsequenzen, deren Extrem der Nationalsozialismus dann brachte." (Nohl: Hildesheimer Manuskript, 1946, S. 186)

Immerhin, so führt Blochmann an, war Nohl bewusst, dass an dieser vorbereitenden Entwicklung die „nationale Bewegung seit Fichte bis Lagarde, der Machtstaat seit Hegel und Bismarck" (Nohl: Hildesheimer Manuskript, 1946, S. 186) beteiligt waren. Dies alles jedoch, so Blochmann, führt bei Nohl dazu, programmatisch einen „höheren Nationalismus" auf der Basis der Sorge „für die Volksgesundheit, der Heimatliebe und des Sinnes für die Muttersprache" (Nohl: Hildesheimer Manuskript, 1946, S. 187) zu fordern.

Da Nohls Manuskript nicht vollständig vorliegt, ist es nicht möglich, zu einer Gesamteinschätzung zu kommen, aber es könnte immerhin auch gute Gründe geben – in die eine oder in die andere Richtung –, warum Nohl dieses Manuskript nicht in später erschienene Sammelbände aufgenommen hat.

[1346] Ausgesprochen unangenehm berührt in der Darstellung Nohls das jammernde, völlig überzogene und unrealistische Bild der Lage. Warum ist ein Volk „zerbrochen, dem sein Machtwille genommen ist"? Auch die Metapher „Deutschland ist wie ausgebrannte Asche" ist nicht nur völlig unangebracht, sondern angesichts der Millionen verbrannten Leichen in den Vernichtungslagern ausgesprochen absurd. Wahr ist gewiss, dass es einen moralischen Trümmerhaufen gab, vor dem nicht nur die Intellektuellen standen, sondern den gerade jene Intellektuelle, die am NS-System mitgearbeitet hatten, selbst repräsentierten.

c) Die geistige Lage des akademischen Nachwuchses (1946)[1347]

In diesem Aufsatz sind zwei Gesichtspunkte hervorzuheben. Zunächst greift Nohl Platons Elitegedanken wieder auf und formuliert als Ausgangspunkt seiner Überlegungen:

> *„Wir brauchen eine neue Elite. Keine Gesellschaft kann ohne eine gewisse Hierarchie, ohne die Herrschaft der Besten auskommen.“* (Nohl: Geistige Lage, 1946, S. 274)

Nohl ist schon bewusst, dass nun, nach dem 8. Mai 1945, die Frage der Demokratie wieder an Bedeutung gewinnt, und er warnt davor,

> *„(...) mit dem neuen Freiheitsideal auch die Verantwortlichkeit los zu sein und bloß noch Kritik üben zu müssen. Der hohe Sinn der wahren Demokratie ist aber die freiwillige Verantwortlichkeit der Besten.“* (Nohl: Geistige Lage, 1946, S. 276)

Die ganze antidemokratische Grundgesinnung, die Tatsache, dass Nohl in keiner einzigen seiner Publikationen Gedanken über Demokratie und Pädagogik entwickelt hat, schlägt sich in dieser Auffassung von Demokratie für die Elite nieder. Somit ist man bei einer zentralen Frage der Geschichte der Pädagogik überhaupt angelangt, nämlich bei der Definition und Ausführung demokratischer Pädagogik.

In einem zweiten Gedanken in diesem Aufsatz befasst sich Nohl mit dem Pflichtgefühl. Nohl referiert Pflichtgefühl und Pflichtethik seit dem Nibelungenlied über Luther bis Kant und den preußischen Staat und fasst zusammen:

> *„Wir wissen alle, welche Größe in der Hingabe an eine Pflicht enthalten ist und was sie im Leben bedeutet. Sie ermöglichte den eisernen Charakter der deutschen Disziplin, auf den wir so stolz waren (...).“* (Nohl: Geistige Lage, 1946, S. 277)

Es wird beim genauen Lesen spürbar, dass Nohl so ganz im Sinne seiner polaren Herangehensweise von dieser Pflichtethik nicht abgehen will, sondern lediglich bei der Übertreibung mit seiner Kritik ansetzt.

> *„Die Gefahr dieser Haltung ist aber eine Unselbständigkeit, die auf den Befehl wartet. Im Nationalsozialismus wurde daraus die bedingungslose Einordnung und Unterwerfung unter das Parteigebot, um schließlich bei der willenlosen Vollstreckung selbst verbrecherischer Befehle zu enden.“* (Nohl: Geistige Lage, 1946, S. 277)

Diese Passage ist in gewisser Hinsicht eine der wenigen, die für eine vertiefende Diskussion Ansatzpunkte der Auseinandersetzung mit den NS-Verbrechen, mit der Funktion von Befehl und Gehorsam bei diesen Verbrechen bietet. Wenngleich auch hier das Problem angelegt ist, die Teilnahme an Verbrechen lediglich aus „Befehlsnotstand“ und „übertriebenem Pflichtgefühl“ zu erklären. Der Frage nach den „willigen Vollstreckern“, den Denunzianten aus Überzeugung, den Antisemiten aus Überzeugung, den Antibolschewisten aus Überzeugung usw., kann so, wie oft genug geschehen, relativ bequem aus dem Weg gegangen werden.

d) Die geistige Lage im gegenwärtigen Deutschland (1947)[1348]

In seinem 1947 geschriebenen Aufsatz gibt es einige bemerkenswerte Passagen zur Einschätzung der Lage mit noch bemerkenswerteren Schlussfolgerungen.

1947 hat Nohl eine Rede vor Studenten über die damals aktuelle Lage gehalten. Dieses Dokument von Nohl ist in mehrfacher Hinsicht bedeutsam. Einer wirklichen Analyse der

---

[1347] Nohl, Herman: Die geistige Lage des akademischen Nachwuchses, in: Pädagogik aus dreißig Jahren, Frankfurt am Main 1949, S. 272–278. Zuerst abgedruckt in: Die Sammlung. Zeitschrift für Kultur und Erziehung, 2. Jg. (1947), Heft 1, S. 1–6.

[1348] Nohl, Herman: Die geistige Lage im gegenwärtigen Deutschland, in: Pädagogik aus dreißig Jahren, Frankfurt am Main 1949, S. 257–264. Zuerst abgedruckt in: Die Sammlung. Zeitschrift für Kultur und Erziehung, 2. Jg. (1947), Heft 11, S. 601–606.

Verbrechen des NS-Systems und ihrer Auswirkungen auf die geistige Lage der Jugendlichen ist Nohl aus dem Weg gegangen:

> *„So schlug auch die große demokratische Welle, die wir nach dem ersten Weltkrieg hatten, in eine nationale um. Dem Nationalsozialismus gelang es damit, zum ersten Mal in Deutschland eine wirkliche Massenorganisation, die alle Schichten des Volkes umfasste, zu schaffen. Und auch heute ist das Grundgefühl in den Massen und insbesondere in der Jugend nicht primär das soziale, sondern das nationale."* (Nohl: Gegenwärtiges Deutschland, 1947, S. 258)

Nicht erwähnt wird hier, dass diese sogenannte „wirkliche Massenorganisation", die angeblich „alle Schichten des Volkes umfasste", die jüdische Bevölkerung in Deutschland brutal ausgesondert, diskriminiert und keinesfalls „umfasst" hat. Dass die Gefühle der Jugendlichen, die dem NS-System folgten, national gewesen sein sollen, stimmt nur in einem sehr eingeschränkten und begrenzten Sinne, da wesentlich für die NS-Ideologie die Nutzung nationaler Gefühle für imperialistische, überhebliche und kriegerische Zielsetzungen war. Auch davon ist bei Nohl keine Rede. Nohl hat viel Verständnis für den Nationalismus nach 1945 und formuliert:

> *„Wo der nationale Ton angeschlagen wird, nehmen sie* [die jungen Menschen] *ihn sofort begeistert auf, sie leiden unter dem ständigen Beschimpftwerden ihres Volkes und sind in ihrem innersten Selbstgefühl verletzt."* (Nohl: Gegenwärtiges Deutschland, 1947, S. 258)

Dass es nicht um ein „Beschimpftwerden ihres Volkes" geht, sondern um die Analyse der Verbrechen der NS-Herrschaft, die dazu führte, dass die deutsche Bevölkerung in ihrer großen Mehrheit auf Verachtung und Ablehnung stieß, ist ein Aspekt, den zu analysieren Nohl für nicht nötig hält.

Nohl folgert über die Rolle des Pädagogen:

> *„Der Pädagoge steht hier vor einer schwierigen Aufgabe. Predigt er die Demokratie, den Pazifismus, den Internationalismus, so findet er taube Ohren und geheime leidenschaftliche Abneigung. Er wird für eine gesunde Entwicklung dieses Nationalgefühls sorgen müssen, wird ihm, wo das noch nötig ist, die Giftzähne des Egoismus ausziehen müssen und ihn nach* ***innen*** *wenden, auf die* ***Höherbildung*** *des deutschen Geistes, wird Liebe zu unserem schönen Land, seiner Sprache, seiner Musik, seiner Dichtung und Philosophie lehren und alle Kräfte aufrufen, um unser Volk wieder aufzubauen in Treue zu allem Großen und Edelen in der Vergangenheit. Das wird sich dann von selbst verbinden mit einem echten Humanismus, der jedem fremden Volk mit Ehrfurcht begegnet und für das Wohl der Menschheit arbeitet."* (Nohl: Gegenwärtiges Deutschland, 1947, S. 259, Hervorhebungen im Original)

Hierbei sind folgende Gesichtspunkte bemerkenswert: Es soll nicht bestritten werden, dass Nohl vermutlich doch realistisch das Ausmaß der NS-Indoktrination der Jugend in seinen Worten erfasst hat. Seine Schlussfolgerung jedoch, als gelte es nur hier und da einige Giftzähne auszuziehen, verkennt den Zustand des sogenannten „Nationalgefühls" direkt nach 1945. Auch die Metapher von der „gesunden Entwicklung" erinnert mehr an das „gesunde Volksempfinden", als dass mit ihr rational erklärt werden könnte, dass es eigentlich nicht um „Nationalgefühl", sondern um Nationalbewusstsein gehen müsste im Sinne eines wirklichen Bewusstseins: eines gebildeten Bewusstseins über Geschichte und Gegenwart Deutschlands.

Zudem: Apodiktisch wird hier von Nohl ein Automatismus zwischen „Nationalgefühl" und „Humanismus" konstruiert, für den es weder in der Geschichte noch in der damaligen Gegenwart einen einzigen Anhaltspunkt argumentativer Art geben konnte und kann.

Von Interesse ist auch, wie Nohl auf den Prozess der notwendigen Entnazifizierung eingeht. Für Nohl ist die Entnazifizierung keine Notwendigkeit, sondern eins von mehreren „Inferno(s) des Alltags" (Nohl: Gegenwärtiges Deutschland, 1947, S. 260). Drei Infernos beschreibt er: „Hunger und Kälte", „das moralische Unglück des schwarzen Marktes mit seinen gefährlichen Verlockungen" und „die Entnazifizierung" (Nohl: Gegenwärtiges Deutschland, 1947, S. 261).

Er schreibt über diesen dritten Punkt:

„(...) da ist weiter das andere moralische Unglück der Entnazifizierung mit ihrem seelischen Druck, ihrer Verführung zur Lüge und zu jeder Charakterlosigkeit.“ (Nohl: Gegenwärtiges Deutschland, 1947, S. 261)

Nohl legt damit offensichtlich nahe, dass dies ein Vorgang ist, der bekämpft werden müsse. Dass jene, deren Entnazifizierung zwingend geboten war, gar nicht erst zur „Lüge und zu jeder Charakterlosigkeit“ verführt werden mussten, sondern Lüge und Charakterlosigkeit Wesensmerkmale des Nazismus waren, kommt Nohl gar nicht in den Sinn.[1349]

Von einer wirklich selbstkritischen Einstimmung[1350] auf eine tiefgehende Reflexion über die NS-Erziehungsideologie kann bei Nohl hier eindeutig nicht die Rede sein.

e) Die heutige Aufgabe der Frau (1947)[1351]

Dieser 1947 verfasste Beitrag beginnt mit Goethe und endet beim Arbeitsdienst. Er enthält neben einer Fülle von Peinlichkeiten über die angeblichen Tugenden und Untugenden der deutschen Frau und ihren Sinn dafür, „sonntags die Blumen auf den Tisch“ (Nohl: Aufgabe der Frau, 1947, S. 269) zu stellen, einen Rückgriff auf die „deutsche Bewegung“:

„Die Deutsche Bewegung seit dem Sturm und Drang hat in der Frau wieder ein Heiliges gesehen, das mit Scheu verehrt wurde – ‚das Ewig-Weibliche zieht uns hinan‘, heißt es am Schluss des Faust.“ (Nohl: Aufgabe der Frau, 1947, S. 267)

Die eigentliche Problematik in diesem Beitrag – neben solchen Phrasen – ist jedoch Nohls Haltung zu den NS-Mütterkursen und dem weiblichen Arbeitsdienst.

„Man ist geneigt, jede nationalsozialistische Einrichtung abzulehnen, aber diese Mütterkurse [der NS-Frauenschaft] *waren eine gute Sache. Vor allem in Württemberg waren sie vorbildlich und wurden von klugen und mütterlich starken Frauen geleitet.“* (Nohl: Aufgabe der Frau, 1947, S. 267)

Noch deutlichere Worte findet Nohl zum weiblichen Arbeitsdienst, jener Organisation, bei der der NS-Reichsarbeitsdienst ab 4. September 1939, also mit dem Überfall auf Polen, auf die weibliche Bevölkerung ausgedehnt wurde; ca. 100.000 „Arbeitsmaiden“ wurden dienstverpflichtet. Die Aufgabe des Reichsarbeitsdienstes war gesetzlich wie folgt festgelegt:

[1349] Elisabeth Blochmann schildert in ihrer Monographie „Herman Nohl in der pädagogischen Bewegung seiner Zeit 1879–1960“ (Göttingen 1969), dass Nohl nach 1945 „ein öffentliches Wirken im großen Stil“ (Blochmann, S. 189) ermöglicht wurde. Sie hebt seine Rolle bei der Entnazifizierung hervor: „Die rasche Entschiedenheit gegen die wirklichen Nazis und die Großzügigkeit gegen die, die sich nur hatten einfangen lassen.“ (Blochmann, S. 190) Es sei hier angemerkt, dass für diese „rasche Entschiedenheit“ des Vorgehens gegen die wirklichen Nazis von Blochmann keine Belege angeführt werden und solche auch nicht bekannt sind, während die „Großzügigkeit“ gegenüber den Befürwortern des Nationalsozialismus in der Tat charakteristisch für Nohl ist.

Hasko Zimmer verweist in seinem Beitrag „Pädagogische Intelligenz und Neuanfang 1945“ auf ein Memorandum Nohls für die britische Militärverwaltung vom 11.4.1945 , in dem Nohl fordert: „Anständige N[ational]S[ozialisten], die ihre Stellung nicht missbraucht haben und von denen die Leute nur Gutes zu sagen wissen, sind unbedingt in ihren Stellungen zu belassen.“ (Niedersächsische Staats- und Universitätsbibliothek Göttingen, Cod. Ms. H. Nohl 804, Blatt 2, zitiert in: Keim, Wolfgang (Hrsg.): Erziehungswissenschaft und Nationalsozialismus – Eine kritische Positionsbestimmung, Marburg 1990, S. 120.

[1350] Nicht übergangen werden soll an dieser Stelle, dass Nohl sich in diesem Aufsatz dafür stark macht, die Volkslehrerbildung nicht an der Universität stattfinden zu lassen, sondern in selbständigen pädagogischen Hochschulen. Das habe „(...) den Sinn, sie vor der abstrakten Geistigkeit zu bewahren und in dem neuen Volkslehrer die Volksgeistigkeit wiederzugewinnen, eine Steigerung der musischen Kräfte und ein lebendiges Wissen, konkrete Kunde statt abstrakte Theorie. So begann der letzte Jahrgang der Göttinger Pädagogischen Hochschule mit einem vierzehntägigen Gemeinschaftslager der hundertzwanzig Studenten, einem gemeinsamen Leben, das von der Hauswirtschaft bis zur religiösen Feier reichte und den ganzen Menschen in Anspruch nahm.“ (Nohl: Gegenwärtiges Deutschland, 1947, S. 263) Es ist nicht bekannt, wie viele Studentinnen und Studenten sich gegen diese Fortsetzung einer antiakademischen Erziehung im „Gemeinschaftslager“ mit Geschirrspülen, Essenfassen, Gitarrespielen und dem Singen christlicher Choräle gewehrt haben.

[1351] Nohl, Herman: Die heutige Aufgabe der Frau, in: Pädagogik aus dreißig Jahren, Frankfurt am Main 1949, S. 265–271. Zuerst abgedruckt in: Die Sammlung. Zeitschrift für Kultur und Erziehung, 2. Jg. (1947), Heft 7, S. 353–358.

„Der Reichsarbeitsdienst soll die deutsche Jugend im Geiste des Nationalsozialismus zur Volksgemeinschaft und zur wahren Arbeitsauffassung, vor allem zur gebührenden Achtung der Handarbeit erziehen.“ [1352]

Bei Nohl findet sich hierzu folgende Ausführung über den weiblichen Arbeitsdienst:

„Die Jugendbewegung hatte mit ihrem freiwilligen Arbeitsdienst den Anfang gemacht, der Nationalsozialismus hat dann hier, wie auch sonst so oft, den guten Gedanken aufgegriffen und als seine Erfindung ins Große gesteigert und zwangsmäßig eingerichtet, und so sehen heute manche noch mit Misstrauen auf ihn. Bei der hastigen Schaffung dieser Riesenorganisation – es gab zuletzt 10.000 Führerinnen – musste gewiss auch manches missglücken, aber es gelang selbst da noch den weiblichen Kräften in der Leitung, den echten fraulichen und pädagogischen Sinn des Arbeitsdienstes festzuhalten und sauber zu bewahren, bis am Ende des Krieges die Männer die Führung übernahmen und auch die Mädchen zu Kampfzwecken missbrauchten. Wo der Weibliche Arbeitsdienst richtig und gesund arbeitete, vor allem in den Dörfern des Ostens, hat er segensvoll gewirkt und war eine aufbauende Kraft für die ganze Umgebung, und die Mädchen gewannen in der Gemeinschaft ihres Lagers und seiner guten Sitte eine Ausbildung für alle ihre künftigen Aufgaben als Frau und Mutter.“ (Nohl: Aufgabe der Frau, 1947, S. 270 f.)

Der erste entscheidende Gedanke Nohls zum weiblichen Arbeitsdienst ist hier: „so sehen heute manche noch mit Misstrauen auf ihn“. Dieses Misstrauen erscheint ihm, trotz einiger Kleinigkeiten, im Großen und Ganzen unangebracht. Das beinhaltet auch die Einschätzung, dass es in Ordnung war, dass der weibliche Arbeitsdienst „zwangsmäßig“ eingerichtet wurde. Nohl schreibt über den weiblichen Arbeitsdienst,[1353] als wäre er dessen Vater und Schöpfer. Indem Nohl die NS-Indoktrinierung und indirekte Kriegsunterstützung ignoriert und vom pädagogischen Sinn fabuliert, bagatellisiert er die gewaltige Bedeutung der Massenorganisationen des NS-Systems für die Durchführung aller seiner Verbrechen. Neben diesem Aspekt wird im Detail auch eine Auffassung von Pädagogik sichtbar, die in keiner Weise am Individuum und an demokratischen Gedanken und Organisationen orientiert ist.

f) Die pädagogische Aufgabe der Gegenwart (1947)[1354]

In der 1947 gehaltenen Rede beruft Nohl sich zunächst ausdrücklich auf die Reden von Fichte, die angeblich „in einer ähnlichen Situation“ wie der heutigen gehalten worden wären, und schreibt: „Man muss diese Reden, vor allem die erste, heute noch einmal lesen, sie ist wie für unsere Gegenwart geschrieben.“ (Nohl: Aufgabe der Gegenwart, 1947, S. 290) Dass Nohl ausgerechnet auf den idealistischen Nationalismus Fichtes mit seinen antisemitischen Implikationen[1355] zurückgreift und ihn als adäquate pädagogische Orientierung nach zwölf Jahren NS-Erziehung ausgibt, zeigt, dass eine tiefgehende Auseinandersetzung mit Wurzeln der Ideologie des Nationalsozialismus bei Nohl nicht in Frage kommt. Nohl verbleibt auch in der Terminologie des reaktionären deutschen Nationalismus und im NS-Jargon, so zum Beispiel, wenn er die Äußerung einer Lehrerin zustimmend zitiert, dass die Ausbildung der Lehrer „zum Erzieher als Kinderführer und Menschenbildner“ (Nohl: Aufgabe der Gegenwart, 1947, S. 297) erfolgen müsse.

[1352] § 1 des Gesetzes für den Reichsarbeitsdienst vom 26. Juni 1935.

[1353] Gegen die Legendenbildung über den weiblichen Arbeitsdienst gerichtet erschien 1999 die Studie „‚Ich war ein einsatzbereites Glied in der Gemeinschaft …‘ Vorgehensweise und Wirkungsmechanismen nationalsozialistischer Erziehung am Beispiel des weiblichen Arbeitsdienstes“ (Frankfurt am Main/Berlin/Bern/New York/Paris/Wien 1999) von Susanne Watzke-Otte.

[1354] Nohl, Herman: Die pädagogische Aufgabe der Gegenwart, in: Pädagogik aus dreißig Jahren, Frankfurt am Main 1949, S. 290–298. Zuerst abgedruckt in: Die Sammlung. Zeitschrift für Kultur und Erziehung, 2. Jg. (1947), Heft 12, S. 694–701.

[1355] Vgl. dazu Brumlik, Micha: Deutscher Geist und Judenhass, München 2000.

Nohl wehrt sich dagegen, dass der Arbeitsdienst „durch den Nationalsozialismus und seinen politischen Missbrauch in Verruf gekommen“ sei (Nohl: Aufgabe der Gegenwart, 1947, S. 298)[1356] und folgert nun, angesichts der Lage der „dumpfe(n) Verlorenheit der Burschen und Mädchen“: „die Mädchen (…) verlieren jede Freude an der Hausarbeit“, (Nohl: Aufgabe der Gegenwart, 1947, S. 299), dass ein neuer Arbeitsdienst notwendig ist:

„Wir brauchen eine Einrichtung, in der diese Jugend durch gemeinnützige Arbeit den Sinn ihres Lebens erkennt und bewusst zu einem tätigen Mitglied des Volks heranreift. Diese letzte erzieherische Zusammenfassung, die früher das Militär gab, wo aber den Frauen das Dienstjahr fehlte, wird jetzt für beide Geschlechter der Arbeitsdienst bringen müssen. Ein halbes Jahr würde dafür genügen. In der Lebensform des Lagers lernt der junge Mensch, wie ein einfaches, anständiges, geordnetes und vergeistigtes Gemeinschaftsleben aussieht. In der praktischen Arbeit erfährt er die Freude des Zupackens und fürchtet den Schmutz nicht mehr, und im hauswirtschaftlichen und staatsbürgerlichen Unterricht bekommt er auch die theoretischen Mittel, die ihm später helfen werden, sein Leben einzurichten, kein abstraktes Gerede, sondern die gedankliche Läuterung des wirklich Erlebten. Das Lagerleben mit allen seinen Aufgaben und Problemen gibt das anschaulichste Lehrmittel auch für alle sittlichen Fragen. Sport, gemeinsames Singen und die Vergeistigung des Feierabends entwickeln die musischen Kräfte. Man hat gesagt: ‚Die richtige Verwendung der Muße sei das große soziale Problem.‘ Solche Verwendung seiner Muße wird der junge Mensch im Lager lernen und wird sie dann später auch in der Volkshochschule suchen. Vor allem aber wird ihm erlebensmäßig klar werden, dass die gesunde Entwicklung einer Volksgemeinschaft nur auf der Grundlage einer unbedingten sozialen und politischen Gerechtigkeit gelingen kann.“ (Nohl: Aufgabe der Gegenwart, 1947, S. 299)

Das ist die Antwort Nohls auf die „Not unseres zerschlagenen Volkes“ (Nohl: Aufgabe der Gegenwart, 1947, S. 299). Es wurde deshalb so ausführlich zitiert, weil hier im Grunde das Kernproblem einer ganzen Generation enthalten ist, nämlich die Vorstellung, dass der Nationalsozialismus doch auch seine guten Seiten gehabt habe, gerade in pädagogischer Hinsicht, die nicht verworfen, sondern übernommen und ausgebaut werden müssten. Dabei geht das Militär als „Schule der Nation“, als Erziehungseinrichtung, bei Männern wie Nohl gewiss bis auf die Erlebnisse des Ersten Weltkriegs zurück. Der notwendige Bruch, tiefgehend und genau, mit allen reaktionären und autoritären Formen deutscher Pädagogik war für Männer wie Nohl völlig undenkbar. Das NS-System wird in dieser Denkweise zu einer eigentlich unerklärlichen

---

[1356] Da Adolf Reichwein von den Nazis ermordet wurde, konnte er nicht mehr dazu Stellung nehmen, wie Nohl ihn als Zeuge für die positive Rolle des weiblichen Arbeitsdienstes heranzieht. Nohl schreibt: „(…) ein Mann wie Adolf Reichwein hat noch in den letzten Kriegsjahren vor seiner Ermordung eifrig [sic!] durch Vorträge im weiblichen Arbeitsdienst mitgearbeitet und sah in den Führerinnen des Arbeitsdienstes die besten Kräfte für die Zeit nach der Katastrophe, um unser Volksleben wieder aufzubauen.“ (Nohl: Aufgabe der Gegenwart, 1947, S. 298) Der entscheidende Unterschied zwischen Reichwein und Nohl liegt eigentlich auf der Hand. Es geht um zwei Fragen: Während Reichwein aktiv und subversiv in der Widerstandsbewegung zum Sturz des NS-Regimes mitgearbeitet hat, diente der Eifer Reichweins im weiblichen Arbeitsdienst teils der Deckung seiner Widerstandstätigkeit, teils der subversiv durchgeführten Aufklärung.

Siehe dazu: Amlung, Ullrich: Adolf Reichwein 1898–1944. Ein Lebensbild des Reformpädagogen, Volkskundlers und Widerstandskämpfers, Frankfurt am Main 1999; Amlung, Ullrich/Lingelbach, Karl-Christoph: Adolf Reichwein (1898–1944), in: Tenorth, Heinz-Elmar (Hrsg.): Klassiker der Pädagogik. Band 2: Von John Dewey bis Paul Freire, München 2003, S. 203–216 und Pallat, Gabriele Cantate/Reichwein, Roland/Kunz, Lothar (Hrsg.): Adolf Reichwein. Pädagoge und Widerstandskämpfer. Ein Lebensbild in Briefen und Dokumenten (1914–1944), Paderborn/München/Wien/Zürich 1999.

Allerdings muss hinzugefügt werden, dass es sich in der Tat um späten Widerstand handelte, wie Christine Hohmann in ihrer umfangreichen Studie „Dienstbares Begleiten und später Widerstand. Der nationale Sozialist Adolf Reichwein im Nationalsozialismus“ (Bad Heilbrunn 2007) nicht nur durch sprachkritische Studien nachgewiesen hat. Am gravierendsten ist dabei sicherlich die Haltung Reichweins zum Widerstand in Dänemark. Reichwein schrieb am 6.2.1944 an seine Frau über die Dänen: „Dass auch Russland für sie eine ‚Gefahr‘ werden könnte, sehen sie nicht oder wollen sie nicht sehen, so blind macht sie der Hass gegenüber den Deutschen. (…) Und so knallen weiter die Schüsse, die der Reihe nach Personen treffen, die mit den Deutschen zusammenarbeiten oder sympathisierende Erklärungen abgegeben haben. (…) Und die Polizei? Sie sieht zu, denn sie sympathisiert zu erheblichem Teil mit den Terroristen, hat Verbindung zu ihnen, deckt sie und tut offenbar mit Absicht nichts, um Spuren zu finden“ (Hohmann, S. 194).

Abweichung, zu einer Wucherung am „deutschen Volkskörper“ und der „deutschen Bewegung“.

g) Vom Wesen der Erziehung (1948)[1357]

1948 hielt Nohl diesen Vortrag auf einer englisch-deutschen Konferenz. Hier, vor den Alliierten, plädiert Nohl vehement dagegen, „ein fremdes Erziehungssystem“ (Nohl: Wesen der Erziehung, 1948, S. 279) nach Deutschland zu übertragen. Entsprechend der nun existierenden „geschichtlichen Stunde“ ist es für Nohl kein Problem, den englischen Pädagogen Nunn zu zitieren: „Individualität ist die Schlüsselposition für alles. Wenn diese Position verloren ist, ist alles verloren.“ (Nohl: Wesen der Erziehung, 1948, S. 281).

Nohl, der im Folgenden Gedanken über Pflicht und Gehorsam wiederholt, die er bereits in dem Aufsatz „Die geistige Lage des akademischen Nachwuchses“ (1946) in großen Teilen so schon wortwörtlich formuliert hatte, geht hier noch einen Schritt weiter:

> *„So entstand im Deutschen eine Dienstwilligkeit und ein Bedürfnis, dienendes Glied in einem Ganzen zu sein, die ihn subaltern machten. Wer das deutsche Schicksal, die deutsche Kraft und das deutsche Verbrechen verstehen will, wird sich vor allem diese innere Verbindung von Leistungsforderung, Pflichtbewusstsein und Gehorsamshaltung deutlich machen müssen, die eine so hohe Idealität enthält und unsere Jugend begeisterte und die doch letztlich in eine Entseelung der Individuen mündet (...).“* (Nohl: Wesen der Erziehung, 1948, S. 285)

Hier wird im Grunde ein Programm der notwendigen kritischen Sichtung der Pädagogik in Deutschland in Theorie und Praxis aufgestellt. Nohl hätte sicherlich aus eigenem Erleben und mit der Kenntnis der Geschichte der Pädagogik in Deutschland hier im Einzelnen, wenn er denn gewollt hätte, viel beitragen können. Das hätte aber erfordert, anstatt allgemeiner Forderungen konkret in den Schriften der führenden Köpfe der „deutschen Bewegung“ und der „pädagogischen Bewegung“ alle Fehler, Halbheiten und Einseitigkeiten aufzudecken, die dazu führen konnten und es erleichterten, dass ihre Namen von der NS-Pädagogik missbraucht und einzelne ihrer Ideen sehr gekonnt genutzt und gebraucht wurden. Stattdessen bleibt es bei diesen allgemein richtigen Worten Nohls vor den zuhörenden englischen Pädagogen und er wendet sich „angesichts der Volkszerstörung“ wieder der elementaren Geistigkeit, den Seelen zu: „Sitte und Kunstfreude, Frömmigkeit und Lebenskunde“ (Nohl: Wesen der Erziehung, 1948, S. 289).

h) Schuld und Aufgabe der Pädagogik (1954)[1358]

Noch 1954, im Aufsatz „Schuld und Aufgabe der Pädagogik“, fragt Nohl, „wie es möglich war, dass 1933 die ganze ideal gestimmte Jugend mit geringen Ausnahmen sich vom Nationalsozialismus begeistern ließ“ (Nohl: Schuld und Aufgabe, 1954, S. 447). Wenn Nohl weiter als einen von vielen Gründen die „Schuld der Pädagogik“ (Nohl: Schuld und Aufgabe, 1954, S. 447) angibt, schreibt er eigentlich über sich selbst, ohne dies ausdrücklich zu sagen, da er ja der Bejahung des Nationalsozialismus nicht nur nicht entgegengetreten ist, sondern sie den Erziehern trotz einzelner Einwände sehr deutlich schon 1932 empfohlen hat.

Nohl betont ausdrücklich – im Jahr 1954 –, was für ihn das Beste der pädagogischen Reformbewegung war, nämlich der Wille „zu einer neuen Volksgemeinschaft“ (Nohl: Schuld und Aufgabe, 1954, S. 447). Von Schuld der Pädagogik, die gerade noch das Thema war, ist nun nicht mehr die Rede, denn ohne Einschränkung behauptet Nohl:

[1357] Nohl, Herman: Vom Wesen der Erziehung, in: Pädagogik aus dreißig Jahren, Frankfurt am Main 1949, S. 279–289. Zuerst abgedruckt in: Die Sammlung. Zeitschrift für Kultur und Erziehung, 3. Jg. (1948), S. 325–332.

[1358] Nohl, Herman: Schuld und Aufgabe der Pädagogik. Erich Weniger zum 11.9.1954 in Freundschaft gewidmet, in: Die Sammlung. Zeitschrift für Kultur und Erziehung, 9. Jg. (1954), S. 446–449.

„Die Pädagogik selbst wurde vom Nationalsozialismus kaltgestellt und hatte kein eigenes Wort mehr zu sagen, alle ihre Erfindungen wurden von ihm übernommen, aber in seine politische Form gebracht, wenn auch in der Verborgenheit an vielen Stellen das pädagogische Gewissen wach blieb und echt pädagogisch gearbeitet wurde, sogar in nationalsozialistischen Formationen wie in dem Weiblichen Arbeitsdienst oder im Landjahr." (Nohl: Schuld und Aufgabe, 1954, S. 447)

Hier wird deutlich, dass die Pädagogik als Ganzes für Nohl „das Gute" ist, insofern kann von einer Schuld der Pädagogik für Nohl nicht die Rede sein. Welche Aufgaben die Pädagogik nicht erfüllt hat, bleibt völlig offen, die sogenannte „echt pädagogische" Arbeit in den NS-Formationen wird ihrer objektiven Funktion völlig entkleidet.

Nach der Rehabilitierung der deutschen Pädagogik als solcher – fünf Jahre nach Gründung der BRD – gibt Nohl seine Zurückhaltung auf. Er polemisiert nun ungehemmt gegen Psychoanalyse und Reeducation, nachdem er – oft zitiert – festgestellt hat:

„Die Pädagogik steht immer vor der Polarität des Lebens. Zwischen den Gegensätzen die feine Linie zu finden, die dem Augenblick angemessen ist, ist das eigentliche Geheimnis der pädagogischen Arbeit. (...) Das feine Gefühl für das richtige Maß nennen wir den Takt. Der Takt ist das eigentlich pädagogische Werkzeug." (Nohl: Schuld und Aufgabe, 1954, S. 449)

Mit diesem feinen Taktgefühl schreibt Nohl über die Reeducation:

„Der wunderliche Versuch der Besatzungsmächte mit einer Reeducation unseres Volkes konnte nur Widerstand oder ein trauriges Lächeln hervorrufen, brachte auch mit seinen methodischen Forderungen wie dem Gruppenunterricht, dem Teamwork und der Erziehungsberatung nur pädagogische Mittel, die in der pädagogischen Bewegung bei uns längst entwickelt worden waren." (Nohl: Schuld und Aufgabe, 1954, S. 447)

Die Pose, in der Nohl hier auftritt, spricht Bände. Er war wieder ganz oben, der deutschen Pädagogik konnte niemand das Wasser reichen, es gehe, so Nohl, nur darum, die deutsche Bewegung, die pädagogische Bewegung im Sinne Nohls zu reaktivieren.

Hatte Nohl in der Weimarer Republik Freud und Adler noch diesen oder jenen positiven Aspekt abgewinnen können, auch wenn seine Ablehnung damals schon überwogen hat, so fallen jetzt alle Hemmungen: „Die Schule möchte man am liebsten in ein psychotherapeutisches Krankenhaus verwandeln." (Nohl: Schuld und Aufgabe, 1954, S. 448) Und ganz allgemein heißt es:

„Und das Überwuchern der Psychoanalyse droht alle Freiheit des Geistes zu überwachsen. Man hat nicht ohne Grund gesagt, dass sie selbst die Krankheit sei, die sie zu heilen vorgibt." (Nohl: Schuld und Aufgabe, 1954, S. 448)

* * *

Betrachtet man zusammenfassend die hier behandelten Aufsätze und Artikel Herman Nohls nach dem Mai 1945, so ergibt sich auch für diese Periode ein durchaus widersprüchliches Bild: Während es für eine kurze Zeit eine Bereitschaft zu geben scheint, kritisch auch die geistigen Köpfe des deutschen Nationalismus und der deutschen Pädagogik auf den Prüfstand zu stellen, überwiegt mit der Zeit die Vereinfachung einer sich ausschließenden Gegenüberstellung von nationaler Bewegung und deutscher Pädagogik einerseits und Nationalsozialismus andererseits ohne Schnittmenge.

Die Fähigkeit der Anpassung an die jeweilige „geschichtliche Stunde" ist Maxime seines Schaffens. Die ihr innewohnende Charakterlosigkeit und Erbärmlichkeit wird dann deutlich, wenn Nohl sich mit Seinesgleichen und der großen Masse des deutschen Volkes identifiziert, nach wie vor ohne Scham den Gedanken der „Volksgemeinschaft" propagiert, ohne auch nur im Ansatz darüber zu reflektieren, dass die moralisch wünschenswerte Pädagogik während der NS-Zeit bei der Solidarität mit den Verfolgten, bei der Zivilcourage und bei dem Widerstandswillen lag, eben bei den Geschwistern Scholl, bei Adolf Reichwein und anderen, bei den wenigen, denen die Humanität theoretisch und praktisch der wichtigste Gesichtspunkt im Leben war.

Nohl selbst hat an keiner Stelle seine eigenen Publikationen kritisch unter die Lupe genommen, hat niemals seine rassistischen und pronationalsozialistischen Passagen hinterfragt oder zum Gegenstand von Diskussionen gemacht. Das entsprach einer Mentalität, die das „Wühlen im Schmutz und Blut der Vergangenheit" (Nohl in einem Brief an Elisabeth Blochmann vom 10.3.1946)[1359] als gänzlich unfruchtbar ansah. So hat er selbst einen maßgeblichen Anteil daran, dass seine Apologeten und Anhänger nach seinem Tod den Zusammenhang zwischen seiner partiellen Kollaboration mit dem NS-Regime und dem Eklektizismus seiner theoretischen Grundannahmen an keiner Stelle problematisiert haben.[1360]

3. Weniger: „Wir haben zu kehren, ohne das eigene Nest erneut zu beschmutzen"

a) „Wir haben zu kehren, ohne das eigene Nest erneut zu beschmutzen" (1946)[1361]

Bereits 1946 ist Wenigers Aufsatz **„Neue Wege im Geschichtsunterricht"** erschienen,[1362] die schriftliche Fassung eines Vortrags auf einer geschichtspädagogischen Tagung im Dezember 1945. Gegliedert in fünf Teile behandelt Weniger eher Grundfragen der Geschichtsdidaktik als eine Systematik der Stoffauswahl und Stoffanordnung. Er kündigt an, Inhalte des neuen Geschichtsunterrichts in einer weiteren Arbeit zu beleuchten (Weniger: Neue Wege, 1946, S. 510 f.).

Im ersten Abschnitt geht es sehr um die Verunsicherung, ob überhaupt noch, und wenn ja, wie Geschichtsunterricht erteilt werden könne, insbesondere von jenen Lehrern, die zu Recht fürchten müssen, „dass ihre Glaubwürdigkeit von der Jugend angezweifelt werden könnte, wenn sie heute schwarz nennen, was sie gestern für weiß hielten" (Weniger: Neue Wege, 1946, S. 339).[1363] Weniger wehrt sich gegen die für ihn verständliche Flucht vor Geschichte: „Eine Schule ohne Geschichtsunterricht wäre gleichsam entmannt" (Weniger: Neue Wege, 1946, S. 341). Weiter fordert er, die Jugend freizumachen, um sie vorzubereiten „für den Dienst, der ihr, wenn sie herangewachsen sein wird, abzufordern ist" (Weniger: Neue Wege, 1946, S. 340).

Aus der aktuellen Lage unter Einbeziehung der Erfahrung der „jüngsten Vergangenheit" – so wird die NS-Zeit benannt – zieht Weniger folgenden Schluss:

[1359] Blochmann, Elisabeth: Herman Nohl in der pädagogischen Bewegung seiner Zeit 1879–1960, Göttingen 1969, S. 200.

[1360] In der „Rede bei der akademischen Gedenkfeier am 4. Februar 1961" für Herman Nohl (Göttingen 1961, S. 14) hebt Erich Weniger als einen zentralen Gedanken Nohls folgendes Zitat Nohls von 1954 hervor: „Wer (so wie ich) diese hohen Jahre bis zum Ersten Weltkrieg voll miterlebt hat, wird nicht wagen, von ‚Schuld' zu reden, sondern von ‚Verhängnis'."

[1361] Weniger, Erich: Neue Wege im Geschichtsunterricht, in: Die Sammlung. Zeitschrift für Kultur und Erziehung, 1. Jg. (1945/46), S. 408.

[1362] Weniger, Erich: Neue Wege im Geschichtsunterricht, in: Die Sammlung. Zeitschrift für Kultur und Erziehung, 1. Jg. (1945/46), S. 339–343, S. 404–411 und S. 500–511.

[1363] Hier wäre genau die richtige Stelle gewesen, um auf seine eigenen Darstellungen der Geschichte (selbst-) kritisch einzugehen. Stattdessen zitiert Weniger mit einer gewissen Penetranz seine eigene Habilitationsschrift über „Die Grundlagen des Geschichtsunterrichts" (Leipzig 1926) und seine Promotionsschrift über „Stein und Rehberg" (Göttingen 1921), als eine Art Beleg, dass er schon vor zwanzig Jahren die richtige Darstellung von Geschichte und ihrer Vermittlung formuliert habe.

„Nicht Kritik ist die erste und vordringlichste Aufgabe der geschichtlichen Unterweisung für die Alterstufen der Schule, sondern positive, Begeisterung weckende Darstellung der Vergangenheit unter dem Aspekt unserer geschichtlichen Stunde." (Weniger: Neue Wege, 1946, S. 342)[1364]

So soll ein neuer Glaube entstehen. Aber dieser „neue Glaube" kann, so die These Wenigers, nicht primär aus „Quellenforschung und methodischer Kritik der Wissenschaft" erwachsen (Weniger: Neue Wege, 1946, S. 343).

Im zweiten Abschnitt formuliert Weniger etwas vorsichtiger, dass in der Oberstufe historische Kritik ihren Platz finden könne, wenn sie nicht „destruktiv" sei, sondern im Rahmen des konstruktiven Neuaufbaus für den „neuen Glauben" (Weniger: Neue Wege, 1946, S. 404). Die Besonderheit dieses zweiten Teils ist, das Weniger exemplarisch zu Bismarck, Friedrich dem Großen und die polnische Teilung Stellung nimmt. Im Hinblick darauf gäbe es nun doch „neues Licht", eine neue Sichtweise. „Nicht als ob wir nun an der Größe Bismarcks (...) herummäkeln wollten", schreibt er. Aber Weniger hatte – offensichtlich in der Debatte mit der „angelsächsischen Sichtweise" der britischen Besatzungsmacht – gelernt, dass Bismarck gewiss kein vorbildlicher Demokrat war. Bezüglich der polnischen Teilung betont Weniger, dass sowohl Stein als auch Rehberg (die Weniger beide in seiner Dissertation behandelt hatte) gegen die preußische Einverleibung von Teilen Polens gewesen seien, und auch unter Friedrich dem Großen hätten die „Untertanen doch unter seinem harten Regiment geseufzt" (Weniger: Neue Wege, 1946, S. 404 f.).

Seine eigenen Ausführungen aus der NS-Zeit konfrontiert Weniger nicht mit diesem „neuen Glauben". Die Pointe seiner neuen Erkenntnis ist, dass zu diesen Punkten nichts Falsches mehr im Unterricht gesagt werden solle, aber diese Sicht werde „zu ganz großen Teilen ohne ausdrückliche Kritik, vor allem ohne alles kleinliche Kritteln entwickelt werden können". Dabei solle die Achtung vor der „geschichtlichen und menschlichen Größe" der Herren Bismarck und Friedrich dem Großen jedoch nicht verloren gehen (Weniger: Neue Wege, 1946, S. 406).

Nun wendet sich Weniger den „angelsächsische(n) Stimmen" zu und hebt gegen sie gerichtet hervor: „Unsere Kritik am Nationalsozialismus erwächst nicht aus seinen Misserfolgen" (Weniger: Neue Wege, 1946, S. 406). Aber, so schränkt er ein,

„(...) das heißt natürlich nicht, dass wir die Niederlage ersehnt hätten oder jetzt dankbar begrüßen. Wir haben alle die Jahre gewünscht, dass ein ehrenhafter Ausweg sich doch noch finden ließe, der das Unheil des völligen Zusammenbruchs unseres Vaterlandes verhindern könnte. Daher das Recht der Männer vom 20. Juli." (Weniger: Neue Wege, 1946, S. 407)

Weniger wehrt sich dagegen, die Urteile der „angelsächsischen Stimmen" über den „deutschen Geist und die deutsche Art überhaupt" zu übernehmen, wobei er nicht inhaltlich argumentiert, sondern sich methodisch gegen eine bloß unreflektierte, aufgezwungene Übernahme wehrt. Es müssten eigene Anstrengungen unternommen werden, „weil wir die Ehre des deutschen Namens wiederherstellen wollen" (Weniger: Neue Wege, 1946, S. 407). Zusammenfassend heißt es: „Wir haben zu kehren, ohne das eigene Nest erneut zu beschmutzen" (Weniger: Neue Wege, 1946, S. 408).

Weniger spricht sich ausdrücklich für die Behandlung der „jüngsten Vergangenheit" in der Oberstufe aus: „Aber es scheint mir nicht erforderlich, alle Stunden oder gar die letzte Schulzeit für die Geschichte der jüngsten Vergangenheit zu opfern" (Weniger: Neue Wege, 1946, S. 410). Der zweite Teil endet mit einer etwas genauer zu behandelnden positiven Wendung Wenigers:

„Man wird anknüpfen an diese in der Jugend lebendigen positiven Ideale, die sie in der Bewegung verkörpert glaubte, und wird von diesen Idealen aus, denen der Volksgemeinschaft und der nationalen

[1364] 1948 erklärt Weniger: „Aber nicht Kenntnisse sind zu vermitteln, sondern *Erfahrungen*, die zu Erkenntnis und Einsicht führen" (Weniger, Erich: Politische Bildung und staatsbürgerliche Erziehung. Zwei Denkschriften (Weltbild und Erziehung, Band 7), Würzburg 1954, S. 27).

Würde, der männlichen Ehre, der sozialen Gerechtigkeit, zu der Wirklichkeit Stellung nehmen und die ungeheure Diskrepanz, den Missbrauch, die Verfälschung der Ideale und die Verführung des Volkes darstellen und im Rückblick auf unsere Geschichte die echten Wege zur Verwirklichung der in der Jugend lebendigen Ideen aufweisen." (Weniger: Neue Wege, 1946, S. 411)

Es soll an jene von Weniger als „positiv" bezeichneten Ideale angeknüpft werden, die die Jugend in der „Bewegung" – also in der NS-Bewegung, wie aus dem Kontext hervorgeht – verkörpert geglaubt habe. Was sollen diese „Ideale" sein? Auch darauf gibt Weniger eine Antwort: „Volksgemeinschaft", „nationale Würde" und „männliche Ehre". Anstatt diese Begriffe selbst zu hinterfragen, ist die Idee, vielleicht der „Trick" Wenigers, diese Werte als positiv darzustellen und nur deren angeblichen „Missbrauch" durch die „jüngste Vergangenheit" aufzudecken. Der „neue Glaube", von dem Weniger vorher gesprochen hat, soll nun die „echten Wege", wie auch immer diese aussehen mögen, zu „Volksgemeinschaft" und „männlicher Ehre" weisen.[1365]

Im dritten Teil setzt Weniger weiter nach. Dieser Teil eröffnet mit dem Satz: „Doch die Geschichte der jüngsten Zeit ist nicht die wichtigste Aufgabe des Unterrichts" (Weniger: Neue Wege, 1946, S. 500). In Wenigers Planung für Grundlagen eines neuen Wegs im Geschichtsunterricht ist eine Art Rückblick auf bisherige Konzeptionen des Geschichtsunterrichts vor 1933 vorrangig. Die Kulturgeschichte müsse aufgenommen werden, auch die Geistesgeschichte. Und so entwickelt Weniger erneut seine Gedanken aus seiner Habilitationsschrift von 1926, dass der Geschichtsunterricht vom Staat für die verantwortlich handelnden Menschen geschaffen worden sei, dass Volk und Staat zentrale Kategorien des Geschichtsbewusstseins werden müssten, Gott aber darüber stehe.

Hat das „deutsche Volk seinen Auftrag vor der Geschichte endgültig verfehlt"? Mit einem rhetorischen Schlenker heißt die Antwort: „Aber daran können wir nicht glauben" (Weniger: Neue Wege, 1946, S. 504). Es gibt keine Nachfrage, wer denn dem deutschen Volk einen Auftrag gegeben haben soll. Ohne jedes Hinterfragen spricht Weniger auch nach wie vor „über die abendländische Verantwortung innerhalb der Menschheit". Diese Begriffe und Normen werden vorausgesetzt und solche bewusst nicht hinterfragt.

Nach längeren Zitaten von 1818 und 1885 über den Geschichtsunterricht und nach dem positiv zitierten Diktum Nohls, dass „Taten und nicht Zustände Gegenstand des Geschichtsunterrichts" seien (Weniger: Neue Wege, 1946, S. 506), wird von Weniger als nicht kritisch diskutierte Norm gesetzt: „Die gegliederte Volksgemeinschaft innerhalb der Gemeinschaft der Völker ist das Ziel des Geschichtsunterrichts" (Weniger: Neue Wege, 1946, S. 508). Dieses Ziel wird für die Mittelstufe dann um die „Gemeinschaft der Völker" gekürzt, so dass für die Mittelstufe als „innerer Ertrag des Geschichtsunterrichts" nur noch „die Teilhabe des Schülers an den lebendigen Erinnerungen des deutschen Volkes" bleibt (Weniger: Neue Wege, 1946, S. 510).

Eine Zusammenfassung von Wenigers Positionen aus dem Jahr 1946 ergibt: Geschichte als Wissenschaft ist sekundär, es geht nicht so sehr um Wissen, sondern um „Glauben", es geht um Taten und nicht um Zustände (als könnten Taten ohne Kenntnis der Zustände erklärt und verstanden werden). Der Geschichtsunterricht habe eine politische Funktion als Erziehung zur „gegliederten Volksgemeinschaft". Die „neuen" Wege des Geschichtsunterrichts erweisen sich bis hin zu bestimmten Begrifflichkeiten als der alte Weg, auch wenn gewisse Darstellungen der „großen Deutschen" unterbleiben sollen.

[1365] Vorsichtig formuliert ist von einem ideologiekritischen Ansatz Wenigers an dieser Stelle nichts zu erkennen. Im Gegenteil.

b) „Wenn Sie nicht nach dem Maß ihrer Einsicht und ihrer Verantwortung ihre Pflicht als Soldat getan hätten, so könnten wir Sie nicht brauchen, weil wir nicht sicher wären, dass Sie jetzt Ihre Pflicht als Volkserzieher ernst nehmen könnten“ (1946)

Nach einer Denkschrift über den Wiederaufbau der akademischen Lehrerbildung[1366] ist 1946 Wenigers **Rede zur Eröffnung**[1367] der pädagogischen Hochschule Göttingen erschienen. Beide Texte wurden im Original 1946 in der Zeitschrift „Die Sammlung“ veröffentlicht. Nach den gebotenen Dankesworten an die Vertreter der britischen Militärbehörden und den Rückblick auf die Göttinger Tradition enthält die Rede zwei bemerkenswerte Gedanken Wenigers. Zunächst die Definition des Humanismus und der Humanität, dann die Bedeutung der Pflicht der Soldaten und der Pflicht überhaupt. Über den Unterschied von Humanität und Humanismus heißt es:

„Humanität ist hier also nicht Humanismus und wird nicht auf dem Wege über die Antike, überhaupt nicht auf dem Wege über eine Wissenschaft gesucht, sondern in dem Ringen um die einfachsten Grundlagen der menschlichen Existenz, um die elementarsten Zusammenhänge der Bildung, um die Gemeinsamkeit der Fundamente eines in sich ruhenden Volksdaseins. Die Voraussetzung unserer Arbeit ist also ein Glaube, der Glaube an einen einfachen Zusammenhang der eigentlichen Gehalte des Lebens, auf dem alles höhere Leben erst aufbaut, oder, von der anderen Seite her gesehen, der Glaube, dass auch in den einfachsten, allen gemeinsamen Lebensbezirken die geistigen Mächte wirksam sind. Dieser Glaube schließt ein die Überzeugung von der Möglichkeit einer Methode, eines einfachen Zugangs zu den Gehalten und zum Geist und damit also einer elementaren Bildung.“ (Weniger: Rede zur Eröffnung, 1946, S. 312)

„Nicht auf dem Weg über die Antike“ soll heißen nicht auf dem Weg der humanistischen Bildung. Über das „Elementare“ soll hier das in sich ruhende „Volksdasein“ angestrebt werden, wobei der von Weniger definierte „Glaube“ in Begriffen wie dem der wirksamen „geistigen Mächte“, die eben alles durchdringen, verschwimmt. „Nicht auf dem Weg über eine Wissenschaft“ heißt es weiter. Das ist eindeutig. Die Vorgaben für die künftigen „Volkserzieher“ sind damit klar: Humanität soll nicht auf Humanismus und Wissenschaft gegründet sein, sondern auf „Glauben“.

Über Ehre und Pflichterfüllung äußert sich Weniger wie folgt:

„Die meisten von Ihnen waren Soldaten, die Frauen in engerem oder weiterem Zusammenhang Helferinnen der Wehrmacht. Fürchten Sie nicht, dass Ihre Ehre, die auf Ihrer Pflichterfüllung beruhte, nun nicht anerkannt oder gar verächtlich gemacht werden soll. Wenn Sie nicht nach dem Maß Ihrer Einsicht und Ihrer Verantwortung Ihre Pflicht als Soldat getan hätten, so könnten wir Sie nicht brauchen, weil wir nicht sicher wären, dass Sie jetzt Ihre Pflicht als Volkserzieher ernst nehmen könnten.

Wir rechten auch mit Ihnen nicht über Ihre bisherigen Ideale und über den Glauben, dem Sie angehangen haben. Wir wissen, wie wenig Möglichkeiten Sie hatten, frei und unbefangen zu urteilen und zu eigener Entscheidung zu gelangen. Sie konnten vielleicht nicht wissen, dass es ein anderes Deutschland gegeben hat und geben kann, ein anderes, besseres, das freilich gewiss noch nicht das gegenwärtige ist. Wir, Ihre Dozenten, tragen ein anderes Bild vom deutschen Menschen in uns, als man es Ihnen gezeigt hat, und sind entschlossen, es Ihnen lebendig vor Augen zu stellen.“ (Weniger: Rede zur Eröffnung, 1946, S. 319)

[1366] Weniger, Erich: Denkschrift über den Wiederaufbau der akademischen Lehrerbildung, in: Weniger, Erich: Die Eigenständigkeit der Erziehung in Theorie und Praxis. Probleme der akademischen Lehrerbildung, Weinheim ohne Jahr (1952), S. 273–307.

Darin geht Weniger davon aus, dass dem NS-Regime der größte und tiefste Einbruch in der Volksschullehrerschaft gelungen sei (Weniger: Denkschrift, 1946, S. 273). Den Grundschulunterricht wollte Weniger als „beste Lösung“ ganz in die Hände der Lehrerinnen geben, da dies nach Pestalozzi „mehr den Fähigkeiten und Neigungen der Frau“ entspräche (Weniger: Denkschrift, 1946, S. 288).

[1367] Weniger, Erich: Rede zur Eröffnung der pädagogischen Hochschule Göttingen (8. Februar 1946), in: Weniger, Erich: Die Eigenständigkeit der Erziehung in Theorie und Praxis. Probleme der akademischen Lehrerbildung, Weinheim ohne Jahr (1952), S. 308–324.

Der erste Satz ist eine weitgehend unstrittige Tatsachenfeststellung. Im zweiten Satz wird der Begriff der Ehre unmissverständlich an den der Pflichterfüllung gebunden, entsprechend den Vorstellungen von militärischer „Ehre". Statt nun den Denkfehler dieser einseitigen Verknüpfung aufzulösen, wird der Kurzschluss „Ehre ist an Pflichterfüllung gebunden" sogar noch verstärkt und von Weniger für den folgenden Gedankengang genutzt: Jene, die nicht ihre Pflicht als Soldaten oder Helferinnen der Wehrmacht erfüllt hätten, seien jene, so heißt es weiter, die man nicht brauchen könne. Wer in der NS-Zeit seine Pflicht nicht getan hat, der wird auch nach der NS-Zeit nicht seine Pflicht tun – so die perfide Unlogik dieses Gedankens. Nicht einmal im Ansatz wird ein Argument für diese Behauptung angeführt.

Es folgen beruhigende Worte, die Weniger an die in die NS-Ideologie verstrickten zukünftigen „Volkserzieher" richtet, wonach sie ja vielleicht gar nicht wissen konnten, wie die Lage war und worin das eigentliche Ideal des „deutschen Mensch" bestehe. Die heutigen Dozenten aber, so Weniger, würden dieses Ideal kennen und es den künftigen „Volkserziehern" vermitteln. Diese Form der Argumentation entbehrt nicht eines gewissen psychologischen Geschicks im negativen Sinne des Wortes, denn der notwendigen wirklichen Auseinandersetzung mit der NS-Zeit geht Weniger so aus dem Weg.

In einer weiteren Rede vom 2.11.1946 setzt Weniger einen besonderen Akzent. Am Ende seiner Rede müssen sich alle Studierenden mit Handschlag „verpflichten". Weniger endet seine Rede mit den Worten: Ich „verpflichte Sie durch Handschlag, dem Gesetz der Hochschule, der Verantwortung für Volk, Vaterland und Menschheit, der Pflicht gewissenhafter Vorbereitung auf Ihren erzieherischen Beruf treu und gehorsam zu sein".[1368] Treu und gehorsam!

c) „Ernst Kantorowicz" (1947): „unerschütterlichen Glauben an das unzerstörbare Erbe des deutschen Geistes"

1947 veröffentlichte Weniger seinen kurzen Aufsatz **„Ernst Kantorowicz"**,[1369] eine eindringliche Darstellung des Lebens seines Frankfurter Kollegen. Anders als Spranger, Petersen oder Nohl veröffentlichte Weniger zumindest einen Beitrag, in dem direkt von den Gaskammern in Auschwitz die Rede ist. Zunächst schreibt er über 1933:

> *„Und dann kam das Jahr 1933. – Wie bei fast allen Lebensläufen unserer Generation ist damit auch für Ernst Kantorowicz die entscheidende Wendung bezeichnet. Es begann nun die Besonderheit seines Schicksals, die ihn auch von den meisten seiner Rassegenossen abhebt. Er war Jude, in seiner äußeren Erscheinung als solcher durchaus erkennbar und in seinem geistigen Habitus mit einigen der besten Eigenschaften seines Volkes aufs trefflichste ausgestattet. Aber er fühlte sich ganz als Deutscher. Er wusste sich im Besitz des Erbes des deutschen philosophischen Idealismus und der deutschen klassischen und romantischen Dichtung und Musik; er lebte von diesem Erbe und von dem, was die letzten großen Repräsentanten des deutschen Geistes eben noch geschaffen hatten. Rilkes Werke waren ihm*

[1368] Weniger, Erich: Rede bei der Immatrikulation des ersten ordentlichen Lehrgangs der Pädagogischen Hochschule Göttingen, Sonntag, den 2. November 1946, in: Weniger, Erich: Die Eigenständigkeit der Erziehung in Theorie und Praxis, Weinheim ohne Jahr (1952), S. 323–327, hier S. 327. Siehe auch denselben Wortlaut in der Ansprache zur Immatrikulation Sommersemester 1947, in: Weniger, Erich: Die Eigenständigkeit der Erziehung in Theorie und Praxis, Weinheim ohne Jahr (1952), S. 331.

[1369] Weniger, Erich: Ernst Kantorowicz, in: Die Sammlung. Zeitschrift für Kultur und Erziehung, 2. Jg. (1947), S. 719–722. Der 1892 geborene Rechtswissenschaftler Ernst Kantorowicz wurde 1930 Professor für Staatskunde und Sozialwissenschaften und Leiter der pädagogischen Sektion des „Freien Deutschen Hochstifts". 1933 entlassen, arbeitete er zunächst als Mitarbeiter von Martin Buber am Aufbau der „Mittelstelle für jüdische Erwachsenenbildung" und wurde 1938 Nachfolger Bubers, der nach Palästina emigrierte. Als einer von 2.621 in Frankfurt nach dem Pogrom am 9./10. November 1938 ins KZ Buchenwald verschleppten Juden emigrierte Kantorowicz nach der Haftentlassung nach Amsterdam. Dort wurde er im Juni 1943 von den NS-Besatzern erneut verhaftet, über Westerbork erst in das KZ Bergen-Belsen, dann in das Ghetto Theresienstadt verschleppt. Mitte Oktober 1944 wurde Kantorowicz nach Auschwitz-Birkenau deportiert und ermordet (siehe dazu: Arnsberg, Paul: Die Geschichte der Frankfurter Juden seit der Französischen Revolution, Band 3: Biographisches Lexikon der Juden in den Bereichen Wissenschaft, Kultur, Bildung, Öffentlichkeitsarbeit in Frankfurt am Main, Darmstadt 1983).

> *fast täglicher Umgang. Er verstand den Antisemitismus einfach nicht und vermochte bis an sein tragisches Lebensende nicht zu glauben, dass das deutsche Volk ernstlich von ihm ergriffen sei; er hielt ihn für eine künstliche Schöpfung der nationalsozialistischen Führung. So wollte er lange Zeit die zunehmende Verschärfung der Lage der Juden in Deutschland nicht sehen; er erfreute sich an den Zeichen des Widerstandes gegen die Hetze, der in Frankfurt noch verhältnismäßig lange gerade im einfachen Volk zu spüren war.“* (Weniger: Kantorowicz, 1947, S. 720)

Weiter schreibt Weniger über die Zeitspanne von 1938 bis 1945:

> *„Dann kam die große Judenverfolgung im November 1938. Ernst Kantorowicz wurde verhaftet und nach Buchenwald verschleppt. Dort hat er, der nicht eben viel an körperlichen Kräften besaß, unbeschreiblich leiden müssen. Aber er hielt aus, blieb der, der er war, bewährte sich. Dort traf er mit Curt Bondy wieder zusammen. Er kam dann frei mit der Verpflichtung, sofort auszuwandern. Auch jetzt konnte er sich nicht entschließen, dem Rat der Freunde zu folgen und Europa ganz zu verlassen. Seine zweite Frau, die ihm in den letzten Jahren das Leben leichter und schöner gemacht hatte, war in Holland beheimatet. So ging er nach Amsterdam und blieb damit in dem gefährlichen Machtbereich des Nationalsozialismus.*
>
> *In dem nächtlichen Abschiedsgespräch, in dem er von dem furchtbaren Geschehen in Buchenwald berichtete, sprach er von seiner alles was kommen möge überdauernden Verbundenheit mit seiner geistigen Heimat und seinen deutschen Freunden. Er bleibe allen nahe, auch wenn er, um niemanden in Gefahr zu bringen, völlig schweigen werde. Von seinem Entschluss ließ er sich nicht abbringen. So hat niemand von uns wieder etwas von ihm gehört.“* (Weniger: Kantorowicz, 1947, S. 722)

Ein Freund des ermordeten Kantorowicz berichtete Weniger nach 1945 über dessen Schicksal. Weniger gibt diesen Bericht wie folgt wieder:

> *„Dieser sei nach dem deutschen Einmarsch in Holland – wohl erst nach einiger Zeit – in Amsterdam verhaftet und mit seiner Frau nach Theresienstadt gebracht. Dort habe er sich von seinen Leidensgenossen auffallend dadurch unterschieden, dass er in Vorträgen und Gesprächen Zeugnis abzulegen suchte von seinem unerschütterlichen Glauben an das unzerstörbare Erbe des deutschen Geistes, womit er freilich, wie zu verstehen, wenig Gegenliebe finden konnte. Er habe den Glauben an eine innere Umkehr der Deutschen nicht aufgeben wollen. Aber ihn wie seine Frau führte der Weg dann, ehe die Retter kamen, in die Gaskammern von Auschwitz.“* (Weniger: Kantorowicz, 1947, S. 722)

An diesem Punkt zeigt sich ein grundlegendes Problem: Weniger spricht an dieser Stelle konkret über eine Person, die ermordet wurde. Auch die Umschreibungen und Andeutungen ändern nichts an der Tatsache, dass er einige Dinge anspricht, die 1946 keinesfalls selbstverständlich waren. Dieser Punkt soll hier zuerst – vor den kritischen Bemerkungen – deutlich festgehalten werden. Es ist die Rede vom Antisemitismus – ansonsten ein Wort, das im Vokabular der deutschen Erziehungswissenschaft in den ersten Jahren nach 1945 kaum zu finden ist – und davon, dass oder ob das deutsche Volk vom Antisemitismus ernstlich ergriffen worden sei. Der Begriff „Judenverfolgung“ fällt gar. Der Bericht endet im Kontrast zu all den Vorstellungen von „deutsch“, die Kantorowicz hatte, bei der Benennung der Gaskammern von Auschwitz. Das spricht Erich Weniger aus. Nochmals: Das war keinesfalls selbstverständlich.

Gleichzeitig wird am Gedankengang und an den Formulierungen jedoch auch spürbar, wie sehr die NS-Sozialisation im Militär und in den Sprachregelungen nach 1945 wirkte. Wie selbstverständlich ist die Rede von „seinen Rassegenossen“. „Er war Jude, in seiner äußeren Erscheinung als solcher durchaus erkennbar“, heißt es weiter. Der Wissenschaftler Weniger bleibt bei der nazistischen Vorstellung der Existenz einer jüdischen Rasse, die angeblich an äußeren Merkmalen erkennbar ist. Auch die Formulierung, dass Kantorowicz sich in Buchenwald „bewährt“ habe, ist in mehrfacher Hinsicht ganz und gar nicht angemessen.

Deutlich wird auch, was Weniger an Kantorowicz schätzte: das Deutsche, sein Deutschsein, sein Gefühl, er sei Deutscher, sein Glaube an die innere Umkehr der Deutschen, seine Verehrung von Rilke. Der Tatbestand mag treffend geschildert sein,[1370] die Tragweite der Fehleinschätzung wird am Ende deutlich, aber dennoch bleibt ein schwer direkt am Text, am Wort zu belegender Gesamteindruck, dass Weniger über die nicht so gebildeten, nicht so „deutsch" denkenden Juden indirekt auch spricht, indem er zu ihnen eben nichts sagt. Das Mitgefühl für Kantorowicz ist deutlich, aber die Assoziation zu Adornos Bemerkung über die Besucherin des Theaterstücks „Das Tagebuch von Anne Frank" kommt einem in den Sinn, die sagte: Wenigstens dieses „Mädchen hätte man doch (...) leben lassen sollen".[1371]

d) Mythos, „echte Symbole" und „die deutsche Einsicht in die irrationale Tiefe der Geschichtlichkeit" (1948)

Der Aufsatz **„Geschichte ohne Mythos"**[1372] von 1948 ist der Abdruck eines im Dezember 1946 gehaltenen Vortrags auf einem geschichtspädagogischen Lehrgang. In diesem Aufsatz bemüht sich Weniger, ohne auch nur an einer einzigen Stelle auf eigene Schriften einzugehen, der neuen Lage Rechnung zu tragen und gegen die NS-Mythen in der Geschichtsbetrachtung der NS-Zeit Stellung zu nehmen. Bei Wenigers Aufzählung der in der Tat auch existierenden NS-Mythen (vom Mythos des „tausendjährigen Reichs", über „Blut und Boden" bis hin zum Führermythos) werden die Mythen über die „Feinde", Juden und Slawen, der Mythos vom „unwerten Leben" und der Mythos vom „Untermenschen" nicht angeführt und somit nicht zum Gegenstand der Kritik gemacht. Nach einer Aufzählung von NS-Mythen irritiert ihre Bezeichnung als „pseudomythische Erfindungen" (Weniger: Geschichte ohne Mythos, 1948, S. 31). Das Argument Wenigers für diese Bezeichnung ist, dass richtige Mythen wachsen, Pseudomythen aber durch Propaganda geschaffen würden.

Während sich Weniger dagegen wendet, „neue Mythen" zu schaffen, gar als Ersatz für Religion und Metaphysik, und die „Entmythisierung der Geschichte" fordert (Weniger: Geschichte ohne Mythos, 1948, S. 35 ff.), beginnt mitten im Beitrag die gegenläufige Argumentation: Wenn Mythen gar keine Mythen sind, sondern „echte Symbole", dann müssten sie bewahrt werden. Und, so Weniger, der Geschichtslehrer müsse einen bestimmten „Glauben" haben, sonst könne er keine Geschichte unterrichten. Zunächst ist die Verwandlung vom Mythos in das „echte Symbol" von Interesse. Weniger wählt sich dafür den „August 1914":

> *„Nun wird man einwenden, dass doch auch in einem so gestalteten Geschichtsunterricht ein Mythos, jedenfalls in einem übertragenen Sinne, irgendwie im Spiel und am Platze sei. Man erinnert etwa an den ‚Mythos vom August 1914' oder an den von Langemarck, der auch schon vor 1933 eine Bedeutung gehabt habe. Freilich will man heute von beider Geltung nichts wissen. So ist es kürzlich noch Friedrich Meinecke von der Kritik als ein Steckenbleiben in bürgerlicher oder gar nationalistischer Ideologie von den Kritikern seines Buches ‚Die deutsche Katastrophe' angerechnet, dass er sich zu dem Mythos des August 1914 bekennt. In beiden Fällen handelt es sich aber nicht um einen Mythos,*

[1370] Dass Weniger nicht erklärt, dass Buchenwald ein KZ war, dass Theresienstadt ein Ghetto war, dass die Umschreibung „führte der Weg", wenn es um den Weg in die Gaskammer geht, die Täter ausklammert, dass nicht von den Soldaten der Roten Armee als „Retter" die Rede ist, sondern ganz allgemein von den zu spät kommenden „Rettern" gesprochen wird – das alles gehört zur Einschätzung von Wenigers Aufsatz dazu. Dennoch unterscheidet sich dieser Aufsatz gravierend von all den anderen Publikationen deutscher Erziehungswissenschaftler in den Jahren nach 1945.

[1371] „Man hat mir die Geschichte einer Frau erzählt, die einer Aufführung des dramatisierten Tagebuchs der Anne Frank beiwohnte und danach erschüttert sagte: Ja, aber *das* Mädchen hätte man doch wenigstens leben lassen sollen. Sicherlich war selbst das gut, als erster Schritt zur Einsicht. Aber der individuelle Fall, der aufklärend für das furchtbare Ganze einstehen soll, wurde gleichzeitig durch seine eigene Individuation zum Alibi des Ganzen, das jene Frau darüber vergaß. Das Vertrackte solcher Beobachtungen bleibt, dass man nicht einmal um ihretwillen Aufführungen des Anne Frank-Stücks, und ähnlichem, widerraten kann, weil ihre Wirkung ja doch, so viel einem daran auch widerstrebt, so sehr es auch an der Würde der Toten zu freveln scheint, dem Potenzial des Besseren zufließt." (Adorno, Theodor W.: Was bedeutet: Aufarbeitung der Vergangenheit?, 1959, in: Eingriffe. Neun kritische Modelle, Frankfurt am Main 1968, S. 146 f., Hervorhebung im Original)

[1372] Weniger, Erich: Geschichte ohne Mythos. Zur Neugestaltung des Geschichtsunterrichtes, in: Die Sammlung. Zeitschrift für Kultur und Erziehung, 3. Jg. (1948), S. 31–47.

sondern um ein echtes Symbol für eine deutsche Möglichkeit zur Vollendung, eine Möglichkeit, endlich einmal die Einheit des Volkes einschließlich der Arbeiterschaft in Gefühl und Handeln zu gewinnen. Das hätte damals Wirklichkeit werden können.“ (Weniger: Geschichte ohne Mythos, 1948, S. 37)

Es handelt sich hier um eine Schlüsselpassage, da geschichtliche Mythen begrifflich unter dem Namen „echte Symbole“ bewahrt werden können und inhaltlich gleichzeitig klar ist, dass der eigentliche historische Streit über die geschichtliche Realität 1914 nicht ausgefochten ist, ja sogar bewusst nicht ausgetragen werden soll. Denn laut Weniger sind solche „echten Symbole“, soweit sie als positiv bezeichnet werden und in der Vergangenheit liegen, als „abgeschlossene Gestaltung“ (Weniger: Geschichte ohne Mythos, 1948, S. 38) zu verstehen, die „den realen Sachverhalt“ verdeutlichen könnten. Unterschiedliche Deutungen solcher „echten Symbole“ sind ausgeschlossen, da sie „eine wahrhaftige Deutung zur Anschauung zu bringen vermögen“ (Weniger: Geschichte ohne Mythos, 1948, S. 38). Und Weniger fährt im dritten Abschnitt fort:

„Auch ein solcher entmythisierter Geschichtsunterricht setzt freilich einen Glauben voraus, den Glauben an die Aufgabe unseres deutschen Volkes, die ihm auch heute noch geblieben ist.“ (Weniger: Geschichte ohne Mythos, 1948, S. 38)

Weniger erläutert diesen Glauben: er solle bescheiden sein, an Frieden, Recht und Freiheit gebunden. Und es ist der Glaube an eine Mission des deutschen Volkes. Es heißt weiter:

„Es ist im Besonderen der Glaube, dass hierbei das deutsche Volk noch eine Aufgabe und damit einen Platz finden wird, um so seinen unvollendeten Auftrag zu vollbringen, für den produktive Möglichkeiten in ihm offen oder noch verborgen liegen. Zusammengefasst ist es der Glaube an die Geschichtlichkeit unseres Daseins, das stets, auch im Zusammenbruch, unsere Antwort, unsere Verantwortung und also unser Handeln verlangt.“ (Weniger: Geschichte ohne Mythos, 1948, S. 38)

Die Favorisierung des Begriffs des „Glaubens“, und zwar des Glaubens an einen „unvollendeten Auftrag“ des deutschen Volkes, im Kontext von Geschichtswissenschaft, Geschichtsdidaktik und Geschichtsunterricht, charakterisiert Weniger, der diese Position nicht zur Diskussion stellt, sondern ultimativ vertritt:

„Wer in diesem Sinn nicht gläubig ist, kann keinen Geschichtsunterricht geben, mag er nun die Facultas haben oder nicht, ebenso wie der nicht christlich Gläubige keinen Religionsunterricht geben sollte.“ (Weniger: Geschichte ohne Mythos, 1948, S. 39)

Es entzieht sich unserer Kenntnis, wie eine solche Glaubensprüfung der Geschichtslehrer administrativ durchgeführt werden sollte, aber der Gedanke war in der Realität ja auch kein Aufruf zur Entfernung aller in diesem Sinne „ungläubigen“ Geschichtslehrer. Er zeugt jedoch von einer grundlegend autoritären Geisteshaltung.

Weniger, der sich zu Beginn des Aufsatzes gegen den Mythos wendet und die Rolle der rationalen Geschichtsbetrachtung betont, sich gar auf Hegel, Marx und Dilthey beruft (Weniger: Geschichte ohne Mythos, 1948, S. 40), hat diesen Punkt sozusagen „abgearbeitet“, um dann das Element der Irrationalität, das er durch die Vordertür hinausgejagt hat, durch die Hintertür wieder hereinzulassen:

„Bei solchem Sicheinfügen wird dann auch die deutsche Einsicht in die irrationale Tiefe der Geschichtlichkeit als Begrenzung der Macht der Ratio wieder fruchtbar werden können.“ (Weniger: Geschichte ohne Mythos, 1948, S. 40)

Worin die „deutsche Einsicht in die irrationale Tiefe“ besteht, wird von Weniger weder hinterfragt noch erörtert, sondern – obwohl oder gerade weil diese Frage doch der springende Punkt ist – vorausgesetzt.

In einem stilistisch von Fragen und Antworten geprägten Teil stellt Weniger absurde Fragen, um sie dann mit Nein zu beantworten:

„Ist damit eine erbarmungslose Selbstkritik, möglichst mit den Waffen unserer Gegner aus beiden Weltkriegen, gefordert? Nein. Wir brauchen keine selbstquälerische Zerstörung dessen, an das wir bisher geglaubt haben (...).“ (Weniger: Geschichte ohne Mythos, 1948, S. 42)

An was haben „wir" denn bisher geglaubt? Ist da wirklich nichts, das so war, dass ein schlechtes Gewissen zu „selbstquälerischen" Zweifeln hätte führen müssen? Die in der Fortsetzung aufgestellte Forderung nach einer „Besinnung auf Fehlentwicklungen" wird der „selbstquälerischen Zerstörung" gegenübergestellt. Indem reale Pläne der Alliierten zur Entnazifizierung karikiert werden, um sie dann als Karikatur zurückzuweisen, zeigt Weniger sich als Kenner und Anwender demagogischer Methoden.[1373]

Im fünften und letzten Abschnitt werden inhaltliche Positionen zusammenfassend vorgestellt. Sich auf Ernst Troeltsch berufend, bezeichnet Weniger Antike, Christentum, nordisch-germanische Welt, aber auch naturwissenschaftliches Denken als die entscheidenden Bildungsmächte. Dem Wortlaut nach gegen Mythos, Ideologie und Legenden gerichtet erfährt man Folgendes über den Ort, an dem „die Blutszusammenhänge" geschichtlich wirksam geworden seien:

> *„Die nordisch-germanische Welt als wirkende Welt bleibt auch heute lebendig, obwohl freilich gerade hier die mythologisierenden Übersteigerungen des Nationalsozialismus zugunsten einer gerechten und vorurteilsfreien Würdigung abgebaut werden müssen."* (Weniger: Geschichte ohne Mythos, 1948, S. 46)

Weniger erklärt weder, was „Blutszusammenhänge" im Geschichtsunterricht für eine Rolle spielen, noch welche „nordisch-germanische Welt" existierte und wo sie „auch heute lebendig" sein soll.

e) „Unser General" (1949)

Wenigers 1949 erstmals veröffentlichter Aufsatz **„Zur Vorgeschichte des 20. Juli 1944. Heinrich von Stülpnagel"** wurde bereits 1945 verfasst.[1374] Auf diesen siebzehn Seiten wird auf

---

[1373] In diesem Stil gibt es auch die Frage: „Heißt das Gleichschaltung auf eine uniforme, nun aber antifaschistische Massengesinnung? Abermals nein " (Weniger: Geschichte ohne Mythos, 1948, S. 43).

[1374] Weniger, Erich: Zur Vorgeschichte des 20. Juli 1944. Heinrich von Stülpnagel, in: Die Sammlung. Zeitschrift für Kultur und Erziehung, 4. Jg. (1949), S. 475–492.

Im Vorspann der Schriftleitung heißt es: „Die Darstellung Prof. Wenigers wurde im August 1945 geschrieben und sollte im 3. Heft unserer Zeitschrift erscheinen. Das war damals noch nicht möglich. Nun drucken wir sie ab, wie sie damals geschrieben wurde" (Weniger: Stülpnagel, 1945, S. 475). In dem im Archiv der Universität Göttingen vorhandenen maschinenschriftlichen Manuskript mit handschriftlichen Zusätzen Wenigers existiert ein Absatz, der in der gedruckten Fassung nicht enthalten ist. Die im sechsten Absatz des Manuskripts enthaltene Kritik an der „Hessischen Post", der Zeitung der US-Armee, ist ebenfalls nicht enthalten. Der sechste Absatz lautet:

„Unter den Alliierten scheint man in der Beurteilung des 20. Juli nicht ganz einig zu sein, doch wird die vorherrschende Meinung wohl durch die ‚Hessische Post', die Zeitung der amerikanischen XII. Heeresgruppe für die deutsche Zivilbevölkerung, wiedergegeben, die zum Jahrestage schreibt: Seit der bedingungslosen Kapitulation Deutschlands habe sich um die Opfer der Juliverschwörung eine Legende gesponnen, die untersucht werden müsse, noch ehe sie – wie so viele Legenden – Eingang finde in eine an Fälschungen ohnedies allzu reiche deutsche Geschichte. ‚Die Revolte des 20. Juli war weit davon entfernt, ein Volksaufstand zu sein. Es handelte sich vielmehr um die Konspiration einer militaristischen Clique gegen eine andere, um den letzten Versuch eines Teiles der deutschen Militärkaste, sich in die Zukunft hinüber zu retten. Schon das Datum des Attentats kennzeichnet den unheroischen Charakter seiner Urheber. Die Beseitigung Hitlers im Interesse des deutschen Volkes hätte viele Jahre vorher unternommen werden müssen. Im Juli 1944 war diese Beseitigung nur als Rettungsversuch für eine Minderheit des deutschen Volkes gedacht.' Man habe vor einem Jahre in ganz Deutschland von dem Wunder der Vorsehung gesprochen, das Hitler gerettet habe. Der 20. Juli sei kein Wunder gewesen. ‚Aber es war eine Bestimmung der Vorsehung, dass Hitler nicht einem militärischen Putsch zum Opfer falle und dass Deutschland nicht wieder die Beute einer Clique werde, die den Frieden nur als Übergang, den Krieg aber als das Ziel und den Zweck Deutschlands betrachtet.' Eine politische Auseinandersetzung mit dieser Auffassung der Geschehnisse verbietet sich, denn Deutschland ist heute nur noch Objekt der Politik." (Niedersächsische Staats- und Universitätsbibliothek Göttingen, Abteilung für Handschriften und seltene Drucke, Cod. Ms. E. Weniger 6/5, 6)

In einem Brief an den Staatssekretär Dr. Dr. Wende (Niedersächsisches Kultusministerium) vom 11.12.1947 legt Weniger den nicht veröffentlichten Stülpnagel-Artikel bei und schreibt: „Im August 1945 geschrieben, sollte er in die ‚Sammlung' kommen. Unbegreiflicherweise haben die Engländer das verboten. Ein Mr. Kingsley hat sich damals noch bei unserem Minister über mich beschwert und mich als Militaristen angeprangert" (Brief an Dr. Dr. Wende vom

General Stülpnagel, der Oberster Befehlshaber der Wehrmacht in Frankreich war und der nach dem gescheiterten Attentat auf Hitler 1944 hingerichtet wurde, ein wahres Loblied verfasst. Weniger selbst war zu dieser Zeit NS-Führungsoffizier im besetzten Frankreich.[1375] Kernpunkte dieses – wie der Vorspann mitteilt – 1945 von der britischen Besatzungsmacht verbotenen Aufsatzes über „unseren General“ betreffen nicht nur historisch gewichtige Fragen über die Lage in Frankreich im Kontext des 20. Juli 1944, sondern auch Wenigers Haltung zum Widerstandsrecht und zu Militarismus und Nationalismus nach 1945.

Glaubwürdig schildert Weniger, dass in seinem Umkreis viele alte Militärs den Anschlag auf Hitler missbilligten (Weniger: Stülpnagel, 1945, S. 476) und dieser Punkt auch in der Bevölkerung noch ganz und gar nicht klar gewesen sei. Er selbst stellt sich als Beobachter „an einigen nicht unwichtigen Kommandostellen“ der Ereignisse um den 20. Juli in Frankreich dar, der mehrere Jahre lang „täglichen Umgang“ mit Stülpnagel hatte (Weniger: Stülpnagel, 1945, S. 477). Kurz, Weniger stellt sich als Autor vor, der in vieles Einblick hatte, was sich auf den höchsten Etagen des NS-Staats zugetragen hat. Das Credo Stülpnagels ist auch das Credo Wenigers: „Im Grunde ist das deutsche Volk doch anständig geblieben“ (Weniger: Stülpnagel, 1945, S. 478).

Weniger behauptet, Stülpnagel sei auf „dem dornenvollen Posten des Militärbefehlshabers (...) kaltgestellt“ worden (Weniger: Stülpnagel, 1945, S. 479). Stülpnagel sei ein an Wissenschaft interessierter und militärisch hervorragender Kopf gewesen, der in seinem Umfeld hohe Achtung genossen und bei Problemen mit allzu linientreuen Nazis diese „unter den Tisch“ getrunken habe (Weniger: Stülpnagel, 1945, S. 481). Die „Rettung des Abendlandes“ sah Stülpnagel nach Wenigers Darlegung im „Europäertum“ bzw. im Separatfrieden im Westen (Weniger: Stülpnagel, 1945, S. 481).[1376] Die Handlungen Stülpnagels nach dem Überfall auf Frankreich schildert Weniger, ohne auf Geiselerschießungen, Deportationen etc. einzugehen:

> *„Der Oberbefehlshaber konnte nur noch versuchen, das Schlimmste zu verhüten und immer wieder das Vernünftige auf den ihm zur Verfügung stehenden Wegen zu Gehör bringen, im Übrigen für seinen Bereich Ritterlichkeit und Humanität zu bewahren. Es war nicht seine Formulierung, aber es entsprach seinen Überzeugungen, wenn gesagt wurde, dass es die Aufgabe der Wehrmacht als Besatzung und der Militärverwaltung sei, so zu arbeiten, und so sich zu halten, dass die Ehrenhaftigkeit der deutschen Soldaten, die Ritterlichkeit, das Wohlwollen und die gestaltende Kraft der Besatzungsmacht bleibende Erinnerung hinterließen. Selbst wenn der Krieg verloren ging, wäre dann das moralische Prestige gerettet. Schon in der Ukraine hatte er in diesem Sinne geführt. In den Anfängen schien das noch möglich. Es ist noch in Erinnerung, wie hoch damals das Ansehen der Wehrmacht bei der Bevölkerung der besetzten Gebiete stand und wie sie zwischen der Wehrmacht und den von der Partei bestimmten Einrichtungen zu unterscheiden wusste.“* (Weniger: Stülpnagel, 1945, S. 482)

11.12.1947, S. 3, Niedersächsische Staats- und Universitätsbibliothek Göttingen, Abteilung für Handschriften und seltene Drucke, Cod. Ms. E. Weniger 5/23).

[1375] Nach seiner umfangreichen Studie „Die Wehrmacht im NS-Staat. Zeit der Indoktrination“ (Hamburg 1969) legte Manfred Messerschmidt 1982 den Aufsatz „Bildung und Erziehung im ‚zivilen‘ und militärischen System des NS-Staates“ (in: Messerschmidt, Manfred/Maier, Klas A. u. a. (Hrsg.): Militärgeschichte. Probleme – Thesen – Wege, Stuttgart 1982, S. 190–214) vor. In beiden Publikationen wird im Detail nachgewiesen, dass eine systematische NS-Indoktrination in der Wehrmacht stattgefunden hat.

Speziell über die Rolle der NS-Führungsoffiziere informiert Arne Zoepf in seinem Beitrag „Wehrmacht zwischen Tradition und Ideologie. Der NS-Führungsoffizier im Zweiten Weltkrieg“ (Frankfurt am Main/Bern/New York/Paris 1988). Hier werden akribisch die Auswahl der NS-Führungsoffiziere, die einzelnen Lehrgänge und auch die Rolle der NS-Führungsoffiziere an der Westfront geschildert (Zoepf, S. 277 ff.). Zoepf stellt fest, dass „die Grundlagen der NS-Weltanschauung deutlich an erster Stelle vor den Themen, die den Soldaten im Moment wirklich bewegten, rangierte“, darunter Vorträge wie „Der Jude als der Feind“ (Zoepf, S. 277).

[1376] An anderer Stelle heißt es genauer: „Die Hoffnung Stülpnagels war, dass ein Waffenstillstand im Westen erreicht werden, dass dann mit einem noch unerschütterten Ostheer die Ostgrenze des Reiches gehalten und dass in einem freilich harten Frieden das Altreich im wesentlichen in seinen früheren Grenzen gerettet werden könne“ (Weniger: Stülpnagel, 1945, S. 489).

Der „Mythos der Geschichte" der deutschen Wehrmacht, von der Bevölkerung in der Ukraine begeistert begrüßt, kann hier nicht im Einzelnen widerlegt, das Ausmaß von Widerstand und Kollaboration mit NS-Deutschland etwa in der Ukraine oder auch in Frankreich nicht genauer behandelt werden. Eines ist jedoch auf jeden Fall klar: Die jüdische Bevölkerung in der Ukraine wurde nicht nur systematisch von den Einsatzgruppen, sondern in einzelnen Fällen, wie dokumentiert ist, auch von der 17. Armee des Generals Stülpnagel auf dessen ausdrücklichen Befehl hin verfolgt und ermordet; ebenso in Frankreich.[1377] Hier von „Ritterlichkeit und Humanität" zu sprechen – unabhängig davon, ob möglicherweise manche SS-Führer vielleicht nicht hundert, sondern zweihundert Franzosen für einen verletzten deutschen Wehrmachtssoldaten hinrichten lassen wollten, was Stülpnagel dann auf hundert „abmilderte" – war 1949 wieder möglich geworden.

Weniger erörtert dann die Frage des Widerstandsrechts bei Calvin und Luther und verweist auf die Rechtlosigkeit und die Alleinherrschaft Hitlers als Gründe für ein Attentat.

Auf den letzten drei Seiten des Beitrags schildert Weniger, dass Stülpnagel vierzehn Tage vor dem Attentat ihm „unter vier Augen" mitgeteilt habe, „dass auf die Generale nicht mehr zu hoffen sei" (Weniger: Stülpnagel, 1945, S. 490). So entsteht der Eindruck, Weniger sei eingeweiht gewesen. Anders dagegen beim letzten Treffen Wenigers mit Stülpnagel, da „verriet" Stülpnagel nicht, was in ihm vorging (Weniger: Stülpnagel, 1945, S. 491). Ganz eingeweiht war Weniger also nicht. Noch in der Planung der Selbsttötung habe Stülpnagel versucht den Eindruck zu erwecken, er sei von Partisanen überfallen und erschossen worden. So gelang sein Schuss mit weit ausgestrecktem Arm auf sich selbst nicht, er wurde verhaftet und hingerichtet. Noch mit dem Tod vor Augen war der Feind die Résistance, die bei einer erfolgreichen Selbsttötung mit massivsten Vergeltungsmaßnahmen hätte rechnen müssen, was niemand besser wusste als Stülpnagel. Dass nur im Zusammenschluss mit den Widerstandsorganisationen in Frankreich nach der Verhaftung von allen SS-Männern in Paris moralisch, politisch und militärisch etwas hätte erreicht werden können, war für einen General wie Stülpnagel undenkbar. Aber die Résistance war eben kein deutscher und vor allem kein deutsch-militärischer Widerstand.[1378]

[1377] Am 17. April 1942 hat Stülpnagel in Paris folgendes angeordnet: „Die sofortige Erschießung von 30 Kommunisten, Juden u. dem Täterkreis nahestehenden Personen". Für den Fall, dass die Kämpfer der Résistance nicht innerhalb von drei Tagen gefasst würden, ordnete er weiter an: „Die Erschießung von weiteren 80, sowie die Deportation von 1.000 Kommunisten, Juden u. dem Täterkreis nahestehende Personen". In der Ukraine wies Stülpnagel am 30.6.1941 an, „kollektive Maßnahmen nicht wahllos treffen". „Besonders die jüdischen Komsomolzen sind als Träger der Sabotage und Bandenbildung Jugendlicher anzusehen". Der Nürnberger Prozess hat 1946 detailliert die Ungeheuerlichkeiten der verbrecherischen Besatzung Frankreichs außerhalb konkreter Kriegshandlungen als Verbrechen gegen die Menschlichkeit nachgewiesen (zitiert nach: GEW Frankfurt (Hrsg.): Die Auseinandersetzung um die Ehrung des Generals Heinrich von Stülpnagel. Ein Beitrag zur Debatte um den 20. Juli 1944, Frankfurt am Main 1996, S. 52, S. 48 und S. 68 ff.).

[1378] Ebenfalls in der Zeitschrift „Die Sammlung" erschien 1949 Wenigers Aufsatz „Deutsche Opposition gegen Hitler" (in: Die Sammlung. Zeitschrift für Kultur und Erziehung, 4. Jg. (1949), S. 245–251), der verschiedene Buchbesprechungen beinhaltet. In der Besprechung von Hans Rothfels' Buch „The German Opposition to Hitler" (Hinsdale 1948), das damals noch nicht in deutscher Sprache erschienen war, betont Weniger, gegen die Alliierten gerichtet, dass die Männer des 20. Juli nicht in erster Linie aus militärischen Gründen, sondern vor allem aus sittlichen Gründen gehandelt hätten und bereits seit 1933 gegen Hitler eingestellt gewesen seien (Weniger: Deutsche Opposition, 1949, S. 247). Männer wie Stülpnagel seien „Erben des klassischen deutschen Humanismus" gewesen (Weniger: Deutsche Opposition, 1949, S. 247). Weniger erklärt: „Bei allem äußeren Zwang war das Heer in den letzten Jahren vor dem Krieg ein Zufluchtsort für freie Menschen, wie sonst nur noch die Kirche" (Weniger: Deutsche Opposition, 1949, S. 250). Der Wahrheitsgehalt dieser Aussagen setzt eine dreifache Klärung voraus: Wie frei war die deutsche Kirche 1936–1939? Von welchen „freien Menschen" spricht Weniger? Und wie war die Lage in der Wehrmacht als Ort ideologischer Indoktrination wirklich? Dass Wenigers Wahrnehmungsfähigkeit stark getrübt war, zeigt sich auch an der tendenziellen Gleichsetzung der Lage vor und nach 1945. Einleitend wird von Weniger bemängelt, dass eine Reihe von Schriften über den Widerstand noch nicht in deutscher Sprache vorlägen oder lediglich in der Schweiz erschienen seien und behauptet: „Diese [Bücher] kamen dann nur vereinzelt in deutsche Hände, beinah auf die gleiche Art, wie die Bücher der Emigranten zur Hitlerzeit" (Weniger: Deutsche Opposition, 1949, S. 246).

f) „Volkszerstörung“ „in dieser unserer Zeit“? (1949)

1949 bzw. 1957 erschien Wenigers Sammelband **„Neue Wege im Geschichtsunterricht“**,[1379] in dem erneut die beiden Aufsätze „Neue Wege im Geschichtsunterricht“[1380] und „Geschichte ohne Mythos“[1381] von 1946 abgedruckt wurden. Hierin sind auch Wenigers Aufsatz „Heimat und Geschichte“ aus dem Jahr 1926[1382] und seine „Richtlinien für den Geschichtsunterricht. Ein Entwurf“ aus dem Jahr 1948 nachgedruckt. Auffällig ist, dass diese Richtlinien, die eine Zusammenfassung der Ansichten Wenigers enthalten, in ausgesprochen allgemeiner Form formuliert sind.[1383] Die NS-Zeit, die „jüngste Vergangenheit“, wird an keiner Stelle direkt angesprochen. Zwei Passagen erscheinen hier daher besonders bemerkenswert: Zunächst heißt es im fünften Abschnitt:

> *„Ein lebendiger Geschichtsunterricht in dieser unserer Zeit wird auszugehen haben von den Nöten unseres gegenwärtigen Daseins, wie sie sich zusammengefasst als Volkszerstörung begreifen lassen. Er wird die kausalen Zusammenhänge, die zu dieser Volkszerstörung geführt haben, herauszuarbeiten suchen.“* (Weniger: Richtlinien, 1948 in: SB Neue Wege im GU, 1957, S. 73)[1384]

„Volkszerstörung“? Diesen Begriff, der von Weniger nicht näher definiert wird, bezieht er auf das „gegenwärtige Dasein“ und nicht auf die „jüngste Vergangenheit“. Die Stoßrichtung gegen die Besatzungsmächte wird angedeutet, aber nicht ausgesprochen. Die Formulierung „kausale Zusammenhänge“ bleibt vage und damit methodisch unangreifbar. Der Begriff „Volkszerstörung“ selbst weckt Assoziationen, die bedrohlich wirken. Weniger fordert auch wie selbstverständlich die „Wiederherstellung der gesunden Volksordnung“ – ebenfalls ein Begriff, der nicht erklärt, sondern vorausgesetzt wird.

Eine zweite Passage soll noch analysiert werden: Weniger stellt sich schützend vor seine antidemokratischen, im NS-System sozialisierten Kollegen, die nicht so wendig wie er selbst in die Rolle des demokratischen Geschichtslehrers schlüpfen können. Es heißt im sechsten Abschnitt:

> *„Kann der Geschichtslehrer sich die Aufgaben des Geschichtsunterrichts innerhalb der deutschen Demokratie nicht zueigen machen, so wird er es, auch wenn er die Lehrbefähigung besitzt, ablehnen, den Geschichtsunterricht zu geben. Aus solcher Ablehnung darf ihm ebenso wenig ein beruflicher Nachteil entstehen wie dem Lehrer, der die Erteilung des Religionsunterrichts aus Gewissensgründen verweigern muss.“* (Weniger: Richtlinien, 1948 in: SB Neue Wege im GU, 1957, S. 76)

[1379] Weniger, Erich: Neue Wege im Geschichtsunterricht, 2. Auflage (fotomechanischer Nachdruck der 1. Auflage 1949), Frankfurt am Main 1957.

[1380] Weniger, Erich: Neue Wege im Geschichtsunterricht (1946), in: Neue Wege im Geschichtsunterricht, 2. Auflage (fotomechanischer Nachdruck der 1. Auflage 1949), Frankfurt am Main 1957, S. 11–35.

[1381] Weniger, Erich: Geschichte ohne Mythos (1946), in: Neue Wege im Geschichtsunterricht, 2. Auflage (fotomechanischer Nachdruck der 1. Auflage 1949), Frankfurt am Main 1957, S. 36–55.

[1382] Bei dem unveränderten Nachdruck fällt insbesondere folgende Passage ins Auge: „Die Einengung des deutschen Lebensraumes, die Hemmung des Expansionstriebes, der beständige Druck auf die Grenzen, die doppelte Bedrohung der Kultur von außen durch Fremdkulturen, von innen durch die Abgründe der moralischen und geistigen Existenz des Volkes führt zu einem Zurückfluten der Kräfte von den Außenwerken auf die engeren Räume, die mit vermehrter Intensität von freigewordenen Energien erfüllt, zu neuen Kraftfeldern für Volk und Kultur werden.“ (Weniger, Erich: Heimat, 1926, in: Neue Wege im Geschichtsunterricht, 1957, S. 59)

Die „Hemmung des Expansionstriebes“ als Teil eines konstruierten Bedrohungsszenarios war schon 1926 einer der zentralen – juristisch gesprochen „volksverhetzenden“ – Lügen und impliziert, dass Deutschland 1926 ungehemmt expandieren sollte. Solche Thesen 1949 bzw. 1957 zu verbreiten gehört zu jenen untergründigen Provokationen, die durch die unkritische Behandlung solcher Texte durch ihre Autoren bei Neuauflagen angelegt sind. Ansonsten wird in diesem Aufsatz im Wesentlichen die Gefahr einer verengten Vorstellung von „Heimat“ aufgezeigt und der Akzent auf die eigenständige Bedeutung des Geschichtsunterrichts gelegt („aber der Sinn der Heimatkunde ist nicht Geschichte“ (Weniger: Heimat, 1926, in: Neue Wege im Geschichtsunterricht, 1957, S. 62).

[1383] Weniger, Erich: Richtlinien für den Geschichtsunterricht. Ein Entwurf (1948), in: Neue Wege im Geschichtsunterricht, 2. Auflage (fotomechanischer Nachdruck der 1. Auflage 1949), Frankfurt am Main 1957, S. 68–77.

[1384] Diese Passage ist auch schon im 1948 veröffentlichten Aufsatz „Geschichte ohne Mythos“ (in: Die Sammlung. Zeitschrift für Kultur und Erziehung, 3. Jg. (1948), S. 31–47, hier S. 43) enthalten.

Die Parallele zwischen Religion und Geschichte deutet darauf hin, dass es bei Weniger nicht um eine wissenschaftsorientierte Lehre der Geschichte geht, sondern dass für ihn ein demokratisch fundierter Geschichtsunterricht eine Frage des „neuen Glaubens" ist, den man haben kann, dessen Annahme man aber nicht erzwingen darf. Die Entlassung antidemokratischer Lehrer lehnt Weniger ab, sie sollen eben einfach keinen Geschichtsunterricht geben. Hier wird die Stoßrichtung gegen die Richtlinien zur Entnazifizierung deutlich.

g) „Missbrauch der deutschen Wehrmacht durch den Nationalsozialismus" (1952)

1952 wurde Wenigers Rundfunkansprache zum 20. Juli unter dem Titel **„Gehorsamspflicht und Widerstandsrecht in der Demokratie"**[1385] veröffentlicht. In diesem Vortrag geht es nur einleitend um die Männer des 20. Juli. In der Hauptsache berichtet Weniger von den Diskussionen über den Aufbau einer neuen Armee in Deutschland, wie Dienstvorschriften zu gestalten seien und ähnliche Fragen. Denjenigen, die am 20. Juli 1944 auf der Seite Hitlers gestanden bzw. das Attentat verurteilt haben, unterstellt Weniger eine „Lauterkeit der Motive" (Weniger: Gehorsamspflicht, 1953, S. 418):

> *„Wenn ihre damalige Entscheidung in Wahrhaftigkeit und im Bewusstsein persönlicher Verantwortung für das Ganze getroffen war, so entzieht sie sich der individuellen Kritik, und auch ob des mangelnden Überblicks wird man nicht noch nachträglich rechten wollen."* (Weniger: Gehorsamspflicht, 1953, S. 417)

Hier wird eine Möglichkeit konstruiert, die in der Realität nicht gegeben war. Weniger greift auf die Methode der Isolierung des subjektiven Motivs von der Realität, der Wirkung und dem Resultat von Handlungen zurück, um den guten Willen als zentrale Entlastung dem Einzelnen zu unterstellen. Auch für die neu zu bildende Armee, die spätere Bundeswehr, für die „künftigen soldatischen Führer" gelte, dass ihnen keine positive Haltung, kein „ausdrückliches Bekenntnis zu den Taten von damals", zum 20. Juli 1944, abverlangt werden solle (Weniger: Gehorsamspflicht, 1953, S. 421).[1386] Deutlich spricht Weniger erneut vom „Missbrauch der deutschen Wehrmacht durch den Nationalsozialismus" (Weniger: Gehorsamspflicht, 1953, S. 420).

Weniger gibt Debatten über Gehorsamsverweigerung und aktiven Widerstand im Führungskreis für den Wiederaufbau einer deutschen Armee wieder. Für Weniger und seine Diskussionspartner war es undenkbar, dass eine Truppenführung die Bürgerrechte verletzt, deshalb – so schildert Weniger das Ergebnis der Diskussion um das Widerstandsrecht –

> *„(...) glaubten wir auf eine juristische Fixierung des Widerstandsrechts* [in den Dienstvorschriften] *verzichten zu können. Entscheidend ist nicht der Einbau von Bestimmungen zur Sicherung des Widerstandsrechts, sondern die richtige Auswahl der Führer (...)."* (Weniger: Gehorsamspflicht, 1953, S. 421)

Die Logik dieser Gegenüberstellung bleibt dunkel. In der Praxis war die „Auswahl der Führer" der Bundeswehr oft genug eine Übernahme der Offiziere der Wehrmacht.

Immerhin vertritt Weniger nun im Konsens mit anderen führenden Persönlichkeiten, dass die „Brechung des Willens, Drill und Anwendung bloßer Exerzierformen" ausgeschlossen werden sollten (Weniger: Gehorsamspflicht, 1953, S. 422). Der Beitrag endet mit der Forderung nach einer „Art ästhetischen Widerstandsrechts gegen schlechte Umgangsformen" (Weniger: Gehorsamspflicht, 1953, S. 423). Schon die Formulierung der Überschrift des Aufsatzes hat das

[1385] Weniger, Erich: Gehorsamspflicht und Widerstandsrecht in der Demokratie, in: Die Sammlung. Zeitschrift für Kultur und Erziehung, 7. Jg. (1952), S. 417–423.

[1386] Wenigers Einsatz für die neue Bundeswehr spiegelt sich auch in einem Aufsatz mit dem Titel „Die Erziehung des Soldaten" (in: Die Sammlung. Zeitschrift für Kultur und Erziehung, 11. Jg. (1956), S. 577–580) wider, ohne dass gravierende neue Gesichtspunkte festzuhalten wären.

eigentliche Problem mehr verdunkelt. „Gehorsamspflicht und Widerstandsrecht in der Demokratie“ macht gerade nicht das Problem deutlich, wie Menschen auf Ereignisse vorzubereiten sind, die eigentlich nicht eintreten sollen. Das heißt, es geht um das Widerstandsrecht gegen antidemokratische Entwicklungen.

Die wehrpolitischen Beiträge Erich Weniger häufen sich nun. Klare Positionen zum „demokratischen Staat“ und zum „Bürger in Uniform“, Abgrenzung von politisch untragbaren Äußerungen alter (NS-)Generäle bestimmen die Stoßrichtung der Aufsätze Wenigers, die dennoch Grundideen des Militarismus weiter pflegen und neu formulieren.

h) „Bürger in Uniform“ (1953)

In Wenigers Aufsatz **„Bürger in Uniform“**,[1387] in dem er auf seine Arbeit über Goethe und die Generäle „mitten im Kriege“ verweist (Weniger: Bürger in Uniform, 1953, S. 64) und betont „Wir sind ja wohl alle ausreichend lange genug Soldat gewesen“ (Weniger: Bürger in Uniform, 1953, S. 59), bedauert Weniger, dass die SPD nicht an den Tagungen über das innere Gefüge der neuen deutschen Armee mitarbeite. Er fordert ein im ganzen Volk verankertes Heer. Der pädagogische und soziologische Streitpunkt, ob das Militär Vorbild für die Gesellschaft sein kann oder sein sollte, wird von Weniger klar positiv beantwortet:

> *„Eine Truppe, die vom Geist der Freiheit, des Rechts und der Humanität getragen und zur Verteidigung dieses Geistes entschlossen ist, wird durch ihr Vorbild sehr wesentlich dazu beitragen können, nicht zuletzt auch durch die erzieherische Einwirkung auf die ihr anvertraute Jugend, dass dieser Geist auch im bürgerlichen Dasein und im politischen Leben lebendiger, kräftiger, selbstbewusster wird.“* (Weniger: Bürger in Uniform, 1953, S. 63)

Die Einwände der Kritiker dieser Reihenfolge, die feststellten, dass es keinen demokratischen Geist in der Armee geben kann, solange die Mehrheit der Bürger der Bundesrepublik noch nicht wirklich demokratisch ist, werden von Weniger zurückgewiesen. Die im demokratischen Geist geschaffene deutsche Armee, so seine Argumentation, könnte sogar ein Modell für die anderen veralteten europäischen Armeen werden (Weniger: Bürger in Uniform, 1953, S. 63).

i) „Die weiße Rose“ (1953)

1953 erinnerte Weniger in einem Aufsatz an die Widerstandsgruppe **„Die weiße Rose“**.[1388] Zehn Jahre nach den Hinrichtungen der Mitglieder der „Weißen Rose“ bemüht sich Weniger gar nicht erst um eine Analyse der politischen Ansichten der Gruppe, die sich in deren Flugblättern (in einem Buch von Inge Scholl[1389] schon damals veröffentlicht) widerspiegeln. Weniger legt den Akzent ausdrücklich darauf, dass die Mitglieder der „Weißen Rose“ um die akademische Freiheit gekämpft hätten. Weniger gedenkt ihrer daher „nicht in erster Linie um ihres politischen Widerstandes willen, so bewundernswert dieser gerade in seiner völligen Aussichtslosigkeit, in dem Fehlen eines eigentlich politischen Kalküls war“ (Weniger: Weiße Rose, 1953, S. 161 f.). Der Militär- und Erziehungswissenschaftler Weniger betont dagegen, dass die Mitglieder der „Weißen Rose“ „das Panier der akademischen Freiheit aufwarfen und das ‚Burschen heraus!‘, diesen köstlichen alten studentischen Kampfruf, auf ihre Art“ aufgeworfen

---

[1387] Weniger, Erich: Bürger in Uniform, in: Die Sammlung. Zeitschrift für Kultur und Erziehung, 8. Jg. (1953), S. 56–65.

[1388] Weniger, Erich: Die weiße Rose, in: Die Sammlung. Zeitschrift für Kultur und Erziehung, 8. Jg. (1953), S. 161–166.

[1389] Scholl, Inge: Die weiße Rose, erweiterte und revidierte Neuausgabe, Frankfurt am Main 1985. 1952 war bereits die 8. Auflage erschienen.
Zur Wirkung der „Weißen Rose“ in der Nachkriegszeit siehe auch: Schüler, Barbara: „Im Geiste der Gemordeten…“. Die „Weiße Rose“ und ihre Wirkung in der Nachkriegszeit (Politik- und kommunikationswissenschaftliche Veröffentlichungen der Görres-Gesellschaft, Band 19), Paderborn/München/Wien/Zürich 2000.

hätten, in der „Geschichte des Kampfes um die akademische Freiheit“ (Weniger: Weiße Rose, 1953, S. 162). Ausdrücklich stellt Weniger die „Weiße Rose“ in die Tradition der Burschenschaften und verweist auf das „Wartburgfest 1817“ (Weniger: Weiße Rose, 1953, S. 163).[1390]

Einzig das erste Flugblatt der „Weißen Rose“ wird von Weniger kommentiert: Hitler sei „gleichsam nur der Anlass“ gewesen, ihr Kampf sei „gegen jede Form von Tyrannis überhaupt, auch die des Bolschewismus“ gerichtet gewesen (Weniger: Weiße Rose, 1953, S. 164).[1391] Weniger zitiert nicht aus diesem Flugblatt – „verhindert das Weiterlaufen dieser atheistischen Kriegsmaschine“,[1392] heißt es dort –, ja er nimmt zur Frage der Sabotage[1393] aus verständlichen Gründen gar nicht Stellung. Dagegen schreibt er über Hans Scholl: „Dennoch tat er, als der Krieg kam, seine soldatische Pflicht im Osten“ (Weniger: Weiße Rose, 1953, S. 165). Der „Soldat Hans Scholl“ habe sich in Russland „unbekümmert“ – so schreibt es Weniger wörtlich – für das Gesetz der Humanität eingesetzt. Inge Scholl schildert dagegen den erschütternden Kummer von Hans Scholl bei der Begegnung mit einem jüdischen Mädchen und einem jüdischen Mann in Polen; Begegnungen, die ihm die Notwendigkeit gezeigt hätten, „diesem Staat mit seinem furchtbaren Vernichtungswahn entgegenzutreten“.[1394]

„Die Weiße Rose“ vertritt in ihren Flugblättern Positionen, die zum Nachdenken anregen können, ja müssen. Das zweite Flugblatt vertrat die These: „Man kann sich mit dem Nationalsozialismus geistig nicht auseinandersetzen, weil er ungeistig ist. (…) Schon in ihrem ersten Keim war diese Bewegung auf den Betrug des Mitmenschen angewiesen, schon damals war sie im Innersten verfault und konnte sich nur durch die stete Lüge retten.“[1395] Diese klare Einschätzung im Flugblatt der Studierenden steht in diametralem Gegensatz zu den Einschätzungen der Erziehungswissenschaftler, die in der NS-Zeit und nach 1945 weiter über einen „gesunden Kern“ des Nationalsozialismus redeten und nicht den Nationalsozialismus, sondern den „Hitlerismus“ als das eigentliche Übel ausmachten.

„Die Weiße Rose“ sprach in ihrem zweiten Flugblatt das aus, was eigentlich alle Militärs „im Osten“ wussten, nämlich

> *„(…) dass seit der Eroberung Polens* ***dreihunderttausend*** *Juden in diesem Land auf bestialischste Art ermordet wurden. Hier sehen wir das fürchterlichste Verbrechen an der Würde des Menschen, ein Verbrechen, dem sich kein ähnliches in der ganzen Menschheitsgeschichte an die Seite stellen kann. (…) Warum verhält sich das deutsche Volk angesichts all dieser scheußlichsten menschenunwürdigsten Verbrechen so apathisch? Kaum irgendjemand macht sich Gedanken darüber. Die Tatsache wird als solche hingenommen und ad acta gelegt. Und wieder schläft das deutsche Volk in seinem stumpfen, blöden Schlaf weiter und gibt diesen faschistischen Verbrechern Mut und Gelegenheit, weiterzuwüten – und diese tun es. Sollte dies ein Zeichen dafür sein, dass die Deutschen in ihren primitivsten menschlichen Gefühlen verroht sind, dass keine Saite in ihnen schrill aufschreit im Angesicht solcher Taten, dass sie in einen tödlichen Schlaf versunken sind, aus dem es kein Erwachen mehr gibt, nie, niemals?*

[1390] Dieses Wartburgfest endete in jener Bücherverbrennung, die Heinrich Heine vor allem wegen der antisemitischen Verbrennung von Büchern des jüdischen Autors Saul Ascher kritisiert hat (siehe dazu: Ortmeyer, Benjamin: Argumente gegen das Deutschlandlied. Geschichte und Gegenwart eines Lobliedes auf die deutsche Nation, Köln 1991, S. 42 ff.).

[1391] Zu dieser Frage heißt es im dritten Flugblatt der „Weißen Rose“: „Nicht der militärische Sieg über den Bolschewismus darf die erste Sorge für jeden Deutschen sein, sondern die Niederlage der Nationalsozialisten. Dies muss *unbedingt* an erster Stelle stehen“ (Scholl, Inge: Die weiße Rose, erweiterte und revidierte Neuausgabe, Frankfurt am Main 1985, S. 108, Hervorhebung im Original).

[1392] Scholl, Inge: Die weiße Rose, erweiterte und revidierte Neuausgabe, Frankfurt am Main 1985, S. 97.

[1393] Im dritten Flugblatt der „Weißen Rose“ heißt es zur Frage der Sabotage unmissverständlich: „Sabotage in Rüstungs- und kriegswichtigen Betrieben, Sabotage in allen Versammlungen, Kundgebungen, Festlichkeiten, Organisationen, die durch die nationalsozialistische Partei ins Leben gerufen werden. Verhinderung des reibungslosen Ablaufs der Kriegsmaschine (einer Maschine, die nur für einen Krieg arbeitet, der allein um die Rettung und Erhaltung der nationalsozialistischen Partei und ihrer Diktatur geht)“ (Scholl, Inge: Die weiße Rose, erweiterte und revidierte Neuausgabe, Frankfurt am Main 1985, S. 109).

[1394] Scholl, Inge: Die weiße Rose, erweiterte und revidierte Neuausgabe, Frankfurt am Main 1985, S. 59.

[1395] Scholl, Inge: Die weiße Rose, erweiterte und revidierte Neuausgabe, Frankfurt am Main 1985, S. 101.

Es scheint so und ist es bestimmt, wenn der Deutsche nicht endlich aus dieser Dumpfheit auffährt, wenn er nicht protestiert, wo immer er nur kann, gegen diese Verbrecherclique, wenn er mit diesen Hunderttausenden von Opfern nicht mitleidet. Und nicht nur Mitleid muss er empfinden, nein, noch viel mehr: ***Mitschuld.*** *Denn er gibt durch sein apathisches Verhalten diesen dunklen Menschen erst die Möglichkeit, so zu handeln, er leidet diese ‚Regierung', die eine so unendliche Schuld auf sich geladen hat, ja, er ist doch selbst schuld daran, dass sie überhaupt entstehen konnte! Ein jeder will sich von einer solchen Mitschuld freisprechen, ein jeder tut es und schläft dann wieder mit ruhigstem, bestem Gewissen. Aber er kann sich nicht freisprechen, ein jeder ist* ***schuldig, schuldig, schuldig****! Doch ist es noch nicht zu spät, diese abscheulichste aller Missgeburten von Regierungen aus der Welt zu schaffen, um nicht noch mehr Schuld auf sich zu laden. Jetzt, da uns in den letzten Jahren die Augen vollkommen geöffnet worden sind, da wir wissen, mit wem wir es zu tun haben, jetzt ist es allerhöchste Zeit, diese braune Horde auszurotten.“* [1396]

Das ist eine andere Sprache als die Erich Wenigers; Anlass für Analyse und Diskussion[1397]. Sehr deutlich heißt es zum Abschluss des vierten Flugblattes:

„Obgleich wir wissen, dass die nationalsozialistische Macht militärisch gebrochen werden muss, suchen wir eine Erneuerung des schwerverwundeten deutschen Geistes von innen her zu erreichen. Dieser Wiedergeburt muss aber die klare Erkenntnis aller Schuld, die das deutsche Volk auf sich geladen hat, und ein rücksichtsloser Kampf gegen Hitler und seine allzu vielen Helfershelfer, Parteimitglieder, Quislinge usw. vorausgehen. Mit aller Brutalität muss die Kluft zwischen dem besseren Teil des Volkes und allem, was mit dem Nationalsozialismus zusammenhängt, aufgerissen werden. Für Hitler und seine Anhänger gibt es auf dieser Erde keine Strafe, die ihren Taten gerecht wäre. Aber aus Liebe zu kommenden Generationen muss nach Beendigung des Krieges ein Exempel statuiert werden, dass niemand auch nur die geringste Lust je verspüren sollte, Ähnliches aufs Neue zu versuchen. Vergesst auch nicht die kleinen Schurken dieses Systems, merkt Euch die Namen, auf dass keiner entkomme! Es soll ihnen nicht gelingen, in letzter Minute noch nach diesen Scheußlichkeiten die Fahne zu wechseln und so zu tun, als ob nichts gewesen wäre!“ [1398]

j) „Politische Bildung und staatsbürgerliche Erziehung“ (1954)

In zwei in einer Broschüre mit dem Titel **„Politische Bildung und staatsbürgerliche Erziehung“**[1399] zusammengefassten Aufsätzen bereitet Weniger im Grunde bereits seine Abrechnung mit der Reeducation vor. Der Widerstand des 20. Juli 1944 habe, so Weniger, doch enorme Bedeutung. Er habe bewiesen, dass die Deutschen nach 1945 den neuen Staat und die neue Erziehung selbst hätten in die Hand nehmen können. Die bedingungslose Kapitulation habe das jedoch verhindert und das würde sich nun rächen (Weniger: Politische Bildung, 1954, S. 10). Dabei greift Weniger durchaus Vorurteile gegen Emigranten, die Verwechslung von Schicksal mit Schuld und andere typische Mechanismen der damaligen Zeit an, um von dieser Position aus dann gegen die Besatzungsmächte angehen zu können. Eine Position, die er fünf Jahre später noch ausführlicher entfalten wird. Weniger formuliert: „Aber wir alle sind mehr oder weniger an dieser inneren Verdrängung gegenüber Schuld und Verantwortung beteiligt“ (Weniger: Politische Bildung, 1954, S. 9).

Die weiteren Themenfelder bestehen in der Wiedergabe der damals aktuellen Debatten über Föderalismus, die Rolle der politischen Parteien und der politischen Erwachsenenbildung bzw.

[1396] Scholl, Inge: Die weiße Rose, erweiterte und revidierte Neuausgabe, Frankfurt am Main 1985, S. 102–104, Hervorhebungen im Original.

[1397] Es zeigt sich die moralische und inhaltliche Überlegenheit der „Weißen Rose“ gegenüber Weniger. „Die Weiße Rose“ bezieht sich auf die Kombination der Tugenden des Aristoteles und fordert aus gutem Grund: „Verbergt nicht Eure Feigheit unter dem Mantel der Klugheit“ (Scholl, Inge: Die weiße Rose, erweiterte und revidierte Neuausgabe, Frankfurt am Main 1985, S. 107). Diesen Gedanken kann Weniger logischerweise nicht erörtern.

[1398] Scholl, Inge: Die weiße Rose, erweiterte und revidierte Neuausgabe, Frankfurt am Main 1985, S. 114.

[1399] Weniger, Erich: Politische Bildung und staatsbürgerliche Erziehung. Zwei Denkschriften (Weltbild und Erziehung, Band 7), Würzburg 1954.

der politischen Bildung überhaupt. Dabei kritisiert Weniger insbesondere Wilhelms Thesen über die „Erziehung zur Partnerschaft“,[1400] aber auch bloße Institutionskunde oder kulturgeschichtliche Rückblicke, die die aktuelle Realität des Staates aus dem Auge verlieren würden, als „Fluchtbewegungen“ (Weniger: Politische Bildung, 1954, S. 23). In Bezug auf politische Bildung an den Universitäten bezieht Weniger klar gegen die Einbeziehung von „politischen Tagesfragen“ Stellung (Weniger: Politische Bildung, 1954, S. 42) und möchte abschließend die Hoffnung nicht aufgeben, dass sich auch die „alten Verbindungen“ (gemeint sind Burschenschaften) der freien Diskussion stellen (Weniger: Politische Bildung, 1954, S. 46).

1954 verfasst Weniger außerdem noch einen Bericht zum Thema „Neue Literatur zu deutschen Widerstandsbewegung“,[1401] in dem er die Zeitschrift „Die Sammlung“ als Bewahrer dieser Tradition vorstellt und erneut auf das Verbot seines Stülpnagel-Aufsatzes 1945 eingeht bzw. andere Darstellungen zu Stülpnagel kritisiert. Neben neueren Veröffentlichungen zum 20. Juli rezensiert er auch kurz Günther Weisenborns 1953 erschienenes Buch „Der lautlose Aufstand“[1402] sowie weitere biographische Sammelbände zum Widerstand gegen den Nationalsozialismus.

k) „Die Epoche der Umerziehung 1945–1949“ (1959/60): Die Juden hatten „zu vergessen und zu vergeben“ – und zwar „die Vernichtung nächster Angehöriger in Auschwitz“

Einige Jahre später ist 1959/60 in vier Teilen Wenigers Analyse **„Die Epoche der Umerziehung 1945–1949“**[1403] erschienen, die er Herman Nohl zum 80. Geburtstag widmete. Einleitend erklärt Weniger:

> *„Zu Beginn ist ausdrücklich zu sagen, dass es sich für uns weder um Anklage noch um Verteidigung handelt, sondern um eine geschichtliche Darstellung einer abgeschlossenen Epoche, aus der wir für unsere Aufgabe lernen wollen.“* (Weniger: Epoche der Umerziehung, 1959/60, Teil 1, S. 403)

Das Studium dieser Analyse zeigt, dass der Vorspann nicht den Charakter des Aufsatzes widerspiegelt, ja als Täuschungsmanöver eingestuft werden kann. Es geht sehr wohl um eine Anklage, auch wenn das Gegenteil behauptet wird.

Weniger beginnt mit der Behauptung, dass zu den verhängnisvollen politischen Fehlern der westlichen Alliierten, an „deren Folgen die Welt und Deutschland heute noch (zu) leiden“ habe, die „Forderung nach bedingungsloser Kapitulation“ gehört habe (Weniger: Epoche der Umerziehung, 1959/60, Teil 1, S. 403 f.). Die Darstellung der Ansichten der Alliierten durch Weniger wirkt wie eine Karikatur. Nicht ohne Grund führt er keinerlei Belege an. Er schildert die Position der Alliierten mit der Methode der Übertreibung wie folgt:

> *„Zunächst also hegte man einigermaßen phantastische Vorstellungen von den Möglichkeiten einer totalen Umerziehung eines ganzen Volkes; überzeugt nicht nur, dass das deutsche Volk sich mit dem Nationalsozialismus vorbehaltlos identifiziere, sondern schlimmer noch, dass es eigentlich immer schon mit seinem Nationalismus und Militarismus unter Vorherrschaft einer feudalen Kaste und seiner Neigung zum Kadavergehorsam ein Störenfried in der Völkerfamilie gewesen sei oder zumindest doch seit Friedrich dem Großen und Bismarck die Unterdrückung anderer Nationen angestrebt habe. Der überkommenen deutschen Erziehung sprach man für diese Entwicklung ein gerütteltes Maß von Schuld zu. Sie soll zumindest seit hundert Jahren alle die Eigenschaften des Deutschen hervorgelockt, entwickelt und gepflegt haben, die diese zu einer Plage für die Welt gemacht hätten, und zwar gerade,*

[1400] Wilhelm, Theodor: Wendepunkt der politischen Erziehung. Partnerschaft als pädagogische Aufgabe, Stuttgart 1951.

[1401] Weniger, Erich: Neue Literatur zur deutschen Widerstandsbewegung, in: Die Sammlung. Zeitschrift für Kultur und Erziehung, 9. Jg. (1954), S. 403–411.

[1402] Weisenborn, Günther (Hrsg.): Der lautlose Aufstand. Bericht über die Widerstandsbewegung des deutschen Volkes 1933–1945, Hamburg 1953.

[1403] Weniger, Erich: Die Epoche der Umerziehung 1945–1949, in: Westermanns pädagogische Beiträge. Eine Zeitschrift für die Volksschule, 11. Jg. (1959), S. 403–410 und S. 517–525 und 12. Jg. (1960), S. 9–13 und S. 74–79.

weil diesen Eigenschaften ein unleugbarer Bestand an gleichsam eingeborener Tüchtigkeit beigegeben sei.“ (Weniger: Epoche der Umerziehung, 1959/60, Teil 1, S. 403)

Diese Darstellung enthält – im Gegensatz zu der im überheblich-ablehnenden Ton Wenigers vorgetragenen Form – in Wirklichkeit zentrale, eben zu überprüfende und nicht rundweg abzulehnende Gedanken. So wird eine grundlegende Strömung der deutschen Geschichte und der deutschen Pädagogik aufgezeigt, die durchaus als vorherrschend bezeichnet werden kann und sehr kritisch betrachtet werden müsste.

Weniger kritisiert aber zunächst die Realität von „Bestrafen und Erziehen“ nach 1945. Gleichzeitig unterstellt er, dass die Alliierten „nur Strafmaßnahmen“ in Betracht gezogen hätten (Weniger: Epoche der Umerziehung, 1959/60, Teil 1, S. 404). Weniger müsste wissen, dass die Behauptung, aus Sicht der Reeducation seien „nur Strafmaßnahmen“ in Betracht gekommen, nicht der Wahrheit entspricht. Solche pauschalen Urteile werden in einem scheinbar differenzierenden Stil vorgetragen, bei genauerem Lesen wird jedoch deutlich, dass von Weniger ein unbewiesenes Pauschalurteil an das andere gereiht wird.[1404]

An anderer Stelle spricht er von „fürchterlichen Entdeckungen in Bergen-Belsen, Buchenwald, Dachau, Auschwitz“ (Weniger: Epoche der Umerziehung, 1959/60, Teil 1, S. 404). So erweckt er den Eindruck, als hätte man etwa über die Verbrechen in Dachau und Buchenwald vorher nichts gewusst. Weniger plädiert für Folgendes: Man hätte „der Mehrheit des Volkes die Selbstreinigung ruhig anvertrauen können. (…) Stattdessen wählte man die Fragebogenmethode und das Internierungslager“. Besonders stört Weniger als Militärpädagoge „die Gleichsetzung von Nationalsozialismus und Militarismus oder vielmehr die Ächtung jeglichen Soldatentums und des Wehrdienstes als Zeichen des Militarismus“ (Weniger: Epoche der Umerziehung, 1959/60, S. 406 f.). Die Haltung Wenigers zum Militarismus kommt in folgender Aussage zum Ausdruck:

> *„Alles Soldatentum, aller Wehrdienst, alle kriegerische Leistung und alle Freude an ihr aber als Militarismus zu brandmarken war erstens, wie sich heute zeigt, unklug, zweitens aber war es offensichtlich ungerecht und setzte wiederum große Gruppen, an sich gute und brauchbare Teile des Volkes für den Wiederaufbau und die Umerziehung außer Gefecht.“* (Weniger: Epoche der Umerziehung, 1959/60, Teil 1, S. 407)

Weniger behauptet weiter: „Ferner war es verständlich, dass die Jugend auf ihre kriegerische Bewährung stolz und sich des Zusammenhanges ihres soldatischen Tuns mit Militarismus und

[1404] In der Zeitschrift „Die Sammlung“ erschien 1950 der signifikante Beitrag „Nach vierzigjähriger Dienstzeit“ von Heinrich Sievers (in: Die Sammlung. Zeitschrift für Kultur und Erziehung, 5. Jg. (1955), S. 370–377). Dort heißt es gleich einleitend, dass die Teilnehmer eines Lehrerseminars von 1905 teilweise Nazis geworden seien: „Auch diese Anhänger des Nationalsozialismus haben nicht an sich selbst dabei gedacht, sondern aus Idealismus gehandelt. Keiner hat aus seiner Zugehörigkeit zur Partei irgendeinen Vorteil, etwa eine Beförderung, gezogen“ (Sievers, S. 372). In jammerndem Ton heißt es weiter: „Da kam die Entnazifizierung. Eingeleitet wurde sie damit, dass vom 1. September 1945 ab einfach kein Gehalt mehr gezahlt wurde. Die Schulen seien geschlossen, und die Lehrer könnten sich irgendeine Beschäftigung suchen. Selbst die Schulleiter unter uns bekamen kein Gehalt, obgleich sie die Verwaltungsarbeit weiter tun mussten. Über das Beamtenrecht setzte man sich also einfach hinweg“ (Sievers, S. 373). Offensichtlich war nicht bemerkt worden, dass der Krieg verloren, der deutsche Staat durch die Alliierten außer Kraft gesetzt worden war. Ehemalige Lehrer wurden zunächst interniert, um zu überprüfen, inwieweit sie sich an nazistischen Verbrechen beteiligt hatten. Einer schreibt: „Erst Ende Februar 1946 kam ich zur Vernehmung und wurde darauf am 15. März 1946 in Freiheit gesetzt. Zu bereuen habe ich nichts. Mein höchstes Streben war schon immer, meinem Vaterlande zu dienen; anderes habe ich auch nicht gewollt, als ich mich, gläubig, der Partei anschloss. Dass man uns mitschuldig gemacht hat für etwas, das wir nicht wissen konnten, ändert nichts am guten Willen“ (Sievers, S. 374). Aus Zitaten aus Schriftstücken seiner ehemaligen Seminarkameraden schlussfolgert Sievers: „Durch den Nationalsozialismus und in noch stärkerem Maße durch die Entnazifizierung ist den Betroffenen aus unserer Klasse ein großer materieller Schaden und ein schweres, lebensbedrohendes Leid zugefügt worden“ (Sievers, S. 376).

Nationalsozialismus gar nicht bewusst war" (Weniger: Epoche der Umerziehung, 1959/60, Teil 1, S. 407).[1405]

Für Weniger ist klar, wer hinter der Reeducation steckt. Er klagt – geschickt in Formeln des „Verständnisses" gekleidet – die überlebenden jüdischen Vertriebenen an, die nach Deutschland zurückkehrten. In seinem Lob steckt eine Halbwahrheit. Weniger behauptet pauschal:

> *„Die Emigranten, auch die jüdischen, haben sich gegen die Reeducation mit guten und schlagenden Gründen gewehrt; sie haben positive Vorschläge zur Wiederherstellung des deutschen Erziehungswesens gemacht; sie haben unermüdlich gegen die Gleichsetzung von Deutschtum und Nationalsozialismus protestiert und immer wieder auf die großen Werte des deutschen Geisteslebens und der deutschen Kultur hingewiesen. Sie sind auch nach Deutschland gekommen, um zu helfen und Verständnis für ihre neuen Heimatländer zu wecken. Ein nicht geringer Teil von ihnen ist sogar in das Mutterland zurückgekehrt, obwohl sie es hier wahrhaftig nicht leicht gehabt hatten, und obwohl sie Schweres zu vergessen und zu vergeben hatten, wie etwa die Vernichtung nächster Angehöriger in Auschwitz."* (Weniger: Epoche der Umerziehung, 1959/60, Teil 3, S. 11)

Es lohnt die Analyse von Wortlaut und Kontext.

Zunächst haben sich keinesfalls alle jüdischen Emigranten gegen die Reeducation gestellt. Hier seien nur Horkheimer und Adorno genannt. Zudem gab es vereinzelte Kritiken nicht an der Idee der Reeducation als Ganzes, wie Weniger nahelegt, sondern an bestimmten Vorstellungen. Es ist klar, dass Weniger hier seine Vorstellungen hinter „jüdischen Emigranten" versteckt, die er schamlos instrumentalisiert.

Zudem und vor allem: Die Juden hatten laut Weniger angeblich „zu vergessen und zu vergeben" – und zwar „die Vernichtung nächster Angehöriger in Auschwitz". Was meint Weniger, was legt er nahe, was spricht er aus? Weniger formuliert diese Forderung an die Überlebenden quasi als selbstverständliche Voraussetzung für ihre Rückkehr. Die dahinter stehende Zumutung schließt ein, dass möglicherweise doch manche nicht bereit waren, „zu vergessen und zu vergeben". Es steckt eine raffinierte, nur im Kontext der antisemitischen Klischees vom „rachsüchtigen Juden" zu erschließende Botschaft in Wenigers Worten, nämlich eine in Verständnis gehüllte deutliche Aufforderung und zugleich Warnung an die Juden, endlich Auschwitz „zu vergessen und zu vergeben".

4. Petersen: Der Wandel des „Nationalsozialismus zum teuflischen Nazismus"

Peter Petersen hat sich bei Weitem nicht im selben Umfang mit der Haltung zum NS-Regime nach 1945 beschäftigt wie Spranger, Nohl und Weniger. Aber es gibt eine doch entscheidende Passage, die genauer betrachtet werden soll.

Petersens letztes großes Werk, das – bereits 1949 verfasst – erst nach seinem Tod im Jahre 1954 veröffentlicht wurde, ist **„Der Mensch in der Erziehungswirklichkeit"**.[1406] Dieses Buch enthält, wie Döpp im Detail belegt, mehrere Aufsätze und Broschüren – leicht überarbeitet –, die Petersen schon in der NS-Zeit formuliert hatte, etwa über die „Jesuitenerziehung".[1407] Im

---

[1405] Die Arroganz Wenigers wird in einem Satz wie dem folgenden deutlich: „Drollig war auch, dass die erste Neuauflage des ‚Zupfgeigenhansl' ohne Soldatenlieder erscheinen musste." (Weniger: Epoche der Umerziehung, 1959/60, Teil 2, S. 523)

[1406] Petersen, Peter: Allgemeine Erziehungswissenschaft, Band III: Der Mensch in der Erziehungswirklichkeit, Berlin 1954. In einem Brief an Carstensen vom 19.6.1949 schreibt Petersen, dass sein Manuskript abgeschlossen sei. Es handele sich sozusagen um sein „Vermächtnis" an die Welt der Erzieher aller Länder (zitiert nach: Kluge, Barbara: Peter Petersen. Lebenslauf und Lebensgeschichte. Auf dem Weg zu einer Biographie, Heinsberg 1992, S. 340.)

[1407] Vgl. dazu Döpp, Robert: Jenaplan-Pädagogik im Nationalsozialismus. Ein Beitrag zum Ende der Eindeutigkeit (Pädagogik und Zeitgeschehen. Erziehungswissenschaftliche Beiträge, Band 4), Hamburg/London 2003, S. 674 f.

dritten Teil des (ca. 250 Seiten starken) Buchs, unter dem Zwischentitel „Gegen-Erziehung“,[1408] behandelt er unter der Unterüberschrift „homo satanicus“ das Wirken des NS-Regimes in bemerkenswerter Art und Weise:

> *„Leben, Wirken und Ausgang jener Gruppe satanischer Menschen, die sich im Führerkorps des Nationalsozialismus zusammenfanden, könnten der Welt ein belehrendes Exempel sein. Unter ihnen wandelte sich der Nationalsozialismus zum teuflischen Nazismus und bewirkte in jeder Hinsicht durchaus das Gegenteil von dem, was sein kompiliertes Programm verhieß und was er daraus als Lockmittel und Aushängeschild hervorholte, um auch die besser Gesinnten und feinere Gemüter zu betören. Auf jedem Gebiete der Politik wie der Kultur war bei seinem Zusammenbruch das Entgegengesetzte der so laut verkündeten Forderungen erreicht: die Zeugen einer Kultur von tausend Jahren für immer vernichtet, das Volksleben in seinen Grundlagen erschüttert und verwildert, das deutsche Volk rassisch verunreinigt und aufgelöst und politisch gegeneinander, alle gegen alle, aufgebracht, der letzte Rest einer Volksgemeinschaft durch Organisationen bedroht und fast in ihnen erstickt, – überall eine bis zur völligen Substanzvernichtung vorgetriebene Auflösung des Volkes.“* (Petersen: Erziehungswirklichkeit, 1954, S. 196)

Petersen zieht seine „Lehren“ aus dem Erleben des NS-Regimes. Er entlarvt das „Führerkorps“ – und belässt es dabei. Mit den in dieser Passage enthaltenen, genauer zu betrachtenden Thesen bildet er leider keine Ausnahme in der Riege der führenden Erziehungswissenschaftler in der BRD der Nachkriegszeit. Betrachtet man die in dieser Textpassage enthaltenen Gedanken Petersens im Einzelnen, ergeben sich folgende Punkte:

a) Peter Petersen geht im zweiten Satz von der Unterscheidung zwischen „Nationalsozialismus“ und „teuflischem Nazismus“ aus. Das eine habe sich in das andere verwandelt. Schuld an diesem Wandel seien die „satanischen“ Menschen an der Spitze gewesen. Dieser von Petersen behandelte Wandel enthält die Möglichkeit der Grundthese, dass die Ideen, das Programm des Nationalsozialismus eigentlich so schlecht nicht gewesen seien, lediglich die „satanische“ Verwirklichung und Wirkung sei komplett abzulehnen. Dieser Denkfigur liegt das „Missbrauchstheorem“ (Dudek) zugrunde. Die Anhänger des Nationalsozialismus (darunter wohl auch Peter Petersen) seien eben lediglich getäuscht und verführt worden von einem „kompilierten Programm“, das dazu gedient habe „auch die besser Gesinnten und feinere Gemüter zu betören“. Es liegt auf der Hand, dass Petersen hier über sich selbst schreibt.

b) Dass das im Programm der NSDAP festgelegte Ziel nicht positiv war, vielmehr u. a. den Ausschluss aller jüdischen Menschen aus der „deutschen Volksgemeinschaft“ enthielt, dass in Adolf Hitlers programmatischem Werk „Mein Kampf“ sowohl der Eroberungskrieg als auch der rassistisch motivierte Massenmord schriftlich anvisiert waren, dass auf den Straßen das „kompilierte Programm“ der NSDAP unüberhörbar nicht nur „Deutschland erwache“, sondern gleichberechtigt das „Juda verrecke“ enthielt – das konnte vor 1933, während des NS-Regimes und nach 1945, auch im Jahre 1949, jeder wissen. Und Peter Petersen wusste es zweifellos. Was meint er also?

c) Der dritte Satz dieser Textpassage gibt einen gewissen Aufschluss. Nicht das Programm des NS sei verwirklich worden, sondern „das Entgegengesetzte“. Verquer klagt Petersen das NS-Führerkorps an: Entgegen dem Programm der „Rassenreinheit“ sei nun, so Petersen 1949, „das deutsche Volk rassisch verunreinigt“. Das ist so unglaublich, dass hier innegehalten werden muss. Hitler, der den rassischen Massenmord, wie gesagt, in seinem Werk „Mein Kampf“ angekündigt hat, von der Propagandatribüne des Reichstags 1939 die „Vernichtung der

[1408] 1949 hat Petersen den Aufsatz „Jugenderziehung und Jugendseelsorge“ geschrieben. Zynisch-rhetorisch fragt er darin: „Erscheinen manchem jungen Menschen heute nicht am glücklichsten jene, welche den frühen Tod fanden in noch ungebrochenem Glauben an des Recht und damit den unbezweifelbaren Sieg ihrer Ideen, denen mithin die Augen nicht aufgerissen wurden, und die als gläubig Vertrauende, als unwissend Irrende dahinsanken?“ (Petersen, Peter: Jugenderziehung und Jugendseelsorge. Erziehungswissenschaftliche Grundlagen, Erstauflage: Bremen 1949, hier zitiert nach: Jugend und Alter, Heft 1, zweite durchgesehene Auflage, Bremen 1959, S. 14).

jüdischen Rasse“ angesagt hat – ihm wird vorgeworfen, dass er dieses Programm nicht verwirklicht habe. Von den 12 Millionen Jüdinnen und Juden in Europa wurden 6 Millionen vernichtet, von den 500.000 Jüdinnen und Juden in Deutschland wurden über 200.000 ermordet, die nicht rechtzeitig aus dem NS-Machtbereich fliehen konnten.

Aber Petersen beklagt, dass als Ergebnis der NS-Herrschaft „das deutsche Volk rassisch verunreinigt“ sei. Will Peter Petersen wirklich sagen, dass er an Hitler und dem NS-Führerkorps kritisiert, dass diese ihr rassistisches „Reinigungsprogramm“ nicht konsequent genug verwirklicht haben? Was soll es heißen, dass das deutsche Volk 1949 „rassisch verunreinigt“ sei? Meint er die wenigen versteckt überlebenden Jüdinnen und Juden in Deutschland, die in den DP-Lagern auf Abreise wartenden Überlebenden der diversen KZs und der Todesmärsche aus den Vernichtungslagern? Meint er die wenigen jüdischen deutschen Soldaten, die in den Armeen der englischen und amerikanischen Truppen der Anti-Hitler-Koalition nun in Deutschland lebten? Meint er vielleicht die befreiten „slawischen“ Zwangsarbeiter, die überlebt hatten und noch in Deutschland waren. Allein die Terminologie „rassisch verunreinigt“, unabhängig davon, was Petersen wirklich gemeint hat oder gemeint haben könnte, beweist eine tiefe, 1949 immer noch wirkende innerliche Bindung an Rassismus und Nationalismus, die zu der Frage führen muss, was dieser angebliche Gegner des Nationalsozialismus[1409] dann eigentlich innerhalb der Zeitspanne 1933–1945 geschrieben hat.

Im Unterschied zu Spranger, Nohl und Weniger hat sich Peter Petersen, der bereits 1952 verstarb, nach 1945 in weiteren Publikationen nicht umfassender mit der NS-Zeit beschäftigt.[1410]

[1409] Petersen behauptete 1947: „Ab 1942 setzte mich Adolf Reichwein in die Widerstandsbewegung mit ein“ (Brief von Petersen an den Bremer Schulsenator Paulmann vom 28.11.1947, zitiert in: Kluge, Barbara: Peter Petersen. Lebenslauf und Lebensgeschichte. Auf dem Weg zu einer Biographie, Heinsberg 1992, S. 324). In einem weiteren Brief an Paulmann aus dem Jahr 1948 heißt es: „Sie wussten und wissen, (…) dass es pure Verleumdung ist, mich zum Nazisten zu stempeln und dgl. m.“ (Brief von Petersen an den Bremer Schulsenator Paulmann vom 21.4.1948, zitiert in: Kluge, Barbara: Peter Petersen. Lebenslauf und Lebensgeschichte. Auf dem Weg zu einer Biographie, Heinsberg 1992, S. 331).

[1410] An anderer Stelle heißt es: „Es ist grauenvoll zu erleben und in einem halben Menschenleben immer wieder dasselbe Schauspiel aufführen zu sehen, wie schnell unter dem Einfluss der Macht die sittlichen Kräfte und das Gefühl für Menschlichkeit verloren gehen. – Seit der ersten Anwendung der Konzentrationslager im Burenkriege (um 1900) haben sie sich nahezu epidemisch fortentwickelt und ihre ‚Methoden‘ immer mehr verfeinert, wenn man sich derart zynisch ausdrücken darf. Wer immer auszieht, um diesen Schandfleck der Menschheit zu tilgen, lernt und verwendet dieselben Methoden mit einer Schnelligkeit und Genauigkeit, die vor den Abgründen des Menschentums schaudern lassen. Im Handumdrehen versteht der gleiche Mann, der diese Einrichtungen verflucht, wenn sie der ‚Gegner‘ anwendet, sich ihrer wie selbstverständlich zu bedienen, sobald er den Spieß umdrehen kann“ (Petersen: Erziehungswirklichkeit, 1954, S. 177; siehe auch S. 182). Petersens Gleichsetzung des NS-Systems mit den Staaten der Anti-Hitler-Koalition, der KZs und Vernichtungslager mit den Internierungslagern nach 1945 sowie der typische Hinweis, dass doch die Engländer die KZs erfunden haben, ist unübersehbar.

Siehe auch: Petersen, Peter: Die Führung der Jugend zu Staat und Gesellschaft vom Evangelium aus, Bremen 1950, insbesondere S. 9; Petersen, Peter: Eigenständige (autonome) Erziehungswissenschaft und Jena-Plan im Dienste pädagogischer Tatsachenforschung und der Lehrerbildung (Pädagogische Studienhilfen, Wege und Weisungen für Fortbildung und Praxis, Nr. 3), München 1951, insbesondere S. 10 ff. und Petersen, Peter/Ritter, Gerhard-Reinhard: Über den Umgang mit Menschen (Jugend und Alter, Heft 10), Bremen 1962, insbesondere S. 4.

5. Zusammenfassung: Stereotype Denkfiguren nach 1945

Bei der Auswertung der Schriften von Eduard Spranger, Herman Nohl, Erich Weniger und Peter Petersen wird deutlich, dass unter dem unmittelbaren Eindruck und Druck der Alliierten und des Programms der Reeducation wenigstens zeitweise Argumentationen aufgegriffen wurden, die die Alliierten Mitte und Ende der 1940er Jahre in großem Umfang zu verbreiten versuchten.

Das doppelbödige Argument Nohls, dass sich der „Rückblick auf die Vergangenheit (...) sich nicht vermeiden" lassen werde,[1411] enthält immerhin die Forderung nach solch einem unvermeidlichen Rückblick.

Weniger erinnert dabei als Einziger der vier Wissenschaftler in einem Beitrag an die Gaskammern von Auschwitz.[1412] Er ist auch der Einzige, der das Thema „Recht auf Widerstand" im Kontext vor allem des 20. Juli,[1413] aber verkürzend auch im Hinblick auf die Weiße Rose zur Sprache bringt.[1414]

Ansätze einer Selbstkritik blitzen bei Weniger nur kurz auf, der sich und anderen bescheinigt, dass alle an der „inneren Verdrängung gegenüber Schuld und Verantwortung" beteiligt waren,[1415] ohne dies zu konkretisieren. Auch Nohl stellt zumindest fest, dass er selbst und die Erziehungswissenschaft überhaupt an einer „falschen Idealbildung" vor 1933 beteiligt waren.[1416]

Nohl stellt als Einziger die Frage nach der zu entfaltenden Individualität als Schlüsselfrage fehlgeleiteter Erziehung zu bedingungslosem Befehlsgehorsam und polemisiert gegen das „Subalterne".[1417]

Spranger betont als Ursache des NS-Regimes unter anderem, dass die Demokratie in Deutschland nicht tief genug verwurzelt gewesen sei[1418], und verweist an einer Stelle auf die christlich-lutherische Obrigkeitsvorstellungen im Unterschied zu calvinistischen Vorstellungen. Er wendet sich sowohl gegen die Argumentation, das man „nichts gewusst" habe, als auch gegen die nicht sittliche Argumentation, aus Angst nichts gegen das Regime gehandelt zu haben.[1419]

Bei Petersen wiederum gibt es überhaupt keine Ansätze einer inhaltlichen Auseinandersetzung mit dem NS-Regime. Er setzte offenbar auf eine der „Zukunft zugewandte" Methodik, betonte nun als SED-Mitglied seit dem 1.2.1946 seine positive Haltung zur Demokratie und

[1411] Nohl, Herman: (Geleitwort ohne Titel), in: Die Sammlung. Zeitschrift für Kultur und Erziehung, 1. Jg. (1945/46), Heft 1, S. 2.

[1412] Weniger, Erich: Ernst Kantorowicz, in: Die Sammlung. Zeitschrift für Kultur und Erziehung, 2. Jg. (1947), S. 722.

[1413] Weniger, Erich: Zur Vorgeschichte des 20. Juli 1944. Heinrich von Stülpnagel, in: Die Sammlung. Zeitschrift für Kultur und Erziehung, 4. Jg. (1949), S. 475–492.

[1414] Weniger, Erich: Die weiße Rose, in: Die Sammlung. Zeitschrift für Kultur und Erziehung, 8. Jg. (1953), S. 161–166.

[1415] Weniger, Erich: Politische Bildung und staatsbürgerliche Erziehung. Zwei Denkschriften (Weltbild und Erziehung, Band 7), Würzburg 1954, S. 9.

[1416] Nohl, Herman: Manuskript zu einem Vortrag in Hildesheim 1946 ohne Titel (Auszüge), in: Blochmann, Elisabeth: Herman Nohl in der pädagogischen Bewegung seiner Zeit 1879–1960, Göttingen 1969, S. 186.

[1417] Nohl, Herman: Vom Wesen der Erziehung, in: Pädagogik aus dreißig Jahren, Frankfurt am Main 1949, S. 281 bzw. S. 285.

[1418] Spranger, Eduard: Gedanken zur staatsbürgerlichen Erziehung (Schriftenreihe der Bundeszentrale für Heimatdienst, Heft 26), Bonn 1957, S. 49.

[1419] Spranger, Eduard: Die Frage der deutschen Schuld (1946), in: Gesammelte Schriften, Band VIII: Staat, Recht und Politik, Tübingen/Heidelberg 1970, S. 261.

zum deutschen Volk, bezog sich auf das „Manifest der Kommunistischen Partei“ (gar auf Lenin)[1420] und bemühte sich weitgehend unbekümmert um die Neuauflagen seiner Schriften.

Was allerdings die Denkfiguren zur Relativierung der NS-Zeit angeht, gab es folgende übereinstimmende Grundpositionen:

Die vielleicht umfassendste „Erklärung“ für die eigene Zuwendung zum NS-System bietet die These, dass es nicht so sehr der Nationalsozialismus, sondern der „Hitlerismus“ war, der das verbrecherische Element enthielt. Diese Position ist am deutlichsten in Petersens 1954 publiziertem Buch „Der Mensch in der Erziehungswirklichkeit“ enthalten, findet sich aber auch in Sprangers Schrift „Fünf Jugendgenerationen 1900–1949“. Während Spranger betont, dass es „nicht der Nationalsozialismus war, der in die Katastrophe geführt hat, sondern ganz eigentlich der Hitlerismus“[1421], spricht Petersen von der „Gruppe satanischer Menschen, die sich im Führerkorps des Nationalsozialismus zusammenfanden“ und unter denen sich „der Nationalsozialismus zum teuflischen Nazismus“ gewandelt und wodurch in jeder Hinsicht das Gegenteil von dem bewirkt worden sei, „was sein kompiliertes Programm verhieß“.[1422] Das Programm des Nationalsozialismus sei in der Theorie eigentlich im Kern positiv, aber in der Praxis nicht verwirklicht worden. Das deutsche Volk sei durch Hitler „rassisch verunreinigt“ worden.[1423] Zudem sei Hitler unfähig gewesen, die Fehler des Ersten Weltkriegs seien im Zweiten Weltkrieg wiederholt worden.[1424]

Diese Argumentation der Zweiteilung des NS-Regimes mit seinen angeblich guten und schlechten Seiten erfolgt auch durch Etappenbildung: In der ersten Zeit sei vieles echt gewesen, insbesondere die Volksgemeinschaft und das Nationale.[1425] Zudem habe in der ersten Zeit das

---

[1420] Petersen, Peter: Methodische Strömungen der internationalen Gegenwart, in: Ziel und Methode der neuen demokratischen Schule, Weimar 1946, S. 28. Siehe auch: Retter, Hein: Reformpädagogik und Protestantismus im Übergang zur Demokratie. Studien zur Pädagogik Peter Petersens (Braunschweiger Beiträge zur Kulturgeschichte, Band 1), Frankfurt am Main 2007, S. 533.

[1421] Spranger, Eduard: Fünf Jugendgenerationen 1900–1949 (1950), in: Gesammelte Schriften, Band VIII: Staat, Recht und Politik, Tübingen/Heidelberg 1970, S. 341.

[1422] Petersen, Peter: Allgemeine Erziehungswissenschaft, Band III: Der Mensch in der Erziehungswirklichkeit, Berlin 1954, S. 196.

Auch Nohl spricht davon, dass die „satanische Führung der Partei“ die „Ehre unseres Volkes“ beschmutzt habe (Nohl, Herman: Manuskript zu einem Vortrag in Hildesheim 1946 ohne Titel (Auszüge), in: Blochmann, Elisabeth: Herman Nohl in der pädagogischen Bewegung seiner Zeit 1879–1960, Göttingen 1969, S. 186).

[1423] Petersen, Peter: Allgemeine Erziehungswissenschaft, Band III: Der Mensch in der Erziehungswirklichkeit, Berlin 1954, S. 196.

[1424] Spranger, Eduard: Verstrickung und Ausweg. Ein Wort über die Jugend (1946), in: Gesammelte Schriften, Band VIII: Staat, Recht und Politik, Tübingen/Heidelberg 1970, S. 274.

[1425] Weniger hebt vor allem die Volksgemeinschaft hervor: „Man wird anknüpfen an diese in der Jugend lebendigen positiven Ideale, die sie in der Bewegung verkörpert glaubte, und wird von diesen Idealen aus, denen der Volksgemeinschaft und der nationalen Würde, der männlichen Ehre, der sozialen Gerechtigkeit, zu der Wirklichkeit Stellung nehmen und die ungeheure Diskrepanz, den Missbrauch, die Verfälschung der Ideale und die Verführung des Volkes darstellen und im Rückblick auf unsere Geschichte die echten Wege zur Verwirklichung der in der Jugend lebendigen Ideen aufweisen“ (Weniger, Erich: Neue Wege im Geschichtsunterricht, in: Die Sammlung. Zeitschrift für Kultur und Erziehung, 1. Jg. (1945/46), S. 411).

Peter Petersen schreibt in einem Brief an Carstensen vom 19.6.1949: „Ja, und für Volksgemeinschaft werde ich ebenso bis zu meinem Tode eintreten“ (in: Kluge, Barbara: Peter Petersen. Lebenslauf und Lebensgeschichte. Auf dem Weg zu einer Biographie, Heinsberg 1992, S. 190).

So heißt es bei Spranger: „Solang es noch möglich war, Hitlers Absichten mit einer sittlichen Wiedergeburt des deutschen Volkes zu verwechseln, konnte also von ‚nationaler‘ Seite gegen mich kein Vorwurf erhoben werden“ (Spranger, Eduard: Mein Konflikt mit der nationalsozialistischen Regierung 1933 (1955), in: Universitas. Zeitschrift für Wissenschaft, Kunst und Literatur, 10. Jg. (1955), Heft 5, S. 461).

Nohl schreibt: „So schlug auch die große demokratische Welle, die wir nach dem ersten Weltkrieg hatten, in eine nationale um. Dem Nationalsozialismus gelang es damit, zum ersten Mal in Deutschland eine wirkliche Massenorganisation, die alle Schichten des Volkes umfasste, zu schaffen“ (Nohl, Herman: Die geistige Lage im gegenwärtigen Deutschland (1947), in: Pädagogik aus dreißig Jahren, Frankfurt am Main 1949, S. 258).

NS-System nicht durchschaut werden können, das „Wunder des Führers" habe gewirkt: „Wahrlich, *der* Mann hätte das äußerste Wunder geleistet, der damals das deutsche Volk zur Einheit gebracht hätte! Er erschien, dieser Mann, und er fand Gefolgschaft", heißt es bei Spranger.[1426] In diesem Kontext wird der „Missbrauch" eigentlich guter Ideen, Institutionen, Mentalitäten angeklagt. Alles habe zwei Seiten, sogar die SS, die laut Spranger angeblich „ja durchaus zweiseitig war".[1427]

Dabei haben die Institution Wehrmacht, die Mentalität der Opferbereitschaft und des „Dienens" und das System von Befehl und Gehorsam einen hohen Stellenwert. Niemand habe schließlich angeblich den „Makel der Fahnenflucht" auf sich nehmen können.[1428] Soldaten und andere haben „ihre Pflicht getan", wie Weniger in seiner Rede zur Eröffnung der pädagogischen Hochschule Göttingen betont („Wenn Sie nicht nach dem Maß Ihrer Einsicht und Ihrer Verantwortung Ihre Pflicht als Soldat getan hätten, so könnten wir Sie nicht brauchen, weil wir nicht sicher wären, dass Sie jetzt Ihre Pflicht als Volkserzieher ernst nehmen könnten").[1429]

Dazu passt die relativ umfassende Argumentation, welche positiven Seiten doch das NS-Regime auf pädagogischem Gebiet gehabt habe: Dem Reichsarbeitsdienst, so etwa Spranger 1950, werde man „auch heute kaum Ungünstiges nachzusagen haben".[1430] Ähnliche Äußerungen finden sich bei Nohl zum weiblichen Arbeitsdienst, der „segensvoll gewirkt" habe, die Mädchen hätten „in der Gemeinschaft ihres Lagers (...) eine Ausbildung für alle ihre künftigen Aufgaben als Frau und Mutter" erhalten. Und zu den NS-Mütterkursen heißt es im selben Aufsatz: „Man ist geneigt, jede nationalsozialistische Einrichtung abzulehnen, aber diese Mütterkurse [der NS-Frauenschaft] waren eine gute Sache. Vor allem in Württemberg waren sie vorbildlich und wurden von klugen und mütterlich starken Frauen geleitet."[1431] Nohl fordert außerdem nach 1945 einen „neuen Arbeitsdienst", obwohl dieser „durch den Nationalsozialismus und seinen politischen Missbrauch in Verruf gekommen" sei.[1432]

Auch im Hinblick auf die Abwehrmechanismen ergeben sich erstaunliche Übereinstimmungen. Besonders bei Weniger und Nohl richten sich die Abwehranstrengungen zur Vermeidung der Auseinandersetzung mit dem NS-Regime gegen die Reeducation. Sie wird als „wunderliche(r) Versuch" bezeichnet.[1433] Der „Rückblick auf die Vergangenheit" würde sich zwar nicht vermeiden lassen,[1434] aber es wird Front gemacht gegen das „Wühlen im Schmutz und Blut der Vergangenheit",[1435] das „Wühlen in der Schuld".[1436] Die Entnazifizierung sei eine Verführung

[1426] Spranger, Eduard: Fünf Jugendgenerationen 1900–1949 (1950), in: Gesammelte Schriften, Band VIII: Staat, Recht und Politik, Tübingen/Heidelberg 1970, S. 333, Hervorhebung im Original.

[1427] Spranger, Eduard: Ein Professorenleben im 20. Jahrhundert (1953), in: Gesammelte Schriften, Band X: Hochschule und Gesellschaft, Tübingen/Heidelberg 1973, S. 353.

[1428] Spranger, Eduard: Verstrickung und Ausweg. Ein Wort über die Jugend (1946), in: Gesammelte Schriften, Band VIII: Staat, Recht und Politik, Tübingen/Heidelberg 1970, S. 275.

[1429] Weniger, Erich: Rede zur Eröffnung der pädagogischen Hochschule Göttingen (8. Februar 1946), in: Weniger, Erich: Die Eigenständigkeit der Erziehung in Theorie und Praxis. Probleme der akademischen Lehrerbildung, Weinheim ohne Jahr (1952), S 319.

[1430] Spranger, Eduard: Fünf Jugendgenerationen 1900–1949 (1950), in: Gesammelte Schriften, Band VIII: Staat, Recht und Politik, Tübingen/Heidelberg 1970, S. 338.

[1431] Nohl, Herman: Die heutige Aufgabe der Frau, in: Pädagogik aus dreißig Jahren, Frankfurt am Main 1949, S. 271 bzw. S. 267.

[1432] Nohl, Herman: Die pädagogische Aufgabe der Gegenwart, in: Pädagogik aus dreißig Jahren, Frankfurt am Main 1949, S. 298.

[1433] Nohl, Herman: Schuld und Aufgabe der Pädagogik. Erich Weniger zum 11.9.1954 in Freundschaft gewidmet, in: Die Sammlung. Zeitschrift für Kultur und Erziehung, 9. Jg. (1954), S. 447.

[1434] Nohl, Herman: (Geleitwort ohne Titel), in: Die Sammlung. Zeitschrift für Kultur und Erziehung, 1. Jg. (1945/46), Heft 1, S. 2.

[1435] Nohl in einem Brief an Elisabeth Blochmann vom 10.3.1946, in: Blochmann, Elisabeth: Herman Nohl in der pädagogischen Bewegung seiner Zeit 1879–1960, Göttingen 1969, S. 200.

zur Charakterlosigkeit,[1437] zur „selbstquälerische(n) Zerstörung“.[1438] Es gehe darum, „zu kehren, ohne das eigene Nest erneut zu beschmutzen“.[1439] Dabei werden gar die Emigranten als Gewährsleute bei der Zurückweisung der Reeducation instrumentalisiert.[1440]

Spranger versteigt sich sogar zu der Formel, dass die Besatzer sich wie die Nationalsozialisten verhalten würden.[1441] Gesprochen wird gar von der „Vernichtung“ des deutschen Volkes[1442] und dass Deutschland in Asche liege.[1443] Die eigene Position wird teils bagatellisiert, wie etwa von Spranger, der lediglich „zwei oder drei Schönheitsflecken“[1444] in seinem Verhalten in der NS-Zeit einräumt, und teils einfach geleugnet, wie von Weniger[1445] oder Petersen.[1446] Auch die christlich sich gebende These, dass halt alle Menschen „Sünder“ seien, wird bemüht.[1447]

In einer Art Trotzhaltung wird schließlich unbeirrt weiter der „Glaube an das deutsche Volk“ beschworen,[1448] bruchlos an den „Mythos August 1914“ angeknüpft, der nun allerdings „echtes Symbol“ genannt wird, und die Idee der Volksgemeinschaft nach wie vor festgeschrieben.[1449]

1436 „Alles sog. öffentliche ‚Wühlen‘ in der Schuld ist zu vermeiden, weil auch das Beste der Gefahr unterliegt, schließlich zerredet zu werden, und weil die christliche Gesinnung nur von Mitchristen ganz verstanden wird.“ (Spranger, Eduard: Die Frage der deutschen Schuld (1946), in: Gesammelte Schriften, Band VIII: Staat, Recht und Politik, Tübingen/Heidelberg 1970, S. 267)

1437 „(…) da ist weiter das andere moralische Unglück der Entnazifizierung mit ihrem seelischen Druck, ihrer Verführung zur Lüge und zu jeder Charakterlosigkeit.“ (Nohl, Herman: Die geistige Lage im gegenwärtigen Deutschland, in: Pädagogik aus dreißig Jahren, Frankfurt am Main 1949, S. 261)

1438 „Ist damit eine erbarmungslose Selbstkritik, möglichst mit den Waffen unserer Gegner aus beiden Weltkriegen, gefordert? Nein. Wir brauchen keine selbstquälerische Zerstörung dessen, an das wir bisher geglaubt haben.“ (Weniger, Erich: Geschichte ohne Mythos. Zur Neugestaltung des Geschichtsunterrichtes, in: Die Sammlung. Zeitschrift für Kultur und Erziehung, 3. Jg. (1948), S. 42)

1439 Weniger, Erich: Neue Wege im Geschichtsunterricht, in: Die Sammlung. Zeitschrift für Kultur und Erziehung, 1. Jg. (1945/46), S. 408.

1440 „Die Emigranten, auch die jüdischen, haben sich gegen die Reeducation mit guten und schlagenden Gründen gewehrt (…).“ (Weniger, Erich: Die Epoche der Umerziehung 1945–1949, in: Westermanns pädagogische Beiträge. Eine Zeitschrift für die Volksschule, 11. Jg. (1959), Teil 3, S. 11)

1441 „Die Posten [der US-Besatzungsmacht] zeigten sich durchaus nicht humaner als die SS-Leute, in deren Obhut ich dreiviertel Jahr vorher gewesen war.“ (Spranger, Eduard: Die Universität Berlin nach Kriegsende 1945 (1945/1953), in: Gesammelte Schriften, Band X: Hochschule und Gesellschaft, Tübingen/Heidelberg 1973, S. 291)

1442 „Die Vernichtung eines ganzen Volkes war das Resultat“, schreibt Spranger 1950 und meint damit eindeutig nicht die Opfer des Völkermordes, die jüdische Bevölkerung Europas, sondern das deutsche Volk (Spranger, Eduard: Fünf Jugendgenerationen 1900–1949 (1950), in: Gesammelte Schriften, Band VIII: Staat, Recht und Politik, Tübingen/Heidelberg 1970, S. 341).

1443 Nohl, Herman: Manuskript zu einem Vortrag in Hildesheim 1946 ohne Titel (Auszüge), in: Blochmann, Elisabeth: Herman Nohl in der pädagogischen Bewegung seiner Zeit 1879–1960, Göttingen 1969, S. 185.

1444 Spranger, Eduard: Die Universität Berlin nach Kriegsende 1945 (1945/1953), in: Gesammelte Schriften, Band X: Hochschule und Gesellschaft, Tübingen/Heidelberg 1973, S. 292.

1445 Erich Weniger schreibt nach 1945 im Rahmen seines Entnazifizierungsverfahrens: „Man wird in meinen militärischen Schriften nichts finden, was auf Militarismus deutet, und nichts, was irgendeine Zustimmung zum Nationalsozialismus enthält.“ (Niedersächsische Staats- und Universitätsbibliothek Göttingen, Abteilung für Handschriften und seltene Drucke, Cod. Ms. E. Weniger 5/23)

1446 Am 2. Dezember 1948 gab Peter Petersen folgende Erklärung ab: „Dass ich deswegen jeden Vorwurf eines Nazismus in meinem Verhalten oder in meinem Schrifttum als böswillige Verleumdung mit Entschiedenheit zurückweise ist nur natürlich“ (Erklärung von Peter Petersen vom 2.12.1948, in: Kluge, Barbara: Peter Petersen. Lebenslauf und Lebensgeschichte. Auf dem Weg zu einer Biographie, Heinsberg 1992, S. 173).

1447 „Der Mensch ist von Konstitution, von Wesensart so, dass er nicht anders kann als sündigen.“ (Spranger, Eduard: Die Frage der deutschen Schuld (1946), in: Gesammelte Schriften, Band VIII: Staat, Recht und Politik, Tübingen/Heidelberg 1970, S. 265)

1448 Weniger spricht von einem bestimmten Glauben, „der Glaube, dass hierbei das deutsche Volk noch eine Aufgabe und damit einen Platz finden wird, um so seinen unvollendeten Auftrag zu vollbringen“ und fährt fort: „Wer in diesem Sinn nicht gläubig ist, kann keinen Geschichtsunterricht geben, mag er nun die Facultas haben oder nicht, ebenso wie der nicht christlich Gläubige keinen Religionsunterricht geben sollte“ (Weniger: Geschichte ohne Mythos, 1948, S. 38 f.).

1449 Weniger, Erich: Geschichte ohne Mythos. Zur Neugestaltung des Geschichtsunterrichtes, in: Die Sammlung. Zeitschrift für Kultur und Erziehung, 3. Jg. (1948), S. 37.

Es gehe nach wie vor darum, Begeisterung zu wecken und aus der „irrationale(n) Tiefe“[1450] und der „nordisch-germanische(n) Welt“ zu schöpfen.[1451]

[1450] „Bei solchem Sicheinfügen wird dann auch die deutsche Einsicht in die irrationale Tiefe der Geschichtlichkeit als Begrenzung der Macht der Ratio wieder fruchtbar werden können.“ (Weniger, Erich: Geschichte ohne Mythos. Zur Neugestaltung des Geschichtsunterrichtes, in: Die Sammlung. Zeitschrift für Kultur und Erziehung, 3. Jg. (1948), S. 40)

[1451] „Die nordisch-germanische Welt als wirkende Welt bleibt auch heute lebendig, obwohl freilich gerade hier die mythologisierenden Übersteigerungen des Nationalsozialismus zugunsten einer gerechten und vorurteilsfreien Würdigung abgebaut werden müssen.“ (Weniger, Erich: Geschichte ohne Mythos. Zur Neugestaltung des Geschichtsunterrichtes, in: Die Sammlung. Zeitschrift für Kultur und Erziehung, 3. Jg. (1948), S. 46)

Fazit: Mythos und Pathos

Der Ausgangspunkt dieser Studie war es, die Reflexion der Problematik wissenschaftlicher Beweisführung und Logik einerseits mit einer philosophisch und pädagogisch zu vertretenden Ethik andererseits zu verbinden, also mit der Bereitschaft und Fähigkeit, zu bewerten und Position zu beziehen. Die Schlüsselfrage war das Problem, inwiefern sich Kontinuität und Diskontinuität in den vor allem öffentlich vertretenen Positionen von Eduard Spranger, Herman Nohl, Erich Weniger und Peter Petersen in der NS-Zeit feststellen lassen. Die Schwierigkeiten einer solchen Analyse, das zeigt die Auswertung des Forschungsstands, liegen nicht nur in der Schürung von Irrationalität und vor allem „deutschen" Mythen bei den vier Erziehungswissenschaftlern und in dem Pathos, mit dem zusätzlich solche Mythen wie die „deutsche Volksgemeinschaft" vor, während und nach der NS-Zeit beschworen wurden. Die Schwierigkeiten liegen durchaus auch auf anderen Gebieten:

1. Die weitgehend lückenlose Dokumentation der Publikationen von Spranger, Nohl, Weniger und Petersen in der NS-Zeit durch das *Forschungsprojekt ad fontes* war notwendig, um der Legende der vier Erziehungswissenschaftler und ihrer Schüler entgegentreten zu können, dass von ihnen in der NS-Zeit nur wenige oder keine Schriften publiziert worden seien, die das NS-Regime unterstützten. Die in der vorliegenden Studie ausgewerteten Dokumentationen des *Forschungsprojekts ad fontes* zeigen deutlich, dass dies ein Mythos ist. Denn das NS-Regime wurde nicht nur anfangs unterstützt und es ging auch nicht nur um NS-Jargon oder NS-Phrasen, die wegen des vorherrschenden Zeitgeists benutzt oder hinzugefügt wurden. Es ließ sich im Gegenteil klar zeigen, dass auch die politischen Positionen des NS-Staates deutlich und öffentlich – nicht nur anfangs – unterstützt wurden.

2. Die schwierigere Frage ist die nach dem inneren Zusammenhang der in den Grundschriften der vier Erziehungswissenschaftler vertretenen Positionen einerseits und ihrer öffentlichen Unterstützung des NS-Staates andererseits. Die These, dass aus reaktionären Positionen zu Irrationalität, Militär und Nationalismus zwangsläufig eine Kollaboration mit dem NS-System erwachsen musste, konnte in zweierlei Hinsicht widerlegt werden. Am Beispiel Theodor Litts konnte gezeigt werden, dass es keine solche Zwangsläufigkeit gab. Am Beispiel Ernst Kriecks wiederum konnte gezeigt werden, dass es auf der Basis reaktionärer Grundpositionen im Rahmen des NS-Systems sehr leicht war, eine noch wesentlich weitere inhaltliche Übereinstimmung mit der NS-Ideologie zu erreichen, als dies bei den vier Erziehungswissenschaftlern der Fall war.

3. Auch die grundlegenden soziologischen Überlegungen über die besondere Schicht der „deutschen Mandarine", der geistigen Eliten, und die zeitgeschichtlichen und politologischen Studien über die zwei Säulen des NS-Systems, die reaktionäre deutschnationale Säule und die Säule der direkt an die NSDAP gebundenen Eliten, die zum Verständnis der Entwicklung der verschiedenen Strömungen der in der NS-Zeit aktiven Wissenschaftler beigetragen haben, ändern nichts daran, dass in der NS-Zeit ein gewisser Spielraum blieb, der so oder so genutzt oder eben nicht genutzt werden konnte, wie Helmut Thielicke in seinem Rückblick beschreibt. Spranger war nicht gezwungen, in Himmlers SS-Zeitung „Die deutsche Polizei" zu veröffentlichen. Es war nicht zwangsläufig, dass Nohl die Eugenik-Gesetze rechtfertigte und zu begründen versuchte. Es gab keine zwingende Logik, dass Weniger Opfertod und „hermeneutischen" Gehorsam im NS-Krieg lobpreiste und theoretisch begründete und vom „Ausmerzen" sprach. Und auch Petersens Loblieder auf Eugenik und Adolf Hitler als „Volkserzieher" waren nicht unvermeidlich.

4. Durch einen doppelten Rückblick auf die zeitgenössischen Kritiken an den vier Erziehungswissenschaftlern in der Weimarer Republik, aber auch während und unmittelbar nach der NS-Zeit, konnte auch einer anderen These in Bezug auf diese „Zwangsläufigkeit" entgegenge-

treten werden, nämlich, dass Begriffe und Positionen aus der Zeit heraus unvermeidlich waren und „hermeneutisch“ nur so erklärt werden könnten und verstanden werden müssten. Einer solchen „deutschen Einfühlsamkeitshermeneutik“ (Andreas von Prondczynsky) stehen die in der Studie vorgestellten zeitgenössischen Kritiken gegenüber.

5. Die Vorstellung der Positionen der vier Erziehungswissenschaftler in der NS-Zeit (im Einzelnen und chronologisch geordnet) zeigt durch die Herstellung eines Gesamtzusammenhangs und durch die Fülle der das NS-Regime und dessen Ideologie stützender Veröffentlichungen und Verlautbarungen, dass die Behauptung, es habe keine Unterstützung des NS-Regimes stattgefunden, als widerlegt angesehen werden muss.[1452] Die wissenschaftliche Ideologiekritik an Formeln der NS-Propaganda ist keine innerwissenschaftliche Auseinandersetzung. Wenn die vier Erziehungswissenschaftler, wie vielfach geschehen, NS-Propagandaformeln übernehmen, ist die Unterscheidung der wissenschaftlichen Ideologiekritik von der innerwissenschaftlichen Auseinandersetzung wesentlich. SA und SS zu pädagogischen Vorbildern zu erklären erlaubt eben keine wissenschaftsimmanente Kritik, so sehr solche Positionen auch Gegenstand der Kritik sind. Dennoch handelte es sich hier aber um Wissenschaftler, die solche NS-Positionen auch in ihren wissenschaftlichen Publikationen – mit Rückgriff auf große Namen der deutschen Philosophie und Pädagogik – mit ihren theoretischen Ansätzen verschränkten. Eine analytische Trennung war daher unumgänglich.

6. Durch eine zweite, systematische Analyse der Publikationen der vier Erziehungswissenschaftler in der NS-Zeit konnte vertiefend gezeigt werden, dass es gemeinsame Bande gab, eine innere Logik, die nicht nur ihre Schriften in der NS-Zeit auszeichnen. Die Überschneidungen der keinesfalls als in sich geschlossen zu betrachtenden NS-Ideologie mit den theoretischen Vordenkern, auf die sich das NS-Regime berief, erleichterte es, das reaktionäre Potenzial herauszuarbeiten, das im Pathos der Irrationalität, im Pathos der Verherrlichung des „Deutschen“ als solchem und im Mythos von Krieg und Rasse enthalten ist. Spranger, Nohl, Weniger und Petersen, die eine gewisse Distanz zum lärmenden Ton des „Stürmers“ einnahmen, demonstrierten sozusagen im Detail, wie ihrer Meinung nach durch den Rückgriff auf strittige Positionen von Platon und Hegel, Fichte und Clausewitz elitär-reaktionäre, nationalistische und militaristische Konzeptionen in einen theoretisch geläuterten „echten“ Nationalsozialismus der Volksgemeinschaft hätten münden sollen. Dass dabei auch Rassismus und Eugenik propagiert wurde, gehört zu den wesentlichen Erkenntnissen der vorliegenden Studie, die im Detail den aktuellen Forschungsstand erweitern und konkretisieren.

7. Vor diesem Hintergrund wird auch plausibel, dass die vier Erziehungswissenschaftler zwar vor und während, ja sogar noch nach der NS-Zeit ihre antisemitischen Ressentiments durchaus vertreten haben, dabei aber mit einer gewissen Eleganz ebenfalls den lärmend-hetzenden Ton vermieden, der für Krieck kennzeichnend war. In diesem Zusammenhang geht es nicht um eine Bagatellisierung dieser Aussagen, vielmehr muss genauer darauf hingewiesen werden, wie tief diese Elemente des Antisemitismus in den Reihen deutscher Eliten ohne Schamgefühl verankert waren und wie wenig die Wurzeln des mörderisch-eliminatorischen Antisemitismus in der deutschen Kultur und Geistesgeschichte bei den vier Erziehungswissenschaftler Gegenstand ernster Auseinandersetzung gewesen sind.

8. Die Frage, wie sich die Wissenschaftler nach 1945 mit den eigenen Positionen vor und in der NS-Zeit auseinandergesetzt haben, stand in einem merkwürdigen Kräftediagramm, so zeigt die Analyse: Aus der gewohnten Anpassung an die „geschichtliche Stunde“, nun an die Forderungen der Alliierten, resultierte ein gewisser Druck. Noch mehr Druck erzeugte aber

[1452] Dabei zeigte sich, dass es nicht so sehr um das Durchspielen verschiedener Auslegungsmöglichkeiten bei der Einschätzung einzelner Äußerungen ging, die eben nicht isoliert betrachtet werden können. Vielmehr erwies sich, dass sich durch die Fülle von in dieselbe Richtung gehenden Passagen die Klarheit der Interpretation erschloss. Dabei war wesentlich, die antihumane Banalität der NS-Losungen zu konstatieren und nicht von der kontrafaktischen Unterstellung eines sonstigen latenten Sinns auszugehen, der nicht bewiesen werden kann.

offensichtlich die Phase der Entnazifizierung und der administrativen Konfrontation mit der eigenen Kollaboration im NS-System. Die „geschichtliche Stunde" war für die vier Erziehungswissenschaftler nicht nur die Politik der „Siegermächte", die „geschichtliche Stunde" war für sie – wie sich rasch zeigte – gesamtgesellschaftlich gesehen in erster Linie die Forderung nach der Beendigung der tiefgehenden Auseinandersetzung mit der NS-Zeit. So zeigt die Analyse der Art und Weise und der Inhalte der Auseinandersetzung der vier Erziehungswissenschaftler mit der NS-Zeit, dass hier klassische Klischees gefestigt wurden, die im Grunde bereits Ernst Krieck und Alfred Baeumler unmittelbar nach 1945 fixiert hatten. Die Unterscheidung des nicht akzeptablen Nazismus oder Hitlerismus vom „eigentlichen" Nationalsozialismus, die Bewahrung der Idee der „Volksgemeinschaft", die Phrase, dass alles seine zwei Seiten habe, auch die SS und der Nationalsozialismus, die Relativierung der NS-Verbrechen unter Verweis auf die angeblich positiven Leistungen im außerschulischen pädagogischen Bereich, sogar die Gleichsetzung der Alliierten mit dem NS-Regime – all das waren nach 1945 typische Denkmuster, die nun im erziehungswissenschaftlichen Bereich von Spranger, Nohl, Weniger und Petersen, wie durch die vorliegende Studie gezeigt werden konnte, entwickelt und wiederholt vertreten wurden.

* * *

Bei einer zusammenfassenden Betrachtung der vier Erziehungswissenschaftler im Hinblick auf die Frage von **Kontinuität und Diskontinuität** wurde die Frage eines „Vorrangs" der einen oder der anderen Seite als irreführend verworfen. Wenn das Element der Kontinuität theoretischer Positionen in den Vordergrund gestellt wird, dann wird die besondere, eindeutige und in Diskontinuität stehende politische Positionierung der vier Erziehungswissenschaftler in der NS-Zeit logischerweise als zweitrangig betrachtet.

Daher soll zusammenfassend die Diskontinuität in bestimmter Hinsicht durchaus hervorgehoben werden: Die Unterstützung des NS-Regimes, die Unterstützung der Zwangssterilisierungen, die politische Propaganda für die SS und die SA, ja für Adolf Hitler, die Unterstützung des Austritts NS-Deutschlands aus dem Völkerbund, des Überfalls auf Polen, der Besetzung anderer Länder, der Ideologie des Eroberungskriegs und die Unterstützung des Eroberungskriegs selbst – all das gab es in den Schriften der vier Erziehungswissenschaftler vor 1933 nicht und auch nach 1945 nicht mehr. Diese Elemente eindeutiger Diskontinuität sind wesentlich und charakteristisch für die vier Erziehungswissenschaftler in dieser Zeitspanne.

Aus der Sicht der Verfolgten des NS-Regimes ist dies unzweideutig und klar, es ergibt sich auch aus der Logik der genauen Analyse der Schriften von Spranger, Nohl, Weniger und Petersen in der NS-Zeit. Dieser eindeutigen Einschätzung können jedoch all jene hervorragend ausweichen, die das theoretische Gebiet favorisieren und die „Niederungen" der politischen und gesellschaftlichen Realität in der NS-Zeit als nebensächlich oder gar als ablenkend abtun.

Das Schwergewicht der vorliegenden Studie liegt bewusst auf jener Phase der Geschichte, in der die vier Erziehungswissenschaftler bei aller Kontinuität ihrer Auffassungen durch die Unterstützung des NS-Regimes einen deutlichen Bruch in ihrer eigenen Argumentationslinie vollzogen haben.

Dennoch: Der Mythos eines „deutschen Geistes" als ein einheitliches Ganzes, wie ihn die vier Erziehungswissenschaftler begreifen, ist dagegen gleichzeitig ein Element der Kontinuität, das insbesondere nach der NS-Zeit logischen und ethischen Argumentationen nicht standhält.

In dieser Hinsicht bleibt als **Ausblick** die Aufgabe, vor dem Hintergrund der Positionierungen der vier Erziehungswissenschaftler in der NS-Zeit Gegensätze in der pathetisch beschworenen „Deutschen Bewegung" und im mystisch interpretierten „deutschen Geist" anhand der Originalquellen genauer zu analysieren und die bisherige Forschung und Debatte auf diesen Gebieten zu rekonstruieren und zu forcieren.

* * *

Nach den Völkermordverbrechen und den Massenmorden des NS-Regimes steht die Disziplin der Erziehungswissenschaft als Ganzes nach wie vor in der Verantwortung, statt Mythos und Pathos verstärkt Logik und Ethik zu entfalten.

Literaturverzeichnis

Die Bibliographie als Hilfswissenschaft:

„Und zwar steigt deren Wichtigkeit mit dem Steigen der Buchproduktion. Nun gibt es Weniges, was für die kritische Lage der Wissenschaft so durchaus charakteristisch ist wie der Umstand, dass dieser steigenden Wichtigkeit der Bibliographie ihre sinkende Beachtung seit Jahren parallel geht. (…) Gegenständliche Arbeit in allen Ehren. Die Bibliographie ist gewiss nicht der geistige Teil einer Wissenschaft. Jedoch sie spielt in ihrer Physiologie eine zentrale Rolle, ist nicht ihr Nervengeflecht, aber das System ihrer Gefäße. Mit Bibliographie ist die Wissenschaft groß geworden, und eines Tages wird sich zeigen, dass sogar ihre heutige Krisis zum guten Teile bibliographischer Art ist."

(Walter Benjamin: Gesammelte Schriften, Band III, Frankfurt am Main 1972, S. 121)

Überblick über die bibliographischen Angaben

1. Eduard Spranger

a) Schriften von Eduard Spranger von Februar 1933 bis Mai 1945[1]

1933

1. **Die Individualität des Gewissens und der Staat**, in: Logos, 22. Jg. (1933), S. 171–202.[2]
2. **März 1933**, in: Die Erziehung. Monatsschrift für den Zusammenhang von Kultur und Erziehung in Wissenschaft und Leben, 8. Jg. (1932/33), Heft 7 (April 1933), S. 401–408.
3. **Die Erziehungsideale der neuen Zeit**, in: Deutsche Allgemeine Zeitung, 72. Jg. (1933), Nr. 186 (21.4.1933), Abendausgabe, S. 2–3.[3]
4. **Goethes Weltanschauung** (Insel-Bücherei, Band 466), Leipzig ohne Jahr (1933).[4]
5. **Die zwei Fundamente**, in: Der Tag, Jg. 1933, Nr. 91 (16.4.1933).[5]
6. **Der Vorstand des Verbandes der Deutschen Hochschulen erklärt** (Flugblatt, zusammen mit Tillmann, Fröhlich, Schlink, von Köhler, Nägel, Schleicher und Fels), Würzburg, 22.4.1933.[6]
7. **Der Rücktritt Sprangers**, in: Deutsche Allgemeine Zeitung, 72. Jg. (1933), Nr. 195 (27.4.1933), Morgenausgabe, S. 2.[7]
8. **Spranger bleibt im Amt**, in: Vossische Zeitung. Berlinische Zeitung von Staats- und gelehrten Sachen, Jg. 1933, Nr. 279 (13.6.1933), Morgen-Ausgabe.[8]
9. **Aufbruch und Umbruch**, in: Die Erziehung. Monatsschrift für den Zusammenhang von Kultur und Erziehung in Wissenschaft und Leben, 8. Jg. (1932/33), Heft 9 (Juni 1933), S. 529–533.
10. **Dem Andenken Kerschensteiners**, in: Das Bayerland, 44. Jg. (1933), S. 673.

---

[1] Erstellt auf der Grundlage von: Neu, Theodor: Bibliographie Eduard Spranger, Tübingen 1958.

Die nach 1945 nicht veröffentlichten Texte wurden durch das Forschungsprojekt ad fontes zusammengestellt. Im Anhang des vorliegenden Literaturverzeichnisses ist das Inhaltsverzeichnis der **Dokumentation ad fontes Spranger** abgedruckt.

Spranger hat in der NS-Zeit auch in anderen Sprachen publiziert, vor allem Bücher, Broschüren und Aufsätze in chinesischer (7 Publikationen), spanischer (6 Publikationen) und japanischer Sprache (4 Publikationen), aber auch in ungarischer (3 Publikationen), englischer (3 Publikationen) und serbischer Sprache (2 Publikationen) sowie jeweils eine Veröffentlichung in katalanischer, schwedischer und kroatischer Sprache. Seine Schrift „Psychologie des Jugendalters" wurde während der NS-Zeit in Spanien, Japan, Schweden und Serbien in der jeweiligen Landessprache veröffentlicht. Genauere Angaben zu den genannten Publikationen sind der Bibliographie von Neu zu entnehmen.

[2] Dieser Aufsatz ist unverändert abgedruckt in den Gesammelten Schriften, Band VIII, S. 1–33 und wurde daher in die Dokumentation ad fontes Spranger nicht aufgenommen.

[3] Zusammenfassung des Aufsatzes „März 1933". Nicht in der Bibliographie von Neu enthalten.

[4] Die drei in diesem Band enthaltenen Texte sind sämtlich 1932 entstanden. Zudem sind alle Aufsätze in dem Sammelband „Goethe. Seine geistige Welt" (Tübingen 1967) unverändert nachgedruckt worden (S. 136–149, 275–317 und S. 318–349). In die Dokumentation ad fontes Spranger wurde daher nur die Vorbemerkung aufgenommen, die 1967 nicht abgedruckt wurde.

[5] Nicht in der Bibliographie von Neu enthalten.

[6] Nicht in der Bibliographie von Neu enthalten.

[7] Dies ist ein Schreiben Sprangers über seine Gründe des Rücktritts vom Lehramt an der Universität Berlin. Unter dem Titel „Warum Eduard Spranger ging" auch erschienen in: Vossische Zeitung. Berlinische Zeitung von Staats- und gelehrten Sachen, Jg. 1933, 27.4.1933, Morgen-Ausgabe.

[8] Nicht in der Bibliographie von Neu enthalten.

11. **Umrisse der philosophischen Pädagogik**, in: Internationale Zeitschrift für Erziehungswissenschaft, 3. Jg. (1933/34), S. 160–180, 332–337 und 448–467.[9]
12. **Die Vielheit der Erlebniswelten in ihrer Bedeutung für Volkskunde und Volkserziehung**, in: Forschungen und Fortschritte. Nachrichtenblatt der Deutschen Wissenschaft und Technik, 9. Jg. (1933), Heft 19, S. 277–278.
13. **Zur gegenwärtigen geistigen Lage in Deutschland (Zusammenfassung)**, in: Sitzungsberichte der Preußischen Akademie der Wissenschaften, Philosophisch-historische Klasse, Jg. 1933, S. 821.
14. **Der politische Mensch als Bildungsziel**, in: Die Erziehung. Monatsschrift für den Zusammenhang von Kultur und Erziehung in Wissenschaft und Leben, 9. Jg. (1933/34), Heft 2 (November 1933), S. 65–79.
15. **Politik aus dem Glauben**, in: Staats-Anzeiger für Württemberg, Jg. 1933, Nr. 263 (10.11.1933), S. 2.[10]
16. **Vom pädagogischen Genius: Sokrates, Pestalozzi, Fröbel**, in: Deutscher Almanach, Leipzig 1933, S. 58–71.[11]

* * *

Thesen zur Beurteilung des Nationalsozialismus (Vortrag für den Stahlhelm 1933), Manuskript, Bundesarchiv Koblenz, Nachlass Eduard Spranger N 1182, unverzeichnet.

1934

17. **Der politische Mensch als Bildungsziel** (verkürzte Zusammenfassung des gleichnamigen Aufsatzes in „Die Erziehung“), in: Forschungen und Fortschritte. Nachrichtenblatt der Deutschen Wissenschaft und Technik, 10. Jg. (1934), Heft 4, S. 41–42.
18. **Bemerkungen zum Strukturbegriff in den Geisteswissenschaften**, in: Kiemm, Otto/Volkelt, Hans (Hrsg.): Ganzheit und Struktur. Festschrift zum 60. Geburtstage Felix Kruegers (Neue Psychologische Studien, Band 12, Heft 2), München 1934, S. 81–96.[12]
19. **Heinrich Maier †**, in: Forschungen und Fortschritte. Nachrichtenblatt der Deutschen Wissenschaft und Technik, 10. Jg. (1934), S. 25–26.
20. **Gedächtnisrede auf Heinrich Maier**, in: Sitzungsberichte der Preußischen Akademie der Wissenschaften, Philosophisch-historische Klasse, Jg. 1934, S. CXV–CXIX.[13]
21. **Grundgedanken der geisteswissenschaftlichen Psychologie**, in: Die Erziehung. Monatsschrift für den Zusammenhang von Kultur und Erziehung in Wissenschaft und Leben, 9. Jg. (1933/34), Heft 5 (Februar 1934), S. 209–223 und Heft 6 (März 1934), S. 257–269.[14]

[9] Dieser Aufsatz ist unverändert abgedruckt in den Gesammelten Schriften, Band II, S. 7–61 und wurde daher in die Dokumentation ad fontes Spranger nicht aufgenommen. Der Schluss des Aufsatzes ist 1933 nicht erschienen.

[10] Nicht in der Bibliographie von Neu enthalten.

[11] Der Aufsatz wurde in die Dokumentation ad fontes Spranger aufgenommen, obwohl nicht geklärt werden konnte, ob er vor oder nach Februar 1933 verfasst bzw. publiziert wurde.

[12] Dieser Aufsatz ist unverändert abgedruckt in den Gesammelten Schriften, Band VI, S. 201–215 und wurde daher in die Dokumentation ad fontes Spranger nicht aufgenommen.

[13] Auch als Einzelausgabe erschienen.

[14] Dieser Aufsatz ist unverändert abgedruckt in den Gesammelten Schriften, Band IV, S. 37–64 und wurde daher in die Dokumentation ad fontes Spranger nicht aufgenommen.

22. **Der objektive Geist** (nach einem Vortrag auf der Hauptversammlung der Kant-Gesellschaft in Halle am 23.5.1934), in: Forschungen und Fortschritte. Nachrichtenblatt der Deutschen Wissenschaft und Technik, 10. Jg. (1934), S. 241–242.[15]

23. **Ehre**, in: Die Erziehung. Monatsschrift für den Zusammenhang von Kultur und Erziehung in Wissenschaft und Leben, 9. Jg. (1933/34), Heft 12 (September 1934), S. 529–536.[16]

24. **Das ethische Moment im Gesundsein und Kranksein** (nach einem Vortrag, gehalten auf dem dritten Kongress zur Förderung medizinischer Synthese und ärztlicher Weltanschauung in Marienbad vom 13. bis 15.9.1934), in: Forschungen und Fortschritte. Nachrichtenblatt der Deutschen Wissenschaft und Technik, 10. Jg. (1934), S. 369–370.

25. **Jungmännererziehung unter psychologischen und nationalen Gesichtspunkten** (Vortrag im Oktober 1933 in Marinestationen und am 15.2.1934 im Reichswehrministerium), in: Die Deutsche Volkskraft. Beilage zur „Deutschen Wehr". Zeitschrift für Wehrmacht und Wehrkraft, 4. Jg. (1934), Heft 10, S. 89–91, Heft 11, S. 102–103, Heft 12, S. 115–116, Heft 13, S. 126–127 und Heft 14, S. 134–135.

26. **Metapsychologische Meditationen**, in: Nederlandsch Tijdschrift voor Psychologie, 2. Jg. (1934), Heft 1/2, S. 1–26.[17]

27. **Die Urschichten des Wirklichkeitsbewusstseins**, in: Sitzungsberichte der Preußischen Akademie der Wissenschaften, Philosophisch-historische Klasse, Jg. 1934, S. 610–625.[18]

28. **Vom Wandel des Lebens und der Werte**, in: Das Innere Reich. Zeitschrift für Dichtung, Kunst und deutsches Leben, 1. Jg. (1934), S. 319–337.

29. ***Rezension von:*** **Joachim Wach: Das Verstehen**, Band 3: Das Verstehen in der Historik von Ranke bis zum Positivismus (Tübingen 1933), in: Deutsche Literaturzeitung, 55. Jg. (1934) = Dritte Folge, 5. Jg. (1934), Heft 19, Sp. 867–872.

30. ***Rezension:*** **Jugendgottesdienste an der Saar** (über: Walther Stein: Folge nur nach. Jugendgottesdienste der Cecilienschule, Saarbrücken 1934), in: Die Erziehung. Monatsschrift für den Zusammenhang von Kultur und Erziehung in Wissenschaft und Leben, 10. Jg. (1934/35), Heft 3 (Dezember 1934), S. 141–142.

31. **Europa und die deutsche Art**, in: Kölnische Zeitung mit Handelsblatt, Jg. 1934, Nr. 650 (24.12.1934), Abendblatt.

1935

32. **Psychologie des Jugendalters**, 17. Auflage, unveränderter Nachdruck der 16. Auflage, Leipzig ohne Jahr (1935).[19]

33. **Das ethische Moment im Gesundsein und Kranksein**, in: Brugsch, Theodor (Hrsg.): Einheitsbestrebungen in der Medizin. Kongress zur Förderung medizinischer Synthese und ärztlicher Weltanschauung. Verhandlungsbericht der dritten zwischenstaatlichen Tagung in Marienbad vom 13. bis 15.9.1934, Band II, Dresden/Leipzig 1935, S. 90–105.

---

[15] Eine ausführliche Fassung dieses Vortrags ist in den Gesammelten Schriften, Band VI, S. 184–200 enthalten.

[16] Dieser Aufsatz ist unverändert abgedruckt in den Gesammelten Schriften, Band VIII, S. 224–231 und wurde daher in die Dokumentation ad fontes Spranger nicht aufgenommen.

[17] Dieser Aufsatz ist weitgehend unverändert abgedruckt in den Gesammelten Schriften, Band IV, S. 281–304 und wurde daher in die Dokumentation ad fontes Spranger nicht aufgenommen.

[18] 1934 auch als Einzelausgabe erschienen. Dieser Aufsatz ist unverändert abgedruckt in den Gesammelten Schriften, Band IV, S. 263–280 und wurde daher in die Dokumentation ad fontes Spranger nicht aufgenommen.

[19] Diese Schrift wurde auch in den Folgejahren unverändert nachgedruckt (zuletzt in der 29. Auflage, Heidelberg 1979) und wurde daher in die Dokumentation ad fontes Spranger nicht aufgenommen.

34. **Die Geheimnisse der Pädagogischen Provinz**, in: Das Deutsche Wort, 11. Jg. (1935), Heft 34, S. 6–8.

35. **Die Maßnahmen in Sachsen zur Sicherung eines vollwertigen Hochschulnachwuchses**, in: Die Erziehung. Monatsschrift für den Zusammenhang von Kultur und Erziehung in Wissenschaft und Leben, 10. Jg. (1934/35), Heft 6 (März 1935), S. 241–252.

36. ***Rezension:*** **Werkbewusstsein und Maßbewusstsein** (über: Hugo Kükelhaus: Urzahl und Gebärde. Grundzüge eines kommenden Maßbewusstseins, Berlin 1934), in: Die Erziehung. Monatsschrift für den Zusammenhang von Kultur und Erziehung in Wissenschaft und Leben, 10. Jg. (1934/35), Heft 8 (Mai 1935), S. 377–379.

37. **Wilhelm von Humboldt. Zu seinem 100. Todestag am 8. April 1935**, in: Forschungen und Fortschritte. Nachrichtenblatt der Deutschen Wissenschaft und Technik, 11. Jg. (1935), S. 121–123.[20]

38. **Wilhelm von Humboldt. Zu seinem hundertsten Todestage am 8. April 1935**, in: Das humanistische Gymnasium, 46. Jg. (1935), Heft 1/2, S. 65–77.[21]

39. **Wilhelm von Humboldt** (Festansprache, gehalten am 19.5.1935 bei der Gedächtnisfeier seines 100. Todestages in der „Vereinigung der Freunde des Humanistischen Gymnasiums für Berlin und die Provinz Brandenburg"), in: Die Erziehung. Monatsschrift für den Zusammenhang von Kultur und Erziehung in Wissenschaft und Leben, 10. Jg. (1934/35), Heft 9 (Juni 1935), S. 385–391.

40. **Pestalozzis „Nachforschungen". Eine Analyse**, in: Sitzungsberichte der Preußischen Akademie der Wissenschaften, Philosophisch-historische Klasse, Jg. 1935, S. 6–29.[22]

41. **Was heißt Kulturmorphologie? (Vorläufige Mitteilung)**, in: Sitzungsberichte der Preußischen Akademie der Wissenschaften, Philosophisch-historische Klasse, Jg. 1935, S. 865.

42. *Rezension von:* **Wilhelm Dilthey: Gesammelte Schriften, Band IX: Pädagogik**. Geschichte und Grundlinien des Systems (Leipzig/Berlin 1934), in: Zeitschrift für Geschichte der Erziehung und des Unterrichts, 25. Jg. (1935), S. 222–226.

43. ***Rezension:*** **Eine neue Theorie des Spiels** (über: F. J. J. Buytendijk: Wesen und Sinn des Spieles, Berlin 1933), in: Die Erziehung. Monatsschrift für den Zusammenhang von Kultur und Erziehung in Wissenschaft und Leben, 10. Jg. (1934/35), Heft 12 (September 1935), S. 497–505.

44. ***Rezension:*** **Religionsgeschichte und Christentum** (über: Otto Karrer: Das Religiöse in der Menschheit und das Christentum, 2. unveränderte Auflage, Freiburg 1934), in: Die Erziehung. Monatsschrift für den Zusammenhang von Kultur und Erziehung in Wissenschaft und Leben, 10. Jg. (1934/35), Heft 12 (September 1935), S. 545–546.

45. ***Rezension:*** **Das japanische Erziehungswesen** (über: Komao Murakami: Das japanische Erziehungswesen, Tokio 1934), in: Die Erziehung. Monatsschrift für den Zusammenhang von Kultur und Erziehung in Wissenschaft und Leben, 11. Jg. (1935/36), Heft 1 (Oktober 1935), S. 47–50.

* * *

Seelische Faktoren im Kriege, Manuskript eines Vortrags im Reichskriegsministerium am 21.11.1935, Bibliothek für Zeitgeschichte in der Württembergischen Landesbibliothek.

[20] Nicht in der Bibliographie von Neu enthalten.

[21] Nicht in der Bibliographie von Neu enthalten.

[22] 1935 auch als Einzelausgabe erschienen. Dieser Aufsatz ist unverändert abgedruckt in den Gesammelten Schriften, Band I, S. 162–188 und wurde daher in die Dokumentation ad fontes Spranger nicht aufgenommen.

1936

46. **Vorbemerkung zu: Stanko Gogala: Bilden und Erziehen.** Ein Beitrag zur Begriffsklärung (Die Erziehung. Monatsschrift für den Zusammenhang von Kultur und Erziehung in Wissenschaft und Leben, 11. Jg. (1935/36), Heft 6 (März 1936), S. 293–299), in: Die Erziehung. Monatsschrift für den Zusammenhang von Kultur und Erziehung in Wissenschaft und Leben, 11. Jg. (1935/36), Heft 6 (März 1936), S. 293.[23]

47. **Buchpädagogik**, in: Die Erziehung. Monatsschrift für den Zusammenhang von Kultur und Erziehung in Wissenschaft und Leben, 11. Jg. (1935/36), Heft 8 (Mai 1936), S. 353–362.

48. **Aus dem Leben eines siebenbürgischen Schulmannes**, in: Die Erziehung. Monatsschrift für den Zusammenhang von Kultur und Erziehung in Wissenschaft und Leben, 11. Jg. (1935/36), Heft 8 (Mai 1936), S. 400.

49. **Goethe und die metaphysischen Offenbarungen**, in: Goethe. Vierteljahresschrift der Goethe-Gesellschaft, Neue Folge des Jahrbuchs, Band 1 (1936), S. 20–42.[24]

50. **Probleme der Kulturmorphologie**, in: Sitzungsberichte der Preußischen Akademie der Wissenschaften, Philosophisch-historische Klasse, Jg. 1936, S. 2–39.[25]

51. **Probleme der Kulturmorphologie** (Sonderausgabe aus den Sitzungsberichte der Philosophisch-historischen Klasse der Preußischen Akademie der Wissenschaften, Berlin 1936), in: Forschungen und Fortschritte. Nachrichtenblatt der Deutschen Wissenschaft und Technik, 12. Jg. (1936), S. 133–134.

52. **Theorie und Ethos**, in: Die Erziehung. Monatsschrift für den Zusammenhang von Kultur und Erziehung in Wissenschaft und Leben, 11. Jg. (1935/36), Heft 10–11 (Juli–August 1936), S. 449–460.[26]

53. **Geist und Seele** (Auszug aus einem auf der 13. Tagung der Deutschen Philosophischen Gesellschaft in Berlin am 22.9.1936 gehaltenen Vortrag), in: Forschungen und Fortschritte. Nachrichtenblatt der Deutschen Wissenschaft und Technik, 12. Jg. (1936), Heft 33, S. 420–422.[27]

54. **Welt, Überwelt und Heimat**, in: Mélanges D. Gusti. XXV Ans d'Enseignement Universitaire 1910–1935 (Archives pour la Science et la Réforme Sociales, Band 13), Bukarest 1936, S. 448–455.[28]

55. **Die Wirklichkeit der Geschichte**, in: Die Erziehung. Monatsschrift für den Zusammenhang von Kultur und Erziehung in Wissenschaft und Leben, 11. Jg. (1935/36), Heft 12 (September 1936), S. 513–526 und 12. Jg. (1936/37), Heft 1 (Oktober 1936), S. 1–14.[29]

---

[23] Nicht in der Bibliographie von Neu enthalten.

[24] Dieser Aufsatz ist in dem Sammelband „Goethe. Seine geistige Welt" (Tübingen 1967) mit nur geringfügigen Änderungen nachgedruckt worden (S. 233–267). Er wurde daher in die Dokumentation ad fontes Spranger nicht aufgenommen.

[25] 1936 auch als Einzelausgabe erschienen. Dieser Aufsatz ist unverändert abgedruckt in den Gesammelten Schriften, Band V, S. 129–172 und wurde daher in die Dokumentation ad fontes Spranger nicht aufgenommen.

[26] Dieser Aufsatz ist unverändert abgedruckt in den Gesammelten Schriften, Band VI, S. 216–227 und wurde daher in die Dokumentation ad fontes Spranger nicht aufgenommen.

[27] Es handelt sich bei diesem Aufsatz nicht, wie von Spranger in einer Fußnote angegeben, um eine Zusammenfassung, sondern vielmehr um einen elbständigen Aufsatz auf Grundlage des genannten Vortrags. Der vollständige Text des ursprünglichen Vortrags erschien 1937 in: Blätter für Deutsche Philosophie. Zeitschrift der Deutschen Philosophischen Gesellschaft, Band 10 (1937), S. 358–383 und wurde unverändert abgedruckt in den Gesammelten Schriften, Band IV, S. 65–90 (siehe dazu auch die Anmerkung in selben Band, S. 409 f.).

[28] 1936 auch als Sonderdruck erschienen.

[29] Dieser Aufsatz ist unverändert abgedruckt in den Gesammelten Schriften, Band VIII, S. 232–259 und wurde daher in die Dokumentation ad fontes Spranger nicht aufgenommen.

56. *Rezension von:* **Friedrich Fröbel: Brief an die Frauen in Keilhau**, Weimar 1936, in: Reclams Universum, 52. Jg. (1936), S. 499.

57. *Rezension:* **Die Widerstandskraft im modernen Kriege** (über: Karl Pintschovius: Die seelische Widerstandskraft im modernen Kriege, Oldenburg 1936), in: Die Erziehung. Monatsschrift für den Zusammenhang von Kultur und Erziehung in Wissenschaft und Leben, 12. Jg. (1936/37), Heft 3 (Dezember 1936), S. 135–138.

1937

58. **Was heißt Geistesgeschichte?** (Vortrag am 13. 1.1937 für die Literarische Gesellschaft in Tokio), in: Die Erziehung. Monatsschrift für den Zusammenhang von Kultur und Erziehung in Wissenschaft und Leben, 12. Jg. (1936/37), Heft 7 (April 1937), S. 289–302.

59. **Eindrücke von der Gedenkfeier am 7. April 1937**, in: Japanisch-Deutsche Medizinische Gesellschaft (Hrsg.): Erinnerungen an die Gedenktage für Jiro Harada, den verstorbenen Gründer der Stiftung „Harada-Sekizenkai“, Tokio 1937, S. 7.[30]

60. **Ansprache im Auditorium in Matsuzaka am 7. April 1937**, in: Japanisch-Deutsche Medizinische Gesellschaft (Hrsg.): Erinnerungen an die Gedenktage für Jiro Harada, den verstorbenen Gründer der Stiftung „Harada-Sekizenkai“, Tokio 1937, S. 24–25.[31]

61. **Über Land und Volk Deutschlands** (Vortrag im Auditorium in Matsuzaka am 7. April 1937), in: Japanisch-Deutsche Medizinische Gesellschaft (Hrsg.): Erinnerungen an die Gedenktage für Jiro Harada, den verstorbenen Gründer der Stiftung „Harada-Sekizenkai“, Tokio 1937, S. 25–36.[32]

62. **„Höchstes Glück der Erdenkinder sei nur die Persönlichkeit“**, in: Goethe-Jahrbuch der Goethe-Gesellschaft in Japan, Band 6 (1937), S. 1–10.[33]

63. **Kulturmorphologische Betrachtungen** (Deutsche Fassung einer öffentlichen Vorlesung am 3.5.1937 in der Kaiserlichen Universität Kyoto), in: Die Erziehung. Monatsschrift für den Zusammenhang von Kultur und Erziehung in Wissenschaft und Leben, 12. Jg. (1936/37), Heft 12 (September 1937), S. 481–497.

64. **Brief aus Kyoto**, in: Goethe. Vierteljahresschrift der Goethe-Gesellschaft, Neue Folge des Jahrbuchs, Band 2 (1937), S. 159.

65. **Gruß an die japanische Jugend** (Daigakusyorin-Bücherei, Nr. 103), Tokio 1937.[34]

66. **Kulturpolitik**, in: Die Erziehung. Monatsschrift für den Zusammenhang von Kultur und Erziehung in Wissenschaft und Leben, 13. Jg. (1937/38), Heft 1 (Oktober 1937), S. 1–6.

67. **Geist und Seele**, in: Blätter für Deutsche Philosophie. Zeitschrift der Deutschen Philosophischen Gesellschaft, Band 10 (1937), S. 358–383.[35]

68. **Gibt es Gottesgeschenke an die Völker?**, in: Berliner Lokal-Anzeiger. Organ für die Reichshauptstadt, 55. Jg. (1937), Nr. 308 (25.12.1937), Morgenausgabe, S. 1–2.

---

[30] Nicht in der Bibliographie von Neu enthalten.

[31] Nicht in der Bibliographie von Neu enthalten.

[32] Nicht in der Bibliographie von Neu enthalten.

[33] Dieser Aufsatz ist in dem Sammelband „Goethe. Seine geistige Welt“ (Tübingen 1967) unverändert nachgedruckt worden (S. 150–159). Er wurde daher in die Dokumentation ad fontes Spranger nicht aufgenommen.

[34] Nicht in der Bibliographie von Neu enthalten.

[35] Dieser Aufsatz ist unverändert abgedruckt in den Gesammelten Schriften, Band IV, S. 65–90 und wurde daher in die Dokumentation ad fontes Spranger nicht aufgenommen.

69. **Inhaltsverzeichnis und Vorwort**, in: Probleme der Kulturphilosophie, Tokio 1937, S. 1–5.[36]

1938

70. **Die Epochen der politischen Erziehung in Deutschland**, in: Die Erziehung. Monatsschrift für den Zusammenhang von Kultur und Erziehung in Wissenschaft und Leben, 13 Jg. (1937/38), Heft 4 (Januar 1938), S. 137–164.[37]
71. **Inhaltsverzeichnis und Vorwort**, in: Pädagogische Vorträge, Tokio 1938, S. 1–4.[38]
72. **Kulturprobleme im gegenwärtigen Japan und Deutschland** (deutsch und japanisch), Tokio 1938.
73. **Nachwort zu: J. von Uexküll: Die neue Umweltlehre**. Ein Bindeglied zwischen Natur und Kulturwissenschaft (Die Erziehung, 13. Jg. (1937/38), S. 185–199), in: Die Erziehung. Monatsschrift für den Zusammenhang von Kultur und Erziehung in Wissenschaft und Leben, 13. Jg. (1937/38), Heft 5 (Februar 1938), S. 199–201.
74. **Das ewige Japan**, in: Hannoverscher Kurier. Zeitung für Norddeutschland, 90. Jg. (1938), Nr. 57 (27.2.1938).
75. **Japan zwischen den Zeiten**, in: Forschungen und Fortschritte. Nachrichtenblatt der Deutschen Wissenschaft und Technik, 14. Jg. (1938), S. 158–159.
76. **Japanische Kulturfragen**, in: Nippon. Zeitschrift für Japanologie, 4. Jg. (1938), Heft 1, S. 1–22.
77. **Volkstum und Erziehung** (nach einem Vortrag bei der „Sudetendeutschen Pädagogischen Tagung“ in Reichenberg am 20.1.1938), in: Die Erziehung. Monatsschrift für den Zusammenhang von Kultur und Erziehung in Wissenschaft und Leben, 13. Jg. (1937/38), Heft 9 (Juni 1938), S. 377–387.[39]
78. **Zum Problem der Teleologie**, in: Synthese. Maandblat voor het Geestesleven van onzen Tijd, 3. Jg. (1938), S. 397–410.[40]
79. **Zur Geschichte der Schulpflicht**, in: Die Erziehung. Monatsschrift für den Zusammenhang von Kultur und Erziehung in Wissenschaft und Leben, 13. Jg. (1937/38), Heft 12 (September 1938), S. 465–476.[41]
80. **Laieneindrücke vom religiösen Leben in Japan**, in: Zeitschrift für Missionskunde und Religionswissenschaft, 53. Jg. (1938), S. 195–201.
81. **Johann Heinrich Pestalozzi**, in: Deutsche Männer. 200 Bildnisse und Lebensbeschreibungen, Berlin ohne Jahr (1938), S. 150.

[36] Bis auf das Vorwort und Inhaltsverzeichnis ist das restliche Buch vollständig in japanischer Sprache gedruckt.

[37] Der von Spranger in Fußnote 1 (S. 137) erwähnte ursprüngliche Schlussteil über „die gegenwärtigen Formen der Erziehung in Deutschland“ ist in deutscher Übersetzung im Anhang der Dokumentation ad fontes Spranger abgedruckt.

[38] Bis auf das in der Dokumentation ad fontes Spranger abgedruckte Vorwort und Inhaltsverzeichnis ist das restliche Buch vollständig in japanischer Sprache gedruckt.

[39] 1938 auch erschienen in: Mitteilungen aus dem höheren Schulwesen, 37. Jg. (1938), S. 1–8 und in: Der Bildungswert der Heimatkunde (Vortrag). Mit dem Anhang: Volkstum und Erziehung, Leipzig ohne Jahr (1943). In der Dokumentation ad fontes Spranger faksimiliert nach der Fassung aus „Die Erziehung“. Angehängt ist der nur in dieser Fassung hinzugefügte Schlussabsatz aus „Mitteilungen aus dem höheren Schulwesen“.

[40] Nicht in der Bibliographie von Neu enthalten.

[41] Die Fortsetzung erschien 1939 unter dem Titel: Zur Geschichte der Berufsschulpflicht. Dieser Aufsatz ist unter dem Titel „Zur Geschichte der Volksschulpflicht“ weitgehend unverändert wieder abgedruckt in: „Zur Geschichte der deutschen Volksschule“ (Heidelberg 1949), S. 51–63. Da jedoch im Nachdruck 1949 der letzte Absatz des Textes von Spranger verändert wurde, nahmen wir in die Dokumentation ad fontes Spranger eine Synopse dieses Absatzes auf.

82. **Friedrich Fröbel**, in: Deutsche Männer. 200 Bildnisse und Lebensbeschreibungen, Berlin ohne Jahr (1938), S. 244.

83. **Hegel über Sokrates**, in: Sitzungsberichte der Preußischen Akademie der Wissenschaften, Philosophisch-historische Klasse, Jg. 1938, S. 284–296.[42]

84. **„Höchstes Glück der Erdenkinder sei nur die Persönlichkeit"**, in: Goethe. Vierteljahresschrift der Goethe-Gesellschaft, Neue Folge des Jahrbuchs, Band 3 (1938), S. 129–135.[43]

85. **Fichtes Vermächtnis**, in: Der Türmer. Zum Sehen geboren – Zum Schauen bestellt, 41. Jg. (1938/39), Heft 1 (Oktober 1938), S. 377–378.

86. ***Rezension von:*** **Stephan Ludwig Roth: Auswahl aus seinen Schriften und Briefen** (München 1937), in: Die Erziehung. Monatsschrift für den Zusammenhang von Kultur und Erziehung in Wissenschaft und Leben, 14. Jg. (1938/39), Heft 2–3 (November–Dezember 1938), S. 116–117.

1939

87. **Aus Friedrich Fröbels Gedankenwelt** (Abhandlungen der Preußischen Akademie der Wissenschaften, Philosophisch-historische Klasse, Nr. 7), Berlin 1939.[44]

88. **Pläne zur Reform des höheren Schulwesens in England**, in: Die Erziehung. Monatsschrift für den Zusammenhang von Kultur und Erziehung in Wissenschaft und Leben, 14. Jg. (1938/39), Heft 4 (Januar 1939), S. 163–167.

89. ***Rezension von:*** **Friedrich Paulsen: An Autobiography**, New York 1938, in: Die Erziehung. Monatsschrift für den Zusammenhang von Kultur und Erziehung in Wissenschaft und Leben, 14 Jg. (1938/39), Heft 4 (Januar 1939), S. 167–168.

90. ***Rezension von:*** **Hermann Lietz: Deutsche Natzonalerziehung**. Auswahl aus seinen Schriften (Weimar 1938) **und Hermann Lietz: Gott, Volk, Vaterland** (Weimar 1938), in: Die Erziehung. Monatsschrift für den Zusammenhang von Kultur und Erziehung in Wissenschaft und Leben, 14. Jg. (1938/39), Heft 5 (Februar 1939), S. 209–210.

91. **Japans heilige Städte**, in: Berliner Börsen-Zeitung. Tageszeitung für Politik und Wirtschaft, für Wehrfragen, Kultur und Unterhaltung, 84. Jg. (1939), Nr. 99 (28.2.1939), Morgenausgabe, S. 2.

92. ***Rezension von:*** **A. Stifter/J. Aprent: Lesebuch zur Förderung humaner Bildung in Realschulen und in andern zu weiterer Bildung vorbereitenden Mittelschulen** (Oldenburg 1938), in: Die Erziehung. Monatsschrift für den Zusammenhang von Kultur und Erziehung in Wissenschaft und Leben, 14. Jg. (1938/39), Heft 6 (März 1939), S. 256.

93. **Zur Geschichte der Berufsschulpflicht**, in: Die Erziehung. Monatsschrift für den Zusammenhang von Kultur und Erziehung in Wissenschaft und Leben, 14. Jg. (1938/39), Heft 2–3 (November–Dezember 1938), S. 49–64 und Heft 8 (Mai 1939), S. 330–344.[45]

---

[42] 1938 auch als Einzelausgabe erschienen. Dieser Aufsatz ist unverändert abgedruckt in den Gesammelten Schriften, Band XI, S. 301–316 und wurde daher in die Dokumentation ad fontes Spranger nicht aufgenommen.

[43] Dieser Aufsatz ist in dem Sammelband „Goethe. Seine geistige Welt" (Tübingen 1967) unverändert nachgedruckt worden (S. 150–159). Er wurde daher in die Dokumentation ad fontes Spranger nicht aufgenommen.

[44] 1939 auch als Sonderdruck erschienen. Dieser Aufsatz ist mit geringfügigen stilistischen Änderungen abgedruckt in den Gesammelten Schriften, Band XI, S. 328–375 und wurde daher in die Dokumentation ad fontes Spranger nicht aufgenommen. Die Änderungen sind auf S. 444 der Gesammelten Schriften (Band XI) dokumentiert.

[45] Dieser Aufsatz ist weitgehend unverändert wieder abgedruckt in: „Zur Geschichte der deutschen Volksschule" (Heidelberg 1949), S. 64–96. Da jedoch im Nachdruck 1949 die letzten beiden Absätze des Textes von Spranger verändert wurden, nahmen wir in die Dokumentation ad fontes Spranger eine Synopse dieser Absätze auf. Der Anfang dieses Aufsatzes erschien 1938 unter dem Titel „Zur Geschichte der Schulpflicht".

94. *Rezension von:* **Max Zollinger: Hochschulreife.** Bestimmung und Verantwortung der schweizerischen Gymnasien (Zürich/Leipzig 1939), in: Die Erziehung. Monatsschrift für den Zusammenhang von Kultur und Erziehung in Wissenschaft und Leben, 14. Jg. (1938/39), Heft 9 (Juni 1939), S. 402–404.

95. **Wege und Ziele der Völkercharakterologie**, in: Jahrbuch der Kaiser-Wilhelm-Gesellschaft zur Förderung der Wissenschaften (1939), S. 141–177.[46]

96. **Die sittliche Astrologie der Makarie in „Wilhelm Meisters Wanderjahre“**. Wilhelm Flitner zum 50. Geburtstag am 20. August 1931 freundschaftlich dargebracht, in: Die Erziehung. Monatsschrift für den Zusammenhang von Kultur und Erziehung in Wissenschaft und Leben, 14. Jg. (1938/39), Heft 10–11 (Juli–August 1939), S. 409–417.[47]

97. **Nietzsche über Sokrates**, in: Les Quarante Années de l'Âctivité Scientifique de Theophile Boréas, Athen 1939, S. 9–25.[48]

98. **Wie erfasst man einen Nationalcharakter?** (Vortrag unter dem Titel „Wege und Ziele der Völkercharakterologie“ für die Kaiser-Wilhelm-Gesellschaft, später auch in Münster auf Einladung der Universität gehalten), in: Die Erziehung. Monatsschrift für den Zusammenhang von Kultur und Erziehung in Wissenschaft und Leben, 15. Jg. (1939/40), Heft 3 (Dezember 1939), S. 41–62.[49]

99. *Rezension von:* **Herbert Theodor Becker: Die Kolonialpädagogik der großen Mächte.** (Hamburg 1930), in: Die Erziehung. Monatsschrift für den Zusammenhang von Kultur und Erziehung in Wissenschaft und Leben, 15. Jg. (1939/40), Heft 3 (Dezember 1939), S. 75–79.

100. *Rezension von:* **Fritz Fischer/Ludwig Nicolotus: Rokoko, Reform, Restauration** (Stuttgart 1939), in: Die Erziehung. Monatsschrift für den Zusammenhang von Kultur und Erziehung in Wissenschaft und Leben, 15. Jg. (1939/40), Heft 3 (Dezember 1939), S. 79–80.

1940

101. **Berlin als Sitz weltgestaltender Philosophie** (nach einem Vortrag für die Ortsvereinigung Berlin der Deutschen Philosophischen Gesellschaft und den Verein für die Geschichte Berlins am 9.12.1939), in: Forschungen und Fortschritte. Nachrichtenblatt der Deutschen Wissenschaft und Technik, 16. Jg. (1940), S. 49–51.[50]

102. **Vom Sinn des Ewigen**, in: Kölnische Zeitung mit Wirtschafts- und Handelsblatt, Jg. 1940, Nr. 250 (19.5.1940), S. 8, Nr. 263 (26.5.1940), S. 6 und Nr. 276 (2.6.1940), S. 8.

---

[46] Dieser Aufsatz ist im Wesentlichen identisch mit dem späteren Beitrag „Wie erfasst man einen Nationalcharakter?“ (1940). Er ist mit geringfügigen stilistischen Änderungen abgedruckt in den Gesammelten Schriften, Band IV, S. 305–327 (nach der Fassung von 1940) und wurde daher in die Dokumentation ad fontes Spranger nicht aufgenommen. Die Änderungen sind auf S. 422 f. der Gesammelten Schriften (Band IV) dokumentiert.

[47] Dieser Aufsatz ist in dem Sammelband „Goethe. Seine geistige Welt“ (Tübingen 1967) unverändert nachgedruckt worden (S. 350–363). Er wurde daher in die Dokumentation ad fontes Spranger nicht aufgenommen.

[48] Dieser Aufsatz ist unverändert abgedruckt in den Gesammelten Schriften, Band XI, S. 389–403 und wurde daher in die Dokumentation ad fontes Spranger nicht aufgenommen.

[49] 1939 auch als Sonderdruck erschienen. Dieser Aufsatz ist mit geringfügigen stilistischen Änderungen abgedruckt in den Gesammelten Schriften, Band IV, S. 305–327 (nach der Fassung von 1940) und wurde daher in die Dokumentation ad fontes Spranger nicht aufgenommen. Die Änderungen sind auf S. 422 f. der Gesammelten Schriften (Band IV) dokumentiert. Er ist im Wesentlichen identisch mit dem früheren Beitrag „Wege und Ziele der Völkercharakterologie“ (1939).

[50] Das vollständige Vortragsmanuskript ist abgedruckt in: Berliner Geist. Aufsätze, Reden und Aufzeichnungen, Tübingen 1966, S. 58–109.

103. **100 Jahre Kindergarten**, in: Forschungen und Fortschritte. Nachrichtenblatt der Deutschen Wissenschaft und Technik, 16. Jg. (1940), S. 164–166.

104. **100 Jahre Kindergarten**, Deutsche Allgemeine Zeitung, 79. Jg. (1940), Nr. 305–306 (27.6.1940), S. 6.

105. ***Rezension von:*** **Marie Kerschensteiner/Georg Kerschensteiner: Der Lebensweg eines Schulreformers** (München/Berlin 1939), in: Die Erziehung. Monatsschrift für den Zusammenhang von Kultur und Erziehung in Wissenschaft und Leben, 15. Jg. (1939/40), Heft 4–5 (Januar–Februar 1940), S. 119–120.[51]

106. ***Rezension von:*** **Hans F. K. Günther: Das Bauerntum als Lebens- und Gemeinschaftsform** (Leipzig/Berlin 1939), in: Die Erziehung. Monatsschrift für den Zusammenhang von Kultur und Erziehung in Wissenschaft und Leben, 15. Jg. (1939/40), Heft 6 (März 1940), S. 157–160.[52]

107. ***Rezension von:*** **Georgios N. Palaiologos: Die Einrichtung der Pädagogischen Akademien und die Pädagogische Akademie Marasleion** (Athen 1939), in: Die Erziehung. Monatsschrift für den Zusammenhang von Kultur und Erziehung in Wissenschaft und Leben, 15. Jg. (1939/40), Heft 6 (März 1940), S. 160.[53]

108. ***Rezension von:*** **G. Messarius: Die Lebensstufen in der Berufserziehung**. Meisterwege in Beruf und Betrieb (Hamburg 1939), in: Die Erziehung. Monatsschrift für den Zusammenhang von Kultur und Erziehung in Wissenschaft und Leben, 15. Jg. (1939/40), Heft 7–8 (April–Mai 1940), S. 198–199.

109. ***Rezension von:*** **Hans R. G. Günther: Begabung und Leistung in deutschen Soldatengeschlechtern** (Berlin 1940), in: Die Erziehung. Monatsschrift für den Zusammenhang von Kultur und Erziehung in Wissenschaft und Leben, 15. Jg. (1939/40), Heft 10–11 (Juli–August 1940), S. 277–279.

110. ***Rezension von:*** **Wilhelm Lüdtke: Veit Ludwig von Seckendorff**. Ein deutscher Staatsmann und Volkserzieher des 17. Jahrhunderts (in: Jahrbücher der Akademie gemeinnütziger Wissenschaften zu Erfurt, Jg. 1940, Heft 54, S. 40–137), in: Die Erziehung. Monatsschrift für den Zusammenhang von Kultur und Erziehung in Wissenschaft und Leben, 15. Jg. (1939/40), Heft 10–11 (Juli–August 1940), S. 279–280.

111. **Berlin als geistige Weltstadt**, in: Das Reich. Deutsche Wochenzeitung, Jg. 1940, Nr. 20 (6.10.1940), S. 17–18.[54]

112. **Yamato Damashi. Der japanische Geist und seine Grundlagen. Die gestaltende Macht des heldischen Geistes. Nationale Selbstbesinnung und das Abendland**, in: DWD. Deutscher Wissenschaftlicher Dienst, Nr. 16 (14.10.1940), S. 1–2.

113. **Vortrag zur Jahrhundertfeier des Pestalozzi-Fröbel-Hauses I**, in: Nachrichtendienst für die ehemaligen Schülerinnen des Pestalozzi-Fröbel-Hauses I (früher Vereins-Zeitung), 52. Jg. (1940), Heft 213, S. 3–9.[55]

114. **Über innere Schwierigkeiten des geistlichen Berufs**, in: Siegbert Stehmann (Hrsg.): Der Pfarrerspiegel, Berlin 1940, S. 31–46.

[51] Nicht in der Bibliographie von Neu enthalten.

[52] Nicht in der Bibliographie von Neu enthalten.

[53] Nicht in der Bibliographie von Neu enthalten.

[54] Dieser Artikel ist unter dem Titel „Das geistige Berlin" wieder abgedruckt in: Berliner Geist. Aufsätze, Reden und Aufzeichnungen, Tübingen 1966, S. 39–48. Da in diesem Nachdruck jedoch Kürzungen vorgenommen wurden, wurde die Originalfassung des Artikels dennoch in die Dokumentation ad fontes Spranger aufgenommen.

[55] Nicht in der Bibliographie von Neu enthalten.

115. **Skizze über die Bedeutung der Geisteswissenschaften**, in: Das Jahrzehnt 1930–1940 im Spiegel der Arbeit des Stifterverbandes der Deutschen Forschungsgemeinschaft (Notgemeinschaft der Deutschen Wissenschaft). Zum achtzigsten Geburtstag Seiner Exzellenz des Herrn Staatsministers Dr. F. Schmidt-Ott 4.6.1940, ohne Ort, ohne Jahr (1940), S. 145–158.[56]

116. **Goethe über die menschlichen Lebensalter. Ein Vortrag**, in: Die Erziehung. Monatsschrift für den Zusammenhang von Kultur und Erziehung in Wissenschaft und Leben, 16. Jg. (1940/41), Heft 3 (Dezember 1940), S. 41–58.[57]

117. ***Rezension:* Ein italienisch-deutsches Jahrbuch** (über: Grassi, Ernesto (Hrsg.): Geistige Überlieferung. Ein Jahrbuch, Berlin 1940), in: Die Erziehung. Monatsschrift für den Zusammenhang von Kultur und Erziehung in Wissenschaft und Leben, 16. Jg. (1940/41), Heft 3 (Dezember 1940), S. 74–79.

1941

118. ***Rezension:* Geistige Überlieferung. Ein Gemeinschaftswerk deutscher und italienischer Humanisten** (über: Grassi, Ernesto (Hrsg.): Geistige Überlieferung. Ein Jahrbuch, Berlin 1940), in: Das Reich. Deutsche Wochenzeitung, Jg. 1941, Nr. 2 (12.1.1941).

119. **Goethe über die Resultate des Lebens** (Vortrag in der Bremer Ortsvereinigung der Goethe-Gesellschaft am 5. Oktober 1941), Bremen ohne Jahr (1941).[58]

120. **Goethe. Resultate des Lebens**, in: Geist der Zeit. Wesen und Gestalt der Völker, 19. Jg. (1941), Heft 10, S. 549–570.[59]

121. **Goethe über letzte Fragen des Lebens. Eine Ansprache**, in: Goethe-Kalender auf das Jahr 1941, Leipzig 1941, S. 1–35.

122. **Kulturprobleme im gegenwärtigen Japan und Deutschland**. Rede, gehalten am 9.10.1937 in Tokio, in: Die Erziehung. Monatsschrift für den Zusammenhang von Kultur und Erziehung in Wissenschaft und Leben, 16. Jg. (1940/41), Heft 6–7 (März–April 1941), S. 121–132.[60]

123. **Gedanken zum Filmwesen und zum Unterrichtsfilm**, in: Die Erziehung. Monatsschrift für den Zusammenhang von Kultur und Erziehung in Wissenschaft und Leben, 16. Jg. (1940/41), Heft 8–9 (Mai–Juni 1941), S. 193–198.

124. **Die Stimmen der Völker. Volkstum, Rechtsidee und Lebensordnung**, in: Forschungen und Fortschritte. Nachrichtenblatt der Deutschen Wissenschaft und Technik, 17. Jg. (1941), S. 260–261.[61]

---

[56] 1940 als Manuskript abgedruckt.

[57] Dieser Aufsatz ist in dem Sammelband „Goethe. Seine geistige Welt“ (Tübingen 1967) unverändert nachgedruckt worden (S. 74–107). Er wurde daher in die Dokumentation ad fontes Spranger nicht aufgenommen.

[58] 1941 lediglich als Privatdruck erschienen. Dieser Aufsatz ist in dem Sammelband „Goethe. Seine geistige Welt“ (Tübingen 1967) mit geringfügigen Änderungen nachgedruckt worden (S. 36–73). Er wurde daher in die Dokumentation ad fontes Spranger nicht aufgenommen.

[59] Dieser Aufsatz ist in dem Sammelband „Goethe. Seine geistige Welt“ (Tübingen 1967) unter dem Titel „Goethe über die Resultate des Lebens“ mit geringfügigen Änderungen nachgedruckt worden (S. 36–74). Er wurde daher in die Dokumentation ad fontes Spranger nicht aufgenommen. Es handelt sich um einen etwas veränderten Zweitdruck von: Goethe über die Resultate des Lebens, Bremen ohne Jahr (1941).

[60] Dieser Aufsatz ist identisch mit dem Text der eigenständigen Broschüre gleichen Titels (Tokio 1938) und wurde daher in die Dokumentation ad fontes Spranger nicht aufgenommen.

[61] Dieser Artikel wurde im Anhang der Dokumentation ad fontes Spranger nach der Fassung aus „DWD. Deutscher Wissenschaftlicher Dienst“ faksimiliert. In diesem Fall wurde (abweichend von der sonstigen Vorgehensweise) zusätzlich auch die textidentische Fassung aus dem „Deutschen Adelsblatt“ aufgenommen, um zu dokumentieren, in welchem

125. **Weltfrömmigkeit. Ein Vortrag**, Leipzig 1941.[62]

126. **Volkstum und Rechtsordnung**, in: Gesetzgebung und Literatur, 22. Jg. (1941/42), Heft 2, S. 21–23.[63]

127. **Zu den Energiequellen deutschen Geistes**, in: Technik voran! Jahrbuch für alle Freunde deutscher Technik, Leipzig/Berlin 1941, S. 199–205.

128. **Gedächtnisworte**, gesprochen auf der Versammlung der Berliner Ortsvereinigung der Goethe-Gesellschaft am 12. Oktober 1941 (Julius Petersen zum Gedächtnis), in: Goethe. Viermonatsschriftsschrift der Goethe-Gesellschaft, Neue Folge des Jahrbuchs, Band 6 (1941), S. 228–230.

129. **Gedenkworte auf Julius Petersen**, gesprochen vor der Beisetzung seiner Urne in der alten Dorfkirche in Berlin-Schmargendorf am 5.11.1941, in: Julius Petersen zum Gedächtnis, Leipzig 1941, S. 9–19.

130. **Schillers Geistesart, gespiegelt in seinen philosophischen Schriften und Gedichten** (Abhandlungen der Preußischen Akademie der Wissenschaften, Philosophisch-historische Klasse, Jg. 1941, Nr. 13), Berlin 1941.[64]

131. **Schillers Geistesart, gespiegelt in seinen philosophischen Schriften und Gedichten**, in: Die Erziehung. Monatsschrift für den Zusammenhang von Kultur und Erziehung in Wissenschaft und Leben, 17. Jg. (1941/42), Heft 3 (Dezember 1941), S. 33–48.[65]

132. **Das Geistige**, in: Weyrauch, Wolfgang (Hrsg.): Das Berlin-Buch, Leipzig 1941, S. 20–25.[66]

1942

133. ***Rezension von:*** **Flitner, Wilhelm: Die vier Quellen des Volksschulgedankens** (Hamburg 1941), in: Die Erziehung. Monatsschrift für den Zusammenhang von Kultur und Erziehung in Wissenschaft und Leben, 17. Jg. (1941/42), Heft 4–5 (Januar–Februar 1942), S. 86–90.

134. **Zur Psychologie des Glaubens**. Friedrich Meinecke zum 80. Geburtstage in tiefer, herzlicher Verehrung (nach einem Vortrag vom 6.3.1942 im Institut für Psychologische Forschung und Psychotherapie in Berlin), in: Die Erziehung. Monatsschrift für den Zusammenhang von Kultur und Erziehung in Wissenschaft und Leben, 17. Jg. (1941/42), Heft 11–12 (August–September 1942), S. 197–211.[67]

Umfeld der Aufsatz publiziert wurde. Der Aufsatz ist 1941 auch erschienen in: Deutsches Adelsblatt, 59. Jg. (1941), S. 286–287, und in: DWD. Deutscher Wissenschaftlicher Dienst, Nr. 42 (20.4.1941), S. 3–4.

[62] Dieser Aufsatz ist weitgehend unverändert abgedruckt in den Gesammelten Schriften, Band IX, S. 224–250. In die Dokumentation ad fontes Spranger wurde daher lediglich das 1940 verfasste und 1941 publizierte Vorwort aufgenommen, das in den Gesammelten Schriften nicht mit abgedruckt wurde, sowie eine Synopse eines Absatzes, den Spranger in der letzten von ihm besorgten Ausgabe (Die Magie der Seele, 2. Auflage (Tübingen 1949), S. 11–48) verändert hat.

[63] Dieser Artikel ist identisch mit dem Aufsatz „Die Stimmen der Völker. Volkstum, Rechtsidee und Lebensordnung" (1941) und wurde daher in die Dokumentation ad fontes Spranger nicht aufgenommen.

[64] 1941 auch als Sonderdruck erschienen. Dieser Aufsatz ist unverändert abgedruckt in den Gesammelten Schriften, Band XI, S. 184–268 und wurde daher in die Dokumentation ad fontes Spranger nicht aufgenommen.

[65] Bei diesem Aufsatz handelt es sich um eine Zusammenfassung des gleichnamigen Beitrags, der 1941 unter dem gleichen Titel in den Abhandlungen der Preußischen Akademie der Wissenschaften veröffentlicht wurde.

[66] Dieser Aufsatz ist identisch mit dem Artikel „Berlin als geistige Weltstadt" (1940) und wurde daher in die Dokumentation ad fontes Spranger nicht aufgenommen.

[67] Dieser Aufsatz ist unverändert abgedruckt in den Gesammelten Schriften, Band IX, S. 251–270 und wurde daher in die Dokumentation ad fontes Spranger nicht aufgenommen.

135. **Sind die Klassiker schwer?**, in: Das Reich. Deutsche Wochenzeitung, Jg. 1942, Nr. 11 (15.3.1942).

136. **Die historische Bedeutung der Universität Berlin**, in: DWD. Deutscher Wissenschaftlicher Dienst, 3. Jg. (1942), Nr. 13, S. 1–3.

137. **Die Universität Berlin und ihre weltgeschichtliche Bedeutung**, in: Europäischer Wissenschafts-Dienst, 2. Jg. (1942), Nr. 8, S. 2–3.[68]

138. ***Rezension:*** **Ein japanischer Klassiker der Pädagogik** (über: Graf, Olaf: Kaibara Ekiken. Ein Beitrag zur japanischen Geistesgeschichte des 17. Jahrhunderts und zur chinesischen Sung-Philosophie, Leiden 1942), in: Die Erziehung. Monatsschrift für den Zusammenhang von Kultur und Erziehung in Wissenschaft und Leben, 18. Jg. (1942/43), Heft 1–2 (Oktober–November 1942), S. 33–35.

139. **Weltfrömmigkeit. Ein Vortrag**, Leipzig 1942.[69]

140. **Der Philosoph von Sanssouci** (Abhandlungen der Preußischen Akademie der Wissenschaften, Philosophisch-historische Klasse, Nr. 5), Berlin 1942.[70]

141. **Der Sinn der Geisteswissenschaften**, in: Deutsche Allgemeine Zeitung, 81. Jg. (1942), Nr. 594/595 (13.12.1942), Morgenausgabe, S. 3.

1943

142. **Selbsterziehung**, in: Das Reich, Jg. 1943, Nr. 15 (11.4.1943).[71]

143. **Goethes Weltanschauung. Reden und Aufsätze**, Leipzig 1943.[72]

144. **Geistige Energiequellen im Kriege. West-östliche Unterschiede**, in: Europäische Revue, 19. Jg. (1943), S. 297–302.

145. **Geleitwort**, in: Fichte, Johann Gottlieb: Reden an die Deutsche Nation (Philosophische Bibliothek, Band 204), Leipzig ohne Jahr (1943), S. III–XIV.

146. **Begegnungen mit japanischen Philosophen**, in: Kölnische Zeitung mit Wirtschafts- und Handelsblatt, Jg. 1943, Nr. 245/246 (16.5.1943), S. 5.

147. **Begabung und Studium**, in: Leipziger Neueste Nachrichten und Handels-Zeitung, Nr. 178 (27.6.1943), S. 2.

---

[68] Dieser Aufsatz ist textidentisch mit dem im gleichen Jahr erschienenen Aufsatz „Die historische Bedeutung der Universität Berlin" und wurde daher in die Dokumentation ad fontes Spranger nicht aufgenommen.

[69] Die Ausgabe von 1942 ist textidentisch mit der Ausgabe von 1941, die wiederum unverändert in den Gesammelten Schriften, Band IX, S. 224–250 abgedruckt wurde. Das 1940 verfasste und 1941 erstmals publizierte Vorwort, das auch in der Ausgabe von 1942 enthalten ist, ist an entsprechender Stelle in der Dokumentation ad fontes Spranger abgedruckt.

[70] 1942 auch als Sonderdruck erschienen. Dieser Aufsatz ist weitgehend unverändert 1962 wieder neu aufgelegt worden (2. erweiterte Auflage, Heidelberg 1962). Da jedoch im Nachdruck der Schluss des Textes von Spranger verändert wurde, nahmen wir in die Dokumentation ad fontes Spranger eine Synopse dieses Schlussteils auf (faksimiliert nach dem Sonderdruck).

[71] 1943 auch erschienen in: Die Deutsche Polizei. Ausgabe für Sicherheitspolizei und SD, herausgegeben im Auftrag des Reichsführers SS und Chefs der Deutschen Polizei vom Kameradschaftsbund der Deutschen Polizei, 11. Jg. (1943), Nr. 12 (Juni 1943), S. 238–239. Die zweite Fassung, nach der der Artikel in der Dokumentation ad fontes Spranger faksimiliert wurde, ist nicht in der Bibliographie von Neu enthalten.

[72] Die Ausgabe des Sammelbands von 1943 ist umfangreicher als der gleichnamige Sammelband aus dem Jahr 1933. Jedoch sind auch alle der hier enthaltenen Aufsätze Sprangers später in dem Band „Goethe. Seine geistige Welt" (Tübingen 1967) unverändert nachgedruckt worden (S. 275–318, S. 160–191, S. 74–107, S. 36–73, S. 350–363, S. 150–159 und S. 233–267). In die Dokumentation ad fontes Spranger wurde daher lediglich das 1942 verfasste und 1943 publizierte Vorwort aufgenommen, das im Band von 1967 nicht mit abgedruckt wurde.

148. **Der Bildungswert der Heimatkunde (Vortrag)**. Mit einem Anhang: „Volkstum und Erziehung“, Leipzig 1943.[73]

149. **Arbeite an dir selbst!**, in: Brücke zur Heimat (für Kriegsgefangene herausgegeben durch das Rote Kreuz), Jg. 1943, Heft 1, S. 3–6.

1944–1945

150. **Zur Entstehungsgeschichte der deutschen Volksschule** (Abhandlungen der Preußischen Akademie der Wissenschaften, Philosophisch-historische Klasse, Jg. 1944, Nr. 1), Berlin 1944.[74]

151. **Philosophie als Weltanschauungskunst. Zum 100. Geburtstag von Alois Riehl (27.4.)**, in: Deutsche Allgemeine Zeitung, 83. Jg. (1944), Nr. 115 (26.4.1944), Beiblatt.

152. **Alois Riehl**, in: Forschungen und Fortschritte. Nachrichtenblatt der Deutschen Wissenschaft und Technik, 20. Jg. (1944), S. 129–130.

153. **Schöpferisches Denken**, in: Hannoverscher Kurier, 96. Jg. (1944), Nr. 99 (9.4.1944), Beilage.

154. **Die weltanschauliche Bedeutung der modernen Biologie**, in: Kölnische Zeitung mit Wirtschafts- und Handelsblatt, Jg. 1944, Nr. 130 (13.5.1944), S. 4 und Nr. 137 (20.5.1944), S. 4.[75]

155. **...erwirb es, um es zu besitzen!**, in: Die Woche, Jg. 1944, Heft 24, S. 10–11.

156. **Die Geisteswissenschaften in Berlin**, in: Berliner Lokal-Anzeiger. Organ für die Reichshauptstadt, 62. Jg. (1944), Nr. 164 (9.7.1944), Morgenausgabe, Beiblatt.[76]

157. ***Rezension:* Voltaire und Friedrich** (über: Mönch, Walter: Voltaire und Friedrich der Große. Das Drama einer denkwürdigen Freundschaft, Stuttgart/Berlin 1943), in: Kölnische Zeitung, Jg. 1944, Nr. 240 (1.9.1944), S. 4.

158. **Geleitwort I**, in: Hoffmann, Erika (Hrsg.): Friedrich Fröbel an Gräfin Therese Brunszvik. Aus der Werdezeit des Kindergartens, Berlin 1944, S. V–VI.[77]

159. **Goethe über die Phantasie**. Anton Kippenberg zum 70. Geburtstag, in: Goethe. Viermonatsschriftschrift der Goethe-Gesellschaft, Neue Folge des Jahrbuchs, Band 9 (1944), S. 5–23.[78]

[73] Der Aufsatz „Der Bildungswert der Heimatkunde“ wurde erstmals 1923 veröffentlicht und wurde daher in die Dokumentation ad fontes Spranger aufgenommen. Der Aufsatz „Volkstum und Erziehung“ erschien bereits 1938 in der Zeitschrift „Die Erziehung“ und ist an entsprechender Stelle in der Dokumentation ad fontes Spranger abgedruckt. Daher wurde hier lediglich die Vorbemerkung Sprangers zur Neuherausgabe der beiden Texte 1943 faksimiliert.

[74] 1944 auch als Sonderdruck erschienen. Dieser Aufsatz ist unter dem Titel „Zur Geschichte der deutschen Volksschule“ weitgehend unverändert wieder abgedruckt in: „Zur Geschichte der deutschen Volksschule“ (Heidelberg 1949), S. 11–50. Er ist außerdem in den Gesammelten Schriften, Band III, S. 131–176 (nach der Fassung von 1949) enthalten. Da jedoch im Nachdruck 1949 der Schluss des Textes von Spranger verändert wurde, nahmen wir in die Dokumentation ad fontes Spranger eine Synopse dieser Absätze auf.

[75] Dieser Artikel ist unverändert abgedruckt in den Gesammelten Schriften, Band VI, S. 236–244. Er wurde (abweichend von der sonstigen Vorgehensweise) dennoch in die Dokumentation ad fontes Spranger aufgenommen, um zu verdeutlichen, in welchem Umfeld der Artikel in der „Kölnischen Zeitung“ publiziert wurde.

[76] Dieser Artikel ist unverändert abgedruckt in: Berliner Geist. Aufsätze, Reden und Aufzeichnungen, Tübingen 1966, S. 128–137. Er wurde (abweichend von der sonstigen Vorgehensweise) dennoch in die Dokumentation ad fontes Spranger aufgenommen, um zu verdeutlichen, in welchem Umfeld der Artikel im „Berliner Lokal-Anzeiger“ publiziert wurde.

[77] Nicht in der Bibliographie von Neu enthalten.

[78] Dieser Aufsatz ist in dem Sammelband „Goethe. Seine geistige Welt“ (Tübingen 1967) unverändert nachgedruckt worden (S. 364–391). Er wurde daher in die Dokumentation ad fontes Spranger aufgenommen.

160. **Ein Ausflug. Am Jahresanfang**, in: Glocken der Heimat. Weihnacht 1944 (herausgegeben vom Evangelischen Hilfswerk für Internierte und Kriegsgefangene), Berlin-Charlottenburg 1944 (ohne Seitenzahlen).

161. **Psychologie des Jugendalters**, 18. Auflage, unveränderter Nachdruck der 16. Auflage, Leipzig 1945.[79]

162. **Geleitwort**, in: Fichte, Johann Gottlieb: Die Bestimmung des Menschen (Philosophische Bibliothek, Band 226), 2., um ein Geleitwort Eduard Sprangers und ein Sachverzeichnis erweiterte Auflage, Leipzig ohne Jahr (1945), S. 157–188.[80]

In der NS-Zeit entstandene Manuskripte Sprangers, die erst nach 1945 veröffentlicht wurden

Manuskripte aus den „Gesammelten Schriften"

1. **Wissenschaft – Ideologie – Gesellschaft** (1937), in: Gesammelte Schriften, Band V: Kulturphilosophie und Kulturkritik, Tübingen/Heidelberg 1969, S. 233–246.[81]
2. **Die Krisis der Geisteswissenschaft in der Gegenwart** (1937), in: Gesammelte Schriften, Band VI: Grundlagen der Geisteswissenschaft, Tübingen/Heidelberg 1980, S. 228–235.
3. **Religionsphilosophische Fragen eines Abendländers** (1937), in: Gesammelte Schriften, Band IX: Philosophie und Psychologie der Religion, Tübingen/Heidelberg 1974, S. 208–223.
4. **Volksmoral und persönliche Sittlichkeit** (1939), in: Gesammelte Schriften, Band V: Kulturphilosophie und Kulturkritik, Tübingen/Heidelberg 1969, S. 247–264.
5. **Das Wesen der Lebensalter mit besonderer Berücksichtigung der späten Lebensalter** (1941), in: Gesammelte Schriften, Band IV: Psychologie und Menschenbildung, Tübingen/Heidelberg 1974, S. 328–345.[82]
6. **Zwei Auffassungen vom Wesen der Philosophie** (1942), in: Gesammelte Schriften, Band V: Kulturphilosophie und Kulturkritik, Tübingen/Heidelberg 1969, S. 265–289.
7. **Glaube, Geschichtsprozess und Bewusstsein** (1944), in: Gesammelte Schriften, Band IX: Philosophie und Psychologie der Religion, Tübingen/Heidelberg 1974, S. 271–302.[83]
8. **Gibt es eine „religiöse Entwicklung"?** (1945), in: Gesammelte Schriften, Band IX: Philosophie und Psychologie der Religion, Tübingen/Heidelberg 1974, S. 1–14.

Protokolle von Vorträgen in der „Mittwochs-Gesellschaft"[84]

9. **Gibt es eine „liberale" Wissenschaft?** (1935), S. 27–33[85]
10. **Gibt es Fortschritte der metaphysischen Erkenntnis?** (1936), S. 34–38.

---

[79] Diese Schrift wurde auch in den Folgejahren unverändert nachgedruckt (zuletzt in der 29. Auflage, Heidelberg 1979) und wurde daher in die Dokumentation ad fontes Spranger nicht aufgenommen.

[80] Dieses Geleitwort ist unter dem Titel „Fichte" unverändert abgedruckt in den Gesammelten Schriften, Band XI, S. 269–293 und wurde daher in die Dokumentation ad fontes Spranger nicht aufgenommen.

[81] Der Titel stammt nicht von Spranger, sondern von den Herausgebern der Gesammelten Schriften.

[82] Unter dem Titel „Das Wesen der Lebensalter, insbesondere der späteren" ebenfalls veröffentlicht in: Texte für die Mittwochs-Gesellschaft 1935–1944, 2. überarbeitete Auflage, München 1988, S. 64–69.

[83] Der Titel stammt nicht von Spranger, sondern von den Herausgebern der Gesammelten Schriften.

[84] Sämtlich in: Texte für die Mittwochs-Gesellschaft 1935–1944, 2. erweiterte Auflage, München 1988.

[85] Dieses Manuskript ist im Anhang der Dokumentation ad fontes Spranger faksimiliert.

11. **Schriftlicher Bericht von Eduard Spranger über seinen Aufenthalt in Japan** (1937), S. 39–45.
12. **Über den japanischen Nationalcharakter** (1938), S. 46–49.
13. **Die Weltgeschichte ist das Weltgerichte** (1939), S. 50–57.
14. **Volksmoral und ihre Sicherung** (1940), S. 58–63.
15. **Das Wesen der Lebensalter, insbesondere der späteren** (1941), S. 64–69.[86]
16. **Der Philosoph von Sanssouci** (1942), S. 70–75.[87]
17. **Die Schicksale des Christentums in der modernen Welt** (1943), S. 76–81.
18. **Wesen und Typen der Persönlichkeit** (1944), S. 82–86.

b) In dieser Arbeit verwendete Schriften von Eduard Spranger vor Februar 1933 bzw. nach Mai 1945

Gesammelte Schriften:

Spranger, Eduard: Gesammelte Schriften, Band I–XI, herausgegeben von Hans Walter Bähr, Otto Friedrich Bollnow, Otto Dürr, Walter Eisermann, Ludwig Englert, Andreas Flitner, Hermann Josef Meyer, Walter Sachs und Hans Wenke, Tübingern/Heidelberg 1969–1980.

- **Band I: Geist der Erziehung**, herausgegeben von Gottfried Bräuer und Andreas Flitner, Tübingen/Heidelberg 1969.
- **Band II: Philosophische Pädagogik**, herausgegeben von Otto Friedrich Bollnow und Gottfried Bräuer, Tübingen/Heidelberg 1973.
- **Band III: Schule und Lehrer**, herausgegeben von Ludwig Englert, Tübingen/Heidelberg 1970.
- **Band IV: Psychologie und Menschenbildung**, herausgegeben von Walter Eisermann, Tübingen/Heidelberg 1974.
- **Band V: Kulturphilosophie und Kulturkritik**, herausgegeben von Hans Wenke, Tübingen/Heidelberg 1969.
- **Band VI: Grundlagen der Geisteswissenschaft**, herausgegeben von Hans Walter Bähr, Tübingen/Heidelberg 1980.
- **Band VII: Briefe 1901–1963**, herausgegeben von Hans Walter Bähr, Tübingen/Heidelberg 1978.
- **Band VIII: Staat, Recht und Politik**, herausgegeben von Hermann Josef Meyer, Tübingen/Heidelberg 1970.
- **Band IX: Philosophie und Psychologie der Religion**, herausgegeben von Hans Walter Bähr, Tübingen/Heidelberg 1974.
- **Band X: Hochschule und Gesellschaft**, herausgegeben von Walter Sachs, Tübingen/Heidelberg 1973.
- **Band XI: Erzieher zur Humanität. Studien zur Vergegenwärtigung pädagogischer Gestalten und Ideen**, herausgegeben von Otto Dürr, Tübingen/Heidelberg 1972.

[86] Unter dem Titel „Das Wesen der Lebensalter mit besonderer Berücksichtigung der späten Lebensalter" ebenfalls veröffentlicht in: Gesammelte Schriften, Band IV, S. 328–345.

[87] Als einziger der hier angeführten Texte bereits in der NS-Zeit publiziert: Der Philosoph von Sanssouci (Abhandlungen der Preußischen Akademie der Wissenschaften, Philosophisch-historische Klasse), Berlin 1942.

Briefwechsel:

Dehio, Ludwig/Classen, Peter (Hrsg.): **Friedrich Meinecke – Eduard Spranger. Briefwechsel in Auswahl. 1943–1953**, in: Dehio, Ludwig/Classen, Peter (Hrsg.): Friedrich Meinecke. Ausgewählter Briefwechsel, Stuttgart 1962, S. 569–579.

Englert, Ludwig (Hrsg.): **Georg Kerschensteiner. Eduard Spranger. Briefwechsel 1912–1931**, München/Wien/Stuttgart 1966.

Lück, Helmut E./Quanz, Dietrich R. (Hrsg.): Der Briefwechsel zwischen **Carl Diem und Eduard Spranger** (Schriften der Deutschen Sporthochschule Köln, Band 31), Sankt Augustin 1995.

Martinsen, Sylvia/Sacher, Werner (Hrsg.): **Eduard Spranger und Käthe Hadlich**. Eine Auswahl aus den Briefen der Jahre 1903–1960, Bad Heilbrunn 2002.

Aufsätze, Monographien und Sammelbände:

Gedanken zur Pädagogik (1902), in: Gesammelte Schriften, Band II: Philosophische Pädagogik, Tübingen/Heidelberg 1973, S. 190–207.

Die Grundlagen der Geschichtswissenschaft. Eine erkenntnistheoretisch-psychologische Untersuchung, Berlin 1905.

Grundfragen der philosophischen Pädagogik, in: Blätter für die Fortbildung des Lehrers und der Lehrerin, 1. Jg. (1907), S. 65–71, 113–117 uns 161–164.

Wilhelm von Humboldt und die Humanitätsidee (1909), 2. unveränderte (durch photomechanischen Druck hergestellte) Auflage, Berlin 1928.

Spranger, Eduard (Hrsg.): **Fichte, Schleiermacher, Steffens über das Wesen der Universität** (Philosophische Bibliothek, Band 120), Leipzig 1910.

Unterrichtsschule, Arbeitsschule, Lebensschule, in: Neue Bahnen. Illustrierte Monatsschrift für Erziehung und Unterricht, 23. Jg. (1911/12), Heft 7, S. 289–303.

An die Jugend, in: Der Säemann. Monatsschrift für Jugendbildung und Jugendkunde, 5. Jg. (1914), Heft 9–11, S. 386–939.

Zum Geleit für 1915, in: Die Deutsche Schule, 19. Jg. (1915), Heft 1, S. 1–5.

Das humanistische und das politische Bildungsideal im heutigen Deutschland (Deutsche Abende im Zentralinstitut für Erziehung und Unterricht, Band 6), Berlin 1916.

Das humanistische und das politische Bildungsideal im heutigen Deutschland (1916), in: Volk, Staat, Erziehung. Gesammelte Reden und Aufsätze, Leipzig 1932, S. 1–33.

Fünfundzwanzig Jahre deutscher Erziehungspolitik (Deutsche Erziehung, Heft 2), Berlin 1916.

Vom inneren Frieden des deutschen Volkes, in: Internationale Monatsschrift für Wissenschaft, Kunst und Technik, 11. Jg. (1916/17), Sp. 1025–1064.

Begabung und Studium, Leipzig 1917.

Der Aufstieg der Begabten (Flugschrift des Dürerbundes, Band 179), München ohne Jahr (1918).

Grundlegende Bildung, Berufsbildung, Allgemeinbildung (1918), in: Gesammelte Schriften, Band I: Geist der Erziehung, Tübingen/Heidelberg 1969, S. 7–19.

Staatsbildende Kraft?, in: Vossische Zeitung. Berlinische Zeitung von Staats- und gelehrten Sachen, Jg. 1918, 29.12.1918, S. 1–2.

Was muss die deutsche Frau von der politischen Lage wissen?, Leipzig 1919.

Die drei Motive der Schulreform, in: Monatsschrift für höhere Schulen, 20. Jg. (1921), S. 260–274.

Die drei Motive der Schulreform (1921), in: Gesammelte Schriften, Band III: Schule und Lehrer, Tübingen/Heidelberg 1970, S. 74–89.

Lebensformen. Geisteswissenschaftliche Psychologie und Ethik der Persönlichkeit, 3. verbesserte Auflage, Halle 1922.

Vorwort zur zweiten Auflage (1922), in: Kultur und Erziehung. Gesammelte pädagogische Aufsätze, 4. vermehrte Auflage, Leipzig 1928, ohne Seitenzählung.

Der Anteil des Neuhumanismus an der Entstehung des deutschen Nationalbewusstseins (1923), in: Volk, Staat, Erziehung. Gesammelte Reden und Aufsätze, Leipzig 1932, S. 34–56.

Kultur und Erziehung. Gesammelte pädagogische Aufsätze, 2. wesentlich erweiterte Auflage, Leipzig 1923.

Die Generationen und die Bedeutung des Klassischen in der Erziehung (1924), in: Gesammelte Schriften, Band I: Geist der Erziehung, Tübingen/Heidelberg 1969, S. 70–89.

Lehrer und Lehrerpersönlichkeit, in: Jahrbuch der Leibesübungen für Volks- und Jugendspiele, 31. Jg. (1924), S. 139–148.

Über Erziehung zum deutschen Volksbewusstsein (1924), in: Volk, Staat, Erziehung. Gesammelte Reden und Aufsätze, Leipzig 1932, S. 57–76.

Kultur und Erziehung. Gesammelte pädagogische Aufsätze, 3. teilweise veränderte Auflage, Leipzig 1925.

Das deutsche Bildungsideal der Gegenwart in geschichtsphilosophischer Beleuchtung (1926), in: Gesammelte Schriften, Band V: Kulturphilosophie und Kulturkritik, Tübingen/Heidelberg 1969, S. 30–106.

Die Kulturzyklentheorie und das Problem des Kulturverfalls (1926), in: Gesammelte Schriften, Band V: Kulturphilosophie und Kulturkritik, Tübingen/Heidelberg 1969, S. 1–29.

Psychologie des Jugendalters, 5. Auflage, Leipzig 1926.

Über die Besonderheit der jüdischen Jugend. Aus einem Brief, in: Der Jugendbund. Mitteilungen des Verbandes der Jüdischen Jugendvereine Deutschlands, 2. Jg. (1926), Heft 14, S. 1.

Das deutsche Bildungsideal der Gegenwart in geschichtsphilosophischer Beleuchtung (Kapitel IX und Schluss), in: Die Erziehung. Monatsschrift für den Zusammenhang von Kultur und Erziehung in Wissenschaft und Leben, 2. Jg. (1926/27), S. 142–164.

Einleitung, in: Hecker, Hilde/Muchow, Martha (Hrsg.): Friedrich Fröbel und Maria Montessori (Deutscher Fröbel-Verband, Band 2), Leipzig 1927, S. I–XIV.

Das deutsche Bildungsideal der Gegenwart in geschichtsphilosophischer Beleuchtung. Sonderdruck aus der „Erziehung", Leipzig 1928.

Der deutsche Klassizismus und das Bildungsleben der Gegenwart (2. Auflage, Erfurt 1928), in: Meyer, Horst (Hrsg.): Ausgewählte Schriften aus 250 Jahren Akademiegeschichte, Erfurt 2004, S. 295–322.

Die wissenschaftlichen Grundlagen der Schulverfassung und Schulpolitik (1928), in: Gesammelte Schriften, Band I: Geist der Erziehung, Tübingen/Heidelberg 1969, S. 90–161.

Kultur und Erziehung. Gesammelte pädagogische Aufsätze, 4. vermehrte Auflage, Leipzig 1928.

Probleme der politischen Volkserziehung (1928), in: Volk, Staat, Erziehung. Gesammelte Reden und Aufsätze, Leipzig 1932, S. 77–106.

Von der deutschen Staatsphilosophie der Gegenwart (1928), in: Gesammelte Schriften, Band V: Kulturphilosophie und Kulturkritik, Tübingen/Heidelberg 1969, S. 107–128.

Volkskenntnis, Volksbildung, Volkseinheit (1930), in: Volk, Staat, Erziehung, Leipzig 1932, S. 135–152.

Wohlfahrtsethik und Opferethik in den Weltentscheidungen der Gegenwart (1930), in: Volk, Staat, Erziehung, Leipzig 1932, S. 107–134.

Zur geistigen Lage der Gegenwart (1930), in: Gesammelte Schriften, Band V: Kulturphilosophie und Kulturkritik, Tübingen/Heidelberg 1969, S. 211–232.

Ernst Krieck als Kritiker, in: Die Erziehung. Monatsschrift für den Zusammenhang von Kultur und Erziehung in Wissenschaft und Leben, 6. Jg. (1930/31), S. 145–148.

Der Kampf gegen den Idealismus (Sitzungsberichte der Preußischen Akademie der Wissenschaften, Philosophisch-historische Klasse, Jg. 1931, Heft 17), Berlin 1931.

Recht und Grenzen des Staates in den Bildungsaufgaben der Gegenwart (1931), in: Volk, Staat, Erziehung. Gesammelte Reden und Aufsätze, Leipzig 1932, S. 153–175.

Spranger, Eduard u. a.: **Erklärung zum Fall Krieck**, in: Die Erziehung. Monatsschrift für den Zusammenhang von Kultur und Erziehung in Wissenschaft und Leben, 7. Jg. (1931/32), Heft 3 (Dezember 1931), S. 192.

Gegenwart (1932), in: Volk, Staat, Erziehung. Gesammelte Reden und Aufsätze, Leipzig 1932, S. 176–211.

Volk, Staat, Erziehung. Gesammelte Reden und Aufsätze, Leipzig 1932.

Vorwort (1932), in: Volk, Staat, Erziehung. Gesammelte Reden und Aufsätze, Leipzig 1932, S. V–VI.

Umrisse einer philosophischen Pädagogik (1933), in: Gesammelte Schriften, Band II: Philosophische Pädagogik, Tübingen/Heidelberg 1973, S. 7–61.

* * *

Die Universität Berlin nach Kriegsende 1945 (1945/1953), in: Gesammelte Schriften, Band X: Hochschule und Gesellschaft, Tübingen/Heidelberg 1973, S. 273–321.

Lebenserfahrung, Tübingen/Stuttgart 1945.

Psychologie des Jugendalters, 18. Auflage, unveränderter Nachdruck der 16. Auflage, Leipzig 1945.

Stirb und werde!, in: Die Sammlung, 1. Jg. (1945/46), S. 389–394.

Der Ertrag der Geistesgeschichte für die Politik, in: Universitas. Zeitschrift für Wissenschaft, Kunst und Literatur, 1. Jg. (1946), S. 801–816.

Die Frage der deutschen Schuld (1946), in: Gesammelte Schriften, Band VIII: Staat, Recht und Politik, Tübingen/Heidelberg 1970, S. 260–267.

Verstrickung und Ausweg. Ein Wort über die Jugend (1946), in: Gesammelte Schriften, Band VIII: Staat, Recht und Politik, Tübingen/Heidelberg 1970, S. 268–276.

Falsche Ehrbegriffe (1947), in: Gesammelte Schriften, Band VIII: Staat, Recht und Politik, Tübingen/Heidelberg 1970, S. 277–289.

Philosophische Grundlegung der Pädagogik (1948), in: Gesammelte Schriften, Band II: Philosophische Pädagogik, Tübingen/Heidelberg 1973, S. 62–140.

Die Magie der Seele, 2. erweiterte Auflage, Tübingen 1949.

Zur Geschichte der deutschen Volksschule, Heidelberg 1949.

Fünf Jugendgenerationen 1900–1945 (1950), in: Pädagogische Perspektiven. Beiträge zu Erziehungsfragen der Gegenwart, Heidelberg 1951, S. 25–57.

Fünf Jugendgenerationen 1900–1949 (1950), in: Gesammelte Schriften, Band VIII: Staat, Recht und Politik, Tübingen/Heidelberg 1970, S. 318–344.

Lebensformen. Geisteswissenschaftliche Psychologie und Ethik der Persönlichkeit, 8. Auflage, Tübingen 1950.

Grundstile der Erziehung (1951), in: Gesammelte Schriften, Band I: Geist der Erziehung, Tübingen/Heidelberg 1969, S. 208–231.

Pädagogische Perspektiven. Beiträge zu Erziehungsfragen der Gegenwart, Heidelberg 1951.

Die Kulturverantwortung der Frau, in: Petermann, Margit (Hrsg.): Die Antwort. Gabe und Aufgabe für Mädchen, 2. Auflage, Düsseldorf 1953, S. 58–87.

Ein Professorenleben im 20. Jahrhundert (1953), in: Gesammelte Schriften, Band X: Hochschule und Gesellschaft, Tübingen/Heidelberg 1973, S. 342–360.

Psychologie des Jugendalters, 23. Auflage, Heidelberg 1953.

Das Rätsel Sokrates (Sonderdruck aus den Blättern für Lehrerfortbildung, VI. Jahrgang, Heft 7, Juni 1954), ohne Ort 1954.

Mein Konflikt mit der nationalsozialistischen Regierung 1933 (1955), in: Universitas. Zeitschrift für Wissenschaft, Kunst und Literatur, 10. Jg. (1955), Heft 5, S. 457–473.

Generaloberst Beck in der Mittwochsgesellschaft. Zu dem Buch: Ludwig Beck: „Studien", in: Universitas. Zeitschrift für Wissenschaft, Kunst und Literatur, 11. Jg. (1956), Heft 2, S. 183–193.

Kulturfragen der Gegenwart, 2. unveränderte Auflage, Heidelberg 1956.

Gedanken zur staatsbürgerlichen Erziehung (Schriftenreihe der Bundeszentrale für Heimatdienst, Heft 26), Bonn 1957.

Der geborene Erzieher, Heidelberg 1958.

Der geborene Erzieher (1958), in: Gesammelte Schriften, Band I: Geist der Erziehung, Tübingen/Heidelberg 1969, S. 280–338.

Das Leben bildet. Eine geistesphilosophische Analyse, in: Spranger, Eduard (Hrsg.): Pädagogische Wahrheiten und Halbwahrheiten kritisch beleuchtet. Festgabe für Wilhelm Flitner zum 70. Geburtstag, Heidelberg 1959, S. 69–129.

Erziehung zum Verantwortungsbewusstsein (1959), in: Gesammelte Schriften, Band I: Geist der Erziehung, Tübingen/Heidelberg 1969, S. 339–347.

Das Historismusproblem an der Berliner Universität seit 1900 (1960), in: Gesammelte Schriften, Band V: Kulturphilosophie und Kulturkritik, Tübingen/Heidelberg 1969, S. 430–446.

Kurze Selbstdarstellung (1961), in: Bähr, Hans Walter/Wenke, Hans (Hrsg.): Eduard Spranger. Sein Werk und sein Leben, Heidelberg 1964, S. 13–21.

Das Gesetz der ungewollten Nebenwirkungen in der Erziehung (1962), in: Gesammelte Schriften, Band I: Geist der Erziehung, Tübingen/Heidelberg 1969, S. 348–405.

Pädagogische Perspektiven. Beiträge zu Erziehungsfragen der Gegenwart, 7. Auflage, Heidelberg 1962.

Der Eigengeist der Volksschule, 5. Auflage, Heidelberg 1963.

Menschenleben und Menschheitsfragen. Gesammelte Rundfunkreden (Das Heidelberger Studio, Sendefolge 30), München 1963.

Über das Gewissen, in: Menschenleben und Menschheitsfragen. Gesammelte Rundfunkreden (Das Heidelberger Studio, Sendefolge 30), München 1963, S. 22–37.

Gefährdete Jugend in unserer Zeit, in: Menschenleben und Menschheitsfragen. Gesammelte Rundfunkreden (Das Heidelberger Studio, Sendefolge 30), München 1963, S. 54–73.

Moralbildende Kraft, in: Menschenleben und Menschheitsfragen. Gesammelte Rundfunkreden (Das Heidelberger Studio, Sendefolge 30), München 1963, S. 106–123.

Der Sinn der Voraussetzungslosigkeit in den Geisteswissenschaften, 3. unveränderte Auflage, Heidelberg 1964.

Lebensformen. Geisteswissenschaftliche Psychologie und Ethik der Persönlichkeit, unveränderter Nachdruck der 5., vielfach verbesserten Auflage, München/Hamburg 1965.

Stufen der Liebe. Über Wesen und Kulturaufgabe der Frau. Aufsätze und Vorträge, Tübingen 1965.

Vom pädagogischen Genius. Lebensbilder und Grundgedanken großer Erzieher, Heidelberg 1965.

Wilhelm von Humboldt und die Reform des Bildungswesens, 3. unveränderte Auflage, Tübingen 1965.

Berliner Geist. Aufsätze, Reden und Aufzeichnungen, Tübingen 1966.

Das geistige Berlin, in: Berliner Geist. Aufsätze, Reden und Aufzeichnungen, Tübingen 1966, S. 39–48.

Goethe. Seine geistige Welt, Tübingen 1967.

Rückblick (ohne Jahr), in: Gesammelte Schriften, Band X: Hochschule und Gesellschaft, Tübingen/Heidelberg 1973, S. 428–430.

Texte für die Mittwochs-Gesellschaft 1935–1944, 2. überarbeitete Auflage, München 1988.

Die Generationen und die Bedeutung des Klassischen in der Erziehung, in: Ofenbach, Birgit: Eduard Spranger. Kultur und Erziehung. Gesammelte pädagogische Aufsätze (Werkinterpretationen pädagogischer Klassiker), Darmstadt 2002, S. 82–100.

Erklärung an die Alliierten Behörden, undatiertes Typoskript (nach Mai 1945), Universitätsbibliothek Tübingen, Mn 26.

2. Herman Nohl

a) Schriften von Herman Nohl von Februar 1933 bis Mai 1945[88]

1933

1. **Landbewegung, Osthilfe und die Aufgabe der Pädagogik,** Leipzig 1933.[89]
2. **Zu Wilhelm Diltheys hundertstem Geburtstag,** in: Forschungen und Fortschritte, Nachrichtenblatt der Deutschen Wissenschaft und Technik, 9. Jg. (1933), Heft 33, S. 479–480.
3. **Die Bedeutung der Frau und Mutter für das Deutschtum im Ausland,** in: Kindergarten, Zeitschrift des Deutschen Fröbel-Verbandes, des Deutschen Verbandes für Schulkinderpflege und der Berufsorganisation der Kindergärtnerinnen, Hortnerinnen und Jugendleiterinnen e.V., 74. Jg. (1933), S. 125–126.
4. ***Rezension:* Zwei Jahre Lehrerbildung,** in: Zentralblatt für die gesamte Unterrichts-Verwaltung in Preußen, 75. Jg. (1933), S. 40–41.

1934

5. **Die Grundlagen der nationalen Erziehung. Eine Vorlesung zum Wintersemester 1933/34** (Typoskript), ohne Ort, ohne Jahr (Göttingen 1940).
6. **Der junge Dilthey,** in: Germanisch-romanische Monatsschrift, 22. Jg. (1934), Heft 3/4, S. 139–144.

1935

7. **Einführung in die Philosophie,** Frankfurt am Main 1935.
8. **Die ästhetische Wirklichkeit. Eine Einführung,** Frankfurt am Main 1935.
9. **Die pädagogische Bewegung in Deutschland und ihre Theorie,** 2., durchgesehene und mit einem Nachwort versehene Auflage, Frankfurt am Main 1935.
10. **Vergeistigung der Wirklichkeit. Über die Schaffensbedingungen der darstellenden Kunst,** in: Frankfurter Zeitung und Handelsblatt (Reichsausgabe), Nr. 644–645, 18.12.1935.[90]
11. ***Rezension:* Johannes Ludolf Müller: Die Erziehungsanstalt Schnepfenthal 1784–1934,** in: Zeitschrift für Kinderforschung, Band 44, 1935, S. 53–54.

---

[88] Erstellt auf der Grundlage von: Weniger, Erich/Ahrens, Elisabeth/Wedemeyer, Irmgard: Bibliographie Herman Nohl zu seinem 75. Geburtstag am 7. Oktober 1954, Weinheim 1954 und Offermann, Joseph: Bibliographie Herman Nohls, in: Nohl, Herman: Ausgewählte pädagogische Abhandlungen. (Schöninghs Sammlung pädagogischer Schriften: Quellen zur Geschichte der Pädagogik), Paderborn 1967, S. 142–150.

Die nach 1945 nicht veröffentlichten Texte wurden durch das Forschungsprojekt ad fontes zusammengestellt. Im Anhang des vorliegenden Literaturverzeichnisses ist das Inhaltsverzeichnis der **Dokumentation ad fontes Nohl** abgedruckt.

[89] Die in diesem Sammelband abgedruckten sieben Aufsätze sind allesamt vor der NS-Zeit verfasst und publiziert worden. Lediglich das Nachwort des Sammelbands (S. 93–96) wurde in der und für die NS-Zeit verfasst. Die Aufsätze sind einzeln im Abschnitt „Schriften Herman Nohls vor Februar 1933 und nach Mai 1945“ in dieser Bibliographie aufgeführt.

[90] Dieser 1935 erschiene Artikel ist eine Auszug aus: Die ästhetische Wirklichkeit, Frankfurt am Main 1935, S. 168–172.

1936

12. ***Rezension:* Erich Jaensch: Neue Wege der Erziehungslehre und Jugendkunde und die deutsche Erneuerung,** in: Zeitschrift für Kinderforschung, 1936, Band 45, S. 241.

1938[91]

13. **Charakter und Schicksal. Eine pädagogische Menschenkunde,** Frankfurt am Main 1938.
14. **Wilhelm Dilthey,** in: Deutsche Männer, 200 Bildnisse und Lebensbeschreibungen, Berlin 1938, S. 370.

1939

15. **Die sittlichen Grunderfahrungen. Eine Einführung in die Ethik,** Frankfurt am Main 1939.
16. **Einleitung,** in: Bertha Nohl und ihre Eltern Johann und Josephine Oser. Erinnerungen für ihre Kinder, als Manuskript gedruckt, ohne Ort 1939, S. 5–35.

1940

17. **Charakter und Schicksal. Eine pädagogische Menschenkunde,** 2. verbesserte Auflage, Frankfurt am Main 1940.
18. **Mein Vater,** in: Nohl, Herman (Hrsg.): Hermann Nohl 1850–1929 und die Geschichte seiner Familie. Erinnerungen für seine Enkel, als Manuskript gedruckt, ohne Ort 1940, S. 28–55.

1942

19. **Comenius, Pädagoge in einer Zeitenwende. Zu seinem 350. Geburtstag am 23. März,** in: Hannoverscher Anzeiger (Stadtausgabe), Nr. 72, 26.3.1942.
20. **Der Maler Erich Kuithan,** in: Kölnische Zeitung (mit Wirtschafts- und Handelsblatt), Nr. 611, 30.11.1942.
21. **Der Maler Erich Kuithan, 1875–1917,** in: Thüringer Volksbildungsarbeit, Neue Folge, 14. Jg. (1942), Heft 1 (fälschlicherweise als Heft 3 bezeichnet), S. 57–68.
22. **Ein vergessener Maler. Begegnungen mit Erich Kuithan,** in: Deutsche Allgemeine Zeitung (Reichsausgabe), 28.12.1942.

1943

23. **Der Maler Erich Kuithan (1875–1917),** in: Das XX. Jahrhundert, 5. Jg. (1943), Heft Juni/Juli, S. 229–230.

---

[91] Der in der Bibliographie von Weniger, Ahrens und Wedemeyer (1954) verzeichnete Titel: „Erziehungsgedanken für die Erziehungstätigkeit des Einzelnen mit besonderer Berücksichtigung der Erfahrungen von Freud und Adler“ konnte in der Fassung von 1938 (angeblich in: Schriftenreihe der Vereinigung für Jugendgerichte und Jugendgerichtshilfen, Deutsche Zentrale für Jugendfürsorge, 1938, Heft 9, S. 3 ff.) nicht nachgewiesen werden. Die genannte Zeitschrift erschien laut der Zeitschriftendatenbank der Deutschen Nationalbibliothek lediglich in den Jahren 1926–1932 und wieder ab 1952. In der Bibliographie von Offermann (1967) findet sich ebenfalls kein Hinweis auf eine Fassung von 1938. Unter dem fast gleichlautenden Titel „Gedanken für die Erziehungstätigkeit des Einzelnen mit besonderer Berücksichtigung der Erfahrungen von Freud und Adler“ erschien der Artikel in den Nohl-Sammelbänden „Jugendwohlfahrt. Sozialpädagogische Vorträge“ (Leipzig 1927), S. 71–83 und „Pädagogik aus dreißig Jahren (Frankfurt am Main 1949), S. 151–160.

1944

24. **Christian Gotthilf Salzmann zum 200. Geburtstag, 1. Juni,** in: Hannoverscher Kurier. Hannoversches Tageblatt, Nr. 149, 1.6.1944.
25. ***Rezension:* Erika Hoffmann: Deutsche Frauen schreiben an Kinder,** in: Deutsche Allgemeine Zeitung, Nr. 234, 25.8.1944, Beiblatt. Wieder abgedruckt in: Die Sammlung, 1. Jg. (1945), Heft 5, S. 302–305.

b) In dieser Arbeit verwendete Schriften von Herman Nohl vor Februar 1933 bzw. nach Mai 1945

Sokrates und die Ethik, Kapitel I–IV, Freiburg i. Br. 1904.

Sokrates und die Ethik (vollständige Fassung), Tübingen/Leipzig 1904.

Die Weltanschauungen der Malerei, Mit einem Anhang über die Gedankenmalerei, Jena 1908.

Die Deutsche Bewegung und die idealistischen Systeme, in: Logos. Zeitschrift für systematische Philosophie, 2. Jg. (1911/12), S. 350–359.[92]

Pädagogische und politische Aufsätze, Jena 1919.

Stil und Weltanschauung, Jena 1920.

Die Philosophie in der Schule, in: Pädagogisches Zentralblatt, 3. Jg. (1922), S. 417–425.[93]

Die Geschichte in der Schule, in: Pädagogisches Zentralblatt, 4. Jg. (1924), S. 97–108.[94]

Die Pädagogik der Verwahrlosten, in: Bericht über die dritte Tagung über Psychopathenfürsorge (Heidelberg, 17.–19. September 1924), Berlin 1925, S. 23–31.[95]

Der Sinn der Strafe, in: Die Erziehung. Monatsschrift für den Zusammenhang von Kultur und Erziehung in Wissenschaft und Leben, 1. Jg. (1925/26), S. 27–38.[96]

Die Deutsche Bewegung in der Schule, in: Die Erziehung. Monatsschrift für den Zusammenhang von Kultur und Erziehung in Wissenschaft und Leben, 1. Jg. (1925/26), Heft 3, S. 136–145.[97]

Die geistigen Energien der Jugendwohlfahrtsarbeit, in: Die Erziehung. Monatsschrift für den Zusammenhang von Kultur und Erziehung in Wissenschaft und Leben, 1. Jg. (1925/26), S. 321–329.[98]

Die Einheit der pädagogischen Bewegung, in: Die Erziehung. Monatsschrift für den Zusammenhang von Kultur und Erziehung in Wissenschaft und Leben, 1. Jg. (1926/27), Heft 1, S. 57–61.[99]

Jugendwohlfahrt. Sozialpädagogische Vorträge, Leipzig 1927.

Der männliche Sozialbeamte und die Sozialpädagogik in der Wohlfahrtspflege, in: Jugendwohlfahrt. Sozialpädagogische Vorträge, Leipzig 1927, S. 14–24.[100]

[92] Wieder abgedruckt in: Pädagogik aus dreißig Jahren, Frankfurt am Main 1949, S. 28–38.

[93] Wieder abgedruckt in: Pädagogik aus dreißig Jahren, Frankfurt am Main 1949, S. 75–85.

[94] Wieder abgedruckt in: Pädagogik aus dreißig Jahren, Frankfurt am Main 1949, S. 62–74.

[95] Wieder abgedruckt in: Pädagogik aus dreißig Jahren, Frankfurt am Main 1949, S. 173–181.

[96] Wieder abgedruckt in: Pädagogik aus dreißig Jahren, Frankfurt am Main 1949, S. 161–172.

[97] Wieder abgedruckt in: Pädagogik aus dreißig Jahren, Frankfurt am Main 1949, S. 39–49.

[98] Wieder abgedruckt in: Pädagogik aus dreißig Jahren, Frankfurt am Main 1949, S. 133–142.

[99] Wieder abgedruckt in: Pädagogik aus dreißig Jahren, Frankfurt am Main 1949, S. 21–27.

Gedanken für die Erziehungstätigkeit des Einzelnen unter besonderer Berücksichtigung der Erfahrungen von Freud und Adler, in: Jugendwohlfahrt. Sozialpädagogische Vorträge, Leipzig 1927, S. 71–83.[101]

Die geistige Welt Pestalozzis (1927), in: Die Erziehung. Monatsschrift für den Zusammenhang von Kultur und Erziehung in Wissenschaft und Leben, 2. Jg. (1927), S. 647–659.[102]

Der Reichsschulgesetzentwurf, in: Die Erziehung. Monatsschrift für den Zusammenhang von Kultur und Erziehung in Wissenschaft und Leben, 3. Jg. (1927/28), S. 40–49.[103]

Die Jugend und der Alltag, in: Die Erziehung. Monatsschrift für den Zusammenhang von Kultur und Erziehung in Wissenschaft und Leben, 3. Jg. (1927/28), S. 213–225.[104]

Der Bildungswert fremder Kulturen, in: Die Erziehung. Monatsschrift für den Zusammenhang von Kultur und Erziehung in Wissenschaft und Leben, 3. Jg. (1927/28), S. 524–532.[105]

Schule und Alltag, in: Die Erziehung. Monatsschrift für den Zusammenhang von Kultur und Erziehung in Wissenschaft und Leben, 4. Jg. (1928/29), S. 592–601.[106]

Pädagogische Aufsätze, 2. vermehrte Auflage, Langensalza/Berlin/Leipzig 1929.

Pädagogische Menschenkunde, in: Nohl, Herman/Pallat, Ludwig (Hrsg.): Handbuch der Pädagogik, Band 2: Die biologischen, psychologischen und soziologischen Grundlagen der Pädagogik, Langensalza 1929, S. 47–75.

Bildung und Alltag, in: Die Volksschule. Halbmonatsschrift für Wissenschaft und Praxis der Erziehung, Lehrerbildung und Kulturpolitik, 25. Jg. (1929), Heft 16, S. 1–6.[107]

Die Polarität in der Didaktik, in: Die Erziehung. Monatsschrift für den Zusammenhang von Kultur und Erziehung in Wissenschaft und Leben, 6. Jg. (1930/31), S. 277–287.[108]

Konfessionalität und Erziehung, in: Die Deutsche Schule, 35. Jg. (1931), S. 68–70.[109]

Landbewegung, Osthilfe und die nationale Aufgabe der Pädagogik, in: Die Erziehung. Monatsschrift für den Zusammenhang von Kultur und Erziehung in Wissenschaft und Leben, 7. Jg. (1931/32), S. 65–76.[110]

Die pädagogische Osthilfe, in: Die Erziehung. Monatsschrift für den Zusammenhang von Kultur und Erziehung in Wissenschaft und Leben, 7. Jg. (1931/32), S. 449–461.[111]

Die Siedlungshelferin, in: Soziale Berufsarbeit, 12. Jg. (1932), Heft 6, S. 57–60.[112]

---

[100] Wieder abgedruckt in: Pädagogik aus dreißig Jahren, Frankfurt am Main 1949, S. 143–150.

[101] Wieder abgedruckt in: Pädagogik aus dreißig Jahren, Frankfurt am Main 1949, S. 151–160.

[102] Wieder abgedruckt in: Erziehergestalten (Kleine Vandenhoeck-Reihe 55), 3. Auflage, Göttingen 1963, S. 12–23.

[103] Wieder abgedruckt in: Pädagogik aus dreißig Jahren, Frankfurt am Main 1949, S. 222–232.

[104] Wieder abgedruckt in: Pädagogik aus dreißig Jahren, Frankfurt am Main 1949, S. 98–111.

[105] Wieder abgedruckt in: Pädagogik aus dreißig Jahren, Frankfurt am Main 1949, S. 50–59.

[106] Wieder abgedruckt in: Pädagogik aus dreißig Jahren, Frankfurt am Main 1949, S. 112–123.

[107] Wieder abgedruckt in: Pädagogik aus dreißig Jahren, Frankfurt am Main 1949, S. 124–132.

[108] Wieder abgedruckt in: Pädagogik aus dreißig Jahren, Frankfurt am Main 1949, S. 86–97.

[109] Wieder abgedruckt in: Pädagogik aus dreißig Jahren, Frankfurt am Main 1949, S. 233–236.

[110] Wieder abgedruckt in: Landbewegung, Osthilfe und die Aufgabe der Pädagogik, Leipzig 1933, S. 1–16.

[111] Wieder abgedruckt in: Landbewegung, Osthilfe und die Aufgabe der Pädagogik, Leipzig 1933, S. 17–34.

[112] Wieder abgedruckt in: Landbewegung, Osthilfe und die Aufgabe der Pädagogik, Leipzig 1933, S. 17–34.

Die sozialpädagogische und nationalpolitische Bedeutung der Kinderfürsorge auf dem Lande, in: Kindergarten, Zeitschrift des Deutschen Fröbel-Verbandes, des Deutschen Verbandes für Schulkinderpflege und der Berufsorganisation der Kindergärtnerinnen, Hortnerinnen und Jugendleiterinnen e.V. (Kindergarten in Dorf und Siedlung, Sonderdruck), 73. Jg. (1932), S. 168–171.[113]

Die Erziehungs- und Bildungsarbeit auf dem Lande und insbesondere im Osten, in: Landschulausbau und Landvolkbildung, ein Tagungsbericht aus Jablonken vom 28. und 29. Oktober 1932 (Schriften des Ostpreußischen Arbeitskreises für Landschulausbau und Landvolkbildung, Heft 1), Königsberg ohne Jahr (1933), S. 16–22.[114]

Die zweifache deutsche Geistigkeit und ihre pädagogische Bedeutung, in: Die Erziehung. Monatsschrift für den Zusammenhang von Kultur und Erziehung in Wissenschaft und Leben, 8. Jg. (1932/33), Heft 1 (Oktober 1932), S. 4–16.[115]

Die volkserzieherische Arbeit innerhalb der pädagogischen Bewegung, in: Die Erziehung. Monatsschrift für den Zusammenhang von Kultur und Erziehung in Wissenschaft und Leben, 8. Jg. (1932/33), Heft 6 (März 1933), S. 337–346.[116]

Zur Gegenwartsaufgabe der deutschen Landpädagogik, in: Zeitschrift für das ländliche Fortbildungsschulwesen in Preußen, 24. Jg. (Januar 1933), Heft l, S. 1–6.

Pädagogische Bewegung oder pädagogische Reaktion?, in: Die Deutsche Schule, 37. Jg. (1933), Heft l, S. 1–6.[117]

Die Theorie der Bildung, in: Herman Nohl/Ludwig Pallat (Hrsg.): Handbuch der Pädagogik, Band 1: Die Theorie und die Entwicklung des Bildungswesens, Langensalza 1933, S. 3–80.

Die pädagogische Bewegung in Deutschland, in: Herman Nohl/Ludwig Pallat (Hrsg.): Handbuch der Pädagogik, Band 1: Die Theorie und die Entwicklung des Bildungswesens, Langensalza 1933, S. 302–374.

* * *

Geleitwort, in: Die Sammlung. Zeitschrift für Kultur und Erziehung, 1. Jg. (1945/46), Heft 1, S. 2.

Der Bürger (verfasst 1937), in: Die Sammlung. Zeitschrift für Kultur und Erziehung, 1. Jg. (1945/46), Heft 2, S. 85–95.[118]

Manuskript zu einem Vortrag in Hildesheim 1946 ohne Titel (Auszüge), in: Blochmann, Elisabeth: Herman Nohl in der pädagogischen Bewegung seiner Zeit 1879–1960, Göttingen 1969, S. 185–188.[119]

Einführung in die Philosophie, 2. Auflage, Frankfurt am Main 1946.

Vorwort, in: Dilthey, Wilhelm: Die Philosophie des Lebens. Eine Auswahl aus seinen Schriften 1867–1910, herausgegeben von Herman Nohl, Heppenheim 1946, S. 4.

Einführung in die Philosophie, 3. Auflage, Frankfurt am Main 1947.

[113] Wieder abgedruckt in: Landbewegung, Osthilfe und die Aufgabe der Pädagogik, Leipzig 1933, S. 43–50.

[114] Wieder abgedruckt in: Wohlfahrt, Mitteilungsblatt für Volksbildung und Wohlfahrtspflege, 26. Jg. (1933), Heft 1, S. 1–2 und in: Landbewegung, Osthilfe und die Aufgabe der Pädagogik, Leipzig 1933, 83–93.

[115] Wieder abgedruckt in: Landbewegung, Osthilfe und die Aufgabe der Pädagogik, Leipzig 1933, S. 51–68 und in: Pädagogik aus dreißig Jahren, Frankfurt am Main 1949, S. 190–203.

[116] Wieder abgedruckt in: Landbewegung, Osthilfe und die Aufgabe der Pädagogik, Leipzig 1933, S. 69–82 und in: Pädagogik aus dreißig Jahren, Frankfurt am Main 1949, S. 211–221.

[117] Wieder abgedruckt in: Pädagogik aus dreißig Jahren, Frankfurt am Main 1949, S. 237–244.

[118] Wieder abgedruckt in: Pädagogik aus dreißig Jahren, Frankfurt am Main 1949, S. 245–256.

[119] Vortrag am 24. Febr. 1946 vor Lehrern in Hildesheim über ethisch-pädagogische Grundlagen der Zeit, unveröffentlichtes Manuskript, 10 Seiten, Niedersächsische Staats- und Universitätsbibliothek Göttingen, Cod. Ms. H. Nohl 859.

Die sittlichen Grunderfahrungen. Eine Einführung in die Ethik, 2. Auflage, Frankfurt am Main 1947.

Charakter und Schicksal. Eine pädagogische Menschenkunde, 3., vermehrte Auflage, Frankfurt am Main 1947.

Die geistige Lage des akademischen Nachwuchses, in: Die Sammlung. Zeitschrift für Kultur und Erziehung, 2. Jg. (1947), Heft 1, S. 1–6.[120]

Die heutige Aufgabe der Frau, in: Die Sammlung. Zeitschrift für Kultur und Erziehung, 2. Jg. (1947), Heft 7, S. 353–358.[121]

Lebende Sprachen, in: Die Sammlung. Zeitschrift für Kultur und Erziehung, 2. Jg. (1946/47), Heft 10 (Oktober 1974), S. 592–593.[122]

Die geistige Lage im gegenwärtigen Deutschland, in: Die Sammlung. Zeitschrift für Kultur und Erziehung, 2. Jg. (1947), Heft 11, S. 601–606.[123]

Die pädagogische Aufgabe der Gegenwart, in: Die Sammlung. Zeitschrift für Kultur und Erziehung, 2. Jg. (1947), Heft 12, S. 694–701.[124]

Vom Wesen der Erziehung, in: Die Sammlung. Zeitschrift für Kultur und Erziehung, 3. Jg. (1948), S. 325–332.[125]

Die Erziehung in der Kulturkrise, in Die Sammlung. Zeitschrift für Kultur und Erziehung, 3. Jg. (1948), S. 645–652.

Die pädagogische Bewegung in Deutschland und ihre Theorie, 3. unveränderte Auflage, Frankfurt am Main 1949.

Pädagogik aus dreißig Jahren, Frankfurt am Main 1949.

Die Pädagogik Herbarts (Kleine pädagogische Texte, Band 25), Weinheim ohne Jahr (ca. 1950).

Einführung in die Philosophie, 5. Auflage, Frankfurt am Main 1953.

Friedrich Schiller. Eine Vorlesung, Frankfurt am Main, 1954.

Die ästhetische Wirklichkeit. Eine Einführung, 2. unveränderte Auflage, Frankfurt am Main 1954.

Schuld und Aufgabe der Pädagogik. Erich Weniger zum 11.9.1954 in Freundschaft gewidmet, in: Die Sammlung. Zeitschrift für Kultur und Erziehung, 9. Jg. (1954), S. 446–449.

Die pädagogische Bewegung in Deutschland und ihre Theorie, 4. unveränderte Auflage, Frankfurt am Main 1957.

Nohl, Herman/Misch, Georg: **Vorwort**, in: Dilthey, Wilhelm: Von deutscher Dichtung und Musik. Aus den Studien zur Geschichte des deutschen Geistes. 2. unveränderte Auflage, Stuttgart/Göttingen 1957, S. III–X.

Charakter und Schicksal. Eine pädagogische Menschenkunde, 5. Auflage, Frankfurt am Main 1959.

Einführung in die Philosophie, 6. Auflage, Frankfurt am Main 1960.

[120] Wieder abgedruckt in: Pädagogik aus dreißig Jahren, Frankfurt am Main 1949, S. 272–278.

[121] Wieder abgedruckt in: Pädagogik aus dreißig Jahren, Frankfurt am Main 1949, S. 265–271.

[122] Wieder abgedruckt in: Pädagogik aus dreißig Jahren, Frankfurt am Main 1949, S. 60–61.

[123] Wieder abgedruckt in: Pädagogik aus dreißig Jahren, Frankfurt am Main 1949, S. 257–264.

[124] Wieder abgedruckt in: Pädagogik aus dreißig Jahren, Frankfurt am Main 1949, S. 290–298.

[125] Wieder abgedruckt in: Pädagogik aus dreißig Jahren, Frankfurt am Main 1949, S. 279–289.

Vom Sinn der Kunst, mit einem Vorwort von Elisabeth Blochmann (Kleine Vandenhoeck-Reihe, Band 103/104), Göttingen 1961.

Schuld und Aufgabe der Pädagogik, mit einer Einleitung von Ludwig Mester, Schorndorf bei Stuttgart 1962.

Charakter und Schicksal. Eine pädagogische Menschenkunde, 6. Auflage, Frankfurt am Main 1963.

Erziehergestalten (Kleine Vandenhoeck-Reihe 55), 3. Auflage, Göttingen 1963.

Aufgaben und Wege der Sozialpädagogik. Vorträge und Aufsätze, mit einem Vorwort von Elisabeth Blochmann (Kleine Pädagogische Texte, Band 35), Weinheim 1965.

Ausgewählte pädagogische Abhandlungen, besorgt von Josef Offermann (Schöninghs Sammlung pädagogischer Schriften: Quellen zur Geschichte der Pädagogik), Paderborn 1967.

Eine Auswahl schulpädagogischer Schriften, besorgt und eingeleitet von Dozent Walter Popp (Grundlagen und Grundfragen der Erziehung, Band 21), Heidelberg 1967.

Die Deutsche Bewegung. Vorlesungen und Aufsätze zur Geistesgeschichte von 1770–1830, herausgegeben von Otto Friedrich Bollnow und Frithjof Rodi, Göttingen 1970.

Charakter und Schicksal. Eine pädagogische Menschenkunde, 7. Auflage, Frankfurt am Main 1970.

Das historische Bewusstsein, herausgegeben von Erika Hoffmann und Rudolf Joerden, mit einem Nachwort von Otto Friedrich Bollnow, Göttingen/Frankfurt am Main/Zürich 1979.

Die pädagogische Bewegung in Deutschland und ihre Theorie, 10. Auflage, Frankfurt am Main 1988.

Einführung in die Philosophie, 9. Auflage, Frankfurt am Main 1998.

3. Erich Weniger

a) Schriften von Erich Weniger von Februar 1933 bis Mai 1945[126]

1933

1. **Die Pädagogische Akademie.** Gedächtnisworte der Pädagogischen Akademie Frankfurt a. M. für Staatsminister Carl Heinrich Becker bei der Feier im Römer am 20. Februar 1933, in: Preußische Lehrer-Zeitung, Nr. 32 (16.3.1933).[127]
2. **Berthold Otto †. 6. August 1859–29. Juni 1933**, in: Frankfurter Zeitung und Handelsblatt, 78. Jg. (1933/34), Nr. 540–541 (23.7.1933), Beilage „Für Hochschule und Jugend".
3. **Zur Entwicklungsgeschichte der deutschen Lehrerbildung**, in: Die Erziehung. Monatsschrift für den Zusammenhang von Kultur und Erziehung in Wissenschaft und Leben, 8. Jg. (1932/33), Heft 12 (September 1933), S. 685–698.[128]
4. ***Rezension:*** **Von deutscher Dichtung und Musik.** Ein neuer Band der Diltheyausgabe (über: Wilhelm Dilthey: Von deutscher Dichtung und Musik, Leipzig/Berlin 1933), in: Die Erziehung. Monatsschrift für den Zusammenhang von Kultur und Erziehung in Wissenschaft und Leben, 8. Jg. (1932/33), Heft 12 (September 1933), S. 723–726.[129]
5. **N. F. S. Grundtvig, geb. 8. September 1783**, in: Frankfurter Zeitung und Handelsblatt, 78. Jg. (1933/34), Nr. 692–694 (17.9.1933), Beilage „Für Hochschule und Jugend".[130]
6. ***Rezension von:*** **Herbert Hafter: Der Freiherr vom Stein in seinem Verhältnis zu Religion und Kirche** (Berlin 1932), in: Historische Zeitschrift, 148. Band (1933), S. 198–199.
7. **Die Dilthey-Schule,** in: Frankfurter Zeitung und Handelsblatt, 78. Jg. (1933/34), Nr. 821 (19.11.1933), Beilage „Für Hochschule und Jugend".
8. **Jugendpflege und Jugendbewegung in ihrer Stellung zur Familie** (S. 548–550), Schlusswort (S. 578–579), Ergänzender Bericht der Kommission VI (S. 661–662), englischsprachiges bzw. französischsprachiges Referat (S. 697–699), in: Zweite internationale Konferenz für soziale Arbeit, Frankfurt am Main, 10.–14. Juli 1932, Karlsruhe 1933.[131]

---

[126] Erstellt auf der Grundlage von: Schwenk, Bernhard/Schwenk, Helga: Bibliographie Erich Weniger, in: Dahmer, Ilse/Klafki, Wolfgang: Geisteswissenschaftliche Pädagogik am Ausgang ihrer Epoche – Erich Weniger, Weinheim/Berlin 1968, S. 299–322.

Die nach 1945 nicht veröffentlichten Texte wurden durch das Forschungsprojekt ad fontes zusammengestellt. Im Anhang des vorliegenden Literaturverzeichnisses ist das Inhaltsverzeichnis der **Dokumentation ad fontes Weniger** abgedruckt.

[127] Dieser Artikel wurde unter dem Titel „Carl Heinrich Becker" unverändert wieder abgedruckt in: Die Eigenständigkeit der Erziehung in Theorie und Praxis. Probleme der akademischen Lehrerbildung, Weinheim ohne Jahr (1952), S. 268–270 und wurde daher in die Dokumentation ad fontes Weniger nicht aufgenommen.

[128] Auch in: Die Eigenständigkeit der Erziehung in Theorie und Praxis. Probleme der akademischen Lehrerbildung, Weinheim ohne Jahr (1952), S. 23–37 (unter dem Titel „Die Motive der akademischen Bildung des Volksschullehrers"). Da bei dem Wiederabdruck wesentliche inhaltliche Änderungen vorgenommen wurden, wurde die ursprüngliche Fassung (abweichend von der sonstigen Vorgehensweise) dennoch in die Dokumentation ad fontes Weniger aufgenommen.

[129] Eine Zusammenfassung dieser Rezension, bei der jedoch gegen das NS-Regime gerichtete Zusätze eingefügt wurden, ist erschienen in: Die Sammlung. Zeitschrift für Kultur und Erziehung, 13. Jg. (1958), S. 55–56.

[130] Aus Gründen der besseren Lesbarkeit drucken wir in der Dokumentation ad fontes Weniger eine Abschrift des Artikels ab.

[131] Die in diesem Band abgedruckten Beiträge stammen sämtlich aus dem Jahr 1932 und wurden daher in die Dokumentation ad fontes Weniger nicht aufgenommen.

1934

9. *Unter dem Pseudonym Lorenz Steinhorst:* **Philipp Hördts pädagogische Schriften**, in: Die Erziehung. Monatsschrift für den Zusammenhang von Kultur und Erziehung in Wissenschaft und Leben, 9. Jg. (1933/34), Heft 4 (Januar 1934), S. 204–208.

10. ***Rezension von:*** **Walter Poppelreuter: Psychokritische Pädagogik** (München 1933), in: Die Christliche Welt, 48. Jg. (1934), Heft 1 (Januar 1934), S. 46.

11. **Kerschensteiner von heute aus gesehen**. Zur „Theorie der Bildungsorganisation", in: Frankfurter Zeitung und Handelsblatt, 78. Jg. (1933/34), Nr. 153 (25.3.1934), Beilage „Für Hochschule und Jugend".

12. *Unter dem Pseudonym Lorenz Steinhorst:* ***Rezension:*** **Über „Sinn der Geschichte" und Vorgeschichte** (über: Joseph Bernhart: Sinn der Geschichte (beigefügt: Hugo Obermayer: Urgeschichte der Menschheit), Freiburg 1931 und Paul Vogel: Deutsche Vorgeschichte, Frankfurt am Main 1933), in: Die Erziehung. Monatsschrift für den Zusammenhang von Kultur und Erziehung in Wissenschaft und Leben, 9. Jg. (1933/34), Heft 6 (März 1934), S. 303–304.

13. ***Rezension von:*** **Wilhelm Dilthey: Gesammelte Schriften**, Band 8: Weltanschauungslehre (Leipzig/Berlin 1931), in: Philosophie und Schule. Blätter für den Unterricht in Philosophie und die philosophische Vertiefung der Schulwissenschaften, 5. Jg. (1933/34), Heft 6, S. 216–218.

14. ***Rezension von:*** **Wilhelm Dilthey: Von deutscher Dichtung und Musik** (Leipzig/Berlin 1933), in: Philosophie und Schule. Blätter für den Unterricht in Philosophie und die philosophische Vertiefung der Schulwissenschaften, 5. Jg. (1933/34), Heft 6, S. 219.

15. ***Rezension von:*** **Peter Petersen: Pädagogik** (Berlin 1932), in: Göttingische Gelehrte Anzeigen, 196. Jg. (1934), Heft 12, S. 495–499.

16. **Wilhelm Diltheys pädagogische Schriften**, in: Die Erziehung. Monatsschrift für den Zusammenhang von Kultur und Erziehung in Wissenschaft und Leben, 10. Jg. (1934/35), Heft 1 (Oktober 1934), S. 25–34.

17. ***Rezension:*** **Zur Geschichte des Volksschullehrerstandes** (über: Rudolf Murtfeld: Der Weg der preußischen Volksschullehrerschaft zum Dienst am deutschen Volke (1815–1871), Frankfurt am Main 1934), in: Die Erziehung. Monatsschrift für den Zusammenhang von Kultur und Erziehung in Wissenschaft und Leben, 10. Jg. (1934/35), Heft 1 (Oktober 1934), S. 43.

18. ***Rezension von:*** **Walter Stein: Beiträge zum Arbeitsplan ein- bis dreijähriger Frauenschulen aus dem Geiste der Gesamtschau** (Saarbrücken 1933), **Herbert Grabert: Jugend begegnet sich. Arbeitslager und neuer Lebensraum** (Stuttgart 1933) und **Alfred Zieger: Schulmeister, Schullehrer, Volkslehrer** (Langensalza ohne Jahr [1933]), in: Die Erziehung. Monatsschrift für den Zusammenhang von Kultur und Erziehung in Wissenschaft und Leben, 9. Jg. (1933/34), Heft 2 (November 1933), S. 111–112.

19. *Unter dem Pseudonym Lorenz Steinhorst:* **Waffenstillstandsfeier im Straßburger Sender**, in: Frankfurter Zeitung und Handelsblatt, 79. Jg. (1934/35), Nr. 578–579 (13.11.1934).[132]

[132] 1934 auch erschienen in: Frankfurter Zeitung und Handelsblatt, 79. Jg. (1934/35), Nr. 580 (14.11.1934). In der Dokumentation ad fontes Weniger nach der Fassung vom 14.11.1934 faksimiliert.

1935

20. **Über den Freiherrn vom Stein**, in: Die Schildgenossen. Katholische Zweimonatsschrift, 14. Jg. (1934/35), Heft 3, S. 238–243.[133]

21. ***Rezension:*** **Über Diltheys Philosophie** (über: Clemens Cüppers: Die erkenntnistheoretischen Grundgedanken Wilhelm Diltheys, dargestellt in ihren historischen und systematischen Zusammenhängen, Leipzig/Berlin 1933), in: Die Erziehung. Monatsschrift für den Zusammenhang von Kultur und Erziehung in Wissenschaft und Leben, 10. Jg. (1934/35), Heft 4 (Januar 1935), S. 189.

22. *Unter dem Pseudonym Lorenz Steinhorst:* ***Rezension:*** **Staat und Erziehung** (über: Gerhard Giese: Staat und Erziehung. Grundzüge einer politischen Pädagogik und Schulpolitik, Hamburg 1933), in: Rhein-Mainische Volkszeitung und Handelsblatt, 65. Jg. (1935), Nr. 26 (31.1.1935).[134]

23. *Unter dem Pseudonym Lorenz Steinhorst:* **Höhere Schule – wozu?**, in: Frankfurter Zeitung und Handelsblatt, 79. Jg. (1934/35), Nr. 186 (11.4.1935), Beilage „Für Hochschule und Jugend".

24. ***Rezension:*** **Deutsche Jugend** (über: Will Vesper (Hrsg.): Deutsche Jugend. Dreißig Jahre Geschichte einer Bewegung, Berlin 1934), in: Die Erziehung. Die Erziehung: Monatsschrift für den Zusammenhang von Kultur und Erziehung in Wissenschaft und Leben, 10. Jg. (1934/35), Heft 7 (April 1935), S. 331–335.

25. *Unter dem Pseudonym Lorenz Steinhorst:* **Frühlingsreise ins Fränkische**, in: Frankfurter Zeitung und Handelsblatt, Stadtausgabe, 79. Jg. (1934/35), 2.5.1935.[135]

26. **Kriegserinnerung und Kriegserfahrung**, in: Deutsche Zeitschrift. Monatshefte für eine deutsche Volkskultur, 48. Jg. (1934/35), Heft 11–12 (August–September 1935), S. 397–405.

27. **Wehrwissenschaft und Heereserziehung**. Ein Vorbericht, in: Deutsche Zeitschrift. Monatshefte für eine deutsche Volkskultur, 49. Jg. (1935/36), Heft 1–2 (Oktober–November 1935), S. 62–68.

28. ***Rezension von:*** **Ludwig Eckstein: Die erzieherischen Kräfte der Familie** (in: Zeitschrift für pädagogische Psychologie und Jugendkunde, 35. Jg. (1934), Heft 7, S. 312–318), in: Zeitschrift für Kinderforschung. Organ des deutschen Vereins zur Fürsorge für jugendliche Psychopathen e. V., 44. Jg. (1935), Reihe Referate, S. 52.

29. ***Rezension von:*** **Heinen, Anton u. a. (Hrsg.): Familien- und Kleinkinderpädagogik**, Handbuch der Erziehungswissenschaft, Teil 3, Band 1 (München 1934), in: Zeitschrift für Kinderforschung. Organ des deutschen Vereins zur Fürsorge für jugendliche Psychopathen e. V., 44. Jg. (1935), Reihe Referate, S. 117.

30. **Der pädagogische Streit und die Wirklichkeit der Erziehung**, in: Schmidthüs, Karlheinz (Hrsg.): Christliche Verwirklichung. Romano Guardini zum 50. Geburtstag, dargebracht von seinen Freunden und Schülern, Rothenfels 1935, S. 167–177.[136]

---

[133] Dieser Aufsatz wurde unverändert wieder abgedruckt in: Die Sammlung. Zeitschrift für Kultur und Erziehung, 12. Jg. (1957), S. 481–486 und wurde daher in die Dokumentation ad fontes Weniger nicht aufgenommen.

[134] Dieser Artikel konnte leider nicht nachgewiesen werden.

[135] Dieser Artikel konnte leider nicht nachgewiesen werden.

[136] Dieser Aufsatz wurde unverändert wieder abgedruckt in: Die Eigenständigkeit der Erziehung in Theorie und Praxis. Probleme der akademischen Lehrerbildung, Weinheim ohne Jahr (1952), S. 88–98 und wurde daher in die Dokumentation ad fontes Weniger nicht aufgenommen.

1936

31. **Vorbericht des Herausgebers**, in: Wilhelm Dilthey: Gesammelte Schriften, Band 11: Vom Aufgang des geschichtlichen Bewusstseins. Jugendaufsätze und Erinnerungen (Leipzig/Berlin 1936), S. V–XIII.
32. **Vorbericht des Herausgebers**, in: Wilhelm Dilthey: Gesammelte Schriften, Band 12: Zur preußischen Geschichte. Schleiermachers politische Gesinnung und Wirksamkeit. Die Reorganisatoren des preußischen Staates. Das allgemeine Landrecht (Leipzig/Berlin 1936), S. V–VIII.
33. **(Vorwort zu einem Verzeichnis der Schriften Wilhelm Diltheys)**, in: Wilhelm Dilthey: Gesammelte Schriften, Band 12: Zur preußischen Geschichte. Schleiermachers politische Gesinnung und Wirksamkeit. Die Reorganisatoren des preußischen Staates. Das allgemeine Landrecht (Leipzig/Berlin 1936), S. 208–209.
34. **Einleitung**, in: Weniger, Erich (Hrsg.): Briefe Wilhelm Diltheys an Rudolf Haym 1861–1873 (Abhandlungen der Preußischen Akademie der Wissenschaften. Philosophisch-historische Klasse, Jg. 1936, Nr. 9), Berlin 1936, S. 3–6.
35. **Das deutsche Bildungswesen im Frühmittelalter**, in: Historische Vierteljahrsschrift. Zeitschrift für Geschichtswissenschaft und für lateinische Philologie des Mittelalters, 30. Jg. (1936), Heft 3, S. 446–492.
36. ***Rezension:* Altgermanische Erziehung** (über: Fritz Wüllenweber: Altgermanische Erziehung. Dargestellt auf Grund der Island-Sagas und anderer Quellen zum Frühgermanentum, Hamburg 1936, in: Die Erziehung. Monatsschrift für den Zusammenhang von Kultur und Erziehung in Wissenschaft und Leben, 11. Jg. (1935/36), Heft 6 (März 1936), S. 303–304.
37. ***Rezension:* Eine Einführung in die Philosophie Wilhelm Diltheys** (über: Otto Friedrich Bollnow: Dilthey. Eine Einführung in seine Philosophie, Leipzig/Berlin 1936; Georg Misch: Lebensphilosophie und Phänomenologie, 2. Auflage, Leipzig/Berlin 1931) und Dietrich Bischoff: Wilhelm Diltheys geschichtliche Lebensphilosophie, Leipzig/Berlin 1935), in: Die Erziehung. Monatsschrift für den Zusammenhang von Kultur und Erziehung in Wissenschaft und Leben, 11. Jg. (1935/36), Heft 9 (Juni 1936), S. 443–445.
38. **Zur Geistesgeschichte und Soziologie der pädagogischen Fragestellung**. Prolegomena zu einer Geschichte der pädagogischen Theorie, in: Bildung und Erziehung. Katholische Zweimonatsschrift, Jg. 1936, Heft 6, S. 363–374.[137]
39. **Bücher über Soldatentum und Wehrerziehung**, in: Deutsche Zeitschrift. Monatshefte für eine deutsche Volkskultur, 49. Jg. (1935/36), Heft 9–10 (Juni–Juli 1936), S. 397–400.
40. **Philosophie und Bildung.** Zur Frage nach der „Wirkung" philosophischer Systeme, in: Frankfurter Zeitung und Handelsblatt, 80. Jg. (1935/36), Nr. 353 (12.7.1936), Beilage „Für Hochschule und Jugend". Auch in: Berliner Lehrer-Zeitung, 10. (25.) Jg. (1956), Heft 12 (Juni 1956), S. 265–266.[138]
41. *Unter dem Pseudonym Lorenz Steinhorst:* ***Rezension:*** **Geschichtliche Besinnung** (über: Gustav Schnürer: Anfänge der abendländischen Völkergemeinschaft, Freiburg 1932 und Hermann Heimpel: Deutschlands Mittelalter, Deutschlands Schicksal, Freiburg 1933), in: Die Schildgenossen. Katholische Zweimonatsschrift, 15. Jg. (1935/36), Heft 2, S. 183–186.

---

[137] Dieser Aufsatz wurde unverändert wieder abgedruckt in: Ausgewählte Schriften zur geisteswissenschaftlichen Pädagogik, 2. Auflage, Weinheim/Basel 1990, S. 107–123 und wurde daher in die Dokumentation ad fontes Weniger nicht aufgenommen.

[138] Da der Wiederabdruck 1956 nicht ohne weiteres zugänglich ist, wurde (abweichend von der sonstigen Vorgehensweise) den ursprünglichen Artikel dennoch in die Dokumentation ad fontes Weniger aufgenommen.

42. *Unter dem Pseudonym Lorenz Steinhorst:* ***Rezension:*** **Das Schicksal der Volksbildung in Deutschland** (über: Werner Picht: Das Schicksal der Volksbildung in Deutschland, Berlin 1936), in: Die Schildgenossen. Katholische Zweimonatsschrift, 15. Jg. (1935/36), Heft 5, S. 482–484.

43. ***Rezension von:*** **H. Criditon-Miller : Contrainte et Punition dans la Famille et à l'École** (Zwang und Strafe in der Familie und in der Schule, in: Journal Belge de Neurologie et de Psychiatrie, 35. Jg. (1935), S. 390–397), in: Zeitschrift für Kinderforschung. Organ des deutschen Vereins zur Fürsorge für jugendliche Psychopathen e. V., 45. Jg. (1936), Reihe Referate, S. 78.

44. ***Rezension von:*** **Friedrich Altrichter: Inhalt und Aufgaben der soldatischen Erziehung** (in: Die Erziehung, 11. Jg. (1935/36), S. 166–171), in: Zeitschrift für Kinderforschung. Organ des deutschen Vereins zur Fürsorge für jugendliche Psychopathen e. V., 45. Jg. (1936), Reihe Referate, S. 244.

45. ***Rezension von:*** **Janko Janeff: Die Erziehung des bulgarischen Menschen** (in: Internationale Zeitschrift für Erziehung, 4. Jg. (1935), S. 340–347), in: Zeitschrift für Kinderforschung. Organ des deutschen Vereins zur Fürsorge für jugendliche Psychopathen e. V., 45. Jg. (1936), Reihe Referate, S. 245.

46. ***Rezension von:*** **Jean-Édouard Spenlé: L'Enseignement Secondaire en France** (Das höhere Schulwesen in Frankreich, in: Internationale Zeitschrift für Erziehung, 4. Jg. (1935), S. 327–340), in: Zeitschrift für Kinderforschung. Organ des deutschen Vereins zur Fürsorge für jugendliche Psychopathen e. V., 45. Jg. (1936), Reihe Referate, S. 248.

47. ***Rezension von:*** **Johannes Guthmann: Gemeinsame Grundausbildung aller zukünftigen Lehrer** (in: Deutsches Bildungswesen. Erziehungswissenschaftliche Monatsschrift des Nationalsozialistischen Lehrerbundes für das gesamte Reichsgebiet, 4. Jg. (1936), S. 89–105), in: Zeitschrift für Kinderforschung. Organ des deutschen Vereins zur Fürsorge für jugendliche Psychopathen e. V., 45. Jg. (1936), Reihe Referate, S. 253.

48. ***Rezension von:*** **Friedrich Altrichter: Gedanken eines Soldaten über die Wehrerziehung an den höheren Schulen** (in: Die Erziehung, 11. Jg. (1935/36), S. 257–269), in: Zeitschrift für Kinderforschung. Organ des deutschen Vereins zur Fürsorge für jugendliche Psychopathen e. V., 45. Jg. (1936), Reihe Referate, S. 387

49. ***Rezension von:*** **Robert Krasser: Ständestaat und Schule** (Wien/Leipzig 1935), in: Zeitschrift für Kinderforschung. Organ des deutschen Vereins zur Fürsorge für jugendliche Psychopathen e. V., 45. Jg. (1936), Reihe Referate, S. 410–411.

1937

50. ***Rezension:*** **Clausewitz als Philosoph** (über: Walther Malmsten-Schering: Die Kriegsphilosophie von Clausewitz (Hamburg 1935), in: Frankfurter Zeitung und Handelsblatt, 81. Jg. (1936/37), Nr. 11–12 (7.1.1937).

51. ***Rezension*****: Albrecht von Roon** (über: Ernst Immel: Albrecht von Roons Entwicklungsgang und seine militärisch-politische Gedankenwelt (Düsseldorf 1936), in: Frankfurter Zeitung und Handelsblatt, 81. Jg. (1936/37), Nr. 108–109 (28.2.1937).[139]

52. **Gedanken über den Wert von Kriegserinnerung und Kriegserfahrung**, in: Militärwissenschaftliche Rundschau, 2. Jg. (1937), Heft 2 (März 1937), S. 231–245.

[139] Aus Gründen der besseren Lesbarkeit drucken wir in der Dokumentation ad fontes Weniger eine Abschrift des Artikels ab.

53. *Rezension von:* **Karl Pintschovius: Die seelische Widerstandskraft im modernen Kriege** (Oldenburg/Berlin 1936), in: Frankfurter Zeitung und Handelsblatt, 81. Jg. (1936/37), Nr. 170–171 (4.4.1937).

54. *Rezension von:* **Heinrich Harmjanz: Volk, Mensch und Ding**. Erkenntniskritische Untersuchungen zur Volkskundlichen Begriffsbildung (Königsberg/Berlin 1936), in: Zeitschrift für Kinderforschung. Organ des deutschen Vereins zur Fürsorge für jugendliche Psychopathen e. V., 46. Jg. (1937), Reihe Referate, S. 39–40.

55. *Rezension von:* **Eduard Baumgarten: John Dewey**, I. Idee der Demokratie (in: Internationale Zeitschrift für Erziehung, 5. Jg. (1936), S. 81–97), in: Zeitschrift für Kinderforschung. Organ des deutschen Vereins zur Fürsorge für jugendliche Psychopathen e. V., 46. Jg. (1937), Reihe Referate, S. 104.

56. *Rezension von:* **Emil Börm: Die Praxis der neuen Landschule** (Barmstedt 1936), in: Zeitschrift für Kinderforschung. Organ des deutschen Vereins zur Fürsorge für jugendliche Psychopathen e. V., 46. Jg. (1937), Reihe Referate, S. 132.

57. *Rezension von:* **Editha Sterba: Schule und Erziehungsberatung** (in: Zeitschrift für psychoanalytische Pädagogik, 10. Jg. (1936), S. 141–201), in: Zeitschrift für Kinderforschung. Organ des deutschen Vereins zur Fürsorge für jugendliche Psychopathen e. V., 46. Jg. (1937), Reihe Referate, S. 133.

58. *Rezension von:* **Pierre Vergés: Les Écoles de Plain Air en Espagne** (Die Freiluftschulen in Spanien, in: Internationale Zeitschrift für Erziehung, 5. Jg. (1936), S. 360–362), in: Zeitschrift für Kinderforschung. Organ des deutschen Vereins zur Fürsorge für jugendliche Psychopathen e. V., 46. Jg. (1937), Reihe Referate, S. 134.

59. *Rezension von:* **Erich Weisser: Gedanken zur Lehrerbildung** (in: Deutsches Bildungswesen. Erziehungswissenschaftliche Monatsschrift des Nationalsozialistischen Lehrerbundes für das gesamte Reichsgebiet, 4. Jg. (1936), S. 383–399), in: Zeitschrift für Kinderforschung. Organ des deutschen Vereins zur Fürsorge für jugendliche Psychopathen e. V., 46. Jg. (1937), Reihe Referate, S. 141.

60. *Rezension von:* **Eduard Baumgarten: John Dewey**, II. Die Auseinandersetzung mit dem deutschen Idealismus (in: Internationale Zeitschrift für Erziehung, 5. Jg. (1936), S. 407–430), in: Zeitschrift für Kinderforschung. Organ des deutschen Vereins zur Fürsorge für jugendliche Psychopathen e. V., 46. Jg. (1937), Reihe Referate, S. 176.

61. *Rezension von:* **Carlo Sganzini: Philosophie und Pädagogik.** Prolegomena zu einer Theorie der fundamentalen Strukturen (Bern/Leipzig 1936), in: Zeitschrift für Kinderforschung. Organ des deutschen Vereins zur Fürsorge für jugendliche Psychopathen e. V., 46. Jg. (1937), Reihe Referate, S. 341–342.

62. *Rezension von:* **Wilhelm Hehlmann: Wesensformung aus geschichtlicher Verantwortung**. Untersuchungen zum Existenzproblem des Lehrens und Erziehens (Berlin 1936), in: Zeitschrift für Kinderforschung. Organ des deutschen Vereins zur Fürsorge für jugendliche Psychopathen e. V., 46. Jg. (1937), Reihe Referate, S. 342.

63. *Rezension von:* **Walter Guyer: Erziehungsgedanke und Bildungswesen in der Schweiz** (Frauenfeld/Leipzig 1936), in: Zeitschrift für Kinderforschung. Organ des deutschen Vereins zur Fürsorge für jugendliche Psychopathen e. V., 46. Jg. (1937), Reihe Referate, S. 346–347.

64. *Rezension von:* **Les Caractères essentielles de l'Éducation Allemande** (Die wesentlichen Grundzüge der deutschen Erziehung, in: Internationale Zeitschrift für Erziehung, 5. Jg. (1936), S. 460–463), in: Zeitschrift für Kinderforschung. Organ des deutschen Vereins zur Fürsorge für jugendliche Psychopathen e. V., 46. Jg. (1937), Reihe Referate, S. 346.

65. *Rezension von:* **Georg Rüth: Die Frage der Charaktererziehung in Jugendbund und**

Schule (Frankfurt am Main 1935), in: Zeitschrift für Kinderforschung. Organ des deutschen Vereins zur Fürsorge für jugendliche Psychopathen e. V., 46. Jg. (1937), Reihe Referate, S. 348.

66. ***Rezension von:*** **Heinrich Hanselmann: Vom Sinn der Arbeit** (Erlenbach/Zürich/Leipzig 1936), in: Zeitschrift für Kinderforschung. Organ des deutschen Vereins zur Fürsorge für jugendliche Psychopathen e. V., 46. Jg. (1937), Reihe Referate, S. 352.

67. ***Rezension von:*** **A. Lutrario: Les Anormaux Psychiques en Italie** (Die psychisch Anormalen in Italien, in: Bulletin Mensuel de l'Office International d'Hygiène Publique, 28. Jg. (1936), Heft 8, Beilage, S. 88–126), in: Zeitschrift für Kinderforschung. Organ des deutschen Vereins zur Fürsorge für jugendliche Psychopathen e. V., 46. Jg. (1937), Reihe Referate, S. 352–353.

68. ***Rezension von:*** **Desiderius Breitenstein: Guardinis christliche Anthropologie**. Zu dem Buche „Unterscheidung des Christlichen" (in: Bildung und Erziehung. Katholische Zweimonatsschrift, Jg. 1937, Heft 1, S. 10–81), in: Zeitschrift für Kinderforschung. Organ des deutschen Vereins zur Fürsorge für jugendliche Psychopathen e. V., 46. Jg. (1937), Reihe Referate, S. 424.

69. ***Rezension von:*** **Josef Schröteler: Erziehungsautorität und Mündigkeit** (in: Bildung und Erziehung. Katholische Zweimonatsschrift, Jg. 1937, Heft 2, S. 73–83), in: Zeitschrift für Kinderforschung. Organ des deutschen Vereins zur Fürsorge für jugendliche Psychopathen e. V., 46. Jg. (1937), Reihe Referate, S. 472.

70. ***Rezension:*** **Wehrpsychologie** (über: Hans von Voß/Max Simoneit (Hrsg.): Abhandlungen zur Wehrpsychologie. Vorträge aus einem Fortbildungskurs beim Psychologischen Laboratorium des Reichskriegsministeriums (Leipzig 1936/37), in: Frankfurter Zeitung und Handelsblatt, 82. Jg. (1937/38), Nr. 399 (8.8.1937).

71. *Anonym:* **Erziehung und Drill** (ohne Ort, 1937). Sonderdruck aus: Deutsche Gesellschaft für Wehrpolitik und Wehrwissenschaften, 4. Lehrgang für Vortragsredner.[140]

72. **Die historische Kritik an der Überlieferung des Weltkrieges und das kriegerische Urteil**, in: Militär-Wochenblatt. Unabhängige Zeitschrift für die deutsche Wehrmacht, 122. Jg. (1937), Heft 23 (3.12.1937), Sp. 1436–1439.

1938

73. **Wehrmachtserziehung und Kriegserfahrung**, Berlin 1938.

74. ***Rezension:*** **Beiträge zur soldatischen Erziehung** (über: Cochenhausen, Friedrich von u. a

75. **Verinnerlichtes Soldatentum.** Beiträge zur soldatischen Erziehung, Berlin 1938, in: Frankfurter Zeitung und Handelsblatt, 83. Jg. (1938/39), Nr. 476–477 (18.9.1938).

76. ***Rezension von:*** **Ferdinand Rossner: Der Weg zum ewigen Leben der Natur. Gegenwartsfragen der biologischen Lebenskunde** (Berlin/Leipzig 1938), in: Heimat und Arbeit. Monatshefte für pädagogische Politik, 11. Jg. (1938), S. 691.[141]

[140] 1937 als Manuskript gedruckt.

[141] Nicht in der Bibliographie von Stallmeister enthalten.

1939

77. *Rezension:* **Die Stunde des Offiziers** (über: Hermann Sauer: Die Stunde des Offiziers, Berlin 1938, in: Frankfurter Zeitung und Handelsblatt, 83. Jg. (1938/39), Nr. 105–106 (26.2.1939).

78. *Rezension von:* **Erich Zilian: Die Beziehungen zwischen Wille und Denkfunktionen auf Grund charakterologischer Erfahrung und Erkenntnis** (in: Verhandlungen der Gesellschaft Deutscher Neurologen und Psychiater, 3. Jg. (1937), S. 158–159), in: Zeitschrift für Kinderforschung. Organ des deutschen Vereins zur Fürsorge für jugendliche Psychopathen e. V., 47. Jg. (1939), Reihe Referate, S. 145.

79. *Rezension von:* **F. E. Otto Schultze u. a.: Persönlichkeit und Kindesalter samt einer Theorie der Persönlichkeit** (Leipzig 1937), in: Zeitschrift für Kinderforschung. Organ des deutschen Vereins zur Fürsorge für jugendliche Psychopathen e. V., 47. Jg. (1939), Reihe Referate, S. 240.

80. *Rezension von:* **Erich Rothacker: Die Schichten der Persönlichkeit** (Leipzig 1938), in: Zeitschrift für Kinderforschung. Organ des deutschen Vereins zur Fürsorge für jugendliche Psychopathen e. V., 47. Jg. (1939), Reihe Referate, S. 240–241.

81. *Rezension von:* **Hugo Hölzer: Wesen und Bedeutung der Übung in Schleiermachers Theologie, Philosophie und Pädagogik** (Münster 1937), in: Zeitschrift für Kinderforschung. Organ des deutschen Vereins zur Fürsorge für jugendliche Psychopathen e. V., 47. Jg. (1939), Reihe Referate, S. 469.

82. *Rezension von:* **Fritz Blättner: Die Methoden der Jugendführung durch Unterricht**. Kritische Untersuchung zur Didaktik der deutschen Jugendschule (Langensalza/Berlin/Leipzig 1937), in: Zeitschrift für Kinderforschung. Organ des deutschen Vereins zur Fürsorge für jugendliche Psychopathen e. V., 47. Jg. (1939), Reihe Referate, S. 472.

83. *Rezension von:* **Alfred Krampf: Zur „Allgemeinen Anordnung über die Hilfsschulen in Preußen"** (in: Die deutsche Sonderschule. Organ der Reichsfachschaft V (Sonderschulen) im Nationalsozialistischen Lehrerbund. 5. Jg. (1938), S. 484–490), in: Zeitschrift für Kinderforschung. Organ des deutschen Vereins zur Fürsorge für jugendliche Psychopathen e. V., 47. Jg. (1939), Reihe Referate, S. 568.

84. *Rezension von:* **Kurt von Klüfer: Seelenkräfte im Kampf um Douaumont** (Berlin 1938), in: Wissen und Wehr. Monatsschrift der Deutschen Gesellschaft für Wehrpolitik und Wehrwissenschaften, Jg. 1939, Heft 6, S. 472–473.

85. *Rezension von:* **Friedrich Altrichter: Der soldatische Führer** (Oldenburg 1938), in: Wissen und Wehr. Monatsschrift der Deutschen Gesellschaft für Wehrpolitik und Wehrwissenschaften, Jg. 1939, Heft 7, S. 555–556.

86. *Rezension von:* **Kurt Hesse: Mein Hauptmann** (Berlin 1938), in: Wissen und Wehr. Monatsschrift der Deutschen Gesellschaft für Wehrpolitik und Wehrwissenschaften, Jg. 1939, Heft 8, S. 638.

87. **25 Jahre,** in: Die Nassauische Artillerie. Mitteilungsblatt des Traditionsverbandes des ehemaligen 2. Nassauischen Feldartillerie-Regiments Nr. 63 Frankfurt und der Kriegsformationen, Heft 55 (August 1939), S. 1.

88. **Herman Nohl**, in: Frankfurter Zeitung und Handelsblatt, 84. Jg. (1939/40), Nr. 511 (7.10.1939).

1940

89. **Goethe und die Generale.** Zur politischen Geschichte der deutschen Bewegung, in: Forschungen und Fortschritte. Nachrichtenblatt der Deutschen Wissenschaft und Technik, 16. Jg. (1940), Heft 22–23 (August 1940), S. 243–245.
90. **Die preußischen Generäle der Freiheitskriege und die Dichtung der Goethezeit**, in: Die Weltliteratur. Berichte, Leseproben und Wertung, Neue Folge, 15. Jg. (1940), Heft 1–2 (Februar 1940), S. 160–161.
91. **Goethe und die Generäle.** Vorstudien zu einer politischen Geschichte der deutschen Bewegung, in: Jahrbuch des Freien Deutschen Hochstifts, Jg. 1940, S. 408–593.[142]
92. **Goethe und die Generale**, in: Goethe. Viermonatsschriftschrift der Goethe-Gesellschaft, Neue Folge des Jahrbuchs, 5. Jg. (1940), Heft 2, S. 222–224.[143]
93. ***Rezension von:*** **Herbert Freudenthal: Die deutsche Volksschule.** Das Schicksal unseres Volkes in der Geschichte seiner Schule (Langensalza/Berlin/Leipzig 1938), in: Zeitschrift für Kinderforschung. Organ des deutschen Vereins zur Fürsorge für jugendliche Psychopathen e. V., 48. Jg. (1940), Reihe Referate, S. 110.
94. ***Rezension:*** **Vermächtnis der Front** (über: Herbert Freudenthal: Vermächtnis der Front. Ein Nachtgespräch vom Krieg (Oldenburg/Berlin 1940), in: Frankfurter Zeitung und Handelsblatt, 85. Jg. (1940/41), Nr. 484–485 (22.9.1940).[144]

1941

95. **Führerauslese und Führereinsatz im Kriege und das soldatische Urteil der Front.** Ein Beitrag, in: Militärwissenschaftliche Rundschau, 5. Jg. (1940), Heft 4 (Januar 1941), S. 345–354.
96. ***Rezension:*** **Zur Geschichtsschreibung des Weltkrieges** (über: Wilhelm Marx: Wertleistung und Werturteil. Ketzerische Gedanken über die Weltkriegsgeschichtsschreibung, Potsdam ohne Jahr [1939]), in: Frankfurter Zeitung und Handelsblatt, 85. Jg. (1940/41), Nr. 21–22 (12.1.1941).
97. **Führerauslese und Führereinsatz im Kriege und das soldatische Urteil der Front (Teil II).** Der Feldherr als Erzieher, in: Militärwissenschaftliche Rundschau, 6. Jg. (1941), Heft 3 (September 1941), S. 198–206.

1942

98. **Das Erbe Friedrichs des Großen**, in: Erziehung und Bildung im Heere, Jg. 1942, Heft l, S. 7–12.[145]

[142] Die Studie ist ein Vorabdruck aus: Goethe und die Generale, Leipzig 1942 (textidentisch unter dem Titel „Goethe und die Generale der Freiheitskriege“ (Stuttgart 1959) wieder aufgelegt) und wurde daher in die Dokumentation ad fontes Weniger nicht aufgenommen.

[143] Da es sich um einen textidentischer Wiederabdruck von Teilen der Einleitung des voranstehenden Aufsatzes handelt, wurde dieser ebenfalls nicht in die Dokumentation ad fontes Weniger aufgenommen.

[144] 1940 auch erschienen in: Frankfurter Zeitung und Handelsblatt, 85. Jg. (1940/41), Nr. 487 (24.9.1940).

[145] Große Teile dieses Texts sind auch im Kapitel II des Buchs: Die geistige Führung der Truppe. Das Ethos des deutschen Soldatentums und die Erziehung des deutschen Offiziers, ohne Ort, ohne Jahr (1942) enthalten, unterscheiden sich jedoch inhaltlich in einigen Passagen.

99. **Die preußische Prägung**, in: Erziehung und Bildung im Heere, Jg. 1942, Heft 2, S. 77–83.[146]

100. **Die Wege der Offizierserziehung**, in: Erziehung und Bildung im Heere, Jg. 1942, Heft 3, S. 118–123.[147]

101. **Geist und Bildung des deutschen Offiziers**, in: Erziehung und Bildung im Heere, Jg. 1942, Heft 5, S. 193–198.[148]

102. **Goethe und die Generale**, Leipzig 1942.[149]

103. **Gneisenau und Goethe**, in: Das Inselschiff. Eine Zeitschrift für die Freunde des Insel-Verlags zu Leipzig, 23. Jg. (1942), Heft 2, S. 107–114.[150]

104. **Die geistige Führung der Truppe.** Das Ethos des deutschen Soldatentums und die Erziehung des deutschen Offiziers, ohne Ort, ohne Jahr (1942), 39-seitige Ausgabe.[151]

1943

105. **Goethe und die Generale**, 2. Auflage, Leipzig 1943.[152]

1944

106. **Die Erziehung des deutschen Soldaten**, ohne Ort (Berlin), ohne Jahr (1944).

107. **Die geistige Führung der Truppe.** Das Ethos des deutschen Soldatentums und die Erziehung des deutschen Offiziers, 2. Auflage, ohne Ort, ohne Jahr (1944), 32-seitige Ausgabe.

108. **Die Selbständigkeit der Unterführer und ihre Grenzen**, in: Militärwissenschaftliche Rundschau, 9. Jg. (1944), Heft 2 (August 1944), S. 101–115.

* * *

Der Krieg als Schicksal und Aufgabe. Vortrag vor der Feldkommandantur in St. Cloud am 12. April 1944, Niedersächsische Staats- und Universitätsbibliothek Göttingen, Abteilung für Handschriften und seltene Drucke, Cod. Ms. E. Weniger 7/13.

[146] Große Teile dieses Texts sind auch im Kapitel III des Buchs: Die geistige Führung der Truppe. Das Ethos des deutschen Soldatentums und die Erziehung des deutschen Offiziers, ohne Ort, ohne Jahr (1942) enthalten, unterscheiden sich jedoch inhaltlich in einigen Passagen.

[147] Große Teile dieses Texts sind auch im Kapitel IV des Buchs: Die geistige Führung der Truppe. Das Ethos des deutschen Soldatentums und die Erziehung des deutschen Offiziers, ohne Ort, ohne Jahr (1942) enthalten, unterscheiden sich jedoch inhaltlich in einigen Passagen.

[148] Große Teile dieses Texts sind auch im Kapitel V des Buchs: Die geistige Führung der Truppe. Das Ethos des deutschen Soldatentums und die Erziehung des deutschen Offiziers, ohne Ort, ohne Jahr (1942) enthalten, unterscheiden sich jedoch inhaltlich in einigen Passagen.

[149] Dieses Buch ist 1943 in einer unveränderten 2. Auflage nachgedruckt und 1959 unter dem Titel „Goethe und die Generale der Freiheitskriege“ (Stuttgart 1959) textidentisch wieder aufgelegt worden. Es wurde daher in die Dokumentation ad fontes Weniger nicht aufgenommen.

[150] Der Text ist ein weitgehend unveränderter Auszug aus: Goethe und die Generale, Leipzig 1942 und wurde daher in die Dokumentation ad fontes Weniger nicht aufgenommen.

[151] Weitgehend textidentisch mit der 2. Auflage von 1944, die in der Dokumentation ad fontes Weniger faksimiliert ist.

[152] Dieses Buch ist ein unveränderter Nachdruck der 1. Auflage von 1942. Es wurde 1959 unter dem Titel „Goethe und die Generale der Freiheitskriege“ (Stuttgart 1959) textidentisch wieder aufgelegt und wurde daher nicht in die Dokumentation ad fontes Weniger aufgenommen.

b) In dieser Arbeit verwendete Schriften von Erich Weniger vor Februar 1933 bzw. nach Mai 1945

Rehberg und Stein, Göttingen 1921.

Rehberg und Stein (Auszug), in: Jahrbuch der Philosophischen Fakultät in Göttingen, Jg. 1922, Hälfte 1, S. 17–24.

Verbindung und Welt, in: Idee und Gestalt. Stimmen aus der Nicaria, Tübingen 1922, S. 15–21.

Rehberg und Stein, in: Niedersächsisches Jahrbuch, Band 2, Bremen 1925, S. 1–124.

Heimat und Geschichte, in: Die Erziehung. Monatsschrift für den Zusammenhang von Kultur und Erziehung in Wissenschaft und Leben, 1. Jg. (1925/26), S. 208–220.

Die Grundlagen des Geschichtsunterrichts. Untersuchungen zur geisteswissenschaftlichen Didaktik, Leipzig 1926.

Heimat und Geschichte (1926), in: Neue Wege im Geschichtsunterricht, 2. Auflage (fotomechanischer Nachdruck der 1. Auflage 1949), Frankfurt am Main 1957, S. 56–67.

Jugendpflege und Jugendführung als sozialpädagogische Aufgaben, in: Die Erziehung. Monatsschrift für den Zusammenhang von Kultur und Erziehung in Wissenschaft und Leben, 3. Jg. (1927/28), S. 144–163.

Die neue Lehrerbildung. Rede zur Verfassungsfeier an der Pädagogischen Akademie in Kiel, 7. Oktober 1929, in: Die Neue deutsche Schule. Monatsschrift für alle Fragen der Volksschule, 3. Jg. (1928/29), Heft 12, S. 997–1001.

Zur Frage der staatsbürgerlichen Erziehung, in: Die Erziehung. Monatsschrift für den Zusammenhang von Kultur und Erziehung in Wissenschaft und Leben, 4. Jg. (1928/29), S. 148–171.

Die Autonomie der Pädagogik (1929), in: Die Eigenständigkeit der Erziehung in Theorie und Praxis. Probleme der akademischen Lehrerbildung, Weinheim ohne Jahr (1952), S. 71–87.

Das Bild des Krieges. Erlebnis, Erinnerung, Überlieferung, in: Die Erziehung. Monatsschrift für den Zusammenhang von Kultur und Erziehung in Wissenschaft und Leben, 5. Jg. (1929/30), S. 1–21.

Einheitsschule, in: Hofstätter, Walther/Peters, Ulrich (Hrsg.): Sachwörterbuch der Deutschkunde, Band 1: A–J, Leipzig 1930, S. 276.

Kulturkritik, Schulreform und politische Erneuerung, in: Müller, Oscar (Hrsg.): Krisis. Ein politisches Manifest, Weimar 1932, S. 264–276.

* * *

Neue Wege im Geschichtsunterricht, in: Die Sammlung. Zeitschrift für Kultur und Erziehung, 1. Jg. (1945/46), S. 339–343, S. 404–411 und S. 500–511.

Neue Wege im Geschichtsunterricht (1946), in: Neue Wege im Geschichtsunterricht, 2. Auflage (fotomechanischer Nachdruck der 1. Auflage 1949), Frankfurt am Main 1957, S. 11–35.

Geschichte ohne Mythos (1946), in: Neue Wege im Geschichtsunterricht, 2. Auflage (fotomechanischer Nachdruck der 1. Auflage 1949), Frankfurt am Main 1957, S. 36–55.

Ernst Kantorowicz, in: Die Sammlung. Zeitschrift für Kultur und Erziehung, 2. Jg. (1947), S. 719–722.

Geschichte ohne Mythos. Zur Neugestaltung des Geschichtsunterrichtes, in: Die Sammlung. Zeitschrift für Kultur und Erziehung, 3. Jg. (1948), S. 31–47.

Die Erziehung im Zusammenbruch unserer Lebensordnungen, in: Die Sammlung. Zeitschrift für Kultur und Erziehung, 3. Jg. (1948), S. 129–138.

Richtlinien für den Geschichtsunterricht – Ein Entwurf (1948), in: Neue Wege im Geschichtsunterricht, 2. Auflage (fotomechanischer Nachdruck der 1. Auflage 1949), Frankfurt am Main 1957, S. 68–77.

Thesen über den Geschichtsunterricht in der Volksschule (1948), in: Neue Wege im Geschichtsunterricht, 2. Auflage (fotomechanischer Nachdruck der 1. Auflage 1949), Frankfurt am Main 1957, S. 78–79.

Deutsche Opposition gegen Hitler, in: Die Sammlung. Zeitschrift für Kultur und Erziehung, 4. Jg. (1949), S. 245–251.

Neue Wege im Geschichtsunterricht, 2. Auflage (fotomechanischer Nachdruck der 1. Auflage 1949), Frankfurt am Main 1957.

Zur Vorgeschichte des 20. Juli 1944. Heinrich von Stülpnagel, in: Die Sammlung. Zeitschrift für Kultur und Erziehung, 4. Jg. (1949), S. 475–492.

Philosophie und Bildung im Denken von Clausewitz, in: Hubatsch, Walther (Hrsg.): Schicksalswege deutscher Vergangenheit. Beiträge zur geschichtlichen Deutung der letzten 150 Jahre, Düsseldorf 1950, S. 123–143.

Ansprache zur Immatrikulation des Sommersemesters 1947, in: Die Eigenständigkeit der Erziehung in Theorie und Praxis. Probleme der akademischen Lehrerbildung, Weinheim ohne Jahr (1952), S. 328–331.

Denkschrift über den Wiederaufbau der akademischen Lehrerbildung, in: Die Eigenständigkeit der Erziehung in Theorie und Praxis. Probleme der akademischen Lehrerbildung, Weinheim ohne Jahr (1952), S 273–307.

Didaktik als Bildungslehre, Teil 1: Die Theorie der Bildungsinhalte und des Lehrplans (1952), 6./8. Auflage, Weinheim 1965.

Die Eigenständigkeit der Erziehung in Theorie und Praxis. Probleme der akademischen Lehrerbildung, Weinheim ohne Jahr (1952).

Die Motive der akademischen Bildung des Volksschullehrers, in: Die Eigenständigkeit der Erziehung in Theorie und Praxis. Probleme der akademischen Lehrerbildung, Weinheim ohne Jahr (1952), S. 23–37.

Gehorsamspflicht und Widerstandsrecht in der Demokratie, in: Die Sammlung. Zeitschrift für Kultur und Erziehung, 7. Jg. (1952), S. 417–423.

Gesellschaftliche Probleme eines deutschen Beitrags zur europäischen Verteidigung, in: Bürger und Landesverteidigung. Bericht über eine Arbeitstagung, Frankfurt am Main 1952, S. 11–31.

Rede bei der Immatrikulation des ersten ordentlichen Lehrgangs der Pädagogischen Hochschule Göttingen, Sonntag, den 2. November 1946, in: Die Eigenständigkeit der Erziehung in Theorie und Praxis. Probleme der akademischen Lehrerbildung, Weinheim ohne Jahr (1952), S. 323–327.

Rede zur Eröffnung der pädagogischen Hochschule Göttingen (8. Februar 1946), in: Die Eigenständigkeit der Erziehung in Theorie und Praxis. Probleme der akademischen Lehrerbildung, Weinheim ohne Jahr (1952), S 308–324.

Bürger in Uniform, in: Die Sammlung. Zeitschrift für Kultur und Erziehung, 8. Jg. (1953), S. 56–65.

Die weiße Rose, in: Die Sammlung. Zeitschrift für Kultur und Erziehung, 8. Jg. (1953), S. 161–166.

Neue Literatur zur deutschen Widerstandbewegung, in: Die Sammlung. Zeitschrift für Kultur und Erziehung, 9. Jg. (1954), S. 403–411.

Politische Bildung und staatsbürgerliche Erziehung. Zwei Denkschriften (Weltbild und Erziehung, Band 7), Würzburg 1954.

Die Erziehung des Soldaten, in: Die Sammlung. Zeitschrift für Kultur und Erziehung, 11. Jg. (1956), S. 577–580.

Didaktik als Bildungslehre, Teil 2: Didaktische Voraussetzungen der Methode in der Schule. Eine Einführung in die Methodenlehre (1959), 4./6. Auflage, Weinheim 1965.

Die Gefährdung der Freiheit durch ihre Verteidiger, in: Bundesministerium für Verteidigung (Hrsg.): Schicksalsfragen der Gegenwart. Handbuch politisch-historischer Bildung, Band 4: Nationale und übernationale Wirklichkeiten, Tübingen 1959, S. 349–380.

Goethe und die Generale der Freiheitskriege. Geist, Bildung, Soldatentum, neue erweiterte Auflage, Stuttgart 1959.

Die Epoche der Umerziehung 1945–1949, in: Westermanns pädagogische Beiträge. Eine Zeitschrift für die Volksschule, 11. Jg. (1959), S. 403–410 und S. 517–525 und 12. Jg. (1960), S. 9–13 und S. 74–79.

Rede bei der akademischen Gedenkfeier [für Herman Nohl] am 4. Februar 1961 (Göttinger Universitätsreden, Band 32), Göttingen 1961.

Erziehung, Politik, Geschichte. Politik, Gesellschaft, Erziehung in der geisteswissenschaftlichen Pädagogik. Ausgewählt und kommentiert von Helmut Gaßen (Pädagogische Bibliothek Beltz, Band 4), Weinheim/Basel 1990.

Bürger in Uniform, in: Lehrerbildung, Sozialpädagogik, Militärpädagogik. Politik, Gesellschaft, Erziehung in der geisteswissenschaftlichen Pädagogik. Ausgewählt und kommentiert von Helmut Gaßen (Pädagogische Bibliothek Beltz, Band 5), Weinheim/Basel 1990, S. 298–312.

Lehrerbildung, Sozialpädagogik, Militärpädagogik. Politik, Gesellschaft, Erziehung in der geisteswissenschaftlichen Pädagogik. Ausgewählt und kommentiert von Helmut Gaßen (Pädagogische Bibliothek Beltz, Band 5), Weinheim/Basel 1990.

Ausgewählte Schriften zur geisteswissenschaftlichen Pädagogik. Ausgewählt und mit einer editorischen Notiz versehen von Bruno Schonig (Pädagogische Bibliothek Beltz, Band 6), 2. Auflage, Weinheim/Basel 1990.

4. Peter Petersen

a) Schriften von Peter Petersen von Februar 1933 bis Mai 1945[153]

1933

1. **Die erste landschulpädagogische Woche in Wörsdorf im Taunus, 26.6.–1.7.**, in: Die Volksschule. Halbmonatsschrift für deutsche Erziehung in Schule und Lehrerbildung, 29. Jg. (1933), S. 387–392.
2. **Familie und Schule. Schulgemeinden nach dem Jena-Plan**, in: Der Vormarsch. Unabhängige Monatsschrift für reformatorisches Christentum, 3. Jg. (1933), Heft 4, S. 121–126.
3. ***Rezension von:*** **Hermann Dreyhaus: Die englische Weltherrschaft** (Berlin 1919), in: Heimat und Arbeit. Monatshefte für pädagogische Politik, 6. Jg. (1933), Heft 5, S. 147–148.[154]
4. ***Rezension von:*** **Rudolf Velten: Hat Deutschland eine Zukunft?** (München 1920), in: Heimat und Arbeit. Monatshefte für pädagogische Politik, 6. Jg. (1933), Heft 5, S. 148.[155]
5. ***Rezension von:*** **Hans Geisow: Die Seele des Dritten Reiches** (Leipzig 1933), in: Blut und Boden. Monatsschrift für wurzelstarkes Bauerntum, deutsche Wesensart und nationale Freiheit, 5. Jg. (1933), Heft 6, S. 285.[156]
6. ***Rezension von:*** **Karl Beyer: Jüdischer Intellekt und deutscher Glaube** (Leipzig 1933), in: Blut und Boden. Monatsschrift für wurzelstarkes Bauerntum, deutsche Wesensart und nationale Freiheit, 5. Jg. (1933), Heft 6, S. 285–286.[157]
7. ***Rezension von:*** **Wilhelm Höper: Revolution der Erziehung** (Oldenburg 1932), in: Blut und Boden. Monatsschrift für wurzelstarkes Bauerntum, deutsche Wesensart und nationale Freiheit, 5. Jg. (1933), Heft 6, S. 286.[158]
8. ***Rezension von:*** **Ludwig Roselius: Briefe und Schriften zu Deutschlands Erneuerung** (Oldenburg 1933), in: Blut und Boden. Monatsschrift für wurzelstarkes Bauerntum, deutsche Wesensart und nationale Freiheit, 5. Jg. (1933), Heft 7, S. 334–335.[159]
9. ***Rezension von:*** **Hermann Ullmann: In der großen Kurve. Führer und Geführte** (Berlin 1933), in: Blut und Boden. Monatsschrift für wurzelstarkes Bauerntum, deutsche Wesensart und nationale Freiheit, 5. Jg. (1933), Heft 10, S. 478.[160]
10. **Der Jena-Plan einer freien allgemeinen Volksschule. Kleine Ausgabe**, 5./6. neu durchgesehene und vielfach erweiterte Auflage, Langensalza/Berlin/Leipzig 1933/1934.

---

[153] Erstellt auf der Grundlage von: Stallmeister, Walter: Literaturdokumentation Peter Petersen, Jenaplan, Erziehungswissenschaft in Jena 1923–1952 (Veröffentlichungen der Universitätsbibliothek Hagen, Band 2), Hagen 1999.

Die nach 1945 nicht veröffentlichten Texte wurden durch das Forschungsprojekt ad fontes zusammengestellt. Im Anhang des vorliegenden Literaturverzeichnisses ist das Inhaltsverzeichnis der **Dokumentation ad fontes Petersen** abgedruckt.

[154] Nicht in der Bibliographie von Stallmeister enthalten.

[155] Nicht in der Bibliographie von Stallmeister enthalten.

[156] Nicht in der Bibliographie von Stallmeister enthalten.

[157] Nicht in der Bibliographie von Stallmeister enthalten.

[158] Nicht in der Bibliographie von Stallmeister enthalten.

[159] Nicht in der Bibliographie von Stallmeister enthalten.

[160] Nicht in der Bibliographie von Stallmeister enthalten.

11. **Schulgemeinden nach dem Jena-Plan, ihr Wochenarbeitsplan und dessen pädagogische Situationen**, in: Deutsche Lehrerzeitung, 46. Jg. (1933), Heft 21, S. 210–212, 220–222.[161]

1934

12. **Nachwort des Herausgebers**, in: Nazareno Padellaro: Faschistische Schule und Erziehung in Italien (Pädagogik des Auslandes, Band 7), Weimar 1934, S. 138–141.
13. **Bedeutung und Wert des Politisch-Soldatischen für den deutschen Lehrer und unsere Schule. Eine erziehungswissenschaftliche Betrachtung**, in: Deutsches Bildungswesen, 2. Jg. (1934), Heft 1, S. 1–17.
14. Petersen, Peter/Steiner, Gerhard (Hrsg.): **Meine Rechenreise. Rechenwerk für das einzelunterrichtliche Verfahren in der Schule** (5 Hefte), Stuttgart 1934.
15. **Psychologische Bedeutung der politischen Symbole**, in: Zeitschrift für Jugendkunde, 4. Jg. (1934), Heft 1 (= Sonderheft: Die seelische Haltung der politischen Jugend), S. 10–14.[162]
16. ***Rezension von:*** **Eugen Hadamovsky: Propaganda und nationale Macht. Die Organisation der öffentlichen Meinung für die nationale Politik** (Oldenburg 1933), in: Blut und Boden. Monatsschrift für wurzelstarkes Bauerntum, deutsche Wesensart und nationale Freiheit, 6. Jg. (1934), Heft 2, S. 64.[163]
17. **Auslanddeutschtum** (Rezension von: Heinrich Schröder: Die systematische Vernichtung der Russland-Deutschen, Langensalza/Berlin/Leipzig ohne Jahr [1934] und Heinrich Schröder: Auslanddeutschtum in der Volksschule Langensalza/Berlin/Leipzig ohne Jahr [1934]), in: Heimat und Arbeit. Monatshefte für pädagogische Politik, 7. Jg. (1934), S. 126.[164]
18. ***Rezension von:*** **Helmut Noack: Ringende Jugend. Lebensbild eines jungen Deutschen. Briefe, Tagebücher und Gedichte** (Berlin 1921), in: Heimat und Arbeit. Monatshefte für pädagogische Politik, 7. Jg. (1934), S. 219–220.[165]
19. ***Rezension von:*** **Walter Flex: Wolf Eschenlohr** (München ohne Jahr [1931]), in: Heimat und Arbeit. Monatshefte für pädagogische Politik, 7. Jg. (1934), S. 220.[166]
20. **Berichtigung**, in: Die Erziehung. Monatsschrift für den Zusammenhang von Kultur und Erziehung in Wissenschaft und Leben, 9. Jg. (1933/34), Heft 10–11 (Juli–August 1934), S. 528.
21. **Vorwort**, in: Peter Petersen (Hrsg.): Die Praxis der Schulen nach dem Jena-Plan (Eine freie allgemeine Volksschule nach den Grundsätzen neuer Erziehung. Der Jena-Plan, Band III – Forschungen und Werke zur Erziehungswissenschaft, Band 20), Weimar 1934, S. V–VIII.

[161] Laut der Bibliographie von Stallmeister ist dieser Artikel zuerst erschienen unter dem Titel „Der Jena-Plan, sein Wochenarbeitsplan und dessen pädagogische Situationen“, in: Internationale Zeitschrift für Erziehungswissenschaft, Jg. 1932/33, Heft 1, S. 2. Laut Stallmeister ist der erste Abschnitt ist gegenüber dem ersten Text neu gefasst.

[162] 1938 auch erschienen in: Thüringer Staatszeitung, 20. Februar 1934 sowie unter dem Titel „Die menschenformende Kraft politischer Symbole“ in: Heimat und Arbeit. Monatshefte für pädagogische Politik, 11. Jg. (1938), S. 280–284.

[163] Nicht in der Bibliographie von Stallmeister enthalten.

[164] Nicht in der Bibliographie von Stallmeister enthalten.

[165] Nicht in der Bibliographie von Stallmeister enthalten.

[166] Nicht in der Bibliographie von Stallmeister enthalten.

22. **Pädagogische Grundfragen des Jena-Plans (Einleitung)**, in: Peter Petersen (Hrsg.): Die Praxis der Schulen nach dem Jena-Plan (Eine freie allgemeine Volksschule nach den Grundsätzen neuer Erziehung. Der Jena-Plan, Band III – Forschungen und Werke zur Erziehungswissenschaft, Band 20), Weimar 1934, S. 1–20.

23. **Das gruppenunterrichtliche Verfahren. Die Stufen des Gruppenunterrichts**, in: Peter Petersen (Hrsg.): Die Praxis der Schulen nach dem Jena-Plan (Eine freie allgemeine Volksschule nach den Grundsätzen neuer Erziehung. Der Jena-Plan, Band III – Forschungen und Werke zur Erziehungswissenschaft, Band 20), Weimar 1934, S. 71–92.[167]

24. **Dienst an der religiösen Erziehung in der Schule. Einordnung der religiösen Wirklichkeit in die Arbeitswelt der Schüler**, in: Peter Petersen (Hrsg.): Die Praxis der Schulen nach dem Jena-Plan (Eine freie allgemeine Volksschule nach den Grundsätzen neuer Erziehung. Der Jena-Plan, Band III – Forschungen und Werke zur Erziehungswissenschaft, Band 20), Weimar 1934, S. 144–151.

25. **Der Jena-Plan, eine Ausgangsform für die neue deutsche Schule**, in: Die Erziehung. Monatsschrift für den Zusammenhang von Kultur und Erziehung in Wissenschaft und Leben, 10. Jg. (1934/35), Heft 1 (Oktober 1934), S. 1–8.

1935

26. **Auf dem Wege zu neuen Formen religiöser Unterweisung in der Schule**, in: Die Deutsche Schule, 39. Jg. (1935), Heft 1, S. 9–14.

27. **Gruppenarbeit nach dem Jenaplan**, in: Die Deutsche Schule, 39. Jg. (1935), Heft 9 (= Sonderheft Jena-Plan), S. 393–403.

28. **Einige Worte zum Geleit**, in: Privatschule und Privatlehrer, 35. Jg. (1935), Heft 1, S. 2–3.

29. **Entwicklung eines eigenen Schulwesens in USA. Ablösung von Europa (Nachwort des Herausgebers)**, in: John Dewey/William Heard Kilpatrick: Der Projekt-Plan. Grundlegung und Praxis (Pädagogik des Auslandes, Band 6), Weimar 1935, S. 206–213.

30. **Die erziehungswissenschaftlichen Grundlagen des Jenaplanes im Lichte des Nationalsozialismus**, in: Die Schule im nationalsozialistischen Staat. Ein Volk. Ein Reich. Eine Schule. Für Volksgemeinschaft und Führertum, 11. Jg. (1935), Heft 6, S. 1–5.[168]

31. **Gemeinschaftspädagogik rings um die öffentliche Schule! Warum nun nicht auch in allen Schulen?**, in: Die Deutsche Schule, 39. Jg. (1935), S. 431–436.

32. **Kindergarten und Schule im Dorf**, in: Waldemar Döpel (Hrsg.): Der Dorfkindergarten als Erziehungsstätte, Weimar ohne Jahr (1935), S. 34–52.

33. **Nationalpolitische Bildung der menschlichen Sittlichkeit**, in: Die Erziehung. Monatsschrift für den Zusammenhang von Kultur und Erziehung in Wissenschaft und Leben, 10. Jg. (1934/35), Heft 5 (Februar 1935), S. 208–218.[169]

34. **Von der Methodik zur Pädagogik des Unterrichts (Deutsche Erziehungswissenschaft der Gegenwart II)**, in: Bayerische Lehrerzeitung, 69. Jg. (1935), Heft 16/17, S. 254–258.

35. **Von der Methodik zur Pädagogik des Unterrichts**, in: Bayerische Lehrerzeitung, 69. Jg. (1935), Heft 19, S. 297–300.

---

[167] Verändert und erweitert nachgedruckt unter dem Titel: „Die Stufen des Gruppenunterrichts“ in: Peter Petersen: Gruppenarbeit nach dem Jenaplan, München 1958, S. 11–27.

[168] Laut der Bibliographie von Stallmeister ist dieser Artikel 1935 auch erschienen in: Die deutsche Privatschule, 39. Jg. (1935), Heft 6, S. 393–403.

[169] Zuerst veröffentlicht in: Congres International d'Education Morale (Resumes des communications presentees au congres Cracovie), Jg. 1934, Heft 6, S. 115–116.

1936

36. **Der Jena-Plan einer freien allgemeinen Volksschule. Kleiner Jena-Plan**, 7./8. durchgesehene und erweiterte Auflage, Langensalza/Berlin/Leipzig 1936/1937.

37. **Die Lehrerbildung an der Universität Jena. Ein schulpolitischer Beitrag**, in: Deutsches Bildungswesen. Erziehungswissenschaftliche Monatsschrift des Nationalsozialistischen Lehrerbundes für das gesamte Reichsgebiet (zugleich Beilage zum Amtsblatt des Bayerischen Staatsministeriums für Unterricht und Kultus), 4. Jg. (1936), S. 20–31.

38. **Die neue deutsche Erziehungswissenschaft und ihre Stellung zum Religionsunterricht**, in: Nachrichten der Luther-Akademie in Sondershausen, 12. Jg. (1936), S. 17–18.

39. **Die religiöse Unterweisung im Licht der neuen deutschen Erziehungswissenschaft und Schulpraxis**, in: Deutsche Evangelische Erziehung. Zeitschrift für den evangelischen Religionsunterricht, 47. Jg. (1936), S. 95–108.

40. **Schulklasse oder Schülergruppe?**, in: Die Deutsche Schule, September 1936.[170]

41. **Vorwort**, in: Willi Schneider: Unterrichtsführung im gruppenunterrichtlichen Verfahren: Jena-Plan (Forschungen und Werke zur Erziehungswissenschaft, Band 23), Weimar 1936, S. VII–VIII.

42. **Vorwort des Herausgebers**, in: Venkatesh Naryama Sharma: Indische Erziehung (Pädagogik des Auslandes, Band 8), Weimar 1936, S. XI.

43. **Was kann die Privatschule vom Jena-Plan lernen**, in: Privatschule und Privatlehrer, 36. Jg. (1936), Heft 4, S. 73–79.

44. **Der zeitgeschichtliche Hintergrund des Religionsunterrichts und die Verantwortung der deutschen Schule**, in: Die Deutsche Schule, 40. Jg. (1936), S. 169–173.

1937

45. **Die Führung im Unterricht**, in: Die Deutsche Schule, 41. Jg. (1937), Heft 1, S. 1–6.

46. **Führungslehre des Unterrichts**, Langensalza/Leipzig/Berlin 1937.

47. **Führungslehre des Unterrichts**, in: Schweizer Erziehungsrundschau, 9. Jg. (1936/37), S. 253–258 und 10. Jg. (1937/38), S. 6–9.[171]

48. ***Rezension von:*** **Werdendes Land am Meer** (Berlin 1936/37), in: Heimat und Arbeit. Monatshefte für pädagogische Politik, 10. Jg. (1937), Heft 2, S. 74.[172]

49. **Die Knabenführung im Sinne Fröbels in Kindergarten und Schule nach ihrer besonderen pädagogischen Situation**, in: Elisabeth Leutheusser/Waldemar Döpel (Hrsg.): Friedrich Fröbel. Ein Führer aus den Nöten der Gegenwart. Vorträge zum 150. Geburtstag von Friedrich Fröbel während der Blankenburger Gedächtniswoche 1932, Weimar 1937, S. 211–255.

50. **Pädagogik der Gegenwart. Ein Handbuch der neuen Erziehungswissenschaft und Pädagogik. Einführung in die Geschichte und das System der Pädagogik** (2. Auflage der „Pädagogik“), Berlin 1937 (Faksimile-Reprint Weinheim/Basel 1973).

* * *

[170] Dieser in der Bibliographie von Stallmeister angeführte Aufsatz ist im genannten Jahrgang der Zeitschrift „Die Deutsche Schule“ nicht enthalten.

[171] Abdruck von Kapiteln aus dem Buch „Führungslehre des Unterrichts“.

[172] Nicht in der Bibliographie von Stallmeister enthalten.

Bericht über die Vortragsreise des o. ö. Prof. Dr. Dr. h. c. Peter Petersen Jena durch die Südafrikanische Union Juli–Okt. 1937, Universitätsarchiv Jena, Bestand M, Nr. 631, Blatt 207–214.

1938

51. **Familienhafte Erziehung in Kindergarten und Volksschule**, in: Nachrichtendienst des Deutschen Vereins für öffentliche und private Fürsorge, 19. Jg. (1938), Heft 6 (= Sonderheft für den Internationalen Kinderschutzkongress 1938), S. 175–179.
52. **Die menschenformende Kraft politischer Symbole**, in: Heimat und Arbeit. Monatshefte für pädagogische Politik, 11. Jg. (1938), S. 280–284.[173]
53. ***Rezension von:*** **Konrad Maß: Der deutsche Bauer einst und jetzt** (Frankfurt am Main 1936), in: Heimat und Arbeit. Monatshefte für pädagogische Politik, 11. Jg. (1938), S. 506.[174]
54. ***Rezension von:*** **Karl Matthias Bungardt: Friedrich Ludwig Jahn als Begründer einer völkisch-politischen Erziehung** (Würzburg 1938), in: Heimat und Arbeit. Monatshefte für pädagogische Politik, 11. Jg. (1938), S. 626.[175]
55. ***Rezension von:*** **Max Bense: Vom Wesen deutscher Denker oder zwischen Kritik und Imperativ** (München/Berlin 1938), in: Heimat und Arbeit. Monatshefte für pädagogische Politik, 11. Jg. (1938), S. 691.[176]

1939

56. ***Rezension von:*** **Rudolf Murtfeld (Hrsg.): Handbuch für den Deutschunterricht** (Langensalza/Berlin/Leipzig 1937/38), in: Heimat und Arbeit. Monatshefte für pädagogische Politik, 12. Jg. (1939), S. 59–60.[177]
57. ***Rezension von:*** **Adolf Schmidt-Bodenstedt (Hrsg.): Landjahr, Plan und Gestaltung** (Leipzig 1937), in: Heimat und Arbeit. Monatshefte für pädagogische Politik, 12. Jg. (1939), S. 120–121.[178]
58. **Luther, der Auf-Rührer**, in: Heimat und Arbeit, 12. Jg. (1939), S. 142–150.[179]
59. **Kampf des Bauern und der Landlehrer um die neue deutsche Schule**, in: Der Schleswig-Holsteinische Erzieher, 87. Jg. (1939), Heft 10, S. 228–229.[180]
60. ***Rezension von:*** **Hans Retzlaff: Volksleben im Schwarzwald** (2. Auflage, Berlin 1937), in: Heimat und Arbeit. Monatshefte für pädagogische Politik, 12. Jg. (1939), S. 434.[181]
61. ***Rezension von:*** **Richard Euringer: Vortrupp Pascha** (Berlin 1937), in: Heimat und Arbeit. Monatshefte für pädagogische Politik, 12. Jg. (1939), S. 526.[182]

---

[173] Bei diesem Aufsatz handelt es sich um einen unwesentlich veränderten Nachdruck von: Psychologische Bedeutung der politischen Symbole, in: Zeitschrift für Jugendkunde, 4. Jg. (1934), Heft 1 (= Sonderheft: Die seelische Haltung der politischen Jugend), S. 10–14. Er wurde daher nicht in die Dokumentation ad fontes Petersen aufgenommen. Nicht in der Bibliographie von Stallmeister enthalten.

[174] Nicht in der Bibliographie von Stallmeister enthalten.

[175] Nicht in der Bibliographie von Stallmeister enthalten.

[176] Nicht in der Bibliographie von Stallmeister enthalten.

[177] Nicht in der Bibliographie von Stallmeister enthalten.

[178] Nicht in der Bibliographie von Stallmeister enthalten.

[179] Überarbeitete Fassung, zuerst erschienen in: Die Literarische Gesellschaft, 3. Jg. (1917), S. 332–342.

[180] Laut der Bibliographie von Stallmeister ist nicht gesichert, ob der Beitrag von Peter Petersen (Jena) stammt.

[181] Nicht in der Bibliographie von Stallmeister enthalten.

62. *Rezension von:* **Europaeus: Der Wiederaufstieg des Abendlandes aus der Dämonie der Technik** (Berlin 1937), in: Heimat und Arbeit. Monatshefte für pädagogische Politik, 12. Jg. (1939), S. 614.[183]

1940

63. **Vorwort**, in: Irene Knoch/Sonjamaria Mentz/Gertrud Stricker (Hrsg.): Kindergarten und Volksschule organisch verbunden (Neue Forschungen zur Erziehungswissenschaft, Band 2, Heft 4), Weimar 1940, S. V–VI.
64. **Von der Fröbelschen „Vermittlungsschule" zur Deutschen Fröbel-Schule**, in: Irene Knoch/Sonjamaria Mentz/Gertrud Stricker (Hrsg.): Kindergarten und Volksschule organisch verbunden (Neue Forschungen zur Erziehungswissenschaft, Band 2, Heft 4), Weimar 1940, S. VII–XLV.
65. **Auf dem Wege von der Schulklasse zur Schülergruppe als echte Arbeitsgemeinschaft**, in: Magdalene Wieschke-Maaß: Gegenseitige Hilfen im Unterrichtsleben einer Untergruppe (auf Grund protokollarischer Aufnahmen in der Universitätsschule Jena), Langensalza 1940, S. III–IX.
66. **Gemeinschaftserziehung im Kindererholungsheim**, in: Oberkommando des Heeres (Hrsg.): Das Kindererholungsheim als Erziehungsstätte. Eine Sammlung von Vorträgen, Berlin 1940, S. 5–14 (Zum Vertrieb im freien Handel nicht zugelassen).
67. *Rezension von:* **Karl von Frisch: Du und das Leben. Eine moderne Biologie für jedermann** (Berlin 1936), in: Heimat und Arbeit. Monatshefte für pädagogische Politik, 13. Jg. (1940), S. 55–56.[184]
68. *Rezension von:* **Juan Jose Arevalo: La Filosofía de los Valores en la Pedagogía, Buenos Aires 1939**, in: Die Tatwelt. Zeitschrift für Erneuerung des Geistes, 16. Jg. (1940), S. 167–168.
69. *Rezension von:* **Max Wundt: Die deutsche Schulmetaphysik des 17. Jahrhunderts, Tübingen 1933**, in: Archiv für die gesamte Psychologie, 106. Jg. (1940), S. 213–214.[185]
70. **Rassische Geschichtsbetrachtung**, in: Heimat und Arbeit. Monatshefte für pädagogische Politik, 13. Jg. (1940), Heft 8, S. 218–221.[186]
71. *Rezension von:* **Käthe Heintz/Ilse Schneider: Wir wachsen ins Volk! Bilder aus einem deutschen Kindergarten** (Berlin 1939), in: Heimat und Arbeit. Monatshefte für pädagogische Politik, 13. Jg. (1940), S. 266.[187]
72. *Rezension von:* **Walther Schulz: Vor- und Frühgeschichte Mitteldeutschlands** (Halle 1939), in: Heimat und Arbeit. Monatshefte für pädagogische Politik, 13. Jg. (1940), S. 267.[188]
73. *Rezension von:* **Willy Hellpach: Mensch und Volk der Großstadt** (Stuttgart 1939), in: Heimat und Arbeit. Monatshefte für pädagogische Politik, 13. Jg. (1940), S. 299.[189]

[182] Nicht in der Bibliographie von Stallmeister enthalten.

[183] Nicht in der Bibliographie von Stallmeister enthalten.

[184] Nicht in der Bibliographie von Stallmeister enthalten.

[185] 1940 auch erschienen in: Literarische Berichte und Anzeigen, Jg. 1939/40, S. 291–293.

[186] Nicht in der Bibliographie von Stallmeister enthalten.

[187] Nicht in der Bibliographie von Stallmeister enthalten.

[188] Nicht in der Bibliographie von Stallmeister enthalten.

[189] Nicht in der Bibliographie von Stallmeister enthalten.

74. *Rezension von:* **Werner Sombart: Vom Menschen. Versuch einer geisteswissenschaftlichen Anthropologie** (Berlin 1938), in: Heimat und Arbeit. Monatshefte für pädagogische Politik, 13. Jg. (1940), S. 330–331.[190]

75. *Rezension von:* **Gustav Paul: Rassen- und Raumgeschichte des deutschen Volkes. Kurzausgabe** (München/Berlin 1940), in: Heimat und Arbeit. Monatshefte für pädagogische Politik, 13. Jg. (1940), S. 364.[191]

1941

76. **Es gibt rassische Hochwertigkeit. Sie verpflichtet!**, in: Heimat und Arbeit. Monatshefte für pädagogische Politik, 14. Jg. (1941), Heft 2, S. 38–41.[192]

77. *Rezension von:* **Erich Kloß: Ein frohes Gartenjahr** (Leipzig 1939), in: Heimat und Arbeit. Monatshefte für pädagogische Politik, 14. Jg. (1941), Heft 5, S. 160.[193]

78. *Rezension von:* **Lothar Schmid: Paul de Lagardes Kritik an Kirche, Theologie und Christentum** (Stuttgart/Berlin 1935), in: Heimat und Arbeit. Monatshefte für pädagogische Politik, 14. Jg (1941), Heft 12, S. 380.[194]

1942

79. **Selbstverantwortlichkeit in der deutschen Jugend. Erziehung zur Selbstverantwortlichkeit in der deutschen Jugend**, in: Geist der Zeit. Monatshefte für Wissenschaft und Hochschule, 20. Jg. (1942), S. 194–207.

80. **Friedrich Fröbel. Deutschlands größter Erzieher**, Gotha 1942.

81. *Rezension von:* **Carl Gustav Jung: Psychologie und Religion, Leipzig 1940**, in: Die Tatwelt. Zeitschrift für Erneuerung des Geistes, 18. Jg. (1942), S. 171.

82. *Rezension von:* **Robert Hohlbaum: Grillparzer** (Stuttgart 1938), in: Heimat und Arbeit. Monatshefte für pädagogische Politik, 15. Jg. (1942), Heft 10, S. 266.[195]

83. *Rezension von:* **Hermann Hirsch: Auf steht das Reich gegen Rom** (Stuttgart/Berlin 1938), in: Heimat und Arbeit. Monatshefte für pädagogische Politik, 15. Jg. (1942), Heft 10, S. 266.[196]

84. *Rezension von:* **Hermann Schwarz: Ewigkeit. Ein deutsches Bekenntnis** (Berlin 1941), in: Heimat und Arbeit. Monatshefte für pädagogische Politik, 15. Jg. (1942), Heft 7, S. 193.[197]

* * *

Lebenslauf Peter Petersen (1.1.1942), in: Kluge, Barbara: Peter Petersen. Lebenslauf und Lebensgeschichte. Auf dem Weg zu einer Biographie, Heinsberg 1992, S. 31 ff.

[190] Nicht in der Bibliographie von Stallmeister enthalten.

[191] Nicht in der Bibliographie von Stallmeister enthalten.

[192] Nicht in der Bibliographie von Stallmeister enthalten.

[193] Nicht in der Bibliographie von Stallmeister enthalten.

[194] Nicht in der Bibliographie von Stallmeister enthalten.

[195] Nicht in der Bibliographie von Stallmeister enthalten.

[196] Nicht in der Bibliographie von Stallmeister enthalten.

[197] Nicht in der Bibliographie von Stallmeister enthalten.

1943

85. **Von der Pädagogik zur Erziehungswissenschaft. Die Begründung des pädagogischen Realismus**, in: Europäischer Wissenschaftsdienst, 3. Jg. (1943), Heft 6, S. 18–21.
86. ***Rezension von:*** **Anton Reithinger: Das Weltreich und die Achse** (Stuttgart/Berlin 1941), in: Heimat und Arbeit. Monatshefte für pädagogische Politik, 16. Jg. (1943), Heft 3, S. 78.[198]
87. **Die Wissenschaft im Dienste des Lebens** (Veröffentlichungen des Deutschen Wissenschaftlichen Instituts in Bukarest, Vorträge 3), Jena/Leipzig 1943.

1944

88. **100 Jahre Pädagogisches Seminar und Universitätsschule in Jena, 1844–1944**, Weimar 1944.
89. **Jesuitenerziehung** (Schriften der Akademie für Jugendführung, Band 1; Nur für den Dienstgebrauch), ohne Ort (Braunschweig) 1944.[199]

* * *

Bibliographien zum Jena-Plan von Peter Petersen 1933–1945

Jena-Plan. Das Schrifttum zum „Jena-Plan" systematisch und fachlich geordnet, Jena 1933.

Jena-Plan. Das Schrifttum zum „Jena-Plan" systematisch und fachlich geordnet, Jena 1934.

Jena-Plan. Das Schrifttum zum „Jena-Plan" systematisch und fachlich geordnet, Weimar 1941.

Publikationen von Petersen zwischen 1933 und 1945, die ausschließlich in anderen Sprachen erschienen sind

La Nueva Situación Pedagógica en Alemania, in: Revista de Pedagogia, 12. Jg. (1933), Heft 134, S. 49–58.

Misión de la Pedagogía, in: Revista de Pedagogia, 13. Jg. (1934), Heft 148, S. 145–149.

Propogación y Applicación de Plan Jena, in: Revista de Pedagogia, 15. Jg. (1936), Heft 170, S. 49–55.

La Pedagogía en la Nueva Alemania, Principios Generales, in: Revista Nacional de Educación. Principios Generales, in: Revista Nacional de Educacion, 1. Jg. (1941), S. 82–92.

Übersetzungen von in deutscher Sprache vor 1933 erschienenen Schriften Petersens, die in der fremdsprachigen Ausgabe 1933–1945 erschienen sind

La disciplina y autonomía en la edncación moral, in: La nueva educación morale. Publicaciones de la Reviata de Pedagogia (La nueva educacion, Band 29), Jg. 1933, S. 7–38.[200]

---

[198] Nicht in der Bibliographie von Stallmeister enthalten.

[199] Verändert nachgedruckt in: Der Mensch in der Erziehungswirklichkeit oder Der Mensch in der vieldeutigen Welt, Mülheim 1954 = Petersen: Allgemeine Erziehungswissenschaft. Band 3, S. 60–72.

[200] Spanische Übersetzung von: Disziplin und Autonomie in der sittlichen Erziehung, zuerst veröffentlicht in: Pädagogisches Zentralblatt, Jg. 1930, Heft 10. unter dem Titel: Zwang und Autonomie in der sittlichen Erziehung. Ebenfalls

Pedagogia. Con un apendice escrito expresamente para la traduccdon espanola (Publicadones de la Revista de Pedagogia: Biblioteca Pedagogica, Band 11), Madrid 1934.[201]

Übersetzungen von in deutscher Sprache 1933–1945 erschienenen Schriften Petersens

Gminy szkolne wedlug planu jenajskiego, ich tygodniowy rozklad zajek oraz wychowawcze sytuacje tedoz rozkladu, in: Kultura Pedagogicza, Jg. 1933, Heft 3, S. 193–206.[202]

Jena-Planen för en fri, aihnän Folkskola (Pedagogiska Skrifter), Lund/Linstedt/Stockholm 1933.[203]

Nieu-Europese Opvoedingsbeweging. Geautoriseeide vertaling met 'n kort lewenskets von die Skryver en 'n Bylae oor: Die Jena-Plan deur Dora en Johs. Smuts (Die Opvoekundige Boekery), Pretoria 1933.[204]

Grupowo obutschenie, Plan sä edinno swobodno utschilischtsche, Sofia, 1934.[205]

Narodowo-polityczne ksztalcenie moralnoósci, in: Kultura i Wychowanie, 1. Jg. (1934/35), S. 1–3.[206]

Szkola wspolnotny zycia, Plan Jenajski wolnej powszechnej szkoly ludowej, Warschau 1934.[207]

Dela metodica la pedagogia, in: Revista de Pedagogie, 5. Jg. (1935), S. 313–334.[208]

Przedszkole i szkola na wsi, in: Przedszkole, 3. Jg. (1935/36), S. 2–7 und 17–29.[209]

Le Travail par Équipes d'Après le Plan d'Iéna, in: Le Travail Par equipes a l'Ecole (Publications du Bureau Internationale d'Educatton, Band 39), 1935, S. 197–215.[210]

Praktikata w Utschilischtschata po Jenskija Plan, Trtnowo 1938.[211]

Scoala primaxa libera si generala dupa Planul Jena (Hanul Jena cel mic), Bukaresti 1940.[212]

Conducerea in Invatamant, in: Revista Generala a Invatamantului, 29. Jg. (1941), S. 355–364.[213]

Doitsu-seishonen no sekm-kansui-kyoiku, in: Niti-Doku-Bunka, 1. Jg. (1941), S. 687–711.[214]

veröffentlicht in: Congres International d'education morale. Cinquieme congres international d'education morale, Band 1: Rapports et memoires sur le themes principaux du congres, Paris 1930.

201 Spanische Übersetzung von: Pädagogik (1932).

202 Polnische Übersetzung von: Schulgemeinden nach dem Jena-Plan, ihr Wochenarbeitsplan und dessen pädagogische Situationen (1933)

203 Schwedische Übersetzung von: Jena-Plan einer freien allgemeinen Volksschule (1933).

204 Kapholländische Übersetzung von: Die neueuropäische Erziehungsbewegung (1933). Mit einem Lebenslauf und einem Verzeichnis der Schriften Peter Petersens.

205 Bulgarische Übersetzung von: Jena-Plan einer freien allgemeinen Volksschule (1933).

206 Polnische Übersetzung von: Nationalpolitische Bildung der menschlichen Sittlichkeit (1934). Zuerst veröffentlicht in: Congres International d'Education Morale (Resumes des communications presentees au congres Cracovie), Jg. 1934, Heft 6.

207 Polnische Übersetzung von: Jena-Plan einer freien allgemeinen Volksschule (1934).

208 Rumänische Übersetzung von: Von der Methodik zur Pädagogik des Unterrichts (1935).

209 Polnische Übersetzung von: Kindergarten und Schule im Dorf (1935).

210 Französische Übersetzung von: Gruppenarbeit nach dem Jenaplan (1935).

211 Bulgarische Übersetzung von: Praxis der Schulen nach dem Jena-Plan (1934).

212 Rumänische Übersetzung von: Jena-Plan einer freien allgemeinen Volksschule (1936).

213 Rumänische Übersetzung von: Die Führung im Unterricht (1937).

Ot pedagogikata kirn naukata sä wispitanieto i obosnowkata na pedagogitscheskija realism, in: Utschilischtschen Pregled, Jg. 1942, S. 513–526.[215]

Gendai no Kyoiku, Shin Kyoiku Kagaku, Kyoiku Gaku Benran, Tokio 1943.[216]

Fremdsprachige Petersen-Publikationen zwischen 1933 und 1945, die erst nach 1945 in deutscher Sprache publiziert wurden

Kako je pastao Jena-Plan?, in: Ucitelej, 17. Jg. (1937), S. 289–293.[217]

Sadruschnata i Grupuowata Rabota po Jenskija Plan, in: Swobodno Wispitanie, 20. Jg. (1942), S. 293–304.[218]

b) In dieser Arbeit verwendete Schriften von Peter Petersen vor Februar 1933 bzw. nach Mai 1945

Der Entwicklungsgedanke in der Philosophie Wundts. Zugleich ein Beitrag zur Methode der Kulturgeschichte (Dissertation), Leipzig 1908.

Geschichte der aristotelischen Philosophie im protestantischen Deutschland. Habilitationsschrift zur Erlangung der Lehrberechtigung bei der philosophischen Fakultät der Hamburgischen Universität, Leipzig 1921.

Petersen, Peter (Hrsg.): **Der Kampf um die Schuldauer.** Ein Sammelheft (Gegen jede Verlängerung des Lehrgangs der höheren Schule. Fünfzehn Betrachtungen), Berlin/Leipzig 1921.

Eine erziehungswissenschaftliche Betrachtung der Reifeprüfung (1922), in: Innere Schulreform und Neue Erziehung. Gesammelte Reden und Aufsätze, Weimar 1925, S. 129–145.

Allgemeine Erziehungswissenschaft, Band I: Volkstheoretische Grundlegung, 2., unveränderte Auflage (unveränderter Nachdruck der im Jahre 1924 erschienenen 1. Auflage), Berlin 1962.

Das Gemeinschaftsleben der Jugend in der Schule, in: Deiters, Heinrich (Hrsg.): Die Schule der Gemeinschaft, Leipzig 1925, S. 90–105.

Die Junglehrernot, eine kulturelle Not des deutschen Volkes (1924), in: Innere Schulreform und Neue Erziehung. Gesammelte Reden und Aufsätze, Weimar 1925, S. 294–312.

Innere Schulreform und Neue Erziehung. Gesammelte Reden und Aufsätze, Weimar 1925.

Sozialbiologische Probleme der Berufsschule, in: Petersen, Peter/Zimmermann, Waldemar (Hrsg.): Die Aufgaben des neuen Berufsschulwesens und die Berufsschulgemeinde im Lichte der Jugendkunde und sozialer Politik, Weimar 1925, S. 108–133.

214 Original erschienen unter dem Titel: Selbstverantwortlichkeit in der deutschen Jugend. Erziehung zur Selbstverantwortlichkeit in der deutschen Jugend (1942).

215 Bulgarische Übersetzung von: Von der Pädagogik zur Erziehungswissenschaft (1943).

216 Japanische Übersetzung von: Pädagogik der Gegenwart (1937).

217 In deutscher Sprache dreifach veröffentlicht in: Der kleine Jena-Plan, 15.–17. Auflage, Langensalza 1949, S. 63–68; Zur Entstehungsgeschichte des Jena-Planes, in: Westermanns Pädagogische Beiträge, Jg. 1952, Heft 4, S. 449–452 und Zur Entstehungsgeschichte des Jena-Planes, in: Hein Retter (Hrsg.): Peter Petersen und der Jenaplan: Von der Weimarer Republik bis zur Nachkriegszeit. Berichte–Briefe – Dokumente, Weinheim 1996, S. 247–251.

218 Bulgarische Übersetzung von: Der Kameradschaftsunterricht und das gruppenunterrichtliche Verfahren nach dem Jenaplan. In deutscher Sprache erschienen in: Pädagogik, 2. Jg. (1947), Heft 2, S. 12–19. Als Vortrag erstmals gehalten 1942 vor Mitgliedern des Generalstabs des Reichsluftfahrtministeriums in der Fliegerschule Dessau-Weiden. Vgl. Gutachten von Prof. Dr. Wilhelm Heise (1947), in: Hein Retter: Peter Petersen und der Jenaplan, Weinheim 1996, S. 312.

Berufsbildung und Allgemeinbildung der Jugendlichen (Sonderdruck aus „Miteilungen für die Lehrerschaft der Schuhmacherfachklassen der Berufsschule“), Berlin 1926.

Die neueuropäische Erziehungsbewegung (Forschungen und Werke zur Erziehungswissenschaft, Band 4), Weimar 1926.

Die Gegenwartsaufgabe der Volksschule und die neue Lehrerbildung. Ein Programm (Sonderdruck aus: „Die Volksschule“, 22. Jg., Heft 19/21), Langensalza 1926/1927.

Der kleine Jena-Plan (Reprint der 1. Auflage 1927), Weinheim/Basel 1968.

Petersen, Peter (Hrsg.): **Pädagogik des Auslandes, Band 1–8** (herausgegeben im Auftrag des Zentralinstituts für Erziehung und Unterricht), Weimar 1928–1936.

Die Philosophie in erziehungswissenschaftlicher Beleuchtung, Weimar 1929.

Das Unterrichtsleben, in: Die Quelle, 80. Jg. (1930), Heft 1, S. 122.

Petersen, Peter (Hrsg.): **Eine freie allgemeine Volksschule nach den Grundsätzen neuer Erziehung** (Der Jena-Plan), **Band 1**: Schulleben und Unterricht einer freien allgemeinen Volksschule nach den Grundsätzen neuer Erziehung (Forschungen und Werke zur Erziehungswissenschaft, Band 13), Weimar 1930.

Petersen, Peter (Hrsg.): **Eine freie allgemeine Volksschule nach den Grundsätzen neuer Erziehung** (Der Jena-Plan), **Band 2**: Das gestaltende Schaffen im Schulversuch der Jenaer Universitätsschule 1925–1930 (Forschungen und Werke zur Erziehungswissenschaft, Band 14), Weimar 1930.

Allgemeine Erziehungswissenschaft, Band II: Der Ursprung der Pädagogik, Berlin 1931.

Pädagogik, Berlin 1932.

Heimat, Volk und Vaterland, in: Blut und Boden. Monatsschrift für wurzelstarkes Bauerntum, deutsche Wesensart und nationale Freiheit, 5. Jg. (1933), Heft 1 (Januar 1933), S. 29–35.

Rezension von: **Erde und Mensch** (E. von Seydlitz'schen Geographie für höhere Lehranstalten, Heft 7, 5. Auflage, Breslau 1931), in: Blut und Boden. Monatsschrift für wurzelstarkes Bauerntum, deutsche Wesensart und nationale Freiheit, 5. Jg. (1933), Heft 1, S. 47–48.

* * *

Methodische Strömungen der internationalen Gegenwart, in: Ziel und Methode der neuen demokratischen Schule, Weimar 1946, S. 14–28.

Jugenderziehung und Jugendseelsorge. Erziehungswissenschaftliche Grundlagen (Schriftenreihe der Evangelischen Studiengesellschaft, Heft 1), Bremen 1949.

Die Führung der Jugend zu Staat und Gesellschaft vom Evangelium aus, Bremen 1950.

Eigenständige (autonome) Erziehungswissenschaft und Jena-Plan im Dienste pädagogischer Tatsachenforschung und der Lehrerbildung (Pädagogische Studienhilfen, Wege und Weisungen für Fortbildung und Praxis, Nr. 3), München 1951.

Allgemeine Erziehungswissenschaft, Band III: Der Mensch in der Erziehungswirklichkeit, Berlin 1954.

Der Kleine Jena-Plan, Braunschweig/Berlin/Hamburg/München/Kiel/Darmstadt 1955.

Petersen, Peter/Ritter, Gerhard-Reinhard: **Über den Umgang mit Menschen** (Jugend und Alter, Heft 10), Bremen 1962.

Petersen, Peter/Petersen, Else: **Die pädagogische Tatsachenforschung**, Paderborn 1965.

Führungslehre des Unterrichts (Neuausgabe nach der 10. Auflage 1971), Weinheim/Basel 1984.

5. Verzeichnis der verwendeten Kurztitel
(Spranger, Nohl, Weniger, Petersen)

Spranger 1933–1945

Spranger: Aufbruch und Umbruch 1933	Spranger, Eduard: Aufbruch und Umbruch, in: Die Erziehung. Monatsschrift für den Zusammenhang von Kultur und Erziehung in Wissenschaft und Leben, 8. Jg. (1932/33), Heft 9 (Juni 1933), S. 529–533. [Dokumentation ad fontes Spranger: S. 279–283]
Spranger: März 1933 1933	Spranger, Eduard: März 1933, in: Die Erziehung. Monatsschrift für den Zusammenhang von Kultur und Erziehung in Wissenschaft und Leben, 8. Jg. (1932/33), Heft 7 (April 1933), S. 401–408. [Dokumentation ad fontes Spranger: S. 260–267]
Spranger: Zwei Fundamente 1933	Spranger, Eduard: Die zwei Fundamente, in: Der Tag, Jg. 1933, Nr. 91 (16.4.1933). [Dokumentation ad fontes Spranger: S. 273]
Spranger: Politischer Mensch 1933	Spranger, Eduard: Der politische Mensch als Bildungsziel, in: Die Erziehung. Monatsschrift für den Zusammenhang von Kultur und Erziehung in Wissenschaft und Leben, 9. Jg. (1933/34), Heft 2 (November 1933), S. 65–79. [Dokumentation ad fontes Spranger: S. 287–303]
Spranger: Politik aus dem Glauben 1933	Spranger, Eduard: Politik aus dem Glauben, in: Staats-Anzeiger für Württemberg, Jg. 1933, Nr. 263 (10.11.1933), S. 2. [Dokumentation ad fontes Spranger: S. 304]
Spranger: Beurteilung des NS 1933	Spranger, Eduard: Thesen zur Beurteilung des Nationalsozialismus, Manuskript, Bundesarchiv Koblenz, Nachlass Eduard Spranger N 1182, unverzeichnet. [Dokumentation ad fontes Spranger: S. 996–1000]
Spranger: Liberale Wissenschaft 1935	Spranger, Eduard: Gibt es eine „liberale“ Wissenschaft? (1935), in: Texte für die Mittwochs-Gesellschaft 1935–1944, 2. überarbeitete Auflage, München 1988, S. 27–33. [Dokumentation ad fontes Spranger: S. 1001–1007]
Spranger: Seelische Faktoren 1935	Spranger, Eduard: Seelische Faktoren im Kriege (Manuskript eines Vortrags im Reichskriegsministerium am 21.11.1935), Bibliothek für Zeitgeschichte in der Württembergischen Landesbibliothek. [Dokumentation ad fontes Spranger: S. 1011–1034]
Spranger: Kulturmorphologie 1936	Spranger, Eduard: Probleme der Kulturmorphologie, in: Sitzungsberichte der Preußischen Akademie der Wissenschaften, Philosophisch-historische Klasse, Jg. 1936, S. 2–39.

Spranger: Land und Volk 1937 Spranger, Eduard: Über Land und Volk Deutschlands (Vortrag im Auditorium in Matsuzaka am 7. April 1937), in: Japanisch-Deutsche Medizinische Gesellschaft (Hrsg.): Erinnerungen an die Gedenktage für Jiro Harada, den verstorbenen Gründer der Stiftung „Harada-Sekizenkai", Tokio 1937, S. 25–36. [Dokumentation ad fontes Spranger: S. 505–516]

Spranger: Japanische Jugend 1937 Spranger, Eduard: Gruß an die japanische Jugend (Daigakusyorin-Bücherei, Nr. 103), Tokio 1937. [Dokumentation ad fontes Spranger: S. 536–552]

Spranger: Kulturprobleme 1938 Spranger, Eduard: Kulturprobleme im gegenwärtigen Japan und Deutschland, Tokio 1938. [Dokumentation ad fontes Spranger: S. 596–621]

Spranger: Schulpflicht 1938 Spranger, Eduard: Zur Geschichte der Schulpflicht, in: Die Erziehung. Monatsschrift für den Zusammenhang von Kultur und Erziehung in Wissenschaft und Leben, 13. Jg. (1937/38), Heft 12 (September 1938), S. 465–476. [Dokumentation ad fontes Spranger: S. 676 (Auszug)]

Spranger: Epochen der politischen Erziehung 1938 Spranger, Eduard: Die Epochen der politischen Erziehung in Deutschland, in: Die Erziehung. Monatsschrift für den Zusammenhang von Kultur und Erziehung in Wissenschaft und Leben, 13 Jg. (1937/38), Heft 4 (Januar 1938), S. 137–164. [Dokumentation ad fontes Spranger: S. 565–592]

Spranger: Gegenwärtige Formen politischer Erziehung 1937 Spranger, Eduard: Über die gegenwärtigen Formen politischer Erziehung in Deutschland (Schlussteil der Rede: Die Epochen der politischen Erziehung in Deutschland) in: Horn, Klaus-Peter/Ogasawara, Michio/Sakakoshi, Masaki/Tenorth, Heinz-Elmar/Yamana, Jun/Zimmer, Hasko (Hrsg.): Pädagogik im Militarismus und im Nationalsozialismus. Japan und Deutschland im Vergleich, Bad Heilbrunn 2006, S. 124–126. [Dokumentation ad fontes Spranger:, S. 1035–1037]

Spranger: Fröbels Gedankenwelt 1939 Spranger, Eduard: Aus Friedrich Fröbels Gedankenwelt (Abhandlungen der Preußischen Akademie der Wissenschaften, Philosophisch-historische Klasse, Nr. 7), Berlin 1939.

Spranger: Völkercharakterologie 1939 Spranger, Eduard: Wege und Ziele der Völkercharakterologie, in: Jahrbuch der Kaiser-Wilhelm-Gesellschaft zur Förderung der Wissenschaften (1939), S. 141–177.

Spranger: Kolonialpädagogik 1939 Spranger, Eduard: Rezension von: Herbert Theodor Becker: Die Kolonialpädagogik der großen Mächte. (Hamburg 1930), in: Die Erziehung. Monatsschrift für den Zusammenhang von Kultur und Erziehung in Wissenschaft und Leben, 15. Jg. (1939/40), Heft 3 (Dezember 1939), S. 75–79. [Dokumentation ad fontes Spranger: S. 708–712]

Spranger: Pestalozzi-Fröbel-Haus 1940	Spranger, Eduard: Vortrag zur Jahrhundertfeier des Pestalozzi-Fröbel-Hauses I, in: Nachrichtendienst für die ehemaligen Schülerinnen des Pestalozzi-Fröbel-Hauses I (früher Vereins-Zeitung), 52. Jg. (1940), Heft 213, S. 3–9. [Dokumentation ad fontes Spranger: S. 756–762]
Spranger: Stimmen der Völker 1941	Spranger, Eduard: Die Stimmen der Völker. Volkstum, Rechtsidee und Lebensordnung, in: DWD. Deutscher Wissenschaftlicher Dienst, Nr. 42 (20.4.1941), S. 3–4. [Dokumentation ad fontes Spranger: S. 840–841]
Spranger: Weltfrömmigkeit 1941	Spranger, Eduard: Weltfrömmigkeit. Ein Vortrag, Leipzig 1941. [Dokumentation ad fontes Spranger: S. 844–846 (Vorwort)]
Spranger: Energiequellen deutschen Geistes 1941	Spranger, Eduard: Zu den Energiequellen deutschen Geistes, in: Technik voran! Jahrbuch für alle Freunde deutscher Technik, Leipzig/Berlin 1941, S. 199–205. [Dokumentation ad fontes Spranger: S. 848–854]
Spranger: Selbsterziehung 1943	Spranger, Eduard: Selbsterziehung, in: Die Deutsche Polizei. Ausgabe für Sicherheitspolizei und SD, herausgegeben im Auftrag des Reichsführers SS und Chefs der Deutschen Polizei vom Kameradschaftsbund der Deutschen Polizei, 11. Jg. (1943), S. 238–239. [Dokumentation ad fontes Spranger: S. 920–921]
Spranger: Energiequellen im Kriege 1943	Spranger, Eduard: Geistige Energiequellen im Kriege. West-östliche Unterschiede, in: Europäische Revue, 19. Jg. (1943), S. 297–302. [Dokumentation ad fontes Spranger: S. 926–931]
Spranger: Geleitwort Fichte 1943	Spranger, Eduard: Geleitwort, in: Fichte, Johann Gottlieb: Reden an die Deutsche Nation (Philosophische Bibliothek, Band 204), Leipzig ohne Jahr (1943), S. III–XIV. [Dokumentation ad fontes Spranger: S. 932–943]
Spranger: Arbeite an dir selbst 1943	Spranger, Eduard: Arbeite an dir selbst!, in: Brücke zur Heimat (für Kriegsgefangene herausgegeben durch das Rote Kreuz), Jg. 1943, Heft 1, S. 3–6. [Dokumentation ad fontes Spranger: S. 956–959]
	Spranger vor 1933
Spranger: Grundlagen 1905	Spranger, Eduard: Die Grundlagen der Geschichtswissenschaft. Eine erkenntnistheoretisch-psychologische Untersuchung, Berlin 1905.
Spranger: Humanitätsidee 1909	Spranger, Eduard: Wilhelm von Humboldt und die Humanitätsidee (1909), 2. unveränderte (durch photomechanischen Druck hergestellte) Auflage, Berlin 1928.

Spranger: Lebensformen 1914/1921 Spranger, Eduard: Lebensformen. Geisteswissenschaftliche Psychologie und Ethik der Persönlichkeit (1914/1921), unveränderter Nachdruck der 5., vielfach verbesserten Auflage, München/Hamburg 1965.

Spranger: Jugendalter 1924 Spranger, Eduard: Psychologie des Jugendalters (1924), 23. Auflage, Heidelberg 1953.

Spranger: Volk, Staat, Erziehung 1932 Spranger, Eduard: Volk, Staat, Erziehung. Gesammelte Reden und Aufsätze, Leipzig 1932.

Spranger nach 1945

Spranger: Mein Konflikt 1955 Spranger, Eduard: Mein Konflikt mit der nationalsozialistischen Regierung 1933 (1955), in: Universitas. Zeitschrift für Wissenschaft, Kunst und Literatur, 10. Jg. (1955), Heft 5, S. 457–473.

Spranger: Universität Berlin 1945/1953 Spranger, Eduard: Die Universität Berlin nach Kriegsende 1945 (1945/1953), in: Gesammelte Schriften, Band X: Hochschule und Gesellschaft, Tübingen/Heidelberg 1973, S. 273–321. Aufgrund von Aufzeichnungen aus dem Jahr 1945 geschrieben 1953–1955.

Spranger: Ein Professorenleben 1953 Spranger, Eduard: Ein Professorenleben im 20. Jahrhundert (1953), in: Gesammelte Schriften, Band X: Hochschule und Gesellschaft, Tübingen/Heidelberg 1973, S. 342–360.

Spranger: Deutsche Schuld 1946 Spranger, Eduard: Die Frage der deutschen Schuld (1946), in: Gesammelte Schriften, Band VIII: Staat, Recht und Politik, Tübingen/Heidelberg 1970, S. 260–267.

Spranger: Verstrickung 1946 Spranger, Eduard: Verstrickung und Ausweg. Ein Wort über die Jugend (1946), in: Gesammelte Schriften, Band VIII: Staat, Recht und Politik, Tübingen/Heidelberg 1970, S. 268–276.

Spranger: Fünf Jugendgenerationen 1950 Spranger, Eduard: Fünf Jugendgenerationen 1900–1949 (1950), in: Gesammelte Schriften, Band VIII: Staat, Recht und Politik, Tübingen/Heidelberg 1970, S. 318–344.

Spranger: Grundstile 1951 Spranger, Eduard: Grundstile der Erziehung (1951), in: Gesammelte Schriften, Band I: Geist der Erziehung, Tübingen/Heidelberg 1969, S. 208–231.

Spranger: Staatsbürgerliche Erziehung 1957 Spranger, Eduard: Gedanken zur staatsbürgerlichen Erziehung (Schriftenreihe der Bundeszentrale für Heimatdienst, Heft 26), Bonn 1957.

Spranger: Geborener Erzieher 1958 Spranger, Eduard: Der geborene Erzieher (1958), in: Gesammelte Schriften, Band I: Geist der Erziehung, Tübingen/Heidelberg 1969, S. 280–338.

Spranger: Ungewollte Nebenwirkungen 1962	Spranger, Eduard: Das Gesetz der ungewollten Nebenwirkungen in der Erziehung (1962), in: Gesammelte Schriften, Band I: Geist der Erziehung, Tübingen/Heidelberg 1969, S. 348–405.
Spranger: Stufen der Liebe 1965	Spranger, Eduard: Stufen der Liebe. Über Wesen und Kulturaufgabe der Frau. Aufsätze und Vorträge, Tübingen 1965.
Spranger: Rückblick ohne Jahr	Spranger, Eduard: Rückblick (ohne Jahr), in: Gesammelte Schriften, Band X: Hochschule und Gesellschaft, Tübingen/Heidelberg 1973, S. 428–430.

Nohl 1933–1945

Nohl: Osthilfe 1933	Nohl, Herman: Landbewegung, Osthilfe und die Aufgabe der Pädagogik, Leipzig 1933. [Dokumentation ad fontes Nohl: S. 484–577]
Nohl: Vorlesung 1933/34	Nohl, Herman: Die Grundlagen der nationalen Erziehung. Eine Vorlesung zum Wintersemester 1933/34 (Typoskript), ohne Ort, ohne Jahr (Göttingen 1940). [Dokumentation ad fontes Nohl: S. 143–365]
Nohl: Ästhetische Wirklichkeit 1935	Nohl, Herman: Die ästhetische Wirklichkeit. Eine Einführung, Frankfurt am Main 1935.
Nohl: Einführung 1935	Nohl, Herman: Einführung in die Philosophie, Frankfurt am Main 1935.
Nohl: Pädagogische Bewegung 1935	Die pädagogische Bewegung in Deutschland und ihre Theorie, 2. durchgesehene und mit einem Nachwort versehene Auflage, Frankfurt am Main 1935. [Dokumentation ad fontes Nohl: S. 369–378 (Auszug)]
Nohl: Charakter und Schicksal 1938	Nohl, Herman: Charakter und Schicksal. Eine pädagogische Menschenkunde, Frankfurt am Main 1938. [Dokumentation ad fontes Nohl: S. 379–390 (Auszug)]
Nohl: Grunderfahrungen 1939	Nohl, Herman: Die sittlichen Grunderfahrungen. Eine Einführung in die Ethik (1939), 2. Auflage, Frankfurt am Main 1947.

Nohl vor 1933

Nohl: Sokrates 1904	Nohl, Herman: Sokrates und die Ethik, Tübingen/Leipzig 1904.

Nohl nach 1945

Nohl: Geleitwort, 1945 — Nohl, Herman: (Geleitwort ohne Titel), in: Die Sammlung. Zeitschrift für Kultur und Erziehung, 1. Jg. (1945/46), Heft 1, S. 2.

Nohl: Hildesheimer Manuskript 1946 — Nohl, Herman: Manuskript zu einem Vortrag in Hildesheim 1946 ohne Titel (Auszüge), in: Blochmann, Elisabeth: Herman Nohl in der pädagogischen Bewegung seiner Zeit 1879–1960, Göttingen 1969, S. 185–188.

Nohl: Dreißig Jahre 1949 — Nohl, Herman: Pädagogik aus dreißig Jahren, Frankfurt am Main 1949.

Nohl: Schuld und Aufgabe 1954 — Nohl, Herman: Schuld und Aufgabe der Pädagogik. Erich Weniger zum 11.9.1954 in Freundschaft gewidmet, in: Die Sammlung. Zeitschrift für Kultur und Erziehung, 9. Jg. (1954), S. 446–449.

Weniger 1933–1945

Weniger: Entwicklungsgeschichte 1933 — Weniger, Erich: Zur Entwicklungsgeschichte der deutschen Lehrerbildung, in: Die Erziehung. Monatsschrift für den Zusammenhang von Kultur und Erziehung in Wissenschaft und Leben, 8. Jg. (1932/33), Heft 12 (September 1933), S. 685–698. [Dokumentation ad fontes Weniger: S. 158–171]

Weniger: Berthold Otto 1933 — Weniger, Erich: Berthold Otto †. 6. August 1859–29. Juni 1933, in: Frankfurter Zeitung und Handelsblatt, 78. Jg. (1933/34), Nr. 540–541 (23.7.1933), Beilage „Für Hochschule und Jugend“. [Dokumentation ad fontes Weniger: S. 157]

Weniger: Rezension Dilthey 1 1933 — Weniger, Erich: Rezension: „Von deutscher Dichtung und Musik“. Ein neuer Band der Diltheyausgabe (über: Wilhelm Dilthey: Von deutscher Dichtung und Musik, Leipzig/Berlin 1933), in: Die Erziehung. Monatsschrift für den Zusammenhang von Kultur und Erziehung in Wissenschaft und Leben, 8. Jg. (1932/33), Heft 12 (September 1933), S. 723–726. [Dokumentation ad fontes Weniger: S. 172–175]

Weniger: Philipp Hördt, 1934 — Weniger, Erich (unter dem Pseudonym Lorenz Steinhorst): Philipp Hördts pädagogische Schriften, in: Die Erziehung. Monatsschrift für den Zusammenhang von Kultur und Erziehung in Wissenschaft und Leben, 9. Jg. (1933/34), Heft 4 (Januar 1934), S. 204–208. [Dokumentation ad fontes Weniger: S. 188–192]

Weniger: Rezension Dilthey 2 1933/34 — Weniger, Erich: Rezension von: Wilhelm Dilthey: Gesammelte Schriften, Band 8: Weltanschauungslehre (Leipzig/Berlin 1931), in: Philosophie und Schule. Blätter für den Unterricht in Philosophie und die philosophische Vertiefung der Schulwissenschaften,

	5. Jg. (1933/34), Heft 6, S. 216–218. [Dokumentation ad fontes Weniger: S. 199–201]
Weniger: Rezension Petersen 1934	Weniger, Erich: Rezension von: Peter Petersen: Pädagogik (Berlin 1932), in: Göttingische Gelehrte Anzeigen, 196. Jg. (1934), Heft 12, S. 495–499. [Dokumentation ad fontes Weniger: S. 203–207]
Weniger: Pädagogische Streit 1935	Weniger, Erich: Der pädagogische Streit und die Wirklichkeit der Erziehung, in: Schmidthüs, Karlheinz (Hrsg.): Christliche Verwirklichung. Romano Guardini zum 50. Geburtstag, dargebracht von seinen Freunden und Schülern, Rothenfels 1935, S. 167–177.
Weniger: Freiherr von Stein 1934/35	Weniger, Erich: Über den Freiherrn vom Stein, in: Die Schildgenossen. Katholische Zweimonatsschrift, 14. Jg. (1934/35), Heft 3, S. 238–243.
Weniger: Höhere Schule 1935	Weniger, Erich (unter dem Pseudonym Lorenz Steinhorst): Höhere Schule – wozu?, in: Frankfurter Zeitung und Handelsblatt, 79. Jg. (1934/35), Nr. 186 (11.4.1935), Beilage „Für Hochschule und Jugend". [Dokumentation ad fontes Weniger: S. 224]
Weniger: Deutsche Jugend 1935	Weniger, Erich: Deutsche Jugend (über: Will Vesper (Hrsg.): Deutsche Jugend. Dreißig Jahre Geschichte einer Bewegung, Berlin 1934, in: Die Erziehung. Die Erziehung. Monatsschrift für den Zusammenhang von Kultur und Erziehung in Wissenschaft und Leben, 10. Jg. (1934/35), Heft 7 (April 1935), S. 331–335. [Dokumentation ad fontes Weniger: S. 225–228]
Weniger: Rezension Heinen 1935	Weniger, Erich: Rezension von: Heinen, Anton u. a. (Hrsg.): Familien- und Kleinkinderpädagogik, Handbuch der Erziehungswissenschaft, Teil 3, Band 1 (München 1934), in: Zeitschrift für Kinderforschung. Organ des deutschen Vereins zur Fürsorge für jugendliche Psychopaten e. V., 44. Jg. (1935), Reihe Referate, S. 117. [Dokumentation ad fontes Weniger: S. 245]
Weniger: Wehrwissenschaft 1935	Weniger, Erich: Wehrwissenschaft und Heereserziehung. Ein Vorbericht, in: Deutsche Zeitschrift. Monatshefte für eine deutsche Volkskultur, 49. Jg. (1935/36), Heft 1–2 (Oktober–November 1935), S. 62–68. [Dokumentation ad fontes Weniger: S. 238–244]
Weniger: Vorbericht Dilthey 1936	Weniger, Erich: Vorbericht des Herausgebers, in: Wilhelm Dilthey: Gesammelte Schriften, Band 12: Zur preußischen Geschichte. Schleiermachers politische Gesinnung und Wirksamkeit. Die Reorganisatoren des preußischen Staates. Das allgemeine Landrecht (Leipzig/Berlin 1936), S. V–VIII. [Dokumentation ad fontes Weniger: S. 258–261]

Weniger: Einleitung Dilthey 1936
Weniger, Erich: Einleitung, in: Weniger, Erich (Hrsg.): Briefe Wilhelm Diltheys an Rudolf Haym 1861–1873 (Abhandlungen der Preußischen Akademie der Wissenschaften. Philosophisch-historische Klasse, Jg. 1936, Nr. 9, Berlin 1936, S. 3–6. [Dokumentation ad fontes Weniger: S. 264–267]

Weniger: Geistesgeschichte 1936
Weniger, Erich: Zur Geistesgeschichte und Soziologie der Pädagogischen Fragestellung. Prolegomena zu einer Geschichte der pädagogischen Theorie, in: Bildung und Erziehung. Katholische Zweimonatsschrift, Jg. 1936, Heft 6, S. 363–374.

Weniger: Bildungswesen im Frühmittelalter 1936
Weniger, Erich: Das deutsche Bildungswesen im Frühmittelalter, in: Historische Vierteljahrsschrift. Zeitschrift für Geschichtswissenschaft und für lateinische Philologie des Mittelalters, 30. Jg. (1936), Heft 3, S. 446–492. [Dokumentation ad fontes Weniger: S. 268–314]

Weniger: Soldatentum 1936
Weniger, Erich: Bücher über Soldatentum und Wehrerziehung, in: Deutsche Zeitschrift. Monatshefte für eine deutsche Volkskultur, 49. Jg. (1935/36), Heft 9–10 (Juni–Juli 1936), S. 397–400. [Dokumentation ad fontes Weniger: S. 319–322]

Weniger: Geschichtliche Besinnung 1935/36
Weniger, Erich (unter dem Pseudonym Lorenz Steinhorst): Rezension: Geschichtliche Besinnung (über: Gustav Schnürer: Anfänge der abendländischen Völkergemeinschaft, Freiburg 1932 und Hermann Heimpel: Deutschlands Mittelalter, Deutschlands Schicksal, Freiburg 1933), in: Die Schildgenossen. Katholische Zweimonatsschrift, 15. Jg. (1935/36), Heft 2, S. 183–186. [Dokumentation ad fontes Weniger: S. 328–330]

Weniger: Kriegserinnerung 1937
Weniger, Erich: Gedanken über den Wert von Kriegserinnerung und Kriegserfahrung, in: Militärwissenschaftliche Rundschau, 2. Jg. (1937), Heft 2 (März 1937), S. 231–245. [Dokumentation ad fontes Weniger: S. 350–364]

Weniger: Historische Kritik 1937
Weniger, Erich: Die historische Kritik an der Überlieferung des Weltkrieges und das kriegerische Urteil, in: Militär-Wochenblatt. Unabhängige Zeitschrift für die deutsche Wehrmacht, 122. Jg. (1937), Heft 23 (3.12.1937), Sp. 1436–1439. [Dokumentation ad fontes Weniger: S. 388–389]

Weniger: Seelische Widerstandskraft 1937
Weniger, Erich: Die seelische Widerstandskraft im modernen Kriege (über: Karl Pintschovius: Die seelische Widerstandskraft im modernen Kriege, Oldenburg/Berlin 1936), in: Frankfurter Zeitung und Handelsblatt, 81. Jg. (1936/37), Nr. 170–171 (4.4.1937). [Dokumentation ad fontes Weniger: S. 366]

Weniger: Wehrmachtserziehung 1938
Weniger, Erich: Wehrmachtserziehung und Kriegserfahrung, Berlin 1938. [Dokumentation ad fontes Weniger: S. 393–474]

Weniger: 25 Jahre 1939	Weniger, Erich: 25 Jahre, in: Die Nassauische Artillerie. Mitteilungsblatt des Traditionsverbandes des ehemaligen 2. Nassauischen Feldartillerie-Regiments Nr. 63 Frankfurt und der Kriegsformationen, Heft 55 (August 1939), S. 1. [Dokumentation ad fontes Weniger: S. 486]
Weniger: Rezension Krampf 1939	Weniger, Erich: Rezension von: Alfred Krampf: Zur „Allgemeinen Anordnung über die Hilfsschulen in Preußen" (in: Die deutsche Sonderschule. Organ der Reichsfachschaft V (Sonderschulen) im Nationalsozialistischen Lehrerbund. 5. Jg. (1938), S. 484–490, in: Zeitschrift für Kinderforschung. Organ des deutschen Vereins zur Fürsorge für jugendliche Psychopaten e. V., 47. Jg. (1939), Reihe Referate, S. 568. [Dokumentation ad fontes Weniger: S. 482]
Weniger: Führerauslese 1 1941	Weniger, Erich: Führerauslese und Führereinsatz im Kriege und das soldatische Urteil der Front. Ein Beitrag, in: Militärwissenschaftliche Rundschau, 5. Jg. (1940), Heft 4 (Januar 1941), S. 345–354. [Dokumentation ad fontes Weniger: S. 499–508]
Weniger: Führerauslese 2 1941	Weniger, Erich: Führerauslese und Führereinsatz im Kriege und das soldatische Urteil der Front (Teil II). Der Feldherr als Erzieher, in: Militärwissenschaftliche Rundschau, 6. Jg. (1941), Heft 3 (September 1941), S. 198–206. [Dokumentation ad fontes Weniger: S. 511–519]
Weniger: Goethe 1942	Weniger, Erich: Goethe und die Generale, Leipzig 1942.
Weniger: Geistige Führung 1942	Weniger, Erich: Die geistige Führung der Truppe. Das Ethos des deutschen Soldatentums und die Erziehung des deutschen Offiziers, ohne Ort, ohne Jahr (1942), 39-seitige Ausgabe.
Weniger: Geistige Führung 1944	Weniger, Erich: Die geistige Führung der Truppe. Das Ethos des deutschen Soldatentums und die Erziehung des deutschen Offiziers, 2. Auflage, ohne Ort, ohne Jahr (1944), 32-seitige Ausgabe. [Dokumentation ad fontes Weniger: S. 633–662]
Weniger: Erziehung des deutschen Soldaten 1944	Weniger, Erich: Die Erziehung des deutschen Soldaten, ohne Ort (Berlin), ohne Jahr (1944). [Dokumentation ad fontes Weniger: S. 548–632]
Weniger: Selbständigkeit 1944	Weniger, Erich: Die Selbständigkeit der Unterführer und ihre Grenzen, in: Militärwissenschaftliche Rundschau, 9. Jg. (1944), Heft 2 (August 1944), S. 101–115. [Dokumentation ad fontes Weniger: S. 663–677]

Weniger: Krieg als Schicksal 1944 Weniger, Erich: Der Krieg als Schicksal und Aufgabe. Vortrag vor der Feldkommandantur in St. Cloud am 12. April 1944, Niedersächsische Staats- und Universitätsbibliothek Göttingen, Abteilung für Handschriften und seltene Drucke, Cod. Ms. E. Weniger 7/13.

Weniger vor 1933

Weniger: Rehberg und Stein 1921 Weniger, Erich: Rehberg und Stein (1921), in: Jahrbuch der Philosophischen Fakultät in Göttingen, Jg. 1922, Hälfte 1, S. 17–24 (Auszug).

Weniger: Grundlagen 1926 Weniger, Erich: Die Grundlagen des Geschichtsunterrichts. Untersuchungen zur geisteswissenschaftlichen Didaktik, Leipzig 1926.

Weniger nach 1945

Weniger: Neue Wege 1946 Weniger, Erich: Neue Wege im Geschichtsunterricht, in: Die Sammlung. Zeitschrift für Kultur und Erziehung, 1. Jg. (1945/46), S. 339–343, S. 404–411 und S. 500–511.

Weniger: Denkschrift 1946 Weniger, Erich: Denkschrift über den Wiederaufbau der akademischen Lehrerbildung, in: Weniger, Erich: Die Eigenständigkeit der Erziehung in Theorie und Praxis. Probleme der akademischen Lehrerbildung, Weinheim ohne Jahr (1952), S 273–307.

Weniger: Rede zur Eröffnung 1946 Weniger, Erich: Rede zur Eröffnung der pädagogischen Hochschule Göttingen (8. Februar 1946), in: Weniger, Erich: Die Eigenständigkeit der Erziehung in Theorie und Praxis. Probleme der akademischen Lehrerbildung, Weinheim ohne Jahr (1952), S 308–324.

Weniger: Kantorowicz 1947 Weniger, Erich: Ernst Kantorowicz, in: Die Sammlung. Zeitschrift für Kultur und Erziehung, 2. Jg. (1947), S. 719–722.

Weniger: Geschichte ohne Mythos 1948 Weniger, Erich: Geschichte ohne Mythos. Zur Neugestaltung des Geschichtsunterrichtes, in: Die Sammlung. Zeitschrift für Kultur und Erziehung, 3. Jg. (1948), S. 31–47.

Weniger: Stülpnagel 1945 Weniger, Erich: Zur Vorgeschichte des 20. Juli 1944. Heinrich von Stülpnagel, in: Die Sammlung. Zeitschrift für Kultur und Erziehung, 4. Jg. (1949), S. 475–492.

Weniger: Richtlinien 1948 Weniger, Erich: Richtlinien für den Geschichtsunterricht. Ein Entwurf, 1948 in: Weniger, Erich: Neue Wege im Geschichtsunterricht, 2. Auflage (fotomechanischer Nachdruck der 1. Auflage 1949), Frankfurt am Main 1957, S. 68–77.

Weniger: Deutsche Opposition 1949 Weniger, Erich: Deutsche Opposition gegen Hitler in: Die Sammlung. Zeitschrift für Kultur und Erziehung, 4. Jg. (1949), S. 245–251.

Weniger: Gehorsamspflicht 1953 Weniger, Erich: Gehorsamspflicht und Widerstandsrecht in der Demokratie, in: Die Sammlung. Zeitschrift für Kultur und Erziehung, 7. Jg. (1952), S. 417–423.

Weniger: Bürger in Uniform 1953 Weniger, Erich: Bürger in Uniform, in: Die Sammlung. Zeitschrift für Kultur und Erziehung, 8. Jg. (1953), S. 56–65.

Weniger: Weiße Rose 1953 Weniger, Erich: Die weiße Rose, in: Die Sammlung. Zeitschrift für Kultur und Erziehung, 8. Jg. (1953), S. 161–166.

Weniger: Politische Bildung 1954 Weniger, Erich: Politische Bildung und staatsbürgerliche Erziehung. Zwei Denkschriften (Weltbild und Erziehung, Band 7), Würzburg 1954.

Weniger: Neue Literatur 1954 Weniger, Erich: Neue Literatur zur deutschen Widerstandbewegung, in: Die Sammlung. Zeitschrift für Kultur und Erziehung, 9. Jg. (1954), S. 403–411.

Weniger: Goethe 1959 Weniger, Erich: Goethe und die Generale der Freiheitskriege. Geist, Bildung, Soldatentum, neue erweiterte Auflage, Stuttgart 1959.

Weniger: Epoche der Umerziehung 1959/60 Weniger, Erich: Die Epoche der Umerziehung 1945–1949, in: Westermanns pädagogische Beiträge. Eine Zeitschrift für die Volksschule, 11. Jg. (1959), S. 403–410 und S. 517–525 und 12. Jg. (1960), S. 9–13 und S. 74–79.

Petersen 1933–1945

Petersen: Lichte des NS 1935 Petersen, Peter: Die erziehungswissenschaftlichen Grundlagen des Jenaplanes im Lichte des Nationalsozialismus, in: Die Schule im nationalsozialistischen Staat, 11. Jg. (1935), Nr. 6, S. 1–5. [Dokumentation ad fontes Petersen: S. 207–215]

Petersen: Bedeutung und Wert 1934 Petersen, Peter: Bedeutung und Wert des Politisch-Soldatischen für den deutschen Lehrer und unsere Schule, in: Deutsches Bildungswesen, 2. Jg. (1934), S. 1–17. [Dokumentation ad fontes Petersen: S. 87–103]

Petersen: Methodik 1935 Petersen, Peter: Von der Methodik zur Pädagogik des Unterrichts, in: Bayrische Lehrerzeitung, 69. Jg. (1935), Heft 16/17, S. 254–258. [Dokumentation ad fontes Petersen: S. 252–256]

Petersen: Gemeinschaftspädagogik 1935 Petersen, Peter: Gemeinschaftspädagogik rings um die öffentliche Schule! – Warum nun nicht auch in allen Schulen?, in: Die Deutsche Schule, 39. Jg. (1935), S. 431–436. [Dokumentation ad fontes Petersen: S. 216–221]

Petersen: Hintergrund des Religionsunterrichts 1936 Petersen, Peter: Der zeitgeschichtliche Hintergrund des Religionsunterrichts und die Verantwortung der deutschen Schule, in: Die Deutsche Schule, 40. Jg. (1936), S. 169–173. [Dokumentation ad fontes Petersen: S. 302–306]

Petersen: Psychologische Bedeutung 1934 Petersen, Peter: Psychologische Bedeutung der politischen Symbole, in: Zeitschrift für Jugendkunde, 4. Jg. (1934), Heft 1 (= Sonderheft: Die seelische Haltung der politischen Jugend), S. 10–14. [Dokumentation ad fontes Petersen: S. 104–108]

Petersen: Pädagogik der Gegenwart 1937 Petersen, Peter: Pädagogik der Gegenwart, Berlin 1937. [Dokumentation ad fontes Petersen: S. 361–377 Auszug]

Petersen: Führungslehre 1937 Petersen, Peter: Führungslehre des Unterrichts (1937), Weinheim/Basel 1984.

Petersen: Rassische Geschichtsbetrachtung 1940 Petersen, Peter: Rassische Geschichtsbetrachtung, in: Heimat und Arbeit. Monatshefte für pädagogische Politik, 13. Jg. (1940), Heft 8, S. 218–221.

Petersen: Rassische Hochwertigkeit 1940 Petersen, Peter: Es gibt rassische Hochwertigkeit. Sie verpflichtet!, in: Heimat und Arbeit. Monatshefte für pädagogische Politik, 14. Jg. (1941), Heft 2, S. 38–41.

Petersen: Selbstverantwortlichkeit 1942 Petersen, Peter: Selbstverantwortlichkeit in der deutschen Jugend. Erziehung zur Selbstverantwortlichkeit in der deutschen Jugend, in: Geist der Zeit. Monatshefte für Wissenschaft und Hochschule, 20. Jg. (1942), S. 194–207. [Dokumentation ad fontes Petersen: S. 463–476]

Petersen: Fröbel 1942 Petersen, Peter: Friedrich Fröbel. Deutschlands größter Erzieher, Gotha 1942. [Dokumentation ad fontes Petersen: S. 478–538]

Petersen: Wissenschaft 1943 Petersen, Peter: Die Wissenschaft im Dienste des Lebens, Jena/Leipzig 1943. [Dokumentation ad fontes Petersen: S. 544–566]

Petersen: Jesuitenerziehung 1944 Petersen, Peter: Jesuitenerziehung, ohne Ort, ohne Jahr (Braunschweig 1944). [Dokumentation ad fontes Petersen: S. 572–602]

Petersen vor 1933

Petersen: Aristotelische Philosophie 1921	Petersen, Peter: Geschichte der aristotelischen Philosophie im protestantischen Deutschland, Leipzig 1921.
Petersen: Erziehungswissenschaft 1 1924	Petersen, Peter: Allgemeine Erziehungswissenschaft, Band I: Volkstheoretische Grundlegung, 2., unveränderte Auflage (unveränderter Nachdruck der im Jahre 1924 erschienenen 1. Auflage), Berlin 1962.
Petersen: Kleiner Jena-Plan 1927	Petersen, Peter: Der kleine Jena-Plan (Reprint der 1. Auflage 1927), Weinheim/Basel 1968.
Petersen: Erziehungswissenschaft 2 1931	Petersen, Peter: Allgemeine Erziehungswissenschaft, Band II: Der Ursprung der Pädagogik, Berlin 1931.

Petersen nach 1945

Petersen: Erziehungswissenschaft 3 1954	Petersen, Peter: Allgemeine Erziehungswissenschaft, Band III: Der Mensch in der Erziehungswirklichkeit, Berlin 1954.
Petersen: Führungslehre 1984	Petersen, Peter: Führungslehre des Unterrichts, Weinheim/Basel 1984.

6. Sekundärliteratur

A. R.: Der Jena-Plan, in: Deutsches Bildungswesen Erziehungswissenschaftliche Monatsschrift des Nationalsozialistischen Lehrerbundes (Hauptamt für Erzieher) für das gesamte Reichsgebiet. Beilage zum Amtsblatt des Bayerischen Staatsministeriums für Unterricht und Kultus, 3. Jg. (1935), Heft 1, S. 62–64.

Abendroth, Wolfgang: Ein Leben in der Arbeiterbewegung. Gespräche, Frankfurt am Main 1976.

Adam, Uwe Dietrich: Judenpolitik im Dritten Reich (Tübinger Schriften zur Sozial- und Zeitgeschichte, Band 1), Düsseldorf 1972.

Aden-Grossmann, Wilma: Berthold Simonsohn. Biographie des jüdischen Sozialpädagogen und Juristen (1912–1978) (Campus-Judaica, Band 23), Frankfurt am Main/ New York 2007.

Adorno, Theodor W.: Eingriffe. Neun kritische Modelle, Frankfurt am Main 1963.

Adorno, Theodor W.: Erziehung nach Auschwitz, in: Adorno, Theodor W.: Erziehung zur Mündigkeit. Vorträge und Gespräche mit Hellmut Becker 1959–1969, Frankfurt am Main 1971, S. 88–104.

Adorno, Theodor W.: Erziehung zur Mündigkeit, 6. Auflage, Frankfurt am Main 1979.

Adorno, Theodor W.: Ideologie, in: Institut für Sozialforschung (Hrsg.): Soziologische Exkurse. Nach Vorträgen und Diskussionen (Frankfurter Beiträge zur Soziologie, Band 4), Frankfurt am Main 1956, S. 162–181.

Adorno, Theodor W.: Jargon der Eigentlichkeit, in: Adorno, Theodor W.: Gesammelte Schriften, Band 6: Negative Dialektik. Jargon der Eigentlichkeit, Frankfurt am Main 1973, S. 413–526.

Adorno, Theodor W.: „Ob nach Auschwitz noch sich leben lasse". Ein philosophisches Lesebuch, Frankfurt am Main 1997.

Adorno, Theodor W.: Theorie der Halbbildung, Frankfurt am Main 2006.

Adorno, Theodor W.: Was bedeutet: Aufarbeitung der Vergangenheit?, in: Eingriffe. Neun kritische Modelle, Frankfurt am Main 1968, S. 125–146.

Allen, William Sheridan: Die deutsche Öffentlichkeit und die „Reichskristallnacht" – Konflikte zwischen Werthierarchie und Propaganda im Dritten Reich, in: Peukert, Detlev/Reulecke, Jürgen (Hrsg.): Die Reihen fast geschlossen. Beiträge zur Geschichte des Alltags unterm Nationalsozialismus, Wuppertal 1981, S. 397–411.

Alter, Peter/Bärsch, Claus-Ekkehard/ Berghoff, Peter (Hrsg.): Die Konstruktion der Nation gegen die Juden, München 1999.

Aly, Götz: Hitlers Volksstaat. Raub, Rassenkrieg und nationaler Sozialismus, durchgesehene und erweiterte Ausgabe, Frankfurt am Main 2006.

Aly, Götz: Macht – Geist – Wahn. Kontinuitäten deutschen Denkens, Berlin 1997.

Amlung, Ullrich/Lingelbach, Karl-Christoph: Adolf Reichwein (1898–1944), in: Tenorth, Heinz-Elmar (Hrsg.): Klassiker der Pädagogik. Band 2: Von John Dewey bis Paul Freire, München 2003, S. 203–216.

Amlung, Ullrich: Adolf Reichwein 1898–1944. Ein Lebensbild des Reformpädagogen, Volkskundlers und Widerstandskämpfers, Frankfurt am Main 1999.

Apel, Hans Jürgen/Kemnitz, Heidemarie/Sandfuchs, Uwe (Hrsg.): Das öffentliche Bildungswesen. Historische Entwicklung, gesellschaftliche Funktionen, pädagogischer Streit, Bad Heilbrunn 2001.

Arbeitsgruppe Pädagogisches Museum (Hrsg.): „Heil Hitler, Herr Lehrer". Volksschule 1933–1945. Das Beispiel Berlin, Hamburg 1983.

Arendt, Hannah: Besuch in Deutschland, Berlin 1993.

Arendt, Hannah: Eichmann in Jerusalem. Ein Bericht von der Banalität des Bösen, München 1965.

Arendt, Hannah: Elemente und Ursprünge totaler Herrschaft, neubearbeitete Ausgabe, Frankfurt am Main 1962.

Aristoteles: Die Nikomachische Ethik, 5. Auflage, München 2002.

Aristoteles: Politik, 7. Auflage, München 1996.

Aristoteles: Texte zur Logik, Reinbeck 1967.

Aristoteles: Werke in deutscher Übersetzung, Band I, Teil II: Peri Hermeneias, 2., veränderte Auflage, Berlin 2002.

Arndt, Ernst Moritz: Fragmente über Menschenbildung (Bibliothek pädagogischer Klassiker, Band 42), Langensalza 1904.

Arndt, Ernst Moritz: Versuch in vergleichender Völkergeschichte, Leipzig 1843.

Arnold, Rolf (Hrsg.): Ausgewählte Theorien zur beruflichen Bildung (Grundlagen der Berufs- und Erwachsenenbildung, Band 7), Baltmannsweiler 1997.

Arnsberg, Paul: Die Geschichte der Frankfurter Juden seit der Französischen Revolution, Band 3: Biographisches Lexikon der Juden in den Bereichen Wissenschaft, Kultur, Bildung, Öffentlichkeitsarbeit in Frankfurt am Main, Darmstadt 1983.

Ascher, Saul: Germanomanie, in: Ascher, Saul: Vier Flugschriften, Berlin 1991, S. 191–232.

Ash, Mitchell G.: Krise der Moderne oder Modernität als Krise? Stimmen aus der Akademie, in: Fischer, Wolfram (Hrsg.): Die Preußische Akademie der Wissenschaften zu Berlin 1914–1945 (Forschungsberichte der interdisziplinären Arbeitsgruppen der Berlin-Brandenburgischen Akademie der Wissenschaften, Band 8), Berlin 2000, S. 121–142.

Assel, Hans-Günther: Die Perversion der politischen Pädagogik im Nationalsozialismus (Schriften der Pädagogischen Hochschulen Bayerns), München 1969.

Aster, Ernst von: Metaphysik des Nationalismus, in: Die Neue Rundschau, 43. Jg. der Freien Bühne (1932), Heft 1, S. 40–52.

Auernheimer, Georg/Gstettner, Peter (Red.): Pädagogik in multikulturellen Gesellschaften (Jahrbuch für Pädagogik 1996), Frankfurt am Main/Berlin/Bern/New York/Paris/Wien 1996.

Baeumler, Alfred: Ästhetik (Handbuch der Philosophie, Sonderausgabe), München 1934.

Baeumler, Alfred: Das Irrationalitätsproblem in der Ästhetik und Logik des 18. Jahrhunderts bis zur Kritik der Urteilskraft. Mit einem Nachwort zum Neudruck, 2. durchgesehene Auflage, reprografischer Nachdruck der 1. Auflage (unter dem Titel: Kants Kritik der Urteilskraft. Ihre Geschichte und Systematik, Band 1, Halle 1923), Darmstadt 1967.

Baeumler, Alfred: Das mythische Weltalter. Bachofens romantische Deutung des Altertums, München 1965.

Baeumler, Alfred: Die Grenzen der formalen Bildung, in: Baeumler, Alfred: Politik und. Erziehung. Reden und Aufsätze, Berlin 1937, S. 67–91.

Baeumler, Alfred: Hitler und der Nationalsozialismus. Aufzeichnungen von 1945–1947, in: Der Pfahl. Jahrbuch aus dem Niemandsland zwischen Kunst und Wissenschaft, 5. Jg. (1991), S. 159–204.

Baeumler, Alfred: Politik und. Erziehung. Reden und Aufsätze, Berlin 1937.

Baeumler, Alfred: Rasse als Grundbegriff der Erziehungswissenschaft, in: Internationale Zeitschrift für Erziehungswissenschaft. 8. Jg. (1939), S. 252–255.

Baeumler, Marianne/Brunträger, Hubert/Kurzke, Hermann: Thomas Mann und Alfred Baeumler. Eine Dokumentation, Würzburg 1989.

Bähr, Hans Walter/Litt, Theodor/Louvaris, Nikolaus/Wenke, Hans (Hrsg.): Erziehung zur Menschlichkeit. Die Bildung im Umbruch der Zeit. Festschrift für Eduard Spranger zum 75. Geburtstag, 27. Juni 1957, Tübingen 1957.

Bähr, Hans Walter/Wenke, Hans (Hrsg.): Eduard Spranger. Sein Werk und sein Leben, Heidelberg 1964.

Bähr, Hans Walter: Briefe Eduard Sprangers zum Auftrag des Lehrers, der Schule und der Pädagogik, in: Fischer, Hans-

Joachim (Hrsg.): Ethos und Kulturauftrag des Lehrers. Festschrift für Wolfgang Hinrichs (Heidelberger Studien zur Erziehungswissenschaft, Band 42), Frankfurt am Main 1994, S. 16–38.

Bähr, Hans Walter: Nachwort, in: Spranger, Eduard: Gesammelte Schriften, Band IX: Philosophie und Psychologie der Religion, Tübingen/Heidelberg 1974, S. 419–435.

Bähr, Hans Walter: Nachwort, in: Spranger, Eduard: Gesammelte Schriften, Band VII: Briefe 1901–1963, Tübingen/Heidelberg 1978, S. 461–467.

Bähr, Hans Walter: Nachwort, in: Spranger, Eduard: Gesammelte Schriften, Band VI: Grundlagen der Geisteswissenschaft, Tübingen/Heidelberg 1980, S. 345–351.

Bahr, Hermann: Der Antisemitismus. Ein internationales Interview (Kritische Schriften in Einzelausgaben, Band 3), Weimar 2005.

Ballauff, Theodor: Antithesen in der modernen Pädagogik, in: Hermann Röhrs/Hans Scheuerl (Hrsg.): Richtungsstreit in der Erziehungswissenschaft und pädagogische Verständigung. Wilhelm Flitner zur Vollendung seines 100. Lebensjahres am 20. August 1989 gewidmet. (Studien zur Erziehungswissenschaft, Band 29) Frankfurt am Main/Bern/New York/Paris 1989, S. 101–112.

Ballauff, Theodor: Pädagogik. Eine Geschichte der Bildung und Erziehung, Band 1–3, Freiburg/München 1969.

Bartels, Klaus: Die Pädagogik Herman Nohls in ihrem Verhältnis zum Werk Wilhelm Diltheys und zur heutigen Erziehungswissenschaft (Göttinger Studien zur Pädagogik, Neue Folge, Band 15), Weinheim/Berlin 1968.

Bartels, Klaus: Herman Nohl, in: Speck, Josef (Hrsg.): Geschichte der Pädagogik des 20. Jahrhunderts. Von der Jahrhundertwende bis zum Ausgang der geisteswissenschaftlichen Epoche, Band 2, Stuttgart/Berlin/Köln/Mainz 1978, S. 35–50.

Barth, Hans: Problematik des Historismus, in: Bähr, Hans Walter/Wenke, Hans (Hrsg.): Eduard Spranger. Sein Werk und sein Leben, Heidelberg 1964, S. 143–148.

Baudissin, Wolf Graf von: Zum Konzept der Inneren Führung – in dankbarer Erinnerung an Erich Weniger, in: Hoffmann, Dietrich/Neumann, Karl (Hrsg.): Bildung und Soldatentum. Die Militärpädagogik Erich Wenigers und die Tradition der Erziehung zum Kriege, Weinheim 1992, S. 163–171.

Becker, Heinrich/Dahms, Hans-Joachim/Wegeler, Cornelia (Hrsg.): Die Universität Göttingen unter dem Nationalsozialismus, 2. erweiterte Ausgabe, München 1998.

Beitl, Diomira Margarita: Das Bild des Jugendlichen in der Psychologie des Jugendalters von Eduard Spranger und in der heutigen Jugendforschung, München 1967.

Bekenntnis der Professoren an den deutschen Universitäten und Hochschulen zu Adolf Hitler und dem nationalsozialistischen Staat. Überreicht vom Nationalsozialistischen Lehrerbund Deutschland/Sachsen, Dresden ohne Jahr (1933).

Bellmann, Johannes: Die Konstruktion des Ökonomischen bei Eduard Spranger und Theodor Litt, in: Zeitschrift für Pädagogik, 45. Jg. (1999), Heft 2, S. 261–279.

Benjamin, Walter: Gesammelte Schriften, Band III, Frankfurt am Main 1972.

Benjamin, Walter: Über den Begriff der Geschichte, in: Benjamin, Walter: Gesammelte Schriften, Band I, Frankfurt am Main 1974, S. 691–704.

Benner, Dietrich/Kemper, Herwart (Hrsg.): Quellentexte zur Theorie und Geschichte der Reformpädagogik, Teil 1: Die pädagogische Bewegung von der Aufklärung bis zum Neuhumanismus, Weinheim 2000.

Benner, Dietrich/Kemper, Herwart (Hrsg.): Quellentexte zur Theorie und Geschichte der Reformpädagogik, Teil 2: Die Pädagogische Bewegung von der Jahrhundertwende bis zum Ende der Weimarer Republik, Weinheim 2001.

Benner, Dietrich/Kemper, Herwart: Einleitung zur Neuherausgabe des kleinen Jena-Plans (Reihe Pädagogik), Weinheim/Basel 1991.

Benner, Dietrich/Kemper, Herwart: Theorie und Geschichte der Reformpädagogik, Teil 1: Die pädagogische Bewegung von der

Aufklärung bis zum Neuhumanismus, 2. Auflage, Weinheim/Basel 2003.

Benner, Dietrich/Kemper, Herwart: Theorie und Geschichte der Reformpädagogik, Teil 2: Die pädagogische Bewegung von der Jahrhundertwende bis zum Ende der Weimarer Republik, 2. Auflage, Weinheim/Basel 2003.

Benner, Dietrich: Einheit oder Vielheit Geisteswissenschaftlicher Pädagogik, in: Zeitschrift für Pädagogik, 41. Jg. (1995), Heft 3, S. 409–414.

Benz, Wolfgang: Was ist Antisemitismus? (Schriftenreihe der Bundeszentrale für Politische Bildung, Band 455), Bonn 2004.

Berg, Christa (Hrsg.): Handbuch der deutschen Bildungsgeschichte, Band 4: 1870–1918. Von der Reichsgründung bis zum Ende des Ersten Weltkriegs, München 1991.

Berg, Christa/Ellger-Rüttgardt, Sieglind (Hrsg.): „Du bist nichts, Dein Volk ist alles“. Forschungen zum Verhältnis von Pädagogik und Nationalsozialismus, Weinheim 1991.

Berghahn, Volker R.: Der Stahlhelm. Bund der Frontsoldaten 1918–1935 (Beiträge zur Geschichte des Parlamentarismus und der politischen Parteien, Band 33), Düsseldorf 1966.

Bergmann, Bernhard: Dank der Volksschule an Eduard Spranger, in: Pädagogische Rundschau. Monatsschrift für Erziehung und Unterricht, 16. Jg. (1962), Heft 7–8, S. 538–545.

Bergmann, Klaus/Kuhn, Annette/Rüsen, Jens/Schneider, Gerhard (Hrsg.): Handbuch der Geschichtsdidaktik. 3. völlig überarbeitete und bedeutend erweiterte Auflage, Düsseldorf 1985.

Bernfeld, Siegfried: Antiautoritäre Erziehung und Psychoanalyse, Band 1–3, Darmstadt 1969–1970.

Bernfeld, Siegfried: Sisyphos oder die Grenzen der Erziehung, Frankfurt am Main 1973.

Bernhard, Armin/Eierdanz, Jürgen (Hrsg.): Der Bund der Entschiedenen Schulreformer. Eine verdrängte Tradition demokratischer Pädagogik und Bildungspolitik (Sozialhistorische Untersuchungen zur Reformpädagogik und Erwachsenenbildung, Band 10), Frankfurt am Main 1991.

Berning, Cornelia: Vom „Abstammungsnachweis“ zum „Zuchtwart“. Vokabular des Nationalsozialismus, Berlin 1964.

Beutler, Kurt/Wiegmann, Ulrich (Red.): Auschwitz und die Pädagogik (Jahrbuch für Pädagogik 1995), Frankfurt am Main/Berlin/Bern/New York/Paris/Wien 1995.

Beutler, Kurt: Der Begriff der Militärpädagogik bei Erich Weniger, in: Gatzemann, Thomas/Göing, Anja Silvia (Hrsg.): Geisteswissenschaftliche Pädagogik, Krieg und Nationalsozialismus. Kritische Fragen nach der Verbindung von Pädagogik, Politik und Militär, Frankfurt am Main/Berlin/Bern/Brüssel/New York/Oxford/Wien 2004, S. 109–124.

Beutler, Kurt: Die konservative Pädagogik und ihr Verhältnis zur Politik, in: Westermanns pädagogische Beiträge. Eine Zeitschrift für die Volksschule, 19. Jg. (1967), Heft 2, S. 64–69.

Beutler, Kurt: Die konservative Pädagogik und ihr Verhältnis zur Politik, in: Blätter für deutsche und internationale Politik, 11. Jg. (1966), Heft 5, S. 405–413.

Beutler, Kurt: Die militärpädagogische Publikations- und Beratertätigkeit Erich Wenigers nach dem Zweiten Weltkrieg, in: Hoffmann, Dietrich/Neumann, Karl (Hrsg.): Bildung und Soldatentum. Die Militärpädagogik Erich Wenigers und die Tradition der Erziehung zum Kriege, Weinheim 1992, S. 153–161.

Beutler, Kurt: Erich Weniger – Reformpädagoge und Militärtheoretiker, in: Pädagogik und Schulalltag, 46. Jg. (1991), Heft 3, S. 280–290.

Beutler, Kurt: Erich Weniger und die Reformpädagogik, in: Keim, Wolfgang/Weber, Norbert H. (Hrsg.): Reformpädagogik in Berlin. Tradition und Wiederentdeckung (Studien zur Bildungsreform, Band 30), Frankfurt am Main/Berlin/Bern/New York/Paris/Wien 1998, S. 277–289.

Beutler, Kurt: Erich Weniger. Eine kritische Würdigung aus Anlass der 100. Wiederkehr seines Geburtstages am 11. September 1994, in: Pädagogik und Schulalltag, 49. Jg. (1994) Heft 3, S. 327–329.

Beutler, Kurt: Erich Wenigers Militärpädagogik in später Wahrnehmung. Eine Zwischenbilanz, in: Zeitschrift für Pädagogik, 40. Jg. (1994) Heft 2, S. 291–301.

Beutler, Kurt: Erich Wenigers Pädagogisierung des deutschen Militärs, in: Leschinsky, Achim (Hrsg.): Die Institutionalisierung von Lehren und Lernen. Beiträge zu einer Theorie der Schule (Zeitschrift für Pädagogik, Beiheft 34), Weinheim/Basel 1996, S. 317–329.

Beutler, Kurt: Geisteswissenschaftliche Pädagogik zwischen Politisierung und Militarisierung – Erich Weniger (Studien zur Bildungsreform, Band 24), Frankfurt am Main/ Berlin/Bern/New York/Paris/Wien 1995.

Beutler, Kurt: Re-education-Politik und geisteswissenschaftliche Pädagogik unter besonderer Berücksichtigung Erich Wenigers, in: Beutler, Kurt/Wiegmann, Ulrich (Red.): Auschwitz und die Pädagogik (Jahrbuch für Pädagogik, Band 1995), Frankfurt am Main/Berlin/Bern/New York/Paris/Wien 1995, S. 115–125.

Bienert, Walther: Martin Luther und die Juden. Ein Quellenbuch mit zeitgenössischen Illustrationen, Frankfurt am Main 1982.

Bimberg, Ortrud: Zur Rezeption der Bildungsidee Wilhelm von Humboldts durch Spranger, Weinstock und Blättner. Ein Beitrag zum Wandel des Humanitätsbegriffs in der bürgerlichen Pädagogik, Halle 1967.

Bircken, Margrid/Peitsch, Helmut (Hrsg.): Brennende Bücher. Erinnerungen an den 10. Mai 1933, Potsdam 2003.

Blankertz, Herwig/Hoffmann, Dietrich: Geschichtsunterricht und Politische Bildung, in: Dahmer, Ilse/Klafki, Wolfgang: Geisteswissenschaftliche Pädagogik am Ausgang ihrer Epoche – Erich Weniger, Weinheim/Berlin 1968, S. 175–194.

Blankertz, Herwig: Bildungsbegriff, in: Dahmer, Ilse/Klafki, Wolfgang: Geisteswissenschaftliche Pädagogik am Ausgang ihrer Epoche – Erich Weniger, Weinheim/Berlin 1968, S. 103–114.

Blankertz, Herwig: Die Geschichte der Pädagogik. Von der Aufklärung bis zur Gegenwart. Wetzlar 1982.

Blankertz, Herwig: Erich Weniger gestorben, in: Hamburger Lehrerzeitung, 14. Jg. (1961), Heft 11, S. 410–402.

Blankertz, Herwig: Vorwort, in: Schwenk, Bernhard: Unterricht zwischen Aufklärung und Indoktrination. Studien zum Begriff der Didaktik, Frankfurt am Main 1974, S. 7–9.

Blasius, Dirk/Diner, Dan (Hrsg.): Zerbrochene Geschichte. Leben und Selbstverständnis der Juden in Deutschland, Frankfurt am Main 1991.

Blättner, Fritz: Der Humanismus im deutschen Bildungswesen, Leipzig 1937.

Blättner, Fritz: Die Methoden der Jugendführung durch Unterricht. Kritische Untersuchungen zur Didaktik der deutschen Jugendschule, Langensalza/Berlin/Leipzig 1937.

Blättner, Fritz: Die Zeitschrift „Die Erziehung“, in: Wenke, Hans (Hrsg.): Eduard Spranger. Bildnis eines geistigen Menschen unserer Zeit. Zum 75. Geburtstag dargebracht von Freunden und Weggenossen, Heidelberg 1957, S. 361–370.

Blättner, Fritz: Geist und Tat im Wechsel der Generationen. Kulturphilosophische Untersuchungen über die Bildung, Leipzig 1943.

Blättner, Fritz: Geschichte der Pädagogik, 3. Auflage, Heidelberg 1955.

Bleuel, Hans Peter: Deutschlands Bekenner. Professoren zwischen Kaiserreich und Diktatur, Bern/München/Wien 1968.

Blickenstorfer, Jürg: Pädagogik in der Krise. Hermeneutische Studie, mit Schwerpunkt Nohl, Spranger, Litt zur Zeit der Weimarer Republik, Bad Heilbrunn 1998.

Blochmann, Elisabeth: Herman Nohl in der pädagogischen Bewegung seiner Zeit. 1879–1960, Göttingen 1969.

Blochmann, Elisabeth: Pädagogische Gedanken in Herman Nohls „Erziehergestalten“, in: Beiträge zur Menschenbildung. Herman Nohl zum 80. Geburtstag (Zeitschrift für Pädagogik, Beiheft 1), Weinheim/Düsseldorf 1959, S. 1–4.

Blochmann, Elisabeth: Vorwort, in: Nohl, Herman: Aufgaben und Wege der Sozialpädagogik. Vorträge und Aufsätze (Kleine pädagogische Texte, Band 35), Weinheim 1965, S. 7–9.

Blochmann, Elisabeth: Vorwort, in: Nohl, Herman: Vom Sinn der Kunst (Kleine Vandenhoeck-Reihe, Band 103/104), Göttingen 1961, S. 3–7.

Blume, Friedrich: Das Rasseproblem in der Musik. Entwurf zu einer Methodologie musikwissenschaftlicher Rasseforschung, Wolfenbüttel/Berlin 1939.

Boenicke, Rosemarie: Bildung, absoluter Durchgangspunkt. H.-J. Heydorns Begründung einer kritischen Bildungstheorie, Weinheim 2000.

Böhm, Winfried: Der Krieg als Erzieher. Die Verherrlichung des Krieges durch die Pädagogik, in: Gatzemann, Thomas/Göing, Anja Silvia (Hrsg.): Geisteswissenschaftliche Pädagogik, Krieg und Nationalsozialismus. Kritische Fragen nach der Verbindung von Pädagogik, Politik und Militär, Frankfurt am Main/Berlin/Bern/Brüssel/New York/Oxford/Wien 2004, S. 9–36.

Böhm, Winfried: Geschichte der Pädagogik. Von Platon bis zur Gegenwart, München 2004.

Bollmus, Reinhard: Das Amt Rosenberg und seine Gegner. Studien zum Machtkampf im nationalsozialistischen Herrschaftssystem, 2. Auflage, München 2006.

Bollnow, Otto Friedrich/Rodi, Frithjof: Vorwort, in: Nohl, Herman: Die Deutsche Bewegung. Vorlesungen und Aufsätze zur Geistesgeschichte von 1770–1830, Göttingen 1970.

Bollnow, Otto Friedrich: Das Lebenswerk Eduard Sprangers, in: Bähr, Hans Walter/Wenke, Hans (Hrsg.): Eduard Spranger. Sein Werk und sein Leben, Heidelberg 1964, S. 91–107.

Bollnow, Otto Friedrich: Die Pädagogik der deutschen Romantik. Von Arndt bis Fröbel. Eduard Spranger zum 70. Geburtstag, dem 27.6.1952, 2. Auflage, Stuttgart/Berlin/Köln/Mainz 1967.

Bollnow, Otto Friedrich: Diskussionsbeitrag beim Kolloquium zur wissenschaftsgeschichtlichen und aktuellen Bedeutung der Pädagogik Herman Nohls, in: Die neue Sammlung. Vierteljahres-Zeitschrift für Erziehung und Gesellschaft, 19. Jg. (1979), S. 565–569.

Bollnow, Otto Friedrich: Eduard Spranger zum hundertsten Geburtstag (Festvortrag an der Eberhard-Karls-Universität Tübingen am 28. Juni 1982), in: Zeitschrift für Pädagogik, 28. Jg. (1982), Heft 4, S. 505–525.

Bollnow, Otto Friedrich: Eduard Spranger zum hundertsten Geburtstag, in: Eisermann, Walter/Meyer, Hermann Josef/Röhrs, Hermann (Hrsg.): Maßstäbe. Perspektiven des Denkens von Eduard Spranger, Düsseldorf 1983, S. 15–40.

Bollnow, Otto Friedrich: Eduard Spranger zum hundertsten Geburtstag, in: Bräuer, Gottfried/Kehrer, Fritz (Hrsg.): Eduard Spranger zum 100. Geburtstag am 27. Juni 1982. Dokumentation des Symposiums der Pädagogischen Hochschule Ludwigsburg am 8. Juni 1982 (Ludwigsburger Hochschulschriften, Band 1), Ludwigsburg 1983, S. 37–48.

Bollnow, Otto Friedrich: Erweckung des Gewissens. Zu Eduard Sprangers hundertstem Geburtstag, in: Sozialpädagogische Blätter, 33. Jg. (1982), Heft 6, S. 167–171.

Bollnow, Otto Friedrich: Gedenkworte auf Eduard Spranger, den Philosophen, Psychologen und Erzieher, in: Universitas. Zeitschrift für Wissenschaft, Kunst und Literatur, 18 Jg. (1963), Heft 10, S. 1049–1060.

Bollnow, Otto Friedrich: Nachwort, in: Nohl, Herman: Das historische Bewusstsein, Göttingen/Frankfurt am Main/Zürich 1979.

Bollnow, Otto Friedrich: Neue Geborgenheit, Stuttgart 1955.

Bollnow, Otto Friedrich: Rede zur Einweihung des Eduard-Spranger-Gymnasiums. Bernhausen, 23. November 1973, Bernhausen 1973.

Bollnow, Otto Friedrich: Sprangers Alterswerk – Wege einer Alterserkenntnis, in: Universitas. Zeitschrift für Wissenschaft, Kunst und Literatur, 17. Jg. (1962), Heft 6,

S. 645–661.

Bonavita, Petra: „Restlose Reinigung von den Schlacken des liberalistischen Geistes". Die Universität Frankfurt im Dritten Reich: Kein aktiver Widerstand der Professoren, in: Forschung Frankfurt. Das Wissenschaftsmagazin, Jg. 2004, Heft 2, S. 46–55.

Borcherding, Karl: Wege und Ziele politischer Bildung in Deutschland. Eine Materialsammlung zur Entwicklung der politischen Bildung in den Schulen 1871–1965, München 1965.

Borchert, Wolfgang: Draußen vor der Tür. Ein Stück, das kein Theater spielen und kein Publikum sehen will, Hamburg/Stuttgart 1947.

Borinski, Fritz: Zwischen Pädagogik und Politik, in: Pongratz, Ludwig Jakob (Hrsg.): Pädagogik in Selbstdarstellungen, Band 2, Hamburg 1976, S. 1–81.

Bosshart, Emilie: Die systematischen Grundlagen der Pädagogik Eduard Sprangers. Mit einer monographischen Bibliographie Eduard Sprangers (Studien und Bibliographien zur Gegenwartsphilosophie, Band 10), Leipzig 1935.

Bourdieu, Pierre: Die politische Ontologie Martin Heideggers, Frankfurt am Main 1976.

Bracher, Karl Dietrich: Die deutsche Diktatur. Entstehung, Struktur, Folgen des Nationalsozialismus, Köln 1972.

Bracher, Karl Dietrich: Die Gleichschaltung der deutschen Universität, in: Freie Universität Berlin: Nationalsozialismus und die deutsche Universität. Universitätstage 1966, Berlin 1966, S. 126–142.

Brandt, Ahasver von: Werkzeug des Historikers. Eine Einführung in die Historischen Hilfswissenschaften, 12. Auflage, Stuttgart/Berlin/Köln 1989.

Brandt, Willy: Draußen. Schriften während der Emigration, München 1966.

Bräuer, Gottfried/Flitner, Andreas: Nachwort, in: Spranger, Eduard: Gesammelte Schriften, Band I: Geist der Erziehung, Tübingen/Heidelberg 1969, S. 455–459.

Bräuer, Gottfried/Kehrer, Fritz (Hrsg.): Eduard Spranger zum 100. Geburtstag am 27. Juni 1982. Dokumentation des Symposiums der Pädagogischen Hochschule Ludwigsburg am 8. Juni 1982 (Ludwigsburger Hochschulschriften, Band 1), Ludwigsburg 1983.

Bräuer, Gottfried: Eduard Spranger – Sein Leben und die Grundlinien seines pädagogischen Werks, in: Hohmann, Joachim Stephan (Hrsg.): Beiträge zur Philosophie Eduard Sprangers (Philosophische Schriften, Band 17), Berlin 1996, S. 27–47.

Bräuer, Gottfried: Eduard Spranger, in: Speck, Josef (Hrsg.): Geschichte der Pädagogik des 20. Jahrhunderts. Von der Jahrhundertwende bis zum Ausgang der geisteswissenschaftlichen Epoche, Band 2, Stuttgart/Berlin/Köln/Mainz 1978, S. 66–78.

Bräuer, Gottfried: Eduard Sprangers Moabiter Aufzeichnungen, in: Sacher, Werner/Schraut, Alban (Hrsg.): Volkserzieher in dürftiger Zeit. Studien über Leben und Wirken Eduard Sprangers. Beiträge zum Internationalen Spranger-Symposion in Nürnberg am 11./12. Oktober 2002 (Erziehungskonzeptionen und Praxis, Band 59), Frankfurt am Main/Berlin/Bern/Brüssel/New York/Oxford/Wien 2004, S. 121–156.

Bräuer, Gottfried: Wissenschaftsethos – Über normative Implikationen der wissenschaftlichen Arbeit, in: Meyer-Willner, Gerhard (Hrsg.): Eduard Spranger. Aspekte seines Werks aus heutiger Sicht. Mit einer bisher unveröffentlichten autobiographischen Skizze von Eduard Spranger, Bad Heilbrunn 2001, S. 90–109.

Brechtken, Magnus: „Madagaskar für die Juden". Antisemitische Idee und politische Praxis 1885–1945 (Studien zur Zeitgeschichte, Band 53), München 1997.

Bremer, Heidi: Theodor Litts Haltung zum Nationalsozialismus. Unter besonderer Berücksichtigung seiner Vorlesungen von 1933 bis 1937, Bad Heilbrunn 2005.

Breuer, Stefan: Anatomie der konservativen Revolution, 2. durchgesehene und korrigierte Auflage, Darmstadt 1995.

Brickner, Richard M.: Is Germany incurable?, Philadelphia/New York 1943.

Brill, Werner: Pädagogik im Spannungsfeld

von Eugenik und Euthanasie. Die „Euthanasie"-Diskussion in der Weimarer Republik und zu Beginn der neunziger Jahre. Ein Beitrag zur Faschismusforschung und zur Historiographie der Behindertenpädagogik (Saarbrücker Hochschulschriften, Band 22), St. Ingbert 1994.

Brinkmann, Wilhelm/Harth-Peter, Waltrat (Hrsg.): Freiheit, Geschichte, Vernunft. Grundlinien geisteswissenschaftlicher Pädagogik. Winfried Böhm zum 22. März 1997, Würzburg 1997.

Broszat, Martin: Plädoyer für eine Historisierung des Nationalsozialismus, in: Merkur. Deutsche Zeitschrift für europäisches Denken, 39. Jg. (1985), Heft 435, S. 373–385.

Brozio, Peter: Vom pädagogischen Bezug zur pädagogischen Beziehung. Soziologische Grundlagen einer Erziehungstheorie (Erziehung, Schule, Gesellschaft, Band 5), Würzburg 1995.

Bruhn, Joachim: Was deutsch ist. Zur kritischen Theorie der Nation, Freiburg 1994.

Brumlik, Micha/Ortmeyer, Benjamin (Hrsg.): Erziehungswissenschaft und Pädagogik in Frankfurt – eine Geschichte in Portraits. 90 Jahre Johann Wolfgang Goethe-Universität (Frankfurter Beiträge zur Erziehungswissenschaft, Reihe Kolloquien, Band 10), Frankfurt am Main 2006.

Brumlik, Micha: „...dieses Problem, von dem wir bis zuletzt nichts geahnt hatten." Nohl, Spranger, der Antisemitismus und die Frauen, in: Sozialwissenschaftliche Literatur-Rundschau (SLR). Sozialarbeit, Sozialpädagogik, Sozialpolitik, soziale Probleme, 28. Jg. (2005), Heft 50, S. 5–14.

Brumlik, Micha: Auch eine Erziehung nach Auschwitz. Erich Weniger zwischen Heinrich von Stülpnagel und Ernst Kantorowicz, in: Zeitschrift für Pädagogik, 41. Jg. (1995), Heft 3, S. 421–426.

Brumlik, Micha: Bildung und Glück. Versuch einer Theorie der Tugenden, Berlin/Wien 2002.

Brumlik, Micha: C. G. Jung zur Einführung, Hamburg 1993.

Brumlik, Micha: Deutscher Geist und Judenhass. Das Verhältnis des philosophischen Idealismus zum Judentum, München 2000.

Brumlik, Micha: Kritische Theorie und Symbolischer Interaktionismus – Pädagogik als kritische Sozialwissenschaft, in: Röhrs, Hermann/Scheuerl, Hans (Hrsg.): Richtungsstreit in der Erziehungswissenschaft und pädagogische Verständigung. Wilhelm Flitner zur Vollendung seines 100. Lebensjahres am 20. August 1989 gewidmet (Studien zur Erziehungswissenschaft, Band 29), Frankfurt am Main/Bern/New York/Paris 1989, S. 113–130.

Brumlik, Micha: NS-Pädagogik in Forschung und Lehre – Dissertationen und Lehrveranstaltungen an der Universität Heidelberg 1934–1943. Ein Bericht über das Wirken von Ernst Krieck, in: Otto, Hans-Uwe/Sünker, Heinz (Hrsg.): Soziale Arbeit und Faschismus. Volkspflege und Pädagogik im Nationalsozialismus, Bielefeld 1986, S. 55–87.

Buber, Martin: Reden über Erziehung, 7. Auflage, Heidelberg 1986.

Buchholz, Frieda: Das brauchbare Hilfsschulkind – ein Normalkind, Weimar 1939.

Bungardt, Karl Matthias: Friedrich Ludwig Jahn als Begründer einer völkisch-politischen Erziehung (Kulturphilosophische, philosophiegeschichtliche und erziehungswissenschaftliche Studien, Band 3), Würzburg 1938.

Bungenstab, Karl-Ernst: Umerziehung zur Demokratie? Re-education-Politik im Bildungswesen der US-Zone 1945–1949, Düsseldorf 1970.

Chamberlain, Sigrid: Adolf Hitler, die deutsche Mutter und ihr erstes Kind. Über zwei NS-Erziehungsbücher, Gießen 1997.

Cillien, Ursula: Das Erziehungsverständnis in Pädagogik und evangelischer Theologie. Eine historisch-systematische Untersuchung zu den Lehren Sprangers, Litts, Nohls, Frörs, Hammelsbecks und K. Barths (Aneignung und Begegnung, pädagogische Untersuchungen, Band II), Düsseldorf 1961.

Claussen, Detlev: Grenzen der Aufklärung. Zur gesellschaftlichen Geschichte des modernen Antisemitismus, Frankfurt am Main 1987.

Claussen, Detlev: Vom Judenhass zum Antisemitismus. Materialien einer verleugneten Geschichte, Darmstadt/Neuwied 1987.

Cremer-Schäfer, Helga/Steinert, Heinz: Straflust und Repression. Zur Kritik der populistischen Kriminologie (Einsprüche, Band 8), Münster 1998.

Crimmann, Ralph P.: Erich Weniger und Oskar Hammelsbeck. Eine Untersuchung ihrer pädagogischen und theologischen Anschauungen unter besonderer Berücksichtigung des Normenproblems, Weinheim/Basel 1986.

Croner, Else: Die moderne Jüdin, Berlin 1913.

Croner, Else: Die Psyche der weiblichen Jugend (Schriften zur Frauenbildung, Heft 6, Friedrich Manns Pädagogisches Magazin, Heft 996), Langensalza 1924.

Croner, Else: Eduard Spranger, Persönlichkeit und Werk, Berlin 1933.

Cüppers, Martin: Wegbereiter der Shoah. Die Waffen-SS, der Kommandostab Reichsführer-SS und die Judenvernichtung 1939–1945 (Veröffentlichungen der Forschungsstelle Ludwigsburg der Universität Stuttgart, Band 4), Darmstadt 2005.

Dahmer, Ilse/Klafki, Wolfgang: Geisteswissenschaftliche Pädagogik am Ausgang ihrer Epoche – Erich Weniger, Weinheim/Berlin 1968.

Dahmer, Ilse/Klafki, Wolfgang: Vorwort, in: Dahmer, Ilse/Klafki, Wolfgang: Geisteswissenschaftliche Pädagogik am Ausgang ihrer Epoche – Erich Weniger, Weinheim/Berlin 1968, S. V–VI.

Dahmer, Ilse: Theorie und Praxis, in: Dahmer, Ilse/Klafki, Wolfgang: Geisteswissenschaftliche Pädagogik am Ausgang ihrer Epoche – Erich Weniger, Weinheim/Berlin 1968, S. 35–80.

Dahmer, Ilse: Wenigers Erbschaft oder Vom erziehungswissenschaftlichen Umgang mit der „scheinlosen Macht“ des Geistes, in: Zeitschrift für Pädagogik, 41. Jg. (1995), Heft 3, S. 365–390.

Dahrendorf, Ralf: Gesellschaft und Demokratie in Deutschland, München 1965.

Debus, Fritz: Das Getto geht auf. Die Judenfrage vom Zeitalter der Aufklärung bis zu den napoleonischen Kriegen (In Deutschlands Namen, Band 36), Leipzig 1939.

Dehio, Ludwig/Classen, Peter (Hrsg.): Friedrich Meinecke – Eduard Spranger. Briefwechsel in Auswahl. 1943–1953, in: Dehio, Ludwig/Classen, Peter (Hrsg.): Friedrich Meinecke. Ausgewählter Briefwechsel, Stuttgart 1962, S. 569–579.

Deist, Wilhelm (Hrsg.): Quellen zur Geschichte des Parlamentarismus und der politischen Parteien, Reihe 2: Militär und Politik, Band 1: Militär und Innenpolitik im Weltkrieg 1914–1918, Düsseldorf ohne Jahr (1970).

Dejung, Emanuel: Um die kritische Gesamtausgabe von Pestalozzis Werken und Briefen, in: Wenke, Hans (Hrsg.): Eduard Spranger. Bildnis eines geistigen Menschen unserer Zeit. Zum 75. Geburtstag dargebracht von Freunden und Weggenossen, Heidelberg 1957, S. 192–201.

Delgado, Honorio: Wege der deutschen Philosophie, in: Hohmann, Joachim Stephan (Hrsg.): Beiträge zur Philosophie Eduard Sprangers (Philosophische Schriften, Band 17), Berlin 1996, S. 49–55.

Der feldgraue Goethe. Goethe-Worte über den Krieg, Breslau ohne Jahr (1915).

Der Prozess gegen die Hauptkriegsverbrecher vor dem Internationalen Militärgerichtshof, Nürnberg, 14.11.1945–1.10. 1946, Band I–XXII, Nürnberg 1949.

Deutsche Juden – Jüdische Deutsche. Aspekte der Sozialgeschichte, Sozialwissenschaftliche Informationen, 18. Jg. (1989), Heft 3.

Deutsche Schulkonferenzen, Band 1: Verhandlungen über Fragen des höheren Unterrichts. Berlin, 4.–17. Dezember 1890 (unveränderter Neudruck der Ausgabe Berlin 1891), Glashütten 1972.

Deutsche Wehrmachtpsychologie 1914–1945, mit einer Einführung von Peter R. Hofstätter, München 1985.

Deutsche Wissenschaft. Arbeit und Aufgabe, Leipzig 1939.

Dewey, John/Kilpatrick, William Heard: Der Projekt-Plan. Grundlagen und Praxis (Pädagogik des Auslandes, Band 6), Weimar 1935.

Dickopp, Karl-Heinz: Nationalsozialistische Pädagogik, in: Speck, Josef (Hrsg.): Geschichte der Pädagogik des 20. Jahrhunderts. Von der Jahrhundertwende bis zum Ausgang der geisteswissenschaftlichen Epoche, Band 2, Stuttgart/Berlin/Köln/Mainz 1978, S. 122–150.

Dickopp, Karl-Heinz: Systemanalyse nationalsozialistischer Erziehung. Kontinuität oder Abschied (Schriftenreihe zur Geschichte und politischen Bildung) Ratingen/ Wuppertal/Kastellaun 1971.

Die deutsche Geisteswelt für Liste 1. Erklärung von 300 deutschen Universitäts- und Hochschullehrern (Völkischer Beobachter. Kampfblatt der national-sozialistischen Bewegung Großdeutschlands, 3.3.1933), in: Schmid, Manfred (Hrsg.): ...treu und fest hinter dem Führer. Die Anfänge des Nationalsozialismus an der Universität Tübingen 1926–1934. Begleitheft zu einer Ausstellung des Universitätsarchivs Tübingen (Werkschriften des Universitätsarchivs Tübingen, Reihe 2: Repertorien und Kataloge, Heft 10), Tübingen 1983, S. 17.

Die Reichsschulkonferenz 1920. Ihre Vorgeschichte und Verbreitung und ihre Verhandlungen. Amtlicher Bericht, erstattet vom Reichsministerium des Innern, Leipzig 1921.

Dienst, Karl: Herman Nohl, in: Biographisch-bibliographisches Kirchenlexikon, Bad IV, Nordhausen 1993, Sp. 991–993.

Dietrich, Albert: Internationaler Literaturbericht: Deutschland. I. Theorie der Erziehung, in: Internationale Zeitschrift für Erziehung, 9. Jg. (1940), S. 193–230.

Dietrich, Dorothea: Der Jena-Plan von Peter Petersen. Ein Beitrag zur Kritik imperialistischer Pädagogik, Berlin 1953.

Dietrich, Theo: Die Pädagogik Peter Petersens – eine Herausforderung an die Gegenwart (Harms Pädagogische Reihe, Band 71), München/Frankfurt am Main/Berlin/ Hamburg/Essen 1973.

Dietrich, Theo: Die Pädagogik Peter Petersens. Der Jenaplan: Beispiel einer humanen Schule, 6. verbesserte und erweiterte Auflage, Bad Heilbrunn 1995.

Dietrich, Theo: Geschichte der Pädagogik in Beispielen. 18.–20. Jahrhundert; Bad Heilbrunn 1970.

Dietz, Burkhard (Hrsg.): Fritz Helling, Aufklärer und „politischer Pädagoge“ im 20. Jahrhundert. Interdisziplinäre Beiträge zur intellektuellen Biographie, Wissenschaftsgeschichte und Pädagogik (Studien zur Bildungsreform, Band 43), Frankfurt am Main/Berlin/Bern/Brüssel/New York/Oxford/Wien 2003.

Dilthey, Wilhelm: Das Verstehen anderer Personen und ihrer Lebensäußerungen, in: Dilthey, Wilhelm: Gesammelte Schriften, Band 7: Der Aufbau der geschichtlichen Welt in den Geisteswissenschaften, 8., unveränderte Auflage, Göttingen 1992, S. 213–217.

Dilthey, Wilhelm: Die Entstehung der Hermeneutik (1900), in: Dilthey, Wilhelm: Gesammelte Schriften, Band 5: Die geistige Welt: Einleitung in die Philosophie des Lebens. Hälfte 1: Abhandlungen zur Grundlegung der Geisteswissenschaften, 8., unveränderte Auflage, Göttingen 1990, S. 317–338.

Dilthey, Wilhelm: Die Philosophie des Lebens. Eine Auswahl aus seinen Schriften 1867–1910, Heppenheim 1946.

Dilthey, Wilhelm: Gesammelte Schriften, Band 1: Einleitung in die Geisteswissenschaften. Versuch einer Grundlegung für das Studium der Gesellschaft und der Geschichte, 2. Auflage, Leipzig/Berlin 1923.

Dilthey, Wilhelm: Gesammelte Schriften, Band 10: System der Ethik (herausgegeben von Herman Nohl), Göttingen 1958.

Dilthey, Wilhelm: Gesammelte Schriften, Band 12: Zur preußischen Geschichte (herausgegeben von Erich Weniger), Leipzig/Berlin 1936.

Dilthey, Wilhelm: Gesammelte Schriften, Band 4: Die Jugendgeschichte Hegels und andere Abhandlungen zur Geschichte des deutschen Idealismus (herausgegeben von Herman Nohl), Leipzig 1921.

Dilthey, Wilhelm: Von deutscher Dichtung und Musik. Aus den Studien zur Geschichte des deutschen Geistes, Leipzig/Berlin 1933.

Diner, Dan (Hrsg.): Ist der Nationalsozialismus Geschichte? Zu Historisierung und Historikerstreit, Frankfurt am Main 1987.

Diner, Dan: Aufklärung nach Auschwitz, in: Rüsen, Jörn/Lämmert, Eberhard/Glotz, Peter (Hrsg.): Die Zukunft der Aufklärung, Frankfurt am Main 1988, S. 12–18.

Doerry, Gerd: Der Begriff des Wertpersontypus bei Scheler und Spranger. Eine vergleichende Betrachtung zur Ethik der Persönlichkeit, Berlin 1958.

Dolch, Josef: Professor Peter Petersen, in: Heimat und Arbeit. Monatshefte für pädagogische Politik, 7. Jg. (1934), S. 124–125.

Dollinger, Bernd: Herman Nohl, in: Dollinger, Bernd (Hrsg.): Klassiker der Pädagogik. Die Bildung der modernen Gesellschaft, Wiesbaden 2006, S. 247–264.

Döpp, Robert: „...doch irgendwie mittendrin...“: „Jena-Plan“ im Nationalsozialismus. Ein Beitrag zur „Alltagsgeschichte“ der NS-Zeit, in: Hoßfeld, Uwe/John, Jürgen/Lemuth, Oliver/Stutz, Rüdiger (Hrsg.): „Kämpferische Wissenschaft“: Studien zur Universität Jena im Nationalsozialismus, Köln/Weimar/Wien 2003, S. 794–821.

Döpp, Robert: Jenaplan-Pädagogik im Nationalsozialismus. Ein Beitrag zum Ende der Eindeutigkeit (Pädagogik und Zeitgeschehen. Erziehungswissenschaftliche Beiträge, Band 4), Hamburg/London 2003.

Döpp-Vorwald, Heinrich: Die Erziehungslehre Peter Petersens, Ratingen 1962.

Dörfler-Dierken, Angelika (Hrsg.): Graf von Baudissin. Als Mensch hinter den Waffen, Göttingen 2006.

Döring, Wolfgang: Rezension von: Weniger, Erich: Wehrmachtserziehung und Kriegserfahrung (Berlin 1938), in: Die Erziehung. Monatsschrift für den Zusammenhang von Kultur und Erziehung in Wissenschaft und Leben, 14. Jg. (1938/39), Heft 1, S. 33–37.

Dorner, Christoph/Lemhöfer, Lutz u. a.: Die braune Machtergreifung. Universität Frankfurt 1930–1945, Frankfurt am Main 1989.

Drewek, Peter: Eduard Spranger (1882–1963), in: Tenorth, Heinz-Elmar (Hrsg.): Klassiker der Pädagogik. Zweiter Band: Von John Dewey bis Paulo Freire, München 2003, S. 137–151.

Dreyer, Michael/Lembcke, Oliver: Die deutsche Diskussion um die Kriegsschuldfrage 1918/19 (Beiträge zur politischen Wissenschaft, Band 70), Berlin 1993.

Dudek, Peter/Rauch, Thilo: Nationalsozialismus als Thema der deutschen Nachkriegspädagogik dargestellt am Beispiel „Der Sammlung“, in: Paedagogica Historica. International Journal of the History of Education, 28. Jg (1992), Heft 3, S. 551–578.

Dudek, Peter: „Der Rückblick auf die Vergangenheit wird sich nicht vermeiden lassen“. Zur pädagogischen Verarbeitung des Nationalsozialismus in Deutschland (1945–1990), Opladen 1995.

Dudek, Peter: Eduard Spranger und der „Steglitzer Schülermordprozess“. Ein Beitrag zur historischen Jugendforschung, in: Pädagogische Rundschau, 41. Jg. (1987), Heft 3, S. 293–312.

Dudek, Peter: Ein Leben im Schatten. Johannes und Herman Nohl – zwei deutsche Karrieren im Kontrast. Heinz-Elmar Tenorth zum 60. Geburtstag, Bad Heilbrunn 2004.

Dudek, Peter: Gesamtdeutsche Pädagogik im Schwelmer Kreis. Geschichte und politisch-pädagogische Programmatik 1952–1974 (Veröffentlichungen der Max-Traeger-Stiftung, Band 20) Weinheim/München 1993.

Dudek, Peter: Peter Petersen: Reformpädagogik in der SBZ und der DDR 1945–1950. Eine Fallstudie (Bibliothek für Bildungsforschung, Band 4), Weinheim 1996.

Duesterberg, Theodor: Der Stahlhelm und Hitler, Wolfenbüttel/Hannover 1949.

Dühring, Eugen Karl: Die Judenfrage als Frage des Rassencharakters und seiner Schädlichkeiten für Existenz und Kultur der Völker. Mit einer gemeinverständlichen und denkerisch freiheitlichen Antwort, 6. vermehrte Auflage, Leipzig 1930.

Düning, Hans Joachim: Der SA-Student im Kampf um die Hochschule (1925–1935). Ein Beitrag zur Geschichte der deutschen Universität im 20. Jahrhundert, Weimar 1936.

Dürr, Otto: Zur religiösen Dimension in Leben und Werk Eduard Sprangers, in: Eisermann, Walter/Meyer, Hermann Josef/Röhrs, Hermann (Hrsg.): Maßstäbe. Perspektiven des Denkens von Eduard Spranger, Düsseldorf 1983, S. 75–84.

Dust, Martin/Sturm, Christoph/Weiß, Edgar (Hrsg.): Pädagogik gegen das Vergessen. Festschrift für Wolfgang Keim, Kiel 2000.

Eberan, Barbro: Luther? Friedrich „der Große“? Wagner? Nietzsche? ...? ...? Wer war an Hitler schuld? Die Debatte um die Schuldfrage 1945–1949, 2. erweiterte Auflage, München 1985.

Ecke, Felix: Die braunen Gesetze. Über das Recht im Unrechtsstaat, Berlin 1990.

Eduard Spranger und die Hochschulgeschichte von 1933–45, in: Deutsche Hochschullehrerzeitung. Zeitschrift für Hochschule, Wissenschaft und Forschung, 4. Jg. (1956), Heft 4, S. 7–14.

Eduard-Spranger-Heft. Universitas. Zeitschrift für Wissenschaft, Kunst und Literatur, 17. Jg. (1962), Heft 6.

Ehrhardt, Arthur: Kleinkrieg. Geschichtliche Erfahrungen und künftige Möglichkeiten, Potsdam ohne Jahr (1935).

Ehrhardt, Johannes: Erziehungsdenken und Erziehungspraxis des Nationalsozialismus, Berlin 1968.

Eichelberger, Harald/Wilhelm, Marianne: Der Jenaplan heute. Eine Pädagogik für die Schule von morgen, Innsbruck/Wien/München 2000.

Eichler, Arthur: Die Landbewegung des 18. Jahrhunderts und ihre Pädagogik, Langensalza/Berlin/Leipzig 1933.

Eierdanz, Jürgen: „Wir wollen gehorchen lernen!“ Peter Petersen und der Jenaplan, in: Demokratische Erziehung, 13. Jg. (1987), Heft 3, S. 16–21.

Eierdanz, Jürgen: Auf der Suche nach der neuen Erziehung. Politik und Pädagogik des „Bundes entschiedener Schulreformer“ (1919–1933) zwischen Anspruch und Wirklichkeit, Gießen 1985.

Einstein, Albert: Mein Weltbild, Frankfurt am Main/Berlin 1986.

Eisermann, Walter/Meyer, Hermann Josef/Röhrs, Hermann (Hrsg.): Maßstäbe. Perspektiven des Denkens von Eduard Spranger, Düsseldorf 1983.

Eisermann, Walter: Der Abschied vom alten Bildungsideal – eine Herausforderung für die Schule. Überlegungen Eduard Sprangers in der Epoche des 1. Weltkrieges, in: Kirk, Sabine/Köhler, Johannes u. a. (Hrsg.): Schule und Geschichte. Funktionen der Schule in Vergangenheit und Gegenwart. Festschrift für Rudolf W. Keck zum 65. Geburtstag, Bad Heilbrunn 2000, S. 166–176.

Eisermann, Walter: Der Denker, der seinem Geist folgte. Leben und Werk Eduard Sprangers unter dem Primat des Gewissens, in: Pädagogische Rundschau, 37 Jg. (1983), Heft 4, S. 391–401.

Eisermann, Walter: Die Behandlung gegensätzlicher Positionen im Denken Eduard Sprangers, in: Sacher, Werner/Schraut, Alban (Hrsg.): Volkserzieher in dürftiger Zeit. Studien über Leben und Wirken Eduard Sprangers. Beiträge zum Internationalen Spranger-Symposion in Nürnberg am 11./12. Oktober 2002 (Erziehungskonzeptionen und Praxis, Band 59), Frankfurt am Main/Berlin/Bern/Brüssel/New York/Oxford/Wien 2004, S. 209–226.

Eisermann, Walter: Eduard Sprangers Gesamtschau des geistigen Lebens und der Erziehungswirklichkeit, in: Bähr, Hans Walter/Wenke, Hans (Hrsg.): Eduard Spranger. Sein Werk und sein Leben, Heidelberg 1964, S. 110–125.

Eisermann, Walter: Ein vorläufiger Versuch, sich dem Rätsel eklatanter Widersprüche in den Hadlich-Briefen Eduard Sprangers verstehend zu nähern. Ein Entwurf, Spranger-Archiv, TU Braunschweig, ohne Ort, 1994.

Eisermann, Walter: Stellungnahme zu Fritz Hellings „Eduard Sprangers Weg zu Hitler“, in: Schule und Nation. Zeitschrift für ein demokratisches Bildungswesen, 14. Jg. (1967), Heft 2, S. 17–18.

Eisermann, Walter: Zur Spranger-Forschung in der Gegenwart – Rückblick und Ausblick, in: Meyer-Willner, Gerhard (Hrsg.): Eduard Spranger. Aspekte seines Werks aus heutiger Sicht. Mit einer bisher unveröffentlichten autobiographischen Skizze von Eduard Spranger, Bad Heilbrunn 2001, S. 9–15.

Eisermann, Walter: Zur Wirkungsgeschichte Eduard Sprangers – Dargestellt an Reaktionen auf sein Rücktrittsgesuch im April 1933, in: Eisermann, Walter/Meyer, Hermann Josef/Röhrs, Hermann (Hrsg.): Maßstäbe. Perspektiven des Denkens von Eduard Spranger, Düsseldorf 1983, S. 297–323.

Eisfeld, Rainer: Ausgebürgert und doch angebräunt. Deutsche Politikwissenschaft 1920–1945, Baden-Baden 1991.

Eley, Geoff: Wilhelminismus, Nationalismus, Faschismus. Zur historischen Kontinuität in Deutschland, 2. Auflage, Münster 1996.

Elias, Norbert: Engagement und Distanzierung (Arbeiten zur Wissenssoziologie, Band 1), Frankfurt am Main 1983.

Ellger-Rüttgardt, Sieglind (Hrsg.): Verloren und Un-Vergessen. Jüdische Heilpädagogik in Deutschland, Weinheim 1996.

Ellger-Rüttgardt, Sieglind: Hilfsschulpädagogik und Nationalsozialismus – Traditionen, Kontinuitäten, Einbrüche. Zur Berufsideologie der Hilfsschullehrerschaft im Kaiserreich und in der Weimarer Republik, in: Herrmann, Ulrich/Oelkers, Jürgen (Hrsg.): Pädagogik und Nationalsozialismus, Weinheim/Basel 1989, S. 147–165.

Englert, Ludwig (Hrsg.): Georg Kerschensteiner. Eduard Spranger. Briefwechsel 1912–1931, München/Wien/Stuttgart 1966.

Englert, Ludwig/Mursch, Siegfried: Bibliographie Eduard Spranger 1957–1962, in: Pädagogische Rundschau. Monatsschrift für Erziehung und Unterricht, 16. Jg. (1962), Heft 7–8, S. 631–644.

Englert, Ludwig: Der gegenwärtige Stand der Spranger-Forschung, in: Schindler, Ingrid: Pädagogisches Denken in Geschichte und Gegenwart. Festschrift zum 65. Geburtstag von Josef Dolch. Dargebracht von seinen Freunden und Kollegen, Ratingen 1964, S. 115–125.

Englert, Ludwig: Eduard Spranger und Oswald Spengler, in: Koktanek, Anton Mirko/Schröter, Manfred (Hrsg.): Spengler-Studien, Festgabe für Manfred Schröter zum 85. Geburtstag, München 1965, S. 33–58.

Englert, Ludwig: Ernte aus fünf Jahren. Die Veröffentlichungen Eduard Sprangers 1957–1961, in: Pädagogische Rundschau. Monatsschrift für Erziehung und Unterricht, 16. Jg. (1962), Heft 7–8, S. 625–630.

Entgegnungen zum Bonner Forum Mut zur Erziehung, München/Wien/Baltimore 1978.

Erbe, Michael: Rede bei der Enthüllung der Gedenktafel für Eduard Spranger am 2. September 1988, in: Henning, Uwe/Schmidt, Folker/Wallek, Beate (Hrsg.): Die Berliner Gedenktafel für Eduard Spranger 1988. Eine Dokumentation. Mit dem Text eines Wochenschauvortrags von 1943 und Briefen von Eduard Spranger, Berlin 1988, S. 17–21.

Erich Weniger oder die Legitimität der Geisteswissenschaftlichen Pädagogik, Zeitschrift für Pädagogik, 41. Jg. (1995), Heft 3.

Erklärung der Hochschullehrer des Deutschen Reiches, Berlin 1914.

Erziehung und Unterricht in der höheren Schule. Amtliche Ausgabe des Reichs- und preußischen Ministeriums für Wissenschaft, Erziehung und Volksbildung, Berlin 1938.

Erziehung und Unterricht in der Volksschule, Berlin 1940.

Eschenburg, Theodor: Gedenkworte auf Eduard Spranger, den Philosophen, Psychologen und Erzieher, in: Universitas. Zeitschrift für Wissenschaft, Kunst und Literatur, 18 Jg. (1963), Heft 10, S. 1047–1049.

Eschwege, Helmut (Hrsg.): Kennzeichen J. Bilder, Dokumente, Berichte zur Geschichte den Verbrechen des Hitlerfaschismus an den deutschen Juden 1933–1945, Berlin 1966.

Esh, Saul: „Nationalpolitische Erziehung“ –

Ein Eckpfeiler des Nationalsozialismus, in: Internationales Jahrbuch für Geschichtsunterricht, Band VIII, Braunschweig 1962, S. 125–136.

Fallersleben, Hoffmann von: Gesammelte Werke, Band 4, Berlin 1891.

Farías, Victor: Heidegger und der Nationalsozialismus, Frankfurt am Main 1989.

Faust, Anselm: Professoren für die NSDAP. Zum Verhalten der Hochschullehrer 1932/33, in: Heinemann, Manfred (Hrsg.): Erziehung und Schulung im Dritten Reich, Teil 2: Hochschule, Erwachsenenbildung (Veröffentlichungen der Historischen Kommission der Deutschen Gesellschaft für Erziehungswissenschaft, Band 4), Stuttgart 1980, S. 31–49.

Fechner-Mahn, Annelise: „Das Wesen der Frau ist Liebe". Zu Eduard Sprangers 100. Geburtstag, in: Sozialpädagogische Blätter, 33. Jg. (1982), Heft 6, S. 161–166.

Fechner-Mahn, Annelise: Kulturverantwortung der Frau bei Eduard Spranger damals und heute, in: Meyer-Willner, Gerhard (Hrsg.): Eduard Spranger. Aspekte seines Werks aus heutiger Sicht. Mit einer bisher unveröffentlichten autobiographischen Skizze von Eduard Spranger, Bad Heilbrunn 2001, S. 110–120.

Feder, Gottfried: Das Programm der N.S.D.A.P. und seine weltanschaulichen Grundgedanken (Nationalsozialistische Bibliothek, Heft 1), 136.–145. Auflage, München 1934.

Fend, Helmut: Die Pädagogik des Neokonservatismus, Frankfurt am Main 1984.

Fetscher, Iring: Die Nachkriegsgeneration und der geistige Weg der Deutschen, in: Wenke, Hans (Hrsg.): Eduard Spranger. Bildnis eines geistigen Menschen unserer Zeit. Zum 75. Geburtstag dargebracht von Freunden und Weggenossen, Heidelberg 1957, S. 577–583.

Fetscher, Iring: Geleitwort, in: Priem, Karin: Bildung im Dialog. Eduard Sprangers Korrespondenz mit Frauen und sein Profil als Wissenschaftler 1903–1924 (Beiträge zur historischen Bildungsforschung, Band 24), Köln/Weimar/Wien 2000, S. 7–13.

Fichte, Johann Gottlieb: Die Bestimmung des Menschen, 2., um ein Geleitwort Eduard Sprangers und ein Sachverzeichnis vermehrte Auflage (Philosophische Bibliothek, Band 226), Leipzig ohne Jahr (1945).

Fichte, Johann Gottlieb: Reden an die deutsche Nation, Leipzig 1955.

Fichte, Johann Gottlieb: Reden an die deutsche Nation. Mit einem Geleitwort von Eduard Spranger (Philosophische Bibliothek, Band 204), Leipzig 1943.

Fichte, Johann Gottlieb: Sämtliche Werke, Band 1 und 2, Berlin 1846.

Fichte, Johann Gottlieb: Werke, Band VI, Berlin 1971.

Finckh, Hans Jürgen: Der Begriff der „Deutschen Bewegung" und seine Bedeutung für die Pädagogik Herman Nohls (Europäische Hochschulschriften, Reihe 11: Pädagogik, Band 41), Frankfurt am Main/Bern/Las Vegas 1977.

Fischer, Eugen: Die Rehobother Bastards und das Bastardierungsproblem beim Menschen. Anthropologische und ethnographische Studien am Rehobother Bastardvolk in Deutsch-Südwest-Afrika, Jena 1913.

Fischer, Fritz: Bündnis der Eliten. Zur Kontinuität der Machtstrukturen in Deutschland 1871–1945, Düsseldorf 1998.

Fischer, Fritz: Der deutsche Protestantismus und die Politik im 19. Jahrhundert, in: Historische Zeitung, 171. Jg. (1951), S. 473–518.

Fischer, Fritz: Griff nach der Weltmacht. Die Kriegszielpolitik des kaiserlichen Deutschland 1914/18, Düsseldorf 1961.

Fischer, Heinz-Dietrich (Hrsg.): Deutsche Zeitungen des 17. bis 20. Jahrhunderts (Publizistik-historische Beiträge, Band 2), Pullach 1972.

Fischer, Heinz-Dietrich: Die Deutsche Allgemeine Zeitung, in: Fischer, Heinz-Dietrich (Hrsg.): Deutsche Zeitungen des 17. bis 20. Jahrhunderts (Publizistik-historische Beiträge, Band 2), Pullach 1972, S. 269–282.

Fischer, Jens: Aktualität und Zeitgebundenheit der Ethik Eduard Sprangers, in: Eisermann, **Walter/Meyer, Hermann Jo-**

sef/Röhrs, Hermann (Hrsg.): Maßstäbe. Perspektiven des Denkens von Eduard Spranger, Düsseldorf 1983, S. 85–101.

Fischer, Wolfgang/Löwisch, Dieter-Jürgen (Hrsg.): Philosophen als Pädagogen. Wichtige Entwürfe klassischer Denker, 2. ergänzte Auflage, Darmstadt 1998.

Flasch, Kurt: War die SA vielleicht eine Trachtengruppe? Christian Tilitzkis gründliche Mammutstudie zur Universitätsphilosophie in der Nazizeit läutet ein neues Forschungsstadium ein und irritiert durch apologetische Töne, in: Frankfurter Allgemeine Zeitung, Jg. 2002, 26.8.2002.

Fleck, Ludwik: Entstehung und Entwicklung einer wissenschaftlichen Tatsache. Einführung in die Lehre vom Denkstil und Denkkollektiv, Frankfurt am Main 1994.

Flessau, Kurt-Ingo/Nyssen, Elke/Pätzold, Günter (Hrsg.): Erziehung im Nationalsozialismus. „...und sie werden nicht mehr frei ihr ganzes Leben!", Köln/Wien 1987.

Flessau, Kurt-Ingo: Gegen Vorverurteilungen in der wissenschaftlichen Diskussion, in: Die Deutsche Schule. Zeitschrift für Erziehungswissenschaft, Bildungspolitik und pädagogische Praxis, 89 Jg. (1997), Heft 4, S. 485–489.

Flessau, Kurt-Ingo: Schule der Diktatur. Lehrpläne und Schulbücher des Nationalsozialismus, ungekürzte, vom Autor durchgesehene Ausgabe, Frankfurt am Main 1979.

Flitner, Andreas (Hrsg.): Deutsches Geistesleben und Nationalsozialismus. Eine Vortragsreihe der Universität Tübingen, Tübingen 1965.

Flitner, Andreas: Der kritische Sinn, in: Wenke, Hans (Hrsg.): Eduard Spranger. Bildnis eines geistigen Menschen unserer Zeit. Zum 75. Geburtstag dargebracht von Freunden und Weggenossen, Heidelberg 1957, S. 531–535.

Flitner, Andreas: Wissenschaft und Volksbildung, in: Flitner, Andreas (Hrsg.): Deutsches Geistesleben und Nationalsozialismus. Eine Vortragsreihe der Universität Tübingen, Tübingen 1965, S. 217–235.

Flitner, Elisabeth: Vom Kampf der Professoren zum „Kampf der Götter". Max Weber und Eduard Spranger, in: Zeitschrift für Pädagogik, 44. Jg. (1998), Heft 6, S. 889–906.

Flitner, Wilhelm: Der Krieg und die Jugend (1927), in: Flitner, Wilhelm: Gesammelte Schriften, Band 4: Die pädagogische Bewegung. Beiträge, Berichte, Rückblicke, Paderborn/München/Wien/Zürich 1987, S. 56–169.

Flitner, Wilhelm: Die deutsche Erziehungslage nach dem 5. März 1933, in: Die Erziehung. 8. Jg. Heft 7. 1933, S. 410.

Flitner, Wilhelm: Gentleman-Ideal und Gentleman-Erziehung. Eine Besprechung von Hoylers gleichnamigem Buch (Leipzig 1933), in: Die Erziehung. Monatsschrift für den Zusammenhang von Kultur und Erziehung in Wissenschaft und Leben, 8. Jg. (1933), S. 711–718.

Flitner, Wilhelm: Gesammelte Schriften, Band 11: Erinnerungen 1889–1945, Paderborn 1986.

Flitner, Wilhelm: Theorie des pädagogischen Weges, 6. Auflage, Weinheim 1963.

Foerster, Friedrich Wilhelm: Manifest für den Frieden. Eine Auswahl aus seinen Schriften (1893–1933), Paderborn 1988.

Foerster, Friedrich Wilhelm: Schriften zur politischen Bildung, Paderborn 1964.

Förster, Paul: Deutsche Bildung, deutscher Glaube, deutsche Erziehung. Eine Streitschrift, Leipzig 1906.

Fontana, Michael: Eduard Spranger – erziehungswissenschaftliche und biographisch-politische Kontinuitäten und Diskontinuitäten in seinem Leben und Werk, Frankfurt am Main 2007 (Manuskript).

Franz, Herbert: Von Herder bis Hegel. 1938.

Freie Universität Berlin: Nationalsozialismus und die deutsche Universität. Universitätstage 1966, Berlin 1966.

Freud, Sigmund: Der Mann Moses und die monotheistische Religion, in: Gesammelte Werke, Band 16: Werke aus den Jahren 1932–1939, 7. Auflage, Frankfurt am Main 1993, S. 156–246.

Freud, Sigmund: Ein Wort zum Antisemitismus, in: Gesammelte Werke, Nachtragsband: Texte aus den Jahren 1885–1938, Frankfurt am Main 1999, S. 779–781.

Freyhoff, Ulrich: Bildsamkeit, in: Dahmer, Ilse/Klafki, Wolfgang: Geisteswissenschaftliche Pädagogik am Ausgang ihrer Epoche – Erich Weniger, Weinheim/Berlin 1968, S. 115–136.

Freyhold, Michaela von: Autoritarismus und politische Apathie. Analyse einer Skala zur Ermittlung autoritätsgebundener Verhaltensweisen (Frankfurter Beiträge zur Soziologie, Band 22), Frankfurt am Main 1971.

Freytag, Horst: Der Strukturbegriff bei Spranger und seine Bedeutung für die Pädagogik, Braunschweig 1933.

Frick, Wilhelm: Kampfziel der deutschen Schule. Ansprache des Reichsministers des Innern auf der Ministerkonferenz am 9. Mai 1933, Langensalza 1938.

Fricke, Dieter/Fritsch, Werner u. a. (Hrsg.): Lexikon zur Parteiengeschichte. Die bürgerlichen und kleinbürgerlichen Parteien und Verbände in Deutschland (1789–1945). In vier Bänden, Band 3: Gesamtverband deutscher Angestelltengewerkschaften – Reichs- und freikonservative Parteien, Köln 1985.

Fricke-Finkelnburg, Renate (Hrsg.): Nationalsozialismus und Schule. Amtliche Erlasse und Richtlinien 1933–1945, Opladen 1989.

Friebertshäuser, Barbara/Prengel, Annedore (Hrsg.): Handbuch qualitative Forschungsmethoden in der Erziehungswissenschaft, Weinheim/München 1997.

Friedländer, Saul: Kitsch und Tod. Der Widerschein des Nazismus, 2. Auflage, München 1984.

Friedländer, Saul: Überlegungen zur Historisierung des Nationalsozialismus, in: Diner, Dan (Hrsg.): Ist der Nationalsozialismus Geschichte? Zu Historisierung und Historikerstreit, Frankfurt am Main 1987, S. 34–50.

Fritsch, Theodor: Handbuch der Judenfrage Die wichtigsten Tatsachen zur Beurteilung des jüdischen Volkes, 40. Auflage, Leipzig 1936.

Fritscher, Werner (Hrsg.): Dokumente zur deutschen Wehrpsychologie 1914–1945, München 1990.

Fritz, Curt: Goethes Stellung zum Kriege, Hilchenbach 1931.

Fröbel, Friedrich: Durchgreifende dem Deutschen Charakter erschöpfend genügende Erziehung ist das Grund- und Quellbedürfnis des Deutschen Volkes, Erfurt 1821.

Froese, Leonhard: Erinnerungen an Herman Nohl, in: Pädagogische Rundschau, 50. Jg. (1996), Heft 4, S. 547–554.

Fromm, Erich: Die Kunst des Liebens, Frankfurt am Main/Berlin/Wien 1977.

Fuchs, Birgitta: Schleiermachers dialektische Grundlegung der Pädagogik. Klärende Theorie und besonnene Praxis, Bad Heilbrunn 1998.

Führ, Christoph/Furck, Carl-Ludwig (Hrsg.): Handbuch der deutschen Bildungsgeschichte, Band 6: 1945 bis zur Gegenwart, 1. Teilband: Bundesrepublik Deutschland, München 1998.

Führ, Christoph: Zur deutschen Bildungsgeschichte seit 1945, in: Führ, Christoph/Furck, Carl-Ludwig (Hrsg.): Handbuch der deutschen Bildungsgeschichte, Band 6: 1945 bis zur Gegenwart, 1. Teilband: Bundesrepublik Deutschland, München 1998, S. 1–24.

Fürstenau, Justus: Entnazifizierung. Ein Kapitel deutscher Nachkriegspolitik, Neuwied/Berlin 1969.

Gall, Lothar (Hrsg.): Die großen Deutschen unserer Epoche, Berlin/Frankfurt am Main 1995.

Gamm, Hans-Jochen/Keim, Wolfgang (Red.): Erinnern – Bildung – Identität (Jahrbuch für Pädagogik 2003), Frankfurt am Main/Berlin/Bern/Brüssel/New York/Oxford/Wien 2004.

Gamm, Hans-Jochen: Das Elend der spätbürgerlichen Pädagogik. Studien über den politischen Erkenntnisstand der Sozialwissenschaft, München 1972.

Gamm, Hans-Jochen: Erziehungswissenschaft auf kritisch-materialistischer Basis, in: Röhrs, Hermann/Scheuerl, Hans (Hrsg.):

Richtungsstreit in der Erziehungswissenschaft und pädagogische Verständigung. Wilhelm Flitner zur Vollendung seines 100. Lebensjahres am 20. August 1989 gewidmet (Studien zur Erziehungswissenschaft, Band 29) Frankfurt am Main/Bern/New York/ Paris 1989, S. 131–146.

Gamm, Hans-Jochen: Faschismus als Herausforderung an die Pädagogik, in: Otto, Hans-Uwe/Sünker, Heinz (Hrsg.): Soziale Arbeit und Faschismus. Volkspflege und Pädagogik im Nationalsozialismus, Bielefeld 1986, S. 3–17.

Gamm, Hans-Jochen: Führung und Verführung. Pädagogik des Nationalsozialismus, München 1964.

Gamm, Hans-Jochen: Pädagogische Studien zum Problem der Judenfeindschaft. Ein Beitrag zur Vorurteilsforschung, Neuwied/Berlin 1966.

Gamm, Hans-Jochen: Rezension von: Beutler, Kurt: Geisteswissenschaftliche Pädagogik zwischen Politisierung und Militarisierung – Erich Weniger (Frankfurt am Main/Berlin/Bern/New York/Paris/Wien 1995), in: Das Argument, 37. Jg. (1995), Heft 209, S. 445–447.

Garz, Detlef: Biographische Erziehungswissenschaft. Lebenslauf, Entwicklung und Erziehung. Eine Hinführung, Opladen 2001.

Gaßen, Helmut: Bericht über den Nachlass Erich Wenigers, in: Neumann, Karl (Hrsg.): Erich Weniger. Leben und Werk. Dokumentation eines Symposions in Gifhorn und Steinhorst vom 31. Oktober bis 2. November 1986 (Zentralstelle für Weiterbildung der Georg-August-Universität Göttingen, Göttinger Beiträge zur universitären Erwachsenenbildung, Band 11), Göttingen 1987, S. 83–112.

Gaßen, Helmut: Die Dauerkrise der Inneren Führung und wir „wehrhaften Demokraten“, in: Hoffmann, Dietrich/Neumann, Karl (Hrsg.): Bildung und Soldatentum. Die Militärpädagogik Erich Wenigers und die Tradition der Erziehung zum Kriege, Weinheim 1992, S. 173–193.

Gaßen, Helmut: Erich Wenigers Leben, Werk und Wirkung, in: Weniger, Erich: Erziehung, Politik, Geschichte. Politik, Gesellschaft, Erziehung in der geisteswissenschaftlichen Pädagogik. Ausgewählt und kommentiert von Helmut Gaßen (Pädagogische Bibliothek Beltz, Band 4), Weinheim/Basel 1990, S. 413–468.

Gaßen, Helmut: Geisteswissenschaftliche Pädagogik auf dem Wege zu kritischer Theorie. Studien zur Pädagogik Erich Wenigers, Weinheim/Basel 1978.

Gaßen, Helmut: Interpretationsproblematik der militärpädagogischen Schriften Erich Wenigers aus der Zeit des Dritten Reiches, in: Hoffmann, Dietrich/Neumann, Karl (Hrsg.): Bildung und Soldatentum. Die Militärpädagogik Erich Wenigers und die Tradition der Erziehung zum Kriege, Weinheim 1992, S. 125–139.

Gaßen, Helmut: Weniger-Forschung und Weniger-Literatur 1968–1992. Widersprüchliche Interpretationen, in: Hoffmann, Dietrich/Neumann, Karl (Hrsg.): Tradition und Transformation der geisteswissenschaftlichen Pädagogik. Zur Re-Vision der Weniger-Gedenkschrift, Weinheim 1993, S. 217–261.

Gatzemann, Thomas/Göing, Anja Silvia (Hrsg.): Geisteswissenschaftliche Pädagogik, Krieg und Nationalsozialismus. Kritische Fragen nach der Verbindung von Pädagogik, Politik und Militär, Frankfurt am Main/Berlin/Bern/Brüssel/New York/Oxford/Wien 2004.

Geheeb, Paul: Briefe. Mensch und Idee in Selbstzeugnissen, Stuttgart 1970.

Geißler, Georg: Herman Nohl (1879–1960), in: Scheuerl, Hans (Hrsg.): Klassiker der Pädagogik, Band 2: Von Karl Marx bis Jean Piaget, 2. überarbeitete und um ein Nachwort ergänzte Auflage, München 1991, S. 225–240.

Geissler, Gert: Hans Siebert – Zur erziehungsgeschichtlichen Spur eines politischen Pädagogen, in: Zeitschrift für Pädagogik, 40. Jg. (1994), S. 781–799.

Gellner, Ernest: Nationalismus und Moderne, Berlin 1991.

Gerhards, Karl: Zur Beurteilung der Montessori-Pädagogik. Eine Auseinandersetzung mit ihren heutigen Kritikern (Stern, Hessen, Spranger, Muchow), Leipzig 1928.

Gerhardt, Volker/Mehring, Reinhard/Rindert, Jana: Berliner Geist. Eine Geschichte der Berliner Universitätsphilosophie bis 1946, Berlin 1999.

Gerhart, Dieter: Kurzer Abriss der Rassenkunde. In Anlehnung an die „Rassenkunde des deutschen Volkes“ von Hans F. K. Günther, München 1924.

Gerstengarbe, Sybille: Die erste Entlassungswelle von Hochschullehrern deutscher Hochschulen aufgrund des Gesetzes zur Wiederherstellung des Berufsbeamtentums vom 7.4.1933, in: Beiträge zur Wissenschaftsgeschichte. Organ der Gesellschaft für Wissenschaftsgeschichte, 17. Jg. (1994), Heft 1, S. 17–39.

Geulen, Christian: Geschichte des Rassismus, München 2007.

Geuter, Ulfried: Die Professionalisierung der deutschen Psychologie im Nationalsozialismus, Frankfurt am Main 1984.

GEW Frankfurt (Hrsg.): Die Auseinandersetzung um die Ehrung des Generals Heinrich von Stülpnagel. Ein Beitrag zur Debatte um den 20. Juli 1944, Frankfurt am Main 1996.

Giese, Fritz: Eduard Spranger, Psychologie des Jugendalters (Rezension), in: Zeitschrift für pädagogische Psychologie, experimentelle Pädagogik und jugendkundliche Forschung, 26. Jg. (1925), Heft 4, S. 221–222.

Giesecke, Hermann: Didaktik der politischen Bildung, 8. Auflage (unveränderter Nachdruck der als Neue Ausgabe erschienenen völlig neubearbeiteten 7. Auflage), München 1973.

Giesecke, Hermann: Die pädagogische Beziehung. Pädagogische Professionalität und die Emanzipation des Kindes, 2. Auflage, Weinheim/München 1997.

Giesecke, Hermann: Hitlers Pädagogen. Theorie und Praxis nationalsozialistischer Erziehung, Weinheim/München 1993.

Giesecke, Hermann: Vom Wandervogel bis zur Hitlerjugend. Jugendarbeit zwischen Politik und Pädagogik, München 1981.

Ginzel, Günther B. (Hrsg.): Antisemitismus. Erscheinungsformen der Judenfeindschaft gestern und heute, Köln 1991.

Giordano, Ralph: Die zweite Schuld oder von der Last ein Deutscher zu sein, Hamburg/Zürich 1987.

Girmes-Stein, Renate: Grundlagen einer handlungsorientierten Wissenschaft von der Erziehung. Zur Thematisierung des Theorie-Praxis-Verhältnisses bei Erich Weniger, in: Zeitschrift für Pädagogik, 27. Jg. (1981), Heft 1, S. 39–51.

Glaser, Hermann: Bildungsbürgertum und Nationalismus. Politik und Kultur im Wilhelminischen Deutschland, München 1993.

Glaser, Hermann: Das Dritte Reich. Anspruch und Wirklichkeit, Freiburg/Basel/Wien 1961.

Glaser, Hermann: Spießer-Ideologie. Von der Zerstörung des deutschen Geistes im 19. und 20. Jahrhundert. Neue, ergänzte Ausgabe mit einem einleitenden Essay zur Wirkungsgeschichte des Buches (Bibliothek Wissenschaft und Politik, Band 2), Köln 1974.

Glaser, Hermann: Vorwort, in: Rossmeissl, Dieter: „Ganz Deutschland wird zum Führer halten...“. Zur politischen Erziehung in den Schulen des Dritten Reiches, Frankfurt am Main 1985, S. 7–32.

Gläser, Johannes: Vom Kinde aus. Arbeiten des pädagogischen Ausschusses der Gesellschaft der Freunde des vaterländischen Schul- und Erziehungswesens zu Hamburg, Hamburg/Braunschweig 1920.

Glöckner, Eckhard: Zur Schulreform im preußischen Imperialismus. Preußische Schul- und Bildungspolitik im Spannungsfeld der Schulkonferenzen von 1890, 1900 und 1920, Glashütten 1976.

Glöckner, Wieland: Erziehung zur Volksgemeinschaft. Eine Untersuchung zum Irrationalen in der kleinbürgerlichen Erziehungstheorie Ernst Kriecks, Darmstadt 1978.

Gnam, Steffen: Kulturvergleiche. Samurai und deutsche Offiziere. Eduard Spranger in Japan, in: Frankfurter Allgemeine Zeitung, Nr. 141 (21.6.2006).

Gnau, Christoph: Die deutschen Eliten und der Zweite Weltkrieg (Papy Rossa-Hochschulschriften, Band 70), Köln 2007.

Godon, Philip: Kohlberg statt Kerschensteiner, Schumann und Kern statt Spranger, Habermas, Heydorn und Luhmann statt Fischer. Zum prekären Status der berufspädagogischen „Klassik", in: Arnold, Rolf (Hrsg.): Ausgewählte Theorien zur beruflichen Bildung (Grundlagen der Berufs- und Erwachsenenbildung, Band 7), Baltmannsweiler 1997, S. 3–24.

Goetz, Helmut: Intellektuelle im faschistischen Italien. Denk- und Verhaltensweisen (1922–1931), Hamburg 1997.

Göing, Anja Silvia: „Große Worte". Instrumentalisierung von kulturellen Werten bei Eduard Spranger, in: Gatzemann, Thomas/Göing, Anja Silvia (Hrsg.): Geisteswissenschaftliche Pädagogik, Krieg und Nationalsozialismus. Kritische Fragen nach der Verbindung von Pädagogik, Politik und Militär, Frankfurt am Main/Berlin/Bern/Brüssel/New York/Oxford/Wien 2004, S. 89–108.

Goldhagen, Daniel Jonah: Hitlers willige Vollstrecker. Ganz gewöhnliche Deutsche und der Holocaust, Berlin 1996.

Grams, Wolfram: Kontinuität und Diskontinuität der bildungspolitischen und pädagogischen Planungen aus Widerstand und Exil im Bildungswesen der BRD und DDR. Eine vergleichende Studie (Europäische Hochschulschriften, Reihe 11: Pädagogik, Band 456), Frankfurt am Main/Bern/New York/Paris 1990.

Gran, Michael: Das Verhältnis der Pädagogik Herman Nohls zum Nationalsozialismus. Eine Rekonstruktion ihrer politischen Gehalte (Schriftenreihe EUB, Erziehung – Unterricht – Bildung, Band 117), Hamburg 2005.

Grau, Wilhelm: Wilhelm von Humboldt und das Problem des Juden, Hamburg 1935.

Grebing, Helga (Hrsg.): Konservatismus. Eine deutsche Bilanz, München 1971.

Griesbach, Ernst: Die Erziehungswissenschaft Ernst Kriecks und ihre weltanschaulichen Grundlagen, Würzburg 1951.

Grillparzer, Franz: Sämtliche Werke. Ausgewählte Briefe, Gespräche, Berichte. Band 1: Gedichte, Epigramme, Dramen I, München 1960.

Gronke, Horst/Meyer, Thomas/Neißer, Barbara (Hrsg.): Antisemitismus bei Kant und anderen Denkern der Aufklärung. Prämierte Schriften des wissenschaftlichen Preissausschreibens „Antisemitische und antijudaistische Motive bei Denkern der Aufklärung", Würzburg 2001.

Grosch-Obenauer, Dagmar: Hermann Muckermann und die Eugenik, Mainz 1986.

Grunsky, Karl: Luthers Bekenntnisse zur Judenfrage (Der Aufschwung. Eine Schriften-Sammlung von Dr. Karl Grunsky, Deutsche Reihe, Heft 2), Stuttgart 1933.

Gruschka, Andreas: Negative Pädagogik. Einführung in die Pädagogik mit Kritischer Theorie (Schriftenreihe des Instituts für Pädagogik und Gesellschaft Münster, Band 1), Wetzlar 1988.

Gruschka, Andreas: Von Spranger zu Oevermann. Über die Determination des Textverstehens durch die hermeneutische Methode und zur Frage des Fortschritts innerhalb der interpretativen Verfahren der Erziehungswissenschaft, in: Zeitschrift für Pädagogik, 31. Jg. (1985), Heft 1, S. 77–95.

Gumbel, Emil Julius: Verschwörer. Zur Geschichte und Soziologie der deutschen nationalistischen Geheimbünde 1918–1924, Frankfurt am Main 1984.

Günther, Gerhard: Deutsches Kriegertum im Wandel der Geschichte, Hamburg 1934.

Günther, Hans F. K.: Kleine Rassenkunde des deutschen Volkes, München/Berlin 1937.

Günther, Hans F. K.: Rassenkunde des jüdischen Volkes, 2. Auflage, München 1931.

Günther, Hans F. K.: Rassenkunde Europas. Mit besonderer Berücksichtigung der Rassengeschichte der Hauptvölker indogermanischer Sprache, 3. wesentlich vermehrte und verbesserte Auflage, München 1929.

Günther, Hans: Der Herren eigner Geist. Die Ideologie des Nationalsozialismus (fotomechanischer Nachdruck der Ausgabe Moskau-Leningrad 1935), Frankfurt am Main 1982.

Günther, Karl-Heinz/Hofmann, Franz u. a.

(Red.): Geschichte der Erziehung, 1. Auflage, Berlin 1957.

Günther, Karl-Heinz/Hofmann, Franz u. a. (Red.): Geschichte der Erziehung, 6. Auflage, (unveränderter Nachdruck der 5. erweiterten und verbesserten Auflage, Berlin 1960), Berlin 1962.

Günther, Karl-Heinz/Hofmann, Franz u. a. (Red.): Geschichte der Erziehung, 8. Auflage, Berlin 1967.

Günther, Karl-Heinz/Hofmann, Franz u. a. (Red.): Geschichte der Erziehung, 11. Auflage, Berlin 1973.

Günther, Karl-Heinz/Hofmann, Franz u. a. (Red.): Geschichte der Erziehung, 14. Auflage (Neufassung), Berlin 1987.

Günther, Karl-Heinz/Hofmann, Franz u. a. (Red.): Geschichte der Erziehung, 16. Auflage (durchgesehener Nachdruck der in Neufassung erschienenen 14. Auflage), Berlin 1988.

Guski-Leinwand, Susanne: Wissenschaftsforschung zur Genese der Psychologie in Deutschland vom ausgehenden 19. Jahrhundert bis Mitte des 20. Jahrhunderts, Heidelberg 2007.

Guther, Helmut: Die philosophisch-theoretischen Positionen Erich Wenigers und sein System der politischen Erziehung, Potsdam 1966.

Guther, Helmut: Zur Rolle Erich Wenigers als Repräsentant der politischen Erziehung in Westdeutschland von 1949 bis 1955, in: Geschichtsunterricht und Staatsbürgerkunde, 10. Jg. (1968), Heft 1, S. 16–21.

Gutjahr, Elisabeth/Habel, Werner (Hrsg.): Lebendige Tradition. Festschrift für Helmut Heiland, Baltmannsweiler 2002.

H. B. (d. i. Ludwig Marcuse): Hitler und sein Philosoph, in: Aufbau, 11. Jg. (1945), Nr. 34 (24.8.1945), S. 4.

Haan, Gerhard de/Rülcker, Tobias (Hrsg.): Hermeneutik und Geisteswissenschaftliche Pädagogik. Ein Studienbuch (Berliner Beiträge zur Pädagogik, Band 3), Frankfurt am Main/Berlin/Bern/Brüssel/New York/Oxford/Wien 2002.

Haar, Ingo: Historiker im Nationalsozialismus. Deutsche Geschichtswissenschaft und der „Volkstumskampf“ im Osten (Kritische Studien zur Geschichtswissenschaft, Band 143), Göttingen 2000.

Habel, Werner: Pädagogik und Nationalsozialismus: Die Zeitschrift „Die Erziehung“, in: Flessau, Kurt-Ingo/Nyssen, Elke/Pätzold, Günter (Hrsg.): Erziehung im Nationalsozialismus. „...und sie werden nicht mehr frei ihr ganzes Leben!“, Köln/Wien 1987, S. 101–113.

Habermas, Jürgen: Die deutschen Mandarine, in: Habermas, Jürgen Philosophisch-politische Profile, erweiterte Ausgabe, Frankfurt am Main 1981, S. 458–468.

Habermas, Jürgen: Heidegger – Werk und Weltanschauung, in: Farías, Victor: Heidegger und der Nationalsozialismus, Frankfurt am Main 1989, S. 11–37.

Hackewitz, Waltraut von: Das Gesellschaftskonzept in der Theorie der „Pädagogischen Bewegung“. Ein ideologiekritischer Versuch am Werk Herman Nohls, Berlin 1966.

Haenisch, Konrad: Die deutsche Sozialdemokratie in und nach dem Weltkriege, 4. Auflage, Berlin 1919.

Haga, Mayumi: Die große Auswirkung in Japan, in: Bähr, Hans Walter/Wenke, Hans (Hrsg.): Eduard Spranger. Sein Werk und sein Leben, Heidelberg 1964, S. 157–159.

Hamann, Ulrich: Das Oberlandesgericht Celle im Dritten Reich – Justizverwaltung und Personalwesen, in: Oberlandesgericht Celle (Hrsg.): Festschrift zum 275jährigen Bestehen des Oberlandesgerichts Celle, Celle 1986, S. 143–231.

Hamburger, Franz: Neuere Entwicklungen in der erziehungswissenschaftlichen Geschichtsschreibung, in: Lenhart, Volker (Hrsg.): Historische Pädagogik. Methodologische Probleme der Erziehungsgeschichte (Erziehungswissenschaftliche Reihe, Band 17) Wiesbaden 1977, S. 5–11.

Hammerstein, Notker: Antisemitismus und deutsche Universitäten 1871–1933, Frankfurt am Main 1995.

Hammerstein, Notker: Die Johann Wolfgang Goethe-Universität Frankfurt am Main.

Von der Stiftungsuniversität zur staatlichen Hochschule, Band 1: 1914–1950, Frankfurt am Main 1989.

Han, Yung-Yae: Eduard Sprangers Pädagogik. Moralische Erziehung als Brennpunkt des Geisteslebens (Europäische Hochschulschriften, Reihe 11: Pädagogik, Band 604). Frankfurt am Main/Berlin/Bern/New York/Paris/Wien 1994.

Harten, Hans-Christian/Neirich, Uwe/Schwerendt, Matthias: Rassenhygiene als Erziehungsideologie des Dritten Reichs. Bio-bibliographisches Handbuch (Edition Bildung und Wissenschaft, Band 10), Berlin 2006.

Hartmann, Uwe: Erich Weniger, in: Bald, Detlef (Hrsg.): Klassiker der Pädagogik im deutschen Militär (Forum innere Führung, Band 5), Baden-Baden 1999, S. 188–209.

Hartmann, Uwe: Erich Wenigers Militärpädagogik und ihre aktuelle Rezeption innerhalb der Erziehungswissenschaft (Beiträge aus dem Fachbereich Pädagogik der Universität der Bundeswehr Hamburg, Jg. 1995, Band 1), Hamburg 1995.

Hartmann, Uwe: Erich Wenigers Militärpädagogik, in: Gatzemann, Thomas/Göing, Anja Silvia (Hrsg.): Geisteswissenschaftliche Pädagogik, Krieg und Nationalsozialismus. Kritische Fragen nach der Verbindung von Pädagogik, Politik und Militär, Frankfurt am Main/Berlin/Bern/Brüssel/New York/Oxford/Wien 2004, S. 125–139.

Hartnacke, Wilhelm: Bildungswahn – Volkstod! Vortrag, gehalten am 17. Februar 1932 für die Deutsche Gesellschaft für Rassenhygiene, München 1932.

Haug, Wolfgang Fritz: Der hilflose Antifaschismus. Zur Kritik der Vorlesungsreihen über Wissenschaft und NS an deutschen Universitäten, Frankfurt am Main 1967.

Haug, Wolfgang Fritz: Elemente einer Theorie des Ideologischen (Argument-Sonderband, Neue Folge, Band 203), Hamburg/Berlin 1993.

Hausmann, Frank-Rutger: Die Gründlichen und die Abgründigen. Christian Tilitzkis monumentaler Versuch, die Geschichte der deutschen Universitätsphilosophie in Weimarer Republik und Drittem Reich zu schreiben, in: Süddeutsche Zeitung, 58. Jg. (2002), 19.4.2004.

Heer, Friedrich: Die Konservative und die Reaktion, in: Die Neue Rundschau, 69. Jg. (1958), Heft 3, S. 490–527.

Hegel, Georg Wilhelm Friedrich: Grundlinien der Philosophie des Rechts oder Naturrecht und Staatswissenschaft im Grundrisse, Stuttgart 1995.

Hegel, Georg Wilhelm Friedrich: Hegels theologische Jugendschriften (1. Nachdruck der Original-Auflage Tübingen 1907), Frankfurt am Main 1991.

Hegel, Georg Wilhelm Friedrich: Vorlesungen über die Philosophie der Geschichte (mit einer Einführung von Theodor Litt), Stuttgart 1961.

Hegel, Georg Wilhelm Friedrich: Werke in zwanzig Bänden, Band 6: Wissenschaft der Logik II, Frankfurt am Main 1969.

Heiber, Helmut: Universität unterm Hakenkreuz, Teil I: Der Professor im Dritten Reich. Bilder aus der akademischen Provinz, München/New Providence/London/Paris 1991.

Heiber, Helmut: Universität unterm Hakenkreuz, Teil II: Die Kapitulation der Hohen Schulen. Das Jahr 1933 und seine Themen, Band 1, München/New Providence/London/Paris 1992.

Heiber, Helmut: Universität unterm Hakenkreuz, Teil II: Die Kapitulation der Hohen Schulen. Das Jahr 1933 und seine Themen, Band 2, München/New Providence/London/Paris 1994.

Heicke, Herbert: Der Strukturbegriff als methodischer Grundbegriff einer geisteswissenschaftlichen Psychologie bei Dilthey und Spranger und seine Bedeutung für die Pädagogik (Hallische pädagogische Studien, Heft 5), Osterwieck 1928.

Heidegger, Martin: „Nur noch Gott kann uns retten“. Spiegel-Gespräch mit Martin Heidegger am 23. September 1966, in: Der Spiegel, 30. Jg. (1976), Heft 23, S. 193–219.

Heidegger, Martin: Die Selbstbehauptung der deutschen Universität. Rede, gehalten bei der feierlichen Übernahme des Rektorats der Universität Freiburg i. Br. am 27.5.1933 (beigefügt: Das Rektorat 1933/34. Tatsachen und Gedanken), 2. Auflage, Frankfurt am Main 1990.

Heidegger, Martin: Sein und Zeit (Jahrbuch für Philosophie und phänomenologische Forschung, Band 8), Halle 1927.

Heiland, Helmut: Eduard Spranger. Zur fünfundzwanzigsten Wiederkehr seines Todesjahres, in: Erziehen heute. Mitteilungen der Gemeinschaft Evangelischer Erzieher e. V., 38. Jg. (1988), Heft 4, S. 31–35.

Heimpel, Hermann: Deutschlands Mittelalter. Deutschlands Schicksal. Zwei Reden (Freiburger Universitätsreden, Band 12), Freiburg 1933.

Heine, Heinrich: Werke, Band 4: Schriften über Deutschland, Frankfurt am Main 1968.

Heinemann, Manfred (Hrsg.): Erziehung und Schulung im Dritten Reich, Teil 1: Kindergarten, Schule, Jugend, Berufserziehung (Veröffentlichungen der Historischen Kommission der Deutschen Gesellschaft für Erziehungswissenschaft, Band 4), Stuttgart 1980.

Heinemann, Manfred (Hrsg.): Erziehung und Schulung im Dritten Reich, Teil 2: Hochschule, Erwachsenenbildung (Veröffentlichungen der Historischen Kommission der Deutschen Gesellschaft für Erziehungswissenschaft, Band 4), Stuttgart 1980.

Heinze, Carsten: Die Pädagogik an der Universität Leipzig in der Zeit des Nationalsozialismus 1933–1945, Bad Heilbrunn 2001.

Heitger, Marian/Wenger, Angelika (Hrsg.): Kanzel und Katheder. Zum Verhältnis von Religion und Pädagogik seit der Aufklärung, Paderborn/München/Wien/Zürich 1994.

Helfrich, Karl: Die Bedeutung des Typusbegriffs im Denken der Geisteswissenschaften. Eine wissenschaftstheoretische Untersuchung unter besonderer Berücksichtigung der Wissenschaftslehren von Wilhelm Dilthey, Eduard Spranger, Wilhelm Windelband, Heinrich Rickert und Max Weber, Gießen 1938.

Helling, Fritz: Eduard Sprangers Weg zu Hitler, in: Helling, Fritz: Pädagogen in gesellschaftlicher Verantwortung. Ausgewählte Schriften eines entschiedenen Schulreformers (Sozialhistorische Untersuchungen zur Reformpädagogik und Erwachsenenbildung, Band 7), Frankfurt am Main 1988, S. 139–149.

Helling, Fritz: Eduard Sprangers Weg zu Hitler, in: Schule und Nation. Zeitschrift für ein demokratisches Bildungswesen, 13. Jg. (1966), Heft 2, S. 1–4.

Helling, Fritz: Spranger als politischer Pädagoge, in: Die neue Erziehung. Monatsschrift für entschiedene Schulreform und freiheitliche Schulpolitik, 15. Jg. (1933), Heft 1, S. 80–88.

Hemmerling, Axel: Die Friedrich-Schiller-Universität Jena und das Konzentrationslager Buchenwald (Seminararbeit), Universitätsarchiv Jena 1999, Sonderdruck Nr. 229.

Hennig, Eike: Die politische Soziologie faschistischer Bewegungen und die hermeneutische Analyse nationalsozialistischer Selbstdarstellungen, in: Kölner Zeitschrift für Soziologie und Sozialpsychologie, 34. Jg. (1982), S. 549–563.

Henning, Uwe/Leschinsky, Achim (Hrsg.): Enttäuschung und Widerspruch. Die konservative Position Eduard Sprangers im Nationalsozialismus. Analysen – Texte – Dokumente, Weinheim 1991.

Henning, Uwe/Leschinsky, Achim: Unterstützung, Anpassung, Protest, Widerstand. Analyse zeitgenössischer Pressereaktionen auf Eduard Sprangers Rücktrittsaktion im Frühsommer 1933, in: Henning, Uwe/Leschinsky, Achim (Hrsg.): Enttäuschung und Widerspruch. Die konservative Position Eduard Sprangers im Nationalsozialismus. Analysen – Texte – Dokumente, Weinheim 1991, S. 2–48.

Henning, Uwe/Schmidt, Folker/Wallek, Beate (Hrsg.): Die Berliner Gedenktafel für Eduard Spranger 1988. Eine Dokumentation. Mit dem Text eines Wochenschauvortrags von 1943 und Briefen von Eduard Spranger, Berlin 1988.

Henning, Uwe: Eduard Spranger und Berlin – Tradition oder Erbe? (Ausstellungsführer der Universitätsbibliothek der Freien Universität Berlin, Band 24), Berlin 1992.

Henning, Uwe: Verblendungszusammenhang oder Ausblendung historischer Zusammenhänge? Der Stellenwert der Vorträge von Eduard Spranger in der Mittwochs-Gesellschaft 1935–1944 für die gegenwärtige Sprangerdiskussion, in: Spranger, Eduard: Texte für die Mittwochs-Gesellschaft 1935–1944, 2. überarbeitete Auflage, München 1988, S. 7–25.

Henningsen, Johann: Professor Sombarts Forschungsergebnisse zur Judenfrage. Eine zeitgemäße Betrachtung, 3. Auflage, Hamburg-Hohenfelde 1912.

Henningsen, Jürgen: Bildsamkeit, Sprache und Nationalsozialismus (Neue pädagogische Bemühungen, Band 7), Essen 1963.

Henningsen, Jürgen: Der Hohenrodter Bund. Zur Erwachsenenbildung in der Weimarer Zeit, Heidelberg 1958.

Henningsen, Jürgen: Vielleicht bin ich noch heute ein Nazi, in: Herrmann, Ulrich (Hrsg.): „Die Formung des Volksgenossen". Der „Erziehungsstaat" des Dritten Reiches (Geschichte des Erziehungs- und Bildungswesens in Deutschland, Band 6), Weinheim/Basel 1985, S. 333–345.

Henseler, Joachim: Disziplingeschichtliche Analyse der Sozialpädagogik Paul Natorps und Herman Nohls. Die universitäre Sozialpädagogik nach der Entdeckung des Sozialen mit Hilfe Pestalozzis, Berlin 1998.

Henseler, Joachim: Wie das Soziale in die Pädagogik kam. Zur Theoriegeschichte universitärer Sozialpädagogik am Beispiel Paul Natorps und Herman Nohls, Weinheim/München 2000.

Hentig, Hans von: Psychologische Strategie des großen Krieges, Heidelberg 1927.

Hentig, Hartmut von: Diesseits der Leitbilder. Gedanken zur inneren Situation der Bundeswehr, in: Hentig, Hartmut von: Spielraum und Ernstfall. Gesammelte Aufsätze zu einer Pädagogik der Selbstbestimmung, Stuttgart 1969, S. 174–196.

Hentig, Hartmut von: Herman Nohl, in: Die neue Sammlung. Vierteljahres-Zeitschrift für Erziehung und Gesellschaft, 19. Jg. (1979), S. 540–541.

Hentig, Hartmut von: Zum Geleit, in: Nohl, Herman: Einführung in die Philosophie, 9. Auflage, Frankfurt am Main 1998, S. 7–8.

Herbart, Johann Friedrich: Allgemeine Pädagogik aus dem Zweck der Erziehung abgeleitet, Leipzig ohne Jahr (1902).

Herbart, Johann Friedrich: Die Pädagogik Herbarts. Allgemeine Pädagogik, aus dem Zweck der Erziehung abgeleitet. Mit Vorwort von Herman Nohl (Kleine pädagogische Texte, Band 25), 6./7. Auflage, Weinheim 1959.

Herbart, Johann Friedrich: Umriss pädagogischer Vorlesungen. Aphorismen zur Pädagogik, Paderborn 1957.

Herler, Emanuel: Herman Nohl zwischen nationalistischer Volkspädagogik und NS-pädagogischer Ideenlehre (Manuskript), Frankfurt 2006.

Herr, Rudi: Erziehung und gegenerzieherische Kräfte in der Strafvollzugsanstalt. Ein Beitrag zu den Fragen des Sondervollzugs an Gestrauchelten (gekürzte Inauguraldissertation), in: Blätter für Gefängniskunde, 74. Jg. (1943), Heft 1/2, S. 1–68.

Herrlitz, Hans-Georg/Hopf, Wulf/Titze, Hartmut: Deutsche Schulgeschichte von 1800 bis zur Gegenwart. Eine Einführung, Weinheim/München 1993.

Herrlitz, Hans-Georg: Akademische Erziehungswissenschaft und Lehrerbildung, in: Jahrbuch für historische Bildungsforschung, Band 12 (2006), S. 281–289.

Herrlitz, Hans-Georg: Aus Geschichte lernen. Theodor Wilhelm zum 80. Geburtstag gewidmet, in: Die Deutsche Schule. Zeitschrift für Erziehungswissenschaft, Bildungspolitik und pädagogische Praxis, 78. Jg. (1986), Heft 2, S. 132–140.

Herrlitz, Hans-Georg: Vergangenheitsbewältigungen, in: Die Deutsche Schule. Zeitschrift für Erziehungswissenschaft, Bildungspolitik und pädagogische Praxis, 89. Jg. (1997), Heft 2, S. 134–136.

Herrmann, Ulrich (Hrsg.): „Die Formung des Volksgenossen". Der „Erziehungsstaat" des Dritten Reiches (Geschichte des Erziehungs- und Bildungswesens in Deutschland, Band 6), Weinheim/Basel 1985.

Herrmann, Ulrich/Oelkers, Jürgen (Hrsg.): Pädagogik und Nationalsozialismus (Reihe Pädagogik), Weinheim/Basel 1989.

Herrmann, Ulrich/Oelkers, Jürgen: Zur Einführung in die Thematik „Pädagogik und Nationalsozialismus", in: Herrmann, Ulrich/Oelkers, Jürgen (Hrsg.): Pädagogik und Nationalsozialismus, Weinheim/Basel 1989, S. 9–17.

Herrmann, Ulrich: „Die Herausgeber müssen sich äußern". Die „Staatsumwälzung" im Frühjahr 1933 und die Stellungnahmen von Eduard Spranger, Wilhelm Flitner und Hans Freyer in der Zeitschrift „Die Erziehung". Mit einer Dokumentation, in: Herrmann, Ulrich/Oelkers, Jürgen (Hrsg.): Pädagogik und Nationalsozialismus (Reihe Pädagogik), Weinheim/Basel 1989, S. 281–325.

Herrmann, Ulrich: „Völkische Erziehung ist wesentlich nichts anders denn Bildung". Zum Modell nationalsozialistischer Formierung, in: Herrmann, Ulrich (Hrsg.): „Die Formung des Volksgenossen". Der „Erziehungsstaat" des Dritten Reiches (Geschichte des Erziehungs- und Bildungswesens in Deutschland, Band 6), Weinheim/Basel 1985, S. 67–78.

Herrmann, Ulrich: Geschichtsdeutung als Disziplinpolitik? Anmerkungen zur Kontroverse über das Verhältnis von Pädagogik und Nationalsozialismus, in: Die Deutsche Schule. 81. Jg. (1989), Heft 3, S. 366–376.

Herrmann, Ulrich: Polemik und Hermeneutik, in: Zedler, Peter/König, Eckard (Hrsg.): Rekonstruktionen pädagogischer Wissenschaftsgeschichte. Fallstudien, Ansätze, Perspektiven (Beiträge zur Theorie und Geschichte der Erziehungswissenschaft, Band 1), Weinheim 1989, S. 295–316.

Herrmann, Ulrich: Probleme einer „nationalsozialistischen Pädagogik", in: Herrmann, Ulrich (Hrsg.): „Die Formung des Volksgenossen". Der „Erziehungsstaat" des Dritten Reiches (Geschichte des Erziehungs- und Bildungswesens in Deutschland, Band 6), Weinheim/Basel 1985, S. 9–21.

Herrmann, Ulrich: Zugänge zur „nationalsozialistischen Pädagogik", in: Herrmann, Ulrich (Hrsg.): „Die Formung des Volksgenossen". Der „Erziehungsstaat" des Dritten Reiches. (Geschichte des Erziehungs- und Bildungswesens in Deutschland, Band 6) Weinheim/Basel 1985, S. 9–21.

Hertel, Werner (Hrsg.): Die Lebensform des Erziehers. Zum Gedenken an Eduard Spranger (1882–1962), Speyer 1983.

Hesse, Alexander: Die Professoren und Dozenten der preußischen pädagogischen Akademien (1926–1933) und Hochschulen für Lehrerbildung (1933–1941), Weinheim 1995.

Hesse, Kurt: Soldat und Vaterland. Drei Jahrhunderte des deutschen Soldatentums bis zur Wehrmacht des Dritten Reiches in Wort und Bild, Berlin 1935.

Heuß, Theodor: Der Zeitgeist in seiner Wirkung auf die Lehrerschaft (Schriftenreihe der Evangelischen Akademie, Heft 3), Tübingen 1946.

Heydorn, Heinz-Joachim/Koneffke, Gernot: Studien zur Sozialgeschichte und Philosophie der Bildung, Band 1, München 1973.

Heydorn, Heinz-Joachim/Koneffke, Gernot: Zur Bildungsgeschichte des deutschen Imperialismus. Einleitungen zur Neuherausgabe der Preußischen Schulkonferenzen 1890/1900 und der Reichsschulkonferenz von 1920, Glashütten 1973.

Heydorn, Heinz-Joachim: Deutsche Geschichte und deutsche Jugend, in: Heydorn, Heinz-Joachim: Werke, Band 8: Vermischte Schriften 1942–1974, Vaduz 1998, S. 259–271.

Heydorn, Heinz-Joachim: Über den Widerspruch von Bildung und Herrschaft (1970), Werke, Band 3, Vaduz 1995.

Heydorn, Heinz-Joachim: Werke, Band 1–9, Vaduz 1994–1999.

Heydorn, Heinz-Joachim: Wilhelm von Humboldt. Abstand und Nähe, in: Heydorn, Heinz-Joachim: Werke, Band 2: Bildungstheoretische und pädagogische Schriften 1967–1970, Vaduz 1995, S. 117–141.

Hildebrandt, Kurt: Die Idee des Krieges bei Goethe, Hölderlin, Nietzsche (Das Bild des Krieges im deutschen Denken, Band 1, Heft 9: Deutsche Philosophie), Stuttgart/Berlin 1941.

Hillerdal, Gunnar: Gehorsam gegen Gott und Menschen. Luthers Lehre von der Obrigkeit und die moderne evangelische Staatsethik, Göttingen 1955.

Himmelstein, Klaus/Keim, Wolfgang (Hrsg.): Die Schärfung des Blicks. Pädagogik nach dem Holocaust, Frankfurt am Main/New York 1996.

Himmelstein, Klaus: „Abgesandter meines Volkes und meiner Regierung" – Eduard Spranger in Japan, in: Horn, Klaus-Peter/Ogasawara, Michio/Sakakoshi, Masaki/Tenorth, Heinz-Elmar/Yamana, Jun/Zimmer, Hasko (Hrsg.): Pädagogik im Militarismus und im Nationalsozialismus. Japan und Deutschland im Vergleich, Bad Heilbrunn 2006, S. 99–118.

Himmelstein, Klaus: „Diese reiche Bewegung in gesunde Bahnen lenken". Zur Auseinandersetzung Eduard Sprangers mit der Reformpädagogik, in: Keim, Wolfgang/Weber, Norbert H. (Hrsg.): Reformpädagogik in Berlin. Tradition und Wiederentdeckung (Studien zur Bildungsreform, Band 30), Frankfurt am Main/Berlin/Bern/New York/Paris/Wien 1998, S. 257–276.

Himmelstein, Klaus: „Eduard Spranger und der Nationalsozialismus". Zur Auseinandersetzung Fritz Hellings mit Eduard Spranger, in: Dietz, Burkhard (Hrsg.): Fritz Helling, Aufklärer und „politischer Pädagoge" im 20. Jahrhundert. Interdisziplinäre Beiträge zur intellektuellen Biographie, Wissenschaftsgeschichte und Pädagogik (Studien zur Bildungsreform, Band 43), Frankfurt am Main/Berlin/Bern/Brüssel/New York/Oxford/Wien 2003, S. 303–315.

Himmelstein, Klaus: „Wäre ich jung, wäre ich Nationalsozialist...". Anmerkungen zu Eduard Sprangers Verhältnis zum deutschen Faschismus, in: Keim, Wolfgang (Hrsg.): Erziehungswissenschaft und Nationalsozialismus. Eine kritische Positionsbestimmung (Forum Wissenschaft, Studienheft Nr. 9), Marburg 1990, S. 39–59.

Himmelstein, Klaus: Die Juden müssen „aufhören, Juden sein zu wollen" – Antisemitismus bei Pädagogen vor 1933, in: Gamm, Hans-Jochen/Keim, Wolfgang (Red.): Erinnern – Bildung – Identität (Jahrbuch für Pädagogik 2003), Frankfurt am Main/Berlin/Bern/Brüssel/New York/Oxford/Wien 2004, S. 81–103.

Himmelstein, Klaus: Die Konstruktion des Deutschen gegen das Jüdische im Diskurs Eduard Sprangers, in: Meyer-Willner, Gerhard (Hrsg.): Eduard Spranger. Aspekte seines Werks aus heutiger Sicht. Mit einer bisher unveröffentlichten autobiographischen Skizze von Eduard Spranger, Bad Heilbrunn 2001, S. 53–72.

Himmelstein, Klaus: Eduard Spranger und der Nationalsozialismus, in: Sacher, Werner/Schraut, Alban (Hrsg.): Volkserzieher in dürftiger Zeit. Studien über Leben und Wirken Eduard Sprangers. Beiträge zum Internationalen Spranger-Symposion in Nürnberg am 11./12. Oktober 2002 (Erziehungskonzeptionen und Praxis, Band 59), Frankfurt am Main/Berlin/Bern/Brüssel/New York/Oxford/Wien 2004, S. 105–120.

Himmelstein, Klaus: Eduard Sprangers Bildungsideal der „Deutschheit" – Ein Beitrag zur Kontingenzbewältigung in der modernen Gesellschaft?, in: Auernheimer, Georg/Gstettner, Peter (Red.): Pädagogik in multikulturellen Gesellschaften (Jahrbuch für Pädagogik 1996), Frankfurt am Main/Berlin/Bern/New York/Paris/Wien 1996, S. 179–196.

Himmelstein, Klaus: Eduard Sprangers deutsches Bildungsideal auf den Trümmern von 1945, in: Himmelstein, Klaus/Keim, Wolfgang (Hrsg.): Die Schärfung des Blicks. Pädagogik nach dem Holocaust, Frankfurt am Main/New York 1996, S. 61–76.

Himmelstein, Klaus: Käte Silber – Leben im Plural, in: Dust, Martin/Sturm, Christoph/Weiß, Edgar (Hrsg.): Pädagogik wider das Vergessen. Festschrift für Wolfgang Keim, Kiel 2000, S. 123–137.

Himmelstein, Klaus: Zur Konstruktion des Geschlechterverhältnisses in der pädagogischen Theorie Eduard Sprangers (1882–1963), in: Bracht, Ulla (Red.): Geschlechterverhältnisse und die Pädagogik (Jahrbuch für

Pädagogik 1994), Frankfurt am Main 1994, S. 225–246.

Hinrichs, Wolfgang: Auf der Suche nach Lehrerbildern – Vorbildern! Pädagogische Liebe und Professionalität – Eduard Sprangers realistischer Beitrag, in: Pädagogische Rundschau, 54. Jg. (2000), S. 113–150.

Hinrichs, Wolfgang: Eduard Spranger als akademischer Lehrer, Hochschul- und Wissenschaftstheoretiker, in: Sacher, Werner/Schraut, Alban (Hrsg.): Volkserzieher in dürftiger Zeit. Studien über Leben und Wirken Eduard Sprangers. Beiträge zum Internationalen Spranger-Symposion in Nürnberg am 11./12. Oktober 2002 (Erziehungskonzeptionen und Praxis, Band 59), Frankfurt am Main/Berlin/Bern/Brüssel/New York/Oxford/Wien 2004, S. 165–208.

Hinrichs, Wolfgang: Ethos oder Wertfreiheit von Wissenschaft und Studium? Die Positionen des Positivismus, Materialismus und der geisteswissenschaftlichen Tradition – ihre Bedeutung für akademische Bildung und Berufe heute, in: Einst und Jetzt. Jahrbuch des Vereins für Corpsstudentische Geschichtsforschung, 48. Jg. (2003), S. 11–44.

Hinrichs, Wolfgang: Rezension von: Hohmann, Joachim Stephan (Hrsg.): Beiträge zur Philosophie Eduard Sprangers (Berlin 1996), in: Pädagogische Rundschau, 57. Jg. (2003), S. 127–134.

Hinrichs, Wolfgang: Standortbewusstsein und Heimatkunde – Einfache und erste Grundlagen liberaler und ökologischer Wirtschaftstheorie und realer Elementarbildung, in: Eisermann, Walter/Meyer, Hermann Josef/Röhrs, Hermann (Hrsg.): Maßstäbe. Perspektiven des Denkens von Eduard Spranger, Düsseldorf 1983, S. 165–186.

Hintze, Otto: Staat und Verfassung. Gesammelte Abhandlungen zur allgemeinen Verfassungsgeschichte, Band I: Staat und Verfassung, Leipzig 1941.

Hintze, Otto: Staat und Verfassung. Gesammelte Abhandlungen zur allgemeinen Verfassungsgeschichte, Band II: Zur Theorie der Geschichte, Leipzig 1942.

Hintze, Otto: Wesen und Wandlung des modernen Staats (Sonderausgabe aus den Sitzungsberichten der preußischen Akademie der Wissenschaften), Berlin 1931.

Hirsch, Rudolf/Schuder, Rosemarie: Der gelbe Fleck. Wurzeln und Wirkungen des Judenhasses in der deutschen Geschichte, Köln 1999.

Hirte, Roland/Stein, Harry: Die Beziehungen der Universität Jena zum Konzentrationslager Buchenwald, in: Hoßfeld, Uwe/John, Jürgen/Lemuth, Oliver/Stutz, Rüdiger (Hrsg.): „Kämpferische Wissenschaft“: Studien zur Universität Jena im Nationalsozialismus, Köln/Weimar/Wien 2003, S. 361–398.

Historikerstreit. Die Dokumentation der Kontroverse um die Einzigartigkeit der nationalsozialistischen Judenvernichtung. München 1987. 8. Auflage 1991.

Hitler, Adolf: Mein Kampf. Zwei Bände in einem Band. Ungekürzte Ausgabe, 259./260. Auflage, München 1937.

Hobsbawm, Eric J.: Nationen und Nationalismus. Mythos und Realität seit 1780, 2. Auflage, Frankfurt am Main/New York 1992.

Hoch, Christian: Zur Bedeutung des „Pädagogischen Bezuges“ von Herman Nohl für die Identitätsbildung von Jugendlichen in der Postmoderne. Eine erziehungsphilosophische Reflexion (Erziehung, Schule, Gesellschaft, Band 37), Würzburg 2005.

Hochhuth, Rolf: „Wer eine Geschichte erzählt…“, in: Niethammer, Lutz (Hrsg.): Lebenserfahrung und kollektives Gedächtnis. Die Praxis der „Oral History“, Frankfurt am Main 1980, S. 187–192.

Hofer, Walter (Hrsg.): Der Nationalsozialismus. Dokumente 1933–1945, Frankfurt am Main 1957.

Höffe, Otfried (Hrsg.): Aristoteles-Lexikon, Stuttgart 2005.

Hoffmann, Dietrich (Hrsg.): Pädagogik an der Georg-August-Universität in Göttingen. Eine Vorlesungsreihe (Göttinger Universitätsschriften, Serie A: Schriften, Band 7), Göttingen 1987.

Hoffmann, Dietrich/Neumann, Karl (Hrsg.):

Bildung und Soldatentum. Die Militärpädagogik Erich Wenigers und die Tradition der Erziehung zum Kriege, Weinheim 1992.

Hoffmann, Dietrich/Neumann, Karl (Hrsg.): Tradition und Transformation der geisteswissenschaftlichen Pädagogik. Zur Re-Vision der Weniger-Gedenkschrift, Weinheim 1993.

Hoffmann, Dietrich/Neumann, Karl: Einleitung, in: Hoffmann, Dietrich/Neumann, Karl (Hrsg.): Tradition und Transformation der geisteswissenschaftlichen Pädagogik. Zur Re-Vision der Weniger-Gedenkschrift, Weinheim 1993, S. 7–12.

Hoffmann, Dietrich: Das „Erbe" der Weniger-Schule. Paradigmatische Wenden und exemplarische Integrationsversuche, in: Hoffmann, Dietrich/Neumann, Karl (Hrsg.): Tradition und Transformation der geisteswissenschaftlichen Pädagogik. Zur Re-Vision der Weniger-Gedenkschrift, Weinheim 1993, S. 197–215.

Hoffmann, Dietrich: Die „Göttinger Schule" als Beispiel für die Entwicklung einer lokalen pädagogischen Wissenschaftskultur, in: Langewand, Alfred/Prondczynsky, Andreas von (Hrsg.): Lokale Wissenschaftskulturen in der Erziehungswissenschaft (Beiträge zur Theorie und Geschichte der Erziehungswissenschaft, Band 20), Weinheim 1999.

Hoffmann, Dietrich: Die Bedeutung von „historischer Bildung" und „staatsbürgerlicher Erziehung" in der Pädagogik Erich Wenigers, in: Neumann, Karl (Hrsg.): Bildung, Geschichte und Zukunft. Erich Weniger als politischer Pädagoge. Berichte und Beiträge im Zusammenhang der Gründung des „Vereins der Freunde und Förderer des Erich-Weniger-Hauses" in Steinhorst (Zentralstelle für Weiterbildung der Georg-August-Universität Göttingen, Göttinger Beiträge zur universitären Erwachsenenbildung, Band 12), Göttingen 1988, S. 69–87.

Hoffmann, Dietrich: Die Rolle der Biographie im Bildungsprozess, in: Hoffmann, Dietrich/Neumann, Karl (Hrsg.): Tradition und Transformation der geisteswissenschaftlichen Pädagogik. Zur Re-Vision der Weniger-Gedenkschrift, Weinheim 1993, S. 157–177.

Hoffmann, Dietrich: Die These von der Wendung Wenigers von der traditionellen zur kritischen Erziehungswissenschaft, in: Neumann, Karl (Hrsg.): Erich Weniger. Leben und Werk. Dokumentation eines Symposions in Gifhorn und Steinhorst vom 31. Oktober bis 2. November 1986 (Zentralstelle für Weiterbildung der Georg-August-Universität Göttingen, Göttinger Beiträge zur universitären Erwachsenenbildung, Band 11), Göttingen 1987, S. 21–35.

Hoffmann, Dietrich: Die Wirklichkeit des Krieges in der Pädagogik, in: Hoffmann, Dietrich/Neumann, Karl (Hrsg.): Bildung und Soldatentum. Die Militärpädagogik Erich Wenigers und die Tradition der Erziehung zum Kriege, Weinheim 1992, S. 53–68.

Hoffmann, Dietrich: Erich Weniger, in: Pädagogenprofile, Band 2 (Steglitzer Arbeiten zur Philosophie und Erziehungswissenschaft, Band 16/Gesellschaft, Erziehung und Bildung, Band 68), Rheinfelden 1999, S. 41–48.

Hoffmann, Dietrich: Erich Wenigers Bedeutung für die Pädagogik seiner Zeit, in: Zeitschrift für internationale erziehungs- und sozialwissenschaftliche Forschung, 12. Jg. (1995), Heft 1, S. 103–120.

Hoffmann, Dietrich: Erziehung vor Verdun. Über die Gründe unterschiedlicher Reflexion des Erlebnisses des Ersten Weltkrieges, in: Hoffmann, Dietrich/Neumann, Karl (Hrsg.): Bildung und Soldatentum. Die Militärpädagogik Erich Wenigers und die Tradition der Erziehung zum Kriege, Weinheim 1992, S. 97–124.

Hoffmann, Dietrich: Gegen eine Renazifizierung Erich Wenigers, in: Die Deutsche Schule. Zeitschrift für Erziehungswissenschaft, Bildungspolitik und pädagogische Praxis, 89. Jg. (1997), Heft 4, S. 497–504.

Hoffmann, Dietrich: Kritische Erziehungswissenschaft. Historische und systematische Rekonstruktionen eines verdrängten Paradigmas (Schriftenreihe EUB, Erziehung – Unterricht – Bildung, Band 129), Hamburg 2007.

Hoffmann, Dietrich: Nachwort: Zur Kontinuität der Kriegserziehung, in: Hoffmann, Dietrich/Neumann, Karl (Hrsg.): Bildung und

Soldatentum. Die Militärpädagogik Erich Wenigers und die Tradition der Erziehung zum Kriege, Weinheim 1992, S. 195–199.

Hoffmann, Dietrich: Politische Bildung 1890–1933. Ein Beitrag zur Geschichte der pädagogischen Theorie (Empirische Forschungen zu aktuellen pädagogischen Fragen und Aufgaben), Hannover/Berlin/Darmstadt/Dortmund 1970.

Hoffmann, Erika: Diskussionsbeitrag beim Kolloquium zur wissenschaftsgeschichtlichen und aktuellen Bedeutung der Pädagogik Herman Nohls, in: Die neue Sammlung. Vierteljahres-Zeitschrift für Erziehung und Gesellschaft, 19. Jg. (1979), S. 579–581.

Hoffmann, Erika: Erika Hoffmann, in: Pongratz, Ludwig Jakob (Hrsg.): Pädagogik in Selbstdarstellungen, Band 4, Hamburg 1982, S. 81–114.

Hoffmann, Gerd: Der Prozess um den Brand der Synagoge in Neustettin. Antisemitismus in Deutschland ausgangs des 19. Jahrhunderts, Schifferstadt 1998.

Hoffmann, Hilmar: Mythos Olympia. Autonomie und Unterwerfung von Sport und Kultur, Berlin/Weimar 1993.

Hofmann, Hans-Georg: Die philosophisch-pädagogischen Grundlagen der Partnerschaftslehre und ihre Erziehungstheorie. Ein kritischer Beitrag zu den faschistisch-pragmatischen Auffassungen Theodor Wilhelms, Berlin 1962.

Hofmann, Klaus (Hrsg.): Peter Petersen und die Reformpädagogik. Beiträge einer Fachkonferenz vom 20.–23. November 1989, Hagen 1991.

Hofmann, Klaus: Peter Petersen und die Reformpädagogik. Mit 12 Beiträgen zur Petersen-Forschung, Hagen ohne Jahr (1994).

Hofmannsthal, Hugo von: Das Schrifttum als geistiger Raum der Nation, München 1927.

Hohendorf, Gerd: Reformpädagogik und Arbeiterbewegung (Oldenburger Universitätsreden, Band 29), Oldenburg 1989.

Hohendorf, Gerd: Theodor Wilhelm alias Friedrich Oetinger und die Restauration der faschistischen Pädagogik in Westdeutschland, in: Pädagogik. Zeitschrift für Theorie und Praxis der sozialistischen Erziehung, 15. Jg. (1960), Heft 12, S. 1140–1151.

Hohmann, Christine: Dienstbares Begleiten und später Widerstand. Der nationale Sozialist Adolf Reichwein im Nationalsozialismus, Bad Heilbrunn 2007.

Hohmann, Joachim Stephan (Hrsg.): Beiträge zur Philosophie Eduard Sprangers (Philosophische Schriften, Band 17), Berlin 1996.

Hohmann, Joachim Stephan: Die thüringische Rhön im „Dritten Reich", Erfurt ohne Jahr (1999).

Hohmann, Joachim Stephan: Geschichte der Zigeunerverfolgung in Deutschland, bearbeitete Neuausgabe, Frankfurt am Main/New York 1988.

Hohmann, Joachim Stephan: Homosexualität und Subkultur, 2. veränderte und erweiterte Auflage, Frankfurt am Main/Berlin 1984.

Hohmann, Joachim Stephan: Sinn, Wert, Zweck und Struktur in der Philosophie Eduard Sprangers, in: Hohmann, Joachim Stephan (Hrsg.): Beiträge zur Philosophie Eduard Sprangers (Philosophische Schriften, Band 17), Berlin 1996, S. 127–264.

Hohmann, Joachim Stephan: Vom Elend politischer Bildung. Konservatismus, Nationalismus und Faschismus als Quellen staatsbürgerlicher Erziehung in westdeutschen Schulen (Pahl-Rugenstein Hochschulschriften, Gesellschafts- und Naturwissenschaften, Band 205, Serie Studien zu Bildung und Erziehung), Köln 1985.

Hohmann, Joachim Stephan: Zum Geleit, in: Hohmann, Joachim Stephan (Hrsg.): Beiträge zur Philosophie Eduard Sprangers (Philosophische Schriften, Band 17), Berlin 1996, S. 9–25.

Höhn, Reinhard: Die Armee als Erziehungsschule der Nation. Das Ende einer Idee, Bad Harzburg 1963.

Höhn, Reinhard: Revolution, Heer, Kriegsbild, Darmstadt 1944.

Hojer, Ernst: Nationalsozialismus und Pädagogik. Umfeld und Entwicklung der Pädagogik Ernst Kriecks, Würzburg 1996.

Hollmann, Rudolf: Lagarde als Pädagoge

(Pädagogisches Magazin, Heft 602), Langensalza 1915.

Holz, Klaus: Nationaler Antisemitismus. Wissenssoziologie einer Weltanschauung, Hamburg 2001.

Hördt, Philipp: Grundformen volkhafter Bildung, 4. Auflage, Frankfurt am Main 1934.

Horkheimer, Max/Adorno, Theodor: Dialektik der Aufklärung. Philosophische Fragmente, Frankfurt am Main 1969.

Horkheimer, Max: Die Juden und Europa. Autoritärer Staat. Vernunft und Selbsterhaltung (Neudruck der zwischen 1939 und 1941 entstandenen Einzelarbeiten; Schwarze Reihe, Band 3), Amsterdam 1967.

Horkheimer, Max: Geisteswissenschaft, in: Horkheimer, Max: Gesammelte Schriften, Band 14: Nachgelassene Schriften 1949–1972 (5. Notizen), Frankfurt am Main 1988, S. 385.

Horkheimer, Max: Traditionelle und kritische Theorie, in: Horkheimer, Max: Kritische Theorie, Band 2, Frankfurt am Main 1968.

Horn, Hermann: Eduard Spranger 27.6.1882–17.9.1963. Ausgewählte Gedanken zu seinem 100. Geburtstag, in: Erziehen heute. Mitteilungen der Gemeinschaft Evangelischer Erzieher e.V., 32. Jg. (1982), Heft 3, S. 23–28.

Horn, Klaus-Peter/Ogasawara, Michio/Sakakoshi, Masaki/Tenorth, Heinz-Elmar/Yamana, Jun/Zimmer, Hasko (Hrsg.): Pädagogik im Militarismus und im Nationalsozialismus. Japan und Deutschland im Vergleich, Bad Heilbrunn 2006.

Horn, Klaus-Peter/Ritzi, Christian (Hrsg.): Klassiker und Außenseiter. Pädagogische Veröffentlichungen des 20. Jahrhunderts, Baltmannsweiler 2001, S. 105–126.

Horn, Klaus-Peter/Tenorth, Heinz-Elmar: Biographieforschung vs. Disziplingeschichte, in: Die Deutsche Schule. Zeitschrift für Erziehungswissenschaft, Bildungspolitik und pädagogische Praxis, 89. Jg. (1997), Heft 4, S. 505–512.

Horn, Klaus-Peter: „Die Hauptsache ist, dass ein deutlicher Protest erfolgt“. Die „Strafversetzung“ Ernst Kriecks 1931 im Kontext, in: Jahrbuch für historische Bildungsforschung, Band 8, Bad Heilbrunn 2002, S. 289–320.

Horn, Klaus-Peter: Erziehungswissenschaft in Deutschland im 20. Jahrhundert. Zur Entwicklung der sozialen und fachlichen Struktur der Disziplin von der Erstinstitutionalisierung bis zur Expansion, Bad Heilbrunn 2003.

Horn, Klaus-Peter: Konkurrenz und Koexistenz. Das Pädagogische Seminar und das Institut für Politische Pädagogik in der Zeit des Nationalsozialismus, in: Horn, Klaus-Peter: Pädagogik Unter den Linden. Von der Gründung der Berliner Universität im Jahre 1810 bis zum Ende des 20. Jahrhunderts (Pallas Athene, Band 6), Stuttgart 2002, S. 227–252.

Horn, Klaus-Peter: Leben in und außer der Zeit. Die Korrespondenz zwischen Walter Feilchenfeld/Fales und Eduard Spranger 1923 bis 1953, in: Sacher, Werner/Schraut, Alban (Hrsg.): Volkserzieher in dürftiger Zeit. Studien über Leben und Wirken Eduard Sprangers. Beiträge zum Internationalen Spranger-Symposion in Nürnberg am 11./12. Oktober 2002 (Erziehungskonzeptionen und Praxis, Band 59), Frankfurt am Main/Berlin/Bern/Brüssel/New York/Oxford/Wien 2004, S. 83–104.

Horn, Klaus-Peter: Pädagogik Unter den Linden. Von der Gründung der Berliner Universität im Jahre 1810 bis zum Ende des 20. Jahrhunderts (Pallas Athene, Band 6), Stuttgart 2002.

Horn, Klaus-Peter: Pädagogische Zeitschriften im Nationalsozialismus. Selbstbehauptung, Anpassung, Funktionalisierung (Bibliothek für Bildungsforschung, Band 3), Weinheim 1996.

Horn, Klaus-Peter: Studien zur Geschichte der Erziehungswissenschaft. Eine Sammelbesprechung unter besonderer Berücksichtigung der Zeit des Nationalsozialismus, in: Erziehungswissenschaftliche Revue, 2. Jg. (2003), Heft 3, http://www.klinkhardt.de/ewr/78151155.html (eingesehen am 12.2.2007).

Horn, Klaus-Peter: Unklare Fronten. Zwei Dokumente zur Situation der Universitäten im Frühjahr 1933, in: Bruch, Rüdiger vom (Hrsg.): Jahrbuch für Universitätsgeschichte, 6. Jg. (2003), S. 161–168.

Hoßfeld, Uwe/John, Jürgen/Lemuth, Oliver/Stutz, Rüdiger (Hrsg.): „Kämpferische Wissenschaft“: Studien zur Universität Jena im Nationalsozialismus, Köln u. a. 2003.

Hülser, Gustav: Der Nationalsozialismus, in: Der christlich-soziale Volksdienst und die Parteien (Schriften des Christlich-sozialen Volksdienstes, Band 15), Berlin ohne Jahr (1931).

Humboldt, Wilhelm von: Gesammelte Schriften, Band 13: Nachträge (unter Mitwirkung von Siegfried Kähler und Eduard Spranger), Berlin 1920.

Huschke-Rhein, Rolf Bernhard: Das Wissenschaftsverständnis in der geisteswissenschaftlichen Pädagogik. Dilthey, Litt, Nohl, Spranger, Stuttgart 1979.

Huwendiek, Volker: Erziehungsgeschichte und traditionelle Hermeneutik, in: Lenhart, Volker (Hrsg.): Historische Pädagogik. Methodologische Probleme der Erziehungsgeschichte (Erziehungswissenschaftliche Reihe, Band 17), Wiesbaden 1977, S. 50–75.

Hylla, Erich: Sprangers „Psychologie des Jugendalters“, in: Die Deutsche Schule, 29. Jg. (1925), Heft 4, S. 172–180 und Heft 5, S. 217–224.

Imelman, Jan Dirk/Jeunhomme, J. M. Paul/Meijer, Willna A. J.: Jena-Plan. Eine begriffsanalytische Kritik, Weinheim 1996.

Imelman, Jan Dirk/Meijer, Wilna A. J.: Das Verhältnis von Theorie und Praxis Petersenscher Erziehungsvorstellungen unter sich wandelnden Rezeptionsbedingungen, in: Hofmann, Klaus (Hrsg.): Peter Petersen und die Reformpädagogik. Beiträge einer Fachkonferenz vom 20.–23. November 1989, Hagen 1991, S. 31–42.

Institut für Sozialforschung (Hrsg.): Zur Wirksamkeit politischer Bildung, Teil 1: Eine soziologische Analyse des Sozialkundeunterrichts an Volks-, Mittel- und Berufsschulen (Forschungsberichte der Max-Traeger-Stiftung, Band 3/1966), Frankfurt am Main 1966.

Jäckel, Eberhard: Hitlers Weltanschauung. Entwurf einer Herrschaft, erweiterte und überarbeitete Neuausgabe, 3. Auflage, Stuttgart 1986.

Jacobsen, Hans-Adolf (Hrsg.): Spiegelbild einer Verschwörung. Die Opposition gegen Hitler und der Staatsstreich vom 20. Juli 1944 in der SD-Berichterstattung. Geheime Dokumente aus dem ehemaligen Reichssicherheitshauptamt, Band 1 und 2, Stuttgart 1984.

Jaensch, Erich Rudolf: Die Lage und die Aufgaben der Psychologie. Ihre Sendung in die deutsche Bewegung und an die Kulturwende, Leipzig 1933.

Jaensch, Erich Rudolf: Neue Wege der Erziehungslehre und Jugendkunde und die deutsche Erneuerung (Akademie gemeinnütziger Wissenschaften zu Erfurt, Abteilung für Erziehungswissenschaft und Jugendkunde, Nr. 9), 2. vermehrte Auflage, Erfurt 1935.

Jaffé, Aniela: C. G. Jung und der Nationalsozialismus, in: Jaffé, Aniela: Parapsychologie, Individuation, Nationalsozialismus. Themen bei C. G. Jung, Zürich 1985, S. 139–164.

Jäger, Siegfried: Kritische Diskursanalyse. Eine Einführung, Duisburg 1993.

Jahn, Friedrich Ludwig: Deutsches Volkstum, Berlin/Weimar 1991.

Jahn, Friedrich Ludwig: Turnvater Jahn. Eine Auswahl aus seinen Schriften, Offenbach 1921.

Jaide, Walter: Eduard Sprangers „Lebensformen“ und die Erfordernisse heutiger Wertforschung, in: Hohmann, Joachim Stephan (Hrsg.): Beiträge zur Philosophie Eduard Sprangers (Philosophische Schriften, Band 17), Berlin 1996, S. 57–75.

Jarausch, Konrad Hugo: Deutsche Studenten 1800–1970, Frankfurt am Main 1984.

Jaspers, Karl: Max Weber. Rede bei der von der Heidelberger Studentenschaft am 17. Juli 1920 veranstalteten Trauerfeier, Tübingen 1921.

Jeismann, Michael/Ritter, Henning (Hrsg.):

Grenzfälle. Über neuen und alten Nationalismus, Leipzig 1993.

Jens, Walter: Begegnung und Dank – Eduard Spranger zum 80. Geburtstag am 27. Juni 1962, in: Universitas. Zeitschrift für Wissenschaft, Kunst und Literatur, 17. Jg. (1962), Heft 6, S. 592–593.

Joch, Winfried: Theorie einer politischen Pädagogik. Alfred Baeumlers Beitrag zur Pädagogik im Nationalsozialismus (Europäische Hochschulschriften, Reihe 11: Pädagogik, Band 6), Bern/Frankfurt am Main 1971.

Johannsen, Hans-Werner: Peter Petersen und der Nationalsozialismus. Anmerkungen zur Petersen-Kontroverse, in: Die Deutsche Schule, 93. Jg. (1989) Heft 3, S. 362–376.

Johannsen, Martina (Hrsg.): Schwarzweißheiten. vom Umgang mit fremden Menschen (Schriftenreihe des Landesmuseums für Natur und Mensch, Band 19), Oldenburg 2001.

Jost, Leonhard (Hrsg.): Eduard Spranger. Zur Bildungsphilosophie und Erziehungspraxis (SLZ-Taschenbuch, Nr. 7), Zürich 1983.

Jost, Walter: Die wehrpolitische Revolution des Nationalsozialismus, Hamburg 1936.

Jünger, Ernst: Auf den Marmor-Klippen, Hamburg 1939.

Jünger, Ernst: Strahlungen, Band I: Das erste Pariser Tagebuch. Kaukasische Aufzeichnungen, München 1964.

Jünger, Ernst: Strahlungen, Band II: Das zweite Pariser Tagebuch, München 1965.

Jütte, Robert/Hirschfeld, Gerhard (Hrsg.): „Verzage nicht und lass nicht ab zu kämpfen…". Die Korrespondenz 1925–1940. Otto Hintze und Hedwig Hintze (Schriften der Bibliothek für Zeitgeschichte, Neue Folge, Band 17), Essen 2004.

Jüttemann, Gerd (Hrsg.): Wegbereiter der historischen Psychologie, München/Weinheim 1988.

Kampmann, Wanda: Deutsche und Juden. Die Geschichte der Juden in Deutschland vom Mittelalter bis zum Beginn des Ersten Weltkrieges, Frankfurt am Main 1986.

Kandel, Isaac Leon: The Making of Nazis, New York 1935.

Kant, Immanuel: Ausgewählte Schriften zur Pädagogik und ihrer Begründung, Paderborn 1963.

Kant, Immanuel: Beantwortung der Frage: Was ist Aufklärung?, in: Kant, Immanuel: Werke, Band XI. Frankfurt am Main 1968, S. 53–64.

Kant, Immanuel: Kritik der Urteilskraft (Werkausgabe, Band 10), Frankfurt am Main 1974.

Kantorowicz, Alfred: Deutsches Tagebuch, Band I. Vom Autor gekürzte und neu durchgesehene Ausgabe, München 1964.

Kanz, Heinrich (Hrsg.): Der Nationalsozialismus als pädagogisches Problem. Deutsche Erziehungsgeschichte 1933–1945 (Europäische Hochschulschriften, Reihe XI: Pädagogik, Band 178) Frankfurt am Main/Bern/New York 1984.

Kanz, Heinrich: Sprangers Perspektiven zum Verhältnis Pädagogik und Politik in der Bundesrepublik Deutschland – Darstellungen an lebensgeschichtlichen Bezügen, in: Eisermann, Walter/Meyer, Hermann Josef/Röhrs, Hermann (Hrsg.): Maßstäbe. Perspektiven des Denkens von Eduard Spranger, Düsseldorf 1983, S. 133–147.

Kapferer, Norbert: Auf der Höhe der Zeit? Eine Studie über die deutsche Universitätsphilosophie 1918–1945, in: Neue Zürcher Zeitung, 223. Jg. (2002), 7.9.2002.

Kappeler, Manfred: Der schreckliche Traum vom vollkommenen Menschen. Rassenhygiene und Eugenik in der sozialen Arbeit, Marburg 1999.

Karsch, Manfred: Identität als Einheit des Heterogenen. Untersuchungen zur Begründung einer Kulturpädagogik im Spannungsfeld von Affirmation und Autonomie bei Eduard Spranger und Ernst Troeltsch, Bochum/Freiburg 2003.

Kaßner, Peter: Peter Petersen – die Negierung der Vernunft?, in : Die Deutsche Schule, 93. Jg. (1989) Heft 1, S. 117–132.

Kaßner, Peter: Peter Petersen und sein Bild vom Nationalsozialismus, in: Rülcker, Tobias/Kaßner, Peter (Hrsg.): Peter Petersen: Antimoderne als Fortschritt? Erziehungswissenschaftliche Theorien und pädagogische Praxis vor den Herausforderungen unserer Zeit, Frankfurt am Main/Bern/New York/Paris 1992, S. 247–284.

Kaßner, Peter: Peter Petersen: Politische und pädagogische Handlungsfelder, in: Rülcker, Tobias/Kaßner, Peter (Hrsg.): Peter Petersen: Antimoderne als Fortschritt? Erziehungswissenschaftliche Theorien und pädagogische Praxis vor den Herausforderungen unserer Zeit, Frankfurt am Main/ Bern/New York/Paris 1992, S. 11–50.

Kater, Michael H.: Die nationalsozialistische Machtergreifung an den deutschen Hochschulen. Zum politischen Verhalten akademischer Lehrer nach 1939, in: Vogel, Hans Jochen/Simon, Helmut/Podlech, Adalbert (Hrsg.): Die Freiheit des Anderen. Festschrift für Martin Hirsch, Baden-Baden 1981, S. 49–75.

Katz, Jacob: Vom Vorurteil bis zur Vernichtung. Der Antisemitismus 1700–1933, München 1989.

Kauffmann, Heiko/Kellershohn, Helmut/Jobst Paul (Hrsg.): Völkische Bande. Dekadenz und Wiedergeburt. Analysen rechter Ideologie (Edition DISS, Band 8), Münster 2005.

Keckeisen, Wolfgang: Pädagogik zwischen Kritik und Praxis. Studien zur Entwicklung und Aufgabe kritischer Erziehungswissenschaft, Weinheim/Basel 1984.

Keim, Helmut/Urbach, Dieter: Volksbildung in Deutschland 1933–1945. Einführung und Dokumente, Braunschweig 1976.

Keim, Wolfgang (Hrsg.): Erziehungswissenschaft und Nationalsozialismus. Eine kritische Positionsbestimmung. (Forum Wissenschaft, Studienheft 9) Marburg 1990.

Keim, Wolfgang (Hrsg.): Pädagogen und Pädagogik im Nationalsozialismus – Ein unerledigtes Problem der Erziehungswissenschaft (Studien zur Bildungsreform, Band 16), 2. durchgesehene Auflage, Frankfurt am Main/Bern/New York/Paris 1990.

Keim, Wolfgang: „Vergangenheit", die nicht vergehen will, in: Pädagogik, 40. Jg. (1988), Heft 10, S. 34–39.

Keim, Wolfgang, Bildung versus Ertüchtigung, in: Lehmann, Hartmut/Oexle, Otto Gerhard (Hrsg.): Nationalsozialismus in den Kulturwissenschaften, Band 2, Göttingen 2004, S. 223–258.

Keim, Wolfgang: Bundesdeutsche Erziehungswissenschaft und Nationalsozialismus – eine kritische Bestandsaufnahme, in: Keim, Wolfgang (Hrsg.): Pädagogen und Pädagogik im Nationalsozialismus – Ein unerledigtes Problem der Erziehungswissenschaft (Studien zur Bildungsreform, Band 16), 2. durchgesehene Auflage, Frankfurt am Main/Bern/New York/Paris 1990, S. 15–34.

Keim, Wolfgang: Das nationalsozialistische Erziehungswesen im Spiegel neuerer Untersuchungen. Ein Literaturbericht, in: Zeitschrift für Pädagogik, 34. Jg. (1988), Heft 1, S. 109–130.

Keim, Wolfgang: Die Jena-Plan Pädagogik: Ein problematisches Erbe. Was folgt aus den Affinitäten Peter Petersens zum deutschen Faschismus?, in: Die Grundschul-Zeitschrift, 5. Jg. (1991), Heft 47, S. 36–39.

Keim, Wolfgang: Erziehung im Nationalsozialismus. Ein Forschungsbericht (Erwachsenenbildung in Österreich, Beiheft 1990), Wien 1990.

Keim, Wolfgang: Erziehung unter der Nazi-Diktatur. Band I: Antidemokratische Potentiale, Machtantritt und Machtdurchsetzung, Darmstadt 1995.

Keim, Wolfgang: Erziehung unter der Nazi-Diktatur. Band II: Kriegsvorbereitung, Krieg und Holocaust, Darmstadt 1997.

Keim, Wolfgang: Erziehungswissenschaft und Erziehungswissenschaftler unter der Nazi-Diktatur – eine Bilanz, in: Knigge-Tesche, Renate (Hrsg.): Berater der braunen Macht. Wissenschaft und Wissenschaftler im NS-Staat, Frankfurt am Main 1999, S. 53–69.

Keim, Wolfgang: Noch einmal: Worum es eigentlich geht, in: Die Deutsche Schule, 81. Jg. (1989), Heft 3, S. 373–376.

Keim, Wolfgang: Pädagogik und Nationalsozialismus. Zwischenbilanz einer Auseinandersetzung innerhalb der bundesdeutschen Erziehungswissenschaft, in: Neue

Sammlung. Vierteljahres-Zeitschrift für Erziehung und Gesellschaft, 29. Jg. (1989), Heft 2, S. 186–208.

Keim, Wolfgang: Peter Petersen und sein Jena-Plan – wenig geeignet zur Demokratisierung von Schule und Erziehung. Kritische Anmerkungen zu einigen Petersen-Beiträgen aus dem Jahre 1990, in: Pädagogik und Schulalltag, 45. Jg. (1990), Heft 12, S: 928–936.

Keim, Wolfgang: Peter Petersens Rolle im Nationalsozialismus und die bundesdeutsche Erziehungswissenschaft, in: Die Deutsche Schule, 81. Jg. (1989), Heft 1, S. 133–145.

Keim, Wolfgang: Reformpädagogik und Faschismus. Anmerkungen zu einem doppelten Verdrängungsprozess, in: Pädagogik, 41. Jg. (1989), Heft 5, S. 23–28.

Keim, Wolfgang: Verfolgte Pädagogen und verdrängte Reformpädagogik, in: Zeitschrift für Pädagogik, 32. Jg. (1986), Heft 3, S. 345–360.

Keim, Wolfgang: Vergessen oder Verantwortung?, in: Forum Wissenschaft, 5. Jg. (1988), Heft 1, S. 40–45.

Keim, Wolfgang: Vorwort des Herausgebers, in: Beutler, Kurt: Geisteswissenschaftliche Pädagogik zwischen Politisierung und Militarisierung – Erich Weniger (Studien zur Bildungsreform, Band 24), Frankfurt am Main/Berlin/Bern/New York/Paris/Wien 1995, S. 9–15.

Keim, Wolfgang: Vorwort des Herausgebers, in: Siemsen, Barbara: Der andere Weniger. Eine Untersuchung zu Erich Wenigers kaum beachteten Schriften (Studien zur Bildungsreform, Band 25), Frankfurt am Main/Berlin/Bern/New York/Paris/Wien 1995, S. IX–XIII.

Keiner, Edwin: Konstruktionen des Lokalen. Theoretische Überlegungen und empirische Befunde zur Rekonstruktion lokaler Wissenschaftskulturen der Erziehungswissenschaft, in: Langewand, Alfred/Prondczynsky, Andreas von (Hrsg.): Lokale Wissenschaftskulturen in der Erziehungswissenschaft (Beiträge zur Theorie und Geschichte der Erziehungswissenschaft, Band 20), Weinheim 1999.

Keinhorst, Willi: Wilhelm Stapel – ein evangelischer Journalist im Nationalsozialismus. Gratwanderer zwischen Politik und Theologie (Europäische Hochschulschriften, Reihe 31: Politikwissenschaft, Band 242), Frankfurt am Main/Berlin/Bern/New York/Paris/Wien 1993.

Kelle, Helga: Erziehungswissenschaft und kritische Theorie. Zur Entwicklungs- und Rezeptionsgeschichte, Pfaffenweiler 1992.

Kellershohn, Helmut: Zwischen Wissenschaft und Mythos. Einige Anmerkungen zu Armin Mohlers „Konservative Revolution“, in: Kauffmann, Heiko/Kellershohn, Helmut/Jobst Paul (Hrsg.): Völkische Bande. Dekadenz und Wiedergeburt. Analysen rechter Ideologie (Edition DISS, Band 8), Münster 2005, S.66–89.

Kelly, Reece C.: Die gescheiterte nationalsozialistische Personalpolitik und die misslungene Entwicklung der nationalsozialistischen Hochschulen, in: Heinemann, Manfred (Hrsg.): Erziehung und Schulung im Dritten Reich, Teil 2: Hochschule, Erwachsenenbildung (Veröffentlichungen der Historischen Kommission der Deutschen Gesellschaft für Erziehungswissenschaft, Band 4), Stuttgart 1980, S. 61–76.

Kerschensteiner, Georg: Deutsche Schulerziehung in Krieg und Frieden, Leipzig/Berlin 1916.

Kerschensteiner, Georg: Staatsbürgerliche Erziehung der deutschen Jugend, Erfurt 1901.

Kershaw, Ian: Der NS-Staat. Geschichtsinterpretationen und Kontroversen im Überblick, Reinbek 1994.

Key, Ellen: Das Jahrhundert des Kindes, Weinheim/Basel 2000.

Kiefer, Annegret: Das Problem einer „jüdischen Rasse“. Eine Diskussion zwischen Wissenschaft und Ideologie (1870–1930), Frankfurt am Main 1991.

Kiesinger, Kurt Georg: Eduard Spranger, in: Bähr, Hans Walter/Wenke, Hans (Hrsg.): Eduard Spranger. Sein Werk und sein Leben, Heidelberg 1964, S. 29–32.

Kiesinger, Kurt Georg: Ein großer Erzieher unseres Volkes, in: Universitas. Zeitschrift für Wissenschaft, Kunst und Literatur, 18 Jg. (1963), Heft 10, S. 1064–1066.

Kiesinger, Kurt Georg: Ein großer Erzieher unseres Volkes. Gedenkrede, gehalten in der Universität Tübingen, September 1963, in: Spranger, Eduard: Erziehung zur Verantwortung (Sprechplatte), Frankfurt am Main ohne Jahr (1964).

Kittel, Manfred: Die Legende von der „zweiten Schuld". Vergangenheitsbewältigung in der Ära Adenauer, Berlin/Frankfurt am Main 1993.

Kiuchi, Yoichi: Die Spranger-Rezeption in Ostasien, in: Sacher, Werner/Schraut, Alban (Hrsg.): Volkserzieher in dürftiger Zeit. Studien über Leben und Wirken Eduard Sprangers. Beiträge zum Internationalen Spranger-Symposion in Nürnberg am 11./12. Oktober 2002 (Erziehungskonzeptionen und Praxis, Band 59), Frankfurt am Main/Berlin/Bern/Brüssel/New York/Oxford/Wien 2004, S. 251–259.

Kiuchi, Yoichi: Spranger und Japan. Einige Aspekte der Spranger-Rezeption in Japan nach 1945, in: Gutjahr, Elisabeth/Habel Werner (Hrsg.): Lebendige Tradition. Festschrift für Helmut Heiland, Baltmannsweiler 2002, S. 93–100.

Klafki, Wolfgang (Hrsg.): Verführung, Distanzierung, Ernüchterung. Kindheit und Jugend im Nationalsozialismus. Autobiographisches aus erziehungswissenschaftlicher Sicht, Weinheim/Basel 1988.

Klafki, Wolfgang u. a.: Funk-Kolleg Erziehungswissenschaft. Eine Einführung in 3 Bänden. Eine Vorlesungsreihe des Erziehungswissenschaftlichen Seminars der Philipps-Universität Marburg in Zusammenarbeit mit dem Hessischen Rundfunk, Band 1 (Funk-Kolleg, Band 7), 388.–407. Tausend, Frankfurt am Main 1979.

Klafki, Wolfgang u. a.: Funk-Kolleg Erziehungswissenschaft. Eine Einführung in 3 Bänden. Eine Vorlesungsreihe des Erziehungswissenschaftlichen Seminars der Philipps-Universität Marburg in Zusammenarbeit mit dem Hessischen Rundfunk, Band 2 (Funk-Kolleg, Band 8), 26.–47. Tausend, Frankfurt am Main 1971.

Klafki, Wolfgang u. a.: Funk-Kolleg Erziehungswissenschaft. Eine Einführung in 3 Bänden. Eine Vorlesungsreihe des Erziehungswissenschaftlichen Seminars der Philipps-Universität Marburg in Zusammenarbeit mit dem Hessischen Rundfunk, Band 3 (Funk-Kolleg, Band 9), 26.–47. Tausend, Frankfurt am Main 1971.

Klafki, Wolfgang/Brockmann, Johanna-Luise: Geisteswissenschaftliche Pädagogik und Nationalsozialismus. Herman Nohl und seine „Göttinger Schule" 1932–1937. Eine individual- und gruppenbiografische, mentalitäts- und theoriegeschichtliche Untersuchung, Weinheim/Basel 2002.

Klafki, Wolfgang: Didaktik, in: Dahmer, Ilse/Klafki, Wolfgang: Geisteswissenschaftliche Pädagogik am Ausgang ihrer Epoche – Erich Weniger, Weinheim/Berlin 1968, S. 137–174.

Klafki, Wolfgang: Die gegenwärtigen Kontroversen in der deutschen Erziehungswissenschaft über das Verhältnis der geisteswissenschaftlichen Pädagogik zum Nationalsozialismus, Marburg 1998, http://archiv.ub.uni-marburg.de/sonst/1998/0003/k10.html (eingesehen am 12.2.2007).

Klafki, Wolfgang: Die Pädagogik Theodor Litts. Eine kritische Vergegenwärtigung, Königstein 1982.

Klafki, Wolfgang: Diskussionsbeitrag beim Kolloquium zur wissenschaftsgeschichtlichen und aktuellen Bedeutung der Pädagogik Herman Nohls, in: Die neue Sammlung. Vierteljahres-Zeitschrift für Erziehung und Gesellschaft, 19. Jg. (1979), S. 569–575.

Klafki, Wolfgang: Typische Faktorenkonstellationen für Identitätsbildungsprozesse von Kindern und Jugendlichen im Nationalsozialismus im Spiegel autobiographischer Berichte, in: Berg, Christa/Ellger-Rüttgardt, Sieglind (Hrsg.): „Du bist nichts, Dein Volk ist alles". Forschungen zum Verhältnis von Pädagogik und Nationalsozialismus, Weinheim 1991, S. 159–172.

Klafki, Wolfgang: Von Dilthey bis Weniger. Ansätze zur Schultheorie in der Geisteswissenschaftlichen Pädagogik, in: Tillmann, Klaus-Jürgen (Hrsg.): Schultheorien (PB-

Bücher, Band 7), Hamburg 1987, S. 21–59.

Klafki, Wolfgang: Vorwort, in: Finckh, Hans Jürgen: Der Begriff der „Deutschen Bewegung“ und seine Bedeutung für die Pädagogik Herman Nohls (Europäische Hochschulschriften, Reihe 11: Pädagogik, Band 41), Frankfurt am Main/Bern/Las Vegas 1977, S. 5–9.

Klafki, Wolfgang: Zur Geisteswissenschaftlichen Pädagogik Erich Wenigers, in: Zeitschrift für Pädagogik, 41. Jg. (1995), Heft 3, S. 391–394.

Klafki, Wolfgang: Zur Militärpädagogik Erich Wenigers. Ertrag und Problematik der Untersuchung Kurt Beutlers, in: Zeitschrift für Pädagogik, 44. Jg. (1998) Heft 1, S. 149–160.

Klafki, Wolfgang: Zwischen Führerglauben und Distanzierung. Autobiographisches zur politischen Identitätsbildung in Kindheit und Jugend unter dem Nationalsozialismus, in: Herrmann, Ulrich (Hrsg.): „Die Formung des Volksgenossen“. Der „Erziehungsstaat“ des Dritten Reiches (Geschichte des Erziehungs- und Bildungswesens in Deutschland, Band 6), Weinheim/Basel 1985, S. 314–332.

Klaßen, Theodor F./Skiera, Ehrenhard (Hrsg.): Pädagogik der Mitmenschlichkeit. Beiträge zum Petersen-Jahr, Heinsberg 1984.

Klee, Ernst: „Euthanasie“ im NS-Staat. Die „Vernichtung lebensunwerten Lebens“, Frankfurt am Main 1991.

Kleinberger, Aharon F.: Gab es eine nationalsozialistische Hochschulpolitik?, in: Heinemann, Manfred (Hrsg.): Erziehung und Schulung im Dritten Reich, Teil 2: Hochschule, Erwachsenenbildung (Veröffentlichungen der Historischen Kommission der Deutschen Gesellschaft für Erziehungswissenschaft, Band 4), Stuttgart 1980, S. 9–30.

Klemperer, Victor: LTI. Die unbewältigte Sprache. Aus dem Notizbuch eines Philologen, 3. Auflage, München 1969.

Kleßmann, Christoph/Pingel, Falk (Hrsg.): Gegner des Nationalsozialismus. Wissenschaftler und Widerstandskämpfer auf der Suche nach historischer Wirklichkeit, Frankfurt am Main/New York 1980.

Klika, Dorle: Herman Nohl (1879–1960), in: Tenorth, Heinz-Elmar (Hrsg.): Klassiker der Pädagogik. Band 2: Von John Dewey bis Paul Freire, München 2003, S. 123–151.

Klika, Dorle: Herman Nohl. Sein „Pädagogischer Bezug“ in Theorie, Biographie und Handlungspraxis (Beiträge zur historischen Bildungsforschung, Band 25), Köln/Weimar/Wien 2000.

Klika, Dorle: Selbstzeugnisse eines Wissenschaftlers – Das Beispiel Herman Nohl, in: Häder, Sonja/Tenorth, Heinz-Elmar (Hrsg.): Der Bildungsgang des Subjekts. Bildungstheoretische Analysen (Zeitschrift für Pädagogik, Beiheft 48), Weinheim/Basel 2004, S. 124–136.

Klöss, Erhard (Hrsg.): Reden des Führers. Politik und Propaganda Adolf Hitlers 1922–1945, München 1967.

Klotzbücher, Alois: Der politische Weg des Stahlhelm, Bund der Frontsoldaten, in der Weimarer Republik. Ein Beitrag zur Geschichte der „Nationalen Opposition“ 1918–1933, Erlangen/Nürnberg 1965.

Kluge, Barbara: Peter Petersen. Lebenslauf und Lebensgeschichte. Auf dem Weg zu einer Biographie, Heinsberg 1992.

Kluge, Norbert: Pädagogisches Verhältnis und Erziehungswirklichkeit. Kritische Überlegungen zur Theorie des pädagogischen Bezuges (Neue pädagogische Bemühungen, Band 48), Essen 1972.

Kluge, Volker: Zum aktuellen Stand in der„Diem-Debatte“, in: Kurier. Informationen der Deutschen Sporthochschule Köln, 25. Jg (2002), Heft 2, S. 1–4.

Klussmann, Rita: Die Idee des Erziehers bei Eduard Spranger vor dem Hintergrund seiner Bildungs- und Kulturauffassung (Europäische Hochschulschriften, Reihe 11: Pädagogik, Band 217), Frankfurt am Main/Bern/New York/Nancy 1984.

Kneller, George Friedrich: The Educational Philosophy of National Socialism, New Haven 1941.

Knigge-Tesche, Renate (Hrsg.): Berater der braunen Macht. Wissenschaft und Wissenschaftler im NS-Staat, Frankfurt am Main 1999.

Knobloch, Clemens: Die deutsche Sprachwissenschaft im Nationalsozialismus. Ein forschungsorientierter Überblick, in: Kritische Ausgabe. Zeitschrift für Germanistik und Literatur, Jg. 2004, Heft 2, S. 42–47.

Knobloch, Clemens: Sprache als Gewalt, Vortrag, gehalten in München am 30.5.06, http://www.goethe.de/mmo/priv/1510982-STANDARD.pdf (eingesehen am 11.12.06).

Koerrenz, Ralf: Das Apriori der pädagogischen Haltung. Eine Interpretation Erich Wenigers, in: Neue Sammlung. Vierteljahresschrift für Erziehung und Gesellschaft, 38. Jg. (1998), Heft 4, S. 433–443.

Kogon, Eugen: Beinahe mit dem Rücken zur Wand, in: Frankfurter Hefte. Zeitschrift für Kultur und Politik, 9. Jg. (1954), S. 641–645.

Kogon, Eugen: Der SS-Staat. Das System der deutschen Konzentrationslager, Frankfurt am Main 1959.

Kogon, Eugen: Die unvollendete Erneuerung. Deutschland im Kräftefeld 1945–1963. Politische und gesellschaftspolitische Aufsätze aus zwei Jahrzehnten (Sammlung Res Novae, Band 23), Frankfurt am Main 1964.

Köhler, Otto: Heibers Schrank. Amnesie und Auslese. Das „opus magnum" eines großen Historikers über die deutschen Universitäten unterm Hakenkreuz blieb draußen vor der Tür, in: Freitag, 5.12.2003.

Kohn, Hans: Wege und Irrwege. Vom Geist des deutschen Bürgertums, Düsseldorf 1962.

Kokemohr, Rainer: Bildung als Begegnung? Logische und kommunikationstheoretische Aspekte der Bildungstheorie Erich Wenigers und ihre Bedeutung für biographische Bildungsprozesse in der Gegenwart, in: Hansmann Otto/Marotzki, Winfried (Hrsg.): Diskurs Bildungstheorie. Rekonstruktion der Bildungstheorie unter Bedingungen der gegenwärtigen Gesellschaft, Band 2: Problemgeschichtliche Orientierungen, Weinheim 1989, S. 327–373.

Kollmann, Roland: Bildung, Bildungsideal, Weltanschauung. Studien zur pädagogischen Theorie Eduard Sprangers und Max Frischeisen-Köhlers (Beiträge zur Erziehungswissenschaft), Ratingen/Kastellaun/Düsseldorf 1972.

Kölnische Gesellschaft für Christlich-Jüdische Zusammenarbeit (Hrsg.): 100 Jahre deutscher Rassismus. Katalog und Arbeitsbuch, erweiterte Neuauflage, Köln 1995.

Koneffke, Gernot: Auschwitz und die Pädagogik. Zur Auseinandersetzung der Pädagogen über die gegenwärtige Vergangenheit ihrer Disziplin, in: Keim, Wolfgang (Hrsg.): Erziehungswissenschaft und Nationalsozialismus. Eine kritische Positionsbestimmung (Forum Wissenschaft, Studienheft 9) Marburg 1990, S. 28–38.

Koneffke, Gernot: Integration und Subversion. Zur Funktion des Bildungswesens in der spätkapitalistischen Gesellschaft, in: Das Argument. Zeitschrift für Philosophie und Sozialwissenschaften, 11. Jg. (1969), Heft 54, S. 389–430.

Koniditsiotis, Basileios: Maieutische Elemente in der neueren Pädagogik. Eine Untersuchung bei Paul Natorp, Georg Kerschensteiner, Hugo Gaudig, Eduard Spranger und Friedrich Copei, ohne Ort (Tübingen), ohne Jahr (1960).

König, Helmut/Kuhlmann, Wolfgang/Schwabe, Klaus: Vertuschte Vergangenheit. Der Fall Schwerte und die NS-Vergangenheit der deutschen Hochschulen, München 1997.

König, Helmut: Imperialistische und militaristische Erziehung in den Hörsälen und Schulstuben Deutschlands 1870–1960, Berlin 1962.

König, René: Leben im Widerspruch. Versuch einer intellektuellen Autobiographie, München/Wien 1980.

Korn, Salomon: Wie deutsch soll's denn sein? Normalität im Verhältnis zwischen Juden und Nichtjuden setzt voraus, Unterschiede anzuerkennen, in: Die Zeit, Nr. 24, 5.6.2003.

Korontzis, Pan. G.: Pädagogische Anschauungen Eduard Sprangers, in: Bähr, Hans Walter/Litt, Theodor/Louvaris, Nikolaus/Wenke, Hans (Hrsg.): Erziehung zur Menschlichkeit. Die Bildung im Umbruch der Zeit. Festschrift für Eduard Spranger zum 75. Geburtstag, 27. Juni 1957, Tübingen 1957, S. 267–271.

Korotin, Ilse (Hrsg.): „Die besten Geister der Nation“. Philosophie und Nationalsozialismus, Wien 1994.

Kosse, Wilhelm: Pädagogik aus dem Anspruch der Situation, in: Petersen, Peter: Pädagogik der Gegenwart. Ein Handbuch der neuen Erziehungswissenschaft und Pädagogik. Einführung in die Geschichte und das System der Pädagogik (2. Auflage der „Pädagogik“), Berlin 1937 (Faksimile-Reprint, Weinheim/Basel 1973), S. 195–205.

Kracauer, Siegfried: Aufruhr der Mittelschichten. Eine Auseinandersetzung mit dem „Tat“-Kreis (1931), in: Kracauer, Siegfried: Schriften, Band 5.2: Aufsätze 1927–1931, Frankfurt am Main 1990, S. 405–424.

Kraft, Julius: Das Rätsel der Geisteswissenschaft und seine Lösung, in: Studium Generale, 11. Jg. (1958), S. 131–138.

Kraft, Julius: Die Unmöglichkeit der Geisteswissenschaft, Frankfurt am Main 1957.

Kramp, Wolfgang: Theorie der Schule, in: Speck, Josef (Hrsg.): Handbuch pädagogischer Grundbegriffe, Band 2, München 1970, S. 529–589.

Kratochwil, Leopold: Pädagogisches Handeln bei Hugo Gaudig, Maria Montessori und Peter Petersen (Reihe Schule und Unterricht), Donauwörth 1992.

Kraul, Margarete: Herman Nohl. Die pädagogische Bewegung in Deutschland und ihre Theorie. Annäherung, Geschichte und Rezeption, in: Horn, Klaus-Peter/Ritzi, Christian (Hrsg.): Klassiker und Außenseiter. Pädagogische Veröffentlichungen des 20. Jahrhunderts, Baltmannsweiler 2001, S. 105–126.

Kraul, Margret/Marotzki, Winfried: Biographische Arbeit, Opladen 2002.

Kraus, Elisabeth (Hrsg.): Die Universität München im Dritten Reich. Aufsätze, Band 1 (Beiträge zur Geschichte der Ludwig-Maximilians-Universität München, Band 1), München ohne Jahr (2006).

Kraus, Karl: Die dritte Walpurgisnacht, München 1967.

Krick, Wilhelm: Die humane Schule als Lebensraum. Peter Petersens Jenaplan als Antwort auf die heutige Schulsituation. Ein Studienbuch für Erzieher und Bildungspolitiker, Oberursel 1981.

Krieck, Ernst: Auch ein Kapitel zur Wissenschaftslehre, in: Die Freie Deutsche Schule, 12. Jg. (1930), Heft 21, S. 238–239.

Krieck, Ernst: Christentum und Judentum, in: Volk im Werden. Zeitschrift für Kulturpolitik, 8. Jg. (1940), S. 273–278.

Krieck, Ernst: Der Judengott, in: Volk im Werden. Zeitschrift für Kulturpolitik, 2. Jg. (1934), S. 254–255.

Krieck, Ernst: Der Mensch in der Geschichte. Geschichtsdeutung aus Zeit und Schicksal (Weltanschauung und Wissenschaft, Band 9), Leipzig 1940.

Krieck, Ernst: Die deutsche Staatsidee, 2./3. Auflage, Leipzig 1934.

Krieck, Ernst: Die Judenfrage, in: Volk im Werden. Zeitschrift für Kulturpolitik, 1. Jg. (1933), S. 57–63.

Krieck, Ernst: Die Verjudung des Christentums im Mittelalter, in: Volk im Werden. Zeitschrift für Kulturpolitik, 9. Jg. (1941), S. 107–115.

Krieck, Ernst: Erlebter Neuidealismus, Heidelberg 1942.

Krieck, Ernst: Erziehungsphilosophie, München 1930.

Krieck, Ernst: Heil und Kraft. Ein Buch germanischer Weltweisheit, Leipzig 1943.

Krieck, Ernst: Leben als Prinzip der Weltanschauung und Problem der Wissenschaft (Weltanschauung und Wissenschaft, Band 7), Leipzig 1938.

Krieck, Ernst: Menschenformung. Grundzüge der vergleichenden Erziehungswissenschaft, Leipzig ohne Jahr (1925).

Krieck, Ernst: Nationalpolitische Erziehung, 19. Auflage, Leipzig 1935.

Krieck, Ernst: Nationalpolitische Erziehung, Berlin 1937.

Krieck, Ernst: Nationalpolitische Erziehung, Leipzig 1932.

Krieck, Ernst: Persönlichkeit und Kultur. Kritische Grundlegung der Kulturphilosophie, Leipzig 1910.

Krieck, Ernst: Philosophie der Erziehung, Jena 1922.

Krieck, Ernst: Völkisch-politische Anthropologie, Teil 1–3 (Weltanschauung und Wissenschaft, Band 1–3), Leipzig 1936–1938.

Krockow, Christian von: Die Entscheidung. Eine Untersuchung über Ernst Jünger, Carl Schmitt, Martin Heidegger (Göttinger Abhandlungen zur Soziologie unter Einschluss ihrer Grenzgebiete, Band 3), Stuttgart 1958.

Krokow, Christian von: Uniform ohne Staatsbürger?, in: Die Zeit. Wochenzeitung für Politik, Wirtschaft, Wissen und Kultur, 25. Jg. (2002), 6.3.1970.

Kron, Friedrich Wilhelm: Theorie des erzieherischen Verhältnisses, Bad Heilbrunn 1971.

Kröner, Hans-Peter: Von der Rassenhygiene zur Humangenetik. Das Kaiser-Wilhelm-Institut für Anthropologie, menschliche Erblehre und Eugenik nach dem Kriege (Medizin in Geschichte und Kultur, Band 20), Stuttgart/Jena/Lübeck/Ulm 1998.

Krüger, Horst: Vom Brandenburger Tor zum Dom, in: Wenke, Hans (Hrsg.): Eduard Spranger. Bildnis eines geistigen Menschen unserer Zeit. Zum 75. Geburtstag dargebracht von Freunden und Weggenossen, Heidelberg 1957, S. 99–105.

Krüger, Regine: Analyse und Kritik von Aspekten der Entwicklung lebensphilosophisch orientierter Pädagogik der Gegenwart in der BRD und ihre philosophiehistorischen Voraussetzungen. Der vorgebliche Einfluss der Auffassungen von Erich Weniger auf die emanzipatorisch-kritische Pädagogik, Leipzig 1984.

Kudzsus, Hans: Berliner Geist, in: Bähr, Hans Walter/Wenke, Hans (Hrsg.): Eduard Spranger. Sein Werk und sein Leben, Heidelberg 1964, S. 87–90.

Kuhn, Annette: Wende in der Geschichtsdidaktik Von Erich Weniger zur materialistischen Geschichtsdidaktik, in: Demokratische Erziehung, 11. Jg. (1985) Heft 2, S. 26–29.

Kühn, Dieter: Goethe zieht in den Krieg. Eine biographische Skizze, Frankfurt am Main 2001.

Kühn, Heidemarie: Zur ideologisch-theoretischen Begründung der faschistischen Bildungspolitik und Pädagogik durch Alfred Baeumler, Berlin 1984.

Kühnl, Reinhard: Zur Relevanz von Faschismustheorien für die Erziehungswissenschaft, in: Keim, Wolfgang (Hrsg.): Pädagogen und Pädagogik im Nationalsozialismus. Ein unerledigtes Problem der Erziehungswissenschaft (Studien zur Bildungsreform, Band 16), 2. durchgesehene Auflage, Frankfurt am Main/Bern/New York/Paris 1990, S. 35–46.

Kunert, Hubertus: Deutsche Reformpädagogik und Faschismus (Auswahl, Reihe B, Band 60), Hannover/Darmstadt/Dortmund/Berlin 1973.

Kunsterziehung, Ergebnisse und Anregungen des Kunsterziehertages in Dresden am 28. und 29. September 1901, zweiter unveränderter Abdruck, Leipzig 1902.

Kunz, Willi: Ernst Krieck. Leben und Werk, Leipzig 1942.

Kupffer, Heinrich: Der Faschismus und das Menschenbild in der deutschen Pädagogik, in: Otto, Hans-Uwe/Sünker, Heinz (Hrsg.): Soziale Arbeit und Faschismus. Volkspflege und Pädagogik im Nationalsozialismus, Bielefeld 1986, S. 19–33.

Kupffer, Heinrich: Der Faschismus und das Menschenbild in der deutschen Pädagogik, Frankfurt am Main 1984.

Kurfeß, Franz: Zwei Pädagogen der Gegenwart: Spranger/Willmann in ihren kulturschöpferischen Ideen, Paderborn 1932.

Kuss, Horst: Erich Weniger und die „neuen Wege“ im Geschichtsunterricht. Überlegungen zur Theorie und Rezeption einer politisch orientierten Geschichtsdidaktik, in: Geschichte in Wissenschaft und Unterricht. Zeitschrift des Verbandes der Geschichtslehrer Deutschlands, 39. Jg. (1988) Heft 8, S. 476–495.

Kuss, Horst: Erich Weniger und die Geschichtsdidaktik – Thesen und Fragen, in: Neumann, Karl (Hrsg.): Erich Weniger. Leben und Werk. Dokumentation eines Symposions in Gifhorn und Steinhorst vom 31. Oktober bis 2. November 1986 (Zentralstelle für Weiterbildung der Georg-August-

Universität Göttingen, Göttinger Beiträge zur universitären Erwachsenenbildung, Band 11), Göttingen 1987, S. 71–82.

Kwiet, Konrad: Judenverfolgung und Judenvernichtung im Dritten Reich. Ein historischer Überblick, in: Diner, Dan (Hrsg.): Ist der Nationalsozialismus Geschichte? Zu Historisierung und Historikerstreit, Frankfurt am Main 1987, S. 237–264.

Laack, Fritz: Das Zwischenspiel freier Erwachsenenbildung. Hohenrodter Bund und Deutsche Schule für Volksforschung und Erwachsenenbildung in der Weimarer Epoche, Bad Heilbrunn 1984.

Lagarde, Paul de: Ausgewählte Schriften (Schriften für das deutsche Volk, Band 2), 2. vermehrte Auflage, München 1934.

Lagarde, Paul de: Deutsche Schriften (Schriften für das deutsche Volk, Band 1), 3. Auflage, München 1937.

Lagarde, Paul de: Deutsche Schriften, Berlin 1994.

Lang, Michael: Die Bedeutung der religiösen Dimension im Denken Herman Nohls unter besonderer Berücksichtigung seiner Pädagogik, München 1974.

Langbehn, Julius: Der Rembrandtdeutsche. Von einem Wahrheitsfreund, Dresden 1892.

Langbehn, Julius: Rembrand als Erzieher. Von einem Deutschen, Leipzig 1922.

Langbehn, Julius: Rembrandt als Erzieher. Von einem Deutschen, 33. Auflage, Leipzig 1891.

Langbehn, Julius: Rembrandt als Erzieher. Von einem Deutschen, 49. Auflage, Leipzig 1909.

Langbehn, Julius: Rembrandt als Erzieher. Von einem Deutschen, 77.–84. Auflage, Leipzig 1922.

Langewand, Alfred/Prondczynsky, Andreas von (Hrsg.): Lokale Wissenschaftskulturen in der Erziehungswissenschaft (Beiträge zur Theorie und Geschichte der Erziehungswissenschaft, Band 20), Weinheim 1999.

Langewellpott, Christel: Erziehungswissenschaft und pädagogische Praxis in der DDR. Zwei wissenschaftstheoretische Modelle (1945–1952), Düsseldorf 1973.

Langewiesche, Dieter/Tenorth, Heinz-Elmar (Hrsg.): Handbuch der deutschen Bildungsgeschichte, Band 5: 1918–1945. Die Weimarer Republik und die nationalsozialistische Diktatur, München 1989.

Langewiesche, Dieter/Tenorth, Heinz-Elmar: Bildung, Formierung, Destruktion. Grundzüge der Bildungsgeschichte von 1918–1945, in: Langewiesche, Dieter/Tenorth, Heinz-Elmar (Hrsg.): Handbuch der deutschen Bildungsgeschichte, Band 5: 1918–1945. Die Weimarer Republik und die nationalsozialistische Diktatur, München 1989, S. 2–24.

Laqueur, Walter Z.: Die deutsche Jugendbewegung. Eine historische Studie, Köln 1962.

Lassahn, Rudolf: „Wenn die Stimme des Gewissens inhaltlich Verschiedenes sagt…“. Zur Theorie des Gewissens bei Eduard Spranger, in: Hohmann, Joachim Stephan (Hrsg.): Beiträge zur Philosophie Eduard Sprangers (Philosophische Schriften, Band 17), Berlin 1996, S. 309–323.

Lassahn, Rudolf: Zu den psychologischen Vorbedingungen und Grenzen politischer Bildung bei E. Spranger, in: Pädagogische Rundschau, 37 Jg. (1983), Heft 4, S. 427–438.

Lassahn, Rudolf: Zur Wahrnehmung des fremden Ich – Über einige Voraussetzungen der politischen Bildung bei Eduard Spranger, in: Eisermann, Walter/Meyer, Hermann Josef/Röhrs, Hermann (Hrsg.): Maßstäbe. Perspektiven des Denkens von Eduard Spranger, Düsseldorf 1983, S. 119–131.

Latzin, Ellen: „Reeducation“ – „Reorientation“: Theorie und Praxis zentraler Leitbegriffe der amerikanischen Besatzungspolitik nach 1945, in: Kraus, Elisabeth (Hrsg.): Die Universität München im Dritten Reich. Aufsätze, Band 1 (Beiträge zur Geschichte der Ludwig-Maximilians-Universität München, Band 1), München ohne Jahr (2006), S. 609–636.

Laude, Achim/Bausch, Wolfgang: Der Sport-Führer. Die Legende um Carl Diem,

Göttingen 2000.

Laugstien, Thomas: Die protestantische Ethik und der „Geist von Potsdam". Sprangers Rekonstruktion des Führerstaats aus dem Prinzip persönlicher Verantwortung, in: Haug, Wolfgang Fritz (Hrsg.): Deutsche Philosophen 1933 (Ideologische Mächte im deutschen Faschismus, Band 3), Hamburg 1989, S. 29–68.

Laugstien, Thomas: Geisteswissenschaftliche Psychologie im Kriegseinsatz, in: Weber, Klaus (Hrsg.): Unterstellte Subjekte : der Beitrag der deutschen Psychologie zur Faschisierung des Subjekts (Ideologische Mächte im deutschen Faschismus, Band 9; Argument-Sonderband, Neue Folge, Band 241), Berlin/Hamburg 1998, S. 79–94.

Laugstien, Thomas: Philosophieverhältnisse im deutschen Faschismus (Ideologische Mächte im deutschen Faschismus, Band 4; Argument-Sonderband, Band 169), Hamburg/Berlin 1990.

Leaman, George: Heidegger im Kontext. Gesamtüberblick zum NS-Engagement der Universitätsphilosophen (Ideologische Mächte im deutschen Faschismus, Band 5; Argument-Sonderband, Neue Folge, Band 205), Hamburg/Berlin 1993.

Lee, Jong-Seo/Jourdan, Manfred: Herman Nohl und die Jugendbewegung. Einige Überlegungen vor dem Hintergrund der Diskussion über das Verhältnis von Pädagogik und Nationalsozialismus, in: Neue Sammlung, 30. Jg. (1990), Heft 2, S. 267–275.

Lee, Jong-Seo: Der pädagogische Bezug. Eine systematische Rekonstruktion der Theorie des pädagogischen Bezugs bei H. Nohl unter Berücksichtigung der Kritiken und neuerer Ansätze (Pädagogische Versuche, Band 15), Frankfurt am Main 1989.

Lee, Sang-O: Eduard Sprangers Beitrag zur Theorie der Erwachsenenbildung, Tübingen 1994.

Leenders, Hélène: Der Fall Montessori. Die Geschichte einer reformpädagogischen Erziehungskonzeption im italienischen Faschismus, Bad Heilbrunn 2001.

Lehmann, Gerhard: „Geisteswissenschaftliche Pädagogik" – heute, in: Weltanschauung und Schule, 2. Jg. (1938), S. 233–239.

Lehmann, Hartmut/Oexle, Otto Gerhard (Hrsg.): Nationalsozialismus in den Kulturwissenschaften, Göttingen 2004.

Lemmermann, Heinz: Kriegserziehung im Kaiserreich. Studien zur politischen Funktion von Schule u. Schulmusik 1890–1918. Band 1: Darstellung, Bremen 1984.

Lendvai-Dircksen, Erna: Das deutsche Volksgesicht, Berlin ohne Jahr (1932).

Lenhart, Volker (Hrsg.): Historische Pädagogik. Methodologische Probleme der Erziehungsgeschichte (Erziehungswissenschaftliche Reihe, Band 17) Wiesbaden 1977.

Lenk, Kurt: Das Problem der Dekadenz seit Georges Sorel, in: Kauffmann, Heiko/Kellershohn, Helmut/Paul, Jobst (Hrsg.): Völkische Bande. Dekadenz und Wiedergeburt. Analysen rechter Ideologie, Münster 2005, S. 49–63.

Lennert, Rudolf: „Die Sammlung" – Bild einer Zeitschrift, in: Beiträge zur Menschenbildung. Herman Nohl zum 80. Geburtstag (Zeitschrift für Pädagogik, Beiheft 1), Weinheim/Düsseldorf 1959, S. 21–39.

Lenz, Fritz: Grundriss der menschlichen Erblichkeitslehre und Rassenhygiene, Band 1: Menschliche Erblichkeitslehre, 2. vermehrte und verbesserte Auflage, München 1923.

Lenz, Fritz: Grundriss der menschlichen Erblichkeitslehre und Rassenhygiene, Band 2: Menschliche Auslese und Rassenhygiene, 2. vermehrte und verbesserte Auflage, München 1923.

Leske, Monika: Philosophen im „Dritten Reich". Studie zu Hochschul- und Philosophiebetrieb im faschistischen Deutschland, Berlin 1990.

Lessing, Theodor: Geschichte als Sinngebung des Sinnlosen oder Die Geburt der Geschichte aus dem Mythos, Hamburg 1962.

Ley, Michael: Genozid und Heilserwartung. Zum nationalsozialistischen Mord am europäischen Judentum, Wien 1993.

Lichtwark, Alfred: Das Bild des Deutschen. Eingeleitet von Julius Gebhard (Kleine pädagogische Texte, Band 15), 2. Auflage, Weinheim 1962.

Lieber, Hans-Joachim: Erste Vorlesungsstunde nach der Haftentlassung, in: Wenke, Hans (Hrsg.): Eduard Spranger. Bildnis eines geistigen Menschen unserer Zeit. Zum 75. Geburtstag dargebracht von Freunden und Weggenossen, Heidelberg 1957, S. 106–111.

Lindegren, Alina Marie: Education in Germany, Washington D. C. 1939.

Lingelbach, Karl Christoph/Zimmer, Hasko (Red.): Das Jahrhundert des Kindes? (Jahrbuch für Pädagogik 1999), Frankfurt am Main/Berlin/Bern/Brüssel/New York/Wien 2000.

Lingelbach, Karl Christoph: „Erziehung" unter der NS-Herrschaft – Methodische Probleme ihrer Erfassung und Reflexion, in: Keim, Wolfgang (Hrsg.): Pädagogen und Pädagogik im Nationalsozialismus. Ein unerledigtes Problem der Erziehungswissenschaft (Studien zur Bildungsreform, Band 16), 2., durchgesehene Auflage, Frankfurt am Main/Bern/New York/Paris 1990, S. 47–63.

Lingelbach, Karl Christoph: Alfred Baeumler – „deutscher Mensch" und „politische Pädagogik", in: Herrmann, Ulrich (Hrsg.): „Die Formung des Volksgenossen". Der „Erziehungsstaat" des Dritten Reiches (Geschichte des Erziehungs- und Bildungswesens in Deutschland, Band 6), Weinheim/Basel 1985, S. 138–153.

Lingelbach, Karl Christoph: Das Kind im Widerspruch „Pädagogischen Denkens", in: Lingelbach, Karl Christoph/Zimmer, Hasko (Red.): Das Jahrhundert des Kindes? (Jahrbuch für Pädagogik 1999), Frankfurt am Main/Berlin/Bern/Brüssel/New York/Wien 2000, S. 133–159.

Lingelbach, Karl Christoph: Die Aufgabe der Erziehung in der weltweiten Strukturkrise des Kapitalismus. Zur Entwicklung eines interdisziplinär ansetzenden Konzepts sozialwissenschaftlicher Pädagogik durch Paul Tillich, Carl Mennicke und Hans Weil am Frankfurter Pädagogischen Universitätsseminar 1930–1933, in: Brumlik, Micha/Ortmeyer, Benjamin (Hrsg.): Erziehungswissenschaft und Pädagogik in Frankfurt – eine Geschichte in Portraits. 90 Jahre Johann Wolfgang Goethe-Universität (Frankfurter Beiträge zur Erziehungswissenschaft, Reihe Kolloquien, Band 10), Frankfurt am Main 2006, S. 13–40.

Lingelbach, Karl Christoph: Ernst Krieck – Von der „reinen" zur „völkisch-realistischen" Erziehungswissenschaft, in: Herrmann, Ulrich (Hrsg.): „Die Formung des Volksgenossen". Der „Erziehungsstaat" des Dritten Reiches (Geschichte des Erziehungs- und Bildungswesens in Deutschland, Band 6), Weinheim/Basel 1985, S. 117–137.

Lingelbach, Karl Christoph: Erziehung und Erziehungstheorien im nationalsozialistischen Deutschland. Ursprünge und Wandlungen der 1933–1945 in Deutschland vorherrschenden erziehungstheoretischen Strömungen, ihre politischen Funktionen und ihr Verhältnis zur außerschulischen Erziehungspraxis des „Dritten Reiches" (Marburger Forschungen zur Pädagogik, Band 3), Weinheim/Berlin/Basel 1970.

Lingelbach, Karl Christoph: Erziehung und Erziehungstheorien im nationalsozialistischen Deutschland. Ursprünge und Wandlungen der 1933–1945 in Deutschland vorherrschenden erziehungstheoretischen Strömungen, ihre politischen Funktionen und ihr Verhältnis zur außerschulischen Erziehungspraxis des „Dritten Reiches" (Marburger Forschungen zur Pädagogik, Band 3), überarbeitete Zweitausgabe mit drei neueren Studien und einem Diskussionsbericht, Frankfurt am Main 1987.

Lingelbach, Karl Christoph: Unkritische Bildungstheorie als sozialwissenschaftlicher Fortschritt?, in: Keim, Wolfgang (Hrsg.): Erziehungswissenschaft und Nationalsozialismus. Eine kritische Positionsbestimmung (Forum Wissenschaft, Studienheft Nr. 9), Marburg 1990, S. 125–136.

Lingelbach, Karl Christoph: Verdrängung politischer Wirklichkeit aus dem pädagogischen Denken. Peter Petersens „Pädagogischer Realismus" in den erziehungstheoretischen Kontroversen unter der NS-Herrschaft, in: Rülcker, Tobias/Kaßner, Peter (Hrsg.): Peter Petersen: Antimoderne als Fortschritt? Erziehungswissenschaftliche Theorien und pädagogische Praxis vor den Herausforderungen unserer Zeit, Frankfurt am Main/Bern/New York/Paris 1992, S. 285–318.

Lingelbach, Karl Christoph: Vergegenwärtigung von Ausgrenzung und Widerstand. Ein Grundproblem politischer Pädagogik nach der „Endlösung“, in: Beutler, Kurt/Wiegmann, Ulrich (Red.): Auschwitz und die Pädagogik (Jahrbuch für Pädagogik 1995), Frankfurt am Main 1995, S. 251–271.

Linke, Werner: Eduard Spranger zu seinem 80. Geburtstag am 27. Juni 1962, in: Pädagogenprofile, Teil 1 (Steglitzer Arbeiten zur Philosophie und Erziehungswissenschaft, Band 15; Gesellschaft, Erziehung und Bildung, Band 67), Rheinfelden 1998, S. 115–141.

Linke, Werner: Grundformen erzieherischen Verhaltens, in: Bähr, Hans Walter/Litt, Theodor/Louvaris, Nikolaus/Wenke, Hans (Hrsg.): Erziehung zur Menschlichkeit. Die Bildung im Umbruch der Zeit. Festschrift für Eduard Spranger zum 75. Geburtstag, 27. Juni 1957, Tübingen 1957, S. 291–305.

Litt, Theodor: Der deutsche Geist und das Christentum. Vom Wesen geschichtlicher Begegnungen, Leipzig 1938.

Litt, Theodor: Die deutsche Jugend der Gegenwart, in: Verhandlungen des Neunten Deutschen Soziologentages vom 9. bis 12. August 1948 in Worms. Vorträge und Diskussionen (Schriften der Deutschen Gesellschaft für Soziologie, I. Serie: Verhandlungen der Deutschen Soziologentage, Band IX), Tübingen 1949, S. 33–46 und S. 77.

Litt, Theodor: Die Stellung der Geisteswissenschaften im nationalsozialistischen Staate, in: Die Erziehung. Monatsschrift für den Zusammenhang von Kultur und Erziehung in Wissenschaft und Leben, 9. Jg. (1933/34), Heft 1 (Oktober 1933), S. 12–32.

Litt, Theodor: Ein pädagogischer Denker in unserer Zeit, in: Pädagogische Rundschau. Monatsschrift für Erziehung und Unterricht, 16. Jg. (1962), Heft 7–8, S. 535–537.

Litt, Theodor: Erziehungstheorie und Wertphilosophie, in: Hohmann, Joachim Stephan (Hrsg.): Beiträge zur Philosophie Eduard Sprangers (Philosophische Schriften, Band 17), Berlin 1996, S. 265–277.

Litt, Theodor: Paideia, in: Die Erziehung. Monatsschrift für den Zusammenhang von Kultur und Erziehung in Wissenschaft und Leben, 9. Jg. (1933/34), S. 305–314.

Loewy, Hanno (Hrsg.): Holocaust: Die Grenzen des Verstehens. Eine Debatte über die Besetzung der Geschichte (Schriftenreihe der Arbeitsstelle zur Vorbereitung des Frankfurter Lern- und Dokumentationszentrums des Holocaust, Band 2), Reinbek bei Hamburg 1992.

Löffelholz, Michael: Bildung im Jugendalter – Entwicklung der Person als Aneignung der Kultur, in: Eisermann, Walter/Meyer, Hermann Josef/Röhrs, Hermann (Hrsg.): Maßstäbe. Perspektiven des Denkens von Eduard Spranger, Düsseldorf 1983, S. 231–251.

Löffelholz, Michael: Das bedeutsame Vermächtnis Eduard Sprangers. Anmerkungen zur Edition seiner „Gesammelten Schriften“, in: Zeitschrift für Pädagogik, 27. Jg. (1981), Heft 1, S. 66–74.

Löffelholz, Michael: Eduard Spranger (1882–1963), in: Scheuerl, Hans (Hrsg.): Klassiker der Pädagogik, Band 2: Von Karl Marx bis Jean Piaget, 2. überarbeitete und um ein Nachwort ergänzte Auflage, München 1991, S. 258–276.

Löffelholz, Michael: Eduard Spranger 1882–1963, in: Gall, Lothar (Hrsg.): Die großen Deutschen unserer Epoche, Berlin/ Frankfurt am Main 1995, S. 83–95.

Löffelholz, Michael: Philosophie, Politik und Pädagogik im Frühwerk Eduard Sprangers, 1900–1918 (Hamburger Studien zur Philosophie, Band 3), Hamburg 1977.

Louvaris, Nikolaus: Eduard Sprangers Philosophie des Geistes, in: Bähr, Hans Walter/Litt, Theodor/Louvaris, Nikolaus/Wenke, Hans (Hrsg.): Erziehung zur Menschlichkeit. Die Bildung im Umbruch der Zeit. Festschrift für Eduard Spranger zum 75. Geburtstag, 27. Juni 1957, Tübingen 1957, S. 69–84.

Louvaris, Nikolaus: Eduard Sprangers Philosophie des Geistes, in: Hohmann, Joachim Stephan (Hrsg.): Beiträge zur Philosophie Eduard Sprangers (Philosophische Schriften, Band 17), Berlin 1996, S. 279–292.

Louvaris, Nikolaus: Eduard Sprangers

Weltauffassung – Grundlagen seiner Philosophie, in: Bähr, Hans Walter/Wenke, Hans (Hrsg.): Eduard Spranger. Sein Werk und sein Leben, Heidelberg 1964, S. 37–58.

Löwisch, Dieter-Jürgen: Theodor Litt, in: Fischer, Wolfgang/Löwisch, Dieter-Jürgen (Hrsg.): Philosophen als Pädagogen. Wichtige Entwürfe klassischer Denker, 2. ergänzte Auflage, Darmstadt 1998, S. 273–285.

Löwith, Karl: Mein Leben in Deutschland vor und nach 1933. Ein Bericht, Stuttgart 1986.

Lübbe, Hermann: Der Nationalsozialismus im deutschen Nachkriegsbewusstsein, in: Historische Zeitschrift, 236. Jg. (1983), S. 579–599.

Lübbe, Hermann: Politische Philosophie in Deutschland. Studien zu ihrer Geschichte, Basel/Stuttgart 1963.

Luchtenberg, Paul: Pädagogische Anthropologie, in: Wenke, Hans (Hrsg.): Eduard Spranger. Bildnis eines geistigen Menschen unserer Zeit. Zum 75. Geburtstag dargebracht von Freunden und Weggenossen, Heidelberg 1957, S. 123–131.

Lück, Helmut E./Quanz, Dietrich R. (Hrsg.): Der Briefwechsel zwischen Carl Diem und Eduard Spranger (Schriften der Deutschen Sporthochschule Köln, Band 31), Sankt Augustin 1995.

Lück, Helmut E.: Anmerkungen zu Eduard Spranger, in: Lück, Helmut E./Quanz, Dietrich R. (Hrsg.): Der Briefwechsel zwischen Carl Diem und Eduard Spranger (Schriften der Deutschen Sporthochschule Köln, Band 31), Sankt Augustin 1995, S. 139–147.

Lucker, Elisabeth: Eduard Spranger und der Nationalsozialismus, in: Katholische Bildung. Organ des Vereins katholischer deutscher Lehrerinnen (VkdL), 92. Jg. (1991), Heft 2, S. 84–90.

Lückert, Heinz-Rudolf: Begabungsforschung und basale Bildungsförderung, in: Schule und Psychologie. Zeitschrift für pädagogische Jugendkunde und Psychologie der Erziehung, 14. Jg. (1967), Heft 1, S. 9–22; Heft 2, S. 48–56; Heft 3, S. 77–86 und Heft 6, S. 178–185.

Ludendorff, Erich: Der totale Krieg, München 1935.

Luhmann, Niklas/Schnorr, Karl-Eberhard: Strukturelle Bedingungen von Reformpädagogik. Soziologische Analysen zur Pädagogik der Moderne, in: Zeitschrift für Pädagogik, 34. Jg. (1988), S. 363–480.

Lukács, Georg: Die Zerstörung der Vernunft, Band 2, Darmstadt/Neuwied 1974.

Lukács, Georg: Von Nietzsche bis Hitler oder Der Irrationalismus in der deutschen Politik, Frankfurt am Main/Hamburg 1966.

Lukesch, Helmut: Erziehungsstile. Pädagogische und psychologische Konzepte, Stuttgart/Berlin/Köln/Mainz 1975.

Luther, Martin: Von weltlicher Obrigkeit (1523), in: Renner, Rolf Günter: Klassiker deutschen Denkens, Band 1: Vom Mittelalter bis zum 18. Jahrhundert. Freiburg/Basel/Wien 1992, S. 97–99.

Luttringer, Klaus: Dialektik und Pädagogik. Das stillschweigend Vorausgesetzte des dialektischen Denkens in der pädagogischen Theorie Herman Nohls (Europäische Hochschulschriften, Reihe 11: Pädagogik, Band 86), Frankfurt am Main/Bern/Cirencester 1980.

Maas, Utz: „Als der Geist der Gemeinschaft eine Sprache fand“. Sprache im Nationalsozialismus. Versuch einer historischen Argumentationsanalyse, Opladen 1984.

Mahlke, Bernhard: Zum Anteil des Stahlhelm an der Vorbereitung, Errichtung und Festigung der faschistischen Diktatur in Deutschland (1929 bis 1934/1935), Potsdam 1968.

Mai, Günther: „Verteidigungskrieg“ und „Volksgemeinschaft“. Staatliche Selbstbehauptung, nationale Solidarität und soziale Befreiung in Deutschland in der Zeit des Ersten Weltkrieges (1900–1929), in: Michalka, Wolfgang (Hrsg.): Der Erste Weltkrieg. Wirkung, Wahrnehmung, Analyse, München/Zürich 1994, S. 583–602.

Maier, Robert E.: Pädagogik des Dialogs. Ein historisch-systematischer Beitrag zur Klärung des pädagogischen Verhältnisses bei Nohl, Buber, Rosenzweig und Grisebach

(Europäische Hochschulschriften, Reihe 11: Pädagogik, Band 349), Frankfurt am Main/ Berlin/Bern/New York/Paris/Wien 1992.

Mallebrein, Wolfram: Männer und Maiden. Leben und Wirken im Arbeitsdienst des Deutschen Reiches und in anderen europäischen Staaten in Wort und Bild, Preußisch Oldendorf 1979.

Mann, Thomas: An die gesittete Welt. Politische Schriften und Reden im Exil (Gesammelte Werke in Einzelbänden), Frankfurt am Main 1986.

Mann, Thomas: Betrachtungen eines Unpolitischen, Frankfurt am Main 1983.

Mann, Thomas: Deutsche Hörer. Radiosendungen nach Deutschland aus den Jahren 1940 bis 1945, Frankfurt am Main 1987.

Mann, Thomas: Friedrich und die große Koalition (Sammlung von Schriften zur Zeitgeschichte, Band 5), Berlin 1915.

Mann, Thomas: Leiden an Deutschland. Tagebuchblätter aus den Jahren 1933 und 1934, in: Mann, Thomas: An die gesittete Welt. Politische Schriften und Reden im Exil (Gesammelte Werke in Einzelbänden), Frankfurt am Main 1986, S. 7–89.

Mann, Thomas: Von deutscher Republik, Berlin 1923.

Marcuse, Ludwig: Der Deutsche Kampf gegen den Deutschen Idealismus, in: Marcuse, Ludwig: Essays, Porträts, Polemiken aus vier Jahrzehnten, Zürich 1988, S. 209–221.

Marcuse, Ludwig: Waren sie Nazis? Anleitung für den Leser, in: War ich ein Nazi? Politik – Anfechtung des Gewissens, München/Bern/Wien 1968, S. 5–12.

Martens, Erika: Zum Beispiel „Das Reich“. Zur Phänomenologie der Presse im totalitären Regime, Köln 1972.

Martinsen, Sylvia/Sacher, Werner (Hrsg.): Eduard Spranger und Käthe Hadlich. Eine Auswahl aus den Briefen der Jahre 1903–1960, Bad Heilbrunn 2002.

Martinsen, Sylvia: Käthe Hadlich – Eduard Spranger. Ihre Beziehung – Zeittypisches und Untypisches, in: Sacher, Werner/Schraut, Alban (Hrsg.): Volkserzieher in dürftiger Zeit. Studien über Leben und Wirken Eduard Sprangers. Beiträge zum Internationalen Spranger-Symposion in Nürnberg am 11./12. Oktober 2002 (Erziehungskonzeptionen und Praxis, Band 59), Frankfurt am Main/Berlin/Bern/Brüssel/New York/ Oxford/Wien 2004, S. 29–54.

Marwedel, Rainer: Theodor Lessing 1872–1933. Eine Biographie, Frankfurt am Main 1987.

Maschmann, Ingeborg/Oelkers, Jürgen (Hrsg.): Peter Petersen. Beiträge zur Schulpädagogik und Erziehungsphilosophie, Heinsberg 1985.

Maschmann, Ingeborg/Oelkers, Jürgen: Einleitung: Petersens Pädagogik als Problem, in: Maschmann, Ingeborg/Oelkers, Jürgen (Hrsg.): Peter Petersen. Beiträge zur Schulpädagogik und Erziehungsphilosophie, Heinsberg 1985, S. 9–23.

Maschmann, Ingeborg: Zur Biographie und Zeitgeschichte Peter Petersens, in: Maschmann, Ingeborg/Oelkers, Jürgen (Hrsg.): Peter Petersen. Beiträge zur Schulpädagogik und Erziehungsphilosophie, Heinsberg 1985, S. 25–53.

Massing, Paul W.: Vorgeschichte des politischen Antisemitismus (Frankfurter Beiträge zur Soziologie, Band 8), Frankfurt am Main 1959.

Matthes, Eva: Die Spranger-Rezeption in der (west-)deutschen Pädagogik seit 1964, in: Sacher, Werner/Schraut, Alban (Hrsg.): Volkserzieher in dürftiger Zeit. Studien über Leben und Wirken Eduard Sprangers. Beiträge zum Internationalen Spranger-Symposion in Nürnberg am 11./12. Oktober 2002 (Erziehungskonzeptionen und Praxis, Band 59), Frankfurt am Main/Berlin/ Bern/Brüssel/New York/Oxford/Wien 2004, S. 227–243.

Matthes, Eva: Erich Weniger – ein pädagogischer und politischer Reaktionär? Eine Auseinandersetzung mit Interpretationen Kurt Beutlers, in: Pädagogische Rundschau, 52. Jg. (1998) Heft 5, S. 613–628.

Matthes, Eva: Geisteswissenschaftliche Pädagogik nach der NS-Zeit. Politische und pädagogische Verarbeitungsversuche, Bad Heilbrunn 1998.

Matthes, Eva: Herman Nohl über Leistung, Gehorsam, Pflicht, in: Neue Sammlung, 34. Jg. (1994), Heft 2, S. 327–337.

Matthes, Eva: Rezension von Meyer-Willner, Gerhard (Hrsg.): Eduard Spranger. Aspekte seines Werks aus heutiger Sicht. Mit einer bisher unveröffentlichten autobiographischen Skizze von Eduard Spranger, Bad Heilbrunn 2001, in: Historische Bildungsforschung Online, Frankfurt am Main 2002, http://www.bbf.dipf.de/archiv/2002/rez-004.htm (eingesehen am 12.2.2007).

Matthias, Adolf: Krieg und Schule (Zwischen Krieg und Frieden, Band 16), Leipzig 1915.

Mauder, Stefanie: Die Bedeutung der „Geschichtlichkeit" für die geisteswissenschaftliche Pädagogik, Marburg 2006.

May, Otto: Die schulische Erziehung zum Militarismus im Kaiserreich, in: Kirk, Sabine/Köhler, Johannes u. a. (Hrsg.): Schule und Geschichte. Funktionen der Schule in Vergangenheit und Gegenwart. Festschrift für Rudolf W. Keck zum 65. Geburtstag, Bad Heilbrunn 2000, S. 148–165.

Mayar, Ehssanullah: Orient und Okzident, in: Wenke, Hans (Hrsg.): Eduard Spranger. Bildnis eines geistigen Menschen unserer Zeit. Zum 75. Geburtstag dargebracht von Freunden und Weggenossen, Heidelberg 1957, S. 267–272.

Menck, Peter: Pädagogik in Deutschland zwischen 1933 und 1945. Überlegungen zur Aneignung einer verdrängten Tradition, in: Herrmann, Ulrich/Oelkers, Jürgen (Hrsg.): Pädagogik und Nationalsozialismus (Reihe Pädagogik), Weinheim/Basel 1989, S. 39–51.

Mendlewitsch, Doris: Volk und Heil. Vordenker des Nationalsozialismus im 19. Jahrhundert, Rheda-Wiedenbrück 1988.

Mengele, Josef: Rassenmorphologische Untersuchung des vorderen Unterkieferabschnittes bei vier rassischen Gruppen (Auszug aus der gleichnamigen Dissertation, München 1935), in: Morphologisches Jahrbuch, 79. Jg. (1937), S. 60–117.

Mengele, Josef: Sippenuntersuchungen bei Lippen-Kiefer-Gaumenspalte, in: Zeitschrift für menschliche Vererbungs- und Konstitutionslehre, 23. Jg. (1939), Heft 1, S. 17–42.

Menze, Clemens: Der Briefwechsel zwischen Carl Diem und Eduard Spranger (Rezension), in: Vierteljahresschrift für wissenschaftliche Pädagogik, 72. Jg. (1996), Heft 3, S. 382–385.

Messerschmidt, Manfred/Maier, Klas A. u. a. (Hrsg.): Militärgeschichte. Probleme – Thesen – Wege (Beiträge zur Militär- und Kriegsgeschichte, Band 25), Stuttgart 1982.

Messerschmidt, Manfred: Bildung und Erziehung im „zivilen" und militärischen System des NS-Staates, in: Messerschmidt, Manfred/Maier, Klas A. u. a. (Hrsg.): Militärgeschichte. Probleme – Thesen – Wege (Beiträge zur Militär- und Kriegsgeschichte, Band 25), Stuttgart 1982, S. 190–214.

Messerschmidt, Manfred: Die Wehrmacht im NS-Staat. Zeit der Indoktrination (Truppe und Verwaltung, Band 16), Hamburg 1969.

Mester, Ludwig: Einleitung, in: Nohl, Herman: Schuld und Aufgabe der Pädagogik, Schorndorf bei Stuttgart 1962, S. 5–10.

Metzner, Joachim: „Bücher können brennen – Gedanken nicht". Dokumentation der Gedenkveranstaltungen vom 17./18. Mai 2001 in der Fachhochschule Köln, Köln ohne Jahr (2002).

Meyer, Hermann Josef: Das Primat des Gewissens – Die metaphysischen Grundlagen der Gewissenstheorie Eduard Sprangers, in: Eisermann, Walter/Meyer, Hermann Josef/Röhrs, Hermann (Hrsg.): Maßstäbe. Perspektiven des Denkens von Eduard Spranger, Düsseldorf 1983, S. 43–73.

Meyer, Hermann Josef: Die Anfänge der erweckenden Erziehung im pädagogischen Denken Eduard Sprangers, in: Retter, Hein/Meyer-Willner, Gerhard (Hrsg.): Zur Kritik und Neuorientierung der Pädagogik im 20. Jahrhundert. Festschrift für Walter Eisermann zum 65. Geburtstag (Beiträge zur historischen Bildungsforschung, Sonderband), Hildesheim 1987, S. 194–204.

Meyer, Hermann Josef: Eduard Sprangers Beurteilung der gegenwärtigen Lage, in: Universitas. Zeitschrift für Wissenschaft, Kunst und Literatur, 17. Jg. (1962), Heft 6, S. 681–687.

Meyer, Hermann Josef: Nachwort, in: Spranger, Eduard: Gesammelte Schriften, Band VIII: Staat, Recht und Politik, Tübingen/Heidelberg 1970, S. 411–423.

Meyer, Hermann Josef: Sprangers Idee der Gewissenserziehung und das Problem der Legitimation, in: Pädagogische Rundschau, 37 Jg. (1983), Heft 4, S. 403–425.

Meyer, Thomas: Von der Einfühlung des Gedankens. Tilitzkis Geschichte der Philosophie von 1918 bis 1945 übergeht den Zivilisationsbruch und verkennt den Beitrag jüdischer Denker, in: Die Zeit. Wochenzeitung für Politik, Wirtschaft, Wissen und Kultur, 57. Jg. (2002), Nr. 24 (6.6.2002).

Meyer-Willner, Gerhard (Hrsg.): Eduard Spranger. Aspekte seines Werks aus heutiger Sicht. Mit einer bisher unveröffentlichten autobiographischen Skizze von Eduard Spranger, Bad Heilbrunn 2001.

Meyer-Willner, Gerhard: Eduard Spranger und die Lehrerbildung. Die notwendige Revision eines Mythos, Bad Heilbrunn 1986.

Meyer-Willner, Gerhard: Eduard Sprangers Lehrerbildungskonzeptionen und gegenwärtige Reformaspekte, in: Sacher, Werner/Schraut, Alban (Hrsg.): Volkserzieher in dürftiger Zeit. Studien über Leben und Wirken Eduard Sprangers. Beiträge zum Internationalen Spranger-Symposion in Nürnberg am 11./12. Oktober 2002 (Erziehungskonzeptionen und Praxis, Band 59), Frankfurt am Main/Berlin/Bern/Brüssel/New York/Oxford/Wien 2004, S. 157–164.

Meyer-Willner, Gerhard: Spranger und das Pädagogikstudium der Gymnasiallehrer (1915–1918), in: Eisermann, Walter/Meyer, Hermann Josef/Röhrs, Hermann (Hrsg.): Maßstäbe. Perspektiven des Denkens von Eduard Spranger, Düsseldorf 1983, S. 205–216.

Meyer-Willner, Gerhard: Volksschullehrerbildung und Konfessionalität – Eduard Sprangers letztes Gutachten zur Lehrerbildung vom 30.7.1960, in: Retter, Hein/Meyer-Willner, Gerhard (Hrsg.): Zur Kritik und Neuorientierung der Pädagogik im 20. Jahrhundert. Festschrift für Walter Eisermann zum 65. Geburtstag (Beiträge zur historischen Bildungsforschung, Sonderband), Hildesheim 1987, S. 219–226.

Michel, Ernst: Politik aus dem Glauben, Jena 1926.

Mieskes, Hans (Hrsg.): Jenaplan. Aufruf und Antwort. Zur 80. Wiederkehr des Geburtstages Peter Petersens, Oberursel 1965.

Mieskes, Hans/Möller, Helmut/Timm, Albrecht: Peter Petersen zum Gedenken (herausgegeben vom Mitteldeutschen Kulturrat), Bonn ohne Jahr (1964).

Miller, Damian: Herman Nohls „Theorie" des pädagogischen Bezugs. Eine Werkanalyse (Explorationen, Band 33), Bern 2002.

Mitteilung der Schriftleitung, in: Die Erziehung. Monatsschrift für den Zusammenhang von Kultur und Erziehung in Wissenschaft und Leben, 12. Jg. (1937), S. 480.

Moeller van den Bruck, Arthur: Das dritte Reich, 3. Auflage, Hamburg 1931.

Moeller van den Bruck, Arthur: Entscheidende Deutsche (Die Deutschen, Band 4), Minden ohne Jahr (1910).

Mohler, Armin: Die konservative Revolution in Deutschland 1918–1932. Grundriss ihrer Weltanschauungen, Stuttgart 1950.

Mollenhauer, Klaus: Die Ursprünge der Sozialpädagogik in der industriellen Gesellschaft. Eine Untersuchung zur Struktur sozialpädagogischen Denkens und Handelns, Weinheim/Berlin 1959.

Mollenhauer, Klaus: Ein „Mutuum Colloquium" zum 100. Geburtstag Erich Wenigers, in: Zeitschrift für Pädagogik, 41. Jg. (1995), Heft 3, S. 359–364.

Mollenhauer, Klaus: Erziehungswirklichkeit, in: Dahmer, Ilse/Klafki, Wolfgang: Geisteswissenschaftliche Pädagogik am Ausgang ihrer Epoche – Erich Weniger, Weinheim/Berlin 1968, S. 291–298.

Mollenhauer, Klaus: Legenden und Gegenlegenden. Ein kritischer Kommentar zu Beitrag von Barbara Siemsen, in: Die Deutsche Schule. Zeitschrift für Erziehungswissenschaft, Bildungspolitik und pädagogische Praxis, 89. Jg. (1997), Heft 2, S. 158–160.

Mollenhauer, Klaus: Nachwort zu den Diskussionsbeiträgen beim Kolloquium zur wissenschaftsgeschichtlichen und aktuellen Bedeutung der Pädagogik Herman Nohls, in: Die neue Sammlung. Vierteljahres-Zeitschrift für Erziehung und Gesellschaft, 19. Jg. (1979), S. 581–582.

Mollenhauer, Klaus: Pädagogik und Rationalität, in: Die Deutsche Schule. Zeitschrift für Erziehungswissenschaft, Bildungspolitik und pädagogische Praxis, 56. Jg. (1964), Heft 12, S. 665–676.

Mollenhauer, Klaus: Sozialpädagogik, in: Dahmer, Ilse/Klafki, Wolfgang: Geisteswissenschaftliche Pädagogik am Ausgang ihrer Epoche – Erich Weniger, Weinheim/Berlin 1968, S. 223–230.

Mommsen, Wilhelm: Die politischen Anschauungen Goethes, Stuttgart 1948.

Mommsen, Wilhelm: Größe und Versagen des deutschen Bürgertums. Ein Beitrag zur Geschichte der Jahre 1848–1849, Stuttgart 1949.

Mommsen, Wilhelm: Weimar und der „Geist von Potsdam“, in: Neue politische Literatur, 5. Jg. (1960), Sp. 425–430.

Mommsen, Wolfgang Justin: Max Weber und die deutsche Politik 1890–1920, 2. überarbeitete und erweiterte Auflage, Tübingen 1974.

Mosse, George L.: Die Geschichte des Rassismus in Europa, vom Autor durchgesehene und erweiterte Ausgabe, Frankfurt am Main 1990.

Motschenbacher, Alfons: Katechon oder Großinquisitor? Eine Studie zu Inhalt und Struktur der politischen Theologie Carl Schmitts, Marburg 2000.

Muckermann, Hermann/Verschuer, Otmar Freiherr von: Eugenische Eheberatung (Das kommende Geschlecht, Band 6, Heft 1/2), Berlin/Bonn 1931.

Muckermann, Hermann: Eugenik und Katholizismus, Berlin 1934.

Muckermann, Hermann: Eugenik und Strafrecht (Arbeiten über Rassenkunde, Erblehre und Erbpflege aus dem Kaiser Wilhelm Institut für Anthropologie, menschliche Erblehre und Eugenik in Berlin-Dahlem, Teil 37), Berlin 1932.

Muckermann, Hermann: Rassenforschung und Volk der Zukunft. Ein Beitrag zur Einführung in die Frage vom biologischen Werden der Menschheit (Das kommende Geschlecht, Band 4, Heft 2), Berlin 1928.

Muckermann, Hermann: Rassenhygiene, in: Staatslexikon, Band 4: Papiergeld bis Staatsschulden (5., von Grund aus neubearbeitete Auflage), Freiburg i. Br. 1931.

Muckermann, Hermann: Volkstum, Staat und Nation, eugenisch gesehen. Aus dem Kaiser-Wilhelm-Institut für Anthropologie, menschliche Erblehre und Eugenik, Abteilung für Eugenik, Essen ohne Jahr (1933).

Muckermann, Hermann: Wesen der Eugenik und Aufgaben der Gegenwart. Aus dem Kaiser-Wilhelm-Institut für Anthropologie, menschliche Erblehre und Eugenik, Abteilung für Eugenik (Das kommende Geschlecht, Band 5, Heft 1/2), Berlin 1929.

Mühl-Benninghaus, Sigrun: Das Beamtentum in der NS-Diktatur bis zum Ausbruch des Zweiten Weltkrieges. Zu Entstehung, Inhalt und Durchführung der einschlägigen Beamtengesetze, Düsseldorf 1996.

Müller, Gerhard: Ernst Krieck und die nationalsozialistische Wissenschaftsreform. Motive und Tendenzen einer Wissenschaftslehre und Hochschulreform im Dritten Reich (Studien und Dokumentationen zur deutschen Bildungsgeschichte, Band 5), Weinheim/Basel 1978.

Müller, Kurt: Berlin 1930, in: Wenke, Hans (Hrsg.): Eduard Spranger. Bildnis eines geistigen Menschen unserer Zeit. Zum 75. Geburtstag dargebracht von Freunden und Weggenossen, Heidelberg 1957, S. 75–84.

Müllges, Udo: Bildung und Berufsbildung. Die theoretische Grundlegung des Berufserziehungsproblems durch Kerschensteiner, Spranger, Fischer und Litt, Ratingen 1967.

Murata, Noboru: Bildungstheorie der „Volksschule“ bei Spranger und in Japan. Zur Wirkungsgeschichte von Sprangers „Eigengeist“ der Volksschule, in: Pädagogische Rundschau, 37 Jg. (1983), Heft 4, S. 439–452.

Murfeldt, Rudolf (Hrsg.): Handbuch für den Deutschunterricht, Band 1 und 2, Langensalza/Berlin/Leipzig 1937/38.

Mürner, Christian: Philosophische Bedrohungen. Kommentare zur Bewertung der Behinderung, Frankfurt am Main/Berlin/Bern/New York/Paris/Wien 1995.

Murthy, Belwady Srinivasa: Die Bedeutung der philosophischen „Typen“-Lehre bei Eduard Spranger im Hinblick auf seine Werttheorie, Mainz 1968.

Mut zur Erziehung. Beiträge zu einem Forum am 9./10. Januar 1978 im Wissenschaftszentrum Bonn-Bad Godesberg, Stuttgart 1978.

Mütter, Bernd: Geisteswissenschaftliche Geschichtsdidaktik „am Ausgang ihrer Epoche“ – Überlegungen dreißig Jahre nach Wenigers Tod, in: Hoffmann, Dietrich/Neumann, Karl (Hrsg.): Tradition und Transformation der geisteswissenschaftlichen Pädagogik. Zur Re-Vision der Weniger-Gedenkschrift, Weinheim 1993, S. 103–121.

Mütter, Bernd: Identitätsbildung, Identitätsrevision in Deutschland. Das Beispiel des geisteswissenschaftlichen Konzepts der Erwachsenenbildung (Erich Weniger), Oldenburg 1993.

Mütter, Bernd: Norddeutsches Bürgertum am Ausgang seiner Epoche. Der Dichter Wilhelm Raabe (1831–1910) in der Rezeption des Historikers und Pädagogen Erich Weniger (1894–1961), in: Neue Sammlung. Vierteljahresschrift für Erziehung und Gesellschaft, 33. Jg. (1993) Heft 2, S. 277–294.

Mütter, Bernd: Zwei „Bewältigungen“ des Kriegserlebnisses: Erich Wenigers Geschichtsdidaktik und seine Militärpädagogik zwischen den beiden Weltkriegen, in: Hoffmann, Dietrich/Neumann, Karl (Hrsg.): Bildung und Soldatentum. Die Militärpädagogik Erich Wenigers und die Tradition der Erziehung zum Kriege, Weinheim 1992, S. 69–96.

Nagai, Kazuo: Die Rezeption der Theorien Eduard Sprangers in Japan, in: Pädagogische Rundschau, 37 Jg. (1983), Heft 4, S. 453–460.

Neff, Günter: Neue Aspekte der geisteswissenschaftlichen Pädagogik Erich Wenigers, Tübingen 1973.

Neu, Theodor: Bibliographie Eduard Spranger, Tübingen 1958.

Neumann, Dieter: Ein Klassiker der Pädagogik in evolutionärer Perspektive: Eduard Sprangers „Lebensformen“ im Lichte der modernen Biologie, in: Zeitschrift für Pädagogik, 48. Jg. (2002), Heft 5, S. 720–740.

Neumann, Franz: Behemoth. Struktur und Praxis des Nationalsozialismus 1933–1944, Frankfurt am Main 1977.

Neumann, Karl (Hrsg.): Bildung, Geschichte und Zukunft. Erich Weniger als politischer Pädagoge. Berichte und Beiträge im Zusammenhang der Gründung des „Vereins der Freunde und Förderer des Erich-Weniger-Hauses“ in Steinhorst (Zentralstelle für Weiterbildung der Georg-August-Universität Göttingen, Göttinger Beiträge zur universitären Erwachsenenbildung, Band 12), Göttingen 1988.

Neumann, Karl (Hrsg.): Erich Weniger. Leben und Werk. Dokumentation eines Symposions in Gifhorn und Steinhorst vom 31. Oktober bis 2. November 1986 (Zentralstelle für Weiterbildung der Georg-August-Universität Göttingen, Göttinger Beiträge zur universitären Erwachsenenbildung, Band 11), Göttingen 1987.

Neumann, Karl: Bericht über das Symposion „Erich Weniger – Leben und Werk“ vom 31. Oktober bis 2. November 1986 in Gifhorn und Steinhorst, in: Neumann, Karl (Hrsg.): Erich Weniger. Leben und Werk. Dokumentation eines Symposions in Gifhorn und Steinhorst vom 31. Oktober bis 2. November 1986 (Zentralstelle für Weiterbildung der Georg-August-Universität Göttingen, Göttinger Beiträge zur universitären Erwachsenenbildung, Band 11), Göttingen 1987, S. 7–19.

Neumann, Karl: Bildung und politische Bildung – Zu Erich Wenigers Bedeutung für die Erwachsenenbildung, in: Neumann, Karl (Hrsg.): Bildung, Geschichte und Zukunft. Erich Weniger als politischer Pädagoge. Berichte und Beiträge im Zusammenhang der Gründung des „Vereins der Freunde und Förderer des Erich-Weniger-Hauses“ in

Steinhorst (Zentralstelle für Weiterbildung der Georg-August-Universität Göttingen, Göttinger Beiträge zur universitären Erwachsenenbildung, Band 12), Göttingen 1988, S. 3–19.

Neumann, Karl: Das ungeschriebene Kapitel: Erich Weniger und die Militärpädagogik, in: Hoffmann, Dietrich/Neumann, Karl (Hrsg.): Tradition und Transformation der geisteswissenschaftlichen Pädagogik. Zur Re-Vision der Weniger-Gedenkschrift, Weinheim 1993, S. 179–195.

Neumann, Karl: Einführung: Die Militärpolitik Erich Wenigers – Zur ambivalenten Tradition des „Bürgers" in Uniform, in: Hoffmann, Dietrich/Neumann, Karl (Hrsg.): Bildung und Soldatentum. Die Militärpädagogik Erich Wenigers und die Tradition der Erziehung zum Kriege, Weinheim 1992, S. 7–15.

Neumann, Karl: Erich Weniger – Erziehungswirklichkeit und pädagogische Autonomie, in: Hoffmann, Dietrich (Hrsg.): Pädagogik an der Georg-August-Universität in Göttingen. Eine Vorlesungsreihe (Göttinger Universitätsschriften, Serie A: Schriften, Band 7), Göttingen 1987, S. 139–161.

Neurohr, Jean F.: Der Mythos vom Dritten Reich. Zur Geistesgeschichte des Nationalsozialismus, Stuttgart 1957.

Nickel, August: Das Lebenswerk Eduard Sprangers. Eine Betrachtung über seine wichtigsten Forschungsergebnisse, in: Westdeutsche Schulzeitung (Pfälzische Lehrerzeitung). Organ der Gewerkschaft Erziehung und Wissenschaft (ADLLV), Landesverband Rheinland-Pfalz, 66. Jg. (1957), Heft 12, S. 177–181; Heft 13/14, S. 194–196 und Heft 15/16, S. 217–219.

Nicklis, Werner: Arbeiten über Forschungsgegenstände, Problemstellungen und Handlungsmotive aus dem Denken und Leben Eduard Sprangers, in: Pädagogische Rundschau, 38. Jg. (1984), S. 381–388.

Nicolin, Friedhelm: Die Vergegenwärtigung der Erziehungsgeschichte im Werk Eduard Sprangers, in: Pädagogische Rundschau. Monatsschrift für Erziehung und Unterricht, 16. Jg. (1962), Heft 7–8, S. 598–623.

Nicolin, Friedhelm: Geschichte der Pädagogik, in: Speck, Josef/Wehle, Gerhard (Hrsg.): Handbuch pädagogischer Grundbegriffe, Band 1, München 1970, S. 493–516.

Niemeyer, Christian: Einführung in die Sozialpädagogik, Dresden 2005, http://www.tu-dresden.de/erzwiss/SEB/Diverse_Dokumente/buch2006spwbgneu.pdf (eingesehen am eingesehen am 11.12.06).

Niemeyer, Christian: Klassiker der Sozialpädagogik. Einführung in die Theoriegeschichte einer Wissenschaft, 2. überarbeitete und erweiterte Auflage, Weinheim u. a. 2005.

Niemöller, Martin: Ansprache in der Neustädter Kirche von Erlangen. Der Wortlaut der umstrittenen Rede (15.2.1946), in: Schoeller, Wilfried F. (Hrsg.): Diese merkwürdige Zeit. Leben nach der Stunde Null. Ein Textbuch aus der „Neuen Zeitung", Frankfurt am Main 2005, S. 66–74.

Niethammer, Arnolf: Eduard Spranger. Erziehung als „Erweckung" oder die ethische Dimension der Erziehung, in: Pädagogische Rundschau, 43. Jg. (1989), S. 463–482.

Niethammer, Arnolf: Ernst Kriecks Bildungstheorie und die Elemente „totaler Erziehung", Tübingen 1960.

Niethammer, Lutz (Hrsg.): Lebenserfahrung und kollektives Gedächtnis. Die Praxis der „Oral History", Frankfurt am Main 1980.

Niethammer, Lutz: Entnazifizierung in Bayern. Säuberung und Rehabilitierung unter amerikanischer Besatzung, Frankfurt am Main 1972.

Nietzsche, Friedrich: Werke in sechs Bänden, Band 1–6, München/Wien 1980.

Noelle, Elisabeth/Neumann, Erich Peter (Hrsg.): Jahrbuch der öffentlichen Meinung 1947–1955, Allensbach 1956.

Nolte, Ernst: Der europäische Bürgerkrieg 1917–1945. Nationalsozialismus und Bolschewismus, Frankfurt a. Main/Berlin 1987.

Nolte, Ernst: Der Faschismus in seiner Epoche. Die Action Française, der italienische Faschismus, der Nationalsozialismus, München 1963.

Nolte, Ernst: Der Nationalsozialismus, Frankfurt am Main/Wien/Berlin 1970.

Noltensmeier, Ralf/Weiß, Edgar: Über Ernst Krieck (Kieler Berichte aus dem Institut für Pädagogik der Christian-Albrechts-Universität zu Kiel, Rote Reihe: Phänomenologische und hermeneutische Pädagogik, pädagogische Anthropologie, Ethik der Erziehung, Band 25), Kiel 1992.

Nosbüsch, Johannes: Der aktuelle Eduard Spranger. 25 Jahre nach seinem Tod, in: Katholische Bildung. Organ des Vereins katholischer deutscher Lehrerinnen (VkdL), 89. Jg. (1988), Heft 12, S. 661–672.

Odebrecht, Rudolf (Hrsg.): Friedrich Schleiermachers Dialektik. Im Auftrage der Preußischen Akademie der Wissenschaften auf Grund bisher unveröffentlichten Materials, Darmstadt 1988.

Oelkers, Jürgen/Adl-Amini, Bijan (Hrsg.): Pädagogik, Bildung und Wissenschaft. Zur Grundlegung der geisteswissenschaftlichen Pädagogik, Bern/Stuttgart 1982.

Oelkers, Jürgen/Schulz, Wolfgang K. (Hrsg.): Pädagogisches Handeln und Kultur. Aktuelle Aspekte der geisteswissenschaftlichen Pädagogik, Bad Heilbrunn 1984.

Oelkers, Jürgen: „Pädagogischer Realismus“: Peter Petersens erziehungspolitische Publizistik 1930–1950, in: Die Deutsche Schule, 84. Jg. (1992), Heft 4.

Oelkers, Jürgen: Die Vermittlung zwischen Theorie und Praxis in der deutschen Pädagogik von Kant bis Nohl. Eine ideengeschichtliche Untersuchung, Hamburg 1975.

Oelkers, Jürgen: Einige Notizen zum Erziehungsverständnis bei Nohl und Weniger im Vergleich zur Reformpädagogik, in: Neumann, Karl (Hrsg.): Erich Weniger. Leben und Werk. Dokumentation eines Symposions in Gifhorn und Steinhorst vom 31. Oktober bis 2. November 1986 (Zentralstelle für Weiterbildung der Georg-August-Universität Göttingen, Göttinger Beiträge zur universitären Erwachsenenbildung, Band 11), Göttingen 1987, S. 37–49.

Oelkers, Jürgen: Geleitwort, in: Miller, Damian: Herman Nohls „Theorie“ des pädagogischen Bezugs. Eine Werkanalyse (Explorationen, Band 33), Bern 2002, S. 7–9.

Oelkers, Jürgen: Lebensformen und Wissensformen: Sprangers Strukturpsychologie im Vergleich, in: Eisermann, Walter/Meyer, Hermann Josef/Röhrs, Hermann (Hrsg.): Maßstäbe. Perspektiven des Denkens von Eduard Spranger, Düsseldorf 1983, S. 253–268.

Oelkers, Jürgen: Pädagogische Reform und Wandel der Erziehungswissenschaft, in: Führ, Christoph/Furck, Carl-Ludwig (Hrsg.): Handbuch der deutschen Bildungsgeschichte, Band 6: 1945 bis zur Gegenwart, 1. Teilband: Bundesrepublik Deutschland, München 1998, S. 217–243.

Oelkers, Jürgen: Pädagogischer Geist und erzieherisches Handeln – Handlungstheoretische Implikationen der „geisteswissenschaftlichen Pädagogik“, in: Zeitschrift für Pädagogik, 27. Jg. (1981), S. 739–767.

Oelkers, Jürgen: Petersen und der Nationalsozialismus. Vortrag an der Hochschule der Künste Berlin am 30. Juni 1988, in: Werner Keil (Hrsg.): Pädagogische Bezugspunkte – Exemplarische Anregungen. Festschrift für Hans Scheuerl (Theorie und Forschung, Band 71, Pädagogik, Band 7), Regensburg 1989.

Oelkers, Jürgen: Petersen und die Reformpädagogik, in: Maschmann, Ingeborg/Oelkers, Jürgen (Hrsg.): Peter Petersen. Beiträge zur Schulpädagogik und Erziehungsphilosophie, Heinsberg 1985, S. 55–99.

Oelkers, Jürgen: Reformpädagogik. Eine kritische Dogmengeschichte, 4. vollständig überarbeitete und erweiterte Auflage, Weinheim/München 2005.

Oelrich, Waldemar: Der Protest, in: Wenke, Hans (Hrsg.): Eduard Spranger. Bildnis eines geistigen Menschen unserer Zeit. Zum 75. Geburtstag dargebracht von Freunden und Weggenossen, Heidelberg 1957, S. 93–98.

Oelrich, Waldemar: Die Bedeutung der geisteswissenschaftlichen Psychologie Eduard Sprangers für die Wehrmachtspsychologie, in: Wenke, Hans (Hrsg.): Geistige Gestalten und Probleme. Eduard Spranger zum 60. Geburtstag, Leipzig 1942, S. 187–215.

Oelrich, Waldemar: Die Grundpositionen der geisteswissenschaftlichen Psychologie

Eduard Sprangers, in: Bähr, Hans Walter/Litt, Theodor/Louvaris, Nikolaus/Wenke, Hans (Hrsg.): Erziehung zur Menschlichkeit. Die Bildung im Umbruch der Zeit. Festschrift für Eduard Spranger zum 75. Geburtstag, 27. Juni 1957, Tübingen 1957, S. 427–444.

Oelrich, Waldemar: Geisteswissenschaftliche Psychologie und Bildung des Menschen (Erziehungswissenschaftliche Bücherei, Reihe 8: Pädagogische Menschenkunde), Stuttgart ohne Jahr (1950).

Oelrich, Waldemar: Sprangers geisteswissenschaftliche Psychologie, in: Pädagogische Rundschau. Monatsschrift für Erziehung und Unterricht, 16. Jg. (1962), Heft 7–8, S. 582–597.

Oestreich, Paul: Eine Anfrage an Herrn Peter Petersen in Jena (1945), in: Drefahl, Günther (Hrsg.): Universität Jena und neue Lehrerbildung Herausgegeben anlässlich der 20. Wiederkehr des Gründungstages der Sozialpädagogischen Fakultät der Friedrich-Schiller-Universität Jena, Jena 1967, S. 82–83.

Oestreich, Paul: Entschiedene Schulreform. Schriften eines politischen Pädagogen (Pädagogische Bibliothek), Berlin 1978.

Oestreich, Paul: Offener Brief an Eduard Spranger, in: Die Neue Erziehung. Monatsschrift für entschiedene Schulreform und freiheitliche Schulpolitik, 9. Jg. (1927), Heft 9, S. 665–670.

Oetinger, Friedrich (d. i. Theodor Wilhelm): Partnerschaft. Die Aufgabe der politischen Erziehung, 2. Auflage, Stuttgart 1953

Oetinger, Friedrich (d. i. Theodor Wilhelm): Wendepunkt der politischen Erziehung. Partnerschaft als pädagogische Aufgabe, Stuttgart 1951.

Ofenbach, Birgit: Eduard Spranger. Kultur und Erziehung. Gesammelte pädagogische Aufsätze (Werkinterpretationen pädagogischer Klassiker), Darmstadt 2002.

Offermann, Joseph: Bibliographie Herman Nohls, in: Nohl, Herman: Ausgewählte pädagogische Abhandlungen (Schöninghs Sammlung pädagogischer Schriften: Quellen zur Geschichte der Pädagogik), Paderborn 1967, S. 142–150.

Offermann, Joseph: Nohls Leben und Werk, in: Nohl, Herman: Ausgewählte pädagogische Abhandlungen (Schöninghs Sammlung pädagogischer Schriften: Quellen zur Geschichte der Pädagogik), Paderborn 1967, S. 112–138.

Olekers, Jürgen/Lehmann, Thomas: Hatte die geisteswissenschaftliche Pädagogik eine pädagogische Theorie?, in: Oelkers, Jürgen/Schulz, Wolfgang K. (Hrsg.): Pädagogisches Handeln und Kultur. Aktuelle Aspekte der geisteswissenschaftlichen Pädagogik, Bad Heilbrunn 1984, S. 102–137.

Ortmeyer, Benjamin (Hrsg.): ad fontes. Dokumente 1933–1945 – Eduard Sprangers Schriften und Artikel in der NS-Zeit, Frankfurt am Main 2007.

Ortmeyer, Benjamin (Hrsg.): ad fontes. Dokumente 1933–1945 – Erich Wenigers Schriften und Artikel in der NS-Zeit, Frankfurt am Main 2007.

Ortmeyer, Benjamin (Hrsg.): ad fontes. Dokumente 1933–1945 – Herman Nohls Schriften und Artikel in der NS-Zeit, Frankfurt am Main 2006.

Ortmeyer, Benjamin (Hrsg.): ad fontes. Dokumente 1933–1945 – Peter Petersens Schriften und Artikel in der NS-Zeit, Frankfurt am Main 2006.

Ortmeyer, Benjamin (Hrsg.): Berichte gegen Vergessen und Verdrängen von 100 überlebenden jüdischen Schülerinnen und Schülern über die NS-Zeit in Frankfurt am Main, 3. Auflage, Witterschlick/Bonn 1995.

Ortmeyer, Benjamin (Hrsg.): Das Gedenken an die vom Nazi-Regime Verfolgten und Ermordeten und die „Walser-Debatte". Dokumentation der Veranstaltung des GEW-Bezirksverbandes Frankfurt vom 26. Januar 1999, Witterschlick/Bonn 1999.

Ortmeyer, Benjamin (Hrsg.): Heinrich Roths Veröffentlichungen in der NS-Zeit, Frankfurt am Main 2006.

Ortmeyer, Benjamin (Hrsg.): Materialien zu Pädagogik, Rassismus und Antisemitismus: Ernst Krieck (Erziehungswissenschaft und Pädagogik in Frankfurt. Eine Geschichte in Portraits), Frankfurt am Main 2004.

Ortmeyer, Benjamin/Brumlik, Micha

(Hrsg.): Erziehungswissenschaft und Pädagogik in Frankfurt – eine Geschichte in Portraits. 90 Jahre Johann Wolfgang Goethe-Universität (Frankfurter Beiträge zur Erziehungswissenschaft, Reihe Kolloquien, Band 10), Frankfurt am Main 2006.

Ortmeyer, Benjamin: Arbeiter streiken für Juden. Die historische Bedeutung der Streikkämpfe in den Niederlanden im Februar 1941, Frankfurt am Main 1992.

Ortmeyer, Benjamin: Argumente gegen das Deutschlandlied. Geschichte und Gegenwart eines Lobliedes auf die deutsche Nation, Köln 1991.

Ortmeyer, Benjamin: Pädagogik, Rassismus und Antisemitismus – Ernst Krieck, in: Brumlik, Micha/Ortmeyer, Benjamin (Hrsg.): Erziehungswissenschaft und Pädagogik in Frankfurt – eine Geschichte in Portraits. 90 Jahre Johann Wolfgang Goethe-Universität (Frankfurter Beiträge zur Erziehungswissenschaft, Reihe Kolloquien, Band 10), Frankfurt am Main 2006, S. 41–67.

Ortmeyer, Benjamin: Schicksale jüdischer Schülerinnen und Schüler in der NS-Zeit – Leerstellen deutscher Erziehungswissenschaft? Bundesrepublikanische Erziehungswissenschaften (1945/49–1995) und die Erforschung der nazistischen Schule, Witterschlick/Bonn 1998.

Ortmeyer, Benjamin: Schulzeit unterm Hitlerbild. Analysen, Berichte, Dokumente, Frankfurt am Main 1996.

Ott, Hugo: Martin Heidegger. Unterwegs zu seiner Biographie, durchgesehene und mit einem Nachwort versehene Neuausgabe (Reihe Campus, Band 1056), Frankfurt am Main/New York 1992.

Otto, Hans-Uwe/Sünker, Heinz (Hrsg.): Politische Formierung und soziale Erziehung im Nationalsozialismus, Frankfurt am Main 1991.

Otto, Hans-Uwe/Sünker, Heinz (Hrsg.): Soziale Arbeit und Faschismus. Volkspflege und Pädagogik im Nationalsozialismus, Bielefeld 1986.

Overesch, Manfred: Beobachtungen zur humanistischen Neubesinnung in der deutschen Bildungsgeschichte nach dem Zweiten Weltkrieg, in: Eisermann, Walter/Meyer, Hermann Josef/Röhrs, Hermann (Hrsg.): Maßstäbe. Perspektiven des Denkens von Eduard Spranger, Düsseldorf 1983, S. 217–227.

Padellaro, Nazareno: Faschistische Schule und Erziehung in Italien (Pädagogik des Auslandes, Band 7), Weimar 1934.

Paffrath, Fritz Hartmut (Hrsg.): Kritische Theorie und Pädagogik der Gegenwart. Aspekte und Perspektiven der Auseinandersetzung, Weinheim 1987.

Paffrath, Fritz Hartmut: Eduard Spranger und die Volksschule. Eine historisch-systematische Untersuchung. Mit einem Anhang unveröffentlichter Schriften Eduard Sprangers, Bad Heilbrunn 1971.

Paffrath, Fritz Hartmut: Erziehung nach dem Faschismus, in: Meyer-Willner, Gerhard (Hrsg.): Eduard Spranger. Aspekte seines Werks aus heutiger Sicht. Mit einer bisher unveröffentlichten autobiographischen Skizze von Eduard Spranger, Bad Heilbrunn 2001, S. 73–89.

Paffrath, Fritz Hartmut: Gedanken zum Erziehungsauftrag der Schule in unserer Zeit – Eine Erörterung im Anschluss an Eduard Sprangers „Pädagogisches Testament“, in: Eisermann, Walter/Meyer, Hermann Josef/Röhrs, Hermann (Hrsg.): Maßstäbe. Perspektiven des Denkens von Eduard Spranger, Düsseldorf 1983, S. 187–203.

Paleologos, Georg Nicolaos: Eduard Spranger als Denker und besonders als Psychologe, Athen 1928.

Pallat, Gabriele Cantate/Reichwein, Roland/Kunz, Lothar (Hrsg.): Adolf Reichwein. Pädagoge und Widerstandskämpfer. Ein Lebensbild in Briefen und Dokumenten (1914–1944), Paderborn/München/Wien/Zürich 1999.

Paulsen, Friedrich: System der Ethik. Mit einem Umriss der Staats- und Gesellschaftslehre, Band 1, 11./12. Auflage, Berlin 1921.

Pestalozzi, Johann Heinrich: Sämtliche Werke, Band 1 ff. (herausgegeben von Artur Buchenau, Eduard Spranger und Hans Stettbacher), Berlin 1927 ff.

Petersen, Uwe-Karsten: Der Jena-Plan. Die integrative Schulwirklichkeit im Bilde von Briefen und Dokumenten aus dem Nachlass Peter Petersens, Frankfurt am Main/Bern/New York/Paris 1991.

Petzold, Joachim: Wegbereiter des deutschen Faschismus. Die Jungkonservativen in der Weimarer Republik, Köln 1978.

Peukert, Detlev J. K.: Jugendhilfe – historischer Rückblick und neuere Entwicklungen (Materialien zum 8. Jugendbericht, Band 1), Weinheim/München 1990.

Peukert, Detlev J. K.: Volksgenossen und Gemeinschaftsfremde. Anpassung, Ausmerze und Aufbegehren unter dem Nationalsozialismus, Köln 1982.

Pfahler, Gerhard: Rasse und Erziehung, in: Zeitschrift für pädagogische Psychologie und Jugendkunde, 40. Jg. (1939), Heft 9–10, S. 201–221.

Pfahler, Gerhard: Warum Erziehung trotz Vererbung?, 5. Auflage, Leipzig 1943.

Pfannkuch, Karl: Geisteswissenschaft statt Philosophie? Gedanken über die Grundlagen der Sprangerschen Pädagogik (Sonderdrucke des Symposion, Heft 4), Erlangen 1926.

Pfeiffer, Stephan: Pädagogik als Politikersatz. Herman Nohls Osthilfeprogramm in lebensgeschichtlicher Perspektive, Tübingen 1993.

Pfeiffer, Ursula: Bildung als Widerstand. Pädagogik und Politik bei Heinz-Joachim Heydorn (Schriftenreihe EUB, Erziehung – Unterricht – Bildung, Band 77), Hamburg 1999.

Pflaum, Ernst: Eduard Sprangers geisteswissenschaftliche Psychologie, in: Jüttemann, Gerd (Hrsg.): Wegbereiter der historischen Psychologie, München/Weinheim 1988, S. 133–139.

Picht, Werner: Bürger in Uniform?, in: Die Sammlung. Zeitschrift für Kultur und Erziehung, 8. Jg. (1953), S. 392–396.

Platen-Hallermund, Alice: Die Tötung Geisteskranker in Deutschland, 4. Auflage, Bonn 2001.

Platon: Der Staat, München 1991.

Plessner, Helmuth: Die verspätete Nation. Über die politische Verführbarkeit bürgerlichen Geistes, 2. erweiterte Auflage, Stuttgart 1959.

Pöggeler, Franz: Imponderabilien der Erziehung als Problem der Erziehungswissenschaft, in: Eisermann, Walter/Meyer, Hermann Josef/Röhrs, Hermann (Hrsg.): Maßstäbe. Perspektiven des Denkens von Eduard Spranger, Düsseldorf 1983, S. 149–162.

Poliakov, Léon/Delacampagne, Christian/Girard, Patrick: Über den Rassismus. Sechzehn Kapitel zur Anatomie, Geschichte und Deutung des Rassenwahns, Frankfurt am Main/Berlin/Wien 1984.

Poliakov, Léon/Wulf, Joseph (Hrsg.): Das Dritte Reich und seine Denker. Dokumente und Berichte, Wiesbaden 1989.

Poliakov, Léon: Der arische Mythos. Zu den Quellen von Rassismus und Nationalismus, Hamburg 1993.

Poliakov, Léon: Geschichte des Antisemitismus, Band I–VIII, Worms/Frankfurt am Main 1977–1989.

Pommerin, Reiner: Rassenpolitische Differenzen im Verhältnis der Achse Berlin–Rom 1938–1945, in: Vierteljahresheft für Zeitgeschichte, 27. Jg. (1979), S. 646–660.

Pommerin, Reiner: Zur Praxis nationalsozialistischer Rassenpolitik. Sterilisierung der „Rheinlandbastarde", in: Johannsen, Martina (Hrsg.): Schwarzweißheiten. vom Umgang mit fremden Menschen (Schriftenreihe des Landesmuseums für Natur und Mensch, Band 19), Oldenburg 2001, S. 157–162.

Pongratz, Ludwig A.: Heinz-Joachim Heydorn – Abstand und Nähe, in: Brumlik, Micha/Ortmeyer, Benjamin (Hrsg.): Erziehungswissenschaft und Pädagogik in Frankfurt – eine Geschichte in Portraits. 90 Jahre Johann Wolfgang Goethe-Universität (Frankfurter Beiträge zur Erziehungswissenschaft, Reihe Kolloquien, Band 10), Frankfurt am Main 2006, S. 68–86.

Popp, Walter: Einleitung, in: Nohl, Herman: Eine Auswahl schulpädagogischer Schriften, Heidelberg 1967, S. 3–4.

Popper, Karl R.: Die offene Gesellschaft und ihre Feinde, Band 1: Der Zauber Platons (Gesammelte Werke, Band 5), 8., durchgesehene und ergänzte Auflage, Tübingen 2003.

Popper, Karl R.: Die offene Gesellschaft und ihre Feinde, Band 2: Falsche Propheten : Hegel, Marx und die Folgen (Gesammelte Werke, Band 6), 8., durchgesehene und ergänzte Auflage, Tübingen 2003.

Portner, Dieter: Der Pflichtbegriff in der Pädagogik Georg Kerschensteiners und Eduard Sprangers. Mit zwei unveröffentlichten Vortragsdispositionen aus dem Handschriftennachlass Georg Kerschensteiners, München 1974.

Prang, Helmut: Eduard Spranger. Praeceptor Germaniae, in: Zeitschrift für Religions- und Geistesgeschichte, 10. Jg. (1958), S. 250–252.

Prange, Klaus: Identität und Politik bei Ernst Krieck. Ein Beitrag zur Pathographie totalitärer Pädagogik, in: Herrmann, Ulrich (Hrsg.): „Die Formung des Volksgenossen". Der „Erziehungsstaat" des Dritten Reiches (Geschichte des Erziehungs- und Bildungswesens in Deutschland, Band 6) Weinheim/Basel 1985, S. 154–169.

Prange, Klaus: Sind wir allzumal Nazis? Eine Antwort auf Wolfgang Keims Bielefelder Kontinuitätsthese, in: Zeitschrift für Pädagogik, 36. Jg. (1990), Heft 5, S. 745–751.

Prange, Klaus: Vergessen – verschweigen – verarbeiten. Zur pädagogischen Reaktion auf die Erfahrung der Hitlerzeit bei Fritz Blättner, Otto Friedrich Bollnow und Theodor Wilhelm, in: Horn, Klaus-Peter/Ogasawara, Michio/Sakakoshi, Masaki/Tenorth, Heinz-Elmar/Yamana, Jun/Zimmer, Hasko (Hrsg.): Pädagogik im Militarismus und im Nationalsozialismus. Japan und Deutschland im Vergleich, Bad Heilbrunn 2006, S. 233–241.

Presseinformation der Forschungs- und Arbeitstelle „Erziehung nach/über Auschwitz" vom 21.5.2001, zitiert nach: http://www.fasena.de/archiv/presse.htm (eingesehen am 16.4.2008).

Priem, Karin/Glaser, Edith: „Hochverehrter Herr Professor!" – „Sehr geehrter Herr Kollege!". Rekonstruktion von Erziehungswissenschaft durch Biographik am Beispiel der Korrespondenzen Eduard Sprangers und Wilhelm Flitners, in: Wigger, Lothar (Hrsg.): Forschungsfelder der allgemeinen Erziehungswissenschaft (Zeitschrift für Erziehungswissenschaft, Beiheft 1), Opladen 2002, S. 163–178.

Priem, Karin: „Der ewige Hunger des Gefühls" – Säkularreligiöse Aspekte in Sprangers Kulturpädagogik und Kulturpsychologie, in: Meyer-Willner, Gerhard (Hrsg.): Eduard Spranger. Aspekte seines Werks aus heutiger Sicht. Mit einer bisher unveröffentlichten autobiographischen Skizze von Eduard Spranger, Bad Heilbrunn 2001, S. 121–141.

Priem, Karin: Bildung im Dialog. Eduard Sprangers Korrespondenz mit Frauen und sein Profil als Wissenschaftler 1903–1924 (Beiträge zur historischen Bildungsforschung, Band 24), Köln/Weimar/Wien 2000.

Prior, Harm: Die „Führungslehre des Unterrichts" in heutiger Sicht, in: Maschmann, Ingeborg/Oelkers, Jürgen (Hrsg.): Peter Petersen. Beiträge zur Schulpädagogik und Erziehungsphilosophie, Heinsberg 1985, S. 145–167.

Proll, Hans: Die Fröbel-Rezeption in der geisteswissenschaftlichen Pädagogik. Nohl, Petersen, Spranger, E. Hoffmann (Pädagogik, Band 4; Berichte der Forschungsstelle für Schulgeschichte an der Universität – Gesamthochschule – Duisburg, Band 4), Bochum 1988.

Prondczynsky, Andreas von: Kriegspädagogik 1914–1918. Ein nahezu blinder Fleck der Historischen Bildungsforschung, in: Gatzemann, Thomas/Göing, Anja Silvia (Hrsg.): Geisteswissenschaftliche Pädagogik, Krieg und Nationalsozialismus. Kritische Fragen nach der Verbindung von Pädagogik, Politik und Militär, Frankfurt am Main/Berlin/Bern/Brüssel/New York/Oxford/Wien 2004, S. 37–67.

Pross, Harry (Hrsg.): Die Zerstörung der deutschen Politik. Dokumente 1871–1933, Frankfurt am Main/Hamburg 1959.

Protesterklärung republikanischer und sozialistischer Hochschullehrer (1931), in: Gumbel, Emil Julius: Verschwörer. Zur

Geschichte und Soziologie der deutschen nationalistischen Geheimbünde 1918–1924, Frankfurt am Main 1984, S. 286–287.

Quandt, Siegfried: Erich Weniger (1894–1961), in: Quandt, Siegfried (Hrsg.): Deutsche Geschichtsdidaktiker des 19. und 20. Jahrhunderts. Wege, Konzeptionen, Wirkungen, Paderborn/München/Wien/Zürich 1978, S. 327–364.

Raabe, Heinz (d. i. Ludwig Marcuse): Der Fall Spranger, in: Das Neue Tage-Buch, 1. Jg. (1933), Heft 3, S. 74.

Raapke, Hans-Dietrich: Erwachsenenbildung – Weiterbildung. Neue Entwicklungen in Theorie und Praxis, in: Hoffmann, Dietrich/Neumann, Karl (Hrsg.): Tradition und Transformation der geisteswissenschaftlichen Pädagogik. Zur Re-Vision der Weniger-Gedenkschrift, Weinheim 1993, S. 93–102.

Raapke, Hans-Dietrich: Erwachsenenbildung als Volksbildung, in: Dahmer, Ilse/Klafki, Wolfgang: Geisteswissenschaftliche Pädagogik am Ausgang ihrer Epoche – Erich Weniger, Weinheim/Berlin 1968, S. 269–290.

Rabe, Johannes E. (Hrsg.): Sünd ji all dor? Althamburgische Kasperszenen (Quickborn-Bücher, Band 8), Hamburg 1915.

Rabe, Johannes E. (Hrsg.): Vivat Putschenelle! Alte Kasperschwänke (Quickborn-Bücher, Band 10), Hamburg 1916.

Rach, Alfred: Biographien zur deutschen Erziehungsgeschichte, Weinheim 1968.

Radde, Gerd: Fritz Karsen. Ein Berliner Schulreformer der Weimarer Zeit (Studien zur Bildungsreform, Band 37), erweiterte Neuausgabe, Frankfurt am Main/Berlin/Bern/New York/Paris/Wien 1999.

Rainer Marwedel – Theodor Lessing (1872–1933). Eine Dokumentation zum Carl-von-Ossietzky-Preis der Stadt Oldenburg 1990, Oldenburg 1990.

Rang, Adalbert: Beklommene Begeisterung. Sprangers und Flitners Reaktion auf den Nationalsozialismus im Jahre 1933, in: Zedler, Peter/König, Eckard (Hrsg.): Rekonstruktionen pädagogischer Wissenschaftsgeschichte. Fallstudien, Ansätze, Perspektiven (Beiträge zur Theorie und Geschichte der Erziehungswissenschaft, Band 1), Weinheim 1989, S. 263–294.

Rang, Adalbert: Reaktionen auf den Nationalsozialismus in der Zeitschrift „Die Erziehung“ im Frühjahr 1933, in: Otto, Hans-Uwe/Sünker, Heinz (Hrsg.): Soziale Arbeit und Faschismus. Volkspflege und Pädagogik im Nationalsozialismus, Bielefeld 1986, S. 35–54.

Rang, Adalbert: Spranger und Flitner 1933, in: Keim, Wolfgang (Hrsg.): Pädagogen und Pädagogik im Nationalsozialismus – Ein unerledigtes Problem der Erziehungswissenschaft (Studien zur Bildungsreform, Band 16), 2. durchgesehene Auflage, Frankfurt am Main/Bern/New York/Paris 1990, S. 65–78.

Rang, Brita: Pädagogische Geschichtsschreibung in der DDR. Entwicklung und Entwicklungsbedingungen der pädagogischen Historiographie 1945–1965 (Campus Forschung, Band 252), Frankfurt am Main/New York 1982.

Ratzke, Erwin: Das Pädagogische Institut der Universität Göttingen. Ein Überblick für seine Entwicklung in den Jahren 1923–1949, in: Becker, Heinrich/Dahms, Hans-Joachim, Wegeler, Cornelia (Hrsg.): Die Universität Göttingen unter dem Nationalsozialismus, 2. erweiterte Ausgabe, München 1998, S. 318–336.

Rauch, Matthias: Erziehung für Gott und Vaterland. Konservative Pädagogik und ihre Funktion in der aktuellen Wertedebatte, Aschaffenburg 1998.

Rauh, Hans-Christoph: Christian Tilitzki: Die deutsche Universitätsphilosophie (Rezension), in: http://hsozkult.geschichte.hu-berlin.de/rezension/type=rezbuecher&id=889&verlage=5 (eingesehen am 25.4.2004).

Rautenberg, Hans-Jürgen/Wiggershaus, Norbert: Die „Himmeroder Denkschrift“ vom Oktober 1950. Politische und militärische Überlegungen für einen Beitrag der Bundesrepublik Deutschland zur westeuropäischen Verteidigung, Karlsruhe 1977.

Reble, Albert: Erziehung im Lichte der Kulturverantwortung, in: Eisermann, Walter/Meyer, Hermann Josef/Röhrs, Hermann (Hrsg.): Maßstäbe. Perspektiven des Denkens von Eduard Spranger, Düsseldorf 1983, S. 105–118.

Reble, Albert: Geschichte der Pädagogik, 9. durchgesehene Auflage, Stuttgart 1967.

Reble, Albert: Theodor Litt. Eine einführende Überschau, Bad Heilbrunn 1995.

Rechtmann, Heinrich Jakob: Geschichte der Pädagogik. Wandlungen der deutschen Bildung, 3. neubearbeitete Auflage, Nürnberg 1967.

Redslob, Edwin: Makariens Siderischer Gruß, in: Universitas. Zeitschrift für Wissenschaft, Kunst und Literatur, 17. Jg. (1962), Heft 6, S. 627–633.

Rehbein, Klaus: Ausmerzen heißt ausmerzen, in: Päd. extra & demokratische Erziehung, 2. Jg. (1989), Heft 11–12, S. 53–56.

Rehbein, Klaus: Die Sicht vom Opfer aus definiert die Gruppe der Nazi-Täter neu. Unsere Verantwortung für die Nazi-Verbrechen damals und heute – Überlegungen aus pädagogischer, germanistischer, juristischer und theologischer Sicht, in: Päd. extra & demokratische Erziehung, 2. Jg. (1989), Heft 2, S. 7–19.

Rehbein, Klaus: Erziehung zum Krieg. Anmerkungen zu Erich Weniger: „Wehrmachtserziehung und Kriegserfahrung" anlässlich der „Wehrmachtsausstellung" in Marburg vom 12.9.–17.10.1997, in: Dust, Martin (Hrsg.): Pädagogik wider das Vergessen. Festschrift für Wolfgang Keim, Kiel 2000, S. 309–340.

Rehbein, Klaus: Erziehung zum Krieg. Vortrag über Erich Weniger: „Wehrmachtserziehung und Kriegserfahrung" anlässlich der „Wehrmachtsausstellung" in Marburg vom 12.9.–17.10.1997, in: Rehbein, Klaus: Was heißt und wie studiert man Sozialpädagogik, Baltmannsweiler 2005, S. 97–137.

Rehbein, Klaus: Wissenschaft im Nationalsozialismus. Vortrag zum 50. Jahrestag des Kriegsendes am 8. Mai 1995 (Marburger Universitätsreden, Band 20), Marburg 1995.

Rehm, Margarete: Lexikon Buch, Bibliothek, neue Medien, München/London/New York/Paris 1991.

Reich, Eberhard: Zum Wandel der kulturphilosophischen und pädagogischen Ansätze Eduard Sprangers in seiner mittleren Schaffensperiode und in seinem Spätwerk, Tübingen 2000.

Reichwein, Adolf: Schaffendes Schulvolk, Stuttgart/Berlin 1937.

Renan, Ernest: Was ist eine Nation? und andere politische Schriften (Transfer Kulturgeschichte, Band 2), Wien/Bozen 1995.

Renner, Renate/Zimmermann, Susanne: Der Jenaer Kinderarzt Jussuf Ibrahim (1877–1953) und die Tötung behinderter Kinder während des Nationalsozialismus, in: Hoßfeld, Uwe/John, Jürgen/Lemuth, Oliver/Stutz, Rüdiger (Hrsg.): „Kämpferische Wissenschaft": Studien zur Universität Jena im Nationalsozialismus, Köln/Weimar/Wien 2003, S. 437–451.

Retter, Hein (Hrsg.): Reformpädagogik zwischen Rekonstruktion, Kritik und Verständigung. Beiträge zur Pädagogik Peter Petersens, Weinheim 1996.

Retter, Hein (Hrsg.): Reformpädagogik. Neue Zugänge– Befunde – Kontroversen, Bad Heilbrunn 2004.

Retter, Hein/Meyer-Willner, Gerhard (Hrsg.): Zur Kritik und Neuorientierung der Pädagogik im 20. Jahrhundert. Festschrift für Walter Eisermann zum 65. Geburtstag (Beiträge zur historischen Bildungsforschung, Sonderband), Hildesheim 1987.

Retter, Hein: Eduard Spranger als Dilthey-Schüler und die Ausbildung seiner religiösen Anschauungen. Walter Eisermann zum 78. Geburtstag (5. April 2000), Braunschweig 2000, http://www.tu-braunschweig.de/Medien-DB/hispaed/spranger2.pdf (eingesehen am 22.2.07).

Retter, Hein: Eduard Spranger und Wilhelm Dilthey – Aspekte eines umstrittenen Lehrer-Schüler-Verhältnisses, in: Humanisierung der Bildung. Jahrbuch der Internationalen Akademie zur Humanisierung der Bildung (IAHB), 3. Jg. (2000), S. 228–244.

Retter, Hein: Kulturprotestantismus – Mystik – Gewissensethik – Sprangers christlicher

Humanismus und der Protestantismus heute, in: Meyer-Willner, Gerhard (Hrsg.): Eduard Spranger. Aspekte seines Werks aus heutiger Sicht. Mit einer bisher unveröffentlichten autobiographischen Skizze von Eduard Spranger, Bad Heilbrunn 2001, S. 142–195.

Retter, Hein: Oswald Kroh und der Nationalsozialismus. Rekonstruktion und Dokumentation einer verdrängten Beziehung, Weinheim 2001.

Retter, Hein: Peter Petersen und der Jenaplan: Von der Weimarer Republik bis zur Nachkriegszeit. Berichte – Briefe – Dokumente, Weinheim 1996.

Retter, Hein: Peter Petersen, in: Biographisch-Bibliographisches Kirchenlexikon, Band XXIII, Nordhausen 2004, Sp. 1061–1083.

Retter, Hein: Reformpädagogik und Protestantismus im Übergang zur Demokratie. Studien zur Pädagogik Peter Petersens (Braunschweiger Beiträge zur Kulturgeschichte, Band 1), Frankfurt am Main 2007.

Retter, Hein: Spranger, Eduard, in: Betz, Hans Dieter (Hrsg.): Religion in Geschichte und Gegenwart. Handwörterbuch für Theologie und Religionswissenschaft, 4. völlig neu bearbeitete Auflage, Band 7: R–S, Tübingen 2004, Sp. 1623.

Reyer, Jürgen: „Rassenhygiene" und „Eugenik" im Kaiserreich und in der Weimarer Republik: Pflege der „Volksgesundheit" oder Sozialrassismus?, in: Herrmann, Ulrich/Oelkers, Jürgen (Hrsg.): Pädagogik und Nationalsozialismus, Weinheim/Basel 1989, S. 113–145.

Reyer, Jürgen: Eugenik und Pädagogik. Erziehungswissenschaft in einer eugenisierten Gesellschaft, Weinheim/München 2003.

Richly, Renate: Das Verhältnis von Freiheit und Bindung in der Bildungstheorie Peter Petersens (Europäische Hochschulschriften, Reihe XI: Pädagogik, Band 631), Frankfurt am Main/Berlin/Bern/New York/Paris/Wien 1995.

Richter, Helmut: (Sozial-)Pädagogik und Faschismus. Anfragen zu Kontinuität und Diskontinuität, in: Otto, Hans-Uwe/Sünker, Heinz (Hrsg.): Soziale Arbeit und Faschismus. Volkspflege und Pädagogik im Nationalsozialismus, Bielefeld 1986, S. 89–120.

Ringer, Fritz K.: Die Gelehrten. Der Niedergang der deutschen Mandarine 1890–1933, Stuttgart 1983.

Ritsert, Jürgen: Inhaltsanalyse und Ideologiekritik. Ein Versuch über kritische Forschung, Frankfurt am Main 1972.

Ritsert, Jürgen: Wissenschaftsanalyse als Ideologiekritik, Frankfurt am Main/New York 1975.

Ritter, Gerhard: Die Staatsanschauung des Freiherrn vom Stein, ihr Wesen und ihre Wurzeln. Festrede zur Reichsgründungsfeier der Universität Freiburg am 18. Januar 1927 (Einzelschriften zur Politik und Geschichte, Band 27), Berlin 1927.

Ritter, Gerhard: Friedrich der Große. Ein historisches Profil, Leipzig 1936.

Ritzel, Wolfgang: Philosophie und Pädagogik im 20. Jahrhundert (Die philosophischen Bemühungen des 20. Jahrhunderts), Darmstadt 1980.

Rödel, Helmut: Moeller van den Bruck. Standort und Wertung, Berlin 1939.

Rohde, Reinhard/Wegener, Tim: Celle im Nationalsozialismus. Ein topographischer Überblick, Celle 2007.

Röhrs, Hermann: Eduard Spranger, der Mensch und Gelehrte, im Spiegel seines Briefwechsels, in: Eisermann, Walter/Meyer, Hermann Josef/Röhrs, Hermann (Hrsg.): Maßstäbe. Perspektiven des Denkens von Eduard Spranger, Düsseldorf 1983, S. 271–292.

Röhrs, Hermann: Grundlagen der Geisteswissenschaften. Eine Erörterung der Gesammelten Schriften von Eduard Spranger, in: Pädagogische Rundschau, 36. Jg. (1982), Heft 3, S. 221–231.

Roosevelt, Franklin D.: Links von der Mitte. Briefe, Reden, Konferenzen, Frankfurt am Main ohne Jahr (1951).

Rose, Romani (Hrsg.): Der nationalsozialistische Völkermord an den Sinti und Roma, 2. überarbeitete und ergänzte Auflage, Heidelberg 1995.

Rose, Romani: Bürgerrechte für Sinti und

Roma, Heidelberg 1987.

Rosenberg, Alfred: An die Dunkelmänner unserer Zeit. Eine Antwort auf die Angriffe gegen den „Mythus des 20. Jahrhunderts“, 14. Auflage, München 1935.

Rosenberg, Alfred: Das Wesensgefüge des Nationalsozialismus. Grundlagen der deutschen Wiedergeburt, 9. Auflage, München 1934.

Rosenberg, Alfred: Der Mythus des 20. Jahrhunderts. Eine Wertung der seelisch-geistigen Gestaltenkämpfe unserer Zeit, 111.–114. Auflage, München 1937.

Rosenberg, Alfred: Der staatsfeindliche Zionismus, München 1938.

Rosenberg, Alfred: Die Judenfrage als Weltproblem. Vortrag am 28. März 1941 in Frankfurt am Main anlässlich der Eröffnung des Instituts zur Erforschung der Judenfrage (Hier spricht das neue Deutschland!, Heft 16), München 1941.

Rousseau, Jean-Jacques: Émile oder über die Erziehung, Stuttgart 1993.

Rousseau, Jean-Jacques: Vom Gesellschaftsvertrag oder Grundsätze des Staatsrechts, Stuttgart 2003.

Rülcker, Tobias/Kaßner, Peter (Hrsg.): Peter Petersen: Antimoderne als Fortschritt? Erziehungswissenschaftliche Theorien und pädagogische Praxis vor den Herausforderungen unserer Zeit, Frankfurt am Main/Bern/New York/Paris 1992.

Rülcker, Tobias: Erziehung für die Volksgemeinschaft. Die Funktion von Petersens völkisch-realistischer Erziehungswissenschaft in der NS-Zeit, in: Rülcker, Tobias/Kaßner, Peter (Hrsg.): Peter Petersen: Antimoderne als Fortschritt? Erziehungswissenschaftliche Theorien und pädagogische Praxis vor den Herausforderungen unserer Zeit, Frankfurt am Main/Bern/New York/Paris 1992, S. 193–245.

Rutschky, Katharina (Hrsg.): Schwarze Pädagogik. Quellen zur Naturgeschichte der bürgerlichen Erziehung, 6. Auflage, Frankfurt am Main/Berlin 1993.

Rutt, Theodor: Bemerkungen zur Textwiedergabe, in: Petersen, Peter/Petersen, Else: Die pädagogische Tatsachenforschung, Paderborn 1965, S. 593–594.

Rutt, Theodor: Peter Petersen. Leben und Werk, Heinsberg 1984.

Sacher, Werner/Schraut, Alban (Hrsg.): Volkserzieher in dürftiger Zeit. Studien über Leben und Wirken Eduard Sprangers. Beiträge zum Internationalen Spranger-Symposion in Nürnberg am 11./12. Oktober 2002 (Erziehungskonzeptionen und Praxis, Band 59), Frankfurt am Main/Berlin/Bern/Brüssel/New York/Oxford/Wien 2004.

Sacher, Werner: Der junge Spranger als Erziehungs- und Schulpraktiker, in: Meyer-Willner, Gerhard (Hrsg.): Eduard Spranger. Aspekte seines Werks aus heutiger Sicht. Mit einer bisher unveröffentlichten autobiographischen Skizze von Eduard Spranger, Bad Heilbrunn 2001, S. 30–52.

Sacher, Werner: Die Korrespondenz Eduard Sprangers mit Käthe Hadlich, in: Sacher, Werner/Schraut, Alban (Hrsg.): Volkserzieher in dürftiger Zeit. Studien über Leben und Wirken Eduard Sprangers. Beiträge zum Internationalen Spranger-Symposion in Nürnberg am 11./12. Oktober 2002 (Erziehungskonzeptionen und Praxis, Band 59), Frankfurt am Main/Berlin/Bern/Brüssel/New York/Oxford/Wien 2004, S. 11–27.

Sacher, Werner: Dilthey-Tradition und Neukantianismus bei Eduard Spranger, in: Retter, Hein/Meyer-Willner, Gerhard (Hrsg.): Zur Kritik und Neuorientierung der Pädagogik im 20. Jahrhundert. Festschrift für Walter Eisermann zum 65. Geburtstag (Beiträge zur historischen Bildungsforschung, Sonderband), Hildesheim 1987, S. 205–218.

Sacher, Werner: Eduard Spranger 1902–1933. Ein Erziehungsphilosoph zwischen Dilthey und den Neukantianern (Europäische Hochschulschriften, Reihe 11: Pädagogik, Band 347), Frankfurt am Main/Bern/New York/Paris 1988.

Sacher, Werner: Eduard Spranger und Käthe Hadlich. Eine biographische Skizze, in: Jahrbuch für historische Bildungsforschung, 5. Jg. (1999), S. 247–266.

Sacher, Werner: Sprangers Philosophie und

Pädagogik im Verhältnis zur geisteswissenschaftlichen Tradition, in: Hohmann, Joachim Stephan (Hrsg.): Beiträge zur Philosophie Eduard Sprangers (Philosophische Schriften, Band 17), Berlin 1996, S. 77–126.

Safranski, Rüdiger: Ein Meister aus Deutschland. Heidegger und seine Zeit, Frankfurt am Main 2001.

Safranski, Rüdiger: Friedrich Schiller oder Die Erfindung des deutschen Idealismus, München/Wien 2004.

Sakakoshi, Masaki: Eduard Spranger in Japan, in: Horn, Klaus-Peter/Ogasawara, Michio/Sakakoshi, Masaki/Tenorth, Heinz-Elmar/Yamana, Jun/Zimmer, Hasko (Hrsg.): Pädagogik im Militarismus und im Nationalsozialismus. Japan und Deutschland im Vergleich, Bad Heilbrunn 2006, S. 119–127.

Saller, Karl: Die Rassenlehre des Nationalsozialismus in Wissenschaft und Propaganda, Darmstadt 1961.

Salzborn, Samuel (Hrsg.): Antisemitismus – Geschichte und Gegenwart (Schriften zur politischen Bildung, Kultur und Kommunikation, Band 2), Gießen 2004.

Salzmann, Christan (Hrsg.): Die Sprache der Reformpädagogik als Problem ihrer Reaktualisierung. Dargestellt am Beispiel von Peter Petersen und Adolf Reichwein (Zusammenfassender Bericht über das gleichnamige wissenschaftliche Symposium vom 16.–17. November 1984 an der Universität Osnabrück), Heinsberg 1987.

Sarkowicz, Hans (Hrsg.): Hitlers Künstler. Die Kultur im Dienst des Nationalsozialismus, Frankfurt am Main/Leipzig 2004.

Sauer, Karl: Begegnung und Erlebnis. Herman Nohl und das Landheim des Pädagogischen Seminars der Universität Göttingen. Ein Beispiel universitärer Erlebnispädagogik (Wegbereiter der modernen Erlebnispädagogik, Heft 10), Lüneburg 1988.

Saupe, Emil: Deutsche Pädagogen der Neuzeit und Vorkämpfer deutscher Bildung im 19. Jahrhundert, 9./10. Auflage, Osterwieck/Berlin 1942.

Schäfer, K.-H.: Spranger, Eduard, in: Lexikon der Pädagogik, neue Ausgabe, Band 4, Freiburg/Basel/Wien 1971, S. 161–162.

Schafhausen, Nicolaus (Hrsg.): Adorno – die Möglichkeit des Unmöglichen. Textband, Berlin/New York 2003.

Scheibe, Wolfgang (Hrsg.): Die Pädagogik im XX. Jahrhundert. Eine enzyklopädische Darstellung ihrer Grundfragen, geistigen Gehalte und Einrichtungen, Stuttgart 1960.

Scheibe, Wolfgang: Die reformpädagogische Bewegung 1900–1932. Eine einführende Darstellung, 10. erweiterte und neuausgestattete Auflage, Weinheim/Basel 1994.

Schelsky, Helmut: Die skeptische Generation. Eine Soziologie der deutschen Jugend, Düsseldorf/Köln 1957.

Schepp, Heinz-Hermann: Erich Weniger: Politische Bildung zwischen Gesellschaft, Staat, Volk, in: Zeitschrift für Pädagogik, 34. Jg. (1988), Heft 6, S. 817–838.

Schepp, Heinz-Hermann: Herman Nohl – Pädagogische Reformbewegung und Theorie der Bildung, in: Hoffmann, Dietrich (Hrsg.): Pädagogik an der Georg-August-Universität in Göttingen. Eine Vorlesungsreihe (Göttinger Universitätsschriften, Serie A: Schriften, Band 7), Göttingen 1987, S. 108–138.

Scheuer, Oskar Franz: Burschenschaft und Judenfrage. Der Rassenantisemitismus in der deutschen Studentenschaft, Berlin/Wien 1927.

Scheuerl, Hans: Eindrücke und Erfahrungen aus bewegter Zeit, in: Klafki, Wolfgang (Hrsg.): Verführung, Distanzierung, Ernüchterung. Kindheit und Jugend im Nationalsozialismus. Autobiographisches aus erziehungswissenschaftlicher Sicht, Weinheim/Basel 1988, S. 56–80.

Scheuerl, Hans: Geschichte der Erziehung. Ein Grundriss, Stuttgart/Berlin/Köln/Mainz 1985.

Scheuerl, Hans: Über die „geisteswissenschaftliche" Tradition in der Pädagogik und ihre Rekonstruktion, in: Zeitschrift für Pädagogik, 27. Jg. (1981), Heft 1, S. 1–6.

Schiess, Gertrud: Die Diskussion über die Autonomie der Pädagogik (Pädagogische Studien, Band 23), Weinheim/Basel 1973.

Schivelbusch, Wolfgang: Intellektuellendämmerung. Zur Lage der Frankfurter Intelligenz in den 20er Jahren, Frankfurt am Main 1982.

Schlaffer, Rudolf/Schmidt, Wolfgang (Hrsg.): Wolf Graf von Baudissin 1907–1993. Modernisierer zwischen totalitärer Herrschaft und freiheitlicher Ordnung, München 2007.

Schleiermacher, Friedrich: Hermeneutik und Kritik, Frankfurt am Main 1977.

Schleiermacher, Friedrich: Pädagogische Schriften, Band 1 und 2 (unter Mitwirkung von Theodor Schulze herausgegeben von Erich Weniger), Düsseldorf/München 1957.

Schlüter, Marnie: Die Aufhebung des humanistischen Bildungsideals. Eduard Spranger im Spektrum des Weimarer Konservativismus, in: Apel, Hans Jürgen (Hrsg.): Das öffentliche Bildungswesen. Historische Entwicklung, gesellschaftliche Funktionen, pädagogischer Streit, Bad Heilbrunn 2001, S. 309–321.

Schmalz, Oliver: Kirchenpolitik unter dem Vorzeichen der Volksnomoslehre. Wilhelm Stapel im Dritten Reich (Europäische Hochschulschriften, Reihe 23: Theologie, Band 789), Frankfurt am Main/Berlin/Bern/Brüssel/New York/Oxford/Wien 2004.

Schmid, Manfred (Hrsg.): ...treu und fest hinter dem Führer. Die Anfänge des Nationalsozialismus an der Universität Tübingen 1926–1934. Begleitheft zu einer Ausstellung des Universitätsarchivs Tübingen (Werkschriften des Universitätsarchivs Tübingen, Reihe 2: Repertorien und Kataloge, Heft 10), Tübingen 1983.

Schmidt, Wolf: Übersicht über Erich Wenigers Veröffentlichungen in „Die Sammlung" – Zeitschrift für Kultur und Erziehung, von Oktober 1945 bis Januar 1961, in: Neumann, Karl (Hrsg.): Erich Weniger. Leben und Werk. Dokumentation eines Symposions in Gifhorn und Steinhorst vom 31. Oktober bis 2. November 1986 (Zentralstelle für Weiterbildung der Georg-August-Universität Göttingen, Göttinger Beiträge zur universitären Erwachsenenbildung, Band 11), Göttingen 1987, S. 113–116.

Schmidt-Rohr, Georg: Die Sprache als Bildnerin der Völker. Eine Wesens- und Lebenskunde der Volkstümer, Jena 1932.

Schmidt-Rohr, Georg: Mutter Sprache. Vom Amt der Sprache bei der Volkswerdung (Schriften der Deutschen Akademie, Band 12), 2. Auflage, Jena 1933.

Schmidt-Rohr, Georg: Unsere Muttersprache als Waffe und Werkzeug des deutschen Gedankens (Tat-Flugschriften, Band 20), Jena 1917.

Schmiederer, Rolf: Zur Kritik der politischen Bildung. Ein Beitrag zur Soziologie und Didaktik des politischen Unterrichts, 4. Auflage, Frankfurt am Main/Köln 1974.

Schmitt, Carl: Ex Captivitate Salus. Erfahrungen der Zeit 1945/47, Köln 1950.

Schmoldt, Benno (Hrsg.): Pädagogen in Berlin. Auswahl von Biographien zwischen Aufklärung und Gegenwart (Materialien und Studien zur Geschichte der Berliner Schule, Band 9), Baltmannsweiler 1991.

Schmuhl, Hans-Walter: Grenzüberschreitungen. Das Kaiser-Wilhelm-Institut für Anthropologie, menschliche Erblehre und Eugenik 1927–1945 (Geschichte der Kaiser-Wilhelm-Gesellschaft im Nationalsozialismus, Band 9), Göttingen 2004.

Schmutzer, Ernst (Hrsg.): Reformpädagogik in Jena. Peter Petersens Werk und andere reformpädagogische Bestrebungen damals und heute, Jena 1991.

Schneider, Stefan: Nation ohne Quellen? oder der Anfang vom Anfang einer deutschen Bewegung, Konstanz 2002.

Schneider, Willi: Unterrichtsführung im gruppenunterrichtlichten Verfahren (Jena-Plan) (Forschungen und Werke zur Erziehungswissenschaft, Band 23), Weimar 1936.

Schnorbach, Hermann (Hrsg.): Lehrer und Schule unterm Hakenkreuz. Dokumente des Widerstands von 1930 bis 1945, Königstein 1983.

Schnürer, Gustav: Die Anfänge der abendländischen Völkergemeinschaft (Geschichte der führenden Völker, Band 11), Freiburg 1932.

Schnurr, Stefan: Die nationalsozialistische Funktionalisierung sozialer Arbeit. Zur Kontinuität und Diskontinuität der Praxis sozialer Berufe, in: Otto, Hans-Uwe/Sünker, Heinz (Hrsg.): Politische Formierung und soziale Erziehung im Nationalsozialismus, Frankfurt am Main 1991, S. 106–140.

Schnurr, Stefan: Sozialpädagogen im Nationalsozialismus. Eine Fallstudie zur sozialpädagogischen Bewegung im Übergang zum NS-Staat, Weinheim/München 1997.

Schoeps, Julius H.: Der ungeliebte Außenseiter. Zum Leben und Werk des Philosophen und Schriftstellers Theodor Lessing, in: Hassler, Marianne (Hrsg.): Der Exodus aus Nazideutschland und die Folgen. Jüdische Wissenschaftler im Exil, Tübingen 1997S. 286–303.

Scholder, Klaus (Hrsg.): Die Mittwochs-Gesellschaft. Protokolle aus dem geistigen Deutschland 1933–1944, Berlin 1982.

Scholder, Klaus: Die Geschichte der Mittwochs-Gesellschaft 1933–1944, in: Scholder, Klaus (Hrsg.): Die Mittwochs-Gesellschaft. Protokolle aus dem geistigen Deutschland 1933–1944, Berlin 1982, S. 9–47.

Scholem, Gershom: Wider den Mythos vom deutsch-jüdischen Gespräch, in: Scholem, Gershom: Judaica, Band 2, Frankfurt am Main 1970, S. 7–19.

Scholl, Inge: Die weiße Rose, erweiterte und revidierte Neuausgabe, Frankfurt am Main 1985.

Schölling, Klaus (Hrsg.): Dort wo man Bücher verbrennt, Frankfurt am Main 1983.

Scholtz, Harald: Erziehung und Unterricht unterm Hakenkreuz, Göttingen 1985.

Scholz, Heinrich: Ich hatt' einen Kameraden, in: Wenke, Hans (Hrsg.): Eduard Spranger. Bildnis eines geistigen Menschen unserer Zeit. Zum 75. Geburtstag dargebracht von Freunden und Weggenossen, Heidelberg 1957, S. 441–452.

Schöne, Albrecht: Säkularisation als sprachbildende Kraft. Studien zur Dichtung deutscher Pfarrersöhne, 2. überarbeitete und ergänzte Auflage, Göttingen 1968.

Schonig, Bruno: Irrationalismus als pädagogische Tradition. Die Darstellung der Reformpädagogik in der pädagogischen Geschichtsschreibung, Weinheim/Basel 1973.

Schramm, Heinz-Eugen (Hrsg.): ...in Tübingen Student. Versuch einer Huldigung an die altehrwürdige Universitätsstadt Tübingen, unternommen von Theodor Haering, Eduard Spranger, Helmut Thielicke u. a. Aus Anlass des 80. Geburtstags von Tante Emilie, Tübingen 1954.

Schraut, Alban: Biografische Studien zu Eduard Spranger, Bad Heilbrunn 2007.

Schreiner, Albert: Vom totalen Krieg zur totalen Niederlage Hitlers (Nachdruck der Ausgabe Paris 1939), Berlin 1980.

Schrenck-Notzing, Caspar von: Charakterwäsche. Die Amerikanische Besatzung in Deutschland und ihre Folgen, Stuttgart 1965.

Schulenberg, Wolfgang: Pädagogische Theorie und Gesellschaftsbegriff, in: Dahmer, Ilse/Klafki, Wolfgang: Geisteswissenschaftliche Pädagogik am Ausgang ihrer Epoche – Erich Weniger, Weinheim/Berlin 1968, S. 209–222.

Schüler, Barbara: „Im Geiste der Gemordeten...". Die „Weiße Rose" und ihre Wirkung in der Nachkriegszeit (Politik- und kommunikationswissenschaftliche Veröffentlichungen der Görres-Gesellschaft, Band 19), Paderborn/München/Wien/Zürich 2000.

Schulp-Hirsch, Gabriele: Hermeneutische Pädagogik. Pädagogische Theorie im Primat erzieherischer Praxis. Studien zum Zusammenhang von Erkenntnis- und Handlungstheorie (Paideia. Studien zur systematischen Pädagogik, Band 10), Frankfurt am Main/ Berlin/Bern/New York/Paris/Wien 1994.

Schultz, H. J.: Die Wendung im medizinischen Denken, in: Universitas. Zeitschrift für Wissenschaft, Kunst und Literatur, 17. Jg. (1962), Heft 6, S. 605–612.

Schulz, Wolfgang K.: Das Kulturverständnis in der frühen Pädagogik von Eduard Spranger und Theodor Litt, in: Oelkers, Jürgen/Schulz, Wolfgang K. (Hrsg.): Pädagogisches Handeln und Kultur Aktuelle Aspekte der geisteswissenschaftlichen Pädagogik, Bad Heilbrunn 1984, S. 25–44.

Schulz, Wolfgang K.: Die werttheoretische Grundlegung der Kulturtheorie von Eduard Spranger, in: Hohmann, Joachim Stephan (Hrsg.): Beiträge zur Philosophie Eduard

Sprangers (Philosophische Schriften, Band 17), Berlin 1996, S. 293–308.

Schulze, Theodor: „Der Sinn des Lebens liegt im Leben selbst…". Ein neugieriger Rückblick auf die geisteswissenschaftliche Pädagogik zum 100. Geburtstag von Herman Nohl, in: Die neue Sammlung. Vierteljahres-Zeitschrift für Erziehung und Gesellschaft, 19. Jg. (1979), S. 542–564.

Schulze, Theodor: Erich Weniger, Pädagogik und Nationalsozialismus, in: Die Deutsche Schule. Zeitschrift für Erziehungswissenschaft, Bildungspolitik und pädagogische Praxis, 89. Jg. (1997) Heft 4, S. 489–496.

Schulze, Theodor: Jenseits der Befangenheit, in: Zeitschrift für Pädagogik, 41. Jg. (1995), Heft 3, S. 399–407.

Schulze, Theodor: Rede zur Enthüllung der Gedenktafel für Erich Weniger am 5. November 1994 in Göttingen in der Wagnerstrasse 1, in: Neue Sammlung. Vierteljahresschrift für Erziehung und Gesellschaft, 34. Jg. (1994), Heft 4, S. 695–699.

Schüßler, Werner: Spranger, Eduard, in: Biographisch-bibliographisches Kirchenlexikon, Band X, Nordhausen 1995, Sp. 1061–1070.

Schwan, Torsten: Dem Nationalsozialismus gefolgt und gescheitert? Zur Verortung der Jenaplan-Pädagogik im polykratischen NS-Erziehungssystem, in: Jahrbuch für Historische Bildungsforschung, Band 9, Bad Heilbrunn 2003.

Schwan, Torsten: Die „Kernzeit" der Petersen-Debatte in der bundesdeutschen Pädagogik 1989 bis 1992, in: Pädagogische Rundschau, 54 Jg. (2000), Heft 3, S. 285–303.

Schwan, Torsten: Die Petersen-Rezeption 1948 bis 1984 in der Bundesrepublik: Vergessene Geschichte als Schlüssel zur sogenannten Petersen-Debatte in der bundesdeutschen Pädagogik, in: Pehnke, Andreas (Hrsg.): Anregungen international verwirklichter Reformpädagogik. Traditionen, Bilanzen, Visionen, Frankfurt am Main/Berlin/Bern/Brüssel/New York 1999, S. 656–684.

Schwan, Torsten: Die Petersen-Rezeption in der Bundesrepublik Deutschland 1948 bis 1960. Die Darstellung und Resonanz Peter Petersens und des Jenaplans im Spannungsfeld von Pädagogik und Schulreform (Braunschweiger Arbeiten zur Schulpädagogik, Band 17), Braunschweig 2000.

Schwan, Torsten: Die Petersen-Rezeption in der Bundesrepublik Deutschland 1960 bis 1984. Die Jenaplan-Pädagogik zwischen „defensiver Rezeption" und einsetzender „Petersen-Kritik", Frankfurt am Main/Berlin/Bern/Brüssel/New York/Oxford/Wien 2007.

Schwan, Torsten: Ein politisch naiver, opportunistischer Theoretiker? Peter Petersen und der Nationalsozialismus: Stand und Probleme der Forschung, in: Hoßfeld, Uwe/John, Jürgen/Lemuth, Oliver/Stutz, Rüdiger (Hrsg.): „Kämpferische Wissenschaft": Studien zur Universität Jena im Nationalsozialismus, Köln/Weimar/Wien 2003, S. 822–849.

Schwan, Torsten: Petersens Entpolitisierung durch seine Schüler und Anhänger in der deutschen Nachkriegspädagogik, in: Retter, Hein (Hrsg.): Reformpädagogik. Neue Zugänge– Befunde – Kontroversen, Bad Heilbrunn 2004, S. 186–208.

Schwan, Torsten: Zum Scheitern Peter Petersens und des Jenaplans im NS- und im sich formierenden SED-Staat, in: Retter, Hein (Hrsg.): Reformpädagogik. Neue Zugänge – Befunde – Kontroversen, Bad Heilbrunn 2004, S. 168–185.

Schwarz, Richard: Begegnung und Dank – Eduard Spranger zum 80. Geburtstag am 27. Juni 1962, in: Universitas. Zeitschrift für Wissenschaft, Kunst und Literatur, 17. Jg. (1962), Heft 6, S. 595–600.

Schwedhelm, Karl (Hrsg.): Propheten des Nationalismus, München 1969.

Schweikert, Otto: Dem Allgemeinen verpflichtet – das Besondere fördernd – Zum Ewigen auf dem Wege, in: Wenke, Hans (Hrsg.): Eduard Spranger. Bildnis eines geistigen Menschen unserer Zeit. Zum 75. Geburtstag dargebracht von Freunden und Weggenossen, Heidelberg 1957, S. 496–508.

Schwenk, Bernhard/Schwenk, Helga: Bibliographie Erich Weniger, in: Dahmer, Ilse/Klafki, Wolfgang: Geisteswissenschaftliche Pädagogik am Ausgang ihrer Epoche – Erich Weniger, Weinheim/Berlin 1968, S. 299–322.

Schwenk, Bernhard: „Wehrmachtserziehung und Kriegserfahrung" – Erich Wenigers Allgemeine Pädagogik?, in: Hoffmann, Dietrich/Neumann, Karl (Hrsg.): Bildung und Soldatentum. Die Militärpädagogik Erich Wenigers und die Tradition der Erziehung zum Kriege, Weinheim 1992, S. 141–151.

Schwenk, Bernhard: Erich Weniger – Leben und Werk, in: Dahmer, Ilse/Klafki, Wolfgang: Geisteswissenschaftliche Pädagogik am Ausgang ihrer Epoche – Erich Weniger, Weinheim/Berlin 1968, S. 1–33.

Schwenk, Bernhard: Unterricht zwischen Aufklärung und Indoktrination. Studien zum Begriff der Didaktik, Frankfurt am Main 1974.

Seel, Gudrun: Hans Hahns Freundschaft und Zusammenarbeit mit Eduard Spranger 1905–1909, in: Sacher, Werner/Schraut, Alban (Hrsg.): Volkserzieher in dürftiger Zeit. Studien über Leben und Wirken Eduard Sprangers. Beiträge zum Internationalen Spranger-Symposion in Nürnberg am 11./12. Oktober 2002 (Erziehungskonzeptionen und Praxis, Band 59), Frankfurt am Main/Berlin/Bern/Brüssel/New York/Oxford/Wien 2004, S. 55–81.

Seelbach, Hans: Verstehende Psychologie und Individualpsychologie. Ein Vergleich der psychologischen Richtungen von Dilthey, Jaspers und Spranger mit der Individualpsychologie Alfred Adlers, Gräfenhainichen 1932.

Seeliger, Rolf (Hrsg.): Braune Universität. Deutsche Hochschullehrer gestern und heute. Eine Dokumentation, Heft 1–6, München 1964–1968.

Seeligmann, Chaim/Schnurr, Stefan: „Ein Antisemit – aber kein Rassist"?, in: Neue Praxis, 25. Jg. (1995), Heft 1, S. 59–69.

Seeligmann, Chaim: „Wissenschaftlicher" Neonazismus, in: Die Deutsche Schule. Zeitschrift für Erziehungswissenschaft, Bildungspolitik und pädagogische Praxis, 73 Jg. (1981), Heft 5, S. 325–327.

Seeligmann, Chaim: Zur politischen Rolle der Philologen in der Weimarer Republik. Gesammelte Aufsätze über Lehrerverbände, Jugendbewegung und zur Antisemitismus-Diskussion (Studien und Dokumentationen zur deutschen Bildungsgeschichte, Band 41), Köln 1990.

Segal, Lilli: Die Hohenpriester der Vernichtung. Anthropologen, Mediziner und Psychiater als Wegbereiter von Selektion und Mord im Dritten Reich, Berlin 1991.

Seidemann-Umbricht, Barbara: Individualpsychologie und Reformpädagogik. Der individualpsychologische Ansatz von Lernen und Erziehen in den Wiener Schulen der Zwanzigerjahre im Vergleich mit den reformpädagogischen Konzepten Berthold Ottos, der Hamburger Gemeinschaftsschulen und Peter Petersen, Zürich 1995.

Seiffert, Helmut: Herman Nohl oder Kritik aus dreißig Jahren, in: Neue Sammlung, 20. Jg. (1980), Heft 3, S. 280–283.

Seiterich, Eugen: Die logische Struktur des Typusbegriffes bei William Stern, Eduard Spranger und Max Weber, Freiburg 1930.

Senzoku, Takayasu: Geistiges Suchen Japans, in: Wenke, Hans (Hrsg.): Eduard Spranger. Bildnis eines geistigen Menschen unserer Zeit. Zum 75. Geburtstag dargebracht von Freunden und Weggenossen, Heidelberg 1957, S. 248–253.

Seyfarth-Stubenrauch, Michael: Das Dilemma der Petersen-Pädagogik, in: Demokratische Erziehung, 13. Jg. (1987), Heft 11.

Seyfarth-Stubenrauch, Michael: Die bildungstheoretische Bedeutung der Jenaplan-Pädagogik für die aktuelle Schuldiskussion im Lichte neuer Ansätze zu einer kritischen Petersen-Rezeption, in: Hofmann, Klaus (Hrsg.): Peter Petersen und die Reformpädagogik. 12 Beiträge zur Petersen-Forschung, Hagen 1994.

Seyffert, Wilhelm/Weinitschke, Ingeburg (Red.): Gesamtregister der Abhandlungen, Sitzungsberichte, Jahrbücher, Vorträge und Schriften der Preußischen Akademie der Wissenschaften 1900–1945, Berlin 1966.

Sharma, Venkatesh Naryama: Indische Erziehung (Pädagogik des Auslandes, Band 8), Weimar 1936.

Siber, Paula: Die Frauenfrage und ihre Lösung durch den Nationalsozialismus, Wolfenbüttel/Berlin 1933.

Sieg, Ulrich: Jüdische Intellektuelle im Ersten Weltkrieg. Kriegserfahrungen, weltanschauliche Debatten und kulturelle Neuentwürfe, Berlin 2002.

Siegel, Elisabeth: Diskussionsbeitrag beim Kolloquium zur wissenschaftsgeschichtlichen und aktuellen Bedeutung der Pädagogik Herman Nohls, in: Die neue Sammlung. Vierteljahres-Zeitschrift für Erziehung und Gesellschaft, 19. Jg. (1979), S. 575–579.

Siegel, Elisabeth: Elisabeth Siegel, in: Pongratz, Ludwig Jakob: Pädagogik in Selbstdarstellungen, Band 6, Hamburg 1982, S. 240–286.

Siegel, Elisabeth: Erfahrung als Entwurf. Erlebte Geschichte der Sozialpädagogik und der „Gilde Soziale Arbeit", Bielefeld 1988.

Siemsen, Barbara: „In der Entscheidung gibt es keine Umwege". Zwei Pädagogen reagieren auf ihre Amtsenthebung 1933: Erich Weniger und Adolf Reichwein, in: Die Deutsche Schule. Zeitschrift für Erziehungswissenschaft, Bildungspolitik und pädagogische Praxis, 89. Jg. (1997), Heft 2, S. 137–157.

Siemsen, Barbara: Der andere Weniger. Eine Untersuchung zu Erich Wenigers kaum beachteten Schriften (Studien zur Bildungsreform, Band 25), Frankfurt am Main/Berlin/Bern/New York/Paris/Wien 1995.

Siemsen, Barbara: Entgegnung, in: Die Deutsche Schule. Zeitschrift für Erziehungswissenschaft, Bildungspolitik und pädagogische Praxis, 89. Jg. (1997), Heft 2, S. 160–162.

Siemsen, Barbara: Erich Weniger, der „militante" Reformpädagoge, in: Böhm, Winfried/Oelkers, Jürgen (Hrsg.): Reformpädagogik kontrovers (Erziehung, Schule, Gesellschaft, Band 3), Würzburg 1999, S. 127–138.

Siemsen, Barbara: Rezension von: Beutler, Kurt: Geisteswissenschaftliche Pädagogik zwischen Politisierung und Militarisierung – Erich Weniger (Frankfurt am Main/Berlin/Bern/New York/Paris/Wien 1995), in: Pädagogik und Schulalltag, 50. Jg. (1995), Heft 2, S. 280–282.

Sievers, Heinrich: Nach vierzigjähriger Dienstzeit. Ein Beitrag zur Frage der Entnazifizierung, in: Die Sammlung. Zeitschrift für Kultur und Erziehung (hrsg.: Herman Nohl in Gemeinschaft mit O. F. Bollnow, W. Flitner, E. Weniger) 5. Jg. (1955), S. 370–377.

Silber, Käte: In der Werkstätte, in: Wenke, Hans (Hrsg.): Eduard Spranger. Bildnis eines geistigen Menschen unserer Zeit. Zum 75. Geburtstag dargebracht von Freunden und Weggenossen, Heidelberg 1957, S. 85–92.

Simoneit, Max: Einwirkungen auf die Wehrpsychologie, in: Wenke, Hans (Hrsg.): Eduard Spranger. Bildnis eines geistigen Menschen unserer Zeit. Zum 75. Geburtstag dargebracht von Freunden und Weggenossen, Heidelberg 1957, S. 358–360.

Simoneit, Max: Wehr-Ethik. Ein Abriss ihrer Probleme und Grundsätze, Berlin 1936.

Skiera, Ehrenhard: Peter Petersens politisch-pädagogisches Denken in der Zeit des Nationalsozialismus. Versuch einer texthermeneutischen Kritik, in: Hofmann, Klaus (Hrsg.): Peter Petersen und die Reformpädagogik. Beiträge einer Fachkonferenz vom 20.–23. November 1989, Hagen 1991, S. 81–94.

Skiera, Ehrenhard: Reformpädagogik in Geschichte und Gegenwart. Eine kritische Einführung, München 2003.

Skiera, Ehrenhard: Unterricht und Erziehung aus dem Geist der europäischen Reformpädagogik, in: Pädagogik, 44. Jg. (1992), Heft 2, S. 47–50.

Soeffner, Hans-Georg (Hrsg.): Interpretative Verfahren in den Sozial- und Textwissenschaften, Stuttgart 1979.

Söllheim, Fritz: Erziehung im neuen Staat. Volkspädagogik, Langensalza/Berlin/Leipzig 1934.

Sommerfeld, Dagmar: Peter Petersen und „Der kleine Jena-Plan" im Spannungsfeld der Schulreform in der SBZ/DDR 1945–1950, Frankfurt am Main/Berlin/Bern/New York/Paris/Wien 1995.

Song, Sun-Jae: Der Erweckungsbegriff in

der Pädagogik Eduard Sprangers, Tübingen 1991.

Sontheimer, Kurt: Antidemokratisches Denken in der Weimarer Republik. Die politischen Ideen des deutschen Nationalismus zwischen 1918 und 1933, 4. Auflage, München 1994.

Sontheimer, Kurt: Der Tatkreis, in: Vierteljahreshefte für Zeitgeschichte, 7. Jg. (1959), Heft 3, S. 229–260.

Sorel, George: Les illusions du progrès (Études sur le devenir social, Band 1), Paris 1908.

Spann, Othmar: Das Philosophische Gesamtwerk im Auszug, Wien 1950.

Speck, Josef (Hrsg.): Geschichte der Pädagogik des 20. Jahrhunderts. Von der Jahrhundertwende bis zum Ausgang der geisteswissenschaftlichen Epoche, Band 1 und 2, Stuttgart/Berlin/Köln/Mainz 1978.

Speck, Josef/Wehle, Gerhard (Hrsg.): Handbuch pädagogischer Grundbegriffe, Band 1 und 2, München 1970.

Spengler, Oswald: Der Untergang des Abendlandes. Umrisse einer Morphologie der Weltgeschichte, München 1959.

Spengler, Oswald: Jahre der Entscheidung. Deutschland und die weltgeschichtliche Entwicklung, München 1933.

Spengler, Oswald: Preußentum und Sozialismus, München 1920.

Spieler, F.: Spranger, Eduard, in: Lexikon der Pädagogik der Gegenwart, Band 2, Freiburg 1932, Sp. 1010–1012.

Spranger, Eduard, in: Lexikon der Pädagogik in 3 Bänden, Band III, Bern 1952, S. 436–437.

Spranger, Eduard, in: Lexikon der Pädagogik, Band IV, Freiburg 1955, Sp. 440–441.

Spuler, Otto: Versuch der praktischen Anwendung der Strukturpsychologie Sprangers an E. T. A. Hoffmann, Neustrelitz 1926.

Stallmeister, Walter: Literaturdokumentation Peter Petersen, Jenaplan, Erziehungswissenschaft in Jena 1923–1952 (Veröffentlichungen der Universitätsbibliothek Hagen, Band 2), Hagen 1999.

Stein, George H.: Geschichte der Waffen-SS (unveränderter Nachdruck der deutschen Ausgabe 1967), Königstein/Düsseldorf 1978.

Steinbeck, Wolfram: Zu Diltheys Pädagogik, in: Internationale Zeitschrift für Erziehungswissenschaft, 4. Jg. (1935), S. 39–41.

Sterling, Eleonore: Judenhass. Die Anfänge des politischen Antisemitismus in Deutschland (1815–1850), Frankfurt am Main 1969.

Stern, Fritz: Kulturpessimismus als politische Gefahr. Eine Analyse nationaler Ideologie in Deutschland, Bern/Stuttgart/Wien 1963.

Sternberger, Dolf/Storz, Gerhard/Süskind, Wilhelm E.: Aus dem Wörterbuch des Unmenschen. Neue, erweiterte Ausgabe mit Zeugnissen des Streites über die Sprachkritik, Hamburg/Düsseldorf 1968.

Sternhell, Zeev/Sznajder, Mario/Asheri, Maia: Die Entstehung der faschistischen Ideologie. Von Sorel zu Mussolini, Hamburg 1999.

Stimpel, Hans-Martin: Natur – der Blinde Fleck der Geisteswissenschaftlichen Pädagogik, in: Hoffmann, Dietrich/Neumann, Karl (Hrsg.): Tradition und Transformation der geisteswissenschaftlichen Pädagogik. Zur Re-Vision der Weniger-Gedenkschrift, Weinheim 1993, S. 145–155.

Stock, Hans: Erich Wenigers Beitrag zur Religionspädagogik, in: Neumann, Karl (Hrsg.): Erich Weniger. Leben und Werk. Dokumentation eines Symposions in Gifhorn und Steinhorst vom 31. Oktober bis 2. November 1986 (Zentralstelle für Weiterbildung der Georg-August-Universität Göttingen, Göttinger Beiträge zur universitären Erwachsenenbildung, Band 11), Göttingen 1987, S. 65–69.

Stoppenbrink-Buchholz, Frieda: Das brauchbare Hilfsschulkind, ein Normalkind (Neue Forschungen zur Erziehungswissenschaft, Band 1), Weimar 1939.

Storck, Joachim W. (Hrsg.): Martin Heidegger – Elisabeth Blochmann. Briefwechsel 1918–1969, Marbach 1989.

Strecker, Dieter: Religion und Metaphysik im Leben und Denken Eduard Sprangers, Tübingen 1973.

Stübig, Heinz: Die Armee als „Schule der Nation". Entwicklungslinien der sozialen Militarisierung im 19. Jahrhundert, in: Hoffmann, Dietrich/Neumann, Karl (Hrsg.): Bildung und Soldatentum. Die Militärpädagogik Erich Wenigers und die Tradition der Erziehung zum Kriege, Weinheim 1992, S. 17–33.

Stübig, Heinz: Die Rezeption der preußischen Reformen durch Erich Weniger, in: Zeitschrift für Pädagogik, 41. Jg. (1995), Heft 2, S. 185–203.

Stuchlik, Gerda: Goethe im Braunhemd. Universität Frankfurt 1933–1945, Frankfurt am Main 1984.

Stühmer, Alexander: Das Verhältnis von Politik und Pädagogik im Werk Herman Nohls, in: Gatzemann, Thomas/Göing, Anja Silvia (Hrsg.): Geisteswissenschaftliche Pädagogik, Krieg und Nationalsozialismus. Kritische Fragen nach der Verbindung von Pädagogik, Politik und Militär, Frankfurt am Main/Berlin/Bern/Brüssel/New York/Oxford/Wien 2004, S. 141–163.

Süssenbach, Horst: Eine dialektisch-materialistische Kritik der Auffassungen Paul Natorps und Eduard Sprangers zur Interpretation und Entwicklung der spätbürgerlichen Gesellschaft, Berlin 1975.

Szabó, Anikó: Vertreibung, Rückkehr, Wiedergutmachung. Göttinger Hochschullehrer im Schatten des Nationalsozialismus (Veröffentlichungen des Arbeitskreises Geschichte des Landes Niedersachsen (nach 1945), Band 15), Göttingen 2000.

Tashiro, Takahiro: Affinität und Distanz. Eduard Spranger und der Nationalsozialismus, in: Pädagogische Rundschau, 53. Jg. (1999), S. 43–58.

Taureck, Bernhard H. F.: Die Sophisten. Eine Einführung, Wiesbaden ohne Jahr (2005).

Tenorth, Heinz-Elmar: Berliner Erziehungswissenschaft in der ersten Hälfte des 20. Jahrhunderts: Herrschende Lehre und politische Macht, in: Langewand, Alfred/Prondczynsky, Andreas von (Hrsg.): Lokale Wissenschaftskulturen in der Erziehungswissenschaft (Beiträge zur Theorie und Geschichte der Erziehungswissenschaft, Band 20), Weinheim 1999.

Tenorth, Heinz-Elmar: Deutsche Erziehungswissenschaft 1930 bis 1945, in: Zeitschrift für Pädagogik, 32. Jg. (1986), Heft 3, S. 299–321.

Tenorth, Heinz-Elmar: Eduard Spranger, in: Schmoldt, Benno (Hrsg.): Pädagogen in Berlin. Auswahl von Biographien zwischen Aufklärung und Gegenwart (Materialien und Studien zur Geschichte der Berliner Schule, Band 9), Baltmannsweiler 1991, S. 195–214.

Tenorth, Heinz-Elmar: Eduard Sprangers hochschulpolitischer Konflikt 1933. Politisches Handeln eines preußischen Gelehrten, in: Zeitschrift für Pädagogik, 36. Jg. (1990), S. 573–596.

Tenorth, Heinz-Elmar: Erbe und Tradition, in: Zeitschrift für Pädagogik, 41. Jg. (1995), Heft 3, S. 415–419.

Tenorth, Heinz-Elmar: Erziehung und Erziehungswissenschaft von 1930–1945. Über Kontroversen ihrer Analyse, in: Zeitschrift für Pädagogik. 35. Jg. (1989), Heft 2, S. 261–280.

Tenorth, Heinz-Elmar: Eugenik im pädagogischen Denken des nationalsozialistischen Deutschland – oder: Rassismus als Grenzbegriff der Pädagogik, in: Horn, Klaus-Peter/Ogasawara, Michio/Sakakoshi, Masaki/Tenorth, Heinz-Elmar/Yamana, Jun/Zimmer, Hasko (Hrsg.): Pädagogik im Militarismus und im Nationalsozialismus. Japan und Deutschland im Vergleich, Bad Heilbrunn 2006, S. 33–44.

Tenorth, Heinz-Elmar: Gefangen in der eigenen Tradition – Erziehungswissenschaft angesichts des Nationalsozialismus. Eine Sammelbesprechung neuerer Veröffentlichungen, in: Zeitschrift für Pädagogik, 49. Jg. (2003), Heft 5, S. 734–755.

Tenorth, Heinz-Elmar: Geschichte der Erziehung. Einführung in die Grundzüge ihrer neuzeitlichen Entwicklung, 2. durchgesehene Auflage, Weinheim/München 1992.

Tenorth, Heinz-Elmar: Nachwort. Reformpädagogik, ihre Historiographie und Analyse, in: Scheibe, Wolfgang: Die reformpädagogische Bewegung 1900–1932. Eine einführende Darstellung, 10. erweiterte und neuausgestattete Auflage, Weinheim/Basel 1994, S. 438–459.

Tenorth, Heinz-Elmar: Pädagogik für Krieg und Frieden. Eduard Spranger und die Erziehungswissenschaft an der Universität Berlin von 1913–1933, in: Horn, Klaus-Peter: Pädagogik Unter den Linden. Von der Gründung der Berliner Universität im Jahre 1810 bis zum Ende des 20. Jahrhunderts (Pallas Athene, Band 6), Stuttgart 2002, S. 191–226.

Tenorth, Heinz-Elmar: Pädagogisches Denken, in: Langewiesche, Dieter/Tenorth, Heinz-Elmar (Hrsg.): Handbuch der deutschen Bildungsgeschichte, Band 5: 1918–1945. Die Weimarer Republik und die nationalsozialistische Diktatur, München 1989, S. 111–153.

Tenorth, Heinz-Elmar: Sprangers Erziehungsphilosophie – ihre Bedeutung für Pädagogik und Erziehungswissenschaft, in: Meyer-Willner, Gerhard (Hrsg.): Eduard Spranger. Aspekte seines Werks aus heutiger Sicht. Mit einer bisher unveröffentlichten autobiographischen Skizze von Eduard Spranger, Bad Heilbrunn 2001, S. 16–29.

Tenorth, Heinz-Elmar: Wissenschaftliche Pädagogik im nationalsozialistischen Deutschland. Zum Stand ihrer Erforschung, in: Herrmann, Ulrich/Oelkers, Jürgen (Hrsg.): Pädagogik und Nationalsozialismus, Weinheim/Basel 1989, S. 53–84.

Tenorth, Heinz-Elmar: Zur deutschen Bildungsgeschichte 1918–1945. Probleme, Analysen und politisch-pädagogische Perspektiven (Studien und Dokumentationen zur deutschen Bildungsgeschichte, Band 28), Köln/Wien 1985.

Thielicke, Helmut: Zu Gast auf einem schönen Stern. Erinnerungen, Hamburg 1984.

Thieme, Karl (Hrsg.): Judenfeindschaft. Darstellung und Analysen, Frankfurt am Main/Hamburg 1963.

Thiersch, Hans: Geisteswissenschaftliche Pädagogik, in: Lenzen, Dieter (Hrsg.): Enzyklopädie Erziehungswissenschaft, Band 1: Theorien und Grundbegriffe der Erziehung und Bildung, Stuttgart 1983, S. 81–100.

Thiersch, Hans: Pädagogische Verantwortung, in: Dahmer, Ilse/Klafki, Wolfgang: Geisteswissenschaftliche Pädagogik am Ausgang ihrer Epoche – Erich Weniger, Weinheim/Berlin 1968, S. 81–102.

Thiersch, Hans: Religionsunterricht, in: Dahmer, Ilse/Klafki, Wolfgang: Geisteswissenschaftliche Pädagogik am Ausgang ihrer Epoche – Erich Weniger, Weinheim/Berlin 1968, S. 195–207.

Thiersch, Hans: Weniger und die Erziehungswirklichkeit, in: Zeitschrift für Pädagogik, 41. Jg. (1995), Heft 3, S. 395–398.

Thiersch, Hans: Zum sozialpädagogischen Konzept Erich Wenigers, in: Hoffmann, Dietrich/Neumann, Karl (Hrsg.): Tradition und Transformation der geisteswissenschaftlichen Pädagogik. Zur Re-Vision der Weniger-Gedenkschrift, Weinheim 1993, S. 35–52.

Thomae, Hans: Die Deutung jugendlichen Seins, in: Universitas. Zeitschrift für Wissenschaft, Kunst und Literatur, 17. Jg. (1962), Heft 6, S. 621–626.

Thomale, Eckard: Bibliographie Ernst Krieck, Weinheim/Berlin/Basel 1970.

Thöny, Giosua: Philosophie und Pädagogik bei Wilhelm Dilthey und Herman Nohl. Eine geisteswissenschaftliche Studie als historisch-systematische, komparative Problem-, Wirkungs- und Entstehungsgeschichte (Studien zur Geschichte der Pädagogik und Philosophie der Erziehung, Band 14), Bern/Stuttgart 1992.

Thöny-Schwyn, Giosua: Geisteswissenschaftliche Studien zu Dilthey und zur Pestalozzi-Rezeption Nohls (Studien zur Geschichte der Pädagogik und Philosophie der Erziehung, Band 20), Bern/Stuttgart/Wien 1997.

Thys, Walter (Hrsg.): Ein Landsturmmann im Himmel. Flandern und der Erste Weltkrieg in den Briefen von Herman Nohl an seine Frau, Leipzig 2005.

Tidl, Georg: Die Frau im Nationalsozialismus; Wien/München/Zürich 1984.

Tilitzki, Christian: Die deutsche Universitätsphilosophie in der Weimarer Republik und im Dritten Reich, Teil 1 und 2, Berlin 2002.

Tillich, Paul: Die sozialistische Entscheidung (Die sozialistische Aktion, Band 2), Potsdam 1933.

Tillich, Paul: Die sozialistische Entscheidung, Offenbach 1948.

Tönnies, Ferdinand: Gemeinschaft und Gesellschaft. Grundbegriffe der reinen Soziologie, 4. unveränderte Auflage, Neudruck der 8. Auflage von 1935, Darmstadt 1988.

Traub, Thilo (Hrsg.): Jenaplan. Aktuelle Konzepte, Gießen 1995/96.

Treitschke, Heinrich von: Deutsche Politik. Gedanken (herausgegeben von Herman Nohl), Jena 1915.

Tütken, Johannes: Von der Lehrerbildung zur Lehrerausbildung, in: Hoffmann, Dietrich/Neumann, Karl (Hrsg.): Tradition und Transformation der geisteswissenschaftlichen Pädagogik. Zur Re-Vision der Weniger-Gedenkschrift, Weinheim 1993, S. 53–91.

Uhle, Reinhard: Eduard Spranger (1882–1963). Pädagogik zwischen Hermeneutik und Kulturphilosophie geistiger Mächte, in: Brinkmann, Wilhelm/Harth-Peter, Waltrat (Hrsg.): Freiheit, Geschichte, Vernunft. Grundlinien geisteswissenschaftlicher Pädagogik. Winfried Böhm zum 22. März 1997, Würzburg 1997, S. 213–232.

Uhle, Reinhard: Eduard Sprangers Kulturpädagogik im Lichte aktueller Diskussionen, in: Hohmann, Joachim Stephan (Hrsg.): Beiträge zur Philosophie Eduard Sprangers (Philosophische Schriften, Band 17), Berlin 1996, S. 325–349.

Uhle, Reinhard: Verstehen in der kulturpädagogischen Sichtweise Eduard Sprangers, in: Oelkers, Jürgen/Schulz, Wolfgang K. (Hrsg.): Pädagogisches Handeln und Kultur Aktuelle Aspekte der geisteswissenschaftlichen Pädagogik, Bad Heilbrunn 1984.

Ulich, Robert: Deutsche und amerikanische Pädagogik, in: Bähr, Hans Walter/Litt, Theodor/Louvaris, Nikolaus/Wenke, Hans (Hrsg.): Erziehung zur Menschlichkeit. Die Bildung im Umbruch der Zeit. Festschrift für Eduard Spranger zum 75. Geburtstag, 27. Juni 1957, Tübingen 1957, S. 317–323.

Ungern-Sternberg, Jürgen von/Ungern-Sternberg, Wolfgang von: Der Aufruf „An die Kulturwelt!". Das Manifest der 93 und die Anfänge der Kriegspropaganda im Ersten Weltkrieg. Mit einer Dokumentation (Historische Mitteilungen, Beiheft, Band 18), Stuttgart 1996.

Vanselow, Max: Die höhere Schule im neuen Staat (Das Dritte Reich: Kleine Schriften zum neuen Staat und Volk), Leipzig 1934.

Vanselow, Max: Kulturpädagogik und Sozialpädagogik bei Kerschensteiner, Spranger und Litt, Berlin 1927.

Verhey, Jeffrey: Der „Geist von 1914" und die Erfindung der Volksgemeinschaft, Hamburg 2000.

Verschuer, Otmar Freiherr von: Leitfaden der Rassenhygiene, Leipzig 1941.

Vesper, Will (Hrsg.): Deutsche Jugend. 30 Jahre Geschichte einer Bewegung, Berlin ohne Jahr (1934).

Volkelt, Hans: Im Ringen um Gerechtigkeit, in: Wenke, Hans (Hrsg.): Eduard Spranger. Bildnis eines geistigen Menschen unserer Zeit. Zum 75. Geburtstag dargebracht von Freunden und Weggenossen, Heidelberg 1957, S. 425–437.

Vom Widersinn der politischen Verfolgung, in: Hochschullehrerzeitung. Mitteilungen des Verbandes der nicht-amtierenden (amtsverdrängten) Hochschullehrer und der Forschungshilfe, 3. Jg. (1955), Heft 1–3, S. 3–5.

Vreungenhil, Cornelis: De Führungslehre van Petersen, Band 1: Historisch-pedagogisch tekst- en contextonderzoek van de onderwijspedagogiek vat het Jenaplan, Groningen 1992.

Wachsmuth, Andreas: Goethe-Forschung und Goethe-Gesellschaft, in: Bähr, Hans Walter/Wenke, Hans (Hrsg.): Eduard Spranger. Sein Werk und sein Leben, Heidelberg

1964, S. 206–214.

Wachsmuth, Andreas: Von Rousseau bis Goethe. Freundschaftliche Lebenskadenz aus fünfundvierzig Jahren, in: Wenke, Hans (Hrsg.): Eduard Spranger. Bildnis eines geistigen Menschen unserer Zeit. Zum 75. Geburtstag dargebracht von Freunden und Weggenossen, Heidelberg 1957, S. 168–182.

Wagner, Heinz: Die kirchliche Jugendarbeit nach dem Zusammenbruch des Nationalsozialismus als psychologisches Problem. Dargestellt unter kritischer Würdigung der Sprangerschen Gesamtcharakteristik des Jugendalters, Leipzig 1953.

Wähler, Martin: Der deutsche Volkscharakter. Eine Wesenskunde der deutschen Volksstämme und Volksschläge, Jena 1937.

Walberer, Ulrich (Hrsg.): 10. Mai 1933. Bücherverbrennung in Deutschland und die Folgen, Frankfurt am Main 1983.

Walk, Joseph (Hrsg.): Das Sonderrecht für die Juden im NS-Staat. Eine Sammlung der gesetzlichen Maßnahmen und Richtlinien. Inhalt und Bedeutung, 2. Auflage, Heidelberg 1996.

Wallraven, Klaus Peter: Erich Wenigers staatsbürgerliche Erziehung und ihre Spuren in späteren Theorien Politischer Bildung, in: Hoffmann, Dietrich/Neumann, Karl (Hrsg.): Tradition und Transformation der geisteswissenschaftlichen Pädagogik. Zur Re-Vision der Weniger-Gedenkschrift, Weinheim 1993, S. 123–143.

Warzel, Arno: Heiligkeit der Vernunft. Existenzphilosophische, polarische und dialektische Ansätze bei Peter Petersen (Europäische Hochschulschriften, Reihe XI: Pädagogik, Band 451), Frankfurt am Main/Bern/New York/Paris 1990.

Warzel, Arno: Peter Petersen und Maurice Blondel. Denkmuster und Grundmotive im Spannungsfeld von Erziehung und Lebenssinn (Europäische Bildung im Dialog, Band 3), Frankfurt am Main/Berlin/Bern/New York/Paris/Wien 1995.

Warzel, Arno: Rationalismus und Irrationalismus im Werk Peter Petersens, in: Retter, Hein (Hrsg.): Reformpädagogik zwischen Rekonstruktion, Kritik und Verständigung. Beiträge zur Pädagogik Peter Petersens, Weinheim 1996, S. 301–310.

Waschulewski, Ute: Die Wertpsychologie Eduard Sprangers. Eine Untersuchung zur Aktualität der „Lebensformen“ (Texte zur Sozialpsychologie, Band 8), Münster/New York/München/Berlin 2002.

Watanabe, Takanobu: Erich Weniger als Vorsitzender der deutschen Sektion des „Weltbundes für Erneuerung der Erziehung“, in: Jahrbuch für historische Bildungsforschung, 10. Jg. (2004), S. 217–233.

Watzke-Otte, Susanne: „Ich war ein einsatzbereites Glied in der Gemeinschaft…“. Vorgehensweise und Wirkungsmechanismen nationalsozialistischer Erziehung am Beispiel des weiblichen Arbeitsdienstes (Studien zur Bildungsreform, Band 33), Frankfurt am Main/Berlin/Bern/New York/Paris/Wien 1999.

Weber, Bernd: Pädagogik und Politik vom Kaiserreich zum Faschismus. Zur Analyse politischer Optionen von Pädagogikhochschullehrern von 1914–1933 (Monographien Pädagogik, Band 26), Königstein 1979.

Weber, Max: Politik als Beruf, 7. Auflage, Berlin 1982.

Wegner, Bernd: Hitlers politische Soldaten: die Waffen-SS 1933–1945. Leitbild, Struktur und Funktion einer nationalsozialistischen Elite, 5. erweiterte Auflage, Paderborn/München/Wien/Zürich 1997.

Wegner, Richard N.: Volkslied, Tracht und Rasse. Bilder und alte Lieder deutscher Bauern (mit einer nur für dieses Werk hergestellten Schallplatte mit Stücken aus alten Liedern deutscher Rassen), München 1934.

Wehler, Gerhard: Lehrerbildung, in: Dahmer, Ilse/Klafki, Wolfgang: Geisteswissenschaftliche Pädagogik am Ausgang ihrer Epoche – Erich Weniger, Weinheim/Berlin 1968, S. 245–268.

Wehler, Gerhard: Schule, Lehrer und gesellschaftliche Mächte, in: Dahmer, Ilse/Klafki, Wolfgang: Geisteswissenschaftliche Pädagogik am Ausgang ihrer Epoche – Erich Weniger, Weinheim/Berlin 1968, S. 231–244.

Wehler, Hans-Ulrich: Entsorgung der deutschen Vergangenheit? Ein polemischer Essay zum „Historikerstreit“, München 1988.

Weil, Hans: Die Entstehung des deutschen Bildungsprinzips, 2. Auflage, Bonn 1967.

Weinberg, Johannes: Protestantischer Eigensinn und demokratischer Konsensusbedarf im Denken Erich Wenigers, in: Neumann, Karl (Hrsg.): Erich Weniger. Leben und Werk. Dokumentation eines Symposions in Gifhorn und Steinhorst vom 31. Oktober bis 2. November 1986 (Zentralstelle für Weiterbildung der Georg-August-Universität Göttingen, Göttinger Beiträge zur universitären Erwachsenenbildung, Band 11), Göttingen 1987, S. 51–64.

Weingart, Peter/Kroll, Jürgen/Bayertz, Kurt: Rasse, Blut und Gene. Geschichte der Eugenik und Rassenhygiene in Deutschland, Frankfurt am Main 1988.

Weinhold, Karl: Die deutsche geistige Bewegung vor hundert Jahren. Rede zur Feier des Geburtstages Seiner Majestät des deutschen Kaisers Königs von Preußen Wilhelm I., gehalten an der Christian-Albrechts-Universität am 22. März 1873, Kiel 1873.

Weinreich, Max: Hitler's Professors. The Part of Scholarship in Germany's Crimes against the Jewish People, New York 1946.

Weisbach, Werner: Geist und Gewalt, Wien/München 1956.

Weisenborn, Günther (Hrsg.): Der lautlose Aufstand. Bericht über die Widerstandsbewegung des deutschen Volkes 1933–1945, Hamburg 1953.

Weiß, Edgar: Friedrich Paulsen und seine volksmonarchistisch-organizistische Pädagogik im zeitgenössischen Kontext. Studien zu einer kritischen Wirkungsgeschichte (Studien zur Bildungsreform, Band 34), Frankfurt am Main/Berlin/Bern/New York/Paris/Wien 1999.

Weiß, Edgar: Politische Bildung in den Grenzen geisteswissenschaftlicher Pädagogik. Erich Weniger und die reduzierte Kritik im Kontext seines harmonistischen Staats- und Gesellschaftskonzeptes (Kieler Berichte aus dem Institut für Pädagogik der Christian-Albrechts-Universität zu Kiel, Rote Reihe: Phänomenologische und hermeneutische Pädagogik, pädagogische Anthropologie, Ethik der Erziehung, Band 46), Kiel 1994.

Weiss, Georg: Prof. Dr. Spranger über Herbarts Pädagogik (Sonderabdruck aus „Pädagogische Studien“, 37. Jg., Heft 3), Dresden 1916.

Weniger, Erich/Ahrens, Elisabeth/Wedemeyer, Irmgard: Bibliographie Herman Nohl zu seinem 75. Geburtstag am 7. Oktober 1954, Weinheim 1954.

Weniger, Erich: Herman Nohl und die sozialpädagogische Bewegung, in: Beiträge zur Menschenbildung. Herman Nohl zum 80. Geburtstag (Zeitschrift für Pädagogik, Beiheft 1), Weinheim/Düsseldorf 1959, S. 5–20.

Wenke, Hans (Hrsg.): Eduard Spranger. Bildnis eines geistigen Menschen unserer Zeit. Zum 75. Geburtstag dargebracht von Freunden und Weggenossen, Heidelberg 1957.

Wenke, Hans (Hrsg.): Geistige Gestalten und Probleme. Eduard Spranger zum 60. Geburtstag, Leipzig 1942.

Wenke, Hans: Die Erziehungswirklichkeit. Kultur, Humanität, Erziehung – Grundmotive der Gedankenwelt Eduard Sprangers, in: Universitas. Zeitschrift für Wissenschaft, Kunst und Literatur, 17. Jg. (1962), Heft 6, S. 567–586.

Wenke, Hans: Eduard Spranger über Idee und Wirklichkeit der deutschen Universität, in: Pädagogische Rundschau. Monatsschrift für Erziehung und Unterricht, 16. Jg. (1962), Heft 7–8, S. 571–581.

Wenke, Hans: Eduard Spranger. Berlin 1943, in: Publikationen zu wissenschaftlichen Filmen, Sektion Geschichte, Pädagogik, Publizistik, Band 2 (1973), Heft 4, S. 430–439.

Wenke, Hans: Gedenkworte auf Eduard Spranger, den Philosophen, Psychologen und Erzieher, in: Universitas. Zeitschrift für Wissenschaft, Kunst und Literatur, 18 Jg. (1963), Heft 10, S. 1060–1063.

Wenke, Hans: Zur Philosophie des totalen Krieges, in: Wenke, Hans (Hrsg.): Geistige Gestalten und Probleme. Eduard Spranger zum 60. Geburtstag, Leipzig 1942, S. 267–289.

Westphalen, Ludger Graf von: Geschichte des Antisemitismus in Deutschland im 19. und 20. Jahrhundert, Stuttgart ohne Jahr (1962).

Weyers, Stefan: „Auslese", totale Verfügungsgewalt und „Typenzucht". Zur Theorie und Praxis nationalsozialistischer Pädagogik (unveröffentlichte Magisterarbeit), Heidelberg 1992.

Wiater, Werner: Die Normativität des Geistes im Leben des Menschen Eduard Spranger (1882–1963), in: Heitger, Marian/Wenger Angelika (Hrsg.): Kanzel und Katheder. Zum Verhältnis von Religion und Pädagogik seit der Aufklärung, Paderborn/München/Wien/Zürich 1994, S. 417–438.

Wiggershaus, Rolf: Die Frankfurter Schule. Geschichte, theoretische Entwicklung, politische Bedeutung, München 1988.

Wiggershaus, Rolf: Theodor W. Adorno, 2. überarbeitete und um ein Nachwort erweiterte Auflage, München 1998.

Wilhelm, Theodor: Deutschland, wie es wirklich ist. Ein Wort an das Ausland, Berlin 1934.

Wilhelm, Theodor: Die Idee des Berufsbeamtentums, Tübingen 1933.

Wilhelm, Theodor: Die kulturelle Kraft Europas im Kriege, in: Internationale Zeitschrift für Erziehungswissenschaft, 13. Jg. (1944), Heft 1–2, S. 1–14.

Wilhelm, Theodor: Kulturpolitische Umschau, in: Monatshefte für Auswärtige Politik, 8. Jg. (1941), Heft 7, S. 634–641.

Wilhelm, Theodor: Pädagogik der Gegenwart, 4. Auflage, Stuttgart 1967.

Wilhelm, Theodor: Pädagogik der Gegenwart, 5., völlig umgearbeitete Auflage, Stuttgart 1977.

Wilhelm, Theodor: Pädagogik der Gegenwart, Stuttgart 1959.

Wilhelm, Theodor: Rasse als Grundbegriff der Erziehung. Eine amerikanische Entgegnung und ein deutsches Nachwort, in: Internationale Zeitschrift für Erziehungswissenschaft, 9. Jg. (1940), S. 57–58.

Wilhelm, Theodor: Wendepunkt der politischen Erziehung. Partnerschaft als pädagogische Aufgabe, Stuttgart 1951.

Wojtun, Helmut: Die politische Pädagogik von Ernst Krieck und ihre Würdigung durch die westdeutsche Pädagogik (Europäische Hochschulschriften, Reihe 11: Pädagogik, Band 813), Frankfurt am Main/Berlin/Bern/Brüssel/New York/Oxford/Wien 2000.

Wolf, Gunther (Hrsg.): Luther und die Obrigkeit (Wege der Forschung, Band 85), Darmstadt 1972.

Wolf, Norbert: Die Bedeutung des Humors für das ästhetisch-sittliche Bewusstsein des Erziehers. Eine anthropologische Studie in Orientierung an den Schriften von H. Nohl und O. F. Bollnow, Weinheim/Basel 1986.

Wolf, Ursula: Über den Sinn der Aristotelischen Mesoslehre, in: Höffe, Otfried (Hrsg.): Aristoteles, Die Nikomachische Ethik (Klassiker auslegen, Band 2), Berlin 1995, S. 83–108.

Wollenberg, Jörg: „Juden raus, Lessing raus!". Der Fall Theodor Lessing als drohendes Vorspiel der Ereignisse von 1933. Beitrag für die 25. Konferenz der German Studies Association in Washington, D. C. vom 4.–7.10.2001, http://www-user.uni-bremen.de/~wolli/texte/Lessing/lessing-02-text.htm (eingesehen am 27.3.2007).

Wolters, Gereon: Eine Historisierung der Philosophie im Nationalsozialismus. Gespräch über Christian Tilitzkis Monumentalwerk, in: Information Philosophie im Internet, http://www.information-philospohie.de/philosophie/naziphilosophie2.html (eingesehen am 9.1.2004).

Wulf, Joseph: Aus dem Lexikon der Mörder. „Sonderbehandlung" und verwandte Worte in nationalsozialistischen Dokumenten, Gütersloh 1963.

Wulf, Joseph: Kultur im Dritten Reich, Band 2: Literatur und Dichtung im Dritten Reich. Eine Dokumentation, Frankfurt am Main/Berlin 1989.

Würtenberger, Thomas: Um das Rechtsdenken der Gegenwart, in: Bähr, Hans Walter/Litt, Theodor/Louvaris, Nikolaus/Wenke, Hans (Hrsg.): Erziehung zur Menschlichkeit. Die Bildung im Umbruch der Zeit. Festschrift für Eduard Spranger zum 75. Geburtstag, 27. Juni 1957, Tübingen 1957, S. 461–491.

Xochellis, Panagiotis: Erziehung am Wendepunkt? Grundstrukturen des pädagogischen Bezuges in heutiger Sicht, München 1974.

Zedler, Peter/König, Eckard (Hrsg.): Rekonstruktionen pädagogischer Wissenschaftsgeschichte. Fallstudien, Ansätze, Perspektiven (Beiträge zur Theorie und Geschichte der Erziehungswissenschaft, Band 1), Weinheim 1989.

Zentralinstitut für Erziehung und Unterricht (Hrsg.): Die deutsche Schulreform. Ein Handbuch für die Reichsschulkonferenz, Leipzig ohne Jahr (1920).

Zentralinstitut für Erziehung und Unterricht (Hrsg.): Die Reichsschulkonferenz in ihren Ergebnissen, Leipzig ohne Jahr (1920).

Ziegler, Theobald: Kriegspädagogik und Zukunftspädagogik. Vortrag gehalten am 23. Januar 1915 im Frankfurter Lehrerverein (Bausteine Deutscher Kultur, 1. Jg., Heft 2), Mannheim 1915.

Ziemer, Gregor: Education for Death. The making of a Nazi, London 1942.

Zimmer, Hasko: Die Hypothek der Nationalpädagogik. Herman Nohl, der Nationalsozialismus und die Pädagogik nach Auschwitz, in: Beutler, Kurt/Wiegmann, Ulrich (Red.): Auschwitz und die Pädagogik (Jahrbuch für Pädagogik 1995), Frankfurt am Main/Berlin/Bern/New York/Paris/Wien 1995, S. 87–114.

Zimmer, Hasko: Geisteswissenschaftliche Pädagogik und Nationalsozialismus: Herman Nohl, in: Horn, Klaus-Peter/Ogasawara, Michio/Sakakoshi, Masaki/Tenorth, Heinz-Elmar/Yamana, Jun/Zimmer, Hasko (Hrsg.): Pädagogik im Militarismus und im Nationalsozialismus. Japan und Deutschland im Vergleich, Bad Heilbrunn 2006, S. 83–98.

Zimmer, Hasko: Pädagogik, Kultur und nationale Identität. Das Projekt einer „deutschen Bildung“ bei Rudolf Hildebrand und Herman Nohl, in: Auernheimer, Georg/Gstettner, Peter (Red.): Pädagogik in multikulturellen Gesellschaften (Jahrbuch für Pädagogik 1996), Frankfurt am Main/Berlin/Bern/New York/Paris/Wien 1996, S. 159–177.

Zimmer, Hasko: Pädagogische Intelligenz und Neuanfang 1945. „Die Sammlung“ im Kontext der Faschismus- und Neuordnungsdiskussion 1945–1949, in: Keim, Wolfgang (Hrsg.): Erziehungswissenschaft und Nationalsozialismus. Eine kritische Positionsbestimmung (Forum Wissenschaft, Studienheft Nr. 9), Marburg 1990, S. 101–122.

Zimmer, Hasko: Von der Volksbildung zur Rassenhygiene: Herman Nohl, in: Rülcker, Tobias/Oelkers, Jürgen (Hrsg.): Politische Reformpädagogik, Bern/Berlin/Frankfurt am Main/New York/Paris/Wien 1998, S. 515–540.

Zimmermann, Michael: Rassenutopie und Genozid. Die nationalsozialistische „Lösung der Zigeunerfrage“, Hamburg 1996.

Zimmermann, Susanne: Die medizinische Fakultät der Universität Jena während der Zeit des Nationalsozialismus, Berlin 2000.

Zoepf, Arne W. G.: Wehrmacht zwischen Tradition und Ideologie. Der NS-Führungsoffizier im Zweiten Weltkrieg (Europäische Hochschulschriften, Reihe 3: Geschichte und ihre Hilfswissenschaften, band 366), Frankfurt am Main/Bern/New York/Paris 1988.

Zounek, Jiri: Die Spranger-Rezeption in Tschechien, in: Sacher, Werner/Schraut, Alban (Hrsg.): Volkserzieher in dürftiger Zeit. Studien über Leben und Wirken Eduard Sprangers. Beiträge zum Internationalen Spranger-Symposion in Nürnberg am 11./12. Oktober 2002 (Erziehungskonzeptionen und Praxis, Band 59), Frankfurt am Main/Berlin/Bern/Brüssel/New York/Oxford/Wien 2004, S. 245–250.

Zur Pädagogik Eduard Sprangers. Aus Anlass des 80. Geburtstages von Eduard Spranger am 27. Juni 1962, Pädagogische Rundschau, 16. Jg. (1962), Heft 7–8.

Zweig, Arnold: Der Streit um den Sergeanten Grischa, Frankfurt am Main 1972.

Zymek, Bernd: Das Ausland als Argument in der pädagogischen Reformdiskussion. Schulpolitische Selbstrechtfertigung, Auslandspropaganda, internationale Verständigung und Ansätze zu einer Vergleichenden Erziehungswissenschaft in der internationalen Berichterstattung deutscher pädagogischer Zeitschriften, 1871–1952 (Schriftenreihe zur Geschichte und politischen Bildung, Band 19), Ratingen/Kastellaun/Düsseldorf 1975.

ANHANG

Inhaltverzeichnisse

Dokumentationen ad fontes 1933–1945

(herausgegeben von Benjamin Ortmeyer)

Eduard Spranger

Herman Nohl

Erich Weniger

Peter Petersen

Dokumentation ad fontes I: Eduard Spranger

Inhaltsverzeichnis

1935

1936

1937

1938

Anhang 1

Anhang 2: Nachtrag

Dokumentation ad fontes II: Herman Nohl

Inhaltsverzeichnis

Anhang 1: Landbewegung, Osthilfe und die Aufgaben der Pädagogik (Sammelband 1933)

Anhang 2: Archivdokumente

Dokumentation ad fontes III: Erich Weniger

Inhaltsverzeichnis

1936

1937

1942–1944

Anhang: Nachtrag

Dokumentation ad fontes IV: Peter Petersen

Inhaltsverzeichnis

1936

1937

1938–1940

1941–1945

Fremdsprachige Publikationen

Anhang 1: Textvergleiche (Synopsen)

Anhang 2

Anhang 3: Nachträge

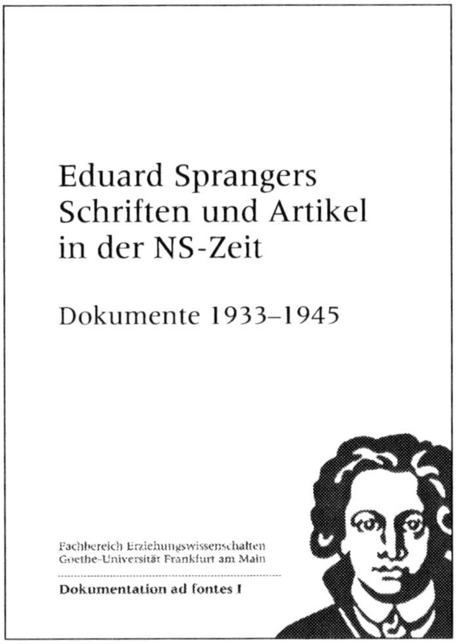

DIN A4, gebunden, 1044 Seiten, davon 836 Seiten Dokumente, 95 Euro

DIN A4, gebunden, 596 Seiten, davon 456 Seiten Dokumente, 75 Euro

DIN A4, gebunden, 665 Seiten, davon 540 Seiten Dokumente, 80 Euro

DIN A4, gebunden, 698 Seiten, davon 588 Seiten Dokumente, 80 Euro

Die Dokumentationen – ausschließlich für Bibliotheken – erscheinen mit Unterstützung des Fritz-Bauer-Instituts. Aller vier Bände zusammen kosten 300 Euro. Bestellungen über: Dr. Benjamin Ortmeyer, J. W. Goethe-Universität, Fachbereich Erziehungswissenschaften, Senckenberganlage 15, Brieffach 114, 60054 Frankfurt am Main, Tel.: (069) 798-22091, Fax: (069) 798-23356, E-Mail: BOrtmeyer@t-online.de.